全国城镇燃气领域安全生产培训系列教材

城镇燃气安全生产常用法律法规标准汇编

（上册）

应急管理部干部培训学院　组织编写

应急管理出版社

·北　京·

图书在版编目（CIP）数据

城镇燃气安全生产常用法律法规标准汇编：上下册/应急管理部干部培训学院组织编写. -- 北京：应急管理出版社，2024

全国城镇燃气领域安全生产培训系列教材

ISBN 978-7-5237-0559-9

Ⅰ.①城… Ⅱ.①应… Ⅲ.①城市燃气—安全生产—安全法规—汇编—中国—技术培训—教材 Ⅳ.①D922.181.9

中国国家版本馆 CIP 数据核字（2024）第 102389 号

城镇燃气安全生产常用法律法规标准汇编　上下册

（全国城镇燃气领域安全生产培训系列教材）

组织编写　应急管理部干部培训学院
责任编辑　闫　非
编　　辑　孟　琪
责任校对　李新荣　孔青青
封面设计　王　滨

出版发行　应急管理出版社（北京市朝阳区芍药居 35 号　100029）
电　　话　010-84657898（总编室）　010-84657880（读者服务部）
网　　址　www.cciph.com.cn
印　　刷　北京建宏印刷有限公司
经　　销　全国新华书店

开　　本　787mm × 1092mm 1/16　**印张**　65 1/2　**字数**　1577 千字
版　　次　2024 年 10 月第 1 版　2024 年 10 月第 1 次印刷
社内编号　20240147　**定价**　260.00 元

出 版 说 明

为深入学习贯彻习近平总书记关于安全生产和燃气安全的重要指示批示精神，扎实推进全国城镇燃气安全专项整治工作，提升城镇燃气领域企业安全生产“第一责任人”履职能力，按照中央领导同志指示批示要求，中央党校（国家行政学院）、应急管理部、住房和城乡建设部、商务部、国家市场监督管理总局、国家消防救援局于2023年12月初联合举办了全国城镇燃气领域落实安全生产主体责任视频培训班。本次培训班以“知敬畏、明责任、控风险、提能力”为主题，旨在全面提升城镇燃气领域企业“第一责任人”的安全风险防控意识和安全管理能力。通过示范带动燃气领域其他从业人员的培训，坚决防范重特大事故发生，推动燃气安全治理模式向事前预防转型，为经济社会发展营造安全稳定环境。

为提升基层应急能力，打造常态化燃气安全教育培训学习阵地，遵照中央领导同志在全国城镇燃气领域落实安全生产主体责任视频培训班总结报告上的批示要求，应急管理部干部培训学院联合中国城市燃气协会、北京市燃气集团有限责任公司、昆仑能源有限公司、上海燃气（集团）有限公司、中国海油气电集团有限责任公司、华润燃气控股有限公司、港华投资有限公司、新奥能源控股有限公司、深圳市燃气集团股份有限公司、杭州市燃气集团有限公司等单位，整理汇编了《城镇燃气安全生产常用法律法规标准汇编》一书。本书可供城镇燃气领域经营企业、气瓶检验机构的主要负责人和安全生产管理人员，以及各级政府燃气管理部门、市场监督管理部门负责燃气安全生产相关工作的同志学习参考。

应急管理部干部培训学院
2024年8月

目　录

上　册

下 册

第一篇　法　律　法　规

中华人民共和国安全生产法[①]

（2002 年 6 月 29 日第九届全国人民代表大会常务委员会第二十八次会议通过　根据 2009 年 8 月 27 日第十一届全国人民代表大会常务委员会第十次会议《关于修改部分法律的决定》第一次修正　根据 2014 年 8 月 31 日第十二届全国人民代表大会常务委员会第十次会议《关于修改〈中华人民共和国安全生产法〉的决定》第二次修正　根据 2021 年 6 月 10 日第十三届全国人民代表大会常务委员会第二十九次会议《关于修改〈中华人民共和国安全生产法〉的决定》第三次修正）

目　录

第一章　总　则

第一条　为了加强安全生产工作，防止和减少生产安全事故，保障人民群众生命和财产安全，促进经济社会持续健康发展，制定本法。

第二条　在中华人民共和国领域内从事生产经营活动的单位（以下统称生产经营单位）的安全生产，适用本法；有关法律、行政法规对消防安全和道路交通安全、铁路交通安全、水上交通安全、民用航空安全以及核与辐射安全、特种设备安全另有规定的，适用其规定。

第三条　安全生产工作坚持中国共产党的领导。

安全生产工作应当以人为本，坚持人民至上、生命至上，把保护人民生命安全摆在首位，树牢安全发展理念，坚持安全第一、预防为主、综合治理的方针，从源头上防范化解重大安全风险。

安全生产工作实行管行业必须管安全、管业务必须管安全、管生产经营必须管安全，强化和落实生产经营单位主体责任与政府监管责任，建立生产经营单位负责、职工参与、

① 全国人民代表大会常务委员会．中华人民共和国安全生产法［EB/OL］．［2021－06－10］［2024－02－21］https：//flk. npc. gov. cn/detail2. html?ZmY4MDgxODE3YTY2YjgxNjAxN2E3OTU2YjdkYjBhZDQ.

政府监管、行业自律和社会监督的机制。

第四条 生产经营单位必须遵守本法和其他有关安全生产的法律、法规，加强安全生产管理，建立健全全员安全生产责任制和安全生产规章制度，加大对安全生产资金、物资、技术、人员的投入保障力度，改善安全生产条件，加强安全生产标准化、信息化建设，构建安全风险分级管控和隐患排查治理双重预防机制，健全风险防范化解机制，提高安全生产水平，确保安全生产。

平台经济等新兴行业、领域的生产经营单位应当根据本行业、领域的特点，建立健全并落实全员安全生产责任制，加强从业人员安全生产教育和培训，履行本法和其他法律、法规规定的有关安全生产义务。

第五条 生产经营单位的主要负责人是本单位安全生产第一责任人，对本单位的安全生产工作全面负责。其他负责人对职责范围内的安全生产工作负责。

第六条 生产经营单位的从业人员有依法获得安全生产保障的权利，并应当依法履行安全生产方面的义务。

第七条 工会依法对安全生产工作进行监督。

生产经营单位的工会依法组织职工参加本单位安全生产工作的民主管理和民主监督，维护职工在安全生产方面的合法权益。生产经营单位制定或者修改有关安全生产的规章制度，应当听取工会的意见。

第八条 国务院和县级以上地方各级人民政府应当根据国民经济和社会发展规划制定安全生产规划，并组织实施。安全生产规划应当与国土空间规划等相关规划相衔接。

各级人民政府应当加强安全生产基础设施建设和安全生产监管能力建设，所需经费列入本级预算。

县级以上地方各级人民政府应当组织有关部门建立完善安全风险评估与论证机制，按照安全风险管控要求，进行产业规划和空间布局，并对位置相邻、行业相近、业态相似的生产经营单位实施重大安全风险联防联控。

第九条 国务院和县级以上地方各级人民政府应当加强对安全生产工作的领导，建立健全安全生产工作协调机制，支持、督促各有关部门依法履行安全生产监督管理职责，及时协调、解决安全生产监督管理中存在的重大问题。

乡镇人民政府和街道办事处，以及开发区、工业园区、港区、风景区等应当明确负责安全生产监督管理的有关工作机构及其职责，加强安全生产监管力量建设，按照职责对本行政区域或者管理区域内生产经营单位安全生产状况进行监督检查，协助人民政府有关部门或者按照授权依法履行安全生产监督管理职责。

第十条 国务院应急管理部门依照本法，对全国安全生产工作实施综合监督管理；县级以上地方各级人民政府应急管理部门依照本法，对本行政区域内安全生产工作实施综合监督管理。

国务院交通运输、住房和城乡建设、水利、民航等有关部门依照本法和其他有关法律、行政法规的规定，在各自的职责范围内对有关行业、领域的安全生产工作实施监督管理；县级以上地方各级人民政府有关部门依照本法和其他有关法律、法规的规定，在各自的职责范围内对有关行业、领域的安全生产工作实施监督管理。对新兴行业、领域的安全生产监督管理职责不明确的，由县级以上地方各级人民政府按照业务相近的原则确定监督管理部门。

应急管理部门和对有关行业、领域的安全生产工作实施监督管理的部门，统称负有安全生产监督管理职责的部门。负有安全生产监督管理职责的部门应当相互配合、齐抓共管、信息共享、资源共用，依法加强安全生产监督管理工作。

第十一条 国务院有关部门应当按照保障安全生产的要求，依法及时制定有关的国家标准或者行业标准，并根据科技进步和经济发展适时修订。

生产经营单位必须执行依法制定的保障安全生产的国家标准或者行业标准。

第十二条 国务院有关部门按照职责分工负责安全生产强制性国家标准的项目提出、组织起草、征求意见、技术审查。国务院应急管理部门统筹提出安全生产强制性国家标准的立项计划。国务院标准化行政主管部门负责安全生产强制性国家标准的立项、编号、对外通报和授权批准发布工作。国务院标准化行政主管部门、有关部门依据法定职责对安全生产强制性国家标准的实施进行监督检查。

第十三条 各级人民政府及其有关部门应当采取多种形式，加强对有关安全生产的法律、法规和安全生产知识的宣传，增强全社会的安全生产意识。

第十四条 有关协会组织依照法律、行政法规和章程，为生产经营单位提供安全生产方面的信息、培训等服务，发挥自律作用，促进生产经营单位加强安全生产管理。

第十五条 依法设立的为安全生产提供技术、管理服务的机构，依照法律、行政法规和执业准则，接受生产经营单位的委托为其安全生产工作提供技术、管理服务。

生产经营单位委托前款规定的机构提供安全生产技术、管理服务的，保证安全生产的责任仍由本单位负责。

第十六条 国家实行生产安全事故责任追究制度，依照本法和有关法律、法规的规定，追究生产安全事故责任单位和责任人员的法律责任。

第十七条 县级以上各级人民政府应当组织负有安全生产监督管理职责的部门依法编制安全生产权力和责任清单，公开并接受社会监督。

第十八条 国家鼓励和支持安全生产科学技术研究和安全生产先进技术的推广应用，提高安全生产水平。

第十九条 国家对在改善安全生产条件、防止生产安全事故、参加抢险救护等方面取得显著成绩的单位和个人，给予奖励。

第二章 生产经营单位的安全生产保障

第二十条 生产经营单位应当具备本法和有关法律、行政法规和国家标准或者行业标准规定的安全生产条件；不具备安全生产条件的，不得从事生产经营活动。

第二十一条 生产经营单位的主要负责人对本单位安全生产工作负有下列职责：

（一）建立健全并落实本单位全员安全生产责任制，加强安全生产标准化建设；

（二）组织制定并实施本单位安全生产规章制度和操作规程；

（三）组织制定并实施本单位安全生产教育和培训计划；

（四）保证本单位安全生产投入的有效实施；

（五）组织建立并落实安全风险分级管控和隐患排查治理双重预防工作机制，督促、检查本单位的安全生产工作，及时消除生产安全事故隐患；

（六）组织制定并实施本单位的生产安全事故应急救援预案；

（七）及时、如实报告生产安全事故。

第二十二条 生产经营单位的全员安全生产责任制应当明确各岗位的责任人员、责任范围和考核标准等内容。

生产经营单位应当建立相应的机制，加强对全员安全生产责任制落实情况的监督考核，保证全员安全生产责任制的落实。

第二十三条 生产经营单位应当具备的安全生产条件所必需的资金投入，由生产经营单位的决策机构、主要负责人或者个人经营的投资人予以保证，并对由于安全生产所必需的资金投入不足导致的后果承担责任。

有关生产经营单位应当按照规定提取和使用安全生产费用，专门用于改善安全生产条件。安全生产费用在成本中据实列支。安全生产费用提取、使用和监督管理的具体办法由国务院财政部门会同国务院应急管理部门征求国务院有关部门意见后制定。

第二十四条 矿山、金属冶炼、建筑施工、运输单位和危险物品的生产、经营、储存、装卸单位，应当设置安全生产管理机构或者配备专职安全生产管理人员。

前款规定以外的其他生产经营单位，从业人员超过一百人的，应当设置安全生产管理机构或者配备专职安全生产管理人员；从业人员在一百人以下的，应当配备专职或者兼职的安全生产管理人员。

第二十五条 生产经营单位的安全生产管理机构以及安全生产管理人员履行下列职责：

（一）组织或者参与拟订本单位安全生产规章制度、操作规程和生产安全事故应急救援预案；

（二）组织或者参与本单位安全生产教育和培训，如实记录安全生产教育和培训情况；

（三）组织开展危险源辨识和评估，督促落实本单位重大危险源的安全管理措施；

（四）组织或者参与本单位应急救援演练；

（五）检查本单位的安全生产状况，及时排查生产安全事故隐患，提出改进安全生产管理的建议；

（六）制止和纠正违章指挥、强令冒险作业、违反操作规程的行为；

（七）督促落实本单位安全生产整改措施。

生产经营单位可以设置专职安全生产分管负责人，协助本单位主要负责人履行安全生产管理职责。

第二十六条 生产经营单位的安全生产管理机构以及安全生产管理人员应当恪尽职守，依法履行职责。

生产经营单位作出涉及安全生产的经营决策，应当听取安全生产管理机构以及安全生产管理人员的意见。

生产经营单位不得因安全生产管理人员依法履行职责而降低其工资、福利等待遇或者解除与其订立的劳动合同。

危险物品的生产、储存单位以及矿山、金属冶炼单位的安全生产管理人员的任免，应当告知主管的负有安全生产监督管理职责的部门。

第二十七条 生产经营单位的主要负责人和安全生产管理人员必须具备与本单位所从事的生产经营活动相应的安全生产知识和管理能力。

危险物品的生产、经营、储存、装卸单位以及矿山、金属冶炼、建筑施工、运输单位的主要负责人和安全生产管理人员，应当由主管的负有安全生产监督管理职责的部门对其安全生产知识和管理能力考核合格。考核不得收费。

危险物品的生产、储存、装卸单位以及矿山、金属冶炼单位应当有注册安全工程师从事安全生产管理工作。鼓励其他生产经营单位聘用注册安全工程师从事安全生产管理工作。注册安全工程师按专业分类管理，具体办法由国务院人力资源和社会保障部门、国务院应急管理部门会同国务院有关部门制定。

第二十八条 生产经营单位应当对从业人员进行安全生产教育和培训，保证从业人员具备必要的安全生产知识，熟悉有关的安全生产规章制度和安全操作规程，掌握本岗位的安全操作技能，了解事故应急处理措施，知悉自身在安全生产方面的权利和义务。未经安全生产教育和培训合格的从业人员，不得上岗作业。

生产经营单位使用被派遣劳动者的，应当将被派遣劳动者纳入本单位从业人员统一管理，对被派遣劳动者进行岗位安全操作规程和安全操作技能的教育和培训。劳务派遣单位应当对被派遣劳动者进行必要的安全生产教育和培训。

生产经营单位接收中等职业学校、高等学校学生实习的，应当对实习学生进行相应的安全生产教育和培训，提供必要的劳动防护用品。学校应当协助生产经营单位对实习学生进行安全生产教育和培训。

生产经营单位应当建立安全生产教育和培训档案，如实记录安全生产教育和培训的时间、内容、参加人员以及考核结果等情况。

第二十九条 生产经营单位采用新工艺、新技术、新材料或者使用新设备，必须了解、掌握其安全技术特性，采取有效的安全防护措施，并对从业人员进行专门的安全生产教育和培训。

第三十条 生产经营单位的特种作业人员必须按照国家有关规定经专门的安全作业培训，取得相应资格，方可上岗作业。

特种作业人员的范围由国务院应急管理部门会同国务院有关部门确定。

第三十一条 生产经营单位新建、改建、扩建工程项目（以下统称建设项目）的安全设施，必须与主体工程同时设计、同时施工、同时投入生产和使用。安全设施投资应当纳入建设项目概算。

第三十二条 矿山、金属冶炼建设项目和用于生产、储存、装卸危险物品的建设项目，应当按照国家有关规定进行安全评价。

第三十三条 建设项目安全设施的设计人、设计单位应当对安全设施设计负责。

矿山、金属冶炼建设项目和用于生产、储存、装卸危险物品的建设项目的安全设施设计应当按照国家有关规定报经有关部门审查，审查部门及其负责审查的人员对审查结果负责。

第三十四条 矿山、金属冶炼建设项目和用于生产、储存、装卸危险物品的建设项目的施工单位必须按照批准的安全设施设计施工，并对安全设施的工程质量负责。

矿山、金属冶炼建设项目和用于生产、储存、装卸危险物品的建设项目竣工投入生产或者使用前，应当由建设单位负责组织对安全设施进行验收；验收合格后，方可投入生产和使用。负有安全生产监督管理职责的部门应当加强对建设单位验收活动和验收结果的监督核查。

第三十五条 生产经营单位应当在有较大危险因素的生产经营场所和有关设施、设备上，设置明显的安全警示标志。

第三十六条 安全设备的设计、制造、安装、使用、检测、维修、改造和报废，应当符合国家标准或者行业标准。

生产经营单位必须对安全设备进行经常性维护、保养，并定期检测，保证正常运转。维护、保养、检测应当作好记录，并由有关人员签字。

生产经营单位不得关闭、破坏直接关系生产安全的监控、报警、防护、救生设备、设施，或者篡改、隐瞒、销毁其相关数据、信息。

餐饮等行业的生产经营单位使用燃气的，应当安装可燃气体报警装置，并保障其正常使用。

第三十七条 生产经营单位使用的危险物品的容器、运输工具，以及涉及人身安全、危险性较大的海洋石油开采特种设备和矿山井下特种设备，必须按照国家有关规定，由专业生产单位生产，并经具有专业资质的检测、检验机构检测、检验合格，取得安全使用证或者安全标志，方可投入使用。检测、检验机构对检测、检验结果负责。

第三十八条 国家对严重危及生产安全的工艺、设备实行淘汰制度，具体目录由国务院应急管理部门会同国务院有关部门制定并公布。法律、行政法规对目录的制定另有规定的，适用其规定。

省、自治区、直辖市人民政府可以根据本地区实际情况制定并公布具体目录，对前款规定以外的危及生产安全的工艺、设备予以淘汰。

生产经营单位不得使用应当淘汰的危及生产安全的工艺、设备。

第三十九条 生产、经营、运输、储存、使用危险物品或者处置废弃危险物品的，由有关主管部门依照有关法律、法规的规定和国家标准或者行业标准审批并实施监督管理。

生产经营单位生产、经营、运输、储存、使用危险物品或者处置废弃危险物品，必须执行有关法律、法规和国家标准或者行业标准，建立专门的安全管理制度，采取可靠的安全措施，接受有关主管部门依法实施的监督管理。

第四十条 生产经营单位对重大危险源应当登记建档，进行定期检测、评估、监控，并制定应急预案，告知从业人员和相关人员在紧急情况下应当采取的应急措施。

生产经营单位应当按照国家有关规定将本单位重大危险源及有关安全措施、应急措施报有关地方人民政府应急管理部门和有关部门备案。有关地方人民政府应急管理部门和有关部门应当通过相关信息系统实现信息共享。

第四十一条 生产经营单位应当建立安全风险分级管控制度，按照安全风险分级采取相应的管控措施。

生产经营单位应当建立健全并落实生产安全事故隐患排查治理制度，采取技术、管理措施，及时发现并消除事故隐患。事故隐患排查治理情况应当如实记录，并通过职工大会或者职工代表大会、信息公示栏等方式向从业人员通报。其中，重大事故隐患排查治理情况应当及时向负有安全生产监督管理职责的部门和职工大会或者职工代表大会报告。

县级以上地方各级人民政府负有安全生产监督管理职责的部门应当将重大事故隐患纳入相关信息系统，建立健全重大事故隐患治理督办制度，督促生产经营单位消除重大事故隐患。

第四十二条 生产、经营、储存、使用危险物品的车间、商店、仓库不得与员工宿舍在同一座建筑物内，并应当与员工宿舍保持安全距离。

生产经营场所和员工宿舍应当设有符合紧急疏散要求、标志明显、保持畅通的出口、疏散通道。禁止占用、锁闭、封堵生产经营场所或者员工宿舍的出口、疏散通道。

第四十三条 生产经营单位进行爆破、吊装、动火、临时用电以及国务院应急管理部门会同国务院有关部门规定的其他危险作业，应当安排专门人员进行现场安全管理，确保操作规程的遵守和安全措施的落实。

第四十四条 生产经营单位应当教育和督促从业人员严格执行本单位的安全生产规章制度和安全操作规程；并向从业人员如实告知作业场所和工作岗位存在的危险因素、防范措施以及事故应急措施。

生产经营单位应当关注从业人员的身体、心理状况和行为习惯，加强对从业人员的心理疏导、精神慰藉，严格落实岗位安全生产责任，防范从业人员行为异常导致事故发生。

第四十五条 生产经营单位必须为从业人员提供符合国家标准或者行业标准的劳动防护用品，并监督、教育从业人员按照使用规则佩戴、使用。

第四十六条 生产经营单位的安全生产管理人员应当根据本单位的生产经营特点，对安全生产状况进行经常性检查；对检查中发现的安全问题，应当立即处理；不能处理的，应当及时报告本单位有关负责人，有关负责人应当及时处理。检查及处理情况应当如实记录在案。

生产经营单位的安全生产管理人员在检查中发现重大事故隐患，依照前款规定向本单位有关负责人报告，有关负责人不及时处理的，安全生产管理人员可以向主管的负有安全生产监督管理职责的部门报告，接到报告的部门应当依法及时处理。

第四十七条 生产经营单位应当安排用于配备劳动防护用品、进行安全生产培训的经费。

第四十八条 两个以上生产经营单位在同一作业区域内进行生产经营活动，可能危及对方生产安全的，应当签订安全生产管理协议，明确各自的安全生产管理职责和应当采取的安全措施，并指定专职安全生产管理人员进行安全检查与协调。

第四十九条 生产经营单位不得将生产经营项目、场所、设备发包或者出租给不具备安全生产条件或者相应资质的单位或者个人。

生产经营项目、场所发包或者出租给其他单位的，生产经营单位应当与承包单位、承租单位签订专门的安全生产管理协议，或者在承包合同、租赁合同中约定各自的安全生产管理职责；生产经营单位对承包单位、承租单位的安全生产工作统一协调、管理，定期进行安全检查，发现安全问题的，应当及时督促整改。

矿山、金属冶炼建设项目和用于生产、储存、装卸危险物品的建设项目的施工单位应当加强对施工项目的安全管理，不得倒卖、出租、出借、挂靠或者以其他形式非法转让施工资质，不得将其承包的全部建设工程转包给第三人或者将其承包的全部建设工程支解以后以分包的名义分别转包给第三人，不得将工程分包给不具备相应资质条件的单位。

第五十条 生产经营单位发生生产安全事故时，单位的主要负责人应当立即组织抢救，并不得在事故调查处理期间擅离职守。

第五十一条 生产经营单位必须依法参加工伤保险，为从业人员缴纳保险费。

国家鼓励生产经营单位投保安全生产责任保险；属于国家规定的高危行业、领域的生产经营单位，应当投保安全生产责任保险。具体范围和实施办法由国务院应急管理部门会同国务院财政部门、国务院保险监督管理机构和相关行业主管部门制定。

第三章　从业人员的安全生产权利义务

第五十二条 生产经营单位与从业人员订立的劳动合同，应当载明有关保障从业人员劳动安全、防止职业危害的事项，以及依法为从业人员办理工伤保险的事项。

生产经营单位不得以任何形式与从业人员订立协议，免除或者减轻其对从业人员因生产安全事故伤亡依法应承担的责任。

第五十三条 生产经营单位的从业人员有权了解其作业场所和工作岗位存在的危险因素、防范措施及事故应急措施，有权对本单位的安全生产工作提出建议。

第五十四条 从业人员有权对本单位安全生产工作中存在的问题提出批评、检举、控告；有权拒绝违章指挥和强令冒险作业。

生产经营单位不得因从业人员对本单位安全生产工作提出批评、检举、控告或者拒绝违章指挥、强令冒险作业而降低其工资、福利等待遇或者解除与其订立的劳动合同。

第五十五条 从业人员发现直接危及人身安全的紧急情况时，有权停止作业或者在采取可能的应急措施后撤离作业场所。

生产经营单位不得因从业人员在前款紧急情况下停止作业或者采取紧急撤离措施而降低其工资、福利等待遇或者解除与其订立的劳动合同。

第五十六条 生产经营单位发生生产安全事故后，应当及时采取措施救治有关人员。

因生产安全事故受到损害的从业人员，除依法享有工伤保险外，依照有关民事法律尚有获得赔偿的权利的，有权提出赔偿要求。

第五十七条 从业人员在作业过程中，应当严格落实岗位安全责任，遵守本单位的安全生产规章制度和操作规程，服从管理，正确佩戴和使用劳动防护用品。

第五十八条 从业人员应当接受安全生产教育和培训，掌握本职工作所需的安全生产知识，提高安全生产技能，增强事故预防和应急处理能力。

第五十九条 从业人员发现事故隐患或者其他不安全因素，应当立即向现场安全生产管理人员或者本单位负责人报告；接到报告的人员应当及时予以处理。

第六十条 工会有权对建设项目的安全设施与主体工程同时设计、同时施工、同时投入生产和使用进行监督，提出意见。

工会对生产经营单位违反安全生产法律、法规，侵犯从业人员合法权益的行为，有权要求纠正；发现生产经营单位违章指挥、强令冒险作业或者发现事故隐患时，有权提出解决的建议，生产经营单位应当及时研究答复；发现危及从业人员生命安全的情况时，有权向生产经营单位建议组织从业人员撤离危险场所，生产经营单位必须立即作出处理。

工会有权依法参加事故调查，向有关部门提出处理意见，并要求追究有关人员的责任。

第六十一条 生产经营单位使用被派遣劳动者的，被派遣劳动者享有本法规定的从业人员的权利，并应当履行本法规定的从业人员的义务。

第四章 安全生产的监督管理

第六十二条 县级以上地方各级人民政府应当根据本行政区域内的安全生产状况，组织有关部门按照职责分工，对本行政区域内容易发生重大生产安全事故的生产经营单位进行严格检查。

应急管理部门应当按照分类分级监督管理的要求，制定安全生产年度监督检查计划，并按照年度监督检查计划进行监督检查，发现事故隐患，应当及时处理。

第六十三条 负有安全生产监督管理职责的部门依照有关法律、法规的规定，对涉及安全生产的事项需要审查批准（包括批准、核准、许可、注册、认证、颁发证照等，下同）或者验收的，必须严格依照有关法律、法规和国家标准或者行业标准规定的安全生产条件和程序进行审查；不符合有关法律、法规和国家标准或者行业标准规定的安全生产条件的，不得批准或者验收通过。对未依法取得批准或者验收合格的单位擅自从事有关活动的，负责行政审批的部门发现或者接到举报后应当立即予以取缔，并依法予以处理。对已经依法取得批准的单位，负责行政审批的部门发现其不再具备安全生产条件的，应当撤销原批准。

第六十四条 负有安全生产监督管理职责的部门对涉及安全生产的事项进行审查、验收，不得收取费用；不得要求接受审查、验收的单位购买其指定品牌或者指定生产、销售单位的安全设备、器材或者其他产品。

第六十五条 应急管理部门和其他负有安全生产监督管理职责的部门依法开展安全生产行政执法工作，对生产经营单位执行有关安全生产的法律、法规和国家标准或者行业标准的情况进行监督检查，行使以下职权：

（一）进入生产经营单位进行检查，调阅有关资料，向有关单位和人员了解情况；

（二）对检查中发现的安全生产违法行为，当场予以纠正或者要求限期改正；对依法应当给予行政处罚的行为，依照本法和其他有关法律、行政法规的规定作出行政处罚决定；

（三）对检查中发现的事故隐患，应当责令立即排除；重大事故隐患排除前或者排除过程中无法保证安全的，应当责令从危险区域内撤出作业人员，责令暂时停产停业或者停止使用相关设施、设备；重大事故隐患排除后，经审查同意，方可恢复生产经营和使用；

（四）对有根据认为不符合保障安全生产的国家标准或者行业标准的设施、设备、器材以及违法生产、储存、使用、经营、运输的危险物品予以查封或者扣押，对违法生产、储存、使用、经营危险物品的作业场所予以查封，并依法作出处理决定。

监督检查不得影响被检查单位的正常生产经营活动。

第六十六条 生产经营单位对负有安全生产监督管理职责的部门的监督检查人员（以下统称安全生产监督检查人员）依法履行监督检查职责，应当予以配合，不得拒绝、阻挠。

第六十七条 安全生产监督检查人员应当忠于职守，坚持原则，秉公执法。

安全生产监督检查人员执行监督检查任务时，必须出示有效的行政执法证件；对涉及被检查单位的技术秘密和业务秘密，应当为其保密。

第六十八条 安全生产监督检查人员应当将检查的时间、地点、内容、发现的问题及其处理情况，作出书面记录，并由检查人员和被检查单位的负责人签字；被检查单位的负责人拒绝签字的，检查人员应当将情况记录在案，并向负有安全生产监督管理职责的部门报告。

第六十九条 负有安全生产监督管理职责的部门在监督检查中，应当互相配合，实行联合检查；确需分别进行检查的，应当互通情况，发现存在的安全问题应当由其他有关部门进行处理的，应当及时移送其他有关部门并形成记录备查，接受移送的部门应当及时进行处理。

第七十条 负有安全生产监督管理职责的部门依法对存在重大事故隐患的生产经营单位作出停产停业、停止施工、停止使用相关设施或者设备的决定，生产经营单位应当依法执行，及时消除事故隐患。生产经营单位拒不执行，有发生生产安全事故的现实危险的，在保证安全的前提下，经本部门主要负责人批准，负有安全生产监督管理职责的部门可以采取通知有关单位停止供电、停止供应民用爆炸物品等措施，强制生产经营单位履行决定。通知应当采用书面形式，有关单位应当予以配合。

负有安全生产监督管理职责的部门依照前款规定采取停止供电措施，除有危及生产安全的紧急情形外，应当提前二十四小时通知生产经营单位。生产经营单位依法履行行政决定、采取相应措施消除事故隐患的，负有安全生产监督管理职责的部门应当及时解除前款规定的措施。

第七十一条 监察机关依照监察法的规定，对负有安全生产监督管理职责的部门及其工作人员履行安全生产监督管理职责实施监察。

第七十二条 承担安全评价、认证、检测、检验职责的机构应当具备国家规定的资质条件，并对其作出的安全评价、认证、检测、检验结果的合法性、真实性负责。资质条件由国务院应急管理部门会同国务院有关部门制定。

承担安全评价、认证、检测、检验职责的机构应当建立并实施服务公开和报告公开制度，不得租借资质、挂靠、出具虚假报告。

第七十三条 负有安全生产监督管理职责的部门应当建立举报制度，公开举报电话、信箱或者电子邮件地址等网络举报平台，受理有关安全生产的举报；受理的举报事项经调查核实后，应当形成书面材料；需要落实整改措施的，报经有关负责人签字并督促落实。对不属于本部门职责，需要由其他有关部门进行调查处理的，转交其他有关部门处理。

涉及人员死亡的举报事项，应当由县级以上人民政府组织核查处理。

第七十四条 任何单位或者个人对事故隐患或者安全生产违法行为，均有权向负有安全生产监督管理职责的部门报告或者举报。

因安全生产违法行为造成重大事故隐患或者导致重大事故，致使国家利益或者社会公共利益受到侵害的，人民检察院可以根据民事诉讼法、行政诉讼法的相关规定提起公益诉讼。

第七十五条 居民委员会、村民委员会发现其所在区域内的生产经营单位存在事故隐患或者安全生产违法行为时，应当向当地人民政府或者有关部门报告。

第七十六条 县级以上各级人民政府及其有关部门对报告重大事故隐患或者举报安全生产违法行为的有功人员，给予奖励。具体奖励办法由国务院应急管理部门会同国务院财政部门制定。

第七十七条 新闻、出版、广播、电影、电视等单位有进行安全生产公益宣传教育的义务，有对违反安全生产法律、法规的行为进行舆论监督的权利。

第七十八条 负有安全生产监督管理职责的部门应当建立安全生产违法行为信息库，如实记录生产经营单位及其有关从业人员的安全生产违法行为信息；对违法行为情节严重的生产经营单位及其有关从业人员，应当及时向社会公告，并通报行业主管部门、投资主管部门、自然资源主管部门、生态环境主管部门、证券监督管理机构以及有关金融机构。有关部门和机构应当对存在失信行为的生产经营单位及其有关从业人员采取加大执法检查频次、暂停项目审批、上调有关保险费率、行业或者职业禁入等联合惩戒措施，并向社会公示。

负有安全生产监督管理职责的部门应当加强对生产经营单位行政处罚信息的及时归集、共享、应用和公开，对生产经营单位作出处罚决定后七个工作日内在监督管理部门公示系统予以公开曝光，强化对违法失信生产经营单位及其有关从业人员的社会监督，提高全社会安全生产诚信水平。

第五章 生产安全事故的应急救援与调查处理

第七十九条 国家加强生产安全事故应急能力建设，在重点行业、领域建立应急救援基地和应急救援队伍，并由国家安全生产应急救援机构统一协调指挥；鼓励生产经营单位和其他社会力量建立应急救援队伍，配备相应的应急救援装备和物资，提高应急救援的专业化水平。

国务院应急管理部门牵头建立全国统一的生产安全事故应急救援信息系统，国务院交通运输、住房和城乡建设、水利、民航等有关部门和县级以上地方人民政府建立健全相关行业、领域、地区的生产安全事故应急救援信息系统，实现互联互通、信息共享，通过推行网上安全信息采集、安全监管和监测预警，提升监管的精准化、智能化水平。

第八十条 县级以上地方各级人民政府应当组织有关部门制定本行政区域内生产安全事故应急救援预案，建立应急救援体系。

乡镇人民政府和街道办事处，以及开发区、工业园区、港区、风景区等应当制定相应的生产安全事故应急救援预案，协助人民政府有关部门或者按照授权依法履行生产安全事故应急救援工作职责。

第八十一条 生产经营单位应当制定本单位生产安全事故应急救援预案，与所在地县级以上地方人民政府组织制定的生产安全事故应急救援预案相衔接，并定期组织演练。

第八十二条 危险物品的生产、经营、储存单位以及矿山、金属冶炼、城市轨道交通运营、建筑施工单位应当建立应急救援组织；生产经营规模较小的，可以不建立应急救援组织，但应当指定兼职的应急救援人员。

危险物品的生产、经营、储存、运输单位以及矿山、金属冶炼、城市轨道交通运营、建筑施工单位应当配备必要的应急救援器材、设备和物资，并进行经常性维护、保养，保证正常运转。

第八十三条 生产经营单位发生生产安全事故后，事故现场有关人员应当立即报告本单位负责人。

单位负责人接到事故报告后，应当迅速采取有效措施，组织抢救，防止事故扩大，减少人员伤亡和财产损失，并按照国家有关规定立即如实报告当地负有安全生产监督管理职责的部门，不得隐瞒不报、谎报或者迟报，不得故意破坏事故现场、毁灭有关证据。

第八十四条 负有安全生产监督管理职责的部门接到事故报告后，应当立即按照国家有关规定上报事故情况。负有安全生产监督管理职责的部门和有关地方人民政府对事故情况不得隐瞒不报、谎报或者迟报。

第八十五条 有关地方人民政府和负有安全生产监督管理职责的部门的负责人接到生产安全事故报告后，应当按照生产安全事故应急救援预案的要求立即赶到事故现场，组织事故抢救。

参与事故抢救的部门和单位应当服从统一指挥，加强协同联动，采取有效的应急救援措施，并根据事故救援的需要采取警戒、疏散等措施，防止事故扩大和次生灾害的发生，减少人员伤亡和财产损失。

事故抢救过程中应当采取必要措施，避免或者减少对环境造成的危害。

任何单位和个人都应当支持、配合事故抢救，并提供一切便利条件。

第八十六条 事故调查处理应当按照科学严谨、依法依规、实事求是、注重实效的原则，及时、准确地查清事故原因，查明事故性质和责任，评估应急处置工作，总结事故教训，提出整改措施，并对事故责任单位和人员提出处理建议。事故调查报告应当依法及时向社会公布。事故调查和处理的具体办法由国务院制定。

事故发生单位应当及时全面落实整改措施，负有安全生产监督管理职责的部门应当加强监督检查。

负责事故调查处理的国务院有关部门和地方人民政府应当在批复事故调查报告后一年内，组织有关部门对事故整改和防范措施落实情况进行评估，并及时向社会公开评估结果；对不履行职责导致事故整改和防范措施没有落实的有关单位和人员，应当按照有关规定追究责任。

第八十七条 生产经营单位发生生产安全事故，经调查确定为责任事故的，除了应当查明事故单位的责任并依法予以追究外，还应当查明对安全生产的有关事项负有审查批准和监督职责的行政部门的责任，对有失职、渎职行为的，依照本法第九十条的规定追究法律责任。

第八十八条 任何单位和个人不得阻挠和干涉对事故的依法调查处理。

第八十九条 县级以上地方各级人民政府应急管理部门应当定期统计分析本行政区域内发生生产安全事故的情况，并定期向社会公布。

第六章 法律责任

第九十条 负有安全生产监督管理职责的部门的工作人员，有下列行为之一的，给予降级或者撤职的处分；构成犯罪的，依照刑法有关规定追究刑事责任：

（一）对不符合法定安全生产条件的涉及安全生产的事项予以批准或者验收通过的；

（二）发现未依法取得批准、验收的单位擅自从事有关活动或者接到举报后不予取缔或者不依法予以处理的；

（三）对已经依法取得批准的单位不履行监督管理职责，发现其不再具备安全生产条件而不撤销原批准或者发现安全生产违法行为不予查处的；

（四）在监督检查中发现重大事故隐患，不依法及时处理的。

负有安全生产监督管理职责的部门的工作人员有前款规定以外的滥用职权、玩忽职守、徇私舞弊行为的，依法给予处分；构成犯罪的，依照刑法有关规定追究刑事责任。

第九十一条 负有安全生产监督管理职责的部门，要求被审查、验收的单位购买其指定的安全设备、器材或者其他产品的，在对安全生产事项的审查、验收中收取费用的，由其上级机关或者监察机关责令改正，责令退还收取的费用；情节严重的，对直接负责的主管人员和其他直接责任人员依法给予处分。

第九十二条 承担安全评价、认证、检测、检验职责的机构出具失实报告的，责令停业整顿，并处三万元以上十万元以下的罚款；给他人造成损害的，依法承担赔偿责任。

承担安全评价、认证、检测、检验职责的机构租借资质、挂靠、出具虚假报告的，没收违法所得；违法所得在十万元以上的，并处违法所得二倍以上五倍以下的罚款，没有违法所得或者违法所得不足十万元的，单处或者并处十万元以上二十万元以下的罚款；对其直接负责的主管人员和其他直接责任人员处五万元以上十万元以下的罚款；给他人造成损害的，与生产经营单位承担连带赔偿责任；构成犯罪的，依照刑法有关规定追究刑事责任。

对有前款违法行为的机构及其直接责任人员，吊销其相应资质和资格，五年内不得从事安全评价、认证、检测、检验等工作；情节严重的，实行终身行业和职业禁入。

第九十三条 生产经营单位的决策机构、主要负责人或者个人经营的投资人不依照本法规定保证安全生产所必需的资金投入，致使生产经营单位不具备安全生产条件的，责令限期改正，提供必需的资金；逾期未改正的，责令生产经营单位停产停业整顿。

有前款违法行为，导致发生生产安全事故的，对生产经营单位的主要负责人给予撤职处分，对个人经营的投资人处二万元以上二十万元以下的罚款；构成犯罪的，依照刑法有关规定追究刑事责任。

第九十四条 生产经营单位的主要负责人未履行本法规定的安全生产管理职责的，责令限期改正，处二万元以上五万元以下的罚款；逾期未改正的，处五万元以上十万元以下的罚款，责令生产经营单位停产停业整顿。

生产经营单位的主要负责人有前款违法行为，导致发生生产安全事故的，给予撤职处分；构成犯罪的，依照刑法有关规定追究刑事责任。

生产经营单位的主要负责人依照前款规定受刑事处罚或者撤职处分的，自刑罚执行完毕或者受处分之日起，五年内不得担任任何生产经营单位的主要负责人；对重大、特别重大生产安全事故负有责任的，终身不得担任本行业生产经营单位的主要负责人。

第九十五条 生产经营单位的主要负责人未履行本法规定的安全生产管理职责，导致发生生产安全事故的，由应急管理部门依照下列规定处以罚款：

（一）发生一般事故的，处上一年年收入百分之四十的罚款；

（二）发生较大事故的，处上一年年收入百分之六十的罚款；

（三）发生重大事故的，处上一年年收入百分之八十的罚款；

（四）发生特别重大事故的，处上一年年收入百分之一百的罚款。

第九十六条 生产经营单位的其他负责人和安全生产管理人员未履行本法规定的安全生产管理职责的，责令限期改正，处一万元以上三万元以下的罚款；导致发生生产安全事故的，暂停或者吊销其与安全生产有关的资格，并处上一年年收入百分之二十以上百分之五十以下的罚款；构成犯罪的，依照刑法有关规定追究刑事责任。

第九十七条 生产经营单位有下列行为之一的，责令限期改正，处十万元以下的罚款；逾期未改正的，责令停产停业整顿，并处十万元以上二十万元以下的罚款，对其直接负责的主管人员和其他直接责任人员处二万元以上五万元以下的罚款：

（一）未按照规定设置安全生产管理机构或者配备安全生产管理人员、注册安全工程师的；

（二）危险物品的生产、经营、储存、装卸单位以及矿山、金属冶炼、建筑施工、运输单位的主要负责人和安全生产管理人员未按照规定经考核合格的；

（三）未按照规定对从业人员、被派遣劳动者、实习学生进行安全生产教育和培训，或者未按照规定如实告知有关的安全生产事项的；

（四）未如实记录安全生产教育和培训情况的；

（五）未将事故隐患排查治理情况如实记录或者未向从业人员通报的；

（六）未按照规定制定生产安全事故应急救援预案或者未定期组织演练的；

（七）特种作业人员未按照规定经专门的安全作业培训并取得相应资格，上岗作业的。

第九十八条 生产经营单位有下列行为之一的，责令停止建设或者停产停业整顿，限期改正，并处十万元以上五十万元以下的罚款，对其直接负责的主管人员和其他直接责任人员处二万元以上五万元以下的罚款；逾期未改正的，处五十万元以上一百万元以下的罚款，对其直接负责的主管人员和其他直接责任人员处五万元以上十万元以下的罚款；构成犯罪的，依照刑法有关规定追究刑事责任：

（一）未按照规定对矿山、金属冶炼建设项目或者用于生产、储存、装卸危险物品的建设项目进行安全评价的；

（二）矿山、金属冶炼建设项目或者用于生产、储存、装卸危险物品的建设项目没有安全设施设计或者安全设施设计未按照规定报经有关部门审查同意的；

（三）矿山、金属冶炼建设项目或者用于生产、储存、装卸危险物品的建设项目的施工单位未按照批准的安全设施设计施工的；

（四）矿山、金属冶炼建设项目或者用于生产、储存、装卸危险物品的建设项目竣工投入生产或者使用前，安全设施未经验收合格的。

第九十九条 生产经营单位有下列行为之一的，责令限期改正，处五万元以下的罚款；逾期未改正的，处五万元以上二十万元以下的罚款，对其直接负责的主管人员和其他直接责任人员处一万元以上二万元以下的罚款；情节严重的，责令停产停业整顿；构成犯罪的，依照刑法有关规定追究刑事责任：

（一）未在有较大危险因素的生产经营场所和有关设施、设备上设置明显的安全警示标志的；

（二）安全设备的安装、使用、检测、改造和报废不符合国家标准或者行业标准的；

（三）未对安全设备进行经常性维护、保养和定期检测的；

（四）关闭、破坏直接关系生产安全的监控、报警、防护、救生设备、设施，或者篡改、隐瞒、销毁其相关数据、信息的；

（五）未为从业人员提供符合国家标准或者行业标准的劳动防护用品的；

（六）危险物品的容器、运输工具，以及涉及人身安全、危险性较大的海洋石油开采特种设备和矿山井下特种设备未经具有专业资质的机构检测、检验合格，取得安全使用证或者安全标志，投入使用的；

（七）使用应当淘汰的危及生产安全的工艺、设备的；

（八）餐饮等行业的生产经营单位使用燃气未安装可燃气体报警装置的。

第一百条 未经依法批准，擅自生产、经营、运输、储存、使用危险物品或者处置废弃危险物品的，依照有关危险物品安全管理的法律、行政法规的规定予以处罚；构成犯罪的，依照刑法有关规定追究刑事责任。

第一百零一条 生产经营单位有下列行为之一的，责令限期改正，处十万元以下的罚款；逾期未改正的，责令停产停业整顿，并处十万元以上二十万元以下的罚款，对其直接负责的主管人员和其他直接责任人员处二万元以上五万元以下的罚款；构成犯罪的，依照刑法有关规定追究刑事责任：

（一）生产、经营、运输、储存、使用危险物品或者处置废弃危险物品，未建立专门安全管理制度、未采取可靠的安全措施的；

（二）对重大危险源未登记建档，未进行定期检测、评估、监控，未制定应急预案，或者未告知应急措施的；

（三）进行爆破、吊装、动火、临时用电以及国务院应急管理部门会同国务院有关部门规定的其他危险作业，未安排专门人员进行现场安全管理的；

（四）未建立安全风险分级管控制度或者未按照安全风险分级采取相应管控措施的；

（五）未建立事故隐患排查治理制度，或者重大事故隐患排查治理情况未按照规定报告的。

第一百零二条 生产经营单位未采取措施消除事故隐患的，责令立即消除或者限期消除，处五万元以下的罚款；生产经营单位拒不执行的，责令停产停业整顿，对其直接负责的主管人员和其他直接责任人员处五万元以上十万元以下的罚款；构成犯罪的，依照刑法有关规定追究刑事责任。

第一百零三条 生产经营单位将生产经营项目、场所、设备发包或者出租给不具备安全生产条件或者相应资质的单位或者个人的，责令限期改正，没收违法所得；违法所得十万元以上的，并处违法所得二倍以上五倍以下的罚款；没有违法所得或者违法所得不足十万元的，单处或者并处十万元以上二十万元以下的罚款；对其直接负责的主管人员和其他直接责任人员处一万元以上二万元以下的罚款；导致发生生产安全事故给他人造成损害的，与承包方、承租方承担连带赔偿责任。

生产经营单位未与承包单位、承租单位签订专门的安全生产管理协议或者未在承包合同、租赁合同中明确各自的安全生产管理职责，或者未对承包单位、承租单位的安全生产统一协调、管理的，责令限期改正，处五万元以下的罚款，对其直接负责的主管人员和其他直接责任人员处一万元以下的罚款；逾期未改正的，责令停产停业整顿。

矿山、金属冶炼建设项目和用于生产、储存、装卸危险物品的建设项目的施工单位未按照规定对施工项目进行安全管理的，责令限期改正，处十万元以下的罚款，对其直接负责的主管人员和其他直接责任人员处二万元以下的罚款；逾期未改正的，责令停产停业整顿。以上施工单位倒卖、出租、出借、挂靠或者以其他形式非法转让施工资质的，责令停产停业整顿，吊销资质证书，没收违法所得；违法所得十万元以上的，并处违法所得二倍以上五倍以下的罚款，没有违法所得或者违法所得不足十万元的，单处或者并处十万元以上二十万元以下的罚款；对其直接负责的主管人员和其他直接责任人员处五万元以上十万元以下的罚款；构成犯罪的，依照刑法有关规定追究刑事责任。

第一百零四条 两个以上生产经营单位在同一作业区域内进行可能危及对方安全生产的生产经营活动，未签订安全生产管理协议或者未指定专职安全生产管理人员进行安全检查与协调的，责令限期改正，处五万元以下的罚款，对其直接负责的主管人员和其他直接责任人员处一万元以下的罚款；逾期未改正的，责令停产停业。

第一百零五条 生产经营单位有下列行为之一的，责令限期改正，处五万元以下的罚款，对其直接负责的主管人员和其他直接责任人员处一万元以下的罚款；逾期未改正的，责令停产停业整顿；构成犯罪的，依照刑法有关规定追究刑事责任：

（一）生产、经营、储存、使用危险物品的车间、商店、仓库与员工宿舍在同一座建筑内，或者与员工宿舍的距离不符合安全要求的；

（二）生产经营场所和员工宿舍未设有符合紧急疏散需要、标志明显、保持畅通的出口、疏散通道，或者占用、锁闭、封堵生产经营场所或者员工宿舍出口、疏散通道的。

第一百零六条 生产经营单位与从业人员订立协议，免除或者减轻其对从业人员因生产安全事故伤亡依法应承担的责任的，该协议无效；对生产经营单位的主要负责人、个人经营的投资人处二万元以上十万元以下的罚款。

第一百零七条 生产经营单位的从业人员不落实岗位安全责任，不服从管理，违反安全生产规章制度或者操作规程的，由生产经营单位给予批评教育，依照有关规章制度给予处分；构成犯罪的，依照刑法有关规定追究刑事责任。

第一百零八条 违反本法规定，生产经营单位拒绝、阻碍负有安全生产监督管理职责的部门依法实施监督检查的，责令改正；拒不改正的，处二万元以上二十万元以下的罚款；对其直接负责的主管人员和其他直接责任人员处一万元以上二万元以下的罚款；构成犯罪的，依照刑法有关规定追究刑事责任。

第一百零九条 高危行业、领域的生产经营单位未按照国家规定投保安全生产责任保险的，责令限期改正，处五万元以上十万元以下的罚款；逾期未改正的，处十万元以上二十万元以下的罚款。

第一百一十条 生产经营单位的主要负责人在本单位发生生产安全事故时，不立即组织抢救或者在事故调查处理期间擅离职守或者逃匿的，给予降级、撤职的处分，并由应急管理部门处上一年年收入百分之六十至百分之一百的罚款；对逃匿的处十五日以下拘留；构成犯罪的，依照刑法有关规定追究刑事责任。

生产经营单位的主要负责人对生产安全事故隐瞒不报、谎报或者迟报的，依照前款规定处罚。

第一百一十一条 有关地方人民政府、负有安全生产监督管理职责的部门，对生产安全事故隐瞒不报、谎报或者迟报的，对直接负责的主管人员和其他直接责任人员依法给予处分；构成犯罪的，依照刑法有关规定追究刑事责任。

第一百一十二条 生产经营单位违反本法规定，被责令改正且受到罚款处罚，拒不改正的，负有安全生产监督管理职责的部门可以自作出责令改正之日的次日起，按照原处罚数额按日连续处罚。

第一百一十三条 生产经营单位存在下列情形之一的，负有安全生产监督管理职责的部门应当提请地方人民政府予以关闭，有关部门应当依法吊销其有关证照。生产经营单位主要负责人五年内不得担任任何生产经营单位的主要负责人；情节严重的，终身不得担任本行业生产经营单位的主要负责人：

（一）存在重大事故隐患，一百八十日内三次或者一年内四次受到本法规定的行政处罚的；

（二）经停产停业整顿，仍不具备法律、行政法规和国家标准或者行业标准规定的安全生产条件的；

（三）不具备法律、行政法规和国家标准或者行业标准规定的安全生产条件，导致发生重大、特别重大生产安全事故的；

（四）拒不执行负有安全生产监督管理职责的部门作出的停产停业整顿决定的。

第一百一十四条 发生生产安全事故，对负有责任的生产经营单位除要求其依法承担相应的赔偿等责任外，由应急管理部门依照下列规定处以罚款：

（一）发生一般事故的，处三十万元以上一百万元以下的罚款；

（二）发生较大事故的，处一百万元以上二百万元以下的罚款；

（三）发生重大事故的，处二百万元以上一千万元以下的罚款；

（四）发生特别重大事故的，处一千万元以上二千万元以下的罚款。

发生生产安全事故，情节特别严重、影响特别恶劣的，应急管理部门可以按照前款罚款数额的二倍以上五倍以下对负有责任的生产经营单位处以罚款。

第一百一十五条 本法规定的行政处罚，由应急管理部门和其他负有安全生产监督管理职责的部门按照职责分工决定；其中，根据本法第九十五条、第一百一十条、第一百一十四条的规定应当给予民航、铁路、电力行业的生产经营单位及其主要负责人行政处罚的，也可以由主管的负有安全生产监督管理职责的部门进行处罚。予以关闭的行政处罚，由负有安全生产监督管理职责的部门报请县级以上人民政府按照国务院规定的权限决定；给予拘留的行政处罚，由公安机关依照治安管理处罚的规定决定。

第一百一十六条 生产经营单位发生生产安全事故造成人员伤亡、他人财产损失的，应当依法承担赔偿责任；拒不承担或者其负责人逃匿的，由人民法院依法强制执行。

生产安全事故的责任人未依法承担赔偿责任，经人民法院依法采取执行措施后，仍不能对受害人给予足额赔偿的，应当继续履行赔偿义务；受害人发现责任人有其他财产的，可以随时请求人民法院执行。

第七章 附 则

第一百一十七条 本法下列用语的含义：

危险物品，是指易燃易爆物品、危险化学品、放射性物品等能够危及人身安全和财产安全的物品。

重大危险源，是指长期地或者临时地生产、搬运、使用或者储存危险物品，且危险物品的数量等于或者超过临界量的单元（包括场所和设施）。

第一百一十八条 本法规定的生产安全一般事故、较大事故、重大事故、特别重大事故的划分标准由国务院规定。

国务院应急管理部门和其他负有安全生产监督管理职责的部门应当根据各自的职责分工，制定相关行业、领域重大危险源的辨识标准和重大事故隐患的判定标准。

第一百一十九条 本法自2002年11月1日起施行。

中华人民共和国消防法

（1998 年 4 月 29 日第九届全国人民代表大会常务委员会第二次会议通过 2008 年 10 月 28 日第十一届全国人民代表大会常务委员会第五次会议修订 根据 2019 年 4 月 23 日第十三届全国人民代表大会常务委员会第十次会议《关于修改〈中华人民共和国建筑法〉等八部法律的决定》第一次修正 根据 2021 年 4 月 29 日第十三届全国人民代表大会常务委员会第二十八次会议《关于修改〈中华人民共和国道路交通安全法〉等八部法律的决定》第二次修正）

目 录

第一章 总 则

第一条 为了预防火灾和减少火灾危害，加强应急救援工作，保护人身、财产安全，维护公共安全，制定本法。

第二条 消防工作贯彻预防为主、防消结合的方针，按照政府统一领导、部门依法监管、单位全面负责、公民积极参与的原则，实行消防安全责任制，建立健全社会化的消防工作网络。

第三条 国务院领导全国的消防工作。地方各级人民政府负责本行政区域内的消防工作。

各级人民政府应当将消防工作纳入国民经济和社会发展计划，保障消防工作与经济社会发展相适应。

第四条 国务院应急管理部门对全国的消防工作实施监督管理。县级以上地方人民政府应急管理部门对本行政区域内的消防工作实施监督管理，并由本级人民政府消防救援机构负责实施。军事设施的消防工作，由其主管单位监督管理，消防救援机构协助；矿井地下部分、核电厂、海上石油天然气设施的消防工作，由其主管单位监督管理。

县级以上人民政府其他有关部门在各自的职责范围内，依照本法和其他相关法律、法规的规定做好消防工作。

法律、行政法规对森林、草原的消防工作另有规定的，从其规定。

第五条 任何单位和个人都有维护消防安全、保护消防设施、预防火灾、报告火警的义务。任何单位和成年人都有参加有组织的灭火工作的义务。

第六条 各级人民政府应当组织开展经常性的消防宣传教育，提高公民的消防安全意识。

机关、团体、企业、事业等单位，应当加强对本单位人员的消防宣传教育。

应急管理部门及消防救援机构应当加强消防法律、法规的宣传，并督促、指导、协助有关单位做好消防宣传教育工作。

教育、人力资源行政主管部门和学校、有关职业培训机构应当将消防知识纳入教育、教学、培训的内容。

新闻、广播、电视等有关单位，应当有针对性地面向社会进行消防宣传教育。

工会、共产主义青年团、妇女联合会等团体应当结合各自工作对象的特点，组织开展消防宣传教育。

村民委员会、居民委员会应当协助人民政府以及公安机关、应急管理等部门，加强消防宣传教育。

第七条 国家鼓励、支持消防科学研究和技术创新，推广使用先进的消防和应急救援技术、设备；鼓励、支持社会力量开展消防公益活动。

对在消防工作中有突出贡献的单位和个人，应当按照国家有关规定给予表彰和奖励。

第二章 火 灾 预 防

第八条 地方各级人民政府应当将包括消防安全布局、消防站、消防供水、消防通信、消防车通道、消防装备等内容的消防规划纳入城乡规划，并负责组织实施。

城乡消防安全布局不符合消防安全要求的，应当调整、完善；公共消防设施、消防装备不足或者不适应实际需要的，应当增建、改建、配置或者进行技术改造。

第九条 建设工程的消防设计、施工必须符合国家工程建设消防技术标准。建设、设计、施工、工程监理等单位依法对建设工程的消防设计、施工质量负责。

第十条 对按照国家工程建设消防技术标准需要进行消防设计的建设工程，实行建设工程消防设计审查验收制度。

第十一条 国务院住房和城乡建设主管部门规定的特殊建设工程，建设单位应当将消防设计文件报送住房和城乡建设主管部门审查，住房和城乡建设主管部门依法对审查的结果负责。

前款规定以外的其他建设工程，建设单位申请领取施工许可证或者申请批准开工报告时应当提供满足施工需要的消防设计图纸及技术资料。

第十二条 特殊建设工程未经消防设计审查或者审查不合格的，建设单位、施工单位不得施工；其他建设工程，建设单位未提供满足施工需要的消防设计图纸及技术资料的，有关部门不得发放施工许可证或者批准开工报告。

第十三条 国务院住房和城乡建设主管部门规定应当申请消防验收的建设工程竣工，建设单位应当向住房和城乡建设主管部门申请消防验收。

前款规定以外的其他建设工程，建设单位在验收后应当报住房和城乡建设主管部门备案，住房和城乡建设主管部门应当进行抽查。

依法应当进行消防验收的建设工程，未经消防验收或者消防验收不合格的，禁止投入使用；其他建设工程经依法抽查不合格的，应当停止使用。

第十四条　建设工程消防设计审查、消防验收、备案和抽查的具体办法，由国务院住房和城乡建设主管部门规定。

第十五条　公众聚集场所投入使用、营业前消防安全检查实行告知承诺管理。公众聚集场所在投入使用、营业前，建设单位或者使用单位应当向场所所在地的县级以上地方人民政府消防救援机构申请消防安全检查，作出场所符合消防技术标准和管理规定的承诺，提交规定的材料，并对其承诺和材料的真实性负责。

消防救援机构对申请人提交的材料进行审查；申请材料齐全、符合法定形式的，应当予以许可。消防救援机构应当根据消防技术标准和管理规定，及时对作出承诺的公众聚集场所进行核查。

申请人选择不采用告知承诺方式办理的，消防救援机构应当自受理申请之日起十个工作日内，根据消防技术标准和管理规定，对该场所进行检查。经检查符合消防安全要求的，应当予以许可。

公众聚集场所未经消防救援机构许可的，不得投入使用、营业。消防安全检查的具体办法，由国务院应急管理部门制定。

第十六条　机关、团体、企业、事业等单位应当履行下列消防安全职责：

（一）落实消防安全责任制，制定本单位的消防安全制度、消防安全操作规程，制定灭火和应急疏散预案；

（二）按照国家标准、行业标准配置消防设施、器材，设置消防安全标志，并定期组织检验、维修，确保完好有效；

（三）对建筑消防设施每年至少进行一次全面检测，确保完好有效，检测记录应当完整准确，存档备查；

（四）保障疏散通道、安全出口、消防车通道畅通，保证防火防烟分区、防火间距符合消防技术标准；

（五）组织防火检查，及时消除火灾隐患；

（六）组织进行有针对性的消防演练；

（七）法律、法规规定的其他消防安全职责。

单位的主要负责人是本单位的消防安全责任人。

第十七条　县级以上地方人民政府消防救援机构应当将发生火灾可能性较大以及发生火灾可能造成重大的人身伤亡或者财产损失的单位，确定为本行政区域内的消防安全重点单位，并由应急管理部门报本级人民政府备案。

消防安全重点单位除应当履行本法第丨六条规定的职责外，还应当履行下列消防安全职责：

（一）确定消防安全管理人，组织实施本单位的消防安全管理工作；

（二）建立消防档案，确定消防安全重点部位，设置防火标志，实行严格管理；

（三）实行每日防火巡查，并建立巡查记录；

（四）对职工进行岗前消防安全培训，定期组织消防安全培训和消防演练。

第十八条 同一建筑物由两个以上单位管理或者使用的，应当明确各方的消防安全责任，并确定责任人对共用的疏散通道、安全出口、建筑消防设施和消防车通道进行统一管理。

住宅区的物业服务企业应当对管理区域内的共用消防设施进行维护管理，提供消防安全防范服务。

第十九条 生产、储存、经营易燃易爆危险品的场所不得与居住场所设置在同一建筑物内，并应当与居住场所保持安全距离。

生产、储存、经营其他物品的场所与居住场所设置在同一建筑物内的，应当符合国家工程建设消防技术标准。

第二十条 举办大型群众性活动，承办人应当依法向公安机关申请安全许可，制定灭火和应急疏散预案并组织演练，明确消防安全责任分工，确定消防安全管理人员，保持消防设施和消防器材配置齐全、完好有效，保证疏散通道、安全出口、疏散指示标志、应急照明和消防车通道符合消防技术标准和管理规定。

第二十一条 禁止在具有火灾、爆炸危险的场所吸烟、使用明火。因施工等特殊情况需要使用明火作业的，应当按照规定事先办理审批手续，采取相应的消防安全措施；作业人员应当遵守消防安全规定。

进行电焊、气焊等具有火灾危险作业的人员和自动消防系统的操作人员，必须持证上岗，并遵守消防安全操作规程。

第二十二条 生产、储存、装卸易燃易爆危险品的工厂、仓库和专用车站、码头的设置，应当符合消防技术标准。易燃易爆气体和液体的充装站、供应站、调压站，应当设置在符合消防安全要求的位置，并符合防火防爆要求。

已经设置的生产、储存、装卸易燃易爆危险品的工厂、仓库和专用车站、码头，易燃易爆气体和液体的充装站、供应站、调压站，不再符合前款规定的，地方人民政府应当组织、协调有关部门、单位限期解决，消除安全隐患。

第二十三条 生产、储存、运输、销售、使用、销毁易燃易爆危险品，必须执行消防技术标准和管理规定。

进入生产、储存易燃易爆危险品的场所，必须执行消防安全规定。禁止非法携带易燃易爆危险品进入公共场所或者乘坐公共交通工具。

储存可燃物资仓库的管理，必须执行消防技术标准和管理规定。

第二十四条 消防产品必须符合国家标准；没有国家标准的，必须符合行业标准。禁止生产、销售或者使用不合格的消防产品以及国家明令淘汰的消防产品。

依法实行强制性产品认证的消防产品，由具有法定资质的认证机构按照国家标准、行业标准的强制性要求认证合格后，方可生产、销售、使用。实行强制性产品认证的消防产品目录，由国务院产品质量监督部门会同国务院应急管理部门制定并公布。

新研制的尚未制定国家标准、行业标准的消防产品，应当按照国务院产品质量监督部门会同国务院应急管理部门规定的办法，经技术鉴定符合消防安全要求的，方可生产、销售、使用。

依照本条规定经强制性产品认证合格或者技术鉴定合格的消防产品，国务院应急管理部门应当予以公布。

第二十五条 产品质量监督部门、工商行政管理部门、消防救援机构应当按照各自职责加强对消防产品质量的监督检查。

第二十六条 建筑构件、建筑材料和室内装修、装饰材料的防火性能必须符合国家标准；没有国家标准的，必须符合行业标准。

人员密集场所室内装修、装饰，应当按照消防技术标准的要求，使用不燃、难燃材料。

第二十七条 电器产品、燃气用具的产品标准，应当符合消防安全的要求。

电器产品、燃气用具的安装、使用及其线路、管路的设计、敷设、维护保养、检测，必须符合消防技术标准和管理规定。

第二十八条 任何单位、个人不得损坏、挪用或者擅自拆除、停用消防设施、器材，不得埋压、圈占、遮挡消火栓或者占用防火间距，不得占用、堵塞、封闭疏散通道、安全出口、消防车通道。人员密集场所的门窗不得设置影响逃生和灭火救援的障碍物。

第二十九条 负责公共消防设施维护管理的单位，应当保持消防供水、消防通信、消防车通道等公共消防设施的完好有效。在修建道路以及停电、停水、截断通信线路时有可能影响消防队灭火救援的，有关单位必须事先通知当地消防救援机构。

第三十条 地方各级人民政府应当加强对农村消防工作的领导，采取措施加强公共消防设施建设，组织建立和督促落实消防安全责任制。

第三十一条 在农业收获季节、森林和草原防火期间、重大节假日期间以及火灾多发季节，地方各级人民政府应当组织开展有针对性的消防宣传教育，采取防火措施，进行消防安全检查。

第三十二条 乡镇人民政府、城市街道办事处应当指导、支持和帮助村民委员会、居民委员会开展群众性的消防工作。村民委员会、居民委员会应当确定消防安全管理人，组织制定防火安全公约，进行防火安全检查。

第三十三条 国家鼓励、引导公众聚集场所和生产、储存、运输、销售易燃易爆危险品的企业投保火灾公众责任保险；鼓励保险公司承保火灾公众责任保险。

第三十四条 消防设施维护保养检测、消防安全评估等消防技术服务机构应当符合从业条件，执业人员应当依法获得相应的资格；依照法律、行政法规、国家标准、行业标准和执业准则，接受委托提供消防技术服务，并对服务质量负责。

第三章 消 防 组 织

第三十五条 各级人民政府应当加强消防组织建设，根据经济社会发展的需要，建立多种形式的消防组织，加强消防技术人才培养，增强火灾预防、扑救和应急救援的能力。

第三十六条 县级以上地方人民政府应当按照国家规定建立国家综合性消防救援队、专职消防队，并按照国家标准配备消防装备，承担火灾扑救工作。

乡镇人民政府应当根据当地经济发展和消防工作的需要，建立专职消防队、志愿消防队，承担火灾扑救工作。

第三十七条 国家综合性消防救援队、专职消防队按照国家规定承担重大灾害事故和其他以抢救人员生命为主的应急救援工作。

第三十八条 国家综合性消防救援队、专职消防队应当充分发挥火灾扑救和应急救援专业力量的骨干作用；按照国家规定，组织实施专业技能训练，配备并维护保养装备器材，提高火灾扑救和应急救援的能力。

第三十九条 下列单位应当建立单位专职消防队，承担本单位的火灾扑救工作：

（一）大型核设施单位、大型发电厂、民用机场、主要港口；

（二）生产、储存易燃易爆危险品的大型企业；

（三）储备可燃的重要物资的大型仓库、基地；

（四）第（一）项、第（二）项、第（三）项规定以外的火灾危险性较大、距离国家综合性消防救援队较远的其他大型企业；

（五）距离国家综合性消防救援队较远、被列为全国重点文物保护单位的古建筑群的管理单位。

第四十条 专职消防队的建立，应当符合国家有关规定，并报当地消防救援机构验收。

专职消防队的队员依法享受社会保险和福利待遇。

第四十一条 机关、团体、企业、事业等单位以及村民委员会、居民委员会根据需要，建立志愿消防队等多种形式的消防组织，开展群众性自防自救工作。

第四十二条 消防救援机构应当对专职消防队、志愿消防队等消防组织进行业务指导；根据扑救火灾的需要，可以调动指挥专职消防队参加火灾扑救工作。

第四章　灭　火　救　援

第四十三条 县级以上地方人民政府应当组织有关部门针对本行政区域内的火灾特点制定应急预案，建立应急反应和处置机制，为火灾扑救和应急救援工作提供人员、装备等保障。

第四十四条 任何人发现火灾都应当立即报警。任何单位、个人都应当无偿为报警提供便利，不得阻拦报警。严禁谎报火警。

人员密集场所发生火灾，该场所的现场工作人员应当立即组织、引导在场人员疏散。

任何单位发生火灾，必须立即组织力量扑救。邻近单位应当给予支援。

消防队接到火警，必须立即赶赴火灾现场，救助遇险人员，排除险情，扑灭火灾。

第四十五条 消防救援机构统一组织和指挥火灾现场扑救，应当优先保障遇险人员的生命安全。

火灾现场总指挥根据扑救火灾的需要，有权决定下列事项：

（一）使用各种水源；

（二）截断电力、可燃气体和可燃液体的输送，限制用火用电；

（三）划定警戒区，实行局部交通管制；

（四）利用临近建筑物和有关设施；

（五）为了抢救人员和重要物资，防止火势蔓延，拆除或者破损毗邻火灾现场的建筑物、构筑物或者设施等；

（六）调动供水、供电、供气、通信、医疗救护、交通运输、环境保护等有关单位协助灭火救援。

根据扑救火灾的紧急需要，有关地方人民政府应当组织人员、调集所需物资支援灭火。

第四十六条 国家综合性消防救援队、专职消防队参加火灾以外的其他重大灾害事故的应急救援工作，由县级以上人民政府统一领导。

第四十七条 消防车、消防艇前往执行火灾扑救或者应急救援任务，在确保安全的前提下，不受行驶速度、行驶路线、行驶方向和指挥信号的限制，其他车辆、船舶以及行人应当让行，不得穿插超越；收费公路、桥梁免收车辆通行费。交通管理指挥人员应当保证消防车、消防艇迅速通行。

赶赴火灾现场或者应急救援现场的消防人员和调集的消防装备、物资，需要铁路、水路或者航空运输的，有关单位应当优先运输。

第四十八条 消防车、消防艇以及消防器材、装备和设施，不得用于与消防和应急救援工作无关的事项。

第四十九条 国家综合性消防救援队、专职消防队扑救火灾、应急救援，不得收取任何费用。

单位专职消防队、志愿消防队参加扑救外单位火灾所损耗的燃料、灭火剂和器材、装备等，由火灾发生地的人民政府给予补偿。

第五十条 对因参加扑救火灾或者应急救援受伤、致残或者死亡的人员，按照国家有关规定给予医疗、抚恤。

第五十一条 消防救援机构有权根据需要封闭火灾现场，负责调查火灾原因，统计火灾损失。

火灾扑灭后，发生火灾的单位和相关人员应当按照消防救援机构的要求保护现场，接受事故调查，如实提供与火灾有关的情况。

消防救援机构根据火灾现场勘验、调查情况和有关的检验、鉴定意见，及时制作火灾事故认定书，作为处理火灾事故的证据。

第五章 监 督 检 查

第五十二条 地方各级人民政府应当落实消防工作责任制，对本级人民政府有关部门履行消防安全职责的情况进行监督检查。

县级以上地方人民政府有关部门应当根据本系统的特点，有针对性地开展消防安全检查，及时督促整改火灾隐患。

第五十三条 消防救援机构应当对机关、团体、企业、事业等单位遵守消防法律、法规的情况依法进行监督检查。公安派出所可以负责日常消防监督检查、开展消防宣传教育，具体办法由国务院公安部门规定。

消防救援机构、公安派出所的工作人员进行消防监督检查，应当出示证件。

第五十四条 消防救援机构在消防监督检查中发现火灾隐患的，应当通知有关单位或者个人立即采取措施消除隐患；不及时消除隐患可能严重威胁公共安全的，消防救援机构应当依照规定对危险部位或者场所采取临时查封措施。

第五十五条 消防救援机构在消防监督检查中发现城乡消防安全布局、公共消防设施不符合消防安全要求，或者发现本地区存在影响公共安全的重大火灾隐患的，应当由应急管理部门书面报告本级人民政府。

接到报告的人民政府应当及时核实情况，组织或者责成有关部门、单位采取措施，予以整改。

第五十六条 住房和城乡建设主管部门、消防救援机构及其工作人员应当按照法定的职权和程序进行消防设计审查、消防验收、备案抽查和消防安全检查，做到公正、严格、文明、高效。

住房和城乡建设主管部门、消防救援机构及其工作人员进行消防设计审查、消防验收、备案抽查和消防安全检查等，不得收取费用，不得利用职务谋取利益；不得利用职务为用户、建设单位指定或者变相指定消防产品的品牌、销售单位或者消防技术服务机构、消防设施施工单位。

第五十七条 住房和城乡建设主管部门、消防救援机构及其工作人员执行职务，应当自觉接受社会和公民的监督。

任何单位和个人都有权对住房和城乡建设主管部门、消防救援机构及其工作人员在执法中的违法行为进行检举、控告。收到检举、控告的机关，应当按照职责及时查处。

第六章 法律责任

第五十八条 违反本法规定，有下列行为之一的，由住房和城乡建设主管部门、消防救援机构按照各自职权责令停止施工、停止使用或者停产停业，并处三万元以上三十万元以下罚款：

（一）依法应当进行消防设计审查的建设工程，未经依法审查或者审查不合格，擅自施工的；

（二）依法应当进行消防验收的建设工程，未经消防验收或者消防验收不合格，擅自投入使用的；

（三）本法第十三条规定的其他建设工程验收后经依法抽查不合格，不停止使用的；

（四）公众聚集场所未经消防救援机构许可，擅自投入使用、营业的，或者经核查发现场所使用、营业情况与承诺内容不符的。

核查发现公众聚集场所使用、营业情况与承诺内容不符，经责令限期改正，逾期不整改或者整改后仍达不到要求的，依法撤销相应许可。

建设单位未依照本法规定在验收后报住房和城乡建设主管部门备案的，由住房和城乡建设主管部门责令改正，处五千元以下罚款。

第五十九条 违反本法规定，有下列行为之一的，由住房和城乡建设主管部门责令改正或者停止施工，并处一万元以上十万元以下罚款：

（一）建设单位要求建筑设计单位或者建筑施工企业降低消防技术标准设计、施工的；

（二）建筑设计单位不按照消防技术标准强制性要求进行消防设计的；

（三）建筑施工企业不按照消防设计文件和消防技术标准施工，降低消防施工质量的；

（四）工程监理单位与建设单位或者建筑施工企业串通，弄虚作假，降低消防施工质量的。

第六十条 单位违反本法规定，有下列行为之一的，责令改正，处五千元以上五万元以下罚款：

（一）消防设施、器材或者消防安全标志的配置、设置不符合国家标准、行业标准，或者未保持完好有效的；

（二）损坏、挪用或者擅自拆除、停用消防设施、器材的；

（三）占用、堵塞、封闭疏散通道、安全出口或者有其他妨碍安全疏散行为的；

（四）埋压、圈占、遮挡消火栓或者占用防火间距的；

（五）占用、堵塞、封闭消防车通道，妨碍消防车通行的；

（六）人员密集场所在门窗上设置影响逃生和灭火救援的障碍物的；

（七）对火灾隐患经消防救援机构通知后不及时采取措施消除的。

个人有前款第（二）项、第（三）项、第（四）项、第（五）项行为之一的，处警告或者五百元以下罚款。

有本条第一款第（三）项、第（四）项、第（五）项、第（六）项行为，经责令改正拒不改正的，强制执行，所需费用由违法行为人承担。

第六十一条 生产、储存、经营易燃易爆危险品的场所与居住场所设置在同一建筑物内，或者未与居住场所保持安全距离的，责令停产停业，并处五千元以上五万元以下罚款。

生产、储存、经营其他物品的场所与居住场所设置在同一建筑物内，不符合消防技术标准的，依照前款规定处罚。

第六十二条 有下列行为之一的，依照《中华人民共和国治安管理处罚法》的规定处罚：

（一）违反有关消防技术标准和管理规定生产、储存、运输、销售、使用、销毁易燃易爆危险品的；

（二）非法携带易燃易爆危险品进入公共场所或者乘坐公共交通工具的；

（三）谎报火警的；

（四）阻碍消防车、消防艇执行任务的；

（五）阻碍消防救援机构的工作人员依法执行职务的。

第六十三条 违反本法规定，有下列行为之一的，处警告或者五百元以下罚款；情节严重的，处五日以下拘留：

（一）违反消防安全规定进入生产、储存易燃易爆危险品场所的；

（二）违反规定使用明火作业或者在具有火灾、爆炸危险的场所吸烟、使用明火的。

第六十四条 违反本法规定，有下列行为之一，尚不构成犯罪的，处十日以上十五日以下拘留，可以并处五百元以下罚款；情节较轻的，处警告或者五百元以下罚款：

（一）指使或者强令他人违反消防安全规定，冒险作业的；

（二）过失引起火灾的；

（三）在火灾发生后阻拦报警，或者负有报告职责的人员不及时报警的；

（四）扰乱火灾现场秩序，或者拒不执行火灾现场指挥员指挥，影响灭火救援的；

（五）故意破坏或者伪造火灾现场的；

（六）擅自拆封或者使用被消防救援机构查封的场所、部位的。

第六十五条 违反本法规定，生产、销售不合格的消防产品或者国家明令淘汰的消防产品的，由产品质量监督部门或者工商行政管理部门依照《中华人民共和国产品质量法》的规定从重处罚。

人员密集场所使用不合格的消防产品或者国家明令淘汰的消防产品的，责令限期改正；逾期不改正的，处五千元以上五万元以下罚款，并对其直接负责的主管人员和其他直接责任人员处五百元以上二千元以下罚款；情节严重的，责令停产停业。

消防救援机构对于本条第二款规定的情形，除依法对使用者予以处罚外，应当将发现不合格的消防产品和国家明令淘汰的消防产品的情况通报产品质量监督部门、工商行政管理部门。产品质量监督部门、工商行政管理部门应当对生产者、销售者依法及时查处。

第六十六条 电器产品、燃气用具的安装、使用及其线路、管路的设计、敷设、维护保养、检测不符合消防技术标准和管理规定的，责令限期改正；逾期不改正的，责令停止使用，可以并处一千元以上五千元以下罚款。

第六十七条 机关、团体、企业、事业等单位违反本法第十六条、第十七条、第十八条、第二十一条第二款规定的，责令限期改正；逾期不改正的，对其直接负责的主管人员和其他直接责任人员依法给予处分或者给予警告处罚。

第六十八条 人员密集场所发生火灾，该场所的现场工作人员不履行组织、引导在场人员疏散的义务，情节严重，尚不构成犯罪的，处五日以上十日以下拘留。

第六十九条 消防设施维护保养检测、消防安全评估等消防技术服务机构，不具备从业条件从事消防技术服务活动或者出具虚假文件的，由消防救援机构责令改正，处五万元以上十万元以下罚款，并对直接负责的主管人员和其他直接责任人员处一万元以上五万元以下罚款；不按照国家标准、行业标准开展消防技术服务活动的，责令改正，处五万元以下罚款，并对直接负责的主管人员和其它直接责任人员处一万元以下罚款；有违法所得的，并处没收违法所得；给他人造成损失的，依法承担赔偿责任；情节严重的，依法责令停止执业或者吊销相应资格；造成重大损失的，由相关部门吊销营业执照，并对有关责任人员采取终身市场禁入措施。

前款规定的机构出具失实文件，给他人造成损失的，依法承担赔偿责任；造成重大损失的，由消防救援机构依法责令停止执业或者吊销相应资格，由相关部门吊销营业执照，并对有关责任人员采取终身市场禁入措施。

第七十条 本法规定的行政处罚，除应当由公安机关依照《中华人民共和国治安管理处罚法》的有关规定决定的外，由住房和城乡建设主管部门、消防救援机构按照各自职权决定。

被责令停止施工、停止使用、停产停业的，应当在整改后向作出决定的部门或者机构报告，经检查合格，方可恢复施工、使用、生产、经营。

当事人逾期不执行停产停业、停止使用、停止施工决定的，由作出决定的部门或者机构强制执行。

责令停产停业，对经济和社会生活影响较大的，由住房和城乡建设主管部门或者应急管理部门报请本级人民政府依法决定。

第七十一条　住房和城乡建设主管部门、消防救援机构的工作人员滥用职权、玩忽职守、徇私舞弊，有下列行为之一，尚不构成犯罪的，依法给予处分：

（一）对不符合消防安全要求的消防设计文件、建设工程、场所准予审查合格、消防验收合格、消防安全检查合格的；

（二）无故拖延消防设计审查、消防验收、消防安全检查，不在法定期限内履行职责的；

（三）发现火灾隐患不及时通知有关单位或者个人整改的；

（四）利用职务为用户、建设单位指定或者变相指定消防产品的品牌、销售单位或者消防技术服务机构、消防设施施工单位的；

（五）将消防车、消防艇以及消防器材、装备和设施用于与消防和应急救援无关的事项的；

（六）其他滥用职权、玩忽职守、徇私舞弊的行为。

产品质量监督、工商行政管理等其他有关行政主管部门的工作人员在消防工作中滥用职权、玩忽职守、徇私舞弊，尚不构成犯罪的，依法给予处分。

第七十二条　违反本法规定，构成犯罪的，依法追究刑事责任。

第七章　附　　则

第七十三条　本法下列用语的含义：

（一）消防设施，是指火灾自动报警系统、自动灭火系统、消火栓系统、防烟排烟系统以及应急广播和应急照明、安全疏散设施等。

（二）消防产品，是指专门用于火灾预防、灭火救援和火灾防护、避难、逃生的产品。

（三）公众聚集场所，是指宾馆、饭店、商场、集贸市场、客运车站候车室、客运码头候船厅、民用机场航站楼、体育场馆、会堂以及公共娱乐场所等。

（四）人员密集场所，是指公众聚集场所，医院的门诊楼、病房楼，学校的教学楼、图书馆、食堂和集体宿舍，养老院，福利院，托儿所，幼儿园，公共图书馆的阅览室，公共展览馆、博物馆的展示厅，劳动密集型企业的生产加工车间和员工集体宿舍，旅游、宗教活动场所等。

第七十四条　本法自2009年5月1日起施行。

城镇燃气管理条例

（2010年11月19日中华人民共和国国务院令第583号公布　根据2016年2月6日《国务院关于修改部分行政法规的决定》修订）

第一章　总　　则

第一条　为了加强城镇燃气管理，保障燃气供应，防止和减少燃气安全事故，保障公民生命、财产安全和公共安全，维护燃气经营者和燃气用户的合法权益，促进燃气事业健康发展，制定本条例。

第二条　城镇燃气发展规划与应急保障、燃气经营与服务、燃气使用、燃气设施保护、燃气安全事故预防与处理及相关管理活动，适用本条例。

天然气、液化石油气的生产和进口，城市门站以外的天然气管道输送，燃气作为工业生产原料的使用，沼气、秸秆气的生产和使用，不适用本条例。

本条例所称燃气，是指作为燃料使用并符合一定要求的气体燃料，包括天然气（含煤层气）、液化石油气和人工煤气等。

第三条　燃气工作应当坚持统筹规划、保障安全、确保供应、规范服务、节能高效的原则。

第四条　县级以上人民政府应当加强对燃气工作的领导，并将燃气工作纳入国民经济和社会发展规划。

第五条　国务院建设主管部门负责全国的燃气管理工作。

县级以上地方人民政府燃气管理部门负责本行政区域内的燃气管理工作。

县级以上人民政府其他有关部门依照本条例和其他有关法律、法规的规定，在各自职责范围内负责有关燃气管理工作。

第六条　国家鼓励、支持燃气科学技术研究，推广使用安全、节能、高效、环保的燃气新技术、新工艺和新产品。

第七条　县级以上人民政府有关部门应当建立健全燃气安全监督管理制度，宣传普及燃气法律、法规和安全知识，提高全民的燃气安全意识。

第二章　燃气发展规划与应急保障

第八条　国务院建设主管部门应当会同国务院有关部门，依据国民经济和社会发展规划、土地利用总体规划、城乡规划以及能源规划，结合全国燃气资源总量平衡情况，组织编制全国燃气发展规划并组织实施。

县级以上地方人民政府燃气管理部门应当会同有关部门，依据国民经济和社会发展规划、土地利用总体规划、城乡规划、能源规划以及上一级燃气发展规划，组织编制本行政区域的燃气发展规划，报本级人民政府批准后组织实施，并报上一级人民政府燃气管理部门备案。

第九条 燃气发展规划的内容应当包括：燃气气源、燃气种类、燃气供应方式和规模、燃气设施布局和建设时序、燃气设施建设用地、燃气设施保护范围、燃气供应保障措施和安全保障措施等。

第十条 县级以上地方人民政府应当根据燃气发展规划的要求，加大对燃气设施建设的投入，并鼓励社会资金投资建设燃气设施。

第十一条 进行新区建设、旧区改造，应当按照城乡规划和燃气发展规划配套建设燃气设施或者预留燃气设施建设用地。

对燃气发展规划范围内的燃气设施建设工程，城乡规划主管部门在依法核发选址意见书时，应当就燃气设施建设是否符合燃气发展规划征求燃气管理部门的意见；不需要核发选址意见书的，城乡规划主管部门在依法核发建设用地规划许可证或者乡村建设规划许可证时，应当就燃气设施建设是否符合燃气发展规划征求燃气管理部门的意见。

燃气设施建设工程竣工后，建设单位应当依法组织竣工验收，并自竣工验收合格之日起15日内，将竣工验收情况报燃气管理部门备案。

第十二条 县级以上地方人民政府应当建立健全燃气应急储备制度，组织编制燃气应急预案，采取综合措施提高燃气应急保障能力。

燃气应急预案应当明确燃气应急气源和种类、应急供应方式、应急处置程序和应急救援措施等内容。

县级以上地方人民政府燃气管理部门应当会同有关部门对燃气供求状况实施监测、预测和预警。

第十三条 燃气供应严重短缺、供应中断等突发事件发生后，县级以上地方人民政府应当及时采取动用储备、紧急调度等应急措施，燃气经营者以及其他有关单位和个人应当予以配合，承担相关应急任务。

第三章 燃气经营与服务

第十四条 政府投资建设的燃气设施，应当通过招标投标方式选择燃气经营者。

社会资金投资建设的燃气设施，投资方可以自行经营，也可以另行选择燃气经营者。

第十五条 国家对燃气经营实行许可证制度。从事燃气经营活动的企业，应当具备下列条件：

（一）符合燃气发展规划要求；

（二）有符合国家标准的燃气气源和燃气设施；

（三）有固定的经营场所、完善的安全管理制度和健全的经营方案；

（四）企业的主要负责人、安全生产管理人员以及运行、维护和抢修人员经专业培训并考核合格；

（五）法律、法规规定的其他条件。

符合前款规定条件的，由县级以上地方人民政府燃气管理部门核发燃气经营许可证。

第十六条 禁止个人从事管道燃气经营活动。

个人从事瓶装燃气经营活动的，应当遵守省、自治区、直辖市的有关规定。

第十七条 燃气经营者应当向燃气用户持续、稳定、安全供应符合国家质量标准的燃气，指导燃气用户安全用气、节约用气，并对燃气设施定期进行安全检查。

燃气经营者应当公示业务流程、服务承诺、收费标准和服务热线等信息，并按照国家燃气服务标准提供服务。

第十八条 燃气经营者不得有下列行为：

（一）拒绝向市政燃气管网覆盖范围内符合用气条件的单位或者个人供气；

（二）倒卖、抵押、出租、出借、转让、涂改燃气经营许可证；

（三）未履行必要告知义务擅自停止供气、调整供气量，或者未经审批擅自停业或者歇业；

（四）向未取得燃气经营许可证的单位或者个人提供用于经营的燃气；

（五）在不具备安全条件的场所储存燃气；

（六）要求燃气用户购买其指定的产品或者接受其提供的服务；

（七）擅自为非自有气瓶充装燃气；

（八）销售未经许可的充装单位充装的瓶装燃气或者销售充装单位擅自为非自有气瓶充装的瓶装燃气；

（九）冒用其他企业名称或者标识从事燃气经营、服务活动。

第十九条 管道燃气经营者对其供气范围内的市政燃气设施、建筑区划内业主专有部分以外的燃气设施，承担运行、维护、抢修和更新改造的责任。

管道燃气经营者应当按照供气、用气合同的约定，对单位燃气用户的燃气设施承担相应的管理责任。

第二十条 管道燃气经营者因施工、检修等原因需要临时调整供气量或者暂停供气的，应当将作业时间和影响区域提前48小时予以公告或者书面通知燃气用户，并按照有关规定及时恢复正常供气；因突发事件影响供气的，应当采取紧急措施并及时通知燃气用户。

燃气经营者停业、歇业的，应当事先对其供气范围内的燃气用户的正常用气作出妥善安排，并在90个工作日前向所在地燃气管理部门报告，经批准方可停业、歇业。

第二十一条 有下列情况之一的，燃气管理部门应当采取措施，保障燃气用户的正常用气：

（一）管道燃气经营者临时调整供气量或者暂停供气未及时恢复正常供气的；

（二）管道燃气经营者因突发事件影响供气未采取紧急措施的；

（三）燃气经营者擅自停业、歇业的；

（四）燃气管理部门依法撤回、撤销、注销、吊销燃气经营许可的。

第二十二条 燃气经营者应当建立健全燃气质量检测制度，确保所供应的燃气质量符合国家标准。

县级以上地方人民政府质量监督、工商行政管理、燃气管理等部门应当按照职责分工，依法加强对燃气质量的监督检查。

第二十三条 燃气销售价格，应当根据购气成本、经营成本和当地经济社会发展水平合理确定并适时调整。县级以上地方人民政府价格主管部门确定和调整管道燃气销售价格，应当征求管道燃气用户、管道燃气经营者和有关方面的意见。

第二十四条 通过道路、水路、铁路运输燃气的，应当遵守法律、行政法规有关危险货物运输安全的规定以及国务院交通运输部门、国务院铁路部门的有关规定；通过道路或者水路运输燃气的，还应当分别依照有关道路运输、水路运输的法律、行政法规的规定，取得危险货物道路运输许可或者危险货物水路运输许可。

第二十五条 燃气经营者应当对其从事瓶装燃气送气服务的人员和车辆加强管理，并承担相应的责任。

从事瓶装燃气充装活动，应当遵守法律、行政法规和国家标准有关气瓶充装的规定。

第二十六条 燃气经营者应当依法经营，诚实守信，接受社会公众的监督。

燃气行业协会应当加强行业自律管理，促进燃气经营者提高服务质量和技术水平。

第四章 燃 气 使 用

第二十七条 燃气用户应当遵守安全用气规则，使用合格的燃气燃烧器具和气瓶，及时更换国家明令淘汰或者使用年限已届满的燃气燃烧器具、连接管等，并按照约定期限支付燃气费用。

单位燃气用户还应当建立健全安全管理制度，加强对操作维护人员燃气安全知识和操作技能的培训。

第二十八条 燃气用户及相关单位和个人不得有下列行为：

（一）擅自操作公用燃气阀门；

（二）将燃气管道作为负重支架或者接地引线；

（三）安装、使用不符合气源要求的燃气燃烧器具；

（四）擅自安装、改装、拆除户内燃气设施和燃气计量装置；

（五）在不具备安全条件的场所使用、储存燃气；

（六）盗用燃气；

（七）改变燃气用途或者转供燃气。

第二十九条 燃气用户有权就燃气收费、服务等事项向燃气经营者进行查询，燃气经营者应当自收到查询申请之日起5个工作日内予以答复。

燃气用户有权就燃气收费、服务等事项向县级以上地方人民政府价格主管部门、燃气管理部门以及其他有关部门进行投诉，有关部门应当自收到投诉之日起15个工作日内予以处理。

第三十条 安装、改装、拆除户内燃气设施的，应当按照国家有关工程建设标准实施作业。

第三十一条 燃气管理部门应当向社会公布本行政区域内的燃气种类和气质成分等信息。

燃气燃烧器具生产单位应当在燃气燃烧器具上明确标识所适应的燃气种类。

第三十二条 燃气燃烧器具生产单位、销售单位应当设立或者委托设立售后服务站点，配备经考核合格的燃气燃烧器具安装、维修人员，负责售后的安装、维修服务。

燃气燃烧器具的安装、维修，应当符合国家有关标准。

第五章 燃气设施保护

第三十三条 县级以上地方人民政府燃气管理部门应当会同城乡规划等有关部门按照国家有关标准和规定划定燃气设施保护范围，并向社会公布。

在燃气设施保护范围内，禁止从事下列危及燃气设施安全的活动：

（一）建设占压地下燃气管线的建筑物、构筑物或者其他设施；

（二）进行爆破、取土等作业或者动用明火；

（三）倾倒、排放腐蚀性物质；

（四）放置易燃易爆危险物品或者种植深根植物；

（五）其他危及燃气设施安全的活动。

第三十四条 在燃气设施保护范围内，有关单位从事敷设管道、打桩、顶进、挖掘、钻探等可能影响燃气设施安全活动的，应当与燃气经营者共同制定燃气设施保护方案，并采取相应的安全保护措施。

第三十五条 燃气经营者应当按照国家有关工程建设标准和安全生产管理的规定，设置燃气设施防腐、绝缘、防雷、降压、隔离等保护装置和安全警示标志，定期进行巡查、检测、维修和维护，确保燃气设施的安全运行。

第三十六条 任何单位和个人不得侵占、毁损、擅自拆除或者移动燃气设施，不得毁损、覆盖、涂改、擅自拆除或者移动燃气设施安全警示标志。

任何单位和个人发现有可能危及燃气设施和安全警示标志的行为，有权予以劝阻、制止；经劝阻、制止无效的，应当立即告知燃气经营者或者向燃气管理部门、安全生产监督管理部门和公安机关报告。

第三十七条 新建、扩建、改建建设工程，不得影响燃气设施安全。

建设单位在开工前，应当查明建设工程施工范围内地下燃气管线的相关情况；燃气管理部门以及其他有关部门和单位应当及时提供相关资料。

建设工程施工范围内有地下燃气管线等重要燃气设施的，建设单位应当会同施工单位与管道燃气经营者共同制定燃气设施保护方案。建设单位、施工单位应当采取相应的安全保护措施，确保燃气设施运行安全；管道燃气经营者应当派专业人员进行现场指导。法律、法规另有规定的，依照有关法律、法规的规定执行。

第三十八条 燃气经营者改动市政燃气设施，应当制定改动方案，报县级以上地方人民政府燃气管理部门批准。

改动方案应当符合燃气发展规划，明确安全施工要求，有安全防护和保障正常用气的措施。

第六章 燃气安全事故预防与处理

第三十九条 燃气管理部门应当会同有关部门制定燃气安全事故应急预案，建立燃气事故统计分析制度，定期通报事故处理结果。

燃气经营者应当制定本单位燃气安全事故应急预案，配备应急人员和必要的应急装备、器材，并定期组织演练。

第四十条 任何单位和个人发现燃气安全事故或者燃气安全事故隐患等情况，应当立即告知燃气经营者，或者向燃气管理部门、公安机关消防机构等有关部门和单位报告。

第四十一条 燃气经营者应当建立健全燃气安全评估和风险管理体系，发现燃气安全事故隐患的，应当及时采取措施消除隐患。

燃气管理部门以及其他有关部门和单位应当根据各自职责，对燃气经营、燃气使用的安全状况等进行监督检查，发现燃气安全事故隐患的，应当通知燃气经营者、燃气用户及时采取措施消除隐患；不及时消除隐患可能严重威胁公共安全的，燃气管理部门以及其他有关部门和单位应当依法采取措施，及时组织消除隐患，有关单位和个人应当予以配合。

第四十二条 燃气安全事故发生后，燃气经营者应当立即启动本单位燃气安全事故应急预案，组织抢险、抢修。

燃气安全事故发生后，燃气管理部门、安全生产监督管理部门和公安机关消防机构等有关部门和单位，应当根据各自职责，立即采取措施防止事故扩大，根据有关情况启动燃气安全事故应急预案。

第四十三条 燃气安全事故经调查确定为责任事故的，应当查明原因、明确责任，并依法予以追究。

对燃气生产安全事故，依照有关生产安全事故报告和调查处理的法律、行政法规的规定报告和调查处理。

第七章 法 律 责 任

第四十四条 违反本条例规定，县级以上地方人民政府及其燃气管理部门和其他有关部门，不依法作出行政许可决定或者办理批准文件的，发现违法行为或者接到对违法行为的举报不予查处的，或者有其他未依照本条例规定履行职责的行为的，对直接负责的主管人员和其他直接责任人员，依法给予处分；直接负责的主管人员和其他直接责任人员的行为构成犯罪的，依法追究刑事责任。

第四十五条 违反本条例规定，未取得燃气经营许可证从事燃气经营活动的，由燃气管理部门责令停止违法行为，处5万元以上50万元以下罚款；有违法所得的，没收违法所得；构成犯罪的，依法追究刑事责任。

违反本条例规定，燃气经营者不按照燃气经营许可证的规定从事燃气经营活动的，由燃气管理部门责令限期改正，处3万元以上20万元以下罚款；有违法所得的，没收违法所得；情节严重的，吊销燃气经营许可证；构成犯罪的，依法追究刑事责任。

第四十六条 违反本条例规定，燃气经营者有下列行为之一的，由燃气管理部门责令限期改正，处1万元以上10万元以下罚款；有违法所得的，没收违法所得；情节严重的，吊销燃气经营许可证；造成损失的，依法承担赔偿责任；构成犯罪的，依法追究刑事责任：

（一）拒绝向市政燃气管网覆盖范围内符合用气条件的单位或者个人供气的；

（二）倒卖、抵押、出租、出借、转让、涂改燃气经营许可证的；

（三）未履行必要告知义务擅自停止供气、调整供气量，或者未经审批擅自停业或者歇业的；

（四）向未取得燃气经营许可证的单位或者个人提供用于经营的燃气的；

（五）在不具备安全条件的场所储存燃气的；

（六）要求燃气用户购买其指定的产品或者接受其提供的服务；

（七）燃气经营者未向燃气用户持续、稳定、安全供应符合国家质量标准的燃气，或者未对燃气用户的燃气设施定期进行安全检查。

第四十七条 违反本条例规定，擅自为非自有气瓶充装燃气或者销售未经许可的充装单位充装的瓶装燃气的，依照国家有关气瓶安全监察的规定进行处罚。

违反本条例规定，销售充装单位擅自为非自有气瓶充装的瓶装燃气的，由燃气管理部门责令改正，可以处1万元以下罚款。

违反本条例规定，冒用其他企业名称或者标识从事燃气经营、服务活动，依照有关反不正当竞争的法律规定进行处罚。

第四十八条 违反本条例规定，燃气经营者未按照国家有关工程建设标准和安全生产管理的规定，设置燃气设施防腐、绝缘、防雷、降压、隔离等保护装置和安全警示标志的，或者未定期进行巡查、检测、维修和维护的，或者未采取措施及时消除燃气安全事故隐患的，由燃气管理部门责令限期改正，处1万元以上10万元以下罚款。

第四十九条 违反本条例规定，燃气用户及相关单位和个人有下列行为之一的，由燃气管理部门责令限期改正；逾期不改正的，对单位可以处10万元以下罚款，对个人可以处1000元以下罚款；造成损失的，依法承担赔偿责任；构成犯罪的，依法追究刑事责任：

（一）擅自操作公用燃气阀门的；

（二）将燃气管道作为负重支架或者接地引线的；

（三）安装、使用不符合气源要求的燃气燃烧器具的；

（四）擅自安装、改装、拆除户内燃气设施和燃气计量装置的；

（五）在不具备安全条件的场所使用、储存燃气的；

（六）改变燃气用途或者转供燃气的；

（七）未设立售后服务站点或者未配备经考核合格的燃气燃烧器具安装、维修人员的；

（八）燃气燃烧器具的安装、维修不符合国家有关标准的。

盗用燃气的，依照有关治安管理处罚的法律规定进行处罚。

第五十条 违反本条例规定，在燃气设施保护范围内从事下列活动之一的，由燃气管理部门责令停止违法行为，限期恢复原状或者采取其他补救措施，对单位处5万元以上10万元以下罚款，对个人处5000元以上5万元以下罚款；造成损失的，依法承担赔偿责任；构成犯罪的，依法追究刑事责任：

（一）进行爆破、取土等作业或者动用明火的；

（二）倾倒、排放腐蚀性物质的；

（三）放置易燃易爆物品或者种植深根植物的；

（四）未与燃气经营者共同制定燃气设施保护方案，采取相应的安全保护措施，从事敷设管道、打桩、顶进、挖掘、钻探等可能影响燃气设施安全活动的。

违反本条例规定，在燃气设施保护范围内建设占压地下燃气管线的建筑物、构筑物或者其他设施的，依照有关城乡规划的法律、行政法规的规定进行处罚。

第五十一条　违反本条例规定，侵占、毁损、擅自拆除、移动燃气设施或者擅自改动市政燃气设施的，由燃气管理部门责令限期改正，恢复原状或者采取其他补救措施，对单位处5万元以上10万元以下罚款，对个人处5000元以上5万元以下罚款；造成损失的，依法承担赔偿责任；构成犯罪的，依法追究刑事责任。

违反本条例规定，毁损、覆盖、涂改、擅自拆除或者移动燃气设施安全警示标志的，由燃气管理部门责令限期改正，恢复原状，可以处5000元以下罚款。

第五十二条　违反本条例规定，建设工程施工范围内有地下燃气管线等重要燃气设施，建设单位未会同施工单位与管道燃气经营者共同制定燃气设施保护方案，或者建设单位、施工单位未采取相应的安全保护措施的，由燃气管理部门责令改正，处1万元以上10万元以下罚款；造成损失的，依法承担赔偿责任；构成犯罪的，依法追究刑事责任。

第八章　附　　则

第五十三条　本条例下列用语的含义：

（一）燃气设施，是指人工煤气生产厂、燃气储配站、门站、气化站、混气站、加气站、灌装站、供应站、调压站、市政燃气管网等的总称，包括市政燃气设施、建筑区划内业主专有部分以外的燃气设施以及户内燃气设施等。

（二）燃气燃烧器具，是指以燃气为燃料的燃烧器具，包括居民家庭和商业用户所使用的燃气灶、热水器、沸水器、采暖器、空调器等器具。

第五十四条　农村的燃气管理参照本条例的规定执行。

第五十五条　本条例自2011年3月1日起施行。

生产安全事故应急条例

（2018 年 12 月 5 日国务院第 33 次常务会议通过　2019 年 2 月 17 日中华人民共和国国务院令第 708 号公布　自 2019 年 4 月 1 日起施行）

第一章　总　　则

第一条　为了规范生产安全事故应急工作，保障人民群众生命和财产安全，根据《中华人民共和国安全生产法》和《中华人民共和国突发事件应对法》，制定本条例。

第二条　本条例适用于生产安全事故应急工作；法律、行政法规另有规定的，适用其规定。

第三条　国务院统一领导全国的生产安全事故应急工作，县级以上地方人民政府统一领导本行政区域内的生产安全事故应急工作。生产安全事故应急工作涉及两个以上行政区域的，由有关行政区域共同的上一级人民政府负责，或者由各有关行政区域的上一级人民政府共同负责。

县级以上人民政府应急管理部门和其他对有关行业、领域的安全生产工作实施监督管理的部门（以下统称负有安全生产监督管理职责的部门）在各自职责范围内，做好有关行业、领域的生产安全事故应急工作。

县级以上人民政府应急管理部门指导、协调本级人民政府其他负有安全生产监督管理职责的部门和下级人民政府的生产安全事故应急工作。

乡、镇人民政府以及街道办事处等地方人民政府派出机关应当协助上级人民政府有关部门依法履行生产安全事故应急工作职责。

第四条　生产经营单位应当加强生产安全事故应急工作，建立、健全生产安全事故应急工作责任制，其主要负责人对本单位的生产安全事故应急工作全面负责。

第二章　应　急　准　备

第五条　县级以上人民政府及其负有安全生产监督管理职责的部门和乡、镇人民政府以及街道办事处等地方人民政府派出机关，应当针对可能发生的生产安全事故的特点和危害，进行风险辨识和评估，制定相应的生产安全事故应急救援预案，并依法向社会公布。

生产经营单位应当针对本单位可能发生的生产安全事故的特点和危害，进行风险辨识和评估，制定相应的生产安全事故应急救援预案，并向本单位从业人员公布。

第六条　生产安全事故应急救援预案应当符合有关法律、法规、规章和标准的规定，具有科学性、针对性和可操作性，明确规定应急组织体系、职责分工以及应急救援程序和措施。

有下列情形之一的，生产安全事故应急救援预案制定单位应当及时修订相关预案：

（一）制定预案所依据的法律、法规、规章、标准发生重大变化；

（二）应急指挥机构及其职责发生调整；

（三）安全生产面临的风险发生重大变化；

（四）重要应急资源发生重大变化；

（五）在预案演练或者应急救援中发现需要修订预案的重大问题；

（六）其他应当修订的情形。

第七条 县级以上人民政府负有安全生产监督管理职责的部门应当将其制定的生产安全事故应急救援预案报送本级人民政府备案；易燃易爆物品、危险化学品等危险物品的生产、经营、储存、运输单位，矿山、金属冶炼、城市轨道交通运营、建筑施工单位，以及宾馆、商场、娱乐场所、旅游景区等人员密集场所经营单位，应当将其制定的生产安全事故应急救援预案按照国家有关规定报送县级以上人民政府负有安全生产监督管理职责的部门备案，并依法向社会公布。

第八条 县级以上地方人民政府以及县级以上人民政府负有安全生产监督管理职责的部门，乡、镇人民政府以及街道办事处等地方人民政府派出机关，应当至少每2年组织1次生产安全事故应急救援预案演练。

易燃易爆物品、危险化学品等危险物品的生产、经营、储存、运输单位，矿山、金属冶炼、城市轨道交通运营、建筑施工单位，以及宾馆、商场、娱乐场所、旅游景区等人员密集场所经营单位，应当至少每半年组织1次生产安全事故应急救援预案演练，并将演练情况报送所在地县级以上地方人民政府负有安全生产监督管理职责的部门。

县级以上地方人民政府负有安全生产监督管理职责的部门应当对本行政区域内前款规定的重点生产经营单位的生产安全事故应急救援预案演练进行抽查；发现演练不符合要求的，应当责令限期改正。

第九条 县级以上人民政府应当加强对生产安全事故应急救援队伍建设的统一规划、组织和指导。

县级以上人民政府负有安全生产监督管理职责的部门根据生产安全事故应急工作的实际需要，在重点行业、领域单独建立或者依托有条件的生产经营单位、社会组织共同建立应急救援队伍。

国家鼓励和支持生产经营单位和其他社会力量建立提供社会化应急救援服务的应急救援队伍。

第十条 易燃易爆物品、危险化学品等危险物品的生产、经营、储存、运输单位，矿山、金属冶炼、城市轨道交通运营、建筑施工单位，以及宾馆、商场、娱乐场所、旅游景区等人员密集场所经营单位，应当建立应急救援队伍；其中，小型企业或者微型企业等规模较小的生产经营单位，可以不建立应急救援队伍，但应当指定兼职的应急救援人员，并且可以与邻近的应急救援队伍签订应急救援协议。

工业园区、开发区等产业聚集区域内的生产经营单位，可以联合建立应急救援队伍。

第十一条 应急救援队伍的应急救援人员应当具备必要的专业知识、技能、身体素质和心理素质。

应急救援队伍建立单位或者兼职应急救援人员所在单位应当按照国家有关规定对应急

救援人员进行培训；应急救援人员经培训合格后，方可参加应急救援工作。

应急救援队伍应当配备必要的应急救援装备和物资，并定期组织训练。

第十二条 生产经营单位应当及时将本单位应急救援队伍建立情况按照国家有关规定报送县级以上人民政府负有安全生产监督管理职责的部门，并依法向社会公布。

县级以上人民政府负有安全生产监督管理职责的部门应当定期将本行业、本领域的应急救援队伍建立情况报送本级人民政府，并依法向社会公布。

第十三条 县级以上地方人民政府应当根据本行政区域内可能发生的生产安全事故的特点和危害，储备必要的应急救援装备和物资，并及时更新和补充。

易燃易爆物品、危险化学品等危险物品的生产、经营、储存、运输单位，矿山、金属冶炼、城市轨道交通运营、建筑施工单位，以及宾馆、商场、娱乐场所、旅游景区等人员密集场所经营单位，应当根据本单位可能发生的生产安全事故的特点和危害，配备必要的灭火、排水、通风以及危险物品稀释、掩埋、收集等应急救援器材、设备和物资，并进行经常性维护、保养，保证正常运转。

第十四条 下列单位应当建立应急值班制度，配备应急值班人员：

（一）县级以上人民政府及其负有安全生产监督管理职责的部门；

（二）危险物品的生产、经营、储存、运输单位以及矿山、金属冶炼、城市轨道交通运营、建筑施工单位；

（三）应急救援队伍。

规模较大、危险性较高的易燃易爆物品、危险化学品等危险物品的生产、经营、储存、运输单位应当成立应急处置技术组，实行24小时应急值班。

第十五条 生产经营单位应当对从业人员进行应急教育和培训，保证从业人员具备必要的应急知识，掌握风险防范技能和事故应急措施。

第十六条 国务院负有安全生产监督管理职责的部门应当按照国家有关规定建立生产安全事故应急救援信息系统，并采取有效措施，实现数据互联互通、信息共享。

生产经营单位可以通过生产安全事故应急救援信息系统办理生产安全事故应急救援预案备案手续，报送应急救援预案演练情况和应急救援队伍建设情况；但依法需要保密的除外。

第三章 应 急 救 援

第十七条 发生生产安全事故后，生产经营单位应当立即启动生产安全事故应急救援预案，采取下列一项或者多项应急救援措施，并按照国家有关规定报告事故情况：

（一）迅速控制危险源，组织抢救遇险人员；

（二）根据事故危害程度，组织现场人员撤离或者采取可能的应急措施后撤离；

（三）及时通知可能受到事故影响的单位和人员；

（四）采取必要措施，防止事故危害扩大和次生、衍生灾害发生；

（五）根据需要请求邻近的应急救援队伍参加救援，并向参加救援的应急救援队伍提供相关技术资料、信息和处置方法；

（六）维护事故现场秩序，保护事故现场和相关证据；

（七）法律、法规规定的其他应急救援措施。

第十八条 有关地方人民政府及其部门接到生产安全事故报告后，应当按照国家有关规定上报事故情况，启动相应的生产安全事故应急救援预案，并按照应急救援预案的规定采取下列一项或者多项应急救援措施：

（一）组织抢救遇险人员，救治受伤人员，研判事故发展趋势以及可能造成的危害；

（二）通知可能受到事故影响的单位和人员，隔离事故现场，划定警戒区域，疏散受到威胁的人员，实施交通管制；

（三）采取必要措施，防止事故危害扩大和次生、衍生灾害发生，避免或者减少事故对环境造成的危害；

（四）依法发布调用和征用应急资源的决定；

（五）依法向应急救援队伍下达救援命令；

（六）维护事故现场秩序，组织安抚遇险人员和遇险遇难人员亲属；

（七）依法发布有关事故情况和应急救援工作的信息；

（八）法律、法规规定的其他应急救援措施。

有关地方人民政府不能有效控制生产安全事故的，应当及时向上级人民政府报告。上级人民政府应当及时采取措施，统一指挥应急救援。

第十九条 应急救援队伍接到有关人民政府及其部门的救援命令或者签有应急救援协议的生产经营单位的救援请求后，应当立即参加生产安全事故应急救援。

应急救援队伍根据救援命令参加生产安全事故应急救援所耗费用，由事故责任单位承担；事故责任单位无力承担的，由有关人民政府协调解决。

第二十条 发生生产安全事故后，有关人民政府认为有必要的，可以设立由本级人民政府及其有关部门负责人、应急救援专家、应急救援队伍负责人、事故发生单位负责人等人员组成的应急救援现场指挥部，并指定现场指挥部总指挥。

第二十一条 现场指挥部实行总指挥负责制，按照本级人民政府的授权组织制定并实施生产安全事故现场应急救援方案，协调、指挥有关单位和个人参加现场应急救援。

参加生产安全事故现场应急救援的单位和个人应当服从现场指挥部的统一指挥。

第二十二条 在生产安全事故应急救援过程中，发现可能直接危及应急救援人员生命安全的紧急情况时，现场指挥部或者统一指挥应急救援的人民政府应当立即采取相应措施消除隐患，降低或者化解风险，必要时可以暂时撤离应急救援人员。

第二十三条 生产安全事故发生地人民政府应当为应急救援人员提供必需的后勤保障，并组织通信、交通运输、医疗卫生、气象、水文、地质、电力、供水等单位协助应急救援。

第二十四条 现场指挥部或者统一指挥生产安全事故应急救援的人民政府及其有关部门应当完整、准确地记录应急救援的重要事项，妥善保存相关原始资料和证据。

第二十五条 生产安全事故的威胁和危害得到控制或者消除后，有关人民政府应当决定停止执行依照本条例和有关法律、法规采取的全部或者部分应急救援措施。

第二十六条 有关人民政府及其部门根据生产安全事故应急救援需要依法调用和征用的财产，在使用完毕或者应急救援结束后，应当及时归还。财产被调用、征用或者调用、征用后毁损、灭失的，有关人民政府及其部门应当按照国家有关规定给予补偿。

第二十七条 按照国家有关规定成立的生产安全事故调查组应当对应急救援工作进行评估，并在事故调查报告中作出评估结论。

第二十八条 县级以上地方人民政府应当按照国家有关规定，对在生产安全事故应急救援中伤亡的人员及时给予救治和抚恤；符合烈士评定条件的，按照国家有关规定评定为烈士。

第四章 法律责任

第二十九条 地方各级人民政府和街道办事处等地方人民政府派出机关以及县级以上人民政府有关部门违反本条例规定的，由其上级行政机关责令改正；情节严重的，对直接负责的主管人员和其他直接责任人员依法给予处分。

第三十条 生产经营单位未制定生产安全事故应急救援预案、未定期组织应急救援预案演练、未对从业人员进行应急教育和培训，生产经营单位的主要负责人在本单位发生生产安全事故时不立即组织抢救的，由县级以上人民政府负有安全生产监督管理职责的部门依照《中华人民共和国安全生产法》有关规定追究法律责任。

第三十一条 生产经营单位未对应急救援器材、设备和物资进行经常性维护、保养，导致发生严重生产安全事故或者生产安全事故危害扩大，或者在本单位发生生产安全事故后未立即采取相应的应急救援措施，造成严重后果的，由县级以上人民政府负有安全生产监督管理职责的部门依照《中华人民共和国突发事件应对法》有关规定追究法律责任。

第三十二条 生产经营单位未将生产安全事故应急救援预案报送备案、未建立应急值班制度或者配备应急值班人员的，由县级以上人民政府负有安全生产监督管理职责的部门责令限期改正；逾期未改正的，处3万元以上5万元以下的罚款，对直接负责的主管人员和其他直接责任人员处1万元以上2万元以下的罚款。

第三十三条 违反本条例规定，构成违反治安管理行为的，由公安机关依法给予处罚；构成犯罪的，依法追究刑事责任。

第五章 附则

第三十四条 储存、使用易燃易爆物品、危险化学品等危险物品的科研机构、学校、医院等单位的安全事故应急工作，参照本条例有关规定执行。

第三十五条 本条例自2019年4月1日起施行。

生产安全事故报告和调查处理条例

（2007 年 3 月 28 日国务院第 172 次常务会议通过　2007 年 4 月 9 日中华人民共和国国务院令第 493 号公布　自 2007 年 6 月 1 日起施行）

第一章　总　　则

第一条　为了规范生产安全事故的报告和调查处理，落实生产安全事故责任追究制度，防止和减少生产安全事故，根据《中华人民共和国安全生产法》和有关法律，制定本条例。

第二条　生产经营活动中发生的造成人身伤亡或者直接经济损失的生产安全事故的报告和调查处理，适用本条例；环境污染事故、核设施事故、国防科研生产事故的报告和调查处理不适用本条例。

第三条　根据生产安全事故（以下简称事故）造成的人员伤亡或者直接经济损失，事故一般分为以下等级：

（一）特别重大事故，是指造成 30 人以上死亡，或者 100 人以上重伤（包括急性工业中毒，下同），或者 1 亿元以上直接经济损失的事故；

（二）重大事故，是指造成 10 人以上 30 人以下死亡，或者 50 人以上 100 人以下重伤，或者 5000 万元以上 1 亿元以下直接经济损失的事故；

（三）较大事故，是指造成 3 人以上 10 人以下死亡，或者 10 人以上 50 人以下重伤，或者 1000 万元以上 5000 万元以下直接经济损失的事故；

（四）一般事故，是指造成 3 人以下死亡，或者 10 人以下重伤，或者 1000 万元以下直接经济损失的事故。

国务院安全生产监督管理部门可以会同国务院有关部门，制定事故等级划分的补充性规定。

本条第一款所称的“以上”包括本数，所称的“以下”不包括本数。

第四条　事故报告应当及时、准确、完整，任何单位和个人对事故不得迟报、漏报、谎报或者瞒报。

事故调查处理应当坚持实事求是、尊重科学的原则，及时、准确地查清事故经过、事故原因和事故损失，查明事故性质，认定事故责任，总结事故教训，提出整改措施，并对事故责任者依法追究责任。

第五条　县级以上人民政府应当依照本条例的规定，严格履行职责，及时、准确地完成事故调查处理工作。

事故发生地有关地方人民政府应当支持、配合上级人民政府或者有关部门的事故调查处理工作，并提供必要的便利条件。

参加事故调查处理的部门和单位应当互相配合，提高事故调查处理工作的效率。

第六条 工会依法参加事故调查处理，有权向有关部门提出处理意见。

第七条 任何单位和个人不得阻挠和干涉对事故的报告和依法调查处理。

第八条 对事故报告和调查处理中的违法行为，任何单位和个人有权向安全生产监督管理部门、监察机关或者其他有关部门举报，接到举报的部门应当依法及时处理。

第二章 事 故 报 告

第九条 事故发生后，事故现场有关人员应当立即向本单位负责人报告；单位负责人接到报告后，应当于1小时内向事故发生地县级以上人民政府安全生产监督管理部门和负有安全生产监督管理职责的有关部门报告。

情况紧急时，事故现场有关人员可以直接向事故发生地县级以上人民政府安全生产监督管理部门和负有安全生产监督管理职责的有关部门报告。

第十条 安全生产监督管理部门和负有安全生产监督管理职责的有关部门接到事故报告后，应当依照下列规定上报事故情况，并通知公安机关、劳动保障行政部门、工会和人民检察院：

（一）特别重大事故、重大事故逐级上报至国务院安全生产监督管理部门和负有安全生产监督管理职责的有关部门；

（二）较大事故逐级上报至省、自治区、直辖市人民政府安全生产监督管理部门和负有安全生产监督管理职责的有关部门；

（三）一般事故上报至设区的市级人民政府安全生产监督管理部门和负有安全生产监督管理职责的有关部门。

安全生产监督管理部门和负有安全生产监督管理职责的有关部门依照前款规定上报事故情况，应当同时报告本级人民政府。国务院安全生产监督管理部门和负有安全生产监督管理职责的有关部门以及省级人民政府接到发生特别重大事故、重大事故的报告后，应当立即报告国务院。

必要时，安全生产监督管理部门和负有安全生产监督管理职责的有关部门可以越级上报事故情况。

第十一条 安全生产监督管理部门和负有安全生产监督管理职责的有关部门逐级上报事故情况，每级上报的时间不得超过2小时。

第十二条 报告事故应当包括下列内容：

（一）事故发生单位概况；

（二）事故发生的时间、地点以及事故现场情况；

（三）事故的简要经过；

（四）事故已经造成或者可能造成的伤亡人数（包括下落不明的人数）和初步估计的直接经济损失；

（五）已经采取的措施；

（六）其他应当报告的情况。

第十三条 事故报告后出现新情况的，应当及时补报。

自事故发生之日起30日内，事故造成的伤亡人数发生变化的，应当及时补报。道路交通事故、火灾事故自发生之日起7日内，事故造成的伤亡人数发生变化的，应当及时补报。

第十四条 事故发生单位负责人接到事故报告后，应当立即启动事故相应应急预案，或者采取有效措施，组织抢救，防止事故扩大，减少人员伤亡和财产损失。

第十五条 事故发生地有关地方人民政府、安全生产监督管理部门和负有安全生产监督管理职责的有关部门接到事故报告后，其负责人应当立即赶赴事故现场，组织事故救援。

第十六条 事故发生后，有关单位和人员应当妥善保护事故现场以及相关证据，任何单位和个人不得破坏事故现场、毁灭相关证据。

因抢救人员、防止事故扩大以及疏通交通等原因，需要移动事故现场物件的，应当做出标志，绘制现场简图并做出书面记录，妥善保存现场重要痕迹、物证。

第十七条 事故发生地公安机关根据事故的情况，对涉嫌犯罪的，应当依法立案侦查，采取强制措施和侦查措施。犯罪嫌疑人逃匿的，公安机关应当迅速追捕归案。

第十八条 安全生产监督管理部门和负有安全生产监督管理职责的有关部门应当建立值班制度，并向社会公布值班电话，受理事故报告和举报。

第三章 事故调查

第十九条 特别重大事故由国务院或者国务院授权有关部门组织事故调查组进行调查。

重大事故、较大事故、一般事故分别由事故发生地省级人民政府、设区的市级人民政府、县级人民政府负责调查。省级人民政府、设区的市级人民政府、县级人民政府可以直接组织事故调查组进行调查，也可以授权或者委托有关部门组织事故调查组进行调查。

未造成人员伤亡的一般事故，县级人民政府也可以委托事故发生单位组织事故调查组进行调查。

第二十条 上级人民政府认为必要时，可以调查由下级人民政府负责调查的事故。

自事故发生之日起30日内（道路交通事故、火灾事故自发生之日起7日内），因事故伤亡人数变化导致事故等级发生变化，依照本条例规定应当由上级人民政府负责调查的，上级人民政府可以另行组织事故调查组进行调查。

第二十一条 特别重大事故以下等级事故，事故发生地与事故发生单位不在同一个县级以上行政区域的，由事故发生地人民政府负责调查，事故发生单位所在地人民政府应当派人参加。

第二十二条 事故调查组的组成应当遵循精简、效能的原则。

根据事故的具体情况，事故调查组由有关人民政府、安全生产监督管理部门、负有安全生产监督管理职责的有关部门、监察机关、公安机关以及工会派人组成，并应当邀请人民检察院派人参加。

事故调查组可以聘请有关专家参与调查。

第二十三条 事故调查组成员应当具有事故调查所需要的知识和专长，并与所调查的事故没有直接利害关系。

第二十四条 事故调查组组长由负责事故调查的人民政府指定。事故调查组组长主持事故调查组的工作。

第二十五条 事故调查组履行下列职责：

（一）查明事故发生的经过、原因、人员伤亡情况及直接经济损失；

（二）认定事故的性质和事故责任；

（三）提出对事故责任者的处理建议；

（四）总结事故教训，提出防范和整改措施；

（五）提交事故调查报告。

第二十六条 事故调查组有权向有关单位和个人了解与事故有关的情况，并要求其提供相关文件、资料，有关单位和个人不得拒绝。

事故发生单位的负责人和有关人员在事故调查期间不得擅离职守，并应当随时接受事故调查组的询问，如实提供有关情况。

事故调查中发现涉嫌犯罪的，事故调查组应当及时将有关材料或者其复印件移交司法机关处理。

第二十七条 事故调查中需要进行技术鉴定的，事故调查组应当委托具有国家规定资质的单位进行技术鉴定。必要时，事故调查组可以直接组织专家进行技术鉴定。技术鉴定所需时间不计入事故调查期限。

第二十八条 事故调查组成员在事故调查工作中应当诚信公正、恪尽职守，遵守事故调查组的纪律，保守事故调查的秘密。

未经事故调查组组长允许，事故调查组成员不得擅自发布有关事故的信息。

第二十九条 事故调查组应当自事故发生之日起 60 日内提交事故调查报告；特殊情况下，经负责事故调查的人民政府批准，提交事故调查报告的期限可以适当延长，但延长的期限最长不超过 60 日。

第三十条 事故调查报告应当包括下列内容：

（一）事故发生单位概况；

（二）事故发生经过和事故救援情况；

（三）事故造成的人员伤亡和直接经济损失；

（四）事故发生的原因和事故性质；

（五）事故责任的认定以及对事故责任者的处理建议；

（六）事故防范和整改措施。

事故调查报告应当附具有关证据材料。事故调查组成员应当在事故调查报告上签名。

第三十一条 事故调查报告报送负责事故调查的人民政府后，事故调查工作即告结束。事故调查的有关资料应当归档保存。

第四章 事 故 处 理

第三十二条 重大事故、较大事故、一般事故，负责事故调查的人民政府应当自收到事故调查报告之日起 15 日内做出批复；特别重大事故，30 日内做出批复，特殊情况下，批复时间可以适当延长，但延长的时间最长不超过30日。

有关机关应当按照人民政府的批复，依照法律、行政法规规定的权限和程序，对事故发生单位和有关人员进行行政处罚，对负有事故责任的国家工作人员进行处分。

事故发生单位应当按照负责事故调查的人民政府的批复，对本单位负有事故责任的人员进行处理。

负有事故责任的人员涉嫌犯罪的，依法追究刑事责任。

第三十三条 事故发生单位应当认真吸取事故教训，落实防范和整改措施，防止事故再次发生。防范和整改措施的落实情况应当接受工会和职工的监督。

安全生产监督管理部门和负有安全生产监督管理职责的有关部门应当对事故发生单位落实防范和整改措施的情况进行监督检查。

第三十四条 事故处理的情况由负责事故调查的人民政府或者其授权的有关部门、机构向社会公布，依法应当保密的除外。

第五章 法 律 责 任

第三十五条 事故发生单位主要负责人有下列行为之一的，处上一年年收入40%至80%的罚款；属于国家工作人员的，并依法给予处分；构成犯罪的，依法追究刑事责任：

（一）不立即组织事故抢救的；

（二）迟报或者漏报事故的；

（三）在事故调查处理期间擅离职守的。

第三十六条 事故发生单位及其有关人员有下列行为之一的，对事故发生单位处100万元以上500万元以下的罚款；对主要负责人、直接负责的主管人员和其他直接责任人员处上一年年收入60%至100%的罚款；属于国家工作人员的，并依法给予处分；构成违反治安管理行为的，由公安机关依法给予治安管理处罚；构成犯罪的，依法追究刑事责任：

（一）谎报或者瞒报事故的；

（二）伪造或者故意破坏事故现场的；

（三）转移、隐匿资金、财产，或者销毁有关证据、资料的；

（四）拒绝接受调查或者拒绝提供有关情况和资料的；

（五）在事故调查中作伪证或者指使他人作伪证的；

（六）事故发生后逃匿的。

第三十七条 事故发生单位对事故发生负有责任的，依照下列规定处以罚款：

（一）发生一般事故的，处10万元以上20万元以下的罚款；

（二）发生较大事故的，处20万元以上50万元以下的罚款；

（三）发生重大事故的，处50万元以上200万元以下的罚款；

（四）发生特别重大事故的，处200万元以上500万元以下的罚款。

第三十八条 事故发生单位主要负责人未依法履行安全生产管理职责，导致事故发生的，依照下列规定处以罚款；属于国家工作人员的，并依法给予处分；构成犯罪的，依法追究刑事责任：

（一）发生一般事故的，处上一年年收入30%的罚款；

（二）发生较大事故的，处上一年年收入40%的罚款；

（三）发生重大事故的，处上一年年收入60%的罚款；

（四）发生特别重大事故的，处上一年年收入80%的罚款。

第三十九条 有关地方人民政府、安全生产监督管理部门和负有安全生产监督管理职责的有关部门有下列行为之一的，对直接负责的主管人员和其他直接责任人员依法给予处分；构成犯罪的，依法追究刑事责任：

（一）不立即组织事故抢救的；

（二）迟报、漏报、谎报或者瞒报事故的；

（三）阻碍、干涉事故调查工作的；

（四）在事故调查中作伪证或者指使他人作伪证的。

第四十条 事故发生单位对事故发生负有责任的，由有关部门依法暂扣或者吊销其有关证照；对事故发生单位负有事故责任的有关人员，依法暂停或者撤销其与安全生产有关的执业资格、岗位证书；事故发生单位主要负责人受到刑事处罚或者撤职处分的，自刑罚执行完毕或者受处分之日起，5年内不得担任任何生产经营单位的主要负责人。

为发生事故的单位提供虚假证明的中介机构，由有关部门依法暂扣或者吊销其有关证照及其相关人员的执业资格；构成犯罪的，依法追究刑事责任。

第四十一条 参与事故调查的人员在事故调查中有下列行为之一的，依法给予处分；构成犯罪的，依法追究刑事责任：

（一）对事故调查工作不负责任，致使事故调查工作有重大疏漏的；

（二）包庇、袒护负有事故责任的人员或者借机打击报复的。

第四十二条 违反本条例规定，有关地方人民政府或者有关部门故意拖延或者拒绝落实经批复的对事故责任人的处理意见的，由监察机关对有关责任人员依法给予处分。

第四十三条 本条例规定的罚款的行政处罚，由安全生产监督管理部门决定。

法律、行政法规对行政处罚的种类、幅度和决定机关另有规定的，依照其规定。

第六章 附 则

第四十四条 没有造成人员伤亡，但是社会影响恶劣的事故，国务院或者有关地方人民政府认为需要调查处理的，依照本条例的有关规定执行。

国家机关、事业单位、人民团体发生的事故的报告和调查处理，参照本条例的规定执行。

第四十五条 特别重大事故以下等级事故的报告和调查处理，有关法律、行政法规或者国务院另有规定的，依照其规定。

第四十六条 本条例自2007年6月1日起施行。国务院1989年3月29日公布的《特别重大事故调查程序暂行规定》和1991年2月22日公布的《企业职工伤亡事故报告和处理规定》同时废止。

第二篇　国务院发文、部门规章

国务院办公厅关于印发城市燃气管道等老化更新改造实施方案（2022—2025年）的通知

国办发〔2022〕22号

各省、自治区、直辖市人民政府，国务院各部委、各直属机构：

《城市燃气管道等老化更新改造实施方案（2022—2025年）》已经国务院同意，现印发给你们，请结合实际认真贯彻落实。

国务院办公厅

2022年5月10日

（此件公开发布）

城市燃气管道等老化更新改造实施方案（2022—2025年）

城市（含县城，下同）燃气管道等老化更新改造是重要民生工程和发展工程，有利于维护人民群众生命财产安全，有利于维护城市安全运行，有利于促进有效投资、扩大国内需求，对推动城市更新、满足人民群众美好生活需要具有十分重要的意义。为加快城市燃气管道等老化更新改造，制定本方案。

一、总体要求

（一）指导思想。以习近平新时代中国特色社会主义思想为指导，全面贯彻党的十九大和十九届历次全会精神，按照党中央、国务院决策部署，坚持以人民为中心的发展思想，完整、准确、全面贯彻新发展理念，统筹发展和安全，坚持适度超前进行基础设施建设和老化更新改造，加快推进城市燃气管道等老化更新改造，加强市政基础设施体系化建设，保障安全运行，提升城市安全韧性，促进城市高质量发展，让人民群众生活更安全、更舒心、更美好。

（二）工作原则。

——聚焦重点、安全第一。以人为本，从保障人民群众生命财产安全出发，加快更新改造城市燃气等老化管道和设施；聚焦重点，排查治理城市管道安全隐患，立即改造存在安全隐患的城市燃气管道等，促进市政基础设施安全可持续发展。

——摸清底数、系统治理。全面普查、科学评估，抓紧编制各地方城市燃气管道等老化更新改造方案；坚持目标导向、问题导向，积极运用新设备、新技术、新工艺，系统开展城市燃气管道等老化更新改造。

——因地制宜、统筹施策。从各地实际出发，科学确定更新改造范围和标准，明确目标和任务，不搞"一刀切"，不层层下指标，避免"运动式"更新改造；将城市作为有机生命体，统筹推进城市燃气管道等老化更新改造与市政建设，避免"马路拉链"。

——建管并重、长效管理。严格落实各方责任，加强普查评估和更新改造全过程管理，确保质量和安全；坚持标本兼治，完善管理制度规范，加强城市燃气管道等运维养护，健全安全管理长效机制。

（三）工作目标。在全面摸清城市燃气、供水、排水、供热等管道老化更新改造底数的基础上，马上规划部署，抓紧健全适应更新改造需要的政策体系和工作机制，加快开展城市燃气管道等老化更新改造工作，彻底消除安全隐患。2022 年抓紧启动实施一批老化更新改造项目。2025 年底前，基本完成城市燃气管道等老化更新改造任务。

二、明确任务

（一）明确更新改造对象范围。城市燃气管道等老化更新改造对象，应为材质落后、使用年限较长、运行环境存在安全隐患、不符合相关标准规范的城市燃气、供水、排水、供热等老化管道和设施。具体包括：

1. 燃气管道和设施。（1）市政管道与庭院管道。全部灰口铸铁管道；不满足安全运行要求的球墨铸铁管道；运行年限满 20 年，经评估存在安全隐患的钢质管道、聚乙烯（PE）管道；运行年限不足 20 年，存在安全隐患，经评估无法通过落实管控措施保障安全的钢质管道、聚乙烯（PE）管道；存在被建构筑物占压等风险的管道。（2）立管（含引入管、水平干管）。运行年限满 20 年，经评估存在安全隐患的立管；运行年限不足 20 年，存在安全隐患，经评估无法通过落实管控措施保障安全的立管。（3）厂站和设施。存在超设计运行年限、安全间距不足、临近人员密集区域、地质灾害风险隐患大等问题，经评估不满足安全运行要求的厂站和设施。（4）用户设施。居民用户的橡胶软管、需加装的安全装置等；工商业等用户存在安全隐患的管道和设施。

2. 其他管道和设施。（1）供水管道和设施。水泥管道、石棉管道、无防腐内衬的灰口铸铁管道；运行年限满 30 年，存在安全隐患的其他管道；存在安全隐患的二次供水设施。（2）排水管道。平口混凝土、无钢筋的素混凝土管道，存在混错接等问题的管道，运行年限满 50 年的其他管道。（3）供热管道。运行年限满 20 年的管道，存在泄漏隐患、热损失大等问题的其他管道。

各地可结合实际进一步细化更新改造对象范围。基础条件较好的地区可适当提高更新改造要求。

（二）合理确定更新改造标准。各地要根据本地实际，立足全面解决安全隐患、防范化解风险，坚持保障安全、满足需求，科学确定更新改造标准。城市燃气老化管道和设施更新改造所选用材料、规格、技术等应符合相关规范标准要求，注重立足当前兼顾长远。结合更新改造同步在燃气管道重要节点安装智能化感知设备，完善智能监控系统，实现智慧运行，完善消防设施设备，增强防范火灾等事故能力。城市供水、排水、供热等其他管道和设施老化更新改造标准，参照以上原则确定。

（三）组织开展城市燃气等管道和设施普查。城市政府统筹开展城市燃气管道普查，并组织符合规定要求的第三方检测评估机构和专业经营单位进行评估。充分利用城市信息模型（CIM）平台、地下管线普查及城市级实景三维建设成果等既有资料，运用调查、探测等多种手段，全面摸清城市燃气管道和设施种类、权属、构成、规模，摸清位置关系、运行安全状况等信息，掌握周边水文、地质等外部环境，明确老旧管道和设施底数，建立更新改造台账。同步推进城市供水、排水、供热等其他管道和设施普查，建立和完善城市市政基础设施综合管理信息平台，充实城市燃气管道等基础信息数据，完善平台信息动态更新机制，实时更新信息底图。

（四）编制地方城市燃气管道等老化更新改造方案。结合全国城镇燃气安全排查整治工作，省级政府要督促省级和城市（县）行业主管部门分别牵头组织编制本省份和本城市燃气管道老化更新改造方案。各城市（县）应区分轻重缓急，优先对安全隐患突出的管道和设施实施改造，明确项目清单和分年度改造计划并作为更新改造方案的附件。城市燃气管道等老化更新改造纳入国家"十四五"重大工程，各地要同步纳入本地区"十四五"重大工程，并纳入国家重大建设项目库。

省级政府要督促省级和城市（县）行业主管部门同步组织编制本省份和本城市供水、排水、供热等其他管道老化更新改造方案，明确项目清单和分年度改造计划并作为更新改造方案的附件，主动与城市燃气管道老化更新改造方案有效对接、同步推进实施，促进城市地下设施之间竖向分层布局、横向紧密衔接。

三、加快组织实施

（一）加强统筹协调。压实城市（县）政府责任，建立健全政府统筹、专业经营单位实施、有关各方齐抓共管的城市燃气管道等老化更新改造工作机制，明确各有关部门、街道（城关镇）、社区和专业经营单位责任分工，形成工作合力，及时破解难题。充分发挥街道和社区党组织的领导作用，统筹协调社区居民委员会、业主委员会、产权单位、物业服务企业、用户等，搭建沟通议事平台，共同推进城市燃气管道等老化更新改造工作。

（二）加快推进项目实施。专业经营单位切实承担主体责任，抓紧实施城市燃气管道等老化更新改造项目，有序安排施工区域、时序、工期，减少交通阻断。城市（县）政府切实履行属地责任，加强管理和监督，明确不同权属类型老化管道和设施更新改造实施主体，做好与城镇老旧小区改造、汛期防洪排涝等工作的衔接，推进相关消防设施设备补短板，推动城市燃气管道等分片区统筹改造、同步施工并做好废弃管道处置和资源化利用，避免改造工程碎片化、重复开挖、"马路拉链"、多次扰民等。严格落实工程质量和施工安全责任，杜绝质量安全隐患，按规定做好改造后通气、通水等关键环节安全监控，做好工程验收移交。依法实施燃气压力管道施工告知和监督检验。

（三）同步推进数字化、网络化、智能化建设。结合更新改造工作，完善燃气监管系统，将城市燃气管道老化更新改造信息及时纳入，实现城市燃气管道和设施动态监管、互联互通、数据共享。有条件的地方可将燃气监管系统与城市市政基础设施综合管理信息平台、城市信息模型（CIM）平台等深度融合，与国土空间基础信息平台、城市安全风险监测预警平台充分衔接，提高城市管道和设施的运行效率及安全性能，促进对管网漏损、运行安全及周边重要密闭空间等的在线监测、及时预警和应急处置。

（四）加强管道和设施运维养护。严格落实专业经营单位运维养护主体责任和城市（县）政府监管责任。专业经营单位要加强运维养护能力建设，完善资金投入机制，定期开展检查、巡查、检测、维护，依法组织燃气压力管道定期检验，及时发现和消除安全隐患，防止管道和设施带病运行；健全应急抢险机制，提升迅速高效处置突发事件能力。鼓励专业经营单位承接非居民用户所拥有燃气等管道和设施的运维管理。对于业主共有燃气等管道和设施，更新改造后可依法移交给专业经营单位，由其负责后续运营维护和更新改造。

四、加大政策支持力度

（一）落实专业经营单位出资责任，建立资金合理共担机制。专业经营单位要依法履行对其服务范围内城市燃气管道等老化更新改造的出资责任。建立城市燃气管道等老化更新改造资金由专业经营单位、政府、用户合理共担机制。中央预算内投资和地方财政资金可给予适当补助。工商业等用户承担业主专有部分城市燃气管道等老化更新改造的出资责任。

（二）加大财政资金支持力度。省、市、县各级财政要按照尽力而为、量力而行的原则，落实出资责任，加大城市燃气管道等老化更新改造投入。将符合条件的城市燃气管道等老化更新改造项目纳入地方政府专项债券支持范围，不得违规举债融资用于城市燃气管道等老化更新改造，坚决遏制新增地方政府隐性债务。中央预算内投资视情对城市燃气管道等老化更新改造给予适当投资补助。

（三）加大融资保障力度。鼓励商业银行在风险可控、商业可持续前提下，依法合规加大对城市燃气管道等老化更新改造项目的信贷支持；引导开发性、政策性金融机构根据各自职能定位和业务范围，按照市场化、法治化原则，依法合规加大对城市燃气管道等老化更新改造项目的信贷支持力度。支持专业经营单位采取市场化方式，运用公司信用类债券、项目收益票据进行债券融资。优先支持符合条件、已完成更新改造任务的城市燃气管道等项目申报基础设施领域不动产投资信托基金（REITs）试点项目。

（四）落实税费减免政策。对城市燃气管道等老化更新改造涉及的道路开挖修复、园林绿地补偿等收费事项，各地应按照“成本补偿”原则做好统筹。更新改造后交由专业经营单位负责运营维护的业主共有燃气等管道和设施，移交之后所发生的维护管理费用，专业经营单位可按照规定进行税前扣除。

五、完善配套措施

（一）加快项目审批。各地要精简城市燃气管道等老化更新改造涉及的审批事项和环节，建立健全快速审批机制。可由城市（县）政府组织有关部门联合审查更新改造方案，认可后由相关部门依法直接办理相关审批手续。鼓励相关各方进行一次性联合验收。鼓励并加快核准规模较大、监管体系健全的燃气企业对燃气管道和设施进行检验检测。

（二）切实做好价格管理工作。城市燃气、供水、供热管道老化更新改造投资、维修以及安全生产费用等，根据政府制定价格成本监审办法有关规定核定，相关成本费用计入定价成本。在成本监审基础上，综合考虑当地经济发展水平和用户承受能力等因素，按照相关规定适时适当调整供气、供水、供热价格；对应调未调产生的收入差额，可分摊到未来监管周期进行补偿。

（三）加强技术标准支撑。推广应用新设备、新技术、新工艺，从源头提升管道和设施本质安全以及信息化、智能化建设运行水平。加快修订城镇燃气设施运行、维护和抢修安全技术规程等相关标准，完善城市管道安全保障与灾害应急管理等重点领域标准规范。各地城市燃气管道等老化更新改造要严格执行现行相关标准。

（四）强化市场治理和监管。完善燃气经营许可管理办法等规定，各地立足本地实际健全实施细则，完善准入条件，设立退出机制，严格燃气经营许可证管理，切实加强对燃气企业的监管。加强城市燃气管道等老化更新改造相关产品、器具、设备质量监管。支持燃气等行业兼并重组，确保完成老化更新改造任务，促进燃气市场规模化、专业化发展。

（五）推动法治化和规范化管理。研究推动地下管线管理立法工作，进一步规范行业秩序，加强城市燃气管道等建设、运营、维护和管理。推动有关地方加快燃气等管道相关立法工作，建立健全法规体系，因地制宜细化管理要求，切实加强违建拆除执法，积极解决第三方施工破坏、违规占压、安全间距不足、地下信息难以共享等城市管道保护突出问题。

（六）强化组织保障。省级政府要结合贯彻落实《国务院办公厅关于加强城市地下管线建设管理的指导意见》（国办发〔2014〕27 号）和《国务院办公厅关于推进城市地下综合管廊建设的指导意见》（国办发〔2015〕61 号）等文件要求，加强对本地区城市燃气管道等老化更新改造的统筹指导，明确城市（县）政府责任，加快推动相关工作。城市（县）政府要切实落实城市各类地下管道建设改造等的总体责任，主要负责同志亲自抓，把推进城市燃气管道等老化更新改造摆上重要议事日程，健全工作机制，落实各项政策，抓好组织实施。住房城乡建设部要进一步加强对城市地下管道建设改造等的统筹管理，会同国务院有关部门抓好相关工作的督促落实。各有关方面要加强城市燃气管道等老化更新改造工作和相关政策措施的宣传解读，及时回应社会关切。

国务院安全生产委员会关于印发《全国城镇燃气安全专项整治工作方案》的通知①

安委〔2023〕3号

各省、自治区、直辖市人民政府，新疆生产建设兵团，国务院安委会各成员单位：

为认真贯彻落实习近平总书记关于燃气安全重要指示批示要求，经国务院领导同志同意，国务院安委会组织开展全国城镇燃气安全专项整治。现将工作方案印发给你们，请结合实际认真抓好落实。

国务院安全生产委员会

2023年8月9日

全国城镇燃气安全专项整治工作方案

为深刻汲取近年来城镇燃气安全重特大事故教训，全面加强城镇燃气安全风险隐患排查治理，切实保障人民群众生命财产安全，制定本工作方案。

一、总体要求

（一）指导思想。以习近平新时代中国特色社会主义思想为指导，全面贯彻党的二十大精神，深入落实新发展理念，坚持人民至上、生命至上，坚持统筹发展和安全。严格落实安全生产十五条硬措施，全面压实企业主体责任、部门监管责任和地方党政领导责任，强化企业人员岗位安全责任和技能，“大起底”排查、全链条整治城镇燃气安全风险隐患，坚决防范重特大事故发生。健全法规标准，完善管理机制，强化科技赋能，全面提升排查整治质量和城镇燃气本质安全水平，推动燃气安全治理模式向事前预防转型，加快建立城镇燃气安全长效机制。

（二）工作原则。

——坚持安全为本、突出重点。以保障人民群众生命财产安全为根本，聚焦企业经营、生产充装、输送配送、用户使用、燃气具生产流通使用、监管执法等各环节，紧盯餐饮企业等人员密集场所燃气安全风险隐患，采取精准严格有力的措施集中攻坚，守牢安全

① 国务院安全生产委员会．国务院安全生产委员会关于印发《全国城镇燃气安全专项整治工作方案》的通知［2023-08-09］［2024-02-21］https：//www. gov. cn/lianbo/bumen/202308/content_6897822. htm.

发展底线。

——坚持系统治理、全面整改。围绕燃气安全“一件事”全链条明确、分解、落实安全生产相关责任，建立常态化联合监管机制，加大执法力度，消除监管空白，形成监管合力。落实落细各项措施和工作责任，全面排查整治各类风险隐患，切实提高排查整治质量，坚决遏制重特大事故发生。

——坚持创新引领、科技赋能。加快推进城镇燃气安全管理理念、管理模式、管理手段创新，全面提升信息化水平，加强物联网、大数据、人工智能等新一代信息技术在燃气管理中的应用，大力推广使用先进技术、设备、工艺，依靠科技赋能提升本质安全水平、保障燃气安全运行。

——坚持远近结合、标本兼治。抓紧解决瓶装液化石油气全链条安全管理的突出问题，统筹推进老化管道更新改造、城市生命线安全工程建设等工作，全面消除燃气安全重大风险隐患。着力破解燃气安全深层次矛盾问题，既整治设施设备环境的“硬伤”，更补上制度管理和从业人员素质的“软肋”，夯实安全管理基础，做到从根本上消除隐患、从根本上解决问题。

（三）工作目标。用 3 个月左右时间开展集中攻坚，全面排查整治城镇燃气全链条风险隐患，建立整治台账，切实消除餐饮企业等人员密集场所燃气安全突出风险隐患；再用半年左右时间巩固提升集中攻坚成效，组织开展“回头看”，全面完成对排查出风险隐患的整治，构建燃气风险管控和隐患排查治理双重预防机制；到 2025 年底前，建立严进、严管、重罚的燃气安全管理机制，完善相关法规标准体系，提升本质安全水平，夯实燃气安全管理基础，基本建立燃气安全管理长效机制。

二、突出重点分领域集中攻坚

（一）深入排查整治企业生产、充装、经营“问题气”等安全风险和事故隐患。

1. 对未取得许可的企业从事燃气经营的，要依法责令关停；对城镇燃气经营企业不再符合许可条件或未按许可规定经营的，要依法责令限期改正，情节严重的，吊销燃气经营许可证；对城镇燃气经营企业落实全员安全生产责任制不到位、安全生产管理人员配备数量不足、主要负责人和安全生产管理人员未经专业培训并考核合格的，未对其从事送气服务的人员和配送工具制定并实施安全管理规范的，要依法责令限期改正，并对企业及主要负责人、相关责任人等依法从重处罚。（住房城乡建设部负责；地方政府组织落实。以下均需地方政府负责，不再列出）

2. 对管道燃气经营企业未按规定对其供气范围内的管道进行巡查维护，未对管道燃气加臭，未对使用管道燃气的餐饮企业等用户进行户内燃气设施定期安全检查，未告知用户不得擅自改装户内燃气设施、不得在同一房间内使用两种及以上气源等安全用气要求的，要依法责令限期改正，情节严重的，依法从严从重处罚；对瓶装液化石油气经营企业未要求其送气人员在送气时开展随瓶安检的，以及非法掺混二甲醚，违规向餐饮企业配送工业丙烷、醇基燃料、生物质燃油等工业燃料的，要依法责令限期改正，情节严重的，依法从严从重处罚。（住房城乡建设部负责）

3. 对未取得许可的企业从事燃气充装的，要依法责令关停；对城镇燃气充装企业不再符合许可条件或未按许可规定充装的，要依法责令限期改正，情节严重的，吊销气瓶充装许可证；对城镇燃气充装企业落实全员安全生产责任制不到位、主要负责人和安全生产管理人员未经专业培训并考核合格、特种设备作业人员无从业资格证书的，要依法责令限期改正，并对企业及主要负责人、相关责任人等依法从重处罚。（市场监管总局负责）

4. 对城镇燃气充装企业在充装时非法掺混二甲醚，违规充装非自有气瓶、超期未检气瓶、不合格气瓶、超出使用年限或翻新等气瓶，未依法开展气瓶检验检测的，要依法责令限期改正，情节严重的，吊销气瓶充装许可证。查处的气瓶必须移交气瓶检验机构报废处理，严禁不合格气瓶再次流入市场。（市场监管总局负责）

5. 加强危险化学品生产经营单位的安全监管，对液化石油气生产企业生产气质不达标、无警示性臭味、非法掺混二甲醚等“问题气”，向无经营或充装许可的单位或个人销售用于经营的燃气，工业燃料生产企业将工业丙烷、醇基燃料、生物质燃油等产品非法售卖到餐饮企业等民用领域的，要依法责令立即停止违法行为、限期改正，并对企业及主要负责人、相关责任人等依法从重处罚。（应急管理部牵头，市场监管总局按职责分工负责）

6. 对非法经营燃气的“黑窝点”、对非法充装和销售“黑气瓶”等，要坚决依法从快从重打击、严厉追究相关人员刑事责任。对典型案件要及时曝光，强化执法震慑。（公安部牵头，市场监管总局、应急管理部、住房城乡建设部按职责分工负责）

7. 对城镇燃气经营、充装企业不遵守消防法规和技术标准要求、消防设施设备未按规定配置或不能正常使用等的，要责令改正，依法实施处罚；情节严重的，要依法从严从重处罚。（国家消防救援局牵头，住房城乡建设部、市场监管总局按职责分工负责）

（二）深入排查整治“问题瓶”、“问题阀”、“问题软管”等燃气具安全风险和事故隐患。

1. 对企业未取得制造许可或者不具备生产条件仍从事气瓶和压力管道元件生产的，要依法责令关停；已取得制造许可的企业生产不符合国家标准“问题瓶”的，要依法责令限期改正，情节严重的，吊销制造许可证书。构成犯罪的，依法追究刑事责任。对发现存在安全隐患的气瓶立即查封扣押，纳入产品“黑名单”。对不符合国家标准的在用“气液双相”气瓶要召回并移交检验机构报废处理。（市场监管总局牵头，公安部按职责分工负责）

2. 对企业生产不符合产品安全标准的可燃气体探测器及燃气紧急切断阀、调压器、连接软管、灶具等燃气具及配件的行为要严厉查处，责令停止生产销售，没收违法生产销售的产品，情节严重的吊销营业执照，纳入严重违法失信企业名单，并对企业及相关人员实施联合惩戒。对发现的涉嫌不符合安全标准的产品要及时查封扣押，防止流入市场；对制售假冒伪劣产品的，坚决依法从快从重打击，构成犯罪的，严厉追究相关人员刑事责任。及时曝光典型案例，强化执法震慑。（市场监管总局牵头，公安部按职责分工负责）

3. 企业违规在有形市场或电商平台销售不符合安全标准、强制性认证要求、假冒伪劣的“问题瓶”及“问题阀”、“问题软管”、“问题灶”等燃气具及配件的，要责令立即停止违法行为，对相关人员处以罚款、实施联合惩戒等；构成犯罪的，依法追究刑事责任。对发现的不合格产品立即下架处理，追踪溯源，实施源头治理。（市场监管总局牵

头，公安部等按职责分工负责）

（三）深入排查整治"问题管网"等燃气输送配送安全风险和事故隐患。

1. 对燃气管道老化或带病运行、燃气管道被违规占压及穿越密闭空间等"问题管网"，要立行立改，不能立即整改到位的，要落实好管控措施并限期整改到位，确保安全运行；对燃气管道周边建设项目未落实燃气设施保护方案等，要立行立改，并依法严厉追究相关责任单位和个人责任。（住房城乡建设部负责）

2. 对未取得危险货物道路运输许可的企业、货运车辆从事燃气运输的，要责令立即停止违法行为，对相关人员处以罚款、实施联合惩戒等；对已取得许可但不再符合许可条件的企业、货运车辆从事燃气运输的，要依法责令限期改正，情节严重的，吊销危险货物道路运输经营许可证。（交通运输部负责）

3. 对特种设备检验检测机构未严格按照规范要求开展燃气压力容器、压力管道定期检验检测，检验人员挂证、检验人员无证操作、检验报告弄虚作假的，要依法责令限期改正，情节严重的，吊销机构资质。（市场监管总局负责）

（四）深入排查整治餐饮企业"问题环境"等安全风险和事故隐患。

1. 对餐饮企业未落实消防安全责任制，未按规定组织对从业人员进行消防安全教育和培训，未制定和实施灭火和应急疏散预案，违规用气、用火、用电的，要依法责令限期改正，逾期不改正的，实施处罚。（国家消防救援局牵头，商务部按职责分工负责）

2. 对餐饮企业在地下或半地下空间使用瓶装液化石油气、存放气瓶总重量超过100kg但未设置专用气瓶间、在用气瓶和备用气瓶未分开放置的，连接软管长度超过2米、私接"三通"或穿越墙体、门窗、顶棚和地面的，未规范安装、使用可燃气体探测器及燃气紧急切断阀的，要依法责令限期改正，逾期不改正的，责令停止使用，可以并处罚款。（国家消防救援局牵头，商务部按职责分工负责）

3. 有关部门单位发现餐饮企业使用禁止使用的50kg"气液双相"气瓶、可调节出口压力的调压器，对燃烧器具进行中压供气，使用不符合国家标准或假冒伪劣的液化石油气瓶、可燃气体探测器及燃气紧急切断阀、调压器、连接软管、灶具等燃气具及配件等的，要及时移送市场监管部门，由其对生产、流通企业进行溯源治理，依法处罚并追究刑事责任。（市场监管总局、商务部、公安部、住房城乡建设部按职责分工负责）

4. 对餐饮企业等人员密集场所未规范设置疏散通道、安全出口，疏散通道或安全出口未保持畅通、在门窗上设置了影响逃生和灭火救援的广告牌等障碍物，消防设施器材或者消防安全标志的配置设置不符合国家标准、行业标准或者未保持完好有效的，要责令改正，依法实施处罚，情节严重的，依法从严从重处罚；构成犯罪的，依法追究刑事责任。（国家消防救援局牵头，公安部、住房城乡建设部按职责分工负责）

（五）深入排查整治燃气安全监管执法环节突出问题。

1. 对未建立责任倒查机制、排查整治措施和责任不实不细不落基层、监管执法"宽松虚软"等问题加强督促检查。（各部门按职责分工负责）

2. 对燃气经营企业及主要负责人落实安全生产主体责任不到位等问题加强监管执法。存在问题的不能只罚款，要结合城镇燃气经营许可管理，对企业是否符合许可条件进行评估，依法依规处理。（住房城乡建设部负责）

3. 对气瓶、燃气具及配件、可燃气体探测器及燃气紧急切断阀生产销售企业加强监管执法，切实将假冒伪劣产品清出市场。及时将执法情况公开、发挥社会监督作用，引导用户自觉选择安全产品。（市场监管总局负责）

4. 对运输企业未利用重点营运车辆联网联控系统加强燃气运输车辆和驾驶员动态监控管理，对驾驶员超速行驶、疲劳驾驶等违法违规行为等加强监管执法。（交通运输部牵头，公安部按职责分工负责）

5. 对非法掺混二甲醚的液化石油气生产企业，将工业丙烷、醇基燃料、生物质燃油等工业燃料产品违规售卖到餐饮企业等民用领域的生产企业加强监管执法。（应急管理部负责）

6. 对餐饮企业建立安全生产管理制度，对从业人员开展瓶装液化石油气安全、消防安全常识和应急处置技能培训情况，加强督促指导，发现的相关问题线索及时移交有关监管和执法部门。（商务部负责）

7. 对“九小场所”中餐饮企业的疏散通道、安全出口畅通情况，电源火源管理方面存在的突出问题隐患，加强执法检查，督促落实整改责任。（国家消防救援局负责）

各地区可根据工作实际，组织教育、民政、文化旅游、卫生健康等部门对学校、民政服务机构、旅游景区、医院等使用燃气的人员密集场所，按上述要求进行用气安全隐患排查整治。

三、综合施策提升本质安全水平

（一）推动落实企业责任、岗位责任。

1. 督促指导燃气经营企业、充装企业全面落实安全生产主体责任，建立健全安全生产规章制度、全员安全生产岗位责任制和监督落实机制，制定从主要负责人到一线从业人员的安全生产岗位责任和安全生产重点岗位安全风险、事故隐患清单，按规定配备安全生产管理人员，常态化开展员工安全风险教育和应急处置技能培训，建立企业安全风险隐患台账清单并实行闭环管理。（住房城乡建设部、市场监管总局、应急管理部按职责分工负责）

2. 指导督促餐饮企业贯彻执行安全生产法律法规，落实安全生产主体责任和关键岗位安全责任。督促使用瓶装液化石油气的餐饮企业加强安全管理，落实安全防范措施。（商务部负责）

（二）加快老化管道和设施改造更新。

1. 落实专业经营单位出资责任，建立城市燃气管道等老化更新改造资金由专业经营单位、政府、用户合理共担机制。中央预算内投资给予适当补助，省、市、县各级财政落实出资责任。将符合条件的管道和设施更新改造项目纳入地方政府专项债券支持范围。支持专业经营单位采取市场化方式，运用公司信用类债券、项目收益票据进行债券融资。（国家发展改革委、财政部牵头，住房城乡建设部按职责分工负责）

2. 统筹推进城市燃气管道等老化更新改造、城镇老旧小区改造等工作，加快更新老化和有隐患的市政管道、庭院管道、立管及厂站设施。积极运用新设备、新技术、新工艺，严格落实工程质量和施工安全责任，杜绝质量安全隐患，按规定做好改造后通气、通水等关键环节安全监控，做好工程验收移交，确保燃气管线安全运行。组织开展燃气安全关键技术和设施设备科研攻关。（住房城乡建设部负责）

3. 明确用地支持政策，城市存量用地、既有建筑调整转化用途时优先满足涉及安全的城市基础设施需要，保障燃气厂站和液化石油气供应站用地需要，确保安全。（自然资源部负责）

4. 建立健全天然气上下游价格联动机制，合理疏导终端销售价格。规范城镇燃气工程安装收费行为。支持餐饮企业使用管道天然气。有条件的地方可推进使用液化石油气的餐饮企业“气改电”。（国家发展改革委牵头，住房城乡建设部、商务部、市场监管总局按职责分工负责）

（三）推进燃气安全监管智能化建设。

1. 加大投入力度，加快推进城市生命线安全工程建设，完善燃气监管平台建设，要与城市安全风险监测预警平台充分衔接，加强与各部门资源共享，实现对管网漏损、运行安全及周边重要密闭空间等的在线监测、及时预警和应急处置。结合城市燃气管道等老化更新改造工作，加大政策和资金落实力度，地方财政分级做好资金保障工作。（住房城乡建设部牵头，国家发展改革委、财政部、市场监管总局按职责分工负责）

2. 提升燃气气瓶充装智能化监管水平，全面推行“一瓶一码”气瓶充装追溯赋码建档和充装自动识别，健全追溯赋码系统应用规则，通过电子标签或二维码等信息技术手段，加强气瓶的跟踪追溯管理。对实施强制性产品认证的燃气具，实施产品质量安全信息追溯管理。（市场监管总局牵头，住房城乡建设部按职责分工负责）

3. 推动燃气经营企业建立液化石油气配送信息系统，对从事送气服务的人员及配送工具推行人车对应、固定配送范围，实现定位监管。（住房城乡建设部负责）

（四）完善管理制度。

1. 完善燃气经营许可管理办法等规定，严格准入条件，规范事中事后监管、建立市场清出机制；对安全生产管理能力等达不到要求的企业，禁止进入或及时清出市场。严格管道燃气、瓶装液化石油气经营许可审批，由地级市及以上燃气主管部门核发燃气经营许可证。（住房城乡建设部负责）

2. 完善气瓶充装许可管理等规定，由省级市场监管主管部门核发气瓶充装许可证，严格城镇燃气充装市场准入条件，规范事中事后监管，建立市场清出机制。（市场监管总局负责）

3. 认真落实对涉及公共安全等特殊领域依法依规加强监管的要求，完善燃气具及配件市场监管规定。将商用燃气灶、连接软管、调压器、可燃气体探测器及燃气紧急切断阀等燃气具纳入强制性产品认证管理。建立对气瓶、燃气具等产品质量定期抽查机制，发现存在质量安全隐患的及时清出市场，对相关企业依法实施联合惩戒，定期通报一批、重罚一批、停产整顿一批。（市场监管总局负责）

（五）完善有关法规标准。

1. 修订城镇燃气管理相关法规标准，进一步明确和细化燃气安全监管规定，压实各方责任，切实解决第三方施工破坏、违规占压等突出问题，规范城镇燃气行业秩序。加快修订城镇燃气相关标准规范，提高燃气设施运行、维护和抢修安全技术标准，确保燃气管

道和设施运行安全。（住房城乡建设部牵头，司法部按职责分工负责）

2. 加快完善燃气特种设备相关法规，明确和细化液化石油气瓶及燃气压力容器、压力管道生产、经营、使用、检验等环节安全监管法律责任。（市场监管总局牵头，司法部按职责分工负责）

3. 加快修订《液化石油气钢瓶》《液化石油气瓶阀》两项推荐性国家标准，并转化为强制性国家标准；抓紧修订《商用燃气燃烧器具》等涉及公共安全的燃气具产品标准，将《燃气用具连接用金属包覆软管》《燃气用具连接用橡胶复合软管》《电磁式燃气紧急切断阀》等修订为强制性国家标准，提高燃气具产品及配件安全要求。（市场监管总局牵头，住房城乡建设部按职责分工负责）

（六）加强宣传教育提升安全素养。

1. 充分利用广播电视、网络媒介、挂图、公益广告等宣传介质以及户外电子屏、广告屏、公交地铁流动广告等宣教资源，加强燃气安全宣传报道。通过制作专题节目、编制事故警示短片等各类方法手段，广泛进行燃气安全等法律法规、常识知识、案例警示等内容的宣传教育。营造良好燃气安全舆论氛围，引导广大群众自觉保护燃气设施，自觉抵制“问题气”“问题瓶”“问题阀”“问题软管”，确保燃气使用环节安全。

2. 持之以恒抓好安全文化建设，形成“人人讲安全、个个会应急”的社会氛围。将燃气安全知识纳入中小学安全教育内容。组织街道（乡镇）、社区、物业、学校等全社会各方面，久久为功，持续加强宣传教育，普及燃气安全使用和应急处置知识，提升社会公众防范和化解燃气安全风险隐患的意识和能力。推动高等院校恢复燃气专业设置，鼓励燃气经营企业与高等院校建立人才联合培养机制，加大燃气专业人才培养力度。

四、工作安排

（一）集中攻坚阶段（2023 年 8 月至 11 月）。在国务院安委会组织实施的全国重大事故隐患专项排查整治 2023 行动基础上，对城镇燃气全链条风险隐患深挖细查、对深层次矛盾问题“大起底”，做到全覆盖、无死角，坚决消除风险隐患。

1. 排查方式。市、县人民政府要加强统筹协调，建立工作机制，围绕重点任务，组织住房城乡建设、市场监管、商务、应急管理、交通运输、公安、消防救援以及教育、文化旅游、卫生健康、民政等相关部门和街道（乡镇），协调联动开展排查整治，避免多头检查干扰企业正常经营。排查整治要组织动员专业技术人员参与，做到真正发现问题、真正整改到位，提高排查整治工作质量。要督促相关企业对照专项整治任务和要求，自查自改燃气安全风险隐患。要加强全社会共同监督，向社会公布举报电话，建立公众举报监督和核查处理机制，鼓励群众和企业员工举报身边的燃气安全风险，查实重奖。

2. 建立台账。市、县人民政府要建立安全隐患排查整治台账，对排查出的风险隐患实行清单管理，逐一登记在册，明确整治责任人、完成时限，限期办结、动态清零。坚持“谁检查、谁签名、谁负责”，对排查整治不深入、不细致、“走过场”，查不出问题或者查出问题整改不到位的，要启动责任倒查追究机制。

3. 加快整治。对发现的安全隐患要立行立改，消除隐患。因客观原因无法立即整改到位的，要确定有效管控措施，防范风险隐患上升为安全事故；经排查无安全隐患的，也要做好记录，确保全覆盖、底数清、控风险、消隐患。

4. 严格执法。对排查整治中发现的违法违规问题要加大打击力度，影响恶劣的要依法从严从重处罚，构成犯罪的要依法追究刑事责任。要公开曝光一批典型执法案例，强化震慑效力，形成严厉惩处违法违规行为的高压态势。

（二）全面巩固提升阶段（2023 年 12 月至 2024 年 6 月）。在集中攻坚的基础上，再用半年左右时间，基本建立燃气风险管控和隐患排查治理双重预防的机制，切实巩固集中攻坚成效。要盯牢风险隐患整改，全面完成排查出安全隐患的整治；要及时开展排查整治“回头看”，确保存量安全隐患逐项及时整改到位，防止久拖不改、改后反弹；要加强城镇燃气及气瓶、燃气具及配件市场治理整顿，从源头严控增量安全隐患。

（三）建立长效机制阶段（2024 年 7 月起）。深入剖析城镇燃气安全隐患产生的深层次原因，认真总结推广专项整治中行之有效的经验做法，加快完善相关法规和标准规范，建立严进、严管、重罚的城镇燃气市场监管机制，健全燃气安全管理体制，加强人财物等要素保障，持续提升城镇燃气本质安全水平，加强安全宣传教育提升全民安全素养，推动城镇燃气安全治理模式向事前预防转型，基本建立燃气安全管理长效机制。

五、保障措施

（一）加强组织领导。成立全国城镇燃气安全专项整治工作专班（以下简称工作专班），在国务院安委会领导下，负责统筹协调各有关部门、地方党委和政府实施专项整治工作，及时协调解决专项整治中的重大问题，重要事项按程序请示报告。住房城乡建设部为召集人单位、应急管理部为副召集人单位，成员由国家发展改革委、教育部、公安部、民政部、司法部、财政部、自然资源部、交通运输部、商务部、文化和旅游部、国家卫生健康委、市场监管总局、国家消防救援局等部门单位组成。各部门单位要依据任务分工，制定专项方案，加强对地方排查整治工作的指导。工作专班下设办公室，由成员单位派员组成，设在住房城乡建设部，集中攻坚期间办公室组成人员集中办公。

（二）压实地方责任。坚持省负总责、市县抓落实，党政主要负责人亲自部署、狠抓落实。各地要相应成立专项整治工作专班，制定专项整治方案，建立健全政府统筹、条块协作、各部门齐抓共管的专门工作机制，明确各有关部门、单位和街道（乡镇）、社区职责分工，制定工作规则、责任清单，确保政策措施到位、人员配置到位、资金保障到位、工作落实到位，坚决防止推诿扯皮、责任悬空。要坚持“眼睛向下”，切实把燃气安全的责任和压力传导到基层末梢，夯实燃气安全管理基础。充实基层燃气安全监管力量，增设燃气安全监管专岗。推动将燃气安全监管纳入基层消防、综合安全等基层治理体系，提升安全监管能力。

（三）加强督促指导。地方党委和政府要建立调度通报、督导评估、督办交办、警示建议、重点约谈等工作机制，层层压实责任，做到紧盯不放、一抓到底。对专项整治工作进展缓慢、推诿扯皮、排查不实的，要予以通报；对问题严重的，要约谈相关负责同志；对工作中失职失责的领导干部，要严肃问责。专项整治期间如再发生燃气安全事故，对影响恶劣的，不论伤亡数量多少都要提级调查，依法依规彻查事故原因，倒查企业主体责任、部门监管责任和属地管理责任。对不作为慢作为等涉嫌失职渎职的，及时将线索移交纪检监察部门，从严从重追究相关责任人的责任。工作专班要加强对各地专项整治工作的督促指导，适时开展督促检查。

各省级专项整治工作专班于2023年8月20日前将省级专项整治工作负责人、联络员名单及本地区实施方案报国务院安委会，抄送专项整治工作专班，自2023年8月起每月25日前报送工作进展情况。

国务院安全生产委员会关于印发《安全生产治本攻坚三年行动方案（2024—2026年）》的通知

安委〔2024〕2号

各省、自治区、直辖市人民政府及新疆生产建设兵团，国务院安委会各成员单位，有关中央企业：

《安全生产治本攻坚三年行动方案（2024—2026年）》已经国务院领导同志同意，现印发给你们，请结合实际认真贯彻落实。各省级安委会要加强工作统筹，及时将重点工作完成情况和阶段性工作进展报送国务院安委会办公室。

国务院安全生产委员会
2024年1月21日

安全生产治本攻坚三年行动方案（2024—2026年）

为认真贯彻落实习近平总书记关于安全生产系列重要指示精神，进一步夯实安全生产工作基础，从根本上消除事故隐患，有效防范遏制重特大生产安全事故，制定安全生产治本攻坚三年行动方案（2024—2026年）。

一、总体要求

（一）指导思想。以习近平新时代中国特色社会主义思想为指导，全面贯彻党的二十大精神，坚持人民至上、生命至上，坚持安全第一、预防为主，坚持标本兼治、重在治本，将遏制重特大事故的关口前移到管控重点行业、重点领域容易导致群死群伤的重大风险，着力消减重大风险，着力消除由于重大风险管控措施缺失或执行不到位而形成的重大事故隐患，着力整治群众身边突出安全隐患。开展安全生产治本攻坚“八大行动”，落细落实安全生产十五条硬措施，在安全理念、安全责任、安全规划、安全法治、安全标准、安全科技、安全工程、安全素质等方面补短板、强弱项，切实提高风险隐患排查整改质量、切实提升发现问题和解决问题的强烈意愿和能力水平，推动重大事故隐患动态清零，不断提升本质安全水平，加快推进安全生产治理体系和治理能力现代化，努力推进高质量发展和高水平安全良性互动。

（二）主要目标。通过三年治本攻坚，地方党委和政府、部门和生产经营单位统筹发展和安全的理念进一步强化，坚守安全红线的意识更加强烈，消减重大安全风险、消除重大事故隐患的积极性主动性显著增强；重点行业领域建立健全“一件事”由牵头部门组织推动、各相关部门齐抓共管，全链条排查整治重大事故隐患的责任体系，安全监管能力显著提升；2024 年底前基本消除 2023 年及以前排查发现的重大事故隐患存量，2025 年底前有效遏制重大事故隐患增量，2026 年底前形成重大事故隐患动态清零的常态化机制；针对重大安全风险的一批“人防、技防、工程防、管理防”措施落地见效，本质安全水平大幅提升；全国安全生产形势持续稳定向好，重特大生产安全事故多发势头得到有效遏制。

二、任务分工

国务院安委会统筹做好全国安全生产治本攻坚三年行动的组织推动。各省级安委会负责制定并实施辖区的安全生产治本攻坚三年行动方案。国务院安委会有关成员单位按照“管行业必须管安全”原则，依据《国务院安全生产委员会成员单位安全生产工作任务分工》，针对行业领域的重大事故隐患判定标准或重点检查事项，分别制定本部门单位的治本攻坚三年行动子方案。其中：负有安全生产监督管理职责的部门，要在方案中进一步细化安全生产治本攻坚的具体措施要求，从技术设备、人员素质等方面强化安全生产行政许可和准入管理，加大安全生产落后工艺、材料、设备等淘汰退出力度，建立健全重大事故隐患排查治理体系和督办制度，组织开展安全生产专项整治，聚焦重点环节、重点事项精准实施安全监管执法，严厉打击各类违法违规行为，依法关闭取缔不符合安全条件的企业单位；其他负有安全生产管理责任的行业领域主管部门，要在方案中将行业领域安全生产的督促指导职责明确细化为若干条具体措施，从行业规划、产业政策、法规标准、行政许可等方面加强本行业领域安全生产治本攻坚工作，建立健全定期会同负有安全生产监督管理职责的有关部门开展联合督导检查、重大事故隐患排查整治等工作的常态化机制，结合行业领域特点针对性强化安全培训和警示教育。国务院安委会其他成员单位要在职责范围内为安全生产治本攻坚提供支持保障，共同推进安全发展。党中央、国务院已部署开展的安全整治行动，按照原有安排继续推进。

三、主要任务

（一）开展生产经营单位主要负责人安全教育培训行动。

1. 会同中央党校集中开展重点行业领域生产经营单位主要负责人专题安全教育培训，固化完善“中央党校主课堂 + 各地区分课堂”同步的模式，推动相关重点行业领域生产经营单位主要负责人教育培训全覆盖，其中：2024 年，重点开展矿山企业主要负责人和二级三级医院消防安全责任人集中培训；2025 年，重点开展金属冶炼生产经营单位主要负责人、重点文物保护等单位消防安全责任人集中培训；2026 年，重点开展大型商业综合体消防安全责任人集中培训。各地区及国务院安委会有关成员单位要结合实际，组织对未覆盖到的有关重点行业领域生产经营单位主要负责人开展安全教育培训。

（二）开展重大事故隐患判定标准体系提升行动。

2. 总结重大事故隐患专项排查整治 2023 行动经验做法，修订一批、提升一批重大事故隐患判定标准，形成覆盖各行业领域的较为完备的标准体系。对于已经出台重大事故隐患判定标准的行业领域，要及时修订完善，增强操作性和实用性，并针对新问题、新风险补充完善标准要求；对于以推荐性标准或以试行、暂行办法等文件出台的，2024 年底前要积极总结提升为部门规章、强制性国家标准等，增强权威性。结合行业领域实际情况，针对性制修订重大事故隐患判定标准解读、检查指引指南等配套文件、制作有关视频，规范事故隐患排查工作流程、提升排查整改质量。

（三）开展重大事故隐患动态清零行动。

3. 因地制宜建立完善各类发展规划的安全风险评估会商机制，有效衔接国土空间规划和全国自然灾害综合风险普查成果等，结合地区实际制定开发区、高新区、工业园区、化工园区等重点区域安全生产禁止和限制类产业目录，严格准入，强化重大安全风险源头管控。

4. 健全完善生产经营单位重大事故隐患自查自改常态化机制，生产经营单位主要负责人要每季度带队对本单位重大事故隐患排查整治情况至少开展 1 次检查（高危行业领域每月至少 1 次），完善并落实生产经营单位全员安全生产岗位责任制。完善行业领域专家、企业退休技安人员以及专业技术服务机构参与排查整治工作的长效机制，加大支撑保障力度，提高排查整治专业性。对于未开展排查、明明有问题却查不出或者查出后拒不整改等导致重大事故隐患长期存在的，参照事故调查处理，查清问题并依法依规严肃责任追究。

5. 完善地方政府对于重大事故隐患治理的督办制度，建立政府负有安全监管职责有关部门审核把关销号机制，加大专业指导力度，确保重大隐患闭环整改到位。2024 年底前建立健全分区域、分行业重大事故隐患统计分析机制，对进展缓慢的及时采取函告、通报、约谈、曝光等措施。修订《安全生产事故隐患排查治理暂行规定》，进一步加强事故隐患排查治理的监督管理。

6. 健全重大事故隐患数据库，2024 年底前完善数据库运行管理机制，实现企业自查上报、督导检查发现、群众举报查实等各渠道排查的重大事故隐患全量汇总，推动重大事故隐患信息共享集中。及时将重大事故隐患信息通知到相关生产经营单位的主要负责人、实际控制人，实行清单制管理并动态更新整改落实情况，推动照单逐条整改销号。

（四）开展安全科技支撑和工程治理行动。

7. 加快推动安全生产监管模式向事前预防数字化转型，推进人工智能、大数据、物联网等技术与安全生产融合发展，持续加大危化品重大危险源、矿山、尾矿库、建筑施工、交通运输、水利、能源、消防、钢铁、铝加工（深井铸造）、粉尘涉爆、烟花爆竹、油气储存、石油天然气开采等行业领域安全风险监测预警系统建设应用和升级改造力度，2024 年底前建设完善危化品、矿山等高危企业安全生产电力监测分析系统，2025 年底前实现危化品重大危险源、煤矿、钢铁、铝加工（深井铸造）、重点粉尘涉爆等企业安全风险监测预警全覆盖，2026 年底前安全生产风险智能化管控能力显著增强。分级建成一批安全发展示范城市，带动提升城市安全风险监测预警能力。

8. 及时更新先进适用技术装备推广及淘汰落后安全生产工艺技术设备目录，明确在用设备报废标准，加大危化品、矿山、尾矿库、工贸、烟花爆竹、建设施工、交通运输、燃气等行业领域淘汰更新力度。依法加快推进“小散乱”企业有序关闭、尾矿库闭库销号、老旧直流内燃机车报废、老旧渔船更新改造、老旧化工生产装置改造提升、"大吨小标"货车违规生产销售治理，2025 年底前推动变型拖拉机全部淘汰退出。聚焦突出重大风险隐患，加大安全生产科技项目攻关力度，加快突破重要安全生产装备关键核心技术。大力推进"机械化换人、自动化减人"，提升矿山、危化品、烟花爆竹、军工、民爆、隧道施工等行业领域自动化、智能化水平。推进小型生产经营场所、经营性自建房、老旧住宅小区安装早期火灾报警和灭火装置。研究制定强制性标准推进道路运输车辆主动安全装置安装应用。

9. 深入开展老旧场所消防设施升级改造、公路安全生命防护工程建设、水库除险加固、电梯安全筑底、铁路平交道口改造、应急逃生出口和消防车通道打通等工程治理行动。组织开展建设工程消防设计审查验收违法违规专项治理。2025 年底前基本实现城镇建成区消防供水全覆盖、存在安全隐患自建房整治全覆盖，持续推动安全基础设施提质增效，强化本质安全。

（五）开展生产经营单位从业人员安全素质能力提升行动。

10. 推动危化品、石油天然气开采、矿山、金属冶炼、烟花爆竹等高危行业生产经营单位从业人员安全技能培训深化提升，严格高危行业生产经营单位主要负责人、安全生产管理人员安全生产知识和管理能力考核以及特种作业人员安全技术培训考核，将重大事故隐患排查整治有关要求作为培训考核的重要内容。出台《安全生产培训机构基本条件》标准，加强设备配备和设施建设，对安全生产培训机构进行一轮全覆盖条件复核，2024 年底前清退一批不符合条件的机构。优化特种作业考试和许可管理，2025 年底前建成国家层面统一的"互联网 + 特种作业人员综合管理服务"系统，推动特种作业人员持证上岗，督促生产经营单位严格电气焊作业等特种作业人员管理，严格遵守消防安全、生产安全等操作规程。

11. 结合各行业领域实际情况，2024 年底前全面细化完善生产经营单位各类从业人员安全生产教育培训的频次、内容、范围、时间等规定要求，健全教育培训效果督导检查机制，切实强化教育培训动态管理。明确有关从业人员的安全准入机制以及不符合安全条件要求的退出机制，提升从业人员整体能力水平。推动生产经营单位加强对外包外租等关联单位的安全生产指导、监督，将接受其作业指令的劳务派遣、灵活用工等人员纳入本单位安全生产管理体系，严格安全培训和管理，切实提升有关从业人员的安全素质和能力。

12. 聚焦从业人员疏散逃生避险意识能力提升，推动生产经营单位每年至少组织开展 1 次疏散逃生演练（高危行业领域每半年至少 1 次），让全体从业人员熟知逃生通道、安全出口及应急处置要求，形成常态化机制。推动高危行业生产经营单位全面依法建设安全生产应急救援队伍，满足安全风险防范和事故抢险救援需要。

（六）开展生产经营单位安全管理体系建设行动。

13. 结合国际通用的安全管理体系经验做法，2024 年试点建设中国特色的安全生产管理体系标准，2025 年聚焦大中型企业修订完成企业安全生产标准化管理体系基本规范，研究制定小微企业安全生产标准化管理体系基本规范，适时更新相关行业安全生产标准化定级标准。

14. 探索实行安全生产标准化管理体系定级制度，积极推动、引导有关行业领域各类企业单位创建安全生产标准化管理体系。大力选树各行业安全生产标准化建设标杆企业单位，落实安全生产标准化达标企业在减少检查频次、复产验收优先、优化安全生产责任保险和工伤保险费率、信贷信用等级评定等方面的激励政策。2025 年底前，打造一批安全生产标准化标杆企业单位，推广安全管理体系先进经验。

（七）开展安全生产精准执法和帮扶行动。

15. 建立健全各行业领域安全生产举报制度机制，落实奖励资金、完善保密制度，充分发动社会公众和从业人员举报或报告生产经营单位存在的重大事故隐患，及时发现生产经营单位的各类违法违规行为。推动生产经营单位建立健全事故隐患报告奖励机制，完善物质和精神双重奖励措施，对报告重大事故隐患等突出问题的予以重奖，激励从业人员积极向生产经营单位报告身边的事故隐患、提出整改的合理化建议，提升从业人员爱企如家的强烈安全意识。

16. 综合运用“四不两直”、明查暗访、异地交叉执法等方式，聚焦重大事故隐患排查整治，深入推进精准执法，集中挂牌、公布、曝光、处理一批重大事故隐患，对“零处罚”、“只检查不处罚”等执法“宽松软虚”的地区进行约谈通报。对无需审批备案但具有较大安全风险的生产经营活动，加大现场执法检查力度，完善“双随机”抽查检查工作机制，严防小施工、小作业惹大事。对严重违法行为依法采取停产整顿、关闭取缔、上限处罚、联合惩戒、“一案双罚”等手段，落实行刑衔接机制，严厉打击各类非法违法行为。对发生重特大事故负有责任的生产经营单位的主要负责人，明确终身不得担任本行业生产经营单位的主要负责人。2024 年底前，建立健全各行业领域安全生产监管监察执法统计、执法考评和典型案例报送制度，完善行政裁量权基准，组织开展执法练兵和比武竞赛。加大“互联网 + 执法”推广应用力度，推动现场执法检查和线上巡查执法有机结合，持续提高执法效能。

17. 综合统筹乡镇（街道）安全生产监管、消防工作、防灾减灾救灾、应急救援等人员力量，强化责任落实，共同做好安全检查、安全宣传、应急救援等工作，推动安全生产监管服务向基层末梢延伸。加强各级安全生产行政执法人员执法装备配备，推动执法队伍规范化建设。落实好国家安全生产专业应急救援队伍动态管理机制，根据安全生产应急救援工作需要合理确定队伍规模，强化地方骨干专业安全生产救援队伍建设，全面提升技术装备现代化水平，强化专业应急救援支撑保障。

18. 聚焦重大事故隐患排查整治，强化基层安全监管执法人员能力培训。三年内，结合中央党校企业主要负责人培训班，对全国安全监管执法人员开展跟班集中培训。组织编制执法培训教材，推动各地开展形式多样的执法业务培训，不断提高培训系统化规范化水平。2024 年底前，省市有关部门统筹建立安全生产专家库，充分利用外部专业力量提高执法检查质效。组织对高危行业领域生产经营单位分级开展安全执法指导帮扶。大力选聘执法技术检查员参与安全生产监管执法，完善通过政府购买服务辅助开展监督检查的工作机制，切实提升基层安全监管能力。推动保险机构积极参与高危行业领域企业重大事故隐患排查整治工作。

（八）开展全民安全素质提升行动。

19. 加强全民安全生产宣传教育，培育公众安全意识，聚焦“人人讲安全、个个会应急”这个主题和目标，持续开展全国安全生产月、消防宣传月、安全宣传咨询日等活动，将安全教育纳入国民教育体系，引导公众践行安全的生产生活方式，推动安全宣传进企业、进农村、进社区、进学校、进家庭。落实“谁执法谁普法”普法责任制，深入开展安全生产法治宣传教育。推动在省市县三级电视等媒体设置安全生产专题栏目，定期讲解安全生产知识、介绍安全生产典型经验做法、曝光存在的突出问题，制作播放安全警示宣传片强化典型事故教训吸取。因地制宜加快建设安全科普宣传教育和安全体验基地。

20. 深化公路水运建设“平安工程”、“平安农机”、“平安渔业”、“安康杯”竞赛、青年安全生产示范岗、安全文化示范企业等示范创建工作，在全国评选一批安全生产工作先进的企业、单位和个人，强化示范引领作用。

四、保障措施

（一）加强组织领导。各省级安委会、国务院安委会各有关成员单位、有关中央企业要召开专题会议进行动员部署，建立完善信息汇总、动态研判、晾晒通报、督导检查等机制，切实加大督促推动力度。各省级安委会主要负责同志要定期组织研究安全生产治本攻坚有关工作，听取进展情况汇报，协调解决跨地区、跨部门安全生产突出问题；有关成员单位要加强本行业领域安全生产治本攻坚工作的跟踪分析，及时研究新情况、解决新问题，定期向分管负责同志汇报安全生产治本攻坚情况并提供工作建议。国务院安委会各有关成员单位要加强督促指导，推动落实属地安全责任。全面规范并建立省市县三级地方党政领导干部安全生产职责清单和年度任务清单，明确治本攻坚责任分工和工作目标，按程序报上级安委会办公室备案。将安全生产、消防安全教育培训列入党政领导干部的必修课程，突出重大事故隐患排查整治方面的内容，加强经常性教育培训。国务院安委会办公室将成立工作专班，加大统筹协调和督促推动力度，各地区也要加强工作统筹，协调推动本地区治本攻坚工作。

（二）加强安全投入。各地区要强化安全生产相关工作投入，科学合理安排预算，确保重大事故风险隐患治理资金，切实做好安全生产治本攻坚各项任务措施的支撑保障。各有关部门单位要聚焦制约安全生产的重点难点问题加强统筹规划、落实整治资金，一张蓝图绘到底，以久久为功的劲头持续推进“人防、技防、工程防、管理防”等治本之策，不断提升本质安全水平。各地区、各有关部门要督促企业单位加大安全生产投入力度，严格执行《企业安全生产费用提取和使用管理办法》，在企业绩效考核中把安全投入作为重要考核内容，严防低价中标影响企业正常安全投入。

（三）完善法规制度。各地区、各有关部门和单位要进一步强化法治思维，加强宏观调控和配套政策供给，增强安全生产综合能力。要加快推进危险化学品安全法、生产安全事故报告和调查处理条例等安全生产法律法规制修订，聚焦安全生产重点难点问题推动不断完善有关工作规定要求，健全常态化工作机制，切实提升安全生产依法治理能力和水平。要推动一批涉及安全生产的推荐性标准转化为强制性标准，加强重点行业领域强制性标准监督落实，积极培育发展安全生产团体标准和企业标准，从源头上提升安全防范能力。要积极推动设区的市制定完善安全生产地方性法规标准，因地制宜加强安全生产法制化建设。

（四）强化正向激励。各地区、各有关部门和单位要用好正向激励手段，在党政领导干部考察、评优评先等工作中注意了解治本攻坚三年行动开展情况，按照党和国家有关规定对治本攻坚工作中成绩突出的集体和个人进行表彰奖励，相关领导干部在同等条件下可按规定注意提拔晋升。要加大治本攻坚工作中成绩先进单位的通报表扬力度，强化正面典型引导和示范引路，以点带面推动整体工作水平提升。

（五）强化考核巡查。国务院安委会将把治本攻坚三年行动作为安全生产和消防工作考核巡查重点，拉开考核梯次并如实向党中央报告，将考核结果作为地方党政领导班子和领导干部政绩考核评价的重要参考；优化考核巡查方式方法，将“多通报、多发督促函、多暗访”作为安全督查长效机制，建立完善安委会督办交办制度，对重大事故隐患排查整治不力等突出问题及时约谈、通报、曝光。各地区、各有关部门和单位也要结合实际，分级建立健全考核巡查、督导督办、责任倒查等各项工作机制，紧盯重点行业，突出重点地区，紧抓与群众密切相关的区域和点位开展督导检查，严格问责问效，推动安全生产治本攻坚三年行动落实落地。

国务院安委会办公室关于学好用好重大事故隐患判定标准的通知

安委办〔2024〕2号

各省、自治区、直辖市及新疆生产建设兵团安全生产委员会，国务院安委会各成员单位：

近日，国务院安委会办公室对一季度安全生产明查暗访中查出的问题隐患进行了梳理汇总，发现未及时准确排查整治重大事故隐患等问题依然突出，暴露出一些企业主要负责人、安全生产管理人员和从业人员对重大事故隐患判定标准学习不够、掌握不够、对照检查不够；一些安全生产社会化服务机构及人员现场评价不准确、辨识不深入，对长期存在的重大事故隐患排查不出来；一些负有安全生产监督管理职责的部门和执法人员未将重大事故隐患判定标准作为执法检查的重要依据，现场执法检查“避重就轻”；一些行业领域主管部门对重大事故隐患判定标准组织学习和指导解读不够，没有宣贯到基层一线；不同部门、不同专家对同一个单位检查提出不同整改意见甚至相互矛盾等。同时，也反映出一些行业领域重大事故隐患判定标准还需要进一步完善提升。为深入推进安全生产治本攻坚三年行动，进一步提高风险隐患排查整治质量，持续推动重大事故隐患动态清零，现就学好用好重大事故隐患判定标准通知如下：

一、充分认识重大事故隐患判定标准的重要意义

中央领导同志多次明确要求，要精准开展排查整治，明确重大事故隐患判定标准，切实提高排查整治质量。国务院安委会有关成员单位通过深入剖析重特大生产安全事故，对易导致群死群伤的“人的不安全行为”、“物的不安全状态”和“安全管理缺陷”等关键因素进行梳理归纳，制修订了51个行业领域重大事故隐患判定标准或重点检查事项，用于更好指导生产经营单位开展重大事故隐患自查自改、指导有关部门开展监督检查和监管执法，为防范遏制重特大事故提供了有力支撑。学好用好重大事故隐患判定标准是推动安全生产治本攻坚三年行动顺利开展、推进重大事故隐患动态清零的重要保障。各地区、各有关部门要充分认识重大事故隐患判定标准的重要意义，切实增强学习运用的主动性、自觉性，以更加强烈的责任感排查整治重大事故隐患，坚决防范遏制重特大事故。

二、督促指导生产经营单位学好用好重大事故隐患判定标准

各地区、各有关部门要督促各行业领域生产经营单位将学好用好重大事故隐患判定标准，作为防范遏制重特大事故的重要举措。督促指导生产经营单位将学好用好重大事故隐患判定标准纳入事故隐患排查治理制度，重大事故隐患排查治理情况应当及时向负有安全

生产监督管理职责的部门和职工大会或职工代表大会报告。督促指导主要负责人将学习掌握重大事故隐患判定标准，纳入本单位安全生产教育和培训计划并组织实施，带头开展学习。按照有关规定，对照重大事故隐患判定标准，对本单位重大事故隐患排查治理情况开展检查。督促指导分管负责人以及安全生产管理人员带头主动学习研究重大事故隐患判定标准，将有关内容作为本单位安全生产检查和事故隐患排查的重点。组织开展多种形式宣讲，通过“告知卡”、“张贴画”、“口袋书”等形式，营造学好用好重大事故隐患判定标准的良好氛围。安全生产管理人员在检查中发现的重大事故隐患应当及时向本单位有关负责人报告，有关负责人不及时处理或生产经营单位不能自行处理的，可以向主管的负有安全生产监督管理职责的部门报告，避免重大事故隐患漏管失控。督促指导班组和从业人员结合生产环节、作业环境等岗位特点，熟练掌握重大事故隐患判定标准，发现重大事故隐患，应当立即向安全生产管理人员或者本单位负责人报告。

三、督促指导安全生产社会化服务机构学好用好重大事故隐患判定标准

各级负有安全生产监督管理职责的部门、行业领域主管部门要督促安全生产社会化服务机构加强重大事故隐患判定标准的学习培训，结合服务对象、服务范围、服务内容，组织所有专业技术人员认真学习掌握重大事故隐患判定标准，保证培训时间，确保培训质量，作为开展工作的必备技能。服务过程中，要及时指出生产经营单位存在的重大事故隐患，提出针对性整改措施，指导生产经营单位落实整改要求。有关部门要将安全生产社会化服务机构学好用好重大事故隐患判定标准情况纳入监督检查内容，并对其技术服务实施抽查，对生产经营单位存在判定标准中列举的重大事故隐患，受委托的安全生产社会化服务机构未排查发现的，应按照有关规定实施行政处罚。

四、将学好用好重大事故隐患判定标准作为精准执法和行业管理的重要手段

各级安委会要组织开展形式多样的学习宣传活动，邀请行业领域权威专家、有关部门业务骨干等开展宣讲，确保学习到位、宣传到位、指导到位，推动有关部门和生产经营单位切实提高风险隐患排查整改质量，切实提升发现问题和解决问题的强烈意愿和能力水平。要用重大事故隐患判定标准统一生产经营单位、安全生产社会化服务机构、有关部门的各类检查标准，推动有关部门互相配合实行联合检查，确需分别检查的，应当互通情况，避免出现不同部门、不同专家整改意见互相矛盾的问题。要开展“说理式”执法检查，强化重大事故隐患判定标准宣贯和指导服务，防止一般化、简单化、“大呼隆”等形式主义督查检查，扰乱正常生产经营秩序，以执法检查实效优化营商环境。各级负有安全生产监督管理职责的部门要将学习相关行业领域重大事故隐患判定标准作为执法人员培训的必修课，通过业务培训、岗位练兵、技术比武、案卷评查等活动，在执法队伍中营造学好用好重大事故隐患判定标准的浓厚氛围，推动提升执法人员精准执法能力。要对照重大事故隐患判定标准开展行政执法或监督检查，督促生产经营单位主要负责人、分管负责人和安全生产管理人员掌握重大事故隐患判定标准，对存在未采取措施消除重大事故隐患等情形的，应依法采取有关措施并实施行政处罚。各级行业领域主管部门要采取多种方式，组织相关业务工作人员深入学习本行业领域重大事故隐患判定标准，持续加强对相关生产

经营单位安全生产监督管理和指导帮扶。要加强学用结合，把学好用好重大事故隐患判定标准，作为指导生产经营单位安全生产工作的重要内容，作为每次监督检查的必查项。

五、加强重大事故隐患判定标准宣贯解读，不断提高标准质量

国务院安委会有关成员单位要将推动学好用好重大事故隐患判定标准，作为本行业领域安全生产治本攻坚三年行动重要内容和安全生产年度重点工作，加强组织领导和统筹协调，认真谋划、扎实推进。要结合行业领域实际情况，针对性制修订重大事故隐患判定标准解读、检查指引指南等配套文件，组织开展宣讲解读活动，规范事故隐患排查工作流程、提升排查治理质量。要将重大事故隐患判定标准纳入由本部门组织实施的有关人员安全生产培训大纲、考核标准和考试题库中。要结合本行业领域安全生产工作实际，广泛听取各方面意见建议，及时修订完善重大事故隐患判定标准，针对新问题、新风险补充完善标准要求，确保实用、好用、管用。

国务院安委会办公室

2024 年 4 月 9 日

国务院安全生产委员会关于印发《全国重大事故隐患专项排查整治2023行动总体方案》的通知

安委明电〔2023〕1号

各省、自治区、直辖市人民政府，新疆生产建设兵团，国务院安委会各成员单位，有关中央企业：

为认真贯彻落实习近平总书记关于安全生产重要指示精神，经国务院领导同志同意，国务院安委会组织开展全国重大事故隐患专项排查整治2023行动。现将总体方案印发给你们，请结合实际认真抓好落实。

国务院安全生产委员会
2023年4月25日

全国重大事故隐患专项排查整治2023行动总体方案

为认真贯彻落实党的二十大精神和习近平总书记关于安全生产重要论述，按照党中央、国务院决策部署，进一步落实全国安全生产电视电话会议、国务院安委会全体会议精神和国务院安委会2023年工作要点有关要求，推动重大安全风险防控措施落实，从即日起在全国开展重大事故隐患专项排查整治2023行动（以下简称专项行动），总体方案如下：

一、总体要求

（一）工作思路。以习近平新时代中国特色社会主义思想为指导，全面贯彻党的二十大精神，坚持人民至上、生命至上，坚持安全第一、预防为主，严格落实安全生产十五条硬措施，全面落实企业主体责任、部门监管责任和地方党政领导责任，突出煤矿、非煤矿山、危险化学品、交通运输（含道路、铁路、民航、水上交通运输）、建筑施工（含隧道施工）、消防、燃气、渔业船舶、工贸等重点行业领域，兼顾新业态新领域，聚焦可能导致群死群伤的设施设备故障、非法违规行为、安全管理缺陷等重大事故隐患，以强有力精准严格的执法行动，督促推动企业落实落细安全生产工作措施，认真排查和整改重大事故隐患，建立健全责任倒查机制，着力从根本上消除事故隐患、从根本上解决问题，推动安全生产治理模式向事前预防转型，坚决守牢兜住安全发展底线，以高水平安全保障高质量发展。

（二）工作目标。通过专项行动，全面摸清并动态掌握重大事故隐患底数；推动企业主要负责人严格履行安全生产法定职责，推动企业员工落实安全生产岗位责任，企业排查整改重大事故隐患的质量明显提高；各有关部门对照“三个必须”强化安全监管，聚焦重大事故隐患精准严格执法，发现问题和解决问题的意愿和能力水平显著增强；地方党委政府统筹发展和安全能力进一步增强，领导安全生产工作的水平显著提升；重大事故隐患得到系统治理，重大风险防控取得明显成效，重特大事故得到有效遏制，全国安全生产形势持续稳定好转。

二、专项行动主要内容

（一）突出主要负责人第一责任带动企业全员安全生产岗位责任落实，切实提高企业隐患排查和整改的质量。

企业是事故隐患排查整治的责任主体，企业主要负责人是法定的安全生产第一责任人，建立健全并落实本单位全员安全生产岗位责任制、组织排查整改进而消除重大事故隐患是主要负责人的法定义务。各地区、各有关部门要督促企业主要负责人在全面落实安全生产法规定职责基础上，突出抓好以下五项工作：

1. 研究组织本企业重大事故隐患排查整治。企业主要负责人要学习研究本行业领域重大事故隐患判定标准或重点检查事项，组织研究部署开展对标对表自查自改；组织建立企业重大事故隐患台账清单，实行闭环管理。能立即整改的，要迅速整改；需要一定时间整改的，要明确责任人、措施、资金、期限和应急预案，并按分级属地原则向负有安全监管职责的有关部门报告。及时吸取专项行动期间国内外发生的典型事故教训，迅速组织排查整治本企业同类事故隐患。专项行动期间，主要负责人每季度要带队对本单位重大事故隐患排查整治情况至少开展 1 次检查（高危行业领域企业每月至少 1 次）。

2. 落实全员安全生产岗位责任发挥管理团队和专家作用。企业主要负责人要建立健全全员安全生产岗位责任制，明确从主要负责人到一线从业人员（包括劳务派遣人员、实习生等）的安全生产岗位责任。要突出管理团队安全责任落实，组织制定企业各分管负责人安全生产职责清单和本次专项行动工作清单；按规定设置安全生产管理机构或者配备专兼职安全生产管理人员；根据需要聘请行业领域安全生产专家强化技术指导，精准查找重大事故隐患、科学治理重大事故隐患，提高隐患排查和整改的质量。

3. 组织对动火等危险作业开展排查整治。企业主要负责人要深刻吸取近期违规动火引发的重特大事故教训，组织开展 1 次全员安全警示教育活动；严格履行电气焊等动火作业审批手续，督促作业人员严格遵守消防安全操作规程，明确现场监护人员，严格落实消防安全措施检查和作业过程监督；组织对电气焊设备进行全面安全检查，严禁带病作业，不得使用淘汰或危及安全的电气焊设备。举一反三组织对动火等危险作业人员以及易产生重大事故隐患的其他关键岗位人员落实岗位责任情况进行 1 次全面排查，严禁聘用和招请未经安全培训合格、未取得相关证书的人员在特种作业岗位上岗作业，明确“谁招请无证人员，谁负责任”的管理制度。

4. 组织对外包外租等生产经营活动开展排查整治。企业主要负责人要针对本企业生产经营项目和场所外包外租（包括委托、合作等类似方式）情况组织开展 1 次全面排查，重点检查是否存在承包承租方不具备安全生产条件或者相应资质以及双方未签订安全生产协议、安全生产管理职责不清等问题，不符合法律法规规定的要坚决依法处理；将外包外租等生产经营活动纳入本企业安全生产管理体系，加强统一协调、管理，定期进行安全检查，发现安全问题的及时督促整改。

5. 组织开展事故应急救援演练活动。企业主要负责人要根据本行业领域事故特点，至少组织开展1次事故应急救援预案演练（高危行业领域企业每半年至少1次），特别要让全体从业人员主动落实安全生产岗位责任，熟知安全逃生出口（或避灾路线），切实提高从业人员应急避险意识。

（二）狠抓监管部门精准严格执法，切实提升发现问题和解决问题的强烈意愿和能力水平。

各有关部门要进一步增强责任感、使命感、紧迫感，分兵把守、齐抓共管，特别是负有安全监管职责的有关部门要以顽强的斗争精神、过硬的素质能力及时发现并查处企业的非法违规问题，坚决整治安全监管执法"宽松软虚"，通过精准严格的监管执法倒逼企业主体责任落实。突出抓好以下五项工作：

1. 尽快明确和大力宣传排查整治标准要求。国务院安委会各有关成员单位要抓紧制定印发本部门专项行动方案，加强各系统专项行动"条"上的统筹推动。方案要重点突出、简洁管用，已出台重大事故隐患判定标准的行业领域，可从现有判定标准中进一步聚焦提炼出本次整治的重点隐患；尚未出台重大事故隐患判定标准的行业领域，要结合事故教训，首先在方案中明确本次整治的重点事项，同时要按照安全生产法的要求抓紧制定出台重大事故隐患判定标准。地方各有关部门可结合本地实际进一步补充完善相关整治内容，通知到行业内企业单位，并采取多种方式开展宣传解读。

2. 开展监管执法人员专题培训。负有安全监管职责的各有关部门要利用企业自查自改阶段的时间，集中对监管执法人员开展安全生产专题培训。要结合落实党的二十大精神和学习贯彻习近平新时代中国特色社会主义思想主题教育，"学思想、强党性、重实践、建新功"，明责知责、履责尽责，发扬斗争精神，增强斗争本领，切实提高发现问题和解决问题的强烈意愿；要重点学习重大事故隐患判定标准、重点执法检查事项及相关法律法规标准，提高专业素养和法治素养，切实提升监管执法人员发现问题和解决问题的能力水平。

3. 聚焦排查整治重点精准严格执法。负有安全监管职责的各有关部门要针对企业主要负责人前述五项重点任务落实情况精准严格执法。对企业自查查出的重大事故隐患，已按规定报告并正在采取有效措施消除的，依法不予行政处罚。对排查整治不力导致重大事故隐患依然存在或发生事故的，要依法对企业和企业主要负责人实行"一案双罚"；重大事故隐患长期存在并多次受到处罚的，依法提请地方人民政府予以关闭并落实企业主要负责人行业禁入规定；涉嫌犯罪的，依法移送司法机关追究刑事责任。对执法检查中发现的重大事故隐患要紧盯不放，督促企业坚决整改落实到位，严禁以罚代管、罚而不管。根据监管执法情况，定期通报一批、约谈一批、联合惩戒一批、停产整顿一批，并在政务网站或主流媒体分期分批公布安全生产典型执法案例（含危险作业罪）。

4. 建立倒查机制严格问责问效。各地区、各有关部门要建立安全监管执法责任倒查机制，严格执行“谁检查、谁签名、谁负责”，对明明有问题却查不出或查出后跟踪整改不到位导致发生事故的，严肃追责问责，构成犯罪的移送司法机关追究刑事责任。要理直气壮开展约谈通报，对排查整治不力的有关地区严肃指出存在的突出问题，情况严重的按规定予以问责处理；国务院安委会办公室将视情况对有关地市进行约谈，并在全国进行通报。

5. 创新监管和服务方式切实提升监管执法效能。负有安全监管职责的各有关部门要积极运用“四不两直”、明查暗访、异地执法、交叉互检等工作方式不断提高执法质量，避免走形式、走过场。依托“互联网+监管”等信息手段加强部门间互联互通，对于大数据排查发现的屡查屡犯的企业负责人和重点企业实施精准有效监管。对于涉及多部门、区域性违法违规行为的，强化信息通报共享和部门协调联动，开展跨部门联合执法检查、联合信用监管。要组织专家对重点地区、重点企业帮扶指导；积极服务企业对电焊等特种作业人员的排查整治工作，及时提供特种作业人员培训和考核发证服务。

（三）压紧压实地方党委政府领导责任，切实强化领导安全生产工作的水平。

地方党委政府要牢固树立安全红线意识，落实好属地领导责任，严格“党政同责、一岗双责”，切实加强对排查整治工作的组织领导，主要负责人和分管负责人要亲自带头抓，深入基层调查研究，统筹推动各项工作，为排查整治取得实效提供坚实保障。突出抓好以下五项工作：

1. 牢固树立安全红线意识。各地区要深入学习贯彻习近平总书记关于安全生产重要论述，始终牢记和坚决贯彻“发展决不能以牺牲人的生命为代价，这必须作为一条不可逾越的红线”。要坚持人民至上、生命至上，切实统筹好发展和安全，推动在规划编制、项目准入等初始环节把好安全关，不得降低安全门槛，自觉担负起“促一方发展、保一方平安”的政治责任。要专题学习安全生产十五条硬措施，逐条对照狠抓落实。要大力实施源头治理、依法治理、工程治理、科技强安等治本之策，提高本质安全水平，以高水平安全保障高质量发展。

2. 全面做好排查整治动员部署。各地区要迅速研究制定本地区专项行动工作方案，建立健全专项行动组织领导和常态化督导检查机制。政府主要负责同志要亲自组织召开专题会议进行动员部署；党委政府主要负责同志定期听取工作进展情况汇报，研究解决安全生产重大问题，督促推动跨行业领域重大隐患排查整治；政府其他负责同志按照职责分工，定期开展现场督导检查，督促分管部门单位做好排查整治工作。动员各级安委会成员单位负责同志到企业宣讲专项行动方案。

3. 发挥宣传组织优势加强全社会共同监督。组织开展好6月份的“安全生产月”专题活动，将重大事故隐患排查整治和应急演练作为重要内容。推动在各省级主流电视媒体开设安全生产专题栏目，及时宣传排查整治工作中典型经验做法，加大安全生产重大事故隐患的公开曝光力度。进一步健全安全生产举报奖励体系，鼓励“内部吹哨人”和全社会匿名举报，查实重奖。

4. 强化重大事故隐患排查整改财力人力保障。督促有关部门推动企业按规定比例提取安全生产费用，保障重大事故隐患排查整改，对重点问题隐患加大政府治理资金支持力度，积极推进实施物防技防等安全生产工程治理措施。完善政府购买服务、聘请专家等加强企业指导帮扶的工作机制。健全市县两级基层安全监管体制，大力配备专兼职技术检查员，着力解决监管执法队伍“人少质弱”问题，切实提升重大事故隐患查处能力。

5. 严格安全生产督查督办和考核巡查。各地区要建立本区域重大事故隐患数据库，完善重大事故隐患整治督办制度，深入基层加强督导检查，每半年通报整治进展情况，做到动态掌握、心中有数。各省（区、市）要把排查整治开展情况作为2023年度考核巡查的重点内容，对存在安全检查走形式走过场、监管执法“宽松软虚”、对风险隐患视而不见、见而不查、查而不改的地方，一律不得评为“优秀”。

三、阶段安排

专项行动分四个阶段，各地区、各有关部门单位和企业要按照各阶段工作重点有序压茬推进。

（一）动员部署（2023年5月上旬前）。制定印发专项行动方案，细化明确安全生产重大事故隐患判定标准或重点检查事项等，召开专题会议动员部署。

（二）企业自查自改和部门帮扶（具体时间由各地区根据实际情况确定）。企业认真开展自查自改，建立安全生产重大事故隐患台账。各地区、各有关部门对重点地区、重点企业开展帮扶，完成安全执法队伍专题培训。组织开展好“安全生产月”活动。

（三）部门精准执法（具体时间由各地区根据实际情况确定）。相关部门聚焦安全生产重大事故隐患和重点检查事项，聚焦第一责任人履职情况，深入企业、一线开展精准执法检查，严查各类非法违法和违规违章行为。通过差异化的执法处罚措施强化政企互信，推动企业真查真改并按规定主动报告重大事故隐患。

（四）总结提高（2023年12月）。全面总结专项行动取得的成效，系统梳理好经验、好做法，积极推动互学互鉴，不断完善安全生产制度措施，健全完善长效工作机制。

各地区、各有关部门和单位要高度重视专项行动，明确有关负责同志牵头抓总，结合本地区、本行业领域实际情况适当调整完善排查整治内容，进一步细化责任分工，建立健全工作机制，确保专项行动取得实效。国务院安委会办公室将建立调度通报、督办交办、警示建议、重点约谈等工作机制，定期调度掌握各地区、各有关部门排查整治进展情况（各地区调度表附后），及时协调解决存在的突出问题。请于2023年5月15日前将专项行动方案及动员部署情况报送国务院安委会办公室，并将贯彻落实情况分别于2023年8月底、2023年12月底前报送国务院安委会办公室。有关部门已经国务院批准且正在开展的专项整治和治理行动按既定方案推进。

全国重大事故隐患专项排查整治2023行动进展情况调度表

______省（区、市）　　　　　　　　　　　时间：2023年　　月　　日

总体情况	1	企业自查发现的重大事故隐患（个）		2	企业自查发现重大事故隐患中已完成整改的（个）	
	3	部门检查发现的重大事故隐患（个）		4	部门检查发现重大事故隐患中已完成整改的（个）	
	5	政府挂牌督办的重大事故隐患（个）		6	挂牌督办重大事故隐患中已完成整改的（个）	
对企业自查自改进行抽查检查情况	1	部门抽查检查的企业总数（家）		2	企业主要负责人未按要求亲自研究排查整治工作（家）	
	3	企业主要负责人未带队检查（家）		4	企业未制定分管负责人职责清单（家）	
	5	企业未依法建立安全管理机构和配足安全管理人员（家）		6	电焊等特种作业岗位人员无证上岗作业（家）	
	7	外包外租安全管理混乱（家）		8	未按规定开展应急演练、员工不熟悉逃生出口（家）	
部门精准严格执法情况	1	帮扶指导重点市、县（个次）		2	帮扶指导重点企业（家次）	
	3	行政处罚（次，万元）		4	企业和企业主要负责人“一案双罚”（次）	
	5	移送司法机关（人）		6	责令停产整顿（家）	
	7	曝光、约谈、联合惩戒企业（家）		8	公布典型执法案例（个），其中危险作业罪案例（个）	
	9	责任倒查追责问责（人）		10	约谈通报有关地区及部门（次）	
党委政府组织领导情况	1	省、市、县党委政府分别组织专题学习安全生产十五条硬措施（次）		2	省、市、县党委政府主要负责同志分别专题研究（次）	
	3	省、市、县政府负责同志分别现场督导检查（次）		4	省、市、县安委会成员单位负责同志分别到企业宣讲（次）	
	5	举报奖励（万元），其中匿名举报查实奖励（万元）		6	是否在省级主流媒体播放安全生产专题栏目	
	7	市县两级配备专兼职技术检查员数量（人）		8	组织开展考核巡查督导检查（次）	

注：1. 国务院安委会办公室对各地区工作进展情况进行月度调度。调度表自6月份开始上报，每月5日前上报截至上月末的累计情况。

2. 调度表内容应围绕专项排查整治工作并对照方案具体要求如实填报，特别是对企业自查情况进行抽查检查时，要深挖细查，查出真问题。如：电焊等人员无证上岗作业，既要通过现场检查发现问题，也要通过对企业动火等特种作业存单进行检查核实来发现问题；外包外租管理混乱，是指符合以下情形之一的：承包承租方不具备安全生产条件、未取得相应资质，双方未签订安全生产协议，安全生产管理职责不清，未纳入本企业统一管理等。

3. 调度表中明确提出省、市、县三级的有关事项需要分开进行统计上报。

住房城乡建设部关于印发城镇燃气经营安全重大隐患判定标准的通知

建城规〔2023〕4号

各省、自治区住房城乡建设厅，北京市、天津市城市管理委，上海市住房城乡建设管委，重庆市经济和信息化委，新疆生产建设兵团住房城乡建设局：

现将《城镇燃气经营安全重大隐患判定标准》印发给你们，请认真贯彻执行。

住房城乡建设部

2023年9月21日

城镇燃气经营安全重大隐患判定标准

第一条 为指导各地加强城镇燃气安全风险管控和隐患排查治理，防范重特大事故发生，切实保护人民群众生命财产安全，根据《中华人民共和国安全生产法》《中华人民共和国特种设备安全法》《城镇燃气管理条例》等法律法规及《燃气工程项目规范》等标准规范，制定本标准。

第二条 本标准所称重大隐患，是指燃气经营者在生产经营过程中，存在的危害程度较大、可能导致群死群伤或造成重大经济损失的隐患。

第三条 县级及以上地方人民政府城镇燃气管理部门在开展燃气安全监督管理工作中，可依照本标准识别、认定城镇燃气经营安全重大隐患，并依法依规督促燃气经营者落实隐患整改责任、及时消除隐患。

第四条 燃气经营者在安全生产管理中，有下列情形之一的，判定为重大隐患：

（一）未取得燃气经营许可证从事燃气经营活动；

（二）未建立安全风险分级管控制度；

（三）未建立事故隐患排查治理制度；

（四）未制定生产安全事故应急救援预案；

（五）未建立对燃气用户燃气设施的定期安全检查制度。

第五条 燃气经营者在燃气厂站安全管理中，有下列情形之一的，判定为重大隐患：

（一）燃气储罐未设置压力、罐容或液位显示等监测装置，或不具有超限报警功能；

（二）燃气厂站内设备和管道未设置防止系统压力参数超过限值的自动切断和放散装置；

（三）压缩天然气、液化天然气和液化石油气装卸系统未设置防止装卸用管拉脱的联锁保护装置；

（四）燃气厂站内设置在有爆炸危险环境的电气、仪表装置，不具有与该区域爆炸危险等级相对应的防爆性能；

（五）燃气厂站内可燃气体泄漏浓度可能达到爆炸下限20%的燃气设施区域内或建（构）筑物内，未设置固定式可燃气体浓度报警装置。

第六条 燃气经营者在燃气管道和调压设施安全管理中，有下列情形之一的，判定为重大隐患：

（一）在中压及以上地下燃气管线保护范围内，建有占压管线的建筑物、构筑物或者其他设施；

（二）除确需穿过且已采取有效防护措施外，输配管道在排水管（沟）、供水管渠、热力管沟、电缆沟、城市交通隧道、城市轨道交通隧道和地下人行通道等地下构筑物内敷设；

（三）调压装置未设置防止燃气出口压力超过下游压力允许值的安全保护措施。

第七条 燃气经营者在气瓶安全管理中，有下列情形之一的，判定为重大隐患：

（一）擅自为非自有气瓶充装燃气；

（二）销售未经许可的充装单位充装的瓶装燃气；

（三）销售充装单位擅自为非自有气瓶充装的瓶装燃气。

第八条 燃气经营者供应不具有标准要求警示性臭味燃气的，判定为重大隐患。

第九条 燃气经营者在对燃气用户进行安全检查时，发现有下列情形之一，不按规定采取书面告知用户整改等措施的，判定为重大隐患：

（一）燃气相对密度大于等于0.75的燃气管道、调压装置和燃具等设置在地下室、半地下室、地下箱体及其他密闭地下空间内；

（二）燃气引入管、立管、水平干管设置在卫生间内；

（三）燃气管道及附件、燃具设置在卧室、旅馆建筑客房等人员居住和休息的房间内；

（四）使用国家明令淘汰的燃气燃烧器具、连接管。

第十条 其他严重违反城镇燃气经营法律法规及标准规范，且存在危害程度较大、可能导致群死群伤或造成重大经济损失的现实危险，判定为重大隐患。

第十一条 本标准自发布之日起执行。

住房城乡建设部关于修改燃气经营许可管理办法的通知①

建城规〔2019〕2 号

各省、自治区住房和城乡建设厅，北京市城市管理委员会，天津市城市管理委员会，上海市住房和城乡建设管理委员会，重庆市经济和信息化委员会、商务委员会，新疆生产建设兵团住房和城乡建设局：

为贯彻落实《国务院关于在全国推开“证照分离”改革的通知》（国发〔2018〕35 号）、《国务院办公厅关于做好证明事项清理工作的通知》（国办发〔2018〕47 号）精神，进一步做好燃气安全管理工作，决定修改《燃气经营许可管理办法》（建城〔2014〕167 号）部分条款，现通知如下：

一、将第三条第二款修改为“城镇燃气经营许可的申请、受理、审查批准、证件核发以及相关的监督管理等行为，适用本办法”。

二、在第四条中增加一款作为第二款，内容为：“发证部门应当公示审批程序、受理条件和办理标准，公开办理进度，并推广网上业务办理”。

三、将第五条第（一）项第二款修改为“燃气经营区域、燃气种类、供应方式和规模、燃气设施布局和建设时序等符合依法批准的燃气发展规划”；将第（二）项第 1 条修改为“1. 应与气源生产供应企业签订供用气合同”；将第（五）项第三款修改为“经营方案主要包括：企业章程、发展规划、工程建设计划，用户发展业务流程、故障报修、投诉处置、质量保障和安全用气服务制度等”；第（六）项第二款第 1 条修改为“1. 主要负责人。是指企业法定代表人和未担任法定代表人的董事长（执行董事）、经理。以上人员均应经专业培训并考核合格”；第（六）项第二款第 2 条修改为“2. 安全生产管理人员。是指企业分管安全生产的负责人，企业生产、安全管理部门负责人，企业生产和销售分支机构的负责人以及企业专职安全员等相关管理人员。以上人员均应经专业培训并考核合格”；第（六）项第二款第 3 条“燃气用户检修工”后增加“瓶装燃气送气工”。

四、删除第六条第（二）、（三）、（四）、（五）、（六）项；将第（七）项修改为“（二）燃气气质检测报告；与气源供应企业签订的供用气合同书”；增加“（三）申请人对燃气设施建设工程竣工验收合格情况，主要负责人、安全生产管理人员以及运行、维护和抢修等人员的专业培训考核合格情况，固定的经营场所（包括办公场所、经营和服务

① 住房城乡建设部．住房城乡建设部关于修改燃气经营许可管理办法的通知［EB/OL］．［2019－03－11］［2024－02－21］https：//www.gov.cn/gongbao/content/2019/content_5407674.htm

站点等）的产权或租赁情况，企业工商登记和资本结构情况的说明”；将第（八）项序号修改为“（四）”；将第（九）项修改为“（五）法律、法规规定的其他材料”。

五、将第八条第一款修改为“发证部门应当自受理申请之日起十二个工作日内作出是否准予许可的决定。十二个工作日内不能作出许可决定的，经发证部门负责人批准，可以延长十个工作日，并应当将延长期限的理由告知申请人。发证部门作出准予许可决定的，应向申请人出具《准予许可通知书》，告知申请人领取燃气经营许可证”。

六、将第十四条第（二）项修改为“（二）燃气经营企业主体资格依法终止的”。

七、将第十五条第（四）项修改为“（四）法律、法规、规章规定的与注销燃气经营许可证相关的材料”。

八、将第十六条修改为“燃气经营企业遗失燃气经营许可证的，应向发证部门申请补办，由发证部门在其官方网站上免费发布遗失公告，并在五个工作日内核实补办燃气经营许可证。

燃气经营许可证表面发生脏污、破损或其他原因造成燃气经营许可证内容无法辨识的，燃气经营企业应向发证部门申请补办，发证部门应收回原经营许可证正、副本，并在五个工作日内核实补办燃气经营许可证”。

九、在第十八条后增加一条作为第十九条，此后序号顺延：“第十九条发证部门要协同有关部门实施‘双随机、一公开’监管机制，通过信息公示、抽查、抽检等方式，综合运用提醒、约谈、告诫等手段，强化对燃气经营的事中监管。针对违法违规燃气经营行为强化事后监管，依法及时认定违法违规行为种类和性质并予以处置。建立健全联合惩戒机制，对于违法燃气经营企业和有关人员依法实施吊销、注销、撤销燃气经营许可证，列入经营异常名录和黑名单等惩戒措施”。

十、在第二十条第一款段尾增加“推进部门间信息共享应用，按照要求将形成的燃气经营许可管理有关文件交由城建档案部门统一保管”。

十一、在第二十一条增加一款作为第一款，内容为：“农村燃气经营许可管理，参照本办法执行”。

十二、将第三条、第十条、第二十一条中“住房城乡建设部”修改为“住房和城乡建设部”。

本通知自印发之日起施行。

现将修改后的《燃气经营许可管理办法》予以印发。

住房城乡建设部

2019 年 3 月 11 日

燃气经营许可管理办法

第一条 为规范燃气经营许可行为，加强燃气经营许可管理，根据《城镇燃气管理条例》，制定本办法。

第二条 从事燃气经营活动的，应当依法取得燃气经营许可，并在许可事项规定的范围内经营。

城镇燃气经营许可的申请、受理、审查批准、证件核发以及相关的监督管理等行为，适用本办法。

第三条　住房和城乡建设部指导全国燃气经营许可管理工作。县级以上地方人民政府燃气管理部门负责本行政区域内的燃气经营许可管理工作。

第四条　燃气经营许可证由县级以上地方人民政府燃气管理部门核发，具体发证部门根据省级地方性法规、省级人民政府规章或决定确定。

发证部门应当公示审批程序、受理条件和办理标准，公开办理进度，并推广网上业务办理。

第五条　申请燃气经营许可的，应当具备下列条件：

（一）符合燃气发展规划要求。

燃气经营区域、燃气种类、供应方式和规模、燃气设施布局和建设时序等符合依法批准的燃气发展规划。

（二）有符合国家标准的燃气气源。

1. 应与气源生产供应企业签订供用气合同。

2. 燃气气源应符合国家城镇燃气气质有关标准。

（三）有符合国家标准的燃气设施。

1. 有符合国家标准的燃气生产、储气、输配、供应、计量、安全等设施设备。

2. 燃气设施工程建设符合法定程序，竣工验收合格并依法备案。

（四）有固定的经营场所。

有固定办公场所、经营和服务站点等。

（五）有完善的安全管理制度和健全的经营方案。

安全管理制度主要包括：安全生产责任制度，设施设备（含用户设施）安全巡检、检测制度，燃气质量检测制度，岗位操作规程，燃气突发事件应急预案，燃气安全宣传制度等。

经营方案主要包括：企业章程、发展规划、工程建设计划，用户发展业务流程、故障报修、投诉处置、质量保障和安全用气服务制度等。

（六）企业的主要负责人、安全生产管理人员以及运行、维护和抢修人员经专业培训并经燃气管理部门考核合格。专业培训考核具体办法另行制定。

经专业培训并考核合格的人员及数量，应与企业经营规模相适应，最低人数应符合以下要求：

1. 主要负责人。是指企业法定代表人和未担任法定代表人的董事长（执行董事）、经理。以上人员均应经专业培训并考核合格。

2. 安全生产管理人员。是指企业分管安全生产的负责人，企业生产、安全管理部门负责人，企业生产和销售分支机构的负责人以及企业专职安全员等相关管理人员。以上人员均应经专业培训并考核合格。

3. 运行、维护和抢修人员。是指负责燃气设施设备运行、维护和事故抢险抢修的操作人员，包括但不仅限于燃气输配场站工、液化石油气库站工、压缩天然气场站工、液化天然气储运工、汽车加气站操作工、燃气管网工、燃气用户检修工、瓶装燃气送气工。最低人数应满足：

管道燃气经营企业，燃气用户10万户以下的，每2500户不少于1人；10万户以上的，每增加2500户增加1人。

瓶装燃气经营企业，燃气用户1000户及以下的不少于3人；1000户以上不到1万户的，每800户1人；1～5万户，每增加1万户增加10人；5～10万户，每增加1万户增加8人；10万户以上每增加1万户增加5人。

燃气汽车加气站等其他类型燃气经营企业人员及数量配备以及其他运行、维护和抢修类人员，由省级人民政府燃气管理部门根据具体情况确定。

（七）法律、法规规定的其他条件。

第六条 申请燃气经营许可的，应当向发证部门提交下列申请材料，并对其真实性、合法性、有效性负责：

（一）燃气经营许可申请书。

（二）燃气气质检测报告；与气源供应企业签订的供用气合同书。

（三）申请人对燃气设施建设工程竣工验收合格情况，主要负责人、安全生产管理人员以及运行、维护和抢修等人员的专业培训考核合格情况，固定的经营场所（包括办公场所、经营和服务站点等）的产权或租赁情况，企业工商登记和资本结构情况的说明。

（四）本办法第五条第（五）项要求的完善的安全管理制度和健全的经营方案材料。

（五）法律、法规规定的其他材料。

第七条 发证部门通过材料审查和现场核查的方式对申请人的申请材料进行审查。

第八条 发证部门应当自受理申请之日起十二个工作日内作出是否准予许可的决定。十二个工作日内不能作出许可决定的，经发证部门负责人批准，可以延长十个工作日，并应当将延长期限的理由告知申请人。发证部门作出准予许可决定的，应向申请人出具《准予许可通知书》，告知申请人领取燃气经营许可证。

发证部门作出不予许可决定的，应当出具《不予许可决定书》，说明不予许可的理由，并告知申请人依法享有申请行政复议或者提起行政诉讼的权利。

第九条 发证部门作出的准予许可决定的，应当予以公开，公众有权查询。公开的内容包括：准予许可的燃气经营企业名称、燃气经营许可证编号、企业注册登记地址、企业法定代表人、经营类别、经营区域、发证部门名称、发证日期和许可证有效期限等。

第十条 燃气经营许可证的格式、内容、有效期限、编号方式等按照住房和城乡建设部《关于印发〈燃气经营许可证〉格式的通知》（建城〔2011〕174号）执行。

第十一条 已取得燃气经营许可证的燃气经营企业需要变更企业名称、登记注册地址、法定代表人的，应向原发证部门申请变更燃气经营许可，其中变更法定代表人的，新法定代表人应具有燃气从业人员专业培训考核合格证书。未经许可，不得擅自改变许可事项。

第十二条 已取得燃气经营许可证的燃气经营企业，有下列情形的，应重新申请经营许可：

（一）燃气经营企业的经营类别、经营区域、供应方式等发生变化的；

（二）燃气经营企业发生分立、合并的。

第十三条　有下列情形之一的，出具《准予许可通知书》的发证部门或者其上级行政机关，可以撤销已作出的燃气经营许可：

（一）许可机关工作人员滥用职权，玩忽职守，给不符合条件的申请人发放燃气经营许可证的；

（二）许可机关工作人员超越法定权限发放燃气经营许可证的；

（三）许可机关工作人员违反法定程序发放燃气经营许可证的；

（四）对不具备申请资格或者不符合法定条件的申请人出具《准予许可通知书》；

（五）依法可以撤销燃气经营许可证的其他情形。

燃气经营企业以欺骗、贿赂等不正当手段取得燃气经营许可，应当予以撤销。

第十四条　有下列情形之一的，发证部门应当依法办理燃气经营许可的注销手续：

（一）燃气经营许可证有效期届满且燃气经营企业未申请延续的；

（二）燃气经营企业主体资格依法终止的；

（三）燃气经营许可依法被撤销、撤回，或者燃气经营许可证被依法吊销的；

（四）因不可抗力导致燃气经营许可事项无法实施的；

（五）依法应当注销燃气经营许可的其他情形。

第十五条　燃气经营企业申请注销燃气经营许可的，应当向原许可机关提交下列申请材料：

（一）燃气经营许可注销申请书；

（二）燃气经营企业对原有用户安置和设施处置等相关方案；

（三）燃气经营许可证正、副本；

（四）法律、法规、规章规定的与注销燃气经营许可证相关的材料。

发证部门受理注销申请后，经审核依法注销燃气经营许可证。

第十六条　燃气经营企业遗失燃气经营许可证的，应向发证部门申请补办，由发证部门在其官方网站上免费发布遗失公告，并在五个工作日内核实补办燃气经营许可证。

燃气经营许可证表面发生脏污、破损或其他原因造成燃气经营许可证内容无法辨识的，燃气经营企业应向发证部门申请补办，发证部门应收回原经营许可证正、副本，并在五个工作日内核实补办燃气经营许可证。

第十七条　已取得燃气经营许可证的燃气经营企业，应当于每年 1 月 1 日至 3 月 31 日，向发证部门报送上一年度企业年度报告。当年设立登记的企业，自下一年起报送企业年度报告。

燃气经营企业的出资比例、股权结构等重大事项发生变化的，应当在事项变化结束后十五个工作日内，向发证部门报告并提供相关材料，由发证部门记载在燃气经营许可证副本中。

第十八条　企业年度报告内容主要包括：

（一）企业章程和企业资本结构及其变化情况；

（二）企业的主要负责人、安全生产管理人员以及运行、维护和抢修等人员变更和培训情况；

（三）企业建设改造燃气设施具体情况；

（四）企业运行情况（包括供应规模、用户发展、安全运行等）；

（五）其他需要报告的内容。

具体报告内容和要求由省级人民政府燃气管理部门确定。

第十九条 发证部门要协同有关部门实施“双随机、一公开”监管机制，通过信息公示、抽查、抽检等方式，综合运用提醒、约谈、告诫等手段，强化对燃气经营的事中监管。针对违法违规燃气经营行为强化事后监管，依法及时认定违法违规行为种类和性质并予以处置。建立健全联合惩戒机制，对于违法燃气经营企业和有关人员依法实施吊销、注销、撤销燃气经营许可证，列入经营异常名录和黑名单等惩戒措施。

第二十条 发证部门应当按照国家统一要求建立本行政区域燃气经营许可管理信息系统，内容包括燃气许可证发证、变更、撤回、撤销、注销、吊销等，燃气经营企业从业人员信息、燃气经营出资比例和股权结构、燃气事故统计、处罚情况、诚信记录、年度报告等事项。推进部门间信息共享应用，按照要求将形成的燃气经营许可管理有关文件交由城建档案部门统一保管。

省级人民政府燃气管理部门应当建立本行政区域燃气经营许可管理信息系统，对本行政区域内发证部门的燃气经营许可管理信息系统监督指导。

第二十一条 农村燃气经营许可管理，参照本办法执行。

省级人民政府燃气管理部门可以根据本地实际情况，制定具体实施办法，报住房和城乡建设部备案。

住房和城乡建设部　公安部　交通运输部　商务部　应急部　市场监管总局关于加强瓶装液化石油气安全管理的指导意见[①]

建城〔2021〕23号

各省、自治区、直辖市及新疆生产建设兵团住房和城乡建设厅（委、管委、局）、公安厅（局）、交通运输厅（委、局）、商务厅（委、局）、应急厅（局）、市场监管局（厅、委），北京市、天津市城市管理委，重庆市经济信息委：

瓶装液化石油气安全管理是城市安全运行管理的重要内容，直接关系人民群众生命财产安全。当前，瓶装液化石油气安全形势总体稳定，但部分地区仍然存在违法违规经营、储存、充装、运输、使用等问题，瓶装液化石油气安全事故时有发生。为加强瓶装液化石油气安全管理，防范和减少安全事故发生，按照《全国安全生产专项整治三年行动计划》要求，现提出以下意见。

一、总体要求

（一）指导思想。以习近平新时代中国特色社会主义思想为指导，全面贯彻党的十九大和十九届二中、三中、四中、五中全会精神，认真落实党中央、国务院决策部署，统筹发展和安全，坚持人民至上、生命至上，牢固树立安全发展理念，完善和落实安全生产责任制，建立健全瓶装液化石油气安全管理各项制度，提升行业安全管理能力，防范和化解安全风险，满足人民日益增长的美好生活需要。

（二）工作目标。到2022年底，瓶装液化石油气安全专项整治取得积极成效，安全管理制度基本完善，安全事故总量持续下降，较大及以上事故有效遏制，行业整体安全水平明显提高。

二、严格落实安全管理责任

（三）督促落实企业主体责任。瓶装液化石油气经营企业必须依法取得燃气经营许可证，建立完善的安全管理制度，企业法定代表人、实际控制人是安全生产工作的第一责任

---

① 住房和城乡建设部　公安部　交通运输部　商务部　应急部　市场监管总局．关于加强瓶装液化石油气安全管理的指导意见［EB/OL］．［2021－03－31］［2024－02－21］https：//www.mem.gov.cn/gk/zfxxgkpt/fdzdgknr/202201/t20220111_406557.shtml

人。依法依规开展瓶装液化石油气经营、储存、充装、运输等业务，强化对管理人员以及运行、维护和抢修人员的安全教育培训，对重要设施进行定期安全检查。加强对用户安全用气的指导服务，帮助消除安全隐患，对用户存在安全隐患又拒不整改的，企业应向所在地街道（乡镇）、住房和城乡建设主管部门（燃气管理部门）报告。瓶装液化石油气设备和器具生产企业应严格按照标准和规范组织生产符合安全生产要求的产品，市场销售企业不得销售不符合安全标准的产品。

（四）切实履行部门监管职责。各地有关部门要按照“管行业必须管安全”和“谁审批、谁监管、谁负责安全”的原则，切实履行瓶装液化石油气安全监管职责。住房和城乡建设主管部门（燃气管理部门）依法实施燃气经营许可，加强对瓶装液化石油气经营企业安全状况的监督检查。市场监管部门加强对液化石油气瓶产品质量的监督检查，依法实施气瓶充装许可，负责家用燃气器具强制性产品认证监管。交通运输部门加强对从事液化石油气运输的危险货物道路运输企业和车辆的监管。应急管理部门对液化石油气生产过程实施安全监督管理，消防救援机构依法对瓶装液化石油气经营企业遵守消防法规和技术标准情况开展监督检查，组织开展事故应急救援。商务部门督促使用瓶装液化石油气的餐饮经营单位加强安全管理，落实安全防范措施。公安部门负责配合有关部门开展瓶装液化石油气整治，对构成犯罪的，依法追究刑事责任。

（五）强化监管部门协调配合。各地要积极加强瓶装液化石油气安全监管部门协调机制建设，强化分工协作，形成监管合力，及时研究解决瓶装液化石油气安全监管重大问题。加强部门联合执法，严厉打击瓶装液化石油气经营企业非法经营、违法充装、掺混二甲醚等违法违规行为。完善部门信用联合惩戒机制，对管理混乱、违法经营、发生安全事故的瓶装液化石油气经营企业，依法依规实施联合惩戒。加强各地区间配合，强化跨区域执法协作，打击瓶装液化石油气非法运输和经营。进一步发挥街道（乡镇）、社区（村）的网格管理作用，通过网格化管理及时发现用户存在的安全隐患问题，建立预警信息网络，实时推送报警信息至相关管理部门，及时采取措施消除隐患。

三、依法规范市场经营秩序

（六）加快完善管理制度。各地要根据法律法规及标准规范要求，结合本地区实际情况，研究制定瓶装液化石油气安全管理规定，进一步明确瓶装液化石油气经营、储存、充装、运输、使用等环节市场主体的安全责任和政府部门的监管责任，细化管理要求和具体措施，加强日常监督和执法检查，不断提升治理水平。优化瓶装液化石油气充装站、供应站等设施布局、建设时序、保护范围等，提出稳定供应保障措施，加强安全应急体系建设，促进形成层次清晰、竞争有序、规模适度、布局合理、安全可靠、满足需求的瓶装液化石油气供应市场。

（七）加强市场准入管理。各地要按照相关法律法规等规定，加强瓶装液化石油气市场准入管理，完善和细化企业经营、充装许可条件，严格核发燃气经营许可证和气瓶充装许可证，严禁不符合条件的企业进入市场。加强对取得许可证企业的事中事后监管，发现存在违规违法行为的，责令限期整改；对整改后仍不符合法定条件的，坚决依法实施处罚。依法公开企业准入和处罚信息，发挥社会监督作用。积极培育信誉好、实力强、经营规范的企业做大做强，促进瓶装液化石油气市场规模化、专业化发展。

（八）加强瓶装液化石油气配送管理。各地要严格贯彻落实《危险货物道路运输安全管理办法》，使用货车运输瓶装液化石油气的，须取得危险货物道路运输经营许可证；瓶装液化石油气经营企业应对其从事送气服务的人员和三轮车、电动车等配送工具加强管理，并承担相应责任。制定瓶装液化石油气配送服务安全管理规范，按规定设置配送车辆及人员标志标识，明确配送服务相关安全要求。

四、加强用户安全用气管理

（九）完善用户用气管理制度。鼓励瓶装液化石油气经营企业推行实名购气制度，完善用户信息档案，建立用户服务管理系统，确保产品与服务质量责任可溯源。瓶装液化石油气经营企业要严格执行安全检查制度，全面检查新用户场所的安全用气条件，签订规范的供用气合同，对不符合条件的，积极指导用户进行整改，不配合整改或无法整改的，不予供气。定期上门检查用户安全用气情况，发现安全隐患和不当使用行为的，立即纠正和处置。

（十）提升用户用气服务质量。瓶装液化石油气经营企业要通过电话、服务手册、网站或其他新媒体手段，将产品与服务标准、服务流程、售后服务信息告知用户，明码标价，合理收费。送气和安检服务时，统一穿着企业识别服，随身佩戴岗位从业证（牌）、配送服务通知单。根据用户需求，为用户提供更换气瓶、安装调压器并进行气密性检测等服务，协助用户完成隐患排查整改，保证用气安全。加强用户安全用气宣传教育，增强用户安全用气意识。

（十一）强化餐饮经营单位安全管理。餐饮经营单位要严格落实安全用气责任，建立完善安全用气责任制、用气操作规程等规章制度，气瓶不得放置于室内人员就餐场所，避免重大用气事故发生；主动接受瓶装液化石油气经营企业的入户安检和安全用气指导，对安检中发现的安全隐患要立即整改。各地要通过制定地方法规等方式，强化餐饮经营单位瓶装液化石油气安全技术防控，推广使用具备自闭、过流功能的调压器，具有熄火保护功能的灶具，具有防脱落、耐老化、防剪切特性的燃气专用金属软管等设备，大力推广使用泄漏报警、远程监控等在线安防产品。鼓励餐饮经营单位将厨房用气从瓶装液化石油气改为管道天然气，减少室内危险源。

五、提升行业安全管理能力

（十二）推广使用先进技术。各地要坚持科技引领，推动燃气燃烧器具和设备生产企业及瓶装液化石油气经营企业对气瓶、连接管、调压器、安全型燃气器具以及燃气泄漏安全保护装置等进行技术优化，鼓励使用新型供气技术，提升瓶装液化石油气经营企业本质安全和智能化管理水平。督促企业加快推动气瓶充装追溯赋码建档和充装自动识别，通过电子标签或二维码等信息技术手段，对气瓶进行跟踪追溯管理。加快淘汰不符合安全标准要求的灶具、软管、调压器及其他附件，对超期服役的老旧储配站等进行安全评价，并采取必要管控措施，确保运行安全。

（十三）提高监管信息化水平。各地要运用物联网、大数据、人工智能等前沿技术，推动管理手段、管理模式、管理理念创新，加强智慧燃气管理平台建设，有条件的地区与城市信息模型（CIM）基础平台深度融合。组织实施燃气设施智能化建设和改造，进一步提高设施运行效率和安全性能，实现对管网漏损、运行安全等及时预警和应急处置。整合燃气管理、市场监管等部门以及瓶装液化石油气经营企业等市场主体的信息资源，消除“信息烟囱”“信息孤岛”，促进信息互联互通，实现瓶装液化石油气“来源可查、去向可追、责任可究”监管目标。

六、强化组织实施

（十四）加强组织领导。各地要进一步统一思想、提高认识，将瓶装液化石油气安全管理列入重要事项，纳入安全生产考核重要内容，制订具体工作计划和方案，明确责任分工、细化目标任务，加强统筹协调，开展督导检查，确保工作取得实效。住房和城乡建设部会同有关部门加强对各地工作的监督指导。

（十五）注重宣传引导。各地要及时总结和推广典型经验和做法，充分利用各类媒体进行宣传，凝聚社会共识，引导群众关心关注、积极参与。畅通监督渠道，主动接受社会和群众监督，认真解决群众反映的问题，提高群众满意度和获得感，营造良好的社会氛围。

住房和城乡建设部
公安部
交通运输部
商务部
应急部
市场监管总局
2021年3月19日

住房城乡建设部关于印发《燃气经营许可管理办法》和《燃气经营企业从业人员专业培训考核管理办法》的通知[①]

建城〔2014〕167号

各省、自治区住房城乡建设厅，北京市市政市容委，天津市、上海市建委，重庆市市政管委、经信委、商委，新疆生产建设兵团建设局：

根据《城镇燃气管理条例》的有关规定，我部制定了《燃气经营许可管理办法》和《燃气经营企业从业人员专业培训考核管理办法》。现印发你们，请认真组织实施。

中华人民共和国住房和城乡建设部

2014年11月19日

燃气经营许可管理办法

第一条　为规范燃气经营许可行为，加强燃气经营许可管理，根据《城镇燃气管理条例》，制定本办法。

第二条　从事燃气经营活动的，应当依法取得燃气经营许可，并在许可事项规定的范围内经营。

燃气经营许可的申请、受理、审查批准、证件核发以及相关的监督管理等行为，适用本办法。

第三条　住房城乡建设部指导全国燃气经营许可管理工作。县级以上地方人民政府燃气管理部门负责本行政区域内的燃气经营许可管理工作。

第四条　燃气经营许可证由县级以上地方人民政府燃气管理部门核发，具体发证部门根据省级地方性法规、省级人民政府规章或决定确定。

第五条　申请燃气经营许可的，应当具备下列条件：

（一）符合燃气发展规划要求。

---

① 住房和城乡建设部. 关于印发《燃气经营许可管理办法》和《燃气经营企业从业人员专业培训考核管理办法》的通知［EB/OL］.［2014－11－19］［2024－02－21］http：//www. xuchang. gov. cn/openDetailDynamic. html?infoid = 6b7ed2ad－668d－4fba－a836－6dfc9103121e.

燃气经营区域、燃气种类、供应方式和规模、燃气设施布局和建设时序等符合依法批准并备案的燃气发展规划。

（二）有符合国家标准的燃气气源。

1. 应与气源生产供应企业签订供用气合同或供用气意向书。

2. 燃气气源应符合国家城镇燃气气质有关标准。

（三）有符合国家标准的燃气设施。

1. 有符合国家标准的燃气生产、储气、输配、供应、计量、安全等设施设备。

2. 燃气设施工程建设符合法定程序，竣工验收合格并依法备案。

（四）有固定的经营场所。

有固定办公场所、经营和服务站点等。

（五）有完善的安全管理制度和健全的经营方案。

安全管理制度主要包括：安全生产责任制度，设施设备（含用户设施）安全巡检、检测制度，燃气质量检测制度，岗位操作规程，燃气突发事件应急预案，燃气安全宣传制度等。

经营方案主要包括：企业章程、发展规划、工程建设计划，用户发展业务流程、故障报修、投诉处置、安全用气等服务制度。

（六）企业的主要负责人、安全生产管理人员以及运行、维护和抢修人员经专业培训并经燃气管理部门考核合格。专业培训考核具体办法另行制定。

经专业培训并考核合格的人员及数量，应与企业经营规模相适应，最低人数应符合以下要求：

1. 企业主要负责人。是指企业法人代表（董事长）、企业总经理（总裁），每个岗位1人。

2. 安全生产管理人员。是指企业负责安全运行的副总经理（副总裁），企业生产、安全管理部门负责人，企业生产和销售分支机构的负责人以及企业专职安全员，每个岗位不少于1人。

3. 运行、维护和抢修人员。是指负责燃气设施设备运行、维护和事故抢险抢修的操作人员，包括但不仅限于燃气输配场站工、液化石油气库站工、压缩天然气场站工、液化天然气储运工、汽车加气站操作工、燃气管网工、燃气用户检修工。最低人数应满足：

管道燃气经营企业，燃气用户10万户以下的，每2500户不少于1人；10万户以上的，每增加2500户增加1人；

瓶装燃气经营企业，燃气用户1000户及以下的不少于3人；1000户以上不到1万户的，每800户1人；1万~5万户，每增加1万户增加10人；5万~10万户，每增加1万户增加8人；10万户以上每增加1万户增加5人；

燃气汽车加气站等其他类型燃气经营企业人员及数量配备以及其他运行、维护和抢修类人员，由省级人民政府燃气管理部门根据具体情况确定。

（七）法律、法规规定的其他条件。

第六条 申请燃气经营许可的，应当向发证部门提交下列申请材料，并对其真实性、合法性、有效性负责：

（一）燃气经营许可申请书；

（二）企业章程和企业资本结构说明；

（三）企业的主要负责人、安全生产管理人员以及运行、维护和抢修等人员的身份证明、所取得的有效期内的燃气从业人员专业培训考核合格证书；

（四）固定的经营场所（包括办公场所、经营和服务站点等）的产权证明或租赁协议；

（五）燃气设施建设工程竣工验收报告及备案文件；

（六）申请的燃气经营类别和经营区域，企业实施燃气发展规划的具体方案；

（七）气源证明。燃气气质检测报告；与气源供应企业签订的供用气合同书或供用气意向书；

（八）本办法第五条第（五）项要求的完善的安全管理制度和健全的经营方案材料；

（九）法律、法规和规章规定的其他材料。

第七条 发证部门通过材料审查和现场核查的方式对申请人的申请材料进行审查。

第八条 发证部门应当自受理申请之日起二十个工作日内作出是否准予许可的决定。二十日内不能作出许可决定的，经发证部门负责人批准，可以延长十个工作日，并应当将延长期限的理由告知申请人。发证部门作出准予许可决定的，应向申请人出具《准予许可通知书》，告知申请人领取燃气经营许可证。

发证部门作出不予许可决定的，应当出具《不予许可决定书》，说明不予许可的理由，并告知申请人依法享有申请行政复议或者提起行政诉讼的权利。

第九条 发证部门作出的准予许可决定的，应当予以公开，公众有权查询。

公开的内容包括：准予许可的燃气经营企业名称、燃气经营许可证编号、企业注册登记地址、企业法定代表人、经营类别、经营区域、发证部门名称、发证日期和许可证有效期限等。

第十条 燃气经营许可证的格式、内容、有效期限、编号方式等按照住房城乡建设部《关于印发〈燃气经营许可证〉格式的通知》（建城〔2011〕174号）执行。

第十一条 已取得燃气经营许可证的燃气经营企业需要变更企业名称、登记注册地址、法定代表人的，应向原发证部门申请变更燃气经营许可，其中变更法定代表人的，新法定代表人应具有燃气从业人员专业培训考核合格证书。未经许可，不得擅自改变许可事项。

第十二条 已取得燃气经营许可证的燃气经营企业，有下列情形的，应重新申请经营许可。

（一）燃气经营企业的经营类别、经营区域、供应方式等发生变化的；

（二）燃气经营企业发生分立、合并的。

第十三条 有下列情形之一的，出具《准予许可通知书》的发证部门或者其上级行政机关，可以撤销已作出的燃气经营许可：

（一）许可机关工作人员滥用职权，玩忽职守，给不符合条件的申请人发放燃气经营许可证的；

（二）许可机关工作人员超越法定权限发放燃气经营许可证的；

（三）许可机关工作人员违反法定程序发放燃气经营许可证的；

（四）对不具备申请资格或者不符合法定条件的申请人出具《准予许可通知书》；

（五）依法可以撤销燃气经营许可证的其他情形。

燃气经营企业以欺骗、贿赂等不正当手段取得燃气经营许可，应当予以撤销。

第十四条 有下列情形之一的，发证部门应当依法办理燃气经营许可的注销手续：

（一）燃气经营许可证有效期届满且燃气经营企业未申请延续的；

（二）燃气经营企业没有在法定期限内取得合法主体资格或者主体资格依法终止的；

（三）燃气经营许可依法被撤销、撤回，或者燃气经营许可证被依法吊销的；

（四）因不可抗力导致燃气经营许可事项无法实施的；

（五）依法应当注销燃气经营许可的其他情形。

第十五条 燃气经营企业申请注销燃气经营许可的，应当向原许可机关提交下列申请材料：

（一）燃气经营许可注销申请书；

（二）燃气经营企业对原有用户安置和设施处置等相关方案；

（三）燃气经营许可证正、副本；

（四）与注销燃气经营许可证相关的证明文件。

发证部门受理注销申请后，经审核依法注销燃气经营许可证。

第十六条 燃气经营企业遗失燃气经营许可证的，应当在国家认可的报刊上公开声明，并持相关证明向发证部门申请补办，发证部门应在二十个工作日内核实补办燃气经营许可证。

燃气经营许可证表面发生脏污、破损或其他原因造成燃气经营许可证内容无法辨识的，燃气经营企业应向发证部门申请补办，发证部门应收回原经营许可证正、副本，并在二十个工作日内核实补办燃气经营许可证。

第十七条 已取得燃气经营许可证的燃气经营企业，应当于每年 1 月 1 日至 3 月 31 日，向发证部门报送上一年度企业年度报告。当年设立登记的企业，自下一年起报送企业年度报告。

燃气经营企业的出资比例、股权结构等重大事项发生变化的，应当在事项变化结束后十五个工作日内，向发证部门报告并提供相关材料，由发证部门记载在燃气经营许可证副本中。

第十八条 企业年度报告内容主要包括：

（一）企业章程和企业资本结构及其变化情况；

（二）企业的主要负责人、安全生产管理人员以及运行、维护和抢修等人员变更和培训情况；

（三）企业建设改造燃气设施具体情况；

（四）企业运行情况（包括供应规模、用户发展、安全运行等）；

（五）其他需要报告的内容。

具体报告内容和要求由省级人民政府燃气管理部门确定。

第十九条 发证部门应当按照国家统一要求建立本行政区域燃气经营许可管理信息系

统，内容包括燃气许可证发证、变更、撤回、撤销、注销、吊销等，燃气经营企业从业人员信息、燃气经营出资比例和股权结构、燃气事故统计、处罚情况、诚信记录、年度报告等事项。

省级人民政府燃气管理部门应当建立本行政区域燃气经营许可管理信息系统，对本行政区域内发证部门的燃气经营许可管理信息系统监督指导。

第二十条　省级人民政府燃气管理部门可以根据本地实际情况，制定具体实施办法，报住房城乡建设部备案。

燃气经营企业从业人员专业培训考核管理办法

第一条　为规范燃气经营许可行为，做好燃气经营企业从业人员（以下简称“燃气从业人员”）的专业培训考核工作，根据《城镇燃气管理条例》的有关规定，制定本办法。

第二条　本办法所指燃气从业人员是指：

（一）企业主要负责人。是指企业法人代表（董事长）、企业总经理（总裁）；

（二）安全生产管理人员。是指企业负责安全运行的副总经理（副总裁），企业生产、安全管理部门负责人，企业生产和销售分支机构的负责人以及企业专职安全员；

（三）运行、维护和抢修人员。是指负责燃气设施设备运行、维护和事故抢险抢修的操作人员，包括但不仅限于燃气输配场站工、液化石油气库站工、压缩天然气场站工、液化天然气储运工、汽车加气站操作工、燃气管网工、燃气用户检修工，其他人员由各省级人民政府燃气管理部门根据具体情况确定。

第三条　住房城乡建设部指导全国燃气从业人员专业培训考核工作。负责组织编制全国燃气经营企业主要负责人，安全生产管理人员以及燃气输配场站工、液化石油气库站工、压缩天然气场站工、液化天然气储运工、汽车加气站操作工、燃气管网工、燃气用户检修工等运行、维护和抢修人员的职业标准、专业培训大纲和教材；建立全国统一的专业考核题库。

省级人民政府燃气管理部门负责本行政区域燃气从业人员专业培训考核工作。负责编制本行政区域燃气从业人员继续教育教材，编制本行政区域其他运行、维护和抢修人员专业培训大纲和教材，建立本行政区域其他运行、维护和抢修人员专业考核题库，并报住房城乡建设部备案。

县级以上地方人民政府燃气管理部门负责监督管理本行政区域燃气从业人员继续教育工作。

城市燃气行业协会协助同级燃气管理部门，做好燃气从业人员专业培训考核和继续教育工作，加强行业燃气从业人员自律管理。

第四条　从事燃气经营活动的企业，应组织本企业燃气从业人员参加有关燃气知识的专业培训考核和继续教育。

燃气从业人员由所从业的燃气经营企业组织参加燃气知识的专业培训，并经专业考核合格；在从业期间，应参加相应岗位的燃气知识继续教育，以提高从业能力和水平。

企业主要负责人、安全生产管理人员和运行、维护和抢修人员在专业培训考核合格证书复检日期前，应参加不少于三十学时的继续教育。

第五条 燃气从业人员专业培训和继续教育由具备必要的燃气专业培训能力的燃气经营企业或社会培训机构（单位）承担，从事燃气从业人员专业培训和继续教育的企业或社会培训机构（单位）应主动报省级人民政府燃气管理部门备案，接受省级人民政府燃气管理部门指导监督。

从事燃气从业人员专业培训和继续教育的企业或社会培训机构（单位），要保证培训质量，应采用统一的燃气从业人员专业培训大纲开展专业培训工作。

第六条 从事燃气从业人员专业培训的企业或社会培训机构（单位），在专业培训结束后，应向省级人民政府燃气管理部门提出专业考核申请。

省级人民政府燃气管理部门在接到专业考核申请后，应从燃气从业人员专业考核题库内抽取相应类别的专业考核题目，对不同类别燃气从业人员，分别进行专业考核。

经专业考核合格的人员，由省级人民政府燃气管理部门发放相应类别的燃气从业人员专业培训考核合格证书。

第七条 燃气从业人员专业培训考核合格证书样式由住房城乡建设部制订。燃气从业人员专业培训考核合格证书不得转让、涂改、伪造、冒用。

燃气从业人员专业培训考核合格证书（除各省级人民政府燃气管理部门确定的其他运行、维护和抢修人员以外），全国通用，统一编号；各省级人民政府燃气管理部门确定的运行、维护和抢修人员专业培训考核合格证书，在本省级行政区域内通用、统一编号。

省级人民政府燃气管理部门应按照国家统一要求建立本行政区域燃气从业人员专业培训考核合格人员信息库，统一管理专业培训考核合格人员信息。专业培训考核合格人员信息应向社会公告。

专业培训考核合格证书每五年由省级人民政府燃气管理部门开展一次复检，未经复检或复检不通过的，专业培训考核合格证书自动失效。

第八条 燃气从业人员应在专业培训考核合格证书复检日期前六十个工作日内，由燃气经营企业向所在地省级人民政府燃气管理部门提出复检申请，省级人民政府燃气管理部门应在收到复检申请三十个工作日内作出复检意见。

燃气从业人员专业培训考核合格证书复检，应包括持证人从业期间在岗履职情况、安全事故记录和继续教育等内容。具体复检标准由各省级人民政府燃气管理部门确定。

第九条 专业培训考核合格人员跨企业流动从业的，应由流入燃气经营企业向流入地省级人民政府燃气管理部门申请办理燃气从业人员专业培训考核合格证书变更。

专业培训考核合格人员流出企业应主动向本行政区省级人民政府燃气管理部门报告人员变更事项。

第十条 燃气从业人员专业培训考核和继续教育工作接受上级燃气管理部门和社会监督，燃气管理部门设立对外监督投诉电话，接受社会监督。

住房城乡建设部办公厅　国家发展改革委办公厅关于扎实推进城市燃气管道等老化更新改造工作的通知

建办城函〔2023〕245 号

各省、自治区住房城乡建设厅、发展改革委，北京市城市管理委、水务局、发展改革委，天津市城市管理委、水务局、发展改革委，上海市住房城乡建设管委、水务局、发展改革委，重庆市住房城乡建设委、经济和信息化委、城市管理局、发展改革委，海南省水务厅，各计划单列市住房城乡建设部门、发展改革委，新疆生产建设兵团住房城乡建设局、发展改革委：

为深入贯彻党中央有关决策部署，落实《城市燃气管道等老化更新改造实施方案（2022—2025 年）》和《全国城镇燃气安全专项整治工作方案》要求，扎实推进 2023 年城市燃气管道等老化更新改造工作，靠前谋划 2024 年改造计划，现就有关事项通知如下：

一、总体要求

以习近平新时代中国特色社会主义思想为指导，全面贯彻党的二十大精神，坚持稳中求进工作总基调，完整、准确、全面贯彻新发展理念，统筹发展和安全，结合全国城镇燃气安全专项整治等工作，加快推进城市燃气管道等老化更新改造，精准补短板、强弱项，加快消除风险隐患、保障安全运行，全面提升燃气等市政基础设施本质安全水平，推进韧性城市建设，增强人民群众获得感、幸福感、安全感。

二、有序推进城市燃气管道等老化更新改造计划实施

（一）切实提高城市燃气管道等老化更新改造质效。各地要督促专业经营单位落实出资责任，加快完善城市燃气管道等老化更新改造资金由专业经营单位、政府、用户合理共担机制。支持有条件的项目通过争取地方政府专项债券、政策性开发性银行贷款等多渠道筹措更新改造资金。支持专业经营单位采取市场化方式，运用公司信用类债券、项目收益票据进行债券融资。

将城市燃气管道等老化更新改造作为实施城市更新行动的重要内容，加强与城镇老旧小区改造、城市道路桥梁改造、综合管廊建设等项目协同，加快更新改造老化和有隐患的各类市政管道、庭院管道、立管及厂站设施，促进市政基础设施体系化建设。从当地实际出发，按照适度超前原则，科学确定更新改造标准，合理选用更新改造所需材料、规格、

技术等，全面解决安全隐患、防范化解风险、满足保供需要。鼓励选用新设备、新材料、新工艺，提高管道设施本质安全与智能化水平。要结合更新改造工作，加快完善城市燃气等管道和设施运维养护长效机制，定期开展检查、巡查、检测、维护，及时发现和消除安全隐患。

（二）同步推进城市生命线安全工程建设。坚持把安全发展理念贯穿城市燃气管道等老化更新改造工作全过程和各环节，充分运用物联网、云计算、大数据等数字化手段，提高城市燃气等管道和设施更新改造质量和安全运行水平。结合更新改造工作，全面摸清城市燃气、供水、供热、排水等管道设施基础信息数据，同步在管道重要节点配套安装物联智能感知设备，完善智能感知数据信息的收集、分析、应用机制，实时更新城市管道设施信息底图，提升风险监测、预警和防范能力。

要建立和完善城市市政基础设施综合管理信息平台，将城市燃气管道等老化更新改造信息以及分散在各有关部门和专业经营单位的城市燃气、供水、供热、排水智能监管平台信息及时纳入，有条件的地方应与城市信息模型（CIM）等基础平台深度融合，促进城市基础设施监管信息系统整合。结合更新改造工作，加强城市市政基础设施安全风险和事故隐患监管和处置能力建设，加快完善城市燃气等管道和设施隐患应急处置流程办法，健全应急抢险机制，提升迅速高效处置突发事件能力，实现燃气安全风险隐患常态化监测、动态化预警、精准化溯源、协同化处置。

（三）严格落实工程质量和施工安全责任。健全工程质量安全抽检巡检、信用管理及失信惩戒等机制，压实各参建单位工程质量和施工安全责任。依法实施燃气压力管道施工告知和监督检验，严防不当不慎操作破坏燃气等管道引发泄漏等事故。采取针对性措施，精准消除各类施工安全隐患，有效防范现场火灾、物体打击、起重机械伤害、高处坠落、施工机具伤害、有限空间窒息等安全生产事故发生。按规定做好改造后通气、通水等关键环节安全监控，做好工程验收移交，杜绝安全和质量隐患。

要加强更新改造施工现场和施工过程管理。在对庭院管道、用户设施实施改造时，要优化场地布置，合理安排施工区域、时序、工期，严格管控施工车辆，减少交通阻断，最大限度减小对居民生活的影响。做好更新改造工作与汛期防洪排涝等工作的衔接，推动燃气、供水、供热、排水管道等分片区统筹改造、同步施工，避免改造工程碎片化、重复开挖、多次扰民。做好废弃管道处置和资源化利用。

（四）及时优化调整更新改造台账和方案，加快清除突出安全隐患。各地要坚持以问题为导向、向群众身边延伸、在“实”上下功夫，加强与地下管线普查、城镇燃气安全专项整治等工作的衔接，促进成果共享，实现全面普查、科学评估，切实摸清包括庭院管道、立管、户内燃气设施在内各类管道和设施底数，动态更新、及时完善更新改造台账，确保老化和存在安全隐患的管道和设施全部纳入台账管理，限期办结、动态清零。经普查评估无安全隐患的，也要做好记录，确保全覆盖、底数清。

要聚焦重点、区分轻重缓急，在摸清底数基础上，及时完善城市燃气管道等老化更新改造方案，优化调整改造项目清单和分年度改造计划，确保优先对安全隐患突出的城市燃气管道和设施实施改造。对发现的“问题软管”，要立即组织整改，过程中落实好风险管控措施；鼓励对全部在使用的橡胶软管能换尽换。对发现的“问题管网”，要区分轻重缓急，抓紧调整完善本地区更新改造项目清单、分年度改造计划，确保优先对安全隐患突出的“问题管网”等实施改造，及时消除隐患；对更新改造时序靠后的，要采取有效管控措施，切实防止风险隐患升级。

三、合理安排2024年城市燃气管道等老化更新改造计划任务

谋划2024年城市燃气管道等老化更新改造计划任务，要牢牢抓住让人民群众安居这个基点，结合全国城镇燃气安全专项整治工作，从维护人民群众生命财产安全、促进城市安全运行的需要出发，进一步加大工作力度。各地要坚决落实党中央、国务院关于遏止新增地方政府隐性债务的决策部署，坚持尽力而为、量力而行，按照“实施一批、谋划一批、储备一批”，自下而上抓紧研究确定更新改造计划，有针对性地做好项目储备和资金需求申报工作，变“钱等项目”为“项目等钱”。要坚持早部署、早安排、早实施，2024年计划改造项目应于今年启动项目立项审批、改造资金筹措等前期工作。

各省（区、市）住房城乡建设部门要会同发展改革等有关部门单位，组织市、县抓紧研究提出本地区2024年城市燃气管道等老化更新改造计划任务及项目清单，汇总填写《2024年城市燃气管道等老化更新改造计划表》（见附件），报经省级人民政府同意后，于2023年9月30日前分别报住房城乡建设部、国家发展改革委。

四、加强组织保障

（一）压实工作责任。各地要完善政府统筹、专业经营单位实施、齐抓共管的城市燃气管道等老化更新改造工作机制，健全工作规则、责任清单，形成工作合力，确保政策措施到位、人员配置到位、资金保障到位、工作落实到位。加快建立“定期体检发现问题、及时改造解决问题”的机制，加强对城市燃气等管道和设施全生命周期管理，确保安全稳定运行，提升韧性水平和全生命周期运行效益。督促指导专业经营单位全面落实安全生产主体责任，建立健全全员安全生产岗位责任制和监督落实机制，按规定配备安全生产管理人员，切实提高更新改造工作质量，加强对管网漏损、运行安全等的监测预警和应急处置。

（二）加强工作统筹。要结合更新改造工作，引导专业经营单位承接非居民用户所属燃气等管道和设施的运维管理；依照法定程序，将业主共有燃气等管道和设施的产权移交给专业经营单位，由其负责后续运维养护和更新改造。建立健全天然气上下游价格联动机制，合理疏导终端销售价格。规范城镇燃气工程安装收费行为。支持餐饮企业等用户使用管道天然气。

（三）做好宣传工作。要准确解读有关政策措施，主动及时回应社会关切，提高社会各界对城市燃气管道等老化更新改造工作的认识。加大对市、县好经验好做法、取得成效、典型案例等的总结宣传力度，通过发布宣传视频、组织专题报道、评选优秀设计方案等多种方式，多角度、全方位宣传推广更新改造成果。持续加强宣传教育，普及燃气安全使用和应急处置知识，提升社会公众防范和化解燃气安全风险隐患的意识和能力，形成“人人讲安全、个个会应急”的社会氛围。

联系人及联系方式：

住房城乡建设部城市建设司
张旭亮 010－58933961 58933981（传真）
国家发展改革委固定资产投资司
蔡 涛 010－68501414 68502480（传真）

附件：2024 年城市燃气管道等老化更新改造计划表

住房城乡建设部办公厅
国家发展改革委办公厅
2023 年 8 月 31 日

（此件主动公开）

附件

2024年城市燃气管道等老化更新改造计划表

省（区、市）：　　　　　　　　　　联系人及电话：　　　　　　　　　　单位：万元

序号	城市（县城）		预计总投资总计	其中用于政府或居民共有产权的城市燃气管道等老化更新改造预计投资	燃气											供水					供热					排水		
					预计燃气总投资合计	市政管道		庭院管道		立管		厂站和设施		用户设施		预计供水总投资合计	管道		二次供水设施		预计供热总投资合计	市政与庭院管道		住宅楼内公共管道		预计排水总投资	管道	
						数量（公里）	预计总投资	数量（公里）	预计总投资	数量（公里）	预计总投资	数量（处）	预计投资	数量（户）	预计总投资		数量（公里）	预计总投资	数量（座）	预计总投资		数量（公里）	预计总投资	数量（公里）	预计总投资		数量（公里）	预计总投资
1	××	全市小计：																										
		1. 城市（建成区）																										
		2. 县城（城关镇）																										
2	××	全市小计：																										
		1. 城市（建成区）																										
		2. 县城（城关镇）																										
3	××	全市小计：																										
		1. 城市（建成区）																										
		2. 县城（城关镇）																										
……	……	……																										
全省（区、市）合计：																												
1. 城市（建成区）																												
2. 县城（城关镇）																												

填报说明

1. 本表中城市包括县级市在内的各级城市；
2. 用于政府或居民共有产权的城市燃气管道等老化更新改造预计投资，是指用于产权为政府所属或建筑区划内居民共有的城市燃气管道等老化更新改造（含居民户内更换燃气橡胶软管、需加装的燃气安全装置）的预计投资额度，不包括用于产权归属于专业经营单位和工商业用户的城市燃气管道等老化更新改造的预计投资额度。

省级住房和城乡建设部门印章

住房和城乡建设部办公厅关于加快排查整改燃气橡胶软管安全隐患的通知

建办城函〔2023〕245 号

各省、自治区住房和城乡建设厅，北京市城市管理委、天津市城市管理委、上海市住房和城乡建设管委、重庆市经济和信息化委，新疆生产建设兵团住房和城乡建设局：

2023 年 5 月 1 日上午 8 时 50 分左右，吉林省长春市朝阳区新华小区一居民家中由于连接燃气灶具橡胶软管被外力损坏，导致燃气泄漏并引发闪爆，造成 3 人死亡、3 人受伤。近年来，橡胶软管老化、受损等导致燃气泄漏引发的安全事故屡有发生，严重威胁人民群众生命和财产安全。各地要认真学习贯彻落实习近平总书记关于安全生产工作的重要论述和指示批示精神，坚决落实党中央、国务院决策部署，坚持人民至上、预防为先，清醒认识城市燃气安全面临的严峻形势，深刻吸取事故教训，举一反三，全面落实《城市燃气管道等老化更新改造实施方案（2022—2025 年）》《全国重大事故隐患专项排查整治 2023 行动总体方案》等部署要求，加快排查整改燃气橡胶软管安全隐患，切实维护人民群众生命财产安全。现将有关要求通知如下：

一、抓紧摸清燃气用户使用橡胶软管的底数并制定更换工作计划。各地要采取分包到户、责任到人等方式，逐一入户摸排调查，全面摸清城镇燃气用户使用橡胶软管以及橡胶软管存在老化、不合格等安全隐患情况。对摸排中发现安全隐患的，要立即组织整改；整改过程中，要落实好管控措施，防范事故发生。根据摸排调查结果，要抓紧研究制定本地区燃气橡胶软管更换工作计划，作为城市燃气管道老化更新改造和城镇燃气安全专项整治重要内容，同步部署、同步实施，全面更换存在安全隐患的橡胶软管，有条件的地方对橡胶软管能换尽换。各省级燃气管理部门要会同相关部门，加强对市、县工作的督促指导。

二、加快组织实施燃气橡胶软管更换工作。各地要采取更有力措施推进城市燃气管道老化更新改造工作，切实将更换老化及不合格橡胶软管作为 2023 年度重点任务。要按照有关法律法规和标准规范要求，统筹需要与可能，按照确保安全、适度超前原则，明确燃气橡胶软管更换标准。要从当地实际出发，合理确定燃气橡胶软管更换工作实施主体，各有关部门及单位等予以积极支持配合。要立足当地实际，用好城市燃气管道等老化更新改造、老旧小区改造中央预算内投资补助，多渠道筹措资金，完善由专业经营单位、政府、用户合理共担机制。建立全过程监管机制，加强燃气软管采购管理，落实工程质量责任，组织做好验收移交，确保更换后的软管质量可靠、安全有效。要按照城市基础设施生命线工程建设部署，结合燃气橡胶软管更换工作，推进同步加装用户端安全装置。

三、督促燃气经营企业切实落实入户安检责任。各地要依法依规加强对燃气经营企业的管理，督促企业建立健全并严格执行入户安检等安全管理制度，落实岗位安全责任制，对入户安检人员加强培训并提高服务水平。燃气经营企业要细化完善入户安检操作规程，将燃气户内软管情况作为必查内容，要通过上门检查动态掌握用户安全用气有关情况，采用信息化等手段建立工作台账，企业内部加强抽查检查。企业在入户安检中，积极宣传燃气安全使用知识，发现存在安全隐患的，动员用户主动配合开展更换工作；拒不配合的，及时报告属地街道、社区及政府有关部门，确保隐患整改到位。对餐饮经营单位中断一段时间后恢复经营的，必须对其进行燃气软管使用情况等安全检查，同步做好安全用气提醒。

四、积极加强安全用气宣传教育。各地要组织开展常态化燃气安全宣传教育，充分利用电视、网络、大屏幕、橱窗等平台工具，将使用老化或不合格燃气橡胶软管的安全风险、更换软管增加的安全保障以及工作计划等作为宣传教育的重要内容，广而告之，争取各方面的理解和支持，营造良好工作氛围。加大以案说法、以案示警、以案促改力度，对因燃气橡胶软管安全隐患导致的典型事故案例进行剖析，开展燃气安全“进社区、进学校、进企业”等宣传教育活动，普及安全用气知识。

各地要将排查整改燃气橡胶软管安全隐患工作情况，纳入城市燃气管道等老化更新改造计划进展月报内容，按照相关要求及时报送我部城市建设司。

住房和城乡建设部办公厅

2023 年 5 月 18 日

住房和城乡建设部办公厅　国家发展改革委办公厅关于印发城市燃气管道老化评估工作指南的通知

建办城函〔2022〕225号

各省、自治区住房和城乡建设厅、发展改革委，北京市住房和城乡建设委、城市管理委、发展改革委，天津市住房和城乡建设委、城市管理委、发展改革委，上海市住房和城乡建设管委、发展改革委，重庆市住房和城乡建设委、经济和信息化委、城市管理局、发展改革委，新疆生产建设兵团住房和城乡建设局、发展改革委，各计划单列市住房和城乡建设部门、发展改革委：

为贯彻落实《国务院办公厅关于印发城市燃气管道等老化更新改造实施方案（2022—2025年）的通知》（国办发〔2022〕22号）要求，加快推进城市燃气管道等老化更新改造，我们组织编制了《城市燃气管道老化评估工作指南》。现印发给你们，请参照执行。

城市燃气管道老化评估结果是确定城市燃气管道改造项目清单及分年度改造计划的重要依据。各地要抓紧建立统筹协作机制、制定工作规则、明确责任清单等，科学有序开展城市燃气管道、厂站和设施老化评估工作，并根据评估结果区分轻重缓急，立即改造存在严重安全隐患的管道和设施。住房和城乡建设部、国家发展改革委将及时总结推广各地先进经验做法。

住房和城乡建设部办公厅
国家发展和改革委员会办公厅
2022年6月21日

城市燃气管道老化评估工作指南

第一条　为指导各地做好城市燃气管道老化评估工作，依据《燃气工程项目规范》《城镇燃气设计规范》《压力管道定期检验规则－公用管道》等标准规范，制订本指南。

第二条　本指南适用于《城市燃气管道等老化更新改造实施方案（2022—2025年）》确定的需开展评估的燃气管道、厂站和设施。具体包括：

1. 市政管道和庭院管道：运行年限满20年的钢质管道、聚乙烯（PE）管道，运行年限不足20年但存在安全隐患的钢质管道、聚乙烯（PE）管道，拟暂不更新改造的球墨铸铁管道；

2. 立管（含引入管、水平干管，下同）：运行年限满20年的立管，运行年限不足20年但存在安全隐患的立管；

3. 厂站和设施：存在超设计运行年限、安全间距不足、临近人员密集区域、地质灾害风险隐患大等一种或多种情形的燃气厂站和设施。

第三条　按照“谁拥有、谁负责”原则，燃气专业经营单位负责其拥有的市政管道和燃气厂站、设施的老化评估工作。燃气专业经营单位可委托符合规定的第三方机构开展评估或按照要求自行开展评估。根据日常掌握情况直接确定列入更新改造范围的管道和设施，不需再组织评估。

庭院管道和立管的老化评估，各地可委托燃气专业经营单位负责组织开展或直接委托符合规定的第三方机构开展。

各地要加强评估结果真实性、准确性管控，对违规出具失实报告的评估机构，依法追究责任。

第四条　各地应根据管道压力及权属等实际情况综合研判，合理确定评估机构。

1. 市政管道、庭院管道、立管：

（1）属于压力管道的，由具备相应特种设备检验资质的第三方机构或燃气专业经营单位开展评估；其中最高工作压力大于0.4MPa的，考虑其安全风险与重要程度，建议由具备相应特种设备检验资质的第三方机构开展评估；

（2）不属于压力管道的，可由燃气专业经营单位自行开展评估。

2. 燃气厂站和设施：

（1）燃气专业经营单位可根据实际情况自行开展评估或委托具备安全评价资质的第三方机构开展评估；

（2）特种设备范围内的储罐、汇管等，由具备相应特种设备检验资质的第三方机构开展评估。

鼓励规模较大、管理规范、具备能力的燃气专业经营单位按照规定申请特种设备检验资质，并承担城市燃气管道老化评估工作及定期检验工作。

组织开展评估要在充分调研基础上制定工作方案，确定项目负责人，成立专门工作组，评估工作过程中保持工作组人员稳定。

第五条　委托人依据有关规定与评估机构按照公平公开原则协商确定评估费用，原则上不超过当地过去3年平均市场价格。评估费用与评估验收结果质量相挂钩。

第六条　制定评估工作方案要考虑评估对象类型、管道材质、压力等级等重要情况，并将管道和设施本体安全状况作为评估重点。

1. 市政管道和庭院管道：

（1）属于压力管道的，参照《压力管道定期检验规则－公用管道》及相关技术标准规定；

（2）不属于压力管道的，基于管道材质、使用年限、阴极保护、外防腐层破损、腐蚀与泄漏及安全间距等情况进行综合评估。

2. 立管：基于管道材质、使用年限、腐蚀与泄漏、包裹占压等情况进行综合评估。

3. 厂站和设施：

（1）存在安全间距不足、地质灾害风险隐患大等问题的，进行整体安全评估；

（2）存在超设计运行年限等问题的，进行局部安全评估；

（3）特种设备范围内的储罐、汇管等，参照《固定式压力容器安全技术监察规程》《压力管道定期检验规则－工业管道》及相关技术标准规定。

第七条 划分评估单元要遵循“同材质、同时段”原则。

1. 市政管道：设计压力、材质相同，同时竣工并投入运行，连续长度原则上不超过5公里。

2. 庭院管道和立管：同一住宅小区或同一片区住宅小区，同时竣工并投入运行。

3. 厂站和设施：

（1）进行整体安全评估的，以单个厂站为评估单元；

（2）进行局部安全评估的，以厂站内某一（类）设施为评估单元。

第八条 组织开展评估要充分利用燃气管道和设施的设计资料、竣工资料、运行维护记录、泄漏检测记录、维修改造记录、隐患排查记录、检验检测记录等信息，相关数据宜为3年内数据。

第九条 各地指导评估机构按照相关标准规范规定，结合资料审查、宏观检查等情况，组织对管道和设施进行现场检验检测，并加强现场管理，严格遵守作业程序，确保现场安全和工作质量。

第十条 评估完成后按照现行相关标准规范，确定评估结果：

（1）符合安全运行要求；

（2）落实安全管控措施，可继续运行；

（3）限期改造；

（4）立即改造。

评估结果为“符合安全运行要求”或“落实安全管控措施，可继续运行”的，要明确下次评估时间。评估结果为“限期改造”的，要明确具体时间，具体时间不大于3年，即不晚于2025年。

属于特种设备的管道和设施在检验有效期内，运行工况、安全状态、周边环境等未发生明显变化的，可不再组织评估，直接参照检验结果确定评估结果。

第十一条 编制评估报告要坚持实事求是原则，根据评估工作开展情况，详细说明评估方法、评估过程、评估结论等，提出需要采取的安全管控措施或改造意见要清楚具体。

第十二条 各地要加强对评估结果的验收管理，制定并严格实施奖惩措施，并在委托合同中予以明确。验收不合格的，追究评估机构责任，并重新组织评估。

第十三条 燃气专业经营单位要将评估资料统一归档，结合评估工作进一步完善燃气管道和设施材质、压力、位置关系、运行安全状况等基本信息以及周边水文、地质等外部环境信息，并纳入企业信息管理系统，加强精细化管理。

各地要将评估重要信息纳入燃气监管系统，有条件的地方要推进燃气监管系统与城市市政基础设施综合管理信息平台深度融合，实现燃气管道和设施动态监管。

附件：

1. 城市燃气管道老化评估依据
2. 城市燃气管道老化评估情况表
3. 燃气厂站和设施老化评估情况表

附件 1

城市燃气管道老化评估依据

1.《燃气工程项目规范》GB 55009—2021
2.《城镇燃气设计规范》GB 50028—2006（2020 年版）
3.《埋地钢质管道直流干扰防护技术标准》GB 50991—2014
4.《城镇燃气设施运行、维护和抢修安全技术规程》CJJ 51—2016
5.《固定式压力容器安全技术监察规程》TSG 21—2016
6.《压力管道定期检验规则 - 公用管道》TSG D7004—2010
7.《压力管道定期检验规则 - 工业管道》TSG D7005—2018
8.《燃气用聚乙烯管道焊接技术规则》TSG D2002—2006
9.《压力管道规范 公用管道》GB/T 38942—2020
10.《埋地钢制管道腐蚀防护工程检验》GB/T 19285—2014
11.《在用含缺陷压力容器安全评定》GB/T 19624—2019
12.《埋地钢质管道交流干扰防护技术标准》GB/T 50698—2011
13.《埋地钢质管道风险评估方法》GB/T 27512—2011
14.《流体输送用热塑性塑料管道系统耐内压性能的测定》GB/T 6111—2018
15.《热塑性塑料管材拉伸性能测定 第 1 部分 试验方法总则》GB/T 8804.1—2003

附件 2

城市燃气管道老化评估情况表

<table>
<tr><th colspan="4">基 本 信 息</th></tr>
<tr><td>对象简述</td><td colspan="3">（行政区域、起末点位置或小区名称、户数等）</td></tr>
<tr><td>管道类型</td><td colspan="3">□市政管道 □庭院管道 □立管</td></tr>
<tr><td>介质类型</td><td></td><td>长度</td><td></td></tr>
<tr><td>管材类别</td><td></td><td>管径</td><td></td></tr>
<tr><td>设计压力</td><td></td><td>运行压力</td><td></td></tr>
<tr><td>竣工时间</td><td></td><td>投运时间</td><td></td></tr>
<tr><td>产权单位</td><td></td><td>运营单位</td><td></td></tr>
<tr><td>设计单位</td><td></td><td>施工单位</td><td></td></tr>
<tr><td>监理单位</td><td></td><td></td><td></td></tr>
</table>

（续）

评 估 结 论			
评估结果	□符合安全运行要求 □落实安全管控措施，可继续运行 □限期改造 □立即改造		
主要问题 （涉及改造的填写）	□材质落后 □使用年限较长 □腐蚀泄漏严重 □防腐状况较差 □建构筑物占压 □处于/临近地质灾害易发区域 □处于/临近人员密集区 □其他主要问题		
落实安全管控措施	（根据评估结果填写）	下次评估时间/限期改造时间	（根据评估结果填写）
评估机构名称		评估机构资质	（企业自行评估可不填）
评估机构负责人		评估项目负责人	

附件 3

燃气厂站和设施老化评估情况表

基 本 信 息			
对象简述	（厂站名称、地理位置、功能描述、局部评估的设施简况等）		
介质类型		设计压力	
运行压力		设计温度	
运行温度		竣工时间	
投运时间		产权单位	
运营单位		设计单位	
施工单位		监理单位	
评 估 结 论			
评估结果	□符合安全运行要求 □落实安全管控措施，可继续运行 □限期改造 □立即改造		
主要问题 （涉及改造的填写）	□超设计运行年限 □安全间距不足 □设施锈蚀严重、安全状况较差 □处于/临近人员密集区域 □处于/临近地质灾害易发区域 □其他主要问题______		
落实安全管控措施	（根据评估结果填写）	下次评估时间/限期改造时间	（根据评估结果填写）
评估机构名称		评估机构资质	（企业自行评估可不填）
评估机构负责人		评估项目负责人	

中华人民共和国应急管理部令

第 2 号

《应急管理部关于修改〈生产安全事故应急预案管理办法〉的决定》已经 2019 年 6 月 24 日应急管理部第 20 次部务会议审议通过，现予公布，自 2019 年 9 月 1 日起施行。

部长　王玉普

2019 年 7 月 11 日

应急管理部关于修改《生产安全事故应急预案管理办法》的决定

为贯彻落实十三届全国人大一次会议批准的《国务院机构改革方案》和《生产安全事故应急条例》《国务院关于加快推进全国一体化在线政务服务平台建设的指导意见》，应急管理部决定对《生产安全事故应急预案管理办法》（国家安全生产监督管理总局令第 88 号）部分条款予以修改：

一、将第一条修改为："为规范生产安全事故应急预案管理工作，迅速有效处置生产安全事故，依据《中华人民共和国突发事件应对法》《中华人民共和国安全生产法》《生产安全事故应急条例》等法律、行政法规和《突发事件应急预案管理办法》（国办发〔2013〕101 号），制定本办法。"

二、将第二条修改为："生产安全事故应急预案（以下简称应急预案）的编制、评审、公布、备案、实施及监督管理工作，适用本办法。"

三、将第四条第一款修改为："应急管理部负责全国应急预案的综合协调管理工作。国务院其他负有安全生产监督管理职责的部门在各自职责范围内，负责相关行业、领域应急预案的管理工作。"

四、将第十条第一款、第二款中的"事故风险评估"修改为"事故风险辨识、评估"；将第三款中的"事故风险评估结论"修改为"事故风险辨识评估结论"。

五、将第十一条第一款修改为："地方各级人民政府应急管理部门和其他负有安全生产监督管理职责的部门应当根据法律、法规、规章和同级人民政府以及上一级人民政府应急管理部门和其他负有安全生产监督管理职责的部门的应急预案，结合工作实际，组织编制相应的部门应急预案。"

六、将第十二条修改为："生产经营单位应当根据有关法律、法规、规章和相关标准，结合本单位组织管理体系、生产规模和可能发生的事故特点，与相关预案保持衔接，确立本单位的应急预案体系，编制相应的应急预案，并体现自救互救和先期处置等特点。”

七、将第二十一条修改为：“矿山、金属冶炼企业和易燃易爆物品、危险化学品的生产、经营（带储存设施的，下同）、储存、运输企业，以及使用危险化学品达到国家规定数量的化工企业、烟花爆竹生产、批发经营企业和中型规模以上的其他生产经营单位，应当对本单位编制的应急预案进行评审，并形成书面评审纪要。

“前款规定以外的其他生产经营单位可以根据自身需要，对本单位编制的应急预案进行论证。”

八、将第二十四条第一款修改为：“生产经营单位的应急预案经评审或者论证后，由本单位主要负责人签署，向本单位从业人员公布，并及时发放到本单位有关部门、岗位和相关应急救援队伍。”

九、将第二十五条修改为：“地方各级人民政府应急管理部门的应急预案，应当报同级人民政府备案，同时抄送上一级人民政府应急管理部门，并依法向社会公布。

“地方各级人民政府其他负有安全生产监督管理职责的部门的应急预案，应当抄送同级人民政府应急管理部门。”

十、将第二十六条修改为：“易燃易爆物品、危险化学品等危险物品的生产、经营、储存、运输单位，矿山、金属冶炼、城市轨道交通运营、建筑施工单位，以及宾馆、商场、娱乐场所、旅游景区等人员密集场所经营单位，应当在应急预案公布之日起 20 个工作日内，按照分级属地原则，向县级以上人民政府应急管理部门和其他负有安全生产监督管理职责的部门进行备案，并依法向社会公布。

“前款所列单位属于中央企业的，其总部（上市公司）的应急预案，报国务院主管的负有安全生产监督管理职责的部门备案，并抄送应急管理部；其所属单位的应急预案报所在地的省、自治区、直辖市或者设区的市级人民政府主管的负有安全生产监督管理职责的部门备案，并抄送同级人民政府应急管理部门。

“本条第一款所列单位不属于中央企业的，其中非煤矿山、金属冶炼和危险化学品生产、经营、储存、运输企业，以及使用危险化学品达到国家规定数量的化工企业、烟花爆竹生产、批发经营企业的应急预案，按照隶属关系报所在地县级以上地方人民政府应急管理部门备案；本款前述单位以外的其他生产经营单位应急预案的备案，由省、自治区、直辖市人民政府负有安全生产监督管理职责的部门确定。

“油气输送管道运营单位的应急预案，除按照本条第一款、第二款的规定备案外，还应当抄送所经行政区域的县级人民政府应急管理部门。

“海洋石油开采企业的应急预案，除按照本条第一款、第二款的规定备案外，还应当抄送所经行政区域的县级人民政府应急管理部门和海洋石油安全监管机构。

“煤矿企业的应急预案除按照本条第一款、第二款的规定备案外，还应当抄送所在地的煤矿安全监察机构。”

十一、将第二十七条第二项修改为：“本办法第二十一条所列单位，应当提供应急预案评审意见”；将第三项修改为：“应急预案电子文档”。

十二、将第三十二条修改为：“各级人民政府应急管理部门应当至少每两年组织一次应急预案演练，提高本部门、本地区生产安全事故应急处置能力。”

十三、在第三十三条增加两款，分别作为第二款、第三款："易燃易爆物品、危险化学品等危险物品的生产、经营、储存、运输单位，矿山、金属冶炼、城市轨道交通运营、建筑施工单位，以及宾馆、商场、娱乐场所、旅游景区等人员密集场所经营单位，应当至少每半年组织一次生产安全事故应急预案演练，并将演练情况报送所在地县级以上地方人民政府负有安全生产监督管理职责的部门。

"县级以上地方人民政府负有安全生产监督管理职责的部门应当对本行政区域内前款规定的重点生产经营单位的生产安全事故应急救援预案演练进行抽查；发现演练不符合要求的，应当责令限期改正。"

十四、将第三十五条第二款中的"危险化学品等危险物品的生产、经营、储存企业"修改为"危险化学品等危险物品的生产、经营、储存、运输企业"。

十五、将第三十六条第三项修改为："安全生产面临的风险发生重大变化的"；删除第五项；将第六项改为第五项，并修改为"在应急演练和事故应急救援中发现需要修订预案的重大问题的"；将第七项改为第六项。

十六、将第四十五条第一项中的"风险评估"修改为"风险辨识、评估"；删除第三项；将第四项、第五项、第七项分别改为第三项、第四项、第六项；将第六项改为第五项，并修改为"未按照规定进行应急预案修订的"。

在第四十五条增加一款作为第二款："生产经营单位未按照规定进行应急预案备案的，由县级以上人民政府应急管理等部门依照职责责令限期改正；逾期未改正的，处 3 万元以上 5 万元以下的罚款，对直接负责的主管人员和其他直接责任人员处 1 万元以上 2 万元以下的罚款。"

十七、将第四条第二款、第二十条、第三十条、第三十一条、第四十一条、第四十二条、第四十五条、第四十七条中的"安全生产监督管理部门"修改为"人民政府应急管理部门"；将第四条第二款中的"其他负有安全生产监督管理职责的部门"修改为"人民政府其他负有安全生产监督管理职责的部门"；将第二十九条中的"各级安全生产监督管理部门"修改为"各级人民政府负有安全生产监督管理职责的部门"；将第三十九条中的"安全生产监督管理部门"修改为"事故发生地县级以上人民政府应急管理部门"；将第四十三条中的"安全生产监督管理部门"修改为"各级人民政府应急管理部门"；将第四十四条中的"县级以上安全生产监督管理部门"修改为"县级以上人民政府应急管理等部门"；将第四十六条中的"国家安全生产应急救援指挥中心"修改为"应急管理部"。

十八、增加一条，作为第四十八条："对储存、使用易燃易爆物品、危险化学品等危险物品的科研机构、学校、医院等单位的安全事故应急预案的管理，参照本办法的有关规定执行。"

十九、将第四十八条修改为第四十九条。

本决定自 2019 年 9 月 1 日起施行。

《生产安全事故应急预案管理办法》根据本决定作相应修改后重新公布。

生产安全事故应急预案管理办法

（2016 年 6 月 3 日国家安全生产监督管理总局令第 88 号公布，根据 2019 年 7 月 11 日应急管理部令第 2 号《应急管理部关于修改〈生产安全事故应急预案管理办法〉的决定》修正）

第一章　总　　则

第一条　为规范生产安全事故应急预案管理工作，迅速有效处置生产安全事故，依据《中华人民共和国突发事件应对法》《中华人民共和国安全生产法》《生产安全事故应急条例》等法律、行政法规和《突发事件应急预案管理办法》（国办发〔2013〕101 号），制定本办法。

第二条　生产安全事故应急预案（以下简称应急预案）的编制、评审、公布、备案、实施及监督管理工作，适用本办法。

第三条　应急预案的管理实行属地为主、分级负责、分类指导、综合协调、动态管理的原则。

第四条　应急管理部负责全国应急预案的综合协调管理工作。国务院其他负有安全生产监督管理职责的部门在各自职责范围内，负责相关行业、领域应急预案的管理工作。

县级以上地方各级人民政府应急管理部门负责本行政区域内应急预案的综合协调管理工作。县级以上地方各级人民政府其他负有安全生产监督管理职责的部门按照各自的职责负责有关行业、领域应急预案的管理工作。

第五条　生产经营单位主要负责人负责组织编制和实施本单位的应急预案，并对应急预案的真实性和实用性负责；各分管负责人应当按照职责分工落实应急预案规定的职责。

第六条　生产经营单位应急预案分为综合应急预案、专项应急预案和现场处置方案。

综合应急预案，是指生产经营单位为应对各种生产安全事故而制定的综合性工作方案，是本单位应对生产安全事故的总体工作程序、措施和应急预案体系的总纲。

专项应急预案，是指生产经营单位为应对某一种或者多种类型生产安全事故，或者针对重要生产设施、重大危险源、重大活动防止生产安全事故而制定的专项性工作方案。

现场处置方案，是指生产经营单位根据不同生产安全事故类型，针对具体场所、装置或者设施所制定的应急处置措施。

第二章　应急预案的编制

第七条　应急预案的编制应当遵循以人为本、依法依规、符合实际、注重实效的原则，以应急处置为核心，明确应急职责、规范应急程序、细化保障措施。

第八条　应急预案的编制应当符合下列基本要求：

（一）有关法律、法规、规章和标准的规定；

（二）本地区、本部门、本单位的安全生产实际情况；

（三）本地区、本部门、本单位的危险性分析情况；

（四）应急组织和人员的职责分工明确，并有具体的落实措施；

（五）有明确、具体的应急程序和处置措施，并与其应急能力相适应；

（六）有明确的应急保障措施，满足本地区、本部门、本单位的应急工作需要；

（七）应急预案基本要素齐全、完整，应急预案附件提供的信息准确；

（八）应急预案内容与相关应急预案相互衔接。

第九条　编制应急预案应当成立编制工作小组，由本单位有关负责人任组长，吸收与应急预案有关的职能部门和单位的人员，以及有现场处置经验的人员参加。

第十条　编制应急预案前，编制单位应当进行事故风险辨识、评估和应急资源调查。

事故风险辨识、评估，是指针对不同事故种类及特点，识别存在的危险危害因素，分析事故可能产生的直接后果以及次生、衍生后果，评估各种后果的危害程度和影响范围，提出防范和控制事故风险措施的过程。

应急资源调查，是指全面调查本地区、本单位第一时间可以调用的应急资源状况和合作区域内可以请求援助的应急资源状况，并结合事故风险辨识评估结论制定应急措施的过程。

第十一条　地方各级人民政府应急管理部门和其他负有安全生产监督管理职责的部门应当根据法律、法规、规章和同级人民政府以及上一级人民政府应急管理部门和其他负有安全生产监督管理职责的部门的应急预案，结合工作实际，组织编制相应的部门应急预案。

部门应急预案应当根据本地区、本部门的实际情况，明确信息报告、响应分级、指挥权移交、警戒疏散等内容。

第十二条　生产经营单位应当根据有关法律、法规、规章和相关标准，结合本单位组织管理体系、生产规模和可能发生的事故特点，与相关预案保持衔接，确立本单位的应急预案体系，编制相应的应急预案，并体现自救互救和先期处置等特点。

第十三条　生产经营单位风险种类多、可能发生多种类型事故的，应当组织编制综合应急预案。

综合应急预案应当规定应急组织机构及其职责、应急预案体系、事故风险描述、预警及信息报告、应急响应、保障措施、应急预案管理等内容。

第十四条　对于某一种或者多种类型的事故风险，生产经营单位可以编制相应的专项应急预案，或将专项应急预案并入综合应急预案。

专项应急预案应当规定应急指挥机构与职责、处置程序和措施等内容。

第十五条　对于危险性较大的场所、装置或者设施，生产经营单位应当编制现场处置方案。

现场处置方案应当规定应急工作职责、应急处置措施和注意事项等内容。

事故风险单一、危险性小的生产经营单位，可以只编制现场处置方案。

第十六条　生产经营单位应急预案应当包括向上级应急管理机构报告的内容、应急组织机构和人员的联系方式、应急物资储备清单等附件信息。附件信息发生变化时，应当及时更新，确保准确有效。

第十七条　生产经营单位组织应急预案编制过程中，应当根据法律、法规、规章的规定或者实际需要，征求相关应急救援队伍、公民、法人或者其他组织的意见。

第十八条 生产经营单位编制的各类应急预案之间应当相互衔接，并与相关人民政府及其部门、应急救援队伍和涉及的其他单位的应急预案相衔接。

第十九条 生产经营单位应当在编制应急预案的基础上，针对工作场所、岗位的特点，编制简明、实用、有效的应急处置卡。

应急处置卡应当规定重点岗位、人员的应急处置程序和措施，以及相关联络人员和联系方式，便于从业人员携带。

第三章 应急预案的评审、公布和备案

第二十条 地方各级人民政府应急管理部门应当组织有关专家对本部门编制的部门应急预案进行审定；必要时，可以召开听证会，听取社会有关方面的意见。

第二十一条 矿山、金属冶炼企业和易燃易爆物品、危险化学品的生产、经营（带储存设施的，下同）、储存、运输企业，以及使用危险化学品达到国家规定数量的化工企业、烟花爆竹生产、批发经营企业和中型规模以上的其他生产经营单位，应当对本单位编制的应急预案进行评审，并形成书面评审纪要。

前款规定以外的其他生产经营单位可以根据自身需要，对本单位编制的应急预案进行论证。

第二十二条 参加应急预案评审的人员应当包括有关安全生产及应急管理方面的专家。

评审人员与所评审应急预案的生产经营单位有利害关系的，应当回避。

第二十三条 应急预案的评审或者论证应当注重基本要素的完整性、组织体系的合理性、应急处置程序和措施的针对性、应急保障措施的可行性、应急预案的衔接性等内容。

第二十四条 生产经营单位的应急预案经评审或者论证后，由本单位主要负责人签署，向本单位从业人员公布，并及时发放到本单位有关部门、岗位和相关应急救援队伍。

事故风险可能影响周边其他单位、人员的，生产经营单位应当将有关事故风险的性质、影响范围和应急防范措施告知周边的其他单位和人员。

第二十五条 地方各级人民政府应急管理部门的应急预案，应当报同级人民政府备案，同时抄送上一级人民政府应急管理部门，并依法向社会公布。

地方各级人民政府其他负有安全生产监督管理职责的部门的应急预案，应当抄送同级人民政府应急管理部门。

第二十六条 易燃易爆物品、危险化学品等危险物品的生产、经营、储存、运输单位，矿山、金属冶炼、城市轨道交通运营、建筑施工单位，以及宾馆、商场、娱乐场所、旅游景区等人员密集场所经营单位，应当在应急预案公布之日起 20 个工作日内，按照分级属地原则，向县级以上人民政府应急管理部门和其他负有安全生产监督管理职责的部门进行备案，并依法向社会公布。

前款所列单位属于中央企业的，其总部（上市公司）的应急预案，报国务院主管的负有安全生产监督管理职责的部门备案，并抄送应急管理部；其所属单位的应急预案报所在地的省、自治区、直辖市或者设区的市级人民政府主管的负有安全生产监督管理职责的

部门备案，并抄送同级人民政府应急管理部门。

本条第一款所列单位不属于中央企业的，其中非煤矿山、金属冶炼和危险化学品生产、经营、储存、运输企业，以及使用危险化学品达到国家规定数量的化工企业、烟花爆竹生产、批发经营企业的应急预案，按照隶属关系报所在地县级以上地方人民政府应急管理部门备案；本款前述单位以外的其他生产经营单位应急预案的备案，由省、自治区、直辖市人民政府负有安全生产监督管理职责的部门确定。

油气输送管道运营单位的应急预案，除按照本条第一款、第二款的规定备案外，还应当抄送所经行政区域的县级人民政府应急管理部门。

海洋石油开采企业的应急预案，除按照本条第一款、第二款的规定备案外，还应当抄送所经行政区域的县级人民政府应急管理部门和海洋石油安全监管机构。

煤矿企业的应急预案除按照本条第一款、第二款的规定备案外，还应当抄送所在地的煤矿安全监察机构。

第二十七条 生产经营单位申报应急预案备案，应当提交下列材料：

（一）应急预案备案申报表；

（二）本办法第二十一条所列单位，应当提供应急预案评审意见；

（三）应急预案电子文档；

（四）风险评估结果和应急资源调查清单。

第二十八条 受理备案登记的负有安全生产监督管理职责的部门应当在5个工作日内对应急预案材料进行核对，材料齐全的，应当予以备案并出具应急预案备案登记表；材料不齐全的，不予备案并一次性告知需要补齐的材料。逾期不予备案又不说明理由的，视为已经备案。

对于实行安全生产许可的生产经营单位，已经进行应急预案备案的，在申请安全生产许可证时，可以不提供相应的应急预案，仅提供应急预案备案登记表。

第二十九条 各级人民政府负有安全生产监督管理职责的部门应当建立应急预案备案登记建档制度，指导、督促生产经营单位做好应急预案的备案登记工作。

第四章　应急预案的实施

第三十条 各级人民政府应急管理部门、各类生产经营单位应当采取多种形式开展应急预案的宣传教育，普及生产安全事故避险、自救和互救知识，提高从业人员和社会公众的安全意识与应急处置技能。

第三十一条 各级人民政府应急管理部门应当将本部门应急预案的培训纳入安全生产培训工作计划，并组织实施本行政区域内重点生产经营单位的应急预案培训工作。

生产经营单位应当组织开展本单位的应急预案、应急知识、自救互救和避险逃生技能的培训活动，使有关人员了解应急预案内容，熟悉应急职责、应急处置程序和措施。

应急培训的时间、地点、内容、师资、参加人员和考核结果等情况应当如实记入本单位的安全生产教育和培训档案。

第三十二条 各级人民政府应急管理部门应当至少每两年组织一次应急预案演练，提高本部门、本地区生产安全事故应急处置能力。

第三十三条 生产经营单位应当制定本单位的应急预案演练计划，根据本单位的事故风险特点，每年至少组织一次综合应急预案演练或者专项应急预案演练，每半年至少组织一次现场处置方案演练。

易燃易爆物品、危险化学品等危险物品的生产、经营、储存、运输单位，矿山、金属冶炼、城市轨道交通运营、建筑施工单位，以及宾馆、商场、娱乐场所、旅游景区等人员密集场所经营单位，应当至少每半年组织一次生产安全事故应急预案演练，并将演练情况报送所在地县级以上地方人民政府负有安全生产监督管理职责的部门。

县级以上地方人民政府负有安全生产监督管理职责的部门应当对本行政区域内前款规定的重点生产经营单位的生产安全事故应急救援预案演练进行抽查；发现演练不符合要求的，应当责令限期改正。

第三十四条 应急预案演练结束后，应急预案演练组织单位应当对应急预案演练效果进行评估，撰写应急预案演练评估报告，分析存在的问题，并对应急预案提出修订意见。

第三十五条 应急预案编制单位应当建立应急预案定期评估制度，对预案内容的针对性和实用性进行分析，并对应急预案是否需要修订作出结论。

矿山、金属冶炼、建筑施工企业和易燃易爆物品、危险化学品等危险物品的生产、经营、储存、运输企业、使用危险化学品达到国家规定数量的化工企业、烟花爆竹生产、批发经营企业和中型规模以上的其他生产经营单位，应当每三年进行一次应急预案评估。

应急预案评估可以邀请相关专业机构或者有关专家、有实际应急救援工作经验的人员参加，必要时可以委托安全生产技术服务机构实施。

第三十六条 有下列情形之一的，应急预案应当及时修订并归档：

（一）依据的法律、法规、规章、标准及上位预案中的有关规定发生重大变化的；

（二）应急指挥机构及其职责发生调整的；

（三）安全生产面临的风险发生重大变化的；

（四）重要应急资源发生重大变化的；

（五）在应急演练和事故应急救援中发现需要修订预案的重大问题的；

（六）编制单位认为应当修订的其他情况。

第三十七条 应急预案修订涉及组织指挥体系与职责、应急处置程序、主要处置措施、应急响应分级等内容变更的，修订工作应当参照本办法规定的应急预案编制程序进行，并按照有关应急预案报备程序重新备案。

第三十八条 生产经营单位应当按照应急预案的规定，落实应急指挥体系、应急救援队伍、应急物资及装备，建立应急物资、装备配备及其使用档案，并对应急物资、装备进行定期检测和维护，使其处于适用状态。

第三十九条 生产经营单位发生事故时，应当第一时间启动应急响应，组织有关力量进行救援，并按照规定将事故信息及应急响应启动情况报告事故发生地县级以上人民政府应急管理部门和其他负有安全生产监督管理职责的部门。

第四十条 生产安全事故应急处置和应急救援结束后，事故发生单位应当对应急预案实施情况进行总结评估。

第五章 监督管理

第四十一条 各级人民政府应急管理部门和煤矿安全监察机构应当将生产经营单位应急预案工作纳入年度监督检查计划，明确检查的重点内容和标准，并严格按照计划开展执法检查。

第四十二条 地方各级人民政府应急管理部门应当每年对应急预案的监督管理工作情况进行总结，并报上一级人民政府应急管理部门。

第四十三条 对于在应急预案管理工作中做出显著成绩的单位和人员，各级人民政府应急管理部门、生产经营单位可以给予表彰和奖励。

第六章 法律责任

第四十四条 生产经营单位有下列情形之一的，由县级以上人民政府应急管理等部门依照《中华人民共和国安全生产法》第九十四条的规定，责令限期改正，可以处5万元以下罚款；逾期未改正的，责令停产停业整顿，并处5万元以上10万元以下的罚款，对直接负责的主管人员和其他直接责任人员处1万元以上2万元以下的罚款：

（一）未按照规定编制应急预案的；

（二）未按照规定定期组织应急预案演练的。

第四十五条 生产经营单位有下列情形之一的，由县级以上人民政府应急管理部门责令限期改正，可以处1万元以上3万元以下的罚款：

（一）在应急预案编制前未按照规定开展风险辨识、评估和应急资源调查的；

（二）未按照规定开展应急预案评审的；

（三）事故风险可能影响周边单位、人员的，未将事故风险的性质、影响范围和应急防范措施告知周边单位和人员的；

（四）未按照规定开展应急预案评估的；

（五）未按照规定进行应急预案修订的；

（六）未落实应急预案规定的应急物资及装备的。

生产经营单位未按照规定进行应急预案备案的，由县级以上人民政府应急管理等部门依照职责责令限期改正；逾期未改正的，处3万元以上5万元以下的罚款，对直接负责的主管人员和其他直接责任人员处1万元以上2万元以下的罚款。

第七章 附则

第四十六条 《生产经营单位生产安全事故应急预案备案申报表》和《生产经营单位生产安全事故应急预案备案登记表》由应急管理部统一制定。

第四十七条 各省、自治区、直辖市应急管理部门可以依据本办法的规定，结合本地区实际制定实施细则。

第四十八条 对储存、使用易燃易爆物品、危险化学品等危险物品的科研机构、学校、医院等单位的安全事故应急预案的管理，参照本办法的有关规定执行。

第四十九条 本办法自2016年7月1日起施行。

建设项目安全设施“三同时”监督管理办法

（2010 年 12 月 14 日国家安全生产监督管理总局令第 36 号公布，自 2011 年 2 月 1 日起施行；根据 2015 年 4 月 2 日国家安全生产监督管理总局令第 77 号修正）

第一章 总 则

第一条 为加强建设项目安全管理，预防和减少生产安全事故，保障从业人员生命和财产安全，根据《中华人民共和国安全生产法》和《国务院关于进一步加强企业安全生产工作的通知》等法律、行政法规和规定，制定本办法。

第二条 经县级以上人民政府及其有关主管部门依法审批、核准或者备案的生产经营单位新建、改建、扩建工程项目（以下统称建设项目）安全设施的建设及其监督管理，适用本办法。

法律、行政法规及国务院对建设项目安全设施建设及其监督管理另有规定的，依照其规定。

第三条 本办法所称的建设项目安全设施，是指生产经营单位在生产经营活动中用于预防生产安全事故的设备、设施、装置、构（建）筑物和其他技术措施的总称。

第四条 生产经营单位是建设项目安全设施建设的责任主体。建设项目安全设施必须与主体工程同时设计、同时施工、同时投入生产和使用（以下简称“三同时”）。安全设施投资应当纳入建设项目概算。

第五条 国家安全生产监督管理总局对全国建设项目安全设施“三同时”实施综合监督管理，并在国务院规定的职责范围内承担有关建设项目安全设施“三同时”的监督管理。

县级以上地方各级安全生产监督管理部门对本行政区域内的建设项目安全设施“三同时”实施综合监督管理，并在本级人民政府规定的职责范围内承担本级人民政府及其有关主管部门审批、核准或者备案的建设项目安全设施“三同时”的监督管理。

跨两个及两个以上行政区域的建设项目安全设施“三同时”由其共同的上一级人民政府安全生产监督管理部门实施监督管理。

上一级人民政府安全生产监督管理部门根据工作需要，可以将其负责监督管理的建设项目安全设施“三同时”工作委托下一级人民政府安全生产监督管理部门实施监督管理。

第六条 安全生产监督管理部门应当加强建设项目安全设施建设的日常安全监管，落实有关行政许可及其监管责任，督促生产经营单位落实安全设施建设责任。

第二章　建设项目安全预评价

第七条　下列建设项目在进行可行性研究时，生产经营单位应当按照国家规定，进行安全预评价：

（一）非煤矿矿山建设项目；

（二）生产、储存危险化学品（包括使用长输管道输送危险化学品，下同）的建设项目；

（三）生产、储存烟花爆竹的建设项目；

（四）金属冶炼建设项目；

（五）使用危险化学品从事生产并且使用量达到规定数量的化工建设项目（属于危险化学品生产的除外，下同）；

（六）法律、行政法规和国务院规定的其他建设项目。

第八条　生产经营单位应当委托具有相应资质的安全评价机构，对其建设项目进行安全预评价，并编制安全预评价报告。

建设项目安全预评价报告应当符合国家标准或者行业标准的规定。

生产、储存危险化学品的建设项目和化工建设项目安全预评价报告除符合本条第二款的规定外，还应当符合有关危险化学品建设项目的规定。

第九条　本办法第七条规定以外的其他建设项目，生产经营单位应当对其安全生产条件和设施进行综合分析，形成书面报告备查。

第三章　建设项目安全设施设计审查

第十条　生产经营单位在建设项目初步设计时，应当委托有相应资质的设计单位对建设项目安全设施同时进行设计，编制安全设施设计。

安全设施设计必须符合有关法律、法规、规章和国家标准或者行业标准、技术规范的规定，并尽可能采用先进适用的工艺、技术和可靠的设备、设施。本办法第七条规定的建设项目安全设施设计还应当充分考虑建设项目安全预评价报告提出的安全对策措施。

安全设施设计单位、设计人应当对其编制的设计文件负责。

第十一条　建设项目安全设施设计应当包括下列内容：

（一）设计依据；

（二）建设项目概述；

（三）建设项目潜在的危险、有害因素和危险、有害程度及周边环境安全分析；

（四）建筑及场地布置；

（五）重大危险源分析及检测监控；

（六）安全设施设计采取的防范措施；

（七）安全生产管理机构设置或者安全生产管理人员配备要求；

（八）从业人员安全生产教育和培训要求；

（九）工艺、技术和设备、设施的先进性和可靠性分析；

（十）安全设施专项投资概算；

（十一）安全预评价报告中的安全对策及建议采纳情况；

（十二）预期效果以及存在的问题与建议；

（十三）可能出现的事故预防及应急救援措施；

（十四）法律、法规、规章、标准规定需要说明的其他事项。

第十二条 本办法第七条第（一）项、第（二）项、第（三）项、第（四）项规定的建设项目安全设施设计完成后，生产经营单位应当按照本办法第五条的规定向安全生产监督管理部门提出审查申请，并提交下列文件资料：

（一）建设项目审批、核准或者备案的文件；

（二）建设项目安全设施设计审查申请；

（三）设计单位的设计资质证明文件；

（四）建设项目安全设施设计；

（五）建设项目安全预评价报告及相关文件资料；

（六）法律、行政法规、规章规定的其他文件资料。

安全生产监督管理部门收到申请后，对属于本部门职责范围内的，应当及时进行审查，并在收到申请后5个工作日内作出受理或者不予受理的决定，书面告知申请人；对不属于本部门职责范围内的，应当将有关文件资料转送有审查权的安全生产监督管理部门，并书面告知申请人。

第十三条 对已经受理的建设项目安全设施设计审查申请，安全生产监督管理部门应当自受理之日起20个工作日内作出是否批准的决定，并书面告知申请人。20个工作日内不能作出决定的，经本部门负责人批准，可以延长10个工作日，并应当将延长期限的理由书面告知申请人。

第十四条 建设项目安全设施设计有下列情形之一的，不予批准，并不得开工建设：

（一）无建设项目审批、核准或者备案文件的；

（二）未委托具有相应资质的设计单位进行设计的；

（三）安全预评价报告由未取得相应资质的安全评价机构编制的；

（四）设计内容不符合有关安全生产的法律、法规、规章和国家标准或者行业标准、技术规范的规定的；

（五）未采纳安全预评价报告中的安全对策和建议，且未作充分论证说明的；

（六）不符合法律、行政法规规定的其他条件的。

建设项目安全设施设计审查未予批准的，生产经营单位经过整改后可以向原审查部门申请再审。

第十五条 已经批准的建设项目及其安全设施设计有下列情形之一的，生产经营单位应当报原批准部门审查同意；未经审查同意的，不得开工建设：

（一）建设项目的规模、生产工艺、原料、设备发生重大变更的；

（二）改变安全设施设计且可能降低安全性能的；

（三）在施工期间重新设计的。

第十六条 本办法第七条第（一）项、第（二）项、第（三）项和第（四）项规定以外的建设项目安全设施设计，由生产经营单位组织审查，形成书面报告备查。

第四章　建设项目安全设施施工和竣工验收

第十七条　建设项目安全设施的施工应当由取得相应资质的施工单位进行，并与建设项目主体工程同时施工。

施工单位应当在施工组织设计中编制安全技术措施和施工现场临时用电方案，同时对危险性较大的分部分项工程依法编制专项施工方案，并附具安全验算结果，经施工单位技术负责人、总监理工程师签字后实施。

施工单位应当严格按照安全设施设计和相关施工技术标准、规范施工，并对安全设施的工程质量负责。

第十八条　施工单位发现安全设施设计文件有错漏的，应当及时向生产经营单位、设计单位提出。生产经营单位、设计单位应当及时处理。

施工单位发现安全设施存在重大事故隐患时，应当立即停止施工并报告生产经营单位进行整改。整改合格后，方可恢复施工。

第十九条　工程监理单位应当审查施工组织设计中的安全技术措施或者专项施工方案是否符合工程建设强制性标准。

工程监理单位在实施监理过程中，发现存在事故隐患的，应当要求施工单位整改；情况严重的，应当要求施工单位暂时停止施工，并及时报告生产经营单位。施工单位拒不整改或者不停止施工的，工程监理单位应当及时向有关主管部门报告。

工程监理单位、监理人员应当按照法律、法规和工程建设强制性标准实施监理，并对安全设施工程的工程质量承担监理责任。

第二十条　建设项目安全设施建成后，生产经营单位应当对安全设施进行检查，对发现的问题及时整改。

第二十一条　本办法第七条规定的建设项目竣工后，根据规定建设项目需要试运行（包括生产、使用，下同）的，应当在正式投入生产或者使用前进行试运行。

试运行时间应当不少于30日，最长不得超过180日，国家有关部门有规定或者特殊要求的行业除外。

生产、储存危险化学品的建设项目和化工建设项目，应当在建设项目试运行前将试运行方案报负责建设项目安全许可的安全生产监督管理部门备案。

第二十二条　本办法第七条规定的建设项目安全设施竣工或者试运行完成后，生产经营单位应当委托具有相应资质的安全评价机构对安全设施进行验收评价，并编制建设项目安全验收评价报告。

建设项目安全验收评价报告应当符合国家标准或者行业标准的规定。

生产、储存危险化学品的建设项目和化工建设项目安全验收评价报告除符合本条第二款的规定外，还应当符合有关危险化学品建设项目的规定。

第二十三条　建设项目竣工投入生产或者使用前，生产经营单位应当组织对安全设施进行竣工验收，并形成书面报告备查。安全设施竣工验收合格后，方可投入生产和使用。

安全监管部门应当按照下列方式之一对本办法第七条第（一）项、第（二）项、第（三）项和第（四）项规定建设项目的竣工验收活动和验收结果的监督核查：

（一）对安全设施竣工验收报告按照不少于总数10%的比例进行随机抽查；

（二）在实施有关安全许可时，对建设项目安全设施竣工验收报告进行审查。

抽查和审查以书面方式为主。对竣工验收报告的实质内容存在疑问，需要到现场核查的，安全监管部门应当指派两名以上工作人员对有关内容进行现场核查。工作人员应当提出现场核查意见，并如实记录在案。

第二十四条 建设项目的安全设施有下列情形之一的，建设单位不得通过竣工验收，并不得投入生产或者使用：

（一）未选择具有相应资质的施工单位施工的；

（二）未按照建设项目安全设施设计文件施工或者施工质量未达到建设项目安全设施设计文件要求的；

（三）建设项目安全设施的施工不符合国家有关施工技术标准的；

（四）未选择具有相应资质的安全评价机构进行安全验收评价或者安全验收评价不合格的；

（五）安全设施和安全生产条件不符合有关安全生产法律、法规、规章和国家标准或者行业标准、技术规范规定的；

（六）发现建设项目试运行期间存在事故隐患未整改的；

（七）未依法设置安全生产管理机构或者配备安全生产管理人员的；

（八）从业人员未经过安全生产教育和培训或者不具备相应资格的；

（九）不符合法律、行政法规规定的其他条件的。

第二十五条 生产经营单位应当按照档案管理的规定，建立建设项目安全设施“三同时”文件资料档案，并妥善保存。

第二十六条 建设项目安全设施未与主体工程同时设计、同时施工或者同时投入使用的，安全生产监督管理部门对与此有关的行政许可一律不予审批，同时责令生产经营单位立即停止施工、限期改正违法行为，对有关生产经营单位和人员依法给予行政处罚。

第五章 法律责任

第二十七条 建设项目安全设施“三同时”违反本办法的规定，安全生产监督管理部门及其工作人员给予审批通过或者颁发有关许可证的，依法给予行政处分。

第二十八条 生产经营单位对本办法第七条第（一）项、第（二）项、第（三）项和第（四）项规定的建设项目有下列情形之一的，责令停止建设或者停产停业整顿，限期改正；逾期未改正的，处50万元以上100万元以下的罚款，对其直接负责的主管人员和其他直接责任人员处2万元以上5万元以下的罚款；构成犯罪的，依照刑法有关规定追究刑事责任：

（一）未按照本办法规定对建设项目进行安全评价的；

（二）没有安全设施设计或者安全设施设计未按照规定报经安全生产监督管理部门审查同意，擅自开工的；

（三）施工单位未按照批准的安全设施设计施工的；

（四）投入生产或者使用前，安全设施未经验收合格的。

第二十九条　已经批准的建设项目安全设施设计发生重大变更，生产经营单位未报原批准部门审查同意擅自开工建设的，责令限期改正，可以并处 1 万元以上 3 万元以下的罚款。

第三十条　本办法第七条第（一）项、第（二）项、第（三）项和第（四）项规定以外的建设项目有下列情形之一的，对有关生产经营单位责令限期改正，可以并处 5000 元以上 3 万元以下的罚款：

（一）没有安全设施设计的；

（二）安全设施设计未组织审查，并形成书面审查报告的；

（三）施工单位未按照安全设施设计施工的；

（四）投入生产或者使用前，安全设施未经竣工验收合格，并形成书面报告的。

第三十一条　承担建设项目安全评价的机构弄虚作假、出具虚假报告，尚未构成犯罪的，没收违法所得，违法所得在 10 万元以上的，并处违法所得二倍以上五倍以下的罚款；没有违法所得或者违法所得不足 10 万元的，单处或者并处 10 万元以上 20 万元以下的罚款，对其直接负责的主管人员和其他直接责任人员处 2 万元以上 5 万元以下的罚款；给他人造成损害的，与生产经营单位承担连带赔偿责任。

对有前款违法行为的机构，吊销其相应资质。

第三十二条　本办法规定的行政处罚由安全生产监督管理部门决定。法律、行政法规对行政处罚的种类、幅度和决定机关另有规定的，依照其规定。

安全生产监督管理部门对应当由其他有关部门进行处理的“三同时”问题，应当及时移送有关部门并形成记录备查。

第六章　附　　则

第三十三条　本办法自 2011 年 2 月 1 日起施行。

国家安全生产监督管理总局令

第16号

《安全生产事故隐患排查治理暂行规定》已经2007年12月22日国家安全生产监督管理总局局长办公会议审议通过，现予公布，自2008年2月1日起施行。

局长　李毅中

二〇〇七年十二月二十八日

安全生产事故隐患排查治理暂行规定

第一章　总　　则

第一条　为了建立安全生产事故隐患排查治理长效机制，强化安全生产主体责任，加强事故隐患监督管理，防止和减少事故，保障人民群众生命财产安全，根据安全生产法等法律、行政法规，制定本规定。

第二条　生产经营单位安全生产事故隐患排查治理和安全生产监督管理部门、煤矿安全监察机构（以下统称安全监管监察部门）实施监管监察，适用本规定。

有关法律、行政法规对安全生产事故隐患排查治理另有规定的，依照其规定。

第三条　本规定所称安全生产事故隐患（以下简称事故隐患），是指生产经营单位违反安全生产法律、法规、规章、标准、规程和安全生产管理制度的规定，或者因其他因素在生产经营活动中存在可能导致事故发生的物的危险状态、人的不安全行为和管理上的缺陷。

事故隐患分为一般事故隐患和重大事故隐患。一般事故隐患，是指危害和整改难度较小，发现后能够立即整改排除的隐患。重大事故隐患，是指危害和整改难度较大，应当全部或者局部停产停业，并经过一定时间整改治理方能排除的隐患，或者因外部因素影响致使生产经营单位自身难以排除的隐患。

第四条　生产经营单位应当建立健全事故隐患排查治理制度。

生产经营单位主要负责人对本单位事故隐患排查治理工作全面负责。

第五条　各级安全监管监察部门按照职责对所辖区域内生产经营单位排查治理事故隐患工作依法实施综合监督管理；各级人民政府有关部门在各自职责范围内对生产经营单位排查治理事故隐患工作依法实施监督管理。

第六条　任何单位和个人发现事故隐患，均有权向安全监管监察部门和有关部门报告。

安全监管监察部门接到事故隐患报告后，应当按照职责分工立即组织核实并予以查处；发现所报告事故隐患应当由其他有关部门处理的，应当立即移送有关部门并记录备查。

第二章　生产经营单位的职责

第七条　生产经营单位应当依照法律、法规、规章、标准和规程的要求从事生产经营活动。严禁非法从事生产经营活动。

第八条　生产经营单位是事故隐患排查、治理和防控的责任主体。

生产经营单位应当建立健全事故隐患排查治理和建档监控等制度，逐级建立并落实从主要负责人到每个从业人员的隐患排查治理和监控责任制。

第九条　生产经营单位应当保证事故隐患排查治理所需的资金，建立资金使用专项制度。

第十条　生产经营单位应当定期组织安全生产管理人员、工程技术人员和其他相关人员排查本单位的事故隐患。对排查出的事故隐患，应当按照事故隐患的等级进行登记，建立事故隐患信息档案，并按照职责分工实施监控治理。

第十一条　生产经营单位应当建立事故隐患报告和举报奖励制度，鼓励、发动职工发现和排除事故隐患，鼓励社会公众举报。对发现、排除和举报事故隐患的有功人员，应当给予物质奖励和表彰。

第十二条　生产经营单位将生产经营项目、场所、设备发包、出租的，应当与承包、承租单位签订安全生产管理协议，并在协议中明确各方对事故隐患排查、治理和防控的管理职责。生产经营单位对承包、承租单位的事故隐患排查治理负有统一协调和监督管理的职责。

第十三条　安全监管监察部门和有关部门的监督检查人员依法履行事故隐患监督检查职责时，生产经营单位应当积极配合，不得拒绝和阻挠。

第十四条　生产经营单位应当每季、每年对本单位事故隐患排查治理情况进行统计分析，并分别于下一季度15日前和下一年1月31日前向安全监管监察部门和有关部门报送书面统计分析表。统计分析表应当由生产经营单位主要负责人签字。

对于重大事故隐患，生产经营单位除依照前款规定报送外，应当及时向安全监管监察部门和有关部门报告。重大事故隐患报告内容应当包括：

（一）隐患的现状及其产生原因；

（二）隐患的危害程度和整改难易程度分析；

（三）隐患的治理方案。

第十五条　对于一般事故隐患，由生产经营单位（车间、分厂、区队等）负责人或者有关人员立即组织整改。

对于重大事故隐患，由生产经营单位主要负责人组织制定并实施事故隐患治理方案。重大事故隐患治理方案应当包括以下内容：

（一）治理的目标和任务；

（二）采取的方法和措施；

（三）经费和物资的落实；

（四）负责治理的机构和人员；

（五）治理的时限和要求；

（六）安全措施和应急预案。

第十六条 生产经营单位在事故隐患治理过程中，应当采取相应的安全防范措施，防止事故发生。事故隐患排除前或者排除过程中无法保证安全的，应当从危险区域内撤出作业人员，并疏散可能危及的其他人员，设置警戒标志，暂时停产停业或者停止使用；对暂时难以停产或者停止使用的相关生产储存装置、设施、设备，应当加强维护和保养，防止事故发生。

第十七条 生产经营单位应当加强对自然灾害的预防。对于因自然灾害可能导致事故灾难的隐患，应当按照有关法律、法规、标准和本规定的要求排查治理，采取可靠的预防措施，制定应急预案。在接到有关自然灾害预报时，应当及时向下属单位发出预警通知；发生自然灾害可能危及生产经营单位和人员安全的情况时，应当采取撤离人员、停止作业、加强监测等安全措施，并及时向当地人民政府及其有关部门报告。

第十八条 地方人民政府或者安全监管监察部门及有关部门挂牌督办并责令全部或者局部停产停业治理的重大事故隐患，治理工作结束后，有条件的生产经营单位应当组织本单位的技术人员和专家对重大事故隐患的治理情况进行评估；其他生产经营单位应当委托具备相应资质的安全评价机构对重大事故隐患的治理情况进行评估。

经治理后符合安全生产条件的，生产经营单位应当向安全监管监察部门和有关部门提出恢复生产的书面申请，经安全监管监察部门和有关部门审查同意后，方可恢复生产经营。申请报告应当包括治理方案的内容、项目和安全评价机构出具的评价报告等。

第三章 监督管理

第十九条 安全监管监察部门应当指导、监督生产经营单位按照有关法律、法规、规章、标准和规程的要求，建立健全事故隐患排查治理等各项制度。

第二十条 安全监管监察部门应当建立事故隐患排查治理监督检查制度，定期组织对生产经营单位事故隐患排查治理情况开展监督检查；应当加强对重点单位的事故隐患排查治理情况的监督检查。对检查过程中发现的重大事故隐患，应当下达整改指令书，并建立信息管理台账。必要时，报告同级人民政府并对重大事故隐患实行挂牌督办。

安全监管监察部门应当配合有关部门做好对生产经营单位事故隐患排查治理情况开展的监督检查，依法查处事故隐患排查治理的非法和违法行为及其责任者。

安全监管监察部门发现属于其他有关部门职责范围内的重大事故隐患的，应该及时将有关资料移送有管辖权的有关部门，并记录备查。

第二十一条 已经取得安全生产许可证的生产经营单位，在其被挂牌督办的重大事故隐患治理结束前，安全监管监察部门应当加强监督检查。必要时，可以提请原许可证颁发机关依法暂扣其安全生产许可证。

第二十二条 安全监管监察部门应当会同有关部门把重大事故隐患整改纳入重点行业领域的安全专项整治中加以治理，落实相应责任。

第二十三条 对挂牌督办并采取全部或者局部停产停业治理的重大事故隐患，安全监管监察部门收到生产经营单位恢复生产的申请报告后，应当在10日内进行现场审查。审查合格的，对事故隐患进行核销，同意恢复生产经营；审查不合格的，依法责令改正或者下达停产整改指令。对整改无望或者生产经营单位拒不执行整改指令的，依法实施行政处罚；不具备安全生产条件的，依法提请县级以上人民政府按照国务院规定的权限予以关闭。

第二十四条 安全监管监察部门应当每季将本行政区域重大事故隐患的排查治理情况和统计分析表逐级报至省级安全监管监察部门备案。

省级安全监管监察部门应当每半年将本行政区域重大事故隐患的排查治理情况和统计分析表报国家安全生产监督管理总局备案。

第四章 罚 则

第二十五条 生产经营单位及其主要负责人未履行事故隐患排查治理职责，导致发生生产安全事故的，依法给予行政处罚。

第二十六条 生产经营单位违反本规定，有下列行为之一的，由安全监管监察部门给予警告，并处三万元以下的罚款：

（一）未建立安全生产事故隐患排查治理等各项制度的；

（二）未按规定上报事故隐患排查治理统计分析表的；

（三）未制定事故隐患治理方案的；

（四）重大事故隐患不报或者未及时报告的；

（五）未对事故隐患进行排查治理擅自生产经营的；

（六）整改不合格或者未经安全监管监察部门审查同意擅自恢复生产经营的。

第二十七条 承担检测检验、安全评价的中介机构，出具虚假评价证明，尚不够刑事处罚的，没收违法所得，违法所得在五千元以上的，并处违法所得二倍以上五倍以下的罚款，没有违法所得或者违法所得不足五千元的，单处或者并处五千元以上二万元以下的罚款，同时可对其直接负责的主管人员和其他直接责任人员处五千元以上五万元以下的罚款；给他人造成损害的，与生产经营单位承担连带赔偿责任。

对有前款违法行为的机构，撤销其相应的资质。

第二十八条 生产经营单位事故隐患排查治理过程中违反有关安全生产法律、法规、规章、标准和规程规定的，依法给予行政处罚。

第二十九条 安全监管监察部门的工作人员未依法履行职责的，按照有关规定处理。

第五章 附 则

第三十条 省级安全监管监察部门可以根据本规定，制定事故隐患排查治理和监督管理实施细则。

第三十一条 事业单位、人民团体以及其他经济组织的事故隐患排查治理，参照本规定执行。

第三十二条 本规定自2008年2月1日起施行。

市场监管总局关于印发《市场监管系统城镇燃气安全专项整治行动实施方案》的通知

国市监特设发〔2023〕70号

各省、自治区、直辖市和新疆生产建设兵团市场监管局（厅、委），各有关单位：

《市场监管系统城镇燃气安全专项整治行动实施方案》已经2023年8月11日市场监管总局党组2023年第32次会议通过，现印发你们，请结合实际贯彻执行。

市场监管总局

2023年8月16日

（此件公开发布）

市场监管系统城镇燃气安全专项整治行动实施方案

为深入贯彻习近平总书记关于安全生产和燃气安全的重要指示批示精神，落实国务院安全生产委员会《全国城镇燃气安全专项整治工作方案》部署要求，全面加强市场监管领域城镇燃气安全风险隐患排查治理，切实保障人民群众生命财产安全，结合市场监管部门职责，制定本实施方案。

一、总体要求

（一）指导思想。

以习近平新时代中国特色社会主义思想为指导，全面贯彻党的二十大精神，深入落实新发展理念，坚持人民至上、生命至上，坚持统筹发展和安全。严格落实安全生产十五条硬措施，全面压实企业主体责任，强化企业人员岗位安全责任，“大起底”排查整治市场监管领域城镇燃气安全风险隐患，坚决防范重特大事故发生，切实提高人民群众的获得感、幸福感、安全感。

（二）工作原则。

——坚持安全第一、系统治理。以保障人民群众生命财产安全为根本，坚持安全第一、预防为主、综合治理，紧紧围绕燃气安全“一件事”，聚焦燃气气瓶生产、充装，以及燃气灶具、燃气用连接软管、瓶装液化石油气调压器、可燃气体探测器及燃气紧急切断阀等燃气器具生产、流通，全面系统开展专项整治集中攻坚，守牢安全底线。

——坚持规范监管、压实责任。依法依规实施燃气气瓶生产、充装，以及燃气器具生产、流通的监督管理，强化分层分级管理，切实提高排查整治质量。严格落实城镇燃气相关企业主体责任，完善安全责任体系和管理制度，建立完善末端发力终端见效机制，坚决遏制重特大事故发生。

——坚持创新引领、数字赋能。加强数字技术应用，推进智慧监管能力建设，全面提升燃气气瓶和燃气器具产品数字化安全监管能力，依靠数字赋能提升产品本质安全水平。

——坚持打建结合、标本兼治。抓紧排查燃气气瓶生产、充装，以及燃气器具生产、流通环节的突出问题，严格查处假冒伪劣产品，严厉打击违法违规行为，加强信用惩戒力度，强化震慑效应。建立完善特种设备安全和燃气器具质量安全法规标准体系，加大制度供给力度，健全长效工作机制，从根本上消除隐患、从根本上解决问题。

（三）工作目标。

用3个月左右时间开展集中攻坚，全面排查整治市场监管领域城镇燃气风险隐患，建立整治台账，切实消除突出风险隐患；再用半年左右时间巩固提升集中攻坚成效，组织开展“回头看”，全面完成对排查出风险隐患的整治，构建燃气气瓶和燃气器具隐患排查治理工作机制；到2025年底前，建立严进、严管、重罚的安全监管机制，完善相关法规标准体系，提升本质安全水平，基本建立市场监管领域城镇燃气安全监管长效机制。

二、突出重点集中攻坚

（一）深入排查整治燃气生产、气瓶充装安全风险和事故隐患。

1. 强化对液化石油气的质量安全监管。坚持问题导向，实施分类精准监管，结合通用型企业信用风险分类结果，对发现较大质量安全风险的液化石油气生产经营单位，实施重点监管；对涉嫌存在气质不达标、非法掺混二甲醚等“问题气”的生产经营场所（含充装单位）内所有储气罐的液化石油气实行全覆盖抽样检验，发现存在“问题气”的，要立即责令停止违法行为，及时依法查处，并移送有关发证审批机关依法处理；情节严重的，由有关发证审批机关依法吊销证照。（质量监督司牵头，执法稽查局、特种设备局、信用监管司按职责分工负责；地方市场监管部门组织落实。以下均需地方市场监管部门负责，不再列出）

2. 严肃查处燃气气瓶充装单位违法违规行为。修订相关安全技术规范，明确同一充装地址不得同时充装液化石油气和二甲醚。对未取得充装许可的单位从事燃气充装的，要依法责令关停，并依法依规列入严重违法失信名单。对充装单位不再符合许可条件、未按照消防主管部门要求经消防验收合格、未按安全技术规范要求充装的，要依法责令限期改正，情节严重的，吊销充装许可证，并依法依规列入严重违法失信名单。违规充装非本单位办理使用登记气瓶、超期未检气瓶、不合格气瓶、超出设计使用年限气瓶或“黑气瓶”（经翻新的报废气瓶或来历不明的气瓶）的，未按要求送检气瓶的，要依法严肃查处，情节严重的，吊销充装许可证，并依法依规列入严重违法失信名单。发现50 kg“气液双相”气瓶液相阀带转换接头的，一律清除。查处的气瓶必须移交气瓶检验机构报废处理，严禁不符合要求气瓶再次流入市场。对充装单位违法违规行为，要坚决依法从快从重打击，对涉嫌刑事犯罪的，移送司法机关追究相关人员刑事责任。依托“铁拳”行动案例曝光机制等宣传渠道，及时曝光典型案例，强化执法震慑。（特种设备局牵头，执法稽查

局、信用监管司按职责分工负责）

（二）深入排查整治瓶、灶、管、阀等产品安全风险和事故隐患。

1. 严格燃气气瓶制造和检验环节监管。对未取得制造许可或者不具备生产条件仍从事气瓶、气瓶阀门生产的，要及时依法查处；已取得制造许可的单位生产不符合国家标准和安全技术规范要求的“问题瓶”、气瓶阀门的，在 50 kg“气液双相”气瓶液相阀出口加装转换接头的，要依法责令限期改正，情节严重的，吊销制造许可证，并依法依规列入严重违法失信名单。加大对气瓶检验机构监督检查力度，督促检验机构提高检验工作质量，对气瓶检验机构未严格按照安全技术规范要求开展气瓶定期检验，以及检验人员挂证、检验人员无证检验、检验报告弄虚作假的，要依法责令限期改正，情节严重的，吊销检验机构和有关人员资质，并依法依规列入严重违法失信名单。构成犯罪的，移送司法机关依法追究刑事责任。（特种设备局牵头，执法稽查局、信用监管司按职责分工负责）

2. 对“问题瓶”进行严厉查处。聚焦信用风险高的燃气气瓶充装企业，强化重点监管，对发现假冒伪劣的“问题瓶”或存在安全隐患的气瓶立即查封扣押，将办理气瓶使用登记的充装单位依法依规列入严重违法失信名单。气瓶充装单位对不符合国家标准的“气液双相”气瓶要召回并移交检验机构报废处理，对符合国家标准的“气液双相”气瓶在瓶体上喷涂“气液双相瓶”“仅用于气化装置”等明显字样，在气相阀、液相阀附近分别喷涂“气”“液”明显字样。对住房城乡建设、商务等部门单位发现移送的餐饮企业使用禁止使用的 50 kg“气液双相”气瓶，使用不符合国家标准或假冒伪劣的液化石油气瓶的，对其生产、流通企业进行溯源管理，重点查处气瓶生产单位、充装单位、检验单位等在生产、充装、检验过程中存在的违法违规行为，依法实施处罚，并将相关行政处罚信息归集至国家企业信用信息公示系统依法公示。构成犯罪的，移送司法机关依法追究刑事责任。（特种设备局牵头，执法稽查局、信用监管司按职责分工负责）

3. 对燃气器具生产经营单位进行全面摸排。对燃气灶具、软管、调压器、可燃气体探测器及燃气紧急切断阀的生产和销售单位开展全面摸排，建立生产和销售单位台账和质量安全档案。已建立工业产品质量安全主体责任信息平台的，由属地市场监管部门组织将生产和销售单位及相关质量安全信息录入信息平台，未建立信息平台的要及时建立生产和销售单位名录。聚焦信用风险高的燃气器具生产销售单位，强化重点监管。（质量监督司牵头，信用监管司按职责分工负责）

4. 加强燃气器具生产单位全覆盖监督抽查。加大质量监督抽查经费投入，对生产单位进行全覆盖抽查，及时公布抽查结果，对发现不合格的产品及时查封，严防流入市场。建立监督抽查发现产品质量安全重大风险隐患快速应对机制。对抽查发现存在重大质量安全风险的产品，属地市场监管部门在收到监督抽查初检报告后，第一时间组织开展核查处置工作，督促产品生产经营单位履行质量安全主体责任和法定义务，立即封存存在重大质量安全风险的产品，防控和消除产品质量安全风险隐患，涉嫌违法的要及时立案查处，同时报告上级市场监管部门。（质量监督司牵头，执法稽查局按职责分工负责）

5. 加强燃气器具经营环节监督检查。加大监督检查频次，督促指导销售单位建立进货查验、入库验收等台账制度。以农村地区及城乡接合部的批发市场、商超、五金店为重点，重点检查燃气灶具是否具有熄火保护装置，调压器出口压力是否不可调节，家用调压器出口为软管接头时是否有切断安全装置，商用调压器出口是否为螺纹连接，家用燃气用橡胶和塑料软管是否有产品名称、生产日期、使用期限等，对发现的问题立即依法处置。要压实电商平台对平台内经营者的管理责任。销售单位违规在有形市场或电商平台销售不符合安全标准、假冒伪劣的“问题阀”、“问题软管”、“问题灶”等燃气器具及配件、未经强制性产品认证的家用燃气灶具的，要责令立即停止违法行为，对相关经营主体予以行政处罚、对相关人员依法实施任职资格限制，并将相关行政处罚信息归集至国家企业信用信息公示系统依法公示，实施联合惩戒等。督促平台对发现的不合格产品立即下架处理，追踪溯源，实施源头治理。（质量监督司牵头，认证监管司、执法稽查局、网监司、信用监管司按职责分工负责）

6. 对移送的“问题灶、管、阀”进行溯源管理。对住房城乡建设、商务等部门单位发现移送的餐饮企业使用的可调节出口压力的调压器，对燃烧器具进行中压供气，使用不符合国家标准或假冒伪劣的可燃气体探测器及燃气紧急切断阀、调压器、软管、灶具等燃气器具及配件的，要对其生产销售单位进行溯源管理，将生产销售单位列为重点监管对象，对违法违规行为依法严惩，涉嫌犯罪的移送司法机关。加强宣传引导，发布燃气器具消费提示，引导单位用户和消费者主动识别并拒绝购买不符合强制性标准要求的产品。（质量监督司牵头，认证监管司、执法稽查局按职责分工负责）

（三）深入排查整治燃气压力管道安全风险和事故隐患。

1. 加强燃气压力管道生产环节监管。严格实施燃气压力管道相关许可制度，督促相关机构认真开展压力管道元件制造监督检验和型式试验，从源头上严把压力管道元件制造质量关。按照《特种设备安全法》和安全技术规范要求，严格实施新建及更新改造燃气压力管道施工告知和安装监督检验，对违法违规的依法处罚，并将相关行政处罚信息归集至国家企业信用信息公示系统依法公示。（特种设备局牵头，信用监管司按职责分工负责）

2. 严格落实燃气压力管道定期检验制度。配合住房城乡建设部门，督促燃气压力管道使用单位落实安全主体责任、制定检验计划、依法履行燃气压力管道法定检验义务，及时发现和消除安全隐患。对特种设备检验机构未严格按照安全技术规范要求开展燃气压力管道及相关压力容器定期检验，以及检验人员挂证、检验人员无证检验、检验报告弄虚作假的，要依法责令限期改正，情节严重的，吊销检验机构和有关人员资质，并依法依规列入严重违法失信名单。（特种设备局牵头，信用监管司按职责分工负责）

（四）加强监管执法薄弱环节排查整治。

1. 加强对监管执法工作的督促检查。着力加强城镇燃气领域监管执法力度，对未建立责任倒查机制、排查整治措施和责任不实不细不落基层、监管执法“宽松虚软”等问题，通过重点案件督查督办、重点地区约谈督促、重点领域督查指导等方式强化监管执法责任落实，对有事不理、有责不担、有案不查的依照相关规定追究相应责任，强化行纪衔接。（执法稽查局牵头，特种设备局、质量监督司、认证监管司、网监司、价监竞争局职责分工负责）

2. 加强对生产销售企业的监管执法。对燃气气瓶、燃气器具及配件、可燃气体探测器及燃气紧急切断阀生产销售企业加强监管执法，采用约谈、出具监察指令书、责令整改、责令下架、责令停产停业、吊销资格证书等方式，强化监管执法，加强行刑衔接，及时将执法结果公开，发挥社会监督作用，引导用户自觉选择安全产品。（执法稽查局牵头，特种设备局、质量监督司、网监司按职责分工负责）

三、综合施策提升本质安全水平

（一）切实落实企业安全主体责任。

1. 严格落实燃气气瓶充装单位安全主体责任。督促指导燃气气瓶充装单位按照《特种设备使用单位落实使用安全主体责任监督管理规定》，全面落实安全主体责任，建立健全安全生产规章制度和监督落实机制，建立企业安全风险隐患清单并实行闭环管理。督促燃气气瓶充装单位按要求配备气瓶安全总监和气瓶安全员，严格落实主要负责人、安全生产管理人员、特种设备作业人员培训考核制度，以及日管控、周排查、月调度工作制度。（特种设备局负责）

2. 严格落实燃气器具生产销售单位质量安全主体责任。督促燃气器具生产销售单位全面落实《工业产品生产单位落实质量安全主体责任监督管理规定》和《工业产品销售单位落实质量安全主体责任监督管理规定》，督促燃气灶具等产品的生产销售单位按要求配备质量安全总监和质量安全员，针对产品质量安全管理制度建设情况，日管控、周排查、月调度工作制度落实情况，生产单位进货查验、入库验收、出厂检验等信息记录情况，销售单位进货查验、入库验收等信息记录情况进行深入排查，对存在的安全隐患及时进行整改，消除潜在风险。（质量监督司负责）

（二）规范城镇燃气工程安装收费行为。

加强城镇燃气工程安装价格收费监管，重点整治收取明令取消的费用、向用户转嫁应由自身承担的费用等违规收费行为。（价监竞争局负责）

（三）推进燃气安全监管智能化建设。

1. 加强燃气气瓶信息化追溯管理。提升燃气气瓶充装追溯体系建设和监管水平，全面推行燃气气瓶可追溯唯一编号、充装追溯赋码建档和充装自动识别，健全追溯赋码系统应用规则，通过电子标签或二维码等信息技术手段，加强气瓶信息追溯管理。（特种设备局负责）

2. 加强燃气器具质量安全信息追溯管理。对已纳入强制性产品认证的家用燃气灶等产品和拟恢复生产许可管理或者纳入强制性产品认证的商用燃气灶、软管、调压器、可燃气体探测器及燃气紧急切断阀等产品，要推进实施产品质量安全信息追溯管理。（质量监督司牵头，认证监管司按职责分工负责）

（四）完善管理制度。

1. 完善气瓶充装许可要求和监督抽查机制。完善、提升气瓶充装许可和气瓶检验机构核准条件，省级市场监管部门或行政许可主管部门严格实施，规范事中事后监管，建立市场清出机制。完善对气瓶制造单位、充装单位和检验机构监督抽查机制，各地市场监管部门将上述单位纳入重点监督检查范围，加大抽查频次；对相关单位依法实施联合惩戒，定期通报一批、重罚一批、停产整顿一批。（特种设备局牵头，执法稽查局、信用监管司按职责分工负责）

2. 完善燃气器具准入管理和定期抽查机制。认真落实对涉及公共安全等特殊领域依法依规加强监管的要求，完善燃气器具及配件市场监管规定。对商用燃气灶、软管、调压器、可燃气体探测器及燃气紧急切断阀逐步实施准入管理，纳入强制性产品认证范围或者恢复生产许可。建立对燃气器具等产品质量定期抽查机制，发现存在质量安全隐患的及时清出市场，对生产销售单位依法实施联合惩戒，定期通报一批、重罚一批、停产整顿一批。（质量监督司牵头，认证监管司、执法稽查局、信用监管司按职责分工负责）

（五）完善有关法规标准。

1. 加快完善燃气相关特种设备相关法规标准。完善燃气气瓶、燃气压力管道的生产、充装、使用、检验等环节安全监管法规规范；加快修订《液化石油气钢瓶》《液化石油气瓶阀》两项推荐性国家标准，并转化为强制性国家标准。（特种设备局牵头，标准技术司按职责分工负责）

2. 抓紧修订燃气器具相关产品标准。抓紧修订《商用燃气燃烧器具》等涉及公共安全的燃气器具产品标准，将《燃气用具连接用金属包覆软管》《燃气用具连接用橡胶复合软管》《燃气输送用不锈钢波纹软管及管件》《电磁式燃气紧急切断阀》等修订为强制性国家标准，提高燃气器具产品及配件安全要求。（标准技术司牵头，质量监督司按职责分工负责）

（六）加强宣传教育提升安全素养。

充分利用广播电视、网络媒介、挂图、公益广告等宣传介质，通过编制事故警示短片等各类方法手段，广泛进行燃气相关特种设备，燃气器具产品法律法规、安全常识、案例警示等内容的宣传教育，提高群众安全意识，调动各方积极性，形成人人懂安全、人人关注安全、人人监督安全的社会氛围。（新闻宣传司牵头，执法稽查局、网监司、信用监管司、价监竞争局、质量监督司、特种设备局、标准技术司、认证监管司按职责分工负责）

四、工作安排

（一）集中攻坚阶段（2023 年 8 月至 11 月）。

各地市场监管部门要在当地党委和政府的统一领导下，协调配合有关部门按照国务院安委会印发的《全国城镇燃气安全专项整治工作方案》，以涉及燃气的瓶、灶、管、阀和充装单位为重点，结合本地区产业特点和安全风险分析情况细化实施方案。在督促相关企业对照专项整治任务和要求进行自查自改的基础上，进一步深挖细查风险隐患，对排查出的风险隐患实行清单管理，明确整改责任单位和整改要求，坚持边查边改、立查立改，对排查整治中发现的违法违规问题要加大执法打击力度，真正发现问题、真正整改到位。加强全社会共同监督，运用 12315 投诉热线受理群众和企业员工举报监督。协调配合有关部门加大对违法违规行为的联合惩戒力度，依法追究相关单位和人员责任。要集中曝光一批典型执法案例，强化震慑效力，形成严厉惩处违法违规行为的高压态势。总局将适时分片区对各地市场监管部门城镇燃气安全专项整治工作情况开展督导检查。

（二）全面巩固提升阶段（2023 年 12 月至 2024 年 6 月）。

各地市场监管部门要在集中攻坚的基础上，再用半年左右时间，基本建立燃气气瓶、燃气器具安全风险管控和隐患排查治理工作机制，切实加强燃气气瓶、燃气器具及配件市场治理整顿，从源头严控安全隐患。要盯牢风险隐患整改，全面完成排查出安全隐患的整治，及时开展排查整治“回头看”，通过持续深入开展隐患排查治理，切实巩固集中攻坚成效。

（三）建立长效机制阶段（2024 年 7 月至 2025 年 12 月）。

各地市场监管部门要深入剖析城镇燃气安全隐患产生的深层次原因，认真总结推广专项整治中行之有效的经验做法，健全完善法规标准和各项政策措施，基本建立市场监管领域燃气安全监管长效机制。

五、保障措施

（一）加强组织领导。

成立市场监管总局城镇燃气安全专项整治工作专班（以下简称总局工作专班），在总局安委会领导下，负责统筹协调各有关部门、总局各相关司局，指导各地市场监管部门实施专项整治工作，及时协调解决专项整治中的重大问题。各地市场监管部门要高度重视本次专项整治工作，在当地党委和政府的统一领导下，按照要求参加或成立工作专班，明确负责人和专班工作人员，依据任务分工，认真履职尽责，要积极配合住房城乡建设、商务、应急管理、公安、消防救援等各有关部门开展专项整治工作，加强工作衔接，增强工作合力。各地市场监管部门的主要负责人要亲自部署、狠抓落实，建立完善协调机制，定期听取工作情况汇报，及时解决专项整治中出现的重大问题。对检查发现的重大隐患和突出问题，要及时向当地党委和政府报告。

（二）压实责任措施。

各地市场监管部门要深入领会国务院安委会印发的《全国城镇燃气安全专项整治工作方案》部署要求，依据市场监管部门的监管职责，结合本地实际，研究制定专项方案，压实责任，细化措施，明确工作进度和工作要求。坚决防止推诿扯皮、责任悬空，切实把城镇燃气安全整治的责任和压力传导到基层末梢。要结合行风建设三年攻坚行动，着力加强城镇燃气领域监管执法行风治理；要突出重点领域，深挖问题隐患，紧盯整改进度和质量；对排查整治不深不细或者问题整改不到位的，要启动责任倒查追究机制。

（三）加强督导检查。

总局按照本实施方案确定的重点工作任务，结合各地市场监管部门专项方案，适时组织开展督导检查，确保通过专项整治，力争取得可感知、可检验、可评判的工作成效。各省级工作专班围绕摸清底数、查清安全风险隐患、治理突出问题、查处违法违规行为、排查整治执法薄弱环节、建立长效机制等重点工作，制定考核验收标准和办法，对专项整治行动进行验收考核。对于专项整治不扎实、不深入、走过场的，要采取约谈、通报、问责等方式督促加大整治力度，切实提高排查整治质效。

各省级市场监管部门应当于 2023 年 8 月 20 日前将本地区市场监管领域专项整治工作的负责人、联络员名单及专项方案报总局工作专班。各省级工作专班自 2023 年 8 月起每月 25 日前上报《市场监管系统城镇燃气安全专项整治行动成果统计表》（见附件）和专项整治行动进展情况，并梳理总结本地区专项整治行动成果，汇总形成阶段性工作总结，分别在2023年11月、2024年6月、2025年12月底前报送总局工作专班。重要问题及时报告。

联系电话：总局特种设备局 010—82262239

总局质量监督司 010—82260067

总局执法稽查局 010—88652530

附件：市场监管系统城镇燃气安全专项整治行动成果统计表

附件

市场监管系统城镇燃气安全专项整治行动成果统计表

填报单位：______________ 填报日期：

内容	具 体 项 目	数量
监管执法情况	典型案例曝光（起）	
	重大案件查办（起）	
	违法人员惩治（人）	
	开展监督检查（人次）	
	检查液化石油气生产经营单位（家）	
	检查燃气气瓶制造单位（家）	
	检查燃气气瓶充装单位（家）	
	检查燃气气瓶检验单位（家）	
	监督抽查燃气器具（批次）	
	检查燃气器具生产单位（家）	
	检查燃气器具销售单位（家）	
	检查燃气压力管道及相关压力容器使用单位（家）	
	检查燃气压力管道及相关压力容器检验单位（家）	
	约谈单位（家）	
	立案查办违法案件（件）	
	责令改正（家）	
	没收产品（件）	
	责令停产停业（家）	
	出具监察指令书（份）	
	暂停、撤销家用燃气器具CCC认证证书（张）	
	吊销单位资格证书（家）	
	吊销人员资格证书（家）	
	罚没金额（万元）	
	移送司法机关（件）	
	列入严重违法失信名单户数（户）	
	发布执法指引、指导案例等细化执法标准措施（个）	

（续）

内容	具体项目	数量
制度机制建设情况	成立工作专班（个）	
	出台制度文件（个）	
	制修订法规规范（个）	
	制修订国家标准（个）	
	制修订地方标准（个）	
	制修订团体标准（个）	
压紧压实责任情况	总局层面出台落实相关责任的指导性文件（个）	
	地方省市层面出台落实相关责任的指导性文件（个）	
加强行业自律情况	国家级行业协会发布公开倡议、制定行业公约、作出行业承诺（份）	
	地方省市级行业协会发布公开倡议、制定行业公约、作出行业承诺（份）	
宣传教育情况	培训监管人员（名）	
	培训气瓶安全总监、气瓶安全员、特种设备作业人员（名）	
	培训燃气器具质量安全总监、质量安全员（名）	
	发放培训材料（份）	
	组织专题培训班（个）	
	各类广播电视、网络媒介、挂图、公益广告进行宣传报道（篇次）	
	开展重点宣传活动（次）	
	制作手册、海报、图解、视频等宣传产品（个）	
	宣传覆盖人群（人次）	
	宣传报道及宣传产品浏览量（人次）	

注：报送数据为开展专项整治行动以来的累计数。

第三篇　标　准　规　范

UDC

中华人民共和国国家标准

P GB 55009—2021

燃气工程项目规范

Project code for gas engineering

2021-04-09 发布 2022-01-01 实施

中华人民共和国住房和城乡建设部
国 家 市 场 监 督 管 理 总 局 联合发布

中华人民共和国住房和城乡建设部
公　告

2021 年　第 66 号

住房和城乡建设部关于发布国家标准《燃气工程项目规范》的公告

现批准《燃气工程项目规范》为国家标准，编号为 GB 55009—2021，自 2022 年 1 月 1 日起实施。本规范为强制性工程建设规范，全部条文必须严格执行。现行工程建设标准相关强制性条文、国家标准《城镇燃气技术规范》GB 50494—2009 同时废止。现行工程建设标准中有关规定与本规范不一致的，以本规范的规定为准。

本规范在住房和城乡建设部门户网站（www. mohurd. gov. cn）公开，并由住房和城乡建设部标准定额研究所组织中国建筑出版传媒有限公司出版发行。

中华人民共和国住房和城乡建设部
2021 年 4 月 9 日

废止的现行工程建设标准相关强制性条文

1.《城镇燃气设计规范》GB 50028—2006

第 3.2.1（1）、3.2.2、3.2.3、6.1.6、6.3.1、6.3.2、6.3.3、6.3.8、6.3.11（2、4）、6.3.13、6.3.15（1、3）、6.4.4（2）、6.4.11、6.4.12、6.4.13、6.5.3、6.5.4、6.5.5（2、3、4）、6.5.7（5）、6.5.12（2、3、6）、6.5.13、6.5.19（1、2）、6.5.20、6.5.22、6.6.2（6）、6.6.3、6.6.10（2、5、7）、6.7.1、9.2.4、9.2.5、9.2.10、9.3.2、9.4.2、9.4.13、9.4.16、9.5.5、9.6.3、10.2.1、10.2.7（3）、10.2.14（1）、10.2.21（2、3、4）、10.2.23、10.2.24、10.2.26、10.3.2（2）、10.4.2、10.4.4（4）、10.5.3（1、3、5）、10.5.7、10.6.2、10.6.6、10.6.7、10.7.1、10.7.3、10.7.6（1）条（款）

2.《压缩天然气供应站设计规范》GB 51102—2016

第 6.2.2、6.2.3 条

3.《燃气冷热电联供工程技术规范》GB 51131—2016

第 3.0.5、3.0.6、5.1.8 条

4.《液化石油气供应工程设计规范》GB 51142—2015

第 3.0.13、5.2.3、5.2.4、7.0.5 条

5.《家用燃气燃烧器具安装及验收规程》CJJ 12—2013

第 3.1.2、3.1.5、4.1.2、4.6.16 条

6.《城镇燃气输配工程施工及验收规范》CJJ 33—2005

第 1.0.3、1.0.4、2.2.1、5.4.10、7.2.2、9.1.2（2）、12.1.1 条（款）

7.《城镇燃气设施运行、维护和抢修安全技术规程》CJJ 51—2016

第 3.0.2、3.0.9、3.0.11、5.2.5、5.3.10、6.1.4、7.2.5 条

8.《聚乙烯燃气管道工程技术标准》CJJ 63—2018

第 1.0.3、7.1.7 条

9.《城镇燃气室内工程施工与质量验收规范》CJJ 94—2009

第 3.2.1、3.2.2、4.2.1、6.3.1、6.4.1、7.2.3、8.1.3、8.2.4、8.2.5、8.3.2、8.3.3 条

10.《城镇燃气埋地钢质管道腐蚀控制技术规程》CJJ 95—2013

第 3.0.1、5.4.5 条

11.《燃气冷热电三联供工程技术规程》CJJ 145—2010

第 4.3.9、4.3.10、4.3.11、4.5.1、5.1.8、5.1.10 条

前　言

为适应国际技术法规与技术标准通行规则，2016年以来，住房和城乡建设部陆续印发《深化工程建设标准化工作改革的意见》等文件，提出政府制定强制性标准、社会团体制定自愿采用性标准的长远目标，明确了逐步用全文强制性工程建设规范取代现行标准中分散的强制性条文的改革任务，逐步形成由法律、行政法规、部门规章中的技术性规定与全文强制性工程建设规范构成的“技术法规”体系。

关于规范种类。强制性工程建设规范体系覆盖工程建设领域各类建设工程项目，分为工程项目类规范（简称项目规范）和通用技术类规范（简称通用规范）两种类型。项目规范以工程建设项目整体为对象，以项目的规模、布局、功能、性能和关键技术措施等五大要素为主要内容。通用规范以实现工程建设项目功能性能要求的各专业通用技术为对象，以勘察、设计、施工、维修、养护等通用技术要求为主要内容。在全文强制性工程建设规范体系中，项目规范为主干，通用规范是对各类项目共性的、通用的专业性关键技术措施的规定。

关于五大要素指标。强制性工程建设规范中各项要素是保障城乡基础设施建设体系化和效率提升的基本规定，是支撑城乡建设高质量发展的基本要求。项目的规模要求主要规定了建设工程项目应具备完整的生产或服务能力，应与经济社会发展水平相适应。项目的布局要求主要规定了产业布局、建设工程项目选址、总体设计、总平面布置以及与规模相协调的统筹性技术要求，应考虑供给能力合理分布，提高相关设施建设的整体水平。项目的功能要求主要规定项目构成和用途，明确项目的基本组成单元，是项目发挥预期作用的保障。项目的性能要求主要规定建设工程项目建设水平或技术水平的高低程度，体现建设工程项目的适用性，明确项目质量、安全、节能、环保、宜居环境和可持续发展等方面应达到的基本水平。关键技术措施是实现建设项目功能、性能要求的基本技术规定，是落实城乡建设安全、绿色、韧性、智慧、宜居、公平、有效率等发展目标的基本保障。

关于规范实施。强制性工程建设规范具有强制约束力，是保障人民生命财产安全、人身健康、工程安全、生态环境安全、公众权益和公众利益，以及促进能源资源节约利用、满足经济社会管理等方面的控制性底线要求，工程建设项目的勘察、设计、施工、验收、维修、养护、拆除等建设活动全过程中必须严格执行，其中，对于既有建筑改造项目（指不改变现有使用功能），当条件不具备、执行现行规范确有困难时，应不低于原建造时的标准。与强制性工程建设规范配套的推荐性工程建设标准是经过实践检验的、保障达到强制性规范要求的成熟技术措施，一般情况下也应当执行。在满足强制性工程建设规范规定的项目功能、性能要求和关键技术措施的前提下，可合理选用相关团体标准、企业标准，使项目功能、性能更加优化或达到更高水平。推荐性工程建设标准、团体标准、企业标准要与强制性工程建设规范协调配套，各项技术要求不得低于强制性工程建设规范的相关技术水平。

强制性工程建设规范实施后，现行相关工程建设国家标准、行业标准中的强制性条文同时废止。现行工程建设地方标准中的强制性条文应及时修订，且不得低于强制性工程建设规范的规定。现行工程建设标准（包括强制性标准和推荐性标准）中有关规定与强制性工程建设规范的规定不一致的，以强制性工程建设规范的规定为准。

目 次

1　总　　则

1.0.1　为促进城乡燃气高质量发展，预防和减少燃气安全事故，保证供气连续稳定，保障人身、财产和公共安全，制定本规范。

1.0.2　城市、乡镇、农村的燃气工程项目必须执行本规范。本规范不适用于下列工程项目：

1　城镇燃气门站以前的长距离输气管道工程项目；

2　工业企业内部生产用燃气工程项目；

3　沼气、秸秆气的生产和利用工程项目；

4　海洋和内河轮船、铁路车辆、汽车等运输工具上的燃气应用项目。

1.0.3　燃气工程应实现供气连续稳定和运行安全，并应遵循下列原则：

1　符合国家能源、生态环境、土地利用、防灾减灾、应急管理等政策；

2　保障人身、财产和公共安全；

3　鼓励工程技术创新；

4　积极采用现代信息技术；

5　提高工程建设质量和运行维护水平。

1.0.4　工程建设所采用的技术方法和措施是否符合本规范要求，由相关责任主体判定。其中，创新性的技术方法和措施，应进行论证并符合本规范中有关性能的要求。

2 基 本 规 定

2.1 规 模 与 布 局

2.1.1 燃气工程用气规模应根据城乡发展状况、人口规模、用户需求和供气资源等条件，经市场调查、科学预测，结合用气量指标和用气规律综合分析确定。

2.1.2 气源的选择应按国家能源政策，遵循节能环保、稳定可靠的原则，考虑可供选择的资源条件，并经技术经济论证确定。

2.1.3 燃气供应系统应具有满足调峰供应和应急供应的供气能力储备。供气能力储备量应根据气源条件、供需平衡、系统调度和应急的要求确定。

2.1.4 燃气供应系统设施的设置应与城乡功能结构相协调，并应满足城乡建设发展、燃气行业发展和城乡安全的需要。

2.2 建 设 要 求

2.2.1 燃气供应系统应设置保证安全稳定供气的厂站、管线以及用于运行维护等的必要设施，运行的压力、流量等工艺参数应保证供应系统安全和用户正常使用，并应符合下列规定：

1 供应系统应具备事故工况下能及时切断的功能，并应具有防止管网发生超压的措施；

2 燃气设备与管道应具有承受设计压力和设计温度下的强度和密封性；

3 供气压力应稳定，燃具和用气设备前的压力变化应在允许的范围内。

2.2.2 燃气供应系统应设置信息管理系统，并应具备数据采集与监控功能。燃气自动化控制系统、基础网络设施及信息管理系统等应达到国家信息安全的要求。

2.2.3 燃气设施所使用的材料和设备应满足节能环保及系统介质特性、功能需求、外部环境、设计条件的要求。设备、管道及附件的压力等级不应小于系统设计压力。

2.2.4 在设计工作年限内，燃气设施应保证在正常使用维护条件下的可靠运行。当达到设计工作年限或在遭受地质灾害、运行事故或外力损害后需继续使用时，应对燃气设施进行合于使用评估。

2.2.5 燃气设施应采取防火、防爆、抗震等措施，有效防止事故的发生。

2.2.6 管道及管道与设备的连接方式应符合介质特性和工艺条件，连接必须严密可靠。

2.2.7 设置燃气设备、管道和燃具的场所不应存在燃气泄漏后聚集的条件。燃气相对密度大于等于0.75的燃气管道、调压装置和燃具不得设置在地下室、半地下室、地下箱体、地下综合管廊及其他地下空间内。

2.2.8 燃具和用气设备的性能参数应与所使用的燃气类别特性和供气压力相适应，燃具和用气设备的使用场所应满足安全使用条件。

2.3 运行维护

2.3.1 燃气设施应在竣工验收合格且调试正常后，方可投入使用。燃气设施投入使用前必须具备下列条件：

1 预防安全事故发生的安全设施应与主体工程同时投入使用；

2 防止或减少污染的设施应与主体工程同时投入使用。

2.3.2 燃气设施建设和运行单位应建立健全安全管理制度，制定操作维护规程和事故应急预案，并应设置专职安全管理人员。

2.3.3 燃气设施的施工、运行维护和抢修等场所及重要的燃气设施应设置规范、明显的安全警示标志。

2.3.4 燃气设施的运行单位应配备具有专业技能且无间断值班的应急抢险队伍及必需的备品配件、抢修机具和应急装备，应设置并向社会公布 24 h 报修电话和其他联系方式。

2.3.5 燃气设施可能泄漏燃气的作业过程中，应有专人监护，不得单独操作。泄漏燃气的原因未查清或泄漏未消除前，应采取有效安全措施，直至燃气泄漏消除为止。

2.3.6 燃气设施现场的操作应符合下列规定：

1 操作人员应熟练掌握燃气特性、相关工艺和应急处置的知识和技能；

2 操作或抢修作业应标示出作业区域，并应在区域边界设置护栏和警示标志；

3 操作或抢修人员作业应穿戴防静电工作服及其他防护用具，不应在作业区域内穿脱和摘戴作业防护用具；

4 操作或抢修作业区域内不得携带手机、火柴或打火机等火种，不得穿着容易产生火花的服装。

2.3.7 燃气设施正常运行过程中未达到排放标准的工艺废弃物不得直接排放。

3 燃 气 质 量

3.0.1 燃气工程供应的燃气质量应符合下列规定：

1 应符合国家规定的燃气分类和气质标准；

2 应满足各类用户的用气需求和使用条件；

3 发热量（热值）应保持稳定；

4 组分变化应保证燃具正常工作。

3.0.2 系统供应的燃气应确定基准发热量（热值），发热量（热值）变化应在基准发热量（热值）的±5%以内。燃气组分及杂质含量、露点温度和接气点压力等气质参数应根据气源条件和用气需求确定。

3.0.3 天然气及按天然气质量交付的页岩气、煤层气、煤制天然气、生物质气等的质量应符合下列规定：

1 天然气的质量应符合表3.0.3的规定；

表3.0.3 天然气的质量指标

高位发热量（MJ/m^3）	≥31.4
总硫（以硫计）（mg/m^3）	≤100
硫化氢（mg/m^3）	≤20
二氧化碳（y，%）	≤4.0

注：表中气体体积的标准参比条件是101.325 kPa，20 ℃。

2 在天然气交接点的压力和温度条件下，天然气的烃露点应比最低环境温度低5 ℃；天然气中不应有固态、液态或胶状物质。

3.0.4 液化石油气的质量应符合表3.0.4的规定。

表3.0.4 液化石油气的质量指标

项　目	质量指标		
	商品丙烷	商品丙丁烷混合物	商品丁烷
密度（15 ℃）（kg/m^3）	报告		
蒸气压（37.8 ℃）（kPa）	≤1430	≤1380	≤485
组分			
C_3 烃类组分（体积分数）（%）	≥95	—	—
C_4 及 C_4 以上烃类组分（体积分数）（%）	≤2.5	—	—
（C_3+C_4）烃类组分（体积分数）（%）	—	≥95	≥95
C_5 及 C_5 以上烃类组分（体积分数）（%）	—	≤3.0	≤2.0

表 3.0.4（续）

项　　目	质量指标		
	商品丙烷	商品丙丁烷混合物	商品丁烷
残留物 蒸发残留物（mL/100 mL） 油渍观察	 ≤0.05 通过		
铜片腐蚀（40 ℃，1 h）（级）	≤1		
总硫含量（mg/m^3）	≤343		
硫化氢（需满足下列要求之一）： 乙酸铅法 层析法（mg/m^3）	 无 ≤10		
游离水	无		

注：1　液化石油气中不允许人为加入除加臭剂以外的非烃类化合物；

2　每次以 0.1 mL 的增量将 0.3 mL 溶剂－残留物混合液滴到滤纸上，2 min 后在日光下观察，无持久不退的油环为通过；

3　"—"为不得检出。

3.0.5　人工煤气的质量应符合表 3.0.5 的规定。

表 3.0.5　人工煤气的质量指标

项　　目	质量指标
低热值[1]（MJ/m^3） 一类气[2] 二类气[2]	 ＞14 ＞10
杂质 焦油和灰尘（mg/m^3） 硫化氢（mg/m^3） 氨（mg/m^3） 萘[3]（mg/m^3）	 ＜10 ＜20 ＜50 $<50\times10^2/P$（冬天） $<100\times10^2/P$（夏天）
含氧量[4]（体积分数） 一类气 二类气	 ＜2% ＜1%
含一氧化碳[5]（体积分数）	＜10%

注：1　表中煤气体积（m^3）指在 101.325 kPa，15 ℃状态下的体积；

2　一类气为煤干馏气，二类气为煤气化气、油气化气（包括液化石油气及天然气改制）；

3　萘指萘和它的同系物 α－甲基萘及 β－甲基萘；在确保煤气中萘不析出的前提下，各地区可以根据当地燃气管道埋设处的土壤温度规定本地区煤气中含萘指标；当管道输气点绝对压力（P）小于 202.65 kPa 时，压力（P）因素可不参加计算；

4　含氧量指制气厂生产过程中所要求的指标；

5　对二类气或掺有二类气的一类气，其一氧化碳含量应小于 20%（体积分数）。

3.0.6 当气源质量未达到本规范第3.0.2～3.0.5条规定的质量要求时，应对燃气进行加工处理。

3.0.7 燃气应具有当其泄漏到空气中并在发生危险之前，嗅觉正常的人可以感知的警示性臭味。

3.0.8 当供应的燃气不符合本规范第3.0.7条的规定时，应进行加臭。加臭剂的最小量应符合下列规定：

1 无毒燃气泄漏到空气中，达到爆炸下限的20%时，应能察觉；

2 有毒燃气泄漏到空气中，达到对人体允许的有害浓度时，应能察觉；

3 对于含一氧化碳有毒成分的燃气，空气中一氧化碳含量的体积分数达到0.02%时，应能察觉。

3.0.9 加入燃气中的加臭剂应符合下列规定：

1 加臭剂的气味应明显区别于日常环境中的其他气味。加臭剂与燃气混合后应保持特殊的臭味，且燃气泄漏后，其臭味应消失缓慢。

2 加臭剂及其燃烧产物不应对人体有毒害，且不应对与其接触的材料和设备有腐蚀或损害。

3 加臭剂溶解于水的程度，其质量分数不应大于2.5%。

3.0.10 当燃气供应系统的燃气需要与空气混合后供应时，混合气中燃气的体积分数应高于其爆炸上限的2倍以上，且混合气的露点温度应低于输送管道外壁可能达到的最低温度5℃以上。混合气中硫化氢含量不应大于20 mg/m³。

4 燃 气 厂 站

4.1 站 区

4.1.1 燃气厂站的单位产量、储存量和最大供气能力等建设规模应根据燃气工程的用气规模和燃气供应系统总体布局的要求，结合资源条件和城乡建设发展等因素综合确定。燃气厂站应按生产或工艺流程顺畅、通行便利和保障安全的要求布置。

4.1.2 液态燃气存储总水容积大于3500 m^3 或气态燃气存储总容积大于200000 m^3 的燃气厂站应结合城镇发展，设在城市边缘或相对独立的安全地带，并应远离居住区、学校及其他人员集聚的场所。

4.1.3 当燃气厂站设有生产辅助区及生活区时，生活区应与生产区分区布置。当燃气厂站具有汽车加气功能时，汽车加气区、加气服务用站房与站内其他设施应采用围护结构分隔。

4.1.4 燃气厂站内大型工艺基础设施和调压计量间、压缩机间、灌瓶间等主要建（构）筑物的设计工作年限不应小于50年，其结构安全等级不应低于二级的要求。

4.1.5 燃气厂站边界应设置围护结构。液化天然气、液化石油气厂站的生产区应设置高度不低于2.0 m的不燃性实体围墙。

4.1.6 燃气厂站内建筑物与厂站外建筑物之间的间距应符合防火的相关要求。

4.1.7 不同介质储罐和相同介质的不同储存状态储罐应分组布置，组之间、储罐之间及储罐与建筑物之间的间距应根据储存介质特性、储量、罐体结构形式、维护操作需求、事故影响范围及周边环境等条件确定。

4.1.8 燃气厂站道路和出入口设置应满足便于通行、应急处置和紧急疏散的要求，并应符合表4.1.8的规定。

表4.1.8 燃气厂站出入口设置

厂站类别	区域	对外出入口数量（个）	出入口的间距（m）
液化石油气储存站、储配站和灌装站	生产区	≥1	—
		当液化石油气储罐总容积＞1000 m^3 时，≥2	≥50
	辅助区	≥1	—
液化天然气供应站	生产区	当液化天然气储罐总容积＞2000 m^3 时，≥2	≥50
压缩天然气供应站	生产区	当压缩天然气供应站储气总容积＞30000 m^3 时，≥2	≥50

4.1.9 燃气相对密度大于等于0.75的燃气厂站生产区内不应设置地下和半地下建（构）筑物，寒冷地区的地下式消火栓设施除外；生产区的地下排水系统应采取防止燃气聚集的措施，电缆等地下管沟内应填满细砂。

4.1.10 液态燃气的储罐或储罐组周边应设置封闭的不燃烧实体防护堤，或储罐外容器应采用防止液体外泄的不燃烧实体防护结构。深冷液体储罐的实体防护结构应适应低温条件。

4.1.11 燃气厂站内的建（构）筑物应结合其类型、规模和火灾危险性等因素采取防火措施。

4.1.12 燃气厂站具有爆炸危险的建（构）筑物不应存在燃气聚积和滞留的条件，并应采取有效通风、设置泄压面积等防爆措施。

4.1.13 燃气厂站内的建（构）筑物及露天钢质燃气储罐、设备和管道应采取防雷接地措施。

4.2 工 艺

4.2.1 燃气厂站的生产工艺、设备配置和监测控制装置应符合安全稳定供气、供应系统有效调度的要求，且应技术经济合理。

4.2.2 燃气厂站内燃气管道的设计工作年限不应小于30年。

4.2.3 设备、管道及附件的连接采用焊接时，焊接后的焊口强度不应低于母材强度。

4.2.4 燃气厂站应根据应急需要并结合工艺条件设置全站紧急停车切断系统。当全站紧急停车切断故障处理完成后，紧急停车切断装置应采用人工方式进行现场重新复位启动。

4.2.5 燃气厂站内设备和管道应按防止系统压力参数超过限值的要求设置自动切断和放散装置。放散装置的设置应保证放散时的安全和卫生，不得在建筑物内放散燃气和其他有害气体。

4.2.6 进出燃气厂站的燃气管道应设置切断阀门。燃气厂站内外的钢质管道之间应设置绝缘装置。

4.2.7 液化天然气、液化石油气液相管道上相邻两个切断阀之间的封闭管道应设安全阀。

4.2.8 压缩天然气、液化天然气和液化石油气运输车在充装或卸车作业时，应停靠在设有固定防撞装置的固定车位处，并应采取防止车辆移动的措施。装卸系统上应设置防止装卸用管拉脱的联锁保护装置。

4.2.9 向液化天然气和液化石油气槽车充装时，不得使用充装软管连接。

4.2.10 燃气调压装置及其出口管道、后序设备的工作温度不应低于其材质本身允许的最低使用温度。

4.2.11 燃气厂站内的燃气容器、设备和管道上不得采用灰口铸铁阀门与附件。

4.2.12 储存、输送低温介质的储罐、设备和管道，在投入运行前应采取预冷措施。

4.2.13 燃气膨胀机、压缩机和泵等动力设备应具备非正常工作状况的报警和自动停机功能。

4.2.14 液化天然气和低温液化石油气的储罐区、气化区、装卸区等可能发生燃气泄漏的区域应设置连续低温检测报警装置和相关的联锁装置。

4.2.15 燃气厂站的供电电源应满足正常生产和消防的要求，站内涉及生产安全的设备用电和消防用电应由两回线路供电，或单回路供电并配置备用电源。

4.2.16 燃气厂站仪表控制系统应设置不间断电源装置。

4.2.17 燃气厂站内可燃气体泄漏浓度可能达到爆炸下限20%的燃气设施区域内或建（构）筑物内，应设置固定式可燃气体浓度报警装置。

4.2.18 燃气厂站内设置在有爆炸危险环境的电气、仪表装置，应具有与该区域爆炸危险等级相对应的防爆性能。

4.2.19 燃气厂站爆炸危险区域内，可能产生静电危害的储罐、设备和管道应采取静电导消措施。

4.2.20 进入燃气储罐区、调压室（箱）、压缩机房、计量室、瓶组气化间、阀室等可能泄漏燃气的场所，应检测可燃气体、有害气体及氧气的浓度，符合安全条件方可进入。燃气厂站应在明显位置标示应急疏散线路图。

4.2.21 除装有消火装置的燃气专用运输车和应急车辆外，其他机动车辆不得进入液态燃气储存灌装区。

4.3 储 罐 与 气 瓶

4.3.1 液化天然气和容积大于10 m^3 液化石油气储罐不应固定安装在建筑物内。充气的或有残气的液化天然气钢瓶不得存放在建筑内。

4.3.2 燃气储罐应设置压力、温度、罐容或液位显示等监测装置，并应具有超限报警功能。液化天然气常压储罐应设置密度监测装置。燃气储罐应设置安全泄放装置。

4.3.3 液化天然气和液化石油气储罐的液相进出管应设置与储罐液位控制联锁的紧急切断阀。

4.3.4 低温燃气储罐和设备的基础，应设置土壤温度检测装置，并应采取防止土壤冻胀的措施。

4.3.5 当燃气储罐高度超过当地有关限高规定时，应设飞行障碍灯和标志。

4.3.6 燃气储罐的进出口管道应采取有效的防沉降和抗震措施，并应设置切断装置。

4.3.7 燃气储罐的安全阀应根据储存燃气特性和使用条件选用，并应符合下列规定：

1 液化天然气储罐安全阀，应选用奥氏体不锈钢弹簧封闭全启式安全阀。

2 液化石油气储罐安全阀，应选用弹簧封闭全启式安全阀。

3 容积大于或等于100 m^3 的液化天然气和液化石油气储罐，应设置2个或2个以上安全阀。

4.3.8 液态燃气储罐区防护堤内不应设置其他可燃介质储罐。不得在液化天然气、液化石油气储罐的防护堤内设置气瓶灌装口。

4.3.9 严寒和寒冷地区低压湿式燃气储罐应采取防止水封冻结的措施。

4.3.10 低压干式稀油密封储罐应设置防回转装置，防回转装置的接触面应采取防止因撞击产生火花的措施。

4.3.11 不应直接由罐车对气瓶进行充装或将气瓶内的气体向其他气瓶倒装。

4.3.12 气瓶应具有可追溯性，应使用合格的气瓶进行灌装。气瓶灌装后，应对气瓶进行检漏、检重或检压。所充装的合格气瓶上应粘贴规范明显的警示标签和充装标签。

5 管道和调压设施

5.1 输配管道

5.1.1 输配管道应根据最高工作压力进行分级，并应符合表5.1.1的规定。

表5.1.1 输配管道压力分级

名称		最高工作压力（MPa）
超高压		$4.0<P$
高压	A	$2.5<P\leqslant 4.0$
	B	$1.6<P\leqslant 2.5$
次高压	A	$0.8<P\leqslant 1.6$
	B	$0.4<P\leqslant 0.8$
中压	A	$0.2<P\leqslant 0.4$
	B	$0.01<P\leqslant 0.2$
低压		$P\leqslant 0.01$

5.1.2 燃气输配管道应结合城乡道路和地形条件，按满足燃气可靠供应的原则布置，并应符合城乡管线综合布局的要求。输配管网系统的压力级制应结合用户需求、用气规模、调峰需要和敷设条件等进行配置。

5.1.3 液态燃气输配管道、高压A及高压A以上的气态燃气输配管道不应敷设在居住区、商业区和其他人员密集区域、机场车站与港口及其他危化品生产和储存区域内。

5.1.4 输配管道的设计工作年限不应小于30年。

5.1.5 输配管道与附件的材质应根据管道的使用条件和敷设环境对强度、抗冲击性等机械性能的要求确定。

5.1.6 输配管道及附属设施的保护范围应根据输配系统的压力分级和周边环境条件确定。最小保护范围应符合下列规定：

1 低压和中压输配管道及附属设施，应为外缘周边0.5 m范围内的区域；

2 次高压输配管道及附属设施，应为外缘周边1.5 m范围内的区域；

3 高压及高压以上输配管道及附属设施，应为外缘周边5.0 m范围内的区域。

5.1.7 输配管道及附属设施的控制范围应根据输配系统的压力分级和周边环境条件确定。最小控制范围应符合下列规定：

1 低压和中压输配管道及附属设施，应为外缘周边0.5 m~5.0 m范围内的区域；

2 次高压输配管道及附属设施，应为外缘周边1.5 m~15. 0m范围内的区域；

3 高压及高压以上输配管道及附属设施，应为外缘周边 5.0 m～50.0 m 范围内的区域。

5.1.8 在输配管道及附属设施的保护范围内，不得从事下列危及输配管道及附属设施安全的活动：

1 建设建筑物、构筑物或其他设施；

2 进行爆破、取土等作业；

3 倾倒、排放腐蚀性物质；

4 放置易燃易爆危险物品；

5 种植根系深达管道埋设部位可能损坏管道本体及防腐层的植物；

6 其他危及燃气设施安全的活动。

5.1.9 在输配管道及附属设施保护范围内从事敷设管道、打桩、顶进、挖掘、钻探等可能影响燃气设施安全活动时，应与燃气运行单位制定燃气设施保护方案并采取安全保护措施。

5.1.10 在输配管道及附属设施的控制范围内从事本规范第 5.1.8 条列出的活动，或进行管道穿跨越作业时，应与燃气运行单位制定燃气设施保护方案并采取安全保护措施。在最小控制范围以外进行作业时，仍应保证输配管道及附属设施的安全。

5.1.11 钢质管道最小公称壁厚不应小于表 5.1.11 的规定。

表 5.1.11 钢质管道最小公称壁厚

钢管公称直径 *DN*（mm）	最小公称壁厚（mm）
*DN*100～*DN*150	4.0
*DN*200～*DN*300	4.8
*DN*350～*DN*450	5.2
*DN*500～*DN*550	6.4
*DN*600～*DN*700	7.1
*DN*750～*DN*900	7.9
*DN*950～*DN*1000	8.7
*DN*1050	9.5

5.1.12 聚乙烯等不耐受高温或紫外线的高分子材料管道不得用于室外明设的输配管道。

5.1.13 埋地输配管道不得影响周边建（构）筑物的结构安全，且不得在建筑物和地上大型构筑物（架空的建、构筑物除外）的下面敷设。

5.1.14 埋地输配管道应根据冻土层、路面荷载等条件确定其埋设深度。车行道下输配管道的最小直埋深度不应小于 0.9 m，人行道及田地下输配管道的最小直埋深度不应小于 0.6 m。

5.1.15 当输配管道架空敷设时，应采取防止车辆冲撞等外力损害的措施。

5.1.16 输配管道不应在排水管（沟）、供水管渠、热力管沟、电缆沟、城市交通隧道、城市轨道交通隧道和地下人行通道等地下构筑物内敷设。当确需穿过时，应采取有效的防护措施。

5.1.17 当输配管道穿越铁路、公路、河流和主要干道时，应采取不影响交通、水利设施并保证输配管道安全的防护措施。

5.1.18 河底穿越输配管道时，管道至河床的覆土厚度应根据水流冲刷条件及规划河床标高确定。对于通航的河流，应满足疏浚和投锚的深度要求。输配管道穿越河流两岸的上、下游位置应设立标志。

5.1.19 输配管道上的切断阀门应根据管道敷设条件，按检修调试方便、及时有效控制事故的原则设置。

5.1.20 埋地钢质输配管道应采用外防腐层辅以阴极保护系统的腐蚀控制措施。新建输配管道的阴极保护系统应与输配管道同时实施，并应同时投入使用。

5.1.21 埋地钢质输配管道埋设前，应对防腐层进行100%外观检查，防腐层表面不得出现气泡、破损、裂纹、剥离等缺陷。不符合质量要求时，应返工处理直至合格。

5.1.22 输配管道的外防腐层应保持完好，并应定期检测。阴极保护系统在输配管道正常运行时不应间断。

5.1.23 聚乙烯管道的连接不得采用螺纹连接或粘接。不得采用明火加热连接。

5.1.24 输配管道安装结束后，必须进行管道清扫、强度试验和严密性试验，并应合格。

5.1.25 输配管道进行强度试验和严密性试验时，所发现的缺陷必须待试验压力降至大气压后方可进行处理，处理后应重新进行试验。

5.1.26 输配管道和设备维修前和修复后，应对周边窨井、地下管线和建（构）筑物等场所的残存燃气进行全面检查。

5.1.27 输配管道和无人值守的调压设施应进行定时巡查。对不符合安全使用条件的输配管道，应及时更新、改造、修复或停止使用。

5.1.28 输配管道沿线应设置管道标志。管道标志毁损或标志不清的，应及时修复或更新。

5.1.29 废弃的输配管道及设施应及时拆除；不能立即拆除的，应及时处置，并应设置明显的标识或采取有效封堵，管道内不应存有燃气。

5.1.30 暂时停用的输配管道应保压并按在用管道进行管理。

5.2 调 压 设 施

5.2.1 不同压力级别的输配管道之间应通过调压装置连接。

5.2.2 调压站的选址应符合管网系统布置和周边环境的要求。

5.2.3 进口压力为次高压及以上的区域调压装置应设置在室外独立的区域、单独的建筑物或箱体内。

5.2.4 独立设置的调压站或露天调压装置的最小保护范围和最小控制范围应符合表5.2.4的规定。

表 5.2.4 独立设置的调压站或露天调压装置的最小保护范围和最小控制范围

燃气入口压力	有围墙时		无围墙且设在调压室内时		无围墙且露天设置时	
	最小保护范围	最小控制范围	最小保护范围	最小控制范围	最小保护范围	最小控制范围
低压、中压	围墙内区域	围墙外 3.0 m 区域	调压室 0.5 m 范围内区域	调压室 0.5 m ~ 5.0 m 范围内区域	调压装置外缘 1.0 m 范围内区域	调压装置外缘 1.0 m ~ 6.0 m 范围内区域
次高压	围墙内区域	围墙外 5.0 m 区域	调压室 1.5 m 范围内区域	调压室 1.5 m ~ 10.0 m 范围内区域	调压装置外缘 3.0 m 范围内区域	调压装置外缘 3.0 m ~ 15.0 m 范围内区域
高压、高压以上	围墙内区域	围墙外 25.0 m 区域	调压室 3.0 m 范围内区域	调压室 3.0 m ~ 30.0 mm 范围内区域	调压装置外缘 5.0 m 范围内区域	调压装置外缘 5.0 m ~ 50.0 m 范围内区域

5.2.5 在独立设置的调压站或露天调压装置的最小保护范围内，不得从事下列危及燃气调压设施安全的活动：

1 建设建筑物、构筑物或其他设施；

2 进行爆破、取土等作业；

3 放置易燃易爆危险物品；

4 其他危及燃气设施安全的活动。

5.2.6 在独立设置的调压站或露天调压装置的最小控制范围内从事本规范第 5.2.5 条列出的活动时，应与燃气运行单位制定燃气调压设施保护方案并采取安全保护措施。在最小控制范围以外进行作业时，仍应保证燃气调压设施的安全。

5.2.7 调压设施周围应设置防侵入的围护结构。调压设施范围内未经许可的人员不得进入。在易于出现较高侵入危险的区域，应对站点增加安全巡检次数或设置侵入探测设备。

5.2.8 调压设施周围的围护结构上应设置禁止吸烟和严禁动用明火的明显标志。无人值守的调压设施应清晰地标出方便公众联系的方式。

5.2.9 调压站的调压装置设置区域应有设备安装、维修及放置应急物品的空间和设置出入通道的位置。

5.2.10 露天设置的调压装置应采取防止外部侵入的措施，并应与边界围护结构保持可防止外部侵入的距离。

5.2.11 设置调压装置的建筑物和容积大于 1.5 m^3 的调压箱应具有泄压措施。

5.2.12 调压站、调压箱、专用调压装置的室外或箱体外进口管道上应设置切断阀门。高压及高压以上的调压站、调压箱、专用调压装置的室外或箱体外出口管道上应设置切断阀门。阀门至调压站、调压箱、专用调压装置的室外或箱体外的距离应满足应急操作的要求。

5.2.13 设置调压装置的环境温度应保证调压装置活动部件正常工作，并应符合下列规定：

1 湿燃气，不应低于0℃；

2 液化石油气，不应低于其露点。

5.2.14 对于存在燃气相对密度大于等于0.75的可燃气体的空间，应采用不发火花地面，人能够到达的位置应使用防静电火花的材料覆盖。

5.2.15 当调压节流效应使燃气的温度可能引起材料失效时，应对燃气采取预加热等措施。

5.2.16 调压装置的厂界环境噪声应控制在国家现行环境标准允许的范围内。

5.2.17 燃气调压站的电气、仪表设备应根据爆炸危险区域进行选型和安装，并应设置过电压保护和雷击保护装置。

5.2.18 调压系统出口压力设定值应保持下游管道压力在系统允许的范围内。调压装置应设置防止燃气出口压力超过下游压力允许值的安全保护措施。

5.2.19 当发生出口压力超过下游燃气设施设计压力的事故后，应对超压影响区内的燃气设施进行全面检查，确认安全后方可恢复供气。

5.3 用户管道

5.3.1 用户燃气管道最高工作压力应符合下列规定：

1 住宅内，明设时不应大于0.2 MPa；暗埋、暗封时不应大于0.01 MPa。

2 商业建筑、办公建筑内，不应大于0.4 MPa。

3 农村家庭用户内，不应大于0.01 MPa。

5.3.2 用户燃气管道设计工作年限不应小于30年。预埋的用户燃气管道设计工作年限应与该建筑设计工作年限一致。

5.3.3 用户燃气管道及附件应结合建筑物的结构合理布置，并应设置在便于安装、检修的位置，不得设置在下列场所：

1 卧室、客房等人员居住和休息的房间；

2 建筑内的避难场所、电梯井和电梯前室、封闭楼梯间、防烟楼梯间及其前室；

3 空调机房、通风机房、计算机房和变、配电室等设备房间；

4 易燃或易爆品的仓库、有腐蚀性介质等场所；

5 电线（缆）、供暖和污水等沟槽及烟道、进风道和垃圾道等地方。

5.3.4 燃气引入管、立管、水平干管不应设置在卫生间内。

5.3.5 使用管道供应燃气的用户应设置燃气计量器具。

5.3.6 用户燃气调压器和计量装置，应根据其使用燃气的类别、压力、温度、流量（工作状态、标准状态）和允许的压力降、安装条件及用户要求等因素选择，其安装应便于检修、维护和更换操作，且不应设置在密闭空间和卫生间内。

5.3.7 燃气相对密度小于0.75的用户燃气管道当敷设在地下室、半地下室或通风不良场所时，应设置燃气泄漏报警装置和事故通风设施。

5.3.8 用户燃气管道穿过建筑物外墙或基础的部位应采取防沉降措施。高层建筑敷设燃气管道应有管道支撑和管道变形补偿的措施。

5.3.9 当用户燃气管道架空或沿建筑外墙敷设时，应采取防止外力损害的措施。

5.3.10 用户燃气管道与燃具的连接应牢固、严密。

5.3.11 用户燃气管道阀门的设置部位和设置方式应满足安全、安装和运行维护的要求。燃气引入管、用户调压器和燃气表前、燃具前、放散管起点等部位应设置手动快速切断阀门。

5.3.12 暗埋和预埋的用户燃气管道应采用焊接接头。

5.3.13 用户燃气管道的安装不得损坏建筑的承重结构及降低建筑结构的耐火性能或承载力。

6 燃具和用气设备

6.1 家庭用燃具和附件

6.1.1 家庭用户应选用低压燃具。不应私自在燃具上安装出厂产品以外的可能影响燃具性能的装置或附件。

6.1.2 家庭用户的燃具应设置熄火保护装置。燃具铭牌上标示的燃气类别应与供应的燃气类别一致。使用场所应符合下列规定：

1 应设置在通风良好、具有给排气条件、便于维护操作的厨房、阳台、专用房间等符合燃气安全使用条件的场所。

2 不得设置在卧室和客房等人员居住和休息的房间及建筑的避难场所内。

3 同一场所使用的燃具增加数量或由另一种燃料改用燃气时，应满足燃具安装场所的用气环境条件。

6.1.3 直排式燃气热水器不得设置在室内。燃气采暖热水炉和半密闭式热水器严禁设置在浴室、卫生间内。

6.1.4 与燃具贴邻的墙体、地面、台面等，应为不燃材料。燃具与可燃或难燃的墙壁、地板、家具之间应保持足够的间距或采取其他有效的防护措施。

6.1.5 高层建筑的家庭用户使用燃气时，应符合下列规定：

1 应采用管道供气方式；

2 建筑高度大于100 m时，用气场所应设置燃气泄漏报警装置，并应在燃气引入管处设置紧急自动切断装置。

6.1.6 家庭用户不得使用燃气燃烧直接取暖的设备。

6.1.7 当家庭用户管道或液化石油气钢瓶调压器与燃具采用软管连接时，应采用专用燃具连接软管。软管的使用年限不应低于燃具的判废年限。

6.1.8 燃具连接软管不应穿越墙体、门窗、顶棚和地面，长度不应大于2.0 m且不应有接头。

6.1.9 家庭用户管道应设置当管道压力低于限定值或连接灶具管道的流量高于限定值时能够切断向灶具供气的安全装置；设置位置应根据安全装置的性能要求确定。

6.1.10 使用液化石油气钢瓶供气时，应符合下列规定：

1 不得采用明火试漏；

2 不得拆开修理角阀和调压阀；

3 不得倒出处理瓶内液化石油气残液；

4 不得用火、蒸汽、热水和其他热源对钢瓶加热；

5 不得将钢瓶倒置使用；

6 不得使用钢瓶互相倒气。

6.1.11 家庭用户不得将燃气作为生产原料使用。

6.2 商业燃具、用气设备和附件

6.2.1 商业燃具或用气设备应设置在通风良好、符合安全使用条件且便于维护操作的场所，并应设置燃气泄漏报警和切断等安全装置。

6.2.2 商业燃具或用气设备不得设置在下列场所：

1 空调机房、通风机房、计算机房和变、配电室等设备房间；

2 易燃或易爆品的仓库、有强烈腐蚀性介质等场所。

6.2.3 公共用餐区域、大中型商店建筑内的厨房不应设置液化天然气气瓶、压缩天然气气瓶及液化石油气气瓶。

6.2.4 商业燃具与燃气管道的连接软管应符合本规范第6.1.7条和第6.1.8条的规定。

6.2.5 商业燃具应设置熄火保护装置。

6.2.6 商业建筑内的燃气管道阀门设置应符合下列规定：

1 燃气表前应设置阀门；

2 用气场所燃气进口和燃具前的管道上应单独设置阀门，并应有明显的启闭标记；

3 当使用鼓风机进行预混燃烧时，应采取在用气设备前的燃气管道上加装止回阀等防止混合气体或火焰进入燃气管道的措施。

6.3 烟 气 排 除

6.3.1 燃具和用气设备燃气燃烧所产生的烟气应排出至室外，并应符合下列规定：

1 设置直接排气式燃具的场所应安装机械排气装置；

2 燃气热水器和采暖炉应设置专用烟道；

3 燃气热水器的烟气不得排入灶具、吸油烟机的排气道；

4 燃具的排烟不得与使用固体燃料的设备共用一套排烟设施。

6.3.2 烟气的排烟管、烟道及排烟管口的设置应符合下列规定：

1 竖向烟道应有可靠的防倒烟、串烟措施，当多台设备合用竖向排烟道排放烟气时，应保证互不影响；

2 排烟口应设置在利于烟气扩散、空气畅通的室外开放空间，并应采取措施防止燃烧的烟气回流入室内；

3 燃具的排烟管应保持畅通，并应采取措施防止鸟、鼠、蛇等堵塞排烟口。

6.3.3 海拔高于500 m地区应计入海拔高度对烟气排气系统排气量的影响。

中华人民共和国国家标准

燃气工程项目规范

GB 55009—2021

起　草　说　明

目 次

一、基 本 情 况

按照《2015 年工程建设标准规范制订、修订计划》（建标〔2014〕189 号）要求，编制组在国家现行相关工程建设标准基础上，认真总结实践经验，参考了国外技术法规、国际标准和国外先进标准，并与国家法规政策相协调，经广泛调查研究和征求意见，编制了本规范。

本规范的主要内容是：1. 燃气工程项目建设、运行、维护、拆除等全生命期所遵循的基本要求；2. 保证燃气工程安全建设和稳定运行所涉及的燃气气质、燃气厂站、管道和调压设施及燃具和用气设备所必须遵守的功能、性能要求；3. 实现燃气工程供气连续稳定所必须采取的基本技术措施。

本规范中，规定规模、布局的条款是：第 1.0.3 条、第 2.1 节全部条款、第 4.1.1、4.1.2、4.2.1、5.1.2、5.1.3、5.2.2 条。

本规范中，规定燃气设施功能、性能的条款是：第 2.2 节全部条款、第 3.0.1、3.0.2、3.0.3、3.0.4、3.0.5、4.1.4、4.2.2、4.2.3、4.2.4、4.2.5、5.1.4、5.1.5、5.3.2、6.1.1、6.1.2、6.2.5 条。

下列工程建设标准中强制性条文按本规范执行：

《城镇燃气设计规范》GB 50028—2006（2020 年版）

《压缩天然气供应站设计规范》GB 51102—2016

《燃气冷热电联供工程技术规范》GB 51131—2016

《液化石油气供应工程设计规范》GB 51142—2015

《家用燃气燃烧器具安装及验收规程》CJJ 12—2013

《城镇燃气输配工程施工及验收规范》CJJ 33—2005

《城镇燃气设施运行、维护和抢修安全技术规程》CJJ 51—2016

《聚乙烯燃气管道工程技术标准》CJJ 63—2018

《城镇燃气室内工程施工与质量验收规范》CJJ 94—2009

《城镇燃气埋地钢质管道腐蚀控制技术规程》CJJ 95—2013

《燃气冷热电三联供工程技术规程》CJJ 145—2010

本规范由住房和城乡建设部负责管理和解释。

二、本规范编制单位、起草人员及审查人员

（一）编制单位

住房和城乡建设部标准定额研究所
中国市政工程华北设计研究总院有限公司
北京市燃气集团有限责任公司
北京市煤气热力工程设计院有限公司
成都燃气集团股份有限责任公司
深圳市燃气工程设计有限公司
中国市政工程西南设计研究总院有限公司
深圳市燃气集团股份有限公司
中国燃气控股有限公司
重庆燃气集团股份有限公司
港华投资有限公司
中石油昆仑燃气有限公司
新奥燃气控股有限公司
华润燃气（集团）有限公司
上海燃气工程设计研究有限公司
沈阳城市燃气规划设计研究院有限公司

（二）起草人员

李颜强 刘 彬 杜建梅 李 铮 阎海鹏 陈云玉 杨永慧 马俊峰 李大伟
张 琳 李 清 万 云 张万杰 聂廷哲 刘 薇 应援农 苗永健 牛卓韬
邵 山 龚 勋 刘 军 樊金光

（三）审查人员

刘贺明 倪照鹏 杨 健 潘一玲 王 启 许 红 史业腾 白丽萍 宋玉银
广 宏 张 臻 张春田 田贯三 孟学思 李美竹

三、术　语

1　燃气工程　gas engineering

燃气厂站、输配管网、燃具和用气设备的建设和运行维护的总称。

2　燃气设施　gas facilities

用于燃气生产、储存、输配和供应的建（构）筑物、设备、管道及其附件等单元。

3　家庭用户　domestic consumer

以燃气为燃料进行炊事或制备热水为主的用户。

4　燃气类别　sort of gas

根据燃气的来源或燃气燃烧特性指数，将燃气分成的不同种类。

5　燃气互换性　interchangeability of gas

以另一种燃气（置换气）替代原来使用的燃气（被置换气）时，燃烧设备的燃烧器不需要做任何调整而能保证燃烧设备正常工作，称置换气对被置换气具有互换性。

6　基准发热量　calorific values of reference gas

燃气供应系统中用以确定工艺参数和用户结算的燃气发热量。

7　设计工作年限　design working life

设计规定的管道、结构或构件等不需要大修即可按其预定目的使用的时间。

8　调压箱　regulator box

设有调压装置的专用箱体，用于调节用气压力的整装设备，包括调压装置和箱体。

9　调压站　regulator station

设有调压系统的建（构）筑物和附属安全装置的总称，具有调压功能，可兼具计量功能。

10　调压装置　regulator device

由调压器及其附属设备组成，将较高燃气压力降至所需的较低压力的设备单元总称，包括调压器及其附属设备。

11　燃气燃烧器具　gas burning appliance

以燃气作燃料的燃烧用具的总称，简称燃具，包括燃气热水器、燃气热水炉、燃气灶具、燃气烘烤器具、燃气取暖器等。

12　用气设备　gas burning equipment

以燃气作燃料进行加热或驱动的较大型燃气设备，如燃气锅炉、燃气直燃机、燃气热泵、燃气内燃机、燃气轮机等。

13　用户管道　consumer piping

从用户总阀门到各用户燃具和用气设备之间的燃气管道。

四、条 文 说 明

本条文说明不具备与标准正文同等的法律效力，仅供使用者作为理解和把握标准规定的参考。

1 总 则

1.0.1 燃气是市政公用事业的重要组成部分，是现代化城乡的重要基础设施，与经济社会发展和人民生活息息相关。近年来随着我国城乡一体化进程明显加快，燃气工程建设也取得快速发展，包括供气规模、供气普及率等在内的各项指标水平大幅提高，特别是对优化能源结构、改善环境质量、促进城乡发展、提高人民生活水平发挥了极其重要的作用。

燃气设施贯穿城乡所在建设区域，连接城乡各类建（构）筑物，燃气工程建设质量和燃气设施安全运行关系到人身安全和公共安全。在燃气工程建设和运行维护过程中，为保障人身健康和生命财产安全、国家安全、生态环境安全、满足社会经济管理基本要求，强化政府有关部门监管执法的“技术底线”，加强燃气工程建设和运行维护的各方责任主体的“技术管理”，依据国家相关法律、行政法规，制定本规范。

1.0.2 天然气、液化石油气的气源生产设施和进口设施，人工制气的生产设施，城市门站以前的长距离输气管道设施，以燃气作为工业生产原料的使用，沼气、秸秆气的生产和使用，海洋和内河轮船、铁路车辆、汽车等运输工具上的燃气应用，不适用本规范。

天然气、液化石油气的生产受《中华人民共和国矿产资源法》等法律法规的调整；城市门站以外的天然气管道输送设施和燃气作为工业生产原料的使用受《中华人民共和国港口法》《中华人民共和国石油天然气管道保护法》等法律法规的调整；沼气、秸秆气的生产，主要是农村农户的分散独立使用，沼气、秸秆气经净化、提纯后，符合燃气气质标准，不受此限制；燃气非管道运输，海洋和内河轮船、铁路车辆、汽车等运输工具的内部燃气装置受《道路运输条例》等法律法规的调整。此外，人工制气的生产设施由石油、冶金煤化工领域的相关标准予以规定。

1.0.3 燃气的广泛应用和快速发展，对燃气工程的供气安全、运行安全和用气的连续稳定都提出了新的要求。《燃气工程项目规范》的实施对支撑社会和经济发展、保障人身和公共安全、节约资源和保护环境，规范燃气设施的建设和运行管理发挥技术保障作用。作为上位规范，《燃气工程项目规范》也对燃气工程建设发展的目标性原则，诸如提高运行维护水平、提升服务质量、推进信息化建设以及积极创新工程技术等起到引导作用。

1.0.4 工程建设强制性规范是以工程建设活动结果为导向的技术规定，突出了建设工程的规模、布局、功能、性能和关键技术措施，但是，规范中关键技术措施不能涵盖工程规划建设管理采用的全部技术方法和措施，仅仅是保障工程性能的“关键点”，很多关键技术措施具有“指令性”特点，即要求工程技术人员去“做什么”，规范要求的结果是要保障建设工程的性能，因此，能否达到规范中性能的要求，以及工程技术人员所采用的技术方法和措施是否按照规范的要求去执行，需要进行全面的判定，其中，重点是能否保证工程性能符合规范的规定。

进行这种判定的主体应为工程建设的相关责任主体，这是我国现行法律法规的要求。《中华人民共和国建筑法》《建设工程质量管理条例》《建筑节能条例》等以及相关的法律法规，突出强调了工程监管、建设、规划、勘察、设计、施工、监理、检测、造价、咨询等各方主体的法律责任，既规定了首要责任，也确定了主体责任。在工程建设过程中，执行强制性工程建设规范是各方主体落实责任的必要条件，是基本的、底线的条件，有义务对工程规划建设管理采用的技术方法和措施是否符合本规范规定进行判定。

同时，为了支持创新，鼓励创新成果在建设工程中应用，当拟采用的新技术在工程建设强制性规范或推荐性标准中没有相关规定时，应当对拟采用的工程技术或措施进行论证，确保建设工程达到工程建设强制性规范规定的工程性能要求，确保建设工程质量和安全，并应满足国家对建设工程环境保护、卫生健康、经济社会管理、能源资源节约与合理利用等相关基本要求。

2 基本规定

2.1 规模与布局

2.1.1 目前我国的城乡建设进程不断加快，燃气设施的建设也在快速开展，燃气的使用已成为人们生活中不可替代的一部分，不仅为居民生活带来便利，而且也促进了国民经济的发展。然而燃气设施的建设不是一朝一夕的事情，需要在经过调研后，根据地区规划的发展状况、人口规模、用气需求，结合本地的用气量指标和用气规律综合确定。

2.1.2 燃气工程的气源选择首先要符合对应时期的能源政策。能源是国民经济发展的物质基础。在国民经济总体规划中，能源的发展既由国民经济发展所决定，同时对国民经济的发展也有促进和制约作用。能源规划是依据一定时期我国国民经济和社会发展规划，预测相应的能源需求，从而对能源的结构、开发、生产、转换、使用和分配等各个环节作出的统筹安排。其次，燃气工程的气源选择还要结合本地的资源条件，坚持节能环保、稳定可靠的原则，对天然气、液化石油气和人工煤气的气源种类进行合理选择。

2.1.3 燃气供应系统的燃气储存设施主要是保证正常供气、调峰、临时调度、混配缓冲和应急等。储气量是将上、中、下游（生产和输配）作为一个系统工程对待来解决调峰问题，以整个系统达到经济合理为目标，分配在下游燃气厂站应承担的储气量，并扣除设备本身不能参加实际调峰的那一部分容积。

2.1.4 燃气供应系统由燃气厂站、输配管道及连接输配管道的调压设施构成。在选址布局时，要充分考虑城乡结构对用气的需求，如商业区、住宅区、工业区等。同时，在规划时可适度超前，满足城乡建设发展的需要，促进燃气行业发展。另外，要把安全放到重要的地位，充分考虑燃气发生事故的影响以及周边环境对燃气工程运行的影响。

2.2 建设要求

2.2.1 向用户连续、稳定、安全供气是燃气工程的基本功能，为了保证这一基本功能的实现，要求燃气厂站、输配系统、燃具和用气设备具备安全、稳定供气的性能要求。

2.2.2 燃气运行企业要面对着千千万万用户的生活服务需要，燃气运行企业的性质与一般的公司、企业、单位有着很大的不同，管理着大范围的燃气管网和燃气设备。数据采集与监控管理信息化系统便于燃气运行企业的日常制度规范和安全监控，也能够对燃气供应实现科学严谨、高效规范的管理。因此，为满足稳定安全供气的严格要求，同时做好为用户服务的工作，应根据企业供气规模设置数据采集与监控管理信息化系统。数据采集与监控管理信息化系统主要包括：SCADA 系统、GIS 系统和客户实时服务系统。

2.2.3 设备的合理选型、管道及附件的合理选材是为了保证燃气系统安全和正常供气。介质特性、功能需求、外部环境、设计压力、设计温度是决定设备选型、管道及附件选材的基本要素。

燃气的特性、压力和温度不同，管道及附件所选择的材料就不同。例如，液态液化石油气管道和设计压力大于 0.4 MPa 的气态液化石油气管道应采用钢号 10、20 的无缝钢管，并应符合现行国家标准《输送流体用无缝钢管》GB/T 8163 的规定，或符合不低于上述标准相应技术要求的其他钢管标准的规定。对于使用温度低于 -20 ℃的管道，可采用奥氏体不锈钢无缝钢管，其技术性能应符合现行国家标准《流体输送用不锈钢无缝钢管》GB/T 14976 的规定。

2.2.4 燃气运行单位应对燃气设施定期进行安全检查；应当按照国家有关工程建设标准和安全生产管理的规定，对燃气设施定期进行巡查、检测、维修和维护，确保燃气设施的安全运行。

为保障供气系统的安全性，当达到设计工作年限时或遭遇重大事故灾害后应评估，再确定继续使用、进行改造或更换。继续使用应制定相应的安全保证措施。重大灾害指自然灾害（地震、水灾等）和人为灾害（施工外力、火灾等）。

合于使用评估是指对含有缺陷结构能否适合于继续使用的定量工程评估。在缺陷定量检测的基础上，通过理论分析与计算，确定缺陷是否危害结构的安全可靠性，并基于缺陷的动力学发展规律研究，确定结构的安全服役寿命。

2.2.5 燃气设施是我国基础设施的重要组成部分，是保证人民生活和城市功能正常运转的设施。这些设施形成网络系统，对居民的正常生活、经济活动起着重要的作用。燃气设施一旦遭到火灾、爆炸或震损破坏，整个社会生活都会受到严重影响，城市就会因社会服务功能中断而处于瘫痪状态，给人们的正常生活造成极大不便，甚至会引发严重的次生灾害，严重威胁人民生命财产的安全。

本规范中涉及防火、防爆、抗震等的通用性要求和具体技术措施，应按《建筑防火通用规范》《工程结构设计通用规范》和《建筑与市政工程抗震通用规范》执行。

2.2.6 燃气管道及管道与设备的连接方式有多种，如焊接、法兰连接、螺纹连接、卡套连接、卡压连接、环压连接等，需要结合不同介质的特性和使用工艺条件确定。例如，燃气管道与燃具的连接，由于介质是低压燃气，采用金属软管时为螺纹连接。

2.2.7 一方面，地下室、半地下室和地下箱体内属通风不良场所，燃气相对密度大于 0.75 时，泄漏的燃气不易散去，而且地下燃气设施损坏形成的泄漏具有隐蔽性，难以发现，极容易引发燃气事故和次生灾害。另一方面，地下、半地下建筑（室）发生火灾后，热量不易散失，温度高、烟雾大，燃烧时间长，疏散和扑救难度大。故规定相对密度（与空气密度的比值）大于0.75的燃气调压装置不得设于地下室、半地下室和地下单独的箱体内。

2.2.8 通常情况下，燃具是按某一特定燃气组分设计、制造和调整的。虽然燃具能够适应燃气组分在一定范围内变化，但有一定的限度。随着燃气工业的发展，燃气种类增多，为了使燃气供气企业和燃具（用气设备）制造厂商都遵循一个共同的准则，将燃气进行分类。城镇燃气包括天然气、液化石油气和人工煤气，三种燃气为不同的类别，不同族的燃气不能完全互换。所以，燃具和用气设备应按燃气分类标准或合同要求设计、制造和设定。

2.3 运 行 维 护

2.3.1 燃气设施在竣工验收合格且调试正常后方可投入使用，是保障燃气设施安全运行的重要手段，也是确保燃气设施满足各项设计指标要求的关键一环，必须严格执行国家工程管理的各项规章制度，认真做好竣工验收工作。

对燃气工程来说，安全设施是指用于预防生产和使用过程中的安全事故的设备、设施、装置、建（构）筑物和其他技术措施。重视安全设施的建设，做到安全设施与主体工程的“三同时”，对防止和减少生产安全事故，具有重要的意义。同时，环保设施也应当一并投入使用。

2.3.2 燃气工程安全生产管理必须坚持安全第一、预防为主的方针，建立健全安全生产的责任制度和群防群治制度。

2.3.3 燃气具有易燃易爆的特性，燃气设施具有分布广的特点，所以应有对厂站外人员警示的措施；同时也应提醒从业人员的安全意识，切实减少各类违章行为，避免事故的发生。

燃气设施施工、运行维护和抢修作业时可能会有燃气泄漏，因此划出作业区并对作业区实施严格管理是非常必要的，在作业区周围设置护栏和警示标志，对作业人员可起到保护作用，对路人、车辆等可起到提示作用，对作业安全也是必须采取的措施。

2.3.4 燃气设施一旦发生泄漏，极易引发火灾、爆炸及中毒事故，使国家和人民生命财产遭受损害。确保燃气安全供应，是燃气运行单位的重要职责。为了保障人身安全，燃气设施在发生事故时应有切实可行的预警和抢修措施，将事故危害限制在最低程度内。

2.3.5 燃气设施可能泄漏燃气的作业过程中，为保证作业人员的人身安全，进入作业现场前要用适当的气体测试仪器测试密闭场地内含氧量（19.5%～23.5%）以及是否存在危险气体，工作期间应对密闭空间进行持续的气体监测；工作时密闭场地内需持续保持空气流通；在密闭场地预备有安全带、救援绳，至少保持有2人在场，并进行安全监护。

当事故泄漏原因未查清或泄漏隐患未消除时，现场存在发生中毒、着火、爆炸等事故的可能，因此应持续采取安全措施，直至消除泄漏为止，方能保证安全。

2.3.6 燃气设施运行单位应当建立健全安全管理制度，加强对操作维护人员燃气安全知识和操作技能的培训，燃气设施运行单位应当制定本单位燃气安全事故应急预案，配备应急人员和必要的应急装备、器材，并定期组织演练。

燃气设施包含可能散发可燃气体的装置，进入抢修作业区域的人员应按规定穿着防静电服，包括衬衣、裤均应是防静电的。而且不应在作业区域内穿、脱防护用具（包括防护面罩及防静电服、鞋），以免在穿、脱防护用具时产生电火花。燃气设施无论是正常运行维护操作还是应急抢险抢修作业时，均禁止手机等非防爆电子产品、打火机等火种带入，这是最基本的安全要求。

2.3.7　燃气生产工艺的污水中可能含有一些烃类物质，且挥发性很高，故限制其直接排入下水道，以确保安全。排出站外的污水应按现行国家标准《污水综合排放标准》GB 8978 的规定执行，另外还要根据排放的地点确定符合的标准。例如，直接排入城市下水道应符合现行国家标准《污水排入城镇下水道水质标准》GB/T 31962 的有关规定；野外直接排放应符合现行国家标准《地表水环境质量标准》GB 3838 的有关规定，直接排入农田应符合现行国家标准《农田灌溉水质标准》GB 5084 的有关规定。

3　燃　气　质　量

本章中，燃气质量指标主要引自现行国家标准《天然气》GB 17820、《液化石油气》GB 11174 和《人工煤气》GB/T 13612 等。

4　燃　气　厂　站

4.1　站　　区

4.1.1　燃气厂站的建设规模，要立足实际，统筹规划未来的发展目标。在燃气厂站规划建设过程中，正确认识燃气发展和城乡建设之间的关系，不仅要考虑到城乡当前的建设问题，还要考虑到城乡未来的发展方向和发展要求，以减少燃气发展中的无序现象。

4.1.2　较大容积储存燃气的大型厂站，其危险性相对较大，发生事故时影响范围较大，可能造成严重后果，规定其建设在城乡的边缘或相对独立的安全地带，远离人员密集场所，避免造成重大人员伤亡。

4.1.3　总平面布置分为生产区和辅助区有利于避免互相干扰，便于进行生产管理，保证安全运行。燃气厂站在生产过程中有爆炸危险，生产过程产生的噪声、振动等会影响到生产人员的健康，故燃气厂站设有生产区、辅助区时，应分区布置，可减少对辅助区的威胁和殃及。大规模燃气厂站功能分区不仅能保护人员的安全和健康，还便于安全管理和生产管理。有些规模较小厂站的生产区和辅助区相对独立即可，或根据需要以隔墙分隔。

汽车加气站属危险性设施，又主要建在人员稠密地区，为保证非加气生产区的运行安全，防止加气车辆和非管理人员进入合建站内的非加气区域。

4.1.4　燃气厂站内主要建（构）筑物的设计工作年限和安全等级，与强制性工程建设规范《工程结构通用规范》一致。

4.1.5　设置围墙可以阻止无关车辆和人员进入站区，易于管理和保卫工作。对液化天然气、液化石油气厂站的生产区围墙提出要求，是考虑当厂站出现泄漏事故，实体围墙作为最后屏障，能阻挡事故的蔓延；另外因厂站围墙以外的明火无法控制，设置高度不低于 2.0 m 的不燃性实体围墙也是为了厂站的安全。

4.1.6 燃气厂站内和厂站外建筑物之间按防火、防爆的要求保持足够的安全距离，是保障安全的重要措施。特别是厂站内外建筑在规划、建设时序上不协调时更要严格管理。

4.1.7 不同介质和相同介质不同状态的燃气储罐分组之间、储罐之间及储罐与建（构）筑物之间必须保证足够的间距，既要考虑防火、防爆的需要，还要保证正常维修使用的需要。

4.1.8 燃气厂站出入口设置，除正常生产需要外，还应考虑发生火灾及紧急事故时人员的疏散和抢修，并保证消防通道畅通。本条不仅规定了生产区出入口的数量，也对规模小而占地范围大的厂站的疏散距离作出了规定，保证人员在 10 min 内离开厂站。对较大规模厂站的生产区的出入口做了特殊的规定。

4.1.9 气态液化石油气和混合制冷剂的密度约为空气的 2 倍，因此，生产区内严禁设置地下、半地下建（构）筑物，以防积存液化石油气酿成事故。如果液化石油气和混合制冷剂在液态下大量泄漏，会在低洼处积存，不利于事故抢险和消除事故隐患。

4.1.10 不燃烧实体防护堤是防止储罐或管道发生破坏时，液态液化石油气或液化天然气外泄而造成更大的事故。

4.1.11 燃气气质不同，所需消防系统的工艺不同；燃气气质相同，但规模和运行条件不同，消防设施的配置也不相同。厂站内消防系统和灭火器材的确定应按强制性工程建设规范《建筑防火通用规范》和《消防设施通用规范》的规定执行。

4.1.12 生产过程中，比空气轻的可燃气体容易聚积于厂房上部，因此厂站上部应具有能有效防止可燃气体聚积的措施，如顶棚应尽量平整、避免死角、厂房上部空间通风良好等。

4.1.13 防雷措施应当按照相关强制性工程建设规范执行。按照国家现行相关标准，工业企业内有爆炸危险的露天钢质封闭气罐建（构）筑物划为第二类防雷建筑物，应采取相应防雷措施。

4.2 工　　艺

4.2.1 燃气厂站是燃气系统的重要组成部分，燃气系统最重要的就是安全稳定供气并具备系统调度的条件，所以要求厂站的工艺流程在满足燃气工程基本功能的前提下，符合燃气系统的调度要求，其次再考虑技术经济的合理性。

4.2.2 燃气厂站内管道的设计工作年限是对管道耐久性的要求。根据国内外燃气管网建设运行经验，钢质管道在腐蚀控制良好的条件下寿命可超过 30 年；聚乙烯管和铸铁管的使用寿命一般可达 40 年 ~50 年。为了保证燃气工程质量，规定燃气管道及附属设施的设计工作年限不应小于 30 年，需要通过合理选材、按规范要求设计、精心组织施工以及良好的运行维护来保障。

4.2.3 管道的接口是管网整体质量的重要控制点。钢管焊口强度不低于母材强度是工业金属管道的通用要求。聚乙烯管道的热熔连接和电熔连接（包括电熔承插连接、电熔鞍形连接），均属于不可拆卸的焊接接头，一般来说，采用上述连接方式的聚乙烯管接头强度都高于管材自身强度。

4.2.4 随着天然气工业的不断深入发展，天然气场站（液化石油气供应站、压缩天然气厂站、液化天然气厂站等）的规模及功能也越来越庞大、复杂，这些装置往往是投资高、危险性大，装置内不同工艺介质、各种设备机组共同协作来完成不同的工艺过程。在生产过程中，任何一台关键机组出现问题，都有可能导致下游装置的失效，甚至出现严重的事故。为了保证在关键机组出现故障时，能保证整个装置处于安全状态，需要一套安全系统来随时保障厂站运行的安全，避免发生重大的人身伤害、重大的设备损坏或重大的经济损失。

4.2.5 当某种原因使控制点的压力超过设定值时，自动将燃气气源切断或将超压燃气排放至大气，以保护设备、管线和用户的安全。为保障放散时的安全和卫生，需要在设计时合理确定放散管的高度及其与建筑物之间的距离。

4.2.6 燃气进出厂站管道设置切断阀门，作用是发生事故时能及时切断燃气，是防止事故扩大的一种安全措施。燃气进出站管道设置绝缘装置，主要是考虑站内管道与站外采用阴极保护防腐的输配管道相互绝缘隔离，延长输配管道的使用寿命。

4.2.7 液化石油气和液化天然气液相管道形成封闭管段的两个切断阀之间设置管道安全阀，是为了防止两个阀门关断后随着时间推移，因漏热引起介质膨胀超压而发生事故。

4.2.8 压缩天然气、液化石油气及液化天然气气瓶车或运输车在固定车位停靠对中后，可采用车带固定支柱等设施进行固定，固定设施必须牢固可靠，在充装作业中严禁移动以确保充装安全。卸气装置是与瓶车或移动式储气瓶组相连进行压缩天然气、液化石油气及液化天然气装卸的重要工艺设备，且为事故多发环节，装卸管上设置保护装置是防止万一发生误操作将其管道拉断而引起大量压缩天然气、液化石油气或液化天然气泄漏。

4.2.9 为保证向液化天然气和液化石油气槽车充装安全作出的规定。根据《国务院安委会办公室关于进一步加强危险化学品安全生产工作的指导意见》（安委办〔2008〕26 号）的要求，在危险化学品槽车充装环节，推广使用万向充装管道系统代替充装软管，禁止使用软管充装液氯、液氨、液化石油气、液化天然气等液化危险化学品。

万向管道装卸臂充装系统是由多个旋转接头、多节管径相同或不同、长短不一的管道、管件、球阀、法兰、快装接头、松套法兰、防静电装置、弹簧缸平衡装置等组成的管道系统，可实现一组管道在三维空间完成指定动作。在工作使用中如有静电发生，金属能导电消除静电。同时，可避免在充装过程中胶管因吸热（放热）产生冻（灼）伤。主要用于汽车槽车、火车槽车、槽船等的流体装卸。

4.2.10 燃气经调压装置，因局部节流，吸热量很大，如果系统运行温度过低，会造成危及设备、管道、阀门及附件的安全事故，因此，应采取天然气加热或其他措施，保证设备或管道的工作温度不低于其材质本身允许的最低使用温度。

4.2.11 灰口铸铁材质脆、韧性差，受到外力影响极易发生断裂（破裂）、接口松动，造成燃气泄漏。燃气厂站内燃气容器、设备和管道数量多、布置复杂，泄漏的燃气极易引起爆炸事故，造成人员伤亡，影响公共安全。

4.2.12 在投入使用前，站内低温设施需要做好各种检验和测试工作，提前发现问题，解决存在隐患，确保投产安全。主要检验和测试低温设备和管道的低温性能；检验低温材料质量是否合格；检验焊接质量；检验管道冷缩量和管托支撑变化；检验低温阀门的密封性；使储罐达到工作状态，测试储罐真空性能。

4.2.13 燃气厂站内的膨胀机、压缩机和泵是保证燃气厂站正常工作和燃气安全供应的管件设备，同时由于处理介质不同于空气，因此相对普通设备而言危险性较高。例如，天然气压缩机和普通的压缩机不一样，普通压缩机主要压缩空气，介质单一，压力也很小，而天然气压缩机压力比较大、危险级别高。天然气压缩机的危险程度与其状态有关。在天然气储槽中的一些管道及液化工段末端，天然气接近于沸腾状态，外来的热量传入会导致气化使压力超高，由于储槽中天然气不同的组分和密度引起分层，两层之间进行传质和传热，最终完成混合，同时在液层表面进行蒸发，此蒸发过程吸收上层液体的热量而使下层液体处于过热状态。当两层液体的密度接近时就会迅速混合而在短时间内产生大量气体，使储罐内压力急剧上升，甚至顶开安全阀或造成更大的破坏。因此，对于燃气厂站内类似设备，除应设置非正常工作状况的报警和自动停机功能外，设备附近还应设置手动紧急停车装置。

4.2.14 液化天然气属于深冷液体，一旦泄漏，除存在可能发生火灾爆炸危险以外，还可能因低温造成其设备材料失效破坏。

4.2.15 涉及生产安全的设备用电主要指监控、事故切断及停车、事故处理等设备的用电。

4.2.16 燃气厂站仪表控制系统设置不间断电源装置，是为保证控制系统在外电断电时可以正常工作以及数据不丢失，同时保证控制系统能够进行应急处理。不间断电源应选择抗干扰能力强、输入输出端均有隔离装置的产品，具体不间断供电时间应结合燃气厂站的工艺特点及外电的可靠性确定。

4.2.17 厂站内燃气设施区域或建筑内，当可燃气体泄漏且在空间形成聚积，遇点火源易发生火灾或爆炸事故，故提出当燃气设施区域或建筑内可燃气体浓度可能达到爆炸下限的20%时，需设固定式可燃气体浓度报警装置，以达到早报警、早预防、早处置的目的。

燃气设施区域或建筑内，对于建筑物或构筑物是指外墙或外缘以内；对于有围堰或防护堤的罐区，是指围堰或防护堤外缘以内；对于无围堰或防护堤的罐区，是指包括储罐本体、储罐配套辅助设施以及为保证储罐系统安全由设计确定的范围；对于露天工艺装置区是指由可燃介质设备、管道和附属设施等组成，集中布置在一个区域，具有某种独立功能、实现某种工艺过程的区域，工艺装置区的起算点为设备最外缘再加上由设计确定、为保证安全运行、抢维修、管理维护必须涵盖的范围。

4.2.18 电气和仪表装置的防爆性能应按国家现行有关标准的规定执行。

4.2.19 静电在有爆炸危险性环境中容易引起爆炸，为避免静电产生的爆炸危险，有爆炸危险性的环境应采取静电防护措施。

4.2.20、**4.2.21** 对燃气厂站运行的要求，目的是保障燃气厂站安全。

4.3 储罐与气瓶

4.3.1 液化天然气储存温度低，且储罐和钢瓶内的液化天然气易受环境温度影响，当外界温度高时，储罐和钢瓶内液化天然气因为温度升高容易气化，进而易造成罐内或瓶内气相空间压力升高，出现超压放空现象，如设置在建筑物内，放散会引起可燃介质集聚，容易发生事故。另外，遇有其他紧急情况时，储罐或天然气钢瓶安装在建筑内不便于搬运。

4.3.2 介质、设计压力、设计温度是燃气储罐设计的基础，罐容或液位是保证储罐正常运行的基本参数，为保证储罐在正常工况下安全运行，故要求设置压力、温度、罐容或液位显示及报警和安全泄放装置。

不同时间常压储罐由于储存的液化天然气组分会有不同，导致新旧液化天然气的两层液体密度不同，密度差会产生分层现象，存储时会有扰动现象，剧烈的扰动就是翻滚现象，液体挥发，储罐内的温度上升，压力也急剧上升，会超过常压储罐的设计压力，大量放空容易发生事故。故要求液化天然气常压储罐沿储罐高度设置密度监测装置，防止翻滚事故，同时根据检测的数据确定相关安全措施。

4.3.3 液化天然气和液化石油气储罐设置高低液位报警装置是为了保证储罐的使用安全，同时设置联锁，是为保证事故状态的远程切断。

4.3.4 低温燃气储罐由于罐内低温介质的传导作用，使得地基土极易产生冻胀并使土体隆起，进而造成基础破坏。为消除这一不利因素，除了在罐底板与基础底板表面之间设置保温措施和温度检测装置外，还必须对储罐基础采取防冻措施。通常的做法有两种：一是在基础底板内采用电或其他加热系统，即做成带有循环加热系统的筏板式基础；另一种是采用将基础底板架空，通过架空形成的空气层将基础底板与地基土分隔开。

4.3.5 为保证航空飞机的安全，根据《中华人民共和国民用航空法》的规定：在民用机场及其按照国家规定划定的净空保护区域以外，对可能影响飞行安全的高大建筑物或者设施，应当按照国家有关规定设置飞行障碍灯和标志，并使其保持正常状态。

4.3.6 燃气设施属于城市生命线工程。按照强制性工程建设规范《建筑与市政工程抗震通用规范》的规定，抗震设防烈度为6度及高于6度地区的燃气工程设施，必须进行抗震设计。储罐是燃气厂站的重要设施，和储罐相连接的管道在设计时应根据需要进行防沉降和抗震计算，同时在管道上设置切断装置，当事故时能快速切断，防止事故蔓延。

4.3.7 本条规定了不同类型储罐安全阀的选用要求。安全阀的结构形式应选用弹簧封闭全启式。选用封闭式，可防止气体向周围低空排放；选用全启式，是因其排放量较大。100 m^3 及以上的储罐容积较大，故规定设置2个或2个以上安全阀。

4.3.8 防护堤内严禁设置气瓶灌装口是防止灌装气瓶时一旦出现漏气现象，影响液化石油气、液化天然气储罐的运行安全。液态燃气储罐区防护堤内不应设置其他可燃介质储罐，是防止其中一种形式储罐发生事故时殃及另一种形式储罐。另外，压缩天然气高压瓶组或储气井发生事故时爆破力较大，不应布置在防护堤内。

4.3.9 防止湿式储罐水封结冻，引起钟罩升降不畅以至卡死，造成储罐损坏。

4.3.10 低压干式稀油密封储罐活塞导轮受力位置对应活塞和筒体立柱部位，一旦活塞旋转后导轮压在筒体侧板部位将致筒体损坏和密封失效，因此活塞相对于筒体的水平旋转量必须控制。按照相关标准的规定，此处为防爆1区，防回转装置安装在活塞上，应采取措施防止运行中产生火花。

4.3.11 禁止两种充装行为，目的是保障安全。

4.3.12 保证气瓶在使用中的安全。其中，气瓶的灌装量是必须严格控制的，如果灌装时超过规定的重量，当气瓶温度达到60 ℃之前就会出现“满液”现象。出现“满液”时的温度由超装的程度决定，超装的越多，出现“满液”的温度越低，甚至要低于正常的环境温度。当气瓶“满液”后，若温度再升高，液体的膨胀就受到气瓶容积的限制，处于受压状态。由于液化气体的膨胀系数比其压缩系数大一个数量级，其膨胀量远大于可压缩量，一旦温度上升，将导致“满液”的气瓶内压力急剧上升。由此可知，气瓶超装是十分危险的。

5 管道和调压设施

5.1 输配管道

5.1.1 按最高工作压力分级是国际通行做法，同时，按最高工作压力分级避免了按设计压力分级对燃气输配系统所带来的更高要求，从而降低了建设和运行成本。

5.1.2 为保证燃气供应的安全和可靠性，燃气干管沿主要道路布置，主要燃气管道连成环网。高、中压燃气干管应靠近大型用户，尽量靠近调压站，以缩短支管长度；城镇燃气管道沿道路敷设，尽量避开主要交通干道和繁华的街道，以减少施工难度和运行、维修的麻烦，并可节省投资；街道敷设燃气管道时，可以单侧布置，也可以双侧布置，双侧布置一般在街道很宽、横穿道路的支管很多、输送燃气量较大、单侧管道不能满足要求时采用；低压燃气干管应在小区内部的道路下敷设，可使管道两侧供气，又可兼作庭院管道，节省投资。

5.1.3 液态燃气管道和高压A及高压A以上的气态燃气管道因其危险性较高，为避免发生事故后对周边区域造成更大的损失和影响，应远离人员密集及重要的区域。同时，根据《中华人民共和国安全生产法》和《城镇燃气管理条例》，对于在上述地区敷设的液态燃气管道和高压A及高压A以上的气态燃气管道，应当提高安全风险防控能力，建立安全风险评估机制。

5.1.4 根据国内外燃气管网建设运行经验，钢质管道在腐蚀控制良好的条件下寿命可超过30年；聚乙烯管和铸铁管的使用寿命一般可达40年~50年。为保证燃气工程质量，规定燃气管道及附属设施的设计工作年限不应小于30年。

5.1.5 输配管道与附件的使用性能是通过其材质在管道工作过程中所应具备的性能反映出来的，包括力学、物理、化学性能，这也是管道选材的最主要依据。使用条件可通过分析管道的工作条件，包括输送介质、运行压力、环境温度和敷设方式等，以及管道的失效形式基础上提出来。

5.1.6、5.1.7 作为市政基础设施的燃气管道设施输送的介质为易燃易爆危险品，与地上地下各类建（构）筑物相邻相随。在实际运行中，第三方破坏已经成为燃气设施损坏和事故的首要原因，所以必须明确燃气管道及附属设施的保护和控制范围的划定原则和最小范围。燃气管道压力和周边环境条件不同，带来的事故后果和影响也不同，保护和控制范围应综合考虑确定。

本条根据国内一些省市如上海市、江苏省、广东省、浙江省、山东省、安徽省等地方燃气管理条例或地方燃气管道设施保护管理办法的相关规定来要求。最小保护和控制范围内的其他建设活动，极易引起燃气设施的损坏造成事故，必须严格控制和监管。

现行的燃气工程技术规范所规定的间距要求是燃气设施施工和运行维护所要求的空间，以周边环境和其他设施作为被保护对象。本条的保护主体是燃气设施。

5.1.8 建设建筑物、构筑物或者其他设施：距离输配管道及附属设施过近时，极易对燃气管线造成占压，引起管线的破坏。泄漏的燃气也容易进入建（构）筑物聚积，酿成重大事故。进行爆破、取土等作业：这一类作业带来的震动、基础沉陷和机械碰撞等极易引起管道的接口松动甚至直接损坏，造成燃气泄漏事故。倾倒、排放腐蚀性物质：这类物质对管道及防腐层有较大的腐蚀作用，且埋地管道腐蚀穿孔不易发现，极易引发着火爆炸事故。放置易燃易爆危险物品：易燃易爆物质放置在同样是危险物燃气附近，对于双方都是很大的安全隐患，一旦发生事故，影响很大。种植根系深达管道埋设部位可能损坏管道防腐层的深根植物：深根植物生长过程中的巨大力量会引起管道移位、变形、防腐层破坏，对管道破坏作用很大。其他危及燃气设施安全的活动：除了前五项活动以外的对管道安全运行有较大威胁或危害、影响较大的活动，可根据国家相关法律和标准，通过安全评价等方式来判断。

5.1.9 在保护范围内敷设管道、打桩、顶进、挖掘、钻探等建设活动，有时不可避免。这类活动使用的机具极易对燃气管道造成损坏，不具备双方认可的保护方案就不具备施工许可的条件。

5.1.10 在控制范围内从事本规范第 5.1.8 条规定的建设活动，仍要采取必要的措施保护燃气设施，避免安全事故。在控制范围外的作业，也要根据所从事活动的影响范围，评估是否会对燃气设施产生影响，当有影响时要采取必要的措施。

5.1.11 最小公称壁厚是考虑满足管道在搬运和挖沟过程中所需的刚度和强度要求，表中规定的最小壁厚是参考钢管标准和有关国内外标准确定的，并且该厚度能满足在输送压力 0.8 MPa、强度系数不大于 0.3 时的计算厚度要求。

5.1.12 燃气管道室外明设主要指室外架空安装。聚乙烯和其他高分子材料管道机械强度相对于钢管较低，室外明设采用聚乙烯和其他高分子管材时，管道受碰撞易破损，导致漏气；另据研究，室外大气环境中紫外线会加速高分子材料老化，从而降低管道力学性能和耐压强度。因此，输送易燃易爆介质的燃气管道，室外明设时严禁采用聚乙烯和其他高分子管材。在国外，一般也规定聚乙烯和其他高分子管道只作埋地管道使用。

5.1.13 地下燃气管道对周边建（构）筑物结构安全的影响，包括施工安装阶段由于管沟开挖、非开挖施工引起结构基础破坏或失稳的直接安全影响，以及燃气管道施工完成后运行期间发生燃气泄漏引发火灾、爆炸等事故的间接安全影响。

地下燃气管道不得在建筑物和地上大型构筑物下面敷设，是为了避免燃气管道泄漏后，进入排水管沟、热力管沟、电缆沟、联合地沟等对其他公共设施和公共安全造成危害。架空构筑物指立交桥、城市架空的轨道交通等。

5.1.14 对埋深的规定是为了避免因埋设过浅使管道受到过大的集中轮压作用，造成设计浪费或出现超出管道负荷能力而损坏。按我国燃气管道的技术标准进行验算，条文中所规定的覆土深度，对于一般管径的铸铁管，其强度都是能适应的。目前国内外有关燃气管道埋设深度的规定如表 1 所示。

表1 国内外燃气管道的埋设深度（至管顶）

地点	条件	埋设深度	最大冻土深度	备注
北京	主干道 干线支线 非车行道	≥1.20 ≥1.00 ≥0.80	0.85	北京市《地下煤气管道设计施工验收技术规定》
上海	机动车道 车行道 人行道 引入管	1.00 0.80 0.60 0.30	0.06	上海市标准《城市煤气、天然气管道工程技术规程》DGJ 08－10
大连	—	≥1.00	0.93	《煤气管道安全技术操作规程》
中南地区	车行道 非车行道 水田下 街坊泥土路	≥0.80 ≥0.60 ≥0.60 ≥0.40	—	《城市煤气管道工程设计、施工、验收规程》（城市煤气协会中南分会）
四川	车行道 直埋 车行道 套管 非车行道 郊区旱地 郊区水田 庭院	0.80 0.60 0.60 0.60 0.80 0.40	—	《城市煤气输配及应用工程设计、安装、验收技术规程》
美国	一级地区（正常土质/岩石） 二、三、四级地区（正常土质/岩石）	0.762/0.457 0.914/0.610	—	美国联邦法规49－192《气体管输最低安全标准》

5.1.15 燃气管道本体的设计，一般是从承压强度和管体自身的刚度、稳定性来考虑的。架空敷设的燃气管道在特殊情况下存在受到车辆冲撞等外力损害的可能性，燃气管道抵御外力冲击的能力比较薄弱，因此必须设置一定的辅助设施进行有效防护。

5.1.16 地下空间资源紧张，特别是一些老旧城区，各类地下建（构）筑物、管道（线）无序建设、争抢管位，加之为了市容环境大力推进各类管道（线）入地导致地下空间资源更加紧张，燃气管道与其他专业管沟、管线的安全间距不足、安全措施不足的情况普遍存在。随着燃气管道老化或遭遇第三方破坏，泄漏的燃气窜入其他地下空间或窜入沿线的生活、生产、服务等区域，在其他管道（线）内长时间聚积，达到爆炸极限被引爆，这类次生火灾或爆炸事故，带来的人员伤亡和社会影响极为严重。

事实上，仅是非同沟敷设的情况产生的事故危害已经非常严重，对于燃气管道从排水管（沟）、热力管沟、电缆沟、通行隧道内敷设的情况更应避免。

5.1.17 燃气管道穿越铁路、公路、河流和主要干道工程是燃气管网建设过程中的重要难点，而铁路、公路、河流和主要干道均具有重要的交通运输功能，河道、河堤还具有水利灌溉、防洪蓄水等功能，为保证双方安全，穿越时应采取一定的安全防护措施。

5.1.18 燃气管道河底穿越是管道工程建设的难点，对通航河流和不通航河流分别规定了不同的最小覆土深度要求，是为了保证管道不会裸露于河床上。河道还有疏浚和投锚的情况，疏浚时容易使管道覆土破坏，引起管道水下失稳，投锚时铁锚可能冲击管道，引起破坏，这两种情况均容易引发水下燃气管道破坏泄漏，因此条文作出相应要求。

燃气管道穿越河流两岸的标志是为了标示管线位置，通航河道一般还需设置禁止抛锚的警示标识。

5.1.19 燃气管道的切断阀门是重要的工艺操作和安全切断措施，便于在维修、接新管操作以及事故时切断气源，其位置需要根据具体情况而定。

5.1.20 防腐层是埋地钢质管道外腐蚀控制的最基本方法，防腐层的功能是把埋地管道的外表面与环境隔离，以控制腐蚀并减少所需的阴极保护电流，改善电流分布，扩大保护范围。做好埋地钢质燃气管道的防腐，关系到燃气输配管网的寿命及功能完整，以及管网系统的安全性和经济性。

5.1.21 管道防腐层的质量及完整性是保证防腐效果的关键，管道的整体防腐一般均在工厂加工完成，并于出厂时检验合格，为避免在运输、储存及施工各环节发生的破损带到工程里，在施工环节的回填前和回填后的关键节点进行检查，全过程控制防腐层的质量及完整性。

5.1.22 管道运行期间的防腐层保持完好和阴极保护不间断，是实现设计工作年限和安全运行的必要条件，定期对防腐层、阴极保护系统进行检测和维护，是保证管道腐蚀控制良好的有效手段。

5.1.23 聚乙烯管道的使用性能很大程度上与所选用的接头结构和连接工艺有关，目前国际上聚乙烯燃气管道的连接普遍采用不可拆卸的焊接接头，以保证聚乙烯管道接头的强度高于管材自身强度。不得采用明火是因为聚乙烯材料是可燃材料，明火会引起聚乙烯材料燃烧和变形，同时，明火加热也不能保证加热温度的均匀性，影响接头连接质量。

5.1.24 管道安装完成后进行的管道清扫、强度试验和严密性试验是工程的重要环节。管道在安装过程中难免有焊渣、泥土、水等杂质进入，会影响气质和下游设备的正常使用，必须清除。强度试验是检验管道的强度，用较大的压力，观察有无破损。严密性试验是检验管系的严密性，查看管子、阀门、接头之类的是否安装到位，有无渗漏、降压现象。

5.1.25 试验时发现的缺陷，应进行处理，但不允许管道带压进行作业，必须待试验压力降至大气压后，再进行焊接、切割、拆卸法兰或丝扣等修补，保证施工安全。缺陷处理完成后，重新进行压力试验，直至合格。

5.1.26 燃气管道和设备维修，特别是泄漏抢修时，燃气极有可能窜入周边窨井、地下管线管沟和其他地下建构筑物等不易察觉的地方，因此燃气管道和设备抢修、维修之前，以及修复后，应在抢维修点周围做全面检查，保证彻底修复，避免遗留隐患。

5.1.27 燃气运行单位应当定期对管道和无人值守的调压设施进行检测、维修，确保其处于良好状态；对管道安全风险较大的区段和调压设施应当进行重点监测，采取有效措施防止管道事故的发生。对不符合安全使用条件的管道，管道企业应当及时更新、改造或者停止使用。

5.1.28 为保证燃气管道的安全稳定运行，参照《中华人民共和国石油天然气管道保护法》的规定，管道企业应当按照国家技术规范的强制性要求在管道沿线设置管道标志。管道标志毁损或者安全警示不清的，管道企业应当及时修复或者更新。燃气管道标志要按国家现行有关标准设置。

5.1.29 依据国务院办公厅《关于加强城市地下管线建设管理的指导意见》(国办发〔2014〕27号)，对于存在安全隐患的废弃管线要及时处置，消灭危险源，其余废弃管线应在道路新（改、扩）建时予以拆除。

5.1.30 依据国务院办公厅《关于加强城市地下管线建设管理的指导意见》(国办发〔2014〕27号)，明确停用或废弃燃气管道的产权或使用单位应对停用或废弃的燃气管道尽管理义务和责任。对不能立即拆除的停用和废弃燃气管道，应采取保压、惰性气体置换等有效措施密封；未经许可，不得对废弃的燃气管道动火。

5.2 调 压 设 施

5.2.1 城镇燃气都是以一定的压力在密闭管道里输送的，压力越高代表燃气的流速越快、释放后的绝对体积也越大，因此燃气的危险程度与输送的压力成正比关系。为保障整个城镇燃气输配系统的安全、稳定及连续地运行，规定不同压力级别的燃气管道之间应通过压力调节装置连接。这充分体现了燃气调压系统是整个城镇燃气输配体系里的核心，是城镇燃气供应安全、稳定及连续的保障。

5.2.2 由于城市建设发展很快，城市用地日趋紧张，特别是规模较大的高高压或高中压调压设施选址十分困难。在输配系统规划设计时，应确定调压站的位置，以便规划部门预留设施用地及与其他建筑物、构筑物的水平净距。由于调压站需预先布置，所以，应根据城市总体规划的用气性质、规模等布置燃气管道，燃气管道位置确定后，在负荷中心和大用户附近设置调压站。调压站站址的选择既要满足供气的工艺需求，又要减少运行产生的噪声对周边环境的影响。

5.2.3 由进口压力决定调压装置的设置地点，规定进口压力次高压及以上应设置在室外独立的区域、单独的建筑物或箱体内，主要考虑调压站自身结构特点和防止火灾或爆炸引起的重大事故，将重特大燃气泄漏事故造成的损失减少到最低程度。

5.2.4 燃气调压设施也是燃气供应系统的重要设施。本条规定了调压设施的最小保护范围和最小控制范围。

5.2.5 明确燃气调压设施的最小保护范围内禁止第三方建设活动的主要类型。

5.2.6 本条是对在调压设施最小控制范围内从事本规范第5.2.5条规定的建设活动的要求。

5.2.7 调压设施是供气专用设施，无关人员进入应得到许可。设施周围应有不易让人进入的围护结构。对于处于人流较大区域的调压设施，应增加安全巡视等安全措施。

5.2.8 燃气调压设施为易燃易爆场所，应严格禁烟和动用明火。为了应付紧急情况，在现阶段，紧急联系电话号码是方便快捷的有效联系方式。

5.2.9 调压设施属于生产设施，除日常安装维护操作外，也有可能出现紧急情况，所以必须有足够的空间来完成日常维护和应急工作。出入通道也是日常维护和应急所必需的。

5.2.10 外部侵入包括人员侵入和物品侵入，防范措施包括设置有效围护结构。保持一定距离主要是防止外部人员使用日常工具对设备造成损坏。

5.2.11 调压站和容积大于1.5 m^3的调压箱属于甲类厂房和具有爆炸危险的密闭空间，

一般情况下，等量的同一爆炸介质在密闭的小空间内和在开敞的空间爆炸，爆炸压强差别较大。在密闭的空间内，爆炸破坏力将大很多，因此相对封闭的有爆炸危险性厂房需要考虑设置必要的泄压设施。

5.2.12 阀门是调压站或调压箱的重要附属设备，便于定期检查、维护和更换及紧急情况下切断气源。规定高压及高压以上的调压站、调压箱、专用调压装置的室外或箱体外出口管道上应设置切断阀门。阀门设置的距离应满足应急操作的要求，是指当调压场所发生重大事故及火灾时，在站外切断燃气，以切断进站气源和出站燃气为目的，更进一步保证供气的安全，并减轻灾害的程度。

5.2.13 大部分调压装置要求的工作温度为 -20 ℃ ~60 ℃，当调压器超出允许温度范围工作时，会影响调压精度与调压器寿命。调压器工作时由于节流效应随着气体压力降低温度也会降低，当温度过低时对于湿燃气及干燃气中残留的一些水分就会产生冰冻现象，甚至在管道内产生冰堵，严重时使其发生故障甚至不能工作。

调压器长期超出允许温度范围工作时，其皮膜和橡胶密封件会发生韧性降低、老化、脆化，造成安全隐患甚至事故。

5.2.14 相对密度大于等于 0.75 的可燃气体自然扩散性能较差，可能会在建筑下部空间靠近地面或地沟、洼地等处聚积，故应采取不发火花地面。并且在这样的空间里面，一些维护人员可能行走站立的地方如钢梯平台等也应该采取防静电火花的措施。为防止地面因摩擦打出火花引发爆炸，要防止在建筑空间内形成引发爆炸的条件。

5.2.15 节流效应也叫焦耳汤姆逊效应，是流体流动时由于通过截面突然缩小（如孔板、阀门等）而使压力降低的热力过程，利用节流冷却效应是获得低温和使气体液化的一种常用方法。在调压装置中，气体压力突降，会引起温度降低，造成管壁结露结冰的现象。本条要求是为了避免因燃气的温度过低引起管道材料的脆性失效，从而影响燃气系统的安全稳定运行。

5.2.16 调压装置运行时不可避免地会产生噪声，噪声主要由机械振动、空气动力学、气体在管道内的漩涡运动所产生，流量越大、气体进出口压力差越大，噪声就越大。

调压装置的设置一般有调压站、调压柜、调压箱、调压器等形式，根据流量、进出口压力及安装环境确定。调压站、调压柜一般在流量较大、进口压力在中压及以上的工程中选用，此类工程在现行国家标准《城镇燃气设计规范》GB 50028 中有安装间距要求。

5.2.17 电气设备的防爆性能必须与爆炸危险物质的危险性相适应，防爆电气设备的类型必须与爆炸危险场所的种类、等级相适应。在爆炸危险环境使用的电气设备，其结构上应能防止使用中产生的火花、电弧等引燃环境中的爆炸性混合物。

调压装置在泄漏或超压放散的情况下，四周一定范围内会有易燃易爆气体存在，此时若非防爆型电气或仪表，设备启动其电火花遇燃气会发生燃烧甚至爆炸，因此应根据爆炸危险区域的分区、电气和仪表设备的种类、防爆结构的要求，选择相应的电气、仪表设备。同时应设置过电压保护、雷击保护装置，避免因过电压、雷击造成仪表、动力设备的损毁，甚至引起火灾、易燃气体爆炸等重大安全事故。

5.2.18 管道系统中其管道设计压力、设备选型压力、系统运行压力都应在系统允许的压力范围内，不得超压，调压系统出口压力设定值必须符合这一要求。因此，调压装置应设置超压安全保护装置，以确保系统压力在允许范围内正常运行，在调压系统失效时超压安全保护装置应能自动运行。

5.2.19 当调压装置出口压力超过下游燃气设施的设计压力后，势必会对下游燃气设施造成冲击，甚至损毁，故障处理后必须对事故影响区内的燃气设施进行全面检查，确保安全后再恢复通气，避免发生大面积的二次事故。

5.3 用户管道

5.3.1 燃气输送压力是确定燃气管道管径、壁厚等的重要技术参数。具体数值由设计人员根据燃具、用气设备的数量、安装条件及用户要求等因素确定，设计压力不得大于本条用户燃气管道最高工作压力的规定。

5.3.2 用户管道的设计工作年限与输配管道的设计工程年限一致。对于预埋在建筑结构中的管道，设计工作年限要与建筑结构设计工作年限一致。

5.3.3 燃气管道及附件不得设置在下列场所的理由：(1) 卧室、客房等是人员睡眠和休息场所，燃气泄漏会直接影响人身健康和安全。(2) 避难场所用于避难人员疏散和临时避难，为特殊时期提供人员基本生活保障的场所；一般情况下，防御等级高于民用建筑的卧室及商业建筑的客房。电梯属于特种设备，是涉及生命安全、危险性较大设施。电梯一旦发生火灾往往容易因断电而造成电梯“卡壳”，将乘坐电梯逃生的人员困在电梯厢内；火场烟气涌入时极易造成“烟囱效应”，电梯里的人员随时会被浓烟毒气熏呛而窒息死亡；电梯不具有防高温性能，当在火灾时遇到高温，电梯厢容易失控甚至变形卡住；在消防人员灭火时，水容易流到电梯内，会造成触电的危险。(3) 空调机房、通风机房、计算机房和变、配电室等设备房间有电源、电器开关，产生的电火花遇到燃气泄漏容易引发燃气爆炸等事故。(4) 储存易燃易爆、易腐蚀性或有放射性物质等危险场所具有较大的火灾危险性，一旦发生灾害事故，往往危害更大。(5) 电线（缆）、供暖和污水等沟槽以及烟道、进风道和垃圾道等，有些地方属于潮湿环境，燃气管道、燃气表易发生腐蚀；有些地方不仅是通风不良的密闭空间，而且一旦发生燃气泄漏容易窜入其他场所，造成很大的危害。

5.3.4 一般情况下，引入管、立管和水平干管为多个燃气用户的连接管道，相对用户支管来说，管径较大，重要程度较高。而大多卫生间环境潮湿，燃气钢质管道在此环境下容易被腐蚀；通常该环境通风不良、比较私密，所以，一旦燃气泄漏不易被发现。

5.3.5 燃气计量器具是供气企业与管道燃气用户进行结算的计量依据。对各类用户按户计量是减少浪费、合理使用燃气的重要措施。既能达到节能减排的要求，又能使企业合理控制和使用燃气、提高能源效率、堵塞浪费漏洞、提高经济效益。燃气表或流量计器具是供气企业为了履行供气合同而必须提供的一种计量器具，作为合同的附随义务，与供气行为不可分离。

5.3.6 燃气的类别、压力、温度、流量（工作状态、标准状态）是选择调压器和计量装置的必要参数。燃气供应系统中使用调压器将气体压力降低，并保持燃气在使用时有稳定的压力，从而保证燃具得到稳定的燃空比（燃气与空气的配合比例），其质量直接关系到燃气用户的安全。计量装置是供气企业与用户进行结算的计量依据，需要按时查表。所以，无论是从安全还是运行管理方面，调压器和计量装置都不应设置在影响安全和作业的地方。

5.3.7 燃气相对密度小于0.75的用户燃气管道当敷设在地下室、半地下室或通风不良场所时，一般不具有自然通风条件，燃烧需要的空气量不能满足，产生的废气不易排出，燃气发生泄漏后也容易聚积和滞留，需要采取措施保障安全用气。

5.3.8 采取防沉降措施主要针对两方面：一方面建筑物沉降，是指地基受建筑物自重或其他外力作用，在施工中或使用期内发生的竖直向下的位移。正常情况下新建建筑物沉降较明显，当沉降速率小于一定范围的值时，可认为已进入稳定阶段。在不同阶段敷设燃气管道时，应采取不同的措施。另一方面室外回填土下沉，是指回填土未作分层夯（压）实，或夯实密度不符合规定，导致回填土局部或大片下沉，造成地坪垫层面层空鼓、开裂甚至塌陷等，这种情况发生的燃气事故较多。

穿越建筑物外墙或基础的燃气管道应采用柔性设计，以适应建筑物与室外地面的不均匀沉降。高层建筑的燃气立管较长、自重大，作用在底部的力和环境温度变化、管道热胀冷缩产生的推力较大，因此管道补偿是设计和安装上必须要考虑的，否则燃气管道可能出现变形、折断等安全问题。

5.3.9 燃气管道本体的设计一般是从承压强度和管体自身的刚度、稳定性来考虑的。当用户燃气管道架空敷设或沿建筑外墙敷设时，为保证用户燃气管道避免受到外力冲击，需设置一定的辅助设施进行有效防护。

5.3.10 燃气管道与燃具的连接，一般情况下采用软管连接，由于软管的质量以及燃气用户重视程度不够，一直以来属于室内燃气供气系统的薄弱环节。发生软管脱落、开裂等事故很多。

5.3.11 阀门的作用是接通或截断管路中的燃气。用气时将阀门打开，用完之后要关闭阀门。

管道阀门的设置应保障出现事故或故障时，以及用户维修更换燃气表、燃具等时，能切断气源；应设置在容易接近、便于操作、维修的地方；还应减少因部分用户维护、维修以及事故或不可抗力的因素造成停气或降压等，对其他用户的影响。

5.3.12 燃气管道埋设在墙体或混凝土地面中，与其形成一个整体，在使用的整个生命周期内，不应再有维检修情况，不应采用机械接头，避免漏气因素，提高预埋管道的安全性。

5.3.13 用户燃气管道主要敷设方式为：沿墙敷设、穿墙、穿楼板等，无论在新建或改造建设中，都是先有建筑或结构，再进行管道安装，因此管道安装中需注意对承重结构的和建筑耐火性能的保护。

6 燃具和用气设备

6.1 家庭用燃具和附件

6.1.1 低压燃具相比中压燃具，使用的安全性更高，一旦发生事故危害性更低。家庭用户用气量不大，燃具的热负荷不高，低压燃具可以满足需求。

燃具正常工作时，是靠一定压力的燃气以一定的流速产生的引射作用吸入空气，与空气充分混合后燃烧，需要的空气量与燃气的压力高低有直接关系，相应对空气的供给量就有要求，《住宅设计规范》GB 50096—2011 中规定不同套型住宅厨房面积分别为 3.5 m^2 和4.0 m^2，在面积不大的厨房内可提供的空气量也是有限的，若燃气压力过高，燃烧时空气量不足将会造成燃烧不充分从而产生一氧化碳，影响人身健康和安全用气。

6.1.2 由于不同燃气的热值、密度、火焰传播速度等各不相同，因此，它们的燃烧特性也有所不同。在进行燃具设计时，需要考虑到燃气的燃烧特性。按某一种燃气设计的燃具，不能随意换用另外一种燃气，否则燃具热负荷会不满足原来的设计要求，还会发生回火、脱火、燃烧不完全等现象。安全用气是基本要求，燃气泄漏或出现回火、熄火等都可能引发安全事故，因此，从本质安全角度考虑，这里规定了燃具和燃气设备应具有的安全装置。

燃具和用气设备燃烧时对室内环境有容积与通风的要求，直排式燃具的室内容积热负荷指标超过 207 W/m^3 时，必须设置有效的排气装置将烟气排至室外，因此当同一房间内使用的燃具增加、设备改装或由其他燃料改用燃气，如油改气、煤改气时，应对房间用气环境条件进行复核。

燃具和用气设备设置的场所比燃气管道的要求高，燃具、用气设备的开关、阀门等释放源多，燃烧需要给排气系统，有的燃具有明火，远比燃气管道复杂，所以，燃气管道不得进入的场所，燃具和用气设备也不得设置。

同一场所使用的燃具增加数量或由另一种燃料改用燃气时，应复核室内容积热负荷是否超标。若超标应增加通风量、加大给排气、排烟装置；另一种燃料改用燃气的，要将给排气设施改造为适用于燃气燃烧；复核用气房间环境设施、用气设备与其他设施间距、建筑物防火等级是否符合燃气燃烧条件等，不满足要求时应提高用气房间环境条件与级别。此类情况在商业供气中比较常见，应经过复核确保增加或改造设备、油改气、煤改气后符合安全使用条件要求。

6.1.3 直排式燃气热水器是指燃烧时所需要的氧气取自室内，燃烧后产生的废气也排放在室内。这样，在房间密闭的情况下，很容易造成有害气体积聚和氧气缺乏，从而致人中毒。因此直排式燃气热水器设在室内存在巨大的安全隐患。

半密闭式是指燃烧用的空气来自室内，烟气通过排气管排到室外的给排气方式，分为自然排气式和强制排气式两种。浴室面积通常较小，淋浴时通常也是门窗紧闭的，通风不畅。热水器工作时消耗氧气很多，造成室内缺氧，在缺氧的情况下如果继续使用，造成燃气不完全燃烧，产生一氧化碳，导致人体中毒。

6.1.4 燃具和用气设备燃烧时火焰或烟气、设备侧壁温度都是非常高的，当与可燃或难燃材料的墙壁、地板、家具之间距离过近时，极易造成烘烤甚至引发火灾的严重后果，造成居民生命财产损失。因此与燃具和用气设备贴邻的墙体、地面、台面材料应为不燃材料，若为可燃或难燃材料要按规定保持足够的间距，或采取加防火隔热板等措施。

根据新修订的《城镇燃气室内工程施工与质量验收标准》的规定：燃气灶具的灶台高度不宜大于 80 cm；燃气灶具与墙净距不得小于 10 cm，与侧面墙的净距不得小于

15 cm，与木质门、窗及木质家具的净距不得小于20 cm。燃具与可燃的墙壁、地板和家具之间应设耐火隔热层，隔热层与可燃的墙壁、地板和家具之间间距应大于10 mm，防止木质门、窗及木质家具被烤坏或引燃。

美国国家燃气规范（NFPA54）规定，燃气应用设备及其烟道连接管的安装，应与可燃物有一定间距，以使其不危及人身和财产安全。

6.1.5 目前家庭用户使用燃气基本采用两种供气方式，即管道供气和瓶装供气。管道供气：气态燃气以一定的压力进入各压力级别管网，经过调压至低压（<10 kPa）后通过管道输送至用户燃具前；瓶装供气：钢瓶内充装液态液化石油气，压力较高（1.6 MPa），存放在用户内，经调压至灶前压力供燃具使用。高层建筑住宅居住密度大，一幢建筑至少有几十户以上的住户，而且是以电梯作为居民出入住宅的公用代步工具，若每家每户使用瓶装液化石油气，都需要经过电梯运送，一旦有泄漏达到一定浓度，电梯运行产生的电火花将引起火灾和爆炸事故，后果很难控制，对居民的生命财产安全危害极大。

建筑高度大于100 m时，用气场所应设置燃气泄漏报警装置，并应在燃气引入管处设置紧急自动切断装置；建筑高度100 m以上的建筑如发生事故救援难度极大，其安全性、可靠性要求应该更高；这类建筑高度高、内部人员多、设备及管线系统复杂、竖向管井多，当火灾发生时容易形成烟囱效应，火灾蔓延快，易形成立体式燃烧，同时车库中一般会存放多台车辆，每一台车辆的油箱都会是一个潜在的小型炸弹，一旦发生火灾或爆炸，疏散与扑救都十分困难，将直接伤及居民生命财产安全。燃气作为易燃易爆介质在火灾现场是重大危险源，而在管道引入管处设置紧急自动切断阀，其控制系统在停电或者停气时处于关闭状态，就可以在最短的时间内远程操控切断气源，控制事故蔓延，降低事故危害，避免发生次生灾害。紧急自动切断阀宜设置在室外。

在每一个用气场所设置燃气泄漏报警装置，按照规范要求，燃气泄漏报警装置最低报警浓度取可燃气体爆炸下限的20%，一旦检测到一定浓度的燃气泄漏，立即通知管理人员进行事故排查与检修维护，及时发现隐患，杜绝发生更大事故。

6.1.6 燃气取暖器等直接燃烧燃气进行取暖的设备，其燃烧所需的空气来自室内，燃烧废气也排到室内，一般采暖时门窗紧闭空气不流通，超过一定时间会形成室内缺氧并有大量一氧化碳气体，易造成室内人员缺氧及一氧化碳中毒窒息甚至死亡。此类型燃气取暖器一般是可移动的，经常移动软管容易脱落，造成燃气泄漏、着火甚至爆炸，构成重大安全事故。

6.1.7 与燃具连接的软管通常是胶管和定尺不锈钢软管，胶管质量应符合《燃气用具连接用橡胶复合软管》CJ/T 491的规定，定尺不锈钢软管是指《燃气用具连接用不锈钢波纹软管》CJ/T 197中的燃具连接用软管。

软管在厨房里的安装环境多种多样，有的在操作台下的橱柜里，有的在橱柜拉篮后面，有的和台式灶连接部分裸露在外，面临鼠咬、撞击、调料侵蚀、厨房清洁等情况，户内燃气泄漏事故中，胶管漏气是各类事故中占比最高的。本条规定必须采用专用燃具连接软管，也是从规范上强调使用合格产品，摒弃使用不合格产品，保障家庭用户燃气安全。软管更新容易被用户忽视，规定软管使用年限要求不低于燃具判废年限，在燃具更新时，软管可同时更新，提倡整体更新。

6.1.8 连接软管适用于燃具更换和维修的拆装，并能起到缓冲振动和变形的作用；不适合穿越墙体、门窗、顶棚和地面。

燃具连接软管为定尺连接软管，规定长度不大于2.0 m，主要是延续现行国家标准《城镇燃气设计规范》GB 50028 的规定，并参考国外有关标准的规定，同时也能满足燃具多种安装场景的需求。

6.1.9 家庭中燃气管道因胶管脱落或破损造成漏气、上游故障停气使管道欠压等引发事故，严重影响用户生命财产安全。从系统本质安全出发，要求设置过流切断和欠压保护的安全装置是合理的。自闭阀产品标准中的分类包括灶前型和表前型。有些结构形式的产品为保证控制精度宜靠近灶具安装，有些则可以安装在表前或者和计量表集成整合一体，因此安装位置应根据装置性能要求确定。

6.1.10 当液化石油气泄漏浓度在一定的范围内，遇明火会发生爆炸或引起火灾。

一方面，现行国家标准《液化石油气瓶阀》GB/T 7512 中规定阀的结构形式为不可拆卸式，即通过破坏阀上的承压零件才能将其拆卸；且被拆卸的阀门不能正常使用。所以，如果瓶阀损坏只能整体更换新阀。另一方面，瓶阀和调压器修理后无法确定其性能是否符合出厂或相应产品标准要求。

液化石油气钢瓶用到最后时，瓶内会有一些残液，其主要成分是易燃的戊烷和异丁烷等重碳氢化合物，需要专用设备在专门场所处理。很多用户将残液自行倒掉，结果导致了严重的事故。

如果用火、蒸汽、热水和其他热源对钢瓶加热，会导致瓶内液态液化石油气迅速气化，使得钢瓶内液化气蒸气压快速增加，当瓶内压力超过了钢瓶及附件的承压极限，会导致钢瓶附件损坏或钢瓶爆裂，使液化石油气大量泄漏，将会引起爆燃等火灾事故。

正常情况下，钢瓶内的液化石油气下部呈液态，上部是气态；气态液化石油气通过减压阀供给燃具。若倒立，通过减压阀的都是液体，液体出来后，其体积迅速膨胀近250倍，这样就大大超过了燃具的负荷，从而导致两种情况发生：一是可能窜出很高很大的火焰，引燃附近的可燃物；另一种是气体来不及完全燃烧，与空气形成爆炸性气体混合物而发生爆炸。

液化石油气钢瓶充装应在专门场所，采用专用充装设备，气瓶充装完成后，应对气瓶进行检漏、称重或检压，才能保证安全。

6.1.11 家庭用户只能将燃气作为炊事或制备热水的燃料进行使用。

6.2 商业燃具、用气设备和附件

6.2.1 由于商业用气场所的确定可能滞后于建筑功能方案设计，还有将原有非用气房间改造，以使其满足用气环境要求以后变更为用气房间的可能性，因此本条未强调商业燃具或用气设备应设置在符合安全使用条件的场所。

通风良好的要求是考虑到正常用气和用气安全性而规定的，用气场所的通风条件既应该满足燃烧所需空气和燃烧产生的烟气排放要求，还应能够保证发生燃气泄漏事故时，可燃气体快速稀释，避免产生爆炸危险混合气体聚积的情况。

6.2.2 空调机房、通风机房、计算机房和变、配电室等设备房间有电源、电器开关，产生的电火花遇到燃气泄漏容易引发燃气爆炸等事故。储存易燃易爆、强腐蚀性或有放射性物质等危险场所具有较大的火灾危险性，一旦发生灾害事故，往往危害更大。

6.2.3 用餐区域属于人员聚集的场所，用电、用气设备点多量大，有的有明火存在；这些场所电气、用气设备负荷大，水、电、气线路复杂；用餐属于大众消费，用餐区域人员多且较为集中，进出频繁，流动性大，对用餐环境、安全出口和消防设施不熟悉，有时候还存在语言障碍的情况；营业时间较长，特别是夜间的时间比较长。目前，虽然液化石油气钢瓶用户数量远低于天然气用户，但发生的事故率却高于天然气。液化天然气气瓶及压缩天然气气瓶装置用气时，需要加热和减压，装置更复杂。为保证人身和公共安全，规定用餐区域不应设置液化石油气气瓶、液化天然气气瓶及压缩天然气气瓶装置。

气瓶是指正常环境温度（-40 ℃ ~60 ℃）下使用的、工程压力大于或等于 0.2 MPa（表压）且压力与容积的乘积大于或等于 1.0 MPa · L 的盛装气体、液体和标准沸点等于或低于 60 ℃的液体气瓶。

6.2.5 燃气泄漏或出现回火、熄火等都可能引发安全事故，因此，从本质安全角度考虑，规定了商业燃具应具有的基本安全装置，且安全装置的相关技术目前已经是成熟技术。

6.2.6 燃气管道的阀门设置是重要的工艺操作和安全切断措施，对于用户来说，燃具或用气设备停用或检修更换时必须通过阀门启闭操作切断和恢复供气。阀门是用户供气系统重要的安全附件，本条规定的部位应设置阀门是目前国内外的普遍做法。

6.3 烟 气 排 除

6.3.1 燃气燃烧产生的烟气应直接排到室外大气环境中，不得排入封闭的建筑物走廊、阳台等处，避免二次污染。

直接排气式燃具一般为各种灶具，如居民用的双眼灶、烤箱灶；商用的炒菜灶、大锅灶等，这类燃具应设烟气导出装置，如抽油烟机或排风扇等。

热水器和采暖炉设备均有配套烟囱，烟气可直接排至室外或排至专用烟道。灶具吸油烟机的排气道为专用排气道，本条规定了热水器排气和吸油烟机排气各走其道，不能混用。因为吸油烟机和热水器的烟气均是通过各自的风机排放，但排气道容量和风机设计时并未考虑同时工作的互相影响，因此，规定热水器的烟气不得排入灶具吸油烟机的排气道，避免排气不畅甚至烟气倒灌的危险。

6.3.2 排烟管、独立烟道应有防倒烟的措施。竖向烟道通常为建筑物中的共用烟道，接入多台燃气设备，因此，烟道的防倒烟、串烟是基本要求。共用烟道中支烟道的净截面积不应小于燃具排烟口截面积，且支烟道出口与主烟道交汇处应设烟气导向装置或止回阀，防止多台设备排烟时互相影响。

烟道排烟口设于屋顶，燃具排烟管伸出墙外处应选择空气流动好的开放处，避免设在空气流动不好的 L 形楼房或回字形楼房的 90°角位置附近，以利于烟气扩散。

越来越多的家庭安装了新风系统，新风系统的进风口与排烟管的排烟口最好不在同一面外墙。避免对室内空气的二次污染。

每台自然排烟的燃具应设防倒风排气罩。

6.3.3 烟道的排气能力受海拔高度的影响，当海拔高度大于500 m时，设计烟道时要考虑海拔高度影响因素的修正，可参照《家用燃气燃烧器具安装及验收规程》CJJ 12—2013附录B的规定进行修正。只有增大烟道的直径或高度，方可达到海平面额定热负荷的排气能力；如不修正（不增大烟道的直径或高度），烟道的排气能力将降低。

UDC

中华人民共和国国家标准

P GB 50028—2006

城镇燃气设计规范

Code for design of city gas engineering

（2020 年版）

2006－07－12 发布 2006－11－01 实施

中 华 人 民 共 和 国 建 设 部
中华人民共和国国家质量监督检验检疫总局 联合发布

中华人民共和国住房和城乡建设部
公 告

2020 年 第93 号

住房和城乡建设部关于发布国家标准《城镇燃气设计规范》局部修订的公告

现批准《城镇燃气设计规范》GB 50028—2006 局部修订的条文，自 2020 年 6 月 1 日起实施。经此次修改的原条文同时废止。

局部修订的条文及具体内容在住房和城乡建设部门户网站（www. mohurd. gov. cn）公开，并将刊登在近期出版的《工程建设标准化》刊物上。

中华人民共和国住房和城乡建设部
2020 年 4 月 9 日

中华人民共和国建设部
公 告

第451号

建设部关于发布国家标准《城镇燃气设计规范》的公告

现批准《城镇燃气设计规范》为国家标准，编号为GB 50028—2006，自2006年11月1日起实施。其中，第3.2.1(1)、3.2.2、3.2.3、4.2.11(3)、4.2.12、4.2.13、4.3.2、4.3.15、4.3.23、4.3.26、4.3.27(8、10、11、12)、4.4.13、4.4.17、4.4.18(4)、4.5.13、5.1.4、5.3.4、5.3.6(7)、5.4.2(1、3)、5.11.8、5.12.5、5.12.17、5.14.1、5.14.2、5.14.3、5.14.4、6.1.6、6.3.1、6.3.2、6.3.3、6.3.8、6.3.11(2、4)、6.3.13、6.3.15(1、3)、6.4.4(2)、6.4.11、6.4.12、6.4.13、6.5.3、6.5.4、6.5.5(2、3、4)、6.5.7(5)、6.5.12(2、3、6)、6.5.13、6.5.19(1、2)、6.5.20、6.5.22、6.6.2(6)、6.6.3、6.6.10(2、5、7)、6.7.1、7.1.2、7.2.2、7.2.4、7.2.5、7.2.9、7.2.16、7.2.21、7.4.1(1)、7.4.3、7.5.1、7.5.3、7.5.4、7.6.1、7.6.4、7.6.8、8.2.2、8.2.9、8.2.11、8.3.7、8.3.8、8.3.9、8.3.10、8.3.12、8.3.14、8.3.15、8.3.19(1、2、4、6)、8.3.26、8.4.3、8.4.4、8.4.6、8.4.10、8.4.12、8.4.15、8.4.20、8.5.2、8.5.3、8.5.4、8.6.4、8.7.4、8.8.1、8.8.3、8.8.4、8.8.5、8.8.11(1、2、3)、8.8.12、8.9.1、8.10.2、8.10.4、8.10.8、8.11.1、8.11.3、9.2.4、9.2.5、9.2.10、9.3.2、9.4.2、9.4.13、9.4.16、9.5.5、9.6.3、10.2.1、10.2.7(3)、10.2.14(1)、10.2.21(2、3、4)、10.2.23、10.2.24、10.2.26、10.3.2(2)、10.4.2、10.4.4(4)、10.5.3(1、3、5)、10.5.7、10.6.2、10.6.6、10.6.7、10.7.1、10.7.3、10.7.6(1)条（款）为强制性条文，必须严格执行。原《城镇燃气设计规范》GB 50028—93同时废止。

本规范由建设部标准定额研究所组织中国建筑工业出版社出版发行。

中华人民共和国建设部

2006年7月12日

前　言

根据建设部《关于印发“2000至2001年度工程建设国家标准制订、修订计划”的通知》（建标〔2001〕87号）要求，由中国市政工程华北设计研究院会同有关单位共同对《城镇燃气设计规范》GB 50028—93进行了修订。在修订过程中，编制组根据国家有关政策，结合我国城镇燃气的实际情况，进行了广泛的调查研究，认真总结了我国城镇燃气工程建设和规范执行十年来的经验，吸收了国际上发达国家的先进规范成果，开展了必要的专题研究和技术研讨，并广泛征求了全国有关单位的意见，最后由建设部会同有关部门审查定稿。

本规范共分10章和6个附录，其主要内容包括：总则、术语、用气量和燃气质量、制气、净化、燃气输配系统、压缩天然气供应、液化石油气供应、液化天然气供应和燃气的应用等。

本次修订的主要内容是：

1. 增加第2章术语，将原规范中“名词解释”改为“术语”，并作了补充与完善。

2. 第3章用气量和燃气质量中，取消了居民生活和商业用户用气量指标；增加了采暖用气量的计算原则。补充了天然气的质量要求、液化石油气与空气的混合气质量安全指标和燃气加臭的标准。

3. 第4、5章制气和净化中，增加了两段煤气（水煤气）发生炉制气、轻油制气、流化床水煤气、天然气改制、一氧化碳变换和煤气脱水，并对主要生产场所火灾及爆炸危险分类等级等条文进行了修订。

4. 第6章燃气输配系统中，提高了城镇燃气管道压力至4.0 MPa，吸收了美、英等发达国家的先进标准成果，增加了高压燃气管道敷设、管道结构设计和新型管材，补充了地上燃气管道敷设，门站、储配站设计和调压站设置形式、管道水力计算等。

5. 增加第7章压缩天然气供应，主要包括压缩天然气加气站、储配站、瓶组供气站及配套设施要求。

6. 第8章液化石油气供应，对液化石油气供应基地和混气站、气化站、瓶组气化站及瓶装供应站等补充了有关内容。

7. 增加第9章液化天然气供应，主要包括气化站储罐与站外建、构筑物的防火间距，站内总平面布置防火间距及配套设施等要求。

8. 第10章燃气的应用中，增加了新型管材，燃气管道和燃气用具在地下室、半地下室和地上密闭房间内的敷设，室内燃气管道的暗设以及燃气的安全监控设施等要求。

本规范由建设部负责管理和对强制性条文的解释，由中国市政工程华北设计研究院负责日常管理工作和具体技术内容的解释。

本规范在执行过程中，希望各单位结合工程实践，注意总结经验，积累资料，如发现对本规范需要修改和补充，请将意见和有关资料函寄：中国市政工程华北设计研究院　城镇燃气设计规范国家标准管理组（地址：天津市气象台路，邮政编码：300074），以便今后修订时参考。

本规范主编单位、参编单位及主要起草人：

主 编 单 位：中国市政工程华北设计研究院

参 编 单 位：上海燃气工程设计研究有限公司
香港中华煤气有限公司
北京市煤气热力工程设计院有限公司
沈阳市城市煤气设计研究院
成都市煤气公司
苏州科技学院
国际铜业协会（中国）
新奥燃气控股有限公司
深圳市燃气工程设计有限公司
天津市煤气工程设计院
北京市燃气工程设计公司
长春市燃气热力设计研究院
珠海市煤气集团有限公司
新兴铸管股份有限公司
亚大塑料制品有限公司
华创天元实业发展有限责任公司
佛山市日丰企业有限公司
北京中油翔科科技有限公司
上海飞奥燃气设备有限公司
宁波志清集团有限公司
宁波市华涛不锈钢管材料有限公司
华北石油钢管厂
沈阳光正工业有限公司
天津新科成套仪表有限公司
乐泰（中国）有限公司

主要起草人：金石坚　李颜强　徐　良　冯长海　王昌遒　高　勇　陈云玉　顾　军
沈余生　孙欣华　李建勋　邵　山　曹开朗　王　启　李猷嘉　贾秋明
刘松林　应援农　沈仲棠　曹永根　杨永慧　吴　珊　樊金光　周也路
刘　正　郑海燕　田大栓　张　琳　王广柱　韩建平　徐　静　刘　军
吴国奇　李绍海　王　华　牛铭昌　张力平　边树奎　苏国荣　陈志清
缪德伟　王晓香　孟　光　孙建勋　沈伟康

目 次

1 总　　则

1.0.1 为使城镇燃气工程设计符合安全生产、保证供应、经济合理和保护环境的要求，制定本规范。

1.0.2 本规范适用于向城市、乡镇或居民点供给居民生活、商业、工业企业生产、采暖通风和空调等各类用户作燃料用的新建、扩建或改建的城镇燃气工程设计。

注：1 本规范不适用于城镇燃气门站以前的长距离输气管道工程。

2 本规范不适用于工业企业自建供生产工艺用且燃气质量不符合本规范质量要求的燃气工程设计，但自建供生产工艺用且燃气质量符合本规范要求的燃气工程设计，可按本规范执行。工业企业内部自供燃气给居民使用时，供居民使用的燃气质量和工程设计应按本规范执行。

3 本规范不适用于海洋和内河轮船、铁路车辆、汽车等运输工具上的燃气装置设计。

1.0.3 城镇燃气工程设计，应在不断总结生产、建设和科学实验的基础上，积极采用行之有效的新工艺、新技术、新材料和新设备，做到技术先进，经济合理。

1.0.4 城镇燃气工程规划设计应遵循我国的能源政策，根据城镇总体规划进行设计，并应与城镇的能源规划、环保规划、消防规划等相结合。

1.0.5 城镇燃气工程设计，除应遵守本规范外，尚应符合国家现行的有关标准的规定。

2 术 语

2.0.1 城镇燃气 city gas

从城市、乡镇或居民点中的地区性气源点，通过输配系统供给居民生活、商业、工业企业生产、采暖通风和空调等各类用户公用性质的，且符合本规范燃气质量要求的可燃气体。城镇燃气一般包括天然气、液化石油气和人工煤气。

2.0.2 人工煤气 manufactured gas

以固体、液体或气体（包括煤、重油、轻油、液体石油气、天然气等）为原料经转化制得的，且符合现行国家标准《人工煤气》GB 13612 质量要求的可燃气体。人工煤气又简称为煤气。

2.0.3 居民生活用气 gas for domestic use

用于居民家庭炊事及制备热水等的燃气。

2.0.4 商业用气 gas for commercial use

用于商业用户（含公共建筑用户）生产和生活的燃气。

2.0.5 基准气 reference gas

代表某种燃气的标准气体。

2.0.6 加臭剂 odorant

一种具有强烈气味的有机化合物或混合物。当以很低的浓度加入燃气中，使燃气有一种特殊的、令人不愉快的警示性臭味，以便泄漏的燃气在达到其爆炸下限 20% 或达到对人体允许的有害浓度时，即被察觉。

2.0.7 直立炉 vertical retort

指武德式连续式直立炭化炉的简称。

2.0.8 自由膨胀序数 crucible swelling number

是表示煤的粘结性的指标。

2.0.9 葛金指数 Gray-King index

是表示煤的结焦性的指标。

2.0.10 罗加指数 Roga index

是表示煤的粘结能力的指标。

2.0.11 煤的化学反应性 chemical reactivity of coal

是表示在一定温度下，煤与二氧化碳相互作用，将二氧化碳还原成一氧化碳的反应能力的指标，是我国评价气化用煤的质量指标之一。

2.0.12 煤的热稳定性 thermal stability of coal

是指煤块在高温作用下（燃烧或气化）保持原来粒度的性质（即对热的稳定程度）的指标，是我国评价块煤质量指标之一。

2.0.13 气焦 gas coke

是焦炭的一种，其质量低于冶金焦或铸造焦，直立炉所生产的焦一般称为气焦，当焦炉大量配入气煤时，所产生的低质的焦炭也是气焦。

2.0.14 电气滤清器（电捕焦油器） electric filter

用高压直流电除去煤气中焦油和灰尘的设备。

2.0.15 调峰气 peak shaving gas

为了平衡用气量高峰，供作调峰手段使用的辅助性气源和储气。

2.0.16 计算月 design month

指一年中逐月平均的日用气量中出现最大值的月份。

2.0.17 月高峰系数 maximum uneven factor of monthly consumption

计算月的平均日用气量和年的日平均用气量之比。

2.0.18 日高峰系数 maximum uneven factor of daily consumption

计算月中的日最大用气量和该月日平均用气量之比。

2.0.19 小时高峰系数 maximum uneven factor of hourly consumption

计算月中最大用气量日的小时最大用气量和该日平均小时用气量之比。

2.0.20 低压储气罐 low pressure gasholder

工作压力（表压）在 10 kPa 以下，依靠容积变化储存燃气的储气罐。分为湿式储气罐和干式储气罐两种。

2.0.21 高压储气罐 high pressure gasholder

工作压力（表压）大于 0.4 MPa，依靠压力变化储存燃气的储气罐。又称为固定容积储气罐。

2.0.22 调压装置 regulator device

将较高燃气压力降至所需的较低压力调压单元总称。包括调压器及其附属设备。

2.0.23 调压站 regulator station

将调压装置放置于专用的调压建筑物或构筑物中，承担用气压力的调节。包括调压装置及调压室的建筑物或构筑物等。

2.0.24 调压箱（调压柜） regulator box

将调压装置放置于专用箱体，设于用气建筑物附近，承担用气压力的调节。包括调压装置和箱体。悬挂式和地下式箱称为调压箱，落地式箱称为调压柜。

2.0.25 重要的公共建筑 important public building

指性质重要、人员密集，发生火灾后损失大、影响大、伤亡大的公共建筑物。如省市级以上的机关办公楼、电子计算机中心、通信中心以及体育馆、影剧院、百货大楼等。

2.0.26 用气建筑的毗连建筑物 building adjacent to building supplied with gas

指与用气建筑物紧密相连又不属于同一个建筑结构整体的建筑物。

2.0.27 单独用户 individual user

指主要有一个专用用气点的用气单位，如一个锅炉房、一个食堂或一个车间等。

2.0.28 压缩天然气 compressed natural gas（CNG）

指压缩到压力大于或等于 10 MPa 且不大于 25 MPa 的气态天然气。

2.0.29 压缩天然气加气站 CNG fuelling station

由高、中压输气管道或气田的集气处理站等引入天然气，经净化、计量、压缩并向气瓶车或气瓶组充装压缩天然气的站场。

2.0.30 压缩天然气气瓶车 CNG cylinders truck transportation

由多个压缩天然气瓶组合并固定在汽车挂车底盘上，具有压缩天然气加（卸）气系统和安全防护及安全放散等的设施。

2.0.31 压缩天然气瓶组 multiple CNG cylinder installations

具有压缩天然气加（卸）气系统和安全防护及安全放散等设施，固定在瓶筐上的多个压缩天然气瓶组合。

2.0.32 压缩天然气储配站 CNG stored and distributed station

具有将槽车、槽船运输的压缩天然气进行卸气、加热、调压、储存、计量、加臭，并送入城镇燃气输配管道功能的站场。

2.0.33 压缩天然气瓶组供应站 station for CNG multiple cylinder installations

采用压缩天然气气瓶组作为储气设施，具有将压缩天然气卸气、调压、计量和加臭，并送入城镇燃气输配管道功能的设施。

2.0.34 液化石油气供应基地 liquefied petroleum gases（LPG）supply base

城镇液化石油气储存站、储配站和灌装站的统称。

2.0.35 液化石油气储存站 LPG stored station

储存液化石油气，并将其输送给灌装站、气化站和混气站的液化石油气储存站场。

2.0.36 液化石油气灌装站 LPG filling station

进行液化石油气灌装作业的站场。

2.0.37 液化石油气储配站 LPG stored and delivered station

兼有液化石油气储存站和灌装站两者全部功能的站场。

2.0.38 液化石油气气化站 LPG vaporizing station

配置储存和气化装置，将液态液化石油气转换为气态液化石油气，并向用户供气的生产设施。

2.0.39 液化石油气混气站 LPG-air（other fuel gas）mixing station

配置储存、气化和混气装置，将液态液化石油气转换为气态液化石油气后，与空气或其他可燃气体按一定比例混合配制成混合气，并向用户供气的生产设施。

2.0.40 液化石油气－空气混合气 LPG-air mixture

将气态液化石油气与空气按一定比例混合配制成符合城镇燃气质量要求的燃气。

2.0.41 全压力式储罐 fully pressurized storage tank

在常温和较高压力下盛装液化石油气的储罐。

2.0.42 半冷冻式储罐 semi-refrigerated storage tank

在较低温度和较低压力下盛装液化石油气的储罐。

2.0.43 全冷冻式储罐 fully refrigerated storage tank

在低温和常压下盛装液化石油气的储罐。

2.0.44 瓶组气化站 vaporizing station of multiple cylinder installations

配置2个以上15 kg、2个或2个以上50 kg气瓶，采用自然或强制气化方式将液态液化石油气转换为气态液化石油气后，向用户供气的生产设施。

2.0.45 液化石油气瓶装供应站 bottled LPG delivered station

经营和储存液化石油气气瓶的场所。

2.0.46 液化天然气 liquefied natural gas（LNG）

液化状况下的无色流体，其主要组分为甲烷。

2.0.47 液化天然气气化站 LNG vaporizing station

具有将槽车或槽船运输的液化天然气进行卸气、储存、气化、调压、计量和加臭，并送入城镇燃气输配管道功能的站场。又称为液化天然气卫星站（LNG satellite plant）。

2.0.48 引入管 service pipe

室外配气支管与用户室内燃气进口管总阀门（当无总阀门时，指距室内地面1m高处）之间的管道。

2.0.49 管道暗埋 piping embedment

管道直接埋设在墙体、地面内。

2.0.50 管道暗封 piping concealment

管道敷设在管道井、吊顶、管沟、装饰层内。

2.0.51 钎焊 capillary joining

钎焊是一个接合金属的过程，在焊接时作为填充金属（钎料）是熔化的有色金属，它通过毛细管作用被吸入要被连接的两个部件表面之间的狭小空间中，钎焊可分为硬钎焊和软钎焊。

3 用气量和燃气质量

3.1 用 气 量

3.1.1 设计用气量应根据当地供气原则和条件确定，包括下列各种用气量：

1 居民生活用气量；

2 商业用气量；

3 工业企业生产用气量；

4 采暖通风和空调用气量；

5 燃气汽车用气量；

6 其他气量。

注：当电站采用城镇燃气发电或供热时，尚应包括电站用气量。

3.1.2 各种用户的燃气设计用气量，应根据燃气发展规划和用气量指标确定。

3.1.3 居民生活和商业的用气量指标，应根据当地居民生活和商业用气量的统计数据分析确定。

3.1.4 工业企业生产的用气量，可根据实际燃料消耗量折算，或按同行业的用气量指标分析确定。

3.1.5 采暖通风和空调用气量指标，可按国家现行标准《城市热力网设计规范》CJJ 34或当地建筑物耗热量指标确定。

3.1.6 燃气汽车用气量指标，应根据当地燃气汽车种类、车型和使用量的统计数据分析确定。当缺乏用气量的实际统计资料时，可按已有燃气汽车城镇的用气量指标分析确定。

3.2 燃 气 质 量

3.2.1 城镇燃气质量指标应符合下列要求：

1 城镇燃气（应按基准气分类）的发热量和组分的波动应符合城镇燃气互换的要求；

2 城镇燃气偏离基准气的波动范围宜按现行的国家标准《城市燃气分类》GB/T 13611的规定采用，并应适当留有余地。

3.2.2 采用不同种类的燃气做城镇燃气除应符合第3.2.1条外，还应分别符合下列第1～4款的规定。

1 天然气的质量指标应符合下列规定：

1）天然气发热量、总硫和硫化氢含量、水露点指标应符合现行国家标准《天然气》GB 17820的一类气或二类气的规定；

2）在天然气交接点的压力和温度条件下：
天然气的烃露点应比最低环境温度低5℃；

天然气中不应有固态、液态或胶状物质。

2 液化石油气质量指标应符合现行国家标准《油气田液化石油气》GB 9052.1 或《液化石油气》GB 11174 的规定；

3 人工煤气质量指标应符合现行国家标准《人工煤气》GB 13612 的规定；

4 液化石油气与空气的混合气做主气源时，液化石油气的体积分数应高于其爆炸上限的 2 倍，且混合气的露点温度应低于管道外壁温度 5 ℃。硫化氢含量不应大于 20 mg/m³。

3.2.3 城镇燃气应具有可以察觉的臭味，燃气中加臭剂的最小量应符合下列规定：

1 无毒燃气泄漏到空气中，达到爆炸下限的 20% 时，应能察觉；

2 有毒燃气泄漏到空气中，达到对人体允许的有害浓度时，应能察觉；

对于以一氧化碳为有毒成分的燃气，空气中一氧化碳含量达到 0.02%（体积分数）时，应能察觉。

3.2.4 城镇燃气加臭剂应符合下列要求：

1 加臭剂和燃气混合在一起后应具有特殊的臭味；

2 加臭剂不应对人体、管道或与其接触的材料有害；

3 加臭剂的燃烧产物不应对人体呼吸有害，并不应腐蚀或伤害与此燃烧产物经常接触的材料；

4 加臭剂溶解于水的程度不应大于 2.5%（质量分数）；

5 加臭剂应有在空气中应能察觉的加臭剂含量指标。

4 制 气

4.1 一 般 规 定

4.1.1 本章适用于煤的干馏制气、煤的气化制气与重、轻油催化裂解制气及天然气改制等工程设计。

4.1.2 各制气炉型和台数的选择，应根据制气原料的品种，供气规模及各种产品的市场需要，按不同炉型的特点，经技术经济比较后确定。

4.1.3 制气车间主要生产场所爆炸和火灾危险区域等级划分应符合本规范附录 A 的规定。

4.1.4 制气车间的“三废”处理要求除应符合本章有关规定外，还应符合国家现行有关标准的规定。

4.1.5 各类制气炉型及其辅助设施的场地布置除应符合本章有关规定外，还应符合现行国家标准《工业企业总平面设计规范》GB 50187 的规定。

4.2 煤 的 干 馏 制 气

4.2.1 煤的干馏炉装炉煤的质量指标，应符合下列要求：

1 直立炉：

挥发分（干基） ＞25%；

坩埚膨胀序数 1½～4；

葛金指数 F～G_1；

灰分（干基） ＜25%；

粒度 ＜50 mm（其中小于 10 mm 的含量应小于 75%）。

注：1 生产铁合金焦时，应选用低灰分、弱粘结的块煤。

灰分（干基） ＜10%；

粒度 15～50 mm；

热稳定性（TS） ＞60%。

2 生产电石焦时，应采用灰分小于 10% 的煤种，粒度要求与直立炉装炉煤粒度相同。

3 当装炉煤质量不符合上述要求时，应做工业性的单炉试验。

2 焦炉：

挥发分（干基） 24%～32%；

胶质层指数（Y） 13～20 mm；

焦块最终收缩度（X） 28～33 mm；

粘结指数 58～72；

水分 ＜10%；

灰分（干基） ≤11%；

硫分（干基） <1%；

粒度（<3 mm 的含量） 75% ~80%。

注：1 指标仅给出范围，最终指标应按配煤试验结果确定。

2 采用焦炉炼制气焦时，其灰分（干基）可小于16%。

3 采用焦炉炼制冶金焦或铸造焦时，应按焦炭的质量要求决定配煤的质量指标。

4.2.2 采用直立炉制气的煤准备流程应设破碎和配煤装置。

采用焦炉制气的煤准备宜采取先配煤后粉碎流程。

4.2.3 原料煤的装卸和倒运应采用机械化运输设备。卸煤设备的能力，应按日用煤量、供煤不均衡程度和供煤协议的卸煤时间确定。

4.2.4 储煤场地的操作容量应根据来煤方式不同，宜按10 ~40 d 的用煤量确定。其操作容量系数，宜取65% ~70%。

4.2.5 配煤槽和粉碎机室的设计，应符合下列要求：

1 配煤槽总容量，应根据日用煤量和允许的检修时间等因素确定；

2 配煤槽的个数，应根据采用的煤种数和配煤比等因素确定；

3 在粉碎装置前，必须设置电磁分离器；

4 粉碎机室必须设置除尘装置和其他防尘措施，室内含尘量应小于10 mg/m³；

排入室外大气中的粉尘最高允许浓度标准为150 mg/m³；

5 粉碎机应采用隔声、消声、吸声、减振以及综合控制噪声等措施，生产车间及作业场所的噪声A声级不得超过90 dB。

4.2.6 煤准备流程的各胶带运输机及其相连的运转设备之间，应设连锁集中控制装置。

4.2.7 每座直立炉顶层的储煤仓总容量，宜按36 h 用煤量计算。辅助煤箱的总容量，应按2 h 用煤量计算。储焦仓的总容量，宜按一次加满四门炭化室的装焦量计算。

焦炉的储煤塔，宜按两座炉共用一个储煤塔设计，其总容量应按12 ~16 h 用煤量计算。

4.2.8 煤干馏的主要产品的产率指标，可按表4.2.8采用。

表4.2.8 煤干馏的主要产品的产率指标

主要产品名称	直立炉	焦炉
煤气	350 ~380 m³/t	320 ~340 m³/t
全焦	71% ~74%	72% ~76%
焦油	3.3% ~3.7%	3.2% ~3.7%
硫铵	0.9%	1.0%
粗苯	0.8%	1.0%

注：1 直立炉煤气其低热值为16.3 MJ/m³；

2 焦炉煤气其低热值为17.9 MJ/m³；

3 直立炉水分按7%的煤计；

4 焦炉按干煤计。

4.2.9 焦炉的加热煤气系统，宜采用复热式。

4.2.10 煤干馏炉的加热煤气，宜采用发生炉（含两段发生炉）或高炉煤气。

发生炉煤气热值应符合现行国家标准《发生炉煤气站设计规范》GB 50195 的规定。

煤干馏炉的耗热量指标，宜按表 4.2.10 选用。

表 4.2.10 煤干馏炉的耗热量指标［kJ/kg（煤）］

加热煤气种类	焦炉	直立炉	适用范围
焦炉煤气	2340	—	作为计算生产消耗用
发生炉煤气	2640	3010	
焦炉煤气	2570	—	作为计算加热系统设备用
发生炉煤气	2850	—	

注：1 直立炉的指标系按炭化室长度为 2.1 m 炉型所耗发生炉热煤气计算。
焦炉的指标系按炭化室有效容积大于 20 m^3 炉型所耗冷煤气计算。
2 水分按 7% 的煤计。

4.2.11 加热煤气管道的设计应符合下列要求：

1 当焦炉采用发生炉煤气加热时，加热煤气管道上宜设置混入回炉煤气装置；当焦炉采用回炉煤气加热时，加热煤气管道上宜设置煤气预热器；

2 应设置压力自动调节装置和流量计；

3 必须设置低压报警信号装置，其取压点应设在压力自动调节装置的蝶阀前的总管上。管道末端应设爆破膜；

4 应设置蒸汽清扫和水封装置；

5 加热煤气的总管的敷设，宜采用架空方式。

4.2.12 直立炉、焦炉桥管上必须设置低压氨水喷洒装置。直立炉的荒煤气管或焦炉集气管上必须设置煤气放散管，放散管出口应设点火燃烧装置。

焦炉上升管盖及桥管与水封阀承插处应采用水封装置。

4.2.13 炉顶荒煤气管，应设压力自动调节装置。调节阀前必须设置氨水喷洒设施。调节蝶阀与煤气鼓风机室应有联系信号和自控装置。

4.2.14 直立炉炉顶捣炉与炉底放焦之间应有联系信号。焦炉的推焦车、拦焦车、熄焦车的电机车之间宜设置可靠的连锁装置以及熄焦车控制推焦杆的事故刹车装置。

4.2.15 焦炉宜设上升管隔热装置和高压氨水消烟加煤装置。

4.2.16 氨水喷洒系统的设计，应符合下列要求：

1 低压氨水的喷洒压力，不应低于 0.15 MPa。氨水的总耗用量指标应按直立炉 4 m^3/t（煤）、焦炉 6～8 m^3/t（煤）选用；

2 直立炉的氨水总管，应布置成环形；

3 低压氨水应设事故用水管；

4 焦炉消烟装煤用高压氨水的总耗用量为低压氨水总耗用量的 3.4%～3.6%，其喷洒压力应按 1.5～2.7 MPa 设计。

注：1 直立炉水分按 7% 的煤计；

2 焦炉按干煤计。

4.2.17 直立炉废热锅炉的设置应符合下列规定：

1 每座直立炉的废热锅炉，应设置在废气总管附近；

2 废热锅炉的废气进口温度，宜取 800 ~ 900 ℃，废气出口温度宜取 200 ℃；

3 废热锅炉宜设置 1 台备用；

4 废热锅炉应有清灰与检修的空间；

5 废热锅炉的引风机应采取防振措施。

4.2.18 直立炉排焦和熄焦系统的设计应符合下列要求：

1 直立炉应采用连续的水熄焦，熄焦水的总管，应布置成环形。熄焦水应循环使用，其用水量宜按 3 ~ 4 m^3/t（水分为 7% 的煤）计算；

2 排焦传动装置应采用调速电机控制；

3 排焦箱的容量，宜按 4 h 的排焦量计算；

采用弱粘结性煤时，排焦箱上应设排焦控制器；

4 排焦门的启闭，宜采用机械化装置；

5 排出的焦炭运出车间以前，应有大于 80 s 的沥水时间。

4.2.19 焦炉可采用湿法熄焦和干法熄焦两种方式。当采用湿法熄焦时应设自动控制装置，在熄焦塔内应设置捕尘装置。

熄焦水应循环使用，其用水量宜按 2 m^3/t（干煤）计算。熄焦时间宜为 90 ~ 120 s。

粉焦沉淀池的有效容积应保证熄焦水有足够的沉淀时间。清除粉焦沉淀池内的粉焦应采用机械化设施。

大型焦化厂有条件的应采用干法熄焦装置。

4.2.20 当熄焦使用生化尾水时，其水质应符合下列要求：

酚 ≤ 0.5 mg/L；

CN^- ≤ 0.5 mg/L；

COD_{cr} ≈ 350 mg/L。

4.2.21 焦炉的焦台设计宜符合下列要求：

1 每两座焦炉宜设置 1 个焦台；

2 焦台的宽度，宜为炭化室高度的 2 倍；

3 焦台上焦炭的停留时间，不宜小于 30 min；

4 焦台的水平倾角，宜为 28°。

4.2.22 焦炭处理系统，宜设置筛焦楼及其储焦场地或储焦设施。

筛焦楼内应设有除尘通风设施。

焦炭筛分设施，宜按筛分后的粒度大于 40 mm、40 ~ 25 mm、25 ~ 10 mm 和小于 10 mm，共 4 级设计。

注：生产冶金、铸造焦时，焦炭筛分设施宜增加大于 60 mm 或 80 mm 的一级。生产铁合金焦时，焦炭筛分设施宜增加 10 ~ 5 mm 和小于 5 mm 两级。

4.2.23 筛焦楼内储焦仓总容量的确定，应符合下列要求：

1 直立炉的储焦仓，宜按 10 ~ 12 h 产焦量计算；

2 焦炉的储焦仓，宜按 6 ~ 8 h 产焦量计算。

4.2.24 储焦场的地面，应做人工地坪并应设排水设施。

4.2.25 独立炼焦制气厂储焦场的操作容量宜按焦炭销售运输方式不同采用 15 ~ 20 d 产焦量。

4.2.26 自产的中、小块气焦，宜用于生产发生炉煤气。自产的大块气焦，宜用于生产水煤气。

4.3 煤的气化制气

4.3.1 本节适用于下列炉型的煤的气化制气：

1 煤气发生炉；两段煤气发生炉；

2 水煤气发生炉；两段水煤气发生炉；

3 流化床水煤气炉。

注：1 煤气发生炉、两段煤气发生炉为连续气化炉；水煤气发生炉、两段水煤气发生炉、流化床水煤气炉为循环气化炉。

2 鲁奇高压气化炉暂不包括在本规范内。

4.3.2 煤的气化制气宜作为人工煤气气源厂的辅助（加热）和掺混用气源。**当作为城市的主气源时，必须采取有效措施，使煤气组分中一氧化碳含量和煤气热值等达到现行国家标准《人工煤气》GB 13612 质量标准。**

4.3.3 气化用煤的主要质量指标宜符合表 4.3.3 的规定。

表 4.3.3 气化用煤主要质量指标

指标项目	煤气发生炉	两段煤气发生炉	水煤气发生炉	两段水煤气发生炉	流化床水煤气炉
粒度（mm）	—	—	—	—	—
1 无烟煤	6 ~ 13，13 ~ 25，25 ~ 50	—	25 ~ 100	—	0 ~ 13 其中 1 以下 <10%，大于 13 <15%
2 烟煤	—	20 ~ 40，25 ~ 50，30 ~ 60	—	20 ~ 40，25 ~ 50，30 ~ 60	
3 焦炭	6 ~ 10，10 ~ 25，25 ~ 40	—	25 ~ 100	—	
质量指标	—	—	—	—	—
1 灰分（干基）	<35%（气焦）	<25%（烟煤）	<33%（气焦）	25%（烟煤）	—
	<24%（无烟煤）	—	<24%（无烟煤）	—	<35%（各煤）

表 4.3.3（续）

指标项目	煤气发生炉	两段煤气发生炉	水煤气发生炉	两段水煤气发生炉	流化床水煤气炉
质量指标					
2 热稳定性（TS）$_{+6}$	＞60%	＞60%	＞60%	＞60%	＞45%
3 抗碎强度（粒度大于25 mm）	＞60%	＞60%	＞60%	＞60%	—
4 灰熔点（ST）	＞1200 ℃（冷煤气）	＞1250 ℃	＞1300 ℃	＞1250 ℃	＞1200 ℃
	＞1250 ℃（热煤气）	—	—	—	—
5 全硫（干基）	＜1%	＜1%	＜1%	＜1%	＜1%
6 挥发分（干基）	—	＞20%	＜9%	＞20%	—
7 罗加指数（R.I）	—	≤20	—	≤20	＜45
8 自由膨胀序数（F.S.I）	—	≤2	—	≤2	—
9 煤的化学反应性（a）	—	—	—	—	＞30%（1000 ℃时）

注：1 发生炉入炉的无烟煤或焦炭，粒度可放宽选用相邻两级。
2 两段煤气发生炉、两段水煤气发生炉用煤粒度限使用其中的一级。

4.3.4 煤场的储煤量，应根据煤源远近、供应的不均衡性和交通运输方式等条件确定，宜采用10～30 d的用煤量；当作为辅助、调峰气源使用本厂焦炭时，宜小于1 d的用焦量。

4.3.5 当气化炉按三班制时，储煤斗的有效储量应符合表4.3.5的要求。

表 4.3.5 储煤斗的有效储量

备煤系统工作班制	储煤斗的有效储量
一班工作	20～22 h气化炉用煤量
二班工作	14～16 h气化炉用煤量

注：1 备煤系统不宜按三班工作。
2 用煤量应按设计产量计算。

4.3.6 煤气化后的灰渣宜采用机械化处理措施并进行综合利用。

4.3.7 煤气化炉煤气低热值应符合下列规定：

1 煤气发生炉，不应小于5 MJ/m³。

2 两段发生炉，上段煤气不应小于6.7 MJ/m³；
下段煤气不应大于5.44 MJ/m³。

3 水煤气发生炉，不应小于10 MJ/m³。

4 两段水煤气发生炉，上段煤气不应小于13.5 MJ/m³；
下段煤气不应大于10.8 MJ/m³。

5 流化床水煤气炉，宜为9.4～11.3 MJ/m³。

4.3.8 气化炉吨煤产气率指标，应根据选用的煤气发生炉炉型、煤种、粒度等因素综合考虑后确定。对曾用于气化的煤种，应采用其平均产气率指标；对未曾用于气化的煤种，应根据其气化试验报告的产气率确定。当缺乏条件时，可按表4.3.8选用。

表4.3.8 气化炉煤气产气率指标

原料	产气率（m³/t）（干基）					灰分含量
	煤气发生炉	两段煤气发生炉	水煤气发生炉	两段水煤气发生炉	流化床水煤气炉	
无烟煤	3000～3400	—	1500～1700	—		15%～25%
烟煤	—	2600～3000	—	800～1100	900～1000	18%～25%
焦炭	3100～3400	—	1500～1650	—		13%～21%
气焦	2600～3000	—	1300～1500	—		25%～35%

4.3.9 气化炉组工作台数每1～4台宜另设一台备用。

4.3.10 水煤气发生炉、两段水煤气发生炉，每3台宜编为1组；流化床水煤气炉每2台宜编为1组；合用一套煤气冷却系统和废气处理及鼓风设备。

4.3.11 循环气化炉的空气鼓风机的选择，应符合本规范第4.4.9条的要求。

4.3.12 循环气化炉的煤气缓冲罐宜采用直立式低压储气罐，其容积宜为0.5～1倍煤气小时产气量。

4.3.13 循环气化炉的蒸汽系统中应设置蒸汽蓄能器，并宜设有备用的蒸汽系统。

4.3.14 煤气排送机和空气鼓风机的并联工作台数不宜超过3台，并应另设一台备用。

4.3.15 **作为加热和掺混用的气化炉冷煤气**温度宜小于35℃，**其灰尘和液态焦油等杂质含量应小于20 mg/m³；气化炉热煤气至用气设备前**温度不应小于350℃，**其灰尘含量应小于300 mg/m³**。

4.3.16 采用无烟煤或焦炭作原料的气化炉，煤气系统中的电气滤清器应设有冲洗装置或能连续形成水膜的湿式装置。

4.3.17 煤气的冷却宜采用直接冷却。

冷却用水和洗涤用水应采用封闭循环系统。

冷循环水进口温度不宜大于28℃，热循环水进口温度不宜小于55℃。

4.3.18 废热锅炉和生产蒸汽的水夹套，其给水水质应符合现行的国家标准《工业锅炉水质标准》GB 1576中关于锅壳锅炉水质标准的规定。

4.3.19 当水夹套中水温小于或等于100℃时，给水水质应符合现行的国家标准《工业锅炉水质标准》GB 1576中关于热水锅炉水质标准的规定。

4.3.20 煤气净化设备、废热锅炉及管道应设放散管和吹扫管接头，其位置应能使设备内的介质吹净；当净化设备相联处无隔断装置时，可仅在较高的设备上装设放散管。

设备和煤气管道放散管的接管上，应设取样嘴。

4.3.21 放散管管口高度应符合下列要求：

1 高出管道和设备及其走台 4 m，并距地面高度不小于 10 m；

2 厂房内或距厂房 10 m 以内的煤气管道和设备上的放散管管口，应高出厂房顶 4 m。

4.3.22 煤气系统中应设置可靠的隔断煤气装置，并应设置相应的操作平台。

4.3.23 在电气滤清器上必须装有爆破阀。洗涤塔上宜设有爆破阀，其装设位置应符合下列要求：

1 装在设备薄弱处或易受爆破气浪直接冲击的位置；

2 离操作面的净空高度小于 2 m 时，应设有防护措施；

3 爆破阀的泄压口不应正对建筑物的门或窗。

4.3.24 厂区煤气管道与空气管道应架空敷设。热煤气管道上应设有清灰装置。

4.3.25 空气总管末端应设有爆破膜。煤气排送机前的低压煤气总管上，应设爆破阀或泄压水封。

4.3.26 煤气设备水封的高度，不应小于表 4.3.26 的规定。

表 4.3.26 煤气设备水封有效高度

最大工作压力（Pa）	水封的有效高度（mm）
＜3000	最大工作压力（以 Pa 表示）×0.1＋150，但不得小于 250
3000～10000	最大工作压力（以 Pa 表示）×0.1×1.5
＞10000	最大工作压力（以 Pa 表示）×0.1＋500

注：发生炉煤气钟罩阀的放散水封的有效高度应等于煤气发生炉出口最大工作压力（以 Pa 表示）乘 0.1 加 50 mm。

4.3.27 生产系统的仪表和自动控制装置的设置应符合下列规定：

1 宜设置空气、蒸汽、给水和煤气等介质的计量装置；

2 宜设置气化炉进口空气压力检测仪表；

3 宜设置循环气化炉鼓风机的压力、温度测量仪表；

4 宜设置连续气化炉进口饱和空气温度及其自动调节；

5 宜设置气化炉进口蒸汽和出口煤气的温度及压力检测仪表；

6 宜设置两段炉上段出口煤气温度自动调节；

7 应设置汽包水位自动调节；

8 应设置循环气化炉的缓冲气罐的高、低位限位器分别与自动控制机和煤气排送机连锁装置，并应设报警装置；

9 应设置循环气化炉的高压水罐压力与自动控制机连锁装置，并应设报警装置；

10 应设置连续气化炉的煤气排送机（或热煤气直接用户如直立炉的引风机）与空气总管压力或空气鼓风机连锁装置，并应设报警装置；

11 应设置当煤气中含氧量大于 1%（体积）或电气滤清器的绝缘箱温度低于规定值或电气滤清器出口煤气压力下降到规定值时，能立即切断高压电源装置，并应设报警装置；

12 应设置连续气化炉的低压煤气总管压力与煤气排送机连锁装置，并应设报警装置；

13　应设置气化炉的加煤的自动控制、除灰加煤的相互连锁及报警装置；

14　循环气化系统应设置自动程序控制装置。

4.4　重油低压间歇循环催化裂解制气

4.4.1　重油制气用原料油的质量，宜符合下列要求：

碳氢比　(C/H)<7.5；

残炭　<12%；

开口闪点　>120 ℃；

密度　900 ~ 970 kg/m^3。

4.4.2　原料重油的储存量，宜按 15 ~ 20 d 的用油量计算，原料重油的储罐数量不应少于 2 个。

4.4.3　重油低压间歇循环制气应采用催化裂解工艺，其炉型宜采用三筒炉。

4.4.4　重油低压间歇循环催化裂解制气工艺主要设计参数宜符合下列要求：

1　反应器液体空间速度：0.60 ~ 0.65 m^3/(m^3 · h)；

2　反应器内催化剂层高度：0.6 ~ 0.7 m；

3　燃烧室热强度：5000 ~ 7000 MJ/(m^3 · h)；

4　加热油用量占总用油量比例：小于 16%；

5　过程蒸汽量与制气油量之比值：1.0 ~ 1.2（质量比）；

6　循环时间：8 min；

7　每吨重油的催化裂解产品产率可按下列指标采用：

煤气：1100 ~ 1200 m^3（低热值按 21 MJ/m^3 计）；

粗苯：6% ~ 8%；

焦油：15% 左右；

8　选用含镍量为 3% ~ 7% 的镍系催化剂。

4.4.5　重油间歇循环催化裂解装置的烟气系统应设置废热回收和除尘设备。

4.4.6　重油间歇循环催化裂解装置的蒸汽系统应设置蒸汽蓄能器。

4.4.7　每 2 台重油制气炉应编为 1 组，合用 1 套冷却系统和鼓风设备。

冷却系统和鼓风设备的能力应按 1 台炉的瞬时流量计算。

4.4.8　煤气冷却宜采用间接式冷却设备或直接—间接—直接三段冷却流程。冷却后的燃气温度不应大于 35 ℃，冷却水应循环使用。

4.4.9　空气鼓风机的选择，应符合下列要求：

1　风量应按空气瞬时最大用量确定；

2　风压应按油制气炉加热期的空气废气系统阻力和废气出口压力之和确定；

3　每 1 ~ 2 组炉应设置 1 台备用的空气鼓风机；

4　空气鼓风机应有减振和消声措施。

4.4.10　油泵的选择，应符合下列要求：

1　流量应按瞬时最大用量确定；

2　压力应按输油系统的阻力和喷嘴的要求压力之和确定；

3 每1~3台油泵应另设1台备用。

4.4.11 输油系统应设置中间油罐，其容量宜按1 d的用油量确定。

4.4.12 煤气系统应设置缓冲罐，其容量宜按0.5~1.0 h的产气量确定。缓冲气罐的水槽，应设置集油、排油装置。

4.4.13 在炉体与空气系统连接管上应采取防止炉内燃气窜入空气管道的措施，并应设防爆装置。

4.4.14 油制气炉宜露天布置。主烟囱和副烟囱高出油制气炉炉顶高度不应小于4 m。

4.4.15 控制室不应与空气鼓风机室布置在同一建筑物内。控制室应布置在油制气区夏季最大频率风向的上风侧。

4.4.16 油水分离池应布置在油制气区夏季最小频率风向的上风侧。对油水分离池及焦油沟，应采取减少挥发性气体散发的措施。

4.4.17 重油制气厂应设污水处理装置，污水排放应符合现行国家标准《污水综合排放标准》GB 8978 的规定。

4.4.18 自动控制装置的程序控制系统设计，应符合下列要求：

1 能手动和自动切换操作；

2 能调节循环周期和阶段百分比；

3 设置循环中各阶段比例和阀门动作的指示信号；

4 主要阀门应设置检查和连锁装置，在发生故障时应有显示和报警信号，并能恢复到安全状态。

4.4.19 自动控制装置的传动系统设计，应符合下列要求：

1 传动系统的形式应根据程序控制系统的形式和本地区具体条件确定；

2 应设置储能设备；

3 传动系统的控制阀、自动阀和其他附件的选用或设计，应能适应工艺生产的特点。

4.5 轻油低压间歇循环催化裂解制气

4.5.1 轻油制气用的原料为轻质石脑油，质量宜符合下列要求：

1 相对密度（20 ℃）0.65~0.69；

2 初馏点>30 ℃；终馏点<130 ℃；

3 直链烷烃>80%（体积分数），芳香烃<5%（体积分数），烯烃<1%（体积分数）；

4 总硫含量1×10^{-4}（质量分数），铅含量1×10^{-7}（质量分数）；

5 碳氢比（质量）5~5.4；

6 高热值47.3~48.1 MJ/kg。

4.5.2 原料石脑油储存应采用内浮顶式油罐，储罐数量不应少于2个，原料油的储存量宜按15~20 d的用油量计算。

4.5.3 轻油低压间歇循环催化裂解制气装置宜采用双筒炉和顺流式流程。加热室宜设置两个主火焰监视器，燃烧室应采取防止爆燃的措施。

4.5.4 轻油低压间歇循环催化裂解制气工艺主要设计参数宜符合下列要求：

1 反应器液体空间速度：0.6~0.9 $m^3/(m^3\cdot h)$；

2 反应器内催化剂高度：0.8～1.0 m；

3 加热油用量与制气用油量比例，小于29/100；

4 过程蒸汽量与制气油量之比值为1.5～1.6（质量比）；有CO变换时比值增加为1.8～2.2（质量比）；

5 循环时间：2～5 min；

6 每吨轻油的催化裂解煤气产率：
2400～2500 m^3（低热值按15.32～14.70 MJ/m^3 计）；

7 催化剂采用镍系催化剂。

4.5.5 制气工艺宜采用CO变换方案，两台制气炉合用一台变换设备。

4.5.6 轻油制气增热流程宜采用轻质石脑油热增热方案，增热程度宜限制在比燃气烃露点低5 ℃。

4.5.7 轻油制气炉应设置废热回收设备，进行CO变换时应另设置废热回收设备。

4.5.8 轻油制气炉应设置蒸汽蓄能器，不宜设置生产用汽锅炉。

4.5.9 每2台轻油制气炉应编为一组，合用一套冷却系统和鼓风设备。

冷却系统和鼓风设备的能力应按瞬时最大流量计算。

4.5.10 煤气冷却宜采用直接式冷却设备。冷却后的燃气温度不宜大于35 ℃，冷却水应循环使用。

4.5.11 空气鼓风机的选择，应符合本规范第4.4.9条的要求，宜选用自产蒸汽来驱动透平风机，空气鼓风机入口宜设空气过滤装置。

4.5.12 原料泵的选择，应符合本规范第4.4.10条的要求，宜设置断流保护装置及连锁。

4.5.13 轻油制气炉宜设置防爆装置，在炉体与空气系统连接管上应采用防止炉内燃气窜入空气管道的措施，并应设防爆装置。

4.5.14 轻油制气炉应露天布置。

烟囱高出制气炉炉顶高度不应小于4 m。

4.5.15 控制室不应与空气鼓风机布置在同一建筑物内。

4.5.16 轻油制气厂可不设工业废水处理装置。

4.5.17 自动控制装置的程序控制系统设计，应符合本规范第4.4.18条的要求，宜采用全冗余，且宜设置手动紧急停车装置。

4.5.18 自动控制装置的传动系统设计，应符合本规范第4.4.19条的要求。

4.6 液化石油气低压间歇循环催化裂解制气

4.6.1 液化石油气制气用的原料，宜符合本规范第3.2.2条第2款的规定，其中不饱和烃含量应小于15%（体积分数）。

4.6.2 原料液化石油气储存宜采用高压球罐，球罐数量不应小于2个，储存量宜按15～20 d的用气量计算。

4.6.3 液化石油气低压间歇循环催化裂解制气工艺主要设计参数宜符合下列要求：

1 反应器液体空间速度：0.6～0.9 $m^3/(m^3 \cdot h)$；

2 反应器内催化剂高度：0.8～1.0 m；

3 加热油用量与制气用油量比例：小于29/100；

4 过程蒸汽量与制气油量之比为1.5~1.6（质量比），有CO变换时比值增加为1.8~2.2（质量比）；

5 循环时间：2~5 min；

6 每吨液化石油气的催化裂解煤气产率：

2400~2500 m^3（低热值按15.32~14.70 MJ/m^3 计算）；

7 催化剂采用镍系催化剂。

4.6.4 液化石油气宜采用液态进料，开关阀宜设置在喷枪前端。

4.6.5 制气工艺中CO变换工艺的设计应符合本规范第4.5.5条的要求。

4.6.6 制气炉后应设置废热回收设备，选择CO变换时，在制气后和变换后均应设置废热回收设备。

4.6.7 液化石油气制气炉应设置蒸汽蓄能器，不宜设置生产用汽锅炉。

4.6.8 冷却系统和鼓风设备的设计应符合本规范第4.5.9条的要求。

煤气冷却设备的设计应符合本规范第4.5.10条的要求。

空气鼓风机的选择，应符合本规范第4.5.11条的要求。

4.6.9 原料泵的选择，应符合本规范第4.5.12条的要求。

4.6.10 炉子系统防爆设施的设计，应符合本规范第4.5.13条的要求。

4.6.11 制气炉的露天布置应符合本规范第4.5.14条的要求。

4.6.12 控制室不应与空气鼓风机室布置在同一建筑物内。

4.6.13 液化石油气催化裂解制气厂可不设工业废水处理装置。

4.6.14 自动控制装置的程序控制系统设计，应符合本规范第4.4.18条的要求。

4.6.15 自动控制装置的传动系统设计应符合本规范第4.4.19条的要求。

4.7 天然气低压间歇循环催化改制制气

4.7.1 天然气改制制气用的天然气质量，应符合现行国家标准《天然气》GB 17820二类气的技术指标。

4.7.2 在各个循环操作阶段，天然气进炉总管压力的波动值宜小于0.01 MPa。

4.7.3 天然气低压间歇循环催化改制制气装置宜采用双筒炉和顺流式流程。

4.7.4 天然气低压间歇循环催化改制制气工艺主要设计参数宜符合下列要求：

1 反应器内改制用天然气空间速度：500~600 $m^3/(m^3 \cdot h)$；

2 反应器内催化剂高度：0.8~1.2 m；

3 加热用天然气用量与制气用天然气用量比例：小于29/100；

4 过程蒸汽量与改制用天然气量之比值：1.5~1.6（质量比）；

5 循环时间：2~5 min；

6 每千立方米天然气的催化改制煤气产率：

改制炉出口煤气：2650~2540 m^3（高热值按12.56~13.06 MJ/m^3 计）。

4.7.5 天然气改制煤气增热流程宜采用天然气掺混方案，增热程度应根据煤气热值、华白指数和燃烧势的要求确定。

4.7.6 天然气改制炉应设置废热回收设备。

4.7.7 天然气改制炉应设置蒸汽蓄热器，不宜设置生产用汽锅炉。

4.7.8 冷却系统和鼓风设备的设计应符合本规范第4.5.9条的要求。

天然气改制流程中的冷却设备的设计应符合本规范第4.5.10条的要求。

空气鼓风机的选择，应符合本规范第4.5.11条的要求。

4.7.9 天然气改制炉宜设置防爆装置，并应符合本规范第4.5.13条的要求。

4.7.10 天然气改制炉的露天布置应符合本规范第4.5.14条的要求。

4.7.11 控制室不应与空气鼓风机布置在同一建筑物内。

4.7.12 天然气改制厂可不设工业废水处理装置。

4.7.13 自动控制装置的程序控制系统设计应符合本规范第4.4.18条的要求。

4.7.14 自动控制装置的传动系统设计，应符合本规范第4.4.19条的要求。

4.8 调　　峰

4.8.1 气源厂应具有调峰能力，调峰气量应与外部调峰能力相配合，并应根据燃气输配要求确定。

在选定主气源炉型时，应留有一定余量的产气能力以满足用气高峰负荷需要。

4.8.2 调峰装置必须具有快开、快停能力，调度灵活，投产后质量稳定。

4.8.3 气源厂的原料和产品的储量应满足用气高峰负荷的需要。

4.8.4 气源厂设计时，各类管线的口径应考虑用气高峰时的处理量和通过量。混合前、后的出厂煤气，均应设置煤气计量装置。

4.8.5 气源厂应设置调度室。

4.8.6 季节性调峰出厂燃气组分宜符合现行国家标准《城市燃气分类》GB/T 13611的规定。

5 净 化

5.1 一 般 规 定

5.1.1 本章适用于煤干馏制气的净化工艺设计。煤炭气化制气及重油裂解制气的净化工艺设计可参照采用。

5.1.2 煤气净化工艺的选择，应根据煤气的种类、用途、处理量和煤气中杂质的含量，并结合当地条件和煤气掺混情况等因素，经技术经济方案比较后确定。

煤气净化主要有煤气冷凝冷却、煤气排送、焦油雾脱除、氨脱除、粗苯吸收、萘最终脱除、硫化氢及氰化氢脱除、一氧化碳变换及煤气脱水等工艺。各工段的排列顺序根据不同的工艺需要确定。

5.1.3 煤气净化设备的能力，应按小时最大煤气处理量和其相应的杂质含量确定。

5.1.4 煤气净化装置的设计，应做到当净化设备检修和清洗时，出厂煤气中杂质含量仍能符合现行的国家标准《人工煤气》GB 13612 的规定。

5.1.5 煤气净化工艺设计，应与化工产品回收设计相结合。

5.1.6 煤气净化车间主要生产场所爆炸和火灾危险区域等级应符合本规范附录 B 的规定。

5.1.7 煤气净化工艺的设计应充分考虑废水、废气、废渣及噪声的处理，符合国家现行有关标准的规定，并应防止对环境造成二次污染。

5.1.8 煤气净化车间应提高计算机自动监测控制系统水平，降低劳动强度。

5.2 煤气的冷凝冷却

5.2.1 煤气的冷凝冷却宜采用间接式冷凝冷却工艺。也可采用先间接式冷凝冷却，后直接式冷凝冷却工艺。

5.2.2 间接式冷凝冷却工艺的设计，宜符合下列要求：

1 煤气经冷凝冷却后的温度，当采用半直接法回收氨以制取硫铵时，宜低于 35 ℃；当采用洗涤法回收氨时，宜低于 25 ℃；

2 冷却水宜循环使用，对水质宜进行稳定处理；

3 初冷器台数的设置原则，当其中 1 台检修时，其余各台仍能满足煤气冷凝冷却的要求；

4 采用轻质焦油除去管壁上的萘。

5.2.3 直接式冷凝冷却工艺的设计，宜符合下列要求：

1 煤气经冷却后的温度，低于 35 ℃；

2 开始生产及补充用冷却水的总硬度，小于 0.02 mmol/L；

3 洗涤水循环使用。

5.2.4 焦油氨水分离系统的工艺设计，应符合下列要求：

1 煤气的冷凝冷却为直接式冷凝冷却工艺时，初冷器排出的焦油氨水和荒煤气管排出的焦油氨水，宜采用分别澄清分离系统；

2 煤气的冷凝冷却为间接式冷凝冷却工艺时，初冷器排出的焦油氨水和荒煤气管排出的焦油氨水的处理：当脱氨为硫酸吸收法时，可采用混合澄清分离系统；当脱氨为水洗涤法时，可采用分别澄清分离系统；

3 剩余氨水应除油后再进行溶剂萃取脱酚和蒸氨；

4 焦油氨水分离系统的排放气应设置处理装置。

5.3 煤 气 排 送

5.3.1 煤气鼓风机的选择，应符合下列要求：

1 风量应按小时最大煤气处理量确定；

2 风压应按煤气系统的最大阻力和煤气罐的最高压力的总和确定；

3 煤气鼓风机的并联工作台数不宜超过3台。每1~3台，宜另设1台备用。

5.3.2 离心式鼓风机宜设置调速装置。

5.3.3 煤气循环管的设置，应符合下列要求：

1 当采用离心式鼓风机时，必须在鼓风机的出口煤气总管至初冷器前的煤气总管间设置大循环管。数台风机并联时，宜在鼓风机的进出口煤气总管间，设置小循环管；

注：当设有调速装置，且风机转速的变化能适应输气量的变化时可不设小循环管。

2 当采用容积式鼓风机时，每台鼓风机进出口的煤气管道上，必须设置旁通管。数台风机并联时，应在风机出口的煤气总管至初冷器前的煤气总管间设置大循环管，并应在风机的进出口煤气总管间设置小循环管。

5.3.4 用电动机带动的煤气鼓风机，其供电系统应符合现行的国家标准《供配电系统设计规范》GB 50052的“二级负荷”设计的规定；电动机应采取防爆措施。

5.3.5 离心式鼓风机应设有必要的连锁和信号装置。

5.3.6 鼓风机的布置，应符合下列要求：

1 鼓风机房安装高度，应能保证进口煤气管道内冷凝液排出通畅。当采用离心式鼓风机时，鼓风机进口煤气的冷凝液排出口与水封槽满流口中心高差不应小于2.5 m（以水柱表示）。

2 鼓风机机组之间和鼓风机与墙之间的通道宽度，应根据鼓风机的型号、操作和检修的需要等因素确定。

3 鼓风机机组的安装位置，应能使鼓风机前阻力最小，并使各台初冷器阻力均匀。

4 鼓风机房宜设置起重设备。

5 鼓风机应设置单独的仪表操作间；仪表操作间可毗邻鼓风机房的外墙设置，但应用耐火极限不低于3 h的非燃烧体实墙隔开，并应设置能观察鼓风机运转的隔声耐火玻璃窗。

6 离心鼓风机用的油站宜布置在底层，楼板面上留出检修孔或安装孔。油站的安装高度应满足鼓风机主油泵的吸油高度。鼓风机应设置事故供油装置。

7 鼓风机房应设煤气泄漏报警及事故通风设备。

8 鼓风机房应做不发火花地面。

5.4 焦油雾的脱除

5.4.1 煤气中焦油雾的脱除设备，宜采用电捕焦油器。电捕焦油器不得少于2台，并应并联设置。

5.4.2 电捕焦油器设计，应符合下列要求：

1 电捕焦油器应设置泄爆装置、放散管和蒸汽管，负压回收流程可不设泄爆装置；

2 电捕焦油器宜设有煤气含氧量的自动测量仪；

3 当干馏煤气中含氧量大于1%（体积分数）时应进行自动报警，当含氧量达到2%或电捕焦油器的绝缘箱温度低于规定值时，应有能立即切断电源的措施。

5.5 硫酸吸收法氨的脱除

5.5.1 采用硫酸吸收进行氨的脱除和回收时，宜采用半直接法。当采用饱和器时，其设计应符合下列要求：

1 煤气预热器的煤气出口温度，宜为60～80 ℃；

2 煤气在饱和器环形断面内的流速，应为0.7～0.9 m/s；

3 饱和器出口煤气中含氨量应小于30 mg/m^3；

4 循环母液的小时流量，不应小于饱和器内母液容积的3倍；

5 氨水中的酚宜回收。酚的回收可在蒸氨工艺之前进行；蒸氨后的废氨水中含氨量，应小于300 mg/L。

5.5.2 硫铵工段布置应符合下列要求：

1 硫铵工段可由硫铵、吡啶、蒸氨和酸碱储槽等组成，其布置应考虑运输方便；

2 硫铵工段应设置现场分析台；

3 吡啶操作室应与硫铵操作室分开布置，可用楼梯间隔开；

4 蒸氨设备宜露天布置并布置在吡啶装置一侧。

5.5.3 饱和器机组布置宜符合下列要求：

1 饱和器中心与主厂房外墙的距离，应根据饱和器直径确定，并宜符合表5.5.3－1的规定；

2 饱和器中心间的最小距离，应根据饱和器直径确定，并宜符合表5.5.3－2的规定；

表5.5.3－1 饱和器中心与主厂房外墙的距离

饱和器直径（mm）	6250	5500	4500	3000	2000
饱和器中心与主厂房外墙距离（m）	≥12	≥10	7～10		

表5.5.3－2 饱和器中心间的最小距离

饱和器直径（mm）	6250	5500	4500	3000
饱和器中心距（m）	12	10	9	7

3 饱和器锥形底与防腐地坪的垂直距离应大于 400 mm；

4 泵宜露天布置。

5.5.4 离心干燥系统设备的布置宜符合下列要求。

1 硫铵操作室的楼层标高，应满足下列要求：

1）由结晶槽至离心机母液能顺利自流；

2）离心机分离出母液能自流入饱和器。

2 2 台连续式离心机的中心距不宜小于 4 m。

5.5.5 蒸氨和吡啶系统的设计应符合下列要求：

1 吡啶生产应负压操作；

2 各溶液的流向应保证自流。

5.5.6 硫铵系统设备的选用和设置应符合下列要求：

1 饱和器机组必须设置备品，其备品率为 50% ~100%；

2 硫铵系统宜设置 2 个母液储槽；

3 硫铵结晶的分离应采用耐腐蚀的连续离心机，并应设置备品；

4 硫铵系统必须设置粉尘捕集器。

5.5.7 设备和管道中硫酸浓度小于 75% 时，应采取防腐蚀措施。

5.5.8 离心机室的墙裙、各操作室的地面、饱和器机组母液储槽的周围地坪和可能接触腐蚀性介质的地方，均应采取防腐蚀措施。

5.5.9 对酸焦油、废酸液等应分别处理。

5.6 水洗涤法氨的脱除

5.6.1 煤气进入洗氨塔前，应脱除焦油雾和萘。进入洗氨塔的煤气含萘量应小于 500 mg/m³。

5.6.2 洗氨塔出口煤气含氨量，应小于 100 mg/m³。

5.6.3 洗氨塔出口煤气温度，宜为 25 ~27 ℃。

5.6.4 新洗涤水的温度应低于 25 ℃；总硬度不宜大于 0.02 mmol/L。

5.6.5 水洗涤法脱氨的设计宜符合下列要求：

1 洗涤塔不得少于 2 台，并应串联设置；

2 两相邻塔间净距不宜小于 2.5 m；当塔径超过 5 m 时，塔间净距宜取塔径的一半；当采用多段循环洗涤塔时，塔间净距不宜小于 4 m；

3 洗涤泵房与塔群间净距不宜小于 5 m；

4 蒸氨和黄血盐系统除泵、离心机和碱、铁刨花、黄血盐等储存库外，其余均宜露天布置；

5 当采用废氨水洗氨时，废氨水冷却器宜设置在洗涤部分。

5.6.6 富氨水必须妥善处理，不得造成二次污染。

5.7 煤气最终冷却

5.7.1 煤气最终冷却宜采用间接式冷却。

5.7.2 煤气经最终冷却后，其温度宜低于 27 ℃。

5.7.3 当煤气最终冷却采用横管式间接式冷却时，其设计应符合下列要求：

1 煤气在管间宜自上向下流动，冷却水在管内宜自下向上流动。在煤气侧宜有清除管壁上萘的设施；

2 横管内冷却水可分为两段，其下段水入口温度，宜低于20 ℃；

3 冷却器煤气出口处宜设捕雾装置。

5.8 粗苯的吸收

5.8.1 煤气中粗苯的吸收，宜采用溶剂常压吸收法。

5.8.2 吸收粗苯用的洗油，宜采用焦油洗油。

5.8.3 洗油循环量，应按煤气中粗苯含量和洗油的种类等因素确定。循环洗油中含萘量宜小于5% 。

5.8.4 采用不同类型的洗苯塔时，应符合下列要求：

1 当采用木格填料塔时，不应少于2 台，并应串联设置；

2 当采用钢板网填料塔或塑料填料塔时，宜采用2 台并宜串联设置；

3 当煤气流量比较稳定时，可采用筛板塔。

5.8.5 洗苯塔的设计参数，应符合下列要求：

1 木格填料塔：煤气在木格间有效截面的流速，宜取1.6～1.8 m/s；吸收面积宜按1.0～1.1 $m^2/(m^3 \cdot h)$（煤气）计算；

2 钢板网填料塔：煤气的空塔流速，宜取0.9～1.1 m/s；吸收面积宜按0.6～0.7 $m^2/(m^3 \cdot h)$（煤气）计算；

3 筛板塔：煤气的空塔流速，宜取1.2～2.5 m/s。每块湿板的阻力，宜取200 Pa。

5.8.6 系统必须设置相应的粗苯蒸馏装置。

5.8.7 所有粗苯储槽的放散管皆应装设呼吸阀。

5.9 萘的最终脱除

5.9.1 萘的最终脱除，宜采用溶剂常压吸收法。

5.9.2 洗萘用的溶剂宜采用直馏轻柴油或低萘焦油洗油。

5.9.3 最终洗萘塔，宜采用填料塔，可不设备用。

5.9.4 最终洗萘塔，宜分为两段。第一段可采用循环溶剂喷淋；第二段应采用新鲜溶剂喷淋，并设定时定量控制装置。

5.9.5 当进入最终洗萘塔的煤气中含萘量小于400 mg/m^3 和温度低于30 ℃时，最终洗萘塔的设计参数宜符合下列要求：

1 煤气的空塔流速0.65～0.75 m/s；

2 吸收面积按大于0.35 $m^2/(m^3 \cdot h)$（煤气）计算。

5.10 湿法脱硫

5.10.1 以煤或重油为原料所产生的人工煤气的脱硫脱氰宜采用氧化再生法。

5.10.2 氧化再生法的脱硫液，应选用硫容量大、副反应小、再生性能好、无毒和原料来源比较方便的脱硫液。

5.10.3 当采用氧化再生法脱硫时，煤气进入脱硫装置前，应脱除油雾。

当采用氨型的氧化再生法脱硫时，脱硫装置应设在氨的脱除装置之前。

5.10.4 当采用蒽醌二磺酸钠法常压脱硫时，其吸收部分的设计应符合下列要求：

1 脱硫液的硫容量，应根据煤气中硫化氢的含量，并按照相似条件下的运行经验或试验资料确定；

注：当无资料时，可取0.2~0.25 kg(硫)/m^3（溶液）。

2 脱硫塔宜采用木格填料塔或塑料填料塔；

3 煤气在木格填料塔内空塔流速，宜取0.5 m/s；

4 脱硫液在反应槽内停留时间，宜取8~10 min；

5 脱硫塔台数的设置原则，应在操作塔检修时，出厂煤气中硫化氢含量仍能符合现行的国家标准《人工煤气》GB 13612 的规定。

5.10.5 蒽醌二磺酸钠法常压脱硫再生设备，宜采用高塔式或喷射再生槽式。

1 当采用高塔式再生设备时，其设计应符合下列要求：

1）再生塔吹风强度宜取100~130 $m^3/(m^2 \cdot h)$。空气耗量可按9~13 m^3/kg（硫）计算；

2）脱硫液在再生塔内停留时间，宜取25~30 min；

3）再生塔液位调节器的升降控制器，宜设在硫泡沫槽处；

4）宜设置专用的空气压缩机。入塔的空气应除油。

2 当采用喷射再生设备时，其设计宜符合下列要求：

1）再生槽吹风强度，宜取80~145 $m^3/(m^2 \cdot h)$；空气耗量可按3.5~4 m^3/m^3（溶液）计算；

2）脱硫液在再生槽内停留时间，宜取6~10 min。

5.10.6 脱硫液加热器的设置位置，应符合下列要求：

1 当采用高塔式再生时，加热器宜位于富液泵与再生塔之间。

2 当采用喷射再生槽时，加热器宜位于贫液泵与脱硫塔之间。

5.10.7 蒽醌二磺酸钠法常压脱硫中硫磺回收部分的设计，应符合下列要求：

1 硫泡沫槽不应少于2台，并轮流使用。硫泡沫槽内应设有搅拌装置和蒸汽加热装置；

2 硫磺成品种类的选择，应根据煤气种类、硫磺产量并结合当地条件确定；

3 当生产熔融硫时，可采用硫膏在熔硫釜中脱水工艺。熔硫釜宜采用夹套罐式蒸汽加热。

硫渣和废液应分别回收集中处理，并应设废气净化装置。

5.10.8 事故槽的容量，应按系统中存液量大的单台设备容量设计。

5.10.9 煤气脱硫脱氰溶液系统中副产品回收设备的设置，应按煤气种类及脱硫副反应的特点进行设计。

5.11 常压氧化铁法脱硫

5.11.1 脱硫剂可选择成型脱硫剂，也可选用藻铁矿、钢厂赤泥、铸铁屑或与铸铁屑有同样性能的铁屑。

藻铁矿脱硫剂中活性氧化铁含量宜大于15%。当采用铸铁屑或铁屑时，必须经氧化处理。

配制脱硫剂用的疏松剂宜采用木屑。

5.11.2 常压氧化铁法脱硫设备可采用箱式或塔式。

5.11.3 当采用箱式常压氧化铁法时，其设计应符合下列要求：

1 当煤气通过脱硫设备时，流速宜取7~11 mm/s；当进口煤气中硫化氢含量小于1.0 g/m^3 时，其流速可适当提高；

2 煤气与脱硫剂的接触时间，宜取130~200 s；

3 每层脱硫剂的厚度，宜取0.3~0.8 m；

4 氧化铁法脱硫剂需用量不应小于下式的计算值：

$$V=\frac{1637\sqrt{C_s}}{f\cdot\rho} \quad (5.11.3)$$

式中 V——每小时1000 m^3 煤气所需脱硫剂的容积（m^3）；

C_s——煤气中硫化氢含量（体积分数）；

f——新脱硫剂中活性氧化铁含量，可取15% ~18%；

ρ——新脱硫剂密度（t/m^3）。当采用藻铁矿或铸铁屑脱硫剂时，可取0.8~0.9。

5 常压氧化铁法脱硫设备的操作设计温度，可取25~35 ℃。每个脱硫设备应设置蒸汽注入装置。寒冷地区的脱硫设备，应有保温措施；

6 每组脱硫箱（或塔），宜设一个备用。连通每个脱硫箱间的煤气管道的布置，应能依次向后轮环输气。

5.11.4 脱硫箱宜采用高架式。

5.11.5 箱式和塔式脱硫装置，其脱硫剂的装卸，应采用机械设备。

5.11.6 常压氧化铁法脱硫设备，应设有煤气安全泄压装置。

5.11.7 常压氧化铁法脱硫工段应设有配制和堆放脱硫剂的场地；场地应采用混凝土地坪。

5.11.8 脱硫剂采用箱内再生时，掺空气后煤气中含氧量应由煤气中硫化氢含量确定。但出箱时煤气中含氧量应小于2%（体积分数）。

5.12 一氧化碳的变换

5.12.1 本节适用于城镇煤气制气厂中对两段炉煤气、水煤气、半水煤气、发生炉煤气及其混合气体等人工煤气降低煤气中一氧化碳含量的工艺设计。

5.12.2 煤气一氧化碳变换可根据气质情况选择全部变换或部分变换工艺。

5.12.3 煤气的一氧化碳变换工艺宜采用常压变换工艺流程，根据煤气工艺生产情况也可采用加压变换工艺流程。

5.12.4 用于进行一氧化碳变换的煤气应为经过净化处理后的煤气。

5.12.5 用于进行一氧化碳变换的煤气，应进行煤气含氧量监测，煤气中含氧量（体积分数）不应大于0.5%。当煤气中含氧量达0.5% ~1.0%时应减量生产，当含氧量大于1%时应停车置换。

5.12.6 变换炉的设计应力求做到触媒能得到最有效的利用，结构简单、阻力小、热损失小、蒸汽耗量低。

5.12.7 一氧化碳变换反应宜采用中温变换，中温变换反应温度宜为380～520 ℃。

5.12.8 一氧化碳变换工艺的主要设计参数宜符合下列要求：

1 饱和塔入塔热水与出塔煤气的温度差宜为：3～5 ℃；

2 出饱和塔煤气的饱和度宜为：70%～90%；

3 饱和塔进、出水温度宜为：85～65 ℃；

4 热水塔进、出水温度宜为：65～80 ℃；

5 触媒层温度宜为：350～500 ℃；

6 进变换炉蒸汽与煤气比宜为：0.8～1.1（体积分数）；

7 变换炉进口煤气温度宜为：320～400 ℃；

8 进变换炉煤气中氧气含量应≤0.5%；

9 饱和塔、热水塔循环水杂质含量应$\leq 5\times 10^{-4}$；

10 一氧化碳变换系统总阻力宜≤0.02 MPa；

11 一氧化碳变换率宜为：85%～95%。

5.12.9 常压变换系统中热水塔应叠放在饱和塔之上。

5.12.10 一氧化碳变换工艺所用热水应采用封闭循环系统。

5.12.11 一氧化碳变换系统宜设预腐蚀器除酸。

5.12.12 循环水量应保证完成最大限度地传递热量，应满足喷淋密度的要求，并应使设备结构和运行费用经济合理。

5.12.13 一氧化碳变换炉、热水循环泵及冷却水泵宜设置为一开一备。

5.12.14 变换炉内触媒宜分为三段装填。

5.12.15 一氧化碳变换工艺过程中所产生的热量应进行回收。

5.12.16 一氧化碳工艺生产过程应设置必要的自动监控系统。

5.12.17 一氧化碳变换炉应设置超温报警及连锁控制。

5.13 煤 气 脱 水

5.13.1 煤气脱水宜采用冷冻法进行脱水。

5.13.2 煤气脱水工段宜设在压送工段后。

5.13.3 煤气脱水宜采用间接换热工艺。

5.13.4 工艺过程中的冷量应进行充分回收。

5.13.5 煤气脱水后的露点温度应低于最冷月地面下1 m处平均地温3～5 ℃。

5.13.6 换热器的结构设计应易于清理内部杂质。

5.13.7 制冷机组应选用变频机组。

5.13.8 煤气冷凝水应集中处理。

5.14 放 散 和 液 封

5.14.1 严禁在厂房内放散煤气和有害气体。

5.14.2 设备和管道上的放散管管口高度应符合下列要求：

1 当放散管直径大于150 mm时，放散管管口应高出厂房顶面、煤气管道、设备和走台4 m以上。

2 当放散管直径小于或等于150 mm时，放散管管口应高出厂房顶面、煤气管道、设备和走台2.5 m以上。

5.14.3 煤气系统中液封槽液封高度应符合下列要求：

1 煤气鼓风机出口处，应为鼓风机全压（以Pa表示）乘0.1加500 mm；

2 硫铵工段满流槽内的液封高度和水封槽内液封高度应满足煤气鼓风机全压（以Pa表示）乘0.1要求；

3 其余处均应为最大操作压力（以Pa表示）乘0.1加500 mm。

5.14.4 煤气系统液封槽的补水口严禁与供水管道直接相接。

6 燃气输配系统

6.1 一 般 规 定

6.1.1 本章适用于压力不大于4.0 MPa（表压）的城镇燃气（不包括液态燃气）室外输配工程的设计。

6.1.2 城镇燃气输配系统一般由门站、燃气管网、储气设施、调压设施、管理设施、监控系统等组成。城镇燃气输配系统设计，应符合城镇燃气总体规划。在可行性研究的基础上，做到远、近期结合，以近期为主，并经技术经济比较后确定合理的方案。

6.1.3 城镇燃气输配系统压力级制的选择，以及门站、储配站、调压站、燃气干管的布置，应根据燃气供应来源、用户的用气量及其分布、地形地貌、管材设备供应条件、施工和运行等因素，经过多方案比较，择优选取技术经济合理、安全可靠的方案。

城镇燃气干管的布置，应根据用户用量及其分布，全面规划，并宜按逐步形成环状管网供气进行设计。

6.1.3A 城镇燃气应具有稳定可靠的气源和满足调峰供应、应急供应等的气源能力储备。当采用天然气气源时，气源能力储备还应符合国家现行相关政策的规定。

6.1.3B 城镇燃气气源能力储备设施建设应因地制宜、合理布局、统筹规划，宜采用集中设置区域性储备设施的方式，天然气还宜符合下列规定：

1 具备地质条件时，宜采用地下储气库方式；

2 具备岸线和港口条件时，宜采用液化天然气接收站等方式；

3 在不具备建设地下储气库和液化天然气接收站条件的内陆地区，宜采用集约化布局的液化天然气储备基地方式。

6.1.4 城镇燃气采用天然气作气源时，逐月用气不均匀性平衡和应急供气应由气源方统筹调度解决；逐日用气不均匀性平衡应按国家现行相关政策要求由气源方与需气方根据用户、气源调节和储气方式等情况共同协商解决；逐小时用气不均匀性平衡，应由需气方设置调峰储气设施统筹调度解决。

需气方对城镇燃气用户应进行用气量预测，在各类用户全年综合用气负荷资料的基础上，制定逐月、逐日用气量计划，并与气源方协商签订供气合同，供气合同应明确供需双方的气量计划。

6.1.5 用于调峰供应的气源能力储备的规模，应根据计算月平均日用气总量、用户结构、供气和用气不均匀情况、运行稳定性和供气调度规律等因素，在充分利用气源可调量的基础上综合确定。

储备方式的选择应经方案比较，择优选取技术经济合理、安全可靠的方案；对来气压力较高的天然气输配系统宜采用管道储气的方式。

6.1.5A 气源能力储备设施与城镇燃气管网之间应设有能力和可靠性满足要求的输送系

统。当气源能力储备设施设置在异地时，应采取措施保证储备气源能够可靠、按需输送至城镇燃气管网，并应实现连续、稳定供气。

6.1.5B 当采用人工制气气源时，人工制气厂站的设计产量宜按设计规模的计算月最大日用气量确定，设计产量中的基本气量和调峰气量应符合现行国家标准《人工制气厂站设计规范》GB 51208 的有关规定。

6.1.5C 当城镇燃气设置可替代气源作为气源能力储备时，其供气能力及原料储备应与承担的供气和储备规模相适应。可替代气源与主气源的气质应具备满足要求的互换性。

6.1.5D 城镇燃气气源能力储备采用地下储气库方式时，地下储气库及其地面设施的设计应符合国家现行标准《地下储气库设计规范》SY/T 6848、《输气管道工程设计规范》GB 50251 及国家现行其他相关标准的规定。

6.1.6 城镇燃气管道的设计压力（*P*）分为7级，并应符合表6.1.6的要求。

表6.1.6 城镇燃气管道设计压力（表压）分级

名称		压力（MPa）
高压燃气管道	A	$2.5 < P \leqslant 4.0$
	B	$1.6 < P \leqslant 2.5$
次高压燃气管道	A	$0.8 < P \leqslant 1.6$
	B	$0.4 < P \leqslant 0.8$
中压燃气管道	A	$0.2 < P \leqslant 0.4$
	B	$0.01 \leqslant P \leqslant 0.2$
低压燃气管道		$P < 0.01$

6.1.7 燃气输配系统各种压力级别的燃气管道之间应通过调压装置相连。当有可能超过最大允许工作压力时，应设置防止管道超压的安全保护设备。

6.2 燃气管道计算流量和水力计算

6.2.1 城镇燃气管道的计算流量，应按计算月的小时最大用气量计算。该小时最大用气量应根据所有用户燃气用气量的变化叠加后确定。

独立居民小区和庭院燃气支管的计算流量宜按本规范第10.2.9条规定执行。

6.2.2 居民生活和商业用户燃气小时计算流量（0 ℃和101.325 kPa），宜按下式计算：

$$Q_h = \frac{1}{n} Q_a \tag{6.2.2-1}$$

$$n = \frac{365 \times 24}{K_m K_d K_h} \tag{6.2.2-2}$$

式中 Q_h——燃气小时计算流量（m^3/h）；

Q_a——年燃气用量（m^3/a）；

n——年燃气最大负荷利用小时数（h）；

K_m——月高峰系数，计算月的日平均用气量和年的日平均用气量之比；

K_d——日高峰系数，计算月中的日最大用气量和该月日平均用气量之比；

K_h——小时高峰系数，计算月中最大用气量日的小时最大用气量和该日小时平均用气量之比。

6.2.3 居民生活和商业用户用气的高峰系数，应根据该城镇各类用户燃气用量（或燃料用量）的变化情况，编制成月、日、小时用气负荷资料，经分析研究确定。

工业企业和燃气汽车用户燃气小时计算流量，宜按每个独立用户生产的特点和燃气用量（或燃料用量）的变化情况，编制成月、日、小时用气负荷资料确定。

6.2.4 采暖通风和空调所需燃气小时计算流量，可按国家现行的标准《城市热力网设计规范》CJJ 34 有关热负荷规定并考虑燃气采暖通风和空调的热效率折算确定。

6.2.5 低压燃气管道单位长度的摩擦阻力损失应按下式计算：

$$\frac{\Delta P}{l}=6.26\times10^{7}\lambda\frac{Q^{2}}{d^{5}}\rho\frac{T}{T_{0}} \tag{6.2.5}$$

式中 ΔP——燃气管道摩擦阻力损失（Pa）；

λ——燃气管道摩擦阻力系数，宜按式（6.2.6－2）和附录 C 第 C.0.1 条第 1、2 款计算；

l——燃气管道的计算长度（m）；

Q——燃气管道的计算流量（m^3/h）；

d——管道内径（mm）；

ρ——燃气的密度（kg/m^3）；

T——设计中所采用的燃气温度（K）；

T_0——273.15（K）。

6.2.6 高压、次高压和中压燃气管道的单位长度摩擦阻力损失，应按式（6.2.6－1）计算：

$$\frac{P_1^2-P_2^2}{L}=1.27\times10^{10}\lambda\frac{Q^2}{d^5}\rho\frac{T}{T_0}Z \tag{6.2.6-1}$$

$$\frac{1}{\sqrt{\lambda}}=-2\lg\left[\frac{K}{3.7d}+\frac{2.51}{Re\sqrt{\lambda}}\right] \tag{6.2.6-2}$$

式中 P_1——燃气管道起点的压力（绝对压力，kPa）；

P_2——燃气管道终点的压力（绝对压力，kPa）；

Z——压缩因子，当燃气压力小于 1.2 MPa（表压）时，Z 取 1；

L——燃气管道的计算长度（km）；

λ——燃气管道摩擦阻力系数，宜按式（6.2.6－2）计算；

K——管壁内表面的当量绝对粗糙度（mm）；

Re——雷诺数（无量纲）。

注：当燃气管道的摩擦阻力系数采用手算时，宜采用附录 C 公式。

6.2.7 室外燃气管道的局部阻力损失可按燃气管道摩擦阻力损失的 5% ~10% 进行计算。

6.2.8 城镇燃气低压管道从调压站到最远燃具管道允许阻力损失，可按下式计算：

$$\Delta P_d = 0.75 P_n + 150 \tag{6.2.8}$$

式中 ΔP_d——从调压站到最远燃具的管道允许阻力损失（Pa）；

P_n——低压燃具的额定压力（Pa）。

注：ΔP_d 含室内燃气管道允许阻力损失，室内燃气管道允许阻力损失应按本规范第10.2.11条确定。

6.3 压力不大于1.6 MPa的室外燃气管道

6.3.1 中压和低压燃气管道宜采用聚乙烯管、机械接口球墨铸铁管、钢管或钢骨架聚乙烯塑料复合管，并应符合下列要求：

1 聚乙烯燃气管道应符合现行的国家标准《燃气用埋地聚乙烯管材》GB 15558.1和《燃气用埋地聚乙烯管件》GB 15558.2的规定；

2 机械接口球墨铸铁管道应符合现行的国家标准《水及燃气管道用球墨铸铁管、管件和附件》GB/T 13295的规定；

3 钢管采用焊接钢管、镀锌钢管或无缝钢管时，应分别符合现行的国家标准《低压流体输送用焊接钢管》GB/T 3091、《输送流体用无缝钢管》GB/T 8163的规定；

4 钢骨架聚乙烯塑料复合管道应符合国家现行标准《燃气用钢骨架聚乙烯塑料复合管》CJ/T 125和《燃气用钢骨架聚乙烯塑料复合管件》CJ/T 126的规定。

6.3.2 次高压燃气管道应采用钢管。其管材和附件应符合本规范第6.4.4条的要求。地下次高压B燃气管道也可采用钢号Q235B焊接钢管，并应符合现行国家标准《低压流体输送用焊接钢管》GB/T 3091的规定。

次高压钢质燃气管道直管段计算壁厚应按式（6.4.6）计算确定。最小公称壁厚不应小于表6.3.2的规定。

表6.3.2 钢质燃气管道最小公称壁厚

钢管公称直径 *DN*（mm）	公称壁厚（mm）
*DN*100～150	4.0
*DN*200～300	4.8
*DN*350～450	5.2
*DN*500～550	6.4
*DN*600～700	7.1
*DN*750～900	7.9
*DN*950～1000	8.7
*DN*1050	9.5

6.3.3 地下燃气管道不得从建筑物和大型构筑物（不包括架空的建筑物和大型构筑物）

的下面穿越。

地下燃气管道与建筑物、构筑物或相邻管道之间的水平和垂直净距，不应小于表 6.3.3－1 和表 6.3.3－2 的规定。

表 6.3.3－1　地下燃气管道与建筑物、构筑物或相邻管道之间的水平净距（m）

项　目		地下燃气管道压力（MPa）				
		低压 <0.01	中　压		次高压	
			B ≤0.2	A ≤0.4	B 0.8	A 1.6
建筑物	基础	0.7	1.0	1.5	—	—
	外墙面（出地面处）	—	—	5.0	13.5	
给水管		0.5	0.5	0.5	1.0	1.5
污水、雨水排水管		1.0	1.2	1.2	1.5	2.0
电力电缆（含电车电缆）	直　埋	0.5	0.5	0.5	1.0	1.5
	在导管内	1.0	1.0	1.0	1.0	1.5
通信电缆	直　埋	0.5	0.5	0.5	1.0	1.5
	在导管内	1.0	1.0	1.0	1.0	1.5
其他燃气管道	DN≤300 mm	0.4	0.4	0.4	0.4	0.4
	DN>300 mm	0.5	0.5	0.5	0.5	0.5
热力管	直　埋	1.0	1.0	1.0	1.5	2.0
	在管沟内（至外壁）	1.0	1.5	1.5	2.0	4.0
电杆（塔）的基础	≤35 kV	1.0	1.0	1.0	1.0	1.0
	>35 kV	2.0	2.0	2.0	5.0	5.0
通信照明电杆（至电杆中心）		1.0	1.0	1.0	1.0	1.0
铁路路堤坡脚		5.0	5.0	5.0	5.0	5.0
有轨电车钢轨		2.0	2.0	2.0	2.0	2.0
街树（至树中心）		0.75	0.75	0.75	1.2	1.2

表 6.3.3－2　地下燃气管道与构筑物或相邻管道之间垂直净距（m）

项　　目		地下燃气管道（当有套管时，以套管计）
给水管、排水管或其他燃气管道		0.15
热力管、热力管的管沟底（或顶）		0.15
电　缆	直　埋	0.50
	在导管内	0.15

表 6.3.3-2（续）

项　　目	地下燃气管道（当有套管时，以套管计）
铁路（轨底）	1.20
有轨电车（轨底）	1.00

注：1　当次高压燃气管道压力与表中数不相同时，可采用直线方程内插法确定水平净距。

2　如受地形限制不能满足表 6.3.3-1 和表 6.3.3-2 时，经与有关部门协商，采取有效的安全防护措施后，表 6.3.3-1 和表 6.3.3-2 规定的净距，均可适当缩小，但低压管道不应影响建（构）筑物和相邻管道基础的稳固性，中压管道距建筑物基础不应小于 0.5 m 且距建筑物外墙面不应小于 1 m，次高压燃气管道距建筑物外墙面不应小于 3.0 m。其中当对次高压 A 燃气管道采取有效的安全防护措施或当管道壁厚不小于 9.5 mm 时，管道距建筑物外墙面不应小于 6.5 m；当管壁厚度不小于 11.9 mm 时，管道距建筑物外墙面不应小于 3.0 m。

3　表 6.3.3-1 和表 6.3.3-2 规定除地下燃气管道与热力管的净距不适于聚乙烯燃气管道和钢骨架聚乙烯塑料复合管外，其他规定均适用于聚乙烯燃气管道和钢骨架聚乙烯塑料复合管道。聚乙烯燃气管道与热力管道的净距应按国家现行标准《聚乙烯燃气管道工程技术规程》CJJ 63 执行。

4　地下燃气管道与电杆（塔）基础之间的水平净距，还应满足本规范表 6.7.5 地下燃气管道与交流电力线接地体的净距规定。

6.3.4　地下燃气管道埋设的最小覆土厚度（路面至管顶）应符合下列要求：

1　埋设在机动车道下时，不得小于 0.9 m；

2　埋设在非机动车车道（含人行道）下时，不得小于 0.6 m；

3　埋设在机动车不可能到达的地方时，不得小于 0.3 m；

4　埋设在水田下时，不得小于 0.8 m。

注：当不能满足上述规定时，应采取有效的安全防护措施。

6.3.5　输送湿燃气的燃气管道，应埋设在土壤冰冻线以下。

燃气管道坡向凝水缸的坡度不宜小于 0.003。

6.3.6　地下燃气管道的基础宜为原土层。凡可能引起管道不均匀沉降的地段，其基础应进行处理。

6.3.7　地下燃气管道不得在堆积易燃、易爆材料和具有腐蚀性液体的场地下面穿越，并不宜与其他管道或电缆同沟敷设。当需要同沟敷设时，必须采取有效的安全防护措施。

6.3.8　地下燃气管道从排水管（沟）、热力管沟、隧道及其他各种用途沟槽内穿过时，应将燃气管道敷设于套管内。套管伸出构筑物外壁不应小于表 6.3.3-1 中燃气管道与该构筑物的水平净距。套管两端应采用柔性的防腐、防水材料密封。

6.3.9　燃气管道穿越铁路、高速公路、电车轨道或城镇主要干道时应符合下列要求：

1　穿越铁路或高速公路的燃气管道，应加套管。

注：当燃气管道采用定向钻穿越并取得铁路或高速公路部门同意时，可不加套管。

2　穿越铁路的燃气管道的套管，应符合下列要求：

1）套管埋设的深度：铁路轨底至套管顶不应小于 1.20 m，并应符合铁路管理部门的要求；

2）套管宜采用钢管或钢筋混凝土管；

3）套管内径应比燃气管道外径大 100 mm 以上；

4）套管两端与燃气管的间隙应采用柔性的防腐、防水材料密封，其一端应装设检漏管；

5）套管端部距路堤坡脚外的距离不应小于2.0 m。

3 燃气管道穿越电车轨道或城镇主要干道时宜敷设在套管或管沟内；穿越高速公路的燃气管道的套管、穿越电车轨道或城镇主要干道的燃气管道的套管或管沟，应符合下列要求：

1）套管内径应比燃气管道外径大100 mm以上，套管或管沟两端应密封，在重要地段的套管或管沟端部宜安装检漏管；

2）套管或管沟端部距电车道边轨不应小于2.0 m；距道路边缘不应小于1.0 m。

4 燃气管道宜垂直穿越铁路、高速公路、电车轨道或城镇主要干道。

6.3.10 燃气管道通过河流时，可采用穿越河底或采用管桥跨越的形式。当条件许可时，可利用道路桥梁跨越河流，并应符合下列要求：

1 随桥梁跨越河流的燃气管道，其管道的输送压力不应大于0.4 MPa。

2 当燃气管道随桥梁敷设或采用管桥跨越河流时，必须采取安全防护措施。

3 燃气管道随桥梁敷设，宜采取下列安全防护措施：

1）敷设于桥梁上的燃气管道应采用加厚的无缝钢管或焊接钢管，尽量减少焊缝，对焊缝进行100%无损探伤；

2）跨越通航河流的燃气管道管底标高，应符合通航净空的要求，管架外侧应设置护桩；

3）在确定管道位置时，与随桥敷设的其他管道的间距应符合现行国家标准《工业企业煤气安全规程》GB 6222支架敷管的有关规定；

4）管道应设置必要的补偿和减振措施；

5）对管道应做较高等级的防腐保护；

对于采用阴极保护的埋地钢管与随桥管道之间应设置绝缘装置；

6）跨越河流的燃气管道的支座（架）应采用不燃烧材料制作。

6.3.11 燃气管道穿越河底时，应符合下列要求：

1 燃气管道宜采用钢管；

2 燃气管道至河床的覆土厚度，应根据水流冲刷条件及规划河床确定。对不通航河流不应小于0.5 m；对通航的河流不应小于1.0 m，还应考虑疏浚和投锚深度；

3 稳管措施应根据计算确定；

4 在埋设燃气管道位置的河流两岸上、下游应设立标志。

6.3.12 穿越或跨越重要河流的燃气管道，在河流两岸均应设置阀门。

6.3.13 在次高压、中压燃气干管上，应设置分段阀门，并应在阀门两侧设置放散管。在燃气支管的起点处，应设置阀门。

6.3.14 地下燃气管道上的检测管、凝水缸的排水管、水封阀和阀门，均应设置护罩或护井。

6.3.15 室外架空的燃气管道，可沿建筑物外墙或支柱敷设，并应符合下列要求：

1 中压和低压燃气管道，可沿建筑耐火等级不低于二级的住宅或公共建筑的外墙敷设；

次高压B、中压和低压燃气管道，可沿建筑耐火等级不低于二级的丁、戊类生产厂房的外墙敷设。

2 沿建筑物外墙的燃气管道距住宅或公共建筑物中不应敷设燃气管道的房间门、窗洞口的净距：中压管道不应小于0.5 m，低压管道不应小于0.3 m。燃气管道距生产厂房建筑物门、窗洞口的净距不限。

3 架空燃气管道与铁路、道路、其他管线交叉时的垂直净距不应小于表6.3.15的规定。

表6.3.15 架空燃气管道与铁路、道路、其他管线交叉时的垂直净距

建筑物和管线名称		最小垂直净距（m）	
		燃气管道下	燃气管道上
铁路轨顶		6.0	—
城市道路路面		5.5	—
厂区道路路面		5.0	—
人行道路路面		2.2	—
架空电力线，电压	3 kV以下	—	1.5
	3~10 kV	—	3.0
	35~66 kV	—	4.0
其他管道，管径	≤300 mm	同管道直径，但不小于0.10	同左
	>300 mm	0.30	0.30

注：1 厂区内部的燃气管道，在保证安全的情况下，管底至道路路面的垂直净距可取4.5 m；管底至铁路轨顶的垂直净距，可取5.5 m。在车辆和人行道以外的地区，可在从地面到管底高度不小于0.35 m的低支柱上敷设燃气管道。

2 电气机车铁路除外。

3 架空电力线与燃气管道的交叉垂直净距尚应考虑导线的最大垂度。

4 输送湿燃气的管道应采取排水措施，在寒冷地区还应采取保温措施。燃气管道坡向凝水缸的坡度不宜小于0.003。

5 工业企业内燃气管道沿支柱敷设时，尚应符合现行的国家标准《工业企业煤气安全规程》GB 6222的规定。

6.4 压力大于1.6 MPa的室外燃气管道

6.4.1 本节适用于压力大于1.6 MPa（表压）但不大于4.0 MPa（表压）的城镇燃气（不包括液态燃气）室外管道工程的设计。

6.4.2 城镇燃气管道通过的地区，应按沿线建筑物的密集程度划分为四个管道地区等级，并依据管道地区等级作出相应的管道设计。

6.4.3 城镇燃气管道地区等级的划分应符合下列规定：

1 沿管道中心线两侧各200 m范围内，任意划分为1.6 km长并能包括最多供人居住的独立建筑物数量的地段，作为地区分级单元。

注：在多单元住宅建筑物内，每个独立住宅单元按一个供人居住的独立建筑物计算。

2 管道地区等级应根据地区分级单元内建筑物的密集程度划分，并应符合下列规定：

1）一级地区：有12个或12个以下供人居住的独立建筑物。

2）二级地区：有12个以上，80个以下供人居住的独立建筑物。

3）三级地区：介于二级和四级之间的中间地区。有80个或80个以上供人居住的独立建筑物但不够四级地区条件的地区、工业区或距人员聚集的室外场所90 m内铺设管线的区域。

4）四级地区：4层或4层以上建筑物（不计地下室层数）普遍且占多数、交通频繁、地下设施多的城市中心城区（或镇的中心区域等）。

3 二、三、四级地区的长度应按下列规定调整：

1）四级地区垂直于管道的边界线距最近地上4层或4层以上建筑物不应小于200 m。

2）二、三级地区垂直于管道的边界线距该级地区最近建筑物不应小于200 m。

4 确定城镇燃气管道地区等级，宜按城市规划为该地区的今后发展留有余地。

6.4.4 高压燃气管道采用的钢管和管道附件材料应符合下列要求：

1 燃气管道所用钢管、管道附件材料的选择，应根据管道的使用条件（设计压力、温度、介质特性、使用地区等）、材料的焊接性能等因素，经技术经济比较后确定。

2 燃气管道选用的钢管，应符合现行国家标准《石油天然气工业 输送钢管交货技术条件 第1部分：A级钢管》GB/T 9711.1（L175级钢管除外）、《石油天然气工业 输送钢管交货技术条件 第2部分：B级钢管》GB/T 9711.2和《输送流体用无缝钢管》GB/T 8163的规定，或符合不低于上述三项标准相应技术要求的其他钢管标准。三级和四级地区高压燃气管道材料钢级不应低于L245。

3 燃气管道所采用的钢管和管道附件应根据选用的材料、管径、壁厚、介质特性、使用温度及施工环境温度等因素，对材料提出冲击试验和（或）落锤撕裂试验要求。

4 当管道附件与管道采用焊接连接时，两者材质应相同或相近。

5 管道附件中所用的锻件，应符合国家现行标准《压力容器用碳素钢和低合金钢锻件》JB 4726、《低温压力容器用低合金钢锻件》JB 4727的有关规定。

6 管道附件不得采用螺旋焊缝钢管制作，严禁采用铸铁制作。

6.4.5 燃气管道强度设计应根据管段所处地区等级和运行条件，按可能同时出现的永久荷载和可变荷载的组合进行设计。当管道位于地震设防烈度7度及7度以上地区时，应考虑管道所承受的地震荷载。

6.4.6 钢质燃气管道直管段计算壁厚应按式（6.4.6）计算，计算所得到的厚度应按钢管标准规格向上选取钢管的公称壁厚。最小公称壁厚不应小于表6.3.2的规定。

$$\delta=\frac{PD}{2\sigma_s\phi F} \tag{6.4.6}$$

式中 δ——钢管计算壁厚（mm）；

P——设计压力（MPa）；

D——钢管外径（mm）；

σ_s——钢管的最低屈服强度（MPa）；

F——强度设计系数，按表 6.4.8 和表 6.4.9 选取；

ϕ——焊缝系数。当采用符合第 6.4.4 条第 2 款规定的钢管标准时取 1.0。

6.4.7 对于采用经冷加工后又经加热处理的钢管，当加热温度高于 320 ℃（焊接除外）或采用经过冷加工或热处理的钢管煨弯成弯管时，则在计算该钢管或弯管壁厚时，其屈服强度应取该管材最低屈服强度（σ_s）的 75%。

6.4.8 城镇燃气管道的强度设计系数（F）应符合表 6.4.8 的规定。

表 6.4.8 城镇燃气管道的强度设计系数

地区等级	强度设计系数（F）
一级地区	0.72
二级地区	0.60
三级地区	0.40
四级地区	0.30

6.4.9 穿越铁路、公路和人员聚集场所的管道以及门站、储配站、调压站内管道的强度设计系数，应符合表 6.4.9 的规定。

表 6.4.9 穿越铁路、公路和人员聚集场所的管道以及门站、储配站、调压站内管道的强度设计系数（F）

<table>
<tr><th rowspan="2">管 道 及 管 段</th><th colspan="4">地 区 等 级</th></tr>
<tr><th>一</th><th>二</th><th>三</th><th>四</th></tr>
<tr><td>有套管穿越Ⅲ、Ⅳ级公路的管道</td><td>0.72</td><td>0.6</td><td rowspan="5">0.4</td><td rowspan="5">0.3</td></tr>
<tr><td>无套管穿越Ⅲ、Ⅳ级公路的管道</td><td>0.6</td><td>0.5</td></tr>
<tr><td>有套管穿越Ⅰ、Ⅱ级公路、高速公路、铁路的管道</td><td>0.6</td><td>0.6</td></tr>
<tr><td>门站、储配站、调压站内管道及其上、下游各 200 m 管道，截断阀室管道及其上、下游各 50 m 管道（其距离从站和阀室边界线起算）</td><td>0.5</td><td>0.5</td></tr>
<tr><td>人员聚集场所的管道</td><td>0.4</td><td>0.4</td></tr>
</table>

6.4.10 下列计算或要求应符合现行国家标准《输气管道工程设计规范》GB 50251 的相应规定：

1 受约束的埋地直管段轴向应力计算和轴向应力与环向应力组合的当量应力校核；

2 受内压和温差共同作用下弯头的组合应力计算；

3 管道附件与没有轴向约束的直管段连接时的热膨胀强度校核；

4 弯头和弯管的管壁厚度计算；

5 燃气管道径向稳定校核。

6.4.11 一级或二级地区地下燃气管道与建筑物之间的水平净距不应小于表6.4.11的规定。

表6.4.11 一级或二级地区地下燃气管道与建筑物之间的水平净距（m）

燃气管道公称直径 *DN*（mm）	地下燃气管道压力（MPa）		
	1.61	2.50	4.00
900＜*DN*≤1050	53	60	70
750＜*DN*≤900	40	47	57
600＜*DN*≤750	31	37	45
450＜*DN*≤600	24	28	35
300＜*DN*≤450	19	23	28
150＜*DN*≤300	14	18	22
DN≤150	11	13	15

注：1 当燃气管道强度设计系数不大于0.4时，一级或二级地区地下燃气管道与建筑物之间的水平净距可按表6.4.12确定。

2 水平净距是指管道外壁到建筑物出地面处外墙面的距离。建筑物是指平常有人的建筑物。

3 当燃气管道压力与表中数不相同时，可采用直线方程内插法确定水平净距。

6.4.12 三级地区地下燃气管道与建筑物之间的水平净距不应小于表6.4.12的规定。

表6.4.12 三级地区地下燃气管道与建筑物之间的水平净距（m）

燃气管道公称直径和壁厚 δ（mm）	地下燃气管道压力（MPa）		
	1.61	2.50	4.00
A 所有管径 δ＜9.5	13.5	15.0	17.0
B 所有管径 9.5≤δ＜11.9	6.5	7.5	9.0
C 所有管径 δ≥11.9	3.0	5.0	8.0

注：1 当对燃气管道采取有效的保护措施时，δ＜9.5 mm 的燃气管道也可采用表中B行的水平净距。

2 水平净距是指管道外壁到建筑物出地面处外墙面的距离。建筑物是指平常有人的建筑物。

3 当燃气管道压力与表中数不相同时，可采用直线方程内插法确定水平净距。

6.4.13 高压地下燃气管道与构筑物或相邻管道之间的水平和垂直净距，不应小于表6.3.3－1和6.3.3－2次高压A的规定。但高压A和高压B地下燃气管道与铁路路堤坡脚的水平净距分别不应小于8 m和6 m；与有轨电车钢轨的水平净距分别不应小于4 m和3 m。

注：当达不到本条净距要求时，采取有效的防护措施后，净距可适当缩小。

6.4.14 四级地区地下燃气管道输配压力不宜大于1.6 MPa（表压）。其设计应遵守本规范6.3节的有关规定。

四级地区地下燃气管道输配压力不应大于4.0 MPa（表压）。

6.4.15 高压燃气管道的布置应符合下列要求：

1 高压燃气管道不宜进入四级地区；当受条件限制需要进入或通过四级地区时，应遵守下列规定：

1）高压A地下燃气管道与建筑物外墙面之间的水平净距不应小于30 m（当管壁厚度$\delta \geq 9.5$ mm或对燃气管道采取有效的保护措施时，不应小于15 m）；

2）高压B地下燃气管道与建筑物外墙面之间的水平净距不应小于16 m（当管壁厚度$\delta \geq 9.5$ mm或对燃气管道采取有效的保护措施时，不应小于10 m）；

3）管道分段阀门应采用遥控或自动控制。

2 高压燃气管道不应通过军事设施、易燃易爆仓库、国家重点文物保护单位的安全保护区、飞机场、火车站、海（河）港码头。当受条件限制管道必须在本款所列区域内通过时，必须采取安全防护措施。

3 高压燃气管道宜采用埋地方式敷设。当个别地段需要采用架空敷设时，必须采取安全防护措施。

6.4.16 当管道安全评估中危险性分析证明，可能发生事故的次数和结果合理时，可采用与表6.4.11、表6.4.12和6.4.15条不同的净距和采用与表6.4.8、表6.4.9不同的强度设计系数（F）。

6.4.17 焊接支管连接口的补强应符合下列规定：

1 补强的结构形式可采用增加主管道或支管道壁厚或同时增加主、支管道壁厚、或三通、或拔制扳边式接口的整体补强形式，也可采用补强圈补强的局部补强形式。

2 当支管道公称直径大于或等于1/2主管道公称直径时，应采用三通。

3 支管道的公称直径小于或等于50 mm时，可不作补强计算。

4 开孔削弱部分按等面积补强，其结构和数值计算应符合现行国家标准《输气管道工程设计规范》GB 50251的相应规定。其焊接结构还应符合下述规定：

1）主管道和支管道的连接焊缝应保证全焊透，其角焊缝腰高应大于或等于1/3的支管道壁厚，且不小于6 mm；

2）补强圈的形状应与主管道相符，并与主管道紧密贴合。焊接和热处理时补强圈上应开一排气孔，管道使用期间应将排气孔堵死，补强圈宜按国家现行标准《补强圈》JB/T 4736选用。

6.4.18 燃气管道附件的设计和选用应符合下列规定：

1 管件的设计和选用应符合国家现行标准《钢制对焊无缝管件》GB 12459、《钢板制对焊管件》GB/T 13401、《钢制法兰管件》GB/T 17185、《钢制对焊管件》SY/T 0510和《钢制弯管》SY/T 5257等有关标准的规定。

2 管法兰的选用应符合国家现行标准《钢制管法兰》GB/T 9112 ~ GB/T 9124、《大直径碳钢法兰》GB/T 13402或《钢制法兰、垫片、紧固件》HG 20592 ~ HG 20635的规定。法兰、垫片和紧固件应考虑介质特性配套选用。

3 绝缘法兰、绝缘接头的设计应符合国家现行标准《绝缘法兰设计技术规定》SY/T 0516的规定。

4　非标钢制异径接头、凸形封头和平封头的设计，可参照现行国家标准《钢制压力容器》GB 150 的有关规定。

5　除对焊管件之外的焊接预制单体（如集气管、清管器接收筒等），若其所用材料、焊缝及检验不同于本规范所列要求时，可参照现行国家标准《钢制压力容器》GB 150 进行设计、制造和检验。

6　管道与管件的管端焊接接头形式宜符合现行国家标准《输气管道工程设计规范》GB 50251 的有关规定。

7　用于改变管道走向的弯头、弯管应符合现行国家标准《输气管道工程设计规范》GB 50251 的有关规定，且弯曲后的弯管其外侧减薄处厚度应不小于按式（6.4.6）计算得到的计算厚度。

6.4.19　燃气管道阀门的设置应符合下列要求：

1　在高压燃气干管上，应设置分段阀门；分段阀门的最大间距：以四级地区为主的管段不应大于 8 km；以三级地区为主的管段不应大于 13 km；以二级地区为主的管段不应大于 24 km；以一级地区为主的管段不应大于 32 km。

2　在高压燃气支管的起点处，应设置阀门。

3　燃气管道阀门的选用应符合国家现行有关标准，并应选择适用于燃气介质的阀门。

4　在防火区内关键部位使用的阀门，应具有耐火性能。需要通过清管器或电子检管器的阀门，应选用全通径阀门。

6.4.20　高压燃气管道及管件设计应考虑日后清管或电子检管的需要，并宜预留安装电子检管器收发装置的位置。

6.4.21　埋地管线的锚固件应符合下列要求：

1　埋地管线上弯管或迂回管处产生的纵向力，必须由弯管处的锚固件、土壤摩阻或管子中的纵向应力加以抵消。

2　若弯管处不用锚固件，则靠近推力起源点处的管子接头处应设计成能承受纵向拉力。若接头未采取此种措施，则应加装适用的拉杆或拉条。

6.4.22　高压燃气管道的地基、埋设的最小覆土厚度、穿越铁路和电车轨道、穿越高速公路和城镇主要干道、通过河流的形式和要求等应符合本规范 6.3 节的有关规定。

6.4.23　市区外地下高压燃气管道沿线应设置里程桩、转角桩、交叉和警示牌等永久性标志。

市区内地下高压燃气管道应设立管位警示标志。在距管顶不小于 500 mm 处应埋设警示带。

6.5　门站和储配站

6.5.1　本节适用于城镇燃气输配系统中，接受气源来气并进行净化、加臭、储存、控制供气压力、气量分配、计量和气质检测的门站和储配站的工程设计。

6.5.2　门站和储配站站址选择应符合下列要求：

1　站址应符合城镇总体规划的要求；

2　站址应具有适宜的地形、工程地质、供电、给水排水和通信等条件；

3　门站和储配站应少占农田、节约用地并注意与城镇景观等协调；

4　门站站址应结合长输管线位置确定；

5　根据输配系统具体情况，储配站与门站可合建；

6　储配站内的储气罐与站外的建、构筑物的防火间距应符合现行国家标准《建筑设计防火规范》GB 50016 的有关规定。站内露天燃气工艺装置与站外建、构筑物的防火间距应符合甲类生产厂房与厂外建、构筑物的防火间距的要求。

6.5.3　储配站内的储气罐与站内的建、构筑物的防火间距应符合表 6.5.3 的规定。

表 6.5.3　储气罐与站内的建、构筑物的防火间距（m）

<table>
<tr><th>储气罐总容积（m^3）</th><th>≤1000</th><th>>1000～≤10000</th><th>>10000～≤50000</th><th>>50000～≤200000</th><th>>200000</th></tr>
<tr><td>明火、散发火花地点</td><td>20</td><td>25</td><td>30</td><td>35</td><td>40</td></tr>
<tr><td>调压室、压缩机室、计量室</td><td>10</td><td>12</td><td>15</td><td>20</td><td>25</td></tr>
<tr><td>控制室、变配电室、汽车库等辅助建筑</td><td>12</td><td>15</td><td>20</td><td>25</td><td>30</td></tr>
<tr><td>机修间、燃气锅炉房</td><td>15</td><td>20</td><td>25</td><td>30</td><td>35</td></tr>
<tr><td>办公、生活建筑</td><td>18</td><td>20</td><td>25</td><td>30</td><td>35</td></tr>
<tr><td>消防泵房、消防水池取水口</td><td colspan="5">20</td></tr>
<tr><td>站内道路（路边）</td><td>10</td><td>10</td><td>10</td><td>10</td><td>10</td></tr>
<tr><td>围墙</td><td>15</td><td>15</td><td>15</td><td>15</td><td>18</td></tr>
</table>

注：1　低压湿式储气罐与站内的建、构筑物的防火间距，应按本表确定；

2　低压干式储气罐与站内的建、构筑物的防火间距，当可燃气体的密度比空气大时，应按本表增加 25%；比空气小或等于时，可按本表确定；

3　固定容积储气罐与站内的建、构筑物的防火间距应按本表的规定执行。总容积按其几何容积（m^3）和设计压力（绝对压力，10^2 kPa）的乘积计算；

4　低压湿式或干式储气罐的水封室、油泵房和电梯间等附属设施与该储罐的间距按工艺要求确定；

5　露天燃气工艺装置与储气罐的间距按工艺要求确定。

6.5.4　储气罐或罐区之间的防火间距，应符合下列要求：

1　湿式储气罐之间、干式储气罐之间、湿式储气罐与干式储气罐之间的防火间距，不应小于相邻较大罐的半径；

2　固定容积储气罐之间的防火间距，不应小于相邻较大罐直径的 2/3；

3　固定容积储气罐与低压湿式或干式储气罐之间的防火间距，不应小于相邻较大罐的半径；

4　数个固定容积储气罐的总容积大于 200000 m^3 时，应分组布置。组与组之间的防火间距：卧式储罐，不应小于相邻较大罐长度的一半；球形储罐，不应小于相邻较大罐的直径，且不应小于 20.0 m；

5　储气罐与液化石油气罐之间防火间距应符合现行国家标准《建筑设计防火规范》GB 50016 的有关规定。

6.5.5　门站和储配站总平面布置应符合下列要求：

1　总平面应分区布置，即分为生产区（包括储罐区、调压计量区、加压区等）和辅助区。

2　站内的各建构筑物之间以及与站外建构筑物之间的防火间距应符合现行国家标准《建筑设计防火规范》CB 50016 的有关规定。站内建筑物的耐火等级不应低于现行国家标准《建筑设计防火规范》GB 50016“二级”的规定。

3　站内露天工艺装置区边缘距明火或散发火花地点不应小于 20 m，距办公、生活建筑不应小于 18 m，距围墙不应小于 10 m。与站内生产建筑的间距按工艺要求确定。

4　储配站生产区应设置环形消防车通道，消防车通道宽度不应小于 3.5 m。

6.5.6　当燃气无臭味或臭味不足时，门站或储配站内应设置加臭装置。加臭量应符合本规范第 3.2.3 条的有关规定。

6.5.7　门站和储配站的工艺设计应符合下列要求：

1　功能应满足输配系统输气调度和调峰的要求；

2　站内应根据输配系统调度要求分组设置计量和调压装置，装置前应设过滤器；门站进站总管上宜设置分离器；

3　调压装置应根据燃气流量、压力降等工艺条件确定设置加热装置；

4　站内计量调压装置和加压设备应根据工作环境要求露天或在厂房内布置，在寒冷或风沙地区宜采用全封闭式厂房；

5　进出站管线应设置切断阀门和绝缘法兰；

6　储配站内进罐管线上宜设置控制进罐压力和流量的调节装置；

7　当长输管道采用清管工艺时，其清管器的接收装置宜设置在门站内；

8　站内管道上应根据系统要求设置安全保护及放散装置；

9　站内设备、仪表、管道等安装的水平间距和标高均应便于观察、操作和维修。

6.5.8　站内宜设置自动化控制系统，并宜作为输配系统的数据采集监控系统的远端站。

6.5.9　站内燃气计量和气质的检验应符合下列要求：

1　站内设置的计量仪表应符合表 6.5.9 的规定；

2　宜设置测定燃气组分、发热量、密度、湿度和各项有害杂质含量的仪表。

表 6.5.9　站内设置的计量仪表

进、出站参数	功能		
	指　示	记　录	累　计
流　量	+	+	+
压　力	+	+	—
温　度	+	+	—

注：表中“+”表示应设置。

6.5.10　燃气储存设施的设计应符合下列要求：

1　储配站所建储罐容积应根据输配系统所需储气总容量、管网系统的调度平衡和气体混配要求确定；

2 储配站的储气方式及储罐形式应根据燃气进站压力、供气规模、输配管网压力等因素，经技术经济比较后确定；

3 确定储罐单体或单组容积时，应考虑储罐检修期间供气系统的调度平衡；

4 储罐区宜设有排水设施。

6.5.11 低压储气罐的工艺设计，应符合下列要求：

1 低压储气罐宜分别设置燃气进、出气管，各管应设置关闭性能良好的切断装置，并宜设置水封阀，水封阀的有效高度应取设计工作压力（以 Pa 表示）乘 0.1 加 500 mm。燃气进、出气管的设计应能适应气罐地基沉降引起的变形；

2 低压储气罐应设储气量指示器。储气量指示器应具有显示储量及可调节的高低限位声、光报警装置；

3 储气罐高度超越当地有关的规定时应设高度障碍标志；

4 湿式储气罐的水封高度应经过计算后确定；

5 寒冷地区湿式储气罐的水封应设有防冻措施；

6 干式储气罐密封系统，必须能够可靠地连续运行；

7 干式储气罐应设置紧急放散装置；

8 干式储气罐应配有检修通道。稀油密封干式储气罐外部应设置检修电梯。

6.5.12 高压储气罐工艺设计，应符合下列要求：

1 高压储气罐宜分别设置燃气进、出气管，不需要起混气作用的高压储气罐，其进、出气管也可合为一条；燃气进、出气管的设计宜进行柔性计算；

2 高压储气罐应分别设置安全阀、放散管和排污管；

3 高压储气罐应设置压力检测装置；

4 高压储气罐宜减少接管开孔数量；

5 高压储气罐宜设置检修排空装置；

6 当高压储气罐罐区设置检修用集中放散装置时，集中放散装置的放散管与站外建、构筑物的防火间距不应小于表 6.5.12-1 的规定；集中放散装置的放散管与站内建、构筑物的防火间距不应小于表 6.5.12-2 的规定；放散管管口高度应高出距其 25 m 内的建构筑物 2 m 以上，且不得小于 10 m；

7 集中放散装置宜设置在站内全年最小频率风向的上风侧。

表 6.5.12-1 集中放散装置的放散管与站外建、构筑物的防火间距

项目	防火间距（m）
明火、散发火花地点	**30**
民用建筑	**25**
甲、乙类液体储罐，易燃材料堆场	**25**
室外变、配电站	**30**
甲、乙类物品库房，甲、乙类生产厂房	**25**

表 6.5.12－1（续）

项 目		防火间距（m）
其他厂房		20
铁路（中心线）		40
公路、道路（路边）	高速，Ⅰ、Ⅱ级，城市快速	15
	其他	10
架空电力线（中心线）	＞380 V	2.0 倍杆高
	≤380 V	1.5 倍杆高
架空通信线（中心线）	国家Ⅰ、Ⅱ级	1.5 倍杆高
	其他	1.5 倍杆高

表 6.5.12－2 集中放散装置的放散管与站内建、构筑物的防火间距

项 目	防火间距（m）
明火、散发火花地点	30
办公、生活建筑	25
可燃气体储气罐	20
室外变、配电站	30
调压室、压缩机室、计量室及工艺装置区	20
控制室、配电室、汽车库、机修间和其他辅助建筑	25
燃气锅炉房	25
消防泵房、消防水池取水口	20
站内道路（路边）	2
围墙	2

6.5.13 站内工艺管道应采用钢管。燃气管道设计压力大于 0.4 MPa 时，其管材性能应分别符合现行国家标准《石油天然气工业输送钢管交货技术条件》GB/T 9711、《输送流体用无缝钢管》GB/T 8163 的规定；设计压力不大于 0.4 MPa 时，其管材性能应符合现行国家标准《低压流体输送用焊接钢管》GB/T 3091 的规定。

阀门等管道附件的压力级别不应小于管道设计压力。

6.5.14 燃气加压设备的选型应符合下列要求：

1 储配站燃气加压设备应结合输配系统总体设计采用的工艺流程、设计负荷、排气压力及调度要求确定；

2 加压设备应根据吸排气压力、排气量选择机型。所选用的设备应便于操作维护、安全可靠，并符合节能、高效、低振和低噪声的要求；

3 加压设备的排气能力应按厂方提供的实测值为依据。站内加压设备的形式应一致，加压设备的规格应满足运行调度要求，并不宜多于两种。

储配站内装机总台数不宜过多。每1～5台压缩机宜另设1台备用。

6.5.15 压缩机室的工艺设计应符合下列要求：

1 压缩机宜按独立机组配置进、出气管及阀门、旁通、冷却器、安全放散、供油和供水等各项辅助设施；

2 压缩机的进、出气管道宜采用地下直埋或管沟敷设，并宜采取减振降噪措施；

3 管道设计应设有能满足投产置换，正常生产维修和安全保护所必需的附属设备；

4 压缩机及其附属设备的布置应符合下列要求：

1）压缩机宜采取单排布置；

2）压缩机之间及压缩机与墙壁之间的净距不宜小于1.5 m；

3）重要通道的宽度不宜小于2 m；

4）机组的联轴器及皮带传动装置应采取安全防护措施；

5）高出地面2 m以上的检修部位应设置移动或可拆卸式的维修平台或扶梯；

6）维修平台及地坑周围应设防护栏杆；

5 压缩机室宜根据设备情况设置检修用起吊设备；

6 当压缩机采用燃气为动力时，其设计应符合现行国家标准《输气管道工程设计规范》GB 50251和《石油天然气工程设计防火规范》GB 50183的有关规定；

7 压缩机组前必须设有紧急停车按钮。

6.5.16 压缩机的控制室宜设在主厂房一侧的中部或主厂房的一端。控制室与压缩机室之间应设有能观察各台设备运转的隔声耐火玻璃窗。

6.5.17 储配站控制室内的二次检测仪表及操作调节装置宜按表6.5.17规定设置。

表6.5.17 储配站控制室内二次检测仪表及调节装置

参数名称		现场显示	控制室		
			显示	记录或累计	报警连锁
压缩机室进气管压力		—	+	—	+
压缩机室出气管压力		—	+	+	—
机组	吸气压力	+	—	—	—
	吸气温度	+	—	—	—
	排气压力	+	+	—	+
	排气温度	+	—	—	—
压缩机室	供电电压	—	+	—	—
	电流	—	+	—	—
	功率因数	—	+	—	—
	功率	—	+	—	—

表 6.5.17（续）

参数名称		现场显示	控制室		
			显示	记录或累计	报警连锁
机组	电压	+	+	—	—
	电流	+	+	—	—
	功率因数	—	+	—	—
	功率	—	+	—	—
压缩机室	供水温度	—	+	—	—
	供水压力	—	+	—	+
机组	供水温度	+	—	—	—
	回水温度	+	—	—	—
	水流状态	+	+	—	—
润滑油	供油压力	+	—	—	+
	供油温度	+	—	—	—
	回油温度	+	—	—	—
电机防爆通风系统排风压力		—	+	—	+

注：表中“+”表示应设置。

6.5.18 压缩机室、调压计量室等具有爆炸危险的生产用房应符合现行国家标准《建筑设计防火规范》GB 50016 的“甲类生产厂房”设计的规定。

6.5.19 门站和储配站内的消防设施设计应符合现行国家标准《建筑设计防火规范》GB 50016 的规定，并符合下列要求：

1 储配站在同一时间内的火灾次数应按一次考虑。储罐区的消防用水量不应小于表 6.5.19 的规定。

表 6.5.19 储罐区的消防用水量

储罐容积（m^3）	>500～≤10000	>10000～≤50000	>50000～≤100000	>100000～≤200000	>200000
消防用水量（L/s）	15	20	25	30	35

注：固定容积的可燃气体储罐以组为单位，总容积按其几何容积（m^3）和设计压力（绝对压力，10^2 kPa）的乘积计算。

2 当设置消防水池时，消防水池的容量应按火灾延续时间 3 h 计算确定。当火灾情况下能保证连续向消防水池补水时，其容量可减去火灾延续时间内的补水量。

3 储配站内消防给水管网应采用环形管网，其给水干管不应少于 2 条。当其中一条发生故障时，其余的进水管应能满足消防用水总量的供给要求。

4 站内室外消火栓宜选用地上式消火栓。

5 门站的工艺装置区可不设消防给水系统。

6 门站和储配站内建筑物灭火器的配置应符合现行国家标准《建筑灭火器配置设计规范》GB 50140 的有关规定。储配站内储罐区应配置干粉灭火器，配置数量按储罐台数每台设置 2 个；每组相对独立的调压计量等工艺装置区应配置干粉灭火器，数量不少于 2 个。

注：1 干粉灭火器指 8 kg 手提式干粉灭火器。

2 根据场所危险程度可设置部分 35 kg 手推式干粉灭火器。

6.5.20 门站和储配站供电系统设计应符合现行国家标准《供配电系统设计规范》GB 50052 的“二级负荷”的规定。

6.5.21 门站和储配站电气防爆设计符合下列要求：

1 站内爆炸危险场所的电力装置设计应符合现行国家标准《爆炸和火灾危险环境电力装置设计规范》GB 50058 的规定。

2 其爆炸危险区域等级和范围的划分宜符合本规范附录 D 的规定。

3 站内爆炸危险厂房和装置区内应装设燃气浓度检测报警装置。

6.5.22 储气罐和压缩机室、调压计量室等具有爆炸危险的生产用房应有防雷接地设施，其设计应符合现行国家标准《建筑物防雷设计规范》CB 50057 的“第二类防雷建筑物”的规定。

6.5.23 门站和储配站的静电接地设计应符合国家现行标准《化工企业静电接地设计规程》HGJ 28 的规定。

6.5.24 门站和储配站边界的噪声应符合现行国家标准《工业企业厂界噪声标准》GB 12348 的规定。

6.6 调压站与调压装置

6.6.1 本节适用于城镇燃气输配系统中不同压力级别管道之间连接的调压站、调压箱（或柜）和调压装置的设计。

6.6.2 调压装置的设置应符合下列要求：

1 自然条件和周围环境许可时，宜设置在露天，但应设置围墙、护栏或车挡；

2 设置在地上单独的调压箱（悬挂式）内时，对居民和商业用户燃气进口压力不应大于 0.4 MPa；对工业用户（包括锅炉房）燃气进口压力不应大于 0.8 MPa；

3 设置在地上单独的调压柜（落地式）内时，对居民、商业用户和工业用户（包括锅炉房）燃气进口压力不宜大于 1.6 MPa；

4 设置在地上单独的建筑物内时，应符合本规范第 6.6.12 条的要求；

5 当受到地上条件限制，且调压装置进口压力不大于 0.4 MPa 时，可设置在地下单独的建筑物内或地下单独的箱体内，并应分别符合本规范第 6.6.14 条和第 6.6.5 条的要求；

6 液化石油气和相对密度大于 0.75 燃气的调压装置不得设于地下室、半地下室内和

地下单独的箱体内。

6.6.3　调压站（含调压柜）与其他建筑物、构筑物的水平净距应符合表6.6.3的规定。

表6.6.3　调压站（含调压柜）与其他建筑物、构筑物水平净距（m）

设置形式	调压装置入口燃气压力级制	建筑物外墙面	重要公共建筑、一类高层民用建筑	铁路（中心线）	城镇道路	公共电力变配电柜
地上单独建筑	高压（A）	18.0	30.0	25.0	5.0	6.0
	高压（B）	13.0	25.0	20.0	4.0	6.0
	次高压（A）	9.0	18.0	15.0	3.0	4.0
	次高压（B）	6.0	12.0	10.0	3.0	4.0
	中压（A）	6.0	12.0	10.0	2.0	4.0
	中压（B）	6.0	12.0	10.0	2.0	4.0
调压柜	次高压（A）	7.0	14.0	12.0	2.0	4.0
	次高压（B）	4.0	8.0	8.0	2.0	4.0
	中压（A）	4.0	8.0	8.0	1.0	4.0
	中压（B）	4.0	8.0	8.0	1.0	4.0
地下单独建筑	中压（A）	3.0	6.0	6.0	—	3.0
	中压（B）	3.0	6.0	6.0	—	3.0
地下调压箱	中压（A）	3.0	6.0	6.0	—	3.0
	中压（B）	3.0	6.0	6.0	—	3.0

注：1　当调压装置露天设置时，则指距离装置的边缘；

2　当建筑物（含重要公共建筑）的某外墙为无门、窗洞口的实体墙，且建筑物耐火等级不低于二级时，燃气进口压力级别为中压A或中压B的调压柜一侧或两侧（非平行），可贴靠上述外墙设置；

3　当达不到上表净距要求时，采取有效措施，可适当缩小净距。

6.6.4　地上调压箱和调压柜的设置应符合下列要求：

1　调压箱（悬挂式）

1）调压箱的箱底距地坪的高度宜为1.0～1.2 m，可安装在用气建筑物的外墙壁上或悬挂于专用的支架上；当安装在用气建筑物的外墙上时，调压器进出口管径不宜大于*DN*50；

2）调压箱到建筑物的门、窗或其他通向室内的孔槽的水平净距应符合下列规定：

当调压器进口燃气压力不大于0.4 MPa时，不应小于1.5 m；

当调压器进口燃气压力大于0.4 MPa时，不应小于3.0 m；

调压箱不应安装在建筑物的窗下和阳台下的墙上；不应安装在室内通风机进风口墙上；

3）安装调压箱的墙体应为永久性的实体墙，其建筑物耐火等级不应低于二级；

4）调压箱上应有自然通风孔。

2 调压柜（落地式）

1）调压柜应单独设置在牢固的基础上，柜底距地坪高度宜为 0.30 m；

2）距其他建筑物、构筑物的水平净距应符合表 6.6.3 的规定；

3）体积大于 1.5 m^3 的调压柜应有爆炸泄压口，爆炸泄压口不应小于上盖或最大柜壁面积的 50%（以较大者为准）；爆炸泄压口宜设在上盖上；通风口面积可包括在计算爆炸泄压口面积内；

4）调压柜上应有自然通风口，其设置应符合下列要求：

当燃气相对密度大于 0.75 时，应在柜体上、下各设 1% 柜底面积通风口；调压柜四周应设护栏；

当燃气相对密度不大于 0.75 时，可仅在柜体上部设 4% 柜底面积通风口；调压柜四周宜设护栏。

3 调压箱（或柜）的安装位置应能满足调压器安全装置的安装要求。

4 调压箱（或柜）的安装位置应使调压箱（或柜）不被碰撞，在开箱（或柜）作业时不影响交通。

6.6.5 地下调压箱的设置应符合下列要求：

1 地下调压箱不宜设置在城镇道路下，距其他建筑物、构筑物的水平净距应符合本规范表 6.6.3 的规定；

2 地下调压箱上应有自然通风口，其设置应符合本规范第 6.6.4 条第 2 款 4）项规定；

3 安装地下调压箱的位置应能满足调压器安全装置的安装要求；

4 地下调压箱设计应方便检修；

5 地下调压箱应有防腐保护。

6.6.6 单独用户的专用调压装置除按本规范第 6.6.2 和 6.6.3 条设置外，尚可按下列形式设置，但应符合下列要求：

1 当商业用户调压装置进口压力不大于 0.4 MPa，或工业用户（包括锅炉）调压装置进口压力不大于 0.8 MPa 时，可设置在用气建筑物专用单层毗连建筑物内：

1）该建筑物与相邻建筑应用无门窗和洞口的防火墙隔开，与其他建筑物、构筑物水平净距应符合本规范表 6.6.3 的规定；

2）该建筑物耐火等级不应低于二级，并应具有轻型结构屋顶爆炸泄压口及向外开启的门窗；

3）地面应采用撞击时不会产生火花的材料；

4）室内通风换气次数每小时不应小于 2 次；

5）室内电气、照明装置应符合现行的国家标准《爆炸和火灾危险环境电力装置设计规范》GB 50058 的“1 区”设计的规定。

2 当调压装置进口压力不大于 0.2 MPa 时，可设置在公共建筑的顶层房间内：

1）房间应靠建筑外墙，不应布置在人员密集房间的上面或贴邻，并满足本条第 1 款 2）、3）、5）项要求；

2）房间内应设有连续通风装置，并能保证通风换气次数每小时不小于 3 次；

3）房间内应设置燃气浓度检测监控仪表及声、光报警装置。该装置应与通风设施和紧急切断阀连锁，并将信号引入该建筑物监控室；

4）调压装置应设有超压自动切断保护装置；

5）室外进口管道应设有阀门，并能在地面操作；

6）调压装置和燃气管道应采用钢管焊接和法兰连接。

3 当调压装置进口压力不大于0.4 MPa，且调压器进出口管径不大于*DN*100时，可设置在用气建筑物的平屋顶上，但应符合下列条件：

1）应在屋顶承重结构受力允许的条件下，且该建筑物耐火等级不应低于二级；

2）建筑物应有通向屋顶的楼梯；

3）调压箱、柜（或露天调压装置）与建筑物烟囱的水平净距不应小于5 m。

4 当调压装置进口压力不大于0.4 MPa时，可设置在生产车间、锅炉房和其他工业生产用气房间内，或当调压装置进口压力不大于0.8 MPa时，可设置在独立、单层建筑的生产车间或锅炉房内，但应符合下列条件：

1）应满足本条第1款2）、4）项要求；

2）调压器进出口管径不应大于*DN*80；

3）调压装置宜设不燃烧体护栏；

4）调压装置除在室内设进口阀门外，还应在室外引入管上设置阀门。

注：当调压器进出口管径大于*DN*80时，应将调压装置设置在用气建筑物的专用单层房间内，其设计应符合本条第1款的要求。

6.6.7 调压箱（柜）或调压站的噪声应符合现行国家标准《城市区域环境噪声标准》GB 3096的规定。

6.6.8 设置调压器场所的环境温度应符合下列要求：

1 当输送干燃气时，无采暖的调压器的环境温度应能保证调压器的活动部件正常工作；

2 当输送湿燃气时，无防冻措施的调压器的环境温度应大于0 ℃；当输送液化石油气时，其环境温度应大于液化石油气的露点。

6.6.9 调压器的选择应符合下列要求：

1 调压器应能满足进口燃气的最高、最低压力的要求；

2 调压器的压力差，应根据调压器前燃气管道的最低设计压力与调压器后燃气管道的设计压力之差值确定；

3 调压器的计算流量，应按该调压器所承担的管网小时最大输送量的1.2倍确定。

6.6.10 调压站（或调压箱或调压柜）的工艺设计应符合下列要求：

1 连接未成环低压管网的区域调压站和供连续生产使用的用户调压装置宜设置备用调压器，其他情况下的调压器可不设备用。

调压器的燃气进、出口管道之间应设旁通管，用户调压箱（悬挂式）可不设旁通管。

2 高压和次高压燃气调压站室外进、出口管道上必须设置阀门；

中压燃气调压站室外进口管道上，应设置阀门。

3 调压站室外进、出口管道上阀门距调压站的距离：

当为地上单独建筑时，不宜小于10 m，当为毗连建筑物时，不宜小于5 m；

当为调压柜时，不宜小于5 m；

当为露天调压装置时，不宜小于10 m；

当通向调压站的支管阀门距调压站小于100 m时，室外支管阀门与调压站进口阀门可合为一个。

4 在调压器燃气入口处应安装过滤器。

5 在调压器燃气入口（或出口）处，应设防止燃气出口压力过高的安全保护装置（当调压器本身带有安全保护装置时可不设）。

6 调压器的安全保护装置宜选用人工复位型。安全保护（放散或切断）装置必须设定启动压力值并具有足够的能力。启动压力应根据工艺要求确定，当工艺无特殊要求时应符合下列要求：

1）当调压器出口为低压时，启动压力应使与低压管道直接相连的燃气用具处于安全工作压力以内；

2）当调压器出口压力小于0.08 MPa时，启动压力不应超过出口工作压力上限的50%；

3）当调压器出口压力等于或大于0.08 MPa，但不大于0.4 MPa时，启动压力不应超过出口工作压力上限0.04 MPa；

4）当调压器出口压力大于0.4 MPa时，启动压力不应超过出口工作压力上限的10%。

7 调压站放散管管口应高出其屋檐1.0 m以上。

调压柜的安全放散管管口距地面的高度不应小于4 m；设置在建筑物墙上的调压箱的安全放散管管口应高出该建筑物屋檐1.0 m；

地下调压站和地下调压箱的安全放散管管口也应按地上调压柜安全放散管管口的规定设置。

注：清洗管道吹扫用的放散管、指挥器的放散管与安全水封放散管属于同一工作压力时，允许将它们连接在同一放散管上。

8 调压站内调压器及过滤器前后均应设置指示式压力表，调压器后应设置自动记录式压力仪表。

6.6.11 地上调压站内调压器的布置应符合下列要求：

1 调压器的水平安装高度应便于维护检修；

2 平行布置2台以上调压器时，相邻调压器外缘净距、调压器与墙面之间的净距和室内主要通道的宽度均宜大于0.8 m。

6.6.12 地上调压站的建筑物设计应符合下列要求：

1 建筑物耐火等级不应低于二级；

2 调压室与毗连房间之间应用实体隔墙隔开，其设计应符合下列要求：

1）隔墙厚度不应小于24 cm，且应两面抹灰；

2）隔墙内不得设置烟道和通风设备，调压室的其他墙壁也不得设有烟道；

3）隔墙有管道通过时，应采用填料密封或将墙洞用混凝土等材料填实；

3 调压室及其他有漏气危险的房间，应采取自然通风措施，换气次数每小时不应小于2次；

4 城镇无人值守的燃气调压室电气防爆等级应符合现行国家标准《爆炸和火灾危险环境电力装置设计规范》GB 50058“1区”设计的规定（见附录图D－7）；

5 调压室内的地面应采用撞击时不会产生火花的材料；

6 调压室应有泄压措施，并应符合现行国家标准《建筑设计防火规范》GB 50016的有关规定；

7 调压室的门、窗应向外开启，窗应设防护栏和防护网；

8 重要调压站宜设保护围墙；

9 设于空旷地带的调压站或采用高架遥测天线的调压站应单独设置避雷装置，其接地电阻值应小于10 Ω。

6.6.13 燃气调压站采暖应根据气象条件、燃气性质、控制测量仪表结构和人员工作的需要等因素确定。当需要采暖时严禁在调压室内用明火采暖，但可采用集中供热或在调压站内设置燃气、电气采暖系统，其设计应符合下列要求：

1 燃气采暖锅炉可设在与调压器室毗连的房间内；

调压器室的门、窗与锅炉室的门、窗不应设置在建筑的同一侧；

2 采暖系统宜采用热水循环式；

采暖锅炉烟囱排烟温度严禁大于300 ℃；烟囱出口与燃气安全放散管出口的水平距离应大于5 m；

3 燃气采暖锅炉应有熄火保护装置或设专人值班管理；

4 采用防爆式电气采暖装置时，可对调压器室或单体设备用电加热采暖。电采暖设备的外壳温度不得大于115 ℃。电采暖设备应与调压设备绝缘。

6.6.14 地下调压站的建筑物设计应符合下列要求：

1 室内净高不应低于2 m；

2 宜采用混凝土整体浇筑结构；

3 必须采取防水措施；在寒冷地区应采取防寒措施；

4 调压室顶盖上必须设置两个呈对角位置的人孔，孔盖应能防止地表水浸入；

5 室内地面应采用撞击时不产生火花的材料，并应在一侧人孔下的地坪设置集水坑；

6 调压室顶盖应采用混凝土整体浇筑。

6.6.15 当调压站内、外燃气管道为绝缘连接时，调压器及其附属设备必须接地，接地电阻应小于100 Ω。

6.7 钢质燃气管道和储罐的防腐

6.7.1 钢质燃气管道和储罐必须进行外防腐。其防腐设计应符合国家现行标准《城镇燃气埋地钢质管道腐蚀控制技术规程》CJJ 95和《钢质管道及储罐腐蚀控制工程设计规范》SY 0007的有关规定。

6.7.2 地下燃气管道防腐设计，必须考虑土壤电阻率。对高、中压输气干管宜沿燃气管道途经地段选点测定其土壤电阻率。应根据土壤的腐蚀性、管道的重要程度及所经地段的地质、环境条件确定其防腐等级。

6.7.3 地下燃气管道的外防腐涂层的种类，根据工程的具体情况，可选用石油沥青、聚乙烯防腐胶带、环氧煤沥青、聚乙烯防腐层、氯磺化聚乙烯、环氧粉末喷涂等。当选用上述涂层时，应符合国家现行有关标准的规定。

6.7.4 采用涂层保护埋地敷设的钢质燃气干管应同时采用阴极保护。

市区外埋地敷设的燃气干管，当采用阴极保护时，宜采用强制电流方式，并应符合国家现行标准《埋地钢质管道强制电流阴极保护设计规范》SY/T 0036 的有关规定。

市区内埋地敷设的燃气干管，当采用阴极保护时，宜采用牺牲阳极法，并应符合国家现行标准《埋地钢质管道牺牲阳极阴极保护设计规范》SY/T 0019 的有关规定。

6.7.5 地下燃气管道与交流电力线接地体的净距不应小于表 6.7.5 的规定。

表 6.7.5 地下燃气管道与交流电力线接地体的净距（m）

电压等级（kV）	10	35	110	220
铁塔或电杆接地体	1	3	5	10
电站或变电所接地体	5	10	15	30

6.8 监控及数据采集

6.8.1 城市燃气输配系统，宜设置监控及数据采集系统。

6.8.2 监控及数据采集系统应采用电子计算机系统为基础的装备和技术。

6.8.3 监控及数据采集系统应采用分级结构。

6.8.4 监控及数据采集系统应设主站、远端站。主站应设在燃气企业调度服务部门，并宜与城市公用数据库连接。远端站宜设置在区域调压站、专用调压站、管网压力监测点、储配站、门站和气源厂等。

6.8.5 根据监控及数据采集系统拓扑结构设计的需求，在等级系统中可在主站与远端站之间设置通信或其他功能的分级站。

6.8.6 监控及数据采集系统的信息传输介质及方式应根据当地通信系统条件、系统规模和特点、地理环境，经全面的技术经济比较后确定。信息传输宜采用城市公共数据通信网络。

6.8.7 监控及数据采集系统所选用的设备、器件、材料和仪表应选用通用性产品。

6.8.8 监控及数据采集系统的布线和接口设计应符合国家现行有关标准的规定，并具有通用性、兼容性和可扩性。

6.8.9 监控及数据采集系统的硬件和软件应有较高可靠性，并应设置系统自身诊断功能，关键设备应采用冗余技术。

6.8.10 监控及数据采集系统宜配备实时瞬态模拟软件，软件应满足系统进行调度优化、泄漏检测定位、工况预测、存量分析、负荷预测及调度员培训等功能。

6.8.11 监控及数据采集系统远端站应具有数据采集和通信功能，并对需要进行控制或调节的对象点，应有对选定的参数或操作进行控制或调节功能。

6.8.12 主站系统设计应具有良好的人机对话功能，宜满足及时调整参数或处理紧急情况的需要。

6.8.13 远端站数据采集等工作信息的类型和数量应按实际需要予以合理地确定。

6.8.14 设置监控和数据采集设备的建筑应符合现行国家标准《计算站场地技术要求》GB 2887 和《电子计算机机房设计规范》GB 50174 以及《计算机机房用活动地板技术条件》GB 6550 的有关规定。

6.8.15 监控及数据采集系统的主站机房，应设置可靠性较高的不间断电源设备及其备用设备。

6.8.16 远端站的防爆、防护应符合所在地点防爆、防护的相关要求。

7 压缩天然气供应（已废止）

本章内容见国家标准《压缩天然气供应站设计规范》GB 51102—2016。

8 液化石油气供应（已废止）

本章内容见国家标准《液化石油气供应工程设计规范》GB 51142—2015。

9 液化天然气供应

9.1 一 般 规 定

9.1.1 本章适用于液化天然气总储存容积不大于2000 m^3 的城镇液化天然气供应站工程设计。

9.1.2 本章不适用于下列液化天然气工程和装置设计：

1 液化天然气终端接收基地；

2 油气田的液化天然气供气站和天然气液化工厂（站）；

3 轮船、铁路车辆和汽车等运输工具上的液化天然气装置。

9.2 液化天然气气化站

9.2.1 液化天然气气化站的规模应符合城镇总体规划的要求，根据供应用户类别、数量和用气量指标等因素确定。

9.2.2 液化天然气气化站的储罐设计总容积应根据其规模、气源情况、运输方式和运距等因素确定。

9.2.3 液化天然气气化站站址选择应符合下列要求：

1 站址应符合城镇总体规划的要求。

2 站址应避开地震带、地基沉陷、废弃矿井等地段。

9.2.4 液化天然气气化站的液化天然气储罐、集中放散装置的天然气放散总管与站外建、构筑物的防火间距不应小于表9.2.4的规定。

9.2.5 液化天然气气化站的液化天然气储罐、集中放散装置的天然气放散总管与站内建、构筑物的防火间距不应小于表9.2.5的规定。

表9.2.4 液化天然气气化站的液化天然气储罐、天然气放散总管与站外建、构筑物的防火间距（m）

项目 \ 名称	储罐总容积（m^3）							集中放散装置的天然气放散总管
	≤10	>10～≤30	>30～≤50	>50～≤200	>200～≤500	>500～≤1000	>1000～≤2000	
居住区、村镇和影剧院、体育馆、学校等重要公共建筑（最外侧建、构筑物外墙）	30	35	45	50	70	90	110	45
工业企业（最外侧建、构筑物外墙）	22	25	27	30	35	40	50	20

表 9.2.4（续）

<table>
<tr><th colspan="2" rowspan="2">名称
项目</th><th colspan="7">储罐总容积（m^3）</th><th rowspan="2">集中放散装置的天然气放散总管</th></tr>
<tr><th>≤10</th><th>>10～≤30</th><th>>30～≤50</th><th>>50～≤200</th><th>>200～≤500</th><th>>500～≤1000</th><th>>1000～≤2000</th></tr>
<tr><td colspan="2">明火、散发火花地点和室外变、配电站</td><td>30</td><td>35</td><td>45</td><td>50</td><td>55</td><td>60</td><td>70</td><td>30</td></tr>
<tr><td colspan="2">民用建筑，甲、乙类液体储罐，甲、乙类生产厂房，甲、乙类物品仓库，稻草等易燃材料堆场</td><td>27</td><td>32</td><td>40</td><td>45</td><td>50</td><td>55</td><td>65</td><td>25</td></tr>
<tr><td colspan="2">丙类液体储罐，可燃气体储罐，丙、丁类生产厂房，丙、丁类物品仓库</td><td>25</td><td>27</td><td>32</td><td>35</td><td>40</td><td>45</td><td>55</td><td>20</td></tr>
<tr><td rowspan="2">铁路（中心线）</td><td>国家线</td><td>40</td><td>50</td><td>60</td><td colspan="2">70</td><td colspan="2">80</td><td>40</td></tr>
<tr><td>企业专用线</td><td colspan="3">25</td><td colspan="2">30</td><td colspan="2">35</td><td>30</td></tr>
<tr><td rowspan="2">公路、道路（路边）</td><td>高速，Ⅰ、Ⅱ级，城市快速</td><td colspan="3">20</td><td colspan="4">25</td><td>15</td></tr>
<tr><td>其他</td><td colspan="3">15</td><td colspan="4">20</td><td>10</td></tr>
<tr><td colspan="2">架空电力线（中心线）</td><td colspan="5">1.5 倍杆高</td><td colspan="2">1.5 倍杆高，但 35 kV 以上架空电力线不应小于 40 m</td><td>2.0 倍杆高</td></tr>
<tr><td rowspan="2">架空通信线（中心线）</td><td>Ⅰ、Ⅱ级</td><td colspan="2">1.5 倍杆高</td><td colspan="2">30</td><td colspan="3">40</td><td>1.5 倍杆高</td></tr>
<tr><td>其他</td><td colspan="8">1.5 倍杆高</td></tr>
</table>

注：1 居住区、村镇系指 1000 人或 300 户以上者，以下者按本表民用建筑执行；
2 与本表规定以外的其他建、构筑物的防火间距应按现行国家标准《建筑设计防火规范》GB 50016 执行；
3 间距的计算应以储罐的最外侧为准。

表 9.2.5 液化天然气气化站的液化天然气储罐、天然气放散总管与站内建、构筑物的防火间距（m）

<table>
<tr><th rowspan="2">名称
项目</th><th colspan="7">储罐总容积（m^3）</th><th rowspan="2">集中放散装置的天然气放散总管</th></tr>
<tr><th>≤10</th><th>>10～≤30</th><th>>30～≤50</th><th>>50～≤200</th><th>>200～≤500</th><th>>500～≤1000</th><th>>1000～≤2000</th></tr>
<tr><td>明火、散发火花地点</td><td>30</td><td>35</td><td>45</td><td>50</td><td>55</td><td>60</td><td>70</td><td>30</td></tr>
<tr><td>办公、生活建筑</td><td>18</td><td>20</td><td>25</td><td>30</td><td>35</td><td>40</td><td>50</td><td>25</td></tr>
<tr><td>变配电室、仪表间、值班室、汽车槽车库、汽车衡及其计量室、空压机室
汽车槽车装卸台柱（装卸口）、钢瓶灌装台</td><td colspan="2">15</td><td>18</td><td>20</td><td>22</td><td>25</td><td>30</td><td>25</td></tr>
</table>

表 9.2.5（续）

<table>
<tr><th colspan="2" rowspan="2">名称
项目</th><th colspan="7">储罐总容积（m^3）</th><th rowspan="2">集中放散装置的天然气放散总管</th></tr>
<tr><th>≤10</th><th>>10～≤30</th><th>>30～≤50</th><th>>50～≤200</th><th>>200～≤500</th><th>>500～≤1000</th><th>>1000～≤2000</th></tr>
<tr><td colspan="2">汽车库、机修间、燃气热水炉间</td><td colspan="3">25</td><td>30</td><td colspan="2">35</td><td>40</td><td>25</td></tr>
<tr><td colspan="2">天然气（气态）储罐</td><td>20</td><td>24</td><td>26</td><td>28</td><td>30</td><td>31</td><td>32</td><td>20</td></tr>
<tr><td colspan="2">液化石油气全压力式储罐</td><td>24</td><td>28</td><td>32</td><td>34</td><td>36</td><td>38</td><td>40</td><td>25</td></tr>
<tr><td colspan="2">消防泵房、消防水池取水口</td><td colspan="2">30</td><td colspan="4">40</td><td>50</td><td>20</td></tr>
<tr><td rowspan="2">站内道路（路边）</td><td>主要</td><td colspan="3">10</td><td colspan="4">15</td><td rowspan="2">2</td></tr>
<tr><td>次要</td><td colspan="3">5</td><td colspan="4">10</td></tr>
<tr><td colspan="2">围墙</td><td colspan="3">15</td><td colspan="2">20</td><td colspan="2">25</td><td>2</td></tr>
<tr><td colspan="2">集中放散装置的天然气放散总管</td><td colspan="7">25</td><td>—</td></tr>
</table>

注：1 自然蒸发气的储罐（BOG 罐）与液化天然气储罐的间距按工艺要求确定；

2 与本表规定以外的其他建、构筑物的防火间距应按现行国家标准《建筑设计防火规范》GB 50016 执行；

3 间距的计算应以储罐的最外侧为准。

9.2.6 站内兼有灌装液化天然气钢瓶功能时，站区内设置储存液化天然气钢瓶（实瓶）的总容积不应大于 2 m^3。

9.2.7 液化天然气气化站内总平面应分区布置，即分为生产区（包括储罐区、气化及调压等装置区）和辅助区。

生产区宜布置在站区全年最小频率风向的上风侧或上侧风侧。

液化天然气气化站应设置高度不低于 2 m 的不燃烧体实体围墙。

9.2.8 液化天然气气化站生产区应设置消防车道，车道宽度不应小于 3.5 m。当储罐总容积小于 500 m^3 时，可设置尽头式消防车道和面积不应小于 12 m×12 m 的回车场。

9.2.9 液化天然气气化站的生产区和辅助区至少应各设 1 个对外出入口。当液化天然气储罐总容积超过 1000 m^3 时，生产区应设置 2 个对外出入口，其间距不应小于 30 m。

9.2.10 **液化天然气储罐和储罐区的布置应符合下列要求：**

1 储罐之间的净距不应小于相邻储罐直径之和的 1/4，且不应小于 1.5 m；储罐组内的储罐不应超过两排；

2 储罐组四周必须设置周边封闭的不燃烧体实体防护墙，防护墙的设计应保证在接触液化天然气时不应被破坏；

3 防护墙内的有效容积（V）应符合下列规定：

1）对因低温或因防护墙内一储罐泄漏着火而可能引起防护墙内其他储罐泄漏，当储罐采取了防止措施时，V 不应小于防护墙内最大储罐的容积；

2）当储罐未采取防止措施时，V 不应小于防护墙内所有储罐的总容积；

4 防护墙内不应设置其他可燃液体储罐；

5 严禁在储罐区防护墙内设置液化天然气钢瓶灌装口；

6 容积大于 0.15 m^3 的液化天然气储罐（或容器）不应设置在建筑物内。任何容积的液化天然气容器均不应永久地安装在建筑物内。

9.2.11 气化器、低温泵设置应符合下列要求：

1 环境气化器和热流媒体为不燃烧体的远程间接加热气化器、天然气气体加热器可设置在储罐区内，与站外建、构筑物的防火间距应符合现行国家标准《建筑设计防火规范》GB 50016 中甲类厂房的规定。

2 气化器的布置应满足操作维修的要求。

3 对于输送液体温度低于 -29 ℃的泵，设计中应有预冷措施。

9.2.12 液化天然气集中放散装置的汇集总管，应经加热将放散物加热成比空气轻的气体后方可排入放散总管；放散总管管口高度应高出距其 25 m 内的建、构筑物 2 m 以上，且距地面不得小于 10 m。

9.2.13 液化天然气气化后向城镇管网供应的天然气应进行加臭，加臭量应符合本规范第 3.2.3 条的规定。

9.3 液化天然气瓶组气化站

9.3.1 液化天然气瓶组气化站采用气瓶组作为储存及供气设施，应符合下列要求：

1 气瓶组总容积不应大于 4 m^3。

2 单个气瓶容积宜采用 175 L 钢瓶，最大容积不应大于 410 L，灌装量不应大于其容积的 90%。

3 气瓶组储气容积宜按 1.5 倍计算月最大日供气量确定。

9.3.2 气瓶组应在站内固定地点露天（可设置罩棚）设置。气瓶组与建、构筑物的防火间距不应小于表 9.3.2 的规定。

表 9.3.2 气瓶组与建、构筑物的防火间距（m）

项目 \ 气瓶总容积（m^3）		≤2	>2 ~ ≤4
明火、散发火花地点		25	30
民用建筑		12	15
重要公共建筑、一类高层民用建筑		24	30
道路（路边）	主 要	10	10
	次 要	5	5

注：气瓶总容积应按配置气瓶个数与单瓶几何容积的乘积计算。单个气瓶容积不应大于 410 L。

9.3.3 设置在露天（或罩棚下）的空温式气化器与气瓶组的间距应满足操作的要求，与明火、散发火花地点或其他建、构筑物的防火间距应符合本规范第 9.3.2 条气瓶总容积小于或等于 2 m^3 一档的规定。

9.3.4 气化装置的总供气能力应根据高峰小时用气量确定。气化装置的配置台数不应少于 2 台，且应有 1 台备用。

9.3.5 瓶组气化站的四周宜设置高度不低于2 m的不燃烧体实体围墙。

9.4 管道及附件、储罐、容器、气化器、气体加热器和检测仪表

9.4.1 液化天然气储罐、设备的设计温度应按 -168 ℃计算，当采用液氮等低温介质进行置换时，应按置换介质的最低温度计算。

9.4.2 对于使用温度低于 -20 ℃的管道应采用奥氏体不锈钢无缝钢管，其技术性能应符合现行的国家标准《流体输送用不锈钢无缝钢管》GB/T 14976 的规定。

9.4.3 管道宜采用焊接连接。公称直径不大于50 mm的管道与储罐、容器、设备及阀门可采用法兰、螺纹连接；公称直径大于50 mm的管道与储罐、容器、设备及阀门连接应采用法兰或焊接连接；法兰连接采用的螺栓、弹性垫片等紧固件应确保连接的紧密度。阀门应能适用于液化天然气介质，液相管道应采用加长阀杆和能在线检修结构的阀门（液化天然气钢瓶自带的阀门除外），连接宜采用焊接。

9.4.4 管道应根据设计条件进行柔性计算，柔性计算的范围和方法应符合现行国家标准《工业金属管道设计规范》GB 50316 的规定。

9.4.5 管道宜采用自然补偿的方式，不宜采用补偿器进行补偿。

9.4.6 管道的保温材料应采用不燃烧材料，该材料应具有良好的防潮性和耐候性。

9.4.7 液态天然气管道上的两个切断阀之间必须设置安全阀，放散气体宜集中放散。

9.4.8 液化天然气卸车口的进液管道应设置止回阀。液化天然气卸车软管应采用奥氏体不锈钢波纹软管，其设计爆裂压力不应小于系统最高工作压力的5倍。

9.4.9 液化天然气储罐和容器本体及附件的材料选择和设计应符合现行国家标准《钢制压力容器》GB 150、《低温绝热压力容器》GB 18442 和国家现行《压力容器安全技术监察规程》的规定。

9.4.10 液化天然气储罐必须设置安全阀，安全阀的开启压力及阀口总通过面积应符合国家现行《压力容器安全技术监察规程》的规定。

9.4.11 液化天然气储罐安全阀的设置应符合下列要求：

1 必须选用奥氏体不锈钢弹簧封闭全启式；

2 单罐容积为100 m^3 或100 m^3 以上的储罐应设置2个或2个以上安全阀；

3 安全阀应设置放散管，其管径不应小于安全阀出口的管径。放散管宜集中放散；

4 安全阀与储罐之间应设置切断阀。

9.4.12 储罐应设置放散管，其设置要求应符合本规范第9.2.12条的规定。

9.4.13 储罐进出液管必须设置紧急切断阀，并与储罐液位控制连锁。

9.4.14 液化天然气储罐仪表的设置，应符合下列要求：

1 应设置两个液位计，并应设置液位上、下限报警和连锁装置。

注：容积小于3.8 m^3 的储罐和容器，可设置一个液位计（或固定长度液位管）。

2 应设置压力表，并应在有值班人员的场所设置高压报警显示器，取压点应位于储罐最高液位以上。

3 采用真空绝热的储罐，真空层应设置真空表接口。

9.4.15 液化天然气气化器的液体进口管道上宜设置紧急切断阀，该阀门应与天然气出口

的测温装置连锁。

9.4.16　液化天然气气化器或其出口管道上必须设置安全阀，安全阀的泄放能力应满足下列要求：

1　环境气化器的安全阀泄放能力必须满足在1.1倍的设计压力下，泄放量不小于气化器设计额定流量的1.5倍。

2　加热气化器的安全阀泄放能力必须满足在1.1倍的设计压力下，泄放量不小于气化器设计额定流量的1.1倍。

9.4.17　液化天然气气化器和天然气气体加热器的天然气出口应设置测温装置并应与相关阀门连锁；热媒的进口应设置能遥控和就地控制的阀门。

9.4.18　对于有可能受到土壤冻结或冻胀影响的储罐基础和设备基础，必须设置温度监测系统并应采取有效保护措施。

9.4.19　储罐区、气化装置区域或有可能发生液化天然气泄漏的区域内应设置低温检测报警装置和相关的连锁装置，报警显示器应设置在值班室或仪表室等有值班人员的场所。

9.4.20　爆炸危险场所应设置燃气浓度检测报警器。报警浓度应取爆炸下限的20%，报警显示器应设置在值班室或仪表室等有值班人员的场所。

9.4.21　液化天然气气化站内应设置事故切断系统，事故发生时，应切断或关闭液化天然气或可燃气体来源，还应关闭正在运行可能使事故扩大的设备。

液化天然气气化站内设置的事故切断系统应具有手动、自动或手动自动同时启动的性能，手动启动器应设置在事故时方便到达的地方，并与所保护设备的间距不小于15 m。手动启动器应具有明显的功能标志。

9.5　消防给水、排水和灭火器材

9.5.1　液化天然气气化站在同一时间内的火灾次数应按一次考虑，其消防水量应按储罐区一次消防用水量确定。

液化天然气储罐消防用水量应按其储罐固定喷淋装置和水枪用水量之和计算，其设计应符合下列要求：

1　总容积超过50 m^3 或单罐容积超过20 m^3 的液化天然气储罐或储罐区应设置固定喷淋装置。喷淋装置的供水强度不应小于0.15 L/(s·m^2)。着火储罐的保护面积按其全表面积计算，距着火储罐直径（卧式储罐按其直径和长度之和的一半）1.5倍范围内（范围的计算应以储罐的最外侧为准）的储罐按其表面积的一半计算。

2　水枪宜采用带架水枪。水枪用水量不应小于表9.5.1的规定。

表9.5.1　水枪用水量

总容积（m^3）	≤200	>200
单罐容积（m^3）	≤50	>50
水枪用水量（L/s）	20	30

注：1　水枪用水量应按本表总容积和单罐容积较大者确定。

2　总容积小于50 m^3 且单罐容积小于等于20 m^3 的液化天然气储罐或储罐区，可单独设置固定喷淋装置或移动水枪，其消防水量应按水枪用水量计算。

9.5.2 液化天然气立式储罐固定喷淋装置应在罐体上部和罐顶均匀分布。

9.5.3 消防水池的容量应按火灾连续时间6 h计算确定。但总容积小于220 m^3且单罐容积小于或等于50 m^3的储罐或储罐区，消防水池的容量应按火灾连续时间3 h计算确定。当火灾情况下能保证连续向消防水池补水时，其容量可减去火灾连续时间内的补水量。

9.5.4 液化天然气气化站的消防给水系统中的消防泵房，给水管网和供水压力要求等设计应符合本规范第8.10节的有关规定。

9.5.5 液化天然气气化站生产区防护墙内的排水系统应采取防止液化天然气流入下水道或其他以顶盖密封的沟渠中的措施。

9.5.6 站内具有火灾和爆炸危险的建、构筑物、液化天然气储罐和工艺装置区应设置小型干粉灭火器，其设置数量除应符合表9.5.6的规定外，还应符合现行国家标准《建筑灭火器配置设计规范》GB 50140的规定。

表9.5.6 干粉灭火器的配置数量

场 所	配 置 数 量
储罐区	按储罐台数，每台储罐设置8 kg和35 kg各1具
汽车槽车装卸台（柱、装卸口）	按槽车车位数，每个车位设置8 kg、2具
气瓶灌装台	设置8 kg不少于2具
气瓶组（≤4 m^3）	设置8 kg不少于2具
工艺装置区	按区域面积，每50 m^2设置8 kg、1具，且每个区域不少于2具

注：8 kg和35 kg分别指手提式和手推式干粉型灭火器的药剂充装量。

9.6 土建和生产辅助设施

9.6.1 液化天然气气化站建、构筑物的防火、防爆和抗震设计，应符合本规范第8.9节的有关规定。

9.6.2 设有液化天然气工艺设备的建、构筑物应有良好的通风措施。通风量按房屋全部容积每小时换气次数不应小于6次。在蒸发气体比空气重的地方，应在蒸发气体聚集最低部位设置通风口。

9.6.3 液化天然气气化站的供电系统设计应符合现行国家标准《供配电系统设计规范》GB 50052“二级负荷”的规定。

9.6.4 液化天然气气化站爆炸危险场所的电力装置设计应符合现行国家标准《爆炸和火灾危险环境电力装置设计规范》GB 50058的有关规定。

9.6.5 液化天然气气化站的防雷和静电接地设计，应符合本规范第8.11节的有关规定。

10 燃 气 的 应 用

10.1 一 般 规 定

10.1.1 本章适用于城镇居民、商业和工业企业用户内部的燃气系统设计。

10.1.2 燃气调压器、燃气表、燃烧器具等，应根据使用燃气类别及其特性、安装条件、工作压力和用户要求等因素选择。

10.1.3 燃气应用设备铭牌上规定的燃气必须与当地供应的燃气相一致。

10.2 室内燃气管道

10.2.1 用户室内燃气管道的最高压力不应大于表 10.2.1 的规定。

表 10.2.1 用户室内燃气管道的最高压力（表压 MPa）

燃 气 用 户		最高压力
工业用户	独立、单层建筑	0.8
	其他	0.4
商业用户		0.4
居民用户（中压进户）		0.2
居民用户（低压进户）		<0.01

注：1 液化石油气管道的最高压力不应大于 0.14 MPa；

2 管道井内的燃气管道的最高压力不应大于 0.2 MPa；

3 室内燃气管道压力大于 0.8 MPa 的特殊用户设计应按有关专业规范执行。

10.2.2 燃气供应压力应根据用户设备燃烧器的额定压力及其允许的压力波动范围确定。民用低压用气设备的燃烧器的额定压力宜按表 10.2.2 采用。

表 10.2.2 民用低压用气设备燃烧器的额定压力（表压 kPa）

燃气 / 燃烧器	人工煤气	天然气		液化石油气
		矿井气	天然气、油田伴生气、液化石油气混空气	
民用燃具	1.0	1.0	2.0	2.8 或 5.0

10.2.3 室内燃气管道宜选用钢管，也可选用铜管、不锈钢管、铝塑复合管和连接用软管，并应分别符合第 10.2.4～10.2.8 条的规定。

10.2.4 室内燃气管道选用钢管时应符合下列规定：

1 钢管的选用应符合下列规定：

1）低压燃气管道应选用热镀锌钢管（热浸镀锌），其质量应符合现行国家标准《低压流体输送用焊接钢管》GB/T 3091 的规定；

2）中压和次高压燃气管道宜选用无缝钢管，其质量应符合现行国家标准《输送流体用无缝钢管》GB/T 8163 的规定；燃气管道的压力小于或等于 0.4 MPa 时，可选用本款第 1）项规定的焊接钢管。

2 钢管的壁厚应符合下列规定：

1）选用符合 GB/T 3091 标准的焊接钢管时，低压宜采用普通管，中压应采用加厚管；

2）选用无缝钢管时，其壁厚不得小于 3 mm，用于引入管时不得小于 3.5 mm；

3）当屋面上的燃气管道和高层建筑沿外墙架设的燃气管道，在避雷保护范围以外时，采用焊接钢管或无缝钢管时其管道壁厚均不得小于 4 mm。

3 钢管螺纹连接时应符合下列规定：

1）室内低压燃气管道（地下室、半地下室等部位除外）、室外压力小于或等于 0.2 MPa 的燃气管道，可采用螺纹连接；

管道公称直径大于 *DN*100 时不宜选用螺纹连接。

2）管件选择应符合下列要求：

管道公称压力 *PN*≤0.01 MPa 时，可选用可锻铸铁螺纹管件；

管道公称压力 *PN*≤0.2 MPa 时，应选用钢或铜合金螺纹管件。

3）管道公称压力 *PN*≤0.2 MPa 时，应采用现行国家标准《55°密封螺纹第 2 部分：圆锥内螺纹与圆锥外螺纹》GB/T 7306.2 规定的螺纹（锥/锥）连接。

4）密封填料，宜采用聚四氟乙烯生料带、尼龙密封绳等性能良好的填料。

4 钢管焊接或法兰连接可用于中低压燃气管道（阀门、仪表处除外），并应符合有关标准的规定。

10.2.5 室内燃气管道选用铜管时应符合下列规定：

1 铜管的质量应符合现行国家标准《无缝铜水管和铜气管》GB/T 18033 的规定。

2 铜管道应采用硬钎焊连接，宜采用不低于 1.8% 的银（铜—磷基）焊料（低银铜磷钎料）。铜管接头和焊接工艺可按现行国家标准《铜管接头》GB/T 11618 的规定执行。

铜管道不得采用对焊、螺纹或软钎焊（熔点小于 500 ℃）连接。

3 埋入建筑物地板和墙中的铜管应是覆塑铜管或带有专用涂层的铜管，其质量应符合有关标准的规定。

4 燃气中硫化氢含量小于或等于 7 mg/m^3 时，中低压燃气管道可采用现行国家标准《无缝铜水管和铜气管》GB/T 18033 中表 3－1 规定的 A 型管或 B 型管。

5 燃气中硫化氢含量大于 7 mg/m^3 而小于 20 mg/m^3 时，中压燃气管道应选用带耐腐蚀内衬的铜管；无耐腐蚀内衬的铜管只允许在室内的低压燃气管道中采用；铜管类型可按本条第 4 款的规定执行。

6 铜管必须有防外部损坏的保护措施。

10.2.6 室内燃气管道选用不锈钢管时应符合下列规定：

1　薄壁不锈钢管：

1）薄壁不锈钢管的壁厚不得小于0.6 mm（*DN*15及以上），其质量应符合现行国家标准《流体输送用不锈钢焊接钢管》GB/T 12771的规定；

2）薄壁不锈钢管的连接方式，应采用承插氩弧焊式管件连接或卡套式管件机械连接，并宜优先选用承插氩弧焊式管件连接。承插氩弧焊式管件和卡套式管件应符合有关标准的规定。

2　不锈钢波纹管：

1）不锈钢波纹管的壁厚不得小于0.2 mm，其质量应符合国家现行标准《燃气用不锈钢波纹软管》CJ/T 197的规定；

2）不锈钢波纹管应采用卡套式管件机械连接，卡套式管件应符合有关标准的规定。

3　薄壁不锈钢管和不锈钢波纹管必须有防外部损坏的保护措施。

10.2.7　室内燃气管道选用铝塑复合管时应符合下列规定：

1　铝塑复合管的质量应符合现行国家标准《铝塑复合压力管　第1部分：铝管搭接焊式铝塑管》GB/T 18997.1或《铝塑复合压力管　第2部分：铝管对接焊式铝塑管》GB/T 18997.2的规定。

2　铝塑复合管应采用卡套式管件或承插式管件机械连接，承插式管件应符合国家现行标准《承插式管接头》CJ/T 110的规定，卡套式管件应符合国家现行标准《卡套式管接头》CJ/T 111和《铝塑复合管用卡压式管件》CJ/T 190的规定。

3　铝塑复合管安装时必须对铝塑复合管材进行防机械损伤、防紫外线（UV）伤害及防热保护，并应符合下列规定：

1）环境温度不应高于60 ℃；

2）工作压力应小于10 kPa；

3）在户内的计量装置（燃气表）后安装。

10.2.8　室内燃气管道采用软管时，应符合下列规定：

1　燃气用具连接部位、实验室用具或移动式用具等处可采用软管连接。

2　中压燃气管道上应采用符合现行国家标准《波纹金属软管通用技术条件》GB/T 14525、《液化石油气（LPG）用橡胶软管和软管组合件　散装运输用》GB/T 10546或同等性能以上的软管。

3　低压燃气管道上应采用符合国家现行标准《家用煤气软管》HG 2486或国家现行标准《燃气用不锈钢波纹软管》CJ/T 197规定的软管。

4　软管最高允许工作压力不应小于管道设计压力的4倍。

5　软管与家用燃具连接时，其长度不应超过2 m，并不得有接口。

6　软管与移动式的工业燃具连接时，其长度不应超过30 m，接口不应超过2个。

7　软管与管道、燃具的连接处应采用压紧螺帽（锁母）或管卡（喉箍）固定。在软管的上游与硬管的连接处应设阀门。

8　橡胶软管不得穿墙、顶棚、地面、窗和门。

10.2.9　室内燃气管道的计算流量应按下列要求确定：

1 居民生活用燃气计算流量可按下式计算：

$$Q_h = \sum kNQ_n \tag{10.2.9}$$

式中 Q_h——燃气管道的计算流量（m^3/h）；

k——燃具同时工作系数，居民生活用燃具可按附录 F 确定；

N——同种燃具或成组燃具的数目；

Q_n——燃具的额定流量（m^3/h）。

2 商业用和工业企业生产用燃气计算流量应按所有用气设备的额定流量并根据设备的实际使用情况确定。

10.2.10 商业和工业用户调压装置及居民楼栋调压装置的设置形式应符合本规范第 6.6.2 条和第 6.6.6 条的规定。

10.2.11 当由调压站供应低压燃气时，室内低压燃气管道允许的阻力损失，应根据建筑物和室外管道等情况，经技术经济比较后确定。

10.2.12 室内燃气管道的阻力损失，可按本规范第 6.2.5 条和第 6.2.6 条的规定计算。

室内燃气管道的局部阻力损失宜按实际情况计算。

10.2.13 计算低压燃气管道阻力损失时，对地形高差大或高层建筑立管应考虑因高程差而引起的燃气附加压力。燃气的附加压力可按下式计算：

$$\Delta H = 9.8 \times (\rho_k - \rho_m) \times h \tag{10.2.13}$$

式中 ΔH——燃气的附加压力（Pa）；

ρ_k——空气的密度（kg/m^3）；

ρ_m——燃气的密度（kg/m^3）；

h——燃气管道终、起点的高程差（m）。

10.2.14 燃气引入管敷设位置应符合下列规定：

1 燃气引入管不得敷设在卧室、卫生间、易燃或易爆品的仓库、有腐蚀性介质的房间、发电间、配电间、变电室、不使用燃气的空调机房、通风机房、计算机房、电缆沟、暖气沟、烟道和进风道、垃圾道等地方。

2 住宅燃气引入管宜设在厨房、外走廊、与厨房相连的阳台内（寒冷地区输送湿燃气时阳台应封闭）等便于检修的非居住房间内。当确有困难，可从楼梯间引入（高层建筑除外），但应采用金属管道且引入管阀门宜设在室外。

3 商业和工业企业的燃气引入管宜设在使用燃气的房间或燃气表间内。

4 燃气引入管宜沿外墙地面上穿墙引入。室外露明管段的上端弯曲处应加不小于 *DN*15 清扫用三通和丝堵，并做防腐处理。寒冷地区输送湿燃气时应保温。

引入管可埋地穿过建筑物外墙或基础引入室内。当引入管穿过墙或基础进入建筑物后应在短距离内出室内地面，不得在室内地面下水平敷设。

10.2.15 燃气引入管穿墙与其他管道的平行净距应满足安装和维修的需要，当与地下管沟或下水道距离较近时，应采取有效的防护措施。

10.2.16 燃气引入管穿过建筑物基础、墙或管沟时，均应设置在套管中，并应考虑沉降的影响，必要时应采取补偿措施。

套管与基础、墙或管沟等之间的间隙应填实，其厚度应为被穿过结构的整个厚度。

套管与燃气引入管之间的间隙应采用柔性防腐、防水材料密封。

10.2.17 建筑物设计沉降量大于 50 mm 时，可对燃气引入管采取如下补偿措施：

1 加大引入管穿墙处的预留洞尺寸。

2 引入管穿墙前水平或垂直弯曲 2 次以上。

3 引入管穿墙前设置金属柔性管或波纹补偿器。

10.2.18 燃气引入管的最小公称直径应符合下列要求：

1 输送人工煤气和矿井气不应小于 25 mm；

2 输送天然气不应小于 20 mm；

3 输送气态液化石油气不应小于 15 mm。

10.2.19 燃气引入管阀门宜设在建筑物内，对重要用户还应在室外另设阀门。

10.2.20 输送湿燃气的引入管，埋设深度应在土壤冰冻线以下，并宜有不小于 0.01 坡向室外管道的坡度。

10.2.21 地下室、半地下室、设备层和地上密闭房间敷设燃气管道时，应符合下列要求：

1 净高不宜小于 2.2 m。

2 应有良好的通风设施，房间换气次数不得小于 3 次/h；并应有独立的事故机械通风设施，其换气次数不应小于 6 次/h。

3 应有固定的防爆照明设备。

4 应采用非燃烧体实体墙与电话间、变配电室、修理间、储藏室、卧室、休息室隔开。

5 应按本规范第 10.8 节规定设置燃气监控设施。

6 燃气管道应符合本规范第 10.2.23 条要求。

7 当燃气管道与其他管道平行敷设时，应敷设在其他管道的外侧。

8 地下室内燃气管道末端应设放散管，并应引出地上。放散管的出口位置应保证吹扫放散时的安全和卫生要求。

注：地上密闭房间包括地上无窗或窗仅用作采光的密闭房间等。

10.2.22 液化石油气管道和烹调用液化石油气燃烧设备不应设置在地下室、半地下室内。当确需要设置在地下一层、半地下室时，应针对具体条件采取有效的安全措施，并进行专题技术论证。

10.2.23 敷设在地下室、半地下室、设备层和地上密闭房间以及竖井、住宅汽车库（不使用燃气，并能设置钢套管的除外）的燃气管道应符合下列要求：

1 管材、管件及阀门、阀件的公称压力应按提高一个压力等级进行设计；

2 管道应采用钢号为 10、20 的无缝钢管或具有同等及同等以上性能的其他金属管材；

3 除阀门、仪表等部位和采用加厚管的低压管道外，均应焊接和法兰连接；应尽量减少焊缝数量，钢管道的固定焊口应进行 100% 射线照相检验，活动焊口应进行 10% 射线照相检验，其质量不得低于现行国家标准《现场设备、工业管道焊接工程施工及验收规范》GB 50236—98 中的Ⅲ级；其他金属管材的焊接质量应符合相关标准的规定。

10.2.24 燃气水平干管和立管不得穿过易燃易爆品仓库、配电间、变电室、电缆沟、烟道、进风道和电梯井等。

10.2.25 燃气水平干管宜明设，当建筑设计有特殊美观要求时可敷设在能安全操作、通风良好和检修方便的吊顶内，管道应符合本规范第10.2.23条的要求；当吊顶内设有可能产生明火的电气设备或空调回风管时，燃气干管宜设在与吊顶底平的独立密封∩型管槽内，管槽底宜采用可卸式活动百叶或带孔板。

燃气水平干管不宜穿过建筑物的沉降缝。

10.2.26 燃气立管不得敷设在卧室或卫生间内。立管穿过通风不良的吊顶时应设在套管内。

10.2.27 燃气立管宜明设，当设在便于安装和检修的管道竖井内时，应符合下列要求：

1 燃气立管可与空气、惰性气体、上下水、热力管道等设在一个公用竖井内，但不得与电线、电气设备或氧气管、进风管、回风管、排气管、排烟管、垃圾道等共用一个竖井；

2 竖井内的燃气管道应符合本规范第10.2.23条的要求，并尽量不设或少设阀门等附件。竖井内的燃气管道的最高压力不得大于0.2 MPa；燃气管道应涂黄色防腐识别漆；

3 竖井应每隔2~3层做相当于楼板耐火极限的不燃烧体进行防火分隔，且应设法保证平时竖井内自然通风和火灾时防止产生“烟囱”作用的措施；

4 每隔4~5层设一燃气浓度检测报警器，上、下两个报警器的高度差不应大于20 m；

5 管道竖井的墙体应为耐火极限不低于1.0 h的不燃烧体，井壁上的检查门应采用丙级防火门。

10.2.28 高层建筑的燃气立管应有承受自重和热伸缩推力的固定支架和活动支架。

10.2.29 燃气水平干管和高层建筑立管应考虑工作环境温度下的极限变形，当自然补偿不能满足要求时，应设置补偿器；补偿器宜采用Π形或波纹管形，不得采用填料型。补偿量计算温差可按下列条件选取：

1 有空气调节的建筑物内取20 ℃；

2 无空气调节的建筑物内取40 ℃；

3 沿外墙和屋面敷设时可取70 ℃。

10.2.30 燃气支管宜明设。燃气支管不宜穿过起居室（厅）。敷设在起居室（厅）、走道内的燃气管道不宜有接头。

当穿过卫生间、阁楼或壁柜时，燃气管道应采用焊接连接（金属软管不得有接头），并应设在钢套管内。

10.2.31 住宅内暗埋的燃气支管应符合下列要求：

1 暗埋部分不宜有接头，且不应有机械接头。暗埋部分宜有涂层或覆塑等防腐蚀措施。

2 暗埋的管道应与其他金属管道或部件绝缘，暗埋的柔性管道宜采用钢盖板保护。

3 暗埋管道必须在气密性试验合格后覆盖。

4 覆盖层厚度不应小于10 mm。

5　覆盖层面上应有明显标志，标明管道位置，或采取其他安全保护措施。

10.2.32　住宅内暗封的燃气支管应符合下列要求：

1　暗封管道应设在不受外力冲击和暖气烘烤的部位。

2　暗封部位应可拆卸，检修方便，并应通风良好。

10.2.33　商业和工业企业室内暗设燃气支管应符合下列要求：

1　可暗埋在楼层地板内；

2　可暗封在管沟内，管沟应设活动盖板，并填充干砂；

3　燃气管道不得暗封在可以渗入腐蚀性介质的管沟中；

4　当暗封燃气管道的管沟与其他管沟相交时，管沟之间应密封，燃气管道应设套管。

10.2.34　民用建筑室内燃气水平干管，不得暗埋在地下土层或地面混凝土层内。

工业和实验室的室内燃气管道可暗埋在混凝土地面中，其燃气管道的引入和引出处应设钢套管。钢套管应伸出地面 5 ~ 10 cm。钢套管两端应采用柔性的防水材料密封；管道应有防腐绝缘层。

10.2.35　燃气管道不应敷设在潮湿或有腐蚀性介质的房间内。当确需敷设时，必须采取防腐蚀措施。

输送湿燃气的燃气管道敷设在气温低于 0 ℃的房间或输送气相液化石油气管道处的环境温度低于其露点温度时，其管道应采取保温措施。

10.2.36　室内燃气管道与电气设备、相邻管道之间的净距不应小于表 10.2.36 的规定。

表 10.2.36　室内燃气管道与电气设备、相邻管道之间的净距

管道和设备		与燃气管道的净距（cm）	
		平行敷设	交叉敷设
电气设备	明装的绝缘电线或电缆	25	10（注）
	暗装或管内绝缘电线	5（从所做的槽或管子的边缘算起）	1
	电压小于 1000 V 的裸露电线	100	100
	配电盘或配电箱、电表	30	不允许
	电插座、电源开关	15	不允许
相邻管道		保证燃气管道、相邻管道的安装和维修	2

注：1　当明装电线加绝缘套管且套管的两端各伸出燃气管道 10 cm 时，套管与燃气管道的交叉净距可降至 1 cm。

2　当布置确有困难，在采取有效措施后，可适当减小净距。

10.2.37　沿墙、柱、楼板和加热设备构件上明设的燃气管道应采用管支架、管卡或吊卡固定。

管支架、管卡、吊卡等固定件的安装不应妨碍管道的自由膨胀和收缩。

10.2.38　室内燃气管道穿过承重墙、地板或楼板时必须加钢套管，套管内管道不得有接头，套管与承重墙、地板或楼板之间的间隙应填实，套管与燃气管道之间的间隙应采用柔性防腐、防水材料密封。

10.2.39 工业企业用气车间、锅炉房以及大中型用气设备的燃气管道上应设放散管，放散管管口应高出屋脊（或平屋顶）1 m以上或设置在地面上安全处，并应采取防止雨雪进入管道和放散物进入房间的措施。

当建筑物位于防雷区之外时，放散管的引线应接地，接地电阻应小于10 Ω。

10.2.40 室内燃气管道的下列部位应设置阀门：

1 燃气引入管；

2 调压器前和燃气表前；

3 燃气用具前；

4 测压计前；

5 放散管起点。

10.2.41 室内燃气管道阀门宜采用球阀。

10.2.42 输送干燃气的室内燃气管道可不设置坡度。输送湿燃气（包括气相液化石油气）的管道，其敷设坡度不宜小于0.003。

燃气表前后的湿燃气水平支管应分别坡向立管和燃具。

10.3 燃 气 计 量

10.3.1 燃气用户应单独设置燃气表。

燃气表应根据燃气的工作压力、温度、流量和允许的压力降（阻力损失）等条件选择。

10.3.2 用户燃气表的安装位置，应符合下列要求：

1 宜安装在不燃或难燃结构的室内通风良好和便于查表、检修的地方。

2 **严禁安装在下列场所：**

1）卧室、卫生间及更衣室内；

2）有电源、电器开关及其他电器设备的管道井内，或有可能滞留泄漏燃气的隐蔽场所；

3）环境温度高于45 ℃的地方；

4）经常潮湿的地方；

5）堆放易燃易爆、易腐蚀或有放射性物质等危险的地方；

6）有变、配电等电器设备的地方；

7）有明显振动影响的地方；

8）高层建筑中的避难层及安全疏散楼梯间内。

3 燃气表的环境温度，当使用人工煤气和天然气时，应高于0 ℃；当使用液化石油气时，应高于其露点5 ℃以上。

4 住宅内燃气表可安装在厨房内，当有条件时也可设置在户门外。

住宅内高位安装燃气表时，表底距地面不宜小于1.4 m；当燃气表装在燃气灶具上方时，燃气表与燃气灶的水平净距不得小于30 cm；低位安装时，表底距地面不得小于10 cm。

5 商业和工业企业的燃气表宜集中布置在单独房间内，当设有专用调压室时可与调压器同室布置。

10.3.3 燃气表保护装置的设置应符合下列要求：

1 当输送燃气过程中可能产生尘粒时，宜在燃气表前设置过滤器；

2 当使用加氧的富氧燃烧器或使用鼓风机向燃烧器供给空气时，应在燃气表后设置止回阀或泄压装置。

10.4 居民生活用气

10.4.1 居民生活的各类用气设备应采用低压燃气，用气设备前（灶前）的燃气压力应在 $0.75 \sim 1.5P_n$ 的范围内（P_n 为燃具的额定压力）。

10.4.2 居民生活用气设备严禁设置在卧室内。

10.4.3 住宅厨房内宜设置排气装置和燃气浓度检测报警器。

10.4.4 家用燃气灶的设置应符合下列要求：

1 燃气灶应安装在有自然通风和自然采光的厨房内。利用卧室的套间（厅）或利用与卧室连接的走廊作厨房时，厨房应设门并与卧室隔开。

2 安装燃气灶的房间净高不宜低于 2.2 m。

3 燃气灶与墙面的净距不得小于 10 cm。当墙面为可燃或难燃材料时，应加防火隔热板。

燃气灶的灶面边缘和烤箱的侧壁距木质家具的净距不得小于 20 cm，当达不到时，应加防火隔热板。

4 放置燃气灶的灶台应采用不燃烧材料，当采用难燃材料时，应加防火隔热板。

5 厨房为地上暗厨房（无直通室外的门或窗）时，应选用带有自动熄火保护装置的燃气灶，并应设置燃气浓度检测报警器、自动切断阀和机械通风设施，燃气浓度检测报警器应与自动切断阀和机械通风设施连锁。

10.4.5 家用燃气热水器的设置应符合下列要求：

1 燃气热水器应安装在通风良好的非居住房间、过道或阳台内；

2 有外墙的卫生间内，可安装密闭式热水器，但不得安装其他类型热水器；

3 装有半密闭式热水器的房间，房间门或墙的下部应设有效截面积不小于 0.02 m^2 的格栅，或在门与地面之间留有不小于 30 mm 的间隙；

4 房间净高宜大于 2.4 m；

5 可燃或难燃烧的墙壁和地板上安装热水器时，应采取有效的防火隔热措施；

6 热水器的给排气筒宜采用金属管道连接。

10.4.6 单户住宅采暖和制冷系统采用燃气时，应符合下列要求：

1 应有熄火保护装置和排烟设施；

2 应设置在通风良好的走廊、阳台或其他非居住房间内；

3 设置在可燃或难燃烧的地板和墙壁上时，应采取有效的防火隔热措施。

10.4.7 居民生活用燃具的安装应符合国家现行标准《家用燃气燃烧器具安装及验收规程》CJJ 12 的规定。

10.4.8 居民生活用燃具在选用时，应符合现行国家标准《燃气燃烧器具安全技术条件》GB 16914 的规定。

10.5 商 业 用 气

10.5.1 商业用气设备宜采用低压燃气设备。

10.5.2 商业用气设备应安装在通风良好的专用房间内；商业用气设备不得安装在易燃易爆物品的堆存处，亦不应设置在兼做卧室的警卫室、值班室、人防工程等处。

10.5.3 商业用气设备设置在地下室、半地下室（液化石油气除外）或地上密闭房间内时，应符合下列要求：

1 燃气引入管应设手动快速切断阀和紧急自动切断阀；停电时紧急自动切断阀必须处于关闭状态；

2 用气设备应有熄火保护装置；

3 用气房间应设置燃气浓度检测报警器，并由管理室集中监视和控制；

4 宜设烟气一氧化碳浓度检测报警器；

5 应设置独立的机械送排风系统；通风量应满足下列要求：

1）正常工作时，换气次数不应小于 6 次/h；事故通风时，换气次数不应小于 12 次/h；不工作时换气次数不应小于 3 次/h；

2）当燃烧所需的空气由室内吸取时，应满足燃烧所需的空气量；

3）应满足排除房间热力设备散失的多余热量所需的空气量。

10.5.4 商业用气设备的布置应符合下列要求：

1 用气设备之间及用气设备与对面墙之间的净距应满足操作和检修的要求；

2 用气设备与可燃或难燃的墙壁、地板和家具之间应采取有效的防火隔热措施。

10.5.5 商业用气设备的安装应符合下列要求：

1 大锅灶和中餐炒菜灶应有排烟设施，大锅灶的炉膛或烟道处应设爆破门；

2 大型用气设备的泄爆装置，应符合本规范第 10.6.6 条的规定。

10.5.6 商业用户中燃气锅炉和燃气直燃型吸收式冷（温）水机组的设置应符合下列要求：

1 宜设置在独立的专用房间内；

2 设置在建筑物内时，燃气锅炉房宜布置在建筑物的首层，不应布置在地下二层及二层以下；燃气常压锅炉和燃气直燃机可设置在地下二层；

3 燃气锅炉房和燃气直燃机不应设置在人员密集场所的上一层、下一层或贴邻的房间内及主要疏散口的两旁；不应与锅炉和燃气直燃机无关的甲、乙类及使用可燃液体的丙类危险建筑贴邻；

4 燃气相对密度（空气等于 1）大于或等于 0.75 的燃气锅炉和燃气直燃机，不得设置在建筑物地下室和半地下室；

5 宜设置专用调压站或调压装置，燃气经调压后供应机组使用。

10.5.7 商业用户中燃气锅炉和燃气直燃型吸收式冷（温）水机组的安全技术措施应符合下列要求：

1 燃烧器应是具有多种安全保护自动控制功能的机电一体化的燃具；

2 应有可靠的排烟设施和通风设施；

3 应设置火灾自动报警系统和自动灭火系统；

4 设置在地下室、半地下室或地上密闭房间时应符合本规范第 10.5.3 条和 10.2.21 条的规定。

10.5.8 当需要将燃气应用设备设置在靠近车辆的通道处时，应设置护栏或车挡。

10.5.9 屋顶上设置燃气设备时应符合下列要求：

1 燃气设备应能适用当地气候条件。设备连接件、螺栓、螺母等应耐腐蚀；

2 屋顶应能承受设备的荷载；

3 操作面应有 1.8 m 宽的操作距离和 1.1 m 高的护栏；

4 应有防雷和静电接地措施。

10.6 工业企业生产用气

10.6.1 工业企业生产用气设备的燃气用量，应按下列原则确定：

1 定型燃气加热设备，应根据设备铭牌标定的用气量或标定热负荷，采用经当地燃气热值折算的用气量；

2 非定型燃气加热设备应根据热平衡计算确定；或参照同类型用气设备的用气量确定；

3 使用其他燃料的加热设备需要改用燃气时，可根据原燃料实际消耗量计算确定。

10.6.2 当城镇供气管道压力不能满足用气设备要求，需要安装加压设备时，应符合下列要求：

1 在城镇低压和中压 B 供气管道上严禁直接安装加压设备。

2 在城镇低压和中压 B 供气管道上间接安装加压设备时应符合下列规定：

1）加压设备前必须设低压储气罐。其容积应保证加压时不影响地区管网的压力工况；储气罐容积应按生产量较大者确定；

2）储气罐的起升压力应小于城镇供气管道的最低压力；

3）储气罐进出口管道上应设切断阀，加压设备应设旁通阀和出口止回阀；由城镇低压管道供气时，储罐进口处的管道上应设止回阀；

4）储气罐应设上、下限位的报警装置和储量下限位与加压设备停机和自动切断阀连锁。

3 当城镇供气管道压力为中压 A 时，应有进口压力过低保护装置。

10.6.3 工业企业生产用气设备的燃烧器选择，应根据加热工艺要求、用气设备类型、燃气供给压力及附属设施的条件等因素，经技术经济比较后确定。

10.6.4 工业企业生产用气设备的烟气余热宜加以利用。

10.6.5 工业企业生产用气设备应有下列装置：

1 每台用气设备应有观察孔或火焰监测装置，并宜设置自动点火装置和熄火保护装置；

2 用气设备上应有热工检测仪表，加热工艺需要和条件允许时，应设置燃烧过程的自动调节装置。

10.6.6 工业企业生产用气设备燃烧装置的安全设施应符合下列要求：

1 燃气管道上应安装低压和超压报警以及紧急自动切断阀；

2 烟道和封闭式炉膛，均应设置泄爆装置，泄爆装置的泄压口应设在安全处；

3 鼓风机和空气管道应设静电接地装置。接地电阻不应大于 100 Ω；

4 用气设备的燃气总阀门与燃烧器阀门之间，应设置放散管。

10.6.7 燃气燃烧需要带压空气和氧气时，应有防止空气和氧气回到燃气管路和回火的安全措施，并应符合下列要求：

1 燃气管路上应设背压式调压器，空气和氧气管路上应设泄压阀。

2 在燃气、空气或氧气的混气管路与燃烧器之间应设阻火器；混气管路的最高压力不应大于 0.07 MPa。

3 使用氧气时，其安装应符合有关标准的规定。

10.6.8 阀门设置应符合下列规定：

1 各用气车间的进口和燃气设备前的燃气管道上均应单独设置阀门，阀门安装高度不宜超过 1.7 m；燃气管道阀门与用气设备阀门之间应设放散管；

2 每个燃烧器的燃气接管上，必须单独设置有启闭标记的燃气阀门；

3 每个机械鼓风的燃烧器，在风管上必须设置有启闭标记的阀门；

4 大型或并联装置的鼓风机，其出口必须设置阀门；

5 放散管、取样管、测压管前必须设置阀门。

10.6.9 工业企业生产用气设备应安装在通风良好的专用房间内。当特殊情况需要设置在地下室、半地下室或通风不良的场所时，应符合本规范第 10.2.21 条和第 10.5.3 条的规定。

10.7 燃烧烟气的排除

10.7.1 燃气燃烧所产生的烟气必须排出室外。设有直排式燃具的室内容积热负荷指标超过 207 W/m^3 时，必须设置有效的排气装置将烟气排至室外。

注：有直通洞口（哑口）的毗邻房间的容积也可一并作为室内容积计算。

10.7.2 家用燃具排气装置的选择应符合下列要求：

1 灶具和热水器（或采暖炉）应分别采用竖向烟道进行排气。

2 住宅采用自然换气时，排气装置应按国家现行标准《家用燃气燃烧器具安装及验收规程》CJJ 12—99 中 A.0.1 的规定选择。

3 住宅采用机械换气时，排气装置应按国家现行标准《家用燃气燃烧器具安装及验收规程》CJJ 12—99 中 A.0.3 的规定选择。

10.7.3 浴室用燃气热水器的给排气口应直接通向室外，其排系统与浴室必须有防止烟气泄漏的措施。

10.7.4 商业用户厨房中的燃具上方应设排气扇或排气罩。

10.7.5 燃气用气设备的排烟设施应符合下列要求：

1 不得与使用固体燃料的设备共用一套排烟设施；

2 每台用气设备宜采用单独烟道；当多台设备合用一个总烟道时，应保证排烟时互不影响；

3 在容易积聚烟气的地方，应设置泄爆装置；

4 应设有防止倒风的装置；

5 从设备顶部排烟或设置排烟罩排烟时，其上部应有不小于 0.3 m 的垂直烟道方可接水平烟道；

6 有防倒风排烟罩的用气设备不得设置烟道闸板；无防倒风排烟罩的用气设备，在至总烟道的每个支管上应设置闸板，闸板上应有直径大于 15 mm 的孔；

7 安装在低于 0 ℃房间的金属烟道应做保温。

10.7.6 水平烟道的设置应符合下列要求：

1 水平烟道不得通过卧室；

2 居民用气设备的水平烟道长度不宜超过 5 m，弯头不宜超过 4 个（强制排烟式除外）；

商业用户用气设备的水平烟道长度不宜超过 6 m；

工业企业生产用气设备的水平烟道长度，应根据现场情况和烟囱抽力确定；

3 水平烟道应有大于或等于 0.01 坡向用气设备的坡度；

4 多台设备合用一个水平烟道时，应顺烟气流动方向设置导向装置；

5 用气设备的烟道距难燃或不燃顶棚或墙的净距不应小于 5 cm；距燃烧材料的顶棚或墙的净距不应小于 25 cm。

注：当有防火保护时，其距离可适当减小。

10.7.7 烟囱的设置应符合下列要求：

1 住宅建筑的各层烟气排出可合用一个烟囱，但应有防止串烟的措施；多台燃具共用烟囱的烟气进口处，在燃具停用时的静压值应小于或等于零；

2 当用气设备的烟囱伸出室外时，其高度应符合下列要求：

1）当烟囱离屋脊小于 1.5 m 时（水平距离），应高出屋脊 0.6 m；

2）当烟囱离屋脊 1.5～3.0 m 时（水平距离），烟囱可与屋脊等高；

3）当烟囱离屋脊的距离大于 3.0 m 时（水平距离），烟囱应在屋脊水平线下 10°的直线上；

4）在任何情况下，烟囱应高出屋面 0.6 m；

5）当烟囱的位置临近高层建筑时，烟囱应高出沿高层建筑物 45°的阴影线；

3 烟囱出口的排烟温度应高于烟气露点 15 ℃以上；

4 烟囱出口应有防止雨雪进入和防倒风的装置。

10.7.8 用气设备排烟设施的烟道抽力（余压）应符合下列要求：

1 热负荷 30 kW 以下的用气设备，烟道的抽力（余压）不应小于 3 Pa；

2 热负荷 30 kW 以上的用气设备，烟道的抽力（余压）不应小于 10 Pa；

3 工业企业生产用气工业炉窑的烟道抽力，不应小于烟气系统总阻力的 1.2 倍。

10.7.9 排气装置的出口位置应符合下列规定：

1 建筑物内半密闭自然排气式燃具的竖向烟囱出口应符合本规范第 10.7.7 条第 2 款

的规定。

2 建筑物壁装的密闭式燃具的给排气口距上部窗口和下部地面的距离不得小于0.3 m。

3 建筑物壁装的半密闭强制排气式燃具的排气口距门窗洞口和地面的距离应符合下列要求：

1）排气口在窗的下部和门的侧部时，距相邻卧室的窗和门的距离不得小于1.2 m，距地面的距离不得小于0.3 m。

2）排气口在相邻卧室的窗的上部时，距窗的距离不得小于0.3 m。

3）排气口在机械（强制）进风口的上部，且水平距离小于3.0 m时，距机械进风口的垂直距离不得小于0.9 m。

10.7.10 高海拔地区安装的排气系统的最大排气能力，应按在海平面使用时的额定热负荷确定，高海拔地区安装的排气系统的最小排气能力，应按实际热负荷（海拔的减小额定值）确定。

10.8 燃气的监控设施及防雷、防静电

10.8.1 在下列场所应设置燃气浓度检测报警器：

1 建筑物内专用的封闭式燃气调压、计量间；

2 地下室、半地下室和地上密闭的用气房间；

3 燃气管道竖井；

4 地下室、半地下室引入管穿墙处；

5 有燃气管道的管道层。

10.8.2 燃气浓度检测报警器的设置应符合下列要求：

1 当检测比空气轻的燃气时，检测报警器与燃具或阀门的水平距离不得大于8 m，安装高度应距顶棚0.3 m以内，且不得设在燃具上方。

2 当检测比空气重的燃气时，检测报警器与燃具或阀门的水平距离不得大于4 m，安装高度应距地面0.3 m以内。

3 燃气浓度检测报警器的报警浓度应按国家现行标准《家用燃气泄漏报警器》CJ 3057的规定确定。

4 燃气浓度检测报警器宜与排风扇等排气设备连锁。

5 燃气浓度检测报警器宜集中管理监视。

6 报警器系统应有备用电源。

10.8.3 在下列场所宜设置燃气紧急自动切断阀：

1 地下室、半地下室和地上密闭的用气房间；

2 一类高层民用建筑；

3 燃气用量大、人员密集、流动人口多的商业建筑；

4 重要的公共建筑；

5 有燃气管道的管道层。

10.8.4 燃气紧急自动切断阀的设置应符合下列要求：

1　紧急自动切断阀应设在用气场所的燃气入口管、干管或总管上；

2　紧急自动切断阀宜设在室外；

3　紧急自动切断阀前应设手动切断阀；

4　紧急自动切断阀宜采用自动关闭、现场人工开启型。

10.8.5　燃气管道及设备的防雷、防静电设计应符合下列要求：

1　进出建筑物的燃气管道的进出口处，室外的屋面管、立管、放散管、引入管和燃气设备等处均应有防雷、防静电接地设施；

2　防雷接地设施的设计应符合现行国家标准《建筑物防雷设计规范》GB 50057 的规定；

3　防静电接地设施的设计应符合国家现行标准《化工企业静电接地设计规程》HGJ 28 的规定。

10.8.6　燃气应用设备的电气系统应符合下列规定：

1　燃气应用设备和建筑物电线、包括地线之间的电气连接应符合有关国家电气规范的规定。

2　电点火、燃烧器控制器和电气通风装置的设计，在电源中断情况下或电源重新恢复时，不应使燃气应用设备出现不安全工作状况。

3　自动操作的主燃气控制阀、自动点火器、室温恒温器、极限控制器或其他电气装置（这些都是和燃气应用设备一起使用的）使用的电路应符合随设备供给的接线图的规定。

4　使用电气控制器的所有燃气应用设备，应当让控制器连接到永久带电的电路上，不得使用照明开关控制的电路。

附录 A　制气车间主要生产场所爆炸和火灾危险区域等级

表 A　制气车间主要生产场所爆炸和火灾危险区域等级

项目及名称	场所及装置		生产类别	耐火等级	易燃或可燃物质释放源、级别	等级		说　明
						室内	室外	
备煤及焦处理	受煤、煤场（棚）		丙	二	固体状可燃物	22 区	23 区	
	破碎机、粉碎机室		乙	二	煤尘	22 区		
	配煤室、煤库、焦炉煤塔顶		丙	二	煤尘	22 区		
	胶带通廊、转运站（煤、焦），水煤气独立煤斗室		丙	二	煤尘、焦尘	22 区		
	煤、焦试样室、焦台		丙	二	焦尘、固状可燃物	22 区	23 区	
	筛焦楼、储焦仓		丙	二	焦尘	22 区		
	制气主厂房储煤层	封闭建筑且有煤气漏入	乙	二	煤气、二级	2 区		包括直立炉、水煤气、发生炉等顶上的储煤层
		敞开、半敞开建筑或无煤气漏入	乙	二	煤尘	22 区		
焦炉	焦炉地下室、煤气水封室、封闭煤气预热器室		甲	二	煤气、二级	1 区		通风不好
	焦炉分烟道走廊、炉端台底层		甲	二	煤气、二级	无		通风良好，可使煤气浓度不超过爆炸下限值的 10%
	煤塔底层计器室		甲	二	煤气、二级	1 区		变送器在室内
	炉间台底层		甲	二	煤气、二级	2 区		
直立炉	直立炉顶部操作层		甲	二	煤气、二级	1 区		
	其他空间及其他操作层		甲	二	煤气、二级	2 区		
水煤气炉、两段水煤气炉、流化床水煤气炉	煤气生产厂房		甲	二	煤气、二级	1 区		
	煤气排送机间		甲	二	煤气、二级	2 区		
	煤气管道排水器间		甲	二	煤气、二级	1 区		
	煤气计量器室		甲	二	煤气、二级	1 区		
	室外设备		甲	二	煤气、二级		2 区	

表 A（续）

项目及名称	场所及装置	生产类别	耐火等级	易燃或可燃物质释放源、级别	等级		说 明
					室内	室外	
发生炉、两段发生炉	煤气生产厂房	乙	二	煤气、二级	无		
	煤气排送机间	乙	二	煤气、二级	2 区		
	煤气管道排水器间	乙	二	煤气、二级	2 区		
	煤气计量器室	乙		煤气、二级	2 区		
	室外设备			煤气、二级	2 区		
重油制气	重油制气排送机房	甲	二	煤气、二级	2 区		
	重油泵房	丙	二	重油	21 区		
	重油制气室外设备			煤气、二级		2 区	
轻油制气	轻油制气排送机房	甲	二	煤气、二级	2 区		天然气改制，可参照执行。当采用 LPG 为原料时，还必须执行本规范第 8 章中相应的安全条文
	轻油泵房、轻油中间储罐	甲	二	轻油蒸气、二级	1 区	2 区	
	轻油制气室外设备			煤气、二级	2 区		
缓冲气罐	地上罐体			煤气、二级		2 区	
	煤气进出口阀门室				1 区		

注：1 发生炉煤气相对密度大于 0.75，其他煤气相对密度均小于 0.75。

2 焦炉为一利用可燃气体加热的高温设备，其辅助土建部分的建筑物可化为单元，对其爆炸和火灾危险等级进行划分。

3 直立炉、水煤气炉等建筑物高度满足不了甲类要求，仍按工艺要求设计。

4 从释放源向周围辐射爆炸危险区域的界限应按现行国家标准《爆炸和火灾危险环境电力装置设计规范》GB 50058 执行。

附录B 煤气净化车间主要生产场所爆炸和火灾危险区域等级

表 B－1 煤气净化车间主要生产场所生产类别

生产场所或装置名称	生产类别
煤气鼓风机室室内、粗苯（轻苯）泵房、溶剂脱酚的溶剂泵房、吡啶装置室内	甲
1 初冷器、电捕焦油器、硫铵饱和器、终冷、洗氨、洗苯、脱硫、终脱萘、脱水、一氧化碳变换等室外煤气区； 2 粗苯蒸馏装置、吡啶装置、溶剂脱酚装置等的室外区域； 3 冷凝泵房、洗苯洗萘泵房； 4 无水氨（液氨）泵房、无水氨装置的室外区域； 5 硫磺的熔融、结片、包装区及仓库	乙
化验室和鼓风机冷凝的焦油罐区	丙

表 B－2 煤气净化车间主要生产场所爆炸和火灾危险区域等级

生产场所或装置名称	区域等级
煤气鼓风机室室内、粗苯（轻苯）泵房、溶剂脱酚的溶剂泵房、吡啶装置室内、干法脱硫箱室内	1区
1 初冷器、电捕焦油器、硫铵饱和器、终冷、洗氨、洗苯、脱硫、终脱萘、脱水、一氧化碳变换等室外煤气区； 2 粗苯蒸馏装置、吡啶装置、溶剂脱酚装置等的室外区域； 3 无水氨（液氨）泵房、无水氨装置的室外区域； 4 浓氨水（≥8%）泵房，浓氨水生产装置的室外区域； 5 粗苯储槽、轻苯储槽	2区
脱硫剂再生装置	10区
硫磺仓库	11区
焦油氨水分离装置及焦油储槽、焦油洗油泵房、洗苯洗萘泵房、洗油储槽、轻柴油储槽、化验室	21区
稀氨水（<8%）储槽、稀氨水泵房、硫铵厂房、硫铵包装设施及仓库、酸碱泵房、磷铵溶液泵房	非危险区

注：1 所有室外区域不应整体划分某级危险区，应按现行国家标准《爆炸和火灾危险环境电力装置设计规范》GB 50058，以释放源和释放半径划分爆炸危险区域。本表中所列室外区域的危险区域等级均指释放半径内的爆炸危险区域等级，未被划入的区域则均为非危险区。

2 当本表中所列21区和非危险区被划入2区的释放源释放半径内时，则此区应划为2区。

附录C 燃气管道摩擦阻力计算

C.0.1 低压燃气管道：

根据燃气在管道中不同的运动状态，其单位长度的摩擦阻力损失采用下列各式计算：

1 层流状态：$Re \leqslant 2100$ $\lambda = 64/Re$

$$\frac{\Delta P}{l} = 1.13 \times 10^{10} \frac{Q}{d^4} \nu\rho \frac{T}{T_0} \tag{C.0.1-1}$$

2 临界状态：$Re = 2100 \sim 3500$

$$\lambda = 0.03 + \frac{Re - 2100}{65Re - 10^5}$$

$$\frac{\Delta P}{l} = 1.9 \times 10^6 \left(1 + \frac{11.8Q - 7 \times 10^4 d\nu}{23Q - 10^5 d\nu}\right) \frac{Q^2}{d^5} \rho \frac{T}{T_0} \tag{C.0.1-2}$$

3 湍流状态：$Re > 3500$

1）钢管：

$$\lambda = 0.11 \left(\frac{K}{d} + \frac{68}{Re}\right)^{0.25}$$

$$\frac{\Delta P}{l} = 6.9 \times 10^6 \left(\frac{K}{d} + 192.2 \frac{d\nu}{Q}\right)^{0.25} \frac{Q^2}{d^5} \rho \frac{T}{T_0} \tag{C.0.1-3}$$

2）铸铁管：

$$\lambda = 0.102236 \left(\frac{1}{d} + 5158 \frac{d\nu}{Q}\right)^{0.284}$$

$$\frac{\Delta P}{l} = 6.4 \times 10^6 \left(\frac{1}{d} + 5158 \frac{d\nu}{Q}\right)^{0.284} \frac{Q^2}{d^5} \rho \frac{T}{T_0} \tag{C.0.1-4}$$

式中 Re——雷诺数；

ΔP——燃气管道摩擦阻力损失（Pa）；

λ——燃气管道的摩擦阻力系数；

l——燃气管道的计算长度（m）；

Q——燃气管道的计算流量（m^3/h）；

d——管道内径（mm）；

ρ——燃气的密度（kg/m^3）；

T——设计中所采用的燃气温度（K）；

T_0——273.15（K）；

ν——0 ℃和 101.325 kPa 时燃气的运动黏度（m^2/s）；

K——管壁内表面的当量绝对粗糙度，对钢管：输送天然气和气态液化石油气时取 0.1 mm；输送人工煤气时取 0.15 mm。

C.0.2 次高压和中压燃气管道：

根据燃气管道不同材质，其单位长度摩擦阻力损失采用下列各式计算：

1 钢管：

$$\lambda = 0.11\left(\frac{K}{d} + \frac{68}{Re}\right)^{0.25}$$

$$\frac{P_1^2 - P_2^2}{L} = 1.4 \times 10^9 \left(\frac{K}{d} + 192.2\frac{d\nu}{Q}\right)^{0.25} \frac{Q^2}{d^5}\rho\frac{T}{T_0} \quad (C.0.2-1)$$

2 铸铁管：

$$\lambda = 0.102236\left(\frac{1}{d} + 5158\frac{d\nu}{Q}\right)^{0.284}$$

$$\frac{P_1^2 - P_2^2}{L} = 1.3 \times 10^9 \left(\frac{1}{d} + 5158\frac{d\nu}{Q}\right)^{0.284} \frac{Q^2}{d^5}\rho\frac{T}{T_0} \quad (C.0.2-2)$$

式中 L——燃气管道的计算长度（km）。

C.0.3 高压燃气管道的单位长度摩擦阻力损失，宜按现行的国家标准《输气管道工程设计规范》GB 50251 有关规定计算。

注：除附录 C 所列公式外，其他计算燃气管道摩擦阻力系数（λ）的公式，当其计算结果接近本规范式（6.2.6-2）时，也可采用。

附录D 燃气输配系统生产区域用电场所的爆炸危险区域等级和范围划分

D.0.1 本附录适用于运行介质相对密度小于或等于0.75的燃气。相对密度大于0.75的燃气爆炸危险区域等级和范围的划分宜符合本规范附录E的有关规定。

D.0.2 燃气输配系统生产区域用电场所的爆炸危险区域等级和范围划分应符合下列规定：

1 燃气输配系统生产区域所有场所的释放源属第二级释放源。存在第二级释放源的场所可划为2区，少数通风不良的场所可划为1区。其区域的划分宜符合以下典型示例的规定：

1）露天设置的固定容积储气罐的爆炸危险区域等级和范围划分见图D-1。

以储罐安全放散阀放散管管口为中心，当管口高度 h 距地坪大于4.5m时，半径 b 为3m，顶部距管口 a 为5m（当管口高度 h 距地坪小于等于4.5m时，半径 b 为5m，顶部距管口 a 为7.5m）以及管口到地坪以上的范围为2区。

储罐底部至地坪以上的范围（半径 c 不小于4.5m）为2区。

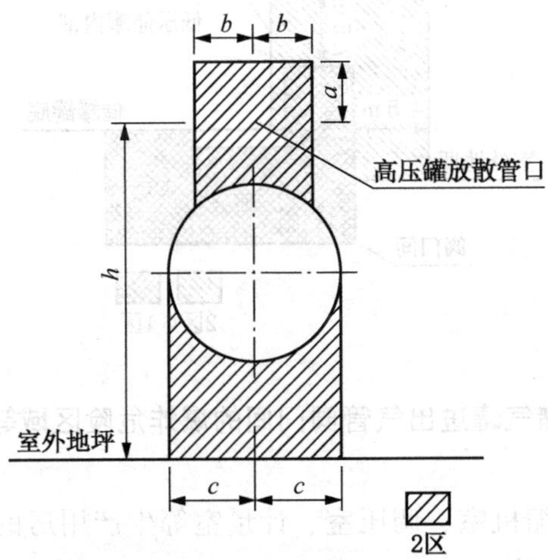

图D-1 露天设置的固定容积储气罐的爆炸危险区域等级和范围划分

2）露天设置的低压储气罐的爆炸危险区域等级和范围划分见图D-2(a)和D-2(b)。

干式储气罐内部活塞或橡胶密封膜以上的空间为1区。

储气罐外部罐壁外4.5m内，罐顶（以放散管管口计）以上7.5m内的范围为2区。

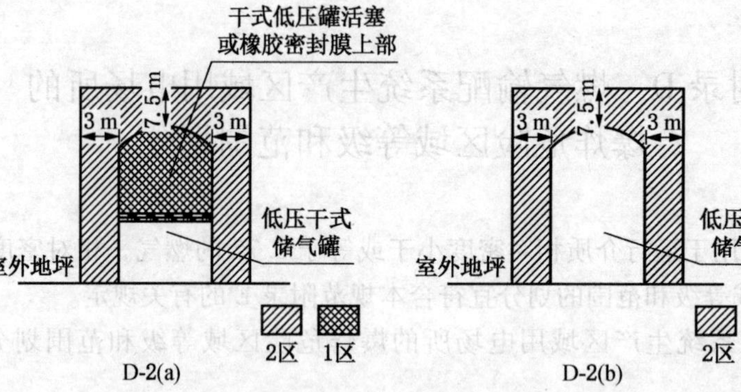

图 D－2　露天设置的低压储气罐的爆炸危险区域等级和范围划分

3）低压储气罐进出气管阀门间的爆炸危险区域等级和范围划分见图 D－3。

阀门间内部的空间为 1 区。

阀门间外壁 4.5 m 内，屋顶（以放散管管口计）7.5 m 内的范围为 2 区。

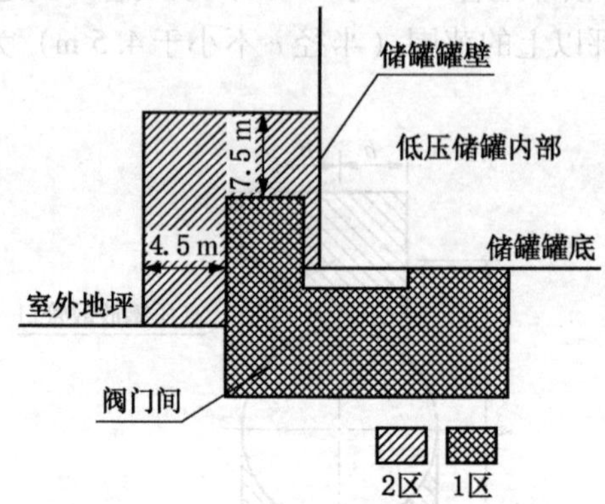

图 D－3　低压储气罐进出气管阀门间的爆炸危险区域等级和范围划分

4）通风良好的压缩机室、调压室、计量室等生产用房的爆炸危险区域等级和范围划分见图 D－4。

建筑物内部及建筑物外壁 4.5 m 内，屋顶（以放散管管口计）以上 7.5 m 内的范围为 2 区。

5）露天设置的工艺装置区的爆炸危险区域等级和范围的划分见图 D－5。

工艺装置区边缘外 4.5 m 内，放散管管口（或最高的装置）以上 7.5 m 内范围为 2 区。

6）地下调压室和地下阀室的爆炸危险区域等级和范围划分见图 D－6。

地下调压室和地下阀室内部的空间为 1 区。

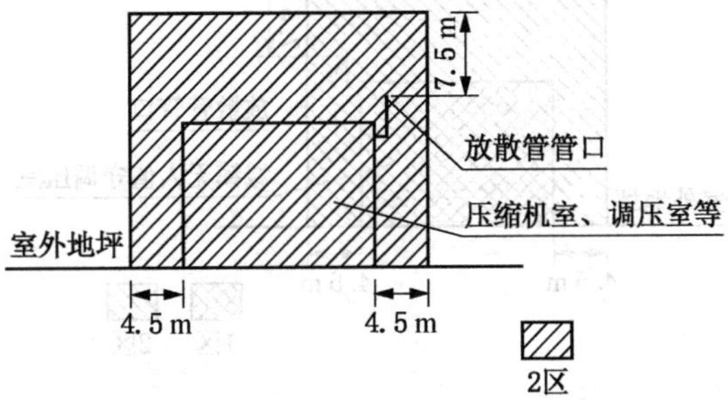

图 D－4　通风良好的压缩机室、调压室、计量室等生产用房的爆炸危险区域等级和范围划分

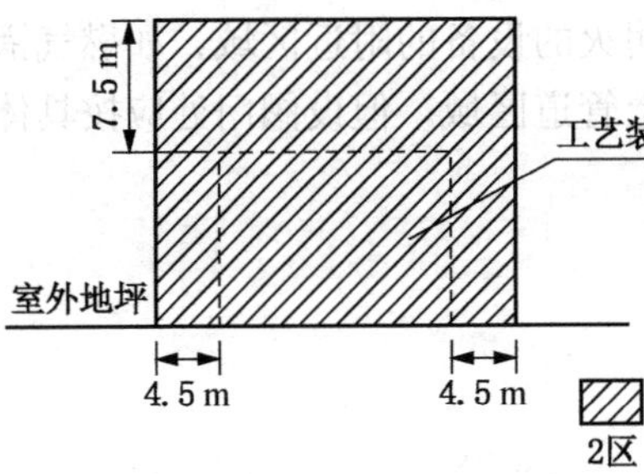

图 D－5　露天设置的工艺装置区的爆炸危险区域等级和范围划分

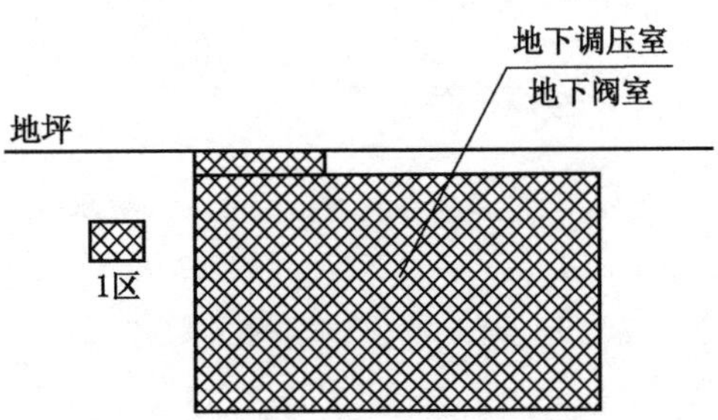

图 D－6　地下调压室和地下阀室的爆炸危险区域等级和范围划分

7）城镇无人值守的燃气调压室的爆炸危险区域等级和范围划分见图 D－7。
调压室内部的空间为 1 区。调压室建筑物外壁 4.5 m 内，屋顶（以放散管管口计）以上 7.5 m 内的范围为 2 区。

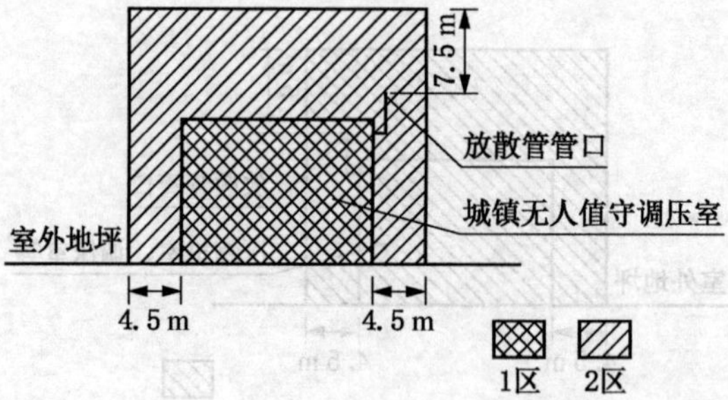

图 D-7　城镇无人值守的燃气调压室的爆炸危险区域等级和范围划分

2　下列用电场所可划分为非爆炸危险区域：

1）没有释放源，且不可能有可燃气体侵入的区域；

2）可燃气体可能出现的最高浓度不超过爆炸下限的10%的区域；

3）在生产过程中使用明火的设备的附近区域，如燃气锅炉房等；

4）站内露天设置的地上管道区域。但设阀门处应按具体情况确定。

附录E 液化石油气站用电场所爆炸危险区域等级和范围划分

E.0.1 液化石油气站生产区用电场所的爆炸危险区域等级和范围划分宜符合下列规定：

1 液化石油气站内灌瓶间的气瓶灌装嘴、铁路槽车和汽车槽车装卸口的释放源属第一级释放源，其余爆炸危险场所的释放源属第二级释放源。

2 液化石油气站生产区各用电场所爆炸危险区域的等级，宜根据释放源级别和通风等条件划分。

1）根据释放源的级别划分区域等级。存在第一级释放源的区域可划为1区，存在第二级释放源的区域可划为2区。

2）根据通风等条件调整区域等级。当通风条件良好时，可降低爆炸危险区域等级；当通风不良时，宜提高爆炸危险区域等级。有障碍物、凹坑和死角处，宜局部提高爆炸危险区域等级。

3 液化石油气站用电场所爆炸危险区域等级和范围划分宜符合第E.0.2条～第E.0.6条典型示例的规定。

注：爆炸危险性建筑的通风，其空气流量能使可燃气体很快稀释到爆炸下限的20%以下时，可定为通风良好。

E.0.2 通风良好的液化石油气灌瓶间、实瓶库、压缩机室、烃泵房、气化间、混气间等生产性建筑的爆炸危险区域等级和范围划分见图E.0.2，并宜符合下列规定：

1 以释放源为中心，半径为15 m，地面以上高度7.5 m和半径为7.5 m，顶部与释放源距离为7.5 m的范围划为2区；

2 在2区范围内，地面以下的沟、坑等低洼处划为1区。

E.0.3 露天设置的地上液化石油气储罐或储罐区的爆炸危险区域等级和范围的划分见图E.0.3，并宜符合下列规定：

1 以储罐安全阀放散管管口为中心，半径为4.5 m，以及至地面以上的范围内和储罐区防护墙以内，防护墙顶部以下的空间划为2区；

2 在2区范围内，地面以下的沟、坑等低洼处划为1区；

3 当烃泵露天设置在储罐区时，以烃泵为中心，半径为4.5 m以及至地面以上范围内划为2区。

注：地下储罐组的爆炸危险区域等级和范围可参照本条规定划分。

E.0.4 铁路槽车和汽车槽车装卸口处爆炸危险区域等级和范围划分见图E.0.4，并宜符合下列规定：

1 以装卸口为中心，半径为1.5 m的空间和爆炸危险区域以内地面以下的沟、坑等低洼处划为1区；

2 以装卸口为中心，半径为4.5 m，1区以外以及地面以上的范围内划分为2区。

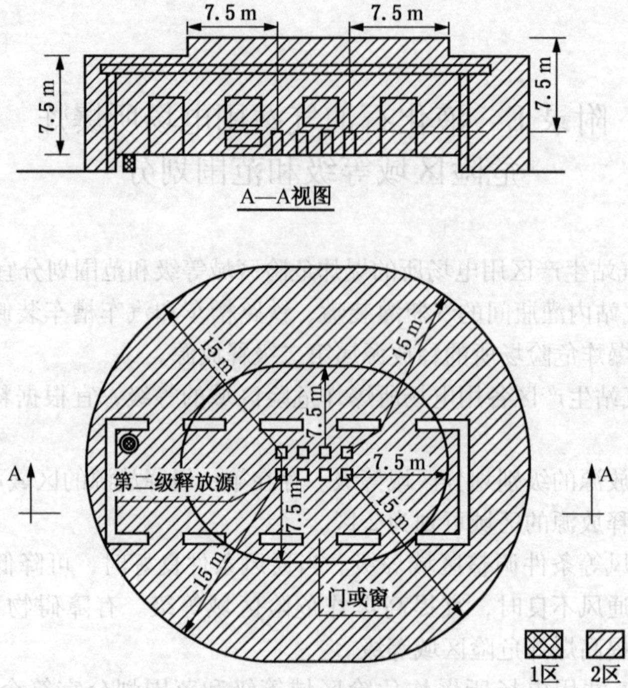

图 E.0.2　通风良好的生产性建筑爆炸危险区域等级和范围划分

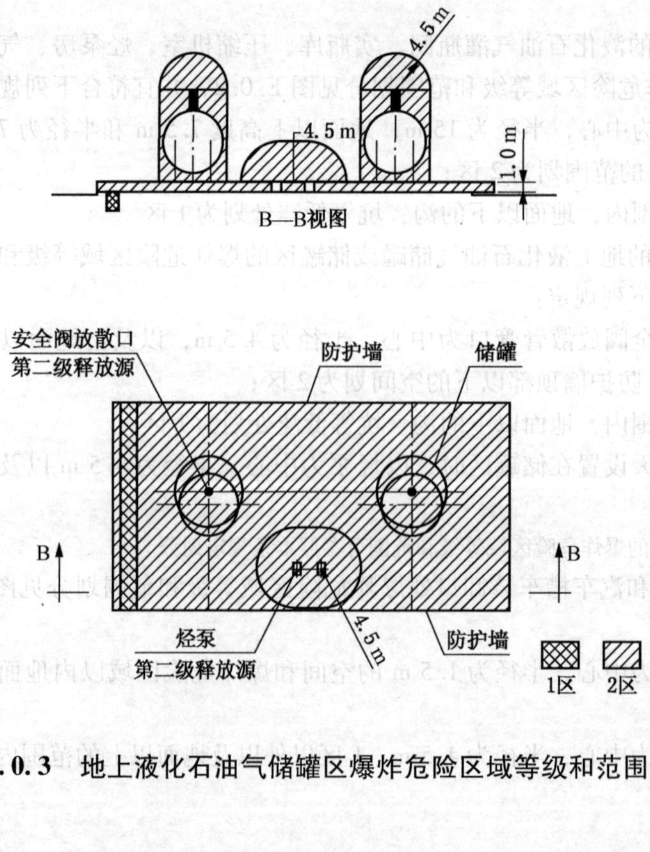

图 E.0.3　地上液化石油气储罐区爆炸危险区域等级和范围划分

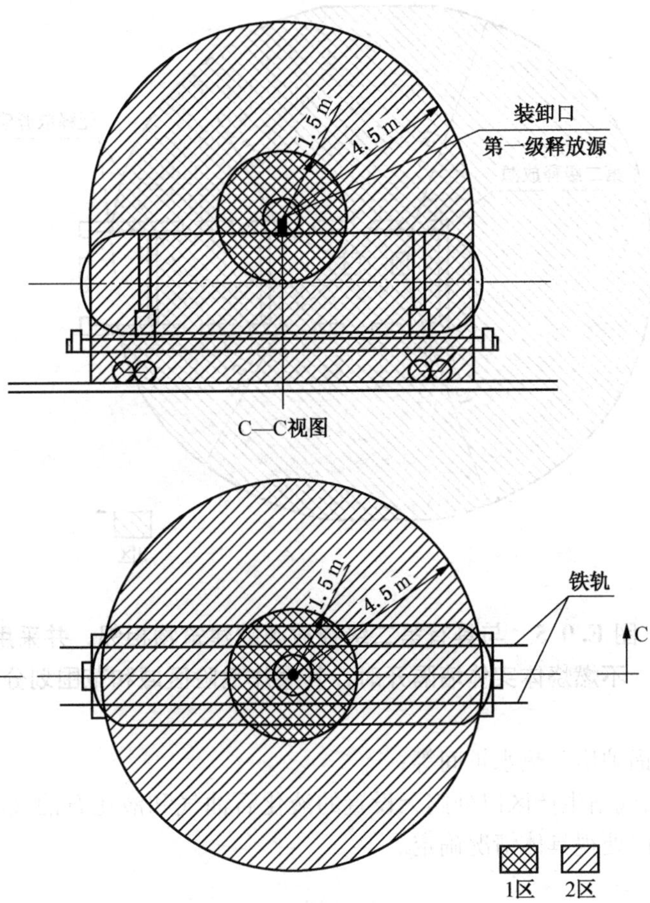

图 E. 0. 4 槽车装卸口处爆炸危险区域等级和范围划分

E. 0. 5 无释放源的建筑与有第二级释放源的建筑相邻，并采用不燃烧体实体墙隔开时，其爆炸危险区域和范围划分见图 E. 0. 5，宜符合下列规定：

1 以释放源为中心，按本附录第 E. 0. 2 条规定的范围内划分为 2 区；

2 与爆炸危险建筑相邻，并采用不燃烧体实体墙隔开的无释放源建筑，其门、窗位于爆炸危险区域内时划为 2 区；

3 门、窗位于爆炸危险区域以外时划为非爆炸危险区。

E. 0. 6 下列用电场所可划为非爆炸危险区域：

1 没有释放源，且不可能有液化石油气或液化石油气和其他气体的混合气侵入的区域；

2 液化石油气或液化石油气和其他气体的混合气可能出现的最高浓度不超过其爆炸下限 10% 的区域；

3 在生产过程中使用明火的设备或炽热表面温度超过区域内可燃气体着火温度的设

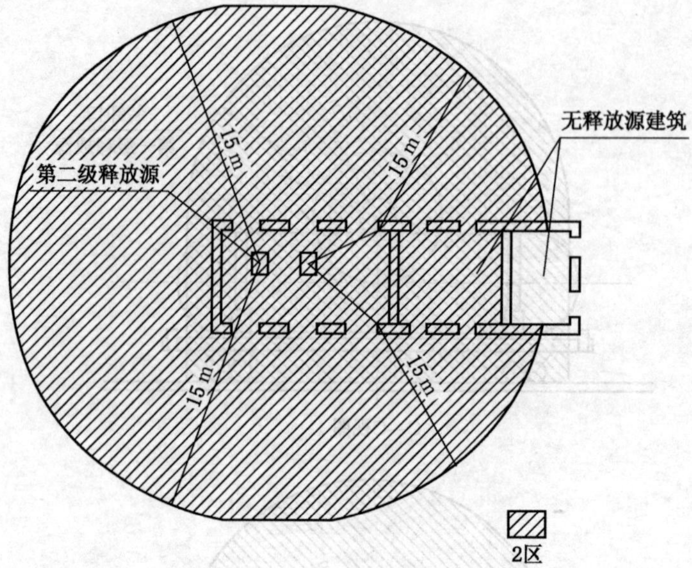

图 E. 0. 5　与具有第二级释放源的建筑物相邻，并采用不燃烧体实体墙隔开时，其爆炸危险区域和范围划分

备附近区域。如锅炉房、热水炉间等；

4　液化石油气站生产区以外露天设置的液化石油气和液化石油气与其他气体的混合气管道，但其阀门处视具体情况确定。

附录 F 居民生活用燃具的同时工作系数 *K*

表 F 居民生活用燃具的同时工作系数 *K*

同类型燃具数目 *N*	燃气双眼灶	燃气双眼灶和快速热水器	同类型燃具数目 *N*	燃气双眼灶	燃气双眼灶和快速热水器
1	1.000	1.000	40	0.390	0.180
2	1.000	0.560	50	0.380	0.178
3	0.850	0.440	60	0.370	0.176
4	0.750	0.380	70	0.360	0.174
5	0.680	0.350	80	0.350	0.172
6	0.64	0.310	90	0.345	0.171
7	0.600	0.290	100	0.340	0.170
8	0.580	0.270	200	0.310	0.160
9	0.560	0.260	300	0.300	0.150
10	0.540	0.250	400	0.290	0.140
15	0.480	0.220	500	0.280	0.138
20	0.450	0.210	700	0.260	0.134
25	0.430	0.200	1000	0.250	0.130
30	0.400	0.190	2000	0.240	0.120

注：1 表中“燃气双眼灶”是指一户居民装设一个双眼灶的同时工作系数；当每一户居民装设两个单眼灶时，也可参照本表计算。

2 表中“燃气双眼灶和快速热水器”是指一户居民装设一个双眼灶和一个快速热水器的同时工作系数。

3 分散采暖系统的采暖装置的同时工作系数可参照国家现行标准《家用燃气燃烧器具安装及验收规程》CJJ 12—99 中表 3.3.6-2 的规定确定。

本规范用词说明

1 为便于在执行本规范条文时区别对待，对要求严格程度不同的用词说明如下：

1）表示很严格，非这样做不可的用词：

正面词采用“必须”；

反面词采用“严禁”。

2）表示严格，在正常情况下均这样做的用词：

正面词采用“应”；

反面词采用“不应”或“不得”。

3）表示允许稍有选择，在条件许可时首先应这样做的用词：

正面词采用“宜”或“可”；

反面词采用“不宜”。

表示有选择，在一定条件下可以这样做的用词，采用“可”。

2 条文中指定应按其他有关标准、规范执行时，写法为“应符合……的规定”或“应按……执行”。

中华人民共和国国家标准

城镇燃气设计规范

GB 50028—2006

(2020 年版)

条 文 说 明

局部修订说明

本次修订系根据《国务院关于促进天然气协调稳定发展的若干意见》（国发［2018］31号）、《住房城乡建设部标准定额司关于开展〈城镇燃气设计规范〉局部修订工作的函》（建标标函〔2018〕207号）等文件要求，由中国市政工程华北设计研究总院有限公司会同有关单位，对《城镇燃气设计规范》GB 50028—2006进行局部修订而成。

此次局部修订主要技术内容：（1）补充规定城镇燃气气源能力储备的基本要求；（2）补充规定城镇燃气气源能力储备方式；（3）补充规定气源方应急供气责任要求，修改规定解决城镇燃气逐日、逐小时用气不均匀性平衡的责任主体；（4）补充规定调峰用气源能力储备规模确定和方式选择的原则；（5）补充规定城镇燃气需气方与供气方签订供气合同的要求；（6）补充规定气源能力储备应保证向城镇燃气输配系统可靠、按需输送并实现供气的要求；（7）补充规定人工制气气源设计产量确定原则；（8）补充规定可替代气源用于气源能力储备时，供气能力、原料储备、气质互换性等要求；（9）补充规定气源能力储备采用地下储气库方式时，地下和地面工程设计应符合的相关标准。

此次局部修订共涉及8个条文，分别为修改的第6.1.4条和6.1.5条，以及新增的第6.1.3A条、6.1.3B条、6.1.5A条、6.1.5B条、6.1.5C条和6.1.5D条。

本规范中下划线部分表示修改的内容。

本次局部修订主编单位： 中国市政工程华北设计研究总院有限公司

本次局部修订参编单位： 港华投资有限公司
深圳市燃气集团股份有限公司
中国市政工程西南设计研究总院有限公司
华润燃气控股有限公司
中国市政工程中南设计研究总院有限公司
深圳市燃气工程设计有限公司
西安秦华天然气有限公司
北京市煤气热力工程设计院有限公司
中交煤气热力研究设计院有限公司
中国燃气控股有限公司
上海燃气工程设计研究有限公司
淄博绿博燃气有限公司
西安市燃气规划设计院有限公司
武汉市燃气热力规划设计院有限公司
中机国际工程设计研究院有限责任公司
惠州市中京鼎工程设计咨询有限公司

本规范主要起草人员： 阎海鹏　马俊峰　李颜强　杜建梅　陈云玉　张　涛

杨　光　应援农　张　琳　王　夏　刘　军　李连星
龚　勋　沈　蓓　王　晖　谷学伟　李　沅　尤英俊
杨　罗　黄振梅　白彦辉　姚秀程　雍艳娥　张万杰
王春海　魏　静　赵玉落　安跃红　张元荣

本规范主要审查人员： 杨　健　姜东琪　杨开武　王胜炎　宋玉银　蒋祥龙
孟学思　白丽萍　孔　川　刘新领　广　宏

前　言

根据建设部建标〔2001〕87 号文的要求，由建设部负责主编，具体由中国市政工程华北设计研究院会同有关单位共同对《城镇燃气设计规范》GB 50028—93 进行了修订，经建设部 2006 年 7 月 12 日以中华人民共和国建设部公告第 451 号批准发布。

为便于广大设计、施工、科研、学校等有关单位人员在使用本规范时能正确理解和执行条文规定，《城镇燃气设计规范》编制组根据建设部关于编制工程标准、条文说明的统一规定，按《城镇燃气设计规范》的章、节、条的顺序，编制了本条文说明，供本规范使用者参考。在使用中如发现本条文说明有欠妥之处，请将意见函寄：天津市气象台路，中国市政工程华北设计研究院城镇燃气设计规范国家标准管理组（邮政编码：300074）。

目 次

1 总 则

1.0.1 提出使城镇燃气工程设计符合安全生产、保证供应、经济合理、保护环境的要求，这是结合城镇燃气特点提出的。

由于燃气是公用的，它具有压力，又具有易燃易爆和有毒等特性，所以强调安全生产是非常必要的。

保证供应这个要求是与安全生产密切联系的。要求城镇燃气在质量上要达到一定的质量指标，同时，在量的方面要能满足任何情况下的需要，做到持续、稳定的供气，满足用户的要求。

1.0.2 本规范适用范围明确为“城镇燃气工程”。所谓城镇燃气，是指城市、乡镇或居民点中，从地区性的气源点，通过输配系统供给居民生活、商业、工业企业生产、采暖通风和空调等各类用户公用性质的，且符合本规范燃气质量要求的气体燃料。

1.0.3 积极采用行之有效的新技术、新工艺、新材料和新设备，早日改变城镇燃气落后面貌，把我国建设成为社会主义的现代化强国，需要在设计方面加以强调，故作此项规定。

1.0.4 城镇燃气工程牵涉到城市能源、环保、消防等的全面布局，城镇燃气管道、设备建设后，也不应轻易更换，应有一个经过全面系统考虑过的城镇燃气规划作指导，使当前建设不致于盲目进行，避免今后的不合理或浪费。因而提出应遵循能源政策，根据城镇总体规划进行设计，并应与城镇能源规划、环保规划、消防规划等相结合。

2 术 语

本章所列术语，其定义及范围，仅适用于本规范。

3 用气量和燃气质量

3.1 用 气 量

3.1.1 供气原则是一项与很多重大设计原则有关联的复杂问题，它不仅涉及国家的能源政策，而且和当地具体情况、条件密切有关。从我国已有煤气供应的城市来看，例如在供给工业和民用用气的比例上就有很大的不同。工业和民用用气的比例是受城市发展包括燃料资源分配、环境保护和市场经济等多因素影响形成的，不能简单作出统一的规定。故本规范对供气原则不作硬性规定。在确定气量分配时，一般应优先发展民用用气，同时也要发展一部分工业用气，两者要兼顾，这样做有利于提高气源厂的效益，减少储气容积，减轻高峰负荷，增加售气收费，有利于节假日负荷的调度平衡等。那种把城镇燃气单纯地看成是民用用气是片面的。

采暖通风和空调用气量，在气源充足的条件下，可酌情纳入。燃气汽车用气量仅指以天然气和液化石油气为气源时才考虑纳入。

其他气量中主要包括了两部分内容：一部分是管网的漏损量；另一部分是因发展过程中出现没有预见到的新情况而超出了原计算的设计供气量。其他气量中的前一部分是有规律可循的，可以从调查统计资料中得出参考性的指标数据；后一部分则当前还难掌握其规律，暂不能作出规定。

3.1.3 居民生活和商业的用气量指标，应根据当地居民生活和商业用气量的统计数据分析确定。这样做更加切合当地的实际情况，由于燃气已普及，故一般均具备了统计的条件。对居民用户调查时：

1 要区分用户有无集中采暖设备。有集中采暖设备的用户一般比无集中采暖设备用户的用气量要高一些，这是因为无集中采暖设备的用户在采暖期采用煤火炉采暖兼烧水、做饭，因而减少了燃气用量。一般每年差10% ~20%，这种差别在采暖期比较长的城市表现得尤为明显；

2 一般瓶装液化石油气居民用户比管道供燃气的居民用户用气量指标要低10% ~15%；

3 根据调研表明，居民用户用气量指标增加是非常缓慢的，个别还有下降的情况，平均每年的增长率小于1%，因而在取用气量指标时，不必对今后发展考虑过多而加大用气量指标。

3.2 燃 气 质 量

3.2.1 城镇燃气是供给城镇居民生活、商业、工业企业生产、采暖通风和空调等做燃料用的，在燃气的输配、储存和应用的过程中，为了保证城镇燃气系统和用户的安全，减少腐蚀、堵塞和损失，减少对环境的污染和保障系统的经济合理性，要求城镇燃气具有一定的质量指标并保持其质量的相对稳定是非常重要的基础条件。

为保证燃气用具在其允许的适应范围内工作，并提高燃气的标准化水平，便于用户对各种不同燃具的选用和维修，便于燃气用具产品的国内外流通等，各地供应的城镇燃气（应按基准气分类）的发热量和组分应相对稳定，偏离基准气的波动范围不应超过燃气用具适应性的允许范围，也就是要符合城镇燃气互换的要求。具体波动范围，根据燃气类别宜按现行的国家标准《城市燃气分类》GB/T 13611 的规定采用并应适当留有余地。

现行的国家标准《城市燃气分类》GB/T 13611，详见表 1（华白数按燃气高发热量计算）。

以常见的天然气 10T 和 12T 为例（相当于国际联盟标准的 L 类和 H 类），其成分主要由甲烷和少量惰性气体组成，燃烧特性比较类似，一般可用单一参数（华白数）判定其互换性。表 1 中所列华白数的范围是指 GB/T 13611—92 规定的最大允许波动范围，但作为商品天然气供给作城镇燃气时，应适当留有余地，参考英国规定，是留有3% ~5% 的余量，则 10T 和 12T 作城镇燃气商品气时华白数波动范围如表 2，可作为确定商品气波动范围的参考。

表 1　GB/T 13611—92 城市燃气的分类（干，0 ℃，101.3 kPa）

类别		华白数 W，MJ/m^3（kcal/m^3）		燃烧势 CP	
		标准	范围	标准	范围
人工煤气	5R	22.7（5430）	21.1（5050）~24.3（5810）	94	55 ~96
	6R	27.1（6470）	25.2（6017）~29.0（6923）	108	63 ~110
	7R	32.7（7800）	30.4（7254）~34.9（8346）	121	72 ~128
天然气	4T	18.0（4300）	16.7（3999）~19.3（4601）	25	22 ~57
	6T	26.4（6300）	24.5（5859）~28.2（6741）	29	25 ~65
	10T	43.8（10451）	41.2（9832）~47.3（11291）	33	31 ~34
	12T	53.5（12768）	48.1（11495）~57.8（13796）	40	36 ~88
	13T	56.5（13500）	54.3（12960）~58.8（14040）	41	40 ~94
液化石油气	19Y	81.2（19387）	76.9（18379）~92.7（22152）	48	42 ~49
	20Y	84.2（20113）	76.9（18379）~92.7（22152）	46	42 ~49
	22Y	92.7（22152）	76.9（18379）~92.7（22152）	42	42 ~49

注：6T 为液化石油气混空气，燃烧特性接近天然气。

表 2　10T 和 12T 天然气华白数波动范围（MJ/m^3）

类别	标准（基准气）	GB/T 13611—92 范围	城镇燃气商品气范围
10T	43.8	41.2 ~47.3 −5.94% ~ +8%	42.49 ~45.99 −3% ~ +5%
12T	53.5	48.1 ~57.8 −10.1% ~ +8%	50.83 ~56.18 −5% ~ +5%

3.2.2 本条对作为城镇燃气且已有产品标准的燃气引用了现行的国家标准，并根据城镇燃气要求作了适当补充；对目前尚无产品标准的燃气提出了质量安全指标要求。

1 天然气的质量技术指标国家现行标准《天然气》GB 17820—1999 的一类气或二类气的规定，详见表3。

表3 天然气的技术指标

项 目	一类	二类	三类	试验方法
高位发热量，MJ/m^3	>31.4			GB/T 11062
总硫（以硫计），mg/m^3	≤100	≤200	≤460	GB/T 11061
硫化氢，mg/m^3	≤6	≤20	≤460	GB/T 11060.1
二氧化碳，%（体积分数）	≤3.0			GB/T 13610
水露点，℃	在天然气交接点的压力和温度条件下，天然气的水露点应比最低环境温度低 5 ℃			GB/T 17283

注：1 标准中气体体积的标准参比条件是 101.325 kPa，20 ℃；
2 取样方法按 GB/T 13609。

本规范历史上对燃气中硫化氢的要求为小于或等于 20 mg/m^3，因而符合二类气的要求是允许的；但考虑到今后户内燃气管的暗装等要求，进一步降低 H_2S 含量以减少腐蚀，也是适宜的。故在此提出应符合一类气或二类气的规定；应补充说明的是：一类或二类天然气对二氧化碳的要求为小于或等于3%（体积分数），作为燃料用的城镇燃气对这一指标要求是不高的，其含量应根据天然气的类别而定，例如对10T 天然气，二氧化碳加氮等惰性气体之和不应大于14%，故本款对惰性气体含量未作硬性规定。对于含惰性气体较多、发热量较低的天然气，供需双方可在协议中另行规定。

3 人工煤气的质量技术指标中关于通过电捕焦油器时氧含量指标和规模较小的人工煤气工程煤气发热量等需要适当放宽的问题，于正在进行修订中的《人工煤气》GB 13621 标准中表达，故本规范在此采用引用该标准。

4 采用液化石油气与空气的混合气做主气源时，液化石油气的体积分数应高于其爆炸上限的2倍（例如液化石油气爆炸上限如按 10% 计，则液化石油气与空气的混合气做主气源时，液化石油气的体积分数应高于 20%），以保证安全，这是根据苏联建筑法规的规定制定的。

3.2.3 本条规定了燃气具有臭味的必要及其标准。

1 关于空气—燃气中臭味“应能察觉”的含义

“应能察觉”与空气中的臭味强度和人的嗅觉能力有关。臭味的强度等级国际上燃气行业一般采用 Sales 等级，是按嗅觉的下列浓度分级的：

0 级——没有臭味；

0.5 级——极微小的臭味（可感点的开端）；

1 级——弱臭味；

2 级——臭味一般，可由一个身体健康状况正常且嗅觉能力一般的人识别，相当于报警或安全浓度；

3 级——臭味强；

4 级——臭味非常强；

5 级——最强烈的臭味，是感觉的最高极限。超过这一级，嗅觉上臭味不再有增强的感觉。

“应能察觉”的含义是指嗅觉能力一般的正常人，在空气—燃气混合物臭味强度达到 2 级时，应能察觉空气中存在燃气。

2　对无毒燃气加臭剂的最小用量标准

美国和西欧等国，对无毒燃气（如天然气、气态液化石油气）的加臭剂用量，均规定在无毒燃气泄漏到空气中，达到爆炸下限的 20% 时，应能察觉。故本规范也采用这个规定。在确定加臭剂用量时，还应结合当地燃气的具体情况和采用加臭剂种类等因素，有条件时，宜通过试验确定。

据国外资料介绍，空气中的四氢噻吩（THT）为 0.8 mg/m^3 时，可达到臭味强度 2 级的报警浓度。以爆炸下限为 5% 的天然气为例，则 5% ×20% =1%，相当于在天然气中应加 THT 8 mg/m^3，这是一个理论值。实际加入量应考虑管道长度、材质、腐蚀情况和天然气成分等因素，取理论值的 2 ~3 倍。以下是国外几个国家天然气加臭剂量的有关规定：

1）比利时　加臭剂为四氢噻吩（THT）　18 ~20 mg/m^3

2）法国　加臭剂为四氢噻吩（THT）

低热值天然气　20 mg/m^3

高热值天然气　25 mg/m^3

当燃气中硫醇总量大于 5 mg/m^3 时，可以不加臭。

3）德国　加臭剂为四氢噻吩（THT）　17.5 mg/m^3

加臭剂为硫醇（TBH）　4 ~9 mg/m^3

4）荷兰　加臭剂为四氢噻吩（THT）　18 mg/m^3

据资料介绍，北京市天然气公司、齐齐哈尔市天然气公司也采用四氢噻吩（THT）作为加臭剂，加入量北京为 18 mg/m^3，齐齐哈尔为 16 ~20 mg/m^3。

根据上述国内外加臭剂用量情况，对于爆炸下限为 5% 的天然气，取加臭剂用量不宜小于 20 mg/m^3。并以此作为推论，当不具备试验条件时，对于几种常见的无毒燃气，在空气中达到爆炸下限的 20% 时应能察觉的加臭用量，不宜小于表 4 的规定，可做确定加臭剂用量的参考。

表 4　几种常见的无毒燃气的加臭剂用量

燃　气　种　类	加臭剂用量（mg/m^3）
天然气（天然气在空气中的爆炸下限为 5%）	20
液化石油气（C_3 和 C_4 各占一半）	50

表 4（续）

燃 气 种 类	加臭剂用量（mg/m^3）
液化石油气与空气的混合气 （液化石油气：空气 = 50：50；液化石油气成分为 C_3 和 C_4 各占一半）	25

注：1 本表加臭剂按四氢噻吩计。

2 当燃气成分与本表比例不同时，可根据燃气在空气中的爆炸下限，对比爆炸下限为 5% 的天然气的加臭剂用量，按反比计算出燃气所需加臭剂用量。

3 对有毒燃气加臭剂的最少用量标准

有毒燃气一般指含 CO 的可燃气体。CO 对人体毒性极大，一旦漏入空气中，尚未达到爆炸下限 20% 时，人体早就中毒，故对有毒燃气，应按在空气中达到对人体允许的有害浓度之时应能察觉来确定加臭剂用量。关于人体允许的有害浓度的含义，根据“一氧化碳对人体影响”的研究，其影响取决于空气中 CO 含量、吸气持续时间和呼吸的强度。为了防止中毒死亡，必须采取措施保证在人体血液中决不能使碳氧血红蛋白浓度达到 65%，因此，在相当长的时间内吸入的空气中 CO 浓度不能达到 0.1%。当然这个标准是一个极限程度，空气中 CO 浓度也不应升高到足以使人产生严重症状才发现，因而空气中 CO 报警标准的选取应比 0.1% 低很多，以确保留有安全余量。

含有 CO 的燃气漏入室内，室内空气中 CO 浓度的增长是逐步累计的，但其增长开始时快而后逐步变缓，最后室内空气中 CO 浓度趋向于一个最大值 X，并可用下式表示：

$$X = \frac{V \cdot K}{I}\% \quad (1)$$

式中 V——漏出的燃气体积（m^3/h）；

K——燃气中 CO 含量（%）（体积分数）；

I——房间的容积（m^3）。

此式是在时间 $t \to \infty$，自然换气次数 $n = 1$ 的条件下导出的。

对应于每一个最大值 X，有一个人体血液中碳氧血红蛋白浓度值，其关系详见表 5。

表 5 空气中不同的 CO 含量与血液中最大的碳氧血红蛋白浓度的关系

空气中 CO 含量 X（%）（体积分数）	血液中最大的碳氧血红蛋白浓度（%）	对人影响
0.100	67	致命界限
0.050	50	严重症状
0.025	33	较重症状
0.018	25	中等症状
0.010	17	轻度症状

德、法和英等发达国家，对有毒燃气的加臭剂用量，均规定为在空气中一氧化碳含量达到 0.025%（体积分数）时，臭味强度应达到 2 级，以便嗅觉能力一般的正常人能察觉

空气中存在燃气。

从表5可以看到，采用空气中CO含量0.025%为标准，达到平衡时人体血液中碳氧血红蛋白最高只能到33%，对人一般只能产生头痛、视力模糊、恶心等，不会产生严重症状。据此可理解为，空气中CO含量0.025%作为燃气加臭理论的“允许的有害浓度”标准，在实际操作运行中，还应留有安全余量，本规范推荐采用0.02%。

一般含有CO的人工煤气未经深度净化时，本身就有臭味，是否应补充加臭，有条件时，宜通过试验确定。

3.2.4 本条1～4款对加臭剂的要求是按美国联邦法规第49号192部分和美国联邦标准ANSI/ASME B31.8规定等效采用的。其中“加臭剂不应对人体有害”是指按本规范第3.2.3条要求加入微量加臭剂到燃气中后不应对人体有害。

4 制 气

4.1 一 般 规 定

4.1.1 本章节内容属人工制气气源，其工艺是成熟的，运行安全可靠，所采用的炉型有焦炉、直立炉、煤气发生炉、两段煤气发生炉、水煤气发生炉、两段水煤气发生炉、流化床水煤气炉与三筒式重油裂解炉、二筒式轻油裂解炉等。国内外虽还有新的工艺、新的炉型，但由于在国内城镇燃气方面尚未普遍应用，因此未在本规范中编写此类内容。

4.1.2 本条文规定了炉型选择原则。

目前我国人工制气厂有大、中、小规模 70 余家，大都由上述某单一炉型或多种炉型互相配合组成。其中小气源厂制气规模为 $10\times10^4\sim5\times10^5$ m^3/d，有的大型气源厂制气规模达到 $5\times10^5\sim10\times10^5$ m^3/d 以上。

各制气炉型的选择，主要应根据制气原料的品种：如取得合格的炼焦煤，且冶金焦有销路，则选择焦炉作制气炉型；当取得气煤或肥气煤时，则采用直立炉作为制气炉型，副产气焦，一般作为煤气发生炉、水煤气发生炉的原料生产低热值煤气供直立炉加热和调峰用；其他炉型选择条件，可详见本章有关条文。

焦炉及煤气发生炉的工艺设计，除本章内结合城镇燃气设计特点重点列出的条文以外，还可参照《炼焦工艺设计技术规定》YB 9069—96 及《发生炉煤气站设计规范》GB 50195—94。

4.1.3 附录 A 是根据《建筑设计防火规范》GBJ 16—97、《爆炸和火灾危险环境电力装置设计规范》GB 50058—92 和制气生产工艺特殊要求编制的。

4.2 煤的干馏制气

4.2.1 本条提出了煤干馏炉煤的质量要求。

1 直立炉装炉煤的坩埚膨胀序数，葛金指数等指标规定的理由：

因直立炉是连续干馏制气炉型，它的装炉煤要求与焦炉有所不同。装炉煤的粘结性和结焦性的化验指标习惯上均采用国际上通用的指标。在坩埚膨胀序数和葛金指数方面，从我国各直立炉煤气厂几十年的生产经验来看，装炉煤的坩埚膨胀序数以在“$1\frac{1}{2}\sim4$”之间为好，特别是“3～4”时更适用于直立炉的生产。此时煤斤行速正常、操作顺利，生产的焦炭块度大小适当。其中块度为 25～50 mm 的焦炭较多。但煤的粘结性和结焦性所表达的内容还有所不同，故还必须得到煤的葛金指数。葛金指数中 A、B、C 型表明是不粘结或粘结性差的，所产焦块松碎。这种煤装入炉内将使生产操作不正常，容易脱煤，甚至造成炉子爆炸的恶性事故。某煤气厂就因此发生过事故，死伤数人。其主要原因就是煤不合要求（当时使用的主要煤种是阜新煤，其坩埚膨胀序数为 $1\frac{1}{2}$，葛金指数为 B，颗粒小于 10 mm 的煤占重量的 80% 以上）。因此，对连续式直立炉的装炉煤的质量指标作本条规定。葛金指数必须在 $F \sim G_1$ 的范围，以保证直立炉的安全生产。

经过十余年的运行管理与科学研究，通过排焦机械装置的改进，可以扩大直立炉使用的煤种，生产焦炭新品种。鞍山热能研究所与大连煤气公司、大同矿务局与杨树浦煤气厂在不同时间，不同地点相继对弱粘结性的大同煤块在直立炉中作了多次成功的试验，炼制出合格的高质量铁合金焦。因此对炼制铁合金焦时的直立炉装炉煤质安全指标在注中明确煤种可选用弱粘结煤，但煤的粒度应为 15 ~ 50 mm 块煤。灰分含量应小于 10%，并具有热稳定性大于 60% 的煤种。目前大同矿务局连续直立式炭化炉，采用大同煤块炼制优质铁合金焦，运行良好。

直立炉的装炉煤粒度定为小于 50 mm，是防止过大的煤块堵塞辅助煤箱上的煤阀进口。

2 焦炉装炉煤的各项主要指标是由其中各单种煤的性质及配比决定的。目前我国炼焦工业的配煤大多数立足本省、本区域的煤炭资源，在满足生产工艺要求的范围内，要求充分利用我国储量较多，具有一定粘结性的高挥发量煤（如肥气煤）进行配煤，因此冶金工业中炼焦煤的挥发分（干基）已达到了 24% ~ 31%，胶质层指数（Y）在 14 ~ 20 mm。（详：《炼焦工艺设计技术规定》YB 9069）。

对于城市煤气厂，为了不与冶金炼焦争原料，装炉煤的气、肥气煤种的配入量要多一些，一般到 70% ~ 80%。很多炼焦制气厂装炉煤挥发分高达 32% ~ 34%，而胶质指数（Y）甚至低到 13 mm。

结合上述因素，在制定本条文时，考虑到冶金，城建等各方面的炼焦工业，对装炉煤挥发分规定为"24% ~ 32%"及胶质层指数（Y）规定为 13 ~ 20 mm。

配煤粘结指数（G）的提出，是由于单用胶质层指数（Y）这项指标有其局限性，即对瘦煤和肥煤的试验条件不易掌握，因此就必须采用我国煤炭学会正式选定的烟煤粘结指数 G 与 Y 值共同决定炼焦用煤的粘结性。焦炉用煤的灰分、硫分、粒度等指标均是为了保证焦炭的质量。

灰分指标对冶金工业和煤气厂（站）都很重要，炼焦原煤灰分越高，焦炭的灰分越大，则高炉焦比增加，致使高炉利用系数和生产效率降低。焦炭的灰分过高，焦炭的强度也会下降，耐磨性变坏，关系到高炉生产能力，所以规定装炉煤的灰分含量小于或等于 11%（对 1000 ~ 4000 m^3 高炉应为 9% ~ 10%，对大于 4000 m^3 高炉应小于或等于 9%）。用于水煤气、发生炉作气化原料的焦炭，由于所产焦为气焦，原料煤中的灰分可放宽到 16%。

原料煤中 60% ~ 70% 的硫残留在焦炭中，焦炭硫含量高，在高炉炼铁时，易使生铁变脆，降低生铁质量。所以规定煤中硫含量应小于 1%（对 1000 ~ 4000 m^3 高炉应为 0.6% ~ 0.8%，对大于 4000 m^3 高炉应小于 0.6%）。原料煤的粒度，决定装炉煤的堆积密度，装炉煤的堆积密度越大，焦炭的质量越好，但原料煤粉碎得过细或过粗都会使煤的堆积密度变化。因此本条文根据实际生产经验总结规定炼焦装炉煤粒度小于 3 mm 的含量为 75% ~ 80%。各级别高炉对焦炭质量要求见表 6（重庆钢铁设计院编制的"炼铁工艺设计技术规定"）。

表6 各级别高炉对焦炭质量要求

焦炭质量 \ 炉容级别（m^3）	300	750	1200	2000	2500～3000	＞4000
焦炭强度						
M40（%）	≥74	≥75	≥76	≥78	≥80	≥82
M10（%）	≤9	≤9	≤8.5	≤8	≤8	≤7
焦炭灰分（%）	≤14	≤13	≤13	≤13	≤13	≤12
焦炭硫分（%）	≤0.7	≤0.7	≤0.7	≤0.7	≤0.7	≤0.6
焦炭粒度（mm）	75～15	75～15	75～20	75～20	75～20	75～25
＞75 mm（%）	≤10	≤10	≤10	≤10	≤10	≤10

装炉煤的各质量指标的测定应按国家煤炭试验标准方法进行（见表7）。

表7 装炉煤质量指标的测定方法

序号	质 量 指 标	国家煤炭试验标准	标准号
1	水分、灰分、挥发分	煤的工业分析方法	GB 212
2	坩埚膨胀序数（F、S、I）	烟煤自由膨胀序数（亦称坩埚膨胀）测定方法	GB 5448
3	葛金指数	煤的葛金低温干馏试验方法	GB 1341
4	胶质层指数（Y） 焦块最终收缩度（X）	烟煤胶质层指数测定方法	GB 479
5	粘结指数（G）	烟煤粘结指数测定方法	GB 5447
6	全硫（St.d）	煤中全硫的测定方法	GB 214
7	热稳定性（TS+6）	煤的热稳定性测定方法	GB 1573
8	抗碎强度（＞25 mm）	煤的抗碎强度测定方法	GB 15459
9	灰熔点（ST）	煤灰熔融性的测定方法	GB 219
10	罗加指数（RI）	烟煤罗加指数测定方法	GB 5449
11	煤的化学反应性（a）	煤对二氧化碳化学反应性的测定方法	GB 220
12	粒度分级	煤炭粒度分级	GB 189

4.2.2 直立炉对所使用装炉煤的粒度大小及其级配含量有一定要求，目的在于保证生产。直立炉使用煤粒度最低标准为：粒度小于 50 mm，粒度小于 10 mm 的含量小于 75%。所以在煤准备流程中应设破碎装置。

直立炉一般采用单种煤干馏制气，当煤种供应不稳定时，不得不采用一些粘结性差的煤，为了安全生产，必须配以强粘结性的煤种；有时为适应高峰供气的需要，也可适当增加一定配比的挥发物含量大于30%的煤种。因此直立炉车间应设置配煤装置。例：葛金指数为0的统煤，可配以1:1G_3的煤种或配以1:2G_2的煤种，使混配后的混合煤葛金指数接近F~G_1。

对焦炉制气用煤的准备，工艺流程基本上有两种，其根本区别在于是先配煤后粉碎（混合粉碎），还是先粉碎后配煤（分级粉碎），就相互比较而言各有特点。先配后粉碎工艺流程是我国目前普遍采用的一种流程，具有过程简单、布置紧凑、使用设备少、操作方便、劳动定员少，投资和操作费用低等优点。但不能根据不同煤种进行不同的粉碎细度处理，因此这种流程只适用于煤质较好，且均匀的煤种。当煤料粘结性较差，且煤质不均时宜采用先粉碎后配煤的工艺流程，也就是将组成炼焦煤料各单种煤先根据其性质（不同硬度）进行不同细度的分别粉碎，再按规定的比例配合、混匀，这对提高配煤的准确度、多配弱粘结性煤和改善焦炭质量有好处。因此目前国内有些焦化厂采用了这种流程。但该流程较复杂，基建投资也较多，配煤成本高。对于城市煤气厂，目前大量使用的是气煤，所得焦炭一般符合气化焦的质量指标，生产的煤气的质量不会因配煤工艺不同而异，因此煤准备宜采用先配煤后粉碎的流程。由于炼焦进厂煤料为洗精煤，粒度较小，无需设置破碎煤的装置。

4.2.3 原料煤的装卸和倒运作业量很大，如果不实行机械化作业，势必占用大量的劳动力并带来经营费用高、占地面积大、煤料损失多、积压车辆等问题。因此，无论大、中、小煤气厂原料煤受煤、卸煤、储存、倒运均应采用机械化设备，使机械化程序达到80%~90%以上。机械化程度可按下式评定：

$$\theta = \left(1 - \frac{n_1}{n_2}\right) \times 100\% \tag{2}$$

式中 θ——机械化程度（%）；

n_1——采用某种机械化设备后，作业实需定员（人）；

n_2——全部人工作业时需要的定员（人）。

4.2.4 本条文规定了储煤场场地确定原则。

1 影响储煤量大小的因素是很多的，与工厂的性质和规模，距供煤基地的远近、运输情况，使用的煤种数等因素都有关系。其中以运输方式为主要因素。因此储煤场操作容量：当由铁路来煤时，宜采用10~20 d的用煤量；当由水路来煤时，宜采用15~30 d的用煤量；当采用公路来煤时，宜采用30~40 d的用煤量。

2 煤堆高度的确定，直接影响储煤场地的大小，应根据机械设备工作高度确定，目前煤场各种机械设备一般堆煤高度如下：

推煤机	7~9 m
履带抓斗、起重机	7 m
扒煤机	7~9 m
桥式抓斗起重机	一般7~9 m
门式抓斗起重机	一般7~9 m
装卸桥	9 m
斗轮堆取料机	10~12 m

由于机械设备在不断革新，设计时应按厂家提供的堆煤高度技术参数为准。

3 储煤场操作容量系数

储煤场操作容量系数即储煤场的操作容量（即有效容量）和总容量之比。储煤场的机械装备水平直接影响其操作容量系数的大小。根据某些机械化储煤场，来煤供应比较及时的情况下的实际生产数据分析，储煤场操作容量系数一般可按0.65~0.7进行选用。

根据操作容量、堆煤高度和操作容量系数可以大致确定煤场的储煤面积和总面积：

$$F_H=\frac{W}{KH_m r_0} \tag{3}$$

式中 F_H——煤场的储煤面积（m^2）；

W——操作容量（t）；

H_m——实际可能的最大堆煤高度（m）；

K——与堆煤形状有关的系数：梯形断面的煤堆 $K=0.75\sim0.8$；三角形断面的煤堆 $K=0.45$；

r_0——煤的堆积密度（t/m^3）。

煤场的总面积 $F(m^2)$ 可按下式计算

$$F=\frac{F_H}{0.65\sim0.7} \tag{4}$$

4.2.5 本条规定了关于配煤槽和粉碎机室的设计要求。

1 配煤槽设计容量的正确合理，对于稳定生产和提高配煤质量都有很大的好处。如容量过小，就使得配煤前的机械设备的允许检修时间过短，适应不了生产上的需要，甚至影响正常生产，所以应根据煤气厂具体条件来确定。

2 配煤槽个数如果少了就不能适应生产上的需要，也不能保证配煤的合理和准确。如果个数太多并无必要且增加投资和土建工程量。因此，各厂应根据本身具体条件按照所用的煤种数目、配煤比以及清扫倒换等因素来决定配煤槽个数。

3 煤料中常混有或大或小的铁器，如铁块、铁棒、钢丝之类，这类东西如不除去，影响粉碎机的操作，熔蚀炉墙，损害炉体，故必须设置电磁分离器。

4 粉碎机运转时粉尘大，从安全和工业卫生要求必须有除尘装置。

5 粉碎机运转时噪声较大，从职工卫生和环境的要求，必须采取综合控制噪声的措施，按《工业企业噪声控制设计规范》GBJ 87要求设计。

4.2.6 煤准备系统中各工段生产过程的连续性是很强的，全部设备的启动或停止都必须按一定的顺序和方向来操作。在生产中各机械设备均有出现故障或损坏的可能。当某一设备发生故障时就破坏了整个工艺生产的连续性，进而损坏设备，故作本条规定以防这一恶性事故的发生。应设置带有模拟操作盘的连锁集中控制装置。

4.2.7 直立炉的储煤仓位于炉体的顶层，其形状受到工艺条件的限制及相互布置上的约束而设计为方形。这就造成了下煤时出现“死角”现象，实际下煤的数量只有全仓容量的1/2~2/3（现也有在煤仓底部的中间增加锥形的改进设计）。直立炉的上煤设备检修时间一般为8 h。综合以上两项因素，储煤仓总容量按36 h用量设计一般均能满足了。某地新建直立炉储煤仓按32 h设计，一般情况下操作正常，但当原煤中水分较大不易下煤时操作就较为紧张。所以在本条中推荐储煤仓总容量按36 h用煤量计算。

规定辅助煤箱的总容量按2 h用煤量计算。这就是说，每生产1 h只用去箱内存煤量的一半，保证还余下一半煤量可起密封作用，用以在炉顶微正压的条件下防止炉内煤气外窜，并保证直立炉的安全正常操作。

直立炉正常操作中每日需轮换两门炭化室停产烧空炉，以便烧去炉内石墨（俗称烧煤垢），保证下料通畅。烧垢后需先加焦，然后才能加煤投入连续生产。另外，在直立炉的全年生产过程中，往往在供气量减少时安排停产检修，在这种情况下，为了适应开工投产的需要，故规定“储焦仓总容量按一次加满四门炭化室的装焦量计算”。

对于焦炉储煤塔总容量的设计规定，基本上是依据鞍山焦耐院多年来从设计到生产实践的经验总结。炭化室有效容积大于20 m^3 焦炉总容量一般都是按16 h用煤量计算的，有的按12 h用煤量计算。焦炉储煤塔容量的大小与备煤系统的机械化水平有很大的关系，因此规定储煤塔的容量均按12～16 h用量计算，主要是为了保证备煤系统中的设备有足够的允许检修时间。

4.2.8 煤干馏制气产品产率的影响因素很多，有条件时应作煤种配煤试验来确定。但在考虑设计方案而缺乏实测数据时可采用条文中的规定。

因为煤气厂要求的主要产品是煤气，气煤配入量一般较多，配煤中挥发分也相应增加，因而单位煤气发生量一般比焦化厂要大。根据多年操作实践证明，配煤挥发分与煤气发生量之间有如下关系：

根据一些焦化厂的生产统计数据证明：当配煤挥发分在“28%～30%”时，煤气发生量平均值为“345 m^3/t”。但南方一些煤气厂和焦化厂操作条件有所不同，即使在配煤情况相近时，煤气发生量也不相同，因此只能规定其波动范围（见表8）。

表8 焦炉煤气的产率

挥发分（V_f,%）	27	28	29	30
煤气生产量（m^3/t）	324	326	348	360

全焦产率随配煤挥发分增加相应要减少，焦炭中剩余挥发分的多少也影响全焦率的大小。在正常情况下，全焦率的波动范围较小，实际全焦率大于理论全焦率，其差值称为校正系数“a”。煤料的初次产物（荒煤气）遇到灼热的焦炭裂解时会生成石墨沉积于焦炭表面；挥发分越高，其裂解机会越多，“a”值也就越大。

全焦率计算公式：

$$B_{焦}=\frac{100-V_{干煤}}{100-V_{干焦}}\times 100+a \tag{5}$$

$$a=47.1-0.58\frac{100-V_{干煤}}{100-V_{干焦}}\times 100 \tag{6}$$

式中 $B_{焦}$——全焦率（%）；

$V_{干煤}$——配煤的挥发分（干基）（%）；

$V_{干焦}$——焦炭中的挥发分（干基）（%）。

本规范所定全焦率指标就是根据此公式计算的。

此公式经焦化厂验证，实际全焦率与理论计算值是比较接近的。生产统计所得校正系数“a”相差不超过1%。

直立炉所产的煤气及气焦的产率与挥发分、水分、灰分、煤的粒度及操作条件有关，条文中所规定各项指标也都是根据历年生产统计资料制定的。

4.2.9　焦炉的结构有单热式和复热式两种。焦炉的加热煤气耗用量一般要达到自身产气量的45%～60%。如果利用其他热值较低的煤气来代替供加热用的优质回炉煤气，不但能提高出厂焦炉气的产量达1倍左右，而且也有利于焦炉的调火操作。各地煤气公司就是采用这种办法。此外，城市煤气的供应在1年中是不均衡的。在南方地区一般是寒季半年里供气量较大。此时焦炉可用热值低的煤气加热；而在暑季的半年里供气量较小，此时又可用回炉煤气加热。所以针对煤气厂的条件来看以采用复热式的炉型较为合适。

4.2.10　本条规定了加热煤气耗热量指标。

当采用热值较低的煤气作为煤干馏炉的加热煤气以顶替回炉煤气时，以使用机械发生炉（含两段机械发生炉或高炉）煤气最为相宜，因为它具有燃烧火焰长，可用自产的中小块气焦（弱粘结烟煤）来生产等项优点。上海、长春、昆明、天津、北京、南京等煤气公司加热煤气都是采用机械发生炉（或两段机械发生炉）煤气。

煤干馏炉的加热煤气的耗热量指标是一项综合性的指标。焦炉的耗热量指标是按鞍山焦耐院多年来的经验总结资料制定的。对炭化室有效容积大于20 m^3 的焦炉。用焦炉煤气加热时规定耗热量指标为2340 kJ/kg。而根据实测数据，当焦炉的均匀系数和安定系数均在0.95以上时，3个月平均耗热量为2260 kJ/kg；当全年的均匀系数和安定系数均在0.90以上时，耗热量为2350 kJ/kg。这说明本条规定的指标是符合实际情况的。

根据国务院国办〔2003〕10号文件及国家经贸委第14号令的精神：今后所建焦炉炭化室高度应在4 m以上（折合容积大于20 m^3）。因此炭化室容积约为10 m^3 和小于6 m^3 的焦炉耗热量指标不再编入本条正文中。故在此条文说明中保留，以供现有焦炉生产、改建时参考（见表9）。

表9　焦炉耗热量指标［kJ/kg（煤）］

加热煤气种类	炭化室有效容积（m^3）		适用范围
	约10	<6	
焦炉煤气	2600	2930	作为计算生产消耗用
发生炉煤气	2930	3260	作为计算生产消耗用
焦炉煤气	2850	3180	作为计算加热系统设备用
发生炉煤气	3140	3470	作为计算加热系统设备用

直立炉的加热使用机械发生炉热煤气，由于热煤气难于测定煤气流量，在制定本条规定时只能根据生产上使用发生炉所耗的原料量的实际数据（每吨煤经干馏需要耗用180～

210 kg 的焦），经换算耗热量为 2590 ~ 3010 kJ/kg。考虑影响耗热量的因素较多，故指标按上限值规定为 3010 kJ/kg。

上面所提到的耗热量是作为计算生产消耗时使用的指标。在设计加热系统时，还需稍留余地，应考虑增加一定的富余量。根据鞍山焦耐院的总结资料，作为生产消耗指标与作为加热系统计算指标的耗热量之间相差为 210 ~250 kJ/kg。本条规定的加热系统计算用的耗热量指标就是根据这一数据制定的。

4.2.11 本条规定了加热煤气管道的设计要求。

1 要求发生炉煤气加热的管道上设置混入回炉煤气的装置，其目的是稳定加热煤气的热值，防止炉温波动。在回炉煤气加热总管上装设预热器，其目的是以防止煤气中的焦油、萘冷凝下来堵塞管件，并使入炉煤气温度稳定。

2 在加热煤气系统中设压力自动调节装置是为了保证煤气压力的稳定，从而使进入炉内的煤气流量维持不变，以满足加热的要求。

3 整个加热管道中必须经常保持正压状态，避免由于出现负压而窜入空气，引起爆炸事故。因此必须规定在加热煤气管道上设煤气的低压报警信号装置，并在管道末端设置爆破膜，以减少爆破时损坏程度。

5 加热煤气管道一般都是采用架空方式，这主要是考虑到便于排出冷凝物和清扫管道。

4.2.12 直立炉、焦炉桥管设置低压氨水喷洒，主要是使氨水蒸发，吸收荒煤气显热，大幅度降低煤气温度。

直立炉荒煤气或焦炉集气管上设置煤气放散管是由于直立炉与焦炉均为砖砌结构，不能承受较高的煤气压力，炉顶压力要求基本上为 ±0 大气压，防止砖缝由于炉内煤气压力过高而受到破坏，导致泄漏而缩短炉体寿命并影响煤气产率和质量。制气厂的生产工艺过程极为复杂，各种因素也较多，如偶尔逢电气故障、设备事故、管道堵塞时，干馏炉生产的煤气无法确保安全畅通地送出，而制气设备仍在连续不断地生产；同时，产气量无法瞬时压缩减产，因此必须采取紧急放散以策安全。放散出来的煤气为防止污染环境，必须燃烧后排出。放散管出口应设点火装置。

4.2.13 本条规定了干馏炉顶荒煤气管的设计要求。

1 荒煤气管上设压力自动调节装置的主要理由如下：

1）煤干馏炉的荒煤气的导出流量是不均匀的，其中焦炉的气量波动更大，需要设该项装置以稳定压力；否则将影响焦炉及净化回收设备的正常生产。

2）正常操作时要求炭化室始终保持微正压，同时还要求尽量降低炉顶空间的压力，使荒煤气尽快导出。这样才能达到减轻煤气二次裂解，减少石墨沉积，提高煤气质量和增加化工产品的产量和质量等目的，因此需要设置压力调节装置。

3）为了维持炉体的严密性也需要设置压力调节装置以保持炉内的一定压力。否则空气窜入炉内，造成炉体漏损严重、裂纹增加，将大大降低炉体寿命。

2 因为煤气中含有大量焦油，为了保证调节蝶阀动作灵活就要防止阀上粘结焦油，因此必须采取氨水喷洒措施。

3 由于煤气产量不够稳定，煤气总管蝶阀或调节阀的自动控制调节是很重要的安全措施。尤其是当排送机室、鼓风机室或调节阀失常时，必须加强联系并密切注意，相互配合。当调节阀用人工控制调节时，更应加强信号联系。

4.2.14 捣炉与放焦的时间，在同一碳化炉上应绝对错开。捣炉或放焦时，炉顶或炉底的压力必须保持正常。任何一操作都会影响炉顶或炉底的压力，当炉顶与炉底压力不正常，偶尔空气渗入时，煤气与空气混合成爆炸性混合气遇火源发生爆炸，从而使操作人员受到伤害。因此捣炉与放焦之间应有联系信号，应避免在一个炉子上同时操作。

焦炉的推焦车、拦焦车、熄焦车在出焦过程中有密切的配合关系，因此在该设备中设计有连锁、控制装置，以防发生误操作。

4.2.15 设置隔热装置是为了减少上升管散发出来的热量，便于操作工人的测温和调火。

首钢、鞍钢为了改善焦炉的生产环境污染和节约能源，从 1981 年开始使用以高压氨水代替高压蒸汽进行消烟装煤生产以来，各地焦炉相继采用这项技术，已有 20 多年的历史了，对减少焦炉冒烟，降低初冷的负荷和冷凝酚水量取得了行之有效的结果，并经受了长时间的考验。

4.2.16 焦炉氨水耗量指标，多年来经过实践是适用的。总结各类焦炉生产情况该指标为 6～8 m^3/t（煤），焦炉当采用双集气管时取大值，单集气管时取小值。

直立炉的氨水耗量主要是总结了实际生产数据。指标定为“4 m^3/t（煤）”比焦炉低，这是因为直立炉系中温干馏，荒煤气出口温度较低的原因。

高压氨水的耗量一般为低压氨水总耗量的 1/30（即 3.4%～3.6%）左右。这个数据是一个生产消耗定额，是以一个炭化室每吨干煤所需要的量。当选择高压氨水泵的小时流量时应考虑氨水喷嘴的孔径及焦炉加煤和平煤所需的时间。高压氨水压力应随焦炉炭化室容积不同而不同，这次规范修改是根据 1999 年焦化行业协会，与会专家一致认为 4.3 m 以下焦炉高压氨水压力 1.8～2.5 MPa，6 m 以下焦炉高压氨水压力为 1.8～2.7 MPa，完全可以满足焦炉的无烟装置操作，结合焦耐设计院近几年设计高压氨水多采用 2.2 MPa，压力过高影响焦油、氨水质量（煤粉含量高）的意见，因此对高压氨水压力调整为 1.5～2.7 MPa。每个工程设计在决定高压氨水泵压力时还应考虑焦炉氨水喷嘴安装位置的几何标高。氨水喷嘴的构造形式以及管线阻力等因素。

该条文中所规定的高压氨水的压力和流量指标均以当前几种常用的喷嘴为依据。如果喷嘴形式有较大变化，若设计时将高、低压氨水合用一个喷嘴，那么喷嘴的设计性能既要满足高压氨水喷射消烟除尘要求，又要保证低压氨水喷洒冷却的效果。

低压氨水应设事故用水，其理由是一旦氨水供应出问题，不致影响桥管中荒煤气的降温。事故用水一般是由生产所要求设置的清水管来供应的，为了避免氨水倒流进清水管系统腐蚀管件，该两管不应直接连接。

直立炉氨水总管以环网形连通安装，可避免管道末端氨水压力降得太多而使流量减少。

4.2.17 废热锅炉的设置地点与锅炉的出力有很大关系。同样形式的两台废热锅炉由于安装高度不一样，结果在产气量上有明显差别（见表 10）。

表10 废热锅炉产气量的比较

放置地点	废气进口温度、产气量		蒸气压力	引风机功率
	℃	t/h	(MPa)	(kW)
+14 m 标高处	900	6~7	0.637	23
±0 m 标高处	800	5~6	0.558	55

注：废气总管标高为 +8.5 m 处。

废热锅炉有卧式、立式、水管式与火管式、高压与低压等种类。采用火管式废热锅炉时，应留有足够的周围场地与清灰的措施，有利于清灰。

在定期检修或抢修期间，检修动力机械设备、各种类型的泵、调换火管等工作要求周围必须留有富裕的场地，便于吊装，有利于改善工作环境，并缩短检修周期。一般每一台废热锅炉的安全运行期为6个月，82英寸30门直立炉附属废热锅炉的每小时蒸汽产量可达6 t左右。

采用钢结构时，结构必须牢固，在运行中不应有振动，防止机械设备损坏，影响使用寿命或造成环境噪声。

4.2.18 本条规定了直立炉熄焦系统的设计要求。

1 本款规定主要是保证熄焦水能够连续（排焦是连续的）均衡供应。从三废处理角度出发，熄焦水中含酚水应循环使用，以减少外排的含酚污水量。

2 排焦传动装置采用调速电机控制，可达到无级变速，有利于准确地控制煤斤行速。

3 当焦炭运输设备一旦发生故障而停止运转进行抢修1~2 h时，还能保持直立炉的生产正常进行。因此，排焦箱容量须按4 h排焦量计算。

采用弱粘结性块煤时，为防止炉底排焦轴失控，造成脱煤、行速不均匀甚至造成爆炸的事故，炉底排焦箱内必须设置排焦控制器。现国内外已在W-D连续直立炉的排焦箱内推广应用。

4 为了减轻劳动强度、减少定员，人工放焦应改成液压机械排焦。为此，本款规定排焦门的启闭宜采用机械化设备，这是必要和可能的。

5 熄焦过程是在排焦箱内不断地利用循环水进行喷淋，每2 h放焦一次，焦内含水量一般在15%左右。当焦中含水分过高、含屑过多时，筛焦设备在分筛统焦过程中就会遇到困难，不易按级别分筛完善，不利于气化生产的原料要求与保证出售商品焦的质量。因此，不论采取什么运输方式，在运输过程中应有一段沥水的过程，以便逐步减少统焦中的水分，一般应考虑80 s的沥水时间，从而有利于分筛。80 s系某厂三组炭化炉自放焦、吊焦至筛焦的实测沥水时间的平均值。

4.2.19 湿法熄焦是目前焦化工业普遍采用的方法。载有赤热焦炭的熄焦车开进熄焦塔内，熄焦水泵自动（靠电机车压合极限开关或采用无触点的接近开关）喷水熄焦。并能按熄焦时间自动停止。熄焦时散发出含尘蒸汽是污染源，因此熄焦塔内应设置捕尘装置，效果尚好。熄焦用水量与熄焦时间是长期实践总结出的生产指标，可作为熄焦水泵选择的依据。

熄焦后的水经过沉淀池将粉焦沉淀下来，澄清后的水继续循环使用。因此沉淀池的长、宽尺寸应能满足粉焦的完全沉降，以及考虑粉焦抓斗在池内操作，以降低工人体力劳动强度。

提出大型焦化厂应采用干法熄焦。由于大型焦炉产量高，如100万t/a规模的焦化厂每小时出焦量114 t，并根据宝钢干熄焦生产经验，1 t红焦可产生压力4.6 MPa，温度为450 ℃的中压蒸汽0.45 t，是节能、改善焦炭质量和环境保护的有效措施；但由于基建投资高，资金回收期长，所以只有大型焦化厂采用。

4.2.20 在熄焦过程中蒸发的水量为0.4 m^3/t干煤，最好是由清水进行补充，但为了减少生产污水的外排量，可以使用生化处理后符合指标要求的生化尾水补充。

4.2.21 焦台设计各项数据是根据鞍山焦耐院对放焦过程的研究资料，以及该院对各厂的生产实践归纳出来的经验和数据而做出的。经测定及生产经验得知，运焦皮带能承受的温度一般是70～80 ℃，因此要求焦炭在焦台上须停留30 min以上，以保证焦炭温度由100～130 ℃降至70～80 ℃。

4.2.22 熄焦后的焦炭是多级粒度的混合焦，根据用户的需要须设筛焦楼，将混合焦粒度分级。综合冶金、化工、机械等行业的需要，焦炭筛分的设施按直接筛分后焦炭粒度大于40 mm、40～25 mm、25～10 mm和小于10 mm，共4级设计。为满足铁合金的需要，有些焦化厂还将小于10 mm级的焦炭筛分为10～5 mm和小于5 mm两级，前者可用于铁合金。也有焦化厂为了供铸造使用，将大于60～80 mm筛出。（详见《冶金焦炭质量标准》GB 1996，《铸造焦炭质量标准》GB 8729）。有利于经济效益和综合利用。

城市煤气厂生产的焦炭必须要有储存场地以保证正常的生产。对于采用直立炉的制气厂，厂内一般都设置配套的水煤气炉和发生炉设施。故中、小块以及大块焦都直接由本厂自用，经常存放在储焦场地上的仅为低谷生产任务时的大块焦和一部分中、小块焦。因此储焦场地的容量为“按3～4 d”产焦量计算就够了。

采用炭化室有效容积大于20 m^3 焦炉的制气厂焦炭总产量中很大部分是供给某一固定钢铁企业用户的。一般是按计划定期定量地采用铁路运输方式由制气厂向钢铁企业直接输送焦炭。

筛分设备在运行时，振动扬尘很大，从安全和工业卫生要求必须有除尘通风设施。

4.2.23 在筛焦楼内设有储焦仓，对于直立炉的储焦仓容量规定按10～12 h产焦量确定。这是根据目前生产厂的生产实践经验提出的。80门直立炉二座筛焦楼，其储焦仓容量约为11 h产焦量，从历年生产情况看已能满足要求。

焦炉的储焦仓容量按6～8 h产焦量的规定，基本上是按照鞍山焦耐院历年来对各厂的生产总结资料确定的。生产实践证明不会影响焦炉的正常操作。

4.2.24 储焦场地应平整光洁，对倒运焦炭有利。

4.2.25 独立炼焦制气厂在铁路或公路运输周转不开的情况下，才需要将必须落地的焦炭存放在储焦场内。储焦场的操作容量，当铁路运输时，宜采用15 d产焦量；当采用公路运输时，宜采用20 d产焦量。

4.2.26 直立炉的气焦用于制气时一般可采用两种工艺：一为生产发生炉煤气，二为生产水煤气。发生炉的原料要求使用中、小块气焦，既有利于加焦，又有利于气化，另外成本也较低，因此将自产气焦制作发生炉煤气是较为合理的。水煤气的原料要求一般是大块焦。用它生产的水煤气成本高，作为城市煤气的主气源是不经济和不安全的。所以规定这部分生产的水煤气只供作为调峰掺混气，以适应不经常的短期高峰用气的要求。

注：大块焦为40～60 mm，中、小块焦为25～40 mm和25～10 mm。

4.3 煤的气化制气

4.3.1 煤的气化制气的炉型，本次规范修编由原有煤气发生炉、水煤气发生炉2种炉型基础上，又增加了两段煤气发生炉、两段水煤气发生炉和流化床水煤气炉等3种炉型，共5种炉型。

1 两段煤气发生炉和两段水煤气发生炉的特点是在煤气发生炉或水煤气发生炉的上部。增设了一个干馏段，这就可以广泛使用弱粘性烟煤，所产煤气，不但比常规的发生炉煤气、水煤气的发热量高，而且可以回收煤中的焦油。1980年以来两段煤气发生炉，在我国的机械、建材、冶金、轻工、城建等行业作为工业加热能源广泛地被采用。粗略的统计有近千台套，两段水煤气发生炉已被采用作为城镇燃气的主气源（如：秦皇岛市、阜新市、威海市、保定市、白银市、汉阳市、安亭县等），但该煤气供居民用CO指标不合格，应采取有效措施降低CO含量。

这两种炉型，国内开始采用时，是从波兰、意大利、法国、奥地利等国引进技术，（国外属20世纪40年代技术）后通过中国市政工程华北设计研究院、机械部设计总院、北京轻工设计院等单位消化吸收，按照中国的国情设计出整套设备和工艺图纸，一些设备厂家也成功地按图制造出合格的产品，满足了国内市场的需要。取得了各种生产数据，达到预想的结果。所以该工艺在技术上是成熟的，在运行时是安全可靠的。

2 流化床水煤气炉，是我国自行研制的一种炉型，是由江苏理工大学（江苏大学）研究发明：1985年承担国家计委节能局“沸腾床粉煤制气技术研究”课题（节科8507号）建立ϕ500 mm小型试验装置，1989年通过机电部组织的部级鉴定（机械委〈88〉教民005号）；1989年又提出流化床间歇制气工艺，并通过ϕ200 mm实验装置的小试，1990年在镇江市灯头厂建立ϕ400 mm的流化床水煤气试验示范站，日产气3000 m^3，为工业化提供了可靠的技术数据及放大经验，并获国家发明专利（专利号ZL90105680.4）。1996年郑州永泰能源新设备有限公司从江苏理工大学购置粉煤流化床水煤气炉发明专利的实施权，经过开发1998年完成ϕ1.6 m气化炉的工业装置成套设备，并建成郑州金城煤气站3×ϕ1.6 m炉，日供煤气量48000 m^3，向金城房地产公司居民小区供气，经过生产运行，气化炉的各技术指标达到设计要求。同年由国家经贸委委托河南省经贸委组织中国工程院院士岑可法教授等12位专家对“常压流化床水煤气炉”进行了新产品（新技术）鉴定（鉴定验收证号、豫经贸科鉴字1999/039）；河南省南阳市建设5×ϕ1.6 m气化炉煤制气厂，日产煤气10万m^3（采用沼气、LPG增热），1999年9月向市区供气。该产品被国家经贸委、国经贸技术（1999）759号文列为1999年度国家重点新产品。

郑州永泰能源新设备有限公司，在此基础上又进行多项改进，并放大成ϕ2.5 m炉，逐步推广到工业用气领域。

近年来上海沃和拓新科技有限公司购买了该技术实施权从事流化床水煤气站工程建设。目前采用该技术的厂家有：文登开润曲轴有限公司、南阳市沼气公司、鲁西化工；正在兴建的有高平铸管厂、二汽襄樊基地第二动力分厂、贵州毕节市、新余恒新化工、兴义市等。

总的说来该炉型号以粉煤作原料，采用鼓泡型流化床技术，根据水煤气制气工艺原理，制取中热值煤气，工艺流程短、产品单一。经过开发、制造、建设、运行，取得了可靠成熟的经验，可作为我国利用粉煤制气的城市（或工业）煤气气源。

2002年国家科学技术部批准江苏大学为《国家科技成果重点推广计划》项目“常压循环流化床水煤气炉”的技术依托单位［项目编号2002EC000198］。

4.3.2 煤的气化制气，所产煤气一般是热值较低，煤气组分中一氧化碳含量较高，如要作为城市煤气主气源，前者涉及煤气输配的经济性，后者与煤气使用安全强制性要求指标（CO含量应小于20%）相抵触，因此提出必须采取有效措施使气质达到现行国家标准《人工煤气》GB 13612的要求。

4.3.3 气化用煤的主要质量指标的要求是根据《煤炭粒度分级》GB 189、《发生炉煤气站设计规范》GB 50195、《常压固定床煤气发生炉用煤质量标准》GB 9143以及现有煤气站实际生产数据总结而编写的。

1 根据气化原理，要求气化炉内料层的透气性均匀，为此选用的粒度应相差不太悬殊，所以在条文中发生炉煤气燃料粒度不得超过两级。

当发生炉、水煤气作为煤气厂辅助气源时，从煤气厂整体经济利益考虑并结合两种气化炉对粒度的实际要求，粒度25 mm以上的焦炭用于水煤气炉，而不用于发生炉。当煤气厂自身所产焦炭或气焦，其粒度能平衡时发生炉也可使用大于25 mm的焦炭或气焦。其粒度的上、下限可放宽选用相邻两级。

煤的质量指标：

灰分：《固定床煤气发生炉用煤质量标准》GB 9143规定，发生炉用煤中含灰分的要求小于24%。由于煤气厂采用直立炉作气源时，要求煤中含灰分小于25%，制成半焦后，其灰分上升至33%。从煤气厂总体经济利益出发，这种高灰分半焦应由厂内自身平衡，做水煤气炉和发生炉的原料。由于中块以上的焦供水煤气炉，小块焦供发生炉，条文中规定水煤气炉用焦含灰分小于33%；发生炉用焦含灰分小于35%。

灰熔点（ST）：在煤气厂中，发生炉热煤气的主要用途是作直立炉的加热燃料气，加热火道中的调节砖温度约1200 ℃，热煤气中含尘量较高，当灰熔点低于1250 ℃，灰渣在调节砖上熔融，造成操作困难。所以在条文中规定，当发生炉生产热煤气时，灰熔点（ST）应大于1250 ℃。

2 两段煤气（水煤气）发生炉如果炉内煤块大小相差悬殊，会使大块中挥发分干馏不透，影响了干馏和气化效果，因此条文中规定用煤粒度限使用其中的一级。所使用的煤种主要是弱粘结性烟煤，为了提高煤气热值，并扩大煤源，条文中规定干基挥发分大于、等于20%。煤中干基灰分定为小于、等于25%，其理由是两段炉干馏段内半焦产率约为75%～80%，则进入气化段的半焦灰分不致高于33%。

煤的自由膨胀序数（F.S.I）和罗加指标（R.I）代表烟煤的粘结性指标（GB 5447，GB 5449），两个指标起互补作用。本条文规定的指标数值对保证炉子的安全生产有很大的意义，如果指标过高，煤熔融的粘结性（膨胀量）超过干馏段的锥度，则煤层与炉壁粘附导致不能均匀下降，此时必须采取打钎操作，这样不但造成煤层不规则的大幅度下降，而且钎头多次打击炉壁，而使炉膛损坏。我国两段炉大都使用大同煤、阜新煤、神府煤等（F. S. I）均小于2，（R. I）小于20。

两段炉使用弱粘结性烟煤，其热稳定性优于无烟煤，因此仍采用一段炉对煤种热稳定性指标大于60%。

两段炉加煤时，煤的落差较一段炉小，但两段炉标高较高，煤提升高度大，因此对用煤抗碎强度的规定不应低于一般炉的60%的要求。

根据我国煤资源情况提出煤灰熔融性软化温度大于、等于1250 ℃，是能达到的，满足了两段炉生产的要求，不会产生结渣现象。

3 流化床水煤气炉对煤的粒度要求，最好是采用粒度（1~13 mm）均匀的煤。目前实际供应的末煤小于13 mm或小于25 mm的较多，为了防止煤气的带出物过多，使灰渣含碳量降低，对1 mm以下，大于13 mm以上煤分别规定为小于10%和小于15%的要求。当使用烟煤作原料时，要求罗加指数小于45，以防流化床气化时产生煤干馏粘结。流化床气化，气化速度比固定床煤气化反应时间短，速度要高得多，故提出要求煤的化学反应性（a）大于30%。

4 各气化用煤的含硫量均控制在1%以内，是当前我国的环境保护政策的要求，高硫煤不准使用。

5 气化用煤的各质量指标的测定应按国家煤炭试验标准方法进行（详见表7）。

4.3.5 本条文是按气化炉为三班连续运行规定的，否则，煤斗中有效储量相应减少。

按《发生炉煤气站设计规范》GB 50195规定，运煤系统为一班制工作时，储煤斗的有效储量为气化炉18~20 h耗煤量；运煤系统为两班制工作时，储煤斗的有效储量为气化炉12~14 h耗煤量；而本条文的有效储煤量的上、下限分别增加2 h。因为在煤气厂中干馏炉、气化炉和锅炉等四大炉的上煤系统基本是共用的，在运煤系统前端运输带出故障修复后，四大炉需要依次供煤，排在最后供煤系统的气化炉，煤斗容量应适当增大。

备煤系统不宜按三班工作的理由是为了留有设备的充裕的检修时间。

4.3.7 各种煤气化炉煤气低热值指标的规定与炉型，工艺特点，煤的质量（气化用煤主要质量指标见表4.3.3）操作条件都有关。本条文提出的指标在正常操作条件下，一般是可以达到的，如果用户有较高的要求，可采用热值增富方法（如富氧气化或掺入LPG等）。

4.3.8 气化炉吨煤产气率指标与选用的炉型有关，如W-G型炉比D型炉产气量要高，煤的质量与气化率也有密切的关系，如大同煤的气化率较高。煤的粒度大小与均匀性也直接影响气化炉的产气率。所以，本条文写明要把各种因素综合加以考虑。对已用于煤气站气化的煤种，应采用平均产气率指标（指在正常、稳定生产条件下所达到的指标）。对未曾用于气化的煤种，要根据气化试验报告的产气率确定。本条文提出的产气率指标是在缺乏上述条件时，供设计人员参考。表4.3.8中的数据，由中国市政工程华北设计研究院、中元国际工程设计研究院、郑州永泰能源新设备有限公司等单位提供。

4.3.9 本条文规定气化炉每1~4台以下宜另设一台备用，主要是城市煤气厂供气不允许间断，设备的完好率要求高。根据城市煤气厂（设有煤干馏炉、水煤气、发生炉）气化炉的检修率一般在25%左右，对于流化床水煤气炉，该设备无转动机械部件，检修、开停方便，其设备备用率，目前尚无实践总结资料，故本条文暂按固定床气化炉情况确定。

4.3.10 对水煤气发生炉、两段水煤气发生炉，以3台编为一组再备用1台最佳，因为鼓风阶段约占1/3时间。3台炉共用1台鼓风机比较合理。而流化床水煤气的鼓风（或制气）阶段约为1/2时间，因此建议2台编为一组。由于这些气化炉均属于间歇式制气采用上述编制方法，可以保持气量均衡，这样可以合用一套煤气冷却和废气处理及鼓风设备，对于节约投资，方便管理，都有好处，实践证明是经济合理的。

目前流化床水煤气炉鼓风气温度较高，在高温阀门国内尚未解决前，其废热锅炉与气化炉应按一对一布置，便于生产切换。

4.3.12 一般循环制气炉的缓冲气罐，由于气量变化频繁，罐的上下位置移动大，若采用小型螺旋气罐易于卡轨，很多煤气厂均有反映，不得不改为直立式低压储气罐。该罐的容积定为0.5~1倍煤气小时产气量，完全满足需要。

4.3.13 循环制气炉因系间歇制气，作为气化剂的蒸汽也是间歇供应的，但锅炉是连续生产的。而气化炉使用蒸汽是间歇的，故应设置蒸汽蓄能器，作为蒸汽的缓冲容器。由于蒸汽蓄能器不设备用，其系统中配套装置与仪表一旦破坏，就无法向煤气炉供应蒸汽。因此，煤气站宜另设一套备用的蒸汽系统，以保证正常生产。

4.3.14 由于并联工作台数过多，其不稳定因素增加，且造成阻力损失，本条文规定并联工作台数不宜超过3台。

4.3.15 在煤气厂中，水煤气一般作为掺混气，掺混量约1/3。与干馏气掺混后经过脱硫才能供居民使用，而干法脱硫的最佳操作温度为25~30℃，极限温度为45℃。在煤气厂内干馏煤气在干法脱硫箱前将煤气冷却至25℃左右，与35℃的水煤气混合后的温度约28.3℃，仍在脱硫最佳操作温度的范围内。

在煤气厂中发生炉冷煤气除作干馏气的掺混气外，主要作焦炉的加热气。如果发生炉煤气的温度增高，将影响煤气排送机的输送能力和煤气热量的利用，最终将影响焦炉加热火道的温度，造成燃料的浪费，故规定冷煤气温度不宜超过35℃。

热煤气在煤气厂中用作直立炉的加热气，发生炉燃料多采用直立炉的半焦，焦油含量少，故规定热煤气不低于350℃（近年来，煤气厂发生炉煤气站多选用W-G型炉，其出口温度约300~400℃）。

煤气厂中发生炉冷煤气作为焦炉加热，并通过焦炉的蓄热室进行预热，为防止蓄热室被堵塞，故该煤气中的灰尘和焦油雾，应小于20 mg/m^3。

煤气厂的热煤气一般供直立炉加热，而热煤气目前只能作到一级除尘（旋风除尘器除尘），所以煤气中含尘量仍很高，约300 mg/m^3。因此，在设计煤气管道时沿管道应设置灰斗和清灰口，以便清除灰尘。

4.3.16 煤气厂中的发生炉煤气站一般采用无烟煤或本厂所产焦炭、半焦作原料，所得焦油流动性极差。当煤气通过电气滤清器时，焦油与灰尘沉降在沉淀板上结成岩石状物，不易流动，很难清理。所以本条文规定发生炉煤气站中电气滤清器应采用有冲洗装置或能连续形成水膜的湿式装置。如上海浦东煤气厂的气化炉以焦炭为原料，采用这种形式的电气滤清器已运转多年，电气滤清器本身无焦油灰尘沉淀积块，管道无堵塞现象。

4.3.17 煤气厂中，煤气站基本采用焦炭和半焦为原料，所产焦油流动性极差，如用间接冷却器冷却，焦油和灰尘沉积在间冷器的管壁上，使冷却效果大大降低，且这种沉积物坚如岩石，很难清除，故本条规定煤气的冷却与洗涤宜采用直接式。

按本规范第4.3.15规定冷煤气温度不应高于35 ℃。因此，作为煤气站最终冷却的冷循环水，其进口温度不宜高于28 ℃，这个条件对煤气厂来说是做得到的，因为煤气厂主气源的冷却系统基本设有制冷设备，适当增加制冷设备容量在夏季煤气站的冷循环水进口水温即可满足不高于28 ℃的要求。

热循环水主要供竖管净化冷却煤气用，水温高时，水的蒸发系数大，热水在煤气中蒸发，吸热达到降温作用，再有水中焦油黏度小，水系统堵塞的机会少，而且其表面张力小，较易润湿灰尘，便于除尘。故规定热循环水温度不应低于55 ℃。热循环水系统除了由冷循环水补充的部分冷水及自然冷却降温外，没有冷却设备，在正常情况下，热平衡的温度均不小于55 ℃。

4.3.21 放散管管口的高度应考虑放散时排出的煤气对放散操作的工人及周围人员影响，防止中毒事故的发生。因此，规定必须高出煤气管道和设备及走台4 m，并离地面不小于10 m。

本条文还规定厂房内或距离厂房10 m以内的煤气管道和设备上的放散管管口必须高出厂房顶部4 m，这也是考虑在煤气放散时，屋面上的人员不致因排出的煤气中毒，煤气也不会从建筑物天窗、侧窗侵入室内。

4.3.22 为适应煤气净化设备和煤气排送机检修的需要，应在系统中设置可靠的隔断煤气措施，以防止煤气漏入检修设备而发生中毒事故，所以在条文中作出了这方面的规定。

4.3.23 电气滤清器内易产生火花、操作上稍有不慎即有爆炸危险，根据《发生炉煤气站设计规范》GB 50195编制组所调查的65个电气滤清器均设有爆破阀，生产工厂也确认电气滤清器的爆破阀在爆炸时起到了保护设备或减轻设备损伤的作用。所以本条文规定电气滤清器必须装设爆破阀。《发生炉煤气站设计规范》GB 50195编制组调查中，多数工厂单级洗涤塔设有爆破阀，但在某些工厂发生了几起由于误操作或动火时不按规定造成严重爆炸事件，故条文中规定“宜设有爆破阀”以防止误操作时发生爆炸事故。

4.3.24 本条文规定厂区煤气管道与空气管道应架空敷设，其理由如下：

1 水煤气与发生炉煤气一氧化碳含量很高，前者高达37%，后者约23%～27%，毒性大且地下敷设漏气不易察觉，容易引起中毒事故。

2 水煤气与发生炉煤气中杂质含量较高，冷煤气的凝结水量较大，地下敷设不便于清理、试压和维修，容易引起管道堵塞，影响生产。

3 地下敷设基本费用较高，而维护检修的费用更高。

因此，厂区煤气管道和空气管道采用架空敷设既安全又经济，在技术上完全能够做到。

由于热煤气除采用旋风除尘器外，无其他更有效的除尘设备，而旋风除尘器的效率约70%。当产量降低时，除尘器的效率更低，因此旋风除尘器后的热煤气管道沿线应设有清灰装置，以便定时清除沿线积灰，保证管道畅通。

4.3.25 爆破膜作为空气管道爆炸时泄压之用，其安装位置应在空气流动方向管道末端，因为管末端是薄弱环节，爆破时所受冲击力较大。

关于煤气排送机前的低压煤气总管是否要设置爆破阀或泄压水封的问题，根据《发生炉煤气站设计规范》GB 50195 编制组调查：因停电或停制气时，易有空气渗漏至低压煤气管内形成爆炸性混合气体，故本条文提出应设爆破阀和泄压水封。

4.3.26 根据我国煤气站几十年的经验，本条文规定的水封高度是能达到安全生产要求的。

热煤气站使用的湿式盘阀水封高度有低于本规范表 4.3.26 中第一项的规定，这种盘阀之所以允许采用，有下列几种原因：

1 由于大量的热煤气经过湿式盘阀，要考虑清理焦油渣的方便；为了经常掏除数量较多的渣，水封不能太高；

2 热煤气站煤气的压力比较稳定，一般不产生负压，水封安全高度低一些，也不致进入空气引起爆炸；

3 湿式盘阀只能装在室外，不允许装在室内，以防止炉出口压力过高时水封被突破，大量煤气逸出引起事故。

这种盘阀的有效水封高度不受表 4.3.26 的限制，但应等于最大工作压力（以 Pa 表示）乘 0.1 加 50 mm 水柱。由于这种盘阀只能在室外安装，允许降低其水封高度，并限于在热煤气系统中使用，所以在本条文中加注。

4.3.27 本条规定了设置仪表和自动控制的要求。

1 设置空气、蒸汽、给水和煤气等介质计量装置，是经济运行和核算成本所必须的。

4 饱和空气温度是发生炉气化的重要参数，采用自动调节，可以保证饱和空气温度的稳定，使其能控制在 ±0.5 ℃范围内，从而保证了煤气的质量。特别是在煤气负荷变化较大时，有利于炉子的正常运行。

6 两段炉上段出口煤气温度，一般控制在 120 ℃左右。控制方式是调节两段炉下段出口煤气量。

7 汽包水位自动调节，是防止汽包满水和缺水的事故发生。

8 气化炉缓冲柜位于气化装置与煤气排送机之间，缓冲柜到高限位时，如不停止自动控制机运转将有顶翻缓冲柜的危险。所以本条文规定煤气缓冲柜的高位限位器应与自动控制机连锁。当煤气缓冲柜下降到低限位时，如果不停止煤气排送机的运转将发生抽空缓冲柜的事故。因此规定循环气化炉缓冲柜的低位限位器与煤气排送机连锁。

9 循环制气煤气站高压水泵出口设有高压水罐，目的是保持稳定的压力，供自动控制机正常工作，但当压力下降到规定值时，便无法开启和关闭有关水压阀门，将导致危险事故发生。因此规定高压水罐的压力应与自动控制机连锁。

10 空气总管压力过低或空气鼓风机停车，必须自动停止煤气排送机，以保证煤气站内整个气体系统正压安全运行。所以两者之间设计连锁装置。

11 电气滤清器内易产生火花、操作上稍有不慎即有爆炸危险，因此为防止在电气滤清器内形成负压从外面吸入空气引起爆炸事故，特规定该设备出口煤气压力下降至规定值（小于 50 Pa）、或气化煤气含氧量达到 1% 时即能自动立即切断电源；对于设备绝缘箱温度值的限制是因为煤气温度达到露点时，会析出水分，附着在瓷瓶表面，致使瓷瓶耐压性能降低、易发生击穿事故。所以一般规定绝缘保温箱的温度不应低于煤气入口温度加25 ℃(《工业企业煤气安全规程》GB 6222),否则立即切断电源。

12 低压煤气总管压力过低,必须自动停止煤气排送机,以保证煤气系统正压安全运行,压力的设计值和允许值应根据工艺系统的具体要求确定。

13 气化炉自动加煤一般依据炉内煤位高度、炉出口煤气温度及炉内火层情况,设置自动加煤机构,保持炉内的煤层稳定。气化炉出灰都是自动的,但在某一质量的煤种的条件下,在正常生产时煤、灰量之比是一定的。因此自动加煤机构和自动出灰机构一定要互相协调连锁。

14 本条是为循环制气的要求而编制的。循环气化炉(水煤气发生炉、两段水煤气发生炉、流化床水煤气炉)的生产过程:水煤气炉是"吹风—吹净—制气—吹净"(每个循环约420 s),流化床水煤气是"吹风—制气—吹风"(每个循环约150 s)周而复始进行,在各阶段中有几十个阀门都要循环动作,这就需要设置程序控制器指挥自动控制机的传动系统按预先所规定的次序自动操作运行。

4.4 重油低压间歇循环催化裂解制气

4.4.1 本条规定了重油的质量要求。

我国虽然规定了商品重油的各种牌号及质量标准,但实际供应的重油质量不稳定,有时甚至是几种不同油品的混合物。为了满足工艺生产的要求,本条文中针对作为裂解原料的重油规定了几项必要的质量指标要求。

对条文的规定分别说明如下:

1 碳氢比(C/H)指标:绝大多数厂所用重油的C/H指标都在7.5以下,C/H越低,产气率越高,越适合作为制气原料。根据上述情况,作出"C/H宜小于7.5"的规定。

2 残炭指标:残炭量的大小决定积炭量的多少,如果积炭量多就会降低催化剂的效果,并提高焦油产品中游离碳的含量,造成处理上的困难。一般说来残碳值比较低的重油适宜于造气。故对残炭的上限值有所限制,规定了"小于12%"的指标要求。

4.4.2 确定原料油储存量的因素较多,总的来说要根据原料油的供应情况、运输方式、运距以及用油的不均衡性等条件进行综合分析后确定。

炼油厂的检修期一般为15 d左右,在这一期间制气厂的原料用油只能由自己的储存能力来解决。储存能力的大小既要考虑满足生产需要,又要考虑占地与基建投资的节约。综合以上因素,确定为:"一般按15~20 d的用油量计算"。

4.4.3 本条规定了工艺和炉型的选择要求。

重油催化裂解制气工艺所生产的油制气组分与煤干馏制取的城市燃气组分较为接近,可适应目前使用的煤干馏气灶具。且由于催化裂解制气的产气量较大,粗苯质量较好,所以经济效果也是比较好的。另外,副产焦油含水较低,这对综合利用提供了有利条件。因此用于城市燃气的生产应采用催化裂解制气工艺。

采用催化裂解制气工艺时,要求催化剂床温度均匀,上下层温度差应在±100 ℃范围内,不宜再大;同时要求催化剂表面尽量少积炭,以防止局部温度升高;也不允许温度低的蒸汽直接与催化剂接触。以上这些要求是一般单、双筒炉难以达到的，而三筒炉则容易满足。

4.4.4　本条规定了重油低压间歇循环催化裂解制气工艺主要设计参数。

1　反应器的液体空间速度。

反应器液体空间速度的选取对确定炉体的大小有着直接关系。催化裂解炉实际液体空间速度与工艺计算选用的液体空间速度一般相差不大，根据国内几个厂的实际液体空间速度的数据，规定催化裂解制气的液体空间速度为0.6～0.65 $m^3/(m^3 \cdot h)$。

4　关于加热油用量占总用油量的比例。加热油量占总用油量的比例与炉子大小有关，也与操作管理水平有关。现有厂的加热油量占总用油量的实际比例在15%～16%。

5　过程蒸汽量与制气油量之比值。

重油裂解主要产物为燃气和焦油，它受到裂解温度、液体空间速度和过程蒸汽量等较多条件和因素的综合影响，如处理不好就会增加积炭。因此不能孤立地确定水蒸气与油量之比值，它要受裂解温度、液体空间速度和催化床厚度等具体条件的约束，应综合考虑燃气热值和产气率的相互关系，随着过程蒸汽量与油量之比值的增加将会提高裂解炉的得热，同时对煤气的组成也有很大的影响。采用过程蒸汽的目的是促进炉内产生水煤气反应，同时要控制油在炉内停留时间以保证正常生产。

据国外资料报道：日本北港厂建的13.2万 $m^3/(d \cdot 台)$ 蓄热式裂解炉，从平衡含氢物质的计算中推算出过程蒸汽中水蒸气分解率仅为23%，可说明在一般情况下，过程蒸汽在炉内之作用和控制在炉内停留时间二者间的数量关系；根据日本冈崎建树所作的“油催化裂解实验的曲线”中可看出随着水蒸气和油比例的增加而气化率直线增加，热值直线下降，而总热量则以缓慢的二次曲线的坡度增加。其中：H_2 增加最明显；CO的增加极少；CO_2 几乎不变；CH_4 和重烃类的组分有降低。说明了水蒸气和碳反应生成的 H_2 和CO都不多，主要是热分解促进了 H_2 的生成。所以过多的水蒸气对炉内温度、油的停留时间都不利。一般蒸汽与油的比值应为1.0～1.2范围，实际多取1.1～1.2较为适宜。

7　关于每吨重油催化裂解产品产率。煤气产率要根据产品气的热值确定。产品气的热值高，煤气产率低，相反，产品气的热值低，煤气产率就高，一般煤气低热值按21 MJ/m^3 时，煤气产率约为1100～1200 m^3。

8　我国有催化剂的专业性生产厂，其含镍量可根据重油裂解制气工艺要求而不同。目前使用的催化剂含镍量为3%～7%。

4.4.5　重油制气炉在加热期产生的燃烧废气温度较高，对余热应加以利用。对于1台10万 m^3/d 的油制气装置，废气温度如按550 ℃计，每小时大约可生产2.3 t蒸汽（饱和蒸汽压力为0.4 MPa）。鼓风期产生的燃烧废气中含有的热量大约相当于燃烧时所用加热油热量的80%。如2台油制气炉设1台废热锅炉，则其产生的蒸汽可满足过程蒸汽需要量的一半，因此这部分相当可观的热量应该予以回收和利用。

因重油制气炉生产过程中会散出大量的尘粒（炭粒）污染周围环境，根据环境保护的要求应设置除尘装置。重油制气装置在不同操作阶段排放出不同性质的废气。在一加热、二加热和烧炭阶段中，烟囱排出的是燃烧废气，其中除了有二氧化碳外，还夹带着大量的烟尘炭粒。通过旋风除尘和水膜除尘设备或其他有效的除尘设备后，使含尘量小于 1 g/m^3，再通过 30 m 以上的烟囱排放以符合环保要求。

4.4.6 重油循环催化裂解装置生产是间歇的，生产过程中蒸汽的需要也是间歇的，而且瞬时用汽量较大，而锅炉则是连续生产的，因此应设蒸汽蓄能器作为蒸汽的缓冲容器。

4.4.7 油制气炉的生产系间歇式制气，为了保持产气均衡、节约投资、管理方便，所以规定每 2 台炉编为一组，合用一套煤气冷却系统和动力设备，这种布置已经在实践中证明是经济合理的。

4.4.8 重油制气的冷却在开发初期一直选用煤气直接式冷却的方法。直接式冷却对焦油和萘的洗涤、冷凝都是有利的，可以洗下大量焦油和萘，减少净化系统的负荷及管道堵塞现象。考虑到污染的防治，设计中改用了间接冷却方法，效果较好，减少了大量的污水，同时也消除了水冷却过程中的二次污染现象，至于采用间冷工艺后管道堵塞问题，可以采取措施解决。如北京 751 厂的运行经验，在设备上用加热循环水喷淋，冬季进行定期的蒸汽吹扫，没有发生因堵塞而停止运行。如上海吴淞制气厂在 1992 年 60 万 m^3/d 重油制气工程中，兼顾了直冷和间冷的优点，采用了直冷—间冷—直冷流程，取得了很好的效果。

4.4.9 本条规定了空气鼓风机的选择。

空气鼓风机的风压应按空气、燃烧废气通过反应器、蒸汽蓄热器、废热锅炉等设备的阻力损失和炉子出口压力之和来确定。也就是应按加热期系统的全部阻力确定。

4.4.11 本条规定是根据现有各厂的实际情况确定的。一般规模的厂原料油系统除设置总的储油罐外，均设中间油罐。原料油经中间油罐升温至 80 ℃，再经预热器进入炉内，这样既保证了入炉前油温符合要求，也节省了加热用的蒸汽量。对于规模小的输油系统也有个别不设中间油罐，而直接从总储油罐处将重油加热到入炉要求的温度。

4.4.12 设置缓冲气罐的主要目的是为了保证煤气排送机安全正常运转，起到稳定煤气压力的作用，有利于整个生产系统的操作。缓冲气罐的容积各厂不一，其容量相当于 20 min 到 1 h 产气量的范围。根据各地调查，从历年生产经验来看，该罐不是用作储存煤气，而是仅作缓冲用的，因此容量不应太大。一般按 0.5～1.0 h 产气量计算已能满足生产要求。

据沈阳、上海等厂的实际生产情况，都发现进入缓冲气罐的煤气杂质较多，有大量的油（包括轻、重油）沉积在气罐底部，故应设集油、排油装置。

4.4.14 油制气炉的操作人员经常都在仪表控制室内进行工作，很少在炉体部分直接操作，因此没有必要将炉体设备安设在厂房内。采取露天设置后的主要问题是解决自控传送介质的防冻问题，例如在严寒地区若采用水压控制系统时，就必须同时考虑水的防冻措施（如加入防冻剂等）。

国内现有的油制气炉一般都布置在露天，根据近年来的生产实践均感到在厂房内的操作条件较差，尤其是夏季，厂房很热，焦油蒸气的气味很大，同时还增加了不少投资。因此除有特殊要求外，炉体设备不建厂房，所以本条规定："宜露天布置"。

4.4.15 本条规定"控制室不应与空气鼓风机室布置在同一建筑物内"。这是由于空气鼓风机的振动和噪声很大，对仪表的正常运行及使用寿命都有影响，对操作人员的身体健康也有影响。有的厂空气鼓风机室设在控制室的楼下，振动和噪声的影响很大。上海吴淞煤气制气公司、北京 751 厂的空气鼓风机室是单独设置的，与控制室不在同一建筑物内，就减少了这种影响，效果较好。

条文中规定了“控制室应布置在油制气区夏季最大频率风向的上风侧”，主要是防止油制气炉生产时排出的烟尘、焦油蒸气等影响控制室的仪表和控制装置。

4.4.16 焦油分离池经常散发焦油蒸气，气味很大，而且在分离池附近还进行外运焦油、掏焦油渣作业，使周围环境很脏。故规定“应布置在油制气区夏季最小频率风向的上风侧”，以尽量减少对相邻设置的污染和影响。

4.4.17 重油制气污水主要来自制气生产过程中燃气洗涤、冷却设备中冷凝下来的污水和燃气冷却系统循环水经补充后的排放污水，每台10万m^3/d制气炉的污水排放量估计在30～35 t/h，其水质为：pH：7.5，COD 1000～2000 mg/L，BOD 200～500 mg/L，油类250～600 mg/L，挥发酚10～65 mg/L，CN 10～40 mg/L，硫化物5～40 mg/L，NH_3 40 mg/L，可见重油制气厂应设污水处理装置，污水经处理达到国家现行标准《污水综合排放标准》GB 8978的规定。

4.4.18 本条规定了自动控制装置程序控制系统设计的技术要求

各种程序控制系统具有不同的特点，各地的具体条件也互不相同，不宜于统一规定采用程序控制系统的形式，因此本条仅规定工艺对程序控制系统的基本技术要求。

1 油制气炉生产过程是“加热—吹扫—制气—吹扫—加热……”周而复始进行的，在各阶段中许多阀门都要循环动作，就需要设置程序控制器自动操作运行。又因在生产过程中有时需要单独进入某一操作阶段（如升温、烧炭等），故程序控制器还应能手动操作。

2 生产操作上要求能够根据运行条件灵活调节每一循环时间和每阶段百分比分配。例如催化裂解制气的每一循环时间可在6～8 min内调节；每循环中各阶段时间的分配可在一定范围内调节。

3 重油制气工艺过程在按照预定的程序自动或手动连续进行操作，为保证生产过程的安全，还需要对操作完成的正确性进行检查。故规定了“应设置循环中各阶段比例和阀门动作的指示信号”。

4 主要阀门如空气阀、油阀、煤气阀等应设置“检查和连锁装置”，以达到防止因阀门误动作而造成爆炸和其他意外事故，在控制系统的设计上还规定了“在发生故障时应有显示和报警信号，并能恢复到安全状态”，使操作人员能及时处理故障。

4.4.19 本条规定了设计自控装置的传动系统设计技术要求。

1 国内现采用的传动系统有气压、水压、油压式几种，各有其优缺点，在设计前应考虑所建的地区、炉子大小、厂地条件、程序控制器形式等综合条件合理选择。

2 在传动系统中设置储能设备，既是安全上的技术措施，又是节省动能的手段。储能设备是传送介质管理系统的缓冲机构，其中储备一部分能量以适应在启闭大容量装置的阀门时压力急剧变化的需要，满足大负荷容量，减少传动泵功率。当传动泵发生故障或停电时，储能设备还可起到应急的动力能源作用，使油制气炉处于安全状态。

3 由于重油制气炉是间歇循环生产的，生产过程中的流量瞬时变化大、阀门换向频繁，因此传动系统中采用的控制阀、工作缸、自动阀和附件等应和这种特点相适应，使生产过程能顺利进行。

4.5 轻油低压间歇循环催化裂解制气

4.5.1 生产煤气所用的石脑油随装置和催化剂而异，一般性质为相对密度0.65~0.69，含硫量小于10^{-4}，终馏点低于130℃，石蜡烃含量高于80%，芳香烃含量低于5%，采用这种性质的原料，其目的在于气化后：①燃气中含硫少，不需要净化装置；②不会生成焦油等副产品，所以不需要处理设备；③无烟尘及污水公害，不需要设置污水处理装置；④气化效率高。

原料油中石蜡烃高，产物中焦油和炭生成量就少，气体生成量就多，而且生成气中烃类多而氢气少，一般热值也高，当原料油中环状化合物多时，产物中焦油和炭生成量就多，气体生成量就少，而且气体含氢量多，烃类少，热值就低。原料中烯烃、芳香烃的增加会形成积炭，这些都可能导致催化剂失活。

根据国内外生产实践，本规范推荐如条文所列的对轻质石脑油的各种要求。从目前国外进口的轻质石脑油看，一般能满足上述要求，国产石脑油目前没有能满足此要求的品牌油，一般终馏点高于130℃，但在140℃以内尚能顺利操作，超过140℃时要谨慎操作。

4.5.2 内浮顶罐是在固定顶油罐和浮顶罐的基础上发展起来的。为了减少油品损耗和保持油品的性质，内浮顶罐的顶部采用拱顶与浮顶的结合，外部为拱顶，内部为浮顶。内部浮顶可减少油品的蒸发损耗，使蒸发损失很小。而外部拱顶又可避免雨水、尘土等异物从环形空间进入罐内污染油品。轻油制气原料油为终馏点小于130℃的轻质石脑油，属易挥发烃类，故选用内浮顶罐储存轻油。

确定原料油储存量的因素较多，总的来说要根据原料油的供应情况、运输方式、运距以及用油的不均衡性等条件进行分析后确定。如采用国外进口油，要根据来船大小和来船周期考虑，采用国产油则要考虑运距大小、运输方式和炼油厂的检修周期，经综合分析，一般认为按15~20 d的用油量储存，南京轻油制气厂设计考虑采用国外油时按20 d储存量。

4.5.3 轻油间歇循环催化裂解制气装置是顺流式反应装置，它不同于重油逆流反应装置，当使用重质原料时，由于制气阶段沉积在催化剂层的炭多，利用这些炭可以补充热量，相比之下，采用石脑油为原料因沉积在催化剂层的炭很少，气体中也无液态产物，故对保持蓄热式装置的反应温度反而不利，因此采用能对吸热量最大的催化剂层进行直接加热的顺流式装置。同时裂化石脑油时，相对重油裂解而言，需要热量较少，生产能力和蒸汽用量就会大，高温气流的显热很大，鼓风阶段的空气相对用量却不多，用大量的高温气流显热去预热少量空气是不经济的，所以不设空气蓄热器，只需两筒炉，有的甚至采用单筒炉。

南京和大连进口装置的加热室均为一个火焰监视器，投产后发现其监视范围窄，后增加了一个火焰监视器，使操作可靠性增加。

4.5.4 本条文规定了轻油间歇循环催化裂解制气工艺主要设计参数：

1 反应器液体空间速度

推荐的液体空间速度为0.6~0.9 $m^3/(m^3 \cdot h)$。这个数据和炉型、催化剂、循环时间均有关，一般说UGI-CCR炉直径较小，循环时间短，其液体空间速度可取高值，而Onia-Gagi炉直径较大，循环时间长，其液体空间速度可取低值。

3 关于加热油用量与制气油用量的比例

由于用于加热的轻油在燃烧时和重油制气中燃烧的重油相比，燃烧热量和效率相差不大，而用于气化的轻油却比重油制气中的气化原料重油的可用量却大得多，因而加热用油量与制气用油量的比值要比重油制气的这个参数高一些，根据国外介绍的材料和南京投产后的实际情况，推荐设计值为29/100。

4 过程蒸汽量与制气油量比值

由于原料质量好，轻油制气比重油制气可用碳量大，因而过程蒸汽量与制气油量之比值要大于重油制气的比值1.1~1.2。一般过程蒸汽和轻油的重量比应高于1.5，低于1.5时会析出炭并吸附在催化剂气孔上，造成氧化铝载体碎裂，当炭和氧化铝的膨胀系数相差10%即会产生这种现象。根据南京轻油制气厂实际数据，提出此比值宜取1.5~1.6。

5 循环时间

循环时间2~5 min是针对不同的轻油制气炉型操作的一个范围，对于UGI-C. C. R炉炉子直径较小，采用的循环时间短，一般在2~3 min之间调节，南京轻油制气厂采用这种炉型，其循环时间为2 min，它的特点是炉温波动较小，生成的燃气组成比较均匀。而Onia-Gagi炉，炉子设计直径较大，采用的循环时间较长，一般在4~5 min之间调节，香港马头角轻油制气厂采用Onia-Gagi炉，其循环时间为5 min，一个周期内炉温波动较大，产生的气体组成前后差别较大，但完全能满足燃料气质量要求，使阀门等设备的机械磨损可以降低。

4.5.5 石油系原料的气化装置，不管是连续式还是间歇式，生成的气体中均含有15%~20%的一氧化碳，根据我国城市燃气对人工制气质量的规定，要求气体中CO含量宜小于10%，对于CO含量多的燃气发生装置，要求设立CO变换装置，我国大连煤气厂采用的LPG改质装置上设置了CO变换装置，使出口燃气中CO含量小于5%。

CO变换设备设置时，应考虑CO变换器能维持正常化学反应工况，如果炉子为调峰操作，时开时停，则CO变换效果不会太理想。

4.5.6 本条文对轻油制气采用石脑油增热时推荐的增热方式以及对燃气烃露点的限制。

所谓烃露点就是将饱和蒸汽加压或降低温度时发生液化并开始产生液滴的温度。用石脑油增热后的气体，将这种气体冷却或置于较低外界气温，在达到某温度时，气体中的一部分石脑油就液化，这个温度就称为露点。

城市燃气管道一般埋地铺设，并铺于冰冻线以下，为此规定石脑油增热程度限制在比燃气烃露点温度低5 ℃，使燃气在管道中不致发生结露。

4.5.7 轻油制气炉采用顺流式流程，由制气炉出来的700~750 ℃高温烟气或燃气均通过同一台废热锅炉回收余热，在加热期，将烟气温度降至250 ℃，烟气通过30 m高烟囱排至大气，在制气期，将燃气温度也降至250 ℃后进入后冷却系统。以1台25万m^3/d的轻油制气装置为例，每小时可生产8.5 t蒸汽（压力以1.6 MPa表压计），它可以经过蒸汽过热器过热至320 ℃后进入蒸汽透平，驱动空气鼓风机后汇入低压蒸汽缓冲罐，作制气炉制气用汽或吹扫用汽，也可以不经蒸汽透平，产生较低压力的蒸汽汇入低压蒸汽缓冲罐后使用。

如果采用CO变换流程，其余热回收要分成两部分，需要设置2个废热锅炉，一个在

CO 变换器前，称为主废热锅炉，用于全部烟气和部分燃气的余热回收；另一个在 CO 变换器后，用于全部燃气的余热回收，经燃气部分旁通进入 CO 变换器的温度为 330 ℃，由于 CO 变换为放热反应，燃气离开 CO 变换器进入变换废热锅炉的温度为 420 ℃，经二次余热回收后以 1 台 17.5 万 m^3/d 的装置为例，每小时可生产 6 t 蒸汽。

4.5.8 轻油制气装置的生产属间歇循环性质，生产过程中使用蒸汽也是间歇的，而且瞬时用汽量较大，故需要设置蒸汽蓄能器作为缓冲储能以保持输出的蒸汽压力比较稳定。

轻油制气流程中烟气和燃气均通过同一台废热锅炉回收余热，产汽基本连续，蒸汽完全可能自给，除满足自给的蒸汽需要量外还可以有少量外供，因此轻油制气厂可以不设置生产用汽锅炉房。开工时的蒸汽可以采用外来蒸汽供应方式，也可以先加热废热锅炉自产供给。

4.5.9 本条文关于 2 台炉子编组的说明参照重油低压间歇循环催化裂解 4.4.7 条文说明。

4.5.10 轻油制气不同于重油制气，轻油制气所得到的为洁净燃气，燃气中无炭黑、无焦油、无萘，因而燃气的冷却宜采用直接式冷却设备，一是效果好，二是对环保有利，洗涤后的废水可以直接排放，三是投资省，冷却设备可以采用空塔或填料塔。

4.5.14 轻油制气炉的操作人员经常都在仪表控制室内进行工作，很少在炉体部分直接操作，因此没有必要将炉体设备安设在厂房内。由于以轻油为原料，其属易燃易爆物质，构成甲类火灾危险性区域，为此本条文规定“轻油制气炉应露天布置”。

4.5.15 本条文控制室与鼓风机布置关系的说明参照重油低压间歇循环催化裂解制气 4.4.15 条文中关于“控制室不应与空气鼓风机布置在同一建筑物内”的说明。

4.5.16 轻油制气炉出来的气体经余热回收后进入水封式洗涤塔中，采用循环水冷却。根据工业循环水加入部分新鲜水起调节作用的要求，以 50 万 m^3/d 产气量为例，经水量平衡后，每天约需排放多余的水 500 t，其排放水的水质根据国内外资料其数据如下：pH 6～8，BOD 20 mg/L，COD 10～100 mg/L，重金属：无，颜色：清，油脂：无，悬浮物小于 30 mg/L，硫化物 1 mg/L，从上述可见，直接排放的废水已基本上达到我国污水排放一级标准，可见，轻油制气厂可不设污水处理装置。我国南京轻油制气厂、大连 LPG 改质厂均没有设置工业废水处理装置，香港马头角轻油制气厂也没有设置工业废水处理装置。

4.6 液化石油气低压间歇循环催化裂解制气

4.6.1 本条规定了制气用液化石油气的质量要求。

液化石油气制气用原料的不饱和烃含量要求小于 15% 是基于不饱和烃量的增加会形成积炭，将会导致催化剂失活。理想的液化石油气原料是 C_3 和 C_4 烷烃，不饱和烃含量 15% 是根据大连实际操作经验的上限。

4.6.3 本条规定了液化石油气低压间歇循环催化裂解制气工艺主要设计参数。

4 轻油或液化石油气间歇循环催化裂解制气工艺流程中若采用 CO 变换方案时，根据反应平衡的要求，提高水蒸气量，CO 变换率上升。为此，过程蒸汽量与制气油量的比例将从 1.5～1.6（重量比）上升为 1.8～2.2，过量的增加没有必要，不但浪费蒸汽，还将增加后系统的冷却负荷。

4.7　天然气低压间歇循环催化改制制气

4.7.2　本条文主要对天然气进炉压力的波动作出规定，进炉压力一般在0.15 MPa，其波动值应小于7%，以维持炉子的稳定操作，可采用增加炉前天然气的管道的直径和管道长度的方法，也可以采用储罐稳压的方法，但一般以前者方法可取。

4.7.4　本条文规定了天然气低压间歇循环催化改制制气工艺主要设计参数。

1　反应器改制用天然气催化床空间速度，其推荐值为500~600 $m^3/(m^3 \cdot h)$，这个数据和炉型、催化剂、循环时间均有关，UGI-CCR炉炉子直径小，循环时间短，其气体空间速度可取高值，而Onia-Gagi炉炉子直径较大，循环时间长，其气体空间速度可取低值。

4　过程蒸汽量与改制用天然气量之比值

由于天然气为洁净原料，可用碳量大，因而过程蒸汽量与改制用天然气量之比值和轻油制气类似，一般过程蒸汽和改制用天然气的重量比应高于1.5，低于1.5时会析出碳，并吸附在催化剂气孔上，使催化剂能力降低甚至破坏催化剂。根据上海吴淞煤气制气有限公司的实际操作，提出此比值取1.5~1.6。

5 净 化

5.1 一 般 规 定

5.1.1 本章内容是为了满足本规范第3.2.2条规定的人工煤气质量要求，所需进行的净化工艺设计内容而作出的相应规定，并不包括天然气或液化石油气等属于外部气源的净化工艺设计内容。

5.1.2 本章增加了一氧化碳变换及煤气脱水工艺，考虑到一氧化碳变换过程的主要目的是降低煤气中的有毒气体一氧化碳的含量，而煤气脱水的主要目的是为除去煤气中的水分，都属于净化煤气的工艺过程，因此将一氧化碳变换及煤气脱水工艺加入煤气净化工艺中。

5.1.4 本章对煤气初冷器、电捕焦油器、硫铵饱和器等主要设备的有关备用设计问题都已分别作了具体规定。但是对于泵、机及槽等一般设备则没有一一作出有关备用的规定，以避免过于繁琐。净化设备的类型繁多，并且各种设备都需有清洗、检修等问题，所以本规定要求"应"指的是在设计中对净化设备的能力和台数要本着经济合理的原则适当考虑"留有余地"，也允许必要时可以利用另一台的短时间超负荷、强化操作来做到出厂煤气的杂质含量仍能符合《人工煤气》GB 13612的规定要求。

5.1.5 煤气的净化是将煤气中的焦油雾、氨、萘、硫化氢等主要杂质脱除至允许含量以下，以保证外供煤气的质量符合指标要求，在此同时还生成一些化工产品，这些产品的生成是与煤气净化相辅相成的，所以煤气净化有时也通称为"净化与回收"。

事实上，在有些净化工艺过程中，往往因未考虑回收副反应所生成的化工产品而使正常的运行难以维持，因此煤气净化设计必须与化工产品回收设计相结合。这里所指的化工产品实质上包括两种：一种是净化过程中直接生成的化工产品如硫铵、焦油等；另一种是由于副反应所生成的化工产品如硫代硫酸钠、硫氰酸钠等。

5.1.6 本条所列之爆炸和火灾区域等级是根据《爆炸和火灾危险环境电力装置设计规范》GB 50058并按该篇原则结合煤气净化各部分情况确定。

附录表B-1中鼓风机室室内、粗苯（轻苯）泵房、溶剂脱酚的溶剂泵房、吡啶装置室内应划为甲类生产场所，详见《建筑设计防火规范》GBJ 16附录三。初冷器、电捕焦油器、硫铵饱和器、终冷、洗氨、洗苯、脱硫、终脱萘等煤气区和粗苯蒸馏装置、吡啶装置、溶剂脱酚装置的室外区域均为敞开的建构筑物，通风良好，虽然处理的介质为易燃易爆介质，但塔器、管道等密封性好，不易泄漏。按照《建筑设计防火规范》GBJ 16生产的火灾危险性分类注①，应划为乙类生产场所。

附录表B-2煤气净化车间主要生产场所爆炸和火灾危险区域等级。

当粗苯洗涤泵房、氨水泵房未被划入以煤气为释放源划分为2区内时，应划为非危险区；当粗苯洗涤泵房、氨水泵房被划入以煤气为释放源划分的2区内时，则应划为2区。

理由：洗苯富油的闪点为45~60 ℃，洗苯的操作温度低于30 ℃；氨气的爆炸极限为

15.7% ~27.4%，与氨水相平衡的气相中氨气的浓度达不到此爆炸极限，都不符合《爆炸和火灾危险环境电力装置设计规范》GB 50058 中第 2.1.1 条中的条件，所以富油和氨水都不应作为释放源划分危险区，因此当粗苯洗涤泵房、氨水泵房未被划入以煤气为释放源划分的 2 区内时，应划为非危险区。当粗苯洗涤泵房、氨水泵房被划入以煤气为释放源划分的 2 区内时，则应划为 2 区。此外，根据《爆炸和火灾危险环境电力装置设计规范》GB 50058，所有室外区域不应整体划为某类危险区，应以释放源和释放半径划分危险区，这是比较科学准确的，且与国际接轨。

《焦化安全规程》GB 12710 是在《爆炸和火灾危险环境电力装置设计规范》GB 50058 之前根据老规范制定的，此时仅以区域划分爆炸和火灾危险类别，没有释放源的划分概念。在 GB 50058 制定后，GB 12710 中的爆炸和火灾危险区域的划分有些内容不符合 GB 50058 中的规定，因此《焦化安全规程》中的有些内容未被引用到本规范中。

5.1.7 一些老的，简单的净化工艺往往只考虑以煤气净化达标为目的，对于那些从煤气中回收下来的废水、废渣和在煤气净化过程中所产生的废水、废渣、废气及噪声往往没有进行进一步的处理，因而对环境造成二次污染。随着我国对环境保护要求的提高，在净化工艺设计中应对煤气净化生产工艺过程产生的三废及噪声进行防治处理，并满足现行国家有关的环境保护的规范、标准的要求。

5.1.8 目前工业自动化水平已发展得越来越快，提高煤气净化工艺的自动化监控水平，是提高生产效率，改善劳动条件，降低成本，保障安全生产的重要措施。

5.2 煤气的冷凝冷却

5.2.1 煤干馏气的冷凝冷却工艺形式，在我国少数制气厂、焦化厂（如镇江焦化厂、南沙河焦化厂、上海吴淞炼焦制气厂等）曾经采用直接冷凝冷却工艺。这些工厂处理的煤气量一般较少（多为 5000 m^3/h），故煤气中氨的脱除采用水洗涤法。

水洗涤法直接冷却煤气工艺的优点是，洗涤水在冷却煤气的同时，还起到冲刷煤气中萘的作用，其缺点是，制取的浓氨水销售不畅，增加了废气和废水的处理负荷。所以，煤干馏气的冷凝冷却一般推荐间接冷凝冷却工艺。

高于 50 ℃的粗煤气宜采用间接冷却，此阶段放出的热量主要是为水蒸汽冷凝热，传热效率高，萘不会凝结造成设备堵塞。当粗煤气低于 50 ℃时，水汽量减少，间冷传热效率低，萘易凝结，此阶段宜采用直接冷却。日本川铁千叶工场首创了“间 - 直混冷工艺”；1979 年石家庄焦化厂建成了间直混冷的试验装置。上海宝山钢铁厂焦化分厂的焦炉煤气就依据上述原理采用间冷和直冷相结合的初冷工艺。煤气进入横管式间接冷却器被冷却到 50 ~55 ℃，再进入直冷空喷塔冷却到 25 ~35 ℃。在直冷空喷塔内向上流动的煤气与分两段喷洒下来的氨水焦油混合液密切接触而得到冷却。循环液经沉淀析出除去固体杂质后，并用螺旋板换热器冷却到 25 ℃左右，再送到直冷空喷塔上、中两段喷洒。由于采用闭路液流系统，故减少了环境的污染。

5.2.2 为了保证煤气净化设备的正常操作和减轻煤气鼓风机的负荷，要求在冷却煤气时尽可能多地把萘、焦油等杂质冷凝下来并从系统中排出。为了达到这一目的就需对初冷器后煤气温度有一定的限制，一般控制在 20 ~25 ℃为好。如石家庄东风焦化厂因为采取了严格控制初冷器出口温度为(20±2)℃范围之内的措施，进入各净化设备之前煤气中萘含量就很少，保证了净化设备的正常运行，见表11。

表11　某焦化厂各净化设备后煤气中萘含量

取样点	萘含量（mg/m^3）	温度（℃）	备　注
鼓风机后	1088	>25（煤气）	
2洗氨塔后	651		
终冷塔后	353	18~21	终冷水上温度（15℃）

1　冷却后煤气的温度。当氨的脱除是采用硫酸吸收法时，一般来说煤气处理量往往较大（大于或等于10000 m^3/h）。在这种情况下，若要求初冷器出口煤气温度太低(25℃)，则需要大量低温水（23~24 t/1000 m^3 干煤气），这是十分困难的（尤其对南方地区）。再则煤气在进入饱和器之前还需通过预热器把煤气加热到70~80℃。故在工艺允许范围内初冷器出口煤气温度可适当提高。

当氨的脱除是采用水洗涤法时，一般来说煤气处理量往往较少（一般为5000 m^3/h），需要的冷却水量不太多，故欲得相应量的低温水而把煤气冷却到25℃是有可能的。再如若初冷时不把煤气冷却到25℃，则当洗氨时也仍须把煤气冷却到25℃左右，而这样做是十分不合理的（因煤气中萘和焦油会将洗氨塔堵塞）。故要求初冷器出口煤气温度应小于25℃。

初冷器的冷却水出口温度。为了防止初冷器内水垢生成，又要照顾到对冷却水的暂时硬度不宜要求过分严格（否则导致水的软化处理投资过高），因此需要控制初冷器出口水的温度。排水温度与水的硬度有关。见表12。

表12　排水温度与水硬度关系

碳酸盐硬度（mmol/L(me/L)	排水温度（℃）
≤2.5（5）	45
3（6）	40
3.5（7）	35
5（10）	30

在实际操作中一般控制小于50℃。在设计时应权衡冷却水的暂时硬度大小及通过水量这两项因素，选取一经济合理的参数，而不宜做硬性的规定。

2　本款制定原则是根据节约用水角度出发的。我国许多制气厂、焦化厂的初冷器冷却水是采用循环使用的。例如大连煤气公司、鞍钢化工总厂、南京梅山焦化厂等均采用凉水架降温，循环使用皆有一定效果。但我国地域广大，各地气象条件不一，尤其南方气温高，湿度大，凉水架降温作用较差。

在冷却水循环使用过程中，由于蒸发浓缩水中可溶解性的钙盐、镁盐等盐类和悬浮物的浓度会逐渐增大，容易导致换热设备和管路的内壁结垢或腐蚀，甚至菌藻类生物的生长。为了消除换热设备和管路内壁结垢堵塞或减弱腐蚀被损坏，延长设备使用寿命，提高水的循环利用率，国内外大多在循环水中投加药剂进行水质的稳定处理。

不同地区的水质不尽相同，因此在循环水中投加的药剂品种和数量亦不相同，可选用的阻垢缓蚀的药剂举例如下：

1）有机磷酸盐：如氨基三甲叉磷酸盐（ATMP），羟基乙叉磷酸盐（HEDP），能与成垢离子 Ca^{2+}、Mg^{2+} 等形成稳定的化合物或络合物，这样提高了钙、镁离子在水中的溶解度，促使产生一些易被水冲掉的非结晶颗粒，抑制 $CaCO_3$、$MgCO_3$ 等晶格的生长，从而阻止了垢物的生成；

2）聚磷酸盐：如六偏磷酸钠，添入循环水中，既有阻垢作用也有缓蚀作用；

3）聚羧酸类：如聚丙烯酸钠（TS-604）添入循环水中也有阻垢作用和缓蚀作用。

循环水中投加阻垢缓蚀的药剂，一般是复合配制的。

在设计中，如初冷器的循环冷却水系统中，一般有加药装置，配好的药剂由泵送入冷却器的出水管中，加药后的冷却水再流入吸水池内，再用循环水泵抽送入初冷器中循环使用。

循环冷却水中添加适宜的药剂，都有良好的阻垢和缓腐蚀作用。例如平顶山焦化厂对初冷器循环水的稳定处理进行了标定总结：循环水量 1050 m^3/h，加药运行阶段用的药剂为羟基乙叉磷酸盐（HEDP）、聚丙烯酸钠（TS-604）及六偏磷酸钠等，运行取得了良好的效果，阻垢率达99%，腐蚀速度小于0.01 mm/年，循环水利用率为97%，达到国内外同类循环水处理技术的先进水平。又如，上海宝钢焦化厂循环冷却水采用了水质稳定的处理技术，投产数年后，初冷器水管内壁几乎光亮如初，获得了显著的阻垢和缓蚀效果。

5.2.3 本条规定了直接冷凝冷却工艺的设计要求。

1 冷却后煤气的温度。洗涤水与煤气直接接触过程中，除起冷却煤气的作用外，还同时能起到洗萘与洗焦油雾的作用。如果把煤气冷却到同一温度时，直接式冷凝冷却工艺的洗萘、洗焦油雾的效果比间接式冷凝冷却工艺的效果好。如在脱氨工艺都是水洗涤法时，在基本保证煤气净化设备的正常操作前提下，可以允许直接式初冷塔出口煤气温度比间接式初冷器出口煤气温度高 10 ℃左右，间冷和直冷在初冷后煤气中萘含量基本相当。

2 含有氨的煤气在直接与水接触过程中，氨会促使水中的碳酸盐发生反应，加速水垢的生成而容易堵塞初冷塔。故对水的硬度应加以规定，但又不宜要求太高。所以本条规定的洗涤水的硬度指标采用了锅炉水的标准，即《工业锅炉水质标准》GB 1576 规定的不大于0.03 mmol/L。

3 本款是执行现行国家标准《室外给水设计规范》和《室外排水设计规范》的有关规定。

5.2.4 本条规定了焦油氨水分离系统的设计要求。

1、2 当采用水洗涤法脱氨时，为了保证剩余氨水中氨的浓度，不论初冷方式采用直接式或间接式冷凝冷却工艺，对初冷器排出的焦油氨水均应单独进行处理，而不宜与从荒煤气管排出的焦油氨水合并在一起处理，其原因有二：

1）当初冷工艺为间接式时，其冷凝液中氨浓度为 6～7 g/L，而当与荒煤气管排出的焦油氨水混合后则氨的浓度降为 1.5～2.5 g/L（本溪钢铁公司焦化厂分析数据）。

2）当初冷工艺为直接式时，出初冷塔的洗涤水温度小于60 ℃，为了保证集气管喷淋氨水温度大于75 ℃，则两者也不宜掺混。所以规定宜“分别澄清分离”。

采用硫酸吸收法脱氨时，初冷工艺一般采用间接式冷凝冷却工艺，则初冷器排出的焦油氨水与荒煤气管排出的焦油氨水可采用先混合后分离系统。其原因是，间接式初冷器排出的焦油氨水冷凝液较少，且含有$(NH_4)_2S$、NH_4CN、$(NH_4)_2CO_3$等挥发氨盐，而荒煤气管排出的焦油氨水冷凝液中含有NH_4Cl、NH_4CNS、$(NH_4)_2S_2O_3$等固定氨盐，其浓度为30～40 g/L。若将两者分别分离则焦油中固定氨盐浓度较大，必将引起焦油在进一步加工时严重腐蚀设备。如将两者先混合后分离，则可以保持焦油中固定氨盐浓度为2～5 g/L左右，在焦油进一步加工时，对设备内腐蚀程度可以大大减轻。

3 含油剩余氨水进行溶剂萃取脱酚容易乳化溶剂，增加萃取脱酚的溶剂消耗。含油剩余氨水进入蒸氨塔蒸氨，容易堵塞蒸氨塔内的塔板或填料。剩余氨水除油的方法，一般为澄清分离法或过滤法。剩余氨水澄清分离法除油需要较长的停留时间，需要建造大容积澄清槽，投资额和占地面积都较大，而且氨水中的轻油和乳化油也不能用澄清法除去。许多煤气厂都采用焦炭过滤器过滤剩余氨水，除油效果较好但至少需半年调换焦炭一次，此项工作既脏又累。

4 焦油氨水分离系统的澄清槽、分离槽、储槽等都会散发有害气体（如氰化氢、硫化氢、轻质吡啶等等）而污染大气、妨碍职工身体健康。为此，应将焦油氨水分离系统的槽体封闭，把所有的放散管集中，使放散气进入洗涤塔处理，洗涤塔后用引风机使之负压操作，洗涤水掺入工业污水进行生化处理。上海宝钢焦化厂的焦油氨水分离系统的排放气处理装置的运行状况良好。

5.3 煤 气 排 送

5.3.1 本条规定了煤气鼓风机的选择原则。

1 当若干台鼓风机并联运行时，其风量因受并联影响而有所减少，在实际操作中，两台容积式鼓风机并联时的流量损失约为10%，两台离心式鼓风机并联时的流量损失则大于10%。

鼓风机并联时流量损失值取决于下列三个因素：

1）管路系统阻力（管路特性曲线）；

2）鼓风机本身特性（风机特性曲线）；

3）并联风机台数。

所以在设计时应从经济角度出发，一般将流量损失控制在20%内较为合理。

3 关于备用鼓风机的设置。大型焦化厂中，煤气的排送一般采用离心式鼓风机，每2台鼓风机组成一输气系统，其中1台备用。煤制气厂采用容积式鼓风机，往往是每2～4台组成一输气系统（内设1台备用）。考虑到各厂规模大小不同，对煤气鼓风机备用要求也不同，故本条规定台数的幅度较大。

5.3.2 本条规定了离心式鼓风机宜设置调速装置的要求。

上海市浦东煤气厂和大连市第二煤气厂的冷凝鼓风工段，在离心式鼓风机上配置了调速装置。生产实践表明，不仅能使风机便于启动、噪声低、运转稳定可靠，而且不用“煤气小循环管”即能适应煤气产量的变化，节约大量的电能。调速装置的应用可延长鼓风机的检修周期，又便于煤气生产的调度，因此有明显的综合效益。

调速装置一般可采用液力偶合器。

5.3.3 本条规定了煤气循环管的设置要求。由于输送的煤气种类不同，鼓风机构造不同，所要求设置循环管的形式也不相同。

1 离心式鼓风机在其转速一定的情况下，煤气的输送量与其总压头有关。对应于鼓风机的最高运行压力，煤气输送量有一临界值，输送量大于临界值，则鼓风机的运行处于稳定操作范围；输送量小于临界值，则鼓风机操作将出现“喘振”现象。

另外，为了保证煤干馏制气炉炉顶吸气管内压力稳定，可以采用鼓风机煤气进口管阀门的开度调节，也可用鼓风机进出口总管之间的循环管（小循环器）来调节，但此法只适宜在循环量少时使用。

目前大连煤气公司选用 D250-42 离心式鼓风机，配置了调速装置，调速范围 1～5，所以本条注规定只有在风机转速变化能适应流量变化时，才可不设小循环管。

当煤干馏制气炉刚开工投产或者因故需要延长结焦时间时的煤气发生量较少，为了保证鼓风机操作的稳定，同时又不使煤气温上升过高，通常采用煤气“大循环”的方法调节，即将鼓风机压出的一部分煤气返回送至初冷器前的煤气总管道中。虽然这种调节方法将增加鼓风机能量的无效消耗，还会增加初冷器处理负荷和冷却水用量，但是能保证循环煤气温度保持在鼓风机允许的温度范围之内，各厂（例如南京煤气厂、青岛煤气厂等）的实际经验说明了这个“大循环管道”设置的必要性。

2 当冷凝鼓风工段的煤气处理量较小时，一般可选用容积式鼓风机。

5.3.4 本规范将“用电动机带动的煤气鼓风机的供电系统设计”由“一级负荷”调整为“二级负荷”，主要考虑按一级负荷设计实施起来难度往往很大，而且按照《供配电系统设计规范》GB 50052 关于电力负荷分级规定，用电动机带动的煤气鼓风机其供电系统对供电可靠性要求程度及中断供电后可能会造成的影响进行分级，其供电负荷等级应确定为二级负荷。

二级负荷的供电系统要求应满足《供配电系统设计规范》GB 50052 的有关规定。

人工煤气厂中除发生炉煤气工段之外，皆属“甲类生产”，所以带动鼓风机的电动机应采取防爆措施。如鼓风机的排送煤气量大，无防爆电机可配备时，国内目前采用主电机配置通风系统来解决。

5.3.5 离心式鼓风机机组运行要求的电气连锁及信号系统如下：

1 鼓风机的主电机与电动油泵连锁。当电动油泵启动，油压达到正常稳定后，主电机才能开始合闸启动；当主电机达到额定转数主油泵正常工作后，电动油泵停车；主电机停车时，电动油泵自启运转；

2 机组的轴承温度达到 65 ℃时，发出声、光预告信号；轴承温度达到 75 ℃时，发出声光紧急信号，鼓风机主电机自动停车；

3 轴承润滑系统主进油管油压低于 0.06 MPa 时，发出声光预告信号，电动油泵自启运转；当主进油管油压降至鼓风机机组润滑系统规定的最低允许油压时，发出声、光紧急信号，鼓风机的主电机自动停车。鼓风机转子的轴向位移达到规定允许的低限值时，发出声、光预告信号；当达到规定允许的高限值时，发出声光紧急信号，鼓风机主电机自动停车；

4 润滑油油箱中的油位下降到比低位线高 100 mm 时，发出声、光信号；

5 鼓风机的主电机与其通风机连锁。当通风机正常运转后，进风压力达到规定值时，主电机再合闸启动；

6 鼓风机主电机通风系统。当进口风压降至 400 Pa 或出口风压降至 200 Pa 时发出声、光信号。

5.3.6 本条规定了鼓风机房的布置要求。

1 规定对鼓风机机组安装高度要求，是对鼓风机正常运转的必要措施。如果冷凝液不能畅通外排时，会引起机内液量增多，从而会破坏鼓风机的正常操作，产生严重事故。《煤气设计手册》规定，当采用离心鼓风机时，煤气管底部标高在 3 m 以上，机前煤气吸入管阀门后的冷凝液排出口与水封槽满流口中心高差应大于 2.5 m，就是考虑到鼓风机的最大吸力，防止水封液被吸入煤气管和鼓风机内所需要的高度差；

2 鼓风机机组之间和鼓风机与墙之间的距离，应根据操作和检查的需要确定，一般设计尺寸见表 13。

表 13 鼓风机之间距离

鼓风机型号	D1250 - 22	D750 - 23	D250 - 23	D60 × 4.8 - 120/3500
机组中心距（m）	12	8	8	6
厂房跨距（m）	15	12	12	9

5 规定“应设置单独的仪表操作间”是为了改善工人操作条件和保持一个比较安静的生产操作环境，便于与外界联系工作。在以往设计中，凡仪表间与鼓风机房设在同一房间内且无隔墙分开的，鼓风机运转时，其噪声大大超过人的听力保护标准及语言干扰标准，长期在这样的环境中操作对工人健康和工作均不利。

按照《建筑设计防火规范》要求，压缩机室与控制室之间应设耐火极限不低于 3 h 的非燃烧墙。但是为了便于观察设备运转应设有生产必需的隔声玻璃窗。本条文与《工业企业煤气安全规程》GB 6222 第 5.2.1 条要求是一致的。

5.4 焦油雾的脱除

5.4.1 煤气中的焦油雾在冷凝冷却过程中，除大部进入冷凝液中外，尚有一部分焦油雾以焦油气泡或粒径 1 ~ 7 μm 的焦油雾滴悬浮于煤气气流中。为保证后续净化系统的正常运行，在冷凝鼓风工段设计中，应选用电捕焦油器清除煤气中的焦油雾。

电捕焦油器按沉淀极的结构形式分为管式、同心圆（环板）式和板式三种。我国通常采用的是前两种电捕焦油器。

虽然可以采用机捕焦油器捕除煤气中的焦油雾，但效率不甚理想，目前国内新建煤气厂中已不采用。

本条文规定“电捕焦油器不得少于2台”，是为了当其中1台检修时仍能保证有效地脱除焦油雾的要求。

各厂实践证明，设有3台及3台以上并联的电捕焦油器时，在实际操作中可以不设置备品。电捕焦油器具有操作弹性较大的特点。例如，煤气在板式电捕焦油器内流速为0.4～1 m/s，停留时间为3～6 s；煤气在板式电捕焦油器内流速为1～1.5 m/s，停留时间为2～4 s；故只要在设计时充分运用这一特点，虽然不设备品仍能维持正常生产。

5.4.2 不同煤气的爆炸极限各不相同，我们通常所说的爆炸极限是指煤气在空气中的体积百分比，而煤气中的含氧量是指氧气在煤气中的体积百分比。由于煤气中的氧气主要是由于煤气生产操作过程中吸入或掺进了空气造成的，因此可考虑把煤气中的氧含量理解为是掺入了一定量的空气，这样就可计算出煤气中氧的体积百分比或空气的体积百分比为多少时达到爆炸极限。各种人工煤气的爆炸极限范围见表14。

表14 各种人工煤气爆炸极限表（体积百分比）

序号	名称	煤气空气混合物中煤气（体积百分比）		煤气空气混合物中空气（体积百分比）		煤气空气混合物中氧气（体积百分比）	
		上限	下限	上限	下限	上限	下限
1	焦炉煤气	35.8	4.5	64.2	95.5	13.5	20.1
2	直立炉煤气	40.9	4.9	59.1	95.1	12.4	20.0
3	发生炉煤气	67.5	21.5	32.5	79.5	6.8	16.5
4	水煤气	70.4	6.2	29.6	93.8	6.2	19.7
5	油制气	42.9	4.7	57.1	95.3	12.0	20.0

由表14可看出，各种燃气的爆炸上限最大为70%，这时空气所占比例即为30%，则氧含量大于6%，这样越过置换终止点的20%的安全系数时，此时氧含量可达4.8%，因此生产中要求氧含量指标小于1%是有点过于保守了。

从表14可看出：正常生产情况下，煤气中的空气量不可能达到如此高浓度，没有必要控制煤气中氧含量一定要低于1%。实际生产过程中由于控制煤气中含氧量小于1%很难进行操作，许多企业采用含氧量小于或等于1%切断电源的控制，经常发生断电停车，影响后续工段的正常生产。国内大部分企业都反映很难将电捕焦油器含氧量控制在小于或等于1%，一般控制在2%～4%，同时国内国际经过几十年的实际生产运行，没有发生电捕焦油器爆炸的情况。国外一些国家将煤气中含氧量设定为4%，个别企业甚至达到6%。因此采用控制煤气中含氧量小于或等于2%（体积分数）并经上海吴淞煤气厂实践证明是很安全的，从爆炸极限角度分析是完全可行的。

5.5 硫酸吸收法氨的脱除

5.5.1 塔式硫酸吸收法脱除煤气中的氨，这种装置在我国已有多家工厂在运行。如上海宝山钢铁总厂焦化分厂、天津第二煤气厂等。不过，半直接法采用饱和器生产硫酸铵已是我国各煤气厂、焦化厂普遍采用的成熟工艺，这不仅回收煤气中的氨，而且也能回收煤气冷凝水中的氨，所以本规范目前仍推荐这一工艺。

1 确定进入饱和器前的煤气温度的指标为“60～80 ℃”。这是根据饱和器内水平衡的要求，总结了各厂实践经验而确定的。《煤气设计手册》及《焦化设计参考资料》的数据均为“60～70 ℃”。这一指标与蒸氨塔气分缩器出气温度的控制有关。

3 凡采用硫酸铵工艺的，饱和器出口煤气含氨量都能达到小于 30 mg/m^3 的要求，例如沈阳煤气二厂、上海杨树浦煤气厂、鞍钢化工总厂等。

4 母液循环量是影响饱和器内母液搅拌的一个重要因素，特别是当气量不稳定时尤其突出。在以往设计中采用的小时母液循环量一般为饱和器内母液量的 2 倍，实践证明这是不能满足生产要求的，会引起饱和器内酸度不均、硫铵颗粒小、饱和器底部结晶、结块等现象，故目前各厂在生产实践中逐步增大了母液循环量，例如上海杨树浦煤气厂将母液循环量由 2 倍改为 3 倍，丹东煤气公司为 5 倍，均取得良好效果。但随着母液循环量的增大，动力消耗也相应增大，所以应在满足生产基础上选择一个适当值，一般来说规定循环量为饱和器内母液量 3 倍已能满足生产的要求。

5 煤气厂一般对含酚浓度高的废水多采取溶剂萃取法回收酚，效果较为理想。故条文规定“氨水中的酚宜回收”。

先回收酚后蒸氨的生产流程有下列优点：

1）可避免在蒸氨过程中挥发酚的损失，减少氨类产品受酚的污染；

2）氨水中轻质焦油进入脱酚溶剂中，能减轻轻质焦油对蒸氨塔的堵塞。但也有认为这项工艺的蒸汽消耗量稍大；氨气用于提取吡啶对吡啶质量有影响。因此条文规定“酚的回收宜在蒸氨之前进行”。

废氨水中含氨量的规定是按照既要尽可能多回收氨，又要合理使用蒸汽，而且还应能达到此项指标的要求等项原则而制定的。表 15 列举各厂蒸氨后的废氨水中含氨量。

5.5.2 本条规定了硫铵工段的工艺布置要求。

3 吡啶生产虽然属于硫铵工段的一个组成部分，但不宜由硫铵的泵工和卸料工来兼任，宜由专职的吡啶生产工人进行操作，并切实加强防毒、防泄漏、防火工作，设单独操作室为宜。

表15 废氨水中含氨量

脱氨工艺	厂名	蒸氨塔塔型	原料氨水含氨（%）	废氨水含氨（%）
硫铵	北京焦化厂	泡罩	0.08～0.09	0.02
	上海杨树浦煤气厂	瓷环	0.3	0.03
	上海焦化厂	浮阀	0.1～0.15	<0.01
	梅山焦化厂	瓷环	0.18	0.005
	鞍钢化工总厂二回收	泡罩	0.126～0.1398	0.01～0.012

表15（续）

脱氨工艺	厂 名	蒸氨塔塔型	原料氨水含氨（%）	废氨水含氨（%）
硫铵	鞍钢化工总厂三回收	泡罩	0.21～0.238	0.008～0.01
	鞍钢化工总厂四回收	泡罩	0.086～0.156	0.019～0.014
水洗氨	桥西焦化厂	泡罩	0.82	0.03
	东风焦化厂一回收	栅板	0.5	0.007
	东风焦化厂二回收	栅板	0.3	0.0435
	东风焦化厂一回收	泡罩	0.795	0.0097

4 蒸氨塔的位置应尽量靠近吡啶装置，方便吡啶生产操作。

5.5.3 本条规定了饱和器机组的布置。

1、2 规定饱和器与主厂房的距离和饱和器中心距之间的距离，考虑到检修设备应留有一定的回转余地。

3 规定锥形底与防腐地坪的垂直距离，以便于饱和器底部敷设保温层。冲洗地坪时，尽可能避免溅湿饱和器底部。

4 为防止硫酸和硫铵母液的输送泵在故障或检修时，流散或溅出的液体腐蚀建筑物或构筑物，故硫铵工段的泵类宜集中布置在露天。对于寒冷地区则可将泵成组设置在泵房内。

5.5.4 本条规定了离心干燥系统设备的布置要求。

2 规定2台连续式离心机的中心距是考虑到结晶槽的安装距离，并能使结晶料浆直接通畅地进入离心机，同时也保证了设备的检修和安装所需的空间。

5.5.5 吡啶蒸气有毒，含硫化氢、氰化氢等有毒气体，故吡啶系统皆应在负压下进行操作。中和器内吸力保持500～2000 Pa为宜。其方法可将轻吡啶设备的放散管集中在一起接到鼓风机前的负压煤气管道上，即可达到轻吡啶设备的负压状态。

5.5.6 本条规定了硫铵系统的设备要求。

1 饱和器机组包括饱和器、满流槽、除酸器、母液循环泵、结晶液泵、硫酸泵、结晶槽、离心分离机等。由于皆易损坏，为在检修时能维持正常生产，故都需要设置备品。以各厂的实践经验来看，二组中一组生产一组备用，或三组中二组生产一组备用是可行的。而结晶液泵和母液循环泵的管线设计安装中，也可互为通用。

2 硫铵工段设置的两个母液储槽，一个是为满流槽溢流接受母液用的；另一个是必须能容纳一个饱和器机组的全部母液，作为待抢修饱和器抽出母液储存用。

3 规定了硫铵结晶的分离方法。

4 国内已普遍采用沸腾床干燥硫酸铵结晶，效果良好，上海市杨树浦煤气厂、上海市浦东煤气厂和上海焦化厂都建有这种装置。

硫铵工段的沸腾干燥系统都配备有结晶粉尘的收集和热风洗涤装置，运行效果都较好。

5.5.7 从上海市杨树浦煤气厂和上海焦化厂的生产实践来看，紫铜管、防酸玻璃钢制成的满流槽、中央管、泡沸伞和结晶槽的耐腐蚀效果较好；用普通不锈钢的泵管和连续式离心机的筛网，损坏较快。92% 以上的浓硫酸用硅钢翼片泵和碳钢管其使用寿命较长。

5.5.8 上海杨树浦煤气厂硫铵厂房改造时，以花岗岩石块用耐酸胶泥勾缝做成室内外地坪，防腐涂料做成室内墙面，防腐蚀效果良好。

5.5.9 硫铵工段的酸焦油尚无妥善处理方法，一般当燃料使用。包钢焦化厂硫铵工段的酸焦油，曾经配入精苯工段的酸焦油中，作为橡胶的胶粘剂。

废酸液是指饱和器机组周围的漏失酸液和洗刷设备、地坪的含酸废水，流经地沟汇总在地下槽里，作为补充循环母液的水分而重复使用。在国外某些炼油制气厂里，连雨水也汇总经过沉淀处理除去杂质，如有害物质的含量超过排放标准，则也要掺入有害物质浓度较高的废水中去活性污泥处理。因此硫铵工段的含氨并呈酸性的废水不能任意排放。

5.6 水洗涤法氨的脱除

5.6.1 煤气中焦油雾和萘是使洗氨塔堵塞的主要因素。例如石家庄东风焦化厂、首钢焦化厂等洗氨塔木格填料曾经被焦油等杂质堵塞，每年都需清扫一次，而且清扫不易彻底。而长春煤气公司在洗氨塔前设置了电捕焦油器，故木格填料连续操作两年多还未发生堵塞现象。为了保证木格塔的洗氨除萘效果，故规定“煤气进入洗氨塔前，应脱除焦油雾和萘”。

按本规范规定脱除焦油雾最好是采用电捕焦油器，但也有不采用电捕焦油器脱焦油的。例如唐山焦化厂和石家庄原桥西焦化厂等厂未设置电捕焦油器时期，是利用低温水使初冷器出口煤气温度降低到 25 ℃以下，使大量焦油和萘在初冷器中被冲洗下来，再通过机械脱焦油器脱焦油，这样处理也能保证正常操作。脱除萘是指水洗萘或油洗萘。一般规模小的生产厂均采用水洗萘，这样可与洗氨水合在一起，减少一个油洗系统。水中的萘还需人工捞出，但操作环境很差，对环境污染较大；规模较大的生产厂一般采用油洗萘流程，在这方面莱芜焦化厂、攀钢焦化厂等均有成功的经验，油洗萘后煤气中萘含量均能达到本条要求的“小于 500 mg/m^3”的指标。还需说明的是：当采用洗萘时应在终冷洗氨塔中同时洗萘和洗氨，以达到小于 500 mg/m^3 的指标。

5.6.2 这是因为煤气中的氨在洗苯塔中会少量地溶入洗油中，容易使洗油老化。当溶解有氨的富油升温蒸馏时，氨将析出腐蚀粗苯蒸馏设备。所以要求尽量减少进入洗苯塔煤气中的含氨量，以保证最大程度地减轻氨对粗苯蒸馏设备的腐蚀和洗油的老化。为此，在洗氨塔的最后一段要设置净化段，用软水进一步洗涤粗煤气中的氨。

5.6.3 本条规定“洗氨塔出口煤气温度，宜为 25 ~ 27 ℃”的根据如下：

1 与煤气初冷器煤气出口温度相适应，从而避免大量萘的析出而堵塞木格填料；

2 便于煤气中氨能充分地被洗涤水吸收下来。塔后煤气温度若高于 27 ℃，则会使煤气中含氨量增加，以使粗苯吸收工段的蒸馏部分设备腐蚀。

5.6.4 本条规定了洗涤水的水质要求。

在一定的洗涤水量条件下水温低些对氨吸收有利，这是早经理论与实践证实的一条经验。从上海吴淞炼焦制气厂的生产实践表明：随着水温从 21 ℃上升到 33 ~ 35 ℃则洗氨塔后煤气中含氨量从“50 ~ 120 mg/m^3 上升为 250 ~ 500 mg/m^3”。详见表 16。

表 16 洗涤水温度与塔后煤气中含氨量关系

冷却水种类	冷却后废水温度（℃）	2 号终冷洗氨塔后煤气温度（℃）	煤气中氨含量（g/m^3）		
			1 号终冷洗氨塔前	1 号终冷洗氨塔后	2 号终冷洗氨塔后
深井水（21 ℃）	21 ~ 23	23 ~ 25	1 ~ 2	0.15 ~ 0.5	0.05 ~ 0.12
制冷水（23 ~ 25 ℃）	25 ~ 28	28 ~ 30	2.5 ~ 5	0.3 ~ 0.7	0.2 ~ 0.4
黄浦江水（33 ~ 35 ℃）	35 ~ 38	38 ~ 40	2.5 ~ 5	0.45 ~ 1.5	0.25 ~ 0.5

临汾钢铁厂的《氨洗涤工艺总结》中指出，“只有控制洗涤水温度在 25 ℃左右时，才能依靠调节水量来保证塔后煤气中含氨量小于 30 mg/m^3，从降温水获得的可能性来说也是以 25 ℃为宜，否则成本太高”。

过去对洗涤水中硬度指标无明确规定，但从实践中了解到，含氨煤气会促使洗涤水生成水垢，堵塞管道和塔填料，故有些工厂（例如临汾钢铁厂）采用软化水作为洗涤水，经过长期运转未发现有水垢堵塞现象，确定水的软化程度需从技术和经济两个方面来考虑，目前很难得出确切的结论。因为洗涤水是循环使用的，所以补充水量不大，故对小型煤气厂来说，为了节约软化设备投资，采取从锅炉房中获得如此少量的软化水是可能的。因此本条规定对软化水指标即按锅炉用水最低一级标准，即《工业锅炉水质标准》GB 1576 中水总硬度不大于 0.03 mmol/L。

5.6.5 本条规定了水洗涤法脱氨的设计要求。

1 规定了洗氨塔的设置不得少于 2 台，并应串联设置，这是为了当其中一台清扫时，其余各台仍能起洗氨作用，从而保证了后面工序能顺利进行。

5.6.6 当采用水洗涤法回收煤气中的氨时，有的厂将全部洗涤水进行蒸馏（如莱芜焦化厂、上海吴淞煤气厂等）。这种流程中原料富氨水中含氨量可达 5 g/L 左右。也有的厂将部分洗氨水蒸馏回收氨，而将净化段之洗涤水直接排放（如以前的桥西焦化厂、攀钢焦化厂等），这种流程中原料富氨水中含氨量可达 8 ~ 10 g/L，也有少数煤气厂由于氨产量少没有加工成化肥（如以前的北京 751 厂、大连煤气一厂等），曾将洗氨水直接排放。煤气的洗氨水中，含有大量的氨、氰、硫、酚和 COD 等成分，严重污染环境，故必须经过处理，达到排放标准后才能外排。

在洗氨的同时，煤气中的氰化物也同时被洗下来，如上海吴淞煤气厂的洗氨水中含氰化物 250 ~ 400 mg/L；石家庄东风焦化厂一回收工段的洗氨水含氰化物约 300 mg/L，二回收工段的洗氨水含氰化物 200 ~ 600 mg/L，鉴于目前从氨水中回收黄血盐的工艺已经成熟，故在本条中明确规定“不得造成二次污染”。

5.7 煤气最终冷却

5.7.1 由于采用直接式冷却煤气的工艺进行煤气的最终冷却将产生一定量的废水、废气，特别是在用水直接冷却煤气时，水会将煤气中的氰化氢等有毒气体洗涤下来，而在水循环换热的过程中这些有毒气体将挥发出来散布到空气中造成二次污染，这种煤气最终冷却工艺已逐步淘汰，目前国内新建的项目已不考虑采用直接式冷却工艺，许多已建的直接式冷却工艺也逐步改为间接式冷却工艺，因此本规范不再采用直接式冷却工艺。

5.7.2 终冷器出口煤气温度的高低，是决定煤气中萘在终冷器内净化和粗苯在洗涤塔内被吸收的效果的极重要因素。苯的脱除与煤气出终冷器的温度有关。其温度越低，终冷后煤气中苯含量就越少。而对粗苯而言，煤气温度越高，吸收效率越差。由于吸苯洗油温度与煤气温度差是一定值，在表17洗油温度与吸苯效率关系中反映了终冷后煤气温度高低对吸苯效率的影响。

表17 洗油温度与吸苯效率的关系

洗油温度（℃）	20	25	30	35	40	45
吸苯效率 η（%）	96.4	95.15	93.96	87.7	83.7	69.6

当然终冷后温度太低（如低于15 ℃）也会导致洗油性质变化，而使吸苯效率降低，且温度低会影响横管冷却器内喷洒的轻质焦油冷凝液的流动性。

现在规定的“宜低于27 ℃”是参照上海吴淞炼焦制气厂在出塔煤气温度为25～27 ℃时洗苯塔运行良好，塔后煤气中萘含量小于400 mg/m^3 而定的。

5.7.3 本条规定了煤气最终冷却采用横管式间接冷却的设计要求。

1 采用煤气自上而下流动使煤气与冷凝液同向流动便于冷凝液排出，条文中所列“在煤气侧宜有清除管壁上萘的设施”。目前国内设计及使用的有轻质焦油喷洒来脱除管壁上萘，但考虑喷洒焦油后会有焦油雾进入洗苯工段，故也可采用喷富油来脱除管壁上萘的措施。

2 冷却水可分两段，上段可用凉水架冷却水，下段需用低温水目的是减少低温水的消耗量。

3 冷却器煤气出口设捕雾装置可将喷洒液的雾状液滴及随煤气冷却后在煤气中未被冲刷下去的杂质捕集，一些厂选用旋流板捕雾器效果较好。

5.8 粗苯的吸收

5.8.1 对于煤气中粗苯的吸收，国内外有固体吸附法、溶剂常压吸收法及溶剂压力吸收法。

溶剂压力吸收法吸收效率较高、设备较小，但是国内的煤气净化系统一般均为常压，若再为提高效率增加压力在经济上就不合理了。固体吸附国内有活性炭法，此法适用于小规模而且脱除苯后净化度较高的单位，此法成本较高。

5.8.2 洗苯用洗油目前可以采用焦油洗油和石油洗油两种。我国绝大多数煤气厂、焦化厂是采用焦油洗油，该法十分成熟；有少数厂使用石油洗油。例如北京751厂，但洗苯效果不理想而且再生困难。过去我国煤气厂大量发展仅依赖于焦化厂生产的洗油，出现了洗油供不应求的状况。故在本条中用“宜”表示对没有焦油洗油来源的厂留有余地。

5.8.3 本条规定了洗油循环量和其质量要求。

在相同的吸收温度条件下，影响循环洗油量的主要因素有以下两项：一是煤气中粗苯含量，其二是洗油种类。循环洗油量大小与上述两方面的因素有关。一般情况下对煤干馏气焦油洗油循环量取为1.6～1.8 L/m^3（煤气），石油洗油2.1～2.2 L/m^3（煤气），油制气（催化裂解）为2 L/m^3（煤气）。

"循环洗油中含萘量宜小于5%"是为了使洗苯塔后煤气含萘量可以达到"小于400 mg/m^3"的指标要求，从而减少了最终除萘塔轻柴油的喷淋量。

从平衡关系资料可知，当操作温度为30 ℃、洗油中含萘为5%时，焦油洗油洗萘则与之相平衡的煤气含萘量为150～200 mg/m^3，石油洗油则为200～250 mg/m^3。当然实际操作与平衡状态是有一定差距的，但400 mg/m^{3}还是能达到。国内各厂中已采用循环洗油含萘小于5%者均能使煤气含萘量小于400 mg/m^3。

5.8.4 本条规定了洗苯塔形式的选择。

1 木格填料塔是吸苯的传统设备，它操作稳定，弹性大，因而为我国大多数制气厂、焦化厂所采用。但木格填料塔设备庞大，需要消耗大量的木材，多年来有一些工厂先后采用筛板塔、钢板网塔、塑料填料塔成功地代替了木格填料塔。木格填料塔的木格清洗、检修时间较长，一般应设置不小于2台并且应串联设置。

2 钢板网填料塔在国内一些厂经过一段时间使用有了一定的经验。塑料填料塔以聚丙烯花形填料为主的填料塔，近年来逐渐得到广泛的应用。该两种填料塔都具有操作稳定、设备小、节约木材之优点。但该设备要求进塔煤气中焦油雾的含量少，否则会造成填料塔堵塞，需要经常清扫。为考虑1台检修时能继续洗苯宜设2台串联使用。当1台检修时另1台可强化操作。

3 筛板塔比木格填料塔及钢板网填料塔有节约木材、钢材之优点。清扫容易，检修方便，但要求煤气流量比较稳定，而且塔的阻力大（约为4000 Pa），在煤气鼓风机压头计算时应予以考虑。

5.8.5 本条规定了洗苯塔的设计参数要求。

1 所列木格填料塔的各项设计参数是长期操作经验积累数据所得，比较可靠。

2 钢板网填料塔设计参数是经"吸苯用钢板网填料塔经验交流座谈会"上，9个使用工厂和设计单位共同确定的。

3 本条所列数据是近年来筛板塔设计及实践操作经验的总结，一般认为是合适的。各厂筛板塔的空塔流速见表18。

表18 各厂筛板塔的煤气空塔流速表

厂 名	空塔流速（m/s）
大连煤气公司一厂	1
吉林电石厂	2～2.5
沈阳煤气公司二厂	1.3
本规范推荐值	1.2～2.5

5.8.6 粗苯蒸馏装置是获得符合质量要求的循环洗油和回收粗苯必不可少的装置，它与吸苯装置有机结成一体不可分割。因此本系统必须设置相应的粗苯蒸馏装置，其具体设计参数应遵守有关专业设计规范的规定。

5.9 萘的最终脱除

5.9.1 萘的最终脱除方法，一般采用的是溶剂常压吸收法。此外也可用低温冷却法，即使煤气温度降低脱除其中的萘，低温冷却法由于生产费用较高，国内尚未推广。

5.9.2 最终洗涤用油在实际应用中以直馏轻柴油为好。一般新鲜的直馏轻柴油无萘，吸收效果较好。而且在使用过程中不易聚合生成胶状物质防止堵塞设备及管道。近年来有些直立炉干馏气厂考虑直馏轻柴油的货源以及价格问题，经比较效益较差。因此也有用直立炉的焦油蒸馏制取低萘洗油作为最终洗萘用油。此法脱萘效果较无萘直馏轻柴油差，但也可以使用，故本规范规定，宜用直馏轻柴油或低萘焦油洗油。

直馏轻柴油之型号视使用厂所在地区之寒冷程度，一般选用 0 号或 -10 号直馏轻柴油。

5.9.3 最终除萘塔可不设备品，因为进入最终除萘塔时的煤气其杂质已很少，一般不易堵塔，而且在操作制度上，每年冬季当洗苯塔操作良好时，可以允许最终除萘塔暂时停止生产，进行清扫而不影响煤气净化效果。当最终除萘为独立工段时，一般将单塔改为双塔，此时，最终除萘可一塔检修另外一塔操作。

5.9.4 轻柴油喷淋方式在国外采用塔中部循环，塔顶定时、定量喷淋，国内有的厂仅有塔顶定时喷淋不设中部循环，也有的厂设有中部循环，顶部定时、定量喷淋甚至将洗萘塔变换为两个串联的塔，前塔用轻柴油循环喷淋，后塔用塔顶定时、定量喷淋。

塔顶定时、定量喷淋是在洗油喷淋量较少，又能保证填料湿润均匀而采取的措施。一般电器对泵启动采取定时控制装置。

5.9.5 本条规定了最终除萘塔设计参数和指标要求。

上海吴淞炼焦制气厂控制进入最终除萘塔煤气中含萘量（即出洗苯塔煤气中含茶量）小于 400 mg/m^3，以便在可能条件下达到降低轻柴油耗量的目的，上海焦化厂也采用类似的做法。因为目前吸萘后的轻柴油出路尚未很好解决，而以低价出售做燃料之用，经济亏损较大。日本一般是把吸萘后的轻柴油做裂化原料，而我国尚未应用。所以当吸萘后的轻柴油尚无良好出路之前，设计时应贯彻尽可能降低进入最终除萘塔前煤气中的含萘量的原则。

最终除萘塔的设计参数是按上海吴淞炼焦制气厂实践操作经验总结得出的。

5.10 湿法脱硫

5.10.1 常用的湿法脱硫有直接氧化法、化学吸收法和物理吸收法。由于煤或重油为原料的制气厂一般操作压力为常压，而化学吸收法和物理吸收法在压力下操作适宜，因此本规范规定宜采用氧化再生脱硫工艺。当采用鲁奇炉等压力下制气工艺时可采用物理或化学吸收法脱硫工艺。

5.10.2 目前国内直接氧化法脱硫方法较多，因此本规范作了一般原则性规定，希望脱硫液硫容量大、副反应小，再生性能好、原料来源方便以及脱硫液无毒等。

目前国内使用较多的直接氧化法是改良蒽醌（改良 A. D. A）法，栲胶法、苦味酸法及萘醌法等在一些厂也有较广泛的应用。

5.10.3 焦油雾的带入会使脱硫液及产品受污染并且使填料表面积降低，因此无论哪一种脱硫方法都希望将焦油雾除去。

直接氧化法有氨型和钠型两种，当采用氨型（如氨型的苦味酸法及萘醌法）时必须充分利用煤气中的氨，因此必须设在氨脱除之前。

原规范本条规定采用蒽醌二磺酸钠法常压脱硫时煤气进入脱硫装置前应脱除苯类，本条不用明确规定。由于仅仅是油煤气未经脱苯进入蒽醌法脱硫装置内含有部分轻油带入脱硫液中使脱硫液产生恶臭。但大多数的煤气厂该现象不明显，所以国内有一些厂已将蒽醌二磺酸钠法常压脱硫放在吸苯之前。

5.10.4 本条规定了蒽醌二磺酸钠法常压脱硫吸收部分的设计要求：

1 硫容量是设计脱硫液循环量的主要依据。影响硫容量的因素不仅是硫化氢的浓度、脱硫效率，还有脱硫液的成分和操作控制条件等。

上海及四川几个厂的不同煤气及不同气量的硫容量数据约为 0.17 ~ 0.26 kg/m^3（溶液）。设计过程中如有条件在设计前根据运行情况进行试验，则应按试验资料确定硫容量进行计算选型。如果没有条件进行试验则应从实际出发，其硫容量可根据煤气中硫化氢含量按照相似条件下的运行经验数据，在 0.2 ~ 0.25 kg/m^3（溶液）中选取。

2 国内蒽醌法脱硫的脱硫塔普遍采用木格填料塔，个别厂采用旋流板塔、喷射塔以及空塔等。木格填料塔具有操作稳定、弹性大之优点，但需要消耗大量木材。为此有些厂采用竹格以及其他材料来代替木格。在上海宝山钢铁厂和天津第二煤气厂所采用的萘醌法和苦味酸法脱硫中脱硫塔填料均采用了塑料填料，因此本条文只提“宜采用填料塔”，这就不排除今后新型塔的选用。

3 空塔速度采用 0.5 m/s，经实践证明是合理指标。

4 反应槽内停留时间的长短是影响到脱硫液中氢硫化物的含量能否全部转化为硫的一个关键。国内各制气厂均认为槽内停留时间不宜太短。表 19 是各厂蒽醌法脱硫液在反应槽内的停留时间。

表 19　脱硫液在反应槽内停留时间

厂名	上海杨树浦煤气厂	上海吴淞炼焦制气厂	四川化工厂	衢州化工厂	上海焦化厂
停留时间（min）	8	10 ~ 12	3.9 ~ 11	6 ~ 10	10

按国外资料报道，对于不同硫容量和反应时间消耗氢硫化物的百分比见图 1。

因此规定采用“在反应槽内的停留时间一般取 8 ~ 10 min”。

5 原规范中考虑木格清洗时间较长，规定宜设置 1 台备用塔，本条中没写此项。考虑常压木格填料塔都比较庞大，木材用量也大，因此基建投资费用较高，平时闲置 1 台备品的必要性应在设计中予以考虑。是设置 1 台备用塔还是设计中做成 2 塔同时生产，在检

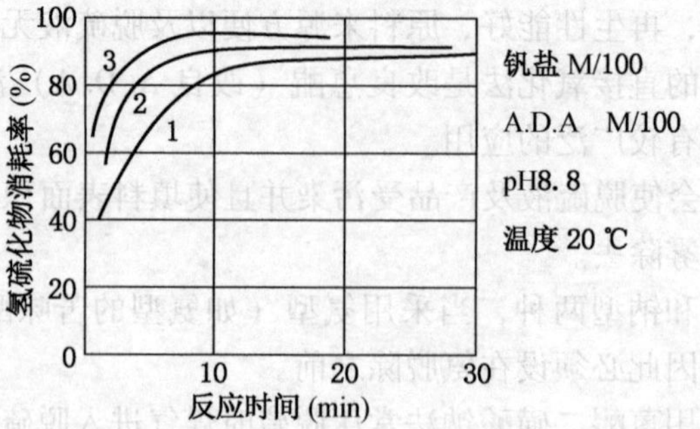

硫容量：1—0.33 kg/m³；2—0.25 kg/m³；3—0.20 kg/m³

图 1 不同硫容量和反应时间消耗氢硫化物的百分比图

修时一个塔加大喷淋强化操作，由设计时统一考虑。因此本条文中未加规定。

5.10.5 喷射再生槽在国内已有大量使用。但高塔式再生在国内使用时间较长，为较成熟可靠之设备。故本规范对两者均加以肯定。

1 条文中规定采用 9～13 m^3/kg（硫）的空气用量指标，来源于目前国内几个设计院所采用的经验数据。

空气在再生塔内的吹风强度定为 100～130 m^3/(m^2·h) 是参考“南京化工公司化工研究院合成氨气体净化调查组”在总结对鲁南、安阳、宣化、盘锦、本溪等地化肥厂的蒽醌法脱硫实地调查后所确定的。

由表 20 可见“再生塔内的停留时间，一般取 25～30 min”是可行的。

表 20 脱硫液在再生塔内的停留时间统计表

厂名	上海杨树浦煤气厂	上海吴淞炼焦制气厂	四川化工厂	衢州化工厂	上海焦化厂
停留时间（min）	24	25～30	36	29～42	32

“宜设置专用的空气压缩机”是根据大多数煤气厂和焦化厂的操作经验制定的。湿法脱硫工段如果没有专用的空气压缩机而与其他工段合用时，则容易出现空气压力的波动，引起再生塔内液面不稳定现象，因而硫泡沫可能进入脱硫塔内。例如南化公司合成氨气体净化组有下列报告记载：“安阳、宣化等化肥厂其压缩空气要供仪表、变换、触媒等部门使用，因此进入再生塔的空气很不稳定，再生的硫不能及时排出，大量沉积于循环槽及脱硫塔内造成堵塔”。在编制规范的普查中，很多煤气厂都反映发生过类似情况。

规定“入塔的空气应除油”的理由在于避免油质带入脱硫液与硫粘合后堵塞脱硫塔内的木格填料，所以一般都设有除油器。如采用无油润滑的空气压缩机就没有设置除油装置的必要了。

2 蒽醌二磺酸法常压脱硫再生部分的设计中对喷射再生设备的选用已逐渐增多，本条所列举数据是根据广西大学以及广西、浙江的化肥厂使用经验汇总的。喷射再生槽在制气厂、焦化厂已被普遍采用，经实际使用效果良好。

5.10.6 脱硫液的加热器除与脱硫系统的反应温度有关以外还取决于系统中水平衡的需要。

在以往采用高塔再生时该加热器宜设于富液泵与再生塔之间。而再生塔与脱硫塔之间的溶液靠液体之高差，由再生塔自流入脱硫塔，若在此间设加热器，一则设置的位置不好放置（在较高的平台上），二则由于自流速度较小使其传热效率较低。

当采用喷射再生槽时该加热器可以设于贫脱硫液泵与脱硫塔之间或富液泵与喷射再生槽之间，由于喷射再生槽目前大多是自吸空气型，则要求泵出口压力比脱硫液泵出口压力高。在富液泵后设加热器还应增加泵的扬程，故不经济。另外加热器设于富液管道系统较设于贫液管道上容易堵塞加热器，因此加热器宜设于贫脱硫液泵与脱硫塔之间。

5.10.7 本条规定了蒽醌二磺酸钠法常压脱硫回收部分的设计要求。

1 设置两台硫泡沫槽的目的是可以轮流使用，即使在硫泡沫槽中修、大修的时候，也不致影响蒽醌脱硫正常运行；

2 煤干馏气、水煤气、油煤气等硫化氢含量各不相同，处理气量也有多有少，所以不宜对生产粉硫或融熔硫作硬性规定。在气量少且硫化氢含量低的地方以及如机械发生炉煤气中所含焦油在前工序较难脱除，因此不宜生产融熔硫；

3 多年来上海焦化厂等厂采用了取消真空过滤器而硫膏的脱水工作在熔硫釜中进行，先脱水后将水在压力下排放并半连续加料最后再熔硫，这样在不增加能耗情况下可简化一个工序，提高设备利用率。

由于对废液硫渣的处理方法很多，因此在本条中仅规定“硫渣和废液应分别回收并应设废气净化装置”。

5.10.9 各种煤气含氰化氢、氧等杂质浓度不同，并且操作温度也不相同，所以副反应的生成速度不同。有的必须设置回收硫代硫酸钠、硫氰酸钠等副产品的设备，以保持脱硫液中杂质含量不致过高而影响脱硫效果和正常操作。有的副反应速度缓慢，则可不设置回收副产品的装置。

在设置中对硫代硫酸钠，硫氰酸钠等副产品的加工深度应是以保护煤气厂或焦化厂的脱硫液为主，一般加工到粗制产品即可，至于进一步的加工或精制品应随市场情况因地制宜确定。

5.11 常压氧化铁法脱硫

5.11.1 常压氧化铁法脱硫（下简称干法脱硫）常用的脱硫剂有藻铁矿（来自伊春、蓟县、怀柔等地）、氧化铸铁屑、钢厂赤泥等等。

天然矿如藻铁矿由于不同地区及矿井，其活性氧化铁的含量是有差异的，脱硫效果不同，钢厂赤泥也随着不同的钢厂其活性也有差异，再则脱硫工场与矿或钢厂地理位置不同，有交通运输等各种问题。因此干法脱硫剂的选择强调要根据当地条件，因地制宜选用。

氧化铸铁屑是较常用的脱硫剂，有的厂认为氧化后的钢屑也有较好的脱硫性能。氧化后的铸铁屑一般控制在 Fe_2O_3/FeO 大于 1.5 作为氧化合格的指标。条文只原则的提出

“当采用铸铁屑或铁屑时，必须经过氧化处理”。

由于不同的脱硫剂或即使相同品种的脱硫剂产地不同，脱硫剂的品位也会有较大的差异。因此本条只原则规定脱硫剂中活性氧化铁重量含量应大于15%。

疏松剂可用木屑，小木块、稻糠等等，由于考虑表面积的大小以及吸水性能，本条规定为“宜采用木屑”。

关于其他新型高效脱硫剂暂不列入规范。

5.11.2 常压氧化铁法脱硫设备目前大多采用箱式脱硫设备。而箱式脱硫设备中又以铸铁箱比钢板箱使用得多。目前国内个别厂使用塔式脱硫设备，该设备在装、卸脱硫剂时机械化程度较高脱硫效率较高，随着新型、高效脱硫剂的使用，塔式脱硫设备正逐渐得到推广。因此本条定为“可采用箱式和塔式两种”。

5.11.3 本条规定了采用箱式常压氧化铁法的设计要求。

1 煤气通过干法脱硫箱的气速，本条规定宜取7~11 mm/s，参考了美国的数据 $u=7\sim16$ mm/s，英国的数据 $u=7$ mm/s，日本的数据 $u=6.6$ mm/s 而定的。

当处理的煤气中硫化氢含量低于1 g/m^3 时，如仍采用7~11 mm/s 就过于保守了，事实上无论国内与国外的实践证明，当硫化氢含量较低时可以适当提高流速而不影响脱硫效率，如日本的4个煤气厂箱内流速分别为16.2 mm/s、28.6 mm/s、37.7 mm/s、47.4 mm/s，上海杨树浦煤气厂箱内流速为20.5 mm/s（见表21）。

表21 几个进箱硫化氢含量低的生产实况表

干箱 \ 厂名	甲煤气厂	乙煤气厂	日本（1）厂	日本（2）厂	日本（3）厂	日本（4）厂
长×宽（m^2） 高（m）	148.8 2.13	2.5×3.5 3.0	13.0×8.0 4.0	15.0×11.0 4.1	15.0×11.0 4.1	6.0×7.0 4.0
使用箱数	二组分8箱	3（一箱备用）	2	3	2	4
气流方式	每组串联	串联	串联	并联	串联	串联
每箱内脱硫剂（m^3）	208	17.55	208	330	396	100
每箱脱硫剂层数	2	5	2	2	4	8
每层脱硫剂厚度（mm）	700	400	1000	1000	600	300
处理煤气种类	直立炉煤气 水煤气 油煤气	立箱炉气	发生炉煤气	发生炉煤气及油煤气	煤煤气	发生炉煤气
处理量（m^3/h）	22000	2400	14100	22000及7000	17000	7170
煤气在箱内流速（mm/s）	20.5	76.5	37.7	16.2	28.6	47.4
接触时间（s）	272	79	106	123	168	200
进口 H_2S（g/m^3）	0.3~0.5	0.8~1.4	0.147	0.509	0.5	0.13
出口 H_2S（g/m^3）	<0.008	<0.02	<0.02	<0.02	<0.04	0.0

2　煤气与脱硫剂的接触时间，本规定为宜取130～200 s，这是参考了国内外一些厂的数据综合的。如苏联为130～200 s，日本四个厂为106～200 s，国内一些厂最小的为45.5 s，最多的为382 s，一般为130～200 s之间的脱硫效率都较高（见表22）。

表22　脱硫箱内气速和接触时间实况表

厂　名	进口H_2S (g/m^3)	出口H_2S (g/m^3)	箱内气速 (mm/s)	接触时间 (s)
上海吴淞炼焦制气厂	0.02～1.0	<0.008	13	115
上海焦化厂	0.3	0.01	7.4	324
北京751厂①	0.8～1.4	<0.02	76.5	79
大连煤气二厂②	2.0～4.0	0.02	8.6	210
鞍山煤气公司化工厂	4.0	0.02	6.3	382
沈阳煤气二厂	2.2	0.008～0.48	9.8	1.33
鞍山煤气公司铁西厂	4.0	0.2～0.3	62.5	103
大连煤气厂②	0.4～1.0	0.2～0.8	13.1	92.5

注：①　使用天然活性铁泥。
②　使用颜料厂的下脚铁泥。其余各厂都使用人工氧化铁脱硫剂。

3　每层脱硫剂厚度

日本《都市煤气工业》介绍脱硫剂厚度为0.3～1.0 m，但根据北京、鞍山、沈阳、大连、丹东、上海等煤气公司的实况，多数使用脱硫剂高度在0.4～0.7 m之间，所以将这一指标制定为“0.3～0.8 m”之间。

4　干法脱硫剂量的计算公式

干法脱硫剂量的计算公式较多，可供参考的有如下四个公式：

1）米特公式：

一组四个脱硫箱，每箱内脱硫剂3′6″～4′，每个箱最小截面积是：

当H_2S量500～700格令/100立方英尺时为

0.5平方英尺/(1000立方英尺·d)

当H_2S量小于200格令/100立方英尺时为

0.4平方英尺/(1000立方英尺·d)

注：1格令/100立方英尺=22.9 mg/m³

2）爱佛里公式

$$R=\frac{\text{每小时煤气通过量(立方英尺)}}{\text{一个干箱内的氧化铁脱硫剂量(立方英尺)}} \tag{7}$$

$$R=25\sim30\text{(箱式)}$$

$$R>30\text{(塔式)}$$

3）斯蒂尔公式：

$$A=\frac{GS}{3000(D+C)} \tag{8}$$

式中 A——煤气经过一组串联箱中任一箱内截面积（平方英尺）；

G——需要脱硫的最大煤气量（标准立方英尺/时）；

S——进口煤气中 H_2S 含量的校正系数；

当煤气中 H_2S 含量为 4.5～23 g/m^3 时 S 值为 480～720；

D——气体通过干箱组的氧化铁脱硫剂总深度（英尺）；

C——系数，对 2、3、4 个箱时分别为 4、8、10。

4）密尔本公式：

$$V=\frac{1673\sqrt{C_s}}{f\rho} \tag{9}$$

式中 V——每小时处理 1000 m^3 煤气所需脱硫剂（m^3）；

C_s——煤气中 H_2S 含量（体积%）；

f——新脱硫剂中活性三氧化二铁重量含量（%）；

ρ——新脱硫剂的密度（t/m^3）。

以上四个公式比较，米特和爱佛里公式较粗糙，而且不考虑煤气中 H_2S 含量的变化，故不宜推荐，斯蒂尔公式虽在 S 校正系数中考虑了 H_2S 的变化，但 S 值仅是 H_2S 在 4.5～23 g/m^3 间才适用，对干法脱硫箱常用的低 H_2S 值时就不能适用了，经过一系列公式演算和实际情况对照认为密尔本公式较为适宜。

按《焦炉气及其他可燃气体的脱硫》一书说明，密尔本公式只适用于 H_2S 含量小于 0.8% 体积比（相当于 12 g/m^3 左右），这符合一般人工煤气的范围。

5 脱硫箱的设计温度。根据一般资料介绍，干箱的煤气出口温度宜在 28～30 ℃，温度过低时将使硫化反应速度缓慢，煤气中的水分大量冷凝造成脱硫剂过湿，煤气与氧化铁接触不良，脱硫效率明显下降。这里规定了“25～35 ℃”的操作温度，即说明在设计时对于寒冷地区的干箱需要考虑保温。至于应采取哪些保温措施则需视具体情况决定，不作硬性规定。

规定“每个干箱宜设计蒸汽注入装置”是在必要时可以增加脱硫剂的水分和保持脱硫反应温度，有利于提高和保持脱硫效率。

6 规定每组干法脱硫设备宜设置一个备用箱是从实际出发的，考虑到我国幅员辽阔，生产条件各不相同。干法脱硫剂的配制、再生的时间也各不相同，为保证顺利生产，应设置备用箱，以做换箱时替代用。

条文中规定了连接每个脱硫箱间的煤气管道的布置应能依次向后轮换输气。向后轮换输气是指Ⅰ、Ⅱ、Ⅲ、Ⅳ→Ⅳ、Ⅰ、Ⅱ、Ⅲ→Ⅲ、Ⅳ、Ⅰ、Ⅱ→Ⅱ、Ⅲ、Ⅳ、Ⅰ（Ⅰ、Ⅱ、Ⅲ、Ⅳ代表干箱之号）。

煤气换向依次向后轮换输气之优点：

1）保证在第Ⅰ、Ⅱ箱内保持足够的反应条件；

2）煤气将渐渐冷却，由于后面箱中氧仍能发挥作用使硫化铁能良好再生；

3）可有效避免脱硫剂着火的危险。

上海杨树浦煤气厂、北京 751 厂等均是向后轮换输气的，操作情况良好。

当采用赤泥时，虽然赤泥干法脱硫剂具有含活性氧化铁量较藻铁矿高，通过脱硫剂的气速可以较藻铁矿大，与脱硫剂的接触时间可以缩短以及通过脱硫剂的阻力降比藻铁矿的小等优点，但由于该脱硫剂在国内使用的不少厂仅仅停留在能较好替换原藻铁矿等，而该脱硫剂对一些生产参数尚需做进一步的工作。本规定赤泥脱硫剂仍可按公式（5.11.3）设计。但由于其密度为0.3～0.5 t/m^3 会造成计算后需用脱硫剂体积增加，这与实际情况有差异，因此在设计中可取脱硫剂厚度的上限、停留时间的下限从而提高箱内气速。

5.11.4 干法脱硫箱有高架式、半地下式及地下式等形式。高架式便于脱硫剂的卸料也可用机械设备较半地下式及地下式均优越。本条规定宜采用高架式。

5.11.5 塔式的干法脱硫设备同样宜用机械设备装卸，从而减少劳动强度和改善工人劳动环境。

5.11.6 为安全生产，干法脱硫箱应有安全泄压装置，其安装位置为：

1 在箱前或箱后的煤气管道上安装水封筒；

2 在箱的顶盖上设泄压安全阀。

5.11.7 干法脱硫工段应有配制、堆放脱硫剂的场地。除此之外该场地还应考虑脱硫剂再生时翻晒用的场地。一般该场地宜为干箱总面积的2～3倍。

5.11.8 当采用脱硫剂箱内再生时，根据煤气中硫化氢的含量来确定煤气中氧的增加量，但从安全角度出发，一般出箱煤气中含氧量不应大于2%（体积分数）。

5.12 一氧化碳的变换

5.12.1 一氧化碳与水蒸气在催化剂的作用下发生变换反应生成氢和二氧化碳的过程很早就用于合成氨工业，以后并用于制氢。在合成甲醇等生产中用来调整水煤气中一氧化碳和氢的比例，以满足工艺上的要求。多年来各国为了降低城市煤气中的一氧化碳的含量，也采用了一氧化碳变换装置，在降低城市煤气的毒性方面得到了广泛的应用，并取得了良好的效果。煤气中一氧化碳与水蒸气的变换反应可用下式表示：

$$CO + H_2O = CO_2 + H_2 + \text{热量}$$

5.12.2 全部变换工艺是指将全部煤气引入一氧化碳变换工段进行处理，而部分变换工艺是指将一部分煤气引入一氧化碳变换工段进行一氧化碳变换处理，选择全部变换或部分变换工艺主要根据煤气中一氧化碳的含量确定，无论采用哪种工艺，其目的都是为降低煤气中一氧化碳的含量，使其达到规范规定的浓度标准。根据不同的催化剂的工艺条件，煤气中的一氧化碳含量可以降低至2%～4%或0.2%～0.4%。由于一氧化碳变换工艺是一个耗能降热值的工艺过程，因此可以选择将一部分煤气进行一氧化碳变换后与未进行一氧化碳变换的人工煤气进行掺混，使煤气中一氧化碳含量达到标准要求，采取部分变换工艺的主要目的是为了减少能耗，降低成本，减少煤气热值的降低。

5.12.3 一氧化碳变换工艺有常压和加压两种工艺流程，选择何种工艺流程主要是根据煤气生产工艺来确定，当制气工艺为常压生产工艺时，一氧化碳变换工艺宜采用常压变换流程，当制气工艺为加压气化工艺时宜考虑采用加压变换流程。

5.12.4 人工煤气中各种杂质较多，如不进行脱除硫化氢，焦油等净化处理，将会造成变换炉中的触媒污染和中毒，影响变换效果。触媒是一氧化碳变换反应的催化剂，它对硫化氢较为敏感，如果煤气中硫化氢含量过高将造成触媒中毒；如果煤气中焦油含量高，将会污染触媒的表面，从而降低反应效率。

5.12.5 由于一氧化碳变换的反应温度较高，最高可达520 ℃以上，接近或高于煤气的理论着火温度（例如氢的着火温度为400 ℃，一氧化碳的着火温度为605 ℃，甲烷的着火温度为540 ℃），因此在有氧气的情况下就会首先引起煤气中的氢气发生燃烧，进而引燃煤气，如果局部达到爆炸极限还会引起爆炸。严格控制氧含量的目的主要是为安全生产考虑。

5.12.9 一氧化碳常压变换工艺流程中，热水塔通常都被叠装在饱和塔之上，热水靠自身位差经水加热器进入饱和塔，饱和塔的出水由水泵压回热水塔。

而在一氧化碳加压变换的工艺流程中，饱和塔叠装于热水塔之上，饱和塔出水自流入热水塔，加热后的热水用泵压入水加热器后再进入饱和塔。

5.12.10 一氧化碳变换工段热水用量较大，设计时应充分考虑节水、节能及环境保护的需要，采用封闭循环系统减少用水量，节省动力消耗，减少污水排放。

5.12.12 变换系统中设置了饱和热水塔，利用水为媒介将变换气的余热传递给煤气。因此在饱和塔与热水塔之间循环使用的水量必须保证能最大限度地传递热量。若水量太小则不能保证将变换气的热量最大限度地吸收下来，或最大限度地把热量传给煤气。在满足喷淋密度的情况下还要控制循环水量不能过大，水量偏大时，饱和塔推动力大，对饱和塔有利，而热水塔推动力小，对热水塔不利。同样水量偏小时，饱和塔推动力小对饱和塔不利，热水塔推动力大对热水塔有利，但两种情况都不利于生产，因此必须选择一合适水量，使饱和塔和热水塔都在合理范围之内。

对于填料塔，每1000 m^3 煤气约需循环水量15 m^3，对于穿流式波纹塔，常压变换操作下循环热水流量是气体重量的13～15倍。在加压变换操作下每1000 m^3 煤气需循环水量10 m^3。

5.2.14 一氧化碳变换反应是放热反应，随着反应的进行，变换气的温度不断升高，它将使反应温度偏离最适宜的反应温度，甚至损坏催化剂，因此在设计中应采用分段变换的方法，在反应中间移走部分热量，使反应尽可能在接近最适宜的温度下进行。变换炉中的催化剂一般可设置2～3层，故通常称之为两段变换或三段变换。在变换炉上部的第一段一般是在较高的温度下进行近乎绝热的变换反应，然后对一段变换气进行中间冷却，再进入第二、三段，在较低温度下进行变换反应。这样既提高了反应速度也提高了催化剂的利用率。

5.13 煤 气 脱 水

5.13.1 煤气脱水可以采用冷冻法、吸附法、化学反应等方法进行，目前国内外在人工煤气生产领域中，普遍采用冷冻法脱除煤气中的水分。采用吸附法脱水需要增加相当多的吸附剂；采用化学方法脱水需要增加化学反应剂。冷冻法脱水有工艺流程简单、成本低、无污染、处理量大等特点。

5.13.2 煤气脱水工段一般情况下应设在压送工段后，主要有三个方面原因：一是考虑脱水工段的换热设备多，因此系统阻力损失较大，放在压送工段后可以满足系统阻力要求；二是脱水效果好，煤气压力提高后其所含水分的饱和蒸汽分压相应提高，有利于冷冻脱水；三是煤气加压后体积变小，使煤气脱水设备的体积都相应的减小。

5.13.5 煤气脱水的技术指标主要是控制煤气的露点温度，脱水的目的是降低煤气的露点温度，当环境温度高于煤气的露点温度时，煤气不会有水析出。当环境温度低于煤气的露点温度时煤气中的水分就会部分冷凝出来。由于煤气输配过程中，用于输送煤气的中、低压管网的平均覆土深度一般为地下 1 m 左右，根据多年的生产运行情况看，在环境温度比煤气露点温度高 3 ~5 ℃时，煤气中的水分不会析出，因此将煤气的露点温度控制在低于最冷月地下平均地温 3 ℃以上时就能保证煤气在输送过程中管道中不会有水析出。

5.13.6 由于煤气中的焦油、灰尘、萘等杂质在生产操作过程中会析出，粘结在换热设备的内壁上，从而影响换热效率，特别是冷却煤气的换热器。由于是采用冷水间接冷却煤气的工艺，当煤气中的萘遇冷时会在换热器的管壁析出，煤焦油及灰尘也会在管壁上逐渐地粘结，影响换热效果，因此需要定期清理这些换热器。国内现有清洗换热器的方法是用蒸汽吹扫，同时也采用人工清理的方式将换热器内的污垢除去。所以在进行换热器的结构设计时应考虑其内部结构便于清理及拆装。

5.13.7 冷冻法煤气脱水工段的主要动力消耗是制冷机组的电力消耗，由于城镇煤气供应量具有高、低峰值，选用变频制冷机组可以适应这种高低峰变化要求，并大大节省动力消耗，降低生产成本。

5.14 放散和液封

5.14.2 设备和管道上的放散管管口高度应考虑放散出有害气体对操作人员有危害及对环境有污染。《工业企业煤气安全规程》GB 6222 中第 4.3.1.2 条中规定放散管管口高度必须高出煤气管道、设备和走台 4 m 并且离地面不小于 10 m。本规定考虑对一些小管径的放散管高出 4 m 后其稳定性较差，因此本规定中按管径给予分类，公称直径大于 150 mm 的放散管定为高出 4 m，不大于 150 mm 的放散管按惯例设计定为 2.5 m 而 GB 6222 规定离地不小于 10 m，所以在本规定中就不作硬性规定，应视现场具体情况而定，原则是考虑人员及环境的安全。

5.14.3 煤气系统中液封槽高度在《工业企业煤气安全规程》GB 6222 中第 4.2.2.1 条规定水封的有效高度为煤气计算压力加 500 mm。本规定中根据气源厂内各工段情况做出的具体规定，其中第 2 款硫铵工段由于满流槽中是酸液，其密度大，液封高度相应较小，而且酸液漏出会造成腐蚀。因此该液封高度按习惯做法定为鼓风机的全压。

5.14.4 煤气系统液封槽、溶解槽等需补水的容器，在设计时都应注意其补水口严禁与供水管道直接相连，防止在操作失误、设备失灵或特殊情况下造成倒流，污染供水系统。

煤气厂供水系统被污染在国内已经发生过。由于煤气厂内许多化学物质皆为有毒物质，一旦发生水质污染，极易造成严重后果。

6 燃气输配系统

6.1 一般规定

6.1.1 城镇燃气管道压力范围是根据长输高压天然气的到来和参考国外城市燃气经验制定的。

据西气东输长输管道压力工况，压缩机出口压力为10.0 MPa，压缩机进口压力为8.0 MPa，这样从输气干线引支线到城市门站，在门站前能达到6.0 MPa左右，为城镇提供了压力高的气源。提高输配管道压力，对节约管材，减少能量损失有好处；但从分配和使用的角度看，降低管道压力有利于安全。为了适应天然气用气量显著增长和节约投资、减少能量损失的需要，提高城市输配干管压力是必然趋势；但面对人口密集的城市过多提高压力也不适宜，适当地提高压力以适应输配燃气的要求，又能从安全上得到保障，使二者能很好地结合起来应是要点。参考和借鉴发达国家和地区的经验是一途径。一些发达国家和地区的城市有关长输管道和城市燃气输配管道压力情况如表23。

表23 燃气输配管道压力（MPa）

城市名称	长输管道	地区或外环高压管道	市区次高压管道	中压管道	低压管道
洛杉矶	5.93～7.17	3.17	1.38	0.138～0.41	0.0020
温哥华	6.62	3.45	1.20	0.41	0.0028或 0.0069或 0.0138
多伦多	9.65	1.90～4.48	1.20	0.41	0.0017
香港	—	3.50	A. 0.40～0.70 B. 0.24～0.40	0.0075～0.24	0.0075或 0.0020
悉尼	4.50～6.35	3.45	1.05	0.21	0.0075
纽约	5.50～7.00	2.80		0.10～0.40	0.0020
巴黎	6.80（一环以外整个法兰西岛地区）	4.00（巴黎城区向外0～15 km的一环）	0.4～1.9	A. ≤0.40 B. ≤0.04 （老区）	0.0020
莫斯科	5.5	2.0	0.3～1.2	A. 0.1～0.3 B. 0.005～0.1	≤0.0050
东京	7.0	4.0	1.0～2.0	A. 0.3～1.0 B. 0.01～0.3	<0.0100

从上述九个特大城市看，门站后高压输气管道一般成环状或支状分布在市区外围，其压力为2.0～4.48 MPa不等，一般不需敷设压力大于4.0 MPa的管道，由此可见，门站后城市高压输气管道的压力为4.0 MPa已能满足特大城市的供气要求，故本规范把门站后燃气管道压力适用范围定为不大于4.0 MPa。

但不是说城镇中不允许敷设压力大于4.0 MPa的管道。对于大城市如经论证在工艺上确实需要且在技术、设备和管理上有保证，在门站后也可敷设压力大于4.0 MPa的管道，另外门站前肯定会需要和敷设压力大于4.0 MPa的管道。城镇敷设压力大于4.0 MPa的管道设计宜按《输气管道工程设计规范》GB 50251并参照本规范高压A（4.0 MPa）管道的有关规定执行。

6.1.3 “城镇燃气干管的布置，宜按逐步形成环状管网供气进行设计”，这是为保证可靠供应的要求，否则在管道检修和新用户接管安装时，影响用户用气的面就太大了。城镇燃气都是逐步发展的，故在条文中只提“逐步形成”，而不是要求每一期工程都必须完成环状管网；但是要求每一期工程设计都宜在一项最后“形成干线环状管网”的总体规划指导下进行，以便最后形成干线环状管网。

6.1.3A 本条规定了城镇燃气应具有稳定可靠气源的基本要求，强调了气源的重要性，要求城镇燃气气源应具有一定程度的能力储备，除满足调峰工况供气需要外，还应对应急工况具有一定的保障能力。本条要求适用于各种类型的城镇燃气气源。气源能力储备的方式一般包括设置气源富裕和备用生产能力及设施、设置储气设施、设置可替代气源等。

调峰储备是为平衡供气和用气的不均匀性（一般是用气不均匀性）进行的储气。用气不均匀性可划分为季节性的月不均匀性、日不均匀性和小时不均匀性，相应的调峰分为季节调峰、日调峰和时调峰。平衡日、时不均匀性所需的储气容量需要按时间过程的周期，对供气量、需气量用代数方法进行累积计算得出。

应急储备是为应对突发事件的储气。按突发事件的发生方向可划分为因供气事故（气源事故、长输管道事故或城镇管网事故）引发的应急储气需求，或由于气温骤降等外部因素引起的需气量骤变产生的应急储气需求。通常情况下，城镇燃气应急供应气源能力储备的规模可按现行国家标准《城镇燃气规划规范》GB/T 51098—2015规定的“3 d～10 d城镇不可中断用户的年均日用气量”考虑。

对于天然气气源，除了具有用于保证调峰供应、应急供应的气源能力储备以外，还应具有一定规模用于保障国家天然气能源安全需要的气源能力储备。这是政府以行政手段作出的规定，可以理解为天然气产业链上、下游协同建立的天然气能源安全储备。依靠大规模储气设施应对国际政治、经济、军事形势的变化，储气方式主要为地下储气库，辅以液化天然气接收站等。

我国天然气储备的具体政策要求详见国务院2018年8月30日发布的国发〔2018〕31号文件《国务院关于促进天然气协调稳定发展的若干意见》，文件要求：“供气企业到2020年形成不低于其年合同销售量10%的储气能力。城镇燃气企业到2020年形成不低于其年用气量5%的储气能力，各地区到2020年形成不低于保障本行政区域3天日均消费量的储气能力”。上述指标实现后我国天然气储气能力总体水平将达到全年消费总量的约16%，达到世界平均水平，接近国外发达国家水平。根据资料显示，截至2015年，世界各国天然气储备量占年消费量的平均水平为12%~15%。美国已建成天然气储气库419座，储气量占年消费量的17.4%；加拿大已建成储气库55座，储气量占年消费量的20.1%；俄罗斯已建成储气库26座，储气量占年消费量的18%；德国已建成储气库46座，储气量占年消费量的30.7%；其他欧洲发达国家天然气储备能力一般也达到年消费气量的15%以上。

国发〔2018〕31号文件要求天然气储备规模达到的时间为2020年，具有明确的时效性，但随着经济发展和时间推移，为了赶上甚至超过发达国家水平，该指标还有进行调整的可能。此外，随着国家推动石油天然气管网运营机制改革，国家天然气管网公司组建在即；集约化设置的战略储备由于远离供气所在地，必须依托于天然气管网才能实现输送，管理权必将由上游集中控制。因此，当我国天然气储气规模达到最终指标并稳定后，分配给下游城镇燃气企业年用气量5%储气能力的指标，并不是必须和固定不变的；在天然气能源安全储备整体水平达标的前提下，最终的关键还是在于理顺上游向下游供气不同工况下的价格。欧美发达国家天然气产业储气调峰服务市场化程度较高，美国从20世纪30年代开始建设储气设施，1992年以前，储气库主要由输气管道公司和城市燃气公司建设运营，储气库的投资与运营成本计入管输费，是销售价格的组成部分，储气库不对第三方开放。1992年，美国联邦能源监管委员会636号令颁布，要求州际管道公司剥离销售业务，管道、储气设施向第三方开放，保证终端配气企业能够得到公平的运输和储气服务，储气设施逐渐独立，成为第三方服务供应商。

基于上述情况，本条对于城镇燃气企业承担保障国家天然气能源安全需要的气源能力储备，未直接给出具体数值要求，而是采用“还应符合国家现行相关政策的规定”的表述方式，以适应政策要求调整的连续性和合理性，也保证技术标准的严谨性和科学性。

国发〔2018〕31号文件“城镇燃气企业到2020年形成不低于其年用气量5%的储气能力”的天然气储备指标中应包含城镇燃气企业所供应市场的小时调峰储气量、地方政府负责协调落实给城镇燃气企业所承担部分的日调峰储气量，其余可归为城镇燃气企业所分担的应急储备量及天然气能源安全储备量。需要指出的是，城镇燃气企业分担的天然气应急储备及天然气能源安全储备，是城镇燃气企业在当前情况下为保证国家天然气能源安全做出的超出自身供气需要的特殊贡献，也带来了企业资金和运行费用的上涨，应给予一定的政策鼓励，并通过市场化运营摊销相关成本，缓解经济压力。随着时间的推移，在国家天然气储备机制和设施建设达到要求后，城镇燃气企业所承担的储备任务将会恢复到自身供气需要的范围内。

国家发展和改革委员会第15号令《天然气利用政策》将天然气用户划分为：“城市燃气、工业燃料、天然气发电、天然气化工和其他用户”，在这几类用户中，除城市燃气用户外，其余的工业燃料、天然气发电、天然气化工和其他用户等（即大用户）被要求承担的储气调峰责任仅为国发〔2018〕31号文件规定的“地方政府负责协调落实日调峰责任主体，供气企业、管道企业、城镇燃气企业和大用户在天然气购销合同中协商约定日调峰供气责任”，并未被要求承担年用气量5%储气能力指标。

目前，向工业用户、天然气发电用户供应天然气的模式有三种。第一种是由上游管道企业与用户签订供气合同，由管道企业或用户建设连接管道实现供气；第二种是由上游管道企业与用户签订供气合同、与城镇燃气企业签订代输合同，通过城镇燃气管道代输实现供气；第三种是由上游管道企业与城镇燃气企业签订供气合同、城镇燃气企业与用户签订供气合同，通过城镇燃气管道实现供气。但不管是哪种模式，工业用户、天然气发电用户的性质和所应承担的储气调峰责任和义务应该是相同的。目前，前两种模式（直供和代输）未被要求额外承担年用气量5%储气能力指标，因此，第三种模式中与之同类型大工业用户、天然气发电用户的用气量不计入城镇燃气企业所承担年用气量5%储气能力指标的计算基数内是合理的。

6.1.3B 本条依据国务院2018年8月30日发布的国发〔2018〕31号文件《国务院关于促进天然气协调稳定发展的若干意见》和国家发改委、国家能源局2018年4月26日发改能源规〔2018〕637号文件《关于加快储气设施建设和完善储气调峰辅助服务市场机制的意见》制定。

国发〔2018〕31号文件“（五）构建多层次储备体系”要求“建立以地下储气库和沿海液化天然气（LNG）接收站为主、重点地区内陆集约规模化LNG储罐为辅、管网互联互通为支撑的多层次储气系统”。“（六）强化天然气基础设施建设与互联互通”要求“根据市场发展需求，积极发展沿海、内河小型LNG船舶运输，出台LNG罐箱多式联运相关法规政策和标准规范”。

发改能源规〔2018〕637号文件“五、重点任务（三）构建储气调峰辅助服务市场”指出：

“**1** 自建、合建、租赁、购买等多种方式相结合履行储气责任。鼓励供气企业、输气企业、城镇燃气企业、大用户及独立第三方等各类主体和资本参与储气设施建设运营。支持企业通过自建合建储气设施、租赁购买储气设施或者购买储气服务等方式，履行储气责任。支持企业异地建设或参股地下储气库、LNG接收站及调峰储罐项目。

2 坚持储气服务和调峰气量市场化定价。储气设施实行财务独立核算，鼓励成立专业化、独立的储气服务公司。储气设施天然气购进价格和对外销售价格由市场竞争形成。储气设施经营企业可统筹考虑天然气购进成本和储气服务成本，根据市场供求情况自主确定对外销售价格。鼓励储气服务、储气设施购销气量进入上海、重庆等天然气交易中心挂牌交易。峰谷差大的地方，要在终端销售环节积极推行季节性差价政策，利用价格杠杆“削峰填谷”。

3 坚持储气调峰成本合理疏导。城镇区域内燃气企业自建自用的储气设施，投资和运行成本纳入城镇燃气配气成本统筹考虑，并给予合理收益。城镇燃气企业向第三方租赁购买的储气服务和气量，在同业对标、价格公允的前提下，其成本支出可合理疏导。鼓励储气设施运营企业通过提供储气服务获得合理收益，或利用天然气季节价差获取销售收益。管道企业运营的地下储气库等储气设施，实行第三方公平开放，通过储气服务市场化定价，获得合理的投资收益。支持大工业用户等通过购买可中断气量等方式参与调峰，鼓励供气企业根据其调峰作用给予价格优惠”。

构建储气调峰辅助服务市场是石油天然气发展改革的重点内容之一，发改能源规〔2018〕637号文件“五、重点任务（三）构建储气调峰辅助服务市场”明确提出“自建、合建、租赁、购买等多种方式相结合履行储气责任”。对于以租赁储气库库容或LNG

储罐罐容方式解决储备问题的，无论是长期租赁、短期租赁还是临时租赁，不应进行限制，充分发挥市场化作用，以符合相关政策的储备指标要求为原则。

城镇燃气是市政公用设施，具有明显的属地性。基于燃气易燃易爆的特性，对储气设施与周边建（构）筑物的防火间距要求较高，如果采用小规模多点分散设置方式，存在规划选址困难的问题，也相对增大了安全管理风险。储气设施“遍地开花”更不符合国家政策的要求。

天然气储备常用的方式为地下储气库和LNG储罐，高压气体储罐已较少采用。地下储气库的设置必须具备适宜的地质构造，目前主要有利用枯竭油气田、利用地下盐穴、利用含水多孔地层等3种类型，受地质条件限制不可能在每个城市和地区都兴建地下储气库；LNG接收码头的设置则必须具备岸线和港口条件；液化天然气储备基地可以在不具备地下储气库和液化天然气接收站的内陆地区设置，但要具备LNG来源和运输条件，且不宜“遍地开花”。

本条给出了城镇燃气气源能力储备可采用的几种模式。对于天然气气源，根据国家相关政策要求和天然气储备设施的实际特点，从地质、岸线条件和区域性布局角度出发，对气源能力储备设置的形式提出了推荐性的要求。对于同时具备建设地下储气库和液化天然气接收站条件的地区，应在总体把握储气规模的前提下，遵循以地下储气库为主，液化天然气接收站合理、适度的原则。

政策文件提到的LNG罐箱，具有运输和周转灵活的特点，但LNG罐箱的应用尚缺少特种设备安全管理、多式联运和集中储存、终端供气应用等法规和技术标准体系的支撑，因此尚不适宜作为本规范建议采用的气源储备方式列入条文。

6.1.4 本条依据中共中央、国务院印发《关于深化石油天然气体制改革的若干意见》（简称《意见》）和国家发改委、国家能源局2018年4月26日发改能源规〔2018〕637号文件《关于加快储气设施建设和完善储气调峰辅助服务市场机制的意见》制定。

《意见》“七是完善油气储备体系”规定“明确政府、供气企业、管道企业、城市燃气公司和大用户的储备调峰责任与义务，供气企业和管道企业承担季节调峰责任和应急责任，地方政府负责协调落实日调峰责任主体，鼓励供气企业、管道企业、城市燃气公司和大用户在天然气购销合同中协商约定日调峰供气责任”。

发改能源规〔2018〕637号文件“三、基本原则”规定：“明确责任划分。供气企业和管道企业承担季节（月）调峰责任和应急责任。其中，管道企业在履行管输服务合同之外，重在承担应急责任。城镇燃气企业承担所供应市场的小时调峰供气责任。地方政府负责协调落实日调峰责任主体，供气企业、管道企业、城镇燃气企业和大用户在天然气购销合同中协商约定日调峰供气责任”。

逐月、逐日的用气不均匀性，主要表现在采暖和节假日等日用气量的大幅度增长，其日用量可为平常的2~3倍，甚至达到十几倍，平衡这样大的变化，除了改变天然气田采气量外，国外一般采用天然气地下储气库和液化天然气储库方式。

根据天然气运行工况特点和国家相关政策要求，本条明确了城镇燃气的季节（月）调峰和应急供气由气源方承担，小时调峰由需气方承担，日调峰由地方政府负责协调，由气源方、需气方分别承担协商约定所分配的份额。本条文中“气源方”是指向城镇燃气企业供应天然气的上游和中游企业，即与城镇燃气企业签订购销合同的气源企业和签订管输合同的管道运营企业。“需气方”指接收气源方供应天然气并向用户供气的城镇燃气企业。

国发〔2018〕31号文件“各地区到2020年形成不低于保障本行政区域3天日均消费量的储气能力”的要求具有明显的行政性，责任主体是地方人民政府，由于本规范是工程建设技术标准，无法对地方人民政府的行政责任做出规定，因此，对于日调峰责任主体，仅以“城镇燃气逐日用气不均匀性平衡，应按国家现行相关政策要求由气源方与需气方根据用户、气源调节和储气方式等情况共同协商解决”的方式表述。

签订供气合同是为了明确上、下游双方在天然气供销环节的责、权、利，而且这个合同在实施中可根据近期变化进行调整。为了做好对逐月、逐日的用气量不均匀性的平衡，城镇燃气企业（需气方），应经调查研究和资料积累，在完成各类用户全年综合用气负荷资料（含计划中缓冲用户安排）的基础上，制定逐月、逐日用气量计划，为供气合同中气量计划的确定和上游企业（气源方）安排调峰供气工作提供依据。

根据经验，以天然气市场有序发展为前提，在供销双方明确约定年度供气量、分月度供气量和最大日供气量参数的情况下，利用天然气气井生产调节能力和地下储气库、液化天然气储库调节能力，能够解决需气方季节（月）、日用气不均衡问题，如果地下储气库距离需气方较近或者需气方位于输气管线末端，还可以用来平衡逐小时用气量的变化，这些做法经国外的实践表明是可行的。

6.1.5 本条适用于各种类型的城镇燃气气源。城镇各类用户的用气量是不均匀的，随月、日、小时而变化，平衡这种变化，需要有调峰措施（调度供气措施）。对于人工制气、液化石油气，以往城镇燃气公司一般统管气源、输配和应用，平衡用气的不均匀性由当地燃气公司统筹调度解决。在天然气来到之后，城镇燃气属于整个天然气系统的下游（需气方），长输管道为中游，天然气开采净化为上游（中游和上游可合称为气源方）。上、中、下游有着密切的联系，应作为一个系统工程对待，调峰问题作为整个系统中的问题，需从全局来解决，以求得天然气系统的优化，达到经济合理的目的。

气源能力储备的方式不同，所适用的调峰类型也不同。气田生产调节和多气源调度是利用气源供应的可调节性，气田生产调节需要的时间较长，适合用于季节调峰；发展可中断用户是利用终端用气的可调节性，可中断用户并不是随时中断，也必须保证一定的连续性、稳定性，适合用于季节调峰；储气设施有大有小、灵活机动，适用于季节调峰、日调峰、小时调峰；可替代气源开启需要一定的时间，适用于季节调峰、可用于日调峰；城镇燃气高压管道储气类似于高压储罐，管道长度和容量有限且肩负输送配气任务，适用于小时调峰。

基于用气城市分布、输送和运输能力及可靠性、地质和港口条件等因素影响的现实情况，本条强调调峰用气源能力储备方式的选择应因地制宜，经方案比较确定。高压罐的储气方式在很多发达国家（包括以前采用高压罐较多的苏联）已不再用于天然气工程，应引起我们的重视。

6.1.5A 本条依据中共中央、国务院印发《关于深化石油天然气体制改革的若干意见》（简称《意见》）、国发〔2018〕31号文件《国务院关于促进天然气协调稳定发展的若干意见》和国家发改委、国家能源局发改能源规〔2018〕637号文件《关于加快储气设施建设和完善储气调峰辅助服务市场机制的意见》制定。

《意见》"三是改革油气管网运营机制，提升集约输送和公平服务能力。分步推进国有大型油气企业干线管道独立，实现管输和销售分开。完善油气管网公平接入机制，油气干线管道、省内和省际管网均向第三方市场主体公平开放"。

国发〔2018〕31 号文件"（五）构建多层次储备体系"要求"建立以地下储气库和沿海液化天然气（LNG）接收站为主、重点地区内陆集约规模化 LNG 储罐为辅、管网互联互通为支撑的多层次储气系统"。

发改能源规〔2018〕637 号文件"五、重点任务（一）加强规划统筹，构建多层次储气系统"要求"4. 全面加强基础设施建设和互联互通。基础设施建设和管网互联互通两手抓，加快完善和优化全国干线管网布局，消除管输能力不足和区域调运瓶颈的制约。加快管网改造升级，协调系统间压力等级，实现管道双向输送，最大限度发挥应急和调峰能力。县级以上人民政府指定的部门要加强规划统筹和组织协调，会同相关部门保障互联互通工程实施以及储气设施就近接入输配管网，并推动省级管网与国家干线管道互联互通"。

加强输气管线互联互通是充分发挥各种调峰、应急能力必要的辅助手段，是配置各项资源的基础。2017 年冬季"气荒"期间，在国家发改委、国家能源局及广东省发改委的协调下，中石油、中海油联合保供，利用广东省网将中海油南海气田和沿海 LNG 接收站的进口天然气"北上"置换供应中石油西气东输二线的部分用户市场，开创了"南气北送"联合保供的新模式；2018 年，根据国家发改委的要求，国内输气管网完成了中贵联络线增输、陕京四线增压、广西 LNG 接收站与中缅管道连通、广东区域内 LNG 接收站与西二线连通等 10 项重点工程，进一步提高了天然气资源调配能力，也加强了天然气资源的调峰和应急保障能力。

本条强调了城镇燃气气源能力储备为异地设置时应具备按需输送至城镇燃气输配系统的能力，输送的方式可以是管道运输，也可以是槽车运输，还包括采用储备气源异地置换供应的商业化调配方式，以能够满足稳定供气为准则；对于本地设置的气源能力储备更是必须如此保证。由于储气设施的规划布局以集约化为原则，采用管道输送方式时必须以管网互联互通为基础，因此制定本条的意图也是强调"互联互通"。

6.1.5B 人工制气的气源能力储备应符合本规范"满足调峰供应、应急供应等"的规定。国发〔2018〕31 号文件《国务院关于促进天然气协调稳定发展的若干意见》针对的仅为天然气气源，对于人工制气气源未要求设置类似天然气气源用于保障国家能源安全的储备设施。人工制气厂站的气源能力储备通常采用设置备用制气设备预留一定余量制气能力的方式，不足的部分可采用设置可替代气源、设置储气设施、设置缓冲用户等方式。本条规定与现行国家标准《人工制气厂站设计规范》GB 51208—2016 是一致的。

6.1.5C 城镇燃气气源种类较多，包括天然气、液化石油气、人工制气、矿井气等。我国在管输天然气大量推广使用之前，很多城市是采用液化石油气混空气作为天然气的过渡气源，被称为"代天然气"，并已积累了丰富的运行经验。经过数十年的市场化发展，液化石油气具有来源丰富、购销灵活、储运便捷的特点，当作为主力气源的天然气短缺时，采取液化石油气混空气作为天然气的替代气源，对于提高城镇燃气气源安全保障能力具有重要意义。此外，液化石油气混空气、矿井气、煤制气等相互之间都具有作为可替代气源的可能。

根据国际通用做法和经验，天然气的气源能力储备是以地下储气库为主、LNG 储存为辅，因此本条对可替代气源作为天然气气源能力储备的定位是“补充”。

6.1.5D 本条明确了城镇燃气气源能力储备采用地下储气库方式时，地下和地面设施设计应执行的相关标准规范。

6.1.6 本条规定了城镇燃气管道按设计压力的分级

1 根据现行的国家标准《管道和管路附件的公称压力和试验压力》GB 1048，将高压管道分为 $2.5<P\leqslant4.0$ MPa；和 $1.6<P\leqslant2.5$ MPa 两档，以便于设计选用。

2 把低压管道的压力由小于或等于 0.005 MPa 提高到小于 0.01 MPa。这是考虑为今后提高低压管道供气系统的经济性和为高层建筑低压管道供气解决高程差的附加压头问题提供方便。

低压管道压力提高到小于 0.01 MPa 在发达国家和地区是成熟技术，发达国家和地区低压燃气管道采用小于 0.01 MPa 的有：比利时、加拿大、丹麦、西德、匈牙利、瑞典、日本等；采用 0.0070 ~ 0.0075 MPa 有英国、澳大利亚、中国香港等。由于管道压力比原先低压管道压力提高不多，故仍可在室内采用钢管丝扣连接；此系统需要在用户燃气表前设置低—低压调压器，用户燃具前压力被稳定在较佳压力下，也有利于提高热效率和减少污染。

3 城镇燃气输配系统压力级制选择应在本条所规定的范围内进行，这里应说明的是：

1）不是必须全部用上述压力级制，例如：

一种压力的单级低压系统；

二种压力的：中压 B—低压两级系统；中压 A—低压两级系统；

三种压力的：次高压 B—中压 A—低压系统；次高压 A—中压 A—低压系统；

四种或四种以上压力的多级系统等都是可以采用的。各种不同的系统有其各自的适用对象，我们不能笼统地说哪种系统好或坏，而只能说针对某一具体城镇，选用哪种系统更好一些。

2）也不是说在设计中所确定的压力上限值必须等于本条所规定的上限值。一般在某一个压力级范围内还应做进一步的分析与比较。例如中压 B 的取值可以在 0.010 ~ 0.2 MPa 中选择，这应根据当地情况做技术经济比较后才能确定。

6.2 燃气管道计算流量和水力计算

6.2.1 为了满足用户小时最大用气量的需要，城镇燃气管道的计算流量，应按计算月的小时最大用气量计算。即对居民生活和商业用户宜按第 6.2.2 条计算，对工业用户和燃气汽车用户宜按第 6.2.3 条计算。

对庭院燃气支管和独立的居民点，由于所接用具的种类和数量一般为已知，此时燃气管道的计算流量宜按本规范第 10.2.9 条规定计算，这样更加符合实际情况。

6.2.4 燃气作为建筑物采暖通风和空调的能源时，其热负荷与采用热水（或蒸汽）供热的热负荷是基本一致的，故可采用《城市热力网设计规范》CJJ 34 中有关热负荷的规定，但生活热水的热负荷不计在内，因为生活热水的热负荷在燃气供应中已计入用户的用气量指标中。

6.2.5、6.2.6 本条以柯列勃洛克公式替代原来的阿里特苏里公式。柯氏公式是至今为世界各国在众多专业领域中广泛采用的一个经典公式，它是普朗特半经验理论发展到工程应用阶段的产物，有较扎实的理论和实验基础，在规范的正文中作这样的改变，符合中国加入 WTO 以后技术上和国际接轨的需要，符合今后广泛开展国际合作的需要。

柯列勃洛克公式是个隐函数公式，其计算上产生的困难，在计算机技术得到广泛应用的今天已经不难解决，但考虑到使用部门的实际情况，给出一些形式简单便于计算的显函数公式仍是需要的，在附录 C 中列出了原规范中的阿里特苏里公式，阿氏公式和柯式公式比较偏差值在 5% 以内，可认为其计算结果是基本一致的。

公式中的当量粗糙度 K，反映管道材质、制管工艺、施工焊接、输送气体的质量、管材存放年限和条件等诸多因素使摩阻系数值增大的影响，因此采用旧钢管的 K 值。

对于我国使用的焊接钢管，其新钢管当量粗糙度多数国家认定为 $K=0.045$ mm 左右，1990 年的燃气设计规范专题报告中，引用了二组新钢管实测数据，计算结果与 $K=0.045$ mm 十分接近。在实际工程设计中参照其他国家规范对天然气管道采用当量粗糙度的情况，取 $K=0.1$ mm 较合适。取 $K=0.1$ mm 比新钢管取 $K=0.045$ mm，其 λ 值平均增大 10.24%。

考虑到人工煤气气质条件，比天然气容易造成污塞和腐蚀，根据 1990 年的燃气设计规范专题报告中的二组旧钢管实测数据，反推当量粗糙度 K 为 0.14～0.18 mm。

本规范对人工煤气使用钢管时取 $K=0.15$ mm，它比新钢管 $K=0.045$ mm，λ 值平均增大 18.58%。

6.2.8 本条所述的低压燃气管道是指和用户燃具直接相接的低压燃气管道（其中间不经调压器）。我国目前大多采用区域调压站，出口燃气压力保持不变，由低压分配管网供应到户就是这种情况。

1 国内几个有代表性城市低压燃气管道计算压力降的情况见表 24。燃具额定压力 P_n 为 800 Pa 时，燃具前的最低压力为 600 Pa，约为 P_n 的 600/800 = 75%。低压管道总压力降取值：北京较低、沈阳较高、上海居中。这有种种原因，如北京为 1958 年开始建设的，对今后的发展留有较大余地；又如沈阳是沿用旧的管网，由于用户在不断的增加，要求不断提高输气能力，不得不把调压站出口压力向上提，这是迫不得已采取的一种措施；上海市的情况介于上述两城市之间，其压力降为 900 Pa，约为 P_n 的 1.0 倍。

表 24 几个城市低压管道压力降（Pa）

项目 \ 城市	北京（人工煤气）	上海（人工煤气）	沈阳（人工煤气）	天津（天然气）
燃具的额定压力 P_n	800	900	800	2000
调压站出口压力	1100～1200	1500	1800～2000	3150
燃具前最低压力	600	600	600	1500

表 24（续）

项目＼城市	北京（人工煤气）	上海（人工煤气）	沈阳（人工煤气）	天津（天然气）
低压管道总压力降 ΔP	550	900	1300	1650
其中：干管	150	500	1000	1100
支管	200	200	100	300
户内管	100	80	80	100
煤气表	100	120	120	150

2　苏联建筑法规《燃气供应、室内外燃气设备设计规范》对低压燃气管道的计算压力降规定如表25，其总压力降约为燃具额定压力的90%。

表 25　低压燃气管道的计算压力降（Pa）

所用燃气种类及燃具额定压力	从调压站到最远燃具的总压力降	管道中包括	
		街区	庭院和室内
天然气、油田气、液化石油气与空气的混合气以及其他低热值为 33.5～41.8 MJ/m³ 的燃气，民用燃气燃具前额定压力为 2000 Pa 时	1800	1200	600
同上述燃气民用燃气燃具前额定压力为 1300 Pa 时	1150	800	350
低热值为 14.65～18.8 MJ/m³ 的人工煤气与混合气，民用燃气燃具前额定压力为 1300 Pa 时	1150	800	350

3　从我国有关部门对居民用的人工煤气、天然气、液化石油气燃具所做的测定表明，当燃具前压力波动为 $0.5P_n \sim 1.5P_n$ 时，燃烧器的性能达到燃具质量标准的要求，燃具的这种性能，在我国的《家用燃气灶具标准》GB 16410 中已有明确规定。

但不少代表提出，在实际使用中不宜把燃具长期置于 $0.5P_n$ 下工作，因为这样不合乎中国人炒菜的要求，且使做饭时间加长，参照表 24 的情况，可见取 $0.75P_n$ 是可行的。这样一个压力相当于燃气灶热负荷比额定热负荷仅仅降低了 13.4%，是能基本满足用户使用要求的，而且这只是对距调压站最远用户而言，在一年中也仅仅是在计算月的高峰时出现，对广大用户不会产生影响。

综上所述燃气灶目前的实际压力允许波动范围取为 $0.75P_n \sim 1.5P_n$ 是比较合适的。

4　因低压燃气管道的计算压力降必须根据民用燃气灶具压力允许的波动范围来确定，则有 $1.5P_n - 0.75P_n = 0.75P_n$。

按最不利情况即当用气量最小时，靠近调压站的最近用户处有可能达到压力的最大值，但由调压站到此用户之间最小仍有约 150 Pa 的阻力（包括煤气表阻力和干、支管阻力），故低压燃气管道（包括室内和室外）总的计算压力降最少还可加大的 150 Pa，故 $\Delta P_d = 0.75P_n + 150$。

5　根据本条规定，低压管道压力情况如表26。

表 26　低压燃气管道压力数值表（Pa）

燃气种类	人工煤气		天然气
燃气灶额定压力 P_n	800	1000	2000
燃气灶前最大压力 P_{max}	1200	1500	3000
燃气灶前最小压力 P_{min}	600	750	1500
调压站出口最大压力	1350	1650	3150
低压燃气管道总的计算压力降（包括室内和室外）	750	900	1650

6　应当补充说明的是，本条所给出的只是低压燃气管道的总压力降，至于其在街区干管、庭院管和室内管中的分配，还应根据情况进行技术经济分析比较后确定。作为参考，现将苏联建筑法规推荐的数值列如表 27。

表 27　《苏联建筑法规》规定的低压燃气管道压力降分配表（Pa）

燃气种类及燃具额定压力	总压力降 ΔP	街区	单层建筑		多层建筑	
			庭院	室内	庭院	室内
人工煤气 1300	1150	800	200	150	100	250
天然气 2000	1800	1200	350	250	250	350

对我国的一般情况参照苏联建筑法规，列出的数值如表 28 可供参考。

表 28　低压燃气管道压力降分配参考表（Pa）

燃气种类及燃具额定压力	总压力降 ΔP	街区	单层建筑		多层建筑	
			庭院	室内	庭院	室内
人工煤气 1000	900	500	200	200	100	300
天然气 2000	1650	1050	300	300	200	400

6.3　压力不大于 1.6 MPa 的室外燃气管道

6.3.1　中、低压燃气管道因内压较低，其可选用的管材比较广泛，其中聚乙烯管由于质轻、施工方便、使用寿命长而被广泛使用在天然气输送上。机械接口球墨铸铁管是近年来开发并得到广泛应用的一种管材，它替代了灰口铸铁管，这种管材由于在铸铁熔炼时在铁水中加入少量球化剂，使铸铁中石墨球化，使其比灰口铸铁管具有较高的抗拉、抗压强度，其冲击性能为灰口铸铁管 10 倍以上。钢骨架聚乙烯塑料复合管是近年我国新开发的一种新型管材，其结构为内外两层聚乙烯层，中间夹以钢丝缠绕的骨架，其刚度较纯聚乙烯管好，但开孔接新管比较麻烦，故只作输气干管使用。根据目前产品标准的压力适应范围和工程实践，本规范将上述三种管材均列于中、低压燃气管道之列。

6.3.2 次高压燃气管道一般在城镇中心城区或其附近地区埋设，此类地区人口密度相对较大，房屋建筑密集，而次高压燃气管道输送的是易燃、易爆气体且管道中积聚了大量的弹性压缩能，一旦发生破裂，材料的裂纹扩展速度极快，且不易止裂，其断裂长度也很长，后果严重。因此必须采用具有良好的抗脆性破坏能力和良好的焊接性能的钢管，以保证输气管道的安全。

对次高压燃气管道的管材和管件，应符合本规范第6.4.4条的要求（即高压燃气管材和管件的要求）。但对于埋入地下的次高压B燃气管道，其环境温度在0℃以上，据了解在竣工和运行的城镇燃气管道中，有不少地下次高压燃气管道（设计压力0.4～1.6 MPa）采用了钢号Q235B的《低压流体输送用焊接钢管》，并已有多年使用的历史。考虑到城镇燃气管道位于人口密度较大的地区，为保障安全在设计中对压力不大于0.8 MPa的地下次高压B燃气管道采用钢号Q235B的《低压流体输送用焊接钢管》也是适宜的。（经对钢管制造厂调研，Q235A材料成分不稳定，故不宜采用）。

最小公称壁厚是考虑满足管道在搬运和挖沟过程中所需的刚度和强度要求，这是参照钢管标准和有关国内外标准确定的，并且该厚度能满足在输送压力0.8 MPa，强度系数不大于0.3时的计算厚度要求。例如在设计压力为0.8 MPa，选用L245级钢管时，对应*DN*100～1050最小公称壁厚的强度设计系数为0.05～0.19。详见表29。

表29 L245级钢管、设计压力*P*为0.8 MPa、1.6 MPa对应的强度设计系数*F*

$DN(D)$	δ_{min}	$F\left(=\frac{PD}{2\sigma_s\delta_{min}}\right)$	
		$P=0.8$ MPa	$P=1.6$ MPa
100（114.3）	4.0	0.05	0.10
150（168.3）		0.07	0.14
200（219.1）	4.8	0.07	0.14
300（323.9）		0.11	0.22
350（355.6）	5.2	0.11	0.22
400（406.4）		0.13	0.26
450（457）		0.14	0.28
500（508）	6.4	0.13	0.26
550（559）		0.14	0.28
600（610）	7.1	0.14	0.28
700（711）		0.16	0.32
750（762）	7.9	0.16	0.32
900（914）		0.19	0.38
950（965）	8.7	0.18	0.36
1000（1016）		0.19	0.38
1050（1067）	9.5	0.18	0.36

注：如果选用L210级钢管，强度设计系数F'为表中F值乘1.167。

6.3.3 本条规定了敷设地下燃气管道的净距要求。

地下燃气管道在城市道路中的敷设位置是根据当地远、近期规划综合确定的，厂区内煤气管道的敷设也应根据类似的原则，按工厂的规划和其他工种管线布置确定。另外，敷设地下燃气管道还受许多因素限制，例如：施工、检修条件、原有道路宽度与路面的种类、周围已建和拟建的各类地下管线设施情况、所用管材、管接口形式以及所输送的燃气压力等。在敷设燃气管道时需要综合考虑，正确处理以上所提供的要求和条件。本条规定的水平净距和垂直净距是在参考各地燃气公司和有关其他地下管线规范以及实践经验后，在保证施工和检修时互不影响及适当考虑燃气输送压力影响的情况下而确定的，基本沿用原规范数据，现补充说明如下：

1 与建筑物及地下构筑物的净距

长期实践经验与燃气管道漏气中毒事故的统计资料表明，压力不高的燃气管道漏气中毒事故的发生在一定范围内并不与燃气管道与建筑物的净距有必然关系，采用加大管道与房屋的净距的办法并不能完全避免事故的发生，相反会增加设计时管位选择的困难或使工程费用增加（如迁移其他管道或绕道等方法来达到规定的要求）。实践经验证明，地下燃气管道的安全运行与提高工程施工质量、加强管理密切相关。考虑到中、低压管道是市区中敷设最多的管道，故本次修订中将原规定的中压管道与建筑物净距予以适当减小，在吸收了香港的经验并采取有效的防护措施后，把次高、中、低压管道与建筑物外墙面净距，分别降至应不小于3 m、1 m（距建筑物基础0.5 m）和不影响基础的稳固性。有效的防护措施是指：

1）增加管壁厚度，钢管可按表6.3.2酌情增加，但次高压A管道与建筑物外墙面为3 m时，管壁厚度不应小于11.9 mm；对于聚乙烯管、球墨铸铁管和钢骨架聚乙烯塑料复合管可不采取增加厚度的办法；

2）提高防腐等级；

3）减少接口数量；

4）加强检验（100%无损探伤）等。

以上措施根据管材种类不同可酌情采用。

本条原规范是指到建筑物基础的净距，考虑到基础在管道设计时不便掌握，且次高压管道到建筑物净距要求较大，不会碰到建筑物基础，为方便管道布置，故改为到建筑物外墙面；中、低压管道净距要求较小，有可能碰到建筑物的基础，故规定仍指到建筑物基础的净距。

应该说明的是，本规范规定的至建筑物净距综合了南北各地情况，低压管取至建筑物基础的净距为0.7 m，对于北方地区，考虑到在开挖管沟时不至于对建筑物基础产生影响，应根据管道埋深适当加大与建筑物基础的净距。并不是要求一律按表6.3.3－1水平净距进行设计，在条件许可时（如在比较宽敞的道路上敷设燃气管道）宜加大管道到建筑物基础的净距。

2 地下燃气管道与相邻构筑物或管道之间的水平净距与垂直净距

1）水平净距：基本上是采用原规范规定，与现行的国家标准《城市工程管线综合规划规范》GB 50289—98基本相同。

2）垂直净距：与现行的国家标准《城市工程管线综合规划规范》GB 50289—98 完全一致。

6.3.4　对埋深的规定是为了避免因埋设过浅使管道受到过大的集中轮压作用，造成设计浪费或出现超出管道负荷能力而损坏。

按我国铸铁管的技术标准进行验算，条文中所规定的覆土深度，对于一般管径的铸铁管，其强度都是能适应的。如上海地区在车行道下最小覆土深度为0.8 m的铸铁管，经长期的实践运行考验，情况良好。此次修编中将埋在车行道下的最小覆土深度由0.8 m改为0.9 m，主要是考虑到今后车行道上的荷载将会有所增加。对埋设在庭院内地下燃气管道的深度同埋设在非车行道下的燃气管道深度早先的规定是均不能小于0.6 m。但在我国土壤冰冻线较浅的南方地区，埋设在街坊内泥土下的小口径管道（指口径50 mm以下的）的覆土厚度一般为0.30 m，这个深度同时也满足砌筑排水明沟的要求，参照中南地区、上海市煤气公司与四川省城市煤气设计施工规程，在修订中增加了对埋设在机动车不可能到达地方的地下燃气管道覆土厚度为0.3 m的规定，以节约工程投资。“机动车道”或“非机动车道”分别是指机动车能或不能通行的道路，这对于城市道路是容易区分的，对于居民住宅区内道路，按如下区分掌握：如果是机动车以正常行驶速度通行的主要道路则属于机动车道；住宅区内由上述主要道路到住宅楼门之间的次要道路，机动车只是缓行进入或停放的，可视为非机动车道。目前国内外有关燃气管道埋设深度的规定如表30所示。

6.3.5　规定燃气管道敷设于冻土层以下，是防止燃气中冷凝液被冻结堵塞管道，影响正常供应。但在燃气中有些是干气，如长输的天然气等，故只限于湿气时才须敷设在冻土层以下。但管道敷设在地下水位高于输气管道敷设高度的地区时，无论是对湿气还是干气，都应考虑地下水从管道不严密处或施工时灌入的可能，故为防止地下水在管内积聚也应敷设有坡度，使水容易排除。

表30　国内外燃气管道的埋设深度（至管顶）（m）

地点	条　件	埋设深度	最大冻土深度	备　注
北京	主干道　干线 支线 非车行道	≥1.20 ≥1.00 ≥0.80	0.85	北京市《地下煤气管道设计施工验收技术规定》
上海	机动车道 车行道 人行道 街坊 引入管	1.00 0.80 0.60 0.60 0.30	0.06	上海市标准《城市煤气、天然气管道工程技术规程》DGJ 08—10
大连		≥1.00	0.93	《煤气管道安全技术操作规程》
鞍山		1.40	1.08	
沈阳	*DN*250 mm以下 *DN*250 mm以上	≥1.20 ≥1.00		
长春		1.80	1.69	

表 30（续）

地点	条件	埋设深度	最大冻土深度	备注
哈尔滨	向阳面 向阴面	1.80 2.30	1.97	
中南地区	车行道 非车行道 水田下 街坊泥土路	≥0.80 ≥0.60 ≥0.60 ≥0.40		《城市煤气管道工程设计、施工、验收规程》（城市煤气协会中南分会）
四川省	车行道 直埋 套管 非车行道 郊区旱地 郊区水田 庭院	0.80 0.60 0.60 0.60 0.80 0.40		《城市煤气输配及应用工程设计、安装、验收技术规程》
美国	一级地区 二、三、四级地区 （正常土质/岩石）	0.762/0.457 0.914/0.610		美国联邦法规 49-192《气体管输最低安全标准》
日本	干管 特殊情况 供气管： 车行道 非车行道	1.20 0.60 ＞0.60 ＞0.30		道路施行法第 12 条及本支管指针（设计篇）；供给管、内管指针（设计篇）
苏联	高级路面 非高级路面 运输车辆不通行之地	≥0.80 ≥0.90 0.60		《燃气供应建筑法规》CH_{Π}ⅡⅡ-37
东德	一般 采取特别防护措施	0.8～1.0 0.6		DINZ 470

为了排除管内燃气冷凝水，要求管道保持一定的坡度。国内外有关燃气管道坡度的规定如表 31，地下燃气管道的坡度国内外一般所采用的数值大部分都不小于 0.003。但在很多旧城市中的地下管一般都比较密集，往往有时无法按规定坡度敷设，在这种情况下允许局部管段坡度采取小于 0.003 的数值，故本条规范用词为“不宜”。

表 31　国内外室外地下燃气管道的坡度

地点	管别	坡度	备注
北京	干管、支管 干管、支管 （特殊情况下）	＞0.0030 ＞0.0015	北京市《地下煤气管道设计施工验收技术规定》
上海	中压管 低压管 引入管	≥0.003 ≥0.005 ≥0.010	上海市标准《城市煤气、天然气管道工程技术规程》DGJ 08—10

表 31（续）

地点	管 别	坡 度	备 注
沈阳	干管、支管	0.003～0.005	
长春	干管	＞0.003	
大连	干管、支管： 逆气流方向 顺气流方向 引入管	＞0.003 ＞0.002 ＞0.010	《煤气管道安全技术操作规程》
天津		＞0.003	天津市《煤气化工程管道安装技术规定》
中南地区		＞0.003	《城市煤气管道工程设计、施工、验收规程》（城市煤气协会中南分会）
四川省		＞0.003	《城市煤气输配及应用工程设计、安装、验收技术规程》
英国	配气干管 支管	0.003 0.005	《配气干管规程》IGE/TD/3 《煤气支管规程》IGE/TD/4
日本		0.001～0.003	本支管指针（设计篇）
苏联	室外地下煤气管道	≥0.002	《燃气供应建筑法规》$CH_nП2.04.08$

6.3.7 地下燃气管道在堆积易燃、易爆材料和具有腐蚀性液体的场地下面通过时，不但增加管道负荷和容易遭受侵蚀，而且当发生事故时相互影响，易引起次生灾害。

燃气管道与其他管道或电缆同沟敷设时，如燃气管道漏气易引起燃烧或爆炸，此时将影响同沟敷设的其他管道或电缆使其受到损坏；又如电缆漏电时，使燃气管道带电，易产生人身安全事故。故对燃气管道说来不宜采取和其他管道或电缆同沟敷设；而把同沟敷设的做法视为特殊情况，必须提出充足的理由并采取良好的通风和防爆等防护措施才允许采用。

6.3.8 地下燃气管道不宜穿过地下构筑物，以免相互产生不利影响。当需要穿过时，穿过构筑物内的地下燃气管应敷设在套管内，并将套管两端密封，其一是为了防止燃气管被损或腐蚀而造成泄漏的气体沿沟槽向四周扩散，影响周围安全；其二若周围泥土流入安装后的套管内后，不但会导致路面沉陷，而且燃气管的防腐层也会受到损伤。

关于套管伸出构筑物外壁的长度原规范规定为不小于 0.1 m，考虑到套管与构筑物的交接处形成薄弱环节，并且由于伸出构筑物外壁长度较短，构筑物在维修或改建时容易影响燃气管道的安全，且对套管与构筑物之间采取防水渗漏措施的操作较困难，故修订时将套管伸出构筑物外壁的长度由原来的 0.1 m 改为表 6.3.3－1 燃气管道与该构筑物的水平净距，其目的是更好地保护套管内的燃气管道和避免相互影响。

6.3.9 本条规定了燃气管道穿越铁路、高速公路、电车轨道或城镇主要干道时敷设要求。

套管内径裕量的确定应考虑所穿入的燃气管根数及其防腐层的防护带或导轮的外径、管道的坡度、可能出现的偏弯以及套管材料与顶管方法等因素。套管内径比燃气管道外径大 100 mm 以上的规定系参照：①加拿大燃气管线系统规程中套管口径的规定：燃气管外径小于 168.3 mm 时，套管内径应大于燃气管外径 50 mm 以上；燃气管外径大于或等于 168.3 mm 时，套管内径应大于燃气管外径 75 mm 以上；②苏联建筑法规关于套管直径应比燃气管道直径大 100 mm 以上的规定；③我国西南地区的《城市煤气输配及应用工程设计、安装、验收技术规定》中关于套管内径应大于输气管外径 100 mm 的规定等，是结合施工经验而定的。

燃气管道不应在高速公路下平行敷设，但横穿高速公路是允许的，应将燃气管道敷设在套管中，这在国外也常采用。

套管端部距铁路堤坡脚的距离要求是结合各地经验并参照“石油天然气管道保护条例第五章第二节第 4 条”的规定编制。

6.3.10 燃气管道通过河流时，目前采用的有穿越河底、敷设在桥梁上或采用管桥跨越等三种形式。一般情况下，北方地区由于气温较低，采用穿越河底者较多，其优点是不需保温与经常维修，缺点是施工费用高，损坏时修理困难。南方地区则采用敷设在桥梁上或采用管桥跨越形式者较多，例如上海市煤气和天然气管道通过河流采用敷设于桥梁上的方式很多。南京、广州、湘潭和四川亦有很多燃气管道采用敷设于桥梁上，其输气压力为 0.1 ~ 1.6 MPa。上述敷设于桥梁上的燃气管道在长期（有的已达百年）的运行过程中没有出现什么问题。利用桥梁敷设形式的优点是工程费用低，便于检查和维修。

上述敷设在桥梁上通过河流的方式实践表明有着较大的优点，但与《城市桥梁设计准则》原规定燃气管道不得敷设于桥梁上有矛盾。为此 2001 年 6 月 5 日由建设部标准定额研究所召开有建设部城市建设研究院、《城镇燃气设计规范》主编单位中国市政工程华北设计研究院和《城市桥梁设计准则》主编单位上海市政工程设计研究院，以及北京市政工程设计研究院、部分城市煤气公司、市政工程设计和管理部门等参加的协调会，与会专家经过讨论达成如下共识，一致认为“两个标准的局部修订协调应遵循以下三个原则：①安全适用、技术先进、经济合理；②必须符合国家有关法律、法规的规定；③必须采取具体的安全防护措施。确定条文改为：当条件许可，允许利用道路桥梁跨越河流时，必须采取安全防护措施。并限定燃气管道输送压力不应大于 0.4 MPa”。

本条文是按上述协调会结论和会后协调修订的，并补充了安全防护措施规定。

6.3.11 原规范规定燃气管道穿越河底时，燃气管道至规划河底的覆土深度只提出应根据水流冲刷条件确定并不小于 0.5 m，但水流冲刷条件的提法不具体又很难界定，此次修订增加了对通航河流及不通航河流分别规定了不同的覆土深度，目的是不使管道裸露于河床上。另外根据有关河、港监督部门的意见，以往有些过河管道埋于河底，因未满足疏浚和投锚深度要求，往往受到破坏，故规定“对通航的河流还应考虑疏浚和投锚深度”。

6.3.12 对于穿越和跨越重要河流的燃气管道，从船舶运行与水流冲刷的条件看，要预计到它受到损坏的可能性，且损坏之后修复时间较长，而重要河流必然担负着运输等项重大任务，不能允许受到燃气管道破坏时的影响，为了当一旦燃气管道破坏时便于采取紧急措施，故规定在河流两侧均应设置阀门。

6.3.13 本条规定了阀门的布置要求。

在次高压、中压燃气干管上设置分段阀门，是为了便于在维修或接新管操作或事故时切断气源，其位置应根据具体情况而定，一般要掌握当两个相邻阀门关闭后受它影响而停气的用户数不应太多。

将阀门设置在支管上的起点处，当切断该支管供应气时，不致影响干管停气；当新支管与干管连接时，在新支管上的起点处所设置的阀门，也可起到减少干管停气时间的作用。

在低压燃气管道上，切断燃气可以采用橡胶球阻塞等临时措施，故装设阀门的作用不大，且装设阀门增加投资、增加产生漏气的机会和日常维修工作。故对低压管道是否设置阀门不作硬性规定。

6.3.14 地下管道的检测管、凝水缸的排水管均设在燃气管道上方，且在车行道部分的燃气管经常遭受车辆的重压，由于检测和排水管口径较小，如不进行有效保护，容易受损，因此应在其上方设置护罩。并且管口在护罩内也便于检测和排水时的操作。

水封阀和阀门由于在检修和更换时人员往往要至地下操作，设置护并可方便维修人员操作。

6.3.15 燃气管道沿建筑物外墙敷设的规定，是参照苏联建筑法规《燃气供应》$CH_nП2.04.08-87$ 确定。其中“不应敷设燃气管道的房间”见本规范第 10.2.14 条。

与铁路、道路和其他管线交叉时的最小垂直净距是按《工业企业煤气安全规程》GB 6222 和上海市的规定而定；与架空电力线最小垂直净距是按《66 kV 及以下架空电力线路设计规范》GB 50061—97 的规定而定。

6.4　压力大于 1.6 MPa 的室外燃气管道

6.4.2、6.4.3 我国城镇燃气管道的输送压力均不高，本规范原规定的压力范围为小于或等于 1.6 MPa，保证管道安全除对管道强度、严密性有一定要求外，主要是控制管道与周围建筑物的距离，在实践中管道选线有时遇到困难。随着长输天然气的到来，输气压力必然提高，如果单纯保证距离则难以实施。在规范的修订中，吸收和引用了国外发达国家和我国 GB 50251 规范的成果，采取以控制管道自身的安全性主动预防事故的发生为主，但考虑到城市人员密集，交通频繁，地下设施多等特殊环境以及我国的实际情况，规定了适当控制管道与周围建筑物的距离（详见本规范第 6.4.11 和 6.4.12 条说明），一旦发生事故时使恶性事故减少或将损失控制在较小的范围内。

控制管道自身的安全性，如美国联邦法规 49 号 192 部分《气体管输最低安全标准》、美国国家标准 ANSI/ASME B31.8 和英国气体工程师学会标准 IGE/TD/1 等，采用控制管道及构件的强度和严密性，从管材设备选用、管道设计、施工、生产、维护到更新改造的全过程都要保障好，是一个质量保障体系的系统工程。其中保障管道自身安全的最重要设计方法，是在确定管壁厚度时按管道所在地区不同级别，采用不同的强度设计系数（计算采用的许用应力值取钢管最小屈服强度的系数）。因此，管道位置的地区等级如何划分，各级地区采用多大的强度设计系数，就是问题要点。

管道地区等级的划分方法英国、美国有所不同，但大同小异。美国联邦法规和美国国家标准 ANSI/ASME B31.8 是按不同的独立建筑物（居民户）密度将输气管道沿线划分为四个地区等级，其划分方法是以管道中心线两侧各 220 码（约 200 m）范围内，任意划分为 1 英里（约 1.6 km）长并能包括最多供人居住独立建筑物（居民户）数量的地段，以此计算出该地段的独立建筑物（居民户）密度，据此确定管道地区等级；我国国家标准《输气管道工程设计规范》GB 50251 的划分方法与美国法规和 ANSI/ASME B31.8 标准相同，但分段长度为2 km；英国气体工程师学会标准IGE/TD/1是按不同的居民人数密度将输气管道沿线划分为三个地区等级，其划分方法是以管道中心线两侧各4倍管道距建筑物的水平净距（根据压力和管径查图）范围内，任意划分为1英里（约1.6 km）长并能包括最多数量居民的地段，以此计算出该地段每公顷面积上的居民密度，并据此确定管道地区等级。从以上划分方法看，美国法规和标准划分合理，简单清晰，容易操作，故本规范管道地区等级的划分方法采用美国法规规定。

几个国家和地区管道地区分级标准和强度设计系数 F 详见表32。

表32 管道地区分级标准和强度设计系数 F

标准及使用地	一级地区	二级地区	三级地区	四级地区
美国联邦法规49-192和标准ANSI/ASME B31.8	户数≤10 $F=0.72$	10＜户数＜46 $F=0.6$	户数≥46 $F=0.5$	4层或4层以上建筑占多数的地区 $F=0.4$
英国气体工程师学会IGE/TD/I标准（第四版）	户数＜54［注］ $F\leqslant0.72$		中间地区 $F=0.3$	人口密度大，多层建筑多，交通频繁和地下设施多的城市或镇的中心区域管道压力≤1.6 MPa
法国燃料气管线安全规程	户数≤4 $F=0.73$	4＜户数＜40 $F=0.6$	户数≥40 $F=0.4$	
我国《输气管道工程设计规范》GB 50251	户数≤12［注］ $F=0.72$	12＜户数＜80［注］ $F=0.6$	户数≥80［注］ $F=0.5$	4层或4层以上建筑普遍集中、交通频繁、地下设施多的地区 $F=0.4$
香港中华煤气公司	户数＜54［注］ $F\leqslant0.72$		中间地区 $F=0.3$	本岛区管道压力≤0.7 MPa
多伦多燃气公司			多伦多市市区 $F=0.3$	
洛杉矶南加州燃气公司	没有人住的地区 $F=0.72$		低层建筑（≤3层）为主的地区 $F=0.5$	多层建筑为主的地区 $F=0.4$
本规范采用值	户数≤12 $F=0.72$	12＜户数＜80 $F=0.6$	户数≥80的中间地区 $F=0.4$	4层或4层以上建筑普遍且占多数、交通频繁、地下设施多的城市中心城区（或镇的中心区域等），$F=0.3$

注：为了便于对比，我们均按美国标准要求计算，即折算为沿管道两边宽各200 m，长1600 m面积内（$64\times10^4\ m^2$）的户数计算（多单元住宅中，每一个独立单元按1户计算，每1户按3人计算）。表中的"户数"在各标准中表达略有不同，有"居民户数""居住建筑物数"和"供人居住的独立建筑物数"等。

从表32可知，各标准对各级地区范围密度指数和描述是不尽相同的。在第6.4.3条第2款地区等级的划分中：

1、2 项从美国、英国、法国和我国GB 50251标准看，一级和二级地区的范围密度指数相差不大（其中GB 50251的二级地区密度指数相比国外标准差别稍大一些，这是编制该规范时根据我国农村实际情况确定的）。本规范根据上述情况，对一级和二级地区的范围密度指数取与 GB 50251 相同。

3 三级地区是介于二级和四级之间的中间地区。指供人居住的建筑物户数在 80 或 80 以上，但又不够划分为四级地区的任一地区分级单元。

另外，根据美国标准 ANSI/ASME B31.8，工业区应划为三级地区；根据美国联邦法规 49－192，对距人员聚集的室外场所 100 码（约 91 m）范围也应定为三级地区；本规范均等效采用（取为 90 m），人员聚集的室外场所是指运动场、娱乐场、室外剧场或其他公共聚集场所等。

4 根据英国标准 IGE/TD/1（第四版）对燃气管道的 T 级地区（相当于本规范的四级地区）规定为“人口密度大，多层建筑多，交通频繁和地下服务设施多的城市或镇的中心区域”。并规定燃气管道的压力不大于 1.6 MPa，强度设计系数 F 一般不大于 0.3 等，更加符合城镇的实际情况和有利于安全，因而本规范对四级地区的规定采用英国标准。其中“多层建筑多”的含义明确为 4 层或 4 层以上建筑物（不计地下室层数）普遍且占多数；“城市或镇的中心区域”的含义明确为“城市中心城区（或镇的中心区域等）”。从而将 4 层或 4 层以上建筑物普遍且占多数的地区分为：城市的中心城区（或镇的中心区域等）和城市管辖的（或镇管辖的）其他地区两种情况，区别对待。在此需要进一步说明的是：

1）管道经过城市的中心城区（或镇的中心区域等）且 4 层或 4 层以上建筑物普遍且占多数同时具备才被划入管道的四级地区。

2）此处除指明包括镇的中心区域在内外，凡是与镇相同或比镇大的新城区、卫星城的中心区域等是否属于管道的四级地区，也应根据四级地区的地区等级划分原则确定。

3）对于城市的非中心城区（或镇的非中心区域等）地上 4 层或 4 层以上建筑物普遍且占多数的燃气管道地区，应划入管道的三级地区，其强度设计系数 $F=0.4$，这与《输气管道设计规范》GB 50251 中的燃气管道四级地区强度系数 F 是相同的。

4）城市的中心城区（不包括郊区）的范围宜按城市规划并应由当地城市规划部门确定。据了解：例如：上海市的中心城区规划在外环道路以内（不包括外环道路红线内）。又如：杭州市的中心城区规划在距外环道路内侧最少 100 m 以内。

5）“4 层或 4 层以上建筑物普遍且占多数”可按任一地区分级单元中燃气管道任一单侧 4 层或 4 层以上建筑物普遍且占多数，即够此项条件掌握。建筑物层数的计算除不计地下室层数外，顶层为平常没有人的美观装饰观赏间、水箱间等时可不计算在建筑物层数内。

第 6.4.3 条第 4 款，关于今后发展留有余地问题，其中心含义是在确定地区等级划分时，应适当考虑地区今后发展的可能性，如果在设计一条新管道时，看到这种将来的发展足以改变该地区的等级，则这种可能性应在设计时予以考虑。至于这种将来的发展考虑多远，是远期、中期或近期规划，应根据具体项目和条件确定，不作统一规定。

6.4.4 本条款是对高压燃气管道的材料提出的要求。

2 钢管标准《石油天然气工业输送钢管交货技术条件第1部分：A级钢管》GB/T 9711.1中L175级钢管有三种与相应制造工艺对应的钢管：无缝钢管、连续炉焊钢管和电阻焊钢管。其中连续炉焊钢管因其焊缝不进行无损检测，其焊缝系数仅为0.6，并考虑到175级钢管强度较低，不适用于高压燃气管道，因此规定高压燃气管道材料不应选用GB/T 9711.1标准中的L175级钢管。为便于管材的设计选用，将该条款规定的标准钢管的最低屈服强度列于表33。

表33 钢管的最低屈服强度

钢级或钢号				最低屈服强度①
GB/T 9711.1	GB/T 9711.2	ANSI/API5L②	GB/T 8163	σ_s（$R_{t0.5}$），（MPa）
L210		A		210
L245	L245…	B		245
L290	L290…	X42		290
L320		X46		320
L360	L360…	X52		360
L390		X56		390
L415	L415…	X60		415
L450	L450…	X65		450
L485	L485…	X70		485
L555	L555…	X80		555
			10	205
			20	245
			Q295	295（$S>16$时，285）③
			Q345	325（$S>16$时，315）

注：① GB/T 9711.1、GB/T 9711.2标准中，最低屈服强度即为规定总伸长应力$R_{t0.5}$。

② 在此列出与GB/T 9711.1、GB/T 9711.2对应的ANSI/API5L类似钢级，引自标准GB/T 9711.1、GB/T 9711.2标准的附录。

③ S为钢管的公称壁厚。

3 材料的冲击试验和落锤撕裂试验是检验材料韧性的试验。冲击试验和落锤撕裂试验可按照《石油天然气工业输送钢管交货技术条件第1部分：A级钢管》GB/T 9711.1标准中的附录D补充要求SR3和SR4或《石油天然气工业输送钢管交货技术条件第2部分：B级钢管》GB/T 9711.2标准中的相应要求进行。GB/T 9711.2标准将韧性试验作为规定性要求，GB/T 9711.1将其作为补充要求（由订货协议确定），GB/T 8163未提这方面要求。试验温度应考虑管道使用时和压力试验（如果用气体）时预测的最低金属温度，如果该温度低于标准中的试验温度（GB/T 9711.1 为10 ℃，GB/T 9711.2 为0 ℃），则试验温度应取该较低温度。

6.4.5 管道的抗震计算可参照国家现行标准《输油（气）钢质管道抗震设计规范》SY/T 0450。

6.4.6 直管段的计算壁厚公式与《输气和配气管线系统》ASMEB31.8、《输气管道工程设计规范》GB 50251 等规范中的壁厚计算式是一致的。该公式是采用弹性失效准则，以最大剪应力理论推导得出的壁厚计算公式。因城镇燃气温度范围对管材强度没有影响，故不考虑温度折减系数。在确定管道公称壁厚时，一般不必考虑壁厚附加量。对于钢管标准允许的壁厚负公差，在确定强度设计系数时给予了适当考虑并加了裕量；对于腐蚀裕量，因本规范中对外壁防腐设计提出了要求，因此对外壁腐蚀裕量不必考虑，对于内壁腐蚀裕量可视介质含水分多少和燃气质量酌情考虑。

6.4.7 经冷加工的管子又经热处理加热到一定温度后，将丧失其应变强化性能，按国内外有关规范和资料，其屈服强度降低约 25%，因此在进行该类管道壁厚计算或允许最高压力计算时应予以考虑。条文中冷加工是指为使管子符合标准规定的最低屈服强度而采取的冷加工（如冷扩径等），即指利用了冷加工过程所提高强度的情况。管子揻弯的加热温度一般为 800 ~ 1000 ℃，对于热处理状态管子，热弯过程会使其强度有不同程度的损失，根据 ASME B31.8 及一些热弯管机械性能数据，强度降低比率按 25% 考虑。

6.4.8 强度设计系数 F，根据管道所在地区等级不同而不同。并根据各国国情（如地理环境、人口等）其取值也有所不同。几个国家管道地区分级标准和强度设计系数 F 的取值情况详见表 32。

1 从美国、英国、法国和我国 GB 50251 标准看，对一级和二级地区的强度设计系数的取值基本相同，本规范也取为 0.72 和 0.60，与上述标准相同。

2 对三级地区，英国标准比法国、美国和我国 GB 50251 标准控制严，其强度设计系数依次分别为 0.3、0.4、0.5、0.5。考虑到对于城市的非中心城区（或镇的非中心区域等）地上 4 层或 4 层以上建筑物普遍且占多数的燃气管道地区，已划入管道的三级地区；对于城市的中心城区（或镇的中心区域等）三级和四级地区的分界线主要是以 4 层或 4 层以上建筑是否普遍且占多数为标准，而我国每户平均住房面积比发达国家要低很多，同样建筑面积的一幢 4 层楼房，我国的住户数应比发达国家多，而其他小于或等于 3 层的低层建筑，在发达国家大多是独门独户，我国则属多单元住宅居多，因而当我国采用发达国家这一分界线标准时，不少划入三级地区的地段实际户数已相当于进入发达国家四级地区规定的户数范围（地区分级主要与户数有关，但为了统计和判断方便又常以住宅单元建筑物数为尺度）；参考英国、法国、美国标准和多伦多、香港等地的规定，本规范对三级地区强度设计系数取为 0.4。

3 对四级地区英国标准比法国、美国和我国 GB 50251 标准控制更严，这是由于英国标准提出四级地区是指城市或镇的中心区域且多层建筑多的地区（本规范已采用），同时又规定燃气管道压力不应超过 1.6 MPa（最近该标准第四版已由 0.7 MPa 改为 1.6 MPa）。由于管道敷设有最小壁厚的规定，按 L245 级钢管和设计压力 1.6 MPa 时反算强度设计系数约为0.10~0.38，一般比其他标准0.4低很多。香港采用英国标准，多伦多燃气公司市区燃气管道强度设计系数采用0.3。我国是一个人口众多的大国，城市人口（特别是四级地区）普遍比较密集，多层和高层建筑较多，交通频繁，地下设施多，高压燃气管道一旦破坏，对周围危害很大，为了提高安全度，保障安全，故要适当降低强度设计系数，参考英国标准和多伦多燃气公司规定，本规范对四级地区取为0.3。

6.4.9 本条根据美国联邦法规49-192和我国GB 50251标准并结合第6.4.8条规定确定。

6.4.11、6.4.12 关于地下燃气管道到建筑物的水平净距。

控制管道自身安全是从积极的方面预防事故的发生，在系统各个环节都按要求做到的条件下可以保障管道的安全。但实际上管道难以做到绝对不会出现事故，从国内和国外的实践看也是如此，造成事故的主要原因是：外力作用下的损坏，管材、设备及焊接缺陷，管道腐蚀，操作失误及其他原因。外力作用下的损坏常常和法制不健全、管理不严有关，解决尚难到位；管材、设备和施工中的缺陷以及操作中的失误应该避免，但也很难杜绝；管道长期埋于地下，目前城镇燃气行业对管内、外的腐蚀情况缺乏有效的检测手段和先进设备，管道在使用后的质量得不到有效及时的监控，时间一长就会给安全带来隐患；而城市又是人群集聚之地，交通频繁、地下设施复杂，燃气管道压力越来越高，一旦破坏、危害甚大。因此，适当控制高压燃气管道与建筑物的距离，是当发生事故时将损失控制在较小范围，减少人员伤亡的一种有效手段。在条件允许时要积极去实施，在条件不允许时也可采取增加安全措施适当减少距离，为了处理好这一问题，结合国情，在本规范第6.4.11条、6.4.12条等效采用了英国气体工程师学会IGE/TD/1《高压燃气输送钢管》标准的成果。

1 从表6.4.11可见，由于高压燃气管道的弹性压缩能量主要与压力和管径有关，因而管道到建筑物的水平净距根据压力和管径确定。

2 三级地区房屋建筑密度逐渐变大，采用表6.4.11的水平净距有困难，此时强度设计系数应取0.4（IGE/TD/1标准取0.3），即可采用表6.4.12（此时在一、二区也可采用）。其中：

1）采取行之有效的保护措施，表6.4.12中A行管壁厚度小于9.5 mm的燃气管道可采用B行的水平净距。据IGE/TD/1标准介绍，“行之有效的保护措施”是指沿燃气管道的上方设置加强钢筋混凝土板（板应有足够宽度以防侧面侵入）或增加管壁厚度等措施，可以减少管道被破坏，或当管壁厚度达到9.5 mm以上后可取得同样效果。因此在这种条件下，可缩小高压燃气管道到建筑物的水平净距。对于采用B行的水平净距有困难的局部地段，可将管壁厚度进一步加厚至不小于11.9 mm后可采用C行的水平净距。

2）据英国气体工程师学会人员介绍：经实验证明，在三级地区允许采用的挖土机，不会对强度设计系数不大于0.3（本规范取为0.4）管壁厚度不小于11.9 mm的钢管造成破坏，因此采用强度设计系数不大于0.3（本规范为0.4）管壁厚度不小于11.9 mm的钢管（管道材料钢级不低于L245），基本上不需要安全距离，高压燃气管道到建筑物3 m的最小要求，是考虑挖土机的操作规定和日常维修管道的需要以及避免以后建筑物拆建对管道的影响。如果采用更高强度的钢管，原则上可以减少管壁的厚度（采用比 11.9 mm 小），但采用前，应反复对它防御挖土机破坏管道的能力作出验证。

6.4.14、6.4.15　这两条对不同压力级别燃气管道的宏观布局作了规定，以便创造条件减少事故及危害。规定四级地区地下燃气管道输配压力不宜大于 1.6 MPa，高压燃气管道不宜进入四级地区，不应从军事设施、易燃易爆仓库、国家重点文物保证区、机场、火车站、码头通过等，都是从有利于安全上着眼。但以上要求在受到条件限制时也难以实施（例如有要求燃气压力为高压 A 的用户就在四级地区，不得不从此通过，否则就不能供气或非常不合理等）。故本规范对管道位置布局只是提倡但不作硬性限制，对这些个别情况应从管道的设计、施工、检验、运行管理上加强安全防护措施，例如采用优质钢管、强度设计系数不大于 0.3、防腐等级提高、分段阀门采用遥控或自动控制、管道到建筑物的距离予以适当控制、严格施工检验、管道投产后对管道的运行状况和质量监控检查相对多一些等。

"四级地区地下燃气管道输配压力不应大于 4.0 MPa（表压）" 这一规定，在一般情况下应予以控制，但对于大城市，如经论证在工艺上确实需要且在技术、设备和管理上有保证，并经城市建设主管部门批准，压力大于 4.0 MPa 的燃气管道也可进入四级地区，其设计宜按《输气管道工程设计规范》GB 50251 并参照本规范 4.0 MPa 燃气管道的有关规定执行（有关规定主要指：管道强度设计系数、管道距建筑物的距离等）。

第 6.4.15 条中高压 A 燃气管道到建筑物的水平净距 30 m 是参考温哥华、多伦多市的规定确定的。几个城市高压燃气管道到建筑物的净距见表 34。

表 34　几个城市高压燃气管道到建筑物的水平净距

城市	管道压力、管径与到建筑物的水平净距	备　注
温哥华	管道输气压力 3.5 MPa 至建筑物净距约为 30 m（100 英尺）	经过市区
多伦多	管道输气压力小于或等于 4.48 MPa 至建筑物净距约为 30 m（100 英尺）	经过市区
洛杉矶	管道输气压力小于或等于 3.17 MPa 至建筑物净距约为 6～9 m（20～30 英尺）	洛杉矶市区 90% 以上为三级地区（估计）
香港	管道输气压力 3.5 MPa，采用 AP15LX42 钢材，管径 *DN*700，壁厚 12.7 mm。至建筑物净距最小为 3 m	在三级或三级以下地区敷设，不进入居民点和四级地区

本条中所述"对燃气管道采取行之有效的保护措施"，是指沿燃气管道的上方设置加强钢筋混凝土板（板应有足够宽度以防侧面侵入）或增加管壁厚度等措施。

6.4.16　在特殊情况下突破规范的设计今后可能会遇到，本条等效采用英国 IGE/TD/1 标准，对安全评估予以提倡，以利于我国在这方面制度和机构的建设。承担机构应具有高压燃气管道评估的资质、并由国家有关部门授权。

6.4.18 管道附件的国家标准目前还不全，为便于设计选用，列入了有关行业标准。

6.4.19 本条对高压燃气管道阀门的设置提出了要求。

1 分段阀门的最大间距是等效采用美国联邦法规 49 - 192 的规定。

6.4.20 对于管道清管装置工程设计中已普遍采用。而电子检管目前国内很少见。电子检管现在发达国家已日益普遍，已被证实为一有效的管道状况检查方法，且无需挖掘或中断燃气供应。对暂不装设电子检管装置的高压燃气管道，宜预留安装电子检管器收发装置的位置。

6.5 门站和储配站

6.5.1 本节规定了门站和储配站的设计要求。

在城镇输配系统中，门站和储配站根据燃气性质、供气压力、系统要求等因素，一般具有接收气源来气，控制供气压力、气量分配、计量等功能。当接收长输管线来气并控制供气压力、计量时，称之为门站。当具有储存燃气功能并控制供气压力时，称之为储配站。两者在设计上有许多共同的相似之处，为使规范简洁起见，本次修改将原规范第 5.4 节和第 5.5 节合并。

站内若设有除尘、脱萘、脱硫、脱水等净化装置，液化石油气储存，增热等设施时，应符合本规范其他章节相应的规定。

6.5.2 门站和储配站站址的选择应征得规划部门的同意并批准。在选址时，如果对站址的工程地质条件以及与邻近地区景观协调等问题注意不够，往往增大了工程投资又破坏了城市的景观。

6 国家标准《建筑设计防火规范》GB 50016 规定了有关要求。

6.5.3 为了使本规范的适用性和针对性更强，制定了表 6.5.3。此表的规定与《建筑设计防火规范》的规定是基本一致的。表中的储罐容积是指公称容积。

6.5.4 本条的规定与《建筑设计防火规范》的规定是一致的。

5 《建筑设计防火规范》GB 50016 规定了有关要求。

6.5.5 本条规定了站区总图布置的相关要求。

6.5.7 本条规定了门站和储配站的工艺设计要求。

3 调压装置流量和压差较大时，由于节流吸热效应，导致气体温度降低较多，常常引起管壁外结露或结冰，严重时冻坏装置，故规定应考虑是否设置加热装置。

7 本条系指门站作为长输管道的末站时，将清管的接收装置与门站相结合时布置紧凑，有利于集中管理，是比较合理的，故予以推荐。但如果在长输管道到城镇的边上，由长输管道部门在城镇边上又设有调压计量站时，则清管器的接收装置就应设在长输管道部门的调压计量站，而不应设在城镇的门站。

8 当放散点较多且放散量较大时，可设置集中放散装置。

6.5.10 本条规定了燃气储存设施的设计要求。

2 鉴于储罐造价较高而各型储罐造价差异也较大，因此在确定储气方式及储罐型式时应进行技术经济比较。

3 各种储罐的技术指标随单体容积增加而显著改善。在确定各期工程建罐的单体容积时，应考虑储罐停止运行（检修）时供气系统的调度平衡，以防止片面追求增加储罐单体容积。

4 罐区排水设施是指储罐地基下沉后应能防止罐区积水。

6.5.11 本条规定了低压储气罐的工艺设计要求。

2 为预防出现低压储气罐顶部塌陷而提出此要求。

4 湿式储气罐水封高度一般规定应大于最大工作压力（以 Pa 表示）的 1.5 倍，但实践证明这一数值不能满足运行要求，故本规范提出应经计算确定。

7 干式储气罐由于无法在罐顶直接放散，故要求另设紧急放散装置。

8 为方便干式储气罐检修，规定了此条要求。

6.5.12 本条规定了高压储气罐的工艺设计要求。

1 由于进、出气管受温度、储罐沉降、地震影响较大，故规定宜进行柔性计算。

4 高压储气罐开孔影响罐体整体性能。

5 高压储罐检修时，由于工艺所限，罐内余气较多，故规定本条要求。可采用引射器等设备尽量排空罐内余气。

6 大型球罐（3000 m^3 以上）检修时罐内余气较多，为排除罐内余气，可设置集中放散装置。表 6.5.12－1 中的"路边"对公路是指用地界，对城市道路是指道路红线。

6.5.14 本条规定了燃气加压设备选型的要求。

3 规定压缩机组设置备用是为了保证安全和正常供气。"每 1～5 台燃气压缩机组宜另设 1 台备用"。这是根据北京、上海、天津与沈阳等地的备用机组的设置情况而规定的。如北京东郊储配站第一压缩车间的 8 台压缩机组中有 2 台为备用；天津千米桥储配站设计的 14 台压缩机组中有 3 台备用；上海水电路储配站的 6 台压缩机中有 1 台为备用等。从多年实际运行经验来看，上述各地备用数量是能适应生产要求的。

6.5.15 本条规定了压缩机室的工艺设计要求。

1、3 系针对工艺管道施工设计有时缺少投产置换及停产维修时必需的管口及管件而作出此规定。

4 规定"压缩机宜采取单排布置"，这样机组之间相互干扰少，管理维修方便，通风也较好。但考虑新建、扩建时压缩机室的用地条件不尽相同，故规定"宜"。

6.5.16 按照《建筑设计防火规范》GB 50016 要求，压缩机室与控制室之间应设耐火极限不低于 3 h 的非燃烧墙。但是为了便于观察设备运转应设有生产必需的隔声玻璃窗。本条文与《工业企业煤气安全规程》GB 6222—86 第 5.2.1 条要求是一致的。

6.5.19 1 此款与《建筑设计防火规范》GB 50016 的规定是一致的。

储配站内设置的燃气气体储罐类型一般按压力分为两大类，即常压罐（压力小于 10 kPa）和压力罐（压力通常为 0.5～1.6 MPa）。常压罐按密封形式可分为湿式和干式储气罐，其储气几何容积是变化的，储气压力变化很小。压力罐的储气容积是固定的，其储气量随储气压力变化而变化。

从燃气介质的性质来看，与液态液化石油气有较大的差别。气体储罐为单相介质储存，过程无相变。火灾时，着火部位对储罐内的介质影响较小，其温度、压力不会有较大的变化。从实际使用情况看，气体储罐无大事故发生。因此，气体储罐可以不设置固定水喷淋冷却装置。

由于储罐的类型和规格较多，消防保护范围也不尽相同，表6.5.19的消防用水量，系指消火栓给水系统的用水量，是基本安全的用水量。

6.5.20 原规范规定门站储配站为“一级负荷”主要是为了提高供气的安全可靠性。实际操作中，要达到“一级负荷”（应由两个电源供电，当一个电源发生故障时，另一个电源不应同时受到损坏）的电源要求十分困难，投资很大。“二级负荷”（由两回线路供电）的电源要求从供电可靠性上完全满足燃气供气安全的需要，当采用两回线路供电有困难时，可另设燃气或燃油发电机等自备电源，且可以大大节省投资，可操作性强。

6.5.21 本条是在《爆炸和火灾危险环境电力装置设计规范》GB 50058的基础上，结合燃气输配工程的特点和工程实践编制的。根据GB 50058的有关内容，本次修订将原规范部分爆炸危险环境属“1区”的区域改为“2区”。由于爆炸危险环境区域的确定影响因素很多，设计时应根据具体情况加以分析确定。

6.6 调压站与调压装置

6.6.2 调压装置的设置形式多种式样，设计时应根据当地具体情况，因地制宜地选择采用，本条对调压装置的设置形式（不包括单独用户的专用调压装置设置形式）及其条件作了一般规定。调压装置宜设在地上，以利于安全和运行、维护。其中：

1 在自然条件和周围环境条件许可时，宜设在露天。这是较安全和经济的形式。对于大、中型站其优点较多。

2、3 在环境条件较差时，设在箱子内是一种较经济适用的形式。分为调压箱（悬挂式）和调压柜（落地式）两种。对于中、小型站优点较多。具体做法见第6.6.4条。

4 设在地上单独的建筑物内是我国以往用得较多的一种形式（与采用人工煤气需防冻有关）。

5、6 当受到地上条件限制燃气相对密度不大于0.75，且压力不高时才可设置在地下，这是一种迫不得已才采用的形式。但相对密度大于0.75时，泄漏的燃气易集聚，故不得设于地下室、半地下室和地下箱内。

6.6.3 本条调压站（含调压柜）与其他建、构筑物水平净距的规定，是参考了荷兰天然气调压站建设经验和规定，并结合我国实践，对原规范进行了补充和调整。表6.6.3中所列净距适用于按规范建设与改造的城镇，对于无法达到该表要求又必须建设的调压站（含调压柜），本规范留有余地，提出采取有效措施，可适当缩小净距。有效措施是指：有效的通风，换气次数每小时不小于3次；加设燃气泄漏报警器；有足够的防爆泄压面积（泄爆方向有必要时还应加设隔爆墙）；严格控制火源等。各地可根据具体情况与有关部门协调解决。表6.6.3中的“一类高层民用建筑”详见现行国家标准《高层民用建筑设计防火规范》GB 50045—95第3.0.1条（2005年版）。

6.6.4 本条是调压箱和调压柜的设置要求。其中体积大于1.5 m^3 调压柜爆炸泄压口的面积要求，是等效采用英国气体工程师学会标准IGE/TD/10和香港中华煤气公司的规定，当爆炸时能使柜内压力不超过3.5 kPa，并不会对柜内任何部分（含仪表）造成损坏。

调压柜自然通风口的面积要求，是等效采用荷兰天然气调压站（含调压柜）的建设经验和规定。

6.6.6 “单独用户的专用调压装置”系指该调压装置主要供给一个专用用气点（如一个锅炉房、一个食堂或一个车间等），并由该用气点兼管调压装置，经常有人照看，且一般用气量较小，可以设置在用气建筑物的毗连建筑物内或设置在生产车间、锅炉房及其他生产用气厂房内。对于公共建筑也可设在建筑物的顶层内，这些做法在国内外都有成熟的经验，修订时根据国内的实践经验，补充了设在用气建筑物的平屋顶上的形式。

6.6.8 我国最早使用调压器（箱）的省份都在南方，其环境温度影响较小。北方省份使用调压箱时，则环境温度的影响是不可低估的。对于输送干燃气应主要考虑环境温度，介质温度对调压器皮膜及活动部件的影响；而对于输送湿燃气，应防止冷凝水的结冻；对于输送气态液化石油气，应防止液化石油气的冷凝。

6.6.10 本条规定了调压站（或调压箱或调压柜）的工艺设计要求。

1 调压站的工艺设计主要应考虑该调压站在确保安全的条件下能保证对用户的供气。有些城市的区域调压站不分情况均设置备用调压器，这就加大了一次性建设投资。而有些城市低压管网不成环，其调压器也不设旁通管，一旦发生故障只能停止供气，更是不可取的。对于低压管网不成环的区域调压站和连续生产使用的用户调压装置宜设置备用调压器，比之旁通管更安全、可靠。

2、3 调压器的附属设备较多，其中较重要的是阀门，各地对于调压站外设不设阀门有所争议。本条根据多数意见并参考国外规范，对高压和次高压室外燃气管道使用“必须”用语，而对中压室外进口燃气管道使用“应”的用语给予强调。并对阀门设置距离提出要求，以便在出现事故时能在室外安全操作阀门。

6 调压站的超压保护装置种类很多，目前国内主要采用安全水封阀，适用于放散量少的情况，一旦放散量较多时对环境的污染及周围建筑的火灾危险性是不容忽视的，一些管理部门反映，在超压放散的同时，低压管道压力仍然有可能超过 5000 Pa，造成一些燃气表损坏漏气事故，说明放散法并不绝对安全，设计宜考虑使用能快速切断的安全阀门或其他防止超压的设备。调压的安全保护装置提倡选用人工复位型，在人工复位后应对调压器后的管道设备进行检查，防止发生意外事故。

本款对安全保护装置（切断或放散）的启动压力规定，是等效采用美国联邦法规 49 – 192《气体管输最低安全标准》的规定。

6.6.12 本条规定了地上式调压站的建筑物设计要求。

3 关于地上式调压站的通风换气次数，曾有过不同规定。北京最初定为每小时 6 次，但冬季感到通风面积太大，操作人员自动将进风孔堵上；后改为 3 次，但仍然认为偏大。上海地上调压站室内通风换气次数为 2 次，他们认为是能够满足运行要求的，冬季最冷的时候，调压器皮膜虽稍感有些僵硬，但未影响使用。《原苏联建筑法规》对地上调压站室内通风换气定为每小时 3 次。

原上海市煤气公司曾用“臭敏检漏仪”对调压站室内煤气（人工煤气）浓度进行测定，在正常情况下（通风换气为每小时 2 次），地上调压站室内空气中的煤气含量是极少的，详见表 35。

综上所述，对地上式调压站室内通风换气次数规定为每小时不应小于 2 次。

表 35 上海市部分调压站室内煤气浓度的测定记录（体积分数）

调压站地址 \ 煤气浓度 \ 时间	刚打开时	5 min 后	10 min 后	15 min 后	调压站形式
宜川四村	0	0	0	0	地上式
大陆机器厂光复西路	0	0	0	0	地上式
横滨路、四川北路	0.2/1000	0	0	0	地上式
常熟路、淮海中路	80/1000	18/1000	12/1000	4/1000	地下式
江西中路、武昌路	2.4/1000	2/1000	2/1000	1.4/1000	地下式

6.6.13 我国北方城镇燃气调压站采暖问题不易解决，所以本条规定了使用燃气锅炉进行自给燃气式的采暖要求，以期在无法采用集中供热时用此办法解决实际问题，对于中、低调压站，宜采用中压燃烧器作自给燃气式采暖锅炉的燃烧器，可以防止调压器故障引起停止供热事故。

调压器室与锅炉室门、窗开口不应设置在建筑物的同一侧；烟囱出口与燃气安全放散管出口的水平距离应大于 5 m；这些都是防止发生事故的措施，应予以保证。

6.6.14 本条给出地下式调压站的建筑要求。设计中还应提出调压器进、出口管道与建筑本身之间的密封要求，以防地下水渗漏事故。

6.6.15 当调压站内外燃气管道为绝缘连接时，室内静电无法排除，极易产生火花引起事故，因此必须妥善接地。

6.7 钢质燃气管道和储罐的防腐

6.7.1 金属的腐蚀是一种普遍存在的自然现象，它给人类造成的损失和危害是十分巨大的。据国家科委腐蚀科学学科组对 200 多个企业的调查表明，腐蚀损失平均值占总产值的 3.97%。某市一条 ϕ325 输气干管，输送混合气（天然气与发生炉煤气），使用仅 4 年曾 3 次爆管，从爆管的部位查看，管内壁下部严重腐蚀，腐蚀麻坑直径 5～14 mm，深度达 2 mm，严重的腐蚀是引起爆管的直接原因。

设法减缓和防止腐蚀的发生是保证安全生产的根本措施之一，对于城镇燃气输配系统的管线、储罐、场站设备等都需要采用优质的防腐材料和先进的防腐技术加以保护。对于内壁腐蚀防治的根本措施是将燃气净化或选择耐腐蚀的材料以及在气体中加入缓蚀剂；对于净化后的燃气，则主要考虑外壁腐蚀的防护。本条明确规定了对钢质燃气管道和储罐必须进行外防腐，其防腐设计应符合《城镇燃气埋地钢质管道腐蚀控制技术规程》CJJ 95 和《钢质管道及储罐腐蚀控制工程设计规范》SY 0007 的规定。

6.7.2 关于土壤的腐蚀性，我国还没有一种统一的方法和标准来划分。目前国内外对土壤的研究和统计指出，土壤电阻率、透气性、湿度、酸度、盐分、氧化还原电位等都是影响土壤腐蚀性的因素，而这些因素又是相互联系和互相影响的，但又很难找出它们之间直接的，定量的相关性。所以，目前许多国家和我国也基本上采用土壤电阻率来对土壤的腐蚀性进行分级，表36列出的分级标准可供参考。

表36 土壤腐蚀等级划分参考表

等级 / 电阻率（Ω/m） / 国别	极强	强	中	弱	极弱
美国	<20	20~45	45~60	60~100	
苏联	<5	5~10	10~20	20~100	>100
中国		<20	20~50	>50	

注：中国数据摘自SY 0007规范。

土壤电阻率和土壤的地质、有机质含量、含水量、含盐量等有密切关系，它是表示土壤导电能力大小的重要指标。测定土壤电阻率从而确定土壤腐蚀性等级，这为选择防腐蚀涂层的种类和结构提供了依据。

6.7.3 随着科学技术的发展，地下金属管道防腐材料已从初期单一的沥青材料发展成为以有机高分子聚合物为基础的多品种、多规格的材料系列，各种防腐蚀涂层都具有自身的特点及使用条件，各类新型材料也具有很大的竞争力。条文中提出的外防腐涂层的种类，在国内应用较普遍。因它们具有技术成熟，性能较稳定，材料来源广，施工方便，防腐效果好等优点，设计人员可视工程具体情况选用。另外也可采用其他行之有效的防腐措施。

6.7.4 地下燃气管道的外防腐涂层一般采用绝缘层防腐，但防腐层难免由于不同的原因而造成局部损坏，对于防腐层已被损坏了的管道，防止电化学腐蚀则显得更为重要。美国、日本等国都明确规定了采用绝缘防腐涂层的同时必须采用阴极保护。石油、天然气长输管道也规定了同时采用阴极保护。实践证明，采取这一措施都取得了较好的防护效果。阴极保护法已被推广使用。

阴极保护的选择受多种因素的制约，外加电流阴极保护和牺牲阳极保护法各自又具有不同的特性和使用条件。从我国当前的实际情况考虑，长输管道采用外加电流阴极保护技术上是比较成熟的，也积累了不少的实践经验；而对于城镇燃气管道系统，由于地下管道密集，外加电流阴极保护对其他金属管道构筑物干扰大、互相影响，技术处理较难，易造成自身受益，他家受害的局面。而牺牲阳极保护法的主要优点在于此管道与其他不需要保护的金属管道或构筑物之间没有通电性，互相影响小，因此提出城市市区内埋地敷设的燃气干管宜选用牺牲阳极保护。

6.7.5 接地体是埋入地中并直接与大地接触的金属导体。它是电力装置接地设计主要内容之一，是电力装置安全措施之一。其埋设地位置和深度、形式不仅关系到电力装置本身的安全问题，而且对地下金属构筑物都有较大的影响，地下钢质管道必将受其影响，交流输电线路正常运行时，对与它平行敷设的管道将产生干扰电压。据资料介绍，对管道的每10 V交流干扰电压引起的腐蚀，相当于0.5 V的直流电造成的腐蚀。在高压配电系统中，甚至可产生高达几十伏的干扰电压。另外，交流电力线发生故障时，对附近地下金属管道也可产生高压感应电压，虽是瞬间发生，也会威胁人身安全，也可击穿管道的防腐涂层，故对此作了这一规定。

6.8 监控及数据采集

6.8.1 城市燃气输配系统的自动化控制水平，已成为城市燃气现代化的主要标志。为了实现城市燃气输配系统的自动化运行，提高管理水平，城市燃气输配系统有必要建设先进的控制系统。

6.8.2 电子计算机的技术发展很快。作为城市燃气输配系统的自动化控制系统，必须跟上技术进步的步伐，与同期的电子技术水平同步。

6.8.4 监控及数据采集（SCADA）系统一般由主站（MTU）和远端站（RTU）组成，远端站一般由微处理机（单板机或单片机）加上必要的存储器和输入/输出接口等外围设备构成，完成数据采集或控制调节功能，有数据通信能力。所以，远端站是一种前端功能单元，应该按照气源点、储配站、调压站或管网监测点的不同参数测、控或调节需要确定其硬件和软件设计。主站一般由微型计算机（主机）系统为基础构成，特别对图像显示部分的功能应有新扩展，以使主站适合于管理监视的要求。在一些情况下，主机配有专用键盘更便于操作和控制。主站还需有打印机设备输出定时记录报表、事件记录和键盘操作命令记录，提供完善的管理信息。

6.8.5 SCADA 系统的构成（拓扑结构）与系统规模、城镇地理特征、系统功能要求、通信条件有很密切的关系，同时也与软件的设计互相关联。SCADA 系统中的 MTU 与 RTU 结点的联系可看成计算机网络，但是其特点是在 RTU 之间可以不需要互相通信，只要求各 RTU 能与 MTU 进行通信联系。在某些情况下，尤其是系统规模很大时在 MTU 与 RTU 之间增设中间层次的分级站，减少 MTU 的连接通道，节省通信线路投资。

6.8.6 信息传输是监控和数据采集系统的重要组成部分。信息传输可以采用有线及无线通信方式。由于国内城市公用数据网络的建设发展很快，且租用价格呈下降趋势，所以充分利用已有资源来建设监控和数据采集系统是可取的。

6.8.8 达到标准化的要求有利于通用性和兼容性，也是质量的一个重要方面。标准化的要求指对印刷电路板、接插件、总线标准、输入/输出信号、通信协议、变送器仪表等等逻辑的或物理的技术特性，凡属有标准可循的都要做到标准化。

6.8.9 SCADA 是一种连续运转的管理技术系统。借助于它，城镇燃气供应企业的调度部门和运行管理人员得以了解整个输配系统的工艺。因此，可靠性是第一位的要求，这要求 SCADA 系统从设计、设备器件、安装、调试各环节都达到高质量，提高系统的可靠性。从设计环节看，提高可靠性要从硬件设计和软件设计两方面都采取相应措施。硬件设计的可靠性可以通过对关键部件设备（如主机、通信系统、CRT 操作接口，调节或控制单元、各极电源）采取双重化（一台运转一台备用），故障自诊断，自动备用方式（通过监视单元 Watch Dog Unit）控制等实现。此外，提高系统的抗干扰能力也属于提高系统可靠性的范畴。在设计中应该分析干扰的种类、来源和传播途径，采取多种办法降低计算机系统所处环境的干扰电屏。如采用隔离、屏蔽、改善接地方式和地点等，改进通信电缆的敷设方法等。在软件设计方面也要采取措施提高程序的可靠性。在软件中增加数字滤波也有利于提高计算机控制系统的抗干扰能力。

6.8.10 系统的应用软件水平是系统功能水平高低的主要标志。采用实时瞬态模拟软件可以实时反映系统运行工况，进行调度优化，并根据分析和预测结果对系统采取相应的调度控制措施。

6.8.11 SCADA 系统中每一个 RTU 的最基本功能要求是数据采集和与主站之间的通信。对某些端点应根据工艺和管理的需要增加其他功能，如对调压站可以增设在远端站建立对调压器的调节和控制回路，对压缩车间运行进行监视或设置由远端站进行的控制和调节。

随着 SCADA 技术应用的推广及设计、运行经验的积累，SCADA 的功能设计可以逐渐丰富和完善。

从参数方面看，对燃气输配系统最重要的是压力与流量。在某些场合需要考虑温度、浓度以及火灾或人员侵入报警信号。具体哪些参数列入 SCADA 的范围，要因工程而异。

6.8.12 一般的 SCADA 系统都应有通过键盘 CRT 进行人机对话的功能。在需经由主站控制键盘对远端的调节控制单元组态或参数设置或紧急情况进行处理和人工干预时，系统应从硬件及软件设计上满足这些功能要求。

7 压缩天然气供应（已废止）

本章内容见国家标准《压缩天然气供应站设计规范》GB 51102—2016。

8 液化石油气供应（已废止）

本章内容见国家标准《液化石油气供应工程设计规范》GB 51142—2015。

9 液化天然气供应

9.1 一般规定

9.1.1 本条规定了本章适用范围。

液化天然气（LNG）气化站（又称LNG卫星站），是城镇液化天然气供应的主要站场，是一种小型LNG的接收、储存、气化站，LNG来自天然气液化工厂或LNG终端接收基地或LNG储配站，一般通过专用汽车槽车或专用气瓶运来，在气化站内设有储罐（或气瓶）、装卸装置、泵、气化器、加臭装置等，气化后的天然气可用做中小城镇或小区、或大型工业、商业用户的主气源，也可用做城镇调节用气不均匀的调峰气源。

规定液化天然气总储存量不大于2000 m^3，主要考虑国内目前液化天然气生产基地数量和地理位置的实际情况以及安全性，现有的液化天然气气化站的储存天数较长（一般在7 d内）等因素而确定的，该总储存量可以满足一般中小城镇的需要。

9.1.2 由于本章不适用的工程和装置设计，在规模上和使用环境、性质上均与本规范有较大差异，因此应遵守其他有关的相应规范。

9.2 液化天然气气化站

9.2.4 本条规定了液化天然气气化站的液化天然气储罐、天然气放散总管与站外建、构筑物的防火间距。

1 液化天然气是以甲烷为主要组分的烃类混合物，从液化石油气（LPG）与液化天然气的主要特性对比（见表50）中可见，LNG的自燃点、爆炸极限均比LPG高；当高于－112 ℃时，LNG蒸气比空气轻，易于向高处扩散；而LPG蒸气比空气重，易于在低处集聚而引发事故；以上特点使LNG在运输、储存和使用上比LPG要安全些。

从燃烧发出的热量大小看，可以反映出对周围辐射热影响的大小。同样1 m^3 的LNG或LPG（以商品丙烷为例）变化为气体后，燃烧所产生的热量LNG比LPG要小一些，对周围辐射热影响也小些，采用表50数据经计算燃烧所产生的热量如下：

$$\text{液化天然气}\quad 35900\times600=2154\times10^4\ \text{kJ}$$

$$\text{商品丙烷气}\quad 93244\times271=2527\times10^4\ \text{kJ}$$

表50 液化石油气与液化天然气的主要特性对比

项　目	液化石油气（商品丙烷）	液化天然气
在1大气压力下初始沸腾点（℃）	－42	－162
15.6 ℃时，每立方米液体变成蒸气后的体积（m^3）	271	约600

表 50（续）

项　　目	液化石油气（商品丙烷）	液 化 天 然 气
蒸气在空气中的爆炸极限（%）	2. 15 ~ 9. 60	5. 00 ~ 15. 00
自燃点（℃）	493	650
蒸气的低发热值（kJ/m^3）	93244	约 35900
蒸气的相对密度（空气为 1）	15. 6 ℃时为 1. 50	纯甲烷在高于 −112 ℃时比 15. 6 ℃时的空气轻
蒸气压力（表压 kPa）	37. 8 ℃时不大于 1430	在常温下放置，液态储罐的蒸气压力将不断增加
15. 6 ℃时，每立方米液体的质量（kg/m^3）	504	430 ~ 470

2　综上所述，在防火间距和消防设施上对于小型 LNG 气化站的要求可比 LPG 气化站降低一些，但考虑到 LNG 气化站在我国尚处于初期发展阶段，采用与 LPG 气化站基本相同的防火间距和消防设施也是适宜的。

表 9. 2. 4 中 LNG 储罐与站外建、构筑物的防火间距，是参考我国 LPG 气化站的实践经验和本规范 LPG 气化站的有关规定编制的。

3　表 9. 2. 4 中集中放散装置的天然气放散总管与站外建、构筑物的防火间距，是参照本规范天然气门站、储配站的集中放散装置放散管的有关规定编制的。

9. 2. 5　本条规定了液化天然气气化站的液化天然气储罐、天然气放散总管与站内建、构筑物的防火间距。

1　本条的编制依据与第 9. 2. 4 条类同。

美国消防协会《液化天然气生产、储存和装卸标准》NFPA59A（2001 年版）规定的液化天然气储罐拦蓄区与建筑物和建筑红线的间距见表 51。

表 51　拦蓄区到建筑物和建筑红线的间距

储罐水容量（m^3）	从拦蓄区或储罐排水系统边缘到建筑物和建筑红线最小距离（m）	储罐之间最小距离（m）
<0. 5	0	0
0. 5 ~ 1. 9	3	1
1. 9 ~ 7. 6	4. 6	1. 5
7. 6 ~ 56. 8	7. 6	1. 5
56. 8 ~ 114	15	1. 5
114 ~ 265	23	相邻罐直径之和的 1/4 但不小于 1. 5 m
>265	0. 7 倍罐直径，但不小于 30 m	

表 9. 2. 5 中 LNG 储罐与站内建、构筑物的防火间距，是参考我国 LPG 气化站的实践

经验、本规范 LPG 气化站的有关规定和 NFPA59A 的有关规定编制的。

2 表 9.2.5 中集中放散装置的天然气放散总管与站内建、构筑物的防火间距，是参照本规范天然气门站、储配站的集中放散装置放散管的有关规定编制的。

9.2.10 本条规定了液化天然气储罐和储罐区的布置要求。

1 储罐之间的净距要求是参照 NFPA59A（见表 51）编制的。

2～4 款是参照 NFPA59A（2001 年版）编制的，其中第 3 款的“防护墙内的有效容积”是指防护墙内的容积减去积雪、其他储罐和设备等占有的容积和裕量。

5 是保障储罐区安全的需要。

6 是参照 NFPA57《液化天然气车（船）载燃料系统规范》（1999 年版）的规定编制的。容器容积太大，遇有紧急情况时，在建筑物内不便于搬运。而长期放置在建筑物内的装有液化天然气的容器，将会使容器压力不断上升或经安全阀排放天然气，造成事故或浪费能源、污染环境。

9.2.11 本条规定了气化器、低温泵的设置要求。

1 参照 NFPA59A 标准，气化器分为加热、环境和工艺等三类。

1）加热气化器是指从燃料的燃烧、电能或废热取热的气化器。又分为整体加热气化器（热源与气化换热器为一体）和远程加热气化器（热源与气化换热器分离，通过中间热媒流体作传热介质）两种。

2）环境气化器是指从天然热源（如大气、海水或地热水）取热的气化器。本规范中将从大气取热的气化器称为空温式气化器。

3）工艺气化器是指从另一个热力或化学过程取热，或储备或利用 LNG 冷量的气化器。

2 环境气化器、远程加热气化器（当采用的热媒流体为不燃烧流体时），可设置在储罐区内，是参照 NFPA57（1999 年版）的规定编制的。

设在储罐区的天然气气体加热器也应具备上述环境式或远程加热气化器（当采用的热媒流体为不燃烧流体时）的结构条件。

9.2.12 液化天然气集中放散装置的汇集总管，应经加热将放散物天然气加热成比空气轻的气体后方可放散，是使天然气易于向上空扩散的安全措施，放散总管距其 25 m 内的建、构筑物的高度要求是参照本规范天然气门站、储配站的放散总管的高度规定编制的。

天然气的放散是迫不得已采取的措施，对于储罐经常出现的 LNG 自然蒸发气（BOG 气）应经储罐收集后接到向外供应天然气的管道上，供用户使用。

9.3 液化天然气瓶组气化站

9.3.1 液化天然气瓶组气化站供应规模的确定主要依据如下：

液化天然气瓶组气化站主要供应城镇小区，气瓶组总容积 4 m^3 可以满足 2000～2500 户居民的使用要求，同时从安全角度考虑供应规模不宜过大。

为便于装卸、运输、搬运和安装，单个气瓶容积宜采用 175 L，最大不应大于 410 L，是根据实践和国内产品规格编制的。

9.3.2 本条编制依据与第 9.2.4 条类同。

LNG气瓶组与建、构筑物的防火间距是参考本规范中液化石油气瓶组间至建、构筑物的防火间距编制的，但考虑到液化石油气的最大气瓶为50 kg（容积118 L），而LNG气瓶最大为410 L，因而对气瓶组至民用建筑或重要公共建筑的防火间距规定，LNG气瓶组比液化石油气气瓶间要大一些。

关于液化天然气气瓶上的安全阀是否要汇集后集中放散的问题，目前存在不同做法，只要是能保证系统的安全运行，可由设计人员根据实际情况确定，本规范不作硬性统一的规定。当需要设放散管时，放散口应引到安全地点。

9.4 管道及附件、储罐、容器、气化器、气体加热器和检测仪表

9.4.1 本条规定了液化天然气储罐和设备的设计温度，是参照NFPA59A标准编制的。

9.4.3 本条规定了液化天然气管道连接和附件的设计要求，是参照NFPA59A标准编制的。

9.4.7 液态天然气管道上两个切断阀之间设置安全阀是为了防止因受热使其压力升高而造成管道破裂。

9.4.8 本条规定了液化天然气卸车软管和附件的设计要求，是参照NFPA59A标准编制的。

9.4.14 本条规定了液化天然气储罐仪表设置的设计要求，是参照NFPA59A标准编制的。

9.4.15 本条规定了气化器的液体进口紧急切断阀的设计要求，是参照NFPA59A标准编制的。

9.4.16 本条规定了气化器安全阀的设计要求，是参照NFPA59A标准编制的。安全阀可以设在气化器上，也可设在紧接气化器的出口管道上。

9.4.17～9.4.19 此三条规定是参照NFPA59A标准编制的。

9.4.21 本条规定了液化天然气气化站紧急关闭系统的设计要求，是参照NFPA59A标准编制的。

9.5 消防给水、排水和灭火器材

9.5.1～9.5.4 此四条规定了液化天然气气化站消防给水的设计要求。

1 根据欧洲标准《液化天然气设施与设备 陆上设施的设计》BSEN 1473—1997的有关说明，在液化天然气气化站内消防水有着与其他消防系统不同的用途，水既不能控制也不能熄灭液化天然气液池火灾，水在液化天然气中只会加速液化天然气的气化，进而增加其燃烧速度，对火灾的控制只会产生相反的结果。在液化天然气气化站内消防水大量用于冷却受到火灾热辐射的储罐和设备或可能以其他方式加剧液化天然气火灾的任何被火灾吞灭的结构，以减少火灾升级和降低设备的危险。

2 条文制定的原则是根据NFPA58和NFPA59A中有关消防系统的制订原则而确定的。根据NFPA58和NFPA59A的有关液化石油气和液化天然气站区的消防系统设计要求是基本一致的情况，因此编制的液化天然气气化站的消防系统设计的要求和本规范中的液化石油气供应的消防系统设计有关要求基本一致。

9.5.5 本条规定是参照NFPA59A标准编制的。

9.5.6 液化天然气气化站内具有火灾和爆炸危险的建、构筑物、液化天然气储罐和工艺装置设置小型干粉灭火器，对初期扑灭失火避免火势扩大，具有重要作用，故应设置。根据《建筑灭火器配置设计规范》GB 50140 的规定，站内液化天然气储罐或工艺装置区应按严重危险级配置灭火器材。

9.6 土建和生产辅助设施

9.6.2 本条规定了液化天然气工艺设备的建、构筑物的通风设计要求，是参照 NFPA59A 标准编制的。

9.6.3 液化天然气气化站承担向城镇或小区大量用户或大型用户等供气的重要任务，电力的保证是气化站正常运行的必备条件，其用电负荷及其供配电系统设计应符合《供配电系统设计规范》GB 50052“二级”负荷的有关规定。

10 燃 气 的 应 用

10.1 一 般 规 定

10.1.1 燃气系统设计指的是工艺设计。对于土建、公用设备等项设计还应按其他标准、规范执行。

10.2 室 内 燃 气 管 道

10.2.1 本条规定了室内燃气管道的最高压力，主要参照苏联和美国的规范编制的。

1 苏联《燃气供应标准》（1991 年版）5.29 条规定：安装在厂房内或住宅及非生产性公共建筑外墙上的组合式调压器的燃气进口压力不应超过下列规定：

住宅和非生产性公共建筑——0.3 MPa；

工业（包括锅炉房）和农业企业——1.2 MPa。

2 美国规范 ASME B31.8 输气和配气系统第 845.243 条对送给家庭、小商业和小工业用户的燃气压力做了如下限定：

用户调压器的进口压力应小于或等于 60 磅/平方英寸（0.41 MPa），如超压时应自动关闭并人工复位；

用户调压器的进口压力小于或等于 125 磅/平方英寸（0.86 MPa）时，除调压器外还应设置一个超压向室外放空的泄压阀，或在上游设辅助调压器，使通到用户的燃气压力不超过最大安全值。

3 我国燃气中压进户的情况。

四川、北京、天津等有高、中压燃气供应的城市中，有一部分锅炉房和工业车间内燃气的供应压力已达到 0.4 MPa，然后由专用调压器调至 0.1 MPa 以下供用气设备使用；

北京、成都、深圳等市早已开展了中压进户的工作，详见表 52。

表 52 我国部分城市中压进户的使用情况表

地点	燃气种类	厨房内调压器入口压力（MPa）	使用时间（年）
北京	人工煤气	0.1	20 以上
成都	天然气	0.2	20 以上
深圳	液化石油气	0.07	20 以上

4 国外中压进户表前调压的入户压力在第十五届世界煤气会议上曾有过报导，其入户的允许压力值详见表 53。

表 53 国外中压进户的燃气压力值

国别	户内表前最高允许压力（MPa）	国别	户内表前最高允许压力（MPa）
美国	0.05	法国	0.4
英国	0.2	比利时	0.5

5 中压进厨房的限定压力为 0.2 MPa，主要是根据我国深圳等地多年运行经验和参照国外情况制定的，为保证运行安全，故将进厨房的燃气压力限定为 0.2 MPa。

6 本条的表注 1 为等同美国国家燃气规范 ANSIZ 223.1—1999 规定。

10.2.2 本条规定了用气设备燃烧器的燃气额定压力。

1 燃气额定压力是燃烧器设计的重要参数。为了逐步实现设备的标准化、系列化，首先应对燃气额定压力进行规定。

2 一个城市低压管网压力是一定的，它同时供应几种燃烧方式的燃烧器（如引射式、机械鼓风的混合式、扩散式等），当低压管网的压力能满足引射式燃烧器的要求时，则更能满足另外两种燃烧器的要求（另外两种燃烧器对压力要求不太严格），故对所有低压燃烧器的额定压力以满足引射式燃烧器为准而作了统一的规定，这样就为低压管网压力确定创造了有利条件。

3 国内低压燃气燃烧器的额定压力值如下：

人工煤气：1.0 kPa；天然气：2.0 kPa；液化石油气：2.8 kPa（工业和商业可取 5.0 kPa）。

4 国外民用低压燃气燃烧器的额定压力值如下：

1）人工煤气：日本 1.0 kPa（煤气用具检验标准）；苏联 1.3 kPa（《建筑法规》—1977）；美国 1.5 kPa（ASAZ21.1.1—1964）。

2）天然气：法国 2.0 kPa（法国气体燃料用具的鉴定）；苏联 2.0 kPa（《建筑法规》—1977）；美国 1.75 kPa（ASAZ21.1.1—1964）。

3）液化石油气：苏联 3.0 kPa（《建筑法规》—1977）；日本 2.8 kPa（日本 JIS）；美国 2.75 kPa（ASAZ21.1.1）。

10.2.3 本条将原规范应采用镀锌钢管，改为宜采用钢管。对规范规定的其他管材，在有限制条件下可采用。

10.2.4 对钢管螺纹连接的规定的依据如下：

1 管道螺纹连接适用压力上限定为 0.2 MPa 是参照澳大利亚标准，但澳大利亚在此压力下，一般用于室外调压器之前，我国螺纹标准编制说明中也指出，采用圆锥内螺纹与圆锥外螺纹（锥/锥）连接时，可适用更高的介质压力。但考虑到室内管量大、面广、管件质量难保证、缺乏经常性维护、与用户安全关系密切等，故本规范对压力小于或等于 0.2 MPa 时只限在室外采用，室内螺纹连接只用于低压。

2 美国国家燃气规范 ANSIZ 223.1—1999，对室内燃气管螺纹规定采用（锥/锥）连接，最高压力可用于 0.034 MPa。

我国国产螺纹管件一般为锥管螺纹。故本规范对室内燃气管螺纹规定采用（锥/锥）连接。

10.2.5 本条规定了铜管用做燃气管的使用条件。

1 城镇燃气中硫化氢含量的限定：

GB 17820—1999《天然气》标准附录A规定，金属材料无腐蚀的含量为小于或等于 $6\ mg/m^3$（湿燃气）。

美国《燃气规范》ANSIZ 223.1—1999 规定，对铜材允许的含量为小于或等于 $7\ mg/m^3$（湿燃气）。

苏联《燃气规范》和我国《天然气》标准规定，对钢材允许的含量为小于或等于 $20\ mg/m^3$（湿燃气）。

本规范对铜管采用的是小于或等于 $7\ mg/m^3$ 的要求。

2 几个国家户内常用的铜管类型和壁厚见表54。据此本规范对燃气用铜管选用为A型或B型。

3 我国已有铜管国家标准，上海、佛山等城市使用铜管用于燃气已有4~5年，明装和暗埋的均有，但以暗埋敷设的为主。

表54 几个国家户内常用的铜管类型及壁厚

通径（mm）	中国			澳大利亚				美国
	类型、壁厚（mm）			类型、壁厚（mm）				壁厚（mm）
	A	B	C	A	B	C	D	—
5	1.0	0.8	0.6	—	—	—	—	—
6	1.0	0.8	0.6	0.91	0.71	—	—	—
8	1.0	0.8	0.6	0.91	0.71	—	—	—
10	1.2	0.8	0.6	1.02	0.91	0.71	—	—
15	1.2	1.0	0.7	1.02	0.91	0.71	—	1.06
—	1.2	1.0	0.8	1.22	1.02	0.91	—	1.07
20	1.5	1.2	0.9	1.42	1.02	0.91	—	1.14
25	1.5	1.2	0.9	1.63	1.22	0.91	—	1.27
32	2.0	1.5	1.2	1.63	1.22	—	0.91	1.40
40	2.0	1.5	1.2	1.63	1.22	—	0.91	1.52

注：1 澳大利亚燃气安装标准 AS5601—2000/AG601—2000，规定燃气用户选用的铜管应为A型或B型。

2 美国联邦法规 49－192（2000），规定了如上表所列燃气用户铜管的最小壁厚。

3 我国现行国家标准《天然气》GB 17820—1999 附录A中规定：燃气中 $H_2S \leq 6\ mg/m^3$ 时，对金属无腐蚀；$H_2S \leq 20\ mg/m^3$ 时，对钢材无明显腐蚀。

4 根据美国西南研究院（SWRI）和天然气研究院（GRI），关于“天然气成分对铜腐蚀作用的试验评估”（1993年3月）：

1）试验分析表明，天然气中硫化氢、氧气和水的浓度在规定范围内（水：

112 mg/m³，硫化氢：5.72~22.88 mg/m³，总硫：229~458 mg/m³，二氧化碳 2.0%~3.0%，氧气：0.5%~1.0%），铜管20年的最大的穿透值为0.23 mm，一般铜管的壁厚为0.90 mm以上，所以铜管不会因腐蚀而穿透。

2）试验表明，天然气中硫化氢、氧气和水的浓度在规定范围内，腐蚀产物可能在铜管内形成，并可能脱落阻塞下游设备的喷嘴；可通过设过滤器除去腐蚀产物的碎片，以减少设备的堵塞；也可选用内壁衬锡的铜管，以防止铜管的内腐蚀。

10.2.6 对不锈钢管规定的根据如下：

1 薄壁不锈钢管的壁厚不得小于0.6 mm（*DN*15及以上），按GB/T 12771标准，一般*DN*15及以上（外径≥13 mm）管子的壁厚≥0.6 mm，而外径8~12 mm管子壁厚为0.3~0.5 mm，比波纹管壁厚大。

管道连接方式一般可分以下六大类：螺纹连接、法兰连接、焊接连接、承插连接、粘结连接、机械连接（如胀接、压接、卡压、卡套等）。螺纹连接等前四种属传统的应用面较普遍的连接方式。粘结连接具有局限性。机械连接一般指较灵活的、现场可组装的，即安装较简便的连接方式。

薄壁不锈钢管采用承插氩弧焊式管件属无泄漏接头连接，与卡压、卡套等机械连接相比较具有明显优点，故推荐选用。

2 不锈钢波纹管的壁厚不得小于0.2 mm，是目前国内产品的一般要求。

3 薄壁不锈钢管和不锈钢波纹管必须有防外部损坏的保护措施，是参照美国、荷兰和欧洲燃气规范编制的。

10.2.7 本条规定了铝塑复合管用做燃气管的使用条件。

1 目前国外用于燃气的铝塑复合管的国家有荷兰（NPR 3378—10，2001）和澳大利亚（AS5601—2004）等，本条规定的根据主要来源于澳大利亚燃气安装标准（2004年版），该标准规定有铝塑管不允许暴露在60 ℃以上的温度下，最高使用压力为70 kPa等要求。

2 防阳光直射（防紫外线），防机械损伤等是对聚乙烯管的一般要求，由于铝塑复合管的内、外均为聚乙烯，因而也应有此要求。欧洲（BSEN 1775—1998）、美国法规49-192（2000）、荷兰（NPR 3378—10，2001）等国外《燃气规范》对室内用的PE和PE/Al/PE等塑料管材均有上述规定要求。

3 铝塑复合管我国已有国家标准，长春、福州等城市使用铝塑复合管用于燃气已有7~8年，主要采用明装且限用于住宅单元内的燃气表后。考虑到铝塑复合管不耐火和塑料老化问题，故本规范限制只允许在户内燃气表后采用。

10.2.9 关于居民生活使用的燃具同时工作系数（简称“系数”），是由上海煤气公司综合了上海、北京、沈阳、成都等地区的测定资料，经过整理、计算、验证后推荐的数据，详见附录F。由于“系数”的测定验证仅限于四个城市，就我国广大地区而言，尚有一定的局限性，故条文用词采用“可”。

10.2.11 低压燃气管道的计算总压力降可按本规范第6.2.8条确定，至于其在街区干管、庭院管和室内管中的分配，应根据建筑物等情况经技术经济比较后确定。当调压站供应压力不大于 5 kPa 的低压燃气时，对我国一般情况，参照苏联《建筑法规》并作适当调整，推荐表 55 作为室内低压燃气管道压力损失控制值，可供设计时参考。

表 55 室内低压燃气管道允许的阻力损失参考表

燃 气 种 类	从建筑物引入管至管道末端阻力损失（Pa）	
	单 层	多 层
人工煤气、矿井气	200	300
天然气、油田伴生气、液化石油气混空气	300	400
液化石油气	400	500

注：1 阻力损失包括计量装置的损失。

2 当由楼幢调压箱供应低压燃气时，室内低压燃气管道允许的阻力损失，也可按本规范第 6.2.8 条计算确定。

推荐表 55 中室内燃气管道允许的阻力损失的参考值理由如下：

1 苏联的住宅中一般不设置燃气计量装置。

1）苏联《室内燃气设备设计标准》（建筑法规Ⅱ）-62 规定：当有使用气体燃料的采暖用具（炉子、小型采暖炉、壁炉）时，居住建筑的住宅中才设燃气表。

2）苏联《建筑法规》-77 规定，室内压降的分配没提到燃气表的压力降。

3）苏联《建筑法规》-77 规定：为了计量供给工业企业、公用生活企业和锅炉房的燃气流量应规定设置流量计（注：住宅计量没有规定）。

2 家用膜式燃气表的阻力损失。

1）在原 TJ 28-78《城市煤气设计规范》规定：低压计量装置的压力损失：当流量等于或小于 3 m^3/h 时，不应大于 120 Pa；当流量大于 3 m^3/h，等于或小于 100 m^3/h 时，不应大于 200 Pa；当流量大于 100 m^3/h 时，应根据所选的表型确定。

2）在 GB/T 6968—1997《膜式煤气表》的表 5 中规定：煤气表的最大流量值 Q_{max} 为 1 ~10 m^3/h 时，总压力损失最大值为 200 Pa。

3）综上所述，家用燃气表的阻力损失一般为：流量小于或等于 3 m^3/h 时，阻力损失可取 120 Pa；大于 3 m^3/h 而小于或等于 10 m^3/h，或在 1.5 倍额定流量下使用时，阻力损失可取 200 Pa。

3 室内燃气管道阻力损失的参考值。

因苏联住宅厨房内不设置煤气表，故供气系统的阻力损失值不能等同采用苏联《建筑法规》中的数值（详见本规范条文说明表 27），故作适当调整（见表 55 和表 28）。

10.2.14 本条规定的目的是保证用气的安全和便于维修管理。

1 人工煤气引入管管段内，往往容易被萘、焦油和管道内腐蚀铁锈所堵塞，检修时要在引入管阀门处进行人工疏通管道的工作，需要带气作业。此外阀门本身也需要经常维修保养。因此，凡是检修人员不便进入的房间和处所都不能敷设燃气引入管。

2 规定燃气引入管应设在厨房或走廊等便于检修的非居住房间内的根据是：

苏联1977年《建筑法规》第8.21条规定：住房内燃气立管规定设在厨房、楼梯间或走廊内；

我国的实际情况也是将燃气引入管设在厨房、楼梯间或走廊内。

10.2.16 规定燃气引入管“穿过建筑物基础、墙或管沟时，应设置在套管中”，前者是防止当房屋沉降时压坏燃气管道，以及在管道大修时便于抽换管道；后者是防止燃气管道漏气时沿管沟扩散而发生事故。

对于高层建筑等沉降量较大的地方，仅采取将燃气管道设在套管中的措施是不够的，还应采取补偿措施，例如，在穿过基础的地方采用柔性接管或波纹补偿器等更有效的措施，用以防止燃气管道损坏。

10.2.18 燃气引入管的最小公称直径规定理由如下：

1 当输送人工煤气或矿井气时，我国多数燃气公司根据多年生产实践经验，规定最小公称直径为*DN*25。国外有关资料如英国、美国、法国等国家也规定了最小公称直径为*DN*25。为了防止造成浪费，又要防止管道堵塞，根据国内外情况，将输送人工煤气或矿井气的引入管最小公称直径定为*DN*25。

2 当输送天然气或液化石油气时，因这类燃气中杂质较少，管道不易堵塞，且燃气热值高，因此引入管的管径不需过大。故将引入管的最小公称直径规定为：天然气*DN*20，液化石油气*DN*15。

10.2.19 本条规定了引入管阀门布置的要求。

规定“对重要用户应在室外另设置阀门”。这是为了万一在用气房间发生事故时，能在室外比较安全地带迅速切断燃气，有利于保证用户的安全。重要用户一般系指：国家重要机关、宾馆、大会堂、大型火车站和其他重要建筑物等，具体设计时还应听取当地主管部门的意见予以确定。

10.2.21 本条规定了地下室、半地下室、设备层和地上密闭房间敷设燃气管道时应具备的安全条件。

10.2.22 地下室和半地下室一般通风较差，比空气重的液化石油气泄漏后容易集聚达到爆炸极限并发生事故，故规定上述地点不应设置液化石油气管道和设备。当确需设置在上述地点时，参考美国、日本和我国深圳市的经验，建议采取下述安全措施，经专题技术论证并经建设、消防主管部门批准后方可实施。

1 只限地下一层靠外墙部位使用的厨房烹调设备采用，其装机热负荷不应大于0.75 MW（58.6 kg/h的液化石油气）；

2 应使用低压管道液化石油气，引入管上应设紧急自动切断阀，停电时应处于关闭状态；

3 应有防止燃气向厨房相邻房间泄漏的措施；

4 应设置独立的机械送排风系统，通风换气次数：正常工作不应小于6次/h，事故通风时不应小于12次/h；

5 厨房及液化石油气管道经过的场所应设置燃气浓度检测报警器，并由管理室集中监视；

6 厨房靠外墙处应有外窗并经过竖井直通室外，外窗应为轻质泄压型；

7 电气设备应采用防爆型；

8 燃气管道敷设应符合本规范第10.2.21、10.2.23条规定等。

10.2.23 本条规定了在地下室、管道井等危险部位敷设燃气管道时的具体安全措施。

1 管道提高一个压力等级的含义是指：低压提高到0.1 MPa；中压B提高到0.4 MPa；中压A提高到0.6 MPa。

3 管道焊缝射线照相检验，主要是根据现行国家标准《工业金属管道工程施工及验收规范》GB 50235—1997中7.4.3.1条的规定和我国燃气管道焊接的实际情况确定的。

10.2.25 室内燃气管道一般均应明设，这是为了便于检修、检漏并保证使用安全；同时明设作法也较节约。在特殊情况下（例如考虑美观要求而不允许设明管或明管有可能受特殊环境影响而遭受损坏时）允许暗设，但必须便于安装和检修，并达到通风良好的条件（通风换气次数大于2次/h），例如装在具有百页盖板的管槽内等。

燃气管道暗设在建筑物的吊顶或密封的Π形管槽内，为上海市推荐做法及规定。

室内水平干管尽量不穿建筑物的沉降缝，但有时不可避免，故规定为不宜。穿过时应采取防护措施。

10.2.27 本条规定了燃气管道井的安全措施。燃气管道与下水管等设在同一竖井内为国内，以及澳大利亚住宅管道井的普遍做法，多年运行没发生什么问题。管道井防火、通风措施是根据国内管道井的普遍做法。主要是根据国家《建筑设计防火规范》、美国《燃气规范》和国内实际做法规定的。

10.2.28 高层建筑立管的自重和热胀冷缩产生的推力，在管道固定支架和活动支架设计、管道补偿等设计上是必须要考虑的，否则燃气管道可能出现变形、折断等安全问题。

10.2.29 室内燃气管道在设计时必须考虑工作环境温度下的极限变形，否则会使管道热胀冷缩造成扭曲、断裂，一般可以用室内管道的安装条件做自然补偿，当自然条件不能调节时，必须采用补偿器补偿；室内管道宜采用波纹补偿器；因波纹补偿器安装方便，调节安装误差的幅度大，造型也轻巧美观。

补偿量计算温度为国内设计计算时的推荐数据。

10.2.31 本条规定了住宅内暗埋燃气管道的安全要求，为澳大利亚、荷兰等国外标准规定和我国上海等地的习惯做法。

机械接头指胀接、压接、卡压、卡套等连接方式用的接头，管螺纹连接未列入机械连接中。

10.2.32 住宅内暗封的燃气管道指隐蔽在柜橱、吊顶、管沟等部位的燃气管道。

10.2.33 为了使商业和工业企业室内暗设的燃气管便于安装和检修，并能延长使用年限达到安全可靠的目的，条文提出了敷设方式及措施。

10.2.34 民用建筑室内水平干管不应埋设在地下和地面混凝土层内主要为防腐蚀和便于检修。工业和实验室用的燃气管道可埋设在混凝土地面中为参照苏联《建筑法规》的规定。

10.2.36 本条规定电表、电插座、电源开关与燃气管道的净距为我国上海、香港等地的实践经验，其他为苏联《建筑法规》的规定。

10.2.38 为了防止当房屋沉降时损坏燃气管道及管道大修时便于抽换管道，以及因室内温度变化燃气管道随温度变化而有伸缩的情况，条文规定燃气管道穿过承重墙、地板或楼板时“必须”安装在套管中。

10.2.39 设置放散管的目的是为工业企业车间、锅炉房以及大中型用气设备首次使用或长时间不用又再次使用时，用来吹扫积存的燃气管道中的空气、杂质。当停炉时，如果总阀门关闭不严，漏到管道中的燃气可以通过放散管放散出去，以免燃气进入炉膛和烟道发生事故。

苏联《建筑法规》规定：放散管应当服务于从离开引入地点最远的燃气管段开始引至最后一个阀门（按燃气流动方向）前面的每一机组的支管为止。具有相同的燃气压力的燃气管道的放散管可以连接起来。放散管的直径不应小于20 mm。放散管应设有为了能够确定放散程度而用的带有转心门或旋塞的取样管。

放散管要高出屋脊1 m以上或地面上安全处设置是为了防止由放散管放散出的燃气进入屋内。使燃气能尽快飘散在大气中。

为了防止雨水进入放散管，管口要加防雨帽或将管道摵一个向下的弯。对于设在屋脊为不耐火材料，周围建筑物密集、容易窝风地区的放散管，管口距屋脊应更高，以便燃气尽快扩散于大气中。

因为放散管是建筑物的最高点，若处在防雷区之外时，容易遭到雷击而引起火灾或燃气爆炸。所以放散管必须设接地引线。根据《中华人民共和国爆炸危险场所电气安全规程》的规定，确定引线接地电阻应小于10 Ω。

10.2.40 燃气阀门是重要的安全切断装置，燃气设备停用或检修时必须关断阀门，本条规定的部位应设置阀门是目前国内外的普遍做法。

10.2.41 选用能快速切断的球阀做室内燃气管道的切断装置是目前国内的普遍做法，安全性较好。

10.3 燃 气 计 量

10.3.1 为减少浪费，合理使用燃气，搞好成本核算，各类用户按户计量是不可缺少的措施。目前，已充分认识到这一点，改变了过去按人收费和一表多户按户收费等不正常现象。

燃气表应按燃气的最大工作压力和允许的压力降（阻力损失）等条件选择为参照美国《燃气规范》的规定。

10.3.2 本条规定了用户燃气表安装设计要求。

1“通风良好”是燃气表的保养和用气安全所需要的条件，各地煤气公司对要求“通风良好”均作了规定。如果使用差压式流量计则仅对二次仪表有通风良好的要求。

2 禁止安装燃气表的房间、处所的规定是根据上海市煤气公司的实践经验和规定提出的，这主要是为了安全。因为燃气表安装在卫生间内，外壳容易受环境腐蚀影响；安装在卧室则当表内发生故障时既不便于检修，又极易发生事故；在危险品和易燃物品堆存处安装煤气表，一旦出现漏气时更增加了易燃、易爆品的危险性，万一发生事故时必然加剧事故的灾情，故规定为“严禁安装”。

3 目前输配管道内燃气一般都含有水分。燃气经过燃气表时还有散热降温作用。如环境温度低于燃气露点温度或低于0 ℃时，燃气表内会出现冷凝或冻结现象，从而影响计量装置的正常运转，故各地燃气公司对环境温度均有规定。

4 煤气表一般装在灶具的上方，煤气表与灶具、热水器等燃烧设备的水平净距应大于30 cm是参照北京、上海等地标准的规定制定的。

规定当有条件时燃气表也可设置在户门外，设置在门外楼梯间等部位应考虑漏气、着火后对消防疏散的影响，要有安全措施，如设表前切断阀、对燃气表的保护和加强自然通风等。

5 商业和工业企业用气的计量装置，目前多数用户都是安装在毗邻的或隔开的调压站内或单独的房间内，并设有测压、旁通等设施，计量装置本身体积也较大，故占地较大，为了管理方便，宜布置在单独房间内。

10.3.3 本条规定设置计量保护装置的技术条件。

1 输送过程中产生的尘埃来自没有保护层的钢管遇到燃气中的氧、水分、硫化氢等杂质而分别形成的氧化铁或硫化铁。四川省成都市和重庆市的天然气站或计量装置前安装过滤器来除去硫化铁及其他固体尘粒取得了实际效果。天津市因所用石油伴生气中杂质较少，其计量装置前没有装设过滤器。东北各地则普遍发现黑铁管内壁和计量装置内均有严重积垢和腐蚀现象，但没有定性定量分析资料，从外表观察积垢实物，估计是焦油、萘、硫化铁、氧化铁等的混合物。

苏联ГОСТ5364《家用燃气表技术要求》规定"表内应有护网防杂质进入机构"；英国标准没有规定；我国各地生产的燃气表也不附带过滤器。

我们认为并非所有的计量装置都需要安装过滤器，不必把它作为计量装置的固定附件，而应根据输送燃气的具体情况和当地实践经验来决定是否需要安装。

2 对于机械鼓风助燃的用气设备，当燃气或空气因故突然降低压力和或者误操作时，均会出现燃气、空气窜混现象，导致燃烧器回火产生爆炸事故，造成燃气表、调压器、鼓风机等设备损坏。设置泄压装置是为了防止一旦发生爆炸时，不至于损坏设备。

上海彭浦机器厂曾发生过加热炉爆炸事故，由于设了止回阀而保护了阀前的调压器。沈阳压力开关厂和华光灯泡厂原来在计量装置后未装防爆膜，曾发生过因回火爆炸而损坏燃气表的事故；在增加防爆膜后，当再次回火发生爆炸时则未造成损失。燃气压力较高时宜设止回阀，压力较低时宜设防爆膜。

10.4 居民生活用气

10.4.1 目前国内的居民生活用气设备，如燃气灶、热水器、采暖器等都使用5 kPa以下的低压燃气，主要是为了安全，即使中压进户（中压燃气进入厨房）也是通过调压器降至低压后再进入计量装置和用气设备的。

10.4.2 居民生活用气设备严禁安装在卧室内的理由：

1 苏联《建筑法规》规定：居住建筑物内的燃气灶具应装在厨房内。采暖用容积式热水器和小型燃气采暖锅炉必须设在非居住房间内；

2 燃气红外线采暖器和火道（炕、墙）式燃气采暖装置在我国一些地区的卧室使用后，都曾发生过多起人身中毒和爆炸事故。

根据国内、国外情况，故规定燃气用具严禁在卧室内安装。

10.4.3 为保证室内的卫生条件，当设置在室内的直排式燃具，其容积热负荷指标不超过本规范第10.7.1条规定的207 W/m^3 时，也宜设置排气扇、吸油烟机等机械排烟设施；为保证室内的用气安全，非密闭的一般用气房间也宜设置可燃气体浓度检测报警器。

10.4.4 燃气灶安装位置的规定理由如下：

1 在通风良好的厨房中安装燃气灶是普遍的安装形式，当条件不具备时，也可安装在其他单独的房间内，如卧室的套间、走廊等处，为了安全和卫生，故规定要有门与卧室隔开。

2 一般新住宅的净高为2.4~2.8 m，为了照顾已有建筑并考虑到燃烧产生的废气层能够略高于成年人头部，以减少对人的危害，故规定燃气灶安装房间的净高不宜低于2.2 m；当低于2.2 m时，应限制室内燃气灶眼数量，并应采取措施保证室内较好的通风条件。

3 燃气灶或烤箱灶侧壁距木质家具的净距不小于20 cm，比苏联标准大5 cm，主要是因我国灶具的热负荷比苏联大，烤箱的温度（$t=280$ ℃）也比国外高，有可能造成烤箱外壁温度较高。另外，我国使用的锅型也较大，考虑到安全和使用的方便而作了上述规定。

10.4.5 燃气热水器安装位置的规定理由如下：

1 通风良好条件一般应采用机械换气的措施来解决，设置在阳台时应有防冻、防风雨的措施。

2 规定除密闭式热水器外其他类型热水器严禁安装在卫生间内，主要是防止因倒烟和缺氧而产生事故，国内外均有这方面的安全事故，故作此规定。

密闭式热水器燃烧需要的空气来自室外，燃烧后的烟气排至室外，在使用过程中不影响室内的卫生条件，故可以安装在卫生间内。

3 安装半密闭式热水器的房间的门或墙的下部设有不小于0.02 m^2 的格栅或在门与地面之间留有不小于30 mm的间隙，是参照苏联规范的规定，目的在于增加房间的通风，以保证燃烧所需空气的供给。

4 房间净高宜大于2.4 m是8 L/min以上大型快速热水器在墙上安装时的需要高度。

5 大量使用的快速热水器都安装在墙上，不耐火的墙壁应采取有效的隔热措施。容积式热水器安装时也有同样的要求。

10.4.6 住宅单户分散采暖系统，由于使用时间长，通风换气条件一般较差，故规定应具备熄火保护和排烟设施等条件。

10.5 商业用气

10.5.1 商业用气设备宜采用低压燃气设备。对于在地下室、半地下室等危险部位使用时，应尽量选用低压燃气设备，否则应经有关部门批准方可选用中压燃气设备。

10.5.2 本条规定的通风良好的专用房间主要是考虑安全而规定的。

10.5.3 本条对地下室等危险部位使用燃气时的安全技术要求进行了规定，主要依据我国上海、深圳等城市的经验。

10.5.5 大锅灶热负荷较大，所以都设有炉膛和烟道，为保证安全，在这些容易聚集燃气的部位应设爆破门。

10.5.6、10.5.7 对商业用户中燃气锅炉和燃气直燃型吸收式冷（温）水机组的设置作了规定，主要依据《建筑设计防火规范》GB 50016、《高层民用建筑设计防火规范》GB 50045 和我国上海等地的实际运行经验。

10.6 工业企业生产用气

10.6.1 用气设备的燃气用量是燃气应用设计的重要资料，由于影响工业燃气用量的因素很多，现在所掌握的统计分析资料还达不到提出指标数据的程度，故本条只作出定性规定。

非定型用气设备的燃气用量，应由设计单位收集资料，通过分析确定计算依据，然后通过详细的热平衡计算确定。当资料数据不全，进行热平衡计算有困难时，可参照同类型用气设备的用气指标确定。

在实际生产中，影响炉子（用气设备）用气量的因素很多，如炉子的生产量、燃气及其助燃用空气的预热温度、燃烧过剩空气系数及燃烧效果的好坏、烟气的排放温度等。燃气用量指标是在一定的设备和生产条件下总结的经验数据，因此在选择运用各类经验耗热指标时，要注意分析对比，条件不同时要加以修正。

原有加热设备使用“其他燃料”，主要指的是使用固体和液体燃料的加热设备改烧气体燃料（城市燃气）的问题。在确定燃气用量时，不但要考虑不同热值因素的折算，还要考虑不同热效率因素的折算。

10.6.2 关于在供气管网上直接安装升压装置的情况在实际中已存在，由于安装升压装置的用户用气量大，影响了供气管网的稳定，尤其是对低压和中压 B 管网影响较大，造成其他用户燃气压力波动范围加大，降低了灶具燃烧的稳定性，增加了不安全因素。因此，条文规定“严禁”在低压和中压 B 供气管道上“直接”安装加压设备，并主要根据上海等地的经验规定了当用户用气压力需要升压时必须采取的相应措施，以确保供气管网安全稳定供气。

10.6.4 为了提高加热设备的燃烧温度、改善燃烧性能、节约燃气用量、提高炉子热效率，其有效的办法之一是搞好余热利用。

废热中余热的利用形式主要是预热助燃用的空气，当加热温度要求在 1400 ℃以上时，助燃用空气必须预热，否则不能达到所要求的温度。如有些高温焙烧窑，当把助燃用的空气预热到 1200 ℃时窑温可达到 1800 ℃。

根据上海的经验和一些资料介绍，采用余热利用装置后，一般可节省燃气 10% ~ 40%。当不便于预热助燃用空气时，也宜设置废热锅炉来回收废热。

10.6.5 规定了工业用气设备的一般工艺要求。

1 用气设备应有观察孔或火焰监测装置，并宜设置自动点火装置和熄火保护装置是对用气设备的一般技术要求。

由于工业用气设备用气量大、燃烧器的数量多，且因受安装条件的限制，使人工点火和观火比较困难；通过调查不少用气设备由于在点火阶段的误操作而发生爆炸事故。当用气设备装有自动点火和熄火保护装置后，对设备的点火和熄火起到安全监测作用，从而保证了设备的安全、正常运转。

2 用气设备的热工检测仪表是加热工艺应有的，不论是手动控制的还是自动控制的用气设备都应有热工检测仪表，包括有检测下述各方面的仪表：

1）燃气、空气（或氧气）的压力、温度、流量直观式仪表；

2）炉膛（燃烧室）的温度、压力直观式仪表；

3）燃烧产物成分检测仪表（测定烟气中 CO、CO_2、O_2 含量）；

4）排放烟气的温度、压力直观式仪表。

5）被加热对象的温度、压力直观式仪表。

上述五个方面的热工检测仪表并不要求全部安装，而应根据不同加热工艺的具体要求确定；但对其中检测燃气、空气的压力和炉膛（燃烧室）温度、排烟温度等两个方面应有直观的指示仪表。

用气设备是否设燃烧过程的自动调节，应根据加热工艺需要和条件的可能确定。燃烧过程的自动调节主要是指对燃烧温度和燃烧气氛的调节。当加热工艺要求要有稳定的加热温度和燃烧气氛，只允许有很小的波动范围，而靠手动控制不能满足要求时，应设燃烧过程的自动调节。当加热工艺对燃烧后的炉气压力有要求时，还可设置炉气压力的自动调节装置。

10.6.6 规定了工业生产用气设备应设置的安全设施。

1 使用机械鼓风助燃的用气设备，在燃气总管上应设置紧急自动切断阀，一般是一台或几台设备装一个紧急自动切断阀，其目的是防止当燃气或空气压力降低（如突然停电）时，燃气和空气窜混而发生回火事故。

2 用气设备的防爆设施主要是根据各单位的实践经验而制定的。从调查中，各单位均认为用气设备的水平烟道应设置爆破门或起防爆作用的检查人孔。过去有些单位没有设置或设置了之后泄压面积不够，曾出现过炸坏烟道、烟囱的事故。

锅炉、间接式加热等封闭式的用气设备，其炉膛应设置爆破门，而非封闭式的用气设备，如果炉门和进出料口能满足防爆要求时则可不另设爆破门。

关于爆破门的泄压面积按什么标准确定，现在还缺乏这方面的充分依据。例如北京、上海等地习惯作法，均按每 1 m^3 烟道或炉膛的体积其泄压面积不小于 250 cm^2 设计。又如苏联某《安全规程》中规定："每个锅炉，燃烧室、烟道及水平烟道都应设爆破门"。"设计单位改装采暖锅炉时，一般采用爆破门的总面积是每 1 m^3 的燃烧室、主烟道或水平烟道的体积不小于 250 cm^2"。

根据以上情况，本条规定用气设备的烟道和封闭式炉膛应设爆破门，爆破门的泄压面积指标，暂不作规定。

3 鼓风机和空气管道静电接地主要是防止当燃气泄漏窜入鼓风机和空气管道后静电引起的爆炸事故。

4 设置放散管的目的是在用气设备首次使用或长时间不用再次使用时，用来吹扫积存在燃气管道中的空气。另外，当停炉时，总阀门关闭不严漏出的燃气可利用放散管放出，以免进入炉膛和烟道而引发事故。

10.6.7 本条参照美国《燃气规范》的规定，根据有关技术资料说明如下：

1 背压式调压器（例如我国上海劳动阀门二厂等生产的GQT型大气压调压器）其工作原理如下：

在大气压调压器结构中，膜片、阀杆、阀瓣系统的自重为调压弹簧的反作用力所平衡，阀门通常保持“闭”的状态。即使当进口侧有气体压力输入时，阀门仍不致开启，出口侧压力保持零的状态。

当外部压力由控制孔进入上部隔膜室，致使压力升高时，或当下游气路中混合器动作抽吸管路中气体，下部隔膜室压力形成负压时，由于主隔膜存在上下压差，阀门向下开启，燃气由出口侧输出。并可使燃气与空气保持恒定的混合比。

此种调压器结构合理，灵敏度高，可在气路中组成吸气式、均压式、溢流式等多种用途，是自动控制出口压力、气体流量的机械式自动控制器，对提高燃气热效率、节约能源、简化燃烧装置的操作管理均有很好作用。其安装要求参见该产品说明书。

2 混气管路中的阻火器及其压力的限制：

1）防回火的阻火器，其阻火网的孔径必须在回火的临界孔径之内。

2）混合管路中的压力不得大于0.07 MPa，其目的主要是当发生回火时，降低破坏力；另外，混气压力大于一般喷嘴的临界压力（0.08 MPa左右）已无使用意义。

10.7 燃烧烟气的排除

10.7.1 本条规定的室内容积热负荷指标是参照美国《燃气规范》ANSI 223.1—1999的规定。

有效的排气装置一般指排气扇、排油烟机等机械排烟设施。

10.7.2 规定住宅内排气装置的选择原则。

1 烟气应尽量通过住宅的竖向烟道排至室外；20 m以下高度的住宅可选用自然排气的独立烟道或共用烟道，灶具和热水器（或采暖炉）的烟道应分开设置；20 m以上的高层住宅可选用机械抽气（屋顶风机）的负压共用烟道，但不均匀抽气问题还有待解决。

2 排烟设施应符合《家用燃气燃烧器具安装及验收规程》CJJ 12—99的规定。

10.7.5 为保证燃烧设备安全、正常使用而对排烟设备作了具体规定。

1 使用固体燃料时，加热设备的排烟设施一般没有防爆装置，停止使用时也可能有明火存在，所以它和用气设备不得共用一套排烟设施，以免相互影响发生事故。

2 多台设备合用一个烟道时，为防止排烟时的互相影响，一般都设置单独的闸板（带防倒风排烟罩者除外），不用时关闭。另外，每台设备的分烟道与总烟道连接位置，以及它们之间的水平和垂直距离都将影响排烟，这是设计时一定要考虑的。

3 防倒风排烟罩：在现行国家标准《家用燃气快速热水器》GB 6932—2001中3.22中的名称为“防倒风排气罩”，其定义为：装在热水器烟气出口处，用于减少倒风对燃器燃烧性能影响的装置。

10.7.6～10.7.8 根据苏联《建筑法规》《燃气在城乡中的应用》等标准和资料确定的。

10.7.9 参照美国《燃气规范》ANSIZ 223.1—1999和我国香港《住宅式气体热水炉装置

规定》2001 年的规定编制。

10.7.10 参照美国《燃气规范》ANSIZ 223.1—1999 的规定编制。

10.8 燃气的监控设施及防雷、防静电

10.8.1 本条规定了在地上密闭房间、地下室、燃气管道竖井等通风不良场所应设置燃气浓度检测报警器，以策安全。

10.8.2 规定了燃气浓度检测报警器的安装要求，是参照《燃气燃烧器具安全技术通则》GB 16914—97 和日本《燃具安装标准》的规定。

10.8.3 本条规定用燃气的危险部位和重要部位宜设紧急自动切断阀。

国内目前使用紧急自动切断阀的经验表明，该产品易出现误动作或不动作，国内深圳市已有将其拆除或停用的情况，故不作强行设置的规定。

10.8.5 本条规定了燃气管道和设备的防雷、防静电要求。目前高层建筑的室外立管、屋面管，以及燃气引入管等部位均要求有防雷、防静电接地，工业企业用的燃气、空气（氧气）混气设备也要求有静电接地。故规定燃气应用设计时要考虑防雷、防静电的安全接地问题，其工艺设计应严格按照防雷、防静电的有关规范执行。

10.8.6 本条是参照美国《燃气规范》ANSIZ 223.1—1999 的规定。

UDC

中华人民共和国国家标准

P GB 51142—2015

液化石油气供应工程设计规范

Code for design of liquefied petroleum gas (LPG) supply engineering

2015－12－03 发布 2016－08－01 实施

中华人民共和国住房和城乡建设部
中华人民共和国国家质量监督检验检疫总局
联合发布

中华人民共和国住房和城乡建设部
公告

第992号

住房城乡建设部关于发布国家标准《液化石油气供应工程设计规范》的公告

现批准《液化石油气供应工程设计规范》为国家标准，编号为GB 51142—2015，自2016年8月1日起实施。其中，第3.0.13、5.2.3、5.2.4、7.0.5条为强制性条文，必须严格执行。国家标准《城镇燃气设计规范》GB 50028—2006中第8章内容同时废止。

本规范由我部标准定额研究所组织中国建筑工业出版社出版发行。

中华人民共和国住房和城乡建设部

2015年12月3日

前 言

根据住房和城乡建设部《关于印发〈2009 年工程建设标准规范制订、修订计划〉的通知》（建标［2009］88 号）的要求，规范编制组经广泛调查研究，认真总结实践经验，参考有关国外先进标准，并在广泛征求意见的基础上，编制本规范。

本规范的主要内容包括：1. 总则；2. 术语；3. 基本规定；4. 液态液化石油气管道输送；5. 液化石油气储存站、储配站和灌装站；6. 液化石油气气化站和混气站；7. 液化石油气瓶组气化站；8. 液化石油气瓶装供应站；9. 管材及管道附件、储罐及其他容器和防腐；10. 建筑防火与供暖通风及绿化；11. 消防给水、站区排水与灭火器配置；12. 电气与通信。

本规范中以黑体字标志的条文为强制性条文，必须严格执行。

本规范由住房和城乡建设部负责管理和对强制性条文的解释，由中国市政工程华北设计研究总院有限公司负责具体技术内容的解释。执行过程中如有意见或建议，请寄送中国市政工程华北设计研究总院有限公司（地址：天津市南开区华苑产业园区桂苑路 16 号，邮编：300384）。

本规范主编单位： 中国市政工程华北设计研究总院有限公司

本规范参编单位： 北京市煤气热力工程设计院有限公司
北京市液化石油气公司
新地能源工程技术有限公司
港华投资有限公司
中国燃气控股有限公司
中石油昆仑燃气有限公司
上海液化石油气经营有限公司
长春燃气热力设计研究院有限责任公司
中国轻工业广州工程院
深圳市燃气工程设计有限公司
中交煤气热力研究设计院有限公司
公安部天津消防研究所
烟台市汇通燃气发展有限公司

本规范主要起草人员： 陈云玉 张 涛 杜建梅 杨永慧 阎海鹏 吴洪松 应援农
周继辉 毕 伟 牛卓韬 云 成 肖建林 杜 霞 白彦辉
张 琳 赵雪玲 王 雪 张宏伟 于京春 李连星 杨 炯
张晓军 邓文平 安跃红 刘 斌 贾秋明 于小迪 于 涛
吕 松

本规范主要审查人员： 金石坚　杨　健　徐　良　冯长海　李永威　田贯三　宋玉银　张剑光　许　红　王文德　孟学思　姜东琪　史业腾　孔　川　全　星

目 次

Contents

1 总 则

1.0.1 为使液化石油气供应工程设计符合安全生产、保证供应、技术先进、经济合理和保护环境等要求，制定本规范。

1.0.2 本规范适用于新建、扩建和改建的液态液化石油气管道输送工程和下列储存容积小于等于 10000 m^3 城镇液化石油气供应工程的设计：

1 液化石油气储存站、储配站和灌装站；

2 液化石油气气化站、混气站和瓶组气化站；

3 液化石油气瓶装供应站。

1.0.3 本规范不适用于下列液化石油气工程和装置的设计：

1 炼油厂、石油化工厂、油气田和天然气气体处理装置的液化石油气加工、储存、灌装及运输工程；

2 液化石油气全冷冻式储存、半冷冻式储存、灌装和运输工程（全冷冻式储罐和半冷冻式储罐与站外建筑物、构筑物、堆场的防火间距除外）；

3 海洋和内河水运的液化石油气运输设施；

4 轮船、铁路车辆和汽车上使用的液化石油气装置；

5 液化石油气汽车加气站。

1.0.4 液化石油气供应工程设计除应符合本规范的规定外，尚应符合国家现行有关标准的规定。

2 术　语

2.0.1 液化石油气供应站　LPG supply station

具有储存、装卸、灌装、气化、混气、配送等功能，以储配、气化（混气）或经营液化石油气为目的的专门场所，是液化石油气厂站的总称。包括储存站、储配站、灌装站、气化站、混气站、瓶组气化站和瓶装供应站。

2.0.2 液化石油气储存站　LPG stored station

由储存和装卸设备组成，以储存为主，并向灌装站、气化站和混气站配送液化石油气为主要功能的专门场所。

2.0.3 液化石油气储配站　LPG stored and delivered station

由储存、灌装和装卸设备组成，以储存液化石油气为主要功能，兼具液化石油气灌装作业为辅助功能的专门场所。

2.0.4 液化石油气灌装站　LPG filling station

由灌装、储存和装卸设备组成，以液化石油气灌装作业为主要功能的专门场所。

2.0.5 液化石油气气化站　LPG vaporizing station

由储存和气化设备组成，以将液态液化石油气转变为气态液化石油气为主要功能，并通过管道向用户供气的专门场所。

2.0.6 液化石油气混气站　LPG-air（other fuel gas）mixing station

由储存、气化和混气设备组成，将液态液化石油气转换为气态液化石油气后，与空气或其他燃气按一定比例混合配制成混合气，经稳压后通过管道向用户供气的专门场所。

2.0.7 液化石油气瓶组气化站　vaporizing station of multiple cylinder installations

配置2个或以上液化石油气钢瓶，采用自然或强制气化方式将液态液化石油气转换为气态液化石油气后，经稳压后通过管道向用户供气的专门场所。

2.0.8 液化石油气瓶装供应站　bottled LPG delivered station

经营和储存瓶装液化石油气的专门场所。

2.0.9 全压力式储罐　fully pressurized storage tank

常温状态下盛装液化石油气的储罐，其特点是储存压力随环境温度变化。

2.0.10 半冷冻式储罐　semi-refrigerated storage tank

在较低温度和较低压力下盛装液化石油气的储罐。

2.0.11 全冷冻式储罐　fully refrigerated storage tank

在低温和常压下盛装液化石油气的储罐。

3　基　本　规　定

3.0.1　液态液化石油气可采用管道、铁路槽车及汽车槽车输送，输送方式的选择应经技术经济比较后确定。

3.0.2　液化石油气的质量应符合现行国家标准《液化石油气》GB 11174 和《城镇燃气技术规范》GB 50494 的有关规定。

3.0.3　当液化石油气与空气混合气作为气源时，液化石油气的体积分数应大于其爆炸上限的 2 倍，混合气的露点温度应低于管道外壁温度 5 ℃，其质量应符合国家现行标准的有关规定，且应符合下列规定：

1　混合气中硫化氢含量不应大于 20 mg/m^3；

2　向用户供应的混合气应具有可以察觉的警示性臭味；混合气中加臭剂的添加量应使得当混合气泄漏到空气中，达到爆炸下限的 20% 时，嗅觉正常的人应能察觉；

3　加臭剂的质量、添加量及检测应符合现行行业标准《城镇燃气加臭技术规程》CJJ/T 148 的有关规定。

3.0.4　当采用液化石油气与空气混合气作为城镇燃气调峰气源或补充气源时，应与主气源有良好的互换性。

3.0.5　液化石油气供应工程选址、选线，应遵循保护环境、节约用地的原则，且应具有给水、供电和道路等市政设施条件。大型燃气设施应远离居住区、学校、幼儿园、医院、养老院和大型商业建筑及重要公共建筑物，并应设置在城镇的边缘或相对独立的安全地带。

3.0.6　液化石油气供应工程的设计应采取有效措施，减少噪声、废气、废水等对环境的影响。厂站的噪声应符合现行国家标准《声环境质量标准》GB 3096 和《工业企业厂界环境噪声排放标准》GB 12348 的有关规定。

3.0.7　液化石油气供应工程的防洪标准应根据建站规模、城镇的自然条件等因素确定，并应符合国家现行标准的有关规定，且不得低于站址所在区域防洪标准的要求。

3.0.8　抗震设防烈度大于或等于 6 度地区的液化石油气供应工程应进行抗震设计，并应符合现行国家标准《建筑抗震设计规范》GB 50011 和《构筑物抗震设计规范》GB 50191 的有关规定。液化石油气管道应进行抗震设计，并应符合现行国家标准《室外给水排水和燃气热力工程抗震设计规范》GB 50032 的有关规定。

3.0.9　液化石油气供应工程应设置安全警示标志，安全警示标志应符合国家现行标准的有关规定。

3.0.10　液化石油气供应工程的设计使用年限应符合现行国家标准《城镇燃气技术规范》GB 50494 的有关规定。

3.0.11　液化石油气储存站、储配站和灌装站的规模应以城镇燃气专业规划为依据，供气规模应按供应用户类别、户数和用气量指标等因素确定。

3.0.12 液化石油气供应站按储气规模分为8级，等级划分应符合表3.0.12的规定。

表3.0.12 液化石油气供应站等级划分

级别	储罐容积（m^3）	
	总容积（V）	单罐容积（V'）
一级	$5000<V\leqslant10000$	—
二级	$2500<V\leqslant5000$	$V'\leqslant1000$
三级	$1000<V\leqslant2500$	$V'\leqslant400$
四级	$500<V\leqslant1000$	$V'\leqslant200$
五级	$220<V\leqslant500$	$V'\leqslant100$
六级	$50<V\leqslant220$	$V'\leqslant50$
七级	$V\leqslant50$	$V'\leqslant20$
八级	$V\leqslant10$	—

注：当单罐容积大于相应级别的规定，应按相对应等级提高一级的规定执行。

3.0.13 二级及以上液化石油气供应站不得与其他燃气厂站及设施合建。五级及以上的液化石油气气化站和混气站、六级及以上的液化石油气储存站、储配站和灌装站，不得建在城市中心城区。

3.0.14 液化石油气供应站与压缩天然气供应站合建时，应符合下列规定：

1 在城市中心城区内，六级及以上液化石油气供应站不得与压缩天然气供应站合建；

2 当液化石油气供应站与压缩天然气供应站合建时，其储罐与站外建筑的防火间距应按本规范表3.0.12相对应等级划分提高一级的规定执行，且应符合现行国家标准《压缩天然气供应站设计规范》GB 51102的有关规定。

3.0.15 七级及以上液化石油气供应站设置液化石油气汽车加气功能时，应符合下列规定：

1 汽车加气区域与液化石油气供应站的工艺装置区应分开布置，中间应用实体围墙隔开；

2 汽车加气区域平面布置及工艺设计应符合现行国家标准《汽车加油加气站设计与施工规范》GB 50156的有关规定；

3 汽车加气区域应设置专用的对外出入口，并应符合现行国家标准《汽车加油加气站设计与施工规范》GB 50156的有关规定；

4 加气机与液化石油气供应站内液化石油气储罐的防火间距不得小于本规范表5.2.10中汽车槽车装卸台柱（装卸口）与液化石油气储罐的防火间距；

5 汽车加气区域独立设置的液化石油气储罐与液化石油气供应站的防火间距不应小于本规范表5.2.8的规定；

6 汽车加气区域内的建筑与液化石油气供应站内液化石油气储罐的防火间距不应小于本规范表5.2.10中办公用房的规定。

3.0.16 液化石油气供应站不得设置在地下或半地下建筑上。

4　液态液化石油气管道输送

4.1　一　般　规　定

4.1.1　输送液态液化石油气管道的选线应符合下列规定：

1　应符合沿线城镇规划、公共安全和管道保护的要求，并应综合考虑地质、气象等条件。

2　应选择地形起伏小，便于运输和施工管理的区域。

3　不得穿过居住区和公共建筑群等人员集聚的地区及仓库区、危险物品场区等；不得穿越与其无关的建筑物。

4　不得穿过水源保护区、工厂、大型公共场所和矿产资源区等。

5　应避开地质灾害多发区。

6　应避免或减少穿跨越河流、铁路、公路和地铁等障碍和设施。

4.1.2　液态液化石油气管道应根据敷设形式、所处环境和运行条件，按可能同时出现的永久荷载、可变荷载和偶然荷载的组合进行设计，并应符合现行国家标准《输油管道工程设计规范》GB 50253 的有关规定。

4.1.3　敷设液态液化石油气管道地区等级划分应符合下列规定：

1　管道地区等级应根据地区分级单元内建筑物的密集程度划分，并应符合下列规定：

1）一级地区：供人居住的独立建筑物小于或等于 12 幢；

2）二级地区：供人居住的独立建筑物大于 12 幢，且小于 80 幢；

3）三级地区：供人居住的独立建筑物大于或等于 80 幢，但不够四级地区条件的地区、工业区，管道与供人居住的独立建筑物或人员聚集的运动场、露天剧场（影院）、农贸市场等室外公共场所的距离小于 90 m 的区域；

4）四级地区：4 层或 4 层以上建筑物（不计地下室层数）应普遍并占多数，交通频繁、地下设施多的城市中心城区或城镇的中心区域。

2　确定液化石油气管道穿过的地区等级，应以城镇规划为依据。

3　沿管道中心线两侧各 200 m 范围内，任意划分为 1.6 km 长，划分等级的边界线应垂直于管道，并能包括最多供人居住的独立建筑物数量的地段，作为地区分级单元。在多单元住宅建筑物内，每个独立住宅单元按一个供人居住的独立建筑物计算。

4　二、三级地区的边界线距该级地区最近建筑物不应小于 200 m。

5　划分四级地区与其他等级地区边界线时，距下一地区等级边界线最近地上 4 层或 4 层以上建筑物不应小于 200 m。

4.1.4　液态液化石油气管道的强度设计系数应符合表 4.1.4 的规定。

4.1.5　穿越铁路、公路及厂站上、下游的液态液化石油气管道的强度设计系数，应符合表 4.1.5 的规定。

表 4.1.4　液态液化石油气管道的强度设计系数

地区等级	强度设计系数
一级地区	0.72
二级地区	0.60
三级地区	0.40
四级地区	0.30

表 4.1.5　穿越铁路、公路及厂站上、下游的液态液化石油气管道的强度设计系数

管道位置	地区等级			
	一	二	三	四
有套管穿越Ⅲ、Ⅳ级公路的管道	0.72	0.60		
无套管穿越Ⅲ、Ⅳ级公路的管道	0.60	0.50		
有套管穿越Ⅰ、Ⅱ级公路、高速公路、铁路的管道	0.60	0.60	0.40	0.30
厂站上、下游各 200 m 管道，阀室管道及其上、下游各 50 m 管道（其距离从站和阀室边界线起算）	0.50	0.50		

4.1.6　管道不得在堆积易燃、易爆材料和具有腐蚀性液体的场地下面穿越，不得与其他管道或电缆同沟敷设，且不得穿过各种设施的阀井、阀室、地下涵洞、沟槽等地下空间。

4.2　管　道　设　计

4.2.1　液态液化石油气管道的材料、壁厚及管道附件的选择、计算应符合本规范第 9.1 节的规定。

4.2.2　液态液化石油气管道按设计压力（P）应分为 3 级，并应符合表 4.2.2 的规定。

表 4.2.2　液态液化石油气管道的分级

管道级别	设计压力（MPa）（表压）
Ⅰ级	$P>4.0$
Ⅱ级	$1.6<P\leqslant4.0$
Ⅲ级	$P\leqslant1.6$

4.2.3　液态液化石油气管道装有安全泄放装置时，设定压力或最大标定爆破压力应小于管道的设计压力。

4.2.4　液态液化石油气在管道输送过程中，沿途任何一点的绝对压力应高于输送温度下的饱和蒸气压力。液态液化石油气管道的设计压力应高于管道系统起点的最高工作压力。管道系统起点的最高工作压力可按下式计算：

$$P_q = H + (P_s - P_a) \tag{4.2.4}$$

式中　P_q——管道系统起点的最高工作压力（MPa）；

H——选用泵的扬程，计算时换算成压力（MPa）；

P_s——始端储罐最高工作温度下的饱和蒸气压力（绝对压力，MPa）；

P_a——管道系统起点（始端储罐）的大气压力（MPa），可取0.1。

4.2.5　当液态液化石油气采用管道输送时，泵的扬程应大于泵的计算扬程。泵的计算扬程可按下式计算：

$$H_j = \Delta P_Z + \Delta P_\gamma + \Delta H \tag{4.2.5}$$

式中　H_j——泵的计算扬程（MPa）；

ΔP_Z——管道总阻力损失（MPa），可取（1.05～1.10）倍管道摩擦阻力损失；

ΔP_γ——管道终点进罐余压（MPa），可取（0.2～0.3）MPa；

ΔH——管道终点、起点高程差引起的附加压力（MPa）。

4.2.6　液态液化石油气管道摩擦阻力损失应按下列公式计算：

$$\Delta P = 10^{-6}\lambda \frac{L \times u^2 \times \rho}{2d} \tag{4.2.6-1}$$

$$\frac{1}{\sqrt{\lambda}} = -2\lg\left[\frac{K}{3.7d} + \frac{2.51}{Re\sqrt{\lambda}}\right] \tag{4.2.6-2}$$

$$\text{或}\ \lambda = 0.11\left[\frac{K}{d} + \frac{68}{Re}\right]^{0.25} \tag{4.2.6-3}$$

式中　ΔP——管道摩擦阻力损失（MPa）；

L——管道计算长度（m）；

u——液态液化石油气在管道内的平均流速（m/s）；

d——管道内径（m）；

ρ——平均输送温度下的液态液化石油气密度（kg/m^3）；

λ——管道的摩擦阻力系数；

K——管壁内表面的当量绝对粗糙度（m）；

Re——雷诺数。

4.2.7　液态液化石油气在管道内的平均流速，应经技术经济比较后确定，可取0.8 m/s～1.4 m/s，且不得大于3 m/s；平均输送温度可取管道中心埋深处最冷月的平均地温。

4.2.8　液态液化石油气管道的连接应采用焊接；管道与设备、阀门等可采用法兰连接或螺纹连接。

4.2.9　液态液化石油气管道之间及管道与管道附件之间的焊接应符合本规范第9.2节的规定。

4.2.10　液态液化石油气管道宜采用自然补偿或Π形补偿器，不得采用填料型补偿器。

4.2.11　当埋地液态液化石油气管道采用弹性敷设时，应符合现行国家标准《输油管道工程设计规范》GB 50253的有关规定。

4.2.12　液态液化石油气管道应采用外防腐层加阴极保护联合防护，并应符合本规范第9.4节的规定。

4.2.13　液态液化石油气管道阀门的设置应符合下列规定：

1 应采用专用阀门，其性能应符合国家现行标准的有关规定；

2 阀门应根据管段长度、管段所处位置的重要性和检修的需要，并应考虑发生事故时能将事故管段及时切断等因素进行设置；

3 管道的起点、终点和分支点应设置阀门；

4 穿越铁路、公路、高速公路、城市快速路、大型河流和地上敷设的液态液化石油气管道两侧应设置阀门；管道沿线每隔 5000 m 处应设置分段阀门，阀门宜具有远程控制功能；

5 使用清管器或电子检管器管段的阀门应选用全通径阀门。

4.2.14 管道分段阀门之间应设置放散阀。地上敷设管道两阀门之间应设置管道安全阀，管道安全阀与管道之间应设置阀门。安全阀和放散阀的放散管管口距地面高度不应小于 2.5 m。管道安全阀的整定压力应符合现行国家标准《压力容器》GB 150.1 ~ GB 150.4 的有关规定。

4.2.15 液化石油气管道的阀门不宜设置在地下阀门井内。

4.3 管 道 敷 设

4.3.1 液态液化石油气管道应采用埋地敷设；当受到条件限制时，可采用地上敷设并应考虑温度补偿。

4.3.2 液态液化石油气管道不得在城市道路、公路和高速公路路面下敷设（交叉穿越管道除外）。管道埋设深度应根据管道所经地段的冻土深度、地面载荷、地形和地质条件、地下水深度、管道稳定性要求及管线穿过地区的等级综合确定。管道埋设的最小覆土深度应符合下列规定：

1 应埋设在土壤冰冻线以下；

2 当埋设在机动车经过的地段时，不得小于 1.2 m；

3 当埋设在机动车不可能到达的地段时，不得小于 0.8 m；

4 当不能满足上述规定时，应采取有效的安全防护措施。

4.3.3 埋地管道沿途应设置里程桩、转角桩、交叉桩和警示牌等永久性标志，并应符合国家现行标准的有关规定。

4.3.4 埋地管道穿越铁路、公路时，除应符合国家现行标准的有关规定外，尚应符合下列规定：

1 管道宜垂直穿越铁路、公路。

2 穿越铁路、高速公路和Ⅰ、Ⅱ级公路的管道应敷设在套管或涵洞内。当采用定向钻穿越时，应进行技术论证，在保证铁路和公路安全运行的前提下，可不加套管。

3 当穿越电车轨道或城镇主要干道时，管道宜敷设在套管或管沟内，且管沟内应填满中性砂。

4 当穿越Ⅲ级及Ⅲ级以下公路时，管道可采用明挖埋设。

4.3.5 套管的敷设应符合下列规定：

1 宜采用钢管或钢筋混凝土管。

2 套管内径应大于液态液化石油气管道外径 100 mm。

3 套管两端与液态液化石油气管道的间隙应采用柔性的防腐、防水、绝缘材料密封。套管或管沟一端应装设检漏管，检漏管应引出地面，且管口距地面高度不应小于2.5 m。当套管内充满细土、细砂时，可不设检漏管及两端的严密封堵。

4 套管端部距铁路线路路堤坡角的距离不应小于2.0 m；距高速公路、公路边缘不应小于1.0 m。

4.3.6 埋地液态液化石油气管道的法兰、阀门与污水、雨水、电缆等井室的净距不应小于5.0 m。

4.3.7 液化石油气管道与重力流管道、沟、涵、暗渠等交叉时，交叉处应加套管，或采取其他有效的防护措施。

4.3.8 埋地液态液化石油气管道与建筑或相邻管道等之间的水平净距不应小于表4.3.8－1的规定；埋地管道与相邻管道或道路之间的垂直净距不应小于表4.3.8－2的规定。

表4.3.8－1 埋地液态液化石油气管道与建筑或相邻管道等之间的水平净距

项目		水平净距（m）		
		管道Ⅰ级	管道Ⅱ级	管道Ⅲ级
特殊建筑（军事设施、易燃易爆物品仓库、国家重点文物保护单位、飞机场、火车站、码头、地铁及隧道出入口等）		100	100	100
居住区、学校、影剧院、体育馆等重要公共建筑		50	40	25
其他民用建筑		25	15	10
给水管		2	2	2
污水、雨水排水管		2	2	2
热力管	直埋	2	2	2
	在管沟内（至外壁）	4	4	4
其他燃料管道		2	2	2
埋地电缆	电力线（中心线）	2	2	2
	通信线（中心线）	2	2	2
电杆（塔）的基础	≤35（kV）	2	2	2
	＞35（kV）	5	5	5
通信照明电杆（至电杆中心）		2	2	2
公路、道路（路边）	高速、Ⅰ、Ⅱ级公路、城市快速	10	10	10
	其他	5	5	5
铁路（中心线）	国家线	25	25	25
	企业专用线	10	10	10
树木（至树中心）		2	2	2

注：1 特殊建筑的水平净距应以划定的边界线为准；

2 居住区指居住1000人或300户以上的地区，居住1000人或300户以下的地区按本表其他民用建筑执行；

3 敷设在地上的液态液化石油气管道与建筑的水平净距应按本表的规定增加1倍。

表 4.3.8－2 埋地液态液化石油气管道与相邻管道或道路之间的垂直净距

<table>
<tr><th colspan="2">项 目</th><th>垂直净距（m）</th></tr>
<tr><td colspan="2">给水管</td><td>0.20</td></tr>
<tr><td colspan="2">污水、雨水排水管（沟）</td><td>0.50</td></tr>
<tr><td colspan="2">热力管、热力管的管沟底（或顶）</td><td>0.50</td></tr>
<tr><td colspan="2">其他燃料管道</td><td>0.20</td></tr>
<tr><td rowspan="2">通信线、电力线</td><td>直埋</td><td>0.50</td></tr>
<tr><td>在导管内</td><td>0.25</td></tr>
<tr><td colspan="2">铁路、有轨电车（轨底）</td><td>2.00</td></tr>
<tr><td rowspan="2">高速公路、公路（路面）</td><td>开挖</td><td>1.20</td></tr>
<tr><td>不开挖</td><td>2.00</td></tr>
</table>

注：当有套管时，垂直净距的计算应以套管外壁为准。

4.3.9 采用开挖施工方式穿越时，埋地管道与铁路、有轨电车的垂直净距可适当减少，且不得小于1.2 m。

4.3.10 埋地液态液化石油气管道与交流电力线接地体的水平净距不应小于表4.3.10的规定。

表 4.3.10 埋地液态液化石油气管道与交流电力线接地体的水平净距

<table>
<tr><th rowspan="2">项 目</th><th colspan="4">水平净距（m）</th></tr>
<tr><th>10（kV）</th><th>35（kV）</th><th>110（kV）</th><th>220（kV）</th></tr>
<tr><td>铁塔或电杆接地体</td><td>1</td><td>3</td><td>5</td><td>10</td></tr>
<tr><td>电站或变电所接地体</td><td>5</td><td>10</td><td>15</td><td>30</td></tr>
</table>

5 液化石油气储存站、储配站和灌装站

5.1 一 般 规 定

5.1.1 液化石油气储存站、储配站和灌装站站址的选择应符合城镇总体规划和城镇燃气专项规划的要求。

5.1.2 液化石油气储存站、储配站和灌装站站址的选择应符合下列规定：

1 三级及以上的液化石油气储存站、储配站和灌装站应设置在城镇的边缘或相对独立的安全地带，并应远离居住区、学校、影剧院、体育馆等人员集聚的场所；

2 在城市中心城区和人员稠密区建设的液化石油气储存站、储配站和灌装站应符合本规范第3章的规定；

3 应选择地势平坦、开阔、不易积存液化石油气的地段，且应避开地质灾害多发区；

4 应具备交通、供电、给水排水和通信等条件；

5 宜选择所在地区全年最小频率风向的上风侧。

5.2 平 面 布 置

5.2.1 液化石油气储存站、储配站和灌装站站内总平面应分区布置，并应分为生产区（包括储罐区和灌装区）和辅助区。生产区宜布置在站区全年最小频率风向的上风侧或上侧风侧。

5.2.2 液化石油气储存站、储配站和灌装站边界应设置围墙。生产区应设置高度不低于2 m的不燃烧体实体围墙，辅助区可设置不燃烧体非实体围墙。

5.2.3 液化石油气储存站、储配站和灌装站的生产区和辅助区应各至少设置1个对外出入口；当液化石油气储罐总容积大于1000 m^3 时，生产区应至少设置2个对外出入口，且其间距不应小于50 m。对外出入口的设置应便于通行和紧急事故时人员的疏散，宽度均不应小于4 m。

5.2.4 液化石油气储存站、储配站和灌装站的生产区内严禁设置地下和半地下建筑，但下列情况除外：

1 储罐区的地下排水管沟，且采取了防止液化石油气聚集措施；

2 严寒和寒冷地区的地下消火栓。

5.2.5 液化石油气储存站、储配站和灌装站的生产区应设置环形消防车道；当储罐总容积小于500 m^3 时，可设置尽头式消防车道和回车场，且回车场的面积不应小于12 m×12 m。消防车道宽度不应小于4 m。

5.2.6 液化石油气储存站、储配站和灌装站应设置专用卸车或充装场地，并应配置车辆固定装置。

5.2.7 灌瓶间的钢瓶装卸平台前应设置汽车回车场。

5.2.8 全压力式储罐与站外建筑、堆场的防火间距不应小于表 5.2.8 的规定。半冷冻式储罐与站外建筑、堆场的防火间距可按表 5.2.8 的规定执行。

表 5.2.8 全压力式储罐与站外建筑、堆场的防火间距（m）

<table>
<tr><th colspan="3" rowspan="3">项 目</th><th colspan="7">储罐总容积（V，m^3）、单罐容积（V'，m^3）</th></tr>
<tr><th>$V\leqslant50$</th><th>$50<V\leqslant220$</th><th>$220<V\leqslant500$</th><th>$500<V\leqslant1000$</th><th>$1000<V\leqslant2500$</th><th>$2500<V\leqslant5000$</th><th>$5000<V\leqslant10000$</th></tr>
<tr><th>$V'\leqslant20$</th><th>$V'\leqslant50$</th><th>$V'\leqslant100$</th><th>$V'\leqslant200$</th><th>$V'\leqslant400$</th><th>$V'\leqslant1000$</th><th>—</th></tr>
<tr><td colspan="3">居住区、学校、影剧院、体育馆等重要公共建筑（最外侧建筑物外墙）</td><td>45</td><td>50</td><td>70</td><td>90</td><td>110</td><td>130</td><td>150</td></tr>
<tr><td colspan="3">工业企业（最外侧建筑物外墙）</td><td>27</td><td>30</td><td>35</td><td>40</td><td>50</td><td>60</td><td>75</td></tr>
<tr><td colspan="3">明火、散发火花地点和室外变、配电站</td><td>45</td><td>50</td><td>55</td><td>60</td><td>70</td><td>80</td><td>120</td></tr>
<tr><td colspan="3">其他民用建筑</td><td>40</td><td>45</td><td>50</td><td>55</td><td>65</td><td>75</td><td>100</td></tr>
<tr><td colspan="3">甲、乙类液体储罐，甲、乙类生产厂房，甲、乙类物品仓库，易燃材料堆场</td><td>40</td><td>45</td><td>50</td><td>55</td><td>65</td><td>75</td><td>100</td></tr>
<tr><td colspan="3">丙类液体储罐，可燃气体储罐，丙、丁类生产厂房，丙、丁类物品仓库</td><td>32</td><td>35</td><td>40</td><td>45</td><td>55</td><td>65</td><td>80</td></tr>
<tr><td colspan="3">助燃气体储罐、可燃材料堆场</td><td>27</td><td>30</td><td>35</td><td>40</td><td>50</td><td>60</td><td>75</td></tr>
<tr><td rowspan="3">其他建筑</td><td rowspan="3">耐火等级</td><td>一、二级</td><td>18</td><td>20</td><td>22</td><td>25</td><td>30</td><td>40</td><td>50</td></tr>
<tr><td>三级</td><td>22</td><td>25</td><td>27</td><td>30</td><td>40</td><td>50</td><td>60</td></tr>
<tr><td>四级</td><td>27</td><td>30</td><td>35</td><td>40</td><td>50</td><td>60</td><td>75</td></tr>
<tr><td rowspan="2">铁路（中心线）</td><td colspan="2">国家线</td><td>60</td><td>70</td><td>70</td><td>80</td><td>80</td><td>100</td><td>100</td></tr>
<tr><td colspan="2">企业专用线</td><td>25</td><td>30</td><td>30</td><td>35</td><td>35</td><td>40</td><td>40</td></tr>
<tr><td rowspan="2">公路、道路（路边）</td><td colspan="2">高速、Ⅰ、Ⅱ级公路、城市快速</td><td>20</td><td>25</td><td>25</td><td>25</td><td>25</td><td>25</td><td>30</td></tr>
<tr><td colspan="2">其他</td><td>15</td><td>20</td><td>20</td><td>20</td><td>20</td><td>20</td><td>25</td></tr>
<tr><td colspan="3">架空电力线（中心线）</td><td colspan="4">1.5 倍杆高</td><td colspan="3">1.5 倍杆高，但 35 kV 以上架空电力线不应小于 40</td></tr>
<tr><td rowspan="2">架空通信线（中心线）</td><td colspan="2">Ⅰ、Ⅱ级</td><td>30</td><td>30</td><td>40</td><td>40</td><td>40</td><td>40</td><td>40</td></tr>
<tr><td colspan="2">其他</td><td colspan="7">1.5 倍杆高</td></tr>
</table>

注：1 防火间距应按本表储罐总容积或单罐容积较大者确定，间距的计算应以储罐外壁为准。

2 居住区指居住 1000 人或 300 户以上的地区，居住 1000 人或 300 户以下的地区应按本表其他民用建筑执行。

3 当地下储罐单罐容积小于或等于 50 m^3，且总容积小于或等于 400 m^3 时，其防火间距可按本表减少 50% 执行。

4 新建储罐与原地下液化石油气储罐的防火间距（地下储罐单罐容积小于或等于 50 m^3，且总容积小于或等于 400 m^3 时）可按本表减少 50% 执行。

5.2.9 单罐容积大于5000 m³，且设有防液堤的全冷冻式储罐与站外建筑、堆场的防火间距不应小于表5.2.9的规定。当单罐容积等于或小于5000 m³时，防火间距可按本规范表5.2.8条中总容积相对应的全压力式液化石油气储罐的规定执行。

表5.2.9 全冷冻式储罐与站外建筑、堆场的防火间距

项 目			防火间距（m）
居住区、学校、影剧院、体育馆等重要公共建筑（最外侧建筑物外墙）			150
明火、散发火花地点和室外变配电站			120
工业企业（最外侧建筑物外墙）			75
其他民用建筑			100
甲、乙类液体储罐，甲、乙类生产厂房，甲、乙类物品仓库，易燃材料堆场			100
丙类液体储罐，可燃气体储罐，丙、丁类生产厂房，丙、丁类物品仓库			80
助燃气体储罐、可燃材料堆场			75
其他建筑	耐火等级	一级、二级	50
		三级	60
		四级	75
铁路（中心线）	国家线		100
	企业专用线		40
公路、道路（路边）	高速、Ⅰ、Ⅱ级公路、城市快速		30
	其他		25
架空电力线（中心线）			1.5倍杆高，但35 kV以上架空电力线不应小于40
架空通信线（中心线）	Ⅰ、Ⅱ级		40
	其他		1.5倍杆高

注：1 居住区指居住1000人或300户以上的地区，居住1000人或300户以下的地区按本表其他民用建筑执行。

2 间距的计算应以储罐外壁为准。

5.2.10 储罐与站内建筑的防火间距应符合下列规定：

1 全压力式储罐与站内建筑的防火间距不应小于表5.2.10的规定；

2 半冷冻式储罐与站内建筑的防火间距宜符合表5.2.10的规定；

3 全冷冻式储罐与站内道路和围墙的防火间距宜符合表5.2.10的规定。

表5.2.10 全压力式储罐与站内建筑的防火间距（m）

项 目	储罐总容积（V，m³）、单罐容积（V'，m³）						
	$V \leqslant 50$	$50 < V \leqslant 220$	$220 < V \leqslant 500$	$500 < V \leqslant 1000$	$1000 < V \leqslant 2500$	$2500 < V \leqslant 5000$	$5000 < V \leqslant 10000$
	$V' \leqslant 20$	$V' \leqslant 50$	$V' \leqslant 100$	$V' \leqslant 200$	$V' \leqslant 400$	$V' \leqslant 1000$	—
明火、散发火花地点	45	50	55	60	70	80	120
天然气储罐	20	20	25	25	30	—	—

表 5.2.10（续）

<table>
<tr><th colspan="2" rowspan="2">项　目</th><th colspan="7">储罐总容积（V，m³）、单罐容积（V′，m³）</th></tr>
<tr><th>V≤50</th><th>50＜V≤220</th><th>220＜V≤500</th><th>500＜V≤1000</th><th>1000＜V≤2500</th><th>2500＜V≤5000</th><th>5000＜V≤10000</th></tr>
<tr><th colspan="2"></th><th>V′≤20</th><th>V′≤50</th><th>V′≤100</th><th>V′≤200</th><th>V′≤400</th><th>V′≤1000</th><th>—</th></tr>
<tr><td colspan="2">办公用房</td><td>25</td><td>30</td><td>35</td><td>40</td><td>50</td><td>60</td><td>75</td></tr>
<tr><td colspan="2">汽车库、机修间</td><td>25</td><td>30</td><td>35</td><td>35</td><td>40</td><td>40</td><td>50</td></tr>
<tr><td colspan="2">灌瓶间、瓶库、压缩机室、仪表间、值班室</td><td>18</td><td>20</td><td>22</td><td>25</td><td>30</td><td>35</td><td>40</td></tr>
<tr><td colspan="2">汽车槽车库、汽车槽车装卸台柱（装卸口）、汽车衡及其计量室、门卫</td><td>18</td><td>20</td><td>22</td><td>25</td><td>30</td><td>30</td><td>40</td></tr>
<tr><td colspan="2">铁路槽车装卸线（中心线）</td><td>—</td><td>—</td><td>20</td><td>20</td><td>20</td><td>20</td><td>30</td></tr>
<tr><td colspan="2">空压机室、变配电室、柴油发电机房、新瓶库、真空泵房、备件库</td><td>18</td><td>20</td><td>22</td><td>25</td><td>30</td><td>35</td><td>40</td></tr>
<tr><td colspan="2">消防泵房、消防水池（罐）取水口</td><td>40</td><td>40</td><td>40</td><td>40</td><td>50</td><td>50</td><td>60</td></tr>
<tr><td rowspan="2">站内道路（路边）</td><td>主要</td><td>10</td><td>15</td><td>15</td><td>15</td><td>15</td><td>15</td><td>20</td></tr>
<tr><td>次要</td><td>5</td><td>10</td><td>10</td><td>10</td><td>10</td><td>10</td><td>15</td></tr>
<tr><td colspan="2">围墙</td><td>15</td><td>20</td><td>20</td><td>20</td><td>20</td><td>20</td><td>25</td></tr>
</table>

注：1　防火间距应按本表总容积或单罐容积较大者确定，间距的计算应以储罐外壁为准。

2　当地下储罐单罐容积小于或等于 50 m³，且总容积小于或等于 400 m³ 时，其防火间距可按本表减少 50% 执行。

3　新建储罐与原地下液化石油气储罐的防火间距（地下储罐单罐容积小于或等于 50 m³，且总容积小于或等于 400 m³ 时）可按本表减少 50% 执行。

5.2.11　全压力式液化石油气储罐的设置不应少于 2 台，储罐区的布置应符合下列规定：

1　地上储罐之间的净距不应小于相邻较大储罐的直径。

2　当储罐总容积大于 3000 m³ 时，应分组布置，组内储罐宜采用单排布置。组与组之间相邻储罐的净距不应小于 20 m。

3　储罐组四周应设置高度为 1.0 m 的不燃烧体实体防护堤。

4　球形储罐与防护堤的净距不宜小于其半径，卧式储罐与防护堤的净距不宜小于其直径，操作侧与防护堤的净距不宜小于 3.0 m。

5　防护堤内储罐超过 4 台时，至少应设置 2 个过梯，且应分开布置。

5.2.12　不同形式的液化石油气储罐及液化石油气储罐与其他燃气储罐应分组布置，储罐之间的防火间距应符合下列规定：

1　球形储罐组之间的防火间距不应小于相邻较大罐直径，且不应小于 20 m。

2　卧式储罐组之间的防火间距不应小于相邻较大罐长度的 1/2。

3　全冷冻式与半冷冻式液化石油气储罐、全压力式液化石油气储罐之间的防火间距不应小于相邻较大罐直径，且不应小于35 m。

4 液化石油气储罐与固定容积燃气储罐之间的防火间距不应小于相邻较大罐直径的2/3。

5 液化石油气储罐与低压燃气储罐之间的防火间距不应小于相邻较大罐直径的1/2。

5.2.13 液化石油气汽车槽车库与汽车槽车装卸台柱之间的距离不应小于6 m。当邻向装卸台柱一侧的汽车槽车库外墙为无门窗洞口的防火墙时，其间距可不限。

5.2.14 液化石油气灌瓶间和瓶库与站外建筑之间的防火间距，应按现行国家标准《建筑设计防火规范》GB 50016中甲类仓库的有关规定执行。液化石油气灌瓶间和瓶库内的钢瓶应按实瓶区、空瓶区分开布置。

5.2.15 液化石油气灌瓶间和瓶库与站内建筑的防火间距应符合下列规定：

1 液化石油气灌瓶间和瓶库与站内建筑的防火间距不应小于表5.2.15的规定；

2 瓶库与灌瓶间之间的距离不限；

3 计算月平均日灌瓶量小于700瓶（10 t/d）的灌瓶站，其压缩机室与灌瓶间可合建成一幢建筑物，但其间应采用无门窗洞口的防火墙隔开；

4 当计算月平均日灌瓶量小于700瓶（10 t/d）时，汽车槽车装卸台柱可附设在灌瓶间或压缩机室的外墙一侧，外墙应为无门窗洞口的防火墙。

表5.2.15 液化石油气灌瓶间和瓶库与站内建筑的防火间距（m）

项目		总存瓶量（V_c，t）		
		$V_c \leqslant 10$	$10 < V_c \leqslant 30$	$V_c > 30$
明火、散发火花地点		25	30	40
机修间、汽车库		25	30	40
办公用房		20	25	30
铁路槽车装卸线（中心线）		20	25	30
汽车槽车库、汽车槽车装卸台柱（装卸口）、汽车衡及其计量室、门卫		15	18	20
压缩机室、仪表间、值班室		12	15	18
空压机室、变配电室、柴油发电机房		15	18	20
新瓶库、真空泵房、备件库等非明火建筑		12	15	18
消防泵房、消防水池（罐）取水口		25	30	30
站内道路（路边）	主要	10	10	10
	次要	5	5	5
围墙		10	15	15

注：总存瓶量应按实瓶存放个数和单瓶充装质量的乘积计算。

5.2.16 液化石油气供应站汽车槽车装卸台柱与站外建筑的防火间距应符合下列规定：

1 液化石油气供应站汽车槽车装卸台柱与站外建筑的防火间距不应小于表5.2.16的

规定；

2 汽车槽车装卸台柱与站外民用建筑地下室、半地下室的出入口、门窗的距离，应按表 5. 2. 16 其他民用建筑的防火间距增加 50%；

3 当民用建筑耐火等级为一、二级，且面向汽车槽车装卸台柱一侧的墙采用无门窗洞口实体墙时，与其他民用建筑物的防火间距可按表 5. 2. 16 规定的距离减少 30% 执行。

表 5. 2. 16 液化石油气汽车槽车装卸台柱与站外建筑的防火间距（m）

项目		七级及以下供应站	六级及以上供应站
居住区、学校、影剧院、体育场等重要公共建筑（最外侧建筑物外墙）		100	100
明火、散发火花地点和室外变配电站		25	45
其他民用建筑		25	40
甲、乙类液体储罐，甲、乙类生产厂房，甲、乙类物品仓库，易燃材料堆场		25	40
丙类液体储罐，可燃气体储罐，丙、丁类生产厂房，丙、丁类物品仓库		16	30
室外变配电站		22	—
铁路（中心线）		22	—
公路、道路（路边）	高速、Ⅰ、Ⅱ级公路、城市快速	8	30
	其他	6	25
架空电力线（中心线）		1 倍杆高	
架空通信线（中心线）		1 倍杆高	1. 5 倍杆高

5. 2. 17 液化石油气泵宜靠近储罐露天设置。当设置泵房时，泵房与储罐的间距不应小于 15 m。当泵房面向储罐一侧的外墙采用无门窗洞口的防火墙时，其间距不应小于 6 m。

5. 2. 18 站外埋地电缆不得在液化石油气储存站、储配站和灌装站站内穿越，距围墙不宜小于 2 m。

5. 2. 19 与各表规定以外的其他建筑的防火间距，应按现行国家标准《建筑设计防火规范》GB 50016 的有关规定执行。

5. 2. 20 无线通信塔与储罐的间距应按各表中其他民用建筑一栏的规定执行。

5.3 工艺及设备

5. 3. 1 储罐设计总容量宜根据供应规模、气源情况、运输方式、运距和城市应急保障等因素确定。

5. 3. 2 当储罐设计总容量大于 3000 m^3 时，宜将储罐分别设置在灌装站和储存站。灌装站的储罐设计容量宜为 1 周的计算月平均日供应量，其余为储存站的储罐设计容量。当储罐设计总容量小于 3000 m^3 时，可将储罐全部设置在储配站。

5.3.3 地上储罐应设置钢梯平台，并宜符合下列规定：

1 卧式储罐组宜设置联合钢梯平台。当组内储罐大于4 台时，宜设置2 个斜梯。

2 球形储罐组宜设置联合钢梯平台。

5.3.4 地下储罐宜设置在钢筋混凝土槽内，并应采取防止液化石油气聚集的措施。储罐罐顶与槽盖内壁净距不宜小于0.4 m；各储罐之间宜设置隔墙，储罐与隔墙和槽壁之间的净距不宜小于0.9 m。当采用钢筋混凝土槽时，储罐应采取防水和防漂浮的措施。

5.3.5 液化石油气储存站、储配站和灌装站应具有泵、机联合运行功能，液化石油气压缩机不宜少于2 台。

5.3.6 液化石油气压缩机进、出口管段阀门及附件的设置应符合下列规定：

1 进、出口管段应设置阀门；

2 进口管段应设置过滤器；

3 出口管段应设置止回阀和安全阀（设备自带除外）；

4 进、出口管段之间应设置旁通管及旁通阀。

5.3.7 液化石油气压缩机室的布置宜符合下列规定：

1 压缩机机组间的净距不宜小于1.5 m；

2 机组操作侧与内墙的净距不宜小于2.0 m，其余各侧与内墙的净距不宜小于1.2 m；

3 安全阀应设置放散管。

5.3.8 液化石油气气液分离器、缓冲罐和气化器的设置应符合本规范第9.3.9 条的规定。

5.3.9 液态液化石油气宜采用屏蔽泵，泵的安装高度应保证系统不发生气蚀，并应采取防止振动的措施。

5.3.10 液态液化石油气泵进、出口管段阀门及附件的设置应符合下列规定：

1 泵进、出口管段应设置切断阀和放气阀；

2 泵进口管段应设置过滤器；

3 泵出口管段应设置止回阀，并应设置液相安全回流阀。

5.3.11 灌瓶间内钢瓶存放量宜按1 d~2 d 的计算月平均日供应量计算。当总存瓶量（实瓶）大于3000 瓶时，宜另外设置瓶库。

5.3.12 采用自动化、半自动化灌装和机械化运瓶的灌瓶作业线应设置灌瓶质量复检装置、检漏装置或采取检漏措施。采用手动灌瓶作业时，应设置检斤秤，并应采取检漏措施。灌瓶间应设置钢瓶灌装标识码检测系统，并应对钢瓶灌装及进、出库信息进行记录。

5.3.13 储配站和灌装站应设置残液倒空和回收装置。

5.3.14 汽车槽车装卸台柱的装卸接头应采用与汽车槽车配套的快装接头，接头与装卸管之间应设置阀门。装卸管段应设置拉断力为800 N~1400 N 的拉断阀。

5.3.15 液化石油气储存站、储配站和灌装站站内铁路引入线和铁路槽车装卸线的设计应符合现行国家标准《Ⅲ、Ⅳ级铁路设计规范》GB 50012 的有关规定。站内的铁路槽车装卸线应采用直线形式，其终点与停放铁路槽车端部的距离不应小于20 m，且应设置具有明显警示标志的车挡。

5.3.16 铁路槽车装卸栈桥应采用不燃烧材料，栈桥长度宜为铁路槽车装卸车位数与车身长度的乘积，宽度不宜小于1.2 m，两端应设置宽度不小于0.8 m的斜梯。

5.3.17 铁路槽车装卸栈桥上的液化石油气装卸鹤管应设置便于操作的机械吊装设施。

5.3.18 液化石油气铁路槽车和汽车槽车应符合国家现行标准《液化气体铁道罐车》GB/T 10478和《液化石油气汽车槽车技术条件》HG/T 3143的有关规定。

5.3.19 站内室外液化石油气管道的设置应符合下列规定：

1 宜采用单排低支架敷设，管底与地面的净距宜为0.3 m；

2 当管道跨越道路采用支架敷设时，其管底与地面的净距不应小于4.5 m；

3 当采用支架敷设时，应考虑温度补偿；

4 液相管道两阀门之间应设管道安全阀，高点应设置排气阀，低点应设置排污阀；

5 管道安全阀与管道之间应设置阀门，管道安全阀的整定压力应符合现行国家标准《压力容器》GB 150.1～GB 150.4的有关规定。

5.3.20 当液化石油气管道埋地敷设时，应符合本规范第4.3节的规定。

5.3.21 灌装液化石油气选用的钢瓶除应符合国家现行标准的有关规定外，尚应符合下列规定：

1 钢瓶上应设置可识别的标识码；

2 钢瓶的瓶阀宜具有自闭功能，并应符合国家现行标准的有关规定，调压器出口宜设置具有过流切断功能的装置。

5.3.22 液化石油气灌装站应建立钢瓶充装销售信息管理系统。

5.3.23 新瓶库和真空泵房应设置在辅助区。新瓶和检修后的钢瓶首次灌装前应抽真空，真空度应大于80 kPa。

5.3.24 液化石油气储配站和灌装站宜配置备用钢瓶，备用钢瓶数量可取总供应户数的2%。

6 液化石油气气化站和混气站

6.1 平 面 布 置

6.1.1 液化石油气气化站和混气站站址的选择和平面布置应符合本规范第 5.1 节和第 5.2 节的规定。

6.1.2 储罐总容积小于或等于 50 m^3 的液化石油气气化站和混气站宜靠近供气负荷建设，生产区与辅助区之间可不设置分区隔墙。

6.1.3 液化石油气气化站和混气站储罐与站外建筑的防火间距应符合下列规定：

1 总容积小于或等于 50 m^3 且单罐容积小于或等于 20 m^3 的储罐与站外建筑的防火间距不应小于表 6.1.3 的规定；

2 总容积大于 50 m^3 或单罐容积大于 20 m^3 储罐与站外建筑的防火间距不应小于本规范第 5.2.8 条的规定；

3 气化能力不大于 150 kg/h 的瓶组气化装置、混气站的瓶组间、气化混气间与站外建筑的防火间距可按本规范第 7.0.4 条的规定执行。

表 6.1.3 液化石油气气化站和混气站储罐与站外建筑的防火间距（m）

<table>
<tr><td colspan="3" rowspan="3">项　目</td><td colspan="3">储罐总容积（V，m^3）、单罐容积（V'，m^3）</td></tr>
<tr><td>$V\leq10$</td><td>$10<V\leq30$</td><td>$30<V\leq50$</td></tr>
<tr><td>—</td><td>—</td><td>$V'\leq20$</td></tr>
<tr><td colspan="3">居住区、学校、影剧院、体育馆等重要公共建筑、一类高层民用建筑（最外侧建筑外墙）</td><td>30</td><td>35</td><td>45</td></tr>
<tr><td colspan="3">工业企业（最外侧建筑外墙）</td><td>22</td><td>25</td><td>27</td></tr>
<tr><td colspan="3">明火、散发火花地点和室外变配电站</td><td>30</td><td>35</td><td>45</td></tr>
<tr><td colspan="3">其他民用建筑</td><td>27</td><td>32</td><td>40</td></tr>
<tr><td colspan="3">甲、乙类液体储罐，甲、乙类生产厂房，甲、乙类物品库房等，易燃材料堆场</td><td>27</td><td>32</td><td>40</td></tr>
<tr><td colspan="3">丙类液体储罐，可燃气体储罐，丙、丁类生产厂房，丙、丁类物品库房</td><td>25</td><td>27</td><td>32</td></tr>
<tr><td colspan="3">助燃气体储罐、可燃材料堆场</td><td>22</td><td>25</td><td>27</td></tr>
<tr><td rowspan="3">其他建筑</td><td rowspan="3">耐火等级</td><td>一、二级</td><td>12</td><td>15</td><td>18</td></tr>
<tr><td>三级</td><td>18</td><td>20</td><td>22</td></tr>
<tr><td>四级</td><td>22</td><td>25</td><td>27</td></tr>
<tr><td rowspan="2">铁路（中心线）</td><td colspan="2">国家线</td><td>40</td><td>50</td><td>60</td></tr>
<tr><td colspan="2">企业专用线</td><td>25</td><td>25</td><td>25</td></tr>
</table>

表 6.1.3（续）

项目		储罐总容积（V，m^3）、单罐容积（V'，m^3）		
		$V \leqslant 10$	$10 < V \leqslant 30$	$30 < V \leqslant 50$
		—	—	$V' \leqslant 20$
公路、道路（路边）	高速、Ⅰ、Ⅱ级公路、城市快速	20	20	20
	其他	15	15	15
架空电力线（中心线）		1.5 倍杆高		
架空通信线（中心线）		1.5 倍杆高		

注：防火间距应按本表总容积或单罐容积较大者确定，间距的计算应以储罐外壁为准。

6.1.4 液化石油气气化站和混气站储罐与站内建筑的防火间距应符合下列规定：

1 液化石油气气化站和混气站储罐与站内建筑的防火间距不应小于表 6.1.4 的规定；

2 当设置其他燃烧方式的燃气热水炉时，与燃气热水炉间的防火间距不应小于 30 m；

3 与空温式气化器的防火间距不应小于 4 m，应从地上储罐区的防护堤或地下储罐室外侧算起。

表 6.1.4 液化石油气气化站和混气站储罐与站内建筑的防火间距（m）

项目		液化石油气气化站和混气站（储罐总容积，V，m^3；单罐容积，$V'm^3$）						
		$V \leqslant 10$	$10 < V \leqslant 30$	$30 < V \leqslant 50$	$50 < V \leqslant 220$	$220 < V \leqslant 500$	$500 < V \leqslant 1000$	$V > 1000$
		—	—	$V' \leqslant 20$	$V' \leqslant 50$	$V' \leqslant 100$	$V' \leqslant 200$	—
明火、散发火花地点		30	35	45	50	55	60	70
天然气储罐		20	20	20	20	25	25	30
办公用房		18	20	25	30	35	40	50
气化间、混气间、压缩机室、仪表间、值班室、中控室（控制室）		12	15	18	20	22	25	30
汽车槽车库、汽车槽车装卸台柱（装卸口）、汽车衡及其计量室、门卫		15	15	18	20	22	25	30
铁路槽车装卸线（中心线）		—	—	—	—	20	20	20
燃气热水炉间、空压机室、变配电室、柴油发电机房、库房		15	15	18	20	22	25	30
汽车库、机修间		25	25	25	30	35	35	40
消防泵房、消防水池（罐）取水口		30	30	40	40	40	40	50
站内道路（路边）	主要	10	10	10	15	15	15	15
	次要	5	5	5	10	10	10	10
围墙		15	15	15	20	20	20	20

注：1 防火间距应按本表总容积或单罐容积较大者确定，间距的计算应以储罐外壁为准；

2 燃气热水炉间指室内设置微正压室燃式燃气热水炉的建筑。

6.1.5 液化石油气储罐和储罐区的布置应符合本规范第5章的规定。

6.1.6 工业企业内液化石油气气化站储罐总容积小于或等于10 m^3 时，可设置在独立建筑物内，并应符合下列规定：

1 储罐之间及储罐与外墙的净距，均不应小于相邻较大罐的半径（外径），且不应小于1 m；

2 储罐室与相邻厂房之间的防火间距不应小于表6.1.6的规定；

3 储罐室与相邻厂房室外设备之间的防火间距不应小于12 m；

4 当非直火式气化器的气化间与储罐室毗连设置时，隔墙应采用无门窗洞口的防火墙。

表6.1.6 总容积不大于10 m^3 的储罐室与相邻厂房之间的防火间距

相邻厂房的耐火等级	一、二级	三级	四级
防火间距（m）	12	14	16

6.1.7 气化间、混气间与站外建筑的防火间距应符合现行国家标准《建筑设计防火规范》GB 50016中甲类厂房的有关规定。

6.1.8 气化间、混气间与站内建筑的防火间距应符合下列规定：

1 气化间、混气间与站内建筑的防火间距不应小于表6.1.8的规定；

2 当压缩机室与气化间、混气间采用无门窗洞口的防火墙隔开时，可合建；

3 燃气热水炉间的门不得面向气化间、混气间；

4 柴油发电机伸向室外的排烟管管口不得面向具有火灾爆炸危险的建筑一侧；

5 当采用其他燃烧方式的热水炉时，防火间距不应小于25 m。

表6.1.8 气化间、混气间与站内建筑的防火间距

项目		防火间距（m）
明火、散发火花地点		25
办公用房		18
铁路槽车装卸线（中心线）		20
汽车槽车库、汽车槽车装卸台柱（装卸口）、汽车衡及其计量室、门卫		15
压缩机室、仪表间、值班室		12
空压机室、燃气热水炉间、变配电室、柴油发电机房、库房		15
汽车库、机修间		20
消防泵房、消防水池（罐）取水口		25
站内道路（路边）	主要	10
	次要	5
围墙		10

6.1.9 空温式气化器与站内建筑的防火间距可按本规范表6.1.8的规定执行。

6.1.10 液化石油气气化站和混气站储罐总容积小于或等于100 m^3 时，邻向汽车槽车装卸柱一侧的压缩机室外墙采用无门窗洞口的防火墙，其间距可不限。

6.1.11 液化石油气汽车槽车库和汽车槽车装卸台、柱之间的防火间距可按本规范第5.2.13条的规定执行。

6.1.12 液化石油气汽车槽车装卸台柱与站外建筑的防火间距可按本规范第5.2.16条的规定执行。

6.1.13 燃气热水炉间与压缩机室、汽车槽车库和汽车槽车装卸台柱之间的防火间距不应小于15 m。

6.2 工艺及设备

6.2.1 液化石油气气化站和混气站储存设施的设计应符合下列规定：

1 站内储罐总容积应根据供气规模、用户的性质、气源供应等因素确定。当由液化石油气储存站、储配站供气时，储罐设计总容量可按3 d的计算月平均日用气量确定。

2 确定储罐的单罐容积和总容积时，应考虑储罐检修期间供气系统的调度平衡。

6.2.2 气化、混气装置的总供气能力应根据高峰小时用气量确定。

6.2.3 液化石油气气化站和混气站内铁路引入线、铁路槽车装卸线和铁路槽车装卸栈桥的设计应符合本规范第5.3.15条~第5.3.17条的规定。

6.2.4 当需要连续供气时，气化、混气装置不应少于2台，且备用装置不得少于1台。

6.2.5 气化、混气装置可设置在一幢建筑物内，也可设置在同一房间内，并应符合下列规定：

1 气化装置的布置宜符合下列规定：

1）气化装置之间的净距不宜小于0.8 m；

2）气化装置操作侧与内墙之间的净距不宜小于1.2 m；

3）气化装置其余各侧与内墙的净距不宜小于0.8 m。

2 混气装置的布置宜符合下列规定：

1）混合装置之间的净距不宜小于0.8 m；

2）混合装置操作侧与内墙的净距不宜小于1.2 m；

3）混合装置其余各侧与内墙的净距不宜小于0.8 m。

3 调压、计量装置可设置在气化间或混气间内。

6.2.6 当液化石油气与空气或其他燃气混气时，除应符合本规范第3.0.4条和第3.0.5条的规定外，尚应符合下列规定：

1 混气装置应设置切断气源的安全联锁装置，当参与混合的任何一种气体突然中断或液化石油气体积分数接近爆炸上限的2倍时，应自动报警。

2 混气装置的出口总管道应设置检测混合气热值的取样管。热值仪应与混气装置联锁，并应能实时调节其混气比例。

3 混气装置的出口管段宜设置在线检测混合气氧含量的装置。

6.2.7 热值仪应靠近取样点，且应设置在混气间内的专用隔间或附属房间内，并应符合下列规定：

1 设置热值仪的房间应设置直接通向室外的门，与混气间的隔墙应采用无门窗洞口的防火墙。

2 应配置可燃气体浓度检测、报警装置。

3 应设置事故排风装置，并应与泄漏报警装置联锁；当室内可燃气体浓度达到爆炸下限的20%时，应启动。

4 设置热值仪的房间的门窗洞口与混气间门窗洞口间的距离不应小于6 m。

5 设置热值仪的房间的地面应高出室外地面0.6 m。

7 液化石油气瓶组气化站

7.0.1 气化装置的总供气能力应根据高峰小时用气量确定。气化装置不应少于2台，备用不得少于1台。

7.0.2 液化石油气瓶组气化站钢瓶的配置数量宜符合下列规定：

1 当采用强制气化方式供气时，钢瓶的配置数量可按1 d～2 d的计算月最大日用气量确定；

2 当采用自然气化方式供气时，钢瓶配置数量应根据高峰用气时间内平均小时用气量、高峰用气持续时间和高峰用气时间内单瓶小时自然气化能力计算确定，并应配置备用瓶组。备用瓶组钢瓶的配置数量宜与使用瓶组钢瓶的配置数量相同。

7.0.3 当采用自然气化方式供气，且瓶组气化站配置钢瓶的总容积小于1 m^3 时，瓶组间可设置在除住宅、重要公共建筑和高层民用建筑及裙房外与用气建筑物外墙毗连的单层专用房间内，并应符合下列规定：

1 耐火等级不应低于二级；

2 应通风良好，并应设置直通室外的门；

3 与其他房间相邻的墙应采用无门窗洞口的防火墙；

4 应配置可燃气体泄漏报警装置；

5 室温不应高于45 ℃，且不应低于0 ℃；

6 当瓶组间独立设置，且邻向建筑的外墙为无门窗洞口的防火墙时，间距可不限；

7 与其他建筑的防火间距应符合本规范表7.0.4的规定。

7.0.4 当瓶组气化站配置钢瓶的总容积大于1 m^3 或采用强制气化钢瓶的总容积小于1 m^3 时，应将其设置在高度不低于2.2 m的独立建筑内，并应符合下列规定：

1 独立瓶组间的设计应符合本规范第7.0.3条第1～5款的规定；

2 独立瓶组间与建筑的防火间距不应小于表7.0.4的规定；

3 当瓶组间的钢瓶总容积大于4 m^3 时，宜采用储罐，防火间距应符合本规范第6.1.3条和第6.1.4条的规定；

4 瓶组间、气化间与值班室的防火间距不限；当两者毗连时，隔墙应采用无门窗洞口的防火墙，并应符合本规范附录A的规定或值班室内的用电设备采用防爆型；

5 独立瓶组间与其他民用建筑的防火间距除符合表7.0.4的规定外，还应符合本规范附录A的规定。

表7.0.4 独立瓶组间与建筑的防火间距

项　　目	钢瓶总容积（V，m^3）	
	$V≤2$	$2<V≤4$
明火、散发火花地点	25	30

表 7.0.4（续）

项目		钢瓶总容积（V，m^3）	
		$V \leq 2$	$2 < V \leq 4$
重要公共建筑、一类高层民用建筑		15	20
其他民用建筑		10	12
道路（路边）	主要	10	10
	次要	5	5

注：钢瓶总容积应按配置钢瓶个数与单瓶几何容积的乘积计算。

7.0.5 液化石油气瓶组间不得设置在地下室和半地下室内。

7.0.6 瓶组气化间与瓶组间毗连时，隔墙应采用无门窗洞口的防火墙，且隔墙的耐火极限不应低于 3.00 h；与建筑的防火间距应按本规范第 7.0.4 条的规定执行。

7.0.7 设置在露天的空温式气化器与瓶组间的防火间距可不限，与明火、散发火花地点和其他建筑的防火间距可按本规范第 7.0.4 条中钢瓶总容积小于或等于 2 m^3 的规定执行。

7.0.8 瓶组气化站的四周围墙上部宜设置非实体围墙，围墙下部实体部分高度不应低于 0.6 m。围墙应采用不燃烧材料。

7.0.9 当采用瓶组气化供气时，应设置自动切换装置。

7.0.10 瓶组间采用自然通风时，每个自然间应设 2 个连通室外的下通风式百叶窗，瓶组间通风口的总有效面积不应小于该房间地面面积的 3%。通风口下沿距室内地坪宜小于 0.2 m。当不能满足自然通风条件时，应设置独立的机械送、排风系统，并应采用防爆轴流风机，通风量应符合下列规定：

1 正常工作时，通风量应按换气次数不少于 6 次/h 确定；

2 事故通风时，事故排风量应按换气次数不少于 12 次/h 确定；

3 不工作时，通风量应按换气次数不少 3 次/h 确定。

8 液化石油气瓶装供应站

8.0.1 液化石油气瓶装供应站按钢瓶总容积应分为三类，并应符合表8.0.1的规定。

表8.0.1 液化石油气瓶装供应站分类

名 称	钢瓶总容积（V，m^3）
Ⅰ类站	$6 < V \leqslant 20$
Ⅱ类站	$1 < V \leqslant 6$
Ⅲ类站	$V \leqslant 1$

注：钢瓶总容积按钢瓶个数和单瓶几何容积的乘积计算。

8.0.2 液化石油气钢瓶不得露天存放。Ⅰ、Ⅱ类液化石油气瓶装供应站的瓶库宜采用敞开或半敞开式建筑。瓶库内的钢瓶应按实瓶区和空瓶区分区存放。

8.0.3 Ⅰ类液化石油气瓶装供应站出入口一侧可设置高度不低于2 m的不燃烧体围墙，围墙下部0.6 m应为实体；其余各侧应设置高度不低于2 m的不燃烧体实体围墙。Ⅱ类液化石油气瓶装供应站的四周宜设置非实体围墙，围墙应采用不燃烧材料，且围墙下部0.6 m应为实体。

8.0.4 Ⅰ、Ⅱ类液化石油气瓶装供应站的瓶库与站外建筑及道路的防火间距应符合下列规定：

1 Ⅰ、Ⅱ类站的瓶库与站外建筑及道路的防火间距不应小于表8.0.4的规定。

2 Ⅰ类站的瓶库与高速公路、Ⅰ、Ⅱ级公路、城市快速路、铁路、架空电力线和架空通信线的距离应符合本规范表6.1.3的规定。

3 Ⅰ类站的瓶库与修理间或办公用房的防火间距不应小于10 m。当营业室可与瓶库的空瓶区毗连设置时，隔墙应采用无门窗洞口的防火墙，并应符合本规范附录A的规定。

4 当Ⅱ类站由瓶库和营业室组成时，两者可合建成一幢建筑，隔墙应采用无门窗洞口的防火墙，并应符合本规范附录A的规定。

表8.0.4 Ⅰ、Ⅱ类液化石油气瓶装供应站的瓶库与站外建筑及道路的防火间距（m）

项 目	瓶装供应站分类（V，m^3）			
	Ⅰ类站		Ⅱ类站	
	$10 < V \leqslant 20$	$6 < V \leqslant 10$	$3 < V \leqslant 6$	$1 < V \leqslant 3$
明火、散发火花地点	35	30	25	20
重要公共建筑、一类高层民用建筑	25	20	15	12
其他民用建筑	15	10	8	6

表 8.0.4（续）

项目		瓶装供应站分类（V, m^3）			
		Ⅰ类站		Ⅱ类站	
		$10<V\leqslant20$	$6<V\leqslant10$	$3<V\leqslant6$	$1<V\leqslant3$
道路（路边）	主要	10	10	8	8
	次要	5	5	5	5

注：钢瓶总容积按钢瓶个数与单瓶几何容积的乘积计算。

8.0.5 Ⅲ类液化石油气瓶装供应站可将瓶库设置在除住宅、重要公共建筑和高层民用建筑及裙房外的与建筑物外墙毗连的单层专用房间，隔墙应为无门窗洞口的防火墙，并应符合本规范附录 A 的规定。瓶库与主要道路的防火间距不应小于 8 m，与次要道路不应小于 5 m。

8.0.6 瓶库的设计应符合下列规定：

1 耐火等级不应低于二级；

2 室内通风应符合本规范第 7.0.10 条的规定，门窗应向外开；

3 封闭式瓶库应采取泄压措施，并应符合现行国家标准《建筑设计防火规范》GB 50016 的有关规定；

4 地面应采用撞击时不产生火花的面层；

5 室内照明灯具、开关及其他电气设备应采用防爆型；

6 应配置液化石油气泄漏报警装置，报警装置应集中设置在值班室，并应有泄漏报警远传系统；

7 室温不应高于 45 ℃，且不应低于 0 ℃；

8 灭火器的配置应符合本规范第 11.3.1 条的规定；

9 相邻房间应是非明火、散发火花地点；

10 瓶库内不应设置办公室、休息室等。

8.0.7 非营业时间无人值守的Ⅲ类瓶库内存有液化石油气钢瓶时，应设置远程无人值守安全防护系统。

9 管材及管道附件、储罐及其他容器和防腐

9.1 管材及管道附件

9.1.1 液化石油气供应站内工艺管道的设计应符合压力管道有关安全技术要求和现行国家标准《工业金属管道设计规范》GB 50316 的有关规定。

9.1.2 液化石油气管道的设计应符合下列规定：

1 应采用无缝钢管，并应符合现行国家标准《输送流体用无缝钢管》GB/T 8163 的有关规定，或采用符合不低于上述标准相关技术要求的国家现行标准的有关规定的无缝钢管；

2 钢管和管道附件材料应满足设计压力、设计温度及介质特性、使用寿命、环境条件的要求，并应符合压力管道有关安全技术要求及国家现行标准的有关规定；

3 液态液化石油气管道材料的选择应考虑低温下的脆性断裂和运行温度下的塑性断裂；

4 当施工环境温度低于或等于 -20 ℃时，应对钢管和管道附件材料提出韧性要求；

5 不得采用电阻焊钢管、螺旋焊缝钢管制作管件；

6 当管道附件与管道采用焊接连接时，两者材质应相同或相近；

7 锻件应符合现行行业标准《承压设备用碳素钢和合金钢锻件》NB/T 47008 和《低温承压设备用低合金钢锻件》NB/T 47009 的有关规定。

9.1.3 液态液化石油气管道和站内液化石油气储罐、其他容器、设备、管道配置的阀门及附件的公称压力（等级）应高于输送系统的设计压力。

9.1.4 液化石油气储罐、其他容器、设备和管道不得采用灰口铸铁阀门及附件，严寒和寒冷地区应采用钢质阀门及附件。

9.1.5 液化石油气供应站内钢质液化石油气管道直管段壁厚计算应符合下列规定：

1 当直管段计算壁厚 δ_0 小于 $D_0/6$ 时，直管段壁厚设计应按下列公式计算：

$$\delta = \delta_0 + C \tag{9.1.5-1}$$

$$\delta_0 = \frac{P \times D_0}{2 \times ([\sigma]^{t} \times E_j + P \times Y)} \tag{9.1.5-2}$$

$$C = C_1 + C_2 \tag{9.1.5-3}$$

式中 δ——钢管设计壁厚（mm）；

δ_0——钢管计算壁厚（mm）；

P——设计压力（MPa）；

D_0——钢管外径（mm）；

$[\sigma]^{t}$——在设计温度下材料的许用应力（MPa）；

E_j——焊接接头系数，按现行国家标准《工业金属管道设计规范》GB 50316 的有关规定选取；

C——厚度附加量之和（mm）；

C_1——厚度减薄附加量，包括加工、开槽和螺纹深度及材料厚度负偏差（mm）；

C_2——腐蚀或磨蚀附加量（mm）；

Y——系数，一般取 $Y=0.4$。

2 当直管段计算壁厚 δ_0 大于或等于 $D_0/6$ 时，或设计压力 P 与在设计温度下材料的许用应力 $[\sigma]^t$ 和焊接接头系数 E_j 乘积之比 $P/([\sigma]^t E_j)$ 大于 0.385 时，直管段设计壁厚应按断裂理论、疲劳和热应力等因素综合考虑。

9.1.6 输送液态液化石油气管道直管段计算壁厚应按下列公式计算：

$$\delta_0 = \frac{P \times D_0}{2\sigma_S \times \Phi \times F} \tag{9.1.6}$$

式中 δ_0——钢管计算壁厚（mm）；

P——设计压力（MPa）；

D_0——钢管外径（mm）；

σ_S——钢管的最低屈服强度（MPa）；

Φ——焊缝系数，当采用符合本规范第 9.1.2 条规定的钢管标准时取 1.0；

F——管道强度设计系数，按本规范表 4.1.4 和表 4.1.5 选取。

9.1.7 采用经冷加工后又经加热处理的钢管，当加热温度高于 320 ℃（焊接除外）或采用经冷加工或热处理的钢管煨弯成弯管时，计算钢管或弯管壁厚时，屈服强度应取该管材最低屈服强度（σ_s）的 75%。

9.1.8 液态液化石油气管道的强度校核、管道的刚度和稳定校核及管道附件结构设计应符合现行国家标准《输油管道工程设计规范》GB 50253 的有关规定。

9.1.9 液化石油气汽车槽车装卸应采用万向充装管道系统。

9.2 管道的连接

9.2.1 站内液化石油气管道与管道之间宜采用焊接连接，管道与储罐、其他容器、设备及阀门可采用法兰或螺纹连接。当每对法兰或螺纹接头间电阻值大于 0.03 Ω 时，应采用金属导体跨接。

9.2.2 焊接应符合现行国家标准《现场设备、工业管道焊接工程施工规范》GB 50236 的有关规定。

9.3 储罐及其他容器

9.3.1 液化石油气储罐、其他容器及附件材料的选用和设计应符合国家现行标准《压力容器》GB 150.1～GB 150.4、《钢制球形储罐》GB 12337 和压力容器有关安全技术规定。

9.3.2 液化石油气储罐、其他容器的设计压力和设计温度应符合压力容器有关安全技术规定。

9.3.3 液化石油气储罐最大设计允许充装质量应符合压力容器有关安全技术规定。

9.3.4 液化石油气储罐第一道管法兰、垫片和紧固件的设计应符合现行行业标准《钢制管法兰、垫片、紧固件》HG/T 20592～HG/T 20635，并应采用带颈对焊法兰、带内环和对中环型的金属缠绕垫片和专用级高强度全螺纹螺柱与Ⅱ型六角螺母的组合。

9.3.5 液化石油气储罐接管安全阀件的配置应符合下列规定：

1 应设置安全阀和检修用的放散管；

2 液相进口管应设置止回阀；

3 储罐液相出口管和气相管应设置紧急切断阀；

4 储罐所有管道接口应设置两道手动阀门；排污口两道阀间应采用短管连接，并应采取防冻措施。

9.3.6 全压力式液化石油气储罐底部宜加装注胶装置或加装高压注水连接装置，罐区应备有高压注水设施，注水管道应与独立的消防水泵相连接。消防水泵的出口压力应大于储罐的最高工作压力。正常情况下，注水口的控制阀门应保持关闭状态。

9.3.7 液化石油气储罐安全阀的设置应符合下列规定：

1 应选用弹簧封闭全启式安全阀，且整定压力不应大于储罐设计压力。安全阀的最小泄放面积计算应符合国家现行标准《压力容器》GB 150.1～GB 150.4 的有关规定。

2 容积大于或等于100 m^3 的储罐应设置2个或2个以上安全阀。

3 安全阀应设置放散管，其管径不应小于安全阀的出口管径。

4 地上储罐安全阀放散管管口应高出储罐操作平台2.0 m以上，且应高出地面5.0 m以上；地下储罐安全阀放散管管口应高出地面2.5 m以上。

5 安全阀与储罐之间应设置阀门。

6 当储罐设置2个或2个以上安全阀时，其中1个安全阀的整定压力应按本条第1款的规定执行，其余安全阀的整定压力可适当提高，但不得超过储罐设计压力的1.05倍。

7 安全阀的整定压力应符合现行国家标准《压力容器》GB 150.1～GB 150.4 的有关规定。

9.3.8 液化石油气储罐检修用放散管的管口高度应符合本规范第9.3.7条第4款的规定。

9.3.9 液化石油气气液分离器、缓冲罐和气化器应设置弹簧封闭式安全阀。安全阀应设置放散管。当上述容器露天设置时，放散管管口高度应符合本规范第9.3.7条第4款的规定。当室内设置时，放散管管口应高出屋面2.0 m以上。

9.4 管道和储罐的防腐

9.4.1 钢质液化石油气管道和液化石油气储罐应进行外防腐。防腐设计应符合国家现行标准《城镇燃气埋地钢质管道腐蚀控制技术规程》CJJ 95、《钢质管道外腐蚀控制规范》GB/T 21447 和《钢质储罐腐蚀控制标准》SY/T 6784 的有关规定。

9.4.2 埋地敷设的液化石油气管道的外防腐设计应根据土壤的腐蚀性、管道的重要程度及所经地段的地质、环境条件等确定。

9.4.3 输送液态液化石油气埋地敷设的钢质管道应同时采用外防腐层与阴极保护联合防护，并应符合国家现行标准的有关规定。

9.4.4 地下液化石油气储罐外壁除采用防腐层保护外，尚应采用牺牲阳极或强制电流阴极保护。地下液化石油气储罐牺牲阳极阴极保护设计应符合现行国家标准《埋地钢质管道阴极保护技术规范》GB/T 21448 的有关规定。

10 建筑防火与供暖通风及绿化

10.1 建筑防火

10.1.1 具有爆炸危险场所的建筑防火、防爆设计应符合下列规定：

1 建筑物耐火等级不应低于二级；

2 门窗应向外开；

3 建筑应采取泄压措施，设计应符合现行国家标准《建筑设计防火规范》GB 50016 的有关规定；

4 地面面层应采用撞击时不产生火花的材料，并应符合现行国家标准《建筑地面工程施工质量验收规范》GB 50209 的有关规定。

10.1.2 灌瓶间及附属瓶库、汽车槽车库、瓶装供应站的瓶库等可采用敞开或半敞开式建筑。

10.1.3 具有爆炸危险场所的建筑，承重结构应采用钢筋混凝土或钢框架、钢排架结构。钢框架和钢排架应采用防火保护层。

10.1.4 液化石油气储罐应牢固地设置在基础上。卧式储罐应采用钢筋混凝土支座。球形储罐的钢支柱应采用不燃烧隔热材料保护层，其耐火极限不应低于 2.00 h。

10.2 供暖通风及绿化

10.2.1 采暖地区建筑的供暖设计应符合现行国家标准《工业建筑供暖通风与空气调节设计规范》GB 50019 的有关规定。

10.2.2 具有爆炸危险的封闭式建筑应采取通风措施。通风口不应少于 2 个，并应靠近地面设置。事故排风量应按换气次数不少于 12 次/h 确定。当采用自然通风时，通风口总有效面积不应小于该房屋地面面积的 3% 。

10.2.3 液化石油气储存站、储配站、灌装站、气化站和混气站内的绿化应符合下列规定：

1 生产区内严禁种植易造成液化石油气积存的植物；

2 生产区四周和局部地区可种植不易造成液化石油气积存的植物；

3 生产区围墙 2 m 以外可种植乔木，辅助区可种植各类植物。

11 消防给水、站区排水与灭火器配置

11.1 消 防 给 水

11.1.1 液化石油气储存站、储配站、灌装站、气化站和混气站在同一时间内的火灾次数应按一次考虑，消防用水量应按储罐区一次最大消防用水量确定。

11.1.2 液化石油气储罐区消防用水量应按储罐固定喷水冷却装置和水枪用水量之和计算，并应符合下列规定：

1 储罐总容积大于50 m^3 或单罐容积大于20 m^3 的液化石油气储罐、储罐区和设置在储罐室内的小型储罐应设置固定喷水冷却装置。固定喷水冷却装置的用水量应按储罐的保护面积与冷却水供水强度计算确定。着火储罐的保护面积应按全表面积计算；距着火储罐直径1.5倍范围内的相邻储罐应按全表面积的1/2计算。

2 冷却水供水强度不应小于0.15 L/(s·m^2)。

3 水枪用水量不应小于表11.1.2的规定。

4 地下液化石油气储罐可不设置固定喷水冷却装置，消防用水量应按水枪用水量确定。

表11.1.2 水枪用水量

储罐容积（m^3）		水枪用水量（L/s）
储罐总容积（V）	单罐容积（V'）	
$V \leqslant 500$	$V' \leqslant 100$	20
$500 < V \leqslant 2500$	$100 < V' \leqslant 400$	30
$V > 2500$	$V' > 400$	45

注：1 水枪用水量应按本表储罐总容积或单罐容积较大者确定；

2 储罐总容积小于或等于50 m^3，且单罐容积小于或等于20 m^3 的储罐或储罐区，可单独设置固定喷水冷却装置或移动式水枪，其消防用水量应按水枪用水量计算。

11.1.3 液化石油气储存站、储配站、灌装站、气化站和混气站的消防给水系统应包括：消防水池（罐或其他水源）、消防水泵房、消防给水管网、地上式消火栓（炮）和储罐固定喷水冷却装置。

11.1.4 消防给水管网应布置成环状，向环状管网供水的干管不应少于2根。

11.1.5 消防水池容量的确定应符合现行国家标准《建筑设计防火规范》GB 50016和《消防给水及消火栓系统技术规范》GB 50974的有关规定；消防水池应有防止被污染的措施。

11.1.6 消防水泵房的设计应符合现行国家标准《建筑设计防火规范》GB 50016的有关

规定。

11.1.7 液化石油气球形储罐固定喷水冷却装置宜采用水雾喷头。储罐固定喷水冷却装置的水雾喷头的布置，应在喷水冷却时将储罐表面及液位计、阀门等重要部位全覆盖。卧式储罐喷水冷却装置可采用喷淋管。

11.1.8 当液化石油气储存站、储配站、灌装站、气化站和混气站设置的消防给水系统利用城市消防给水管道时，应符合现行国家标准《建筑设计防火规范》GB 50016 的有关规定。

11.1.9 储罐固定喷水冷却装置出口的供水压力不应小于0.2 MPa。球形储罐，水枪出口的供水压力不应小于0.35 MPa；卧式储罐，水枪出口的供水压力不应小于0.25 MPa。

11.2 站区排水

11.2.1 液化石油气储存站、储配站、灌装站、气化站和混气站排水系统应符合现行国家标准《室外排水设计规范》GB 50014 的有关规定。

11.2.2 液化石油气储存站、储配站、灌装站、气化站和混气站生产区的排水系统应采取防止液化石油气排入其他地下管道或低洼部位的措施，并应符合下列规定：

1 生产区内地面雨水可散流排出站外。在排出围墙之前，应设置水封和隔油装置。

2 储罐区雨水可采用管道排至站外，在排出储罐区防护堤和围墙之前应分别设置水封装置。

3 液化石油气储存站、储配站、灌装站、气化站和混气站生产区应在建筑墙外或围墙内设置水封井。水封井的水封高度应为0.30 m～0.50 m；水封井应设沉泥段，沉泥段高度不应小于0.25 m。

4 清洗储罐的污水不应直接进入排水管道。液化石油气储罐的排污应采用活动式回收桶集中收集处理，不得直接接入排水管道。

5 排出站外城镇下水道系统的污水应符合现行行业标准《污水排入城镇下水道水质标准》CJ 343 的有关规定。

11.3 灭火器配置

11.3.1 液化石油气供应站内干粉灭火器或 CO_2 灭火器的配置应符合现行国家标准《建筑灭火器配置设计规范》GB 50140 的有关规定。干粉灭火器的配置数量应符合表11.3.1的规定。

表11.3.1 干粉灭火器的配置数量

场所	配置数量
铁路槽车装卸栈桥	按槽车车位数，每车位设置8 kg、2具，每个设置点不宜超过5具
储罐区、地下储罐组	按储罐台数，每台设置8 kg、2具，每个设置点不宜超过5具

表 11.3.1（续）

场　所	配置数量
储罐室	按储罐台数，每台设置 8 kg、2 具
汽车槽车装卸台柱（装卸口）	8 kg 不应少于 2 具
灌瓶间及附属瓶库、压缩机室、烃泵房、汽车槽车库、气化间、混气间、调压计量间、瓶组间和瓶装供应站的瓶库等爆炸危险性建筑	按建筑面积，每 50 m^2 设置 8 kg、1 具，且每个房间不应少于 2 具，每个设置点不宜超过 5 具
其他建筑（变配电室、仪表间等）	按建筑面积，每 80 m^2 设置 8 kg、1 具，且每个房间不应少于 2 具

注：1　表中 8 kg 指手提式干粉型灭火器的药剂充装量；

2　根据场所具体情况可设置部分 20 kg 手推式干粉灭火器。

12 电气与通信

12.1 电 气

12.1.1 液化石油气储存站、储配站和灌装站内消防水泵及消防应急照明和液化石油气气化站、混气站的供电系统设计应符合现行国家标准《供配电系统设计规范》GB 50052 中二级负荷的有关规定。液化石油气储存站、储配站和灌装站其他电气设备的供电系统可为三级负荷。

12.1.2 消防水泵房及其配电室应设置应急照明，应急照明的备用电源可采用蓄电池，且连续供电时间不应少于0.5 h。重要消防用电设备的供电，应在最末一级配电装置或配电箱处实现自动切换。消防系统的配电及控制线路应采用耐火电缆。

12.1.3 液化石油气供应站具有爆炸危险场所的电力装置设计应符合现行国家标准《爆炸危险环境电力装置设计规范》GB 50058 的有关规定，爆炸危险区域等级和范围的划分宜符合本规范附录 A 的规定。

12.2 防雷及防静电

12.2.1 液化石油气供应站具有爆炸危险建筑的防雷设计应符合现行国家标准《建筑物防雷设计规范》GB 50057 中第二类防雷建筑物的有关规定。

12.2.2 液化石油气罐体应设防雷接地装置，并应符合现行国家标准《石油化工装置防雷设计规范》GB 50650 的有关规定。

12.2.3 防雷接地装置的电阻值，应按现行国家标准《石油库设计规范》GB 50074 和《建筑物防雷设计规范》GB 50057 的有关规定执行。

12.2.4 液化石油气储罐、泵、压缩机、气化、混气和调压、计量装置及低支架和架空敷设的管道应采取静电接地。

12.2.5 液化石油气供应站静电接地设计应符合国家现行标准《石油化工企业设计防火规范》GB 50160 和《石油化工静电接地设计规范》SH 3097 的有关规定。

12.2.6 在生产区入口处应设置安全有效的人体静电消除装置。

12.3 检测仪表和报警系统

12.3.1 液化石油气储罐检测仪表的设置应符合下列规定：

1 应设置就地显示的液位计、压力表；

2 当全压力式储罐小于3000 m^3 时，就地显示液位计宜采用能直接观测储罐全液位的液位计；

3 应设置远传显示的液位计和压力表，且应设置液位上、下限报警装置和压力上限报警装置；

4 应设置温度计。

12.3.2 液化石油气气液分离器和容积式气化器应设置直观式液位计和压力表。

12.3.3 液化石油气储罐、泵、压缩机、气化、混气和调压、计量装置的进、出口应设置压力表。

12.3.4 液化石油气供应站应设置可燃气体检测报警系统和视频监视系统。

12.3.5 液化石油气供应站爆炸危险场所应设置可燃气体泄漏报警控制系统，并应符合下列规定：

1 可燃气体探测器和报警控制器的选用和安装，应符合国家现行标准《石油化工可燃气体和有毒气体检测报警设计规范》GB 50493 和《城镇燃气报警控制系统技术规程》CJJ/T 146 的有关规定；

2 瓶组气化站和瓶装液化石油气供应站可采用手提式可燃气体泄漏报警装置，可燃气体探测器的报警设定值应按可燃气体爆炸下限的 20% 确定；

3 可燃气体报警控制器宜与控制系统联锁；

4 可燃气体报警控制系统的指示报警设备应设在值班室或仪表间等有值班人员的场所。

12.4 通 信

12.4.1 液化石油气供应站内至少应设置 1 台直通外线的电话。在具有爆炸危险场所应使用防爆型电话。

12.4.2 液化石油气供应站安全防范系统设计除应符合现行国家标准《安全防范工程技术规范》GB 50348、《视频安防监控系统工程设计规范》GB 50395 和《出入口控制系统工程设计规范》GB 50396 的有关规定外，尚应在无人值守的场所安装入侵探测器和声光报警器。

12.4.3 三级及以上液化石油气供应站应设置安防中心控制室，并应符合下列规定：

1 视频安防监控、入侵报警（紧急报警）、出入口控制、电子巡查系统的控制，显示设备均应设置在独立的安防中心控制室，并应能实现对各子系统的操作、记录和打印；

2 应安装紧急报警装置，并应与区域报警中心联网；

3 应配置能与报警同步的终端图形显示装置，并应能准确地识别报警区域，实时显示发生警情的区域、日期、时间及报警类型等信息。

附录A　液化石油气供应站爆炸危险区域等级和范围划分

A.0.1　液化石油气供应站生产区的爆炸危险区域等级和范围划分宜符合下列规定：

1　液化石油气供应站内灌瓶间的钢瓶灌装嘴、铁路槽车和汽车槽车装卸口的释放源可划分为一级释放源，其余爆炸危险场所的释放源可划分为二级释放源。

2　液化石油气供应站生产区爆炸危险区域的等级，宜根据释放源级别和通风等条件划分：

1）根据释放源的级别划分区域等级，存在一级释放源的区域可划为1区，存在二级释放源的区域可划为2区；

2）根据通风等条件调整区域等级，当通风条件良好时，可降低爆炸危险区域等级；当通风不良时，宜提高爆炸危险区域等级。有障碍物、凹坑和死角处，宜局部提高爆炸危险区域等级。

3　液化石油气供应站爆炸危险区域等级和范围划分宜符合本规范第A.0.2条～第A.0.6条的规定。

注：爆炸危险性建筑的通风，其空气流量能使可燃气体很快稀释到爆炸下限的20%以下时，可定为通风良好。

A.0.2　通风良好的液化石油气灌瓶间、实瓶库、压缩机室、烃泵房、气化间、混气间等生产性建筑的爆炸危险区域等级和范围（图A.0.2）划分宜符合下列规定：

1　以释放源为中心，半径为15.0 m，地面以上高度7.5 m和半径为7.5 m，顶部与释放源距离为7.5 m的范围宜划分为2区；

2　在2区范围内，地面以下的沟、坑等低洼处宜划分为1区。

A.0.3　露天设置的地上液化石油气储罐或储罐区的爆炸危险区域等级和范围（图A.0.3）划分宜符合下列规定：

1　以储罐安全阀放散管管口为中心，半径为4.5 m，及至地面以上的范围内和储罐区防护堤以内，防护堤顶部以下的空间宜划分为2区；

2　在2区范围内，地面以下的沟、坑等低洼处宜划分为1区；

3　当烃泵露天设置在储罐区时，以烃泵为中心，半径为4.5 m及至地面以上范围内宜划分为2区。

注：地下储罐组的爆炸危险区域等级和范围可按本条规定划分。

A.0.4　铁路槽车和汽车槽车装卸口处爆炸危险区域等级和范围（图A.0.4）划分宜符合下列规定：

1　以装卸口为中心，半径为1.5 m的空间和爆炸危险区域内地面以下的沟、坑等低洼处宜划分为1区；

2　以装卸口为中心，半径为4.5 m，1区以外及地面以上的范围内宜划分为2区。

A.0.5　无释放源的建筑与通风不良且有二级释放源的建筑相邻，当采用不燃烧体实体墙隔开时，其爆炸危险区域和范围（图A.0.5）划分宜符合下列规定：

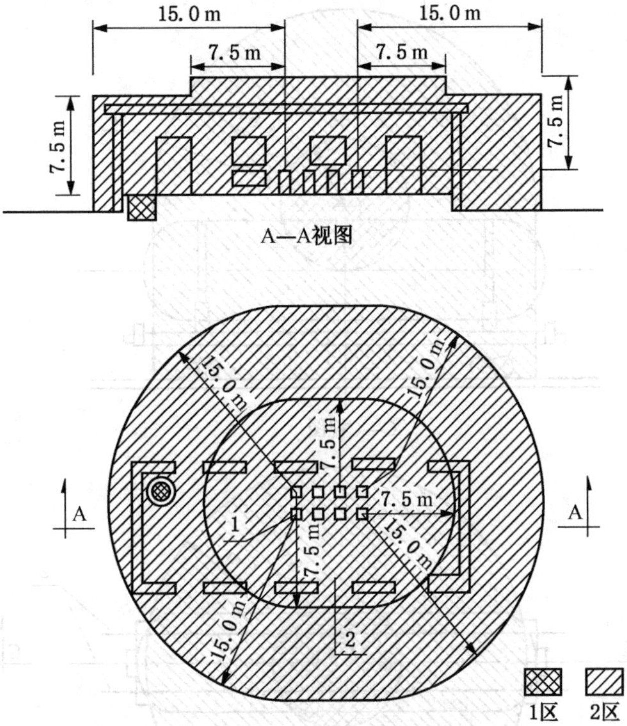

1—二级释放源；2—门或窗

图 A.0.2 通风良好的生产性建筑爆炸危险区域等级和范围划分图

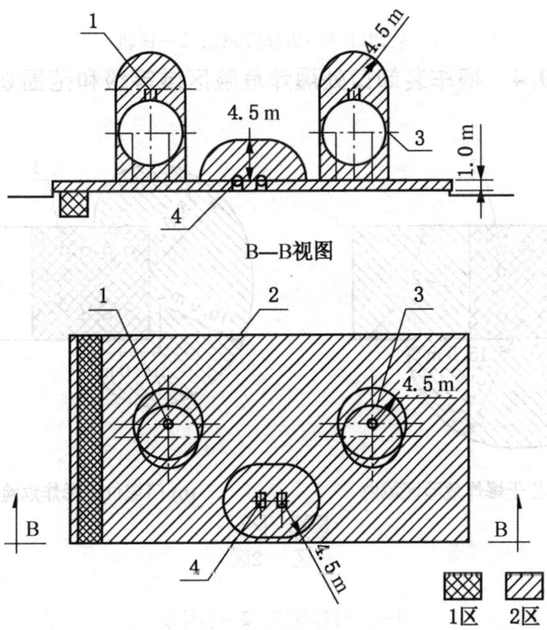

1—安全阀放散口（二级释放源）；2—防护墙；3—储罐；4—烃泵（二级释放源）

图 A.0.3 地上液化石油气储罐区爆炸危险区域等级和范围划分图

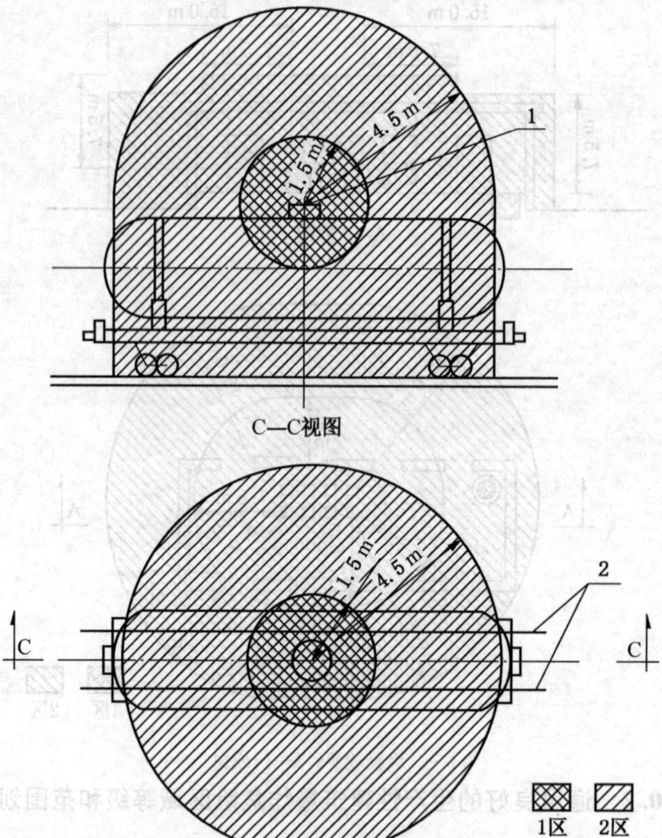

1—装卸口（一级释放源）；2—铁轨

图 A. 0. 4　槽车装卸口处爆炸危险区域等级和范围划分图

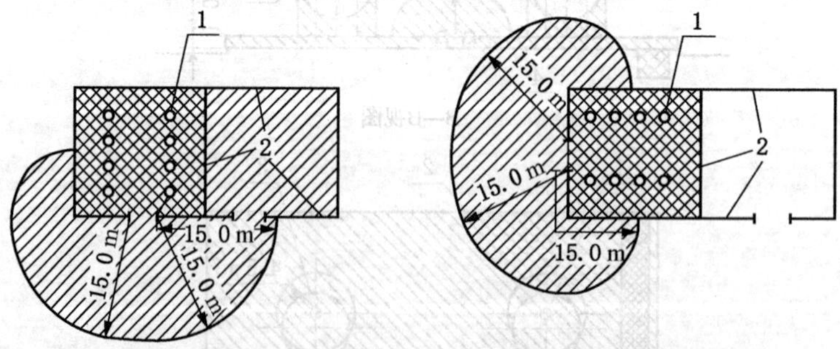

(a) 门窗位于爆炸危险区域内　　(b) 门窗位于爆炸危险区域外

1—二级释放源；2—实体墙

图 A. 0. 5　无释放源的建筑与通风不良且有二级释放源的建筑相邻，当采用不燃烧体实体墙隔开时，其爆炸危险区域和范围划分图

1 以释放源为中心，半径为15.0 m的范围内宜划分为2区；

2 与爆炸危险建筑相邻，并采用不燃烧体实体墙隔开的无释放源建筑，门窗位于爆炸危险区域内时宜划为2区；

3 门窗位于爆炸危险区域以外时宜划为非爆炸危险区。

A.0.6 无释放源的建筑与通风良好且有二级释放源的建筑相邻，当采用不燃烧体实体墙隔开时，其爆炸危险区域和范围（图A.0.6）划分宜符合下列规定：

1 以释放源为中心，半径为15.0 m的范围内宜划分为2区；

2 与爆炸危险建筑相邻，并采用不燃烧体实体墙隔开的无释放源建筑，门窗位于爆炸危险区域内时宜划为2区；

3 门窗位于爆炸危险区域以外时宜划为非爆炸危险区。

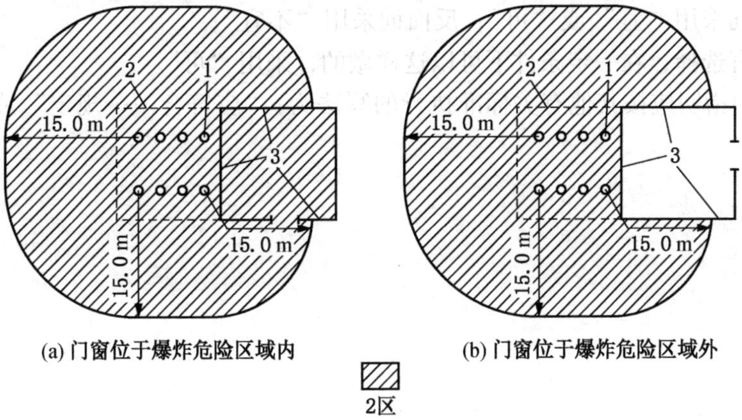

1—二级释放源；2—通风良好的建筑；3—实体墙

图A.0.6 无释放源的建筑与通风良好且有二级释放源的建筑相邻，当采用不燃烧体实体墙隔开时，其爆炸危险区域和范围划分图

A.0.7 下列场所可划分为非爆炸危险区域：

1 没有释放源，且不可能有液化石油气或液化石油气和其他气体的混合气侵入的区域。

2 液化石油气或液化石油气和其他气体的混合气可能出现的最高浓度不超过爆炸下限10%的区域。

3 在生产过程中使用明火的设备或炽热表面温度超过区域内可燃气体着火温度的设备附近区域。如锅炉房、热水炉间等。

4 液化石油气供应站生产区以外露天设置的液化石油气和液化石油气与其他气体的混合气管道。阀门处视具体情况确定。

本规范用词说明

1 为便于在执行本规范条文时区别对待，对要求严格程度不同的用词说明如下：

1）表示很严格，非这样做不可的：

正面词采用“必须”；反面词采用“严禁”；

2）表示严格，在正常情况下均应这样做的：

正面词采用“应”；反面词采用“不应”或“不得”；

3）表示允许稍有选择，在条件许可时首先应这样做的：

正面词采用“宜”或“可”；反面词采用“不宜”；

4）表示有选择，在一定条件下可以这样做的，采用“可”。

2 条文中指明应按其他有关标准执行的写法为：“应符合……规定”或“应按……执行”。

引用标准名录

1 《建筑抗震设计规范》GB 50011
2 《Ⅲ、Ⅳ级铁路设计规范》GB 50012
3 《室外排水设计规范》GB 50014
4 《建筑设计防火规范》GB 50016
5 《工业建筑供暖通风与空气调节设计规范》GB 50019
6 《室外给水排水和燃气热力工程抗震设计规范》GB 50032
7 《供配电系统设计规范》GB 50052
8 《建筑物防雷设计规范》GB 50057
9 《爆炸危险环境电力装置设计规范》GB 50058
10 《石油库设计规范》GB 50074
11 《建筑灭火器配置设计规范》GB 50140
12 《汽车加油加气站设计与施工规范》GB 50156
13 《石油化工企业设计防火规范》GB 50160
14 《构筑物抗震设计规范》GB 50191
15 《建筑地面工程施工质量验收规范》GB 50209
16 《现场设备、工业管道焊接工程施工规范》GB 50236
17 《输油管道工程设计规范》GB 50253
18 《工业金属管道设计规范》GB 50316
19 《安全防范工程技术规范》GB 50348
20 《视频安防监控系统工程设计规范》GB 50395
21 《出入口控制系统工程设计规范》GB 50396
22 《石油化工可燃气体和有毒气体检测报警设计规范》GB 50493
23 《城镇燃气技术规范》GB 50494
24 《石油化工装置防雷设计规范》GB 50650
25 《消防给水及消火栓系统技术规范》GB 50974
26 《压缩天然气供应站设计规范》GB 51102
27 《压力容器》GB 150.1 ~ GB 150.4
28 《声环境质量标准》GB 3096
29 《输送流体用无缝钢管》GB/T 8163
30 《液化气体铁道罐车》GB/T 10478
31 《液化石油气》GB 11174
32 《钢制球形储罐》GB 12337
33 《工业企业厂界环境噪声排放标准》GB 12348

34 《钢质管道外腐蚀控制规范》GB/T 21447
35 《埋地钢质管道阴极保护技术规范》GB/T 21448
36 《城镇燃气埋地钢质管道腐蚀控制技术规程》CJJ 95
37 《城镇燃气报警控制系统技术规程》CJJ/T 146
38 《城镇燃气加臭技术规程》CJJ/T 148
39 《液化石油气汽车槽车技术条件》HG/T 3143
40 《钢制管法兰、垫片、紧固件》HG/T 20592 ~ HG/T 20635
41 《承压设备用碳素钢和合金钢锻件》NB/T 47008
42 《低温承压设备用低合金钢锻件》NB/T 47009
43 《石油化工静电接地设计规范》SH 3097
44 《钢质储罐腐蚀控制标准》SY/T 6784
45 《污水排入城镇下水道水质标准》CJ 343

中华人民共和国国家标准

液化石油气供应工程设计规范

GB 51142—2015

条 文 说 明

制 订 说 明

《液化石油气供应工程设计规范》51142—2015，经住房和城乡建设部2015年12月3日以第992号公告批准、发布。

《液化石油气供应工程设计规范》51142—2015是在《城镇燃气设计规范》GB 50028—2006第8章“液化石油气供应”基础上编制而成。此前，《城镇燃气设计规范》GB 50028—2006是城镇燃气行业唯一一本从煤制气、净化、输配，到液化天然气、压缩天然气和液化石油气供应站的设计至居民用户、商业用户和工业用户等全覆盖的设计规范。随着我国经济建设的快速发展和新技术、新材料的不断更新换代及标准编制周期的缩短，这样一本综合性规范既不便于管理和使用也不能适应目前城市建设发展。按照新的工程建设标准体系《城镇燃气设计规范》GB 50028—2006被拆分为6本标准，本标准是其中之一。

本次制定的《液化石油气供应工程设计规范》将液化石气的输送和供应站的设计整合在一本规范中，更加便于今后的管理和使用。本规范规定了液化石油气管道输送和供应站设计应遵守的原则和要求，同时为方便设计、规划审批和消防管理等将液化石油气供应站分级，明确在城镇中心城区不得建设五级及以上的液化石油气气化站和混气站；不得建设六级及以上的液化石油气储存站、储配站和灌装站。三级及以上的液化石油气储存站、储配站和灌装站应远离居住区、学校、影剧院、体育馆等人员集聚的场所。

在液化石油气输送的章节中，除对输送所用的管材和阀门等工艺设施作出了规定外，还规定了不得在城市道路下敷设液态液化石油气管道的要求。为了配合整治和清理液化石油气市场，在相关章节中对液化石油气钢瓶的质量和安全附件的设置作了详细的规定，如钢瓶上应设置可识别的标识码，液化石油气灌装站应建立钢瓶充装销售信息管理系统。

为便于广大设计、施工、科研、学校等单位相关人员在使用本标准时能正确理解和执行条文规定，《液化石油气供应工程设计规范》编制组按章、节、条顺序编制了本标准的条文说明，对条文规定的目的、依据以及执行中需注意的有关事项进行了说明，还着重对强制性条文的强制性理由做了解释。但是，本条文说明不具备与标准正文同等的法律效力，仅供使用者作为理解和把握标准规定的参考。

目　次

1 总 则

1.0.1 液化石油气供应工程包括：液态液化石油气输送、液化石油气储存站、储配站和灌装站、气化站、混气站及瓶组气化站和瓶装供应站。

由于液化石油气具有工作压力高，密度比空气重，又具有易燃易爆的特性，所以城镇液化石油气供应工程设计应符合安全生产、安全可靠等要求。同时，要保证供应，做到连续、稳定的供气，满足用户的需求。

1.0.2 规定了本规范的适用范围。液态液化石油气输送是指将液态液化石油气由生产厂、液化石油气装卸码头输送至液化石油气储存站、储配站和灌装站等供应站或各供应站之间的管道输送系统。

1.0.3 规定了本规范不适用的液化石油气工程和装置的设计，其原因是：

1 炼油厂、石油化工厂、油气田和天然气气体处理装置的液化石油气加工、储存、灌装和运输是指企业内部的工艺过程，应遵循有关专业规范。

2 世界各发达国家对液化石油气常温压力储存和低温常压储存分别称全压力式储存和全冷冻式储存，故本次规范采用国际通用命名。

液化石油气全冷冻式储存在国外早就使用，且有成熟的设计、施工和管理经验。我国城镇燃气储存站、储配站等一般情况下使用液化石油气常温压力储存，故本规范主要规定常温压力储存的主要技术内容。主要技术规定延续《城镇燃气设计规范》GB 50028 的有关规定。

3 东南部沿海和长江中下游等地区，采用全压力式槽船运输液化石油气，并积累一定运行经验，但属水上运输和码头装卸作业，其设计应执行有关专业规范。

4 用于轮船、铁路车辆和汽车上使用的液化石油气装置设计，应执行有关专业规范。

5 为汽车加气的液化石油气汽车加气站的设计，应按现行国家标准《汽车加油加气站设计与施工规范》GB 50156 的有关规定执行。

3 基 本 规 定

3.0.1 在实际工程中液化石油气供应站通常采用两种运输方式，以其中一种运输方式为主，另一种运输方式为辅。中小型液化石油气灌装站、气化站和混气站宜采用汽车槽车运输。

输送方式主要根据接收站的规模、运距、交通条件等因素，经过建设投资和运行费用等方面的技术经济比较择优确定。当条件接近时，宜采用管道输送。

1 管道输送：这种输送方式一次性投资较大、管材用量多（金属耗量大），但运行可靠、管理简单、运行费用低。适用于运输量大的液化石油气接收站，也适用于输送量不大，但靠近气源的接收站。

2 铁路槽车运输：这种运输方式的运输能力较大、费用较低，但铁路槽车检修频繁、费用高。当接收站距铁路线较近、具有较好接轨条件时，可选用。而当距铁路线较远、接轨投资较大、编组次数多时，则应慎重选用。

3 汽车槽车运输：这种运输方式虽然运输量小，运行费用较高，但灵活性较大，便于调度，通常用于各类中、小型液化石油气站。同时也可作为大中型液化石油气供应站的辅助运输方式。

3.0.2 液化石油气的质量应符合现行国家标准《城镇燃气技术规范》GB 50494 的有关规定，主要是指供应用户作燃料的液化石油气，特别是民用液化石油气应具有可以察觉的警示性臭味；当液化石油气泄漏到空气中，在发生危险之前，嗅觉正常的人应能察觉。

3.0.3 当采用液化石油气与空气的混合气做气源时，液化石油气的体积分数应大于其爆炸上限的2倍。例如液化石油气爆炸上限如按10%计，则液化石油气的体积分数应大于20%，以保证安全。混合气的质量应符合现行国家标准《城镇燃气技术规范》GB 50494 和《城镇燃气设计规范》GB 50028 的有关规定。

规定混合气的露点温度应低于管道外壁温度5℃，是为了防止气态液化石油气或液化石油气与其他气体的混合气在管内输送过程中产生再液化而堵塞管道或发生事故。

现行行业标准《液化石油气储运》SY/T 6356 中要求所有液化石油气在发送到销售库以前，应添加提醒剂进行加味处理。提醒剂应使液化石油气具有可被探测的特性，即当空气中该气体达到不超过爆炸下限1/5的浓度时，可通过气味鉴别该气体。

《Liquefied Petroleum Gas Code》NFPA58—2011 版中规定："所有的液化石油气在发送到销售库以前，应添加加臭剂进行加臭处理。加臭剂应使液化石油气具有可被探测的特性，即当空气中液化石油气的气体浓度不超过爆炸下限1/5时，可通过特殊气味鉴别该气体"，"如果在液化石油气的使用或进一步加工中添加加臭剂有害，则不需要加臭处理；如果在进一步使用或加工中加臭剂不起作用，也无需进行加臭处理"，"如果需要加臭，应采用嗅觉检验法或其他方法确定加臭剂的存在，并且记录检测结果，应包括：①当液化石油气输送到销售库时；②当液化石油气通过销售库装载时；③管道液化石油气用户末端”。

3.0.4 为保证燃具和用气设备在允许的适应范围内工作，并提高燃具的标准化水平，便于用户对燃具的选用和维修，有利于燃具产品的国内外流通等，各地供应的城镇燃气（按基准气分类）的发热量和组分（或华白数和燃烧势）应相对稳定，偏离基准气的波动范围不应超过燃气用具适应性的允许范围，也就是要符合城镇燃气互换的要求。具体波动范围，根据燃气类别宜按现行国家标准《城镇燃气分类和基本特性》GB/T 13611 的规定采用，并应适当留有余地。

3.0.5 本条规定了液化石油气供应工程在工程规划或设计初期选址、选线时应遵循的基本原则。

3.0.7 我国幅员辽阔，城镇规模不同，分布于沿海、平原、丘陵和山区，由于所处地域的差异，所受洪灾也有所不同。沿海和河口地势低洼，易受海潮和台风的威胁，特别是台风带来的暴雨引起的洪涝灾害频繁；平原易于积涝成灾；山区受山洪和泥石流双重威胁，因此，不同地域应根据自身灾害的特点，有所侧重地进行防御。液化石油气供应工程的防洪设计应符合现行国家标准《防洪标准》GB 50201 的有关规定。

3.0.9 本条规定了液化石油气供应工程应设置安全警示标志，安全警示标志的设置应符合现行行业标准《城镇燃气标志标准》CJJ/T 153 的有关规定。

3.0.11 对液化石油气供应站规模的确定做了原则性规定。其中居民用户液化石油气用气量指标应根据当地居民用气量指标统计资料确定。当缺乏这方面资料时，可根据当地居民生活水平、生活习惯、气候条件、燃料价格等因素并参考类似城市居民用气量指标确定。我国一些城市居民用户液化石油气实际用气量见表 1。

表 1 我国一些城市居民用户液化石油气实际用气量

城 市	每户用气量 kg/（户·月）	每人用气量 kg/（人·月）
北京	9.60～10.76	2.40～2.69
天津	9.65～10.80	2.40～2.69
上海	13.00～14.00	3.25～3.50
沈阳	10.50～11.00	2.60～2.75
长春	10.40～11.50	2.60～3.25
桂林	10.23～10.30	2.55～3.07
青岛	10.00	2.50
南京	15.00～17.00	3.75～4.25
济南	10.50	2.60
杭州	10.00	2.50
深圳	12.60	3.15

3.0.12 本表中规定一级站不大于10000 m^3。当储罐总容量大于10000 m^3 时，属特大型气库，其建站应远离城市，因此在建设时需要从安全、环保及消防等方面进行充分论证，取得共识，才能建设。

3.0.13 本条为强制性条文。二级及以上液化石油气供应站属于大型液化石油气厂站，不得与其他燃气厂站及设施合建，主要考虑不同燃烧特性的燃气运行维护的要求和发生火灾后的施救方式也不同。

在城市中心城区不得建设五级及以上的气化站和混气站，主要是控制在城市中心区的建站规模，只能建设六级及以下的气化和混气站，七级及以下的储存站、储配站和灌装站。气化站和混气站比其他液化石油气供应站的规模提高一级，主要考虑气化和混气站靠近用户建设，技术、经济合理。城市中心城区是指：城市总体规划确定的城市发展的核心区域。范围包括建设用地和相关控制区域，如城市的新城、新区及各类开发区，组团式城市的主城和副城等，但不包括外围独立发展、零星散布的县城及镇的建成区。

3.0.14 按照相对应液化石油气供应站等级划分提高一级的规定执行的含义是：合建前单独的液化石油气供应站的等级划分为六级，合建后液化石油气储罐与站外建筑的防火间距按五级站相对应的规定执行。

3.0.15 本条规定了液化石油气供应站改建或扩建，增加汽车加气功能的相关要求。规定汽车加气区域应与液化石油气供应站的工艺装置区分开布置，中间应用围墙隔开，是防止加气车辆进入液化石油气供应站。

3.0.16 本条规定了液化石油气供应站不得设置在地下或半地下建筑上方，主要是防止液化石油气泄漏会在地下空间聚集，难以扩散，易发生爆炸等事故。地下或半地下建筑指地下室、半地下室、地下管沟、水池等。

4 液态液化石油气管道输送

4.1 一 般 规 定

4.1.1 液化石油气管道的选线是一项重要工作，其重要性体现在两方面：一是安全性，二是经济性。线路的走向、长短和通过的难易程度，对整个管道工程的材料消耗、投资和施工有很大的影响，而且应考虑到运行后周边环境及管线附近的企业、居住区等与液化石油气管道的相互影响。

1 选线应符合沿线城镇规划，城镇规划包括总体规划和燃气专项规划。

3 液态液化石油气管道不得穿过居住区和公共建筑群等人员集聚的地区，主要考虑公共安全问题。因为液态液化石油气管道工作压力较高，一旦发生断裂引起大量液化石油气泄漏，其危险性较一般燃气管道危险性和破坏性大。因此在国内外这类管线都不得穿越居住区和公共建筑群等人员集聚的地区。不得穿越与其无关的建筑物，指与液化石油气输送工艺无关的建筑物和人防工程。

4 不得穿过水源保护区是防止液化石油气管道发生事故时污染水源。大型公共场所是指机场、火车站、码头、学校、影剧院、体育馆和大型商场等人员聚集的场所。不得穿过矿产资源区，一方面采矿过程会威胁到液化石油气管道的安全，另一方面液化石油气管道万一发生事故时，对矿区的安全造成危害。

穿过指管道穿越、直埋和跨越的形式。

5 避开地震活动断裂带和容易发生洪灾、地质灾害的区域等是为防止发生自然灾害而造成巨大损失。

4.1.3 本条主要参照国家标准《城镇燃气设计规范》GB 50028—2006 第 6.4 节大于 1.6 MPa 的燃气管道和现行国家标准《输气管道工程设计规范》GB 50251 的有关规定，以保证管道自身安全性为基本出发点而确定的。

管道地区等级的划分方法英国、美国有所不同，但大同小异。美国联邦法规和美国国家标准 ANSI/ASME B31.8 是按不同的独立建筑（居民户）密度将输气管道沿线划分为四个地区等级，其划分方法是以管道中心线两侧各 220 码（约 200 m）范围内，任意划分为 1 英里（约 1.6 km）长，并能包括最多供人居住独立建筑（居民户）数量的地段，以此计算出该地段的独立建筑（居民户）密度，据此确定管道地区等级；现行国家标准《输气管道工程设计规范》GB 50251 的划分方法与美国法规和 ANSI/ASME B31.8 标准相同，但分段长度为 2 km；英国气体工程师学会标准 IGE/TD/1 是按不同的居民人数密度将输气管道沿线划分为三个地区等级，其划分方法是以管道中心线两侧各 4 倍管道距建筑物的水平净距（根据压力和管径查图）范围内，任意划分为 1 英里（约 1.6 km）长并能包括最多数量居民户的地段，以此计算出该地段每公顷面积上居民户的密度，并据此确定管道地区等级。几个国家和地区管道地区分级标准和强度设计系数 F 详见表 2。

表 2 管道地区分级标准和强度设计系数 F

标准及使用地	一级地区	二级地区	三级地区	四 级 地 区
美国联邦法规 49 - 192 和标准 ANSI/ASME B 31.8	户数≤10 $F=0.72$	10<户数<46 $F=0.60$	户数≥46 $F=0.50$	4 层或 4 层以上建筑占多数的地区 $F=0.40$
英国气体工程师学会 IGE/TD/I 标准（第四版）	户数<54［注］ $F≤0.72$		中间地区 $F=0.30$	人口密度大，多层建筑多，交通频繁和地下服务设施多的城市或镇的中心区域管道压力≤1.6 MPa
法国燃料气管线安全规程	户数≤4 $F=0.73$	4<户数<40 $F=0.60$	户数≥40 $F=0.40$	
我国《输气管道工程设计规范》GB 50251	户数≤12［注］ $F=0.72$	12<户数<80［注］ $F=0.60$	户数≥80［注］ $F=0.50$	4 层或 4 层以上建筑普遍集中、交通频繁、地下设施多的地区 $F=0.40$
多伦多燃气公司	—		多伦多市市区 $F=0.3$	
香港中华煤气公司	户数<54［注］ $F≤0.72$		中间地区 $F=0.30$	本岛区管道压力≤0.7 MPa
洛杉矶南加州燃气公司	没有人住的地区 $F=0.72$	—	低层建筑（≤3 层）为主的地区 $F=0.50$	多层建筑为主的地区 $F=0.40$
本规范采用值	户数≤12 $F=0.72$	12<户数<80 $F=0.60$	户数≥80 的中间地区 $F=0.40$	4 层或 4 层以上建筑普遍且占多数、交通频繁、地下设施多的城市（镇）中心城区等 $F=0.30$

注：为了便于对比，我们均按美国标准要求计算，即折算为沿管道两边宽各 200 m，长 1600 m 面积内（64×10^4 m^2）的户数计算（多单元住宅中，每一个独立单元按 1 户计算，每户按 3 人计算）。表中的“户数”在各标准中表达略有不同，有“居民户数”“居住建筑物数”和“供人居住的独立建筑物数”等。

三级地区是介于二级和四级之间的中间地区。指供人居住的建筑户数在 80 幢或 80 幢以上，但又不够划分为四级地区的任一地区分级单元。另外，根据美国标准 ANSI/ASME B31.8，工业区应划为三级地区；根据美国联邦法规 49 - 192，对距人员聚集的室外场所 100 码（约 91 m）范围也应定为三级地区；本规范圆整取为 90 m，人员聚集的室外场所是指运动场、娱乐场、室外剧场或其他公共聚集场所等。

四级地区中 4 层或 4 层以上建筑物普遍且占多数，可按任一地区分级单元中液化石油气管道任一单侧 4 层或 4 层以上建筑物普遍且占多数，按此项条件掌握。建筑物层数的计算除不计地下室层数外，顶层为平常没有人的观赏瞭望间、杂物间、水箱间等均不计算在建筑物层数内。

4.1.6 液化石油气管道在堆积易燃、易爆材料和具有腐蚀性液体的场地下面穿过时，不但增加管道负荷和容易遭受侵蚀，而且当发生事故时相互影响，易引发次生灾害。

液化石油气管道与其他管道或电缆同沟敷设时，如液化石油气管道漏气易引起燃烧或爆炸，此时将影响同沟敷设的其他管道或电缆使其受到损坏；又如电缆漏电时，使液化石油气管道带电，易产生人身安全事故。故对液化石油气管道来说不应采取和其他管道或电缆同沟敷设。不得穿过各种设施的阀井、阀室、地下涵洞、沟槽等地下空间，主要是防止管道发生泄漏，液化石油气在沟内扩散，遇明火发生严重的安全事故。2013 年 11 月 22 日，山东青岛中石化东黄输油管道泄漏原油进入市政排水暗渠，在形成密闭空间的暗渠内油气积聚遇火花发生爆炸。2014 年 6 月 30 日，大连中石油新大一线输油管道钻漏爆炸事故，管道被钻漏，原油流入市政污水管网导致遇明火爆炸。

4.2 管 道 设 计

4.2.1 管道附件是管件、法兰、阀门及其组合件，绝缘法兰、绝缘接头、清管器收发筒及过滤器等管道专用部件的俗称。

4.2.2 液态液化石油气管道按设计压力 P（表压）分为：小于或等于 1.6 MPa、大于 1.6 MPa 小于或等于 4.0 MPa 和大于 4.0 MPa 三级，既符合目前我国各类管道压力级别划分，又符合目前我国液化石油气输送管道设计压力级别的现状。

设计压力指管道任一点不应小于管道及附件内壁在最高稳态的操作压力，且不小于管内液体处于静止状态下的静水压力。当设置反输流程时，管道的设计压力不应小于任何一处正、反输送条件下最高稳态操作压力的较高者。

4.2.4 在设计时按公式（4.2.4）计算管道系统起点最高工作压力后，再圆整成相应压力作为管道设计压力，故管道设计压力应高于管道系统起点的最高工作压力。

4.2.5 液态液化石油气采用管道输送时，泵的扬程应大于按公式（4.2.5）的计算扬程。因为液态液化石油气在管道输送过程中，沿途任何一点的绝对压力应高于输送温度下的饱和蒸气压力。该公式说明如下：

1 泵的计算扬程和管道终点、起点高程差引起的附加压力，在计算时换算成压力。

2 管道总阻力损失包括摩擦阻力损失和局部阻力损失。在实际工作中可不详细计算每个阀门及附件的局部阻力损失，而根据设计经验取 5% ~10% 的摩擦阻力损失。当管道较长时宜取较小值，管道较短时宜取较大值。

3 管道终点进罐余压是指液态液化石油气进入接收站储罐前的剩余压力（高于罐内饱和蒸气压力的差值）。为保证一定的进罐速度，根据运行经验取 0.2 MPa ~ 0.3 MPa。

4 计算管道终、起点高程差引起的附加压头是为了保证液态液化石油气进罐压力。

4.2.6 计算 ρ 时，平均输送温度可取管道中心埋深处最冷月的平均地温。

规定管道的摩擦阻力系数可按式（4.2.6-2），也可按式（4.2.6-3）计算，方便设计人员根据工程需要选择计算公式。

4.2.7 液态液化石油气在管道中的平均流速取 0.8 m/s ~ 1.4 m/s，是经济流速。管道内最大流速不应超过 3 m/s 是安全流速，以确保液态液化石油气在管道内流动过程中所产生的静电有足够的时间导出，防止静电电荷集聚和电位增高。

国内外有关规范规定的烃类液体在管道内的最大流速如下：

美国《烃类气体和液体的管道设计》规定为 2.3 m/s ~ 2.4 m/s。

苏联建筑法规《煤气供应（室内外煤气设备设计规范）》规定最大流速不应超过3 m/s。

现行国家标准《输油管道工程设计规范》GB 50253 中规定与本规范相同。

据此，本规范规定液态液化石油气在管道中的最大允许流速不应超过3 m/s。

4.2.10 管道敷设的环境不同，管道内介质和热绝缘情况不同，如有温度的变化，管道长度必将会发生变化。本条未规定液化石油气管道一定要设置温度补偿，但明确规定液化石油气管道中不得安装填料型补偿器，因其易造成管道堵塞，有热胀冷缩时易对管道造成破坏。

4.2.13 阀门的设置主要根据管段长度、管段所处位置的重要性和检修的需要，并考虑发生事故时能将事故管段及时切断，阀门设置的数量不宜过多。管路沿线每隔 5000 m 设置一个阀门，是根据国内经验确定的。当管路分段阀与穿越河流、铁路阀门相距较近或连续穿越河流、铁路时，可并用一个阀门。

4.2.14 两阀门之间设置管道安全阀是为了防止因太阳辐射热使其压力升高造成管道破裂。本规范仅规定：管道分段阀门之间应设置放散阀；地上敷设管道两阀门之间应设置管道安全阀。设置单阀还是双阀，设计人员可根据实际需要进行设计。

4.2.15 液化石油气管道上的阀门不宜设置在地下阀门井内，是为了防止发生泄漏时液化石油气聚集。当直埋式阀门或阀门井内填满中性砂时，不受本条限制。

4.3 管 道 敷 设

4.3.1 本条推荐液态液化石油气管道采用埋地敷设，因为管道沿线环境情况比较复杂，埋地敷设相对安全。

4.3.2 管道不得埋设在城市道路、公路和高速公路路面下，是指不得沿城市道路、公路和高速公路路面下敷设的液化石油气管道，不包括穿越城市道路、公路和高速公路下的液化石油气管道。

埋设在冰冻线以下，主要是防止管道内介质冷凝或因含水冻结，造成管道堵塞。此外，设计液化石油气管道时，应根据敷设管道路段的地质情况、道路的结构层及地下管线的情况等计算确定其埋设深度，还要考虑防止外部动荷载破坏管道。

4.3.3 本条的规定一方面是为了便于对埋地管道的日常巡线和维护管理，另一方面配合其他管理和工程施工单位确认液化石油气管道位置。里程桩、转角桩、交叉桩和警示牌的制作和设计应符合现行行业标准《城镇燃气标志标准》CJJ/T 153 的有关规定。

4.3.4 一般情况下，穿越铁路或公路的距离较短，为了保证铁路、高速公路和Ⅱ级公路以上的高等级公路频繁运输的安全，同时为便于施工及检修，本条规定在涵洞或套管内敷设穿越管段。地下液化石油气管道与铁路、公路穿跨越时应符合现行国家标准《油气输送管道穿越工程设计规范》GB 50423、《油气输送管道跨越工程设计规范》GB 50459、《油气输送管道穿越工程施工规范》GB 50424、《油气输送管道跨越工程施工规范》GB 50460、《油气输送管道线路工程抗震技术规范》GB 50470 的有关规定。

第 2 款仅规定了采用定向钻穿越时，可不加套管。在具体工程设计、施工等实施过程中，还应按照相关的规章和规范执行。Ⅲ级以下普通公路，可以挖沟直接埋设。当在洞内或套管内敷设的输送管为裸露时，为防止洞内空间集气，应设排气管以防止事故发生。

4.3.5 高速公路边缘是指路边沟外侧。

4.3.7 液化石油气管道与重力流管道、沟、涵、暗渠等交叉时，是指从重力流管道、沟、涵、暗渠上或下穿跨越。

4.3.8 本条表4.3.8－1和表4.3.8－2按不同压力级别，按三个档次分别规定了地下液态液化石油气管道与建筑和相邻管道之间的水平和垂直净距，其依据如下：

1 关于地下液态液化石油气管道与建筑及相邻管道之间的水平净距。

1）国内现状。我国一些城市敷设的地下液态液化石油气管道与建筑的水平净距见表3。

表3 我国一些城市地下液态液化石油气管道与建筑的水平净距（m）

项目	城市				
	北京	天津	南京	武汉	宁波
一般建筑	15	15	25	15	25
铁路干线	15	25	25	25	10
铁路支线	10	20	10	10	10
公路	10	10	10	10	10
高压架空电力线	（1～1.5）倍杆高	10	10	10	—
低压架空电力线	2	2	—	1	—
埋地电缆	2	2.5	—	1	—
其他管线	2	1	—	2.5	—
树木	2	1.5	—	1.5	—

2）现行国家标准《输油管道工程设计规范》GB 50253的规定见表4。

表4 液态液化石油气管道与建筑的间距

项目		间距（m）
军工厂、军事设施、易燃易爆仓库、国家重点文物保护单位		200
城镇居民点、公共建筑		75
架空电力线		>10
国家铁路线（中心线）	干线	25
	支线（单线）	10
公路、道路（边界）	高速、Ⅰ、Ⅱ级公路	10
	Ⅲ、Ⅳ级公路	5

3）在美国和英国等发达国家敷设输气管道时，按建筑密度划定地区等级，以此确定管道结构和试压方法。计算管道壁厚时，则按地区等级采取不同强度设

计系数（F）求出所需的壁厚以此保证安全。美国标准对管道安全间距无明确规定。

4）考虑管道断裂后大量液态液化石油气泄漏到大气中，遇到点火源发生爆炸并引起火灾时，其辐射热对人的影响。火焰热辐射对人的影响主要与泄漏量、地形、风向和风速等因素有关。一般情况下，火焰辐射热强度可视为半球形分布，随距离的增加其强度减弱。当辐射热强度为22000 kJ/(h · m^2）时，人在3 s后感觉到灼痛。为了安全不应使人受到大于16000 kJ/(h · m^2）的辐射热强度，故应让人有足够的时间跑到安全地点。计算表明，当安全距离为15 m时，相当于每小时有1.5 t液态液化石油气从管道泄漏，全部气化而着火，这是相当大的事故。因此，液态液化石油气管道与居住区、村镇和重要公共建筑之间的防火间距规定要大些。

与居住区的水平净距是指管道外壁至居住区最外侧建筑物外墙面的距离。

5）与给水排水、热力及其他燃料管道的水平净距均不小于2 m（根据现行行业标准《城镇供热管网设计规范》CJJ 34设在管沟内时为4 m），主要考虑施工和检修时互不干扰和预防液化石油气进入管沟的危害，同时也考虑设置阀门井的需要。

6）与埋地电力线之间的水平净距主要考虑交流输电线路运行时对液化石油气管道产生感应电位的影响，及施工和检修时互不干扰。对架空电力线主要考虑不影响电杆（塔）的基础，故与小于或等于35 kV和大于35 kV的电杆基础分别不小于2 m和5 m。通信线对液化石油气管道影响很小，此其间距规定不应小于2 m。

7）与树木（树行）的水平净距主要考虑管道施工时尽可能不伤及树木根系，因液化石油气管道直径较小，故规定不应小于2 m。

2 地下液态液化石油气管道与构筑物和相邻管道之间的垂直净距。

1）与给水及其他燃料管道交叉时的垂直净距不小于0.2 m主要考虑管道沉降的影响。

2）与铁路交叉时，管顶（套管）距轨底垂直净距不小于2 m是考虑避免列车动荷载的影响和顶管施工的要求。

3）与公路交叉时，管顶（套管）与路面的垂直净距不小于2 m是考虑避免汽车动荷载的影响和顶管施工的要求。

地下液态液化石油气管道与道路或相邻管道之间的垂直净距指地下液态液化石油气管道管顶（如有套管以套管顶计）与道路或地下管道之间的垂直净距。

重要的公共建筑是指性质重要、人员密集，发生火灾后损失大、影响大、伤亡大的公共建筑物。如省市级以上的机关办公楼、电子计算机中心、通信中心及体育馆、影剧院、百货大楼等。

表中铁路一栏中的国家线包括国家铁路、地方铁路，铁路站场内线按国家线的规定执行。

企业专用线是指由企业或者其他单位管理，专为本企业或者本单位内部提供运输服务的铁路，及由企业或者其他单位管理的与国家铁路或者其他铁路线路接轨的岔线。

4.3.9 本条规定与现行国家标准《输油管道工程设计规范》GB 50253 的相关规定是一致的。

4.3.10 接地体是埋入地中并直接与大地接触的金属导体，是电力装置安全措施之一。其埋设地位置和深度、形式不仅关系到电力装置本身的安全问题，而且对其他金属构筑物都有较大的影响，地下钢质管道必将受其影响，交流输电线路正常运行时，对与之平行敷设的管道将产生干扰电压。据资料介绍，对管道的每 10 V 交流干扰电压引起的腐蚀，相当于0.5 V 的直流电造成的腐蚀。在高压配电系统中，甚至可产生高达几十伏的干扰电压。另外，交流电力线发生故障时，对附近地下金属管道也可产生高压感应电压，虽是瞬间发生，也会给输送液化石油气管道系统造成重大的安全隐患，故对此作了这一规定。

5 液化石油气储存站、储配站和灌装站

5.1 一 般 规 定

5.1.1 液化石油气储存站、储配站和灌装站是城镇公用设施重要组成部分之一，故其布局应符合城镇总体规划的要求。

5.1.2 本条规定了液化石油气储存站、储配站和灌装站规划、设计选址的基本原则。本条是在符合城市总体规划，符合本规范第3.0.5条、第3.0.6条规定的前提下，确定站址具体位置时应考虑的内容。

1 由于三级及以上的液化石油气储存站、储配站和灌装站的液化石油气储量均大于1000 m^3，故三级及以上的液化石油气供应站应设置在城镇的边缘或相对独立的安全地带。

三级及以上的液化石油气储存站、储配站和灌装站，站址应远离居住区、学校、影剧院、体育馆等人员集中的地区是为了保证人身和公共安全。

3 站址应是地势平坦、开阔、不易积存液化石油气的地带，而不应选择在地势低洼，地形复杂，易积存液化石油气的地带，以防止一旦液化石油气泄漏，因积存而造成事故隐患。

4 站址选择应考虑配套的市政设施条件，主要是为厂站的施工方便。

5 站址推荐选择在所在地区全年最小频率风向的上风侧，主要考虑站内储罐或设备泄漏或发生事故时，避免和减少对保护对象的危害。

5.2 平 面 布 置

5.2.1 本条规定了液化石油气储存站、储配站和灌装站总平面布置的基本要求。

1 液化石油气储存站、储配站和灌装站在生产过程中有爆炸危险，生产过程产生的噪声、震动等会影响到生产人员的健康。功能分区不仅能保护人员的安全和健康，还便于安全管理和生产管理。

2 生产区宜布置在站区全年最小频率风向上风侧或上侧风侧，主要考虑液化石油气泄漏和发生事故时减少对辅助区的威胁。

5.2.2 设置围墙可以阻止无关车辆和人员进入站区，易于管理和保卫工作。生产区设置不燃烧体实体围墙，有利于防火，能隔绝一般火种，当发生重大事故时，可以阻止液化石油气泄漏蔓延。

辅助区的围墙可设置不燃烧体非实体墙，因为辅助区没有爆炸危险性场所，同时有利辅助区进行绿化和美化。

5.2.3 本条为强制性条款。液化石油气储存站、储配站和灌装站出入口设置的规定，除正常生产需要外，还应考虑发生火灾及紧急事故时人员的疏散和抢修，并保证消防通道畅通。

5.2.4 本条为强制性条款。因为气态液化石油气密度约为空气的2倍，故生产区内严禁设置地下、半地下建筑，以防积存液化石油气酿成事故。

防止液化石油气聚集的措施通常做法是将沟内填满中性砂。

5.2.5 关于消防车道设置的规定是根据液化石油气储罐总容量大小区分的。储罐总容积大于500 m^3 时，生产区应设置环形消防车道。小于500 m^3 时，可设置尽头式消防车道和面积不小于12 m×12 m的回车场，这是消防扑救的基本要求。

5.2.7 灌瓶间的钢瓶装卸台前应留有较宽敞的汽车回车场地是为了便于运瓶汽车回车的需要。场地宽度应根据日灌瓶量和运瓶车往返的频繁程度确定。

5.2.8 本条规定了液化石油气储存站、储配站和灌装站全压力式储罐与站外建筑的防火间距。表5.2.8按储罐总容积和单罐容积分为七个档次，分别规定不同的防火间距要求，内容与现行国家标准《城镇燃气设计规范》GB 50028的相关内容基本一致。

5.2.9 规定了液化石油气储存站、储配站和灌装站全冷冻式储罐与储存站、储配站和灌装站外建、构筑物的防火间距。主要依据现行国家标准《城镇燃气设计规范》GB 50028的有关规定。

5.2.10 本条规定的液化石油气储存站、储配站和灌装站全压力式储罐与站内建筑的防火间距主要依据同本规范第5.2.8条，同时本着内外有别的原则确定其防火间距，即与站内建筑的间距较与站外小些。

装卸口指固定连接，并用于液化石油气装卸的接口。

5.2.11 全压力式液化石油气储罐的设置不应少于2台的规定，主要考虑储罐检修时不影响供气。

本条同时规定了地上液化石油气储罐和储罐区的布置要求。

1 储罐之间的净距主要是考虑施工安装、检修和运行管理的需要，故规定不应小于相邻较大罐的直径。

2 数个储罐总容积超过3000 m^3 时应分组布置。国外有关规范对一组储罐的台数做了规定。本条虽对组内储罐台数未做规定，但设计时一组储罐台数不宜过多。

组与组之间相邻储罐的净距不应小于20 m，主要考虑发生事故时便于扑救和减少对相邻储罐组的威胁和殃及。

3 储罐组四周应设置高度为1 m的不燃烧体实体防护堤是防止储罐或管道发生破坏时，液态液化石油气外溢而造成更大的事故。此外，防护堤高度为1 m不会使储罐区因通风不良而窝气。

5.2.12 不同形式的储罐和不同的介质的储罐分开布置，一是为了管理方便，也是为了当一种介质储罐发生火灾时，不影响到其他介质储罐。由于各种介质燃点和性质不同，增加防火和灭火难度，容易造成更大损失。

地下储罐是指：罐顶低于罐外4 m范围内的地面标高，并采用直接覆土或罐池充沙（细土）方式埋设在地下的卧式储罐。

5.2.13 液化石油气汽车槽车车库和汽车槽车装卸台（柱）属同一性质的建筑，从工艺角度两者不应相距太远。当邻向装卸台（柱）一侧的汽车槽车库外墙采用无门窗洞口的防火墙时，间距不限，主要是为了节约用地。

5.2.17　液化石油气泵宜靠近储罐露天设置是指泵与储罐的距离不受限制。

当泵房面向储罐一侧的外墙采用无门窗洞口的防火墙时，其间距不应小于6 m。

5.3　工 艺 及 设 备

5.3.1　对液化石油气储存站、储配站和灌装站储罐设计总容量作了原则性的规定。近年来我国液化石油气供销已实现市场经济模式运作，因此，储存站、储配站和灌装站的储罐设计总容量不宜过大，应根据建站所在地区的具体情况确定。

5.3.2　本条规定了液化石油气储存站、储配站和灌装站的储罐设计总容量超过3000 m^3时，从工艺角度，由于装卸和灌装过程易发生泄漏及人员流动较多，故宜将储罐分别设置在储存站和灌装站，以保证城市安全使用液化石油气。灌装站的储罐设计总容量宜取1周左右计算月平均日供应量，其余为储存站的储罐设计总容量，主要依据如下：

1　国内外液化石油气火灾和爆炸事故实例表明，其单罐容积和总容积越大，发生事故时所殃及的范围和造成的损失越大。

2　世界各液化石油气发达国家，如：美国、日本、苏联、法国、西班牙等国的液化石油气分为三级储存，即一、二、三级储存站。一级储存站是国家或地区级的储存站，通常采用全冷冻式储罐或地下储库储存，其储存量达数万吨以上。二级储存站其储存量次之，通常采用全压力式储存，单罐容积和总容积较大。三级储存站即灌装站，其储存量和单罐容积较小，储罐总容量一般为1 d～3 d的计算月平均日供应量。

3　我国一些大城市，如：北京、天津、南京、杭州、武汉、济南、石家庄等地采用两级储存，即分为储存站和灌装站两级储存。

根据目前实际情况，灌装站储罐设计容量定为1周的计算月平均日供气量是符合我国国情的，也是国内实际工程经验的总结。

5.3.4　地下储罐设置方式有：直埋式、储槽式（填砂、充水和机械通风）和覆盖式（采用混凝土或其他材料将储罐覆盖）等。在我国多采用储槽式，即将地下储罐置于钢筋混凝土槽内，并填充干砂，比较安全、切实可行，故推荐这种设置方式。

储罐罐顶与槽盖内壁间距不宜小于0.4 m，主要考虑使其液温（罐内压力）比较稳定。储罐与隔墙或槽壁之间的净距不宜小于0.9 m主要是考虑安装和检修的需要。此外，尚应注意在进行钢筋混凝土槽设计和施工时，应采取防水和防漂浮的措施。

5.3.9　正确地确定液化石油气泵安装高度（以储罐最低液位为准，其安装高度为负值）是防止泵运行时发生气蚀，是保证系统正常运行的基本条件，故设计时应予以重视。

1　为便于设计时参考，给出离心式烃泵安装高度计算公式：

$$H_b \geqslant \frac{102 \times 10^3}{\rho} \sum \Delta P + \Delta h + \frac{u^2}{2g} \tag{1}$$

式中　H_b——储罐最低液面与泵中心线的高程差（m）；

$\sum \Delta P$——储罐出口至泵入口管段的总阻力损失（MPa）；

Δh——泵的允许气蚀余量（MPa）；

u——液态液化石油气在泵入口管道中的平均流速，可取小于1.2（m/s）；

g——重力加速度（m/s^2）；

ρ——液态液化石油气的密度（kg/m^3）。

2 容积式泵的安装要求应根据产品样本确定。当样本未给出安装要求时，储罐最低液位与泵中心线的高程差可取不小于0.6 m，烃泵吸入管段的水平长度可取不大于3.6 m，且应尽量减少阀门和管件数量，并尽量避免管道采用向上竖向弯曲。

5.3.11 灌瓶间内钢瓶存放量（实瓶）是根据各地燃气公司实际运行情况确定的。

5.3.12 本条规定是为了保证液化石油气的灌瓶质量，即灌装量应保证在允许误差范围内和瓶体各部位不应漏气。钢瓶标识码检测系统对钢瓶加装可追溯的条形码，一方面便于企业对钢瓶的管理，另一方面，有充装记录数据，便于追溯。

5.3.14 汽车槽车装卸台（柱）的快装接头与装卸管之间应设置阀门是为了减少装卸车完毕后液化石油气排放量。规定在汽车槽车装卸柱的装卸管上设置拉断阀是防止万一发生误操作将其管道拉断而引起大量液化石油气泄漏。

5.3.17 铁路槽车装卸栈桥上的液化石油气装卸鹤管应设置便于操作的机械吊装设施，主要考虑防止进行装卸作业时由于鹤管回弹而打伤操作人员和减轻劳动强度。

5.3.18 本条规定设计时选用的铁路槽车和汽车槽车性能应符合条文中相应技术条件的要求，以保证槽车的安全运行。

5.3.19 本条对站区室外液化石油气管道敷设的方式提出基本要求。

站区室外管道推荐采用单排低支架敷设，其管底与地面净距取0.3 m左右。这种敷设方式主要是便于管道施工安装、检修和运行管理，同时也节省投资。

管道跨越道路采用支架敷设时，其管底与地面净距不应小于4.5 m，是根据消防车的高度确定的。

高点排气为防止气蚀产生的气阻，特别是在投产时；低点排污为了排除污水和杂质。

5.3.21 钢瓶指民用、商业和工业用液化石油气钢瓶。液化石油气钢瓶的设计、制造、使用应符合《气瓶安全监察规定》、《气瓶安全监察规程》和现行国家标准《液化石油气钢瓶》GB 5842及《液化石油气钢瓶定期检验与评定》GB 8334的有关规定。钢瓶上应设置可识别的标识码，通过标识码可查找到钢瓶原始数据、充装情况和流转情况等。可识别的标识码的形式不限：有电子标识、陶瓷标识等。

规定钢瓶瓶阀宜有自闭功能，是依据现行国家标准《液化石油气瓶阀》GB 7512的规定和国内液化石油气瓶装供应企业使用情况编制的。规定调压器出口宜设置具有过流切断功能的装置，目的是防止用户在使用过程中由于胶管脱落、破损及调压器失灵等带来的燃气泄漏事故的发生。

5.3.22 建立液化石油气钢瓶档案信息是为了了解钢瓶年检情况、使用寿命、使用年限、灌装情况等内容，对钢瓶回收、充装和销售环节加以控制，确保对钢瓶的身份可追溯。

5.3.23 新瓶和检修后的钢瓶首次灌瓶前将其抽至80 kPa真空度以上，可保证灌装完毕后，其瓶内气相空间的氧气含量控制在4%以下，以防止燃气用具首次点火时发生爆鸣声和恐惧感。

5.3.24 液化石油气储配站、灌装站备用新瓶数量可取总供应户数的2%左右，是根据各站实际运行经验确定的。

6 液化石油气气化站和混气站

6.1 平 面 布 置

6.1.2 本条规定对应本规范第 5.2.2 条的规定，对于储罐总容积小于或等于 50 m³ 的小型气化站和混气站，从节约用地角度出发，规定其生产区和辅助区之间可不设置分区隔墙。这类气化站和混气站属小型站，相当于供应居民 10000 户以下，为节约投资和便于生产管理宜靠近供气负荷区选址建站。

6.1.3 1 表 6.1.3 将储罐总容积小于或等于 50 m³，且单罐容积小于或等于 20 m³ 的储罐共分三档，分别提出不同的防火间距要求。

2 储罐总容积大于 50 m³ 或单罐容积大于 20 m³ 的储罐，与站外建筑之间的防火间距按本规范第 5.2.8 条的规定执行，对储罐而言是合理的。

6.1.4 本条按储罐总容积和单罐容积分七档，分别提出不同的防火间距要求。

第一至三档指小型气化站和混气站，相当于供应居民 10000 户以下；

第四、五档指中型气化站和混气站，相当于供应居民 10000 户～50000 户；

第六、七档指大型气化站和混气站相当于供应居民 50000 户以上。

表 6.1.4 规定的防火间距与本规范第 5.2.10 条基本相同，其编制依据亦相同。

燃气热水炉是指微正压室燃式的燃气热水炉。这种燃气热水炉燃烧所需空气完全由鼓风机送入燃烧室，其燃烧过程是全封闭的，在微正压下燃烧无外露火焰，其燃烧过程实现自动化，并配有安全联锁装置，设置该燃气热水炉的建筑可不视为明火地点，故其防火间距按罐容不同分别规定为 15 m 至 30 m。当设置其他燃烧方式的燃气热水炉时，视为明火、散发火花地点，其防火间距不应小于 30 m。

空温式气化器通常露天就近储罐区（组）设置，两者的距离主要考虑安装、检修需要，并参考国外有关规范确定的。

6.1.6 本条对室内储罐布置和与其他建筑物的防火间距做了具体规定。

1 室内储罐布置主要考虑安装、运行和检修的需要。

2、3 储罐室与相邻厂房和相邻厂房室外设备之间的防火间距分别不应小于表 6.1.6 和 12 m 的规定是参照现行国家标准《建筑设计防火规范》GB 50016 中甲类厂房的防火间距规定确定的。

4 气化间可与储罐室毗连是考虑工艺要求和节省投资。设置非直火式气化器的气化间可与储罐室毗连，可减少送至锅炉房的气态液化石油气管道长度，防止再液化。为保证安全，还规定气化间与储罐室之间采用无门、窗洞口的防火墙隔开。

非直火式气化器是指非直接用燃料燃烧进行加热的气化器。

储罐室是指放有储罐的独立建筑物。

6.1.8 本条防火间距的规定与本规范表 6.1.4 中储罐总容积小于或等于 10 m³ 一档的规

定基本相同，个别项目低于前表的规定。

压缩机室与气化间和混气间属同一性质建筑，将其合建可节省投资、节约用地和便于管理。

燃气热水炉间的门不得面向气化间、混气间是从安全角度考虑，以防止气化间、混气间有可燃气体泄漏时，窜入燃气热水炉间。柴油发电机伸向室外的排气管管口不得面向具有爆炸危险性建筑物一侧，是为了防止排放的废气带火花时对其构成威胁。

燃气热水炉间指室内设置微正压室燃式燃气热水炉的建筑。

6.1.9 空温式气化器气化方式属降压强制气化，其气化压力较低，虽设置在露天，其防火间距按表6.1.8的规定执行是合理的。

6.1.10 储罐总容积小于或等于100 m^3 的气化站和混气站，日用气量较小，一般2 d~3 d来一次汽车槽车向站内卸液化石油气，故允许将其装卸柱设置在压缩机室的外墙一侧。外墙采用无门窗洞口的防火墙是为保证安全运行。

6.1.13 燃气热水炉间与压缩机室、汽车槽车库和装卸台（柱）的防火间距规定不应小于15 m，与表6.1.8气化间和混气间与燃气热水炉间的防火间距规定相同。

6.2 工艺及设备

6.2.1 气化站和混气站储罐设计总容量根据供气规模、液化石油气来源的不同等做了原则性规定。由生产厂供应时，其储存时间长些，储罐容积较大；由供应储存站、储配站供气时，其储存时间短些，储罐容积较小。

6.2.2 气化、混气装置的总供气能力应根据高峰小时用气量确定，并合理地配置气化、混气装置台数和单台装置供气能力，以适应用气负荷变化需要。

6.2.4 连续供气是指对居民、商业及公共福利用户和不间断用气工业用户的供气。

6.2.5 气化间和混气间工艺紧凑、接管方便，将其合建在同一房间或一幢建筑物内，既节省投资和用地，也防止气态液化石油气再液化，且便于工艺布置和运行管理。本条没规定气化器和混合器之间距离，设计时考虑操作和维修间距即可。

6.2.6 本条是对混气系统工艺设计提出的基本要求。

1 本款规定是保证混气系统安全运行的重要安全措施。

2 规定在混气装置出口总管上设置混合气热值取样管，热值仪与混气装置联锁，实时调节混气比和热值，以保证燃具稳定燃烧。

6.2.7 热值仪取样点设置在混气间内的专用隔间或附属房间内是根据运行经验和仪表性能要求确定的，以减少信号滞后。此外，因为热值仪带有常明小火，为保证安全运行对设置热值仪的房间的安全防火设计要求做了具体规定。

7 液化石油气瓶组气化站

7.0.2 本条分别对两种气化方式的瓶组气化站钢瓶的配置数量做了相应的规定。

1 采用强制气化方式时，主要考虑向气化器供气只是部分钢瓶运行，其余钢瓶备用。根据运行经验，钢瓶数量按1 d~2 d的计算月最大日用气量配置可以保证连续向用户供气。

2 采用自然气化方式时，在用气时间内使用瓶组的钢瓶，吸收环境大气热量而自然气化向用户供气。使用瓶组钢瓶通常是同时运行的。为保证连续向用户供气，故推荐备用瓶组的钢瓶配置数量与使用瓶组相同。采用自然气化方式时，其使用瓶组、备用瓶组和临时供钢瓶组钢瓶配置数量的计算方法参照日本有关资料和我国实际情况给出下列计算方法，供设计时参考。

1）使用瓶组的钢瓶配置数量可按下列公式计算确定：

$$N_s = \frac{Q_f}{\omega} + N_y \quad (2)$$

式中 N_s——使用瓶组的钢瓶配置数量（个）；

Q_f——高峰用气时间内平均小时用气量，可参照现行国家标准《城镇燃气设计规范》GB 50028 公式(10.2.9)计算或根据统计资料得出高峰月平均日小时用气量变化表，确定高峰用气持续时间和高峰用气时间内平均小时用气量(kg/h)；

ω——高峰用气时间内单瓶自然气化能力。此值与液化石油气组分，环境温度和高峰用气持续时间等因素有关。不带和带有自动切换装置的50 kg钢瓶组单瓶自然气化能力可参照表5和表6确定（kg/h）；

N_y——相当于1 d左右计算月平均日用气量所需钢瓶数量（个）。

2）备用瓶组钢瓶配置数量 N_b 和使用瓶组钢瓶配置数量 N_S 相同，即：

$$N_b = N_S \quad (3)$$

表5 不带自动切换装置的50 kg钢瓶组单瓶自然气化能力

高峰用气持续时间（h）	1		2		3		4	
气温（℃）	5	0	5	0	5	0	5	0
高峰小时单瓶气化能力（kg/h）	1.14	0.45	0.79	0.39	0.67	0.34	0.62	0.32
非高峰小时单瓶气化能力（kg/h）	0.26	0.26	0.26	0.26	0.26	0.26	0.26	0.26

表6 带有自动切换装置的50 kg钢瓶组单瓶自然气化能力

高峰用气持续时间（h）	1		2		3		4	
气温（℃）	5	0	5	0	5	0	5	0
高峰小时单瓶气化能力（kg/h）	2.29	1.37	1.50	0.99	1.30	0.88	1.18	0.79
非高峰小时单瓶气化能力（kg/h）	0.41	0.41	0.41	0.41	0.41	0.41	0.41	0.41

7.0.3 采用自然气化方式供气，且瓶组气化站的钢瓶总容积不超过 1 m^3（相当于 8 个 50 kg 钢瓶）时，允许将其设置在与建筑（住宅、重要公共建筑和高层民用建筑及裙房除外）外墙毗连的单层专用房间内。毗连的建筑应为瓶组供气建筑物。

7.0.4 对瓶组气化站的钢瓶总容积超过 1 m^3 时，及瓶组气化站的钢瓶总容积小于 1 m^3，但采用强制气化瓶组间的设置提出了较高的要求，即应将其设置在独立建筑内。同时，规定其房间高度不应低于 2.2 m。表 7.0.4 对瓶组间与建筑的防火间距分两档提出不同要求，其依据与本规范第 8.0.4 条的依据类同，但较其同档瓶库的防火间距的规定略大些。

当瓶组间的钢瓶总容积大于 4.0 m^3 时，钢瓶数量较多，其连接支管和管件过多，漏气概率大，操作管理也不方便，故规定超过此容积时，推荐采用储罐。

瓶组间和气化间与值班室的间距不限，可节省投资、节约用地和便于管理。但当两者毗连时，应采用无门、窗洞口的防火墙隔开。

7.0.5 本条为强制性条文。明确规定液化石油气瓶组间不得设置在地下和半地下室内，以防因泄漏、窝气而发生事故。

7.0.6 瓶组气化站采用强制气化方式供气时，其气化间和瓶组间属同一性质的建筑，考虑接管方便，利于管理和节省投资，故允许两者合建。

7.0.7 目前有些地区采用空温式气化器，并将其设置在室外，为接管方便，宜靠近瓶组间。参照国外规范的有关规定，两者防火间距不限。空温式气化器的气化温度和气化压力均较低，故与明火、散发火花地点和建筑的防火间距可按本规范第 7.0.4 条钢瓶总容积小于或等于 2 m^3 一档的规定执行。

7.0.8 对瓶组气化站，考虑安全防护和管理需要，并兼顾与小区景观协调，故推荐其四周设置非实体围墙，但其底部实体部分高度不应低于 0.6 m。围墙应采用不燃烧材料砌筑，上部可采用非燃烧体装饰墙或金属栅栏。

7.0.9 使用自动切换装置是为了保证不间断供气。

8 液化石油气瓶装供应站

8.0.1 根据经验各类瓶装供应站对应的供应户数为：

1 Ⅰ类瓶装供应站，其供应范围（规模）为5000户～7000户，少数为10000户左右，个别也有超过10000户的。

2 Ⅱ类站供应范围宜为1000户～5000户，相当于现行国家标准《城市居住区规划设计规范》GB 50180规定的1个～2个组团的范围。该站可向Ⅲ类站分发钢瓶，也可直接供应客户。钢瓶总容积不宜超过6 m^3（相当于15 kg钢瓶170瓶左右）。

3 Ⅲ类站供应范围不超过1000户，因为这类站数量多，所处环境复杂，故限制钢瓶总容积不得超过1 m^3（相当于15 kg钢瓶28瓶）。

8.0.2 液化石油气钢瓶不得露天存放，是为防止因受太阳辐射热致使其压力升高而发生钢瓶爆炸事故。Ⅰ、Ⅱ类瓶装供应站的瓶库推荐采用敞开和半敞开式建筑，主要考虑利于通风和有足够的防爆泄压面积。

8.0.3 Ⅰ类瓶装供应站的瓶库一般距面向出入口一侧居住区的建筑相对远一些，考虑与周围环境协调，故面向出入口一侧可设置高度不低于2.0 m的不燃烧体非实体围墙，且其底部实体部分高度不应低于0.6 m，其余各侧应设置高度不低于2.0 m的不燃烧体实体围墙。

Ⅱ类瓶装供应站瓶库内的存瓶较少，故其四周设置非实体围墙即可，但其底部实体部分高度不应低于0.6 m。围墙应采用不燃烧材料。主要考虑与居住区景观协调。

8.0.4 Ⅰ、Ⅱ类瓶装供应站的瓶库与站外建筑及道路之间的防火间距按其级别和钢瓶总容积分为四档，提出不同的防火间距要求。

Ⅰ类瓶装供应瓶库内钢瓶的危险性较同容积的储罐危险性小些，故其防火间距较本规范第6.1.3条和第6.1.4条气化站、混气站中第一、二档储罐规定的防火间距小些。

同理，Ⅱ类瓶装供应站瓶库的防火间距较本规范第7.0.4条规定的防火间距小些。

Ⅰ类瓶装供应站内一般配置修理间，以便进行钢瓶和燃具等简单维修作业，生活、办公建筑的室内时有炊事用火，故将其与瓶库分开布置，其间距不应小于10 m。

营业室可与瓶库的空瓶区一侧毗连以便于管理，其间采用防火墙隔开是考虑安全问题。

Ⅱ类瓶装供应站由瓶库和值班室或营业室组成，一般情况下，该类站内不进行钢瓶和燃具维修作业。推荐两者连成一幢建筑，有利选址，节省用地和投资。

8.0.7 根据现行国家标准《爆炸危险环境电力装置设计规范》GB 50058的有关规定，液化石油气瓶库应属于“一区”爆炸危险环境场所，设计时不仅要考虑外部的危害，也要考虑到钢瓶破损产生液化石油气泄漏对值班人员和周围公众的威胁，所以建设无人值守瓶库，不但节省建设用地，节省投资费用，节省管理成本，节省人力资源及运营费用等，还能动态监测、远程遥控，提高调度效率，而且更安全。无人值守安全防控系统包括：安全防护区域边界设置的周界报警器、报警控制器、声光报警器、网络摄像机等。安全防护系统自动启动声光报警系统，同时将报警信号、图像传输到调度管理中心。

在发现有外部人员进入时，在确定是来自外部危险源的同时，联动现场报警器报警并与公安局110指挥报警中心、燃气安全巡视单位预警联动，迅速出动，将安全隐患、灾害消灭在萌芽之中。

9 管材及管道附件、储罐及其他容器和防腐

9.1 管材及管道附件

9.1.3 液态液化石油气管道工作压力较高，危险性较大，故本条规定管道上配置的阀门和附件的公称压力（等级）应按其设计压力提高一级，留有一定安全裕量。

站内液化石油气储罐、容器、设备和管道上配置的阀门和附件的公称压力（等级）应高于其设计压力是参照现行行业标准《固定式压力容器安全技术监察规程》TSG R0004和现行国家标准《工业金属管道设计规范》GB 50316 的有关规定，并根据液化石油气行业多年的工程实践经验确定的。

9.1.5 液化石油气厂站内直管段的壁厚计算公式与《压力管道安全技术监察规程—工业管道》TSGD 0001 和现行国家标准《工业金属管道设计规范》GB 50316、《压力管道规范 工业管道》GB/T 20801 中的壁厚计算公式是一致的。

1 关于腐蚀裕量 C_2（mm）的选取。

按照《钢制化工容器设计基础规定》，除工艺专业或工程设计文件中另有规定外，容器（包括容器筒体、封头和接管元件）的腐蚀裕量可按以下规定确定。

1）介质为压缩空气、水蒸气或水的碳钢或低合金钢制容器的腐蚀裕量不小于1.0 mm。

2）除1）以外的其他情况，一般可分别按炼油设备和石油化工设备选取，具体详见表7、表8。

根据液化石油气的特点，设计时腐蚀速率可根据工程具体条件，同时参考石油化工设备对应的轻微腐蚀程度进行选取，腐蚀裕量 C_2 = 腐蚀速率 × 设计寿命。

3）腐蚀裕量如果超过6 mm，应采用更耐腐蚀的材料。

表7 炼油设备的腐蚀裕量

腐蚀速率（mm/年）	腐蚀裕量 C_2（mm）				
	塔、反应器	高压换热器	一般容器	换热器壳体（管箱）	隔热衬里容器
≤0.1	2	2	1.5	1.5	2
>0.1~0.2	4	4	3	3	2
>0.2~0.3	6	6	4.5	4.5	2

表8 石油化工设备的腐蚀裕量

腐蚀程度	极轻微腐蚀	轻微腐蚀	腐蚀	重腐蚀
腐蚀速率（mm/年）	<0.05	0.05~0.13	>0.13~0.25	>0.25
腐蚀裕量 C_2（mm）	0~1	>1~3	>3~5	≥6

4）腐蚀裕量也可根据工程设计实践或查取有关腐蚀手册确定。

2 下列情况一般不考虑腐蚀裕量：

1）管道材料为不锈钢，介质对不锈钢元件无腐蚀作用时；

2）有可靠的耐腐蚀衬里的管道。

9.1.6 输送液态液化石油气直管段的计算壁厚公式与《输气和配气管线系统》ASMEB31.8 和现行国家标准《输气管道工程设计规范》GB 50251 和《输油管道工程设计规范》GB 50253 等规范中的壁厚计算式是一致的。该公式是采用弹性失效准则，以最大剪应力理论推导得出的壁厚计算公式。因城镇燃气温度范围对管材强度没有影响，故不考虑温度折减系数。在确定管道公称壁厚时，一般不考虑壁厚附加量。对于钢管标准允许的壁厚负公差，在确定强度设计系数时给予了适当考虑并加了裕量；对于腐蚀裕量，因本规范中对外防腐设计提出了要求，因此对外壁腐蚀裕量不必考虑，对于内壁腐蚀裕量可视介质含水分多少和燃气质量酌情考虑。

9.1.7 经冷加工的管子又经热处理加热到一定温度后，将丧失其应变强化性能，按国内外有关规范和资料，其屈服强度降低约 25%，因此在进行该类管道壁厚计算或允许较高压力计算时应予以考虑。条文中冷加工是指为使管子符合标准规定的最低屈服强度而采取的冷加工（如冷扩径等），即指利用了冷加工过程所提高强度的情况。管子揻弯的加热温度一般为 800 ℃ ~1000 ℃，对于热处理状态管子，热弯过程会使其强度有不同程度的损失，根据 ASME B31.8 及一些热弯管机械性能数据，强度降低比率按 25% 考虑。

9.1.9 本条规定是根据国务院安委会办公室《关于进一步加强危险化学品安全生产工作的指导意见》(安委会〔2008〕26 号）要求制定的。

9.2 管道的连接

9.2.1 本条要求液化石油气管道宜采用焊接连接，以减少泄漏。管道与储罐、设备及阀门的安装，选用法兰连接形式，主要是便于安装和拆卸。连接处的密封材料应符合使用介质的要求，不得任意代替。为使管道静电接地，管道的法兰或螺纹应用导电良好的导线进行连接。

9.3 储罐及其他容器

9.3.2 液化石油气储罐、其他容器的设计压力和设计温度应符合《固定式压力容器安全技术监察规程》TSG R0004 的有关规定。

9.3.3 液化石油气储罐最大设计允许充装质量应符合压力容器安全技术规程《固定式压力容器安全技术监察规程》TSG R0004 的有关规定。

9.3.4 根据《固定式压力容器安全技术监察规程》TSG R0004—2009 第 3.17（2）："盛装液化石油气、毒性程度为极度和高度危害介质以及强渗透性的中度毒性危害介质的压力容器，其管法兰应当参照现行行业标准《钢制管法兰、垫片、紧固件》HG 20592 ~20635 系列标准的规定，至少应用高颈对焊法兰、带加强环的金属缠绕垫片和专用级高强度螺栓组合" 的规定，制定本条款。

9.3.5 本条对液化石油气储罐接管上安全阀件的配置做了具体规定，以保证储罐安全运行。

9.3.6 在液化石油气储罐底部加装注胶装置或高压注水装置是为了储罐和第一道阀门（含第一道阀门）之间发生泄漏时能及时注胶封堵或加注高压水阻止液化石油气液相的泄出，从底部注水是有效控制液化石油气外泄的有效方法。

9.3.7 本条规定了液化石油气储罐安全阀的设置要求。

1 安全阀的结构形式应选用弹簧封闭全启式。选用封闭式，可防止气体向周围低空排放。选用全启式，其排放量较大。安全阀的开启压力应取储罐较高工作温度下的饱和蒸气压力和机泵附加压力之和，乃是储罐运行时的最高工作压力。安全阀的开启压力不应高于储罐设计压力是根据《固定式压力容器安全技术监察规程》TSG R0004 的规定确定的。同时，规定安全阀的最小排气截面积的计算亦应符合该规程的规定，以便于设计人员执行。

2 容积为 100 m^3 和 100 m^3 以上的储罐容积较大，故规定设置 2 个或 2 个以上安全阀。

3 为保证安全阀放散时气流畅通，规定其放散管管径不应小于安全阀的出口直径。

4 地上储罐放散管管口应高出操作平台 2.0 m 和地面 5.0 m 以上，地下储罐应高出地面 2.5 m 以上，是为了防止气体放散时操作人员受到伤害。

5 美国标准 NFPA58 规定液化石油气储罐与安全阀之间不允许安装阀门，《固定式压力容器安全技术监察规程》TSG R0004 规定不宜设置阀门，但考虑目前国产安全阀开启后回座有时不能保证全关闭，且规定安全阀每年至少进行一次校验，故本款规定储罐与安全阀之间应设置阀门。储罐运行期间该阀门应全开，且应采用铅封或锁定（或拆除手柄）。

9.4 管道和储罐的防腐

9.4.1 本条明确规定了对钢质液化石油气管道的外壁和储罐的外表面应进行覆盖层或外防腐涂层的防腐保护，具体防腐设计应符合国家现行标准《城镇燃气埋地钢质管道腐蚀控制技术规程》CJJ 95、《钢质储罐腐蚀控制标准》SY/T 6784 和《钢质管道外腐蚀控制规范》GB/T 21447 的有关规定。

9.4.2 关于土壤的腐蚀性，我国还没有统一的方法和标准来划分。目前国内外对土壤的研究和统计指出，土壤电阻率、透气性、湿度、酸度、盐分、氧化还原电位等都是影响土壤腐蚀性的因素，而这些因素又是相互联系和互相影响的，但又很难找出它们之间直接的、定量的相关性。所以，目前许多国家包括我国也基本上采用土壤电阻率来对土壤的腐蚀性进行分级，表 9 列出的分级标准可供参考。

表 9 土壤腐蚀等级划分参考表

国别	腐蚀等级				
	极强 电阻率（Ω/m）	强 电阻率（Ω/m）	中 电阻率（Ω/m）	弱 电阻率（Ω/m）	极弱 电阻率（Ω/m）
美国	<20	20～45	45～60	60～100	—
苏联	<5	5～10	10～20	20～100	>100
中国	—	<20	20～50	>50	—

注：中国数据摘自国家现行标准《城镇燃气埋地钢质管道腐蚀控制技术规程》CJJ 95、《钢质储罐腐蚀控制标准》SY/T 6784 和《钢质管道外腐蚀控制规范》GB/T 21447 的相关数据。

土壤电阻率和土壤的地质、有机质含量、含水量、含盐量等有密切关系，它是表示土壤导电能力大小的重要指标。测定土壤电阻率从而确定土壤腐蚀性等级，为选择防腐蚀涂层的种类和结构提供了依据。

9.4.3 埋地液化石油气管道的外防腐涂层一般采用绝缘层防腐，但防腐层难免由于某种原因造成局部损坏，对于防腐层已被损坏的管道，防止电化学腐蚀则显得更为重要。美国、日本等国都明确规定了埋地钢质管道采用绝缘防腐涂层的同时应采用阴极保护，也规定了石油、天然气长输管道采用绝缘防腐涂层同时采用阴极保护。实践证明，采取这一措施都取得了较好的防护效果，阴极保护法已被推广使用。其设计应符合国家现行标准《城镇燃气埋地钢质管道腐蚀控制技术规程》CJJ 95 和《埋地钢质管道阴极保护技术规范》GB/T 21448 的有关规定。

9.4.4 地下液化石油气储罐通常面积较大，区域性保护也可以采用强制电流方式，具有更换和维护简单的优点，牺牲阳极保护需要阳极与罐体外壁进行焊接，其施工较为困难。两种方法各有优点和缺点，可以根据具体项目情况选择。为了保证储罐阴极保护效果，要做好地上管道与地下储罐的电绝缘。

10 建筑防火与供暖通风及绿化

10.1 建 筑 防 火

10.1.1 为防止和减少具有爆炸危险的建筑发生火灾和爆炸事故时造成重大损失，本条对其耐火等级、泄压措施、门窗和地面做法等防火、防爆设计提出了基本要求。不发火花地面由于地面强度较低，实际使用时容易破损，建议使用时可增加橡胶保护层。

10.1.2 环境温度较高，在不影响灌瓶、气瓶和槽车的存放等，推荐采用敞开式或半敞开式建筑，主要是考虑利于通风，同时也加大了建筑物的泄压比。

10.1.3 对具有爆炸危险场所的建筑，关于承重结构形式的规定是参照现行国家标准《建筑设计防火规范》GB 50016 确定的，以防止发生事故时建筑倒塌。

10.1.4 球形储罐的钢支柱应采用不燃烧隔热材料保护层，其耐火极限不应低于 2.00 h，以防止储罐直接受火过早失去支撑能力而倒塌。耐火极限不低于 2.00 h 参照美国规范 NFPA—2011 确定的。

10.2 供暖通风及绿化

10.2.2 具有爆炸危险的封闭式建筑物应采取良好的通风措施。设计可根据建筑物具体情况确定通风方式。采用强制通风时，其装置的通风能力是参照现行国家标准《工业建筑供暖通风与空气调节设计规范》GB 50019 的有关规定确定的。采用自然通风时，通风口的面积和布置是参照日本规范确定的，其通风次数相当于 3 次/h。

10.2.3 第 2 款的规定是为了防止液化石油气气体积聚在树木和其他植物中，引发火灾。

11 消防给水、站区排水与灭火器配置

11.1 消 防 给 水

11.1.1 本条是根据现行国家标准《建筑设计防火规范》GB 50016 中有关规定确定的。对于瓶组气化站和瓶装供应站，由于其液化石油气存量较小，一般不考虑消防用水，只考虑配备相应的干粉灭火器具。

11.1.2 液化石油气储罐和储罐区是站内最危险的设备和区域，一旦发生事故其后果不堪设想。液化石油气储罐区发生火灾时，最有效的办法之一是向着火和相邻储罐喷水冷却，使其温度、压力不致升高。具体办法是利用固定喷水冷却装置对着火储罐和相邻储罐喷水将其全覆盖进行降温保护，同时利用水枪进行辅助灭火和保护，故其总用水量应按储罐固定喷水冷却装置和水枪用水量之和计算，具体说明如下：

1 本款规定的液化石油气储罐固定喷水冷却装置的设置范围及其用水量的计算方法（保护面积和冷却水供水强度）与现行国家标准《建筑设计防火规范》GB 50016 的规定一致。

着火储罐的保护面积的计算，储罐直径，卧式储罐按其直径和长度之和的 1/2 确定。1.5 倍范围内，范围的计算应以储罐的最外侧为准。

2 水枪用水量按不同罐容分档规定，与现行国家标准《建筑设计防火规范》GB 50016 的规定一致。

储罐总容积小于或等于 50 m^3，且单罐容积小于或等于 20 m^3 的储罐或罐区，其危险性小些，故可设置固定喷水冷却装置或移动式水枪，其消防水量按表 11.1.2 规定的水枪用水量计算。

3 地下储罐发生火灾时，其罐体不会直接受火，故可不设置固定水喷淋装置，其消防水量按水枪用水量确定。

4 液化石油气储罐区的消防用水量具体计算如下：

$$Q = Q_1 + Q_2 \tag{4}$$

$$Q_1 = 3.6A \times q + 1.8 \sum_{i=1}^{n} (A_i \times q) \tag{5}$$

式中 Q——储罐区消防用水量（m^3/h）；

Q_1——储罐固定喷水冷却装置用水量（m^3/h）；

Q_2——水枪用水量（m^3/h）；

A——着火罐的全表面积（m^2）；

A_i——距着火罐直径（卧式罐按直径和长度之和的 1/2）1.5 倍范围内各储罐中任一储罐全表面积（m^2）；

q——储罐固定喷水冷却装置的供水强度，取 0.15［$L/(s \cdot m^2)$］。

11.1.4 消防给水管网应布置成环状，向环状管网供水的干管不应少于 2 根的规定，主要

是考虑当其中一根发生故障时，其余干管应能对消防总用水量进行供给。

11.1.5 消防水池（罐）容量的确定应符合现行国家标准《建筑设计防火规范》GB 50016和《消防给水及消火栓系统技术规范》GB 50974 的有关规定。消防水池的容量应按火灾连续时间6.00 h所需最大消防用水量计算确定。消防水池应有防止被污染的措施，指防止污水、污物污染消防水及可燃易燃液体流入消防水池。

当储罐总容积小于或等于220 m^3，且单罐容积小于或等于50 m^3 的储罐或储罐区，其消防水池的容量可按火灾连续时间3.00 h所需最大消防用水量计算确定。当消防水池采用两路供水且在火灾情况下连续补水能满足消防要求时，消防水池的有效容积可减去火灾连续时间内补充的水量，但消防水池的有效容积不应小于100 m^3，当仅有消火栓系统时不应小于50 m^3。

11.1.7 因为固定水喷淋装置采用喷雾头，对其储罐冷却效果较好，故对球形储罐推荐采用。

储罐固定喷水冷却装置的喷雾头或喷淋管孔的布置应保证喷水冷却时，将其储罐表面全覆盖，这是对其设计的基本要求。同时，对储罐液位计、阀门等重要部位也应采取喷水保护。

11.1.8 现行国家标准《建筑设计防火规范》GB 50016 规定：与液化石油气供应站围墙的距离在5 m～40 m范围内的市政消火栓，可计入该站室外消火栓的数量内，室外消火栓与液化石油气储罐等保护对象的距离不应大于150 m。

11.1.9 储罐固定喷水冷却装置出口的供水压力不应小于0.2 MPa是根据现行国家标准《水喷雾灭火系统设计规范》GB 50219 的有关规定确定的。

11.2 站 区 排 水

11.2.2 水封设施是隔绝油气串通的有效做法。

1 设置水封是为了防止地面污油和受油品污染的雨水通过排水沟排出站外，站内外积聚在沟中油气互相串通，引发火灾。

2、3 两款的规定是为了防止可能混入室外污水管道中的油气和室内污水管道相通，或和站外的污水管道中直接气相相通，引发火灾。

4 液化石油气储罐的污水中可能含有一些液化石油气凝液，且挥发性很高，故限制其直接排入下水道，以确保安全。

11.3 灭 火 器 配 置

11.3.1 液化石油气供应站内具有火灾和爆炸危险的建筑应设置干粉灭火器，其配置数量和规格主要根据场所的危险情况和现行国家标准《建筑灭火器配置设计规范》GB 50140的有关规定确定。因为液化石油气火灾爆炸危险性大，初期发生火灾如不及时扑救，将使火势扩大而造成巨大损失。故本条规定的干粉灭火器的配置数量和规格较现行国家标准《建筑灭火器配置设计规范》GB 50140 的有关规定高一些。

根据场所具体情况可设置部分20 kg手推式干粉灭火器。其中20 kg是根据手推式灭火器有关标准的额定充装量确定的。

12 电气与通信

12.1 电 气

12.1.1 本条规定了液化石油气储存站、储配站、灌装站和液化石油气气化站、混气站的用电负荷等级。

1 液化石油气储存站、储配站和灌装站停电时，不会影响供气区域或用户正常用气，故规定其供电系统用电负荷为三级负荷。

2 液化石油气气化站和混气站是采用管道向各类用户供气，为保证用户安全用气，不允许停电，为保证消防用电的可靠性，故规定其用电负荷为二级。

12.1.2 如不设应急照明，当照明电源突然停电，会使操作人员撤离危险场所带来困难和危险，因此应在上述地方设置应急照明。

12.1.3 本条中的附录A是根据现行国家标准《爆炸危险环境电力装置设计规范》GB 50058的有关规定，并考虑液化石油气站内运行介质、工艺过程特征、运行经验和释放源情况等因素进行释放源等级划分。在划定释放源等级后，根据其级别和通风等条件进行爆炸危险区域等级和范围的划分。

爆炸危险区域的范围划分与诸多因素有关，如：可燃气体的泄放量、释放速度、浓度、爆炸下限、闪点、相对密度、通风情况、有无障碍物等。具体设计时，需要结合液化石油气站的实际情况进行爆炸危险区域范围的划分和相应的设计才能保证安全。

12.2 防雷及防静电

12.2.2 在液化石油气罐体的防雷措施中，罐体的良好接地很重要，可以降低雷击点的电位、反击电位和跨步电压。

12.2.6 人体产生的静电易造成安全生产事故。人体静电消除主要是将人体产生的静电通过接地装置泄入大地，避免事故发生。

12.3 检测仪表和报警系统

12.3.1 本条规定了液化石油气储罐上检测仪表的设置要求。

在液化石油气储罐测量参数中，首要的是液位，其次是压力，再次是液温。因此检测仪表设置根据储罐容积的大小作了相应的规定。

同时，推荐就地指示液位计采用能直接观测储罐全液位的液位计。因为这种液位计最直观，比较可靠，适于我国国情。

12.3.4 本条规定是为了能及时检测到可燃气体非正常超量泄漏，以便工作人员尽快进行泄漏处理，防止或消除爆炸事故隐患。

12.3.5 液化石油气站内具有爆炸危险的场所应设置可燃气体泄漏报警控制系统。探测器应设置在现场，报警器应设置在有值班人员的场所。瓶装供应站和瓶组气化站等小型液化石油气站危险性较小，设置手提式可燃气体浓度检测报警器即可。规定手提式可燃气体泄漏报警器的报警浓度应取液化石油气爆炸下限的20%。此值是参考国内外有关规范确定的。“20%”是安全警戒值，以警告操作人员迅速采取排险措施。

12.4 通 信

12.4.1 本条规定所称爆炸危险场所是指存在由于爆炸性混合物出现造成爆炸事故危险而应对其生产、使用、储存和装卸采取预防措施的场所。

附录 A 液化石油气供应站爆炸危险区域等级和范围划分

A. 0. 6 无释放源的建筑与通风良好且有二级释放源的建筑相邻，其中“通风良好且有二级释放源的建筑”指有顶无墙的罩棚或靠近地面处安装百叶窗，且窗的总面积不小于地面面积5%的建筑。

全国城镇燃气领域安全生产培训系列教材

城镇燃气安全生产常用法律法规标准汇编

（下册）

应急管理部干部培训学院　组织编写

应急管理出版社

·北　京·

目　录

上　册

下　册

UDC

中华人民共和国国家标准

P GB/T 51455—2023

城镇燃气输配工程施工及验收标准

Standard for construction and acceptance of city gas transmission and distribution works

2023－05－23 发布 2023－09－01 实施

中华人民共和国住房和城乡建设部
国家市场监督管理总局 联合发布

中华人民共和国住房和城乡建设部
公 告

2023 年 第 72 号

住房和城乡建设部关于发布国家标准《城镇燃气输配工程施工及验收标准》的公告

现批准《城镇燃气输配工程施工及验收标准》为国家标准，编号为 GB/T 51455—2023，自 2023 年 9 月 1 日起实施。原行业标准《城镇燃气输配工程施工及验收规范》CJJ 33—2005 同时废止。

本标准在住房和城乡建设部门户网站（www. mohurd. gov. cn）公开，并由住房和城乡建设部标准定额研究所组织中国建筑出版传媒有限公司出版发行。

中华人民共和国住房和城乡建设部

2023 年 5 月 23 日

前 言

根据住房和城乡建设部《关于印发〈2014 年工程建设标准规范制订修订计划〉的通知》（建标〔2013〕169 号）的要求，编制组经广泛调查研究，认真总结实践经验，参考有关国际标准和国外先进标准，并在广泛征求意见的基础上，编制了本标准。

本标准的主要技术内容：1 总则；2 术语；3 基本规定；4 土方；5 基础及附属构筑物；6 输配管道；7 管道穿跨越；8 厂站工艺管道；9 储罐；10 厂站工艺设备；11 清扫和压力试验；12 竣工验收。

本标准由住房和城乡建设部负责管理。

本标准主编单位： 中国城市建设研究院有限公司（地址：北京市西城区德胜门外大街 36 号德胜凯旋大厦 A 座，邮编：100120）
北京市燃气集团有限责任公司

本标准参编单位： 北京市政建设集团有限责任公司
中国市政工程西南设计研究总院有限公司
沈阳三全工程监理咨询有限公司
中国市政工程华北设计研究总院有限公司
住房和城乡建设部标准定额研究所
港华投资有限公司
深圳市燃气集团股份有限公司
成都燃气集团股份有限公司
重庆燃气集团股份有限公司
昆仑能源有限公司
北京易成市政工程有限责任公司
新地能源工程技术有限公司
北京市燃气集团研究院
华润燃气控股有限公司
杭州市燃气集团有限公司
中国市政工程西北设计研究院有限公司
中交城市能源研究设计院有限公司
中国城市燃气协会
北京市煤气热力工程设计院有限公司
深圳市燃气工程设计有限公司
北京市公用工程设计监理有限公司
北京城建道桥建设集团有限公司
中国燃气控股有限公司

淄博绿能燃气工程有限公司
新兴铸管股份有限公司
惠州市中京鼎工程设计咨询有限公司
亚大塑料制品有限公司
深圳市燃气工程监理有限公司
北京市煤气工程有限公司
北京优奈特能源工程技术有限公司
北京北燃环能工程科技有限公司
广西中辰建设有限公司
北京德瑞通达管道清洗有限公司
北京城建亚泰建设集团有限公司
湖北建科国际工程有限公司
唐山兴邦管道工程设备有限公司

本标准主要起草人员： 杨　健　李美竹　余家兴　宋玉银　马志宇　马俊峰　刘　彬
应援农　尤英俊　廖　琪　刘　薇　张宏伟　孔　恒　杨　罗
魏秋云　于燕平　邵　山　吴军贵　王　峰　王春海　李长缨
孙明烨　邢中礼　徐　静　朱庆东　李正伟　王文化　董建忠
白彦辉　王志伟　刘艳涛　白雪枫　刘　璐　曹国权　李同光
李德友　刘　兵　邬毛志　邱华伟

本标准主要审查人员： 李献军　陈云玉　杜建梅　史业腾　万　云　许　红　曲世强
陈加钦　阎海鹏　陶春辉　张　臻　杨　青　程学勇　赵德春

目 次

Contents

1 总 则

1.0.1 为规范城镇燃气输配工程施工及质量验收，保证施工安全和工程质量，制定本标准。

1.0.2 本标准适用于新建、扩建和改建城镇燃气输配管道和厂站的施工及质量验收。

本标准不适用于人工煤气制气厂和液化石油气瓶装供应站的施工及质量验收。

1.0.3 城镇燃气输配工程施工及质量验收除应符合本标准外，尚应符合国家现行有关标准的规定。

2 术　语

2.0.1 城镇燃气输配工程　city gas transmission and distribution works

通常指从气源厂站或接收上游管道来气的站点等气源点，通过管道将符合质量要求的燃气输送至城镇燃气用户工程起点，具有输气、配气、储气和一定调峰功能的城镇燃气工程。包括输配干（支）管道、庭院管道、门站、储配站和调压站（箱）及辅助设施等，还包括压缩天然气供应站，液化天然气供应站及除液化石油气瓶装供应站以外的液化石油气供应站。

2.0.2 有限空间　confined space

封闭或者部分封闭，与外界相对隔离，出入口狭窄，自然通风不良，易造成有毒有害、易燃易爆物质积聚或氧含量不足的空间。

2.0.3 压实度　degree of compaction

土或其他填筑材料压实后的干密度与标准最大干密度之比。

2.0.4 水域开挖穿越　open-cut excavating method crossing

管道穿越河流（渠）等水域时，采用挖开河床敷设管道的施工方法。

2.0.5 水平定向钻穿越　horizontal directional drilling method crossing

采用水平定向钻机按设计轨迹在土壤中钻孔，并将管道拖拽敷设穿越障碍物的一种非开挖管道施工方法。

2.0.6 顶管法穿越　pipe jacking method crossing

借助顶推装置将预制管节顶入土中，并在其中敷设管道以穿越障碍物的一种非开挖管道施工方法。

2.0.7 管桥跨越　pipe bridge stride crossing

燃气管道独立或辅以桁架、托架等支撑结构跨越障碍物的敷设方式。

2.0.8 随桥跨越　stride crossing along the roads and bridges

燃气管道随桥梁跨越障碍物的敷设方式。

2.0.9 撬装设备　skid mounted equipment

在工厂内，按工艺要求将单体设备和工艺管道等组装并固定在同一底座上，可整体进行移动、就位的成套设备。

2.0.10 清扫　sweep

采用清管设备或气体，清除燃气管道内部杂物的作业。

3 基 本 规 定

3.1 一 般 规 定

3.1.1 城镇燃气输配工程施工单位应建立健全保证施工安全和质量的管理体系。

3.1.2 工程施工应符合设计文件要求，变更设计文件或材料代用应经原设计单位同意。

3.1.3 工程选用的设备、材料等应在施工前进行进场验收，其规格尺寸、材质和性能应符合设计文件要求，质量应符合设计文件或相关国家现行标准要求，并应有质量证明文件。

3.1.4 当施工采用新技术、新工艺、新设备时，应经技术论证和试用合格后，方可应用，且不得影响施工安全和质量。

3.1.5 工程测量、施工、检验及验收过程应保存完整有效的记录。单位（子单位）工程、分部工程、分项工程和检验批的质量验收记录可按本标准附录A的格式填写。

3.1.6 工程施工应按规定进行竣工验收，竣工验收合格且调试正常后，燃气设施方可使用。

3.1.7 建筑、消防、电气、仪表、自控、防雷、防静电、采暖通风、报警及安防等配套工程的施工及验收应符合国家现行有关标准的规定。

3.2 施 工 准 备

3.2.1 施工单位在开工前应编制施工组织设计文件和质量计划，对关键的分部分项工程应分别编制专项施工方案。施工组织设计、质量计划和专项施工方案应按规定程序审批后执行。

3.2.2 工程开工应具备下列条件：

1 完成设计文件会审；

2 建立施工单位项目管理机构；

3 完成施工组织设计和施工方案审核；

4 完成施工安全、技术交底；

5 劳动力、材料、机具和检测手段满足施工要求；

6 施工环境符合要求。

3.2.3 施工单位应确定工程质量控制的单位（子单位）工程、分部（子分部）工程、分项工程和检验批。分部、分项工程和检验批的划分可按本标准附录B的规定执行。

3.2.4 施工单位应按合同文件、设计文件和国家现行有关标准的要求，依据建（构）筑物和地下管线资料、工程水文和地质资料，对施工现场以及施工影响区域内的建（构）筑物、地下管线进行现场核实。

3.2.5 对于受施工影响的建（构）筑物及地下管线等设施，应与有关单位协商制定相应的拆移、保护或加固方案，并应及时实施。

3.2.6 施工测量控制网应根据管道线位、厂站内设施分布进行布设。控制点的设置应便于观测、不易被扰动，并应采取保护措施。施工测量应符合现行国家标准《工程测量标准》GB 50026 的规定。

3.2.7 设备、材料等应按产品要求分类储存，堆放应整齐、牢固。

3.3 施工现场安全防护

3.3.1 施工应遵守国家和地方有关安全、文明施工、劳动保护、防火、防爆、环境保护和文物保护等规定。

3.3.2 当在道路上施工时，应采用封闭式施工方法。在施工沿线应设置警示标志、照明和警示灯。

3.3.3 在交通不可中断的道路上施工时，应有保证车辆、行人安全通行的措施和负责现场安全的人员。

3.3.4 在有限空间内施工时，应采取保证施工人员安全和健康的措施，并应符合下列规定：

1 施工前应进行有毒有害气体、含氧量检测，合格后方可进入；

2 焊接等施工影响空气质量时，应进行机械通风；

3 临时照明电源的电压应符合现行行业标准《施工现场临时用电安全技术规范》JGJ 46 的规定，严禁使用明火照明；

4 施工现场应设置安全监护人员。

3.3.5 在深度大于 1 m 的沟槽或基坑施工时，应设置人员上下通道。通道的形式、位置和数量应根据土质、沟槽或基坑的长度或大小、施工人员数量等确定，且不宜少于 2 处。

3.4 质 量 验 收

3.4.1 燃气输配工程的施工质量控制应符合下列规定：

1 施工单位应按检验批对工程的施工质量进行自检，合格后报监理单位验收；

2 各分项工程应按施工技术标准进行质量控制，每个分项工程完成后应进行检验。相关各分项工程之间，应进行交接检验；

3 隐蔽分项工程应进行隐蔽验收，未经检验或验收不合格，不得进行下道工序。

3.4.2 检验批合格质量标准应符合下列规定：

1 主控项目的质量经抽样检验合格率应达到 100%；

2 一般项目中的实测（允许偏差）项目抽样检验的合格率应达到 80%，不合格点的最大偏差值应在允许偏差值的 1.5 倍范围内；

3 主要工程材料、设备的进场验收和复验应合格；

4 主要工程材料的质量证明文件以及相关试验检测资料应齐全；

5 施工操作依据和质量检查记录应完整。

3.4.3 分项工程合格质量标准应符合下列规定：

1 分项工程所含检验批的质量验收应全部合格；

2 分项工程所含检验批的质量验收记录应完整；

3 质量保证资料和试验检测资料应齐全。

3.4.4 分部（子分部）工程合格质量标准应符合下列规定：

1 分部（子分部）工程所含分项工程的质量验收应全部合格；

2 工程质量控制资料应完整；

3 分部（子分部）工程中所包含的管道连接、管道敷设、防腐、压力试验、绝热保温、设备等功能检验和抽样检测结果应符合本标准的有关规定；

4 外观质量验收应符合要求。

3.4.5 单位（子单位）工程合格质量标准应符合下列规定：

1 单位（子单位）工程所含分部（子分部）工程的质量验收应全部合格；

2 工程质量控制资料应完整；

3 单位（子单位）工程所含分部（子分部）工程有关安全及使用功能的检测资料应完整；

4 使用功能试验应合格；

5 外观质量验收应符合要求。

4 土 方

4.1 开挖与支护

4.1.1 沟槽及基坑的开挖、支护应根据工程地质条件、施工方法、周围环境等要求进行，并应符合国家现行标准《土方与爆破工程施工及验收规范》GB 50201、《建筑基坑支护技术规程》JGJ 120 的规定。

4.1.2 在地下水位较高场地或雨期进行施工时，应采取降水或排水措施，并应采取防止管道、构筑物漂浮及沟槽或基坑滑坡、塌方的措施。施工降水、排水应符合现行行业标准《建筑与市政工程地下水控制技术规范》JGJ 111 的规定。

4.1.3 混凝土路面和沥青路面开挖应使用机械切割。

4.1.4 管道沟槽应按设计文件规定的平面位置和高程开挖。当沟槽内有地下水或采用机械开挖时，槽底的预留值不应小于 150 mm，并应人工清底至设计高程。当沟槽为石方时，应超挖 200 mm ~ 300 mm，并应采用砂土回填至设计高程。

4.1.5 槽底宽度和工作坑尺寸应符合设计文件要求。当设计文件无要求时，应符合下列规定：

1 单管槽底组装时，槽底宽度不宜小于表 4.1.5 的规定。

表 4.1.5 单管槽底组装的槽底宽度

管道公称尺寸 *DN*	槽底宽度（m）
≤80	0.6
100 ~ 200	0.7
250 ~ 350	0.8
400 ~ 450	1.0
500 ~ 600	1.3
700 ~ 800	1.6
900 ~ 1000	1.8
1100 ~ 1200	2.0
1300 ~ 1400	2.2

2 单管沟槽边组装或双管同沟敷设方式时，槽底宽度宜按下式确定：

$$A = D_1 + D_2 + s + c \tag{4.1.5}$$

式中 A——槽底宽度（m）；

D_1——第一条管道外径（m）；

D_2——第二条管道外径（m）；

s——两管道之间的设计净距（m）；

c——工作宽度（m），在槽底组装 c 取 0.6，在沟槽边组装 c 取 0.3。

4.1.6 梯形沟槽（图 4.1.6）上口宽度应按下式确定：

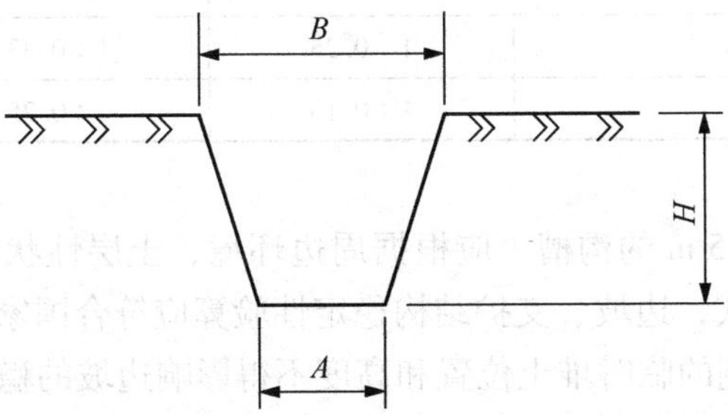

图 4.1.6 梯形沟槽横断面

$$B = A + 2H/n \quad (4.1.6)$$

式中 B——沟槽上口宽度（m）；

n——沟槽边坡坡度；

H——沟槽深度（m）。

4.1.7 当在无地下水的天然湿度土壤中开挖沟槽，且沟槽深度不大于表 4.1.7 的数值时，沟槽壁可不设边坡。

表 4.1.7 不设边坡沟槽深度

土 的 类 别	沟槽深度（m）
密实、中密的砂土和碎石类土（填充物为砂土）	1.00
硬塑、可塑的粉质黏土、粉土	1.25
硬塑、可塑的黏土和碎石类土（填充物为黏土）	1.50
坚硬的黏土	2.00

4.1.8 当在构造均匀、无地下水的天然湿度土壤中开挖沟槽，且深度小于 5 m 时，不设支撑沟槽的最大边坡坡度应符合表 4.1.8 的规定。当无法满足要求时，应采用支撑加固沟槽壁。对不坚实的土体应做连续支撑，支撑应有足够的强度。

表 4.1.8 深度小于 5 m 不设支撑沟槽的最大边坡坡度

土 壤 类 别	最大边坡坡度		
	坡顶无荷载	坡顶有静荷载	坡顶有动荷载
中密的砂土	1 : 1.00	1 : 1.25	1 : 1.50
中密的碎石类土（充填物为砂土）	1 : 0.75	1 : 1.00	1 : 1.25

表 4.1.8（续）

土壤类别	最大边坡坡度		
	坡顶无荷载	坡顶有静荷载	坡顶有动荷载
中密的碎石类土（充填物为黏性土）	1∶0.50	1∶0.67	1∶0.75
硬塑的粉质黏土、黏土	1∶0.33	1∶0.50	1∶0.75
泥炭岩白垩土	1∶0.25	1∶0.33	1∶0.67
干黄土	1∶0.10	1∶0.25	1∶0.33

4.1.9 深度大于或等于 5 m 的沟槽，应根据周边环境、土层性状和地下水等条件确定适宜的开挖方法和支护形式，边坡、支护结构稳定性验算应符合国家现行标准的规定。

4.1.10 沟槽一侧或两侧的临时堆土位置和高度不得影响边坡的稳定性和管道安装，临时堆土高度不宜大于 1.5 m，距沟槽边距离不应小于 1 m，且不得靠墙堆土。堆土前应对消火栓、雨水口等设施进行保护，且不得影响其使用。

4.1.11 当槽底无地下水，且超挖深度小于 150 mm 时，可用原土回填；超挖深度大于或等于 150 mm 时，应采用石灰土处理。当槽底地下水位较高或含水量较大时，应采取降水措施，并应采用级配砂石或天然砂回填至设计高程。超挖部分回填后应进行压实。

4.1.12 当槽底遇有废弃构筑物或硬石、木头、垃圾等杂物时，应在清除干净后铺设厚度不小于 150 mm 的砂土或素土，并应平整、压实至设计高程。

主 控 项 目

4.1.13 沟槽或基坑边坡应稳定，边坡护坡应完整，支撑应无明显变形，不得有滑坡、塌方现象。槽壁应平顺，围护墙体应整齐，不应有明显渗水。

检查数量：全数检查。

检查方法：对沟槽和基坑稳定、地下水以及周边环境等情况进行巡视，对关键节点进行安全验收，监测支撑变形、沉降和地下水位。

4.1.14 地基为原状土时，基底应均匀，不得有空洞。当土质与设计文件不符时，应对地基进行处理，压实度应符合设计文件要求；设计文件未要求时，应符合本标准的规定。采用复合地基时，地基承载力应符合设计文件要求。

检查数量：沟槽压实度检查数量按每 100 m 取 1 组，每组 3 点；基坑压实度检查数量按每 1000 m^2 取 1 组，每组 3 点；复合地基检查项目和数量应符合相应国家标准的规定。

检查方法：验槽，钎探、压实度、地基承载力试验。

一 般 项 目

4.1.15 沟槽槽底、基坑基底应平整，不应被扰动和受水浸泡。

检查数量：全数检查。

检查方法：目测观察。

4.1.16 沟槽的开挖断面、边坡坡度应符合施工组织设计或施工方案的要求。沟槽、基坑开挖的允许偏差和检查应符合表 4. 1. 16 – 1 和表 4. 1. 16 – 2 的规定。

表 4. 1. 16 – 1 沟槽开挖的允许偏差和检查

检查项目	允许偏差（mm）		检查数量	检查方法
槽底高程	土方	±20	每 100 m，3 点	水准仪测量
	石方	+20，–200		
槽底中线每侧宽度	正偏差		每 100 m，6 点 （每侧各 3 点）	量尺测量

表 4. 1. 16 – 2 基坑开挖的允许偏差和检查

检查项目	允许偏差（mm）		检查数量	检查方法
平面位置	50		每轴线，2 点	经纬仪测量
基底高程	土方	±20	每 25 m^2，1 点	水准仪测量
	石方	+20，–200		
平面尺寸	+50，0		每座，4 点	量尺测量

4. 2 回填与警示带敷设

4. 2. 1 管道主体安装完成、焊接和防腐检验合格、井室及其他附属构筑物的现浇混凝土强度或砌体水泥砂浆强度达到设计文件要求后，应及时对沟槽或基坑进行回填。

4. 2. 2 回填时不得损伤管道及防腐层，不得使其发生位移。管道两侧和管顶以上 500 mm 内的回填材料，应由沟槽两侧对称运入槽内，不得直接回填在管道上。井室周围回填应与沟槽回填同时进行。

4. 2. 3 沟槽应分层夯填密实，每层虚铺厚度应符合表 4. 2. 3 的规定。压实应沿井室中心或管道两侧对称进行，且不得漏夯。

表 4. 2. 3 回填土的每层虚铺厚度

压 实 机 具	虚铺厚度（mm）
木夯、铁夯	≤200
轻型压实设备	200 ~ 250
压路机	200 ~ 300
振动压路机	≤400

4. 2. 4 当管道两侧及管顶以上 0. 5 m 回填完毕并压实后，在保证安全的情况下，方可进行沟槽支撑的拆除，并应采用细砂填实缝隙。

主 控 项 目

4.2.5 回填前应将槽底的杂物清除干净，且不得有积水。

检查数量：全数检查。

检查方法：目测观察。

4.2.6 回填材料应符合设计文件要求，当设计文件未要求时，应符合下列规定：

1 不得采用有机物、冻土、垃圾、木材等材料；

2 管道两侧及管顶以上 500 mm 内的回填土应采用砂土或素土，不得含有碎石、砖块等，且不得用灰土回填；

3 距管顶 500 mm 以上的回填土中的石块不得大于 10%，直径不得大于 100 mm，且应均匀分布。

检查数量：全数检查。

检查方法：目测观察。

4.2.7 沟槽回填土（图 4.2.7）应分层压实，并应分层检查填土压实度，合格后方可进行上一层填土施工。沟槽回填压实度应符合设计文件要求，当设计文件未要求时，应符合下列规定：

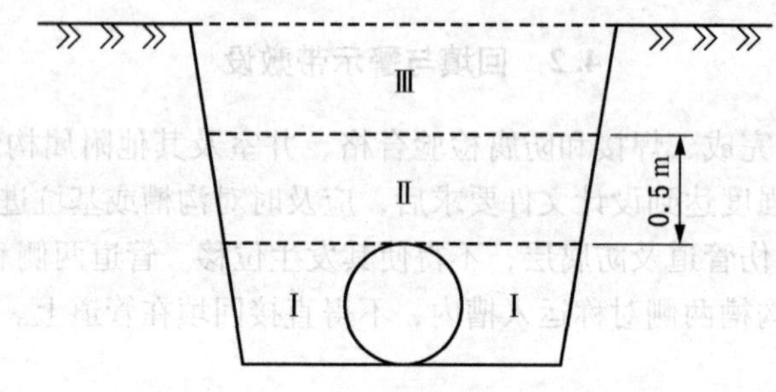

图 4.2.7 回填土断面

1 对Ⅰ区部位应采用中、粗砂或细土分层回填，每层厚度应为 100 mm ~ 200 mm，压实度不应小于 90%；

2 对Ⅱ区部位应采用符合要求的原土或中、粗砂回填，压实度不应小于 90%；

3 对Ⅲ区部位应采用原土分层回填，压实度应符合相应地面对压实度的要求。

检查数量：100 m/层，每层每侧 1 组，每组 3 点。

检查方法：现行国家标准《土工试验方法标准》GB/T 50123 规定的环刀法、灌砂法等。回填土压实度以轻型击实标准试验获得的最大干密度为 100%。

4.2.8 基坑回填土的压实度应符合设计文件要求。在道路的路基范围内应符合道路路基填筑的压实度要求。

检查数量：50 m/层，每层 1 组，每组 3 点。

检查方法：现行国家标准《土工试验方法标准》GB/T 50123 规定的环刀法、灌砂法等。回填土压实度以标准击实试验获得的最大干密度为 100%。

4.2.9 厂站管道的地下管沟设计文件要求填砂时，应采用细砂回填。回填分层进行，每层厚度应为 100 mm ~ 200 mm。压实度应符合设计文件要求，当设计文件未要求时，压实度不应小于 90% 。

检查数量：100 m/层，每层每侧 1 组，每组 3 点。

检查方法：现行国家标准《土工试验方法标准》GB/T 50123 规定的环刀法、灌砂法等。回填土压实度以轻型击实标准试验获得的最大干密度为 100% 。

一 般 项 目

4.2.10 埋设燃气管道的警示带（板）应沿管道连续敷设。警示带（板）距管顶的距离宜为 300 mm ~ 500 mm，不得敷设在路基和路面结构层内，管道正上方的敷设面应压实、平整。

检查数量：全数检查。

检查方法：目测观察，量尺测量。

5 基础及附属构筑物

5.0.1 钢筋混凝土基础施工及质量验收应按现行国家标准《混凝土结构工程施工规范》GB 50666 和《混凝土结构工程施工质量验收规范》GB 50204 的规定执行。桩基施工及质量验收应按现行行业标准《建筑桩基技术规范》JGJ 94 的规定执行。砌体结构工程施工及质量验收应按现行国家标准《砌体结构工程施工规范》GB 50924 和《砌体结构工程施工质量验收规范》GB 50203 的规定执行。

5.0.2 不发火地面的施工及质量验收应符合现行国家标准《建筑地面工程施工质量验收规范》GB 50209 的规定，地面采用的碎石和试件应在金刚砂轮上经不发火性试验合格。

主 控 项 目

5.0.3 构筑物预留套管的直径、位置应符合设计文件要求，管道外壁与套管的间隙应均匀，间隙填充材料应符合设计文件要求，且应填嵌密实。

检查数量：全数检查。

检查方法：量尺测量，目测观察。

5.0.4 原材料、预制构件的质量应符合设计文件要求和国家现行标准的有关规定。

检查数量：全数检查。

检查方法：检查产品质量证明文件、检查混凝土抗压强度试验报告和现场检测。

5.0.5 现浇结构混凝土抗压强度和砌筑水泥砂浆强度应符合设计文件要求。

检查数量：用于检验现浇结构混凝土抗压强度的试件应在浇筑地点随机抽取。对同一配合比的混凝土，取样和试件的留置应符合下列规定：

1 每拌制 100 盘，且不大于 100 m^3 时，取样不应少于 1 组；

2 每工作班拌制小于 100 盘时，取样不应少于 1 组；

3 连续浇筑大于 1000 m^3 时，每 200 m^3 取样不应少于 1 组；

4 每次取样应至少留置 1 组标准养护试件；

5 每个构筑物取样不应少于 1 组。

砂浆强度应以标准养护、28 d 龄期的试块抗压强度为准。每一检验批且不大于 250 m^3 砌体不同种类、不同强度等级的普通砌筑砂浆，每台搅拌机取样不少于 1 组。砌筑砂浆的验收批，同一类型、相同强度等级的砂浆试块不应少于 3 组。

检查方法：水泥砂浆抗压强度试验、混凝土抗压强度试验。

一 般 项 目

5.0.6 砌筑结构外观应符合下列规定：

1 灰浆应饱满，不得有通缝、瞎缝，抹面应密实平整，不得有空鼓、裂缝等现象；

2 预制装配式结构应坐浆、灌浆饱满密实，不应有裂缝；

3 井壁或墙面等应平整、光洁，不应有渗水现象。

检查数量：全数检查。

检查方法：目测观察。

5.0.7 井室的允许偏差和检查应符合表 5.0.7 的规定。

表 5.0.7 井室的允许偏差和检查

<table>
<tr><th colspan="2">检 查 项 目</th><th>允许偏差（mm）</th><th>检查数量</th><th>检查方法</th></tr>
<tr><td colspan="2">平面位置</td><td>15</td><td>每座 2 点</td><td>经纬仪测量</td></tr>
<tr><td colspan="2">结构断面尺寸</td><td>+10，0</td><td>每座 2 点</td><td>量尺测量</td></tr>
<tr><td colspan="2">井室尺寸</td><td>±20</td><td>每座 2 点</td><td>量尺测量</td></tr>
<tr><td rowspan="2">井口与路面高差</td><td>绿地</td><td>+20</td><td rowspan="2">每座 1 点</td><td rowspan="2">水准仪测量</td></tr>
<tr><td>路面</td><td>与道路规定一致</td></tr>
<tr><td rowspan="2">井底高程</td><td>开槽法管道铺设</td><td>±10</td><td rowspan="2">每座 2 点</td><td rowspan="2">水准仪测量</td></tr>
<tr><td>不开槽法管道铺设</td><td>+10，−20</td></tr>
<tr><td>踏步、爬梯</td><td>水平及垂直间距、外露长度</td><td>±10</td><td>每座 1 点</td><td>量尺测量</td></tr>
<tr><td rowspan="2">预留套管</td><td>中心位置</td><td>10</td><td>每个 1 点</td><td>量尺测量</td></tr>
<tr><td>高程</td><td>±10</td><td>每个 1 点</td><td>水准仪测量</td></tr>
</table>

6 输 配 管 道

6.1 一 般 规 定

6.1.1 管材及管道附件在施工现场的堆放、吊装、搬运等应符合材料特性和产品说明书的要求，并应采取防止管材及管道附件受损的措施。

6.1.2 在地面上布管及组对焊接时，管道边缘至沟槽边缘的净距不应小于1.5 m。在坡地布管时，应采取防止滚管、滑管的措施。

6.1.3 管道、管道附件、设备等的吊装宜使用吊装机具，不应采用抛、滚、撬等方法就位。吊装时应采取防止管道及防腐层受损的措施。吊具宜使用尼龙吊带或橡胶辊轮吊篮，不得直接使用钢丝绳。

6.1.4 管道应在槽底高程和管道基础质量检验合格，清除沟槽内杂物和积水，管道外防腐层检查合格后，方可下沟，并应符合下列规定：

1 作业段的沟槽内不应有人，并应防止管道滚落沟槽；

2 下管时，应避免管道与沟槽壁刮碰，不得损伤管道及防腐层；

3 吊装时，吊点距环向焊缝距离不应小于2 m。

6.1.5 吊装设备的占位不应影响管道沟槽边坡的稳定。在架空高压输电线路附近进行管道吊装作业时，起重机等机械吊装设备与电力架空线路的最小距离应符合表6.1.5的规定。

表6.1.5 机械吊装设备与电力架空线路的最小距离

电压等级（kV）	最小距离（m）	
	沿垂直方向	沿水平方向
<1	1.5	1.5
10	3.0	2.0
35	4.0	3.5
66，110	5.0	4.0
220	6.0	6.0
330	7.0	7.0
500	8.5	8.5

6.1.6 管道连接不得强力组对，管道与法兰应在自由状态下连接。

6.1.7 绝缘接头安装前应进行绝缘性能测试，其绝缘电阻值应大于20 MΩ。

6.1.8 管道敷设完成后应对管道及管道附件的高程和中线坐标进行竣工测量。

6.1.9 管道沿线应设置路面标志，标志应埋设牢固、清晰完整，并应符合下列规定：

1 安装位置应为管道转弯、三通、四通、管道末端等，直线管段路面标志的设置间隔应符合设计文件要求；

2 路面上已有能标明燃气管线位置的阀门井、凝水缸部件时，可将该部件视为路面标志；

3 路面标志应设置在燃气管道的正上方，并能正确、明显地指示管道的走向和地下设施；

4 铸铁标志和混凝土方砖标志的强度和结构应保证使用后不松动或脱落；钢筋混凝土桩标志的强度和结构应满足不被人力折断或拔出；标志上的字体应端正、清晰，并凹进表面；

5 铸铁标志和混凝土方砖标志埋入后应与路面平齐；钢筋混凝土桩标志埋入的深度，应使回填后不遮挡字体；混凝土方砖标志和钢筋混凝土桩标志埋入后，应采用红漆将字体描红；

6 路面标志的形状、尺寸、标注字样、警示用语等其他要求应符合现行行业标准《城镇燃气标志标准》CJJ/T 153 的规定。

6.2 钢质管道焊接

6.2.1 钢质管道的焊接施工应符合现行国家标准《现场设备、工业管道焊接工程施工规范》GB 50236 或《钢质管道焊接及验收》GB/T 31032 的规定，也可按不低于上述标准相应技术要求的其他焊接施工标准执行。

6.2.2 管道焊接前应进行焊接工艺评定和焊接工艺规程文件编制。当管材、接头设计、壁厚、管径、焊接材料、预热、焊后热处理、电特性等焊接基本要素发生变更时，应重新进行焊接工艺评定和焊接工艺规程文件编制。

6.2.3 焊接材料在保管和搬运时应符合产品说明书的要求，并应符合下列规定：

1 焊条应无破损、发霉、油污、锈蚀，焊丝应无锈蚀和折弯，焊剂应无变质现象，保护气体的纯度和干燥度应满足焊接工艺规程的要求；

2 低氢型焊条焊前应按产品说明书要求进行烘干、保存和使用；当天未用完的焊条应回收存放，重新烘干后首先使用，重新烘干的次数不得超过2次；

3 自保护药芯焊丝不应烘干，纤维素焊条不宜烘干；

4 焊丝应在焊接前打开包装；当日未用完的焊丝应妥善保管，防止污染；

5 应采取措施确保焊接气体的纯度、配比及含水量等指标符合焊接要求。

6.2.4 当出现下列情况且无可靠保护措施时，不得进行焊接作业：

1 大气相对湿度大于90%，焊件表面潮湿、覆盖有冰雪；

2 雨、雪天气；

3 采用电弧焊焊接，作业现场风速大于8 m/s；采用气体保护焊等焊接，作业现场风速大于2 m/s；采用低氢型焊条焊接，作业现场风速大于5 m/s；

4 环境温度低于焊接工艺规程中规定的温度。

6.2.5 当抽样检验的焊缝全部合格时，抽样代表的检验批应视为全部合格；当抽样检验出现不合格焊缝时，应进行返修，并应按下列规定扩大检验：

1 每出现1道不合格焊缝，应按原探伤方法再抽检2道该焊工同批焊缝；

2 第2次抽检仍出现不合格焊缝，应对该焊工所焊全部同批的焊缝按原探伤方法检验；对出现的不合格焊缝应返修，并应对返修的焊缝按原探伤方法检验；

3 裂纹缺陷的焊缝应从管道上切除；非裂纹性缺陷可直接返修，修补长度不应小于50 mm，否则应将该焊缝切除；

4 焊缝在同一部位的返修次数不得超过2次，根部返修不得超过1次，返修后应按原标准检测。

主 控 项 目

6.2.6 管道、管件等材料的质量应符合国家现行标准的规定，材质、规格型号应符合设计文件要求。钢质弯管、弯头、三通、异径接头应采用机制管件。

检查数量：全数检查。

检查方法：检查核对产品质量证明文件。

6.2.7 焊材型号应符合设计文件和焊接工艺规程文件的要求，焊材质量应符合国家现行标准的规定。

检查数量：全数检查。

检查方法：对照规程文件进行检查，核对产品质量证明文件。

6.2.8 焊缝的坡口形式和尺寸应符合设计文件和焊接工艺规程文件的要求。当无规定时，焊缝坡口形式和尺寸应符合现行国家标准《现场设备、工业管道焊接工程施工规范》GB 50236 的规定。

检查数量：全数检查。

检查方法：用焊缝检验尺检查。

6.2.9 管道或管件对接焊缝组对时，内壁错边量不应大于母材厚度的10%，且不应大于2 mm。

检查数量：全数检查。

检查方法：量尺测量，取最大值。

6.2.10 管道对口时应测量平直度，当管道公称尺寸小于*DN*100时，平直度允许偏差应为1 mm；当管道公称尺寸大于或等于*DN*100时，平直度允许偏差应为2 mm。全长平直度允许偏差应为10 mm。

检查数量：全数检查。

检查方法：管道对口时应在距接口中心200 mm处测量平直度，检查相互垂直的两个方向，偏差取最大值。全长平直度宜采用拉线法测量，从连接的管道两端拉直线，在中部量取管道与测线之间偏差的最大值，即为全长平直度。

6.2.11 焊前预热处理及焊后缓冷应符合设计文件和焊接工艺规程文件的要求。

检查数量：全数检查。

检查方法：检查热处理过程记录。

6.2.12 焊接完成后应对焊接接头进行焊缝质量检验，检验内容应包括外观检查和无损检测，检查数量及合格标准应符合设计文件要求。当设计文件未要求时，应按表 6.2.12 的规定执行。

表 6.2.12 焊缝质量检查数量及合格标准

焊 口 条 件	外观检查		射线检测		超声波复检	
	检查数量	合格标准	检查数量	合格标准	检查数量	合格标准
高压、超高压管道	100%	Ⅱ	100%	Ⅱ	100%	Ⅰ
液态液化石油气管道	100%	Ⅱ	100%	Ⅱ	100%	Ⅰ
管廊内的管道	100%	Ⅱ	100%	Ⅱ	100%	Ⅰ
次高压燃气钢管	100%	Ⅱ	100%	Ⅱ	100%	Ⅰ
中压及其以下燃气钢管	100%	Ⅱ	≥30%	Ⅲ	—	—
穿越或跨越铁路、公路、河流、桥梁、地铁等的管道	100%	Ⅱ	100%	Ⅱ	100%	Ⅰ
车行道下、套管和过街沟槽内管道	100%	Ⅱ	100%	Ⅱ	—	—
有延迟裂纹倾向的焊口	100%	Ⅱ	100%	Ⅱ	100%	Ⅰ

注：同时出现表中的焊口条件时，执行较严格的合格标准。

检查方法：管道焊缝外观检查应按现行国家标准《现场设备、工业管道焊接工程施工质量验收规范》GB 50683 的规定执行。管道焊缝无损检测应按国家现行标准《承压设备无损检测 第 2 部分：射线检测》NB/T 47013.2、《承压设备无损检测 第 3 部分：超声检测》NB/T 47013.3 或《钢质管道焊接及验收》GB/T 31032 的规定执行。有延迟裂纹倾向的焊口应在 24 h 后进行无损检测。

6.2.13 射线检测受限的角焊接头可采用磁粉检测或渗透检测。采用磁粉检测或渗透检测时，焊缝质量不应低于现行行业标准《承压设备无损检测 第 4 部分：磁粉检测》NB/T 47013.4—2015 或《承压设备无损检测 第 5 部分：渗透检测》NB/T 47013.5—2015 中的Ⅰ级。

检查数量：100% 检测。

检查方法：磁粉检测或渗透检测。

6.2.14 管道组对时，纵向焊缝和环向焊缝的位置应符合下列规定：

1 对接焊缝相连接的两管道纵向焊缝间的距离不应小于 100 mm；

2 同一直管段上两个环向焊缝间的距离不应小于管子外径，且不应小于 150 mm；

3 管道环向焊缝与支架、吊架边缘之间的距离不应小于 50 mm；需要进行热处理的焊缝与支架、吊架边缘之间的距离不应小于焊缝宽度的 5 倍，且不应小于 100 mm。

检查数量：全数检查。

检查方法：量尺测量。

6.3 钢质管道法兰连接

主 控 项 目

6.3.1 法兰的型号、规格、压力等级和材质应符合设计文件的要求和国家现行标准的规定。

检查数量：全数检查。

检查方法：检查产品质量证明文件、合格证。

6.3.2 法兰密封面应平整光洁，不得有毛刺及径向沟槽。法兰螺纹部分应平整，无损伤。凹凸面法兰应能自然嵌合，凸面的高度不得低于凹槽的深度。

检查数量：全数检查。

检查方法：目测观察，量尺测量。

6.3.3 螺栓和螺母的螺纹应完整，不得有伤痕、毛刺等缺陷。螺栓与螺母应配合良好，不得有松动或卡涩现象。

检查数量：全数检查。

检查方法：目测观察，扳手检查。

6.3.4 法兰垫片不得重复使用，不得使用双垫片，并应符合下列规定：

1 非金属垫片应质地柔韧，不得有老化变质或分层现象，表面不应有折损、皱纹等缺陷；

2 金属垫片的加工尺寸、精度、光洁度及硬度应符合要求，表面不得有裂纹、毛刺、径向划痕、凹槽和锈斑等缺陷；

3 金属包覆式及缠绕式垫片不应有径向划痕、松散、翘曲等缺陷。

检查数量：全数检查。

检查方法：目测观察。

一 般 项 目

6.3.5 法兰端面应与管道中心线垂直，当管道公称尺寸小于或等于 *DN*300 时，允许偏差应为 1 mm；当管道公称尺寸大于 *DN*300 时，允许偏差应为 2 mm。

检查数量：全数检查。

检查方法：角尺、量尺测量。

6.3.6 法兰连接应符合下列规定：

1 法兰两侧端面应保持平行，偏差不得大于法兰外径的 1.5‰，且不得大于 2 mm，不得采用强紧螺栓的方法消除偏斜；

2 法兰中心应保持同一轴线，螺栓应自由穿入，螺孔中心偏差不应大于孔径的 5%；

3 垫片周边应整齐，垫片尺寸应与法兰密封面相符；

4 螺栓与螺孔的直径应配套，并应使用同一规格螺栓，安装方向应一致；紧固螺栓应对称均匀，紧固应适度，紧固后螺栓外露长度不应大于 2 倍螺距，且不应低于螺母；

5 螺栓紧固后应与法兰紧贴，不得有楔缝。当需要加设垫片时，每个螺栓每侧所加垫片不应大于 1 个。

检查数量：全数检查。

检查方法：目测观察，量尺测量。

6.4 埋地钢质管道防腐和阴极保护

主 控 项 目

6.4.1 埋地钢质燃气管道应使用预制防腐管道。管道防腐层材料、补口和补伤材料、防腐等级及防腐层结构应符合设计文件要求和现行行业标准《城镇燃气埋地钢质管道腐蚀控制技术规程》CJJ 95 的规定。

检查数量：全数检查。

检查方法：检查质量证明文件。

6.4.2 管道防腐层应完整，发现防腐层缺陷应进行修复至复检合格。管道防腐层检验应符合下列规定：

1 管道在下沟槽前和下沟槽后应对防腐层进行外观检查，防腐层表面不得出现气泡、破损、裂纹、剥离等缺陷，并应采用电火花检漏仪进行全面检验；

2 防腐管回填后应对防腐层完整性进行检查。

检查数量：全数检查。

检查方法：目测观察，电火花检漏仪检测漏点。聚乙烯防腐层的检测电压为 15000 V，熔结环氧粉末防腐层、双层环氧防腐层检漏电压为 5 V/μm；防腐层完整性采用交流电位梯度法或交流电流衰减法检查。

6.4.3 现场补口、补伤时，钢管的表面处理质量等级应达到国家标准《涂覆涂料前钢材表面处理 表面清洁度的目视评定 第 1 部分：未涂覆过的钢材表面和全面清除原有涂层后的钢材表面的锈蚀等级和处理等级》GB/T 8923.1—2011 中的 Sa2½级或 St3 级。

检查数量：全数检查。

检查方法：目测观察。

6.4.4 现场采用辐射交联聚乙烯热收缩带（套）或补伤片补口、补伤时，防腐层剥离强度不应小于 50 N/cm。当采用聚烯烃胶粘带进行补口、补伤时，防腐层剥离强度不应小于 20 N/cm。

检查数量：每 100 个补口、补伤处抽测 1 点，补口、补伤数量小于 100 时抽测 1 点。出现不合格时，应加倍抽测；当加倍抽测仍有不合格时，则该管段的补口、补伤应全部返修。

检查方法：辐射交联聚乙烯热收缩带（套）、补伤片按现行国家标准《埋地钢质管道聚乙烯防腐层》GB/T 23257 执行，聚烯烃胶粘带按现行行业标准《钢质管道聚烯烃胶粘带防腐层技术标准》SY/T 0414 执行。

6.4.5 补口、补伤处不应有漏点。

检查数量：全数检查。

检查方法：电火花检漏仪检测漏点，辐射交联聚乙烯热收缩带（套）或补伤片的检漏电压为 15000 V；聚烯烃胶粘带的检漏电压按 $7843\sqrt{T_C}$ 计算，其中 T_C 为聚烯烃胶粘带厚度，单位为毫米。

6.4.6 阴极保护电缆与管道应连接牢固、电气导通，连接处防腐绝缘处理应符合设计文件要求。

检查数量：全数检查。

检查方法：目测观察，15000 V 电火花检测漏点。

6.4.7 阴极保护系统安装完成后，应按现行行业标准《城镇燃气埋地钢质管道腐蚀控制技术规程》CJJ 95 和设计文件要求对系统参数进行测试，并应合格。

检查数量：全数检查。

检查方法：仪器检测。

一 般 项 目

6.4.8 补口、补伤表面不得有气泡、空鼓、皱折、烧焦、炭化等现象。纵向搭接宽度不应小于 100 mm，环向搭接宽度不应小于 80 mm。

检查数量：全数检查。

检查方法：目测观察，量尺测量。

6.4.9 阴极保护系统的安装应符合下列规定：

1 牺牲阳极埋设位置、间距应符合设计文件要求；

2 阴极保护系统与管道连接应符合设计文件的要求，电缆型号、截面积应符合设计文件的要求，全线标记应统一；

3 地下测试装置安装、标注标记应符合设计文件要求。

检查数量：全数检查。

检查方法：目测观察，量尺测量。

6.5 埋地钢质管道敷设

主 控 项 目

6.5.1 钢质管道安装应稳固，管壁应无变形，安装后线形应直顺。

检查数量：全数检查。

检查方法：目测观察。

一 般 项 目

6.5.2 埋地钢质管道中心线和高程应符合设计文件要求，管道安装允许偏差和检查应符合表 6.5.2 的规定。

表 6.5.2 埋地钢质管道安装允许偏差和检查

检查项目	允许偏差（mm）	检查数量	检 查 方 法
高程	±15	每 20 m，1 点	水准仪测量或挂线、量尺测量
中心线	50	每 20 m，1 点	经纬仪测量或挂线、量尺测量

6.6 聚乙烯管道敷设

6.6.1 聚乙烯管道的安装与敷设除应符合本标准外，尚应符合现行行业标准《聚乙烯燃气管道工程技术标准》CJJ 63 的有关规定。

主 控 项 目

6.6.2 管道、管件等材料的质量应符合设计文件要求和相关标准的规定。

检查数量：全数检查。

检查方法：检查产品合格文件、检验报告。

6.6.3 管道连接前应进行外观检查，管材表面划伤深度不应大于管材壁厚的 10%，且不应大于4 mm。穿跨越敷设时，管材表面划伤深度不应大于管材壁厚的5%，管件及管道附属设备的外包装应完好。

检查数量：全数检查。

检查方法：目测观察，量尺、仪器检测。

6.6.4 热熔对接接头的质量检验应符合下列规定：

1 卷边对称性检验：沿接头整个圆周内的接头卷边应平滑、均匀、对称，卷边融合线的最低处不应低于管道的外表面；

2 接头对正性检验：接口两侧紧邻卷边的外圆周上的任何一处错边量不应大于管道壁厚的 10%；

3 卷边切除检验应使用专用工具切除接口外部的熔接卷边，并应符合下列规定：

1）卷边应实心、圆滑，根部应较宽；

2）卷边切割面中不应有夹杂物、小孔、扭曲和损坏；

3）背弯检验时，卷边切割面中线附近不应开裂、裂缝，且不应露出熔合线。

检查数量：卷边对称性检验和接头对正性检验应全部检查；穿越管道卷边切除检验应为 100%，其他管道卷边切除检验不应少于 15%。

检查方法：目测观察，量尺测量，检查焊缝记录，切除部分焊缝卷边检查焊接质量。

6.6.5 电熔承插连接接头的质量检验应符合下列规定：

1 电熔管件与管材或插口管件的轴线应对正；

2 管材或插口管件在电熔管件端口处的周边表面应有明显的刮皮痕迹；

3 电熔管件端口的接缝处不应有熔融料溢出；

4 电熔管件内的电阻丝不应被挤出；

5 从电熔管件观察孔中应可见指示柱移动或有少量熔融料溢出，溢料不应呈流淌状。

检查数量：全数检查。

检查方法：目测观察。

6.6.6 电熔鞍形连接接头的质量检验应符合下列规定：

1 电熔鞍形管件周边的管道表面上应有明显的刮皮痕迹；

2 鞍形分支或鞍形三通的出口应垂直于管道的中心线；

3 管壁不应塌陷；

4 熔融料不应从鞍形管件周边溢出；

5 从鞍形管件观察孔中应可见指示柱移动或有少量熔融料溢出，溢料不应呈流淌状。

检查数量：全数检查。

检查方法：目测观察。

6.6.7 电熔连接前应刮除插入端表皮的氧化层，刮削表皮厚度应为0.1 mm～0.2 mm。通电加热焊接的电压或电流、加热时间等焊接参数应符合电熔焊机和电熔管件产品说明书的要求。

检查数量：全数检查。

检查方法：刮削表皮厚度用千分尺测量，检查焊接记录。

一 般 项 目

6.6.8 焊机应定期进行校准检验，周期不应大于1年。

检查数量：全数检查。

检查方法：检查焊机校准和检定记录，电流表、压力表、时间计时器等计量仪表定期检定记录。

6.6.9 管道连接时，聚乙烯管材的切割应采用专用割刀或切管工具，切割端面应垂直于管道轴线，并应平整、光滑、无毛刺。

检查数量：抽查20%。

检查方法：目测观察，用直角尺或挂线、用量尺测量管道端面垂直度。

6.6.10 热熔对接连接应符合下列规定：

1 在固定连接件时，应将连接件的连接端伸出夹具，伸出的自由长度不应小于公称外径的10%；

2 连接件的端面接触后，应将其校直到同一轴线上，错边量不应大于壁厚的10%；

3 铣削连接件端面，使其与管子轴线垂直，连续切屑的平均厚度不宜大于0.2 mm；

4 接口端面对接面最大间隙应符合表6.6.10的规定。

表6.6.10 接口端面对接面最大间隙

管道公称外径 d_n	接口端面对接面最大间隙（mm）
$d_n \leqslant 250$	0.3
$250 < d_n \leqslant 400$	0.5
$400 < d_n \leqslant 630$	1.0

检查数量：抽查20%。

检查方法：长度用量尺测量，错边量在接口内壁贴靠测量。连接件端面与轴线垂直度用钢直角尺测量。切屑厚度用千分尺测量。接口端面对接面最大间隙用量尺测量。

6.6.11 法兰式钢塑转换管件的法兰盘、紧固件应经过喷塑或镀锌防腐处理。

检查数量：全数检查。

检查方法：目测观察。

6.6.12 埋地聚乙烯管道中心线、高程和管壁变形应符合设计文件要求，管道安装允许偏差和检查应符合表6.6.12的规定。

表6.6.12 埋地聚乙烯管道安装允许偏差和检查

检查项目	允许偏差（mm）	检查数量	检 查 方 法
高程	±15	每20 m，1点	水准仪测量或挂线、量尺测量
中心线	50	每20 m，1点	经纬仪测量或挂线、用量尺测量

6.7 球墨铸铁管道敷设

6.7.1 现场卸管、布管、下管应符合下列规定：

1 应按指定位置卸管；

2 布管宜沿开挖沟槽一侧连续排管；

3 管径小于300 mm管道可采用人工下管，管径大于或等于300 mm管道宜采用机械下管。

6.7.2 球墨铸铁管道的连接应符合下列规定：

1 管道对口前，在插口端240 mm工作面范围和承口端工作面范围内应将管道表面铸瘤及脏物铲除干净，表面应涂覆润滑剂；

2 接口配套压兰、支撑环、胶圈应无裂纹、龟裂等缺陷，压兰、支撑环、胶圈应套入插口正确位置，胶圈（涂油）进入承口应采用尼龙棒、硬杂木等非金属棒敲击就位；

3 插口压兰中心点与管道的轴径应同心，调整压兰与管子圆周间隙确保压头压在胶圈断面中心位置，承口法兰螺孔与压兰螺孔应对准，确认圆周间隙均匀后，再将所有螺栓对称均匀锁紧至扭矩值。

6.7.3 利用接口借转角时，管道应先按直线安装完成，螺栓拧到80%紧固力后再摆至预定角度，最后逐个螺栓均匀紧固。球墨铸铁管道允许借转角和平面借转距离应符合表6.7.3的规定。

表6.7.3 球墨铸铁管道允许借转角和平面借转距离

管道公称尺寸 *DN*	借转角（°）	6 m管子平面借转距离（mm）
100～300	1.5	157
350～600	1.15	120
700	0.75	78

6.7.4 现场切割短管应符合下列规定：

1 应选择带有可切割标识或符号的管子进行切割；切割后应进行倒角和腐蚀控制处理，倒角尺寸和腐蚀控制应符合设计文件要求和相关规范规定；

2 管道切割应采用砂轮切割机或其他有齿锯的切管工具，不得使用气割方法；

3 当现场无带有可切割标识或符号的管子时，应在测量核实替代管子的插口尺寸、不圆度等符合要求后，方可进行切割；切割后应打磨插口的工作面长度至尺寸合格，并应进行倒角和腐蚀控制处理。

主 控 项 目

6.7.5 球墨铸铁管材、管件和附件质量应符合设计文件要求和现行国家标准《水及燃气用球墨铸铁管、管件和附件》GB/T 13295 的有关规定。产品应有出厂严密性试验合格文件，工厂试验压力不应小于 0.6 MPa。管材及管件承插口密封工作面不应有连续的轴向勾纹，铸造勾纹修补应焊补，不得使用铸痕胶修补，管材及管件承口密封工作面应喷涂防腐漆。

检查数量：全数检查。

检查方法：检查产品合格证和质量证明文件。

6.7.6 管道连接时，承口、插口部位应无破损、变形、开裂。插口推入深度应符合产品说明书的要求。

检查数量：全数检查。

检查方法：目测观察，塞尺检查。

6.7.7 接口法兰与压兰连接时，插口与承口法兰压盖的纵向轴线应一致，连接螺栓终拧扭矩应符合产品使用说明书要求；连接后，连接部位及连接件应无变形、破损。

检查数量：每 10 个接口抽取 1 点，每点检查方向相互垂直的 4 个螺栓。

检查方法：目测观察，用扭矩扳手检查。

一 般 项 目

6.7.8 橡胶圈安装位置应正确，不得扭曲。N1 型密封圈露出承口端面尺寸允许偏差应为 ±3 mm，S 型密封圈露出承口端面尺寸允许偏差应为 ±5 mm。

检查数量：全数检查。

检查方法：目测观察，探尺检查。

6.7.9 接口使用的螺栓和螺母等连接件的规格型号应一致。

检查数量：全数检查。

检查方法：目测观察。

6.7.10 球墨铸铁管道中心线和高程应符合设计文件要求，安装允许偏差和检查应符合表 6.7.10 的规定。

表 6.7.10 球墨铸铁管道安装允许偏差和检查

检查项目		允许偏差（mm）	检查数量	检查方法
高程		±10	每 20 m，1 点	水准仪测量或挂线、量尺测量
中心线	每 10 m	5	每 20 m，1 点	经纬仪测量或挂线、量尺测量
	全长	30		

6.8　架空管道安装

6.8.1　管道支、吊架安装前应按设计文件要求的轴线位置和高程进行测设，固定后的支、吊架轴线位置和高程应符合设计文件要求；安装应平整、牢固，应与管道接触良好。

6.8.2　管道涂层涂料的种类、涂敷次序、层数、各层的表干要求及施工的环境温度应按设计文件和产品说明书的要求确定。

6.8.3　管道涂底漆前应清除被涂表面的铁锈、焊渣、毛刺、油、水等污物。管道安装完成后，应按本标准第11章的规定进行吹扫和压力试验，合格后，应补刷底漆并完成管道设备的防腐处理。

主　控　项　目

6.8.4　涂层材料的选用应符合设计文件要求。

检查数量：全数检查。

检查方法：检查产品质量证明文件。

6.8.5　钢管外表面处理质量等级应符合本标准6.4.3的规定。

检查数量：全数检查。

检查方法：目测观察。

6.8.6　支、吊架的结构类型、规格以及加工材料、构造尺寸应符合设计文件要求。

检查数量：抽查10%，且不少于10点。

检查方法：目测观察，核对产品质量证明文件，量尺测量。

6.8.7　导向支架或滑动支架的滑动面应洁净平整，不得有歪斜和卡涩现象。安装位置应从支承面中心向位移反方向偏移，偏移量应按设计文件要求或按设计计算位移值的1/2确定。

检查数量：全数检查。

检查方法：目测观察，量尺测量。

一　般　项　目

6.8.8　管道的涂层应完整、均匀，漆膜应附着牢固。

检查数量：全数检查。

检查方法：目测观察。

6.8.9　支、吊架的防腐层应完整均匀、色泽一致、附着牢固。

检查数量：抽查10%。

检查方法：目测观察。

6.8.10　支架与法兰或穿墙处墙面之间的距离不宜小于200 mm。

检查数量：抽查10%。

检查方法：量尺测量。

6.8.11　管道中心线、高程应符合设计文件要求，管道安装允许偏差应符合表6.8.11的规定。

表 6.8.11 管道安装允许偏差

检查项目		允许偏差（mm）
中心线		25
高程		±20
水平管道平直度	$DN \leqslant 100$	$2L/1000$，且不大于 50
	$DN > 100$	$3L/1000$，且不大于 80
立管垂直度		$3L/1000$，且不大于 30

注：L 为钢质管道长度。

检查数量：每段或每 20 m 取 1 点。

检查方法：中心线采用经纬仪测量或挂线、量尺测量；高程采用水准仪测量或挂线、量尺测量；水平管道平直度采用拉线法测量；垂直度采用坠线方法，量尺测量。

6.9 管道附件安装

6.9.1 管道附件安装前应将内部清理干净，不得存有焊渣、油污等污物和积水。

6.9.2 每处安装应一次完成，不得污染已清扫完毕的管道。

6.9.3 管道的安装误差不得采用调长器进行调整。当调长器与阀门同时安装时，应先将调长器与阀门组对，再安装在管道上。

6.9.4 阀门安装应符合下列规定：

1 阀门吊装、搬运时，吊装绳索严禁拴在手轮、阀杆或传动机构上；

2 法兰或螺纹连接的阀门应在关闭状态下安装，焊接阀门应在开启状态下安装。

6.9.5 管道附件安装完毕后，应及时对连接部位进行防腐处理，防腐等级应与管道一致。

主控项目

6.9.6 管道附件质量应符合设计文件要求和国家现行标准的规定。

检查数量：全数检查。

检查方法：检查质量证明文件。

6.9.7 阀门、凝水缸、放水管、补偿器和绝缘装置的安装位置应符合设计文件要求。

检查数量：全数检查。

检查方法：量尺测量。

6.9.8 阀门安装前应按阀门公称压力进行强度试验和严密性试验。

检查数量：全数检查。

检查方法：检查阀体承压能力和密封性能的试验记录。

6.9.9 钢质管道附件接口防腐符合本标准第 6.4 节的有关规定。

检查数量：全数检查。

检查方法：按本标准第 6.4 节的规定检查。

6.9.10 钢质管道附件与管道焊接应符合本标准第 6.2 节的有关规定。

检查数量：全数检查。

检查方法：按本标准第6.2节的有关规定检查。

一　般　项　目

6.9.11　管道附件外观不得有损伤、零件缺失和腐蚀等现象。

检查数量：全数检查。

检查方法：目测观察。

6.9.12　阀门和调长器安装时，法兰应保持平行，允许偏差应为法兰外径的1.5‰，且不大于2 mm。

检查数量：全数检查。

检查方法：塞尺、量尺测量。

6.9.13　绝缘接头和绝缘法兰的绝缘电阻值应符合设计文件要求。

检查数量：全数检查。

检查方法：电阻表检测。

6.9.14　架空管道防护设施安装位置应符合设计文件要求，架设应牢固，高度、尺寸应符合设计文件要求。

检查数量：全数检查。

检查方法：目测观察，量尺测量。

7 管道穿跨越

7.1 一般规定

7.1.1 管道穿跨越施工应符合现行行业标准《城镇燃气管道穿跨越工程技术规程》CJJ/T 250的有关规定。

7.1.2 穿跨越工程中燃气管道的焊接、敷设和质量检查应符合本标准第6章的有关规定。

7.1.3 不带水开挖穿越管道的沟槽、跨越工程基坑、基础工程的施工应符合本标准第4、5章的有关规定。

7.1.4 定向钻燃气管道敷设完成后应及时进行竣工测量，并应绘制实际管道位置图。

7.2 水域开挖穿越

主控项目

7.2.1 采用导流围堰的方法开挖时，围堰内沟槽槽底应平直，不得有土坎，开挖深度应符合设计文件要求，其允许偏差应为±200 mm。

检查数量：每20 m不应少于1点。

检查方法：仪器测量，检查施工记录。

7.2.2 围堰内沟槽的位置应符合设计文件要求。

检查数量：每20 m不应少于1点。

检查方法：仪器测量。

7.2.3 水下开挖沟槽位置、开挖深度应符合设计文件要求，开挖深度允许偏差应为±300 mm。

检查数量：沟槽位置检查，沿管底不应少于5点；沟槽开挖深度检查，每5 m不应少于1点。

检查方法：沟槽位置，水下观察、仪器测量；沟槽开挖深度，检查施工记录、测量记录。

7.2.4 采用沉管法施工时，管道下沉应均匀、平稳，无轴向扭曲、环向变形和明显轴向突弯等现象；水上、水下的接口连接质量应符合设计文件要求。

检查数量：全数检查。

检查方法：目测观察，检查沉放施工记录及相关检测记录，检查水上、水下的接口连接检验报告等。

7.2.5 回填材料应符合设计文件要求，回填不得使管道发生漂浮和位移。

检查数量：全数检查。

检查方法：目测观察，检查试验记录。

7.2.6 带水开挖敷设管道稳管方法应符合设计文件要求，混凝土配重块稳管、混凝土连续覆盖层稳管应符合下列规定：

1 混凝土配重块、混凝土连续覆盖层的强度等级和密度、配重块质量应符合设计文件要求；

2 稳管后管道不应发生漂浮和滚动；

3 安装配重块不应损坏防腐绝缘层。

检查数量：配重块质量抽检5%，且不应少于5块；其他全数检查。

检查方法：检查试件强度试验报告，目测观察。

一 般 项 目

7.2.7 围堰内沟槽开挖尺寸应符合设计文件要求，槽底宽度的允许偏差和检查应符合表7.2.7的规定。

表7.2.7 围堰内沟槽槽底宽度的允许偏差和检查

土石种类	槽底最小宽度（m）	允许偏差（m）	检查数量	检查方法
淤泥、粉细砂	$D+4$（8）	±0.6	每100 m，5点	量尺、仪器测量
中粗砂、卵砾石	$D+3$（6）	±0.5		
砂土、黏土	$D+2$（5）	±0.5		
岩石	$D+2$（5）	±0.5	每15 m，1点	

注：1 D为管道外径（包括防腐层或保温层厚度）；
2 括号内为采用沟下组焊槽底宽度增加值。

7.2.8 水下沟槽开挖尺寸应符合设计文件要求，槽底宽度的允许偏差和检查应符合表7.2.8的规定。

表7.2.8 水下沟槽槽底宽度的允许偏差和检查

土石种类	槽底最小宽度（m）	允许偏差（m）	检查数量	检查方法
淤泥、粉细砂	$D+5$	±0.8	每100 m，5点	量尺测量、超声波探测
中粗砂、卵砾石	$D+4$	±0.6		
砂土、黏土	$D+3$	±0.6		
岩石	$D+2$	±0.6	每15 m，1点	

注：D为管道外径。

7.2.9 水下开挖沟槽的管道敷设前，管道及防腐层应无损伤、无变形；敷设的管道与槽底接触应均匀、紧密，敷设的允许偏差和检查应符合表7.2.9的规定。

表 7.29 水下开挖沟槽敷设管道的允许偏差和检查

检查项目	允许偏差（mm）	检查数量	检 查 方 法
高程	0，-200	每10 m，1点	回声测深仪、多波束仪、测深图检查；或水准仪、经纬仪、量尺测量定位标志
中心线	50	每10 m，1点	

7.2.10 回填应两侧均匀进行，回填高度应符合设计文件要求。

检查数量：每10 m检查1点。

检查方法：目测观察，用水准仪或测深仪检测回填高度；检查回填施工、检测记录。

7.2.11 稳管用管道混凝土连续覆盖层厚度不应小于设计值；配重块的数量不应少于设计文件要求，布设间距允许偏差应为±500 mm。

检查数量：每20 m检查1点，且不应少于5点。

检查方法：量尺测量，潜水检查。

7.3 水平定向钻穿越

主 控 项 目

7.3.1 导向孔钻进曲线、曲率半径应符合设计文件要求。

检查数量：全数检查。

检查方法：检查施工记录。

7.3.2 水平定向钻扩孔施工应分级进行，回拖前，孔内应无坍塌、沉渣和缩径等现象，导向钻扩孔直径应满足管道回拖要求，最小扩孔直径应符合表7.3.2的规定。

表 7.3.2 最小扩孔直径

穿越管道的公称尺寸 *DN*	最小扩孔直径（mm）
<200	*DN*+100
200～600	1.5*DN*
>600	*DN*+300

检查数量：全数检查。

检查方法：目测观察，扩孔钻头直径用量尺测量。

7.3.3 管道回拖前应对预制完成的管段进行强度试验，试验压力应符合设计文件要求。回拖完成后应按设计文件要求进行严密性试验，试验合格后应进行测径，测径应合格，且管道应无变形、褶皱。

检查数量：全数检查。

检查方法：目测观察，检查水压试验记录、测径记录。

7.3.4 回拖聚乙烯管道前应对管道表面进行外观检查，管材表面划伤深度不应大于管材壁厚的5%。连接后应对接口进行外观检查，焊接质量应符合现行行业标准《聚乙烯燃气管道工程技术标准》CJJ 63 的有关规定。

检查数量：外观全数检查，热熔焊口卷边切除 100% 检查。

检查方法：目测观察，量尺测量、切边工具检查。

7.3.5 回拖钢质管道前应对防腐层进行电火花检漏。

检查数量：全数检查。

检查方法：电火花检漏仪检测漏点，补口应采用定向钻专用热收缩带，补口、补伤检漏电压应为 15000 V，熔结环氧粉末防腐层、双层环氧防腐层检测电压为 5 V/μm。

一 般 项 目

7.3.6 水平定向钻导向孔入土点、入土角应符合设计文件要求，导向孔的允许偏差和检查应符合表 7.3.6 的规定，且偏差不应大于穿越长度的 1% 。

表 7.3.6 导向孔的允许偏差和检查

检查项目		允许偏差		检查数量	检查方法
		钢管	PE 管		
入土点	平面位置（m）	0.02	0.02	横向、纵向分别测两点，取最大值；高程测 1 点	平面位置用经纬仪测量，高程用水准仪测量
	高程（m）	±0.1	±0.1		
	入土角度（°）	±0.5	±0.5	每台钻机 1 点	用倾角指示仪、经纬仪测量
出土点	纵向（m）	5（1.0）	1	横向、纵向分别测两点，取最大值；高程测 1 点	平面位置用经纬仪测量，高程用水准仪测量
	横向（m）	2（0.5）	0.5		
	高程（m）	±0.5	±0.5		
导向孔曲线与设计曲线的偏移量	竖向（上下）（m）	+1，−2（+0.5，−0.5）	±1（±0.5）	全数检查	检查施工记录
	横向（m）	2（0.5）	1（0.5）		

注：括号内数值为城镇管网建设中，设计以及现场条件对精度有特殊要求的允许偏差值。

7.3.7 管段回拖应符合下列规定：

1 管段回拖力、扭矩、回拖速度等应符合施工方案要求；

2 管段回拖应连续进行；回拖力无突升或突降现象，回拖力应符合设计文件和施工方案的要求；

3 回拖过程中应采取设置发送沟、管托等防止管道防腐层损坏的措施。

检查数量：全数检查。

检查方法：检查施工记录。

7.3.8 回拖完成的管道允许偏差和检查应符合表 7.3.8 的规定，且偏差不应大于穿越长度的 1% 。

表 7.3.8 回拖完成的管道允许偏差和检查

检查项目	允许偏差（m）	检查数量	检 查 方 法
水平轴线	1.5（0.5）	全数检查	陀螺仪测量管道实际轨迹；深度小于 5 m 的管道用管线定位仪、探地雷达（GPR）探测
内底高程	±1.5（0.5）		

注：括号内数值为城镇管网建设中，设计以及现场条件对精度有特殊要求的允许偏差值。

7.4 顶 管 法 穿 越

主 控 项 目

7.4.1 工作竖井支护应符合设计文件和施工方案的要求。

检查数量：全数检查。

检查方法：现场检查。

7.4.2 钢质套管材质、尺寸及壁厚应符合设计文件要求。钢筋混凝土套管荷载等级、接口形式应符合设计文件要求。

检查数量：全数检查。

检查方法：检查产品质量合格证明书、性能检验报告、产品制造原材料质量保证资料，检查产品进场验收记录。

7.4.3 顶管法敷设钢质管道时应符合下列规定：

1 绝缘支撑架应安装牢固，绝缘垫位置应正确，绝缘支撑架不得与阳极相连；

2 应检测套管与穿越管段之间的绝缘电阻，电阻值应大于 2 MΩ。

检查数量：全数检查。

检查方法：目测观察，检查施工记录。采用 500 V 兆欧表检测套管与穿越管段之间的绝缘电阻值。

一 般 项 目

7.4.4 顶管工作井平面尺寸应符合设计文件要求，底部应平整，原状土应密实，工作井的后背墙表面应平直，且应垂直于顶进管道的轴线。工作井、导轨及装配式后背墙的允许偏差和检查应符合表 7.4.4 的规定。

表 7.4.4 工作井、导轨及装配式后背墙的允许偏差和检查

检 查 项 目			允许偏差（mm）	检查数量	检 查 方 法
工作井	中心线		10	全数检查	经纬仪测量或挂线、用量尺测量
	基底高程		±20		水准仪测量或挂线、用量尺测量
	平面尺寸	矩形：每侧长宽	+50		挂中线用量尺测量
		圆形：直径	+50		

表 7.4.4（续）

<table>
<tr><th colspan="2">检 查 项 目</th><th>允许偏差（mm）</th><th>检查数量</th><th>检 查 方 法</th></tr>
<tr><td rowspan="3">导轨</td><td>轴线位置</td><td>3</td><td rowspan="5">全数检查</td><td>经纬仪测量</td></tr>
<tr><td>顶面高程</td><td>+3，0</td><td>水准仪测量</td></tr>
<tr><td>两轨内距</td><td>+2</td><td>量尺测量</td></tr>
<tr><td rowspan="2">装配式后背墙</td><td>垂直度</td><td>0.1% H</td><td rowspan="2">垂线、角尺测量</td></tr>
<tr><td>水平扭转度</td><td>0.1% L</td></tr>
</table>

注：H 为后背墙的高度；L 为后背墙的宽度。

7.4.5　钢筋混凝土套管应无裂纹、管口破损等现象。

检查数量：全数检查。

检查方法：目测观察。

7.4.6　钢套管组对焊接的允许偏差和检查应符合表 7.4.6 的规定。

表 7.4.6　钢套管组对焊接的允许偏差和检查

<table>
<tr><th>检查项目</th><th>允许偏差</th><th>检查数量</th><th>检查方法</th></tr>
<tr><td>钝边（mm）</td><td>±0.8</td><td rowspan="4">50%</td><td rowspan="4">焊缝检验尺测量</td></tr>
<tr><td>坡口角度（°）</td><td>±5</td></tr>
<tr><td>间隙（mm）</td><td>±0.8</td></tr>
<tr><td>错边量（mm）</td><td>2</td></tr>
</table>

7.4.7　顶管施工的允许偏差和检查应符合表 7.4.7 的规定。

表 7.4.7　顶管施工的允许偏差和检查

<table>
<tr><th colspan="2">检 查 项 目</th><th>允许偏差（mm）</th><th>检查数量</th><th colspan="2">检 查 方 法</th></tr>
<tr><td rowspan="3">顶管中心线</td><td colspan="2">L＜300 m</td><td>50</td><td rowspan="10">每个管节 1 点</td><td rowspan="7">经纬仪测量或挂中线、量尺测量</td></tr>
<tr><td colspan="2">300 m≤L＜1000 m</td><td>100</td></tr>
<tr><td colspan="2">1000 m＜L</td><td>L/10</td></tr>
<tr><td rowspan="4">顶管内底高程</td><td rowspan="2">L＜300 m</td><td>D_i＜1500</td><td>+30，−40</td></tr>
<tr><td>D_i≥1500</td><td>+40，−50</td></tr>
<tr><td colspan="2">300 m≤L＜1000 m</td><td>+60，−80</td></tr>
<tr><td colspan="2">1000 m＜L</td><td>+80，−100</td></tr>
<tr><td>相邻管道错口</td><td colspan="2">钢筋混凝土管</td><td>15% 壁厚，
且不大于 20</td><td rowspan="3">量尺测量</td></tr>
<tr><td colspan="3">钢管竖向变形</td><td>0.03D_i</td></tr>
<tr><td colspan="3">对顶时两端错口</td><td>50</td></tr>
</table>

注：L 为顶进长度；D_i 为管道内径。

7.5 管桥和随桥跨越

主 控 项 目

7.5.1 单管拱混凝土支座的位置、管道的轴线位置应符合设计文件要求。

检查数量：全数检查。

检查方法：量尺测量、仪器测量。

7.5.2 桁架安装的地脚螺栓规格及紧固应符合设计文件要求。

检查数量：全数检查。

检查方法：检查施工记录。

7.5.3 托架结构尺寸、杆件规格、节点连接构造、支座形式应符合设计文件要求。

检查数量：全数检查。

检查方法：目测观察，量尺测量，检查施工记录。

7.5.4 钢结构防腐涂装前，钢材表面应进行除锈，除锈等级、涂装遍数和涂层厚度应符合设计文件要求。

检查数量：按构件数抽查10%，且同类构件不应少于3件。

检查方法：用铲刀检查和采用现行国家标准《涂覆涂料前钢材表面处理 表面清洁度的目视评定 第1部分：未涂覆过的钢材表面和全面清除原有涂层后的钢材表面的锈蚀等级和处理等级》GB/T 8923.1规定的图片对照目测观察，用测厚仪检测，检查施工记录。

一 般 项 目

7.5.5 单管拱的允许偏差和检查应符合表7.5.5的规定。

表7.5.5 单管拱的允许偏差和检查

检查项目	允许偏差（mm）	检查数量	检查方法
管拱的曲率半径	±20	全数检查	仪器测量
跨度	±20		
拱基础高程	±20		水准仪测量

7.5.6 桁架安装的允许偏差和检查应符合表7.5.6的规定。

表7.5.6 桁架安装的允许偏差和检查

检查项目	允许偏差（mm）	检查数量	检查方法
空间对角线长度差	L_1/1000，且不大于20	全数检查	挂垂线或拉线，用量尺测量
节点处杆件轴线错位	4		
轴线	10		
跨中垂直度	H/250，且不大于15		
桁架侧向弯曲矢高	L_2/1000，且不大于30		

注：L_1 为对角线的长度；L_2 为跨度；H 为桁架单元高度。

7.5.7 托架的允许偏差和检查应符合表7.5.7的规定。

表7.5.7 托架的允许偏差和检查

检查项目	允许偏差（mm）	检查数量	检查方法
跨中高度	±5	全数检查	挂垂线或拉线，用量尺测量
长度	±L/2500，且±10		
轴线	10		

注：L为托架长度。

7.5.8 钢结构防腐除锈处理后的钢材表面不应有焊渣、焊疤、灰尘、油污、水和毛刺等现象，涂层表面应均匀，不应有误涂、漏涂、褶皱、流坠、针眼、起泡、脱皮和返锈等现象。

检查数量：全数检查。

检查方法：目测观察。

7.5.9 随桥跨越管道支、吊架的安装应符合下列规定：

1 支、吊架组件及固定的螺栓、抱箍安装前，宜进行热镀锌防锈处理；

2 支、吊架安装应牢固，管道和支承面接触应良好；

3 导向支架或滑动支架的滑动面应洁净平整，不得有歪斜和卡涩现象。

检查数量：全数检查。

检查方法：目测观察。

8 厂站工艺管道

8.1 一般规定

8.1.1 厂站工艺管道应在与管道相关的土建工程施工完成、验收合格后进行安装。

8.1.2 管道及附件应分区存放，不得混淆或损坏。材质为不锈钢、有色金属的管道、管道附件、支撑件应单独存放，不得与碳素钢接触。

8.1.3 管道焊接应符合现行国家标准《现场设备、工业管道焊接工程施工规范》GB 50236 的规定，钢质管道焊接质量验收应符合本标准第 6.2 节的规定。焊缝质量应符合设计文件的要求，当设计无要求时，焊缝质量应按本标准表 6.2.12 的规定执行。

8.1.4 厂站内埋地管道的施工应按本标准第 6 章的有关规定执行。

8.1.5 与储罐连接的管道应在储罐安装就位、沉降稳定后进行安装。储罐基础沉降指标应符合设计文件要求。

8.1.6 管道组成件的材质、规格、型号和质量证明书、安装使用说明书、外观质量及必要的尺寸等应根据设计文件和合同文件的要求，进行现场检查，技术文件资料应齐全完整。

8.1.7 支管座的开孔、焊接应在设备和管道吹扫、强度试验前进行。开孔应避开设备和管道的焊缝及其边缘，底座焊接焊缝应饱满，无夹渣、咬边等缺陷。

8.1.8 厂站工艺管道绝热施工应符合设计文件要求和现行国家标准《工业设备及管道绝热工程施工规范》GB 50126 和《工业设备及管道绝热工程施工质量验收标准》GB/T 50185 的有关规定。

8.1.9 储罐的接地、防雷系统施工应符合设计文件要求和有关标准的规定。

8.2 管道安装

8.2.1 管道宜遵循先地下管后地上管、先大管后小管、先高压管后低压管、先不锈钢管与合金钢管后碳素钢管、先夹套管后单体管的顺序进行安装；采用地沟敷设时，管道安装应自下而上分层进行。

8.2.2 管道安装前，应将管道和设备内部清理干净。低温管道应进行脱脂，不得有油迹污染。

8.2.3 与动设备连接的管道，固定焊口应在固定支架以外。

8.2.4 法兰和其他连接件不应紧贴墙壁、地面或管架安装。

8.2.5 当管道穿过基础、墙体、地面设置在钢套管内时，应符合下列规定：

1 套管内的管道不应有环向焊缝，管道环向焊缝与套管端部的间距不应小于 30 mm；

2 套管内壁与工艺管道外壁净距不应小于 20 mm；

3 套管高出地面、基础不应小于 50 mm；

4 管道与套管之间的间隙应均匀，采用的密封材料应符合设计文件要求，间隙封堵应严密。

8.2.6 安装不锈钢管道组成件时，不得使用铁制工具敲击。不锈钢管道组成件与支架之间应设置不锈钢或非金属衬垫，非金属衬垫的氯离子含量不应大于 50×10^{-6}。

8.2.7 不锈钢焊件坡口两侧100 mm范围内，在施焊前应采取防止焊接飞溅物沾污焊件表面的措施。

8.2.8 含铬量大于或等于3%或合金元素总含量大于5%的焊件，氩弧焊打底焊接时，焊缝内侧应充氩气或其他保护气体，内侧焊缝金属皮不应被氧化。

8.2.9 同种钢材焊接时，焊材的性能和化学成分应与母材相当。低温钢焊接时应选用与母材适用温度相同的焊材。

8.2.10 低温钢、奥氏体不锈钢、耐热耐蚀高合金钢的焊接和奥氏体与非奥氏体异种钢接头的焊接均宜采用小电流、短电弧、快焊速和多层多道焊工艺，并应控制层间温度。

8.2.11 低温钢焊接完成后，应按设计文件要求对焊缝进行热处理。奥氏体不锈钢焊缝及其附近表面，应按设计文件要求进行酸洗和钝化处理。需进行热处理的焊缝和管道组成件，应在热处理后进行硬度检验。

8.2.12 管道安装间断时，应及时封堵管口和管道附件口。管道与设备连接应加临时盲板。

主 控 项 目

8.2.13 管道及管件的材质、规格、型号应符合设计文件要求和国家现行标准的规定。钢管和管件的质量证明文件应齐全、完整，外观检查应无缺陷，并应符合下列规定：

1 管道及管件外观应完好无损，标识应完整、清晰，标识内容应与实际相符。防腐、保温材料型号、规格应符合设计文件要求；

2 合金钢管、不锈钢管及管件表面应无损伤、无锈蚀，管口应完好无损，安装前可根据需要按供货批次进行光谱半定量复验分析或采用其他检测方法复查其合金成分，并应做好标识；

3 钢管订货合同中对外表面有无损检测要求的，应对每批钢管抽取1%且不少于1根进行外表面磁粉检测或渗透检测；

4 设计文件要求进行低温冲击韧性试验的钢管及钢质管件应具有厂家提供的相应合格证明文件。

检查数量：全数检查。

检查方法：目测检查，检查产品质量证明文件，光谱分析，磁粉检测或渗透检测，低温冲击韧性试验。

8.2.14 管道焊接方法应符合设计文件要求。

检查数量：全数检查。

检查方法：检查施工记录。

8.2.15 法兰连接及检验应按本标准第6.3节的规定执行，法兰密封垫片应符合下列规定：

1 当不锈钢管道法兰采用非金属垫片时，氯离子含量不得大于 50×10^{-6}；

2 柔性石墨、丁腈橡胶、聚四氟乙烯等非金属垫片应质地柔软，不得有老化变质或分层现象；表面不应有折损、皱纹等缺陷；

3 金属垫片的加工尺寸、精度、光洁度和硬度应符合有关标准规定，表面不得有裂纹、毛刺、凹槽、径向划痕和锈斑等缺陷；

4 缠绕式垫片的加工尺寸应符合国家现行标准的有关规定，且不得有径向划痕、翘曲等缺陷；金属缠绕式垫片安装应符合产品技术文件要求，不得出现开裂现象；

5 螺栓和螺母的标记应明显，钢材种类、牌号、规格等级应符合设计文件要求。管道系统上使用螺栓和螺母的硬度值等机械性能应符合设计文件要求和国家现行标准的有关规定。

检查数量：全数检查。

检查方法：设计压力大于或等于 6.3 MPa 管道的螺栓和螺母，使用前应从每批中各取 2 根（个）进行硬度检查，不合格时加倍检查；仍不合格时，应逐个检查，不合格不得使用。

8.2.16 管道与设备、管道之间螺纹连接应符合设计文件要求，安装应符合下列规定：

1 螺纹应清洁、规整、无断丝，连接应牢固，管螺纹根部无外露螺纹；

2 镀锌碳素钢管和管件的镀锌层应无破损。

检查数量：全数检查。

检查方法：目测观察，无损检测。

8.2.17 卡套式管接头安装时，管道应对正，螺母应旋紧，连接应牢固、严密。采用卡套式管接头连接的管子，应按实际长度在专用机床或用手工锯切割，切面与管子中心线垂直度偏差不应大于管子外径公差的 1/2；管端应无毛刺、金属屑和污垢。

检查数量：全数检查。

检查方法：逐口观察。

8.2.18 管道及管件的清洗、脱脂和防腐应符合设计文件要求和现行行业标准《脱脂工程施工及验收规范》HG 20202 的有关规定。绝缘装置的绝缘电阻、电缆线及接头的防腐应符合设计文件要求。

检查数量：全数检查。

检查方法：目测观察，检查清洗记录、脱脂施工记录、绝缘电阻测试记录、防腐施工记录。

一 般 项 目

8.2.19 管道加工外观质量应符合下列规定：

1 钢管切口表面应平整，无裂纹、重皮、毛刺、凹凸、缩口、熔渣、氧化物、铁屑等；

2 切口端面倾斜偏差不应大于钢管外径的 1%，且不应大于 2 mm；

3 自由管段和封闭管段的加工尺寸允许偏差应符合表 8.2.19 的规定。

表 8.2.19 自由管段和封闭管段的加工尺寸允许偏差

检 查 项 目		允许偏差（mm）	
		自由管段	封闭管段
长度		±10	±1.5
法兰面与管子中心垂直度	$DN<100$	0.5	0.5
	$100\leqslant DN\leqslant 300$	1.0	1.0
	$DN>300$	2.0	2.0

检查数量：全数检查，实测偏差值每个管口在互相垂直方向上抽查 2 点。

检查方法：目测观察，量尺测量，垂直度偏差按法兰外径测量。

8.2.20 管道的中心线、高程和坡度应符合设计文件要求。管道安装允许偏差应符合表 8.2.20 的规定。

表 8.2.20 管道安装允许偏差

检 查 项 目		允许偏差（mm）
中心线	架空	10
	地沟	7
	埋地	20
高程	架空	±10
	地沟	±7
	埋地	±20
平直度	$DN\leqslant 100$	$2L/1000$，且不大于 40
	$DN>100$	$3L/1000$，且不大于 70
垂直度		$3H/1000$，且不大于 25
成排，在同一平面上的间距		±10
交叉，管外壁或保温层的间距		±7

注：L 为管道长度，H 为立管高度。

检查数量：每段或每 20 m 取 1 点。

检查方法：中心线采用经纬仪测量，高程采用水准仪测量，垂直度采用坠线方法、用量尺测量，其他偏差采用量尺测量。

8.3 管道附件安装

8.3.1 汇气管安装应符合下列规定：

1 汇气管宜采用预制成品件。

2 汇气管组对时，应先进行子管与法兰的组对。母管与子管组对时，应先组对两端子管，并应相互平行且垂直母管，中间各子管应以两端子管为基准组对。

3 组对焊接前应精确测量2台汇气管法兰之间的间距以及过滤器、调压器、计量装置和阀门等的安装尺寸。安装顺序应从一台汇气管开始，依次安装两汇气管中间的设备，最后固定汇气管，不得强行组对。

8.3.2 压力表、温度计等一次仪表在工艺管道开孔安装时，宜采用机械钻孔。

8.3.3 流量计、调节阀和安全阀等设备拆除后进行复位时应更换垫片。

主 控 项 目

8.3.4 管道附件应符合设计文件要求和国家现行标准的规定。设计文件要求做低温密封试验或主材材质低温冲击韧性试验的阀门，应具有制造厂提供的相应合格证明文件。

检查数量：全数检查。

检查方法：检查质量证明文件。

8.3.5 阀门安装前，应进行外观检查、强度试验和严密性试验，试验压力应符合国家现行相关标准的规定。阀门外观应符合下列规定：

1 阀体的外表不得有裂纹、砂眼、机械损伤、锈蚀等缺陷；

2 阀体不得有磕碰、变形等影响产品使用性能的缺陷；

3 阀体内应无积水、锈蚀、脏污和损伤等缺陷。

检查数量：全数检查。

检查方法：目测观察，按国家现行相关标准的规定检测。

8.3.6 拉断阀、紧急切断阀、放散阀及安全阀等阀门的材质、型号、压力等级应符合设计文件要求，拉断阀、紧急切断阀、放散阀应经检测合格，安全阀应经调校，并应符合设计文件要求和国家现行标准的规定，安全阀铅封应完好。气动、电动、电液联动、气液联动等执行机构应经调试合格。

检查数量：全数检查。

检查方法：检查标识、阀门检测报告、安全阀检定调校报告、阀门执行机构测试报告。

8.3.7 管道支架、托架、吊架、管卡及其他附件的材质、规格、型号应符合设计文件要求。

检查数量：全数检查。

检查方法：目测观察，检查质量证明文件。

8.3.8 补偿器的材质、型号应符合设计文件要求。

检查数量：全数检查。

检查方法：目测观察，检查质量证明文件。

8.3.9 放散系统管道焊缝无损检测的方法、抽检比例应符合设计文件要求，并经检测合格；绝缘接头和阻火器的材质、规格、型号应符合设计文件要求，绝缘电阻应试验合格。设有火炬时，点火系统电气联合调试应合格。放空立管和火炬的固定装置应符合设计文件要求。

检查数量：全数检查。

检查方法：焊缝质量采用无损检测抽查，目测观察，检查质量证明文件。

8.3.10 静电导消接地装置、防雷击装置、报警装置及相关联锁装置的安装位置、规格、性能、参数等应符合设计文件要求，并应经检测合格。

检查数量：全数检查。

检查方法：核对设计文件，检测相关参数。

一 般 项 目

8.3.11 法兰安装时，法兰密封面及法兰垫片不得有划痕等缺陷。法兰螺栓拧紧后密封面应相互平行，用直角尺对称检查，其间隙允许偏差应为0.5 mm。法兰安装允许偏差应符合表8.3.11的规定。

表8.3.11 法兰安装允许偏差

检 查 项 目		允许偏差（mm）
轴线（相对于管道轴线）	*DN*≤300	1
	DN＞300	2
平行度		不大于法兰外径的1.5‰，且不大于2
螺孔中心位置		孔径的5%

检查数量：全数检查。

检查方法：目测观察，用量尺、角尺测量。

8.3.12 阀门、安全阀安装应符合下列规定：

1 有方向性要求阀门的进出口方向应与燃气流向一致；

2 安装过程中不得损伤阀门密封面；

3 阀门安装后的操作机构或传动装置应动作灵活，指示准确；

4 法兰或螺纹连接的阀门应在关闭状态下安装；

5 焊接阀门应在打开状态下安装，打底焊应采用氩弧焊接方法；

6 安全阀应竖直安装，安装位置应便于检查和维修。

检查数量：全数检查。

检查方法：目测观察，量尺测量。

8.3.13 管道支、吊架安装应符合下列规定：

1 管道支、吊架位置应准确，安装应平整、牢固，与管道接触良好；

2 导向支架、滑动支架的滑动面应洁净平整，不应有歪斜和卡涩现象。管道与支吊架焊接时，焊缝外形应平整饱满，不应有咬边、烧穿现象。

检查数量：全数检查。

检查方法：目测观察，量尺测量。

8.3.14 补偿器的位置应符合设计文件要求。补偿器的预拉伸方法应符合设计文件和施工方案的要求，拉伸量应符合设计文件要求。Π形和Ω形管道补偿器安装前，应按设计规定进行预拉伸（预压缩），其允许偏差应为±10 mm。

检查数量：全数检查。

检查方法：目测观察，量尺测量。

8.3.15 汇气管安装允许偏差应符合表8.3.15的规定。直线管道连接的两台汇气管的法兰盘应正对，子管相互平行，排列应整齐。

表8.3.15 汇气管安装允许偏差

检 查 项 目		允许偏差（mm）
母管总长		±3
子管间距		±1
子管与母管两中心线的相对偏移		1.5
子管法兰接管长度		±1.5
法兰水平度或垂直度	子管 $DN \leqslant 300$	1
	子管 $DN > 300$	2
母管平直度	母管 $DN \leqslant 100$	$L/1000$，且不大于15
	母管 $DN > 100$	$2L/1000$，且不大于15

注：L 为管道长度。

检查数量：全数检查。

检查方法：量尺测量。

8.3.16 放散管应安装牢固、稳定，焊缝饱满，无夹渣、气孔、咬肉、裂纹等缺陷；放散管的位置和高度应符合设计文件要求，中心位置允许偏差应为20 mm，高度不小于设计文件要求，垂直度允许偏差应为放散管高度的1‰，且不大于20 mm。

检查数量：全数检查。

检查方法：目测观察，量尺测量。中心位置根据轴线在垂直的两个方向量偏差值，取最大值。垂直度采用坠线方法，用量尺量取最大值。

8.3.17 管道附件制作尺寸、安装位置应符合设计文件要求，外观应整洁，表面无毛刺、铁锈，焊缝外观应平整饱满，不应有凹陷、裂纹、漏焊、咬边及表面气孔等缺陷，表面焊渣应清理干净。

检查数量：全数检查。

检查方法：目测观察，量尺测量。

8.3.18 管道附件上的箭头方向应与燃气流向一致。阀杆、手轮等朝向应合理、可操作。

检查数量：全数检查。

检查方法：目测观察。

9 储　　罐

9.1 一 般 规 定

9.1.1 储罐安装前应对基础的质量进行验收，合格后方可进行安装。

9.1.2 储罐的接地、防雷系统施工应符合设计文件要求和国家现行标准的规定。

9.1.3 储罐的平台、栏杆、梯子、扶手等永久性安全设施，应与储罐主体同步制作、安装。

9.1.4 储罐与管道、储罐与附件的连接应符合设计文件要求，并应符合下列规定：

1 储罐与管道的连接应在进出口管道清扫及强度试验合格后进行；

2 储罐进、出管道的支吊架应安装完成；

3 对口应准确，不得强力连接；当连接存在偏差时，应对管道进行调整；

4 连接前应将连接两端清洗洁净，连接时不应有异物进入设备；

5 焊接应采用氩弧焊打底，分层施焊。

9.1.5 储罐的绝热做法、材料应符合设计文件要求，施工应符合现行国家标准《工业设备及管道绝热工程施工规范》GB 50126 和《工业设备及管道绝热工程施工质量验收标准》GB/T 50185 的有关规定，现场施工应符合下列规定：

1 LNG 储罐的绝热层填充应在储罐严密性试验合格后进行，夹层应充氮气，粒状珠光岩应憎水；当设计文件无要求时，其充填密度应为产品标准密度的 1.2 倍 ~ 1.4 倍；

2 绝热层充填应分层进行，每层高度宜为 400 mm ~ 600 mm；充填材料应随加料均匀压实，密度应一致；

3 绝热层应逐层安装伸缩缝；带有支承环的储罐，除最低处的支撑环之外，每个支撑环应设置 1 道伸缩缝；

4 储罐的裙座、支吊架、仪表管座等附件，绝热层长度不得小于绝热层厚度的 4 倍或至垫块处，绝热层厚度宜为储罐绝热层厚度的 1/2。

9.2 垫铁、地脚螺栓和支座安装

9.2.1 储罐安装精度符合要求后，方可对地脚螺栓预留孔进行二次灌浆，并应符合下列规定：

1 灌浆应一次完成，不得分次浇灌；

2 灌浆前，预留孔处应清洗干净并保持湿润；

3 环境温度低于 0 ℃时，应采取防冻措施；

4 应将地脚螺栓的油污、氧化皮等清除干净，并应涂敷油脂；

5 预留孔中的混凝土达到设计强度后，方可进行设备安装。

9.2.2 垫铁的安装应符合下列规定：

1 储罐垫铁的设置应符合设计文件要求和现行国家标准《机械设备安装工程施工及验收通用规范》GB 50231 的有关规定；

2 坐浆法应设置垫板，坐浆混凝土48 h 的强度应达到基础混凝土的设计强度；

3 临时垫铁安装水平允许偏差应为0.2‰，高程允许偏差应为±2 mm，垫铁间的局部间隙不应大于0.05 mm。

主 控 项 目

9.2.3 地脚螺栓的材质、规格应符合设计文件要求。

检查数量：全数检查。

检查方法：核对、检查质量证明文件。

9.2.4 地脚螺栓预留孔灌浆混凝土强度应符合设计文件要求，填充应密实、饱满、无裂纹，底座应无空隙、空洞。

检查数量：全数检查。

检查方法：混凝土抗压强度试验，目测观察。

9.2.5 地脚螺栓的螺母和垫圈应齐全，螺栓螺纹应无损伤，紧固应均匀。

检查数量：全数检查。

检查方法：目测观察，紧固程度采用力矩扳手检查。

9.2.6 当储罐底座与基础预埋件采用焊接连接时，应连接牢固，连接件厚度不应小于5 mm，并应满焊。

检查数量：全数检查。

检查方法：量尺测量，检查焊缝外观质量。

9.2.7 储罐支座或支吊架的规格、型号和材质应符合设计文件或产品说明书的要求，支座和支吊架构造应正确，防火涂料的类型、耐火等级应符合设计文件要求。

检查数量：全数检查。

检查方法：目测观察，量尺测量。

一 般 项 目

9.2.8 现浇基础预埋地脚螺栓安装尺寸允许偏差和检查应符合表9.2.8的规定。

表9.2.8 现浇基础预埋地脚螺栓安装尺寸允许偏差和检查

检查项目		允许偏差（mm）	检查方法
预埋地脚螺栓	中心线	2.0	挂中线、量尺测量
	顶高程	+20，0	水准仪测量
	中心距	±2.0	量尺测量
	垂直度	1%l，且不大于2	坠线、量尺测量
预埋地脚螺栓孔	中心线位置	10	拉线、量尺测量
	截面尺寸	+20，0	量尺测量
	深度	+20，0	
	垂直度	h/100，且不大于10	坠线、量尺测量

注：h 为地脚螺栓孔高度；l 为地脚螺栓长度。

检查数量：全数检查。

9.2.9　支座或支吊架的数量和位置应符合设计文件或产品说明书的要求;防火涂料应涂刷均匀、厚度偏差应符合设计文件要求。支座和支吊架应埋设牢固,与设备接触应紧密贴合。

检查数量：全数检查。

检查方法：目测观察，量尺测量。

9.2.10　底座应与基础紧密贴合，连接应牢固。设备找平时，垫铁应成组设置，每组垫铁均应压紧，放置应整齐、平稳，外露应均匀，不得松动；安装在刚构架基础上的设备找正后，其垫铁与刚构架基础应焊牢。

检查数量：全数检查。

检查方法：目测观察。

9.2.11　滑动支座表面应平整、洁净，应能按设计文件要求自由滑动，并应涂覆二硫化钼等润滑脂。

检查数量：全数检查。

检查方法：目测观察。

9.3　储　罐　安　装

9.3.1　钢制焊接常压容器、现场制造的储罐应符合国家现行标准的规定。

9.3.2　当储罐安装高度大于 20 m 时，不应在风力大于 4 级的天气条件进行安装。

主　控　项　目

9.3.3　储罐及附件应有齐全的质量证明文件、强度试验和严密性试验合格报告。规格及型号应符合设计文件要求。

检查数量：全数检查。

检查方法：检查质量证明文件和试验报告，核对规格及型号。

9.3.4　储罐表面应无划伤及外力冲击破损，涂层应完好。

检查数量：全数检查。

检查方法：目测观察。

9.3.5　当储罐安装对坡度有要求时，应符合设计文件要求；无坡度要求的卧式储罐，水平度偏差应坡向储罐的排污方向。

检查数量：全数检查。

检查方法：采用水平仪或水准仪测量。

9.3.6　卧式储罐滑动支座的滑动端地脚螺栓与相应的长圆孔两端的间距应满足设备运行的胀缩条件，支板与底板应能滑动，支座滑动表面应清理干净，并应涂覆润滑剂。储罐与管道连接完成后，应松动滑动端螺母至 1 mm ~ 3 mm 间隙，并应紧固锁紧螺母。

检查数量：全面检查。

检查方法：目测观察，塞尺测量。

9.3.7　低温液体储罐外壳应无破损、变形，真空度应符合要求。

检查数量：全面检查。

检查方法：检查产品文件。

一 般 项 目

9.3.8 管口不得有锈蚀，管口保护物和堵盖应完好，附件应齐全。储罐内不得有水、油和焊渣等杂物。

检查数量：全数检查。

检查方法：目测观察。

9.3.9 储罐安装的允许偏差应符合设计和产品说明书的要求。当设计文件和产品说明书无要求时，应符合下列规定：

1 圆筒形储罐安装的允许偏差和检查应符合表 9.3.9－1 的规定。

2 球形储罐整体安装的允许偏差和检查应符合表 9.3.9－2 的规定。

3 真空粉末绝热圆筒形低温液体储罐安装的允许偏差和检查应符合表 9.3.9－3 的规定。

表 9.3.9－1 圆筒形储罐安装的允许偏差和检查

<table>
<tr><th colspan="2" rowspan="3">检查项目</th><th colspan="5">允许偏差（mm）</th><th rowspan="3">检查方法</th></tr>
<tr><th colspan="3">不与设备连接</th><th colspan="2">与设备连接</th></tr>
<tr><th>立式 D≤2000</th><th>立式 D＞2000</th><th>卧式</th><th>立式</th><th>卧式</th></tr>
<tr><td colspan="2">中心线</td><td>5</td><td>10</td><td>5</td><td colspan="2">3</td><td>挂线、量尺测量</td></tr>
<tr><td colspan="2">高程</td><td colspan="2">±5</td><td>±5</td><td colspan="2">±3</td><td>水准仪测量或挂线、量尺测量</td></tr>
<tr><td rowspan="2">水平度</td><td>轴向</td><td colspan="2">—</td><td>L/1000</td><td>—</td><td>0.6L/1000</td><td rowspan="2">水平仪测量</td></tr>
<tr><td>径向</td><td colspan="2">—</td><td>2D/1000</td><td>—</td><td>D/1000</td></tr>
<tr><td colspan="2">方位（沿底座环周围）</td><td>10</td><td>15</td><td>—</td><td>5</td><td>—</td><td>挂线、量尺测量</td></tr>
<tr><td colspan="2">垂直度</td><td colspan="2">H/1000，且不大于30</td><td>—</td><td>H/1000，且不大于30</td><td>—</td><td>坠线、量尺测量或用经纬仪测量</td></tr>
</table>

注：D 为容器外径，L 为卧式容器两支座间距离，H 为立式容器两端部测点间距离。

表 9.3.9－2 球形储罐整体安装的允许偏差和检查

<table>
<tr><th colspan="2">检 查 项 目</th><th>允许偏差（mm）</th><th>检 查 方 法</th></tr>
<tr><td rowspan="2">支柱垂直度</td><td>支柱高度 H≤8 m</td><td>12</td><td rowspan="2">在球形储罐径向和周向两个方向坠线、用量尺或经纬仪测量，每个立柱测 2 点</td></tr>
<tr><td>支柱高度 H＞8 m</td><td>1.5H/1000，且不大于 15</td></tr>
<tr><td colspan="2">赤道线水平度</td><td>2D/1000，且不大于 3.0</td><td>水准仪或 U 形管水平仪测量、量尺测量，每个罐体 6 点</td></tr>
</table>

表 9.3.9-3 真空粉末绝热圆筒形低温液体储罐安装的允许偏差和检查

检 查 项 目	允许偏差（mm）	检 查 方 法
垂直度	*H*/1000，且不大于 9.0	经纬仪测量或坠线、用量尺测量
高程	±5.0	水准仪或拉线、用量尺测量
纵向中心线	5.0	挂线、用量尺测量
横向中心线	5.0	

注：*H* 为储罐高度。

4 真空粉末绝热球形低温液体储罐安装的允许偏差和检查应符合表 9.3.9-4 的规定。

表 9.3.9-4 真空粉末绝热球形低温液体储罐安装的允许偏差和检查

检 查 项 目	允许偏差（mm）	检 查 方 法
支柱垂直度	2.0*H*/1000，且不大于 15	经纬仪测量或坠线、用量尺测量
高程	±5.0	水准仪测量或挂线、用量尺测量
纵向中心线	5.0	挂线、用量尺测量
横向中心线	5.0	

注：*H* 为支柱高度。

5 常压容器安装的允许偏差和检查应符合表 9.3.9-5 的规定。卧式容器低位排放应符合设计文件要求。

表 9.3.9-5 常压容器安装的允许偏差和检查

检 查 项 目		允许偏差（mm）		检 查 方 法
		圆筒形容器	箱槽容器	
中心线		15	15	挂线、用量尺测量
高程		±15	±5	水准仪测量或挂线、用量尺测量
水平度	轴向	*L*/1000，且不大于 10	*L*/1000，且不大于 10	水平仪测量
	径向	*D*/1000，且不大于 5		
垂直度		*H*/1000，且不大于 25	—	经纬仪测量或坠线、用量尺测量
支架装配位置及上表面高程		±5	±5	水准仪测量或挂线、用量尺测量
支架立柱垂直度		—	*H*/1000，且不大于 10	经纬仪测量或坠线、用量尺测量

注：*D* 为容器外径，*L* 为卧式容器两支座间距，*H* 为立式容器两端部测点间距离。

检查数量：全数检查，中心线在相互垂直的两个方向各取1点，量取最大值；水平度在垂直的两个方向各取1点；高程不少于1点。

9.4 储罐附件安装

主 控 项 目

9.4.1 储罐附件的规格、型号应符合设计文件要求，配件应齐全。材质、性能应符合国家现行有关标准的规定。

检查数量：全数检查。

检查方法：检查质量证明文件，核对设备相关参数。

9.4.2 安全阀、温度计、压力表等安装前应经检定或校验合格，并应在有效期内。

检查数量：全数检查。

检查方法：检查相关检定或校验文件。

9.4.3 储罐附件的安装应符合设计文件和设备、产品说明书要求。

检查数量：全数检查。

检查方法：按设计文件核对，目测观察。

9.4.4 储罐安全附件的安装质量和检查应符合表9.4.4的规定。

表9.4.4 储罐安全附件的安装质量和检查

检查项目	质量要求	检查方法
液位计或液面信号反馈装置	固定牢固，位置、方向正确	目测观察
阀门	位置正确，操作灵活，无卡涩现象	目测观察，用手扭动检查
螺栓紧固	牢固，螺栓的螺纹上端应露出2扣~5扣	力矩扳手检查，目测观察
调节阀	位置正确，安装方向应与介质流动方向一致	目测观察
温度计	安装位置和方向正确，便于观察	
压力表	安装位置和方向正确，便于观察	
安全阀	安装位置正确，按轴线垂直方向安装	
放散管	位置正确，固定牢固	
喷淋管	位置正确，固定牢固	

检查数量：全数检查。

一 般 项 目

9.4.5 储罐附件安装的允许偏差和检查应符合表9.4.5的规定。

表 9.4.5 储罐附件安装的允许偏差和检查

检查项目		允许偏差（mm）	检查方法
储罐附件	高程	±5	挂线、量尺测量
	方位	5	挂线、量尺测量
喷淋管、消防管	水平度	D/1000，且不大于 10	水平仪测量
	垂直度	H/1000，且不大于 10	坠线、量尺测量

注：D 为水平圆直径；H 为管道高度。

检查数量：全数检查。

9.4.6 储罐附件和储罐防腐层应无明显损伤、划痕。

检查数量：全数检查。

检查方法：目测观察。

9.5 储气瓶组安装

主 控 项 目

9.5.1 储气瓶的型号、规格及性能应符合设计文件要求，技术文件和质量证明文件应齐全，可追溯标识应完整，质量应符合国家现行标准的规定。

检查数量：全数检查。

检查方法：检查质量证明文件，核对设备相关参数。

9.5.2 储气瓶组的切断阀、安全阀、放散阀及压力监测装置等附件应安装齐全，并应经检验或检定合格。气瓶管口应完好，不得有划痕、锈蚀等缺陷。管口保护物和堵盖应完好。

检查数量：全数检查。

检查方法：检查质量证明文件、相关检定或校验文件。

9.5.3 储气瓶组与附件、工艺管道的安装位置应符合产品说明书和设计文件要求，焊缝应经无损检测合格。储气瓶安装后不得超出支架的外轮廓边缘。

检查数量：全数检查。

检查方法：目测观察，检查无损检测报告。

9.5.4 储气瓶支架应安装牢固，储气瓶组的安全防护装置和防撞装置应牢固、可靠。储气瓶组中的气瓶应进行固定和限位，紧固螺栓应有防松装置，紧固力矩应符合设计文件要求。

检查数量：全数检查。

检查方法：目测观察，紧固程度采用力矩扳手检查。

一 般 项 目

9.5.5 储气瓶的连接管道应排列整齐。储气瓶体表面不得有损伤，涂层应完好。

检查数量：全数检查。

检查方法：目测观察。

10 厂站工艺设备

10.1 一 般 规 定

10.1.1 工艺设备应在设备基础验收合格、进出口管道清扫及强度试验合格后进行安装。

10.1.2 工艺设备平台、栏杆、梯子、扶手等设施，应与主体设备同步制作、安装。

10.1.3 工艺设备的方位线、中心及吊挂点等标记应清晰。工艺设备吊装应符合产品说明书的要求，设备就位后，方可拆除设备保护装置。

10.1.4 进出口有切断阀的工艺设备，安装及工艺设备调试前不得开启或拆除阀门。

10.1.5 工艺设备与管道、工艺设备与附件的连接应符合本标准 9.1.4 条的规定。

10.1.6 工艺设备的接地、防雷系统施工应符合设计文件要求和国家现行标准的规定。

10.1.7 工艺设备垫铁、地脚螺栓和支座的安装和验收应符合本标准 9.2 节的规定。

10.2 调压、计量装置安装

主 控 项 目

10.2.1 调压、计量装置的调压器、过滤器、仪表及安全阀等附件的规格、型号和性能指标应符合设计文件要求。

检查数量：全数检查。

检查方法：检查设备的合格证、检验报告和试验记录等。

10.2.2 调压、计量装置连接管道的规格、材质应符合设计文件要求，管道连接方式应符合设计文件要求，焊接管道的焊缝应经无损检测合格。

检查数量：全数检查。

检查方法：目测观察，焊缝采用射线、超声等方法进行无损检测。

10.2.3 调压器、指挥器的安装和导压管的连接应正确，调压阀杆轴线与管道应垂直。

检查数量：全数检查。

检查方法：目测观察，检查核对产品质量证明文件。

10.2.4 调压装置及连接管道的强度和严密性试验应合格，管道和调压器内部应清扫合格。

检查数量：全数检查。

检查方法：检查试验记录。

10.2.5 计量装置、仪表应经检定合格。电气、仪表装置的防爆性能符合设计文件要求，过电压保护和雷击保护装置齐全，并应经检测合格。

检查数量：全数检查。

检查方法：检查质量证明文件、合格证和检定报告。

一 般 项 目

10.2.6 调压器附件连接应牢固、紧密，且不得损伤。

检查数量：全数检查。

检查方法：目测观察，用扳手试拧紧。

10.2.7 预留的工艺管道与调压装置相应的进出口管道中心线应平行，中心线偏差不得大于2 mm。管道与设备连接应符合下列规定：

1 采用螺纹连接时，螺纹加工精度应符合国家现行标准的规定，螺纹应清洁、规整、无断丝，连接应牢固，管螺纹根部应无外露螺纹；

2 采用法兰连接时，对接应平行、紧密，连接面与管道中心线应垂直，螺母应在同侧，螺杆露出螺母长度应一致，且不应大于螺杆直径的1/2，衬垫材质应符合设计文件要求；

3 采用焊接连接时，焊口表面应无烧穿、裂纹、结瘤、夹渣、气孔等缺陷，管道连接应直顺，焊口无损检测的数量、质量等级应符合设计文件要求和国家现行标准的有关规定。

检查数量：全数检查。

检查方法：量尺测量。

10.2.8 支座和支架的构造应正确，安装应平整、牢固，排列应整齐，支架与设备接触应紧密，连接应符合设计文件要求。

检查数量：全数检查。

检查方法：目测观察，量尺测量。

10.2.9 调压装置安装高度的允许偏差应符合表10.2.9的规定。

表10.2.9 调压装置安装高度的允许偏差

检查项目	允许偏差（mm）
调压器	±15
过滤器	±15
放散管阀门	±20
安全水封	±20
安全阀	±20

检查数量：全数检查。

检查方法：量尺测量。

10.2.10 差压式流量计和孔板的安装应符合下列规定：

1 孔板端面应与管道中心线垂直，垂直度允许偏差应为$D/1000$（D为管道直径），且不大于1 mm；

2 孔板孔口不得损坏，并应按进出口方向指示的箭头安装；

3 孔板与管道的偏心度不应大于管道内径与孔口内径差值的 1.5% 。

检查数量：全数检查。

检查方法：目测观察，量尺测量。

10.2.11 涡轮流量计和超声流量计的安装应符合下列规定：

1 流量计应水平安装，流体流动方向应与壳体标识一致；

2 流量计应与管道同轴安装，轴线偏差应小于 1 mm；

3 上、下游直管段的长度应符合设计文件和产品技术文件的要求，直管段内表面应光滑、清洁；

4 整流器的安装应符合产品技术文件的要求。

检查数量：全数检查。

检查方法：目测观察，量尺测量。

10.2.12 调压、计量装置并排安装时，相邻两台装置的安装间距允许偏差应为 ±15 mm。

检查数量：全数检查。

检查方法：目测观察，量尺测量。

10.2.13 调压、计量装置及附件的着色应符合设计文件要求，漆膜应厚度均匀、色泽一致、附着良好，无流淌、污染、脱皮、起泡和漏涂等现象。

检查数量：全数检查。

检查方法：目测观察。

10.3 静设备安装

10.3.1 加臭储罐、缓冲罐等的安装应符合本标准第 9 章的有关规定。

10.3.2 静设备安装坡度应符合设计文件要求；当设计无要求时，水平度偏差宜坡向装置的排污方向。

10.3.3 气化器应采用机械吊装，大型气化器宜采用两台吊车吊装。运输和吊装时应采用保护钢架，安装完成后方可拆除。

主 控 项 目

10.3.4 静设备及其附件应按装箱单进行开箱检验，并应符合下列规定：

1 静设备的设计文件、质量证明文件和安装技术文件应齐全；

2 配件和安全附件应齐全；

3 型号、规格及主要安装尺寸应与设计文件一致；

4 外观应无损坏和锈蚀，管口保护物和堵盖应完好。

检查数量：全数检查。

检查方法：按设计文件核对型号、规格，检查文件。

10.3.5 当过滤装置有安装方向要求时，指示的流向方向应与介质的流向一致。

检查数量：全数检查。

检查方法：按照设计文件要求进行测量、计算和核对。

10.3.6 收、发球装置及压力容器强度试验、严密性试验应合格。设备与管道的连接方式应符合设计文件要求，压力试验合格，接口不应渗漏。

检查数量：全数检查。

检查方法：检查试验报告、检测报告和施工记录。压力试验应按设计文件要求进行，向容器或系统内充入压缩空气、水或氮气等介质，在试验压力下，检查接口不渗不漏即为合格。

10.3.7 静电导消接地装置、防雷击装置、报警装置的安装位置、规格、性能参数等应符合设计文件要求，并应经检测合格。

检查数量：全数检查。

检查方法：核对设计文件，检测相关参数。

10.3.8 静设备防撞和安全防护设施的规格、材质和位置应符合设计文件要求。

检查数量：全数检查。

检查方法：目测观察，检查核对质量证明文件，量尺测量。

10.3.9 装卸装置的拉断阀、紧急切断阀、放散阀及安全阀等阀门的安装应符合设计文件要求，并应经检测合格。

检查数量：全数检查。

检查方法：量尺测量，检查阀门检测报告。

10.3.10 静设备及其附件外观质量应符合下列规定：

1 表面应无损伤、变形和锈蚀，防腐涂料应完好；

2 工装卡具的焊疤应清除干净；

3 静设备管口应封闭；

4 不锈钢及复合钢板制设备的防腐蚀面、低温设备表面不应有刻痕和各类钢印标记；

5 奥氏体不锈钢制设备、铝和铝合金制设备表面应无铁离子污染；

6 防腐涂料应无流坠、脱落和返锈；

7 充氮设备应处于有效保护状态。

检查数量：全数检查。

检查方法：目测观察。

10.3.11 静设备底座应与基础紧密贴合，受力应均匀，连接应牢固。

检查数量：全数检查。

检查方法：目测观察。

一 般 项 目

10.3.12 收、发球装置及压力容器内不得有水、油和焊渣等杂物，附件应齐全。管口不得有锈蚀，管口保护物和堵盖应完好。

检查数量：全数检查。

检查方法：目测观察。

10.3.13 加臭装置注入喷嘴插入燃气管道内的长度应大于燃气管道直径的60%。

检查数量：全数检查。

检查方法：量尺测量。

10.3.14 加臭装置不锈钢储罐液位计底阀安装、玻璃管保护装置的安装位置应符合设计文件要求。

检查数量：全数检查。

检查方法：目测观察。

10.3.15 装卸装置滑动、转动部位运动应轻便、灵活、平稳，无阻滞现象。紧固件应连接牢靠，无松动。插接件应接触良好。装卸装置安装的平面位置允许偏差应为 20 mm，高程允许偏差应为 ±10 mm。

检查数量：全数检查。

检查方法：目测观察，用经纬仪、水准仪测量。

10.3.16 空温气化器、水浴式气化器/加热器安装的允许偏差应符合设计文件要求，轴向水平低点应与设备的排污方向一致。当设计无要求时，允许偏差和检查应符合表 10.3.16 的规定。

表 10.3.16 空温气化器、水浴式气化器/加热器安装的允许偏差和检查

检 查 项 目	允许偏差（mm）	检 查 方 法
垂直度（立式）	H/1000，且不大于 25	坠线、量尺测量
水平度（卧式）	L/1000，且不大于 15	水平仪测量
高程	±2.0	水准仪测量或挂线、量尺测量
纵向中心线	2.0	挂线、量尺测量
横向中心线	2.0	

注：L 为设备宽度；H 为设备高度。

检查数量：全数检查。

10.3.17 其他静设备安装应符合设计技术文件的要求。当设计无要求时，安装的允许偏差和检查应符合表 10.3.17 的规定。

表 10.3.17 其他静设备安装的允许偏差和检查

检 查 项 目	允许偏差（mm）	检 查 方 法
纵向中心线	5.0	挂线、用量尺测量
横向中心线	5.0	
高程	±5.0	水准仪测量或挂线、用量尺测量
水平度（卧式）	L/1000，且不大于 5	水平仪测量
垂直度（立式）	H/1000，且不大于 5	经纬仪测量或坠线、用量尺测量

注：L 为设备宽度；H 为设备高度。

检查数量：全数检查。

10.3.18 静设备及附件的涂装应符合设计文件要求，漆膜应厚度均匀、色泽一致、附着良好，无流淌、污染、脱皮、起泡和漏涂等现象。

检查数量：全数检查。

检查方法：目测观察，厚度用超声测厚仪检测。

10.4　动设备安装

主　控　项　目

10.4.1　动设备及附件应按装箱单进行开箱检验，并应符合下列规定：

1　动设备的设计文件、质量证明文件和安装技术文件应齐全；

2　配件和安全附件应齐全；

3　型号、规格及主要安装尺寸应与设计文件一致；

4　外观应无损坏和锈蚀，管口保护物和堵盖应完好。

检查数量：全数检查。

检查方法：按设计文件核对型号、规格，检查文件。

10.4.2　动设备的油封、气封应良好，且应无锈蚀。

检查数量：全数检查。

检查方法：目测观察。

10.4.3　动设备的各连接管路、接头及连接处应密封、无泄漏。动设备及其附属管道应进行严密性试验，试验压力应为设备最高工作压力，且应保压 10 min，无泄漏为合格。附属设备中的压力容器在规定的质量保证期内安装时，可不进行强度试验，但应进行严密性试验。

检查数量：全数检查。

检查方法：目测观察，检查试验记录。

10.4.4　动设备内与介质接触的零件和部件、附属设备和管路的脱脂应按现行行业标准《脱脂工程施工及验收规范》HG 20202 的有关规定执行。

检查数量：全数检查。

检查方法：目测观察，检查清洗、脱脂记录。

一　般　项　目

10.4.5　动设备及附件的外观质量应符合下列规定：

1　表面应无损伤、变形和锈蚀，防腐涂料应完好；

2　工装卡具的焊疤应清除干净；

3　动设备管口应封闭；

4　不锈钢及复合钢板制设备的防腐蚀面、低温设备表面不应有刻痕和各类钢印标记；

5　奥氏体不锈钢制设备、铝和铝合金制设备表面应无铁离子污染；

6　防腐涂料应无流坠、脱落和返锈；

7　充氮设备应处于有效保护状态。

检查数量：全数检查。

检查方法：目测观察。

10.4.6　设备底座应与基础紧密贴合，受力应均匀，连接应牢固。

检查数量：全数检查。

检查方法：目测观察。

10.4.7 整体出厂压缩机的安装应符合设计技术文件和国家现行标准的有关规定。安装的允许偏差和检查应符合设计文件要求；当设计无要求时，应符合表 10.4.7 的规定。

表 10.4.7 整体出厂压缩机安装的允许偏差和检查

<table>
<tr><th>项 目</th><th>允许偏差（mm）</th><th>检查数量</th><th>检 查 方 法</th></tr>
<tr><td>纵向水平度</td><td>0.05/1000</td><td rowspan="5">全数检查</td><td rowspan="2">水平仪测量</td></tr>
<tr><td>横向水平度</td><td>0.05/1000</td></tr>
<tr><td>高程</td><td>±2.0</td><td>水准仪或平尺、内径千分尺测量</td></tr>
<tr><td>纵向中心线</td><td>2.0</td><td rowspan="2">拉钢丝线或吊线坠、用量尺测量</td></tr>
<tr><td>横向中心线</td><td>2.0</td></tr>
</table>

10.4.8 汽轮机安装的允许偏差应符合设计技术文件的要求；当设计无要求时，安装的允许偏差和检查应符合表 10.4.8 的规定。

表 10.4.8 汽轮机安装的允许偏差和检查

<table>
<tr><th>检 查 项 目</th><th>允许偏差（mm）</th><th>检查数量</th><th>检 查 方 法</th></tr>
<tr><td>纵向水平度</td><td>0.04/1000</td><td rowspan="7">全数检查</td><td rowspan="2">水平仪、精密水准仪测量</td></tr>
<tr><td>横向水平度</td><td>0.05/1000</td></tr>
<tr><td>高程</td><td>±0.5</td><td>精密水准仪或平尺、内径千分尺测量</td></tr>
<tr><td>纵向中心线</td><td>2.0</td><td rowspan="2">拉钢丝线或吊线坠、用量尺测量</td></tr>
<tr><td>横向中心线</td><td>2.0</td></tr>
<tr><td>转子水平度</td><td>0.02/1000</td><td>水平仪测量</td></tr>
<tr><td>转子与气缸中心的重合度</td><td>0.03</td><td>塞尺测量</td></tr>
</table>

10.4.9 电机与齿轮箱（增速机）间的联轴器端面间隙，应按电机的实际磁力中心线调整。电机安装的允许偏差和检查应符合表 10.4.9 的规定。

表 10.4.9 电机安装的允许偏差和检查

<table>
<tr><th>检查项目</th><th>允许偏差（mm）</th><th>检查数量</th><th>检 查 方 法</th></tr>
<tr><td>纵向水平度</td><td>0.10/1000</td><td rowspan="5">全数检查</td><td rowspan="2">水平仪、精密水准仪测量</td></tr>
<tr><td>横向水平度</td><td>0.10/1000</td></tr>
<tr><td>高程</td><td>±0.5</td><td>精密水准仪或平尺、内径千分尺测量</td></tr>
<tr><td>纵向中心线</td><td>2.0</td><td rowspan="2">拉钢丝线或吊线坠、用量尺测量</td></tr>
<tr><td>横向中心线</td><td>2.0</td></tr>
</table>

10.4.10 联轴器装配后，联轴器两端面间隙值、两轴心径向位移、两轴线倾斜度应符合设备技术文件要求和现行国家标准《机械设备安装工程施工及验收通用规范》GB 50231的有关规定。

检查数量：全数检查。

检查方法：检查安装记录，用百分表、塞尺、千分尺或激光对中仪测量。

10.4.11 齿轮箱（增速机）和压缩机的底面应与底座紧密贴合，连接螺栓、滑动键的间隙及膨胀方向应符合设备技术文件的要求。汽轮机的汽缸与座架接触面应紧密贴合，接触面积应大于75%，自由状态下两面之间用0.04 mm塞尺检查不得塞入；连接螺栓与螺孔的相对位置、座架与螺帽间的自由间隙，应符合技术文件的规定。电机的底面应与底座紧密贴合，连接螺栓安装应符合设备技术文件的要求。

检查数量：全数检查。

检查方法：检查安装记录，用塞尺等测量。

10.4.12 整体型泵安装的允许偏差应符合设计文件要求；当设计无要求时，应符合表10.4.12的规定。泵底座与支撑板之间的滑动板安装时，连接螺栓与纵向长圆孔两端的间距及松紧程度，应符合设计文件要求。泵的固定连接部件不应松动。

表 10.4.12 整体型泵安装的允许偏差和检查

<table>
<tr><th colspan="2">检 查 项 目</th><th>允许偏差（mm）</th><th>检 查 方 法</th></tr>
<tr><td colspan="2">中心线</td><td>5</td><td>经纬仪测量或挂线、用量尺测量</td></tr>
<tr><td colspan="2">高程</td><td>±5</td><td>水准仪测量或挂线、用量尺测量</td></tr>
<tr><td rowspan="2">水平度</td><td>纵向</td><td>0.1/1000</td><td rowspan="2">水准仪、水平尺、水平仪测量</td></tr>
<tr><td>横向</td><td>0.2/1000</td></tr>
</table>

注：水平度在泵的进、出口法兰面或其他水平面进行检测。

检查数量：全数检查。

10.4.13 低温液体泵进液管的高度、坡度应符合设计文件要求。

检查数量：全数检查。

检查方法：目测观察，用水平仪测量。

10.4.14 低温液体泵进出口管道上补偿器的安装和调节应符合设计文件要求，不应有拉伸、扭曲和错位。

检查数量：全数检查。

检查方法：目测观察。

10.4.15 离心式低温液体泵安装的允许偏差和检查应符合表10.4.15－1的规定。柱塞式低温液体泵安装的允许偏差和检查应符合表10.4.15－2的规定。

表 10.4.15－1 离心式低温液体泵安装的允许偏差和检查

<table>
<tr><th>检 查 项 目</th><th>允许偏差（mm）</th><th>检 查 方 法</th></tr>
<tr><td>纵向中心线</td><td>2.0</td><td rowspan="2">经纬仪测量或挂线、用量尺测量</td></tr>
<tr><td>横向中心线</td><td>2.0</td></tr>
</table>

表10.4.15－1（续）

检 查 项 目		允许偏差（mm）	检 查 方 法
高程		±3	水准仪测量或挂线、用量尺测量
水平度	纵向	0.1/1000	水准仪、水平尺、水平仪测量
	横向	0.1/1000	

检查数量：全数检查。

表10.4.15－2 柱塞式低温液体泵安装的允许偏差和检查

检 查 项 目		允许偏差（mm）	检 查 方 法
纵向中心线		2.0	经纬仪测量或挂线、用量尺测量
横向中心线		2.0	
高程		±3	水准仪测量或挂线、用量尺测量
水平度	纵向	0.1/1000	水准仪、水平尺、水平仪测量
	横向	0.2/1000	

检查数量：全数检查。

10.5 灌装设备安装

主 控 项 目

10.5.1 灌装设备的规格、型号应符合设计文件要求。质量证明文件应齐全、完整，开箱检验应合格。

检查数量：全数检查。

检查方法：目测观察，核对产品技术文件，检查质量证明文件。

10.5.2 灌装秤、灌装转盘和钢瓶输送机等设备的安装应符合产品技术文件的要求。灌装秤应经计量检定合格。

检查数量：全数检查。

检查方法：现场检查，检查计量检定报告等。

10.5.3 紧急切断阀安装应符合设计文件要求，并应经检测合格。

检查数量：全数检查。

检查方法：检查检测报告。

10.5.4 灌装设备的静电接地和报警装置的安装应符合设计文件要求，并应经检测合格。

检查数量：全数检查。

检查方法：核对设计文件，检测相关参数。

10.5.5 灌装设备防撞和安全防护设施的规格、材质和位置应符合设计文件要求。

检查数量：全数检查。

检查方法：目测观察，检查核对质量证明文件，量尺测量。

一 般 项 目

10.5.6 灌装秤、检斤秤、地中衡等的安装精度应符合设计文件要求；当设计无要求时，水平度允许偏差应为0.2/1000，垂直度允许偏差应为0.5/1000。

检查数量：全数检查。

检查方法：水平度用水平尺测量，垂直度采用坠线方法、用量尺测量。

10.5.7 灌装转盘位置允许偏差应为5 mm。托轮安装高程允许偏差应为1.5 mm，圆周分布位置允许偏差应为2 mm。转盘传动机构应无卡涩现象。

检查数量：全数检查。

检查方法：目测观察，用水平尺、水准仪测量。

10.6 撬装设备安装

主 控 项 目

10.6.1 撬装设备进场时，应对设备的型号、规格、外观及配件进行验收。设备型号、规格及性能检测报告应符合设计文件要求。设备及连接管件应完好、无损伤，外观质量及零配件材质应符合技术文件要求，阀门、压力容器和配件等应经检验、试验合格。设备质量证明文件应齐全、完整。

检查数量：全数检查。

检查方法：按设计文件核对，目测观察，检查出厂合格证、质量证明文件、使用说明书、试压记录等。

一 般 项 目

10.6.2 撬装设备底座应与基础紧密贴合，受力应均匀，连接应牢固。

检查数量：全数检查。

检查方法：目测观察。

10.6.3 撬装设备安装的允许偏差和检查应符合表10.6.3的规定。

表10.6.3 撬装设备安装的允许偏差和检查

检查项目		允许偏差（mm）	检查方法
高程		±10	水准仪测量或挂线、用量尺测量
水平度	纵向	L_1/1000，且不大于10	水准仪、水平尺、水平仪测量
	横向	L_2/1000，且不大于5	
中心线		15	经纬仪测量或挂线、用量尺测量

注：L_1 为撬装设备纵向长度，L_2 为撬装设备横向长度。

检查数量：全数检查。

10.6.4 撬装设备并排安装时，相邻两台撬装设备安装间距的允许偏差应为15 mm。

检查数量：全数检查。

检查方法：目测观察，量尺测量。

11 清扫和压力试验

11.1 一 般 规 定

11.1.1 输配管道和厂站工艺管道安装完成后，应依次进行清扫、强度试验和严密性试验。未完成清扫和压力试验的管道不得与既有的燃气管道连接。

11.1.2 清扫和压力试验前应编制专项施工方案，并应采取确保人员及设施安全的措施，方案应经审查批准后实施。

11.1.3 清扫和压力试验实施前，应划出警戒区并应设置警示标志，无关人员不得进入警戒区。吹扫口前、盲板（堵头）端头等处严禁人员靠近。

11.1.4 除本标准第 7.3.3 条规定需单独试压的穿越段管道外，埋地管道的清扫和压力试验应在回填后进行，架空管道的清扫和压力试验应在滑动支架、吊架、固定支架等紧固完成后进行。

11.1.5 输配管道穿跨越铁路、高速公路、二级以上公路和河流时，应单独进行压力试验。

11.1.6 管道系统内的调压器、流量计、过滤器、燃气表、节流装置、止回阀等设备，以及整体撬装设备、机械设备、压力容器等不得参与管道系统清扫。储罐、设备应单独进行强度试验。输配管道的线路截断阀不应参加试压前的清管。

11.1.7 清扫和试验管道上的所有堵头应加固牢靠。

11.1.8 当聚乙烯管道采用空气吹扫和试验时，进气口应采取油水分离、冷却及防静电措施，进入管道内的压缩空气温度不应高于 40 ℃。

11.1.9 当清扫和强度试验采用水作介质时，应采用洁净水。试验管道为奥氏体不锈钢时，水中氯离子含量不应大于 25×10^{-6}。

11.1.10 试验前应检查试验段管道上所有阀门的开关状态，无关管段应采用盲板（堵头）封堵或断开。

11.1.11 试验时发现的缺陷，应待试验压力降至大气压后再进行处理，处理合格后应重新进行试验。

11.1.12 在管道清扫和压力试验合格且与不参加管道系统清扫和压力试验的设备复位连接后，不得再进行其他作业。

11.1.13 采用水进行压力试验的钢质管道，在试验后应对管道系统进行干燥。管道干燥应按国家现行标准《石油天然气站内工艺管道工程施工规范》GB 50540 和《天然气管道、液化天然气站（厂）干燥施工技术规范》SY/T 4114 的有关规定执行，并应符合下列规定：

1 厂站内低温管道出口处的水露点应达到 -40 ℃；

2 厂站内其他管道及输配管道出口处的水露点应比环境温度低 5 ℃，且不应高于

0 ℃。

11.1.14 管道干燥结束后，应采用干燥气体保压，次高压及以上管道的保压压力应为0.12 MPa～0.15 MPa；中压及以下管道的保压压力不应超过0.12 MPa，且不应大于设计压力。

11.1.15 对于验收合格后超过半年未投入运行且未进行保压的管道，钢质管道应重新进行吹扫和严密性试验；聚乙烯管道应重新进行严密性试验。

11.2 清扫与测径

11.2.1 管道清扫方式应符合设计文件要求；当设计无要求时，应符合下列规定：

1 厂站工艺管道应采用气体吹扫；

2 球墨铸铁管道、聚乙烯管道和公称尺寸小于 *DN*100 或长度小于 100 m 的钢质管道，可采用气体吹扫；

3 公称尺寸大于或等于 *DN*100 的钢质管道宜采用清管球（器）的方式进行清扫。

11.2.2 输配管道清扫出口应设在开阔地段并加固，出口端正前方应无建筑物。

11.2.3 管道吹扫应符合下列规定：

1 管道吹扫应按先主管后支管的顺序进行吹扫，脏物不得进入已吹扫合格的管道；

2 每次吹扫钢质管道的长度不宜大于 500 m，聚乙烯管道每次吹扫长度不宜大于1000 m；

3 当管道长度大于 200 m，且无其他可储气的管段或容器时，可采取分段储气、轮换吹扫的方式；当管道长度小于 200 m 时，可采用管道自身储气放散的方式吹扫，打压点与放散点应分别设在管道的两端；

4 吹扫口与地面的夹角宜为 30°～45°，吹扫口管段与被吹扫管段应采取平缓过渡的方式对焊连接，吹扫口的最小公称尺寸应符合表 11.2.3 的规定：

表 11.2.3 吹扫口的最小公称尺寸（mm）

末端管道公称尺寸	吹扫口最小公称尺寸
DN＜150	与管道同径
150≤*DN*≤300	150
DN＞300	250

5 输配管道吹扫介质宜采用压缩空气，不得采用氧气和可燃性气体；

6 吹扫气流速度不宜小于 20 m/s，且不应大于 30 m/s；

7 吹扫压力不应大于 0.3 MPa；当采用 PE80、SDR17 系列的聚乙烯管材时，吹扫压力不应大于 0.2 MPa；

8 当目测吹扫排气无烟尘时，应在排气口设置白布或涂白漆木靶板检验，5 min 后靶上无铁锈、尘土、水或其他杂物可判定为合格。

11.2.4 采用清管球（器）清扫应符合下列规定：

1 清管进出口应采用临时收、发球（器）装置；

2 管道直径应为同一规格，不同管径的管道应断开后分别进行清管；

3 对影响清管球（器）通过的管件、设施，在清管前应采取必要措施；

4 清管时最大压力不应大于设计压力，且不应大于 0.8 MPa。

11.2.5 清管合格后，设置清管球（器）装置的输配管道应在试压前后分别进行测径。测径板通过管段后，无变形、无褶皱可判定为合格。

11.3 强 度 试 验

11.3.1 试验时应设巡视人员，无关人员不得进入试验区。在升压过程中和强度试验稳压结束前，所有人员不得靠近试验区。人员与试验管道的防护警戒距离应符合表 11.3.1 的规定。

表 11.3.1 人员与试验管道的防护警戒距离

设计压力 P（MPa）	防护警戒距离（m）
$P \leqslant 0.4$	≥6
$0.4 < P \leqslant 1.6$	≥10
$1.6 < P \leqslant 4.0$	≥20
$4.0 < P \leqslant 6.3$	≥30

11.3.2 管道应分段进行压力试验。试验管道分段最大长度应符合表 11.3.2 的规定。

表 11.3.2 试验管道分段最大长度

设计压力 P（MPa）	试验管道分段最大长度（km）
$P \leqslant 1.6$	5
$1.6 < P \leqslant 4.0$	10
$4.0 < P \leqslant 6.3$	20

11.3.3 输配管道的强度试验压力和试验介质应符合表 11.3.3 的规定。设计压力大于 0.8 MPa 的管道，当敷设在一、二级地区且在高寒地区时，可采用空气作为试验介质，试验压力应为 1.25 倍设计压力，并应符合下列规定：

1 钢质管道所有焊缝应经 100% 无损检测合格；

2 当采用气体作为试验介质时，应编制专项施工方案，并应制定安全措施。

表 11.3.3 输配管道的强度试验压力和试验介质

<table>
<tr><th colspan="3">管道种类</th><th>设计压力 P (MPa)</th><th>试验压力 (MPa)</th><th>试验介质</th></tr>
<tr><td colspan="3" rowspan="2">钢质管道</td><td>$P>0.8$</td><td>$1.5P$</td><td>洁净水</td></tr>
<tr><td>$P\leqslant0.8$</td><td>$1.5P$，且不小于 0.4</td><td>空气或惰性气体</td></tr>
<tr><td colspan="3">球墨铸铁管道</td><td>P</td><td>$1.5P$，且不小于 0.4</td><td>空气或惰性气体</td></tr>
<tr><td rowspan="3">聚乙烯管道</td><td colspan="2">PE100</td><td>P</td><td>$1.5P$，且不小于 0.4</td><td>空气或惰性气体</td></tr>
<tr><td rowspan="2">PE80</td><td>SDR11</td><td>P</td><td>$1.5P$，且不小于 0.4</td><td>空气或惰性气体</td></tr>
<tr><td>SDR17 (17.6)</td><td>P</td><td>$1.5P$，且不小于 0.2</td><td>空气或惰性气体</td></tr>
</table>

11.3.4 厂站工艺管道的强度试验压力和试验介质应符合表 11.3.4 的规定。当设计压力大于 0.8 MPa 的钢质管道采用气体介质进行强度试验时，所有焊缝应经 100% 无损检测合格，且应同时符合本标准第 11.3.5 条的规定。强度试验温度不得接近金属材料的脆性转变温度。

表 11.3.4 厂站工艺管道的强度试验压力和试验介质

<table>
<tr><th>厂站类型</th><th>设计压力 P (MPa)</th><th>试验压力 (MPa)</th><th>试验介质</th></tr>
<tr><td rowspan="2">管道天然气</td><td>$P>0.8$</td><td>$1.5P$</td><td>洁净水</td></tr>
<tr><td>$P\leqslant0.8$</td><td>$1.15P$，且不小于 0.4</td><td>空气或惰性气体</td></tr>
<tr><td>压缩天然气</td><td>P</td><td>$1.5P$</td><td>洁净水</td></tr>
<tr><td>液化石油气</td><td>P</td><td>$1.15P$</td><td>空气或惰性气体</td></tr>
<tr><td>液化天然气</td><td>P</td><td>$1.5P$</td><td>洁净水</td></tr>
</table>

11.3.5 管道天然气厂站和阀室内设计压力大于 0.8 MPa、焊缝 100% 无损检测合格、焊缝系数为 1.0 的钢质工艺管道，当不具备水压试验条件时，应经设计同意，并在制定切实可行试压方案及采取可靠的安全措施后，可采用空气或惰性气体介质进行强度试验，试验压力应为设计压力的 1.15 倍。

11.3.6 当采用水进行强度试验时，试验管段任何位置的管道环向应力均不应大于管材最低屈服强度的 90%。架空管道进行水压试验前，应核算管道及支撑结构的强度，必要时应进行临时加固。试压时的环境温度宜为 5 ℃以上，否则应采取防冻措施。

11.3.7 试验管道的两端应安装压力表，压力表的量程应为试验压力的 1.5 倍～2 倍，精度不得低于 1.0 级，并应在有效校验期内。采用气体介质进行强度试验时，还应在管道两端安装温度计，安装位置应避光，温度计分度值不应大于 1 ℃。

11.3.8 强度试验应缓慢升压。采用水为介质时，当压力升至试验压力的 30% 和 60% 时，应分别进行检查，如无泄漏或异常，继续升压至试验压力，然后应稳压 1 h，观察压力计，无变形、无压力降为合格。采用气体介质时，升压速度应小于 0.1 MPa/min，当压力升到试验压力的 10% 时，应至少稳压 5 min，当无泄漏或异常，继续缓慢升压到试验压力的 50%，进行稳压检查，随后按照每次 10% 的试验压力升压，逐次检查，无泄漏、无异常，直至升压至试验压力后稳压 1 h，无持续压力降为合格。

11.3.9 分段试压合格管段之间相互连接的焊缝，经 100% 射线探伤和超声波探伤合格后，可不再进行强度试验。

11.3.10 采用水进行强度试验结束后，应及时将管道中的水放（抽）净，并应按本标准第 11.2 节的规定进行清扫。液化石油气和液化天然气管道清扫合格后，应进行干燥处理。

11.4 严 密 性 试 验

11.4.1 输配管道和厂站工艺管道均应在强度试验合格后进行严密性试验。

11.4.2 试验用的压力表或电子压力记录仪应在校验有效期内，其量程应为试验压力的 1.5 倍 ~2 倍。当采用压力表时，精度等级、分格值及表盘直径应符合表 11.4.2 -1 的规定。当采用电子压力记录仪时，保存数据的时间间隔不应大于 5 min，精度等级应符合表 11.4.2 -2 的规定。

表 11.4.2 -1 试验用压力表的精度等级、分格值及表盘直径

量程（MPa）	精度等级	最小表盘直径（mm）	最小分格值（MPa）
0 ~0.16	0.4	150	0.001
0 ~0.60	0.4	150	0.005
0 ~1.0	0.4	150	0.005
0 ~1.6	0.4	150	0.01
0 ~2.5	0.25	200	0.01
0 ~4.0	0.25	200	0.01
0 ~6.0	0.16	250	0.01
0 ~10	0.16	250	0.02

表 11.4.2 -2 试验用电子压力记录仪的精度等级

量程（MPa）	精度等级
0 ~0.5	0.4
0 ~2	0.4
0 ~6	0.4

11.4.3 严密性试验介质和压力应符合下列规定：

1 输配管道严密性试验的介质宜采用空气或惰性气体；

2 厂站管道严密性试验的介质应采用空气或惰性气体；

3 低压管道严密性试验的介质应采用空气或惰性气体；

4 低压管道严密性试验压力应为设计压力，且不应小于 5 kPa；中压及以上管道严密性试验压力应为设计压力，且不应小于 0.1 MPa。

11.4.4 强度试验介质采用气体时，可在强度试验合格后直接将压力降至严密性试验压力。当单独进行严密性试验或严密性试验重新进行升压时，升压速度不应过快。设计压力大于0.8 MPa的管道试压，压力缓慢上升至试验压力的30%和60%时，应分别稳压30 min，无异常情况后继续升压至严密性试验压力。达到试验压力后应进行稳压，当介质温度、压力稳定后进行记录。

11.4.5 严密性试验应连续记录24 h，记录频率不应少于1次/h。当修正压力降小于133 Pa时为合格。修正压力降应按下式确定：

$$\Delta P' = (H_1 + B_1) - (H_2 + B_2)\frac{273 + t_1}{273 + t_2} \qquad (11.4.5)$$

式中 $\Delta P'$——修正压力降（Pa）；

H_1、H_2——试验开始和结束时的压力计读数（Pa）；

B_1、B_2——试验开始和结束时的气压计读数（Pa）；

t_1、t_2——试验开始和结束时的管内介质温度（℃）。

11.4.6 架空管道升压到严密性试验压力后，可采用起泡剂对所有焊口、接口进行检查，无泄漏为合格。

12 竣 工 验 收

12.0.1 燃气输配工程施工质量验收应在施工单位自检的基础上，按检验批、分项工程、分部（子分部）工程、单位（子单位）工程的顺序进行，并应符合下列规定：

1 工程施工质量应符合工程勘察、设计文件要求；

2 隐蔽工程在隐蔽前应已进行验收，并应形成验收文件；

3 涉及结构安全和使用功能的试块、试件和现场检测项目，应进行平行检测或见证取样检测；

4 检验批的质量应按主控项目和一般项目进行验收；每个检查项目的检查数量，除本标准有明确规定外，应全数检查。

12.0.2 工程竣工验收前应具备下列基本条件：

1 完成工程设计文件和合同约定的各项内容；

2 工程质量检验合格；

3 工程文件、资料齐全。

12.0.3 工程竣工验收应按下列程序进行：

1 施工单位向监理单位提交验收申请和相关文件、资料；

2 监理单位应对施工单位提交的文件、资料进行审核和预验收，合格后编制工程质量评估报告，向建设单位提出验收申请；

3 勘察、设计单位应对勘察、设计文件及设计变更进行检查，并提出质量检查报告；

4 建设单位应组织勘察、设计、监理、施工等单位对工程进行竣工验收；

5 竣工验收不合格时，应提出书面意见和整改内容，签发整改通知，限期完成。整改完成后应重新验收。整改书面意见、整改内容和整改通知应编入竣工资料中。

12.0.4 工程竣工验收检查应符合下列规定：

1 审阅验收材料，内容应完整、准确、有效；

2 应按设计文件、竣工图纸对工程进行现场检查，标志、标识应符合要求；

3 工程质量应符合合同及有关标准要求；

4 设施和设备的安装应符合设计文件要求，无明显的外观质量缺陷，操作可靠，保养完善。

12.0.5 竣工资料的收集、整理工作应与工程建设过程同步进行，工程完工后应及时作好整理和移交工作。整体工程竣工资料宜包括下列内容：

1 工程依据文件：

1）工程项目建议书、申请报告及审批文件、批准的设计任务书、初步设计、技术设计文件、施工图和其他建设文件；

2）工程项目建设合同文件、招投标文件、设计变更通知单、工程量清单等；

3）建设工程规划许可证、施工许可证、质量监督注册文件、报建审核书、报建图、竣工测量验收合格证、工程质量评估报告、质量检查报告、竣工备案文件等。

2 交工技术文件：

1）图纸会审记录、技术交底记录、工程变更单（图）、施工组织设计和施工方案等；

2）开工报告、工程竣工报告、工程保修书等；

3）重大质量事故分析、处理报告；

4）材料、设备、仪表等出厂合格证明，材质单、检验试验报告；

5）测量记录、竣工测量成果、隐蔽工程记录、焊接记录、管道吹扫记录、强度试验和严密性试验记录、阀门试验记录、电气仪表工程的安装调试记录、施工中受检的其他记录等施工记录；

6）工程施工过程影像资料；

7）反映隐蔽工程、实际安装定位、设计变更、工程洽商、燃气管道与其他市政设施特殊处理的位置和其他必要的项目等的竣工图纸。

3 质量验收记录：

1）检验批质量验收记录；

2）分项工程质量验收记录；

3）分部（子分部）工程质量验收记录；

4）单位（子单位）工程质量验收记录；

5）单位工程质量控制资料核查记录。

附录 A 分部、分项工程和检验批质量验收记录

A. 0. 1 检验批质量验收记录宜按表 A. 0. 1 的格式填写。检验批质量验收记录由施工单位项目专业质量检查员填写，监理工程师（建设单位项目专业技术负责人）组织施工单位项目专业质量检查员进行验收，填写验收结论。

表 A. 0. 1 检验批质量验收记录

<table>
<tr><td colspan="2">工程名称</td><td></td><td>分部工程名称</td><td></td><td>分项工程名称</td><td></td></tr>
<tr><td colspan="2">施工单位</td><td></td><td>专业负责人</td><td></td><td>项目经理</td><td></td></tr>
<tr><td colspan="2">检验批名称、部位</td><td colspan="5"></td></tr>
<tr><td colspan="2">施工执行标准
名称及标准号</td><td colspan="3"></td><td>检验批编号</td><td></td></tr>
<tr><td colspan="3">质量验收标准规定</td><td colspan="2">施工单位检查评定记录</td><td colspan="2">监理（建设）单位验收意见</td></tr>
<tr><td rowspan="6">主控
项目</td><td>1</td><td></td><td colspan="2"></td><td colspan="2"></td></tr>
<tr><td>2</td><td></td><td colspan="2"></td><td colspan="2"></td></tr>
<tr><td>3</td><td></td><td colspan="2"></td><td colspan="2"></td></tr>
<tr><td>4</td><td></td><td colspan="2"></td><td colspan="2"></td></tr>
<tr><td>5</td><td></td><td colspan="2"></td><td colspan="2"></td></tr>
<tr><td></td><td></td><td colspan="2"></td><td colspan="2"></td></tr>
<tr><td rowspan="6">一般
项目</td><td>1</td><td></td><td colspan="2"></td><td colspan="2"></td></tr>
<tr><td>2</td><td></td><td colspan="2"></td><td colspan="2"></td></tr>
<tr><td>3</td><td></td><td colspan="2"></td><td colspan="2"></td></tr>
<tr><td>4</td><td></td><td colspan="2"></td><td colspan="2"></td></tr>
<tr><td>5</td><td></td><td colspan="2"></td><td colspan="2"></td></tr>
<tr><td></td><td></td><td colspan="2"></td><td colspan="2"></td></tr>
<tr><td colspan="2">施工单位
检查评定
结果</td><td colspan="5">项目专业质量检查员： 年 月 日</td></tr>
<tr><td colspan="2">监理（建设）
单位验收
结论</td><td colspan="5">监理工程师： 年 月 日
建设单位项目技术负责人： 年 月 日</td></tr>
</table>

A. 0. 2 分项工程质量验收记录宜按表 A. 0. 2 的格式填写。分项工程质量由监理工程师（建设单位项目专业技术负责人）组织施工单位项目专业质量（技术）负责人等进行验收，填写验收结论。

表 A.0.2 分项工程质量验收记录

工程名称		分项工程名称	
施工单位		检验批数量	
项目经理		项目技术负责人	
序号	检验批编号（部位）	施工单位检查评定结果	监理（建设）单位验收结论
1			
2			
3			
4			
5			
6			
7			
8			
9			
10			
施工单位检查评定结果	项目技术负责人：　　年　月　日		
监理（建设）单位验收结论	监理工程师：　　年　月　日 建设单位项目技术负责人：　　年　月　日		

A.0.3 分部（子分部）工程质量验收记录宜按表 A.0.3 的格式填写。分部工程质量验收由总监理工程师和建设单位项目负责人（专业技术负责人）组织施工单位项目经理和有关单位项目负责人进行验收。

表 A. 0. 3 分部（子分部）工程质量验收记录

<table>
<tr><td colspan="2">工程名称</td><td colspan="3"></td><td>分部工程名称</td><td></td></tr>
<tr><td colspan="2">施工单位</td><td></td><td>技术部门负责人</td><td></td><td>质量部门负责人</td><td></td></tr>
<tr><td colspan="2">分包单位</td><td></td><td>分包单位负责人</td><td></td><td>分包单位技术负责人</td><td></td></tr>
<tr><td colspan="2">序号</td><td>分项工程名称</td><td>检验批数</td><td>施工单位检查评定结果</td><td colspan="2">验收意见</td></tr>
<tr><td colspan="2">1</td><td></td><td></td><td></td><td colspan="2" rowspan="7"></td></tr>
<tr><td colspan="2">2</td><td></td><td></td><td></td></tr>
<tr><td colspan="2">3</td><td></td><td></td><td></td></tr>
<tr><td colspan="2">4</td><td></td><td></td><td></td></tr>
<tr><td colspan="2">5</td><td></td><td></td><td></td></tr>
<tr><td colspan="2"></td><td></td><td></td><td></td></tr>
<tr><td colspan="2"></td><td></td><td></td><td></td></tr>
<tr><td colspan="2">质量控制资料</td><td colspan="5"></td></tr>
<tr><td colspan="2">安全和功能检验（检测）报告</td><td colspan="5"></td></tr>
<tr><td colspan="2">观感质量验收</td><td colspan="5"></td></tr>
<tr><td rowspan="5">验收单位</td><td>施工单位</td><td colspan="4">项目经理：</td><td>年 月 日</td></tr>
<tr><td>勘察单位</td><td colspan="4">项目经理：</td><td>年 月 日</td></tr>
<tr><td>设计单位</td><td colspan="4">项目负责人：</td><td>年 月 日</td></tr>
<tr><td>监理单位</td><td colspan="4">总监理工程师：</td><td>年 月 日</td></tr>
<tr><td>建设单位</td><td colspan="4">项目负责人（专业技术负责人）：</td><td>年 月 日</td></tr>
</table>

A. 0. 4 单位（子单位）工程质量验收记录宜按表 A. 0. 4 – 1 的格式填写，单位（子单位）工程质量竣工验收记录由施工单位填写，验收结论由监理（建设）单位填写，综合验收结论由参加验收各方共同商定，建设单位填写；并应对工程质量是否符合标准规定和设计要求及总体质量水平作出评价。单位（子单位）工程质量控制资料核查记录宜按表 A. 0. 4 –2 的格式填写，由施工单位根据工程包含施工项目内容填写，结论由施工单位项目经理、总监理工程师（建设单位）分别填写。

表 A.0.4－1 单位（子单位）工程质量验收记录

工程名称				结构类型/数量	
施工单位		技术负责人		开工日期	
项目经理		项目技术负责人		竣工日期	
序号	项目	验收记录		验收结论	
1	分部工程	共 分部，经查 分部 符合标准及设计要求 分部			
2	质量控制资料核查	共 项，经审查符合要求 项， 经核定符合规范要求 项			
3	安全和主要使用功能核查和抽查结果	共核查 项，符合要求 项， 共抽查 项，符合要求 项， 经返工处理符合要求 项			
4	观感质量检验	共抽查 项，符合要求 项， 不符合要求 项			
5	综合验收结论				
验收单位	建设单位（公章）	勘察单位（公章）	设计单位（公章）	施工单位（公章）	监理单位（公章）
	项目负责人： 年 月 日	项目负责人： 年 月 日	项目负责人： 年 月 日	项目负责人： 年 月 日	总监理工程师： 年 月 日

表 A.0.4－2 单位（子单位）工程质量控制资料核查记录

工程名称			施工单位		
序号	项目		份数	核查意见	核查人
1	质量控制资料	图纸会审、设计变更和洽商记录			
2		施工组织设计、施工方案、质量计划和技术交底记录			
3		工程定位测量、变形监测记录			
4		原材料出厂合格证（质量证明文件）、监检报告、商检文件、进场检验（试验）报告等			
5		预制构件、预拌混凝土合格证			
6		施工试验、复验和检测报告			
7		施工记录			
8		检验批、分项、分部和单位工程质量验收记录，隐蔽工程验收记录			
9		工程质量事故及事故调查处理资料			

表 A.0.4-2（续）

<table>
<tr><th>序号</th><th colspan="2">项　　目</th><th>份数</th><th>核查意见</th><th>核查人</th></tr>
<tr><td>10</td><td rowspan="3">质量控制资料</td><td>安全附件检查记录</td><td></td><td></td><td></td></tr>
<tr><td>11</td><td>新技术、新工艺、新设备施工记录</td><td></td><td></td><td></td></tr>
<tr><td></td><td></td><td></td><td></td><td></td></tr>
<tr><td colspan="6">结论：

施工单位项目经理：　　　年　月　日
总监理工程师：　　　年　月　日
建设单位项目负责人：　　　年　月　日</td></tr>
</table>

附录B 分部、分项工程和检验批划分

B.0.1 检验批、分项、分部（子分部）工程应按下列原则确定：

1 分部工程：同一单位工程中的设备安装工程共同组成一个分部工程；同一单位工程中的同类型、同系统储罐安装工程共同组成一个分部工程；大型储罐的安装每台为一个分部工程或子分部工程。

2 分项工程：管道、大型储罐、压力容器、大型设备安装一般按工序划分；整体安装的储罐一般按设备台套划分。

3 分项工程可由一个或若干个检验批组成。

4 整体安装的储罐、容器、设备可按进场批次、型号、区位划分成一个或若干个检验批。

B.0.2 城镇燃气输配管道工程的分部、分项工程和检验批宜按表B.0.2进行划分。

表B.0.2 城镇燃气输配管道工程分部、分项工程和检验批划分

<table>
<tr><th colspan="2">分部工程</th><th>分项工程</th><th>检验批</th></tr>
<tr><td colspan="2">土方</td><td>沟槽开挖与支护、沟槽回填（含警示带、警示板、示踪线等铺设）</td><td>可选择下列方式划分：
① 按流水施工长度；
② 按一定长度连续施工段或自然划分段（路段）；
③ 长度不大于1000 m；
④ 其他便于过程质量控制方法</td></tr>
<tr><td rowspan="2">基础与附属构筑物</td><td>基础</td><td>桩基础、混凝土基础（钢筋、模板、混凝土）</td><td>每连续施工段，长度不大于50 m</td></tr>
<tr><td>附属构筑物</td><td>钢筋混凝土结构（钢筋、模板、混凝土）、砌体结构、防水层</td><td>同一结构类型的附属构筑物不大于10座</td></tr>
<tr><td rowspan="3">输配管道</td><td>钢质管道</td><td>管道焊接、管道法兰连接、管道铺设、附件安装（包括阀门、伸缩器、放散管、凝水缸等安装）、防腐（补口、补伤）和阴极保护</td><td rowspan="3">管线可选择下列方式划分：
① 按流水施工长度；
② 按一定长度连续施工段或自然划分段（路段）；
③ 长度不大于1000 m；
④ 其他便于过程质量控制方法</td></tr>
<tr><td>球墨铸铁管</td><td>管道安装（法兰连接、承插口连接）、附件安装（包括阀门、伸缩器、放散管、凝水缸等安装）、防腐和阴极保护</td></tr>
<tr><td>聚乙烯管</td><td>管道安装（热熔连接、电熔连接、钢塑转换接头连接）、附件安装（包括阀门、放散管、凝水缸等安装）</td></tr>
</table>

表 B.0.2（续）

<table>
<tr><th colspan="3">分部工程</th><th>分项工程</th><th>检验批</th></tr>
<tr><td rowspan="2">输配管道</td><td colspan="2">架空管道</td><td>管道焊接、管道安装、附件安装、防腐</td><td>每跨或每100 m；分段拼装按每跨或每段，且不大于100 m</td></tr>
<tr><td colspan="2">清扫和压力试验</td><td>管道清扫、强度试验、严密性试验</td><td>可选择下列方式划分：
① 按单位工程施工长度；
② 按单位工程自然划分段（路段）</td></tr>
<tr><td rowspan="6">穿跨越管道</td><td colspan="2">工作井</td><td>工作井（土方、钢筋、混凝土）、围护结构</td><td>每座井</td></tr>
<tr><td colspan="2">水域开挖</td><td>管道接口连接、水域开挖穿越管道铺设（管沟开挖、管基处理、管道沉放、稳管、标志及回填）强度试验、管道防腐和阴极保护、附件安装、管道清扫（通球）、严密性试验</td><td>按1次连续施工段，其中清扫、严密性试验、阴极保护按连续施工段</td></tr>
<tr><td rowspan="2">水平定向钻</td><td>钢质管道</td><td>管道接口焊接、钢管防腐层（除锈、补口和补伤）、强度试验、管道定向钻穿越（导向孔钻进、扩孔和回拖）、管道清扫（通球）、严密性试验、阴极保护</td><td>按1次连续施工段</td></tr>
<tr><td>聚乙烯管道</td><td>管道接口连接（热熔）、管道定向钻穿越（导向孔钻进、扩孔和回拖）、管道清扫（通球）、强度试验、严密性试验</td><td>按1次连续施工段</td></tr>
<tr><td colspan="2">顶管</td><td>顶管管道（钢筋混凝土管、钢管）、管道接口连接、管道铺设、附件安装、钢管防腐层（除锈、补口和补伤）、管道清扫（通球）、强度试验、严密性试验、阴极保护</td><td>按1次连续施工段划分
顶管采用的钢制管道、钢筋混凝土管均为套管，顶管完成后在管内进行燃气管道接口连接、铺设</td></tr>
<tr><td colspan="2">管桥、随桥跨越管道</td><td>管道接口连接（焊接）、管桥跨越（钢结构、单管拱、桁架、托架、钢结构等安装和防腐）、管道随桥跨越、附件安装、钢管防腐层（除锈、补口和补伤）、管道清扫（通球）、强度试验、严密性试验</td><td>每跨或每100 m；分段拼装按每跨或每段，且不大于100 m</td></tr>
</table>

注：大型穿跨越工程可设独立的单位工程主要指：① 次顶进长度大于300 m的顶管工程；②总跨长度不小于300 m或主跨长度不小于100 m的桥管工程；③多年平均水位水面宽度不小于200 m或多年平均水位水面宽度100 m～200 m之间且相应水深不小于5 m的水域开挖管道工程。

B.0.3 城镇燃气厂站的分部、分项工程和检验批宜按表B.0.3进行划分。

表 B. 0. 3　城镇燃气厂站的分部、分项工程和检验批划分

<table>
<tr><th colspan="2">分部工程</th><th>分项工程</th><th>检验批</th></tr>
<tr><td colspan="2">土方</td><td>基坑开挖、基坑支护、基坑回填</td><td>每座基坑</td></tr>
<tr><td colspan="2">地基和基础</td><td>地基处理、混凝土基础（钢筋、模板、混凝土）、桩基础</td><td>每台设备，或每座厂站成组的设备同类型、同时施工的基础；地基处理方法相同的设备，数量不大于10座</td></tr>
<tr><td colspan="2">附属构筑物</td><td>垫层、钢筋混凝土结构（钢筋、模板、混凝土）、钢结构（构件制作、安装、防腐防火涂层）</td><td>每台设备</td></tr>
<tr><td colspan="2">工艺管道</td><td>管道安装（焊接连接、法兰连接、卡套连接、螺纹连接）、附件安装（包括支吊架、阀门、安全阀、紧急切断阀、放散阀等）</td><td>可选择下列方式划分：
① 按流水施工长度；
② 按连续施工段；
③ 长度不大于 100 m；
④ 其他便于过程质量控制方法</td></tr>
<tr><td rowspan="5">储气装置安装</td><td>储罐（整体安装）</td><td>地脚螺栓和支座安装（含垫铁）、储罐安装（圆筒形储罐、球形储罐整体、真空粉末绝热圆筒低温液体储罐、真空粉末绝热球型低温液体储罐、常压容器）、附件安装</td><td>每台设备，或每座厂站成组的同一类型储罐</td></tr>
<tr><td>储气瓶组</td><td>储气瓶组安装</td><td>每组设备，或每座厂站</td></tr>
<tr><td>低压圆筒形储罐（现场组装）</td><td>储罐预制、组装、焊接、附件安装、涂料涂装、绝热层</td><td rowspan="2">根据《石油天然气建设工程施工质量验收规范储罐工程》SY/T 4202，按每台设备、并分部位进行划分</td></tr>
<tr><td>球形储罐（现场组装）</td><td>储罐预制、组装、焊接、附件安装、涂料涂装、绝热层</td></tr>
<tr><td>LNG 储罐（现场组装）</td><td>预应力混凝土结构、储罐预制、组装、焊接、附件安装、涂料涂装、绝热层</td><td>根据《现场组装立式圆筒平底钢质低温液化气储罐的设计与建造》GB/T 26978、《立式圆筒形低温储罐施工技术规程》SH/T 3537 每台设备按部位、工艺要求划分</td></tr>
<tr><td rowspan="2">设备安装</td><td>调压、计量装置</td><td>地脚螺栓和支座安装（含垫铁）、调压、计量装置安装，工艺管道安装</td><td>每台设备；多台相同型号的调压器串联或并联时，可作为1个检验批</td></tr>
<tr><td>静设备</td><td>地脚螺栓和支座安装（含垫铁），过滤干燥设备安装、清管设备安装、加臭设备安装、装卸设备安装（包括卸气柱、加气柱、加气机等）、气化设备安装（包括 LNG 水浴式气化器、LNG 空温式气化器、LPG 气化器、储罐增压气化器、卸车增压气化器、液氮气化装置）、换热器安装、混气设备安装</td><td>每台设备；多台相同型号的设备同时安装时，可作为1个检验批</td></tr>
</table>

表 B. 0. 3（续）

分部工程		分项工程	检验批
设备安装	动设备	地脚螺栓和支座安装（含垫铁）、压缩机安装（包括螺杆式压缩机、活塞式压缩机、离心式压缩机、低温蒸发气压缩机、透平式压缩机）、泵安装（包括整体安装泵、离心式低温液体泵、柱塞式低温液体泵）	每台设备；多台相同型号的设备同时安装时，可作为1个检验批
	灌装设备	地脚螺栓和支座安装（含垫铁）、灌装设备安装	每台设备
	撬装设备	地脚螺栓和支座安装（含垫铁）、撬装设备安装	每台设备；多台相同型号的设备同时安装时，可作为1个检验批
清扫和压力试验		管道及设备清扫、强度试验、严密性试验	按照每台设备、每个系统划分
防腐工程		设备防腐层、工艺管道防腐（补口、补伤）、阴极保护	按照每台设备、系统进行划分，同一做法按照连续施工段落划分
绝热工程		绝热层、防潮层、保护层	根据《工业设备及管道绝热工程施工质量验收标准》GB/T 50185 的规定，可按每台设备、系统进行划分

注：容积50000 m^3 及其以上的立式储罐每台为一个单位工程；容积小于50000 m^3 的立式储罐一个设计分区或以承包合同为一个单位工程。

本标准用词说明

1 为便于在执行本标准条文时区别对待，对要求严格程度不同的用词说明如下：

1）表示很严格，非这样做不可的：

正面词采用“必须”，反面词采用“严禁”；

2）表示严格，在正常情况下均应这样做的：

正面词采用“应”，反面词采用“不应”或“不得”；

3）表示允许稍有选择，在条件许可时首先应这样做的：

正面词采用“宜”，反面词采用“不宜”；

4）表示有选择，在一定条件下可以这样做的，采用“可”。

2 条文中指明应按其他有关标准执行的写法为：“应符合……的规定”或“应按……执行”。

引用标准名录

1 《工程测量标准》GB 50026

2 《土工试验方法标准》GB/T 50123

3 《工业设备及管道绝热工程施工规范》GB 50126

4 《工业设备及管道绝热工程施工质量验收标准》GB/T 50185

5 《土方与爆破工程施工及验收规范》GB 50201

6 《砌体结构工程施工质量验收规范》GB 50203

7 《混凝土结构工程施工质量验收规范》GB 50204

8 《建筑地面工程施工质量验收规范》GB 50209

9 《机械设备安装工程施工及验收通用规范》GB 50231

10 《现场设备、工业管道焊接工程施工规范》GB 50236

11 《石油天然气站内工艺管道工程施工规范》GB 50540

12 《混凝土结构工程施工规范》GB 50666

13 《现场设备、工业管道焊接工程施工质量验收规范》GB 50683

14 《砌体结构工程施工规范》GB 50924

15 《涂覆涂料前钢材表面处理　表面清洁度的目视评定　第 1 部分：未涂覆过的钢材表面和全面清除原有涂层后的钢材表面的锈蚀等级和处理等级》GB/T 8923. 1—2011

16 《水及燃气用球墨铸铁管、管件和附件》GB/T 13295

17 《埋地钢质管道聚乙烯防腐层》GB/T 23257

18 《现场组装立式圆筒平底钢质低温液化气储罐的设计与建造》GB/T 26978

19 《钢质管道焊接及验收》GB/T 31032

20 《聚乙烯燃气管道工程技术标准》CJJ 63

21 《城镇燃气埋地钢质管道腐蚀控制技术规程》CJJ 95

22 《城镇燃气标志标准》CJJ/T 153

23 《城镇燃气管道穿跨越工程技术规程》CJJ/T 250

24 《脱脂工程施工及验收规范》HG 20202

25 《施工现场临时用电安全技术规范》JGJ 46

26 《建筑桩基技术规范》JGJ 94

27 《建筑与市政工程地下水控制技术规范》JGJ 111

28 《建筑基坑支护技术规程》JGJ 120

29 《承压设备无损检测　第 2 部分：射线检测》NB/T 47013. 2

30 《承压设备无损检测　第 3 部分：超声检测》NB/T 47013. 3

31 《承压设备无损检测　第 4 部分：磁粉检测》NB/T 47013. 4

32 《承压设备无损检测　第 5 部分：渗透检测》NB/T 47013. 5

33 《立式圆筒形低温储罐施工技术规程》SH/T 3537

34 《钢质管道聚烯烃胶粘带防腐层技术标准》SY/T 0414

35 《天油气管道、液化天然气站（厂）干燥施工技术规范》SY/T 4114

36 《石油天然气建设工程施工质量验收规范储罐工程》SY/T 4202

中华人民共和国国家标准

城镇燃气输配工程施工及验收标准

GB/T 51455—2023

条 文 说 明

编 制 说 明

《城镇燃气输配工程施工及验收标准》GB/T 51455—2023 经住房和城乡建设部 2023 年 5 月 23 日以第 72 号公告批准、发布。

为便于广大施工、监理、设计、科研、学校等单位有关人员在使用本标准时能正确理解和执行条文规定，《城镇燃气输配工程施工及验收标准》编制组按章、节、条顺序编制了本标准的条文说明，对条文规定的目的、依据以及执行中需注意的有关事项进行了说明。但是，本条文说明不具备与标准正文同等的法律效力，仅供使用者作为理解和把握标准规定的参考。

目　次

1 总 则

1.0.1 城镇燃气具有易燃、易爆和有毒等特点，确保燃气工程施工质量是燃气管理部门、燃气企业和施工单位的重要职责。近些年随着天然气用量的快速增长，城镇燃气建设的飞速发展，供气压力的提高和新材料、新工艺的广泛应用，对工程技术要求不断提高，必须加强对施工的管理，提高工程质量，杜绝因工程质量造成的灾害。本标准的制定，旨在规范城镇燃气输配工程的施工与质量验收工作，确保施工安全和工程质量。

1.0.2 本标准适用于城镇燃气输配工程，主要针对城镇燃气输配管道、厂站的工艺管线和设备的施工安装要求和检验。本标准适用范围不限定设计压力，主要考虑厂站的设计压力可能大于6.3 MPa，其上限不可确定。

1.0.3 本标准主要针对城镇燃气输配管道、厂站工艺管道及厂站工艺设备的施工安装，但城镇燃气输配工程施工中涉及土建、消防、电气、仪表等其他专业，当工程有具体要求而本标准又无规定时，应执行相应的国家现行有关标准的规定。

3 基 本 规 定

3.1 一 般 规 定

3.1.1 城镇燃气输配工程施工，需要确保达到安全施工和保证工程质量的目标，具备相应的管理体系是达到目标的重要手段，也是一个合格的工程施工单位应具备的基本条件。各施工单位的管理体系有所不同，但要具备保证施工安全、控制施工质量的相关内容。

3.1.2 施工单位对设计错误、材料代用、合理化建议及在施工中受条件限制不能按设计文件执行时，要按程序办理设计变更。习惯上，局部变更，不影响工程质量和施工安全及工程预算的，一般可由施工单位与设计单位进行协商，并作出变更记录。

3.1.3 工程建设需使用质量合格的设备和材料，不合格的设备和材料不但降低工程质量，还会给使用、运行和维护造成隐患。在工程的各个阶段，应对材料的质量认真把关，防止不合格品进入安装阶段。

3.1.4 积极鼓励施工应用新技术、新工艺、新设备，以提高施工技术水平及工程质量，但考虑燃气行业的特点，其推广应用要具有科学性。

3.1.5 工程测量、施工、检验及验收记录是建设工程重要环节，确保各检验、验收环节不被遗漏，保证工程质量有可追溯性，也促使对工程质量的重视和提高，本标准提出了主控项目和一般项目都应有并保存检验记录的要求。附录 A 在总结燃气输配工程多年来实践的基础上，列出了有关的质量验收记录表样式及填写要求，使用时，可根据工程的具体情况修改采用。

3.1.6 竣工验收是工程建设的最后一环，规范的验收程序、严格的验收要求，不但能及时发现工程中存在的质量隐患，而且能促使施工单位管理和质量意识的提高。

3.1.7 本标准主要规定燃气输配管道、厂站工艺管道和工艺设备的施工及验收。燃气输配工程涉及消防、电气、防雷、接地、报警及自动控制等配套工程的施工及验收，都有相关国家现行标准，要遵照执行。如《建筑物防雷工程施工与质量验收规范》GB 50601、《自动化仪表工程施工及质量验收规范》GB 50093、《电气装置安装工程　爆炸和火灾危险环境电气装置施工及验收规范》GB 50257、《通信管道工程施工及验收标准》GB/T 50374、《防静电工程施工与质量验收规范》GB 50944、《火炬工程施工及验收规范》GB 51029。给水排水、消防、电气安装等国家现行施工验收标准配套齐全，在此不再详述。

3.2 施 工 准 备

3.2.3 燃气管道工程通常采用分期投资建设，工程招标时将一条管线分成若干单位工程。工程规模大小决定了工程项目的划分，规模较小的工程通常不划分检验批。本标准附录 B 给出了单位（子单位）工程、分部（子分部）工程、分项工程和检验批的划分原则。

3.2.4 现场建（构）筑物及地下管线等可能影响到施工方法、工艺、技术措施和施工组织，在开工前对建设单位提供的资料进行现场核实是十分必要的。如地下管线的位置、高程，管道的介质、材质、运营年限及运行状况；现场地形、地貌环境条件。地下管线及建（构）筑物要核对相关资料，必要时可采用物探、坑探等方法核实实际位置，确定资料未能显示的其他管线等。当发现问题，及时调整施工方法或管线位置，避免施工中出现安全、质量隐患，避免返工、怠工甚至安全质量事故。

3.2.5 对于一些重要设施，需要与有关单位协商后确定拆移、保护和加固方法。施工中对其他市政设施的保护方案应与有关单位协商确定，特别是通信电缆、各类市政干管等。不能自行改变其他市政设施的位置，包括施工时临时改移，施工后恢复。

3.2.6 控制网是指由测量控制点构成的几何图形，其中测量控制点是在施工区域或测区选择一些起控制作用的点，其平面位置和高程要通过测量计算确定。控制网精度要符合工程对放样精度的要求，以限制测量误差的传播和积累。为建立控制网而进行测量工作即为控制测量，包括平面控制测量、高程控制测量等类型，平面控制网常规的布设方法有三角网、三边网和导线网等；高程控制测量的主要方法有水准测量和三角高程测量等。

按现行国家标准《工程测量标准》GB 50026，施工单位开工前测量设置控制点属于加密控制点，一般采用同等级扩展，其精度要求一般不低于同等级。控制点包括管道轴线控制桩、水准点以及监控量测基点。点位要通视良好、便于施测、远离施工变形区和适于长期保存；控制点一般要埋设混凝土桩或现浇混凝土，中心预埋钢筋。

3.2.7 不同材质的管材、附件和不同的设备储存和堆放的要求都有所不同，应按产品说明进行储存和堆放，保护设备、材料不被损坏，有利于施工现场安全和搬运方便。

3.3 施工现场安全防护

3.3.1 安全施工、文明施工、劳动保护、防火、防爆、环境保护和文物保护等有关国家相关法律法规或标准，施工单位要熟悉并按规定执行，如《建设工程施工现场环境与卫生标准》JGJ 146、《市政工程施工安全检查标准》CJJ/T 275 等。

3.3.2 施工现场实行封闭式管理，围墙或围挡要符合相关规定，当管线沿道路施工时，围挡可以连续设置，也可以按工程进度分段设置。设置的安全警示标志及照明和警示灯，要能够起到警示车辆和行人的作用。

3.3.3 道路安全措施包括为车辆、行人通行敷设临时设施，并要有足够的强度，且平整、牢固，并时常检查设施的使用情况等。应有人员在现场疏导提醒车辆、行人顺利和安全通行。

3.3.4 有限空间自然通风不良，易造成有毒、易燃易爆物质的积聚或含氧量不足，极易造成施工安全事故或伤害施工人员的身体健康。在进入有限空间作业前，要判定其空气质量。在进行焊接等影响空气质量施工时，采取机械通风稀释有毒有害气体，换气次数根据空间大小、作业内容和时间确定，一般不小于 3 次/h。

3.3.5 本条规定为确保在边坡失稳或其他紧急情况时，人员能快速撤离。当沟槽较长（或基坑较大）或施工人员较多时，可适当设置多处上下通道，使施工人员能选择最近的路线快速撤离。

3.4 质 量 验 收

3.4.1 本条是燃气输配工程施工质量控制的基本规定。各分项工程按施工技术标准进行质量控制，且在完成后进行检验（自检）；各分项工程质量进行交接检验（互检），所有隐蔽分项工程在隐蔽前进行检验。分项工程和工序概念不同，一项分项工程由一道或若干工序组成。

3.4.2 根据国家标准《建筑工程施工质量验收统一标准》GB 50300—2013 的规定，检验批质量验收中主控项目经抽样检验均应合格是基本要求。对于计数抽样的一般项目，根据国家标准《建筑工程施工质量验收统一标准》GB 50300—2013 附录 D 的规定，结合国家标准《计数抽样检验程序　第 1 部分：按接收质量限（AQL）检索的逐批检验抽样计划》GB/T 2828.1—2012 给出的计数抽样正常检验一次抽样结果的判定方法，当样本容量不大于 50 时，可判定为合格对应的合格率最小为 80%。

结合实际工程经验，工程检验批容量通常不大，因此，本条规定一般项目的合格率不小于 80%，并要求最大偏差不大于允许偏差值的 1.5 倍，既保证质量，也便于现场检查和验收评定。

3.4.3 分项工程质量验收合格的条件是分项工程所含检验批均验收合格。

3.4.4 工程质量控制资料主要包括：①图纸会审、设计变更和洽商记录；②施工组织设计、施工方案、质量计划和技术交底记录；③工程定位测量、测量复核记录和变形监测记录；④原材料出厂合格证（质量证明文件）、监检报告、商检文件、进场检验（试验）报告等；⑤施工试验、复验和检测报告；⑥预制构件、预拌混凝土合格证；⑦隐蔽工程验收记录；⑧施工记录；⑨检验批、分项、分部工程质量验收记录；⑩工程质量事故及事故调查处理资料；⑪安全附件检查记录；⑫新技术、新工艺、新设备、新材料施工记录。

3.4.5 当工程规模较大时可考虑设置子单位工程，其质量验收合格条件同单位工程。

4 土 方

4.1 开挖与支护

4.1.1 工程地质条件主要指地形地貌、地层岩性、地质构造、水文地质条件等。施工方法主要包括采用大型机械施工、小型机具施工、人工施工或两者及以上配合施工。现行国家标准《土方与爆破工程施工及验收规范》GB 50201 对土方开挖、基坑支护有详细规定，如开挖的坡度、开挖顺序及开挖方式等，基坑的支护可采取土钉墙、排桩等支护方式。现行行业标准《建筑基坑支护技术规程》JGJ 120 中对基坑支护的设计、各种支护结构的施工及基坑的开挖与监测等有详细规定。

4.1.2 沟槽和基坑积水不但影响安装作业和验收工作，严重时可能导致沟槽或基坑边坡失稳的安全事故，要高度重视。现行行业标准《建筑与市政工程地下水控制技术规范》JGJ 111 详细规定了各种降水方法及施工要求，降水主要包括集水明排和真空井点、喷射井点等方法。

4.1.3 采用机械切割路面可大大降低对沟槽两边混凝土或沥青路面的损坏，并且有利于路面恢复的质量和外观。

4.1.4 槽底的预留值主要为防止沟槽超挖扰动原状土。

4.1.5 各施工单位的技术水平、施工机具和施工方法不同，施工环境和安装管道的材质不同等，槽底宽度可根据具体情况确定，本条给出了推荐值。槽底宽度及工作坑尺寸除满足安装要求外，还考虑了回填过程中管道防腐层不受破坏，不影响安装工程的试验和验收工作。

4.1.6～4.1.8 4.1.6 条的边坡坡度是指边坡垂直投影与水平投影的比值。表 4.1.7 和表 4.1.8 中土的类别是参照国家标准《岩土工程勘察规范》GB 50021—2001（2009 年版）和《建筑地基基础设计规范》GB 50007—2011 确定的。4.1.8 条给出了沟槽挖深小于 5 m 不设支撑时的最大边坡坡度要求，还提出当不能满足要求时应对沟槽壁做支撑加固和对不坚实的土体做连续支撑的要求。当挖深达到或大于要求时，并不一定出现槽壁失稳造成塌方，在施工中很容易忽视及时支撑的重要性，且沟槽挖深达到应该支撑的深度时随即支撑，不应等沟槽完全挖好后再统一做支撑。

4.1.9 深度大于或等于 5 m 的沟槽、基坑属于深基坑。深基坑采取土钉墙、钢板桩、排桩等支护措施，以确保施工安全。施工场地满足放坡条件的，可采取放坡，但应根据需要采取放缓坡度、支撑或阶梯式开挖等稳定边坡措施。支护结构设计、沟槽断面确定按现行国家标准《建筑基坑支护技术规程》JGJ 120 和《建筑地基基础设计规范》GB 50007 的规定执行。稳定性是支护结构、边坡的重要安全指标，在支护结构、边坡设计时通过稳定性验算，确定边坡、支护结构是否满足施工要求，必要时，应委托有资质的单位进行支护结构设计。

4.1.10 沟槽两侧的堆土高度和堆土距沟边的距离没有量化，因其与沟槽深度、土质条件有关，施工中可参照其他有关标准。堆土不应妨碍消火栓的正常使用，泥土不应进入雨水口。

4.1.11 局部超挖部分回填后压实很重要，管道的不均匀沉降不但可能引起管道变形，且可能因管道变形而破坏防腐层。用石灰土、级配砂石、天然砂回填就是为了确保压实度达到要求。降水方法可根据岩土性质、施工方法、施工机具情况确定，保证管沟开挖和其他作业正常进行。当开挖地段为砂石、砂卵石、砂土、黏土时，可采用密封截水、明沟及大口井排水等方法；若为淤泥、流砂、粉砂或细砂，可采用井点降水方法。

4.1.12 废旧构筑物或硬石、木头、垃圾等杂物可能对管道防腐层造成损伤或造成槽底的密实度达不到要求。

主 控 项 目

4.1.13 沟槽和基坑边坡的稳定，事关施工安全，除沟槽和基坑安全验收时要达到要求外，在回填施工前，也要随时观察，出现问题及时处理。

4.1.14 复合地基是指在天然地基在地基处理过程中，部分土体得到增强或被置换，或在天然地基中设置加筋体，由天然地基土体和增强体两部分组成共同承担荷载的人工地基。常用的包括深层搅拌桩复合地基、高压旋喷桩复合地基、灰土挤密桩复合地基、夯实水泥土桩复合地基、石灰桩复合地基、砂石桩复合地基等类型。复合地基的桩体技术指标、地基承载力要达到设计文件要求的标准。地基承载力是复合地基的一项重要技术指标。

地基处理和复合地基质量验收执行现行国家标准《复合地基技术规范》GB/T 50783和《建筑地基基础工程施工质量验收标准》GB 50202 的规定。原状土地基，主要通过现场验槽进行，通过钎探探查地下一定范围内是否存在空洞、软弱土层，确认土层是否符合设计文件要求；换填处理地基，主要检查填土压实度。

一 般 项 目

4.1.15 沟槽基底的平整情况关系到管道安装敷设的质量，需要重点控制。沟槽基底的扰动情况关系到地基承载力是否满足设计文件要求，施工质量验收时需要特别注意。槽底黏性土受水浸泡容易造成基础土质变软，大大降低地基承载力，受水浸泡的地基也不能直接作为管道基础，需要进行特殊处理。

4.2 回填与警示带敷设

4.2.1 及时回填沟槽可防止已验收合格的防腐层被损伤、管道暴晒和降雨引起沟槽积水，可及时恢复交通，减少不安全因素等。需及时回填的特殊地段，要确保施工质量，防止因验收不合格而返工，提前做好验收和回填土的准备，满足回填土的要求。

4.2.2 不规范回填容易造成管道及防腐层的损伤，先回填一侧然后回填另一侧，会使管道发生位移，特别是聚乙烯管道，因此本条规定要两侧对称回填。

4.2.3 压实管道两侧的回填土时，注意保证管道及管道防腐层不受损伤。回填土的含水量对压实度的影响较大，如果增加压实遍数不能达到压实度要求时，就应调整回填土的含水量或调整虚铺土厚度。

燃气管道的管径一般较小，埋深较浅，一般不采用重型压实机具。当需采用重型压实机具时，管顶以上 0.5 m 须有一定厚度的已压实的回填土，以减小荷载损伤管道，其厚度应根据重型压实机具的种类、规格和管道的承载能力确定。

4.2.4 保证安全是指拆除支撑前要对沟槽两侧的建（构）筑物、沟槽壁进行安全检查。例如检查槽壁及沟槽两侧地面有无裂缝、支撑有无位移、松动等情况，判断拆除支撑可能产生的后果。

主 控 项 目

4.2.5 回填前进行清槽是基本要求，有利于槽底回填密实。槽底存在积水，有可能造成填土湿软，形成弹簧土、翻浆，使其填土压实度不符合要求；槽底存在杂物，容易造成较大的填土空隙，形成质量隐患。

4.2.6 不用冻土、垃圾、木材及软性材料回填不仅是为了保护管道和防腐层，而且是为了保证回填的压实度。坚硬的碎石、砖块对管材或防腐层的破坏不可小视，实际施工中，回填后用电火花检漏仪检测防腐层（回填前已验收合格）出现漏点，基本都是回填土不合格所致。

4.2.7 燃气管道沟槽回填和压实的目的，除埋设管道后应恢复原地貌外，更重要的是起到保护管道结构的作用。若在沟槽回填土上修筑路面，除符合本条规定外，还应满足道路工程回填压实要求，当有矛盾时由设计提出处理方案。

压实度又称为压实系数，评价压实度的标准有轻型击实和重型击实两种标准。燃气管道沟槽回填土的压实多采用轻型压实工具，且习惯上以轻型击实标准为准；本标准中除注明者外，皆以轻型击实试验法求得的最大干密度为100%。

胸腔回填时应注意对管道防腐层的保护。Ⅲ区压实度根据地面情况确定，遵循相应的标准。如在道路下的沟槽应执行现行行业标准《城镇道路工程施工与质量验收规范》CJJ 1 中有关道路回填压实度的规定。

4.2.8 基坑回填土的压实度应执行设计文件要求。由于设施可能位于道路路基范围，为防止路基沉陷，在道路路基范围内还需执行道路路基填筑标准，一般路基填筑压实度不小于95%。

一 般 项 目

4.2.10 敷设警示带（板）对保护燃气管道、防止遭受意外破坏是十分重要的，随着广泛的应用，需要重视警示带（板）的警示作用，做好埋设工作。警示带（板）敷设尽量靠近路面，是为了防止机械开挖时警示带（板）离燃气管道过近而起不到警示作用。不得埋入路基和路面结构内，是为了防止警示带（板）被损坏而造成提示语不清楚。

5 基础及附属构筑物

5.0.1 基础及附属构筑物的施工验收有完整的国家现行标准可依据，本标准没有涉及的，要按相关的国家现行标准进行施工验收，并做记录。

5.0.2 当厂站内存在燃气相对密度大于或等于0.75的空间时，一般需要采用不发火地面，或采用不发火花的材料覆盖，防止出现安全事故。不发火地面是指地面混凝土、砂浆内含有白云石、大理石或其他骨料，不发火地面的试件应在金刚砂轮上进行摩擦试验。

主 控 项 目

5.0.3 设计的预留套管直径不但考虑了管道安装的直径，也考虑了构筑物的沉降。设计会给出间隙填充使用的材料，一般采用柔性或半柔性材料填嵌密实以防止渗水。

5.0.4 混凝土原材料、半成品和成品进场时，对其规格、型号、外观和质量证明文件进行检查，并按现行国家标准《混凝土结构工程施工质量验收规范》GB 50204等有关规定进行检验。混凝土强度按现行国家标准《混凝土强度检验评定标准》GB/T 50107的规定分批检验评定。

5.0.5 用于检验混凝土强度和砂浆强度的试件均应在浇筑地点随机抽取检查。本条检查数量根据现行国家标准《混凝土结构工程施工质量验收规范》GB 50204和《砌体结构工程施工质量验收规范》GB 50203的规定确定，留置的试块是指28 d标准养护试块，当设计对混凝土评定龄期有特殊要求时，执行设计文件要求。对于燃气构筑物，每座构筑物取样不得少于一次，浇筑时间不同的各部位应分别取样。本条砌筑砂浆包括预拌砂浆等类型，验收批中同一类型、强度等级的砂浆试块一般不少于3组，以便于评定。

一 般 项 目

5.0.6 砌筑结构的外观一定程度上反映砌体施工质量，需要在验收时特别注意，以保证砌体结构的整体性。如砌体通缝、瞎缝不利于砌体结构形成整体，不利于结构受力，容易在后期使用中出现结构裂缝等问题，是砌体结构施工应避免的质量问题。灰浆饱满、密实有利于砌块间粘结，保证砌体结构的整体性和防渗性能；抹面涉及结构的使用功能，密实平整，做到光洁、不渗水是抹面的基本质量要求，不能出现空鼓、裂缝等现象。

6 输配管道

6.1 一般规定

6.1.1 在堆放、吊装、运输已完成防腐层的钢质管道或非金属管道时，如不采取有效措施，防腐层、非金属管道表面、钢管端口可能会受到损坏。钢管吊装可采用专用尼龙吊带，运输时可采取在垫木上加橡胶垫板、在紧固带的钢丝绳上加橡胶防护套管等保护措施。聚乙烯管道在吊装装卸过程中易被划伤，且聚乙烯管道损伤后很难修复，因此非金属管道采用非金属绳索、吊带或专用工具吊装。

6.1.2 本条规定沟边到管壁的距离不仅是考虑焊接、防腐以及探伤人员的活动方便，而且主要为保证上述人员的工作安全，防止出现安全事故。

6.1.3 吊装较长的钢管时，依据管径核算吊点位置，确保吊运平稳，杜绝野蛮装卸。

6.1.4 管道敷设前检查沟槽的质量，避免管道下沟时出现问题。沟槽高程是保证管道埋深要求，管基质量牢固是保证管道不沉降。管道下沟时，可在沟壁突出位置垫上木板或草袋，防止砖头、石块等落在管道上。

6.1.5 施工用的吊装设备一般都放置在沟槽边上，因其本身自重较大，需要充分考虑这一点，安放的位置不能影响管道沟槽边坡的稳定。起重机等机械设备与电力架空线路的最小距离是保证开挖施工安全的技术规定，不按条文规定作业极易造成安全事故。

6.1.6 管道焊接强力组对焊接会在焊后产生很大的残余应力，导致焊缝提前失效。在焊接过程中，如强力对口点焊后撤除强制器具，在后续焊接过程中就可能导致焊缝产生裂纹。

6.1.7 绝缘接头与绝缘法兰主要作用是将安装有阴极保护系统的管道和设施，与没有安装阴极保护系统的管道和设施分隔开。安装前对绝缘装置的绝缘性能进行测试，是为了保证将完好的绝缘接头安装于管道上。

6.1.8 竣工测量是燃气输配工程建设管理的重要基础数据，因此要求燃气工程竣工后全面进行平面位置和高程测量。

6.1.9 燃气作为易燃易爆气体，在管线上方设置标志，是便于管道维护管理的有效措施，保证运营安全。随着城镇燃气的快速发展，燃气管网和各种设施在高速建设之中，城市其他项目的建设，立体化施工、打桩、开挖、定向穿越等施工给燃气管线的安全运行带来隐患。燃气管道设施的保护成为燃气运营安全的重点，为了确保安全，本条提出燃气管道设施标志的设置，以充分发挥标识的警示作用。

6.2 钢质管道焊接

6.2.1 国家标准《现场设备、工业管道焊接工程施工规范》GB 50236适用于所有类型的钢材焊接以及异种钢焊接，内容较为全面；其焊接工艺评定执行的是《承压设备焊接工艺评定标准》NB/T 47014。

这两个标准存在着一定的差别，具有各自的特点和适用范围，因此，在输配管道施工中应根据设计文件要求执行《现场设备、工业管道焊接工程施工规范》GB 50236 或《钢质管道焊接及验收》GB/T 31032 的相关规定。

6.2.2 按现行国家标准《现场设备、工业管道焊接工程施工规范》GB 50236 及《压力管道规范 工业管道》GB/T 20801 的规定，燃气管道焊接前进行焊接工艺评定，符合规范要求后，由施工单位质量保证工程师或技术负责人审批。根据《钢质管道焊接及验收》GB/T 31032—2014 第 12.5 节的要求，当焊接工艺规程中基本要素发生变更时，要重新进行焊接工艺评定。

6.2.3 低氢型焊条烘干到规定温度是必要的，焊条烘干主要依据厂家说明书进行。已经开封或吸潮的低氢型焊条需要重新烘干。而纤维素焊条由于药皮中含有机物，因此一般情况下不需要烘干。

6.2.4 管道焊接工序很容易受环境因素的不利影响，尤其是风的影响，风速大于允许值后容易造成气孔、夹渣等缺陷，影响焊接质量。

6.2.5 抽样检验是过程控制，在抽检出现不合格焊缝时，对该焊工负责的焊缝一查到底，直至停止其工作。标准中未指明由谁指定被抽查焊缝的位置，一般情况下由监理单位和建设单位的质检人员共同确定。

第 3 款 对裂纹缺陷作出更严格的规定，是根据近几年工程实际经验以及《油气长输管道工程施工及验收规范》GB 50369—2014 第 10.2.13 规定提出的。

主 控 项 目

6.2.6 采用机制管件能保证其质量，也减少了现场安装的工作量，而且利于防腐的施工。

6.2.7 在焊接工艺规程中对焊材型号提出了要求，因此要求对照工艺规程检查焊材型号。焊材质量是保证焊缝质量的关键，国家针对不同母材选用焊材的产品标准进行了详细规定，而质量证明文件符合国家现行有关标准的要求，因此需检查产品质量证明文件。在焊接过程中，当焊条药皮出现发红、燃烧或严重偏弧等现象时，会严重影响焊接质量，一般需要更换焊条。

6.2.8 焊接的坡口形式和尺寸直接影响焊口质量。在焊接工艺规程中对坡口形式与尺寸提出了要求，而焊接工艺规程来源于合格的焊接工艺评定并已经过审批，因此焊缝的坡口形式和尺寸既要符合设计文件的要求，还要符合焊接工艺规程的要求。当无相关文件要求时，也可以参照《现场设备、工业管道焊接工程施工规范》GB 50236，该标准对各种坡口形式和尺寸都有明确的规定。

6.2.9 本条引用国家标准《现场设备、工业管道焊接工程施工规范》GB 50236—2011 第 7.2.4 条的要求。错边量的大小直接影响到根部焊道质量，尤其是单面焊焊缝，如局部错边量过大，易导致焊缝根部产生未熔合缺陷和造成应力集中。当内壁错边量过大时，还会因错边产生冲刷腐蚀。

6.2.10 在现行国家标准《工业金属管道工程施工规范》GB 50235 中给出了对口平直度 e 的测量方法。检查时需要测量相互垂直的两个方向，平直度允许偏差取二者中的最大值为最终结果。内壁错边量的测量方法见图1。

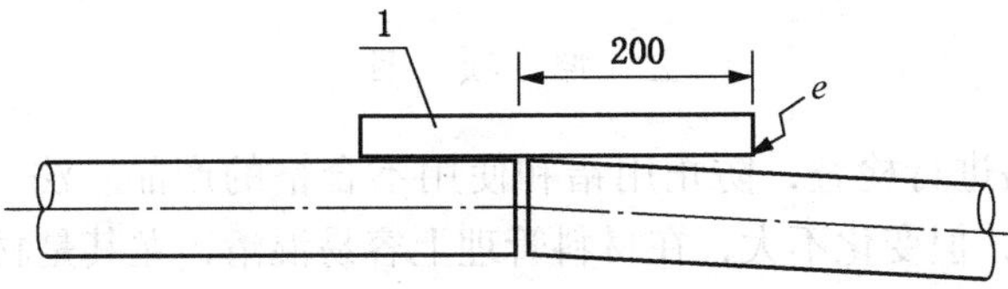

1—钢板尺；e—管子对口时的平直度

图1 管道对口平直度

6.2.11 焊前预热处理和焊后缓冷的目的是改善焊缝与近缝区金属组织与性能，降低焊接接头的残余应力，防止产生裂纹。哪些部位需要焊前预热与焊后缓冷由设计文件规定。焊前预热处理的参数为预热温度，焊后缓冷的参数包括冷却速度、保温时间等。

6.2.12 焊接质量是管道工程质量控制的关键，本标准根据管道的压力级别及敷设环境分别规定了焊缝质量检验比例及合格标准。由于城镇燃气管道敷设一般靠近城市，超高压、高压燃气管道、液态液化石油气管道，以及管廊内的管道危险性较高，通过多年工程实际经验，采用超声波及射线的“双百”检测，能大幅提高焊接质量，目前已被国内大多工程采用。

在现行行业标准《压力管道安全技术监察规程——工业管道》TSG D0001 中规定，有延迟裂纹倾向的材料应当在焊接完成24 h后进行无损检测。延迟裂纹主要发生在低合金高强钢中。一般认为，屈服强度大于或等于540 MPa的高强钢有延迟裂纹的倾向，建议在焊接完成24 h后进行无损检测。屈服强度大于420 MPa，小于540 MPa的材料，考虑有延迟裂纹倾向的可能，可以根据焊材中的氢含量，管材中合金元素的含碳量以及焊接工艺等因素进行分析，从而确定是否有延迟裂纹倾向。

另外在工程中还会有返修焊口与碰死口的情况，虽然焊口的材料有可能不属于有延迟裂纹倾向的材料，但是考虑到返修焊口的晶体组织会发生变化，碰死口的焊口应力集中的风险较高，建议420 MPa及以上强度材料的焊口也要在24 h以后做无损检测。

6.2.13 由于射线检测可以更为直观地显示缺陷图像，检测结果能永久保存等优点，角焊缝的无损检测一般优先选用射线检测。但是由于不同角焊缝的结构、几何尺寸等差异较大，当遇到检测空间位置狭窄等原因无法采用射线检测时，可以选用磁粉检测或渗透检测。

磁粉检测是通过磁粉在缺陷附近漏磁场中的堆积以检测铁磁性材料表面或近表面处缺陷的一种无损检测方法，只能检测铁、钴、镍等铁磁性材料，而奥氏体不锈钢如304、316等材料是非铁磁性材料，不能传导磁，因此不能采用磁粉检测，但是可以选用渗透检测。

6.2.14 本条对于焊缝位置的规定主要为了防止焊缝过于集中形成应力叠加，以免造成焊接接头破坏的隐患，并考虑因位置障碍影响焊工施焊工作的进行。

6.3 钢质管道法兰连接

主 控 项 目

6.3.1 对法兰的规格进行检查，防止用错和使用不合格的产品。法兰的技术参数不同，会引起其尺寸的变化，但变化不大，在材料管理上容易混淆，尤其是材质，不通过特殊的检验，无法从外观对其进行分辨。因此对于法兰及其配套附件，对照设计文件和产品标注的执行标准进行检查。

6.3.2～6.3.4 法兰及其螺栓和螺母、垫片的质量直接影响法兰连接的强度和密封性能，与焊接质量同样重要，列为检验主控项目。检验方法中可能用到量规及扳手等检验工具。

垫片的作用是通过自身形变去弥补法兰密封面上的微小不平整，安装后垫片表面和法兰表面会相互吻合，起到密封效果。拆卸后再次安装，重复使用的垫片表面由于已经产生变形无法完全地适应法兰密封面，容易引起泄漏。

一 般 项 目

6.3.5 法兰端面与管道中心线垂直偏差过大，势必造成强力组装，在螺栓紧固过程中出现附加应力或造成密封不严。

6.3.6 本条规定是为了保证法兰的正常安装。垫片能够起到密封作用，安装后法兰的密封性达到要求，不发生泄漏。

1 法兰连接时保持平行，可防止法兰结合面的泄漏，用紧螺栓的方法消除偏斜，是强力安装的情形之一，短时间可能不会产生泄漏，但会降低垫片的使用寿命，给将来运行埋下隐患。

2 法兰连接不同轴，螺孔中心偏差超出要求，将给安装和将来的维护管理带来麻烦。

3 在两法兰的位置达不到要求时，有的安装人员采用斜垫片或双层垫片来达到密封的目的，这是不允许的。

4 紧固后螺栓外露长度过长，锈蚀后使螺母难以卸下，给将来维修带来不便；紧固后螺栓低于螺母不但会影响螺母的受力，还会使螺母的螺纹锈蚀。

6.4 埋地钢质管道防腐和阴极保护

主 控 项 目

6.4.1 使用预制防腐管道是为了保证防腐质量，目前已被广泛采用。在现场防腐很难做到机械除锈。另外，在城镇道路上进行防腐施工可能影响交通和对环境造成污染。管道防腐层在现行行业标准《城镇燃气埋地钢质管道腐蚀控制技术规程》CJJ 95 中有明确规定，防腐层基本结构见表 1。

6.4.2 防腐管在下沟、安装就位的过程中和管沟回填时很容易损伤防腐层，形成腐蚀隐患。若能及时发现并采取补救措施，将有利于管道投运后的维护管理和安全运行。防腐管回填后进行完整性检查，若发现防腐层受损，及时采取补救措施。本条聚乙烯防腐层检测

表1 防腐层基本结构

防腐层	基本结构	
	普通级	加强级
聚乙烯防腐层	≥120 μm 环氧粉末 + ≥170 μm 胶粘剂 + 1.8 mm ~ 3.0 mm 聚乙烯	≥120 μm 环氧粉末 + ≥170 μm 胶粘剂 + 2.5 mm ~ 3.7 mm 聚乙烯
熔结环氧粉末防腐层	≥300 μm 环氧粉末	≥400 μm 环氧粉末
双层环氧粉末防腐层	≥250 μm 环氧粉末 + ≥370 μm 改性环氧	≥300 μm 环氧粉末 + ≥500 μm 改性环氧

仅指电火花检漏仪现场检测。

6.4.3 达到 Sa2½级或 St3 级的金属表面无可见的油、脂和污物，无疏松涂层、氧化皮、铁锈和外来杂质，且被清理表面应处理得更彻底，金属基底要有金属光泽，达到这样表面处理级别的钢管能够保证后期涂敷的防腐层更加牢固地粘贴在管道表面，起到防腐的效果。

6.4.4 本条是对补口、补伤防腐层的剥离强度提出的检验要求。目前在输配管道施工中主要采用辐射交联聚乙烯热收缩带（套）、补伤片、聚烯烃胶粘带进行补口、补伤施工。这些补口、补伤防腐层检验采用剥离试验方式，指标用“剥离强度”表示（N/cm）。辐射交联聚乙烯热收缩带（套）、补伤片剥离强度指标主要依据《埋地钢质管道聚乙烯防腐层》GB/T 23257 提出，聚烯烃胶粘带剥离强度指标主要依据《钢质管道聚烯烃胶粘带防腐层技术标准》SY/T 0414 提出。

6.4.5 补口、补伤处不应有漏点是为了保证管道防腐层的完整性。由于补口、补伤所用的材料的厚度不同，因此要采用不同的检漏电压，以免击穿防腐层。

6.4.6 电缆连接部位是阴极保护系统较为薄弱的环节，要求电缆连接牢固、电气导通是为了保证最终的电保护效果。安装完成后检查导线的连接牢固程度，并用电火花检测导线连接部位的防腐层是否完整连续。

6.4.7 在行业标准《城镇燃气埋地钢质管道腐蚀控制技术规程》CJJ 95—2013 中，第 6.4.2 条规定，阴极保护系统竣工后，应进行下列参数测试：

1 强制电流阴极保护系统的测试包括下列参数：

1）管道沿线土壤电阻率；

2）管道自腐电阻率；

3）辅助阳极接地电阻；

4）辅助阳极埋设点的土壤电阻率；

5）绝缘装置的绝缘性能；

6）管道极化电位；

7）管道保护电流；

8）电源输出电流、电压。

2 牺牲阳极阴极保护系统的测试包括下列参数：

1）阳极开路电位；

2）阳极闭路电位；

3）管道自腐蚀电位；

4）管道极化电位；

5）单支阳极输出电流；

6）组合阳极联合输出电流；

7）单支阳极接地电阻；

8）组合阳极接地电阻；

9）阳极埋设点的土壤电阻率；

10）绝缘装置的绝缘性能。

一 般 项 目

6.4.8 本条提出搭接宽度的要求是为了保证补口、补伤的质量，保证有足够的粘结强度，搭接过少会影响工程质量，影响防腐的效果。

6.4.9 在阴极保护系统安装中，牺牲阳极埋设位置和间距是否正确直接影响保护效果，牺牲阳极正确地安装才能对管道起到防腐保护的作用。

6.5 埋地钢质管道敷设

主 控 项 目

6.5.1 本条对埋地钢管的整体质量提出要求，在管道搬运、铺设过程中，可能造成管壁发生扭曲、凹陷、褶皱，还有可能在外力作用下管壁受损，管壁的这些形变将改变管道的受力特性，严重影响管道的稳定和运行安全，验收中需要特别注意。管道按照测设的中线进行安装才能使管道线形符合设计文件要求，做到直线段平直、曲线段圆顺，有利于管道的运行安全，是管道验收的基本条件。

一 般 项 目

6.5.2 本条参照现行国家标准《工业金属管道工程施工质量验收规范》GB 50184 的有关规定、并结合实践经验编制。

6.6 聚乙烯管道敷设

6.6.1 聚乙烯管道的连接、敷设等施工要求在现行行业标准《聚乙烯燃气管道工程技术标准》CJJ 63 中均有明确规定，本节是结合 CJJ 63 的内容制定了工程质量验收要求。

主 控 项 目

6.6.2 施工前，核对工程上使用的管道、管件等材料与设计文件要求的规格尺寸及形式是否相符，防止用错管材、管件。检查合格证和检验报告，是为了确认提供的产品是合格产品，管材、管件等材料的质量按现行国家标准《燃气用埋地聚乙烯（PE）管道系统》GB/T 15558 进行检验。

6.6.3 在聚乙烯工程施工中，管材有可能受到轻微划伤，现行行业标准《聚乙烯燃气管道工程技术标准》CJJ 63 规定划痕深度不大于管材壁厚的 10%，且不大于 4 mm。考虑到穿越工程在施工过程中管材很有可能会划伤，为了提高安全系数，因此要求在管道连接前对管材表面检查时，管材表面划伤深度不大于管材壁厚的 5%。由于管材表面划伤直接影响管材性能以及工程质量，因此要求全数检查。

6.6.4 对热熔对接接头进行卷边对称性和接头对正性检验是接头质量检验的最基本方法，也是比较简便和比较容易实现的方法，卷边切除检验比较复杂，所以三项检验要求的数量不同。本条款要求对热熔接头 100% 进行卷边对称性和对正性检查，抽样 15% 进行卷边切除检验。另外考虑到穿越工程属于非开挖施工，不可控因素比较多，因此要求穿越管道接头质量检验进行 100% 卷边切除检验。

6.6.5 本条规定了电熔承插连接接头质量检查项目、数量以及检查方法。

1 连接件轴线对正性检测，保证电熔管件与管材或插口管件焊接前配合间隙均匀，保证接口焊接后质量。

2 检查周边刮痕，是为了确认已经去除焊接表面上的氧化层。

3 在电熔连接过程中，通过电阻丝加热聚乙烯材料，会有一定量的熔融料发生移动，但是接缝处不能有熔融料溢出，若有熔融料溢出则说明电熔连接加热过度。

4 在电熔连接过程中电阻丝有可能会发生细微的位移，但是不能被挤出电熔管件。若电阻丝被挤出，很有可能电阻丝产生了较大位移，会导致短路而无法完成焊接。

5 电熔管件上的观察孔是为了观察连接情况而专门设计的，电熔管件一般在两端部均设有观察孔，不建议使用单观察孔的电熔管件。

6.6.6 本条规定了电熔鞍形连接接头质量检查项目、数量以及检查方法。

2 如果鞍形分支或鞍形三通的出口不垂直于管材的中心线，说明管件的鞍形面与管材的连接面没有完全接触，存在虚焊。

3 如果管材壁塌陷，说明可能是因为施压过大，导致管壁塌陷，塌陷之处，管件的鞍形面与管材的连接面也不能完全接触，存在虚焊。

6.6.7 氧化皮刮除得是否干净是影响焊接质量的关键环节，氧化皮刮得不干净，会造成虚焊。由于不同厂家生产的电熔焊机或电熔管件的焊接参数可能不同，因此，在电熔连接时，电压或电流、加热时间等焊接参数需按照生产企业提供的参数设定。

一 般 项 目

6.6.8 聚乙烯管道连接设备的机械部分会磨损、变形；传感器及元器件会老化、漂移；因此需要定期进行校准和检定，周期不大于 1 年。由于焊机的质量直接影响焊接的质量，因此要求全数检查焊机校准和检定记录。

6.6.9 聚乙烯管采用专用割刀或切管工具切割端面，是为了保证管材插入端的整个圆周能够插入到位，以避免因切割端面不平整导致的管材插入不到位、对中性差而造成的熔接缺陷。

6.6.10 本条规定了热熔对接连接的要求。

1 连接件伸出夹具的自由长度是根据铣削要求和加热、焊接卷边宽度的要求确定，国内外的经验一般不小于公称外径的10%。

2 校直两对应连接件，是为了防止两连接件偏心错位，导致接触面过少，影响焊接质量，国内外的经验是一般不大于壁厚的10%。

3 铣削连接面与管轴线垂直，是为了保证连接面能与加热板紧密接触。根据工程施工经验，连续切削平均厚度不宜大于0.2 mm。

6.6.11 法兰式钢塑转换管件中的法兰盘、紧固件容易发生锈蚀，锈蚀后螺母难以卸下，给维修带来不便。因此要求法兰盘、紧固件要经防腐处理，并全数检查。目前，防腐处理的一般做法是表面喷塑或镀锌。

6.6.12 除接口作为重点控制外，对管道轴线、高程和外观质量作出规定，保证聚乙烯管道安装的整体质量。

6.7 球墨铸铁管道敷设

6.7.1 在沟槽一侧连续排管是为了方便安装。因管径300 mm以下管子重量较轻，在管子下沟时可采取人工下管，节约吊车费用，而300 mm以上推荐机械下管。

6.7.2

1 本款规定插口端240 mm工作面范围是考虑到压兰、胶圈、支撑环及插入承口深度的空间，两管连接前应将压兰、胶圈、支撑环套按顺序套装在插口位置，否则无法实现密封。

2 安装胶圈有时会遇到胶圈很难推入承口的情况，需用非金属棒敲击进入，如采用金属棒容易损坏胶圈。

3 管道安装时，如果压兰中心点与管道不同心，将导致压头压偏胶圈造成受力的压兰与法兰压紧间隙不均，会挤坏胶圈致使密封不严。

6.7.3 在沟槽开挖无障碍的情况下，机械式柔性接口燃气用球墨铸铁管可以进行曲线安装，借转角就是每个接口可以允许偏转的角度，用来减少非标弯头的使用。80%的紧固力是螺栓初始拧紧的状态，如螺栓紧固力达到100%就无法借转角度。

6.7.4 现场可切割短管都带有可切割管标识“□”。生产厂家按合同要求提供一定比例的可切割管，如现场无可切割管，切管前需要测量管子尺寸，尽量选插口尺寸接近可切割管的尺寸再进行切割。切口处的倒角和防腐处理方式符合设计文件要求。

主 控 项 目

6.7.5 在现场除检查产品合格证和质量证明文件外，还需目测检查管材及管件承插口密封工作面外观，如工作面出现连续的轴向铸造勾纹会导致胶圈密封不严，如果有铸痕胶修补的部位会掩盖管子实际有效壁厚，降低使用寿命。

6.7.7 在检查时需要将压兰调整到与插口外径同心，使压兰的压头压在胶圈断面中心上，并使承口法兰螺孔与压兰螺孔对准，先穿“十字”位置上的四条螺栓，带上螺帽并轻轻拧紧（四条螺栓的受力要一致）。如果压兰和另一支直管的轴径不同心、不垂直，压兰压头就会压到另一支管承口工作面，造成压兰倾斜，胶圈一边受力压紧后会使密封失效。

一 般 项 目

6.7.8 接口安装完毕要检查胶圈进入承口内上下左右是否均匀，用特制的窄钢板长探尺量测允许误差值。

6.7.9 防止错用，接口使用的埋地螺栓和螺母等连接件的规格型号不一致，有时也能安装上，但会影响接口的强度。

6.7.10 除接口作为重点控制外，对管道中心线、高程作出规定，保证球墨铸铁管道安装的整体质量。

6.8 架空管道安装

6.8.1 与管子接触良好，才能确保每个管道支、吊架起到受力的作用。

6.8.2 涂料的种类较多，其涂敷次序、层数、各层的表干要求及施工的环境温度都不同，要根据设计和所选涂料，按产品说明书的要求进行涂装作业。

6.8.3 涂底漆前清除管道表面污物是为了保证施工质量。吹扫、压力试验完成后再补刷底漆并完成管道设备的防腐是为了更好地发现缺陷。

主 控 项 目

6.8.4 质量证明文件主要包括产品的质量合格证明书、各项性能检验报告、产品制造原材料质量检测鉴定等资料。

6.8.6 对照设计文件检查支、吊架的结构类型、规格以及加工材料、构造尺寸，为了防止将有缺陷或制造不合格的支、吊架安装在管道上，影响使用。有些采购的成品支、吊架需检查质量证明文件，而对于现场加工制作的支、吊架应检查加工记录。

6.8.7 工程中导向支架和滑动支架很多，导向支架或滑动支架滑动面的光洁平整情况常常被忽视，致使卡涩、歪斜现象时有发生，影响管道运行的平稳性。滑动面安装位置的偏移方向及偏移值也有时被忽视。

一 般 项 目

6.8.8、6.8.9 管道和支架的外涂层质量检查是验收中的一个环节，主要看涂层颜色是否一致，有无出现剥落、皱纹等现象，如果出现此现象，证明涂层质量存在问题，需进行修补。

6.8.10 支架保持与墙的距离便于安装与维护检修。

6.8.11 架空管道的坐标、高程、平直度是控制管道安装质量关键指标，如果偏差大于允许范围，会造成管道应力集中，加速管道腐蚀、断裂。

6.9 管道附件安装

6.9.1 保持管道附件的内部清洁，主要是保证其能正常运转。有的管道附件及设备是不允许参加管道吹扫和试验的，在管道吹扫之后再行安装于系统中。如管道附件及设备的内部不干净，有可能导致管道附件及设备的不正常运转，杂物、脏物容易导致阀门关闭不严而内漏，也可能导致调压器的阀口关闭不严而使用户压力升高等。

6.9.2 本条要求每处安装一次完成，是为了防止安装过程中污染已清扫合格的管道。另外，过重的设备不一次安装到位，有可能损坏管道或设备本身。

6.9.3 调长器是用来调节燃气设备维检修引起的管道与设备轴向位置变化的，不承担因温度变化对管道的补偿功能，因此不能用来调整管道的安装误差。阀门与调长器先组对，后与管道上的法兰组对，是为了确保各个法兰面能平行，减少各个法兰密封面之间的泄漏。

6.9.4 当阀门与管道以法兰或螺纹方式连接时，如果阀门在开启状态下安装，杂物灰尘颗粒等物质有可能进入到阀座的接合处，造成阀门关闭不严，而在关闭状态下安装能有效避免此类现象。焊接阀门在开启状态下焊接安装，目的是利于散热，防止焊接时热量传导至阀门内部损坏密封件导致阀门关闭不严。

6.9.5 管道附件、设备安装的连接部位容易积水积垢，因此要及时对该部位进行防腐处理。

主 控 项 目

6.9.6 关于阀门、调长器、绝缘接头和绝缘法兰等管道附件的国家现行标准主要有：

阀门涉及的标准：《石油、天然气工业用螺柱连接阀盖的钢制闸阀》GB/T 12234，《石油、石化及相关工业用钢制截止阀和升降式止回阀》GB/T 12235，《石油、石化及相关工业用的钢制球阀》GB/T 12237，《法兰和对夹连接弹性密封蝶阀》GB/T 12238，《管线阀门技术条件》GB/T 19672 等。

调长器涉及的标准：《金属波纹管膨胀节通用技术条件》GB/T 12777。

绝缘接头和绝缘法兰涉及的标准：《绝缘接头与绝缘法兰技术规范》SY/T 0516、《阴极保护管道的电绝缘标准》SY/T 0086、《城镇燃气埋地钢质管道腐蚀控制技术规程》CJJ 95 等。

6.9.7 管道附件安装位置与设计文件符合是为了保证安装位置的正确性，否则有可能影响附件的使用效果。如凝水缸安装位置不正确会造成管道内积水无法排出。

6.9.8 由于阀门从厂家运至施工现场往往经过了多次装卸、运输，使得这些设备的强度、严密性可能受到影响，因此在正式安装前，有必要按要求单独进行壳体压力和密封性的试验，确保阀门安装时合格。

6.9.9 管道附件的防腐与管道的防腐一样重要，有实例证明，多数腐蚀往往发生在附件（如法兰、螺栓等）部位，因此要做好管道附件接口部位的防腐，如涂刷防锈漆、包覆热收缩套（带）等形式。具体要求参考本章第 4 节中相关管道补口、补伤的规定。

6.9.10 管道附件与管道的焊接实际上就是管道与管道的焊接。如直埋阀门有一段袖管，袖管与管道的焊接实际上和管道之间的焊接要求是一致的，因此提出符合本章第 2 节“钢质管道焊接”的相关规定。

一 般 项 目

6.9.11 安装时要检查管道附件的完整性，不能有破损等现象，保证后期使用效果。

6.9.12 严格控制法兰的安装偏差，确保法兰对接面的平行，能够减少或防止对接面的泄漏。

7 管 道 穿 跨 越

7.1 一 般 规 定

7.1.1 《城镇燃气管道穿跨越工程技术规程》CJJ/T 250 中规定了水域开挖法、水平定向钻法、顶管法穿越和管桥、随桥跨越敷设的施工要求，本章按对应的施工方法提出质量控制要求。

7.1.2 穿跨越工程中燃气管道的敷设包括管道组对焊接、防腐及补口和补伤、阴极保护等，其施工及质量验收，在第6章中均有明确规定。

7.1.3 在不带水开挖穿越中有管道的沟槽开挖，在管桥跨越中有基坑开挖，其质量要求包括沟槽开挖和基坑开挖的允许偏差等，这些基础工程的施工及质量要求在第4章、5章均有规定。

7.1.4 水平定向钻钻孔轨迹由入土直线段、入土弧线段、水平段、出土弧线段、出土直线段等组成，轨迹图的绘制有两种方法，一是根据行业标准《城镇燃气管道穿跨越工程技术规程》CJJ/T 250—2016 中附录 A 的水平定向钻孔轨迹计算方法进行计算后绘制；二是采用随钻测量的方式，钻孔曲线由放置在钻头后端钻杆内的电子测向仪进行测量，并将测量结果传到地面的接收仪，这些数据经过处理和计算后，以数字的形式显示在显示屏上。

7.2 水域开挖穿越

主 控 项 目

7.2.1 根据实际工程经验，采用导流、围堰、大开挖穿越最突出的问题就是难以保证开挖深度符合设计文件要求，因此要求每20 m 检查1点是为了确保开挖深度的偏差在允许范围内。

7.2.3 水下开挖深度符合设计文件要求很重要，沟槽挖得越深，塌方和回淤量就越大，因此开挖深度要严格控制。

7.2.4 检查管道无轴向扭曲、环向变形和明显轴向突弯等现象，是保证施工质量的基本条件。采用水面浮拖法管道下沉时，需要在施工过程中控制好沉放速度，保证管道整体均匀、缓慢平稳下沉；并且在管道两端采用起重设备吊装时，需要保持管道水平，并同步沉放于基槽底，确保管道用力均匀，无轴向扭曲。采用底拖法管道下沉时，需要在牵引过程中严格控制牵引速度、牵引力，确保缓慢均匀。

7.2.5 回填材料符合设计要求，以防出现损坏管道的情况。管道回填过程要均匀，水下部位连续回填至满槽，水上部分分层回填夯实，避免出现管道漂浮和位移的现象。

7.2.6 稳管工程中混凝土配重块和连续覆盖混凝土的强度等级和密度符合设计文件要求，

以保证稳管质量。同时管段下沟后不允许发生漂浮、位移和滚动，否则会稳管失效。当稳管措施使用配重块稳管或混凝土连续覆盖层稳管时，应注意保护防腐层不受破坏，一般做法是在配重块与钢管之间加橡胶隔垫等。

一 般 项 目

7.2.7、7.2.8 综合考虑河流的土石性质、水流速度、开挖深度和施工方法等诸因素，以确定河底的宽度和边坡尺寸。如河床为流砂、粉砂、河水流速大，在挖沟时容易塌方和回淤，槽底应当宽，边坡比应大。如在黏土河床上开挖沟槽正好与上面相反。开挖深度、施工方法、槽底宽和边坡比也有关系。沟槽挖得越深、塌方和回淤量就越大。

7.2.9 管道沉放敷设完成后，检查管底与沟底接触的均匀程度和紧密性，防止出现河水冲刷管底，出现管道应力集中，造成扭曲变形。如果出现不紧密时，需要及时采用砂或砾石填补，否则后果将不堪设想。

7.2.10 回填两侧均匀，也是为了防止管道一侧不均匀带来的管道受力；回填高度满足设计文件要求，满足防止水流冲刷、通航和河道疏浚的要求。

7.2.11 对于带水开挖，管道就位后，及时采用浇筑混凝土连续覆盖层或配重块进行稳管至关重要，尤其是对于水流冲刷较大、易产生紊流之处，或者管道拐弯、分段接口连接部位。如果施工中连续覆盖层厚度小于设计值，或者配重块的数量少于设计文件要求时，会造成管道漂移，将严重影响施工质量。

7.3 水平定向钻穿越

主 控 项 目

7.3.1 为了保证施工实际钻进曲线与设计曲线吻合，严格控制定向钻曲率半径和设计文件要求一致。

7.3.2 定向钻扩孔是完成导向孔后、管道回拖前的重要内容，为达到最小扩孔直径要求，避免一次扩孔过程中出现扭矩、拉力过大的情况，一般采取多次分级扩孔方法。做到孔内无坍塌、沉渣和缩颈是保证管道顺利回拖的重要条件。

7.3.3 水平定向钻回拖前对预制完成的管道进行水压强度试验，便于发现问题及时处理。采用定向钻铺设的管道在回拖清扫完成、严密性试验后进行测径，目前工程中一般采用铝制测径板，直径为钢管直径的90% 。

7.3.4、7.3.5 回拖前对管道的防腐层或聚乙烯管材表面划伤深度检查是一项极其重要的内容，一旦发现问题及时补救。

一 般 项 目

7.3.6 水平定向钻施工中导向孔钻进质量的控制，是保证管道按设计轨迹正确就位的关键。导向孔允许偏差主要包括导向孔曲线、入土点和出土点允许偏差。

7.3.7 为了防止管道防腐层在回拖过程中受到损害，在回拖过程中需要设置发送沟、管托，减少管道被划伤的风险，保护管道防腐层；管道回拖完成后，若发现管道表面防腐层出现破损，修复难度较大。管道回拖应连续进行，如停留时间太长，泥浆稠度等将随时间发生变化。

7.4 顶管法穿越

主 控 项 目

7.4.1 为了确保施工安全，工作竖井的支护严格按照设计文件和施工方案要求，防止出现塌方事故，因此该项内容作为主控项目。

7.4.2 顶管法穿越施工的套管分为钢质套管和混凝土套管，每个工程设计文件都会针对不同材质的套管，提出材质、尺寸、壁厚、接口形式等具体要求。本条将套管的质量要求作为主控项目提出，是考虑到套管质量关系到整个顶管工程的质量，必须严格控制确保其符合设计的要求。

7.4.3 检测套管与穿越管段的绝缘电阻值，如果电阻值大于2 MΩ，证明绝缘支架的绝缘效果良好，能满足阴极保护的要求。

一 般 项 目

7.4.4 工作井无论作为永久性主体结构，还是施工临时支护结构，均是工程施工重要内容，影响工程安全、质量，需要加以控制；要求后背墙表面平直，并垂直于顶进管道的轴线，是避免产生偏心受压，防止造成顶力损失和发生质量、安全事故。导轨的安装和装配式后背墙的安装到位是保证顶管机的正确就位，进而是套管能否按管线设定值顶进的先决条件。一般采用量尺对工作井每侧的宽度和长度测量。采用经纬仪对装配式后背墙的垂直度进行测量。导轨安装的允许偏差参考行业标准《城镇燃气管道穿跨越工程技术规程》CJJ/T 250—2016第5.4.7条确定。

7.4.6 本条主要对钢套管制作和组对提出要求。钢套管组对焊接过程中，对钝边、坡口角度、间隙和错边量的控制，是保证钢套管焊接质量的基本要求。

7.4.7 对于顶管过程中的允许偏差控制，是保证整个工程施工质量的重要一环。施工过程中对顶管中心线和高程、顶管机姿态等进行测量，通常在顶管内安装可接受激光束的光靶传感器矫正顶进姿态，施工人员根据测量数据，及时调整顶管机顶进方向，使顶管机沿设计中心线顶进。

7.5 管桥和随桥跨越

主 控 项 目

7.5.1～7.5.3 把单管拱、桁架和托架的结构安装作为主控项目提出，是保证各种结构符合设计的最关键因素。例如，结合管道行业的特点，对于单管拱，从支座位置和管道轴线几个方面加以控制，确保拱的施工质量。

7.5.4 钢结构作为单管拱、桁架和托架安装的主要支撑，其除锈、防腐处理质量是整个工程中重要的控制点，保证钢结构不受腐蚀影响，可以延长管道的使用寿命。

一 般 项 目

7.5.5～7.5.7 控制单管拱、桁架和托架施工安装允许偏差，为了防止在安装过程中出现结构失稳造成安全隐患，是控制施工质量的关键。

7.5.9 在管道运营中，更换随桥跨越管道上的支、吊架组件、螺栓、抱箍较困难，因此在安装前采用热镀锌防锈处理，这样不容易锈蚀，可以使用更长时间。

8 厂站工艺管道

8.1 一 般 规 定

8.1.1 通过质量验收，对土建工程质量进行有效控制，如检查结构混凝土的强度是否达到设计文件要求，以防止吊装施工对结构造成的损坏，保证安装质量。

8.1.2 管道及管件分区分类存放，便于现场管理，防止错用。由于金属的电极电位不同，不同的金属接触时，将产生静电差，从而导致接触腐蚀，极大损伤管道和设备，因此，本条对不锈钢管、有色金属管道的存放提出要求，防止碳素钢管对不锈钢管的污染。

8.1.3 燃气厂站工艺管道种类多，管道焊接执行现行国家标准《现场设备、工业管道焊接工程施工规范》GB 50236 的规定，一般按照压力管道中的工业管道进行监察。

厂站工艺管道焊接质量验收执行本标准第 6.2 节的规定，主要指工艺管道焊接分项工程质量验收的主控项目，本章不再赘述。对于特殊材料、高压及以上管道，设计文件一般需要明确焊缝质量要求、无损检测的方法和数量（如 100% 无损检测、外观质量达到Ⅰ级等），执行设计文件要求。当设计未做要求时，根据管道的压力等级、是否有延迟裂纹倾向等条件按照按本标准表 6.2.12 选择相应的外观检查和无损检测合格标准。在厂站工艺管道中，还会根据工程需要采用其他无损检测方法，表 6.2.12 中尚未列出的其他无损检测方法的合格标准由设计确定。

8.1.4 本标准第 6 章输配管道，对埋地管道的施工与验收已作详细的规定，其中埋地管道安装的要求也适用于厂站埋地工艺管道安装，本章不再重复。

8.1.5 如果在储罐沉降稳定前连接管道，随着储罐使用过程中基础的沉降，有增加管道变形甚至管道被拉断的风险。

8.1.6 进场验收是厂站工艺管道安装质量控制的重要环节，管道和设备进场后，一般由质检员对管道组成件的规格、型号、材质、标识、质量证明书逐件检查。质量证明书一般包括特种设备监检报告，并具有以下内容：

（1）化学成分及力学性能；

（2）合金钢锻件的金相分析结果；

（3）热处理及无损检测报告。

8.1.7 为了获取管道内燃气运行的温度、压力、流量、成分等参数，需要在工艺管道适宜的位置开孔，焊接安装取源部件。取源部件上的检测仪表、计量装置不参与管道系统的强度试验，强度试验时，可对孔口采取临时封堵措施。开孔底座焊接执行现行国家标准《工业金属管道工程施工规范》GB 50235 和《现场设备、工业管道焊接工程施工规范》GB 50236 中有关焊接的规定。流量取源部件的安装和质量验收执行现行国家标准《自动化仪表工程施工及质量验收规范》GB 50093 的有关规定。

8.1.8 城镇燃气输配工程的绝热工程主要指厂站工艺管道和设备的保温、保冷工程，绝热工程施工执行现行国家标准《工业设备及管道绝热工程施工规范》GB 50126 的规定，质量检验执行现行国家标准《工业设备及管道绝热工程施工质量验收标准》GB/T 50185 的规定。

8.2 管 道 安 装

8.2.1 燃气厂站内管道数量较多，位置关系一般较为复杂，管道安装交叉作业多，为了避免返工、停工等问题，本条制定管道正常条件下安装遵循的原则。对于埋地管道，一般先深后浅；对于地沟敷设，一般先下后上，分层进行。合金钢和不锈钢等管道以及管径较大的管道，安装工艺相对复杂，环境要求高，一般宜先行安排施工。

8.2.2 本条针对管道清洁提出要求，尤其不锈钢管道对清洁度要求较高。低温管在低温特殊条件下使用，常用不锈钢管道，通过脱脂可以彻底清除管道游离铁离子、大颗粒灰尘、焊渣和油脂等，防止其在使用过程中机械损伤和被铁离子、氯离子等杂质污染，保证使用性能。

8.2.3 固定焊口由于焊接两端确定会造成焊接的残余应力增大，当焊缝距离动设备近，由于动设备的振动，焊口可能会出现疲劳破坏，为防止损坏设备，保证正常生产，制定本条。

8.2.4 管道法兰和其他连接件与墙壁、地面或管架保持一定的距离，方便管道安装和维修。

8.2.5 管道及其附件投入使用后不可避免将发生振动，管道如果和墙体、楼板或其他构筑物浇筑或砌筑在一起，会约束管道的热胀冷缩，也会对管道造成危害，且不利于后期维护保养。因此，本条对穿墙套管设置提出要求。

第4款 管道与套管之间的间隙一般采用具有防水、防火功能的密封材料进行填充。

8.2.6 由于金属的电极电位不同，不同的金属接触时，将产生静电位差，从而导致接触腐蚀，因此本条对不锈钢设备和管道固定措施作出规定。对垫片的氯离子含量提出要求，防止不锈钢的晶间腐蚀，以保证和延长使用寿命。

8.2.7 不锈钢焊件焊接时若焊接飞溅物落到坡口两侧，容易在沾污处引起腐蚀，从而影响焊件的使用性能，可采取在坡口两侧涂掺加胶粘剂的白垩粉、专用的防飞溅涂料等措施。

8.2.8 对合金元素含量较高的钢种，氩弧焊打底焊接，管内无氩气或其他保护气体时，焊缝背面将被严重氧化，甚至形成疏松组织无法成形，严重影响焊缝质量。

8.2.9 焊材选择既要考虑焊材的工艺性能又要考虑与母材的匹配性。

8.2.10 低温钢、奥氏体不锈钢、耐热耐蚀高合金钢以及奥氏体与非奥氏体异种钢接头焊接，焊接方法、焊接材料和焊接过程控制对焊缝质量有着重要的影响。这几类钢材焊接工艺的共同特点就是采用较小的焊接线能量施焊，并尽量降低层间温度，防止产生裂纹等缺陷。

低温钢实质上是属于屈服点为 350 MPa ~ 400 MPa 级的低碳低合金钢，焊接的关键是保证焊缝和粗晶区的低温韧性。焊接低温钢时，控制焊接线能量，可防止因焊缝过热出现粗大的铁素体或粗大的马氏体组织。试验证明，增大焊接线能量时，焊缝和热影响区的韧性都随之下降。低温钢采用多层焊接方法，前一层焊道对后一层焊道起到预热作用，后一层焊道对前一层焊道有细化晶粒的热处理作用，对提高焊缝金属的塑性和韧性有较大的好处。每层焊道焊缝不宜太厚，一般为2 mm～3 mm，过厚会使金属组织晶粒变粗，降低低温钢的力学性能。层间温度与预热温度等同。

奥氏体不锈钢采用小的焊接工艺参数焊接，可有效地防止合金元素的烧损，降低焊接残余应力，减少熔池在敏化温度区的停留时间，避免产生晶间腐蚀，同时也可防止热裂纹的产生。一般采用焊接热输入小、短弧快速焊的方法，焊条不做横向摆动，直线运条，以缩小高温停留时间，加快冷却速度。多层焊接时，层间温度一般低于60 ℃。

耐热耐蚀高合金钢采用较小的焊接线能量焊接，可减小合金元素烧损和熔池过热而形成粗晶组织，获得较好“等强度”的接头。粗晶组织虽然对高温瞬时强度和持久强度有一定好处，但严重降低高温塑性和疲劳强度、并易引起热裂纹，过热区越宽，影响越严重。

奥氏体钢、异种钢接头的焊接，选用小电流、短电弧、快速焊工艺可有效降低熔合比，避免接头一侧产生淬硬组织。

8.2.11 低温钢的焊后热处理，可使焊缝组织晶粒细化、改善焊接接头的组织和性能，增加焊缝抗应力腐蚀的能力，并可消除焊接残余应力，从而提高焊缝冲击韧性。奥氏体不锈钢焊缝在空气中会形成氧化膜，但这种膜的保护性不够完善。通常先要进行彻底酸洗，再用氧化剂钝化，才能保证钝化膜的完整性与稳定性。

经过焊接，焊接热影响区的组织和性能将发生变化，实践表明，热影响区熔合线附近的硬度最高，该处金属的塑性最差，是焊接接头的薄弱地带，而离熔合线越远的地方就越接近被焊金属基体的硬度。通过热处理，可以对焊接热影响区进行回火软化，改善焊接接头的力学性能。焊缝的硬度检验区域包括焊缝和热影响区，硬度值的要求执行设计文件要求和现行国家标准《工业金属管道工程施工质量验收规范》GB 50184 的有关规定。

8.2.12 管道安装期间及时进行封堵是为了防止异物进入管道，防止系统出现质量安全问题。管道与设备间增加临时盲板以便于管道系统单独进行压力试验。

主 控 项 目

8.2.13 本条所指钢管和管件的质量证明文件主要指制造厂家的材质报告和试验检测记录等文件。到场后，一般由建设单位或施工单位进行外观检查，主要检查管道表面是否存在凿痕、凹痕、槽痕以及过度锈蚀等缺陷，检查有无运输损坏等，具体要求执行相应的产品标准。

第1款 外观质量是管道质量控制的一个重要方面，一定程度上体现管道质量状况。

第2款 管材材质是工艺管道质量控制的重要内容。本条提出对管道和材料进行抽样检验，防止因供应的材料混用或假冒伪劣产品流入造成工程质量隐患，同时，也考虑检验成本，对复查的范围和数量要加以限制。光谱分析是当前现场检测较为快捷、方便的手段，但是其检查数量、适用范围和要求需要进一步明确，以利于施工控制。

光谱分析的目的是检验材料关键合金元素。根据检验的等级要求分为定性、半定量和定量共3种，常被用于合金钢材料（如管道、螺栓）等的复验。如对合金钢材料1Cr5Mo

的关键合金元素 Cr 和 Mo 进行检验。三种检验方式如下：

1）定性即鉴定被检材料中是否含有 Cr、Mo。

2）半定量则须测定 Cr、Mo 的含量（一般来说常用的光谱分析仪测出来的结果是一个区间，而非一个定值），同材质证明书（或规范）中的含量进行比较，确认合金含量是否合格。

3）定量则是根据材料中测定的谱线分析所有元素的含量。由于涉及元素众多，需要大量试组，对光谱仪的性能要求很高，常见于试验室检测。

实际工程中应用最广的是“半定量”。虽然现场各单位使用的光谱分析仪从仪器性能上能够达到定量的水平，但是鉴于测量的准确性和结果的权威性，一般将其定位半定量较为适宜。

本款中的光谱半定量分析一般采用谱线强度（黑度）比较法。即：将被测元素配置成标准系列，将试样与标样在同一条件下放在同一块谱板上，然后在映谱仪上对被测元素灵敏线的黑度与标准试样中该谱线的黑度进行比较，即可得出该元素在试样中的大致含量。

第 3 款　主要针对用于高温、高压、低温和腐蚀环境的管道，其钢管制造质量要求严格，订货合同中一般需要对钢管质量提出检测要求。因此本条制定管道无损检测要求、检测数量。

第 4 款　对工作环境低于 −20 ℃的钢管及钢质管件，当设计文件要求对材料低温冲击值进行试验时，在产品质量证明书中要有低温冲击试验合格的报告，现场安装时，也需要进行低温冲击韧性试验，合格方可使用。

8.2.14　厂站工艺管道焊接方法的选择对于管道安装质量有着重要的影响，是质量验收的重要内容。

8.2.15　垫片和隔离垫的氯离子含量要求是从防止不锈钢的晶间腐蚀，保证或延长使用寿命的角度考虑进行规定的。本条根据现行国家标准《工业金属管道工程施工质量验收规范》GB 50184 的规定编制。

第 4 款　金属缠绕式垫片是指外包金属环的缠绕式垫片，外包的金属环片焊点在紧固力度较大时，有可能出现断裂导致垫片报废的问题，安装时需要注意紧固的力度，按照产品技术文件的要求操作，安装完成后应对垫片外观进行检查。

第 5 款　本标准管道系统使用的螺母和螺栓执行的标准主要有现行国家标准《紧固件　螺栓、螺钉、螺柱和螺母　通用技术条件》GB/T 16938、《紧固件　机械性能　螺栓、螺钉和螺柱》GB/T 3098.1、《紧固件机械性能　螺母》GB/T 3098.2 等。

8.2.16　管道螺纹连接时，螺纹外露、螺纹损坏均有可能造成连接性能达不到设计文件要求；镀锌层受到损坏，不仅影响管道外观质量，还会造成管道耐久性下降，影响管道运行安全。为避免这种现象的发生，连接前，重点检查螺纹状况；连接完成后，重点检查管道是否到位，镀锌层是否损伤，发现问题及时返修。

8.2.17　卡套连接一般用于压缩天然气管道系统。

8.2.18　燃气厂站脱脂主要用于 LNG 低温管道、低温液体泵和低温储罐的内罐等设备。厂站设备和管道清洗、脱脂方法主要有水冲洗、空气吹扫、蒸汽吹扫、管道脱脂、化学清洗和油清洗等方法，适用于不同的管道。

管道、管件的绝缘装置是厂站安全运行的重要保障，绝缘电阻通过现场试验确定。

一 般 项 目

8.2.20 管道中心线、高程、坡度等指标在设计文件中明确，本条对安装允许偏差进行规定，以保证场站管道位置准确，排列整齐和外观质量良好，确保运行安全。安装允许偏差主要参照现行国家标准《石油天然气站内工艺管道工程施工规范》GB 50540，结合实际经验确定。

8.3 管道附件安装

8.3.1 汇气管是厂站中汇集、分配必不可少的重要管道附件，压力大、受力复杂，安装要求严格。汇气管推荐采用预制成品管，可避免现场安装缺陷，提高产品的质量，保证产品安全。汇气管一般采用整根无缝钢管；本条强调现场汇管、封头组对连接的顺序，是为了有效控制两端子管的相对偏差，提高安装精度，避免出现强行组对焊接而造成应力集中。

8.3.2 推荐采用机械钻孔，可保证开孔精度并能减少后期加工量。

8.3.3 拆卸后再次安装，重复使用的垫片表面由于已经产生变形不能完全适应法兰密封面，容易引起泄漏。

主 控 项 目

8.3.4 管道附件包括管件、法兰、阀门及其组合件等。燃气厂站阀门众多，执行现行行业标准《燃气输送用金属阀门》CJ/T 514 等。对于液化石油气储配站、气化站和混气站内，用于系统切断的截止阀、球阀和止回阀等各类阀门一般采用液化石油气专用的阀门。LNG 管道的阀门执行现行国家标准《低温阀门 技术条件》GB/T 24925 的规定。

8.3.5 本条主要对阀门外观质量和试验提出要求。当施工现场不具备阀门压力试验条件，阀门压力试验可以采取驻厂监造、委托第三方检测等方式进行。阀门压力试验方法（试验压力、时间、合格标准等）可参照现行行业标准《燃气输送用金属阀门》CJ/T 514、《阀门检验与安装规范》SY/T 4102。

8.3.6 燃气工程使用的安全切断阀、放散阀产品执行现行行业标准《城镇燃气切断阀和放散阀》CJ/T 335 的规定。厂站设置拉断阀为安全保护措施，拉断阀拉断，两端能够立即自行密封，可迅速切断气源，防止事故发生。

燃气紧急切断阀是安装在燃气储罐/管道出口处紧急时能够快速切断的阀门，利用电磁阀来控制阀门的关闭，是目前比较理想的安全阀之一。燃气紧急切断阀是常开型脉冲触发式型电磁阀。燃气紧急切断阀结构简单，反应灵敏，动作可靠，事故自锁及手动复位功能等特点。紧急切断阀与可燃气体泄漏监测仪器相连接，当仪器检测到可燃气体泄漏时，自动快速关闭主供气体阀门，切断燃气的供给，及时制止恶性事故的发生。在厂站内设置燃气紧急切断阀，可在中央控制室内集中控制，远距离遥控，紧急关闭事故现场的管线供气。

执行的标准主要有：《电磁式燃气紧急切断阀》CJ/T 394、《液化气体设备用紧急切断阀》GB/T 22653、《低温介质用紧急切断阀》GB/T 24918（主要用于LNG管道）等。

安全阀作为重要的安全保护装置，经过法定计量机构校准后方可安装使用，检验和铅封也由具备资格的检验部门实施。

气液联动装置调试包括执行机构和控制机构的调试，气液联动执行机构在厂家完成调试的，现场可不再进行调试；控制系统的调试在现场由厂家专业技术人员进行，一般由包括低压自动关阀性能、高压自动关阀性能、压降速率自动关阀性能及其远控功能等。

8.3.7 管道支架、托架、吊架、管卡及其他附件是管道的承力部件，本条强调对材质、规格、型号等内容的控制，保证附件材料合格。

8.3.8 补偿器根据作用不同分为不同类型，通过补偿器可调节管道温差产生的变形，调节管线纵向长度，以方便设备安装更换。补偿器由设计单位根据介质、伸缩长度确定其材质、规格和型号，施工中主要检查到场的补偿器材质、型号是否符合设计文件要求。

8.3.9 放散系统是燃气厂站重要的安全设施，用于管道和设备的操作放散、检修放散、安全放散和事故放散等，可单独或集中设置，并根据需要设置点火装置。集中放散装置的放散管口高度、位置由设计确定。本条主要是对放散系统中影响其运行安全的绝缘接头、阻火器、点火系统和放散口固定装置等重要设施安装质量提出要求。放散管道按照压力管道要求进行检验、焊缝进行无损检测。

一 般 项 目

8.3.11 法兰的密封在试压或生产过程中一旦发生泄漏，仅靠紧固螺栓往往解决不了问题，需将法兰拆卸进行研磨重新安装，对施工或生产影响较大。

8.3.12 本条对阀门、安全阀安装提出要求，防止出现安装错误，保证设施正常发挥作用。

第1款 止回阀（一个方向可流动，另一个方向呈自动关闭状态）、流量计、除污设施等附件，一般均标有介质流动方向，制定本款，加强质量检查，保证设备运行安全。不同的附件有不同的安装要求，执行设计文件要求和产品技术文件的规定，以保证安装质量。

第4款 为防止在螺栓紧固过程中出现附加应力，造成密封不严，法兰或螺纹连接的阀门在关闭状态下安装。

第5款 焊接阀门在打开状态下焊接，有利于焊渣等杂物清理，防止焊渣进入阀内损伤密封面；氩弧焊成型质量较好，用于焊接阀门打底焊可保证一次焊接合格率，有利于质量控制。

第6款 安全阀在竖直状态下才能发挥作用，制定本款以保证安全阀正常工作。

8.3.13 本条为管道支、吊架安装要求。

第1款 管道支架是保证管道的稳定安全运行的基本条件，支架的间距、位置在管道试压前要逐一确认，符合设计文件要求。

第2款 导向支架、滑动支架用于控制管道变形、位移的方向，跟补偿器一起，控制温度应力。支架滑动面光滑平整是基本要求，卡涩、歪斜将会导致管道局部应力集中和增加附加荷载，给管道安全运行带来安全隐患，施工中应特别注意。

8.3.14 补偿器可有效避免管道因热胀冷缩而造成破坏，其型号、位置在设计文件中确定，预拉伸或预压缩是减少管道系统运行中应力的一种措施，对保证安装的管道和设备正常运行十分必要，具体实施方法由设计单位确定。

8.3.15 汇气管作为厂站重要的设备，组装质量要求严格，本条根据现行国家标准《石油天然气站内工艺管道工程施工规范》GB 50540 的有关规定并结合实际情况提出汇管组装的允许偏差，以便于质量控制。

8.3.16 放散管作为压力管道，本条对其焊缝外观质量提出基本要求；放散管在特殊情况下排出燃气，对周边影响较大，因此设计文件中对放散管管口的高度均有明确要求，安装时，对管口高度、垂直度进行检查，以保证厂站设施运行和周边安全。

8.3.17 管道附件焊接是附件安装的关键环节，焊缝缺陷不仅影响管道安装的外观质量，也会造成应力集中、壁厚减薄和局部腐蚀，因此现场应严格控制焊接外观质量。

8.3.18 在安装时保持气流方向与管道附件上的箭头方向一致，能够保证设备正常使用不被损坏。阀门的阀杆和手轮在安装时主要考虑方便阀门的启闭操作，同时注意尽量减少操作人员磕碰手柄和手轮发生事故，保证运营安全。

9 储 罐

9.1 一 般 规 定

9.1.1 储罐基础状况直接影响到储罐的安装质量及运行安全，因此，本条提出设备安装前进行基础质量验收的要求。混凝土结构和钢结构基础质量验收执行现行国家标准《混凝土结构工程施工质量验收规范》GB 50204 和《钢结构工程施工质量验收标准》GB 50205 的规定。

9.1.2 接地和防雷装置是储罐重要的安全设施。其中，防雷系统安装执行现行国家标准《石油与石油设施雷电安全规范》GB 15599 的规定，接地装置安装执行现行国家标准《电气装置安装工程 爆炸和火灾危险环境电气装置施工及验收规范》GB 50257 和《电气装置安装工程 接地装置施工及验收规范》GB 50169 的规定。

9.1.3 储罐设置独立的平台、梯子等安全防护设施，以方便运营管理、维修，当其与储罐焊接时，焊缝质量与本体焊缝质量要求相同，并在储罐热处理前焊接完成，与储罐质量进行统一检验，热处理完成后不再与储罐本体进行焊接操作。由于储罐一般体积较大，与储罐主体同步进行，既为后期施工提供安全保证，也避免安全设施安装对储罐主体可能造成的损伤。

9.1.4 与工艺管道连接是储罐安装的重要环节，连接一般采用焊接、法兰连接和卡套连接等形式。

第 1 款 储罐（包括设备）安装完成后再进行管道连接，强度试验包括管道强度试验和储罐强度试验，储罐采用水介质进行强度试验，需要在沉降稳定后再进行管道安装。

第 2 款 设备进出口管道连接处设置支架，便于安装，保证接口安装牢固稳定，有利于系统运行安全。支架的位置、高程应仔细找准，能够保证工艺管道与储罐（含设备）在自由状态下准确对口。

第 3 款 强力连接会造成连接处产生附加的安装应力，损伤紧固件，对设备（特别是动设备），可能给运行带来隐患。因此，管道与设备在自由状态下连接，可避免在组装过程中产生附加应力和减少内应力，防止焊接产生裂纹，使管道使用性能得到保证。当连接存在偏差时，一般应调整管道。

第 5 款 管道与储罐（含设备）连接部位受力较为复杂，因此焊接一般采用氩弧焊打底，做到根部焊透，保证焊接质量。

9.1.5 本条对厂站储罐绝热现场施工提出要求。

9.2 垫铁、地脚螺栓和支座安装

9.2.1 预留孔二次灌浆是设备基础的重要环节，本条提出要求，以保证灌浆质量。

第1、2款 由于二次灌浆量一般不大，因此要求一次浇灌，保证混凝土整体性；浇筑前对预留孔进行清理，是为了保证二次灌注混凝土与基础结合良好。

第5款 预留孔中的混凝土未达到设计强度拧紧螺栓，地脚螺栓可能被拔出或松动。预留孔混凝土强度，可采用现场同条件混凝土试块进行检验，以此判断混凝土是否达到设计文件要求的强度。

9.2.2 本条强调垫铁安装首先执行设计文件的要求，当设备技术文件对垫铁设置有特殊要求或要求更为严格时，同时执行设备技术文件的规定。

第2款 坐浆法施工要求基面干净。坐浆混凝土一般采用细碎石混凝土，其强度较基础混凝土强度可提高一个等级，采取添加早强剂、加强养护等措施，尽快提高混凝土强度。

第3款 临时垫铁作为设备安装的重要控制措施，影响设备最终安装质量，因此，本款根据设备安装质量允许偏差，对临时垫铁安装提出要求。

主 控 项 目

9.2.3 燃气厂站储罐和设备安装的地脚螺栓，在设备运行时承受振动、冲击力和温度变化等荷载，地脚螺栓的安装质量直接涉及储罐和设备的安全使用。地脚螺栓的规格，如直径、长度等采用游标卡尺量测。

9.2.4 灌浆混凝土质量影响设备运行安全，要做到密实、平整和美观，本条提出强度、填充等质量控制要求，通常灌浆混凝土上表面宜保持略有向外的坡度，高度略低于容器支座底板边缘的上表面。

9.2.5 地脚螺栓按照设计或产品技术文件规定的紧固力矩值进行紧固，紧固程度采用力矩扳手进行检验。

9.2.6 本条主要针对储罐和设备可能采用焊接连接提出的质量控制要求，对连接件厚度、焊接提出要求，保证基座与基础连接的刚度，减小变形。

9.2.7 厂站储罐（含设备）的支座或支吊架涂料一般具有防火功能，因此，本条对具有防火性能的涂料提出质量检验规定，以保证设备运营安全。

一 般 项 目

9.2.8 地脚螺栓的位置偏差，直接影响罐体或设备就位能否顺利进行，影响安装进度和质量。本条根据相关规范，结合实践经验，对地脚螺栓安装偏差提出控制指标，便于检查验收。

9.2.9 支吊架与设备间不能有空隙，以起到支撑作用，保证设备正常运行。

9.2.10 本条主要对设备安装提出要求，设备找正后，设备底座与基础、底座与垫铁之间应做到压紧，不留空隙，保证荷载直接可靠地传到基础，防止应力集中，减少设备变形，保证运行稳定。设备与基础连接牢固是基本要求，是设备安全运行的基本保证。

9.2.11 燃气厂站卧式设备的滑动支座，滑动面上的杂物、毛刺、飞溅等通常采用人工或机械方法磨平，再涂以润滑脂，以减少滑动阻力。

9.3 储 罐 安 装

9.3.1 储罐现场制造按国家现行标准执行，主要有：《立式圆筒形钢制焊接储罐施工规范》GB 50128、《钢制球形储罐》GB/T 12337、《球形储罐施工规范》GB 50094、《钢制低压湿式气柜》HG 20517、《液化天然气（LNG）生产、储存和装运》GB/T 20368、《现场组装立式圆筒平底钢质低温液化气储罐的设计与建造》GB/T 26978 和《立式圆筒形低温储罐施工技术规程》SH/T 3537 等；大型储罐执行现行行业标准《大型焊接低压储罐的设计与建造》SY/T 0608。

LNG 钢质圆筒形外罐现场组装焊接执行的标准有：《立式圆筒形低温储罐施工技术规程》SH/T 3537、《石油化工钢制低温储罐技术规范》GB/T 50938 和《塔式容器》NB/T 47041 等。

9.3.2 本条要求为了保证储罐吊装施工的安全和安装质量，防止吊装过程中储罐发生失稳倾覆或出现较大的偏差。

主 控 项 目

9.3.3 整体安装的储罐的质量证明文件是安装、投入运行后操作的依据，对工程竣工验收有十分重要的意义。通过产品实物检查和资料核查，确认储罐的规格、型号和性能符合设计文件要求。

整体安装的储罐出厂前一般都进行了强度试验和严密性试验，并附有试验合格报告。LNG 储罐的质量证明包括脱脂和真空度的合格文件。当没有上述试验合格报告、质量证明文件或现场制造时，则需在现场进行试验、处理。

9.3.4 在储罐装卸、运输过程中，由于措施不当造成储罐表面的破损，将会给储罐的运行带来安全隐患；低温储罐的保温效果由真空度保证，储罐表面有划伤时，可能会影响真空度。

9.3.5 储罐安装时要注意坡度方向，防止储罐内积液，有利于储罐运行管理。

9.3.6 在工作温度下经受膨胀或收缩的卧式储罐（容器），由于温差的作用，会使储罐的位置发生改变，滑动支座就是为适应这种变化而设置的，便于储罐自由伸缩，以消除热应力的影响，保证设备运行安全。

9.3.7 LNG 储罐真空度对于设备保温效果影响较大，同时，真空度的检验可验证设备密封性能，间接说明损坏情况，因此本条针对真空度检验提出要求。

一 般 项 目

9.3.8 整体储罐管口的保护封堵，主要是为了防止异物进入。当发现储罐保护封堵掉落，要仔细检查储罐内是否有异物，清理干净后，再对管口采取封堵保护措施。

9.3.9 储罐安装的找正与找平要与起重工密切配合，主要调整和测量方法如下：

1）储罐支承（裙式支座、耳式支座、支架等）底面高程以基础上的高程基准线为基准；

2）储罐的中心线位置以基础上的中心画线为基准；

3）立式储罐的方位以基础上距离容器最近的中心画线为基准；

4）立式储罐的垂直度以容器两端部的测点为基准；

5）卧式储罐的水平度一般以容器的中心线画线为基准；

6）储罐找正与找平的补充测点宜在下列部位选择：①主法兰口；②水平或铅垂的轮廓面；③其他指定的基准面或加工面。

9.4 储罐附件安装

主 控 项 目

9.4.1 储罐附件是指与储罐本体配套的阀门、安全阀、防爆片、温度计、流量计、压力表、液面计等安全附件，也包括平台、梯子、扶手、栏杆、喷淋管、消防管等安全设施。储罐附件进场时，对其型号、规格、外观和配件进行验收，核对是否与设计文件要求和设备清单一致。安全附件执行相应的产品标准；喷淋管、消防管执行国家有关消防设施标准，平台、梯子等执行国家有关钢结构安装标准。

9.4.2 安全阀、温度计、压力表等是保证储罐安全运行的重要部件，按设计文件要求的参数由专业机构进行检定。在验收时保证在检定有效期内使用，同时标明有效日期或下次检验日期。

9.4.3 储罐附件包括类型较多，当设备技术文件对专用附件或者设备安装有特殊要求时，需按设备技术文件的要求进行安装、检查验收，以保证设备安装质量和运行安全。

9.4.4 安全附件安装的位置、方向、连接方法等既要符合设计文件要求，也要符合产品技术文件的要求。安全附件安装位置和方向同时要考虑便于运行和检修人员观察和操作。

一 般 项 目

9.4.5 本条提出球罐附件安装的高程、方位偏差控制要求，便于安装质量控制，保证安装效果。

9.4.6 附件对于储罐安全生产有着重要的作用，因此对其外观质量和防腐层保护提出具体要求，保证设备安装质量。

9.5 储气瓶组安装

主 控 项 目

9.5.1 储气瓶由有资质的专业厂家制造，技术质量部门监督。型号、规格及性能与设计文件核对，以防用错。储气瓶现行国家标准主要有《站用压缩天然气钢瓶》GB/T 19158、《液化石油气钢瓶》GB/T 5842 和《焊接绝热气瓶》GB/T 24159 等。按有关特种设备的相关规定，气瓶标识牢固、完整，以利于追溯和运营的安全管理。

9.5.2 切断阀、安全阀、放散阀及压力监测装置是储气瓶的重要安全附件，按国家要求进行检验或检定，确保运行安全。瓶口是否完好直接影响到瓶口与管道的连接严密性，施工中需要特别注意保护。

9.5.3 储气瓶附件均安装在连接管路上，切断阀、安全阀、放散阀及压力监测装置安装的前后位置错误，会给运行造成安全隐患，要对照产品使用说明书和设计文件进行检查。

9.5.4 储气瓶一般是集中设置在瓶筐上形成气瓶组，将气瓶固定在支架上，气瓶与固定座之间一般衬垫厚度不应小于4 mm的橡胶垫，既固定住气瓶，防止位移，也方便气瓶更换，为此提出检验的要求。

一 般 项 目

9.5.5 储气瓶组合理布置、排列整齐，是安全管理的基本要求。储气瓶在运输、安装过程中有可能受到外力作用，造成瓶体损伤、涂层破坏，对气瓶的使用和耐久性形成安全隐患，因此，对其外观质量提出要求。

10 厂站工艺设备

10.1 一 般 规 定

10.1.1 厂站设备不参与外部管线清扫和强度试验，防止损坏或污染、堵塞。但清管装置因可以参与管道清扫，且清扫和强度不会影响本身的性能，所以可不执行本条的相关规定。

10.1.2 安全设施与主体设备同时安装，减少不必要的交叉作业，施工中统筹考虑，保证工程施工质量和安全。

10.1.3 方位线标记为按设计图样和技术文件要求安装设备提供了基本保障；设备安装找正基准点（线）应选择设备制造时的基准母线，若制造单位没有将基准母线移植到到货的设备上，安装前要补充安装基准。中心标记和吊挂点标记为正确吊装提供了重要参考，避免吊装方法失误导致的设备变形、损坏甚至安全事故。

10.1.4 进出口设置关断阀的设备，出厂前，内部均已清理合格，安装及设备调试前开启或拆除，空气混入后，可能造成内部锈蚀，或者异物进入，造成设备堵塞，影响设备的运行安全；对于抽真空气化器，不宜提前拆除或打开，否则会影响设备运行。

10.1.5 厂站一般工艺设备与管道连接执行本标准9.1.4条的规定，本条直接引用。

10.1.6 防雷系统执行现行国家标准《石油与石油设施雷电安全规范》GB 15599，接地装置执行现行国家标准《电气装置安装工程　爆炸和火灾危险环境电气装置施工及验收规范》GB 50257和《电气装置安装工程　接地装置施工及验收规范》GB 50169。

10.1.7 设备垫铁、地脚螺栓和支座的安装和验收与本标准9.2节储罐相关内容相同。

10.2 调压、计量装置安装

主 控 项 目

10.2.1 调压器、安全阀、阀门、过滤器、检测仪表及其他设备进场后，逐个进行检查，并与设计文件要求核对，质量证明文件中相应的检测报告齐全有效，如阀门已进行清洗、强度和严密性试验合格。

10.2.2 管道连接主要包括焊接、法兰连接等方式，为保证安装质量，调压装置与管道通常采用焊接，焊缝进行无损检测，合格方可进行下道工序。

10.2.3 指挥器是调压器的重要装置，其朝向按设备指示安装，否则会影响调压器的正常运行。调压阀具有方向性，因此安装时需特别注意，加强质量控制，控制阀杆状态，防止出现歪扭和倾斜等情况。

10.2.4 强度试验和严密性试验是检验现场组装调压装置性能的重要方法，强度试验合格后进行严密性试验。调压装置的严密性试验是在所有附件全部装配完毕后进行。试验时应关闭调压器信号管阀门，并将调压器隔离。关闭旁通阀门，关闭所有排气阀。从调压装置进、出口阀门缓慢向调压前、后管路分别充入其各自的试验压力，若试验压力高于0.8 MPa，先缓慢充气至试验压力的30%和60%时，检查各连接部位有无泄漏，合格后再继续按试验压力的10%逐级升压，每级稳压3 min～10 min，检查有无异常现象，直至达到试验压力，关闭调压装置进、出口阀门。采用发泡剂对所有连接部位和接口进行检查，做到无泄漏；记录压力表读数，保压时间不应少于1 h，再检查各压力表读数，无压降为合格。

10.2.5 计量设备、仪表的准确性对于燃气贸易结算、安全管理具有重要的意义，按计量法规的规定由法定检测单位检定合格后方可安装，并注明有效期。

一般项目

10.2.6 调压器附件也是设备的重要组成部分，包括导压管、指挥器、压力表等，均需要加强过程质量检查，以保证调压器运行安全。

10.2.7 管道连接方法主要包括焊接、法兰和螺纹连接。本条针对三种连接方法质量控制提出要求。法兰连接时，调压装置的接口与管道平行，螺栓对称拧紧。

10.2.8 本条主要针对现场组装的调压装置的支架安装提出要求，以保证调压设施安全运行。调压装置通常设置支墩或支架，安装时调整支墩或支架，安装后的调压器、过滤器和阀门在一条直线上。

10.2.9 调压装置内的各设备按设计位置安装，保证工艺流程的实现，各设备重点控制好安装高度，保证装置的整体外观质量。

10.2.10 差压式流量计是燃气流量计的一种类型。该流量计要求上、下游直管段应具有一定的长度，以保证数据具有代表性，一般按设计文件或产品要求执行。孔板安装是差压式流量计的关键，流量计的位置通常高于孔板，导压管的坡度宜坡向孔板；孔板的偏心度、垂直度对于测量数据影响较大，需要严格控制。孔板在管道冲洗、吹扫完成后进行安装，与工艺管道同时进行压力试验。

10.2.11 涡轮流量计对于前后直管段的长度有要求，以保证测量准确，前置放大器与流量计间的距离一般不大于20 m。超声流量计对于前后直管段的长度也有要求，一般在设计文件中明确，水平管道上换能器的位置通常与水平直径成45°夹角范围内，为保证测量精度，安装时，先将被测管道的内壁的结垢层或涂层清理干净。

10.2.12 本条主要针对相同型号的调压、计量装置并排安装时提出要求，保证厂站安装整体效果良好。

10.2.13 调压、计量装置及附件外观质量是质量验收的重要方面，涂料不合格造成调压、计量装置的过早锈蚀、污染都可能影响到设备的运行，因此，本条对调压、计量装置及附件涂色提出要求，便于运行管理。涂色执行现行行业标准《城镇燃气标志标准》CJJ/T 153的有关规定。

10.3 静设备安装

10.3.1 站内静设备包括整装的压力容器、过滤装置、收（发）球装置、加臭装置、气化装置、换热装置、混气装置和装卸装置等，本节压力容器不包括储罐、储气瓶组，储罐、储气瓶组安装执行本标准第9章的有关规定。

10.3.2 静设备安装时，水平度坡向装置的排污方向，可防止积液，有利于运行管理。

10.3.3 气化器内管道接口较多，材料抗拉强度低，在运输和安装过程中容易发生焊口开裂、翅片变形，采用保护钢架进行运输和吊装确保气化器不损坏。因此本条对保护措施提出要求。

主 项 项 目

10.3.4 开箱检验是静设备验收的重要环节，检查内容包括：①箱号、箱数和包装；②设备名称、型号和规格；③设备质量证明文件；④设备内件及安全附件的规格、箱号和数量。静设备及附件的检验试验通过随机质量证明文件进行查验。静设备的设计文件、质量证明文件既代表了产品质量，又是安装、使用的说明书和技术指导资料。属于压力容器的设备，如过滤器，还需要按特种设备制造要求进行监检，出具相应的质量证明文件。

10.3.5 过滤装置主要是防止颗粒性杂质进入管道，造成堵塞，使阀门或其他设备失灵而不能正常使用。过滤器标有介质流动方向时，安装时应特别注意，否则将影响静设备安全运行和设备性能，甚至造成静设备损坏。

10.3.6 收、发球装置、过滤装置、压力容器等静设备出厂前已完成强度试验和严密性试验，可检查试验报告。静设备与管道的连接是重要的环节，不同的连接方式、工艺措施对接口质量和系统安全运行影响较大，是质量验收的重点内容。

按照国家标准《工业金属管道工程施工规范》GB 50235—2010、《工业金属管道工程施工质量验收规范》GB 50184—2011 的规定，为确保系统和接口不渗不漏，通常进行压力试验，试验方法和试验压力由设计确定。当不具备强度试验（水压试验、气压试验）条件时，由设计单位、建设单位确定采用无损检测、管道系统柔性分析和泄漏试验代替强度试验。严密性试验重点检查法兰与螺纹连接处、阀门填料函、放空阀、排气阀、排净阀等密封点。

10.3.7 一些容易产生静电、燃气泄漏的设备均安装静电聚集接地和报警装置，如装卸装置，除固定、滑动转动部分的安装外，接地装置、报警装置均涉及设备运行安全，需要特别注意。

10.3.8 防撞和安全防护设施是为了保证静设备运行安全的重要装置，是装卸装置验收的重要内容，因此本条提出相应的要求。

10.3.9 拉断阀、紧急切断阀、放散阀是燃气厂站装卸装置的重要安全装置。拉断阀安装在加气设备出口，一旦被分为两节后，在节的端头具有自动密封功能，且密封后 5 min 内管道压力降不大于 3 MPa。加气设备拉断阀拉断，两端能够立即自行密封，同时，紧急切断阀应立即关闭，以保证安全。设置拉断阀，若软管断开，拉断阀可迅速切断气源，防止事故发生。

除产品检验合格外，紧急切断阀检测还包括安装完成后，与紧急切断系统进行的连锁试验。

10.3.10 静设备外观质量是设备安装前质量验收的重要内容，防腐涂料的损伤、设备的锈蚀以及不锈钢的污染都可能影响到设备的运行。设备外观检查一般与本标准10.3.4条的开箱检验同时进行，是设备厂家与施工单位共同验证设备质量，完成交接的重要一环。

10.3，11 本条主要对静设备安装提出要求，保证静设备荷载直接可靠地传到基础，防止应力集中现象发生，减少静设备变形，保证运行稳定。

一般项目

10.3.12 安装前，通过进场验收对装置内部进行检查确认。管口及时封堵保护，可防止杂物进入设备内，保证静设备和系统安装质量。

10.3.13 加臭装置注入喷嘴通常安装在燃气成分分析仪、调压器、流量计后的水平钢质燃气管道上，注入喷嘴插入到管道一定深度才有较好的效果，本条对插入深度进行规定，以保证加臭效果。

10.3.14 加臭装置不锈钢储罐液位计是重要的安全附件，本条针对液位计提出检查验收要求，确保实现设计功能，保证运行安全。

10.3.15 设备的固定、滑动转动部分的安装质量均涉及装卸装置运行安全，在管道接口在保证不泄漏的前提下，还要做到能够灵活转动，这是设备正常使用的基本要求，因此本条将其作为质量控制内容进行检查验收。

10.3.16 液化天然气在气化器内获得热量变成气态并恢复到常温后才使用，城镇LNG气化站内通常设置有空温式（空浴式）气化器、水浴式气化器/加热器、BOG加热器、EAG加热器等设备。气化器作为一种换热器，结构形式多种多样，LNG工程中常用的有板翅式、管壳式、翅片管片式等类型。对于管壳式气化器，安装时以保证整体水平为主，套管纵向水平度和横向水平度均以顶层换热管的上表面作为水平度的测量基准。

10.3.17 本条提出厂站其他静设备安装控制的允许偏差，当设备技术文件针对产品的特殊性能提出更严格的控制指标、项目时，执行设备技术文件的规定。垂直度测量基准采用与立式设备任意两条相邻的方位线作为设备垂直度测量基准，用经纬仪调整、测量设备垂直度时，从不同的方位线进行校核。卧式设备一般以两侧水平方位线作为水平度的测量基准，安装时，水平偏差宜偏向设备的排泄方向，对于高温、低温设备，水平偏差宜偏向补偿温度变化所引起的伸缩方向。

10.3.18 设备涂色质量是设备安装前质量验收的重要方面，涂料不合格造成设备的过早锈蚀、污染都可能影响到设备的运行，因此，本条对设备涂色提出要求，便于设备运行管理。涂色执行现行行业标准《城镇燃气标志标准》CJJ/T 153的有关规定。

10.4 动设备安装

主控项目

10.4.1 本节动设备包括泵、压缩机、电机等设备。

1）泵的开箱检查，主要包括以下内容：泵设备合格证、设备技术文件齐全。检查泵的安装尺寸与工程设计图纸是否相符，泵的主要零件、密封件及垫片是否符合设计及设备技术文件的要求，是否完整，外观是否有损伤和划痕，轴的表面是否有裂纹、损伤和其他缺陷，泵进出口原密封是否完好，盘车有无异常声响，核查是否在制造厂规定的防锈及质量保证期内。

2）压缩机由具有生产许可证的专业厂商制造，设备进场以装箱单为依据进行开箱检验，检查设备的产品合格证和质量证明书，整体安装的机组，出厂时已整体装配、调整完善、检查压缩机组的防锈保证期，一般宜在保证期内完成设备安装。

10.4.2 本条主要针对整体出厂的动设备制定。如压缩机出厂前，压缩机的零件、部件和附属设备做到无损伤和锈蚀等缺陷，清洗洁净，清洁度达到随机技术文件的要求，在规定的防锈保证期内安装时，如果发现压缩机内部有锈蚀，重新进行清除处理。当超过防锈保证期或有本条指出的缺陷时，由建设单位组织监理单位、施工单位、使用单位技术人员（必要时，设计和制造厂家参加）研究解决方案。

10.4.3 本条规定主要针对整体出厂的动设备制定。如压缩机管组路、接头及连接处的密封和泄放很重要，既是环保要求也是安全要求。根据现行国家标准《风机、压缩机、泵安装工程施工及验收规范》GB 50275 的规定，无论是整体出厂还是解体出厂的压缩机组装后，均进行严密性试验；润滑系统因润滑方式和压力而规定各不相同，因此，按随机技术文件的规定进行处理。压缩机中的压力容器，对于出厂前进行强度试验，取得合格证且外表无损伤的，安装时不做强度试验，否则，应做强度试验。严密性试验可与管路系统一起进行。

10.4.4 动设备出厂前已脱脂，并出具脱脂合格记录时，现场可不进行脱脂。当低温液体泵出厂前进行脱脂处理后，应按下列方法之一进行检验：

1）滤纸擦拭法：用清洁干燥的白色滤纸擦抹脱脂件表面，纸上无油脂痕迹为合格；

2）紫光灯照射检查法：脱脂后用波长 320 nm ~ 380 nm 的紫外光检查脱脂件表面，无油脂荧光为合格；

3）樟脑检查法：用蒸汽吹扫脱脂时，盛少量蒸汽冷凝液于器皿内，并放入数颗粒度小于 1 mm 的纯樟脑，以樟脑不停旋转为合格；

4）溶剂分析法：用有机溶剂脱脂时，取样检查合格后的脱脂剂，油脂含量不大于 125 mg/m^2 为合格。

一 般 项 目

10.4.5 动设备外观质量是设备安装前质量验收的重要方面，防腐涂料的损伤、设备的锈蚀以及不锈钢的污染反映设备在制造、运输和安装过程中存在问题，可能有影响到设备运行的安全隐患。动设备外观检查与本标准 10.4.1 条的开箱检验同时进行，外观检查是设备厂家与施工单位共同验证设备质量，完成交接的重要一环。

10.4.6 本条主要对设备安装提出要求，保证设备荷载直接可靠地传到基础，防止应力集中现象发生，减少设备变形，保证运行稳定。

10.4.7 本条规定了整体出厂压缩机安装的允许偏差，主要参照国家现行标准《石油天然气建设工程施工质量验收规范 设备安装工程 第 1 部分：机泵类》SY 4201.1 的有关规定编制。

10.4.8 汽轮机主要用于透平式压缩机。汽轮机与增速机等设备进行找正、调平时，同轴度执行随机技术文件的规定，本条参考现行国家标准编制，以保证压缩机整体装配质量。

10.4.9 电机与齿轮箱之间的联轴器的端面间隙调整前需确认电机的实际磁力中心线，这是为了避免因电机磁力中心线不对导致电机振动，造成设备损坏。对制造厂标牌注明的磁力中心线，通常在现场校准其准确度。

10.4.10 驱动机与泵一般采用联轴器和皮带两种方式连接，联轴器种类繁多，本条仅提出基本的质量要求：驱动机轴与泵轴、驱动机轴与变速器轴以联轴器连接时，两半联轴器的径向位移、端面间隙、轴线倾斜均执行设备技术文件的规定。当没有规定时，执行现行国家标准《机械设备安装工程施工及验收通用规范》GB 50231 的规定。

10.4.11 本条根据现行国家标准《风机、压缩机、泵安装工程施工及验收规范》GB 50275 对整体型泵安装的允许偏差提出要求，保证设备正常运行。整体型泵的安装水平度，在泵的进、出口法兰面或其他水平面进行检测，泵的纵向以轴中心为基准，横向以泵的出口管的中心为基准。

低温液体泵安装时，注意泵在低温运行过程中轴向可以正常移动的范围，连接螺栓与长孔两端的距离满足设备最大位移的需要，具体参数在设计文件中确定。

10.4.12 低温液体泵主要应用于 LNG 厂站中。低温液体泵进液管的安装对于低温泵的正常运行极为重要，进液管位于液面的深度不足时，泵入口没有足够的液体启动，泵入口处的压力低于流体温度对应的饱和压力，LNG 液体加速气化，形成大量气泡，在泵内形成汽蚀，严重时会影响泵的流量、扬程，导致效率下降，甚至泵无法运转。

10.4.13 本条主要针对低温液体泵安装提出要求，强调补偿器安装和调节执行设计技术文件的要求，以保证运行安全。

10.4.14 低温液体泵的纵、横向中心线允许偏差执行设备随机技术文件的要求，当没有要求时，执行本条规定。离心泵水平度测量方法与整体型泵的测量方法基本相同，柱塞式泵的水平度在曲轴外露部分或其他加工面上进行测量。泵的纵向以轴中心为基准，横向以泵的出口管的中心为基准。

10.5 灌装设备安装

主 控 项 目

10.5.1 灌装设备主要包括灌装秤、灌装转盘和钢瓶输送机等部件。开箱检验要求同本标准 10.3.4 条的规定。

10.5.2 灌装秤包括气动灌装秤、电子灌装秤等类型，要求设备性能稳定、称量准确，其精度经计量检定合格。

10.5.3 紧急切断阀是燃气厂站装卸装置的重要安全设施，当运营中软管出现断开情况，拉断阀可迅速切断气源，同时，紧急切断阀立即关闭，防止事故发生。紧急切断阀检测包括其与紧急切断系统进行的连锁试验。

10.5.4 灌装设备接地装置电阻值在现场按照产品技术文件要求进行测试，做到安全可靠。

10.5.5 防撞和安全防护设施作为保证灌装设备运行的安全装置，应进行质量验收。

一 般 项 目

10.5.6 LPG 灌瓶站验重设备主要有气动灌装秤和电子灌装秤两类，电子灌装秤安装较为简单，对计量影响较小，执行现行国家标准《机械设备安装工程施工及验收通用规范》GB 50231 的有关规定。本条主要对气动灌装秤安装质量提出要求，以保证计量精度。气动灌装秤安装前，先清理气动灌装秤，防止杂物进入空气管内，安装执行产品技术文件的要求，无要求时，执行本条的规定。

10.5.7 灌瓶转盘由型钢材料拼焊的底盘、带有液化气和压缩空气分配头的中心轴以及气动控制秤组成。底盘外缘轮箍通过电机和变速器用皮带传动。为了减小摩擦，底盘下部均匀分布胶皮轮托。液化气切断阀和气动灌瓶接头用压缩空气控制。安装前，检验转盘混凝土基础平整度，保证托轮均匀，转盘重心不出现较大的偏差。

10.6 撬装设备安装

主 控 项 目

10.6.1 本标准撬装设备是指在工厂将单体设备和工艺管道等组装到钢质底座上，整体运至现场，直接安装在基础上的成套设备。本条属于撬装设备开箱检验的内容，进场检验是设备验收的重要环节。检查内容包括：①箱号、箱数和包装；②设备名称、型号和规格；③设备质量证明文件；④设备内件及安全附件的规格、箱号和数量。设备及附件的检验试验通过随机质量证明文件进行查验。设备的设计文件、质量证明文件既代表了产品质量，又是安装、使用的说明书和技术指导资料。如撬装设备中的过滤器属于压力容器时，还应按照特种设备制造要求进行监检。

撬装设备经厂家检验试验合格方可出厂，阀门、压力容器、配件均经检验合格，随机提供质量证明文件和设备的性能检测、试验报告齐全完整。

撬装设备随机技术文件包括：制造厂提供的出厂合格证、质量证明文件、使用说明书、检测报告、强度试验和严密性试验记录等，压力容器等特种设备的检验试验和监检报告。

一 般 项 目

10.6.2 本条主要对撬装设备底座安装提出要求，保证设备荷载直接可靠地传到基础，防止应力集中现象发生，减少设备变形，保证运行稳定。

10.6.3 本条根据现行行业标准《天然气净化装置设备与管道安装工程施工技术规范》SY/T 0460 编制，主要对厂站内撬装设备的高程、水平度和中心线位移提出要求。

撬装设备的水平度测量以撬装设备基座两端型钢上平面为基准；撬装设备底面高程以基础的高程为基准，撬装设备的基准线以基础的中心线为基准；设备找平、找正过程中，可选择土法兰口（指设备的物料进出口）、水平或垂直轮廓面、主要构件的基准面或加工面等作为补充测点，找平、找正通常在同一平面内互成直角的两个或两个以上方向进行。

10.6.4 相同型号的撬装设备并排安装时严格控制相对位置偏差，保证设备安装整体效果，有利于厂站安全管理。

11 清扫和压力试验

11.1 一 般 规 定

11.1.1 管道的清扫、强度试验和严密性试验的工序、介质、压力和升压方法不同，需要依次进行，否则可能损伤管道和设备。清扫和压力试验与现已运行的燃气管道必须完全断开，防止空气进入已运行的燃气管道或已运行的燃气管道内的燃气进入待试管道而发生事故。

11.1.2 燃气管道进行清扫、强度试验和严密性试验时，容易出现安全事故，做好安全防范工作十分重要。一般在进行清扫和压力试验前均要根据工程的具体情况编制专项施工方案，同时采取安全保护措施，并依据审批通过后的方案实施。

11.1.3 压力试验作业风险大，作业人员要保持足够的距离，试验现场要设置警戒线，无关人员不得进入试压现场，警戒范围在压力试验专项施工方案中明确。清扫时出口前端设置明显警戒标志是为了提示此处不能有人员靠近。

11.1.4 架空管道在有约束状态下进行吹扫试压，可以防止管道变形与应力集中造成质量与安全事故。

11.1.6 调压、计量及控制设备结构部件精度要求高，清扫时做好隔离，避免杂质进入设备影响进度或损坏设备。对于储罐及设备，均为整体设备，一般均在工厂制造，出厂前进行单体压力试验，确保整体强度和严密性，增加工艺系统的安全程度。对于现场制作的储罐，单独进行压力试验，合格后方可与管道系统连接。

11.1.7 管道的堵头在试验时是最容易忽视和出现安全问题的地方，管道堵头的加固牢靠非常重要。

11.1.8 压缩空气是由压缩机提供，压缩机使用的油和冬天使用的防冻剂容易随压缩空气流入管道内，油和防冻剂会对管道产生不良影响。压缩空气温度过高，可能对塑料管道造成损伤。

11.1.9 目前，在城镇燃气输配系统中越来越多地使用不锈钢材料，在对不锈钢材料进行检测时，控制检测液氯离子的含量，避免对不锈钢材料造成腐蚀。

11.1.10 吹扫、压力试验管段和待试管道与无关系统隔离十分重要，否则验收很难完成。与现已运行的燃气管道必须完全断开，采用阀门隔离可能因阀门内漏无法完成验收，还可能因空气进入已运行的燃气管道或已运行的燃气管道内的燃气进入待试管道而发生事故。

11.1.11 试验时所发现的缺陷，必须待试验压力降至大气压后进行处理是为了保证施工安全。管道内带压时进行焊接、切割或拆卸法兰及丝扣等都是极其危险的，以往的施工中已有很多的教训。

11.1.12 设备复位后，不允许再进行其他作业，是为了防止管段二次污染，否则需要重新进行吹扫和质量验收，因此施工中需合理安排工序。

11.1.13 干燥是为了防止管道内壁锈蚀因而产生杂质。管道干燥可进行分区干燥，将待干燥管道与其他的管道、设备等用盲板隔离，也可整体干燥。

管道干燥可采用干空气、真空和氮气吹扫的方法，宜进行分区干燥，将待干燥管道与其他的管道、设备等用盲板隔离。

第1款 针对站内液化天然气等低温管道，对管道干燥要求高，本款管道出口处的水露点是指管道干燥末期，管道被较低水露点的干空气完全置换后、密闭试验4 h后在管端测得的水露点。

第2款 站外管道和站内的其他管道（液化天然气管道除外）一般为常温管道，其干燥标准相对较低。本款提出基本规定，当设计有具体要求时，执行设计的规定。

11.1.14 管道干燥合格一般不能马上投入使用，为防止大气中的水分再次进入管道和设备，需要向管道内注入微正压、水露点符合要求的干燥空气或氮气进行填充，且对管道进行密封，与外界空气进行隔绝，可以更好地保持干燥效果，防止管道锈蚀和变形。充入氮气及惰性气体比填充干燥空气对管道防腐蚀更为有效，当建设、设计有要求时采用。充入氮气的压力要符合本条的规定。

11.1.15 管道验收合格超过半年，管道未进行置换、封压措施，对于钢管，可能会因为端口密封不严造成大气水分进入管道，管道内壁开始锈蚀、受到污染，因此，在管道正式运行前要重新进行吹扫，清除管内杂物，同时进行严密性试验，确保管道严密、不发生泄漏。聚乙烯管道在未采取封压措施的情况下，管道是否发生破损、较大变形情况不能掌握，因此，在正式运行前，需要进行严密性试验，以检验管道系统的密封完好状态。

11.2 清扫与测径

11.2.1 根据多年的燃气管道施工经验，一般来讲，清管球清扫的效果较气体吹扫好，但施工较复杂。聚乙烯管道、球墨铸铁管道因管道内壁较干净、光滑，采用气体吹扫效果也较好。

11.2.2 清扫口不加固可能在吹扫过程中被损坏而脱落造成事故，在以往的施工中有过教训。清扫出口是整个吹扫段最应注意安全的地方，选择合适位置设安全区域，并由专人负责安全是十分必要的。

11.2.3 本条为管道吹扫要求。

第1款 在吹扫时按工艺流程对主管、支管等依次或分段吹扫，防止出现盲吹管段。

第2款 每次吹扫管道的长度最好不大于500 m，过长的管线采用气体吹扫的方法很难吹扫干净，在施工中根据具体情况合理安排，分段吹扫。

第3款 由于气体流速过低无法验证吹扫合格，但受吹扫的压力限制，要达到流速要求就要采取适当的储气措施。

第4款 吹扫口与地面的夹角过大或吹扫管段与被吹扫管段不采取平缓过渡对焊连接，吹扫时会增大吹扫管段的受力，影响吹扫口的稳定，甚至损坏吹扫口。吹扫口直径过小，管道内的气体流速可能达不到吹扫要求或管道内过大的物体不能通过吹扫口，而且造成吹扫口的气体流速过大，影响吹扫口的稳定，产生较大的噪声。

第6款 吹扫气体的流速不小于20 m/s是保证管道能吹扫干净的条件之一；验收吹扫是否合格时，其气体的流速也应在20 m/s左右，流速过低无法证明检验结果是合格的。

11.2.4 清管进出口采用的临时收、发球（器）装置，是由施工单位自行制作。规定清管压力是为了保证清管安全和管道不被损伤。

11.2.5 测径有利于尽早发现施工中存在的管道变形，及时消除隐患。清管合格后需进行测径，目前一般测径时采用铝质测径板，直径为试压段中最大壁厚钢管或者弯头内径的90%，当测径板通过管段后，无变形、无褶皱为合格。

11.3 强度试验

11.3.1 试验时的巡视人员应通过培训，持证上岗，严格按专项施工方案进行作业。防护警戒距离是按照压力级别、根据现行规范并结合实践经验编制。

11.3.2 试验管道分段长度的规定是基本原则，分段进行压力试验的主要目的是为控制在城市施工占道时间过长，而且试验管道过长，一旦试验不合格将给查找漏点带来难度。一般来讲，城市管理部门也不允许施工占道过长。

11.3.3 对于一、二级地区敷设的管道且在高寒的特殊施工地段，可有条件地采用空气作试验介质，是参考输气管道验收的做法，在本标准要求更严格。

11.3.4 根据城镇燃气工程各类型厂站的性质规定了压力试验的一般要求，其中管道输送气态的输配系统厂站压力试验的一般要求与站外管道系统保持一致，液化石油气和液化天然气厂站由于低温运行不宜采用液体做强度试验介质。压缩天然气场站压力较高，要求采用水压试验。

11.3.5 根据多年的实际工程经验，部分输配系统厂站在强度试验时遇到试压水源、废水排放及试验工序等的限制，同时厂站内设备较多，管道系统复杂，水压试验后无法完全排净管内积水，造成工艺设备堵塞等问题，采用液体做强度试验确有困难。本标准参考现行国家标准《输气管道工程设计规范》GB 50251的相关条款，规定了输配系统厂站采用气体作为强度试验介质的条件。

11.3.6 在地形高差较大的时候，水压试验时要计算管道最低处的压力，当大于管道环向应力时，可采取分段试压。

11.3.7 两端设置压力表是在压力稳定后便于压力对比，并取其平均值进行计算。气压试验时由于受到温度的影响，需要进行温度补偿校核计算。

11.3.8 强度试验采用气体介质时，升至试验压力的50%后进行初检以防止意外的发生，初检可观察压力表有无持续下降，焊口、法兰接口、管道设备和管件等有无泄漏、异常等。

11.3.9 分段试压合格后碰口连接（黄金口）经无损检验合格后不再重复试验，是参考了国家标准《油气长输管道工程施工及验收规范》GB 50369—2014中第14.1.3条要求提出的。

11.3.10 液化石油气、液化天然气均为低温管道，对管道进行干燥，是保冷施工、低温介质运行的基本要求。

11.4 严 密 性 试 验

11.4.1 燃气管道在没有做强度试验的情况下，直接用气体做严密性试验并代替强度试验是危险的，严密性试验应在强度试验合格之后进行。

11.4.2 本条规定严密性试验所用压力表的要求，主要是为保证试验数据的可靠性。试验所用压力计的量程、精度等级、最小分格值及表盘直径选择不合理，在燃气管道小流量泄漏时可能不被读出，另外一种情况是可能损坏压力计。

11.4.3 对于设计压力大于或等于 5 kPa 的管道，一些标准存在严密性试验压力采用 1.15 倍设计压力的说法，目前，现行国家标准《工业金属管道工程施工规范》GB 50235—2010 规定，对于采用气体进行的严密性试验，其试验压力为设计压力；现行国家标准《油气长输管道工程施工及验收规范》GB 50369—2014 规定，水压试验、气压试验时，严密性试验压力均为设计压力。根据现行国家标准，严密性试验压力采用设计压力基本能够评价管道严密性能，多年的实践经验证明该方法是有效、安全的。

11.4.4 缓慢升压是为了确保安全，稳压检查是为了及时发现问题。稳压时间的长短与环境温度、土壤条件等因素有关，施工中可根据具体情况确定。

11.4.5 严密性试验的合格判定条件为 $\Delta P'<133$ Pa，其含义是不能有压力降，133 Pa 是考虑在读取压力计时可能产生的视觉误差。按水银压力计考虑，1 处读取的误差不会大于 1 mm 汞柱，上、下累计的最大读取的误差为 2 mm 汞柱，约 133 Pa。$\Delta P'<133$ Pa 的合格判定条件较为严格。在本标准制定过程中，绝大多数燃气公司认为该合格判定条件能够做到，而且有的燃气公司在企业标准中，已实行严密性试验的合格判定条件为无压力降。城市道路下敷设有各种市政管道，并且各管道、沟槽的安全距离较小，燃气管道只要有泄漏就有可能进入排污管线、电力电缆沟、供热沟槽内聚集而引发事故。从施工角度讲，只要有泄漏就说明工程质量存在问题，小的漏点也有可能在长时间的运行后扩大，所以，燃气管道的严密性试验不允许有泄漏是合理的。

11.4.6 架空管道裸露在外，受环境温度等外界因素影响较大，试压时间过长可能导致结果不准确，可采用直观检查。

12 竣 工 验 收

12.0.1 施工质量验收是在施工单位自检合格的基础上，按工艺顺序及工程项目划分顺序进行，检验批→分项工程→分部（子分部）工程→单位（子单位）工程。施工前，制定分部、分项和检验批的划分方案，报建设单位（监理单位）审核。

12.0.2 本条提出了工程竣工验收的基本条件，在组织竣工验收的时候可根据工程特点，按建设单位及主管部门的要求，补充条件。

12.0.3 工程竣工验收是检验工程质量必不可少的一道程序，也是保证工程质量的一项重要措施。如质量不合格时，可在验收中发现和处理，以免影响使用和维修。规范的验收程序，严格的验收要求，不但能及时发现工程中存在的质量隐患，而且能促使施工单位管理和质量意识的提高。

对工程质量有争议、投诉和检验多次才合格的项目，是重点验收项目，必要时重新检验、复查。

12.0.4 工程竣工验收检查要求。

第1款 验收材料主要为本标准12.0.5中的各种文件、资料，即包括施工准备阶段的资料和包括施工过程中形成的工程资料以及竣工验收阶段形成的资料。

第2款 按设计、竣工图纸对工程进行现场检查是竣工验收检查的重要工作。主要有：检查工程的实体质量，检查工程是否按设计进行施工，检查竣工图纸是否真实、准确、完整地反映工程实际，检查现场的标志、标识是否符合要求。

12.0.5 竣工资料是证明工程建设质量情况的重要文件，需要妥善保管，不得事后随意补交竣工资料。如果不及时收集、整理可能导致丢失、遗漏，难以弥补。工程竣工后，及时进行资料立卷、归档，这对工程投入使用后的运行管理、维修、扩建、改建等工作有重要的意义。

材料、设备、仪表等需要提供必要的质量合格证明文件、检验试验报告；对于特种设备，则需要提交特种设备的监检报告。本条中的“测量记录”既包含工程施工过程中的跟踪测量，也包含工程完工后的竣工测量，所有测量均做好记录，并在交工技术文件中体现。工程影像资料可以为竣工交验提供最原始、真实、形象的依据，随着社会的发展、科技的进步，影像资料在工程中的应用越来越广泛，越来越重要。

UDC

中华人民共和国行业标准 CJJ

P

CJJ 94—2009
备案号 J 264—2009

城镇燃气室内工程施工与质量验收规范

Code for construction and quality acceptance of
city indoor gas engineering

2009－04－07 发布　　2009－10－01 实施

中华人民共和国住房和城乡建设部 发布

中华人民共和国住房和城乡建设部
公 告

第272号

关于发布行业标准《城镇燃气室内工程施工与质量验收规范》的公告

现批准《城镇燃气室内工程施工与质量验收规范》为行业标准，编号为CJJ 94—2009，自2009年10月1日起实施。其中，第3.2.1、3.2.2、4.2.1、6.3.1、6.4.1、7.2.3、8.1.3、8.2.4、8.2.5、8.3.2、8.3.3条为强制性条文，必须严格执行。原《城镇燃气室内工程施工及验收规范》CJJ 94—2003同时废止。

本规范由我部标准定额研究所组织中国建筑工业出版社出版发行。

中华人民共和国住房和城乡建设部

2009年4月7日

前　言

根据原建设部《关于印发〈2005 年工程建设标准规范制定、修订计划（第一批）〉的通知》（建标〔2005〕84 号）的要求，本规范由北京市煤气热力工程设计院有限公司会同有关单位经广泛调查研究，认真总结实践经验，参考有关国际标准和国外先进标准，并在广泛征求意见的基础上，修订而成。

本规范主要技术内容包括：1　总则；2　术语；3　基本规定；4　室内燃气管道安装及检验；5　燃气计量表安装及检验；6　家用、商业用及工业企业用燃具和用气设备的安装及检验；7　商业用燃气锅炉和冷热水机组燃气系统安装及检验；8　试验与验收等。

本次修订的主要内容是：

1　增加了铝塑复合管的连接、燃气管道的防雷接地、敷设在管道竖井内的燃气管道的安装、沿外墙敷设的燃气管道的安装等方面的规定；

2　增加了燃气计量表与燃具、电气设施的最小净距要求、燃气计量表安装的允许偏差和检验方法等要求；

3　增加了燃气热水器和采暖炉安装及烟道安装的要求等；

4　增加了调压装置安装、监控系统安装的要求等。

本规范中以黑体字标志的条文为强制性条文，必须严格执行。

本规范由住房和城乡建设部负责管理和对强制性条文的解释，由北京市煤气热力工程设计院有限公司负责具体技术内容的解释（地址：北京市西城区西单北大街小酱坊胡同甲 40 号；邮政编码：100032）。

本规范主编单位：北京市煤气热力工程设计院有限公司

本规范参编单位：成都城市燃气有限责任公司
沈阳城市燃气规划设计研究院有限公司
北京市公用工程质量监督站
成都康多工程监理有限责任公司
国际铜业协会（中国）
深圳市燃气集团有限公司
香港中华煤气有限公司
吉林省中吉大地燃气集团股份有限公司
重庆前卫克罗姆表业有限责任公司
佛山市日丰企业有限公司
宁波市圣宇机械制造有限公司
中山华帝燃具股份有限公司
长春振威燃气安装发展有限公司
中国城市燃气协会

成都共同管业有限公司

本规范主要起草人： 戚大明 罗 庆 朱立建 严茂森 白丽萍 吴 珊 杨永慧 井 帅 姜国芳 黄 炜 李白千 易洪斌 张申正

本规范审查人： 金石坚 李恒敬 杜 霞 元永泰 于京春 陈秋雄 张 琳 沈其铭 李美竹 黄崇智 洪运来 魏秋云 顾书政

目 次

Contents

1 总 则

1.0.1 为统一城镇燃气室内工程的施工与质量验收，保证城镇燃气室内工程的施工质量，确保安全供气，制定本规范。

1.0.2 本规范适用于供气压力小于或等于0.8 MPa（表压）的新建、扩建和改建的城镇居民住宅、商业用户、燃气锅炉房（不含锅炉本体）、实验室、工业企业（不含用气设备）等用户室内燃气管道和用气设备安装的施工与质量验收。

1.0.3 燃气室内工程竣工验收合格后，接通燃气的工作应由燃气供应单位负责。

1.0.4 城镇燃气室内工程的施工与质量验收除应符合本规范的规定外，尚应符合国家现行有关标准的规定。

2 术 语

2.0.1 城镇燃气室内工程 indoor gas engineering

指城镇居民、商业和工业企业用户内部的燃气工程系统，含引入管到各用户燃具和用气设备之间的燃气管道（包括室内燃气道及室外燃气管道）、燃具、用气设备及设施。

2.0.2 室内燃气管道 internal gas pipe

从用户引入管总阀门到各用户燃具和用气设备之间的燃气管道。

2.0.3 引入管 service pipe

室外配气支管与用户室内燃气进口管总阀门（当无总阀门时，指距室内地面1.0 m高处）之间的管道。含沿外墙敷设的燃气管道。

配气支管指最靠近燃气用户的室外燃气配气管道。

2.0.4 管道组成件 piping components

用于连接或装配管道的元件。它包括：管子、管件、法兰、垫片、紧固件、阀门、挠性接头、耐压软管及过滤器等。

2.0.5 钎焊连接 capillary soldering or brazing

将熔点比母材低的钎料与母材一起加热，在母材不熔化的情况下，钎料熔化后润湿并填充母材连接处的缝隙，钎料和母材相互溶解和扩散，从而形成牢固的连接。

2.0.6 硬钎焊连接 brazing jointing

钎料熔点大于450℃的钎焊连接。

2.0.7 目视检查 observe with eye

通过眼睛并可辅以必要的检查工具，对安装质量进行检查的方法。

2.0.8 管道暗埋 piping embedment

管道直接埋设在室内墙体、地面内。

2.0.9 管道暗封 piping concealment

管道敷设在管道井、吊顶、管沟、装饰层等内。

3 基 本 规 定

3.1 一 般 规 定

3.1.1 承担城镇燃气室内工程和燃气室内配套工程的施工单位，应具有国家相关行政管理部门批准的与承包范围相应的资质。

3.1.2 从事燃气钢质管道焊接的人员必须具有锅炉压力容器压力管道特种设备操作人员资格证书，且应在证书的有效期及合格范围内从事焊接工作。间断焊接时间超过六个月，再次上岗前应重新考试合格。

3.1.3 从事燃气铜管钎焊焊接的人员应经专业技术培训合格，并持相关部门签发的特种作业人员上岗证书，方可上岗操作。

3.1.4 从事燃气管道机械连接的安装人员应经专业技术培训合格，并持相关部门签发的上岗证书，方可上岗操作。

3.1.5 城镇燃气室内工程施工必须按已审定的设计文件实施。当需要修改设计文件或材料代用时，应经原设计单位同意。

3.1.6 施工单位应结合工程特点制定施工方案，并应经有关部门批准。

3.1.7 在质量检验中，根据检验项目的重要性分为主控项目和一般项目。主控项目必须全部合格，一般项目经抽样检验应合格。当采用计数检验时，除有专门要求外，一般项目的合格点率不应低于 80%，且不合格点的最大偏差值不应超过其允许偏差值的 1.2 倍。

3.1.8 工程完工必须经验收合格，方可进行下道工序或投入使用。工程验收的组织机构应符合相关规定。

分项工程验收宜按本规范附录 A 表 A.0.1 的要求填写验收结果；分部（子分部）工程验收宜按本规范附录 A 表 A.0.2 的要求填写验收结果；单位（子单位）工程验收宜按本规范附录 A 表 A.0.3 的要求填写验收结果。

3.1.9 验收不合格的项目，通过返修或采取安全措施仍不能满足设计文件要求时，不得对该项目验收。

3.1.10 室内燃气管道的最高压力和燃具、用气设备燃烧器采用的额定压力应符合现行国家标准《城镇燃气设计规范》GB 50028 的有关规定。

3.1.11 当采用计数检验时，计数规定宜符合下列规定：

1 直管段：每 20 m 为一个计数单位（不足 20 m 按 20 m 计）；

2 引入管：每一个引入管为一个计数单位；

3 室内安装：每一个用户单元为一个计数单位；

4 管道连接：每个连接口（焊接、螺纹连接、法兰连接等）为一个计数单位。

3.2 材料设备管理

3.2.1 国家规定实行生产许可证、计量器具许可证或特殊认证的产品，产品生产单位必须提供相关证明文件，施工单位必须在安装使用前查验相关的文件，不符合要求的产品不得安装使用。

3.2.2 燃气室内工程所用的管道组成件、设备及有关材料的规格、性能等应符合国家现行有关标准及设计文件的规定，并应有出厂合格文件；燃具、用气设备和计量装置等必须选用经国家主管部门认可的检测机构检测合格的产品，不合格者不得选用。

3.2.3 燃气室内工程采用的材料、设备及管道组成件进场时，施工单位应按国家现行标准及设计文件组织检查验收，并填写相应记录。验收应以外观检查和查验质量合格文件为主。当对产品的质量或产品合格文件有疑义时，应在监理（建设）单位人员的见证下，由相关单位按产品检验标准分类抽样检验。

3.2.4 对工程采用的材料、设备进场抽检不合格时，应按相关产品标准进行抽测。抽测的材料、设备再出现不合格时，判定该批材料、设备不合格，并严禁使用。

3.2.5 管道组成件和设备的运输及存放应符合下列规定：

1 管道组成件和设备在运输、装卸和搬动时，应避免被污染，不得抛、摔、滚、拖等；

2 管道组成件和设备严禁与油品、腐蚀性物品或有毒物品混合堆放；

3 铝塑复合管、覆塑的铜管、覆塑的不锈钢波纹软管及其管件应存放在通风良好的库房或棚内，不得露天存放，应远离热源且防止阳光直射；

4 管子及设备应水平堆放，堆置高度不宜超过2.0 m。管件应原箱码堆，堆高不宜超过3层。

3.3 施工过程质量管理

3.3.1 在施工过程中，工序之间应进行交接检验，交接双方应共同检查确认工程质量，并应做书面记录。

3.3.2 工程质量验收应在施工单位自检合格的基础上，按分项、分部（子分部）、单位（子单位）工程进行。

3.3.3 燃气室内工程验收单元可按单位（子单位）工程、分部（子分部）工程、分项工程进行划分。分部（子分部）、分项工程的划分可按表3.3.3进行。

表3.3.3 燃气室内工程分部（子分部）、分项工程划分表

分部（子分部）工程	分项工程
引入管安装	管道沟槽、管道连接、管道防腐、沟槽回填、管道设施防护、阴极保护系统安装与测试、调压装置安装
室内燃气管道安装	管道及管道附件安装、暗埋或暗封管道及其管道附件安装、支架安装、计量装置安装
设备安装	用气设备安装、通风设备安装
电气系统安装	报警系统安装、接地系统安装、防爆电气系统安装、自动控制系统安装

3.3.4 施工单位应对工程施工质量进行检验，并真实、准确、及时地记录检验结果。记录表格宜符合本规范附录 A 的要求。

3.3.5 质量检验所使用的检测设备、计量仪器应检定合格，并应在有效期内。

4 室内燃气管道安装及检验

4.1 一 般 规 定

4.1.1 室内燃气管道系统安装前应对管道组成件进行内外部清扫。

4.1.2 室内燃气管道施工前应满足下列要求：

1 施工图纸及有关技术文件应齐备；

2 施工方案应经过批准；

3 管道组成件和工具应齐备，且能保证正常施工；

4 燃气管道安装前的土建工程，应能满足管道施工安装的要求；

5 应对施工现场进行清理，清除垃圾、杂物。

4.1.3 在燃气管道安装过程中，未经原建筑设计单位的书面同意，不得在承重的梁、柱和结构缝上开孔，不得损坏建筑物的结构和防火性能。

4.1.4 当燃气管道穿越管沟、建筑物基础、墙和楼板时应符合下列要求：

1 燃气管道必须敷设于套管中，且宜与套管同轴；

2 套管内的燃气管道不得设有任何形式的连接接头（不含纵向或螺旋焊缝及经无损检测合格的焊接接头）；

3 套管与燃气管道之间的间隙应采用密封性能良好的柔性防腐、防水材料填实，套管与建筑物之间的间隙应用防水材料填实。

4.1.5 燃气管道穿过建筑物基础、墙和楼板所设套管的管径不宜小于表 4.1.5 的规定；高层建筑引入管穿越建筑物基础时，其套管管径应符合设计文件的规定。

表 4.1.5 燃气管道的套管公称尺寸

燃气管	*DN*10	*DN*15	*DN*20	*DN*25	*DN*32	*DN*40	*DN*50	*DN*65	*DN*80	*DN*100	*DN*150
套管	*DN*25	*DN*32	*DN*40	*DN*50	*DN*65	*DN*65	*DN*80	*DN*100	*DN*125	*DN*150	*DN*200

4.1.6 燃气管道穿墙套管的两端应与墙面齐平；穿楼板套管的上端宜高于最终形成的地面 5 cm，下端应与楼板底齐平。

4.1.7 阀门的安装应符合下列要求：

1 阀门的规格、种类应符合设计文件的要求；

2 在安装前应对阀门逐个进行外观检查，并宜对引入管阀门进行严密性试验；

3 阀门的安装位置应符合设计文件的规定，且便于操作和维修，并宜对室外阀门采取安全保护措施；

4 寒冷地区输送湿燃气时，应按设计文件要求对室外引入管阀门采取保温措施；

5 阀门宜有开关指示标识，对有方向性要求的阀门，必须按规定方向安装；

6 阀门应在关闭状态下安装。

4.2 引 入 管

主 控 项 目

4.2.1 在地下室、半地下室、设备层和地上密闭房间以及地下车库安装燃气引入管道时应符合设计文件的规定；当设计文件无明确要求时，应符合下列规定：

1 引入管道应使用钢号为10、20的无缝钢管或具有同等及同等以上性能的其他金属管材；

2 管道的敷设位置应便于检修，不得影响车辆的正常通行，且应避免被碰撞；

3 管道的连接必须采用焊接连接。其焊缝外观质量应按现行国家标准《现场设备、工业管道焊接工程施工及验收规范》GB 50236进行评定，Ⅲ级合格；焊缝内部质量检查应按现行国家标准《无损检测金属管道熔化焊环向对接接头射线照相检测》GB/T 12605进行评定，Ⅲ级合格。

检查数量：100%检查。

检查方法：目视检查和查看无损检测报告。

4.2.2 紧邻小区道路（甬路）和楼门过道处的地上引入管设置的安全保护措施应符合设文件要求。

检查数量：100%检查。

检查方法：目视检查和查阅设计文件。

一 般 项 目

4.2.3 当引入管埋地部分与室外埋地PE管相连时，其连接位置距建筑物基础不宜小于0.5 m，且应采用钢塑焊接转换接头。当采用法兰转换接头时，应对法兰及其紧固件的周围死角和空隙部分采用防腐胶泥填充进行过渡，进行防腐层施工前胶泥应干实。防腐层的种类和防腐等级应符合设计文件要求，接头钢质部分的防腐等级不应低于管道的防腐等级。

检查数量：100%检查。

检查方法：目视检查、针孔检漏仪检测。

4.2.4 当引入管采用地下引入时，应符合下列规定：

1 埋地引入管敷设的施工技术要求应符合国家现行标准《城镇燃气输配工程施工及验收规范》CJJ 33的有关规定；

2 当引入管穿越建筑物基础或管沟时，燃气管道的套管管径应符合本规范第4.1.5条的规定；

3 埋地引入管的回填与路面恢复应符合国家现行标准《城镇燃气输配工程施工及验收规范》CJJ 33的有关规定；

4 引入管室内部分宜靠实体墙固定。

检查数量：100%检查。

检查方法：目视检查或检查隐蔽工程记录。

4.2.5 当引入管采用地上引入时，应符合下列规定：

1 引入管升向地面的弯管应符合本规范第4.3.17条的规定；

2 引入管与建筑物外墙之间的净距应便于安装和维修，宜为0.10~0.15 m；

3 引入管上端弯曲处设置的清扫口宜采用焊接连接，焊缝外观质量应按现行国家标准《现场设备、工业管道焊接工程施工及验收规范》GB 50236进行评定，Ⅲ级合格；

4 引入管保温层的材料、厚度及结构应符合设计文件的规定，保温层表面应平整，凹凸偏差不宜超过±2 mm。

检查数量：抽查不少于10%，且不少于2处，其中第3款检查数量为100%检查。

检查方法：目视检查、测针测量保温层厚度、查验保温材料合格证。

4.2.6 输送湿燃气的引入管应坡向室外，其坡度宜大于或等于0.01。

检查数量：抽查10%，且不少于2处。

检查方法：尺量检查，必要时使用水平仪量测。

4.2.7 引入管最小覆土厚度应符合现行国家标准《城镇燃气设计规范》GB 50028的有关规定。

检查数量：100%检查。

检查方法：在施工过程中用尺量检查。

4.2.8 当室外配气支管上采取阴极保护措施时，引入管的安装应符合下列规定：

1 引入管进入建筑物前应设绝缘装置；绝缘装置的形式宜采用整体式绝缘接头，应采取防止高压电涌破坏的措施，并确保有效；

2 进入室内的燃气管道应进行等电位联结。

检查数量：100%检查。

检查方法：目视检查及查看产品合格证。

4.3 室内燃气管道

一般规定

4.3.1 燃气室内工程使用的管道组成件应按设计文件选用；当设计文件无明确规定时，应符合现行国家标准《城镇燃气设计规范》GB 50028的有关规定，并应符合下列规定：

1 当管子公称尺寸小于或等于*DN*50，且管道设计压力为低压时，宜采用热镀锌钢管和镀锌管件；

2 当管子公称尺寸大于*DN*50时，宜采用无缝钢管或焊接钢管；

3 铜管宜采用牌号为TP2的铜管及铜管件；当采用暗埋形式敷设时，应采用塑覆铜管或包有绝缘保护材料的铜管；

4 当采用薄壁不锈钢管时，其厚度不应小于0.6 mm；

5 不锈钢波纹软管的管材及管件的材质应符合国家现行相关标准的规定；

6 薄壁不锈钢管和不锈钢波纹软管用于暗埋形式敷设或穿墙时，应具有外包覆层；

7 当工作压力小于 10 kPa，且环境温度不高于 60℃时，可在户内计量装置后使用燃气用铝塑复合管及专用管件。

4.3.2 当室内燃气管道的敷设方式在设计文件中无明确规定时，宜按表 4.3.2 选用。

表 4.3.2 室内燃气管道敷设方式

管道材料	明设管道	暗设管道	
		暗封形式	暗埋形式
热镀锌钢管	应	可	—
无缝钢管	应	可	—
铜管	应	可	可
薄壁不锈钢管	应	可	可
不锈钢波纹软管	可	可	可
燃气用铝塑复合管	可	可	可

注：表中“—”表示不推荐。

4.3.3 室内燃气管道的连接应符合下列要求：

1 公称尺寸不大于 *DN*50 的镀锌钢管应采用螺纹连接；当必须采用其他连接形式时，应采取相应的措施；

2 无缝钢管或焊接钢管应采用焊接或法兰连接；

3 铜管应采用承插式硬钎焊连接，不得采用对接钎焊和软钎焊；

4 薄壁不锈钢管应采用承插氩弧焊式管件连接或卡套式、卡压式、环压式等管件机械连接；

5 不锈钢波纹软管及非金属软管应采用专用管件连接；

6 燃气用铝塑复合管应采用专用的卡套式、卡压式连接方式。

4.3.4 燃气管子的切割应符合下列规定：

1 碳素钢管宜采用机械方法或氧－可燃气体火焰切割；

2 薄壁不锈钢管应采用机械或等离子弧方法切割；当采用砂轮切割或修磨时，应使用专用砂轮片；

3 铜管应采用机械方法切割；

4 不锈钢波纹软管和燃气用铝塑复合管应使用专用管剪切割。

4.3.5 燃气管道采用的支撑形式宜按表 4.3.5 选择，高层建筑室内燃气管道的支撑形式应符合设计文件的规定。

表 4.3.5 燃气管道采用的支撑形式

公称尺寸	砖砌墙壁	混凝土制墙板	石膏空心墙板	木结构墙	楼板
*DN*15 ~ *DN*20	管卡	管卡	管卡、夹壁管卡	管卡	吊架
*DN*25 ~ *DN*40	管卡、托架	管卡、托架	夹壁管卡	管卡	吊架

表 4.3.5（续）

公称尺寸	砖砌墙壁	混凝土制墙板	石膏空心墙板	木结构墙	楼板
*DN*50 ~ *DN*65	管卡、托架	管卡、托架	夹壁托架	管卡、托架	吊架
> *DN*65	托架	托架	不得依敷	托架	吊架

主　控　项　目

4.3.6 燃气管道的连接方式应符合设计文件的规定。当设计文件无明确规定时，设计压力大于或等于 10 kPa 的管道以及布置在地下室、半地下室或地上密闭空间内的管道，除采用加厚的低压管或与专用设备进行螺纹或法兰连接以外，应采用焊接的连接方式。

检查数量：100% 检查。

检查方法：目视检查和查阅设计文件。

4.3.7 钢质管道的焊接应符合下列规定：

1 管子与管件的坡口与组对

1）管子与管件的坡口形式和尺寸应符合设计文件的规定，当设计文件无明确规定时，应符合现行国家标准《现场设备、工业管道焊接工程施工及验收规范》GB 50236 和本规范附录 B 的规定；

2）管子与管件的坡口及其内、外表面的清理应符合现行国家标准《工业金属管道工程施工及验收规范》GB 50235 的规定；

3）等壁厚对接焊件内壁应齐平，内壁错边量不应大于 1 mm；

4）当不等壁厚对接焊件组对且其内壁错边量大于 1 mm 或外壁错边量大于 3 mm 时，应按现行国家标准《工业金属管道工程施工与验收规范》GB 50235 的规定进行修整。

2 钢质管道宜采用手工电弧焊或手工钨极氩弧焊焊接，当公称尺寸小于或等于 *DN*40 时，也可采用氧 - 可燃气体焊接；

3 焊条（料）、焊丝、焊剂的选用

1）焊条（料）、焊丝、焊剂的选用应符合设计文件的规定，当设计文件无规定时，应按现行国家标准《现场设备、工业管道焊接工程施工及验收规范》GB 50236 的规定选用；

2）严禁使用药皮脱落或不均匀、有气孔、裂纹、生锈或受潮的焊条。

4 管道的焊接工艺要求

1）管道的焊接应符合现行国家标准《现场设备、工业管道焊接工程施工及验收规范》GB 50236 的有关规定；

2）管子焊接时，应采取防风措施；

3）焊缝严禁强制冷却。

5 在管道上开孔接支管时，开孔边缘距管道环焊缝不应小于 100 mm；当小于 100 mm 时，应对环焊缝进行射线探伤检测，且质量不应低于现行国家标准《无损检测　金

属管道熔化焊环向对接接头射线照相检测方法》GB/T 12605 中的Ⅲ级；管道环焊缝与支架、吊架边缘之间的距离不应小于 50 mm；

6　管道对接焊缝质量应符合设计文件的要求，当设计文件无明确要求时应符合下列要求：

1）焊后应将焊缝表面及其附近的药皮、飞溅物清除干净，然后进行焊缝外观检查；

2）焊缝外观质量不应低于现行国家标准《现场设备、工业管道焊接工程施工及验收规范》GB 50236 中的Ⅲ级焊缝质量标准；

3）对接焊缝内部质量采用射线探伤检测时，其质量不应低于现行国家标准《无损检测　金属管道熔化焊环向对接接头射线照相检测方法》GB/T 12605 中的Ⅲ级焊缝质量标准。

检查数量：当管道明设或暗封敷设时，焊缝外观质量应 100% 检查，焊缝内部质量的检查比例不少于 5% 且不少于 1 个连接部位。当管道暗埋敷设时，焊缝外观和内部质量应 100% 检查。

检查方法：焊缝外观检查采用目视检查或焊缝检查尺检查；焊缝内部质量检查查看无损检测报告。

4.3.8　钢管焊接质量检验不合格的部位必须返修至合格。设计文件要求对焊缝质量进行无损检测时，对检验出现不合格的焊缝，应按下列规定检验与评定：

1　每出现一道不合格焊缝，应再抽检两道该焊工所焊的同一批焊缝，当这两道焊缝均合格时，应认为检验所代表的这一批焊缝合格；

2　当第二次抽检仍出现不合格焊缝时，每出现一道不合格焊缝应再抽检两道该焊工所焊的同一批焊缝，再次检验的焊缝均合格时，可认为检验所代表的这一批焊缝合格；

3　当仍出现不合格焊缝时，应对该焊工所焊全部同批的焊缝进行检验并应对其他批次的焊缝加大检验比例。

检查数量：100% 检查。

检查方法：查看检查记录和无损检测报告。

4.3.9　法兰焊接结构及焊缝成型应符合国家现行标准《管路法兰技术条件》JB/T 74 的有关规定。

检查数量：抽查比例不少于 10%，且不少于 1 对法兰。

检查方法：目视检查和焊缝检查尺量测。

4.3.10　铜管接头和焊接工艺应按现行国家标准《铜管接头》GB/T 11618 执行，铜管的钎焊连接应符合下列规定：

1　钎焊前，应除去钎焊处铜管外壁与管件内壁表面的污物及氧化物；

2　钎焊前，应将铜管插入端与承口处的间隙调整均匀；

3　钎料宜选用含磷脱氧元素的铜基无银或低银钎料，铜管之间钎焊时可不添加钎焊剂，但与铜合金管件钎焊时，应添加钎焊剂；

4　钎焊时应均匀加热被焊铜管及接头，当达到钎焊温度时加入钎料，应使钎料均匀渗入承插口的间隙内，加热温度宜控制在 645～790℃之间，钎料填满间隙后应停止加热，保持静止冷却，然后将钎焊部位清理干净；

5 钎焊后必须进行外观检查，钎焊缝应圆滑过渡，钎焊缝表面应光滑，不得有较大焊瘤及铜管件边缘熔融等缺陷。

检查数量：100% 钎焊缝。

检查方法：目视检查。

4.3.11 铝塑复合管的连接应符合下列规定：

1 铝塑复合管的质量应符合现行国家标准《铝塑复合压力管》GB/T 18997 的规定。铝塑复合管连接管件的质量应符合国家现行标准《铝塑复合管用卡压式管件》CJ/T 190 和《铝塑复合管用卡套式铜制管接头》CJ/T 111 的规定。并应附有质量合格证书；

2 连接用的管件应与管材配套，并应用专用工具进行操作；

3 应使用专用刮刀将管口处的聚乙烯内层削坡口，坡角为 20°~30°，深度为 1.0~1.5 mm，且应用清洁的纸或布将坡口残屑擦干净；

4 连接时应将管口整圆，并修整管口毛刺，保证管口端面与管轴线垂直。

检查数量：100% 检查。

检查方法：目视检查。

4.3.12 可燃气体检测报警器与燃具或阀门的水平距离应符合下列规定：

1 当燃气相对密度比空气轻时，水平距离应控制在 0.5~8.0 m 范围内，安装高度应距屋顶 0.3 m 之内，且不得安装于燃具的正上方；

2 当燃气相对密度比空气重时，水平距离应控制在 0.5~4.0 m 范围内，安装高度应距地面 0.3 m 以内。

检查比例：100% 检查。

检查方法：目视检查及尺量检查。

4.3.13 室内燃气管道严禁作为接地导体或电极。

检查比例：100% 检查。

检查方法：目视检查。

4.3.14 沿屋面或外墙明敷的室内燃气管道，不得布置在屋面上的檐角、屋檐、屋脊等易受雷击部位。当安装在建筑物的避雷保护范围内时，应每隔 25 m 至少与避雷网采用直径不小于 8 mm 的镀锌圆钢进行连接，焊接部位应采取防腐措施，管道任何部位的接地电阻值不得大于 10 Ω；当安装在建筑物的避雷保护范围外时，应符合设计文件的规定。

检查比例：100% 检查。

检查方法：目视检查和接地摇表测试。

一 般 项 目

4.3.15 在建筑物外敷设的燃气管道应符合下列规定：

1 沿外墙敷设的中压燃气管道当采用焊接的方法进行连接时，应采用射线检测的方法进行焊缝内部质量检测。当检测比例设计文件无明确要求时，不应少于 5%，其质量不应低于现行国家标准《无损检测 金属管道熔化焊环向对接接头射线照相检测方法》GB/T 12605 中的Ⅲ级。焊缝外观质量不应低于现行国家标准《现场设备、工业管道焊接工程施工及验收规范》GB 50236 中的Ⅲ级。

2 沿外墙敷设的燃气管道距公共或住宅建筑物门、窗洞口的间距应符合现行国家标准《城镇燃气设计规范》GB 50028 的规定。

3 管道外表面应采取耐候型防腐措施，必要时应采取保温措施。

4 在建筑物外敷设燃气管道，当与其他金属管道平行敷设的净距小于 100 mm 时，每 30 m 之间至少应采用截面积不小于 6 mm^2 的铜绞线将燃气管道与平行的管道进行跨接。

5 当屋面管道采用法兰连接时，在连接部位的两端应采用截面积不小于 6 mm^2 的金属导线进行跨接；当采用螺纹连接时，应使用金属导线跨接。

检查数量：按本条第 1 款的规定执行；其余（保温除外）100% 检查；当燃气管道有保温时，保温检查数量，抽查不应少于 10%，且不得少于 2 处。

检查方法：目视检查，检查无损检测报告及钢管质量证明书。

4.3.16 管子切口应符合下列规定：

1 切口表面应平整，无裂纹、重皮、毛刺、凹凸、缩口、熔渣等缺陷；

2 切口端面（切割面）倾斜偏差不应大于管子外径的 1%，且不得超过 3 mm；凹凸误差不得超过 1 mm；

3 应对不锈钢波纹软管、燃气用铝塑复合管的切口进行整圆。不锈钢波纹软管的外保护层，应按有关操作规程使用专用工具进行剥离后，方可连接。

检查数量：抽查 5% 。

检查方法：目视检查，尺量检查。

4.3.17 管子的现场弯制除应符合现行国家标准《工业金属管道工程施工及验收规范》GB 50235 的有关规定外，还应符合下列规定：

1 弯制时应使用专用弯管设备或专用方法进行；

2 焊接钢管的纵向焊缝在弯制过程中应位于中性线位置处；

3 管子最小弯曲半径和最大直径、最小直径差值与弯管前管子外径的比率应符合表 4.3.17 的规定。

表 4.3.17 管子最小弯曲半径和最大直径、最小直径的差值与弯管前管子外径的比率

	钢管	铜管	不锈钢管	铝塑复合管
最小弯曲半径	$3.5D_o$	$3.5D_o$	$3.5D_o$	$5D_o$
弯管的最大直径与最小直径的差与弯管前管子外径之比率	8%	9%	—	—

注：D_o 为管子的外径。

检查数量：100% 检查。

检查方法：尺量和目视检查。

4.3.18 法兰连接应符合国家现行标准的有关规定，并应符合下列规定：

1 在进行法兰连接前，应检查法兰密封面及密封垫片，不得有影响密封性能的缺陷；

2 法兰的安装位置应便于检修，不得紧贴墙壁、楼板和管道支架；

3 法兰连接应与管道同心，法兰螺孔应对正，管道与设备、阀门的法兰端面应平行，不得用螺栓强力对口；

4 法兰垫片尺寸应与法兰密封面相匹配，垫片安装应端正，在一个密封面中严禁使用2个或2个以上的法兰垫片；当设计文件对法兰垫片无明确要求时，宜采用聚四氟乙烯垫片或耐油石棉橡胶垫片，使用前宜将耐油石棉橡胶垫片用机油浸泡；

5 不锈钢法兰使用的非金属垫片，其氯离子含量不得超过 50×10^{-6}；

6 应使用同一规格的螺栓，安装方向应一致，螺母紧固应对称、均匀；螺母紧固后螺栓的外露螺纹宜为1~3扣，并应进行防锈处理；

7 法兰焊接检验合格后，方可与相关设备进行连接。

检查数量：抽查比例不小于10%，且不少于2对法兰。

检查方法：目视检查。

4.3.19 螺纹连接应符合下列规定：

1 钢管在切割或攻制螺纹时，焊缝处出现开裂，该钢管严禁使用；

2 现场攻制的管螺纹数宜符合表4.3.19的规定：

表4.3.19 现场攻制的管螺纹数

管子公称尺寸 d_n	$d_n \leqslant DN20$	$DN20 < d_n \leqslant DN50$	$DN50 < d_n \leqslant DN65$	$DN65 < d_n \leqslant DN100$
螺纹数	9~11	10~12	11~13	12~14

3 钢管的螺纹应光滑端正，无斜丝、乱丝、断丝或脱落，缺损长度不得超过螺纹数的10%；

4 管道螺纹接头宜采用聚四氟乙烯胶带做密封材料，当输送湿燃气时，可采用油麻丝密封材料或螺纹密封胶；

5 拧紧管件时，不应将密封材料挤入管道内，拧紧后应将外露的密封材料清除干净；

6 管件拧紧后，外露螺纹宜为1~3扣，钢制外露螺纹应进行防锈处理；

7 当铜管与球阀、燃气计量表及螺纹连接的管件连接时，应采用承插式螺纹管件连接；弯头、三通可采用承插式铜管件或承插式螺纹连接件。

检查数量：抽查比例不小于10%。

检查方法：目视检查。

4.3.20 室内明设或暗封形式敷设的燃气管道与装饰后墙面的净距，应满足维护、检查的需要并宜符合表4.3.20的要求；铜管、薄壁不锈钢管、不锈钢波纹软管和铝塑复合管与墙之间净距应满足安装的要求。

表4.3.20 室内燃气管道与装饰后墙面的净距

管子公称尺寸	$< DN25$	$DN25 \sim DN40$	$DN50$	$> DN50$
与墙净距（mm）	≥30	≥50	≥70	≥90

检查数量：抽查比例不小于5%。

检查方法：尺量检查。

4.3.21 敷设在管道竖井内的燃气管道的安装应符合下列规定：

1 管道安装宜在土建及其他管道施工完毕后进行；

2 当管道穿越竖井内的隔断板时，应加套管；套管与管道之间应有不小于10 mm的间隙；

3 燃气管道的颜色应明显区别于管道井内的其他管道，宜为黄色；

4 燃气管道与相邻管道的距离应满足安装和维修的需要；

5 敷设在竖井内的燃气管道的连接接头应设置在距该层地面1.0～1.2 m处。

检查数量：抽查比例不小于20%。

检查方法：目视检查和尺量检查。

4.3.22 采用暗埋形式敷设燃气管道时，应符合下列规定：

1 埋设管道的管槽不得伤及建筑物的钢筋。管槽宽度宜为管道外径加20 mm，深度应满足覆盖层厚度不小于10 mm的要求。未经原建筑设计单位书面同意，严禁在承重的墙、柱、梁、板中暗埋管道。

2 暗埋管道不得与建筑物中的其他任何金属结构相接触，当无法避让时，应采用绝缘材料隔离。

3 暗埋管道不应有机械接头。

4 暗埋管道宜在直埋管道的全长上加设有效地防止外力冲击的金属防护装置，金属防护装置的厚度宜大于1.2 mm。当与其他埋墙设施交叉时，应采取有效的绝缘和保护措施。

5 暗埋管道在敷设过程中不得产生任何形式的损坏，管道固定应牢固。

6 在覆盖暗埋管道的砂浆中不应添加快速固化剂。砂浆内应添加带色颜料作为永久色标。当设计无明确规定时，颜料宜为黄色。安装施工后还应将直埋管道位置标注在竣工图纸上，移交建设单位签收。

检查数量：100%检查。

检查方法：目视检查，尺量检查，查阅设计文件。

4.3.23 铝塑复合管的安装应符合下列规定：

1 不得敷设在室外和有紫外线照射的部位；

2 公称尺寸小于或等于*DN*20的管子，可以直接调直；公称尺寸大于或等于*DN*25的管子，宜在地面压直后进行调直；

3 管道敷设的位置应远离热源；

4 灶前管与燃气灶具的水平净距不得小于0.5 m，且严禁在灶具正上方；

5 阀门应固定，不应将阀门自重和操作力矩传递至铝塑复合管。

检查数量：100%检查灶前管与燃气灶具的水平净距。

检查方法：尺量检查、目视检查。

4.3.24 燃气管道与燃具之间用软管连接时应符合设计文件的规定，并应符合以下要求：

1 软管与管道、燃具的连接处应严密，安装应牢固；

2 当软管存在弯折、拉伸、龟裂、老化等现象时不得使用；

3 当软管与燃具连接时，其长度不应超过 2 m，并不得有接口；

4 当软管与移动式的工业用气设备连接时，其长度不应超过 30 m，接口不应超过 2 个；

5 软管应低于灶具面板 30 mm 以上；

6 软管在任何情况下均不得穿过墙、楼板、顶棚、门和窗；

7 非金属软管不得使用管件将其分成两个或多个支管。

检查数量：100% 检查。

检查方法：目视检查，尺量检查。

4.3.25 立管安装应垂直，每层偏差不应大于 3 mm/m 且全长不大于 20 mm。当因上层与下层墙壁壁厚不同而无法垂于一线时，宜做乙字弯进行安装。当燃气管道垂直交叉敷设时，大管宜置于小管外侧。

检查数量：抽查比例不小于 5%。

检查方法：目视检查，尺量（吊线）检查。

4.3.26 当室内燃气管道与电气设备、相邻管道、设备平行或交叉敷设时，其最小净距应符合表 4.3.26 的要求。

表 4.3.26 室内燃气管道与电气设备、相邻管道、设备之间的最小净距（cm）

名称		平行敷设	交叉敷设
电气设备	明装的绝缘电线或电缆	25	10
	暗装或管内绝缘电线	5（从所作的槽或管子的边缘算起）	1
	电插座、电源开关	15	不允许
	电压小于 1000 V 的裸露电线	100	100
	配电盘、配电箱或电表	30	不允许
相邻管道		应保证燃气管道、相邻管道的安装、检查和维修	2
燃具		主立管与燃具水平净距不应小于 30 cm；灶前管与燃具水平净距不得小于 20 cm；当燃气管道在燃具上方通过时，应位于抽油烟机上方，且与燃具的垂直净距应大于 100 cm	

注：1 当明装电线加绝缘套管且套管的两端各伸出燃气管道 10 cm 时，套管与燃气管道的交叉净距可降至 1 cm；

2 当布置确有困难时，采取有效措施后可适当减小净距；

3 灶前管不含铝塑复合管。

检查数量：抽查比例不小于 10%。

检查方法：尺量检查，目视检查。

4.3.27 管道支架、托架、吊架、管卡（以下简称“支架”）的安装应符合下列要求：

1 管道的支架应安装稳定、牢固，支架位置不得影响管道的安装、检修与维护；

2 每个楼层的立管至少应设支架 1 处；

3 当水平管道上设有阀门时，应在阀门的来气侧 1 m 范围内设支架并尽量靠近阀门；

4 与不锈钢波纹软管、铝塑复合管直接相连的阀门应设有固定底座或管卡；

5 钢管支架的最大间距宜按表 4. 3. 27 –1 选择；铜管支架的最大间距宜按表 4. 3. 27 –2 选择；薄壁不锈钢管道支架的最大间距宜按表 4. 3. 27 –3 选择；不锈钢波纹软管的支架最大间距不宜大于 1 m；燃气用铝塑复合管支架的最大间距宜按表 4. 3. 27 –4 选择；

表 4. 3. 27 –1 钢管支架最大间距

公称直径	最大间距（m）	公称直径	最大间距（m）
*DN*15	2. 5	*DN*100	7. 0
*DN*20	3. 0	*DN*125	8. 0
*DN*25	3. 5	*DN*150	10. 0
*DN*32	4. 0	*DN*200	12. 0
*DN*40	4. 5	*DN*250	14. 5
*DN*50	5. 0	*DN*300	16. 5
*DN*65	6. 0	*DN*350	18. 5
*DN*80	6. 5	*DN*400	20. 5

表 4. 3. 27 –2 铜管支架最大间距

外径（mm）	15	18	22	28	35	42	54	67	85
垂直敷设（m）	1. 8	1. 8	2. 4	2. 4	3. 0	3. 0	3. 0	3. 5	3. 5
水平敷设（m）	1. 2	1. 2	1. 8	1. 8	2. 4	2. 4	2. 4	3. 0	3. 0

表 4. 3. 27 –3 薄壁不锈钢管支架最大间距

外径（mm）	15	20	25	32	40	50	65	80	100
垂直敷设（m）	2. 0	2. 0	2. 5	2. 5	3. 0	3. 0	3. 0	3. 0	3. 5
水平敷设（m）	1. 8	2. 0	2. 5	2. 5	3. 0	3. 0	3. 0	3. 0	3. 5

表 4. 3. 27 –4 燃气用铝塑复合管支架最大间距

外径（mm）	16	18	20	25
水平敷设（m）	1. 2	1. 2	1. 2	1. 8
垂直敷设（m）	1. 5	1. 5	1. 5	2. 5

6 水平管道转弯处应在以下范围内设置固定托架或管卡座：

1）钢质管道不应大于 1. 0 m；

2）不锈钢波纹软管、铜管道、薄壁不锈钢管道每侧不应大于 0. 5 m；

3）铝塑复合管每侧不应大于 0.3 m；

7 支架的结构形式应符合设计要求，排列整齐，支架与管道接触紧密，支架安装牢固，固定支架应使用金属材料；

8 当管道与支架为不同种类的材质时，二者之间应采用绝缘性能良好的材料进行隔离或采用与管道材料相同的材料进行隔离；隔离薄壁不锈钢管道所使用的非金属材料，其氯离子含量不应大于 50×10^{-6}；

9 支架的涂漆应符合设计要求。

检查数量：铝塑复合管和不锈钢波纹软管支架抽查不少于 10%、其他材质的管道支架抽查不小于 5%，且不少于 10 处。

检查方法：目视检查和尺量检查。

4.3.28 室内燃气钢管、铝塑复合管及阀门安装后的允许偏差和检验方法宜符合表 4.3.28 的规定，检查数量应符合下列规定：

表 4.3.28 室内燃气管道安装后检验的允许偏差和检验方法

<table>
<tr><th colspan="4">项　目</th><th>允许偏差</th></tr>
<tr><td colspan="4">标高</td><td>±10 mm</td></tr>
<tr><td rowspan="3">水平管道纵横方向弯曲</td><td rowspan="2">钢管</td><td colspan="2">管径小于或等于 DN100</td><td>2 mm/m 且≤13 mm</td></tr>
<tr><td colspan="2">管径大于 DN100</td><td>3 mm/m 且≤25 mm</td></tr>
<tr><td colspan="3">铝塑复合管</td><td>1.5 mm/m 且≤25 mm</td></tr>
<tr><td rowspan="2">立管垂直度</td><td colspan="3">钢管</td><td>3 mm/m 且≤8 mm</td></tr>
<tr><td colspan="3">铝塑复合管</td><td>2 mm/m 且≤8 mm</td></tr>
<tr><td>引入管阀门</td><td colspan="3">阀门中心距地面</td><td>±15 mm</td></tr>
<tr><td rowspan="3">管道保温</td><td colspan="3">厚度（δ）</td><td>+0.1δ
-0.05δ</td></tr>
<tr><td colspan="2" rowspan="2">表面不整度</td><td>卷材或板材</td><td>±2 mm</td></tr>
<tr><td>涂抹或其他</td><td>±2 mm</td></tr>
</table>

1 管道与墙面的净距，水平管的标高：检查管道的起点、终点，分支点及变方向点间的直管段，不应少于 5 段；

2 纵横方向弯曲：按系统内直管段长度每 30 m 应抽查 2 段，不足 30 m 的不应少于 1 段；有分隔墙的建筑，以隔墙为分段数，抽查 5%，且不应少于 5 段；

3 立管垂直度：一根立管为一段，两层及两层以上按楼层分段，各抽查 5%，但均不应少于 10 段；

4 引入管阀门：100% 检查；

5 其他阀门：抽查 10%，且不应少于 5 个；

6 管道保温：每 20 m 抽查 1 处，且不应少于 5 处。

检查方法：目视检查，水平尺、直尺、拉线、吊线等尺量检查。

4.3.29 可燃气体检测报警器安装后应按国家现行有关标准进行检查测试。

检查数量：100% 检查。

检查方法：查看检查记录。

4.3.30 室内外燃气管道的防雷、防静电措施应按设计文件要求施工。

检查数量：100% 检查。

检查方法：目视检查、按设计文件要求检测。

4.3.31 室内燃气管道的除锈、防腐及涂漆应符合下列规定：

1 室内明设钢管、暗封形式敷设的钢管及其管道附件连接部位的涂漆，应在检查、试压合格后进行；

2 非镀锌钢管、管件表面除锈应符合现行国家标准《涂装前钢材表面锈蚀等级和除锈等级》GB 8923 中规定的不低于 St2 级的要求；

3 钢管及管道附件涂漆的要求

1）非镀锌钢管：应刷两道防锈底漆、两道面漆；

2）镀锌钢管：应刷两道面漆；

3）面漆颜色应符合设计文件的规定；当设计文件未明确规定时，燃气管道宜为黄色；

4）涂层厚度、颜色应均匀。

检查数量：抽查 5%。

检查方法：目视检查、查阅设计文件。

5 燃气计量表安装及检验

5.1 一 般 规 定

5.1.1 燃气计量表在安装前应按本规范第3.2.1、3.2.2条的规定进行检验，并应符合下列规定：

1 燃气计量表应有出厂合格证、质量保证书；标牌上应有CMC标志、最大流量、生产日期、编号和制造单位；

2 燃气计量表应有法定计量检定机构出具的检定合格证书，并应在有效期内；

3 超过检定有效期及倒放、侧放的燃气计量表应全部进行复检；

4 燃气计量表的性能、规格、适用压力应符合设计文件的要求。

5.1.2 燃气计量表应按设计文件和产品说明书进行安装。

5.1.3 燃气计量表的安装位置应满足正常使用、抄表和检修的要求。

5.2 燃 气 计 量 表

主 控 项 目

5.2.1 燃气计量表的安装位置应符合设计文件的要求。

检查方法：目视检查和查阅设计文件。

5.2.2 燃气计量表前的过滤器应按产品说明书或设计文件的要求进行安装。

检查数量：100%。

检查方法：目视检查、查阅设计文件和产品说明书。

5.2.3 燃气计量表与燃具、电气设施的最小水平净距应符合表5.2.3的要求。

表5.2.3 燃气计量表与燃具、电气设施之间的最小水平净距（cm）

名 称	与燃气计量表的最小水平净距
相邻管道、燃气管道	便于安装、检查及维修
家用燃气灶具	30（表高位安装时）
热水器	30
电压小于1000 V的裸露电线	100
配电盘、配电箱或电表	50
电源插座、电源开关	20
燃气计量表	便于安装、检查及维修

检查数量：100%。

检查方法：目视检查、测量。

一 般 项 目

5.2.4 燃气计量表的外观应无损伤，涂层应完好。

检查数量：100%。

检查方法：目视检查。

5.2.5 膜式燃气计量表钢支架的安装应端正牢固，无倾斜。

检查数量：抽查20%，并不应少于1个。

检查方法：目视检查、手检。

5.2.6 支架涂漆种类和涂刷遍数应符合设计文件的要求，并应附着良好，无脱皮、起泡和漏涂。漆膜厚度应均匀，色泽一致，无流淌及污染现象。

检查数量：抽查20%，并不应少于1个。

检查方法：目视检查和查阅设计文件。

5.2.7 当使用加氧的富氧燃烧器或使用鼓风机向燃烧器供给空气时，应检验燃气计量表后设的止回阀或泄压装置是否符合设计文件的要求。

检查数量：100%。

检查方法：目视检查和查阅设计文件。

5.2.8 组合式燃气计量表箱应牢固地固定在墙上或平稳地放置在地面上。

检查数量：100%。

检查方法：目视检查。

5.2.9 室外的燃气计量表宜装在防护箱内，防护箱应具有排水及通风功能；安装在楼梯间内的燃气计量表应具有防火性能或设在防火表箱内。

检查数量：100%。

检查方法：目视检查。

5.2.10 燃气计量表与管道的法兰或螺纹连接，应符合本规范第4.3.18条或第4.3.19条的规定。

检查数量：家用燃气计量表抽查20%，商业和工业企业用燃气计量表100%检查。

检查方法：目视检查。

5.3 家用燃气计量表

主 控 项 目

5.3.1 家用燃气计量表的安装应符合下列规定：

1 燃气计量表安装后应横平竖直，不得倾斜；

2 燃气计量表的安装应使用专用的表连接件；

3 安装在橱柜内的燃气计量表应满足抄表、检修及更换的要求，并应具有自然通风的功能；

4 燃气计量表与低压电气设备之间的间距应符合本规范表 5.2.3 的要求；

5 燃气计量表宜加有效的固定支架。

检查数量：抽查 20%，且不少于 5 台。

检查方法：目视检查、尺量检查。

5.4 商业及工业企业燃气计量表

主 控 项 目

5.4.1 最大流量小于 65 m^3/h 的膜式燃气计量表，当采用高位安装时，表后距墙净距不宜小于 30 mm，并应加表托固定；采用低位安装时，应平稳地安装在高度不小于 200 mm 的砖砌支墩或钢支架上，表后与墙净距不应小于 30 mm。

检查数量：100%。

检查方法：目视检查及尺量检查。

5.4.2 最大流量大于或等于 65 m^3/h 的膜式燃气计量表，应平正地安装在高度不小于 200 mm 的砖砌支墩或钢支架上，表后与墙净距不宜小于 150 mm；腰轮表、涡轮表和旋进旋涡表的安装场所、位置、前后直管段及标高应符合设计文件的规定，并应按产品标识的指向安装。

检查数量：100%。

检查方法：目视检查，尺量检查，查阅设计文件。

5.4.3 燃气计量表与燃具和设备的水平净距应符合下列规定：

1 距金属烟囱不应小于 80 cm，距砖砌烟囱不宜小于 60 cm；

2 距炒菜灶、大锅灶、蒸箱和烤炉等燃气灶具灶边不宜小于 80 cm；

3 距沸水器及热水锅炉不宜小于 150 cm；

4 当燃气计量表与燃具和设备的水平净距无法满足上述要求时，加隔热板后水平净距可适当缩小。

检查数量：100% 检查。

检查方法：目视检查及尺量检查。

5.4.4 燃气计量表安装后的允许偏差和检验方法应符合表 5.4.4 的要求。

表 5.4.4 燃气计量表安装后的允许偏差和检验方法

最大流量	项 目	允许偏差（mm）	检验方法
$<25\ m^3/h$	表底距地面	±15	吊线和尺量
	表后距墙饰面	5	
	中心线垂直度	1	
≥25 m^3/h	表底距地面	±15	吊线、尺量、水平尺
	中心线垂直度	表高的 0.4%	

检查数量：抽查 50%，且不少于 1 台。

检查方法：目视检查和测量。

一 般 项 目

5.4.5 当采用不锈钢波纹软管连接燃气计量表时，不锈钢波纹软管应弯曲成圆弧状，不得形成直角。

检查数量：100%。

检查方法：目视检查。

5.4.6 当采用法兰连接燃气计量表时，应符合本规范第 4.3.18 条的规定。

检查数量：100%。

检查方法：目视检查。

5.4.7 多台并排安装的燃气计量表，每台燃气计量表进出口管道上应按设计文件的要求安装阀门；燃气计量表之间的净距应满足安装、检查及维修的要求。

检查数量：100%。

检查方法：目视检查和查阅设计文件。

6 家用、商业用及工业企业用燃具和用气设备的安装及检验

6.1 一 般 规 定

6.1.1 燃具和用气设备安装前应按本规范第3.2.1、3.2.2条的规定进行下列检验:

1 应检查燃具和用气设备的产品合格证、产品安装使用说明书和质量保证书;

2 产品外观的显见位置应有产品参数铭牌，并有出厂日期;

3 应核对性能、规格、型号、数量是否符合设计文件的要求。

6.1.2 家用燃具应采用低压燃气设备，商业用气设备宜采用低压燃气设备。

6.1.3 家用、商业用及工业企业用燃具和用气设备的安装场所应符合现行国家标准《城镇燃气设计规范》GB 50028的有关规定。

6.1.4 烟道的设置及结构应符合燃具和用气设备的要求，并应符合设计文件的规定。对旧有烟道应核实烟道断面及烟道抽力，不满足烟气排放要求的不得使用。

6.2 家 用 燃 具

主 控 项 目

6.2.1 家用燃具的安装应符合国家现行标准《家用燃气燃烧器具安装及验收规程》CJJ 12的有关规定。

检查方法：查阅资料和目视检查。

6.2.2 燃气的种类和压力、燃具上的燃气接口、进出水的压力和接口应符合燃具说明书的要求。

检查方法：目视检查和查阅资料。

6.2.3 燃气热水器和采暖炉的安装应符合下列要求:

1 应按照产品说明书的要求进行安装，并应符合设计文件的要求;

2 热水器和采暖炉应安装牢固，无倾斜;

3 支架的接触应均匀平稳，并便于操作;

4 与室内燃气管道和冷热水管道连接必须正确，并应连接牢固、不易脱落；燃气管道的阀门、冷热水管道阀门应便于操作和检修;

5 排烟装置应与室外相通，烟道应有1%坡向燃具的坡度，并应有防倒风装置。

检查数量：100%。

检查方法：目视检查和尺量检查。

6.2.4 当燃具与室内燃气管道采用螺纹连接时，应按本规范第4.3.19条的规定检验。

检查数量：抽查20%，且不少于2台。

检查方法：目视检查。

6.2.5 当燃具与室内燃气管道采用软管连接时，软管应无接头；软管与燃具的连接接头应选用专用接头，并应安装牢固，便于操作。

检查数量：抽查20%，且不少于2台。

检查方法：目视检查、手检和尺量检查。

6.2.6 燃具与电气设备、相邻管道之间的最小水平净距应符合表6.2.6的规定。

表6.2.6 燃具与电气设备、相邻管道之间的最小水平净距（cm）

名　称	与燃气灶具的水平净距	与燃气热水器的水平净距
明装的绝缘电线或电缆	30	30
暗装或管内绝缘电线	20	20
电插座、电源开关	30	15
电压小于1000 V的裸露电线	100	100
配电盘、配电箱或电表	100	100

注：燃具与燃气管道之间的最小水平净距应符合本规范表4.3.26的规定。

检查数量：100%。

检查方法：目视检查和尺量检查。

一　般　项　目

6.2.7 燃气灶具的灶台高度不宜大于80 cm；燃气灶具与墙净距不得小于10 cm，与侧面墙的净距不得小于15 cm，与木质门、窗及木质家具的净距不得小于20 cm。

检查数量：抽查20%，且不少于1台。

检查方法：目视检查和尺量检查。

6.2.8 嵌入式燃气灶具与灶台连接处应做好防水密封，灶台下面的橱柜应根据气源性质在适当的位置开总面积不小于80 cm^2 的与大气相通的通气孔。

检查数量：抽查20%，且不少于1台。

检查方法：目视检查和尺量检查。

6.2.9 燃具与可燃的墙壁、地板和家具之间应设耐火隔热层，隔热层与可燃的墙壁、地板和家具之间间距宜大于10 mm。

检查数量：100%检查。

检查方法：目视检查和尺量检查。

6.2.10 使用市网供电的燃具应将电源线接在具有漏电保护功能的电气系统上；应使用单相三极电源插座，电源插座接地极应可靠接地，电源插座应安装在冷热水不易飞溅到的位置。

检查数量：100%检查。

检查方法：目视检查。

6.3 商业用气设备

主　控　项　目

6.3.1 当商业用气设备安装在地下室、半地下室或地上密闭房间内时，应严格按设计文件要求施工。

检查方法：查阅设计文件。

6.3.2 商业用气设备的安装应符合下列规定：

1 用气设备之间的净距应满足设计文件、操作和检修的要求；

2 用气设备前宜有宽度不小于1.5 m 的通道；

3 用气设备与可燃的墙壁、地板和家具之间应按设计文件要求做耐火隔热层，当设计文件无规定时，其厚度不宜小于1.5 mm，隔热层与可燃的墙壁、地板和家具之间的间距宜大于50 mm。

检查数量：100% 检查。

检查方法：目视检查和尺量检查。

一 般 项 目

6.3.3 砖砌燃气灶的燃烧器应水平地安装在炉膛中央，其中心应对准锅中心；应保证外焰有效地接触锅底，燃烧器支架环孔周围应保持足够的空间。

检查数量：100% 检查。

检查方法：目视检查和尺量检查。

6.3.4 砖砌燃气灶的高度不宜大于80 cm，封闭的炉膛与烟道应安装爆破门，爆破门的加工应符合设计文件的要求。

检查数量：100% 检查。

检查方法：目视检查、尺量检查和查阅设计文件。

6.3.5 沸水器的安装应符合下列规定：

1 安装沸水器的房间应按设计文件检查通风系统；

2 沸水器应采用单独烟道；当使用公共烟囱时，应设防止串烟装置，烟囱应高出屋顶1 m 以上，并应安装防止倒风的装置，其结构应合理；

3 沸水器与墙净距不宜小于0.5 m，沸水器顶部距屋顶的净距不应小于0.6 m；

4 当安装2 台或2 台以上沸水器时，沸水器之间净距不宜小于0.5 m。

检查数量：100% 检查。

检查方法：目视检查、尺量检查和查阅设计文件。

6.4 工业企业生产用气设备

主 控 项 目

6.4.1 工业企业生产用气设备的安装场所应符合现行国家标准《城镇燃气设计规范》GB 50028 的规定；当用气设备安装在地下室、半地下室或地上密闭房间内时，应严格按设计文件要求施工。

检查方法：查阅设计文件和目视检查。

6.4.2 当工业企业生产用气设备与燃气供应系统连接时，应按设计文件进行核查，不符合设计文件要求不得连接。

检查方法：查阅设计文件和目视检查。

6.4.3 当用气设备为通用产品时，其燃气、自控、鼓风及排烟等系统的检验应符合产品说明书或设计文件的规定。

检查数量：100% 检查。

检查方法：检查设备铭牌、查阅产品说明书和设计文件。

6.4.4 当用气设备为非通用产品时，其燃气、自控、鼓风及排烟等系统的检验应符合下列规定：

1 燃烧器的供气压力必须符合设计文件的规定；

2 用气设备应符合现行国家标准《城镇燃气设计规范》GB 50028 的相关规定。

检查数量：100% 检查。

检查方法：检查设备铭牌、产品说明书和设计文件。

6.4.5 用气设备燃烧装置的安全设施除应符合设计文件的要求外，尚应符合下列规定：

1 当燃烧装置采用分体式机械鼓风或使用加氧、加压缩空气的燃烧器时，应安装止回阀，并应在空气管道上安装泄爆装置；

2 燃气及空气管道上应安装最低压力和最高压力报警、切断装置；

3 封闭式炉膛及烟道应按设计文件施工，烟道泄爆装置的加工及安装位置应符合设计文件的规定。

检查数量：100% 检查。

检查方法：查阅设计文件和目视检查。

一 般 项 目

6.4.6 下列阀门的安装应符合设计文件的规定：

1 各用气车间的进口和用气设备前的燃气管道上设置的单独阀门；

2 每只燃烧器燃气接管上设置的单独的有启闭标记的阀门；

3 每只机械鼓风的燃烧器，在风管上设置的有启闭标记的阀门；

4 大型或互联装置的鼓风机，其出口设置的阀门；

5 放散管、取样管、测压管前设置的阀门。

检查数量：100% 检查。

检查方法：目视检查、查阅设计文件和尺量检查。燃气管道、阀门和用气设备的气密性用压缩空气、测漏仪、压力表、U 形压力计或发泡剂检查。

6.5 烟 道

主 控 项 目

6.5.1 用气设备的烟道应按设计文件的要求施工。居民用气设备的水平烟道长度不宜超过 5 m，商业用户用气设备的水平烟道不宜超过 6 m，并应有 1% 坡向燃具的坡度。

检查数量：100% 检查。

检查方法：查阅设计文件及尺量检查。

6.5.2 烟道抽力应符合现行国家标准《城镇燃气设计规范》GB 50028 的有关规定。

检查数量：100% 检查。

检查方法：尺量、计算及检测。

6.5.3 商业用大锅灶、中餐炒菜灶、烤炉、西餐灶等的烟道应按设计文件的要求安装。

检查数量：100% 检查。

检查方法：查阅设计文件。

一 般 项 目

6.5.4 用镀锌钢板卷制的烟道卷缝应均匀严密，烟道应顺烟气流向插接，插接处不应有明显的缝隙和弯折现象。

检查数量：居民用户抽查 20%，且不少于 5 处。

检查方法：目视检查。

6.5.5 用钢板制造的烟道，连接面应平整无缝隙，连接紧密牢固，表面平整，应对烟道进行保温，保温材料及厚度应符合设计要求，并应保证出口排烟温度高于露点。

检查数量：100% 检查。

检查方法：目视检查和手检。

6.5.6 用非金属预制板砌筑的烟道，砌筑块之间应粘合严密、牢固，表面平整，内部无堆积的粘合材料，砖砌烟道的厚度应保证出口排烟温度高于露点。

检查数量：100% 检查。

检查方法：目视检查和手检。

6.5.7 金属烟道的支（吊）架，结构和设置位置应符合设计文件的规定，安装应端正牢固，排列应整齐。

检查数量：100% 检查。

检查方法：目视检查、手检或查阅设计文件。

6.5.8 碳素钢板烟道和烟道的金属支（吊）架所涂油漆种类和涂刷遍数应符合设计文件的规定，并应附着良好，无脱皮、起泡和漏涂，漆膜应厚度均匀，色泽一致，无流淌及污染现象。

检查数量：100% 检查。

检查方法：目视检查和查阅设计文件。

6.5.9 当多台用气设备合用一个水平烟道时，应按设计文件要求设置导向装置。

检查数量：100% 检查。

检查方法：目视检查和查阅设计文件。

7　商业用燃气锅炉和冷热水机组燃气系统安装及检验

7.1　一　般　规　定

7.1.1　商业用室内燃气管道的最高压力应符合现行国家标准《城镇燃气设计规范》GB 50028 的相关规定。

7.1.2　商业用燃气锅炉和燃气冷热水机组的设置应符合设计文件的要求和现行国家标准《城镇燃气设计规范》GB 50028 的相关规定。

7.1.3　商业用燃气锅炉和燃气冷热水机组的烟道施工应符合设计文件的要求和现行国家标准《城镇燃气设计规范》GB 50028 的相关规定。

7.2　管　　道

主　控　项　目

7.2.1　引入管的检验应符合本规范第 4.2 节的相关要求，引入管阀门至室外配气支管之间的管道试验应符合国家现行标准《城镇燃气输配工程施工及验收规范》CJJ 33 的有关规定。

检查数量：100% 检查。

检查方法：同本规范第 4.2 节的相关要求，严密性试验稳压 24 h，修正压力降符合《城镇燃气输配工程施工及验收规范》CJJ 33 的规定。

7.2.2　管道组成件使用的材质、规格和型号应符合设计要求。燃气管道的检验应符合本规范第 4.3 节的相关要求。

检查数量：100% 检查。

检查方法：查阅材质书、合格证，其余同本规范第 4.3 节相关要求。

7.2.3　地下室、半地下室和地上密闭房间室内燃气钢管的固定焊口应进行 100% 射线照相检验，活动焊口应进行 10% 射线照相检验，其质量应达到现行国家标准《无损检测金属管道熔化焊环向对接接头射线照相检测》GB/T 12605 中的Ⅲ级。

检查数量：100% 检查。

检查方法：外观检查、查阅无损探伤报告和设计文件。

7.2.4　商业用燃气锅炉和冷热水机组室内燃气管道末端的放散管应按设计文件要求安装，放散管尚应设手动快速切断阀。

检查数量：100% 检查。

检查方法：目视检查和尺量检查。

一　般　项　目

7.2.5　引入管安装应符合本规范第 4.2 节的相关要求。

检查数量：100% 检查。

检查方法：应符合本规范第 4.2 节的要求。

7.2.6 室内燃气管道安装同本规范第 4.1 节和第 4.3 节的相关要求。

检查数量：100% 检查。

检查方法：应符合本规范第 4.1 节和第 4.3 节的要求。

7.3 调 压 装 置

主 控 项 目

7.3.1 燃气锅炉和冷热水机组的燃气调压装置的安装应符合设计文件要求。

检查数量：100% 检查。

检查方法：查阅设计文件。

7.3.2 调压装置与燃气管路的连接应符合本规范第 4.3 节的相关规定。

检查数量：100% 检查。

检查方法：应符合本规范第 4.3 节的相关规定。

7.3.3 燃气锅炉和冷热水机组的燃烧器系统及调压装置的性能、规格、型号必须符合设计文件及所供气源的要求。

检查数量：100% 检查。

检查方法：查阅设计文件、检查产品说明书和设备铭牌。

7.3.4 调压装置安装的环境、位置应符合设计文件的要求和现行国家标准《城镇燃气设计规范》GB 50028 的相关规定。

检查数量：100% 检查。

检查方法：查阅设计文件及相关标准。

一 般 项 目

7.3.5 设置调压装置的建筑物的耐火等级、防雷装置、设备接地装置和报警系统应符合设计文件要求。

检查数量：100% 检查。

检查方法：查阅设计文件、测试或查阅安装测试记录。

7.4 自 控 安 全 系 统

主 控 项 目

7.4.1 燃气锅炉和冷热水机组的燃烧器应具有安全保护及自动控制的功能。

7.4.2 手动快速切断阀和紧急自动切断阀应按设计文件安装；当管线进行系统强度和严密性试验时，紧急自动切断阀应呈开启状态。

检查数量：100% 检查。

检查方法：手检，查阅产品说明书和设计文件。

7.4.3 燃气锅炉和冷热水机组用气场所设置的燃气浓度自动报警系统，应按要求同独立的防爆排烟设施、通风设施、紧急自动切断阀连锁。

检查数量：100% 检查。

检查方法：查阅设计文件及设备安装说明书，进行联动测试试验。

7.4.4 燃气锅炉和冷热水机组的用气场所设置的火灾自动报警系统和自动喷水灭火系统应符合设计文件的要求。

检查数量：100% 检查。

检查方法：查阅设计文件，按国家现行标准《火灾自动报警系统施工及验收规范》GB 50166、《石油天然气工程可燃气体检测报警系统安全技术规范》SY 6503 和《自动喷水灭火系统施工及验收规范》GB 50261 检验及测试。

一 般 项 目

7.4.5 可燃气体检测报警器、火灾检测报警器的安装位置应符合产品说明书和设计文件的要求。

检查数量：100% 检查。

检查方法：查看产品说明书及设计文件、尺量检查。

7.4.6 燃气浓度自动报警系统、火灾自动报警系统和紧急自动切断阀的供电导线的规格、型号、敷设方式应符合设计文件的要求。

检查数量：100% 检查。

检查方法：目视检查、查阅设计文件和产品合格证。

7.4.7 燃气锅炉和燃气冷热水机组控制室的设备安装，应符合设计文件的要求。

检查数量：100% 检查。

检查方法：查阅设计文件及产品说明书、按现行国家标准《自动化仪表工程施工及验收规范》GB 50093 进行调试、检验。

8 试验与验收

8.1 一般规定

8.1.1 室内燃气管道的试验应符合下列要求：

1 自引入管阀门起至燃具之间的管道的试验应符合本规范的要求；

2 自引入管阀门起至室外配气支管之间管线的试验应符合国家现行标准《城镇燃气输配工程施工及验收规范》CJJ 33 的有关规定。

8.1.2 试验介质应采用空气或氮气。

8.1.3 **严禁用可燃气体和氧气进行试验。**

8.1.4 室内燃气管道试验前应具备下列条件：

1 已制定试验方案和安全措施；

2 试验范围内的管道安装工程除涂漆、隔热层和保温层外，已按设计文件全部完成，安装质量应经施工单位自检和监理（建设）单位检查确认符合本规范的规定。

8.1.5 试验用压力计量装置应符合下列要求：

1 试验用压力计应在校验的有效期内，其量程应为被测最大压力的1.5~2倍。弹簧压力表的精度不应低于0.4级。

2 U形压力计的最小分度值不得大于1 mm。

8.1.6 试验工作应由施工单位负责实施，监理（建设）等单位应参加。

8.1.7 试验时发现的缺陷，应在试验压力降至大气压力后进行处理。处理合格后应重新进行试验。

8.1.8 家用燃具的试验与验收应符合国家现行标准《家用燃气燃烧器具安装及验收规程》CJJ 12 的有关规定。

8.1.9 暗埋敷设的燃气管道系统的强度试验和严密性试验应在未隐蔽前进行。

8.1.10 当采用不锈钢金属管道时，强度试验和严密性试验检查所用的发泡剂中氯离子含量不得大于25×10^{-6}。

8.2 强度试验

8.2.1 室内燃气管道强度试验的范围应符合下列规定：

1 明管敷设时，居民用户应为引入管阀门至燃气计量装置前阀门之间的管道系统；暗埋或暗封敷设时，居民用户应为引入管阀门至燃具接入管阀门（含阀门）之间的管道；

2 商业用户及工业企业用户应为引入管阀门至燃具接入管阀门（含阀门）之间的管道（含暗埋或暗封的燃气管道）。

8.2.2 待进行强度试验的燃气管道系统与不参与试验的系统、设备、仪表等应隔断，并应有明显的标志或记录，强度试验前安全泄放装置应已拆下或隔断。

8.2.3 进行强度试验前，管内应吹扫干净，吹扫介质宜采用空气或氮气，不得使用可燃气体。

8.2.4 强度试验压力应为设计压力的1.5倍且不得低于0.1 MPa。

8.2.5 强度试验应符合下列要求：

1 在低压燃气管道系统达到试验压力时，稳压不少于0.5 h后，应用发泡剂检查所有接头，无渗漏、压力计量装置无压力降为合格；

2 在中压燃气管道系统达到试验压力时，稳压不少于0.5 h后，应用发泡剂检查所有接头，无渗漏、压力计量装置无压力降为合格；或稳压不少于1 h，观察压力计量装置，无压力降为合格；

3 当中压以上燃气管道系统进行强度试验时，应在达到试验压力的50%时停止不少于15 min，用发泡剂检查所有接头，无渗漏后方可继续缓慢升压至试验压力并稳压不少于1 h后，压力计量装置无压力降为合格。

8.3 严密性试验

8.3.1 严密性试验范围应为引入管阀门至燃具前阀门之间的管道。通气前还应对燃具前阀门至燃具之间的管道进行检查。

8.3.2 室内燃气系统的严密性试验应在强度试验合格之后进行。

8.3.3 严密性试验应符合下列要求：

1 低压管道系统

试验压力应为设计压力且不得低于5 kPa。在试验压力下，居民用户应稳压不少于15 min，商业和工业企业用户应稳压不少于30 min，并用发泡剂检查全部连接点，无渗漏、压力计无压力降为合格。

当试验系统中有不锈钢波纹软管、覆塑铜管、铝塑复合管、耐油胶管时，在试验压力下的稳压时间不宜小于1 h，除对各密封点检查外，还应对外包覆层端面是否有渗漏现象进行检查。

2 中压及以上压力管道系统

试验压力应为设计压力且不得低于0.1 MPa。在试验压力下稳压不得少于2 h，用发泡剂检查全部连接点，无渗漏、压力计量装置无压力降为合格。

8.3.4 低压燃气管道严密性试验的压力计量装置应采用U形压力计。

8.4 验 收

8.4.1 施工单位在工程完工自检合格的基础上，监理单位应组织进行预验收。预验收合格后，施工单位应向建设单位提交竣工报告并申请进行竣工验收。建设单位应组织有关部门进行竣工验收。

新建工程应对全部施工内容进行验收，扩建或改建工程可仅对扩建或改建部分进行验收。

8.4.2 工程竣工验收应包括下列内容：

1 工程的各参建单位向验收组汇报工程实施的情况；

2 验收组应对工程实体质量（功能性试验）进行抽查；

3 对本规范第8.4.3条规定的内容进行核查；

4 签署工程质量验收文件。

8.4.3 工程竣工验收前应具有下列文件，并宜按附录A及附录B表格填写：

1 设计文件；

2 设备、管道组成件、主要材料的合格证、检定证书或质量证明书；

3 施工安装技术文件记录（附录C）：焊工资格备案（表C.0.1）、阀门试验记录（表C.0.2）、射线探伤检验报告（表C.0.3）、超声波试验报告（表C.0.4）、隐蔽工程（封闭）记录（表C.0.5）、燃气管道安装工程检查记录（表C 0.6）、室内燃气系统压力试验记录（表C 0.7）；

4 质量事故处理记录；

5 城镇燃气工程质量验收记录（附录A）：燃气分项工程质量验收记录（表A.0.1）、燃气分部（子分部）工程质量验收记录（表A.0.2）、燃气单位（子单位）工程竣工验收记录（表A.0.3）；

6 其他相关记录。

附录 A 燃气工程质量验收记录

表 A.0.1 燃气分项工程质量验收记录

<table>
<tr><td colspan="2">工程名称</td><td colspan="6"></td><td colspan="3">分部工程名称</td><td colspan="4"></td><td colspan="3">分项工程名称</td><td colspan="4"></td></tr>
<tr><td colspan="2">施工单位</td><td colspan="6"></td><td colspan="3">位　置</td><td colspan="4"></td><td colspan="3">主要工程数量</td><td colspan="4"></td></tr>
<tr><td>序号</td><td>主控项目</td><td>验收依据</td><td colspan="15">质 量 情 况</td><td colspan="4">监理（建设）单位验收意见</td></tr>
<tr><td>1</td><td></td><td></td><td colspan="15"></td><td colspan="4" rowspan="5"></td></tr>
<tr><td>2</td><td></td><td></td><td colspan="15"></td></tr>
<tr><td>3</td><td></td><td></td><td colspan="15"></td></tr>
<tr><td>4</td><td></td><td></td><td colspan="15"></td></tr>
<tr><td>5</td><td></td><td></td><td colspan="15"></td></tr>
<tr><td rowspan="2">序号</td><td rowspan="2">一般项目</td><td rowspan="2">验收依据/允许偏差
（规定值 ± 偏差值）
（mm）</td><td colspan="15">验收点偏差或实测值</td><td rowspan="2">应量测
点数</td><td rowspan="2">合格
点数</td><td rowspan="2">合格率
（%）</td><td rowspan="2">监理（建设）
单位验收意见</td></tr>
<tr><td>1</td><td>2</td><td>3</td><td>4</td><td>5</td><td>6</td><td>7</td><td>8</td><td>9</td><td>10</td><td>11</td><td>12</td><td>13</td><td>14</td><td>15</td></tr>
<tr><td>1</td><td></td><td></td><td colspan="15"></td><td colspan="4" rowspan="8"></td></tr>
<tr><td>2</td><td></td><td></td><td colspan="15"></td></tr>
<tr><td>3</td><td></td><td></td><td colspan="15"></td></tr>
<tr><td>4</td><td></td><td></td><td colspan="15"></td></tr>
<tr><td>5</td><td></td><td></td><td colspan="15"></td></tr>
<tr><td>6</td><td></td><td></td><td colspan="15"></td></tr>
<tr><td>7</td><td></td><td></td><td colspan="15"></td></tr>
<tr><td>8</td><td></td><td></td><td colspan="15"></td></tr>
<tr><td colspan="2">施工单位自检结果</td><td colspan="2"></td><td colspan="7">施工单位项目质量负责人</td><td colspan="5"></td><td colspan="2">检查日期</td><td colspan="4">年　月　日</td></tr>
<tr><td colspan="2">监理（建设）
单位验收意见</td><td colspan="2"></td><td colspan="7">监理工程师
（建设单位项目负责人）</td><td colspan="5"></td><td colspan="2">验收日期</td><td colspan="4">年　月　日</td></tr>
</table>

表 A. 0. 2 燃气分部（子分部）工程质量验收记录

<table>
<tr><td>工程名称</td><td></td><td>分部工程名称</td><td></td></tr>
<tr><td>施工单位</td><td></td><td rowspan="2">项目技术（质量）负责人</td><td rowspan="2"></td></tr>
<tr><td>分包单位</td><td></td></tr>
<tr><td>序号</td><td>分项工程名称</td><td>施工单位自检意见</td><td>监理（建设）单位验收意见</td></tr>
<tr><td>1</td><td></td><td></td><td></td></tr>
<tr><td>2</td><td></td><td></td><td></td></tr>
<tr><td>3</td><td></td><td></td><td></td></tr>
<tr><td>4</td><td></td><td></td><td></td></tr>
<tr><td>5</td><td></td><td></td><td></td></tr>
<tr><td>6</td><td></td><td></td><td></td></tr>
<tr><td>7</td><td></td><td></td><td></td></tr>
<tr><td>8</td><td></td><td></td><td></td></tr>
<tr><td>观感质量</td><td colspan="3"></td></tr>
<tr><td>质量控制资料</td><td colspan="3"></td></tr>
<tr><td>验收结论</td><td colspan="3"></td></tr>
<tr><td rowspan="3">验收单位</td><td>分包单位</td><td>项目经理：</td><td>年 月 日</td></tr>
<tr><td>施工单位</td><td>项目经理：</td><td>年 月 日</td></tr>
<tr><td>监理（建设）单位</td><td>总监理工程师（建设单位项目负责人）</td><td>年 月 日</td></tr>
</table>

表 A.0.3 燃气单位（子单位）工程竣工验收记录

<table>
<tr><td>工程名称</td><td colspan="3"></td></tr>
<tr><td>开工日期</td><td>年 月 日</td><td>完工日期</td><td>年 月 日</td></tr>
<tr><td>设计概算</td><td></td><td>施工决算</td><td></td></tr>
<tr><td colspan="4">验收范围及数量（附页共 页）：</td></tr>
<tr><td colspan="4">验收意见：</td></tr>
<tr><td colspan="2">验收组组长（签字）：</td><td colspan="2"></td></tr>
<tr><td colspan="2">建设单位（签字、公章）：</td><td colspan="2">监理单位（签字、公章）：</td></tr>
<tr><td colspan="2">设计单位（签字、公章）：</td><td colspan="2">施工单位（签字、公章）：</td></tr>
<tr><td colspan="2">单位（签字、公章）：</td><td colspan="2">单位（签字、公章）：</td></tr>
<tr><td colspan="4">竣工验收日期： 年 月 日</td></tr>
<tr><td colspan="4">其他说明：</td></tr>
</table>

附录B 管道焊接常用的坡口形式和尺寸

表B 钢制管道焊接坡口形式及尺寸

序号	厚度 T (mm)	坡口名称	坡口形式	坡口尺寸 间隙 c (mm)	坡口尺寸 钝边 p (mm)	坡口尺寸 坡口角度 α (β) (°)	备 注
1	1 ~ 3	I形坡口	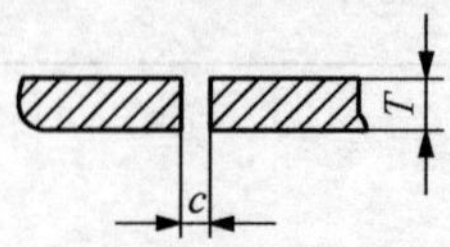	0 ~ 1.5	—	—	
2	3 ~ 9	V形坡口	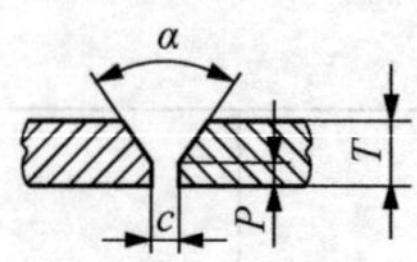	0 ~ 2	0 ~ 2	65 ~ 75	
	9 ~ 26			0 ~ 3	0 ~ 3	55 ~ 65	
3	2 ~ 30	T形接头 I形坡口	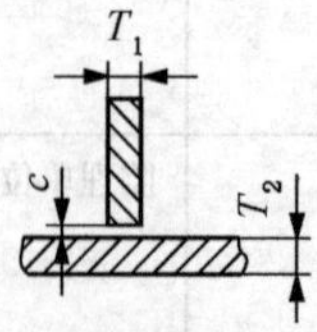	0 ~ 2	—	—	
4	管径 $\phi \leqslant 76$	管座坡口	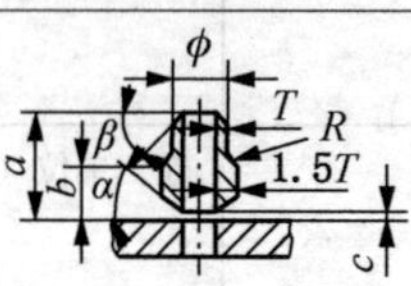 $a = 100$ $b = 70$ $R = 5$	2 ~ 3	—	50 ~ 60 (30 ~ 35)	
5	管径 $\phi 76$ ~ 133	管座坡口	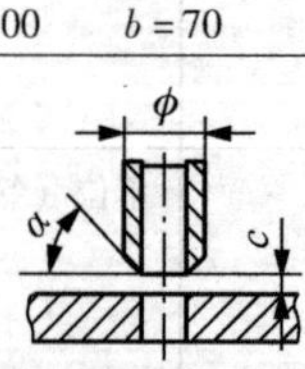	2 ~ 3	—	45 ~ 60	
6		法兰角焊接头	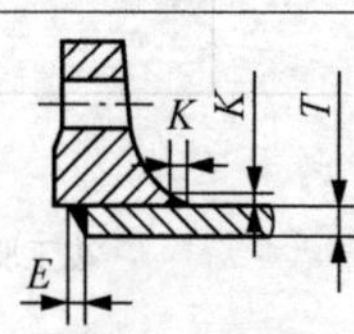	—	—	—	$K = 1.4T$，且不大于颈部厚度；$E = 6.4$，且不大于 T
			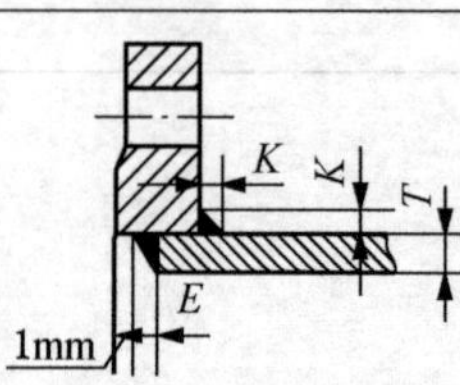				$K \geqslant T$ $E \geqslant T$

表 B（续）

序号	厚度 T（mm）	坡口名称	坡口形式	坡口尺寸			备 注
				间隙 c（mm）	钝边 p（mm）	坡口角度 α（β）（°）	
7		承插焊接法兰	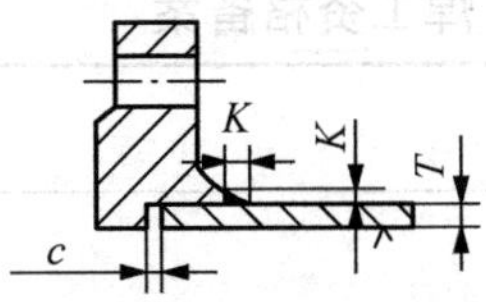	1.6	—	—	$K=1.4T$，且不大于颈部厚度

附录 C 施工安装技术文件记录内容及格式

表 C.0.1 焊工资格备案

工程名称	
施工单位	

致　　　　　　　　　　　　　　　　监理（建设）单位：

我单位经审查，下列焊工符合本工程的焊接资格条件，请查收备案。

序号	焊工姓名	焊工证书编号	焊工代号 （钢印）	考试合格项目代号	考试日期	备注

施工单位部门负责人	项目经理	填表人

填表日期：　　　　年　　月　　日

表 C.0.2　阀门试验记录

<table>
<tr><td colspan="2">工程名称</td><td colspan="11"></td></tr>
<tr><td colspan="2">施工单位</td><td colspan="11"></td></tr>
<tr><td rowspan="2">试验日期</td><td rowspan="2">类型</td><td rowspan="2">数量</td><td colspan="2">规格型号</td><td colspan="3">强度试验</td><td colspan="3">严密性试验</td><td rowspan="2">外观检查及试验结果</td></tr>
<tr><td>公称直径</td><td>公称压力</td><td>试验介质</td><td>压力（MPa）</td><td>时间（min）</td><td>试验介质</td><td>压力（MPa）</td><td>时间（min）</td></tr>
<tr><td></td><td></td><td></td><td></td><td></td><td></td><td></td><td></td><td></td><td></td><td></td><td></td></tr>
<tr><td></td><td></td><td></td><td></td><td></td><td></td><td></td><td></td><td></td><td></td><td></td><td></td></tr>
<tr><td></td><td></td><td></td><td></td><td></td><td></td><td></td><td></td><td></td><td></td><td></td><td></td></tr>
<tr><td></td><td></td><td></td><td></td><td></td><td></td><td></td><td></td><td></td><td></td><td></td><td></td></tr>
<tr><td></td><td></td><td></td><td></td><td></td><td></td><td></td><td></td><td></td><td></td><td></td><td></td></tr>
<tr><td></td><td></td><td></td><td></td><td></td><td></td><td></td><td></td><td></td><td></td><td></td><td></td></tr>
<tr><td></td><td></td><td></td><td></td><td></td><td></td><td></td><td></td><td></td><td></td><td></td><td></td></tr>
<tr><td></td><td></td><td></td><td></td><td></td><td></td><td></td><td></td><td></td><td></td><td></td><td></td></tr>
<tr><td></td><td></td><td></td><td></td><td></td><td></td><td></td><td></td><td></td><td></td><td></td><td></td></tr>
<tr><td></td><td></td><td></td><td></td><td></td><td></td><td></td><td></td><td></td><td></td><td></td><td></td></tr>
<tr><td></td><td></td><td></td><td></td><td></td><td></td><td></td><td></td><td></td><td></td><td></td><td></td></tr>
<tr><td></td><td></td><td></td><td></td><td></td><td></td><td></td><td></td><td></td><td></td><td></td><td></td></tr>
<tr><td></td><td></td><td></td><td></td><td></td><td></td><td></td><td></td><td></td><td></td><td></td><td></td></tr>
<tr><td></td><td></td><td></td><td></td><td></td><td></td><td></td><td></td><td></td><td></td><td></td><td></td></tr>
<tr><td rowspan="2" colspan="4">监理（建设）单位</td><td colspan="8">施　工　单　位</td></tr>
<tr><td colspan="3">项目负责人</td><td colspan="3">质检员</td><td colspan="2">试验员</td></tr>
<tr><td colspan="4"></td><td colspan="3"></td><td colspan="3"></td><td colspan="2"></td></tr>
</table>

表 C.0.3 射线探伤检验报告

项目：												工号：										
管线号				委托单位															试验编号			
规格及厚度				焊接方法															执行标准			
材　质				增感方式															透视方法			
底片编号	缺　陷																		评定等级	返修位置	焊工号	附注
	1	2	3	4	5	6	7	8	9	10	11	12	13	14	15	16	17	18				
缺陷代号	1. 横裂纹 2. 纵裂纹 3. 弧坑裂纹 4. 未焊透 5. 未熔合 6. 条状夹渣										7. 分散夹渣 8. 夹钨 9. 气孔 10. 长形气孔 11. 过熔透 12. 凹陷							13. 溢满 14. 缩孔 15. 伪缺陷 16. 咬边 17. 错口 18. 表面沟槽				
审核人： 年　月　日						评片： 年　月　日							暗房处理： 年　月　日						拍片： 年　月　日			

表 C.0.4 超声波试验报告

<table>
<tr><td colspan="4">项目：</td><td colspan="2">工号：</td></tr>
<tr><td>委托单位</td><td></td><td>受检件名称</td><td></td><td>试验编号</td><td></td></tr>
<tr><td>材 质</td><td></td><td>试 块</td><td></td><td>执行标准</td><td></td></tr>
<tr><td>规 格</td><td></td><td>入射点</td><td></td><td>指示长度</td><td></td></tr>
<tr><td>厚度
（mm）</td><td></td><td>折射角
（°）</td><td></td><td>最大射波高
（dB 值）</td><td></td></tr>
<tr><td>耦合剂</td><td></td><td>表面状态</td><td></td><td>灵敏度余量</td><td></td></tr>
<tr><td>使用仪器</td><td colspan="5"></td></tr>
<tr><td rowspan="2">序号</td><td rowspan="2">检验部位</td><td colspan="3">超 标 缺 陷</td><td rowspan="2">评 级</td></tr>
<tr><td>性 质</td><td>深 度</td><td>位 置</td></tr>
<tr><td></td><td></td><td></td><td></td><td></td><td></td></tr>
<tr><td></td><td></td><td></td><td></td><td></td><td></td></tr>
<tr><td></td><td></td><td></td><td></td><td></td><td></td></tr>
<tr><td></td><td></td><td></td><td></td><td></td><td></td></tr>
<tr><td></td><td></td><td></td><td></td><td></td><td></td></tr>
<tr><td></td><td></td><td></td><td></td><td></td><td></td></tr>
<tr><td colspan="6">附注：

年 月 日</td></tr>
<tr><td>审核人</td><td colspan="2">年 月 日</td><td>报告人</td><td colspan="2">年 月 日</td></tr>
<tr><td colspan="3">证号：</td><td colspan="3">证号：</td></tr>
</table>

表 C.0.5 隐蔽工程（封闭）记录

<table>
<tr><td colspan="2">项目：</td><td colspan="2">工号：</td></tr>
<tr><td>隐蔽
部位
封闭</td><td></td><td>施工图号</td><td></td></tr>
<tr><td colspan="4">隐蔽
前的检查：
封闭</td></tr>
<tr><td colspan="4">隐蔽
方法：
封闭</td></tr>
<tr><td colspan="4">简图说明：</td></tr>
<tr><td>建设单位：
年 月 日</td><td colspan="2">__________单位
年 月 日</td><td>施工单位：
施工人员：
检验员： 年 月 日</td></tr>
</table>

表 C.0.6 燃气管道安装工程检查记录

<table>
<tr><td colspan="2">工程名称</td><td colspan="4"></td></tr>
<tr><td colspan="2">施工单位</td><td colspan="4"></td></tr>
<tr><td colspan="2">检查部位</td><td colspan="2"></td><td>检查项目</td><td></td></tr>
<tr><td colspan="2">检查数量</td><td colspan="2"></td><td></td><td></td></tr>
<tr><td>检查内容</td><td colspan="5">填表人：</td></tr>
<tr><td>示意简图</td><td colspan="5"></td></tr>
<tr><td>检查结果及处理意见</td><td colspan="5">检查日期： 年 月 日</td></tr>
<tr><td>复查结果</td><td colspan="5">复查人： 复查日期： 年 月 日</td></tr>
<tr><td colspan="2" rowspan="2">监理（建设）单位</td><td colspan="3">施 工 单 位</td><td rowspan="2">单位</td></tr>
<tr><td colspan="2">项目技术负责人</td><td>质检员</td></tr>
<tr><td colspan="2"></td><td colspan="2"></td><td></td><td></td></tr>
</table>

表 C.0.7 室内燃气系统压力试验记录

<table>
<tr><td>工程名称</td><td colspan="5"></td></tr>
<tr><td>施工单位</td><td colspan="5"></td></tr>
<tr><td>管道材质</td><td colspan="2"></td><td>接口做法</td><td colspan="2"></td></tr>
<tr><td>设计压力</td><td colspan="2">MPa</td><td>试验压力</td><td colspan="2">MPa</td></tr>
<tr><td>压力计种类</td><td colspan="5">□弹簧表；□数字式压力计；□U 形压力计；□</td></tr>
<tr><td>压力计量程及精度等级</td><td colspan="2">MPa；　　级</td><td>试验项目</td><td colspan="2">□强度；□严密性</td></tr>
<tr><td>试验介质</td><td colspan="2"></td><td>试验日期</td><td colspan="2">年　　月　　日</td></tr>
<tr><td colspan="6">试验范围：</td></tr>
<tr><td colspan="6">试验过程：</td></tr>
<tr><td colspan="6">试验结果：</td></tr>
<tr><td colspan="2">监理（建设）单位</td><td colspan="2">施工单位</td><td colspan="2">单位</td></tr>
<tr><td colspan="2"></td><td colspan="2"></td><td colspan="2"></td></tr>
</table>

本规范用词说明

1 为便于在执行本规范条文时区别对待，对于要求严格程度不同的用词说明如下：

1）表示很严格，非这样做不可的用词：

正面词采用“必须”，反面词采用“严禁”；

2）表示严格，在正常情况下均应这样做的用词：

正面词采用“应”，反面词采用“不应”或“不得”；

3）表示允许稍有选择，在条件许可时首先应这样做的用词：

正面词采用“宜”，反面词采用“不宜”；

表示有选择，在一定条件下可以这样做的用词，采用“可”。

2 条文中指明应按其他有关标准执行的写法为：“应符合……的规定”或“应按……执行”。

引用标准名录

1《城镇燃气设计规范》GB 50028
2《自动化仪表工程施工及验收规范》GB 50093
3《火灾自动报警系统施工及验收规范》GB 50166
4《工业金属管道工程施工及验收规范》GB 50235
5《现场设备、工业管道焊接工程施工及验收规范》GB 50236
6《自动喷水灭火系统施工及验收规范》GB 50261
7《无损检测　金属管道熔化焊环向对接接头射线照相检测方法》GB/T 12605
8《涂装前钢材表面锈蚀等级和除锈等级》GB 8923
9《家用燃气燃烧器具安装及验收规程》CJJ 12－99
10《城镇燃气输配气工程施工及验收规范》CJJ 33
11《石油天然气工程可燃气体检测报警器系统安全技术规范》SY 6503

中华人民共和国行业标准

城镇燃气室内工程施工与质量验收规范

CJJ 94—2009

条 文 说 明

修 订 说 明

《城镇燃气室内工程施工与质量验收规范》CJJ 94—2009 经住房和城乡建设部 2009 年 4 月 7 日以第 272 号公告批准发布。

本规范第一版的主编单位是北京市煤气热力工程设计院，参编单位是成都市煤气总公司、上海市燃气市北销售有限公司、沈阳市煤气总公司、昆明市煤气总公司、国际铜业协会（中国）、北京市煤气工程公司。

本次修订的主要内容是：

1 增加第 2 章术语，第 3 章基本规定；

2 原规范第 2、3、4、5 章的内容汇编为本规范第 3、4、5、6、7 章；

3 第 4 章是在原规范第 2 章的基础上，增加了铝塑复合管的连接、燃气管道的防雷接地、敷设在管道竖井内的燃气管道的安装、沿外墙敷设的燃气管道的安装等方面的规定，且汇编了原规范第 5 章中有关室内燃气管道检验的内容；

4 第 5 章是在原规范第 3 章内容的基础上，增加了燃气计量表与燃具、电气设施的最小净距要求、燃气计量表安装的允许偏差和检验方法等要求，且汇编了原规范第 5 章中有关燃气计量表安装检验的内容；

5 第 6 章是在原规范第 4 章的基础上，增加了燃气热水器和采暖炉安装及烟道安装的要求等，且汇编了原规范第 5 章中有关家用、商业用及工业企业用燃具和用气设备安装检验的内容；

6 第 7 章是在原规范第 5 章中第 5.5 节的基础上，增加了调压装置安装、监控系统安装的要求等；

7 第 8 章是对原规范第 6 章中有关强度试验和严密性试验的具体规定进行了调整。

为便于广大设计、施工、科研、学校等单位有关人员在使用本规范时能正确理解和执行条文规定，《城镇燃气室内工程施工与质量验收规范》编制组按章、节、条顺序编制了本规范的条文说明，供使用者参考。在使用中如发现本条文说明有不妥之处，请将意见函寄北京市煤气热力工程设计院有限公司（地址：北京市西城区西单北大街小酱坊胡同甲 40 号，邮政编码：100032）。

目 次

1 总 则

1.0.1 提出制定本规范的目的是统一城镇燃气室内工程施工及验收的标准，保证城镇燃气室内工程的施工质量，确保安全供气。

1.0.2 对本规范适用范围明确为供气压力小于或等于0.8 MPa（表压）的城镇燃气室内管道和设备工程。燃气户外引入管和设置在建筑物外墙的燃气管道也属于本规范适用的范围，燃气厂、站的设备本体（包括燃气发电机组、燃气调压装置、燃气加气装置、液化石油气储存、灌瓶、气化、混气、液化天然气、液化石油气等设备）、燃气锅炉本体及工业企业用气设备的施工及验收不属于本规范的适用范围。本规范所指压力均为表压。

《城镇燃气设计规范》GB 50028—2006 中对用户室内燃气管道的最高压力规定见表1；对用气设备燃烧器的额定压力规定见表2。

表1 用户室内燃气管道的最高压力（表压 MPa）

燃气用户		最高压力
工业用户	独立、单层建筑	0.8
	其他	0.4
商业用户		0.4
居民用户（中压用户）		0.2
居民用户（低压用户）		<0.01

表2 居民低压用气设备燃烧器的额定压力（表压 kPa）

燃烧器＼燃气	人工煤气	天然气		液化石油气
		矿井气	天然气、油田伴生气、液化石油气混空气	
民用燃具	1.0	1.0	2.0	2.8或5.0

1.0.3 明确了燃气通气的时机、通气的责任单位和工作职责划分的界线。燃气供应单位一般是指当地的燃气公司。

竣工验收是指在建设单位组织下，各参建单位参加，并有工程质量监督部门对验收过程进行监督，按规定的工作程序所进行的活动。

1.0.4 本规范为指导城镇燃气室内工程施工及验收的综合性规范，所提出的是基本要求，因此城镇燃气室内工程除应符合本规范的规定外，尚应符合有关的国家现行标准和规范，主要有：

1 《城镇燃气设计规范》GB 50028

2 《工业金属管道工程施工及验收规范》GB 50235

3 《现场设备、工业管道焊接工程施工及验收规范》GB 50236
4 《城镇燃气输配工程施工及验收规范》CJJ 33
5 《家用燃气燃烧器具安装及验收规程》CJJ 12
6 《承压设备无损检测》JB/T 4730
7 《铜及铜合金焊接及钎焊技术规程》HGJ 223
8 《建筑设计防火规范》GB 50016
9 《高层民用建筑设计防火规范》GB 50045
10 《无损检测 金属管道熔化焊环向对接接头射线照相检测方法》GB/T 12605
11 《涂装前钢材表面锈蚀等级和除锈等级》GB 8923
12 《自动化仪表工程施工及验收规范》GB 50093
13 《石油天然气工程可燃气体检测报警系统安全技术规范》SY 6503
14 《火灾自动报警系统施工及验收规范》GB 50166
15 《自动喷水灭火系统施工及验收规范》GB 50261
16 《建筑物防雷设计规范》GB 50057
17 《工业企业煤气安全规程》GB 6222

2 术　　语

本章所列术语，其定义及范围仅适用于本规范。

2.0.1 本条所指的燃气室内工程的燃气管道包括室外配气支管与用户引入管总阀门之间的管道、燃气外爬墙管道和沿屋顶敷设的燃气管道。

2.0.7 “辅以必要的检查工具”一般指低倍放大镜。

2.0.8 引用《城镇燃气设计规范》GB 50028—2006 第 2.0.49 条。

2.0.9 引用《城镇燃气设计规范》GB 50028—2006 第 2.0.50 条。

3 基 本 规 定

3.1 一 般 规 定

3.1.1 本条是对从事室内燃气工程及其配套工程施工单位的资质要求。

相关行政管理部门是指：燃气工程施工资质由建设主管部门颁发；配套工程根据消防有关法规的规定，其资质由消防主管部门颁发。

本条编制依据是1998年1月1日起施行的中华人民共和国建设部第62号令《城市燃气管理办法》。

3.1.2 焊接连接的钢质管道一般敷设于重要的或对安全有特殊要求的场所，因此对焊接人员的资格提出要求是必要的。国务院令第373号《特种设备安全监察条例》中对受监察的压力管道给出了明确的界定，本条所指"压力管道"是指受监察的压力管道，对于从事受监察的压力管道以外的钢质管道的焊接，其焊接人员资格可参照本款的要求执行。焊接人员的考试及管理要求见《锅炉压力容器压力管道焊工考试与管理规则》(国质检锅〔2002〕109号)。

焊工间断焊接时间较长后，操作手法容易生疏，难以保证焊接质量，因此再次上岗前还应进行考试，以适应该工程对焊接质量的要求。考试的组织部门可以为施工单位的焊工考试委员会等具有培训考试资格的机构。

3.1.3 从事燃气铜管钎焊作业的人员，应经专业技术培训合格，以保证铜管钎焊的质量。同时，钎焊作业属于特种作业焊工的作业范围，因此应持有特种作业人员上岗证书方可上岗，以确保作业安全。

3.1.4 薄壁不锈钢管、不锈钢波纹软管及铝塑复合管机械连接的安装人员的上岗资格，目前国家尚无明确的统一规定。为了保证上岗人员正确进行施工，保证工程质量，本规范强调上岗人员应经技术培训。

本条所说"相关部门"可以是具有培训能力的管材生产单位、施工企业的培训主管部门或燃气行业管理部门等。

3.1.5 设计文件是工程施工的主要依据，按图施工是《建设工程质量管理条例》的规定，因此必须执行。本条强调了设计文件的地位，当设计文件有误或因现场条件的原因不能按设计文件执行时，必须事先经原设计单位对设计文件进行修改，施工单位不得随意改变设计文件。

设计文件包括施工图、设计变更、设计洽商函等。

3.1.6 施工方案对指导工程施工、规范施工要求、统一施工质量、明确验收标准具有实效，同时便于监理或建设单位依据此进行检查。

3.1.7 主控项目是对工程质量起决定性影响的检验项目，因此必须全部符合本规范的规定，这意味着主控项目不允许有不符合要求的检验结果，这种项目的检验结果具有否决权。由于主控项目对工程质量起重要作用，从严要求是必须的。

当不合格点的最大偏差值超过其允许偏差值的 1.2 倍时，原则上应进行返修（返工）处理，特殊情况下，应按设计文件的要求处理。

返修：在原有基础上，对不合格的问题进行处理。

返工：将原有不合格的项目拆除，重新安装。

当对不合格的项目进行返修（返工）处理后，应重新进行合格点率的计算。

3.1.8 本条参考《建筑工程施工质量验收统一标准》GB 50300—2001 第 6 章和建设部《房屋建筑工程和市政基础设施工程竣工验收暂行规定》（建建〔2000〕142 号）第八条的规定制定。

“工程完工”既可以是分项或分部工程的完成，也可以是已按设计文件施工完成。本条强调的是每一项工作完成，均应在具有一定资格的人员参与下，按一定的工作程序所进行的验收工作。

对无监理的工程，验收工作均应由建设单位项目负责人组织。

3.1.9 此条为对在验收过程中发现存在问题时的处理原则。因燃气工程的安全特殊性要求，故对存在的超标准缺陷一般均应按要求进行返修（返工）处理。当设计变更文件对该超标准缺陷有特殊处理要求（如放行）时，对相应的文件应存档备查。

3.1.10 本条编制依据为《城镇燃气设计规范》GB 50028—2006 第10.2.1 条。

3.1.11 当以下条文规定进行计数检查时，计数的划分按此规定。

1 本款 20 m 以上的直管段主要是指干管和公共区域的分支管。

3.2 材料设备管理

3.2.1 本条为强制性条文。家用燃气灶具、家用燃气快速热水器、燃气调压器（箱）、防爆电气、电线电缆、电焊条、铜合金管材、压力仪表、燃气表、易燃易爆气体检测（报警）仪等产品，其质量好坏直接涉及人民生命和财产安全，因此国家规定对这些产品实行生产许可证或计量器具许可证制度。施工单位在安装前必须对生产许可证或计量器具许可证进行核查。属于建设单位采购的设备，施工单位应向建设单位索取相应的资料。

不符合规定要求是指产品的认证文件不齐全。

3.2.2 本条为强制性条文。出厂合格文件包括：合格证、质量证明书，有些产品应有相关性能的检测报告、型式检验报告等。对进口产品应有中文说明书，按国家规定需要对进口产品进行检验的，还应有国家商检部门出具的检验报告。

室内燃气管道在安装前应按下列国家现行标准进行检验：

1 燃气管道的管材应采用下列国家现行标准规定的管道：

1）《输送流体用无缝钢管》GB/T 8163

2）《低压流体输送用焊接钢管》GB/T 3091

3）《流体输送用不锈钢无缝钢管》GB/T 14976

4）《流体输送用不锈钢焊接钢管》GB/T 12771

5）《无缝铜水管和铜气管》GB/T 18033

6）《铝塑复合压力管》GB/T 18997

2　燃气管道及阀门的连接管件和附件应符合下列国家现行标准规定：

1）《可锻铸铁管路连接件》GB/T 3287

2）《六角头螺栓》GB/T 5780～5784

3）《六角螺母》GB 6170～6171

4）《平面、突面板式平焊钢制管法兰》GB/T 9119

5）《凸面板式平焊钢制管法兰》JB/T 81

6）《卡套式直通管接头》GB/T 3737

7）《卡套式可调向端三通管接头》GB/T 3741

8）《卡套式焊接管接头》GB/T 3747

9）《铜管接头》GB/T 11618

10）《建筑用铜管管件》CJ/T 117

11）《管路法兰技术条件》JB/T 74

12）《铝塑复合管用卡压式管件》CJ/T 190

13）《铝塑复合管用卡套式铜制管接头》CJ/T 111

3　燃气阀门应采用符合下列国家现行标准规定的阀门：

1）《钢制阀门一般要求》GB/T 12224

2）《城镇燃气用球墨铸铁、铸钢制阀门通用技术要求》CJ/T 3056

3）《家用燃气具旋塞阀总成》CJ/T 3072

4）《家用燃气燃烧器具自动燃气阀》CJ/T 132

4　燃具和表具与燃气管道连接使用的软管可采用符合下列国家现行标准规定的软管：

1）《波纹金属软管通用技术条件》GB/T 14525

2）《燃气用不锈钢波纹软管》CJ/T 197

3）《液化石油气（LPG）橡胶软管》GB 10546

5　燃气用垫片应采用符合下列国家现行标准规定的产品：

1）《平面型钢制管法兰用石棉橡胶垫片》GB/T 9126.1

2）《管法兰用非金属平垫片技术条件》GB/T 9129

3）《管法兰用聚四氟乙烯包覆垫片》GB/T 13404

4）《管法兰用金属包覆垫片》GB/T 15601

3.2.3　加强对材料进场验收工作，对提高工程质量是非常必要的。根据燃气室内工程的特点，本条强调验收检查的主要项目是质量合格文件和产品实体的观感质量，即主要检查外观有无损伤、包装有无损坏。若包装有损坏，说明在运输过程中受到了较大的外力，因此在检查中应引起特别的注意。当对实物质量或质量合格文件有怀疑时，为保证检验取样的公正性，应在监理或建设单位有关人员的见证下由施工单位抽取样品进行送检复验。

该条明确了进场检查的主体是施工单位。其他第三方机构可以是监理单位、建设单位或其他有关机构。

3.2.4　燃气设备一旦存在质量隐患，将造成极大危害，因此把好安装前的质量检查至关重要，对进口设备也应如此，一旦检验不合格，严禁使用。

组批的原则：同一合同、同一供货厂（商）、同一批到达口岸的产品。

3.3 施工过程质量管理

3.3.3 工程验收单元可参照下列内容进行划分：

1 单位（子单位）工程

1）具有独立的施工合同、具备独立施工条件并能形成独立使用功能的为一个单位工程；

2）对安装规模较大的单位工程，可将其能形成独立使用功能的部分划分为若干个子单位工程。

2 分部（子分部）工程

1）分部工程的划分应按专业、设备的性质确定；

2）当分部工程量较大或较复杂时，可按楼栋号、区域、专业系统等划分为若干子分部工程。

3 分项工程

分项工程应按主要工种、施工工艺、设备类别等进行划分。

有些小工程，如食堂、室内燃气设施改造、扩容等，若完全按正规项目对验收单元进行要求时，则显过于繁琐，因此本款是对简化验收环节的程序要求。此情况下，施工单位应在施工方案中明确验收单元的划分，并据此执行，监理单位按方案的划分进行验收。

3.3.5 检测设备、计量仪器的准确性影响着检验的结果，根据计量法规的规定，必须定期进行检定。

4 室内燃气管道安装及检验

4.1 一 般 规 定

4.1.1 室内燃气管道安装前应对管道组成件进行内部清扫，保持其内部清洁，以便保证后续工作的正常进行。

4.1.2 为保证室内管道安装的质量及施工工期，安装施工前的准备工作是很重要的。

4 本款规定主要是为了保证燃气管道的施工质量，防止燃气管道施工完毕后土建工程的施工可能会损坏已敷设的燃气管道和设备。

4.1.7

6 阀门如果在开启状态下安装，则无法避免安装时产生的脏物进入阀门，从而有可能导致阀口被破坏。

4.2 引 入 管

主 控 项 目

4.2.1 本条为强制性条文。编制依据为《城镇燃气设计规范》GB 50028—2006 第10.2.23 条的规定。

一 般 项 目

4.2.4 本条编制依据为国家现行标准《城镇燃气输配工程施工及验收规范》CJJ 33—2005 第2.4 节的有关规定。

4.2.8

1 本款编制依据为《城镇燃气埋地钢质管道腐蚀控制技术规程》CJJ 95—2003 第6.3.3 条和第6.3.5 条；

2 本款编制依据为《建筑物防雷设计规范》GB 50057—94。

4.3 室内燃气管道

一 般 规 定

4.3.1

3 铜管牌号 TP2 为2 号磷脱氧铜，其氧含量不高于0.01%，仅为T2 铜的1/6，使铜管的机械加工性能，特别是钎焊性能大大改善。暗埋铜管采用塑覆铜管或包有绝缘保护材料的铜管，可保证铜管与墙内金属物件绝缘，又能防止墙槽填充材料对铜管的腐蚀；

6 参照现行国家标准《城镇燃气设计规范》GB 50028—2006，薄壁不锈钢管和不锈钢波纹软管必须有防外部损坏的保护措施。

4.3.3

3 铜管钎焊连接的接头强度是由钎焊面积来实现的，因此必须采用承插式连接，以保证必要的钎焊搭接面积。软钎焊即锡钎焊，其接头强度比硬钎焊低，且易产生假焊，为了确保接头的质量和安全，故不得采用软钎焊；

4 目前薄壁不锈钢管的机械连接方式，在已有的卡套式、卡压式连接方式的基础上有改进和发展；例如已在室内燃气管道上采用环压式的连接方式，可达到燃气系统的检验要求；目前这种连接方式已有四川省工业建设地方标准《燃气用环压连接薄壁不锈钢管道工程技术规程》DB 51/T5035 及公安消防部门的推荐；

6 卡套式、卡压式连接是目前铝塑复合管国内外主流的连接方式。

4.3.4

2 不锈钢管用砂轮切割与修磨时，应使用专用砂轮片，不得使用切割碳素钢管的砂轮片，以免受污染而影响不锈钢管的质量。

主 控 项 目

4.3.7

1 钢管焊接时，为了确保焊缝能焊透，需对管子与管件进行坡口处理。管口组对时，内壁的错边直接影响焊缝根部的成形与质量，应尽量保持齐平，当错边量大于 1 mm 时，应进行修整，以保证焊缝根部的成形与质量。外壁错边量过大会造成焊缝边缘的应力集中，不利于接头的承载，故错边量大于 3 mm 时应进行修整。

2 直径小于或等于 *DN*40 的钢管采用手工电弧焊有较大操作难度，故可采用氧 – 可燃气体焊接。

3 焊接材料的选用与匹配，直接影响焊缝的质量与性能，应采用与钢管材质以及工作要求相匹配的，且产品质量合格的焊材。例如高寒地区应选用碱性焊条，有药皮脱落或不均匀，有气孔、裂纹、生锈或受潮的焊条严禁使用。

4 3）焊缝强制冷却，会改变焊缝的组织与性能，且增加接头的焊接应力，使焊缝的承载力下降。

4.3.8 为了保证焊缝的内在质量，需对焊缝进行必要的无损检测抽检。对抽检不合格的焊缝，除必须返修到合格外，应对所代表的其他未检焊缝扩大检测，以保证该焊工所焊焊缝的质量是合格的。

4.3.9 本条具体指应符合《管路法兰技术条件》JB/T 74—94 中附录 C 的有关规定。

4.3.10 《铜管接头》GB/T 11618 附录 A，规定了铜管接头采用铜基无银、低银焊料钎焊工艺，本条对燃气铜管的钎焊工艺及质量要求，作了具体明确的规定。

4.3.11

1 本条编制依据为《城镇燃气设计规范》GB 50028—2006 第 10.2.7 条文；

2 引用中国工程建设标准化协会标准《建筑给水铝塑复合管管道工程技术规程》CECS 105：2000 第 3.1.3 条文；

3 引用中国工程建设标准化协会标准《建筑给水铝塑复合管管道工程技术规程》

CECS 105：2000 第 5. 3. 4（2）条文；

4 引用中国工程建设标准化协会标准《建筑给水铝塑复合管管道工程技术规程》CECS 105：2000 第 5. 3. 4（1）、（4）条文。

4. 3. 14 本条编制依据为《建筑物防雷设计规范》GB 50057—94 第 3. 2. 3、3. 3. 1 条和第 4. 2. 1 条。

一 般 项 目

4. 3. 16

3 不锈钢波纹软管、铝塑复合管的切割应采用专用工具以保证切口质量。铝塑复合管还需要用专用整圆器整圆。

4. 3. 17 本条具体指燃气管道弯管的制作应符合现行国家标准《工业金属管道工程施工及验收规范》GB 50235—97 中第 4. 2. 1 ~4. 2. 6 及 4. 2. 8 和 4. 2. 9 条的规定。铝塑复合管的弯曲半径为最小极限值，施工中应尽量大于此值。

4. 3. 19

7 本条要求铜管与阀门、表具等实施螺纹连接时，必须采用一端为承插式焊接连接，一端为螺纹连接的铜合金管件实施连接。

4. 3. 20 本条规定的距离主要是考虑安装时使用工具所需的空间。不锈钢波纹软管和铝塑复合管属于柔性管道，可不需要与墙面保留维护检修的净距。

4. 3. 22

4 为有效防止暗埋管道受到外力的冲击而损坏，推荐在直埋管道的全长上，加设厚度大于 1. 2 mm 的金属防护装置。

6 覆盖的砂浆中不允许添加固化剂是为了防止砂浆迅速固化而使被覆盖的管道产生应力；砂浆中添加带色颜料是为了让住户在安装吊橱或低柜时，避开燃气管管位，起警示作用。

4. 3. 23

1 防止紫外线加速铝塑复合管塑料的老化；

2 公称尺寸小于 *DN*20 的铝塑复合管，柔软的盘卷管材便于直接用手调直；公称直径大于或等于 *DN*25 的管材，刚性增加，需要在地面预先调直；

3 铝塑复合管的塑料需要远离热源；

4 参照中国工程建设标准化协会标准《建筑给水铝塑复合管管道工程技术规程》CECS 105：2000 第 4. 1. 7 条文；原条文规定，与燃气灶具边的水平净距不得小于 0. 4 m；

5 铝塑复合管的刚度比金属管小，故不应承受阀门等重量大的管道附件的重量和操作力矩，防止接口松动漏气。

4. 3. 25 如果采用管件连接，则至少要使用 2 个弯头，这样不仅不便于安装，而且因为接头数量的增多，漏气的可能性也会增加。本条所指的“外侧”是指远离墙壁的一侧。

4. 3. 26 本条编制依据为《城镇燃气设计规范》GB 50028—2006 第 10. 2. 36 条。

4. 3. 27 钢管支架的最大间距是参考《城镇燃气设计规范》GB 50028—93 中表 7. 2. 23 的数据，在 GB 50028—93 修订时，经与该规范主编单位协商，认为该条规定偏重于施工验收范畴，故将其移入本规范。铜管支架的最大间距的规定是参考《建筑给水排水及采暖工程施工质量验收规范》GB 50242—2002 中第 3. 3. 10 条的规定。不锈钢管支架最大间距参考四川省工程建设地方标准《燃气用环压连接薄壁不锈钢管道工程技术规程》DB 51/T 5035—2007 的规定编制。铜管及铝塑复合管比镀锌钢管管壁薄，刚度差，因此支架间距较钢管要小。

8 采用钢质支撑时，撑与铜管之间用绝缘材料隔离是为了防止两种金属产生电化学腐蚀。

4. 3. 28 本条内容根据相关施工经验编写，其他管材或新型管材参照钢管。

5 燃气计量表安装及检验

5.1 一 般 规 定

5.1.1 本规范3.2.1条和3.2.2条为强制条文，其要求也适用本条文。为节约国家资源，保护燃气用户利益，燃气计量表必须准确。

1 “CMC”是国家对“制造计量器具许可证”的认定标记。而具有出厂合格证是证明该产品为已经厂家质量检验合格的产品；

2 燃气计量表实行强检是根据《中华人民共和国计量法》第九条规定提出的；

3 国家明文规定计量器具必须实行定期检查，并在有效期内使用；不按规定方法放置的燃气计量表，会使传动机构受到影响。从而造成计量不准确；

4 燃气计量表的种类很多，性能、规格及适用压力也各不相同，燃气计量表在安装前应该对其性能、规格、适用压力进行认真的校核。

5.1.3 燃气计量表一般每月进行一次抄表，因此必须方便出入。保证便于检修的目的是为确保安全用气。

5.2 燃 气 计 量 表

主 控 项 目

5.2.3 燃气计量表与燃具、电气设施之间的最小水平净距可对其计量的准确性产生影响，同时也考虑用气安全及安装、检修的方便。表5.2.3的规定为经验总结。

一 般 项 目

5.2.7 对于机械鼓风助燃的用气设备，当燃气或空气因故突然降低压力或者操作失误时，均会出现燃气、空气的窜混现象，导致燃烧器回火产生爆炸事故，将燃气表、调压器、鼓风机等设备损坏。设泄压装置是为了防止一旦发生爆炸时，不至于损坏设备。

5.2.9 本条针对户外安装的天然气计量表及南方冬季温度在+5 ℃以上地区安装在户外的燃气计量表制定的，着重考虑了对燃气计量表的安全防护。

5.3 家用燃气计量表

主 控 项 目

5.3.1

2 采用专用连接件安装燃气计量表，是考虑便于安装维修和统一管理，方便调整表与墙的距离，同时达到管件使用标准化的目的；

3 在橱柜内安装的燃气表应便于抄表及维修，自然通风避免燃气计量表产生少量漏气造成不必要的事故及表的防潮；

5 主要考虑燃气计量表本身重量在不加表托时会使表接口受力，可根据燃气计量表的实际重量来考虑，对于燃气计量表为软连接时，必须要加表托固定。

5.4 商业及工业企业燃气计量表

主 控 项 目

5.4.1 最大流量小于65 m^3/h 的燃气计量表较重，故高位安装要加表托固定；低位安装时，安放在支敦或支架上，可保证表的平稳，避免螺纹接头泄漏。

5.4.2 最大流量大于或等于65 m^3/h 的燃气计量表，体积和重量均较大，低位安装可降低劳动强度，提高工作效率，保证安全，故规定低位安装。表后与墙净距不宜小于150 mm 是为了安装和检修保证松紧法兰上的螺栓（母）有所需的空间与位置。

5.4.3 燃气计量表与燃具和设备间的净距，主要考虑安全因素，本条是参考各地方标准制定。

5.4.4 主要考虑了计量准确和安装的美观。本条由实践经验总结编制。

一 般 项 目

5.4.5 软管材质本身较软，施工时易形成直角，规定弯曲成圆弧状，尽量保持原口径，可减少局部阻力，保证流量，流速不受影响。

5.4.7 工业企业多台并联的燃气计量表，规定每块燃气计量表进出口管道上安装阀门，是考虑当某一块燃气计量表需要更换或维修时，不影响其他燃气计量表的正常供气。燃气计量表之间的净距规定满足安装管子、组对法兰和维修换表的需要，是因为燃气计量表规格不一，尺寸大小不等，故只提出此原则要求。

6 家用、商业用及工业企业用燃具和用气设备的安装及检验

6.1 一 般 规 定

6.1.1 本规范3.2.1条和3.2.2条为强制条文，其要求也适用本条文。对燃具和用气设备必须进行严格的检查，不符合本条要求的产品不得安装，以保证用户使用的安全。

6.1.3 本条编制依据为《城镇燃气设计规范》GB 50028—2006第10.4和第10.5节的有关规定。

6.1.4 按设计文件要求正确安装烟道才能保证燃具和用气设备的正常燃烧。

6.2 家 用 燃 具

主 控 项 目

6.2.2 本条操作时说明书中未说明的内容应符合《家用燃气燃烧器具安装及验收规程》CJJ 12的有关规定。

6.2.3 本条规定，基本采用辽宁省建筑标准化办公室出版的《煤气设计手册》城市住宅与公共建筑部分中相关条款，同时参照了北京、上海等地的有关技术规定，可方便操作，易于维修管理，保证正常燃烧。

6.2.5 软管连接是安装中的薄弱环节和事故多发点，必须进行检查。

6.2.6 本条在总结实践经验的基础上编制。

6.3 商业用气设备

主 控 项 目

6.3.1 本条为《城镇燃气设计规范》GB 50028的强制性条文。地下室、半地下室或地上密闭房间均为通风不良场所，严格按设计文件要求施工，可达到泄漏及时报警、自动熄火、快速切断气源，避免造成社会效益、经济效益的负面影响。

6.3.2 本条规定主要从安全卫生，便于操作的角度出发。

1 综合了炊事人员一般身高、体形，房间的健康卫生标准，操作互不影响等因素作出的规定；

2 不小于1.5 m宽度的通道是考虑到方便通行和紧急疏散的需要；

3 采取本措施可防止火灾事故发生。

一 般 项 目

6.3.3 燃烧器对准锅中心，可以保证火焰分布均匀。燃烧器与锅底距离大，造成燃烧时

间长，浪费能源；燃烧器与锅底距离小，容易形成火焰外溢。燃气灶环孔周围保持足够空间，可保证二次空气畅通。

6.3.4 如操作不当或灶前阀门泄漏发生事故时，爆破门先损坏，可避免重大事故发生。

6.4 工业企业生产用气设备

主 控 项 目

6.4.1 本条为强制性条文。主要是为了保证安全，避免由于通风不良、漏气、不完全燃烧而造成爆炸和中毒事故。现行国家标准《城镇燃气设计规范》GB 50028—2006 中 10.6.9 条规定：工业企业生产用气设备应安装在通风良好的专业房间内。当特殊情况需要设置在地下室、半地下室或通风不良的场所时，应符合本规范第 10.2.21 条和第 10.5.3 条的规定。

6.4.2 本条规定主要是为了保证用气设备使用的安全性和可靠性。

6.4.4 非通用产品受到材料、制造工艺和生产厂能力等等因素限制，对产品检验要求有所提高。第 2 款具体指应符合现行国家标准《城镇燃气设计规范》GB 50028—2006 中第 10.6 节共 9 条的有关规定。

6.4.5 主要是保证用气设备的安全运行。

1 是为了防止万一发生燃气脱压或操作不当时，空气进入燃气管而引起爆炸事故的可能；

2 对燃气和空气而言，任一气体脱压或超压均可能造成事故给生产带来损失，故当压力低于或超过正常燃烧所需压力时要报警，便于及时发现采取措施；

3 对于封闭式的炉膛及烟道如不设置必要的泄爆装置，或即使有了泄爆装置但泄爆面积不够，一旦发生爆炸就会产生炸坏炉膛或烟道的事故。泄爆装置应安装在避开人流或经常有操作的部位，以免泄爆时伤人。

一 般 项 目

6.4.6 主要是便于今后对设备和管道的维护保养，安全操作。

6.5 烟 道

主 控 项 目

6.5.1 烟道符合设计要求，可保证烟道具有良好的抽力，保证用气设备正常燃烧，达到最大热效率。

6.5.2 一定的烟道抽力能保证烟气的顺利排出室外。现行国家标准《城镇燃气设计规范》GB 50028—2006 中第 10.7.8 条中规定用气设备排烟设施的烟道抽力应符合下列规定：

1 热负荷 30 kW 以下的用气设备，烟道的抽力（余压）不应小于 3 Pa；

2 热负荷 30 kW 以上的用气设备，烟道抽力（余压）不应小于 10 Pa；

3 工业企业生产用气、工业窑炉的烟道抽力不应小于烟道系统总抽力的1.2倍。

一 般 项 目

6.5.5 对烟道进行保温是为了保证出口排烟温度高于烟气的露点。

7 商业用燃气锅炉和冷热水机组燃气系统安装及检验

7.1 一 般 规 定

7.1.1 《城镇燃气设计规范》GB 50028—2006 第 10.2.1 条的规定中商业用户室内燃气管道的最高压力为 0.4 MPa（表压）。

7.1.2 《城镇燃气设计规范》GB 50028—2006 第 10.5.6 条的具体要求为：

1 宜设置在独立的专用房间内；

2 设置在建筑物内时，燃气锅炉房宜布置在建筑物的首层，不应布置在地下二层及二层以下；燃气常压锅炉和燃气直燃机可设置在地下二层；

3 燃气锅炉房和燃气直燃机不应设置在人员密集场所的上一层、下一层或贴邻的房间内及主要疏散口的两旁；不应与锅炉和燃气直燃机无关的甲、乙类及使用可燃液体的丙类危险建筑贴邻；

4 燃气相对密度（空气等于 1）大于或等于 0.75 的燃气锅炉和燃气直燃机，不得设置在建筑物地下室和半地下室；

5 宜设置专用调压站或调压装置，燃气经调压后供应机组使用。

7.1.3 《城镇燃气设计规范》GB 50028—2006 第 10.7 节共有 10 条规定，施工单位在进行烟道施工时均应执行。

7.2 管 道

7.2.1 本条所指的规定具体为《城镇燃气输配工程施工及验收规范》CJJ 33—2005 中第 12.1、12.4 节的规定。引入管阀门后管道的试验按本规范第 8.2、8.3 节的相关要求执行。

7.2.3 本条为强制性条文。本条规定是依据《城镇燃气设计规范》GB 50028—2006 第 10.2.23 条第 3 款的规定编制。

7.2.4 本条中放散管设置的依据为《城镇燃气设计规范》GB 50028—2006 第 10.2.39、10.2.40 条的规定。

7.3 调 压 装 置

主 控 项 目

7.3.4 本条所指相关规定具体为《城镇燃气设计规范》GB 50028—2006 中第 6.6.2、6.6.3、第 6.6.6 条和第 6.6.8 条。

一　般　项　目

7.3.5　本条与《城镇燃气输配工程施工及验收规范》CJJ 33—2005 中 11.3.4 相同。

7.4　自控安全系统

主　控　项　目

7.4.1　本条依据《城镇燃气设计规范》GB 50028—2006 中第 10.5.7 条的规定编制。
7.4.2　手动快速切断阀、紧急自动切断阀的设置依据《城镇燃气设计规范》GB 50028—2006 中第 10.5.3、10.8.3、10.8.4 条的规定编制。
7.4.3　本条依据《城镇燃气设计规范》GB 50028—2006 中第 10.8.2 条的规定编制。
7.4.4　本条依据《城镇燃气设计规范》GB 50028—2006 中第 10.5.7 条的规定编制，自动灭火系统除自动喷水系统外，尚有卤代烷、二氧化碳、干粉、泡沫等固定灭火系统，具体操作实施应依据设计文件规定。

8 试验与验收

8.1 一般规定

8.1.1 引入管阀门以前的管道应和埋地配气支管连通进行试验。

8.1.2 试验介质可以采用氮气或惰性气体，用水可能会对管道和设备造成污染。

8.1.3 本条为强制性条文，为保证试验安全，严禁用可燃气体和氧气做试验介质。

8.1.4 本条两项条件的提出是为了保证燃气管道压力试验的安全。

8.1.5 试验用压力计量装置的量程和精度关系到压力试验结果的准确性。

8.1.6 1991 年建设部、劳动部和公安部联合颁布的第 10 号令《城市燃气安全管理规定》中要求城市燃气工程在竣工验收时，应组织城建、公安消防、劳动等有关部门及燃气安全方面的专家参加。

8.1.7 降至大气压力进行修补是为了保证修补工作的安全和修补的质量。

8.1.8 本条具体指应符合国家现行标准《家用燃气燃烧器具安装及验收规程》CJJ 12—99 中第 6.0.3 ~6.0.8 条的规定。

8.2 强度试验

8.2.3 吹扫介质严禁使用可燃气体。

8.2.4 ~8.2.5 两条均为强制性条文。根据我国一些省市的强度试验规定提出了本规范中强度试验的条文规定，凡城镇燃气（含天然气、人工煤气、液化石油气）均应执行本规范规定。

我国一些省市的强度试验规定如下：

1 北京市的规定：

1）北京市对室内人工煤气管道和设备的强度试验作了如下规定：

试验介质可采用空气或惰性气体，严禁采用氧气；

① 对于家庭住宅内煤气管道：在安装燃气计量表前，用 100 kPa 的压力对总进气管到表前阀门的管段（包括引入管及总阀门以后的管道）进行强度试验，用肥皂水涂抹所有接头，不漏气为合格；

② 对于公共建筑的室内煤气管道：试验范围是由总进气管到用具阀门；低压管道试验压力为 100 kPa，中压管道试验压力为 150 kPa，用肥皂水涂抹所有接头，不漏气为合格；燃气计量表不做强度试验。

2）北京市对室内天然气和液化石油气管道和设备的强度试验作了如下规定：

① 试验压力：当设计压力小于等于 5 kPa 时，试验压力为 0.1 MPa；当设计压力大于 5 kPa 时，试验压力为设计压力的 1.5 倍，且不得小于 0.1 MPa；

② 试验方法：压力应缓慢升高，达到试验压力后，稳压 1 h，用肥皂水涂刷所

有接头，阀门、法兰不漏气无压降为合格。

2　四川省燃气管道强度试验的规定见表3：

表3　四川省燃气管道强度试验标准

序号	燃气管道的种类	强度试验压力（MPa）
1	低压管道（小于5 kPa），分配管道	0.3
2	与分配管道（*DN*＜100）连接的单独建筑物引入管	0.1
3	中压（5 kPa＜*P*≤0.3 MPa）管道	0.45

3　沈阳市的规定：

沈阳市对公共建筑和工业企业室内低压燃气管道强度试验，规定见表4：

表4　沈阳市燃气管道强度试验标准

试验介质	试验压力	仪表类型	观测时间	允许压力降	备　注
空气	0.02 MPa	U形压力计	30 min	不允许	不包括煤气表

4　上海市的规定：

上海市规定对于中压B级制的室内燃气管道和设备进行强度试验时，试验介质应为压缩空气，严禁用水；试验压力为设计压力的1.5倍，试验时间为2 h，以不漏为合格。室内低压管道一般不做强度试验。

5　深圳市的规定：

试验介质为惰性气体或空气；中压管道强度试验试验压力为0.4 MPa，稳压30 min，无泄漏，目测无变形为合格；室内低压管道一般不做强度试验。

8.3　严 密 性 试 验

8.3.1　引入管阀门以前的管道应和埋地配气支管连通进行试验。

8.3.2～8.3.3　这两条均为强制性条文。根据我国一些省市的严密性试验规定，提出了本规范严密性试验的条文规定，凡城镇燃气（含天然气、人工煤气、液化石油气）均应执行本规范的规定。

我国一些省市的严密性试验规定如下：

1　北京市的规定：

1）北京市对室内人工煤气管道和设备的严密性试验作了如下规定：

试验介质可采用空气或惰性气体，严禁采用氧气；

① 对于家庭住宅内煤气管道：严密性试验分两步进行，在安装燃气计量表前，用7 kPa的压力对总进气管到用具阀门前的管道进行严密性试验，观测10 min，压力降不超过200 Pa为合格；接通燃气计量表后，用3 kPa的压力对总进气管到用具阀门前的管道系统进行严密性试验，观测5 min，压力降不超

过200 Pa为合格；

② 对于公共建筑的室内煤气管道：低压管道试验压力为7 kPa，观测10 min，压力降不超过200 Pa为合格；中压管道试验压力为100 kPa，稳压不少于3 h，观测1 h压力降不大于1.3 kPa为合格；燃气计量表只做严密性试验，试验压力为3 kPa。

2）北京市对室内天然气和液化石油气管道和设备的严密性试验作了如下规定：

① 对居民用户：在未接通燃气表前，用10 kPa的压力对燃气管道进行严密性试验，观测10 min，压力降不超过40 Pa为合格；接通燃气表后，用3 kPa的压力从用户调压器后总进气管阀门到燃气用具阀门前的管道系统进行严密性试验，观测5 min，压力降不超过20 Pa为合格；

② 对商业和工业企业用户：从用户调压器后总进气管阀门到计量装置前阀门的管段及从计量装置（不含）至燃烧设备接入管阀门前低压燃气管道按居民用户的规定进行，对中压管道，试验压力不应低于0.1 MPa，稳压不少于3 h，观测1 h压力降不大于10 mm汞柱为合格。

2 四川省燃气管道严密性试验的规定见表5：

表5 四川省燃气管道严密性试验标准

序号	燃气管道的种类	严密性试验压力（MPa）
1	低压管道（小于5 kPa），分配管道	0.1
2	与分配管道（$DN<100$）连接的单独建筑物引入管	0.01
3	中压（$5\ \text{kPa}<P\leqslant0.3\ \text{MPa}$）管道	0.3

室内低压管道只进行严密性试验；试验介质为空气，试验压力为5 kPa，试验温度为常温；

试验范围：自调压箱出口起，至灶前倒齿管止或自引入管上总阀（或T字接头）起，至灶前倒齿管接头；压力测量采用U形压力计，稳压10 min，压力降不超过40 Pa为合格。

3 沈阳市的规定：

① 民用室内燃气管道只进行严密性试验，试验压力为5 kPa，观测压力计10 min，以无压力降为合格；

② 公共建筑和工业企业室内低压燃气管道的试验标准见表6：

表6 沈阳市燃气管道严密性试验标准

试验介质	试验压力	仪表类型	观测时间	允许压力降	备 注
空气	5 kPa	U形压力计	10 min	不允许	包括煤气表

4 上海市的规定：

1）当燃气管道为钢管时，地下及架空管道（除地上低压管道）的严密性试验规定如下：

① 当设计压力 $P \leqslant 5$ kPa 时，试验压力应为 20 kPa；当设计压力 $P > 5$ kPa 时，试验压力应为设计压力的 1.15 倍，但不得小于 30 kPa；

② 严密性试验的时间宜为 24 h，实际压力降不超过允许压力降 ΔP 为合格；

当设计压力 $P \leqslant 5$ kPa 时，

$$\Delta P = 6.47 \frac{T(D_1L_1 + D_2L_2 + \cdots + D_nL_n)}{D_1^2L_1 + D_2^2L_2 + \cdots + D_n^2L_n}$$

当设计压力 $P > 5$ kPa 时，

$$\Delta P = \frac{40T(D_1L_1 + D_2L_2 + \cdots + D_nL_n)}{D_1^2L_1 + D_2^2L_2 + \cdots + D_n^2L_n}$$

式中　ΔP——允许压力降（Pa）；

T——试验时间（h）；

D_1、D_2、D_n——各管段内径（m）；

L_1、L_2、L_n——各管段长度（m）。

试验实测的压力降，根据在试压期间管内温度和大气压的变化按下式予以修正：

$$\Delta P' = (H_1 + B_1) - (H_2 + B_2)\frac{273 + t_1}{273 + t_2}$$

式中　$\Delta P'$——实际压力降（Pa）；

H_1、H_2——试验开始和结束时压力计读数（Pa）；

B_1、B_2——试验开始和结束时气压计读数（Pa）；

t_1、t_2——试验开始和结束时管内的温度（℃）。

2）当燃气管道为钢管时，地上低压管道的严密性试验规定如下：

① 室内民用户管道严密性试验压力为工作压力的 2 倍，但不小于 3 kPa，要求观测 10 min 无压力降为合格；

② 工业企业及公共建筑工程管道严密性试验压力为工作压力的 2 倍，但不小于 3 kPa，管径大于或等于 100 mm 时，要求观测 30 min 无压降为合格，管径小于 100 mm 时，要求观测 10 min 无压降为合格；

③ 居民零星用户的燃气装置，可用工作压力直接检验，要求观测 3 min 无压降为合格。

3）中压 B 级制的室内燃气钢管道，试验压力应为设计压力的 1.15 倍，当管内压力达到试验压力后，应先稳压 2 h，再经 24 h 的试验，以不漏为合格；试验的检测工具为 U 形汞柱压力计。

4）室内低压燃气铜管只做严密性试验，试验压力为工作压力的 2 倍，但是不应小于 6 kPa，要求观测 10 min，压力不下降为合格，试验介质为空气。

5　深圳市的规定：

试验介质为惰性气体或空气；

1）中压管道强度试验试验压力为 4 kg/cm²，稳压 30 min，无泄漏，目测无变形为合格；

2）中压管道严密性试验，应在强度试验合格后将压力降至 0.1 MPa，稳压 24 h，平均泄漏率按下式计算：

$$A=\frac{100}{24}\left(1-\frac{T_{k}P_{z}}{T_{z}P_{k}}\right)$$

$A \leqslant 0.25K$ 为合格

$$K=\frac{300}{D_{g}}$$

式中 A——小时平均泄漏率（%）；

T_k——试验开始时介质绝对温度（K）；

T_z——试验终了时介质绝对温度（K）；

P_k——试验开始时介质的绝对压力（kg/cm²）；

P_z——试验终了时介质的绝对压力（kg/cm²）；

D_g——管段的公称直径（mm）。

当液化石油气系统有不同管径时，按平均管径计，平均管径按下式计算：

$$D'_{g}=\left[\sum_{i=1}^{n}(D_{gi}^{2}L_{i})/\sum_{i=1}^{n}L_{i}\right]^{1/2}$$

式中 D'_g——平均管径（mm）；

D_{gi}——第 i 段异径管管径（mm）；

L_i——第 i 段异径管管长（m）。

3）室内低压管道严密性试验压力为 500 mm 水柱，用肥皂水方法检查，无泄漏，再稳压 10 min，用 U 形水柱压力计观察，压力降不大于 4 mm 水柱为合格；

4）室内低压管道长度超过 10 m 时，其严密性试验应按中压管道的严密性试验方法进行。

8.4 验　　收

本节是根据国务院 279 号令《建设工程质量管理条例》及现状验收经验总结提出的相关条文。

8.4.3 设计文件包括设计变更和洽商。

UDC

中华人民共和国行业标准

CJJ

P

CJJ 51—2016
备案号 J 112—2016

城镇燃气设施运行、维护和抢修安全技术规程

Technical specification for safety of operation, maintenance and rush-repair of city gas facilities

2016-06-06 发布　　2016-12-01 实施

中华人民共和国住房和城乡建设部　发布

中华人民共和国住房和城乡建设部
公　告

第1132号

住房城乡建设部关于发布行业标准《城镇燃气设施运行、维护和抢修安全技术规程》的公告

现批准《城镇燃气设施运行、维护和抢修安全技术规程》为行业标准，编号为CJJ 51—2016，自2016年12月1日起实施。其中，第3.0.2、3.0.9、3.0.11、5.2.5、5.3.10、6.1.4、7.2.5条为强制性条文，必须严格执行。原《城镇燃气设施运行、维护和抢修安全技术规程》CJJ 51—2006同时废止。

本规程由我部标准定额研究所组织中国建筑工业出版社出版发行。

中华人民共和国住房和城乡建设部

2016年6月6日

前 言

根据住房和城乡建设部《关于印发〈2012 年工程建设标准规范制订修订计划〉的通知》(建标〔2012〕5 号) 的要求，规程编制组经广泛调查研究，认真总结实践经验，参考有关国际标准和国外先进标准，并在广泛征求意见的基础上，修订本规程。

本规程的主要技术内容是：1. 总则；2. 术语；3. 基本规定；4. 运行与维护；5. 抢修；6. 生产作业；7. 液化石油气设施的运行、维护和抢修；8. 图档资料。

本规程修订的主要技术内容是：1. 增加第 3 章基本规定，对运行维护及抢修人员和机构配备、建立健全安全管理制度、燃气设施定期进行安全评价等提出了原则性要求；2. 新增对调压装置定期进行分级维护保养、周期及内容的要求；3. 补充完善了压缩天然气设施和液化天然气设施运行维护的要求，并各自独立为一节；4. 新增对发电厂、供热厂等大型用户燃气设施运行、维护的要求，并明确供气单位与用户双方的职责。

本规程中以黑体字标志的条文为强制性条文，必须严格执行。

本规程由住房和城乡建设部负责管理和对强制性条文的解释，由主编单位负责具体技术内容的解释。在执行过程中如有意见或建议，请寄送中国城市燃气协会（地址：北京市西城区西直门内南小街 22 号；邮政编码：100035）。

本规程主编单位： 中国城市燃气协会

本规程参编单位： 北京市燃气集团有限责任公司
成都城市燃气有限责任公司
港华投资有限公司
上海燃气（集团）有限公司
深圳市燃气集团股份有限公司
山东淄博绿博燃气有限公司
杭州市燃气（集团）有限公司
新奥能源控股有限公司
天津市燃气集团有限公司
广州燃气集团有限公司
南京港华燃气有限公司
哈尔滨中庆燃气有限责任公司
贵州燃气（集团）有限责任公司
西安秦华天然气有限公司
武汉市燃气热力集团有限公司
中交煤气热力研究设计院有限公司
北京市公用工程设计监理公司
中石油昆仑燃气有限公司

中国燃气控股有限公司
中石油昆仑燃气有限公司燃气技术研究院
北京市燃气集团研究院
上海飞奥燃气设备有限公司
江西泰达长林特种设备有限责任公司
武汉安耐杰科技工程有限公司
北京天环燃气有限公司
亚大塑料制品有限公司
北京大方安科技术咨询有限公司

本规程主要起草人员： 李长缨 迟国敬 马长城 李美竹 颜丹平 万云 江民 应援农 陈江 李业强 陈秋雄 陈运文 刘新领 王忠平 杨俊杰 孟红 孙永明 李自强 贾兆公 广宏 杨开武 肖成相 于京春 张雷 张宏伟 李秉君 王智学 雷素敏 潘良 宋新文 李英杰 曹国权 王志伟 李宝才

本规程主要审查人员： 杨健 汪隆毓 高立新 李树旺 车立新 林雅蓉 曾胜 詹淑慧 李念文 李长江 钟军

目　　次

Contents

1 总 则

1.0.1 为使城镇燃气设施运行、维护和抢修符合安全生产、保证正常供气、保障公共安全和保护环境的要求，制定本规程。

1.0.2 本规程适用于城镇燃气厂站、管网、用户燃气设施、监控及数据采集系统等城镇燃气设施的运行、维护和抢修。本规程不适用于汽车加气站的运行、维护和抢修。

1.0.3 城镇燃气设施的运行、维护和抢修除应执行本规程外，尚应符合国家现行有关标准的规定。

2 术 语

2.0.1 城镇燃气供应单位 city gas supply firms

城镇燃气供应企业和城镇燃气自管单位的统称。

城镇燃气供应企业是指从事城镇燃气储存、输配、经营、管理、运行、维护的企业。

城镇燃气自管单位是指自行给所属用户供应燃气，并对燃气设施进行管理、运行、维护的单位。

2.0.2 燃气设施 city gas facility

用于燃气储存、输配和应用的设备、装置、系统，包括厂站、管网、用户燃气设施、监控及数据采集系统等。

2.0.3 用户燃气设施 customer's gas installation

用户燃气管道、阀门、计量器具、调压设备、气瓶等。

2.0.4 燃气燃烧器具 gas burning equipment

以燃气作燃料的燃烧用具的总称，简称燃具。包括燃气热水器、燃气热水炉、燃气灶具、燃气烘烤器具、燃气取暖器等。

2.0.5 用气设备 gas appliance

以燃气作燃料进行加热或驱动的较大型燃气设备，如工业炉、燃气锅炉、燃气直燃机、燃气热泵、燃气内燃机、燃气轮机等。

2.0.6 运行 operation

从事燃气供应的专业人员，按照工艺要求和操作规程对燃气设施进行巡检、操作、记录等常规工作。

2.0.7 维护 maintenance

为保障燃气设施的正常运行，预防故障、事故发生所进行的检查、维修、保养等工作。

2.0.8 抢修 rush-repair

燃气设施发生危及安全的泄漏以及引起停气、中毒、火灾、爆炸等事故时，采取紧急措施的作业。

2.0.9 降压 pressure relief

燃气设施进行维护和抢修时，为了操作安全和维持部分供气，将燃气压力调节至低于正常工作压力的作业。

2.0.10 停气 interruption

在燃气供应系统中，采用关闭阀门等方法切断气源，使燃气流量为零的作业。

2.0.11 明火 flame

外露火焰或赤热表面。

2.0.12 动火 flame operation

在燃气设施或其他禁火区内进行焊接、切割等产生明火的作业。

2.0.13 作业区 operation area

燃气设施在运行、维修或抢修作业时，为保证操作人员正常作业所确定的区域。

2.0.14 警戒区 outpost area

燃气设施发生事故后，已经或有可能受到影响需进行隔离控制的区域。

2.0.15 直接置换 direct purging

采用燃气置换燃气设施中的空气或采用空气置换燃气设施中的燃气的过程。

2.0.16 间接置换 indirect purging

采用惰性气体或水置换燃气设施中的空气后，再用燃气置换燃气设施中的惰性气体或水的过程；或采用惰性气体或水置换燃气设施中的燃气后，再用空气置换燃气设施中的惰性气体或水的过程。

2.0.17 吹扫 purging

燃气设施在投产或维修前清除其内部剩余气体和污垢物的作业。

2.0.18 放散 relief

利用放散设备排空燃气设施内的空气、燃气或混合气体的过程。

2.0.19 防护用具 protection equipment

用以保障作业人员安全和隔离燃气的用具，一般有工作服、工作鞋、手套、安全帽、耳塞、隔离式呼吸设备等。

2.0.20 监护 supervision and protection

在燃气设施运行、维护、抢修作业时，对作业人员进行的监视、保护；或对其他工程施工等可能引起危及燃气设施安全而采取的监督、保护。

2.0.21 带压开孔 hot-tapping

利用专用机具在有压力的燃气管道上加工出孔洞，操作过程中无燃气外泄的作业。

2.0.22 封堵 plugging

从开孔处将封堵头送入并密封管道，从而阻止管道内介质流动的作业。

2.0.23 波纹管调长器 bellows unit

由波纹管及构件组成，用于调节燃气设备拆装引起的管道与设备轴向位置变化的装置。

3 基 本 规 定

3.0.1 城镇燃气供应单位应建立、健全安全生产管理制度及运行、维护、抢修操作规程。

3.0.2 城镇燃气供应单位应配备专职安全管理人员，抢修人员应 24 h 值班；应设置并向社会公布 24 h 报修电话。

3.0.3 在城镇燃气设施运行、维护和抢修中，应利用监控及数据采集系统，逐步实现故障判断、作业指挥及事故统计分析的智能化。

3.0.4 城镇燃气设施或重要部位应设置标志，并应定期进行检查和维护。燃气设施运行、维护和抢修过程中，应设置安全标志。标志的设置和制作应符合现行行业标准《城镇燃气标志标准》CJJ/T 153 的有关规定。

3.0.5 城镇燃气供应单位应建立燃气安全事故报告和统计分析制度，并应制定事故等级标准。燃气安全事故报告和统计分析的内容可按本规程附录 A 的格式确定。

3.0.6 城镇燃气供应单位应制定燃气安全生产事故应急预案，应急预案的编制程序、内容和要素等应符合现行国家标准《生产经营单位生产安全事故应急预案编制导则》GB/T 29639 的有关规定。针对具体的装置、场所或设施、岗位应编制现场处置方案。应急预案应按有关规定进行备案，组织实施演习每年不得少于1次，并应对预案及演习结果进行评定。

3.0.7 对于停止运行、报废的管道，管道所属企业应及时进行处置；暂时没有处置的应采取安全措施，继续对其进行管理，并应与运行中的室外管道及室内管道进行有效隔断。报废的室外及室内管道在具备条件时应予以拆除。

3.0.8 当城镇燃气设施运行、维护和抢修需要切断电源时，应在安全的地方进行操作。

3.0.9 人员进入燃气调压室、压缩机房、计量室、瓶组气化间、阀室、阀门井和检查井等场所前，应先检查所进场所是否有燃气泄漏；人员在进入地下调压室、阀门井、检查井内作业前，还应检查其他有害气体及氧气的浓度，确认安全后方可进入。作业过程中应有专人监护，并应轮换操作。

3.0.10 进入燃气调压室、压缩机房、计量室、瓶组气化间、阀室、阀门井和检查井等场所作业时，应符合下列规定：

1 应穿戴防护用具，进入地下场所作业应系好安全带；

2 维修电气设备时，应切断电源；

3 带气检修维护作业过程中，应采取防爆和防中毒措施，不得产生火花；

4 应连续监测可燃气体、其他有害气体及氧气的浓度，如不符合要求，应立即停止作业，撤离人员。

3.0.11 液化石油气、压缩天然气、液化天然气的在用气瓶内应保持正压，不得给无合格证或有故障的气瓶充装。

3.0.12 进入厂站生产区的机动车辆应在排气管出口加装消火装置，并应限速行驶。

3.0.13 消防设施和器材的管理、检查、维修和保养等应设专人负责，并应定期对其进行检查和补充，消防设施周围不得堆放杂物。消防通道的地面上应有明显的安全标志，应保持畅通无阻。

3.0.14 站内防雷、防静电装置应完好并处于正常运行状态。防雷装置应按国家有关规定定期进行检测，检测宜在雷雨季节前进行，检测结果应符合设计要求；防静电装置检测每半年不得少于1次。

3.0.15 压力容器、安全装置及仪器仪表等应按国家有关规定进行运行维护、定期校验和更换。

3.0.16 燃气供应单位应定期对燃气设施进行安全评价，并应符合现行国家标准《燃气系统运行安全评价标准》GB/T 50811 的有关规定。

4 运行与维护

4.1 一般规定

4.1.1 城镇燃气供应单位制定的安全生产管理制度和操作规程应包括下列内容：

1 事故统计分析制度；

2 隐患排查和分级治理整改制度；

3 城镇燃气管道及其附属系统、厂站内工艺管道的运行、维护制度和操作规程；

4 供气设备的运行、维护制度和操作规程；

5 用户燃气设施的报修制度及检查、维护的操作规程；

6 日常运行中发现问题及事故处理的报告程序。

4.1.2 进入厂站内生产区不得携带火种、非防爆型无线通信设备，未经批准不得在厂站内生产区从事可能产生火花性质的操作。

4.1.3 站内装卸软管及防拉断阀应定期进行检查、检验和维护保养，软管有老化或损伤时应及时更换。

4.1.4 液化石油气、压缩天然气、液化天然气的运输车辆应符合国家有关危险化学品运输的规定。

4.1.5 装卸液化石油气、压缩天然气、液化天然气的运输车应按要求停车入位，并应采取静电接地措施。连接软管前，运输车应处于制动状态。装卸作业过程中，应采取设置防移动块等措施防止运输车移动。装卸完成后，应关闭阀门，在卸除连接软管后，运输车方可启动。

4.1.6 高压或次高压设备进行维护时，应有人监护。

4.1.7 施工完毕未投入运行的燃气管道应采取安全措施，并应符合下列规定：

1 宜采用惰性气体或空气保压，压力不宜超过运行压力，并应按本规程第4.2节的有关规定进行检查和维护；

2 未投入运行的管道与运行管道应采取有效隔断，不得单独使用阀门做隔断；

3 未进行保压的管道，应在通气前重新进行压力试验，试验合格后方可通气运行。

4.1.8 大型燃气设备基础的沉降情况应定期进行观测，其沉降值不得大于设计允许值。

4.1.9 压缩天然气、液化天然气厂站的全站紧急切断装置应定期进行检查和维护。

4.1.10 安装在用户室内外的公用阀门应设置永久性警示标志。

4.2 管道及管道附件

4.2.1 同一管网中输送不同种类、不同压力燃气的相连管段之间应进行有效隔断。

4.2.2 运行、维护制度应明确燃气管道运行、维护的周期，并应做好相关记录。运行、维护中发现问题应及时上报，并应采取有效的处理措施。

4.2.3 燃气管道巡检应包括下列内容：

1 在燃气管道设施保护范围内不应有土体塌陷、滑坡、下沉等现象，管道不应裸露；

2 未经批准不得进行爆破和取土等作业；

3 管道上方不应堆积、焚烧垃圾或放置易燃易爆危险物品、种植深根植物及搭建建（构）筑物等；

4 管道沿线不应有燃气异味、水面冒泡、树草枯萎和积雪表面有黄斑等异常现象或燃气泄出声响等；

5 穿跨越管道、斜坡及其他特殊地段的管道，在暴雨、大风或其他恶劣天气过后应及时巡检；

6 架空管道及附件防腐涂层应完好，支架固定应牢靠；

7 燃气管道附件及标志不得丢失或损坏。

4.2.4 在燃气管道保护范围内施工时，施工单位应在开工前向城镇燃气供应单位申请现场安全监护，并应符合下列规定：

1 对有可能影响燃气管道安全运行的施工现场，应加强燃气管道的巡查与现场监护，并应设立临时警示标志；

2 施工过程中如有可能造成燃气管道的损坏或使管道悬空等，应及时采取有效的保护措施；

3 临时暴露的聚乙烯管道，应采取防阳光直晒及防外界高温和火源的措施。

4.2.5 燃气管道及设施的安全控制范围内进行爆破作业时，应采取可靠的安全保护措施。

4.2.6 地下燃气管道的检查应符合下列规定：

1 地下燃气管道应定期进行泄漏检查；泄漏检查应采用仪器检测，检查内容、检查方法和检查周期等应符合现行行业标准《城镇燃气管网泄漏检测技术规程》CJJ/T 215 的有关规定。

2 对燃气管道的阴极保护系统和在役管道的防腐层应定期进行检查；检查周期和内容应符合现行行业标准《城镇燃气埋地钢质管道腐蚀控制技术规程》CJJ 95 的有关规定；在土体情况复杂、杂散电流强、腐蚀严重或人工检查困难的地方，对阴极保护系统的检测可采用自动远传检测的方式。

3 运行中的钢质管道第一次发现腐蚀漏气点后，应查明腐蚀原因并对该管道的防腐涂层及腐蚀情况进行选点检查，并应根据实际情况制定运行、维护方案。

4 当钢质管道服役年限达到管道的设计使用年限时，应对其进行专项安全评价。

5 应对聚乙烯燃气管道的示踪装置进行检查。

4.2.7 架空敷设的燃气管道应设置安全标志，在可能被车辆碰撞的位置，应设置防碰撞保护设施，并应定期对管道的外防腐层进行检查和维护。

4.2.8 在非开挖修复后的燃气管道上接支管时，应符合下列规定：

1 采用聚乙烯材料做内插或内衬修复的燃气管道上接支管时，宜选在设计预留的位置。当预留位置不能满足要求时，应在采用机械断管方式割除连接位置原有修复管道外的旧管后再进行接管操作，不得使用气割或加热方法割除旧管。

2 采用复合筒状材料做翻转内衬修复的燃气管道上接支管时，应选择在连接钢管处开孔，不得在其他有内衬修复层的部位开孔接支管。

4.2.9 阀门的运行、维护应符合下列规定：

1 应定期检查阀门，不得有燃气泄漏、损坏等现象；

2 阀门井内不得积水、塌陷，不得有妨碍阀门操作的堆积物；

3 应根据管网运行情况对阀门定期进行启闭操作和维护保养；

4 无法启闭或关闭不严的阀门，应及时维修或更换；

5 带电动、气动、电液联动、气液联动执行机构的阀门，应定期检查执行机构的运行状态。

4.2.10 凝水缸的运行、维护应符合下列规定：

1 护罩（或护井）、排水装置应定期进行检查，不得有泄漏、腐蚀和堵塞的现象及妨碍排水作业的堆积物；

2 应定期排放积水，排放时不得空放燃气；

3 排出的污水应收集处理，不得随地排放。

4.2.11 波纹管调长器应定期进行严密性及工作状态检查。与调长器连接的燃气设备拆装完成后，应将调长器拉杆螺母拧紧。

4.3 设 备

4.3.1 调压装置的运行应符合下列规定：

1 调压装置应定期进行检查，内容应包括调压器、过滤器、阀门、安全设施、仪器、仪表、换热器等设备及工艺管路的运行工况及运行参数，不得有泄漏等异常情况。

2 严寒和寒冷地区应在采暖期前检查调压室的采暖状况或调压器的保温情况。

3 过滤器前后压差应定期进行检查，并应及时排污和清洗。

4 应定期对切断阀、安全放散阀、水封等安全装置进行可靠性检查。

5 地下调压装置的运行检查尚应符合下列规定：

1）地下调压箱或地下式调压站内应无积水；

2）地下调压箱或地下式调压站的通风或排风系统应有效，上盖不得受重压或冲撞；

3）地下调压箱的防腐保护措施应完好，地下式调压站室内燃气泄漏报警装置应有效。

4.3.2 调压装置的维护应符合下列规定：

1 当发现调压器及各连接点有燃气泄漏、调压器有异常喘振或压力异常波动等现象时，应及时处理；

2 应及时清除各部位油污、锈斑，不得有腐蚀和损伤；

3 新投入使用和保养修理后重新启用的调压器，应在经过调试达到技术要求后，方可投入运行；

4 停气后重新启用的调压器，应检查进出口压力及有关参数。

4.3.3 调压装置除应按本规程第 4.3.1 条、第 4.3.2 条的规定进行运行、维护外，尚应定期进行分级维护保养，并应符合本规程附录 B 的规定。

4.3.4 加臭装置的运行、维护除应符合现行行业标准《城镇燃气加臭技术规程》CJJ/T 148 的规定外，尚应符合下列规定：

1 加臭装置初次投入使用前或加臭泵检修后，应对加臭剂输出量进行标定；

2 带有备用泵的加臭装置应定期进行切换运行，每 3 个月不得少于 1 次；

3 向现场储罐补充加臭剂的过程中，应保持加臭剂原料罐与现场储罐之间密闭连接，现场储罐内排出的气体应进行吸附处理，加臭剂气味不得外泄；

4 加臭剂原料罐宜采用可循环使用的储罐，一次性原料罐的处理应符合国家有关规定；

5 加臭剂浓度检测点宜选取在管网末端，且应具有覆盖性。

4.3.5 高压或次高压设备进行拆装维护保养时，宜采用惰性气体进行间接置换。置换作业应符合本规程第 6.2.2 条的规定。

4.3.6 低压湿式储气柜的运行、维护应符合下列规定：

1 储气柜运行压力不得超出所规定的压力，储气柜升降幅度和升降速度应在规定范围内，当大风天气对气柜安全运行有影响时，应适当降低气柜运行高度。

2 对储气柜的运行状况应定期进行检查，并应符合下列规定：

1）塔顶、塔壁不得有裂缝损伤和漏气，水槽壁板与环形基础连接处不应漏水；

2）导轮与导轨的运动应正常；

3）放散阀门应启闭灵活；

4）寒冷地区在采暖期前应检查保温系统；

5）应定期、定点测量各塔节环形水封的水位。

3 当导轮与轴瓦之间发生磨损时，应及时修复。

4 导轮润滑油应定期加注，发现损坏应立即维修。

5 气柜外壁防腐情况应定期进行检查，出现防腐涂层破损时，应及时进行修补。

6 维修储气柜时，操作人员应佩戴安全帽、安全带等防护用具，所携带的工具应严加保管，严禁以抛接方式传递工具。

4.3.7 低压干式储气柜的运行、维护除应符合本规程第 4.3.6 条的有关规定外，尚应符合下列规定：

1 进入气柜作业前，应确认电梯、吊笼动作正常，限位开关工作应准确有效，柜内可燃或有毒气体浓度应在安全范围内。

2 应定期对储气柜的运行状况进行检查，并应符合下列规定：

1）气柜柜体应完好，不得有燃气泄漏、渗油、腐蚀、变形和裂缝损伤；

2）气柜活塞油槽油位、横向分隔板及密封装置应正常，气柜活塞水平倾斜度、升降幅度和升降速度应在规定范围内，并应做好测量记录；

3）气柜柜底油槽水位、油位应保持在规定值范围内；

4）气柜可燃气体报警器、外部电梯及内部升降机（吊笼）的各种安全保护装置应可靠有效，电器控制部分应动作灵敏，运行平稳。

3 密封油黏度和闪点应定期进行化验分析，当超过规定值时，应及时进行更换。

4 气柜油泵启动频繁或两台泵经常同时启动时，应分析原因并及时排除故障。

5 油泵入口过滤网应定期进行清洗。

4.3.8 低压湿式储气柜、低压干式储气柜除应按本规程第4.3.6条和第4.3.7条规定进行运行、维护外，尚宜定期对气柜进行全面检修。

4.3.9 高压储罐的运行、维护除应符合国家现行标准的规定外，尚应符合下列规定：

1 应控制运行压力，不得超压运行，并应对温度、压力等各项参数定时观察。

2 应定期对阀门做启闭性能测试，当阀门无法正常启闭或关闭不严时，应及时维修或更换。

3 应填写运行、维修记录。

4.3.10 储配站内压缩机、烃泵的运行、维护应符合下列规定：

1 压力、温度、流量、密封、润滑、冷却和通风系统应定期进行检查。

2 阀门开关应灵活，连接部件应紧固。

3 指示仪表应正常，各运行参数应在规定范围内。

4 应定期对各项自动、连锁保护装置进行测试、维护。

5 当有下列异常情况时应及时停车处理：

1）自动、连锁保护装置失灵；

2）润滑、冷却、通风系统出现异常；

3）压缩机运行压力高于规定压力；

4）压缩机、烃泵、电动机、发动机等有异声、异常振动、过热、泄漏等现象。

6 压缩机检修完毕重新启动前应进行置换，置换合格后方可开机。

4.3.11 储配站内压缩机的大、中、小修理，应按设备的保养、维护要求执行。

4.4 压缩天然气设施

4.4.1 压缩天然气加气站进站气源组分应定期进行抽查复验。

4.4.2 压缩天然气加气站、压缩天然气储配站、压缩天然气瓶组供气站站内管道、阀门应定期进行巡查和维护，并应符合下列规定：

1 管道、阀门不得锈蚀；

2 站内管道不应泄漏；

3 阀门和接头不得有泄漏、损坏现象；

4 阀门应定期进行启闭操作和维护保养，启闭不灵活或关闭不严的阀门，应及时维修或更换。

4.4.3 压缩天然气加气站、压缩天然气储配站、压缩天然气瓶组供气站站内过滤器进出口压差应定期进行检查，并应对过滤器进行清洗。

4.4.4 调压装置的运行、维护应符合本规程第4.3.1条和第4.3.2条的有关规定。配有伴热系统的调压装置，应定期对伴热系统的进、出口温度进行检查，不得超出正常范围。

4.4.5 压缩机的运行、维护除应符合本规程第4.3.10条、第4.3.11条的有关规定外，尚应符合下列规定：

1 对压缩机的压力、温度、流量等参数应进行动态监测管理；

2 压缩机的连锁装置应定期进行测试、维护；

3 压缩机的振动情况应定期进行检查；

4 压缩机及其附属、配套设施应定期进行排污，污物应集中处理，不得随意排放；

5 压缩机橇箱内不得堆放任何杂物。

4.4.6 干燥器、脱硫装置的运行、维护除应按设备的保养维护标准执行外，尚应符合下列规定：

1 系统内各部件的运行应按设定程序进行；

2 指示仪表应正常，运行参数应在规定范围内；

3 阀门切换、开关应灵活，运动部件应平稳，无异响、泄漏等；

4 脱硫剂的处理应符合环境保护要求；

5 应根据运行情况对干燥器定期进行排污；

6 露点仪应进行动态监测和定期维护，并应根据露点情况及时更换干燥剂。

4.4.7 箱式变压器、控制柜、电机等电气设施应进行日常巡检维护，每半年应至少进行1次清洁和检查。

4.4.8 压缩天然气加气、卸气操作应符合下列规定：

1 加气、卸气前应检查连接部位，密封应良好，自动、连锁保护装置应正常，接地应良好。

2 在接好软管准备打开瓶组阀门时，操作人员不得面对阀门；加气时不得正对加气枪口；与作业无关人员不得在附近停留。

3 充装压力不得超过气瓶的公称工作压力。

4 遇有下列情况之一时，不得进行加气、卸气作业：

1）雷电天气；

2）附近发生火灾；

3）检查出有燃气泄漏；

4）压力异常；

5）其他不安全因素。

4.4.9 压缩天然气汽车运输应符合下列规定：

1 运输时应符合国家有关危险化学品运输的规定；

2 运输车辆严禁携带其他易燃、易爆物品或搭乘无关人员；

3 应按指定路线和规定时间行车，途中不得随意停车；

4 运输途中因故障临时停车时，应避开其他危险品、火源和热源，宜停靠在阴凉通风的地方，并应设置醒目的停车标志；

5 运输车辆加气、卸气或回厂后应在指定地点停放；

6 气瓶组满载时不得长时间停放在露天暴晒，当可能出现高温情况时，应进行泄压或降温处理；

7 运输车辆应配置有效的通信工具和安装静电接地带，随车应携带排气管阻火器和配备干粉灭火器。

4.5 液化天然气设施

4.5.1 液化天然气储罐及管道检修前后应采用干燥氮气进行置换，不得采用充水置换的方式。在检修后投入使用前应进行预冷试验，预冷试验时储罐及管道中不应含有水分及杂质。

4.5.2 液化天然气储罐的运行、维护应符合下列规定：

1 储罐内液化天然气的液位、压力和温度应定期进行现场检查和实时监控；储存液位宜控制在20% ~90%范围内，储存压力不得高于最大工作压力。

2 不同来源、不同组分的液化天然气宜存放在不同的储罐中。当不具备条件只能储存在同一储罐内时，应采用正确的进液方法，并应根据储罐类型监测其气化速率与温度变化。

3 储罐内较长时间静态储存的液化天然气，宜定期进行倒罐。

4 储罐基础应牢固，立式储罐的垂直度应定期进行检查。

5 应对储罐外壁定期进行检查，表面应无凹陷，漆膜应无脱落，且应无结露、结霜现象。

6 储罐的静态蒸发率应定期进行监测。

7 真空绝热储罐的真空度检测每年不应少于1次。

8 隔热型储罐的绝热材料、夹层内可燃气体浓度和夹层补气系统的状况应定期进行检查。

4.5.3 储罐外置低温潜液泵的运行、维护应符合下列规定：

1 低温潜液泵开机运行前应进行预冷。

2 潜液泵的运行状况应定期进行检查，进、出口压力应符合设定值。当发现泵体有异常噪声或振动时，应及时停机处理。

3 泵罐（泵池）的密封及保冷状况应定期进行检查。

4 潜液泵应定期检修，检修完毕重新投用前，应采用干燥氮气对潜液泵进行置换，置换合格且经预冷后方可开机运行。

4.5.4 气化器的运行、维护应符合下列规定：

1 应定期检查空温式气化器的结霜情况。

2 应定期检查水浴式气化器的储水量和水温状况。

3 气化器的基础应完好、无破损。

4 应定期检查液化天然气经气化器气化后的温度，并应符合设计文件的要求。当设计文件没有明确要求时，温度不应低于5 ℃。

4.5.5 液化天然气厂站内的低温工艺管道应定期进行检查，并应符合下列规定：

1 管道焊缝及连接管件应无泄漏，发现有漏点时应及时进行处理；

2 管道外保冷材料应完好无损，当材料的绝热保冷性能下降时应及时更换；

3 管道管托应完好。

4.5.6 液化天然气卸（装）车操作应符合下列规定：

1 卸（装）车的周围应设警示标志。

2 卸（装）车时，操作人员不得离开现场，并应按规定穿戴防护用具，人体未受保护部分不得接触未经隔离装有液化天然气的管道和容器。

3 卸（装）车前，应采用干燥氮气或液化天然气气体对卸（装）车软管进行吹扫。

4 卸（装）车作业与气化作业同时进行时，不应使用同一个储罐。

5 卸（装）车过程中，应按操作规程开关阀门。

6 卸（装）车后，应将卸（装）车软管内的剩余液体回收；拆卸下的低温软管应处于自然伸缩状态，严禁强力弯曲，并应对其接口进行封堵。

7 出现储罐液位异常和阀门或接头有泄漏、损坏现象时，不得卸（装）车。

4.5.7 卸（装）车作业结束后，应及时对滞留在密闭管段内的液化天然气液体进行回收或放散。

4.5.8 液化天然气气瓶充装应符合下列规定：

1 充装前应对液化天然气气瓶逐只进行检查，不符合要求的气瓶不得充装；

2 气瓶的充装量不得超过其铭牌规定的最大充装量；

3 充装完毕后应对瓶阀等进行检查，不得泄漏；

4 新气瓶首次充装时，应控制速度缓慢充装；

5 灌装秤应在检定有效期内使用，充装前应进行校准；

6 不得使用槽车充装液化天然气气瓶。

4.5.9 液化天然气厂站内消防设施的运行、维护除应符合本规范第3.0.13条的规定外，尚应符合下列规定：

1 消防水池内应保持设计规定的储水量。

2 储罐喷淋装置（含消防水炮）应每年至少开启喷淋1次。喷淋设施应完好，喷淋头应无堵塞。消防水炮应转动灵活，喷射距离应符合消防要求。

3 高倍泡沫灭火系统应每月进行检查，高倍泡沫发生器、泡沫比例混合器、泡沫液储罐应完好，压力表、过滤器、管道及管件等不应有损伤。

4 高倍泡沫灭火系统应每年进行1次喷泡沫试验，同时应对系统所有组件、设施进行全面检查。系统试验和检查完毕后，应对高倍泡沫发生器、泡沫比例混合器、过滤器等用清水冲洗干净后放空，复原系统。

5 除高倍泡沫发生器进口端控制阀后管道外，其余管道应每半年冲洗1次。

4.5.10 液化天然气储罐围堰（围堤）的集液池或集液井内应保持清洁无水状态，不得存有积水、杂物。

4.5.11 液化天然气汽车运输应符合本规程4.4.9条的规定。

4.5.12 液化天然气瓶组气化站运行、维护应符合下列规定：

1 瓶组站的气瓶总容量不得超出设计的数量，不得随意更改气瓶存放数量及气瓶接口数量；

2 瓶组站宜设专人值守，无人值守的瓶组站应每日进行巡检；

3 站内密封点应无泄漏，管道及设备应运行正常，瓶组站周边环境应良好；

4 站内的工艺管道应有明确的工艺流向标志，阀门开、关状态应明晰，安全附件应齐全完好；

5 备用的气化器应定期启动，且每月不得少于1次；

6 换瓶后应对接口的密封性进行检查，不得泄漏。

4.6 监控及数据采集

4.6.1 监控及数据采集系统设备外观应保持完好。在爆炸危险区域内的仪器仪表应有良好的防爆性能，不得有漏电、漏气和堵塞状况。机箱、机柜和仪器仪表应有良好的接地。

4.6.2 监控及数据采集系统的监控中心应符合下列规定：

1 系统的各类设备应运行正常；

2 操作键接触应良好，显示屏幕显示应清晰、亮度适中，系统状态指示灯指示应正常，状态画面显示系统应运行正常；

3 记录曲线应清晰、无断线，打印机打字应清楚、字符完整；

4 机房环境应符合现行国家标准《电子信息系统机房设计规范》GB 50174 的有关规定。

4.6.3 采集点和传输系统的仪器仪表应按国家有关规定定期进行检定和校准。

4.6.4 监控及数据采集系统运行维护人员应掌握安全防爆知识，且应按有关安全操作规程进行操作。

4.6.5 运行维护人员应定期对系统及设备进行巡检，并应对现场仪表与远传仪表的显示值、同管段上下游仪表的显示值以及远传仪表和监控中心的数据进行对比检查。

4.6.6 对无人值守站，应定期到现场对仪器、仪表及设备进行检查。

4.6.7 仪表维修人员拆装带压管线和爆炸危险区域内的仪器仪表设备时，应在取得管理部门同意和现场配合后方可进行。

4.6.8 运行维护人员应定期对系统数据进行备份。

4.7 用户燃气设施

4.7.1 用户燃气设施应定期进行入户检查，并应符合下列规定：

1 商业用户、工业用户、采暖及制冷用户每年检查不得少于1次；

2 居民用户每两年检查不得少于1次。

4.7.2 发电厂、供热厂等大型用户可结合用户用气特点定期进行检查。

4.7.3 定期入户检查应包括下列内容，并应做好检查记录：

1 应确认用户燃气设施完好，安装应符合规范要求；

2 管道不应被擅自改动或作为其他电气设备的接地线使用，应无锈蚀、重物搭挂，连接软管应安装牢固且不应超长及老化，阀门应完好有效；

3 不得有燃气泄漏；

4 用气设备、燃气燃烧器具前燃气压力应正常。

4.7.4 进入室内作业应首先检查有无燃气泄漏。当发现有燃气泄漏时，应采取措施降低室内燃气浓度。当确认可燃气体浓度低于爆炸下限的20%时，方可进行检修作业。

4.7.5 用户燃气设施进行维护和检修作业时，可采用检查液检漏或仪器检测，发现问题应及时处理。维护和检修应在确认无燃气泄漏并正常点燃灶具后，方可结束作业。

4.7.6 用户燃气设施的维护和检修应由具备燃气维检修专业技能的单位及专业人员进行。

4.7.7 发电厂、供热厂等大型用户设施进行维护和检修作业应符合下列规定：

1 在用和备用燃气设备应定期进行轮换使用，过滤器应及时进行清理及排污；

2 燃气设施出现损坏或漏气等异常情况需要停气时，燃气用户应及时与城镇燃气供应单位沟通协调，共同配合进行维护和检修工作；

3 对于供热厂等周期性用气的用户，停止用气时，宜对停气的用户设施进行保压，并应符合下列规定：

1）采用燃气保压时，应定期监测压力，不得有燃气泄漏；

2）采用空气或惰性气体保压及不采用保压方式时，应将停气用户的燃气设施与供气管道进行有效隔断。恢复供气前应对用户设施进行置换，置换作业应符合本规程第 6.2 节的有关规定。

4.7.8 燃气用户使用燃气设施和燃气用具时，应符合下列规定：

1 正确使用燃气设施和燃气用具；严禁使用不合格的或已达到判废年限的燃气设施和燃气用具；

2 不得擅自改动燃气管道，不得擅自拆除、改装、迁移、安装燃气设施和燃气用具；

3 安装燃气计量仪表、阀门及气化器等设施的专用房间内不得有人居住和堆放杂物；

4 不得加热、摔砸、倒置液化石油气钢瓶，不得倾倒瓶内残液和拆卸瓶阀等附件；

5 严禁使用明火检查泄漏；

6 连接燃气用具的软管应定期更换，不得使用不合格和出现老化龟裂的软管，软管应安装牢固，不得超长；

7 正常情况下，严禁用户开启或关闭公用燃气管道上的阀门；

8 当发现室内燃气设施或燃气用具异常、燃气泄漏、意外停气时，应在安全的地方切断电源、关闭阀门、开窗通风，严禁动用明火、启闭电器开关等，并应及时向城镇燃气供应单位报修，严禁在漏气现场打电话报警；

9 应协助城镇燃气供应单位对燃气设施进行检查、维护和抢修。

5 抢 修

5.1 一 般 规 定

5.1.1 城镇燃气供应单位应制定事故抢修制度和事故上报程序。

5.1.2 城镇燃气供应单位应根据供应规模设立抢修机构和配备必要的抢修车辆、抢修设备、抢修器材、通信设备、防护用具、消防器材、检测仪器等装备，并应保证设备处于良好状态。

5.1.3 接到抢修报警后应迅速出动，并应根据事故情况联系有关部门协作抢修。抢修作业应统一指挥，服从命令，并应采取安全措施。

5.1.4 当发生中毒、火灾、爆炸事故，危及燃气设施和周围人身财产安全时，应协助公安、消防及其他有关部门进行抢救、保护现场和疏散人员。

5.1.5 当燃气厂站或管线发生较大事故处理完成后，应对燃气厂站或管线及存在类似风险的燃气设施进行全面安全评价。评价内容及方法应符合现行国家标准《燃气系统运行安全评价标准》GB/T 50811 的有关规定。

5.2 抢 修 现 场

5.2.1 抢修人员到达现场后，应根据燃气泄漏程度和气象条件等确定警戒区、设立警示标志。在警戒区内应管制交通，严禁烟火，无关人员不得留在现场，并应随时监测周围环境的燃气浓度。

5.2.2 抢修人员应佩戴职责标志。进入作业区前应按规定穿戴防静电服、鞋及防护用具，并严禁在作业区内穿脱和摘戴。作业现场应有专人监护，严禁单独操作。

5.2.3 当燃气设施发生火灾时，应采取切断气源或降低压力等方法控制火势，并应防止产生负压。

5.2.4 当燃气泄漏发生爆炸后，应迅速控制气源和火种，防止发生次生灾害。

5.2.5 管道和设备修复后，应对周边夹层、窨井、烟道、地下管线和建（构）筑物等场所的残存燃气进行全面检查。

5.2.6 当事故隐患未查清或隐患未消除时，抢修人员不得撤离现场，并应采取安全措施，直至隐患消除。

5.3 抢 修 作 业

5.3.1 燃气设施泄漏的抢修宜在降压或停气后进行。

5.3.2 当燃气浓度未降至爆炸下限的 20% 以下时，作业现场不得进行动火作业，警戒区内不得使用非防爆型的机电设备及仪器、仪表等。

5.3.3 抢修时，与作业相关的控制阀门应有专人值守，并应监视管道内的压力。

5.3.4 当抢修中暂时无法消除漏气现象或不能切断气源时，应及时通知有关部门，并应做好现场的安全防护工作。

5.3.5 处理地下泄漏点开挖作业时，应符合下列规定：

1 抢修人员应根据管道敷设资料确定开挖点，并应对周围建（构）筑物的燃气浓度进行检测和监测；当发现漏出的燃气已渗入周围建（构）筑物时，应根据事故情况及时疏散建（构）筑物内人员并驱散聚积的燃气。

2 应对作业现场的燃气或一氧化碳的浓度进行连续监测。当环境中燃气浓度超过爆炸下限的20%或一氧化碳浓度超过规定值时，应进行强制通风，在浓度降低至允许值以下后方可作业。

3 应根据地质情况和开挖深度确定作业坑的坡度和支撑方式，并应设专人监护。

5.3.6 钢质管道、铸铁管道的泄漏抢修，除应符合本规程第5.3.1～5.3.5条规定外，尚应符合下列规定：

1 钢质管道泄漏点进行焊接处理后，应对焊缝进行内部质量和外观检查。

2 钢质管道抢修作业后，应对防腐层进行修复，并应达到原管道防腐层等级。

3 当采用阻气袋阻断气源时，应将管道内的燃气压力降至阻气袋有效阻断工作压力以下；阻气袋应采用专用气源工具或设施进行充压，充气压力应在阻气袋允许充压范围内。

5.3.7 当聚乙烯管道发生断管、开裂等意外损坏时，抢修作业应符合下列规定：

1 抢修作业中应采取措施防止静电的产生和聚积；

2 应在采取有效措施阻断气源后进行抢修；

3 进行聚乙烯管道焊接抢修作业时，当环境温度低于－5℃或风力大于5级时，应采取防风保温措施；

4 使用夹管器夹扁后的管道应复原并标注位置，同一个位置不得夹2次。

5.3.8 动火作业应符合本规程第6.4节的有关规定。

5.3.9 厂站泄漏抢修作业应符合下列规定：

1 低压储气柜泄漏抢修应符合下列规定：

1）宜使用燃气浓度检测仪或采用检漏液、嗅觉、听觉查找泄漏点；

2）应根据泄漏部位及泄漏量采用相应的方法堵漏；

3）当发生大量泄漏造成储气柜快速下降时，应立即打开进口阀门、关闭出口阀门，用补充气量的方法减缓下降速度。

2 压缩机房、烃泵房发生燃气泄漏时，应立即切断气源和动力电源，并应开启室内防爆风机。故障排除后方可恢复供气。

3 调压站、调压箱发生燃气泄漏时，应立即关闭泄漏点前后阀门，打开门窗或开启防爆风机，故障排除后方可恢复供气。

5.3.10 当调压站、调压箱因调压设备、安全切断设施失灵等造成出口超压时，应立即关闭调压器进出口阀门，并应对超压管道放散降压，排除故障。当压力超过下游燃气设施的设计压力时，还应对超压影响区内的燃气设施进行全面检查，排除所有隐患后方可恢复供气。

5.3.11 当压缩天然气站出现大量泄漏时，应立即启动全站紧急切断装置，并应停止站区全部作业、设置安全警戒线、采取有效措施控制和消除泄漏点。

5.3.12 当压缩天然气站因泄漏造成火灾时，除控制火势进行抢修作业外，尚应对未着火的其他设备和容器进行隔热、降温处理。

5.3.13 汽车载运气瓶组或拖挂气瓶车出现泄漏或着火事故时，应按本规程第5.3.11条和第5.3.12条的有关规定采取措施控制泄漏或火势。

5.3.14 液化天然气储罐进、出液管道发生少量泄漏时，可根据现场情况采取措施消除泄漏。当泄漏不能消除时，应关闭相关阀门，并应将管道内液化天然气放散（或通过火炬燃烧掉），待管道恢复至常温后，再进行维修。维修后可利用干燥氮气进行检查，无泄漏方可投入运行。

5.3.15 当液化天然气大量泄漏时，应立即启动全站紧急切断装置，并应停止站区全部作业。可使用泡沫发生设备对泄漏出的液化天然气进行表面泡沫覆盖，并应设置警戒范围，快速撤离疏散人员，待液化天然气全部气化扩散后，再进行检修。

5.3.16 液化天然气泄漏着火后，不得用水灭火。当液化天然气泄漏着火区域周边设施受到火焰灼热威胁时，应对未着火的储罐、设备和管道进行隔热、降温处理。

5.3.17 用户室内燃气泄漏抢修作业应符合下列规定：

1 接到用户泄漏报告后，应立即派人到现场进行抢修。

2 在抢修作业现场，不得接听和拨打电话，移动电话应处于关闭状态。

3 抢修人员进入事故现场，应立即控制气源、消除火种、切断电源、通风并驱散积聚室内的燃气。

4 应准确判断泄漏点，彻底消除隐患。严禁用明火查漏，当未查清泄漏点时，应按本规程第5.2.6条执行。

5 作业时，应避免由于抢修造成其他部位泄漏，并应采取防爆措施，严禁产生火花。

5.3.18 修复供气后，应进行复查，确认安全后，抢修人员方可撤离。

6 生 产 作 业

6.1 一 般 规 定

6.1.1 燃气设施的停气、降压、动火及通气等生产作业应建立分级审批制度。作业单位应制定作业方案和填写动火作业审批报告，并应逐级申报；经审批后应严格按批准方案实施。紧急事故应在抢修完毕后补办手续。

6.1.2 燃气设施停气、降压、动火及通气等生产作业应配置相应的作业机具、通信设备、防护用具、消防器材、检测仪器等。

6.1.3 燃气设施停气、降压、动火及通气等生产作业，应设专人负责现场指挥，并应设安全员。参加作业的操作人员应按规定穿戴防护用具。在作业中应对放散点进行监护，并应采取相应的安全防护措施。

6.1.4 城镇燃气设施动火作业现场，应划出作业区，并应设置护栏和警示标志。

6.1.5 作业坑处应采取方便操作人员上下及避险的措施。

6.1.6 停气、降压与置换作业时，宜避开用气高峰和不利气象条件。

6.2 置 换 与 放 散

6.2.1 燃气设施停气动火作业前应对作业管段或设备进行置换。

6.2.2 燃气设施宜采用间接置换法进行置换，当置换作业条件受限时也可采用直接置换法进行置换。置换过程中每一个阶段应连续3次检测氧或燃气的浓度，每次间隔不应少于5 min，并应符合下列规定：

1 当采用间接置换法时，测定值应符合下列规定：

1）采用惰性气体置换空气时，氧浓度的测定值应小于2%；采用燃气置换惰性气体时，燃气浓度测定值应大于85%。

2）采用惰性气体置换燃气时，燃气浓度测定值不应大于爆炸下限的20%；采用空气置换惰性气体时，氧浓度测定值应大于19.5%。

3）采用液氮气化气体进行置换时，氮气温度不得低于5 ℃。

2 当采用直接置换法时，测定值应符合下列要求：

1）采用燃气置换空气时，燃气浓度测定值应大于90%；

2）采用空气置换燃气时，燃气浓度测定值不应大于爆炸下限的20%。

6.2.3 置换放散时，作业现场应有专人负责监控压力及进行浓度检测。

6.2.4 置换作业时，应根据管道情况和现场条件确定放散点数量与位置，管道末端应设置临时放散管，在放散管上应设置控制阀门和检测取样阀门。

6.2.5 临时放散管的安装应符合下列规定：

1 放散管应远离居民住宅、明火、高压架空电线等场所。当无法远离居民住宅等场所时，应采取有效的防护措施。

2 放散管应高出地面 2 m 以上。

3 放散管应采用金属管道，并应可靠接地。

4 放散管应安装牢固。

6.2.6 临时放散火炬的设置应符合下列规定：

1 放散火炬应设置在带气作业点的下风向，并应避开居民住宅、明火、高压架空电线等场所；

2 放散火炬的管道上应设置控制阀门、防风和防回火装置、压力测试接口；

3 放散火炬应高出地面 2 m 以上；

4 放散燃烧时应有专人现场监护，控制火势，监护人员与放散火炬的水平距离宜大于 25 m；

5 放散火炬现场应备有有效的消防器材。

6.3 停气与降压

6.3.1 停气与降压作业应符合下列规定：

1 停气作业时应可靠地切断气源，并应将作业管段或设备内的燃气安全地排放或进行置换；

2 降压作业应有专人监控管道内的燃气压力，降压作业时应控制降压速度，管道内不得产生负压；

3 密度大于空气的燃气输送管道进行停气或降压作业时，应采用防爆风机驱散在作业坑积聚的燃气。

6.4 动　火

6.4.1 运行中的燃气设施需动火作业时，应有城镇燃气供应企业的技术、生产、安全等部门进行配合和监护。

6.4.2 城镇燃气设施动火作业区内应保持空气流通，动火作业区内可燃气体浓度应小于其爆炸下限的 20%。在通风不良的空间内作业时，应采用防爆风机进行强制通风。

6.4.3 城镇燃气设施动火作业过程中，操作人员不得正对管道开口处。

6.4.4 旧管道接驳新管道动火作业时，应采取措施使管道电位达到平衡。

6.4.5 城镇燃气设施停气动火作业应监测管段或设备内可燃气体浓度的变化，并应符合下列规定：

1 当有燃气泄漏等异常情况时，应立即停止作业，待消除异常情况并再次置换合格后方可继续进行；

2 当作业中断或连续作业时间较长时，应再次取样检测并确认合格后，方可继续作业；

3 燃气管道内积有燃气杂质时，应采取有效措施进行处置。

6.4.6 城镇燃气设施带气动火作业应符合下列规定：

1 带气动火作业时，燃气设施内应保持正压，且压力不宜高于 800 Pa，并应设专人监控压力；

2 动火作业引燃的火焰，应采取可靠、有效的方法进行扑灭。

6.5 带压开孔、封堵作业

6.5.1 使用带压开孔、封堵设备在燃气管道上接支管或对燃气管道进行维修更换等作业时，应根据管道材质、管径、输送介质、敷设工艺状况、运行参数等选择合适的开孔、封堵设备及不停输开孔、封堵施工工艺，并应制定作业方案。

6.5.2 作业前应对施工用管材、管件、密封材料等进行复核检查，并应对施工用机械设备进行调试。

6.5.3 不同管材、不同管径、不同运行压力的燃气管道上首次进行开孔、封堵作业的施工单位和人员应进行模拟试验。

6.5.4 带压开孔、封堵作业时作业区内不得有火种。

6.5.5 钢管管件的安装与焊接应符合下列规定：

1 钢制管道内带有输送介质情况下进行封堵管件组对与焊接，应符合现行国家标准《钢制管道带压封堵技术规范》GB/T 28055 的有关规定。

2 封堵管件焊接时应控制管道内气体或液体的流速，焊接时，管道内介质压力不宜超过 1.0 MPa。

3 开孔部位应选择在直管段上，并应避开管道焊缝；当无法避开时，应采取有效措施。

4 用于管道开孔、封堵作业的特制管件宜采用机制管件。

5 大管径和较高压力的管道上开孔作业时，应对管道开孔进行补强，可采用等面积补强法；开孔直径大于管道半径、等面积补强受限或设计压力大于 1.6 MPa 时，宜采用整体式补强。

6.5.6 带压开孔、封堵作业应按操作规程进行，并应符合下列规定：

1 开孔前应对焊接到管线上的管件和组装到管线上的阀门、开孔机等进行整体严密性试验；

2 拆卸夹板阀上部设备前，应关闭夹板阀卸放压力；

3 夹板阀开启前，阀门闸板两侧压力应平衡；

4 撤除封堵头前，封堵头两侧压力应平衡；

5 带压开孔、封堵作业完成并确认各部位无渗漏后，应对管件和管道做绝缘防腐，其防腐层等级不应低于原管道防腐层等级。

6.5.7 聚乙烯管道进行开孔、封堵作业时，应符合下列规定：

1 每台封堵机操作人员不得少于 2 人；

2 开孔机与机架连接后应进行严密性试验，并应将待作业管段有效接地；

3 安装机架、开孔机、下堵塞等过程中，不得使用油类润滑剂；

4 安装管件防护套时，操作者的头部不得正对管件的上方。

6.6 通　　气

6.6.1 燃气设施置换合格恢复通气前，应进行全面检查，符合运行要求后，方可恢复通气。

6.6.2 通气作业应按作业方案执行。用户停气后的通气，应在有效地通知用户后进行。

7 液化石油气设施的运行、维护和抢修

7.1 一 般 规 定

7.1.1 液化石油气厂站内工艺设备、管道的密封点应无泄漏。对密封点的泄漏检查每月不得少于1次。

7.1.2 在生产区内因检修而必须排放液化石油气时，应通过火炬放散；放散燃烧时，现场操作应符合本规程第6.2.6条第4款和第5款的有关规定。

7.1.3 液化石油气灌装、倒残等生产车间应通风良好。厂站内设置的燃气报警控制系统应工作正常，报警浓度应小于液化石油气爆炸下限的20%，并应按现行行业标准《城镇燃气报警控制系统技术规程》CJJ/T 146的有关规定进行定期检查。

7.1.4 液化石油气灌装单位应对气瓶建立档案，档案的管理应按国家有关规定执行。

7.2 站内设施的运行、维护

7.2.1 储罐及附件的运行、维护应符合下列规定：

1 应定时、定线进行巡检，并应记录储罐液位、压力和温度等参数。当储罐进、出液时，应观察液位和压力变化情况。

2 液化石油气储罐的充装质量应符合设计储存量的要求，装量系数不得大于0.95。

3 应根据在用储罐的设计压力、储罐检修结果及储存介质等采取相应的降温喷淋措施。

4 严寒和寒冷地区冬季应对采取保温防冻措施的储罐附件定期进行检查，每月检查次数不得少于1次，保温防冻措施应完好无损，并应定期对储罐进行排水、排污。

5 罐区配备高压注水设施的，注水管道应与独立的消防水泵相连接。消防水泵的出口压力应大于储罐的最高工作压力。正常情况下，注水口的控制阀门保持关闭状态。

6 储罐设有两道以上阀门时，靠近储罐的第一道阀门应为常开状态。阀门应定期维护，保持启闭灵活。

7 储罐检修前后的置换可采用抽真空、充惰性气体、充水等方法。当采用充水置换方法时，环境温度不得低于5℃。

8 应定期对地下储罐的防腐涂层及腐蚀情况进行检查，设有阴极保护装置的应定期进行检测，每年不应少于2次。

9 储罐区内的水封井应保持正常的水位。

7.2.2 压缩机、烃泵的运行、维护应按本规程第4.3.10条的有关规定执行。

7.2.3 灌装前应对液化石油气气瓶灌装设备进行检查，并应符合下列规定：

1 灌装系统各连接部位应紧固，运动部位应平稳，无异响、过热、异常振动；

2 自动、连锁保护装置应正常；

3 气路、油路系统的压力、密封、润滑应正常；

4 使用的灌装秤应在检定的有效期内，灌装前应校准。

7.2.4 灌装前应对在用液化石油气气瓶进行检查，检查内容及要求应符合现行行业标准《液化石油气安全规程》SY 5985 的有关规定，发现有不符合要求的不得灌装。

7.2.5 液化石油气气瓶充装后，应对充装重量和气密性进行逐瓶复检，合格的气瓶应贴合格标志。

7.2.6 气化、混气装置的运行、维护应符合下列规定：

1 气化、混气装置开机运行前，应检查工艺系统及设备的压力、温度、热媒等参数，确认各参数、工艺管道、阀门等处于正常状态后，方可开机。

2 运行中应填写压力、温度、热媒运行数据。当发现泄漏或异常时，应立即进行处理。

3 应保持气化、混气装置监控系统的正常工作，严禁超温、超压运行。

4 电磁阀、过滤器等辅助设施应定期清洗维护，排残液、排水装置应定期排放，排放的残液应统一收集处理。

5 气化器、混合器发生故障时，应立即停止使用，同时应开启备用设备。备用设备应定期启动运转。

6 以水为加热介质的气化装置应定期按设备要求加水和添加防锈剂。严寒和寒冷地区应采取有效措施防止冻胀。

7.2.7 消防水池的储水量应保持在规定的水位范围内，并应保持池水清洁。消防水泵的吸水口应保持畅通；消防水泵、消火栓及喷淋装置应定期检查并启动。严寒和寒冷地区消防水泵在冬季运转后，应及时将水排净。

7.3 气 瓶 运 输

7.3.1 运输液化石油气气瓶的车辆应符合下列规定：

1 应符合国家有关运输危险化学品机动车辆的规定；

2 应办理危险化学品运输准运证；

3 车厢应固定并通风良好；

4 随车应配备干粉灭火器；

5 车辆应安装静电接地带；

6 应随车携带排气管阻火器。

7.3.2 液化石油气气瓶运输应符合下列规定：

1 运输车辆上的气瓶应直立码放，并应固定良好，不应滚动、碰撞。气瓶码放不得超过两层，50 kg 规格的气瓶应单层码放。

2 气瓶装卸不得摔砸、倒卧、拉拖。

3 气瓶运输车辆严禁携带其他易燃、易爆物品，人员严禁吸烟。

7.4 瓶装供应站和瓶组气化站

7.4.1 液化石油气瓶装供应站的安全管理应符合下列规定：

1 空瓶、实瓶应按指定区域分别存放，并应设置标志。瓶库内不得存放其他物品，漏气瓶或其他不合格气瓶应及时处理，不得在站内存放。

2 气瓶应直立码放且不得超过两层，50 kg 规格的气瓶应单层码放，并应留有不小于 0.8 m 的通道。

3 气瓶应周转使用，实瓶存放不宜超过 1 个月。

7.4.2 液化石油气瓶组气化站的运行、维护应符合本规程第 4.5.12 条和第 7.4.1 条的有关规定，没有自动换气装置与远传监控报警等安全措施的瓶组站应设专人值守。

7.5 抢 修

7.5.1 液化石油气设施的抢修应符合下列规定：

1 储罐第一道液相阀门之后的液相管道及阀门出现大量泄漏时，应立即将上游的液相控制阀门紧急切断；可使用消防水枪驱散泄漏部位及周边的液化石油气，降低现场的液化石油气浓度。

2 储罐第一道液相阀门的阀体或法兰出现大量泄漏时，应进行有效控制，并宜采取下列措施进行处理：

1）当现场条件许可时，宜直接使用阀门、法兰抱箍或者用包扎气带包扎、注胶等方法控制泄漏；同时，应采取倒罐措施，将事故罐的液态液化石油气转移至其他储罐；

2）当现场条件无法直接使用抱箍、包扎气带、注胶等控制泄漏时，宜采取向储罐底部注水的方法。

3 液化石油气管道泄漏抢修时，除应符合上述规定外，尚应备有干粉灭火器等有效的消防器材。应根据现场情况采取有效方法消除泄漏，当泄漏的液化石油气不易控制时，可采用消防水枪喷冲稀释。

7.5.2 液化石油气泄漏时，应采取有效措施防止液化石油气积聚在低洼处或其他地下设施内。

7.5.3 抢修作业过程中，应防止液态液化石油气快速气化造成人员冻伤事故。

8 图 档 资 料

8.1 一 般 规 定

8.1.1 城镇燃气供应单位的档案管理部门应收集燃气设施运行、维护和抢修资料，并应建立档案，实施动态管理。宜采用电子文档管理，并宜建立燃气管网地理信息系统。

8.1.2 城镇燃气供应单位的档案管理部门应根据运行、维护和抢修工程的要求，提供图档资料。

8.1.3 城镇燃气设施运行、维护和抢修管理部门应向档案管理部门提交运行、维护记录和抢修工程的资料。

8.2 运行、维护的图档资料

8.2.1 燃气设施运行记录应包括下列内容：

1 巡查时间、地点或范围、异常情况、处理方法、记录人等；

2 违章、险情的处理情况记录；

3 配合城市其他施工工程对燃气管线的监护记录；

4 燃气设施运行参数记录；

5 气瓶充装、槽车装卸记录。

8.2.2 燃气设施维护的资料应包括下列内容：

1 维修、检修、更新和改造计划；

2 维修记录和重要设备的大、中修记录；

3 管道和设备的拆除、迁移和改造工程图档资料。

8.3 抢修工程的图档资料

8.3.1 抢修工程的记录应包括下列内容：

1 事故报警记录；

2 事故的基本情况，包括事故发生的时间、地点和原因，管道管径、压力等；

3 事故类别、级别；

4 事故造成的损失和人员伤亡情况；

5 参加抢修的人员情况；

6 抢修工程概况、修复日期及恢复供应日期。

8.3.2 抢修工程的资料应包括下列内容：

1 抢修任务书；

2 抢修记录；

3 事故报告或鉴定资料；

4 抢修工程质量验收资料和图档资料。

附录 A 城镇燃气安全事故报告表

A.0.1 燃气安全事故报告表可按表 A.0.1 的格式填写。

表 A.0.1 燃气安全事故报告表

<table>
<tr><td>单位名称</td><td colspan="2"></td><td>企业经济类型</td><td></td></tr>
<tr><td>单位地址</td><td colspan="2"></td><td>员工人数</td><td></td></tr>
<tr><td>企业代码</td><td colspan="2"></td><td>邮政编码</td><td></td></tr>
<tr><td>事故时间</td><td colspan="2">年 月 日 时 分</td><td>事故类别</td><td></td></tr>
<tr><td>事故地点</td><td colspan="2"></td><td>事故等级</td><td></td></tr>
<tr><td>燃气种类</td><td></td><td colspan="2">直接经济损失（元）</td><td></td></tr>
<tr><td>事故简要
经过及原因</td><td colspan="4"></td></tr>
</table>

填报单位（签章）： 填报日期： 年 月 日

A.0.2 燃气事故类别统计表可按表 A.0.2 的格式填空。

表 A.0.2 燃气事故类别统计表（____年____月____日至____年____月____日）

事故等级 / 事故类别		无伤亡事故		一般事故				较大及以上事故			
		起数	直接经济损失（万元）	起数	死亡（人）	重伤（人）	直接经济损失（万元）	起数	死亡（人）	重伤（人）	直接经济损失（万元）
燃气火灾											
燃气爆燃											
燃气中毒											
窒息											
燃气泄漏											
超压送气											
燃气用户停气	1000 户 ~4999 户										
	5000 户 ~9999 户										
	1 万户以上										
其他											
合计											

填报单位（签章）：　　　　　　　　　　填报日期：　　年　　月　　日

A.0.3 燃气事故原因统计表可按表 A.0.3 的格式填写。

表 A.0.3 燃气事故原因统计表（____年____月____日至____年____月____日）

事故等级 / 事故类别		无伤亡事故		一般事故				较大及以上事故			
		起数	直接经济损失（万元）	起数	死亡（人）	重伤（人）	直接经济损失（万元）	起数	死亡（人）	重伤（人）	直接经济损失（万元）
户内事故	胶管断裂										
	胶管老化										
	胶管被动物咬破										
	胶管脱落										
	灶具不合格										
	未关灶具										
	户内管漏气										
	煤气表漏气										
	私自接、改燃气管道										
	燃气杀人、自杀										
	使用直排热水器										
	热水器未装烟道										

表 A.0.3（续）

事故类别 \ 事故等级		无伤亡事故		一般事故				较大及以上事故			
		起数	直接经济损失（万元）	起数	死亡（人）	重伤（人）	直接经济损失（万元）	起数	死亡（人）	重伤（人）	直接经济损失（万元）
户内事故	其他										
	合计										
管网事故	管道断裂										
	管道腐蚀穿孔										
	管道外力破坏										
	其他										
	合计										

填报单位（签章）： 填报日期： 年 月 日

附录 B 调压装置分级维护保养

B. 0. 1 调压装置的维护保养宜分为三级，各级维护保养的周期宜符合表 B. 0. 1 的规定，对维护保养中发现的问题应进行现场处理。

表 B. 0. 1 调压装置三级维护保养周期

调压装置类别	维护保养周期（月）		
	一级维护保养	二级维护保养	三级维护保养
悬挂式调压箱	≤12	不需要	≤60
落地式调压柜	≤6 （6～12）*	≤12	≤48
地下调压箱 地下式调压站	≤6 （6～12）*	≤12	≤48
门站、高中压站	≤3 （3～6）*	≤12	≤36

注：“*”仅适用于本规程第 B. 0. 2 条第 5 款的一级维护保养周期。

B. 0. 2 一级维护保养应包括下列内容：

1 定期对过滤器进行排污，必要时打开过滤器头部并对滤芯进行清洗或更换。

2 检查各阀门的启闭灵活性。

3 检查调压器、切断阀和放散阀等设备的设定值是否为规定值。

4 检查电动、气动及其他动力系统是否工作正常。当气动系统由高压瓶装氮气供应时，应记录氮气压力，并确保在保养周期内能正常使用。

5 两条及以上调压路、计量路或过滤路时，应进行主副路切换及设定值的调整。

B. 0. 3 二级维护保养应包括下列内容：

1 本规程第 B. 0. 2 条规定的全部内容。

2 检查调压器和切断阀等关键设备的运动件（如阀座、阀芯等）磨损情况，并应根据需要进行清洁或更换处理。

3 检修后的高压、次高压系统经过不少于 24 h 且不超过 1 个月的正常运行后，可转为备用状态。

B. 0. 4 三级维护保养应包括下列内容：

1 本规程第 B. 0. 3 条规定的全部内容。

2 对调压器、切断阀、放散阀等设备进行整体拆卸检查，并对内部橡胶件进行更换。

本规程用词说明

1 为便于在执行本规程条文时区别对待，对于要求严格程度不同的用词说明如下：

1）表示很严格，非这样做不可的：

正面词采用“必须”，反面词采用“严禁”；

2）表示严格，在正常情况下均应这样做的：

正面词采用“应”，反面词采用“不应”或“不得”；

3）表示允许稍有选择，在条件许可时首先应这样做的：

正面词采用“宜”，反面词采用“不宜”；

4）表示有选择，在一定条件下可以这样做的，采用“可”。

2 条文中指明应按其他有关标准执行的写法为：“应符合……的规定”或“应按……执行”。

引用标准名录

1 《电子信息系统机房设计规范》GB 50174
2 《燃气系统运行安全评价标准》GB/T 50811
3 《钢制管道带压封堵技术规范》GB/T 28055
4 《生产经营单位生产安全事故应急预案编制导则》GB/T 29639
5 《城镇燃气埋地钢质管道腐蚀控制技术规程》CJJ 95
6 《城镇燃气报警控制系统技术规程》CJJ/T 146
7 《城镇燃气加臭技术规程》CJJ/T 148
8 《城镇燃气标志标准》CJJ/T 153
9 《城镇燃气管网泄漏检测技术规程》CJJ/T 215
10 《液化石油气安全规程》SY 5985

中华人民共和国行业标准

城镇燃气设施运行、维护和抢修安全技术规程

CJJ 51—2016

条 文 说 明

修 订 说 明

《城镇燃气设施运行、维护和抢修安全技术规程》CJJ 51—2016，经住房和城乡建设部2016年6月6日以第1132号公告批准、发布。

本规程是在《城镇燃气设施运行、维护和抢修安全技术规程》CJJ 51—2006的基础上修订而成，上一版的主编单位是中国城市燃气协会，参编单位是北京市燃气集团有限责任公司、深圳市燃气集团有限责任公司、成都市煤气总公司、郑州市燃气股份有限公司、南京港华燃气有限公司、西安市天然气总公司、福州市煤气公司、香港中华煤气有限公司、山东淄博绿博燃气有限公司、秦皇岛市煤气总公司、上海通达能源有限公司、上海燃气集团有限公司、新奥燃气控股有限公司、亚大塑料制品有限公司、江西泰达长林特种设备有限责任公司；主要起草人员是陈绍禹、李美竹、迟国敬、丁荧荧、李长缨、陈秋雄、江民、赵瑞保、周以良、杨森、刘文钦、应援农、刘新领、张潮海、江金华、李伯珍、杨俊杰、孙德刚、邓华蛟。

本次修订的主要技术内容是：1. 增加第3章基本规定，对运行维护及抢修人员和机构配备、建立健全安全管理制度、燃气设施定期进行安全评价等提出了原则性要求；2. 新增对调压装置定期进行分级维护保养、周期及内容的要求；3. 补充完善了压缩天然气设施和液化天然气设施运行维护的要求，并各自独立为一节；4. 新增对发电厂、供热厂等大型用户燃气设施运行、维护的要求，并明确供气单位与用户双方的职责。

本规程修订过程中，编制组进行了深入的调查研究，总结了我国城镇燃气设施运行、维护和抢修的实践经验，同时参考了国外先进技术法规、技术标准。修订内容中加强了事故的预防和防范等相关内容；补充了新技术、新材料与新设备的应用。本次修订过程中完成了两个研究专题作为标准技术支撑，包括：1. 关于划分燃气泄漏等级和燃气事故等级的研究；2. 大用户、大型燃烧设备运行维护安全技术要求研究。

为便于广大设计、施工、科研、学校等单位有关人员在使用本规程时能正确理解和执行条文规定，《城镇燃气设施运行、维护和抢修安全技术规程》编制组按章、节、条顺序编制了本规程的条文说明，对条文规定的目的、依据以及执行中需注意的有关事项进行了说明，还着重对强制性条文的强制性理由作了解释。但是，本条文说明不具备与规程中文同等的法律效力，仅供使用者作为理解和把握规程规定的参考。

目　次

1 总 则

1.0.1 随着燃气事业的快速发展，燃气行业也面临一些问题。由于城镇燃气具有易燃、易爆和有毒等特点，一旦发生供气用的燃气设施损坏、用户使用不正确、第三方施工影响、维护检修操作不当等问题，极易造成火灾、爆炸及中毒等事故，使国家和人民生命财产遭受损失。确保燃气安全供应，是城镇燃气供应单位的重要职责。为了保障人身及公共安全，必须规范燃气设施的运行、维护和抢修工作，以防止火灾、爆炸及中毒事故发生。在发生事故时应有切实可行的抢修措施，将事故危害限制在最低程度内，并杜绝次生灾害的发生。

1.0.2 本条明确了城镇燃气设施运行、维护和抢修的工作对象，其中厂站包括：天然气门站、储配站、混气站、调压站等；液化石油气储存站、储配站和灌装站，液化石油气气化站、混气站和瓶组气化站及液化石油气瓶装供应站等；压缩天然气加气站、储配站和瓶组供气站等；液化天然气气化站等。管网包括：燃气管道和与其连接的附件、阀门、凝水缸、波纹管调长器等。明确规定了汽车加气站的维护和抢修不包括在本规程适用范围内。

1.0.3 本规程是为了指导城镇燃气设施运行、维护和抢修而编制的综合性安全技术规程。该规程在制定过程中主要依据的国家现行有关标准和法律法规有：《城镇燃气技术规范》GB 50494、《城镇燃气设计规范》GB 50028、《城镇燃气输配工程施工及验收规程》CJJ 33、《城镇燃气室内工程施工与质量验收》CJJ 94、《聚乙烯燃气管道工程技术规程》CJJ 63、《城镇燃气管理条例》(国务院令第583号）等。

3 基本规定

3.0.2 《城镇燃气管理条例》规定："燃气安全事故发生后，燃气经营者应当立即启动本单位燃气安全事故应急预案，组织抢险、抢修。"为确保法律法规的落实和燃气供应的安全，本条的规定是必备的条件，且目前燃气企业也基本是这样做的。

3.0.4 该条提出对重要的燃气设施或重要部位应设置标志，主要是为了防止燃气设施受到意外损伤和防止火种接近，并禁止周围堆放危险物品，以保证燃气设施的安全、日常维护、紧急抢修工作的顺利进行。现行行业标准《城镇燃气标志标准》CJJ/T 153 中对标志的设置和制作有明确的规定。

3.0.5 《城镇燃气管理条例》规定："燃气管理部门应当会同有关部门制定燃气安全事故应急预案，建立燃气事故统计分析制度，定期通报事故处理结果。"燃气安全事故的统计分析及定期通报旨在及时统计燃气安全事故，分析发生事故的原因，发现其中的规律，吸取教训，避免重复性事故，降低事故发生率。考虑到目前国内各个城市事故等级划分的标准与原则都不相同，不同规模的城市，同样的事故数量、伤亡人数、经济损失、停气时间和范围，对城市产生的影响是不同的，因此本规程中没有统一规定事故等级的标准，只是提出了"制定事故等级标准"的原则性要求。

燃气安全事故的统计和报告需要明确事故单位基本情况，事故经过及后果，事故原因分析及处理情况。各地可参照本规程附录 A 提供的事故报告表进行事故统计。附录 A 中的燃气事故报告表、燃气事故类别和燃气事故原因统计表是以中国城市燃气协会安全管理委员会 2012 年发布的《城镇燃气安全事故统计分析文件》为依据编写的。

3.0.6 燃气安全事故是指在燃气生产、储存、输配和使用过程中，因自然灾害、不可抗力、人为故意或过失、意外事件等多种因素造成的燃气泄漏、停气、中毒或爆炸，造成人员伤亡和财产损失，影响社会秩序的事件。应急预案就是针对可能发生的事故，为迅速、有序地开展应急行动而预先制定的行动方案。制定应急预案其目的在于有效预防、及时处置各类突发燃气事故，提高应对燃气安全事故应急处置能力，最大限度地减少燃气事故以及人员伤亡和财产损失，从而保障城市安全运行和经济社会持续稳定发展。应急预案一般应包括总则、组织体系、预警预防机制、应急处置和保障机制、后期处理机制等内容，现行国家标准《生产经营单位生产安全事故应急预案编制导则》GB/T 29639 中对编写应急预案的程序、内容和基本要素等做出了详细的规定，城镇燃气供应单位可根据本单位的组织体系、管理模式、风险大小以及生产规模不同，编制应急预案，并按照要求进行备案、定期演练，及时修订、更新，使相关人员对预案中各自的职责、流程熟练掌握，并通过应急演练，做到迅速反应、正确处置。

现场处置方案是应急预案的基础，是针对具体的装置、场所或设施、岗位所制定的应急处置措施。

3.0.7 《国务院办公厅关于加强城市地下管线建设管理的指导意见》(国办发〔2014〕27

号）中要求：“各城市要定期排查地下管线存在的隐患，制定工作计划，限期消除隐患。加大力度清理拆除占压地下管线的违法建（构）筑物。清查、登记废弃和‘无主’管线，明确责任单位，对于存在安全隐患的废弃管线要及时处置，消灭危险源，其余废弃管线应在道路新（改、扩）建时予以拆除。”在实际工作中经常有停止运行或者报废的管道不能及时拆除，有些也许会长时间原地存留。这就要求对这些管道进行妥善处理，如：吹扫置换、保留管线资料等。如果处理不当可能会发生一些意外事故，如：将运行管线误连接到废弃管道上，废弃管道与运行管线不能有效隔断发生串气等问题。

3.0.8 在对燃气设施进行维护和抢修时，如已经发生燃气泄漏但不能准确判断现场可燃气体浓度，又需切断电源，则要尽量在远离事故现场处切断电源，防止因产生火花引起爆炸。

3.0.9 在对燃气设施进行运行、维护和抢修作业时，操作人员经常会进入阀门井、检查井等地下场所。在这些场所中，有可能存在可燃气体或其他有害气体，还有可能缺氧。如氧气浓度过低，会造成人员缺氧窒息；如一氧化碳或硫化氢浓度过高，对人员的安全也会造成威胁。因此，为保证人员安全，在检测确认无危险后，方可进入作业现场。其中可燃气体浓度小于爆炸下限的20%；氧气的浓度可参照现行国家标准《缺氧危险作业安全规程》GB 8958 中的规定：氧气浓度大于 19.5%；一氧化碳及硫化氢的浓度可参照国家现行标准《工作场所有害因素职业接触限值 第 1 部分：化学有害因素》GBZ 2.1 中的规定：一氧化碳浓度小于 30 mg/m^3，硫化氢浓度小于 10 mg/m^3。要求操作人员采取轮换作业方式和有专人现场监护是为了有效地实现现场互助和自救。

3.0.10 在调压室、压缩机房、计量室、瓶组气化间、阀室、阀门井和检查井等场所内作业时，要求操作人员穿防静电服、鞋，戴防护用具，目的是为了当有燃气泄漏时可对现场操作人员起到安全保护的作用。在作业时，有条件的要使用黄铜工具，如果用铁制工具，在工具上涂抹黄油也可以起到防止产生火花的作用。

3.0.11 本条根据《气瓶安全技术监察规程》TSG R0006 中“瓶内气体不得用尽，压缩气体气瓶的剩余压力不得小于 0.05 MPa”的规定提出，目的是为了防止瓶内出现负压造成危险。

3.0.14 《防雷减灾管理办法》（中国气象局令第 24 号）中规定：“投入使用后的防雷装置实行定期检测制度。防雷装置应当每年检测一次，对爆炸和火灾危险环境场所的防雷装置应当每半年检测一次。”在该办法中还规定：“防雷装置，是指接闪器、引下线、接地装置、电涌保护器及其连接导体等构成的，用以防御雷电灾害的设施或者系统。”为了能够达到站内的防雷、防静电装置能够处于正常运行状态的目的，本规程提出了对防雷、防静电装置进行定期检测的要求，且都是最低要求。对于防雷装置还规定了具体检测时间宜安排在每年的雷雨季节前，是考虑到在雷雨季节前进行检测，发现问题及时纠正效果最佳，且全国各地雷雨季节时间不同的，自行规定时间可操作性比较强。

3.0.16 燃气供应单位定期对燃气设施进行安全评价是安全管理的重要内容之一，通过安全评价可以尽早发现事故隐患，减少事故发生的概率和可能造成的生命财产损失，为制定防范措施和管理决策、消除事故隐患提供科学依据。现行国家标准《燃气系统运行安全评价标准》GB/T 50811 针对已正式投产运行的燃气设施进行现状安全评价，提出了安全评价的内容、方法及标准。安全评价的方式可以是自评，也可以由第三方进行评价。

4 运 行 与 维 护

4.1 一 般 规 定

4.1.1 作为城镇燃气供应单位建立健全相应的安全管理规章制度并严格执行，是保证安全供气的重要前提，为此本条款提出了城镇燃气设施安全运行应制定的基本安全管理制度和操作规程。这些只是最基本的要求，城镇燃气供应单位还应根据实际情况制定相应的、全面的、切实可行的安全管理制度和操作规程。管理制度应包括工作范围、内容和职责，明确责任人。

城镇燃气管道及其附属系统、厂站的工艺管道与设备的运行、维护制度和操作规程，应综合考虑设备工艺参数、管材、管径、工作压力、输送介质、防腐等级、连接形式、使用年限和周围环境（人口密度、地质、道路和地下构筑物情况、气候变化、施工作业）等因素。管道附属系统包括阴极保护系统及管网监控系统。

用户设施的检查和报修制度，应综合考虑管材、工作压力、输送介质、连接方式、使用年限和周围环境（使用者、房屋结构）以及机构设置、职责划分等因素。

日常运行中发现问题或事故处理的上报程序，应综合考虑供气区域划分、部门职责和管理体系等因素，确保程序畅通、切实有效、可操作性强。

4.1.3 本条根据《移动式压力容器安全技术监察规程》TSG R0005 的有关规定提出原则性要求。关于装卸用软管定期检验的时间周期和检验方法，该规程有详细规定，但考虑各企业装卸软管使用的压力、频率、环境等实际情况有很大不同，差异较大，也可以根据实际情况制定可行的方案。装卸软管在使用过程中有可能发生老化、碰伤等，因此经常对其检查、保养是很重要的，不可忽视。在液化石油气、液化天然气、压缩天然气装卸作业中，为防止车辆有可能拉断胶管，造成气体泄漏事故，大部分都已安装了防拉断阀，对该阀应经常进行检查和维护保养，以确保正常使用。

《移动式压力容器安全技术监察规程》TSG R0005—2011 要求：①移动式压力容器与装卸用管有可靠的连接方式；②有防止装卸用管拉脱的连锁安全保护装置；③所选用装卸用管的材料与充装介质相容，接触液氧等氧化性介质的装卸用管内表面需要进行脱脂处理和防止油脂污染措施；④冷冻液化气体介质的装卸用管的材料能够满足低温性能要求；⑤装卸用管和快速装卸接头的公称压力不得小于装卸系统工作压力的 2 倍，并且在承受 4 倍公称压力时不得破裂；⑥充装单位、使用单位对装卸用管必须每半年进行一次耐压试验，试验压力为 1.5 倍的公称压力，试验结果要有记录和试验人员的签字；⑦装卸用管必须标示开始使用日期，其使用年限严格按照有关规定执行。

4.1.7 管道施工完毕后经常会由于各种原因暂时不能通气投入运行，对于这些管道通入气体保持一定压力并纳入正常管理，一旦管道有泄漏，能够及时发现，因此本条提出宜对管道进行保压处理，且压力不宜超过运行压力。由于管道内已经有压力，因此要求按照已经投入运行管道的要求进行管理。在通气前应分析管道内压力变化情况，如没有泄漏就可以不用再做压力试验。相反，如果施工完毕未做保压且长时间未投入运行的管道，在通气前需要重新进行压力试验，试验合格后方可通气使用。

4.1.10 在安装于用户室内外的公用阀门处设置永久性警示标志，是为了防止非专业人员擅自操作该阀门而造成意外事故。

4.2 管道及管道附件

4.2.11 “有效隔断”是指在无法准确判断隔断阀门是否严密时，应加盲板或采取断管措施。“不同种类”是指不同的燃气及不符合互换性要求的燃气。

4.2.3 根据《城镇燃气管理条例》规定的在燃气设施保护范围内的禁止性活动，提出了对燃气管道运行维护中应该巡检的具体内容，通过巡检可及时发现管道存在的安全隐患，预防事故发生。本条款未对管道保护范围给出具体数值，是考虑在《城镇燃气管理条例》中规定：由县级以上地方人民政府燃气管理部门会同城乡规划等有关部门按照国家有关标准和规定划定燃气设施保护范围，并向社会公布。

4.2.4 《城镇燃气管理条例》中明确了在燃气设施保护范围内，有关单位从事可能影响燃气设施安全活动时应当遵守的规定。这些活动包括：敷设管道、打桩、顶进、挖掘、钻探等，这些施工都可能接触到燃气管道，影响安全，因此有关施工单位在开工前应向城镇燃气供应单位申请现场安全监护并与燃气供应单位共同制定燃气管道保护方案。

临时暴露的聚乙烯管道主要指施工开挖造成地下聚乙烯管裸露、施工完毕后没有及时回填，或是在施工现场临时存放的材料，对聚乙烯管道应采取防阳光直晒及防外界高温和火源等措施。

4.2.5 本条提出了“燃气管道及设施的安全控制范围”的概念。安全控制范围要比保护范围更大一些，在保护范围内禁止的一些行为和活动，在保证燃气设施安全的前提下，可以有条件地在安全控制范围内进行。关于燃气管道的保护范围和安全控制范围具体数值，编制组在标准修订过程中收集了部分城市燃气管理办法，现将收集到的一些数据整理在表1中，供各地燃气供应单位制定本地区保护范围和安全控制范围数值时参考使用。其中安全控制范围给出的数值是一个范围，建议有条件时尽量选择上限值。

表1 部分地方城市安全保护范围和控制范围

序号	城市名称	保护范围（距燃气管道外缘）(m)				安全控制范围（距燃气管道外缘）(m)			
		低压	中压	次高压	高压	低压	中压	次高压	高压
1	深圳	1.0	1.0	2.0	5.0	1.0~6.0	1.0~6.0	2.0~10.0	5.0~50.0
2	南京	0.5	0.5	2.0	5.0	0.5~5.0	0.5~5.0	2.0~20.0	5.0~50.0
3	上海	0.7	0.7	0.7	6.0	0.7~6.0	0.7~6.0	0.7~6.0	6.0~50.0
4	乌鲁木齐	0.7	1.5	4.5	6.0	0.7~7.0	1.5~7.5	4.5~10.5	6.0~50.0
5	惠州	5.0	5.0	7.0	10	—	—	—	—

表 1（续）

序号	城市名称	保护范围（距燃气管道外缘）(m)				安全控制范围（距燃气管道外缘）(m)			
		低压	中压	次高压	高压	低压	中压	次高压	高压
6	武汉	1.0	1.5	6.5	6.5				
7	沈阳	2.0	2.0	2.0	2.0	—	—	—	—
8	哈尔滨	1.5	1.5	1.5	1.5	—	—	—	—

关于在安全控制范围内有爆破工程时还可参考下面的依据：

《香港土木工程通用规范》(1992 年版）第 1 卷第 6 节第 6.34(6)条——爆破工程不得在下列区域进行：(1) 距储水构筑物或供水隧道 60 m 以内的区域；(2) 距供水主干线或其他供水设施 6 m 以内的区域。第 6.34(7)条——构筑物和设施附近测得的微粒峰值速率和波动幅度不应超过下列要求：(1) 储水构筑物或供水隧道，微粒峰值速率≤13 mm/s，波动幅度≤0.1 mm；(2) 供水主干线或其他设施及管道，微粒峰值速率≤25 mm/s，波动幅度≤0.2 mm。

4.2.6 燃气泄漏后有可能沿地层的缝隙扩散到管道周围的阀门井、窨井、地沟、建筑物等，沿上述地方进行检测可有效发现漏气点及漏气影响范围。

在现行行业标准《城镇燃气管网泄漏检测技术规程》CJJ/T 215 中规定了检测周期、检测仪器、检测方法与技术要求等内容，该标准还对新通气管道、切（接）线作业的管道、管道腐蚀严重出现泄漏、发生自然灾害使管道受损等情况下的检测周期做出了相关规定。

本次修订提出了“在土体情况复杂、杂散电流强、腐蚀严重或人工检测困难的地方，对阴极保护系统的检测可采用自动远传检测方式”的要求，是考虑到目前城市电气化铁路、地铁等轨道交通建设发展迅速，杂散电流对埋地燃气管道腐蚀增加，阴极保护的数据波动较大，影响管道的安全运行。如果采用阴极保护数据自动远传的检测技术，可实现对各阴极保护检测点连续采集检测数据，从而达到对管道阴极保护数据的实时监控，及时发现问题采取措施，保证管道的安全。在人工检测读取数据困难的地方，采取自动远传检测技术可以解决这一难题。目前这项技术在欧洲已广泛应用，国内在北京、上海、苏州也有应用。

4.2.8 目前非开挖修复燃气管道多采用聚乙烯管内插折叠或缩径内衬，或用筒状复合材料翻转内衬，一般内修复材料都会紧贴钢管内壁，采用气割或加热的方法割除外层金属管道会对聚乙烯管或内衬产生破坏。在这些管道上接支管，首选预留位置或连接钢管处，连接钢管是指两段做过内衬修复的管道之间连接的一段短管，这个地方没有内衬层，因此不受影响。如躲避不开时只能采用机械方式割除外部金属管道，避免伤到内衬材料。

4.2.11 这里所指波纹管调长器是由波纹管和构件共同组成，是用来调节燃气设备拆装引起的管道与设备轴向位置变化的，不承担因温度变化对管线的补偿功能，因此当操作完成后，必须将拉杆螺母拧紧。

4.3 设 备

4.3.3 本条提出了对调压装置进行分级维护保养的概念。在设备管理中对压缩机、烃泵等设备都有成熟的分级维护保养标准，根据设备运行时间的长短，设备保养的内容不同。调压装置作为燃气输配系统的核心设备，本规程首次提出了分级维护保养的要求，并在本规程附录B中规定了分级维护保养的周期及内容，希望通过实际操作检验和总结成熟经验，逐步完善调压装置分级维护保养的相关要求。

4.3.4 加臭剂属易燃化学品，具有特殊气味，如果漏失、破损扩散极易污染环境和引起判断失误，因此应按照化学危险品的规定进行储存、保管。一次性原料罐属于固体废弃物，对其处理应符合《中华人民共和国固体废物污染环境防治法》的规定："收集、贮存、运输、利用、处置固体废物的单位和个人，必须采取防扬散、防流失、防渗漏或者其他防止污染环境的措施；不得擅自倾倒、堆放、丢弃、遗撒固体废物。禁止任何单位或者个人向江河、湖泊、运河、渠道、水库及其最高水位线以下的滩地和岸坡等法律、法规规定禁止倾倒、堆放废弃物的地点倾倒、堆放固体废物"。"覆盖性"是指加臭剂浓度检测点的设置需要考虑点的数量与位置，管网末端一般指调压装置出口处或用户立管处等。

4.3.8 本条对气柜提出了宜定期进行全面检修的要求，根据一些燃气公司的经验，全面检修可包括下列主要内容：

1 湿式储气柜：

1）气柜柜壁、柜底、各层中节和钟罩顶进行超声波测厚；

2）检查柜顶、柜壁、柜底有无变形、凹陷、鼓包及渗漏；并对柜壁壁板纵焊缝进行无损检查；检查各接管焊缝的渗漏和裂纹等；

3）检查柜内外平台、护栏、支吊架等钢结构以及柜体各出入口接管防腐、保温和设备铭牌等；

4）检查钟罩顶桁架构件有无扭曲变形，与钟罩壁连接焊缝是否牢靠、有无开裂；

5）检查配重调平装置、柜容指示仪、可燃气体检测分析仪、紧急排放设施、出入口连锁自控等安全附件；

6）对气柜表面进行全面防腐处理；

7）检查设备基础的裂纹、破损、倾斜和下沉。

2 干式气柜全面检修可包括下列主要内容：

1）检查柜体有无变形、凹陷、鼓包及渗漏；气柜柜壁、柜底、活塞板和柜顶应进行超声波测厚；

2）检查柜体、活塞、T型挡板以及各接管焊缝的渗漏和裂纹等，对柜壁壁板纵焊缝应进行无损检查；

3）检查柜内外平台、护栏、支吊架等钢结构以及柜体各出入口接管防腐、保温和设备铭牌等；

4）活塞、T型挡板等柜内构件的密封面；

5）气柜润滑油系统；

6）检查所有密封机构、活塞配重调平装置、柜内外柜容指示仪、可燃气体检测分析仪、紧急排放设施、出入口连锁自控等安全附件；

7）设备基础的裂纹、破损、倾斜和下沉。

4.3.9 高压储罐的运行，维护应符合《固定式压力容器安全技术监察规程》TSG R0004 的有关规定。

4.4 压缩天然气设施

4.4.1 如果气源组分不稳定，杂质含量高，对加气设备会造成腐蚀等影响，因此需要对压缩天燃气加气站进站气源组分定期进行抽查复验，尽量保持气源组分的稳定性。如果气源组分变化比较大就需要调整加气工艺。

4.4.8 压缩天然气加气、卸气操作时，为避免高压气体或机械附件射出伤人，保护操作人员的安全，在接好高压软管准备打开瓶组阀门以及加气时，操作人员的身体不得面对阀门或正对加气枪口。在充装过程中要严格控制气瓶的充装量，充分考虑充装温度对充装压力的影响，在 20 ℃时的压力不得超过气瓶的公称工作压力。

4.5 液化天然气设施

4.5.1 液化天然气储罐和低温管道进行预冷试验的目的是检验储罐和低温管道承受液化天然气低温的能力和低温材料的低温韧性等，并为接收液化天然气做好准备。预冷试验时避免直接使用液化天然气的风险及损失，通常采用液氮作为试验介质，且试验时储罐和低温管道内不能含有杂质和水分，否则液氮进入储罐后水分将凝结为固体，发生固体和杂质堵塞管道及设备的情况。液化天然气储罐和低温管道检修前后采用干燥氮气进行置换，主要是为了保证后续工艺操作安全；如果采用充水置换的方法，由于液化天然气快速相变的特性，则会发生重大危险。

4.5.2 本条对于液化天然气储罐运行、维护提出的要求大部分是近年来实践经验的总结。

1 液化天然气储罐储液后，其储存液位和压力是十分重要的参数。目前液化天然气储罐站都具备自动监控系统，对储罐的运行情况可实现实时监控，但是还需要运行人员定期到现场检查储罐的液位和储存压力，确保储存液位控制在 20% ~90% 范围内，储存压力不高于最大工作压力。

《固定式压力容器安全技术监察规程》TSG R0004—2009 规定：“储存液化气体的压力容器应当规定设计储存量。”结合国内运行实际经验，一般当储存液位低于 20% 时，液化天然气的蒸发量将快速增大；当储存液位高于 90% 时，控制不好则有冒顶的危险，因此提出液化天然气储罐储存液位宜控制在 20% ~90%（体积百分数）范围内。

液化天然气储罐的最大工作压力是保证储罐正常储存液化天然气的最高压力，这个数值在储罐设计制造或液化天然气站设计时就已确定。在储罐正常运行过程中，规定储存压力不得高于其最大工作压力是为了保证储罐的安全储存。

2 储存液化天然气时，有时不可能是同一液化工厂的气源。由于不同来源、不同组分的液化天然气，其密度不同、压力不同，沸点也不同，在同一储罐内储存时，如控制不好将发生事故。如果由于设备配置和工艺需要不得不储存在同一储罐内时，卸车时应采取正确的进液方法。通常的做法是当来气温度低于罐内温度时，应采取上部进液方法，反之则采取下部进液的方法，这样运行操作能有效降低储罐内压力，同时要求在此工艺操作过程中根据储罐类型密切监测其气化速率与温度变化。进液时储罐内液化天然气的气化速率除与组分有关，还与来气温度、储罐内原有存量有关。对于储罐内的液化天然气温度，目前真空绝热储罐一般通过气相管口单点，子母式储罐一般通过上中下三点，单容罐、全容罐根据罐高多点监测，监测的目的是避免罐内液化天然气的温度差过大造成翻滚，以保证储罐安全。

3 为了将储罐内的液化天然气充分混合，防止翻滚事故的发生，对于储罐内较长时间静态储存的液化天然气，最好能定期进行倒罐处理。

4 储罐基础的牢固程度也是储罐运行的重要方面。储罐充液后重量增加，储罐基础需要能承受储罐自重、充液后的荷载以及风、雨、雪等荷载的要求，立式储罐需保持相应的垂直度，且基础完好无破损。

5 当储罐罐壁出现小片漆膜腐蚀脱落时可进行局部补漆处理，当大面积腐蚀脱落时，需对储罐重新进行防腐。

储罐在运行过程中，有的储罐出现结露现象，严重的还会出现结霜，这主要是储罐夹层的保冷材料下沉、保冷材料保冷性能下降或内罐焊缝出现裂纹而漏冷等因素引起，对此可具体分析采取正确的处理方法，必要时可由储罐制造单位协助处理。

6 液化天然气储罐的静态蒸发率数值由液化天然气站及储罐的设计文件确定，是检验储罐保冷性能的重要指标。随着储罐的运行，保冷材料的保冷性能会下降，内罐也有可能出现问题，定期对静态蒸发率进行检测，能够及时发现储存过程中液化天然气静态蒸发率变大的问题，以便及时采取措施处理。根据目前的技术规范要求和运行实际，可采用质量法或气体流量计法对储罐的静态蒸发率进行监测。采用质量法时，先将储罐内的液化天然气充满50%以上，静置热平衡后，测量罐内24 h自然蒸发损失的液化天然气的体积，折算为质量，然后该数值再和储罐有效容积时液化天然气的质量相比得出百分数，最后换算为标准环境下（20 ℃，101325 Pa）的蒸发率值。气体流量计法的监测过程同上，只是采用自然蒸发掉的气体体积与储罐有效容积时液化天然气的气体体积（重量折算为体积）相比，最后换算为标准环境下（20 ℃，101325 Pa）的蒸发率值。由于受现场条件、设备、环境温度、储罐内液化天然气的温度不均匀等因素的影响，测出的静态蒸发率值应是一个概略值，但这足以检查出储罐的保冷性能和内罐的运行状态。本规程要求定期监测，各燃气单位可以根据自身的情况确定。

7 真空绝热储罐主要包括真空粉末绝热储罐和高真空多层储罐等，夹层真空度是其正常运行的主要指标，在储罐运行过程中，随着空气的漏入，其夹层真空度降低，罐内液化天然气的静态蒸发率将增大，需要严格控制。储罐制造时都留有抽真空接口，可利用真空计对夹层的真空度进行真空检测，达不到要求时可及时进行抽真空处理。提出的夹层真空度检测周期是根据目前国内液化天然气站的实际运行经验得出的。

8 隔热型储罐主要包括子母式压力储罐和常压储罐（槽），其特点是储存容积较大、夹层充填绝热材料并充入惰性气体处理，夹层内保持微正压，保持绝热材料干燥。在储罐运行过程中，当夹层内压力降低时，补气系统会自动启动进行补气。为了保证补气系统运行正常，需要定期对其进行巡检，发现问题及时处理。检查夹层中可燃气体浓度，主要是当储罐内壁出现破损时能及时发现问题及时处理。

4.5.3 低温潜液泵作为重要增压设备，其运行、维护十分重要。

1 低温潜液泵开机前先进行预冷，主要是为了避免正式运行时低温潜液泵处于急冷状态，损坏电机等部件，同时也可以对泵体进行检查。

2 操作人员在操作时要及时观测泵的进、出口压力等参数变化，同时检查泵体运行状况。当发现泵体有异常噪声或振动，及时停机处理，不得带病运行。

3 由于泵罐为双层保冷结构，密封及保冷效果好，可有效降低气蚀的发生，定期对泵罐的密封及保冷状况进行检查，是确保低温潜液泵正常运行的有效方法。低温潜液泵的泵罐也叫泵池。

4 由专业人员按设备使用说明书的要求定期检修低温潜液泵。检修完毕重新投用前，推荐采用干燥氮气对泵进行置换并预冷合格。

4.5.4 空温式气化器是液化天然气主要气化设备，由于空温式气化器的结构特点，在运行过程中其换热管表面结霜应是均匀的，如果局部结霜结冰严重，说明此处很可能有漏点，应及时维修。水浴式气化器主要用作空温式气化器的后续补充升温，当设备的水温过低、储水量过少时，气化温度和气化能力就会降低，从而影响正常输气，故规定应定期检查其储水温度和储水量，当不能满足要求时，需要及时调整或补充。

由于液化天然气经气化后温度上升，温度有可能是常温，也有可能是低温，而液化天然气站外的燃气管道，不论何种材质，都应为常温下输送气体。一般埋设于冰冻线以下的燃气管道其温度在5 ℃左右，处于常温状态，所以规定液化天然气经气化后出站前时的温度应不低于5 ℃，这是根据国内各气化站的运行现状及实践经验的总结提出的，主要是为了使出站气体保持常温，保护站外燃气管道的运行安全，也符合国内各气化站的运行现状及实践经验。如果有的站出站为0 ℃或更低，应由设计单位来确定此值。

4.5.5 2 低温保冷管道保冷效果的好坏和保冷设施（含外层保护层）是否完好，直接影响到液化天然气气化量的大小及运行安全。随着保冷管道的运行，保冷材料的保冷性能有可能下降，此时应及时更换。

4.5.6 液化天然气卸（装）车操作应符合下列规定：

2 在卸（装）车过程中，要求操作人员不得离开卸（装）车现场，是为了出现问题后可及时采取措施处理。规定操作人员按规定穿戴防护用品，是为了出现事故后对操作人员的防护。同时，规定人体未受保护部位不得接触未经隔离装有液化天然气的管道和容器是为了保障操作人员安全，避免接触低温而冻伤。

3 液化天然气站应该设置卸（装）车软管吹扫装置（功能）。在卸（装）车前对软管进行吹扫，是为了将软管内的杂物吹扫清理干净，同时起到空气置换的作用。吹扫时应采用干燥氮气，如果不具备此气源，也可采用液化天然气气体进行吹扫，这也符合国内目前实际现状。

4 卸（装）车与气化作业同时进行时，不应使用同一个储罐的规定，是为了保证操作程序明晰，避免工艺操作产生混乱而发生事故。

6 卸（装）车结束时回收软管内的剩余液体，一是为了回收液化天然气，避免放空浪费天然气和造成环境污染；二是为了避免放空天然气造成安全隐患，保证安全。软管恢复至常温后对敞口端采取封口措施，是为了避免细小沙粒、碎石及其他杂质进入低温管道而损害其他阀件及仪表等设施。

7“储罐液位异常”是指储罐现场液位计和控制室二次仪表显示不一致而又不能确认储罐正确液位的情况，由于不确定哪个仪表显示正确，为保证储罐安全，需要通过其他手段进一步确认，此时不得贸然卸（装）车。

4.5.7 卸（装）作业结束后，如果密闭管段内滞留液化天然气液体，该液体将接受外界传入的热量而迅速气化，使得该管段压力急剧上升，管道产生爆裂，应通过工艺操作将管段内液化气液体进行回收或放散，保证安全。

4.5.8 液化天然气气瓶充装应符合下列规定：

1 液化天然气气瓶属低温绝热气瓶，瓶体附件较多，容易泄漏的部位较多，在充装前逐只进行检查，可有效减少充装过程中的泄漏等现象。

2 气瓶出厂时在其上部安装液位计，铭牌上标注最大充装量，这个数值一般是根据气瓶90%内容积再乘以液化天然气的密度得出。充装时不得超过最大充装量，气瓶液位计也起到一定的监控作用。

4 新气瓶未充装前处于常温状态，如快速充装会导致气瓶温度急剧下降，条文中提出缓慢充装的要求是为了给气瓶一个预冷的过程，充装速度可参照气瓶生产厂家的产品说明确定。

6 规定不得使用槽车充装液化天然气气瓶，是为了减少事故的发生。

4.5.9 站内消防设施的运行、维护的要求：

2 储罐喷淋装置（含消防水炮）主要用于液化天然气设施着火时，对受到火焰热辐射影响的储罐及其他设施实施喷淋水降温，形成保护水幕。规定此款是为了检查喷淋效果，确保喷淋设施完好，保证喷淋的有效性。本规程提出储罐喷淋装置（含消防水炮）应每年至少开启喷淋1次是最低要求，由于我国南北环境气候差异很大，各地可根据自身实际确定喷淋次数。

3～5 高倍泡沫灭火设备是液化天然气站的重要消防设备，主要清除管道内锈渣，通常情况下按该设备的使用说明书进行运行、维护。当没有明确要求时，本规程提出的这些基本要求可以满足使用需求。

4.5.10 这主要是考虑万一发生大量泄漏，可以正常发挥该设施的作用。

4.7 用户燃气设施

4.7.2 随着天然气供气量的增加，近些年来许多城市都发展了燃气发电厂、供暖厂等大型用户，随之而来对这些大型用户的管理问题摆在了燃气供应企业的面前。发电厂的用气特点是大量稳定用气，供热厂的用气特点是供暖期为用气高峰，其他时间不用气，这些用户的用气特点与管理模式各不相同，不能给出一个统一的检测周期，可结合用户用气特点定期进行检查，确保设备运行良好、安全用气。

4.7.7 对用户设施进行维护和检修作业应符合下列规定：

2 目前发电厂、供暖厂等大型用户一般都与燃气供应单位签订自管协议，由用户自行负责燃气设施的运行、维护和事故抢修工作。在正常情况下，双方对持有产权的燃气设施进行维护运行管理，定期对燃气设施进行巡检。但是一旦出现比较大的问题需要调整供气量甚至停气时，燃气用户应与城镇燃气供应单位进行沟通协调，便于双方配合保证安全；

3 周期性用气的用户主要指供热厂用户。供暖期为用气高峰，其他时间不用气，间断用气时间较长，甚至可达到 8 个月左右。当用户设施在停气期间，为了保证燃气设施的密封性能，推荐对燃气设施进行保压的处理方法，并且对保压介质、压力检测、置换等各方面提出了原则性要求。

4.7.8 《城镇燃气管理条例》规定："燃气用户应当遵守安全用气规则，使用合格的燃气燃烧器具和气瓶，及时更换国家明令淘汰或者使用年限已届满的燃气燃烧器具、连接管等。"超过使用年限后，燃烧器具、气瓶、连接管的安全可靠性下降，应当淘汰更换。

1 国家标准《家用燃气燃烧器具安全管理规则》GB 17905—2008 规定了燃气灶具判废年限和要求；燃具从售出当日起，使用人工煤气的快速热水器、容积式热水器和采暖热水炉的判废年限应为 6 年，液化石油气和天然气的快速热水器、容积式热水器和采暖热水炉判废年限应为 8 年。燃气灶具的判废年限应为 8 年。燃具的判废年限有明示的，应以企业产品明示为准，但是不应超过以上的规定年限。上述规定以外的其他燃具的判废年限应为 10 年。

燃气热水器等燃具，检修后仍发生如下故障之一时，即使没有达到判废年限，也应予以判废：①燃烧工况严重恶化，检修后烟气中一氧化碳含量仍达不到相关标准规定；②燃烧室、热交换器严重烧损或火焰外溢；③检修后仍漏水、漏气或绝缘击穿漏电。

6 户内燃气安全问题中与软管相关的问题所占比例很高，应该引起重视。目前燃气行业所用大部分胶管的使用寿命都很短，大部分用户也没有定期更换，超期使用的胶管会出现变硬、变脆、开裂等问题，造成燃气泄漏，引发着火、爆炸等恶性事故。因此本规程提出了要定期更换软管的要求，但是从根本上解决问题还是要使用合格的、长寿命的胶管。目前国内已有很多研究且已开发、生产出长寿命胶管产品。另外从国家有关标准方面也都做出了相关规定，例如：国家标准《民用建筑燃气安全技术条件》GB 29550—2013 中规定："与燃具连接的软管的设计使用年限不宜低于燃具的判废年限，燃具的判废年限应符合 GB 17905 的规定，对于不符合要求的燃具连接用软管应及时更换。"行业标准《家用燃气燃烧器具安装及验收规程》CJJ 12—2013 中也做出了"燃具连接用软管的设计使用年限不得低于燃具的判废年限"的规定。

5 抢修

5.1 一般规定

5.1.1 燃气泄漏可能引起中毒、火灾、爆炸等造成人员伤亡和经济损失的事故。为了控制事故并将事故损失减少到最小，城镇燃气供应单位应制定事故抢修制度和事故上报程序，确保城镇燃气供应单位能在事故发生的第一时间内获知事故情况，并能做到准确判断事故立即组织有效的抢修。对于重大事故，应当立即报告有关部门。

5.1.2 为了保证事故抢修及应急预案的实施，城镇燃气供应单位应根据供应规模设置专职抢修队伍，配齐抢修人员及抢修所需的各种装备。为了保证装备处于良好状态，应定期、及时对抢修所需装备进行维护检修及更新。

5.1.3 燃气事故发生后抢修人员及时到达现场，对于控制险情、防止事故扩大、避免次生灾害是非常重要的。因此城镇燃气供应单位在接到抢修报警后应迅速出动。

5.1.5 发生事故的设施，说明存在较为严重的隐患，存在类似风险的设施，也有可能存在隐患，因此在事故处理之后，还需要对存在类似风险的燃气设施的安全性能重新进行评价。燃气系统较大安全事故的确定应遵守《生产安全事故报告和调查处理条例》(国务院令第493号) 的规定，同时还应考虑造成重大社会影响、停气范围较大及其他严重后果等因素。

5.2 抢修现场

5.2.1 警戒区的设定一般根据泄漏燃气的种类、压力、泄漏程度、风向及环境等因素确定。“监测周围环境的燃气浓度”是指监测作业现场周边的地下、地上建（构）筑物内有无燃气聚集及可燃气浓度是否在安全范围之内。

5.2.2 进入抢修作业区的人员按规定穿防静电服，包括衬衣、裤均应是防静电的。而且不应在作业区内穿、脱防护用具(包括防护面罩及防静电服、鞋)，以免在穿、脱防护用具时产生火花。

5.2.3 在燃气设施火灾事故抢修中降低压力控制火势时，应注意维持燃气设施有一定正压，防止产生负压造成次生灾害。

5.2.5 燃气泄漏后，有可能窜入地下建（构）筑物等不易察觉的地方，因此事故抢修完成后，应在事故所涉及的范围内做全面检查，避免留下隐患。

5.2.6 如果事故隐患未查清或隐患未消除，现场就存在发生中毒、着火、爆炸等事故的可能，因此应采取安全措施，如派人现场监护等，直至消除隐患为止。

5.3 抢修作业

5.3.2 在燃气浓度未降至爆炸下限的20%以下时，如使用非防爆型的机电设备及仪器、仪表等有可能引起爆炸、着火事故；特别指出一些容易被人们忽略的非防爆物品，如通信设备等。

5.3.5 抢修作业现场会出现燃气浓度和一氧化碳浓度超标的情况，要注意防止一氧化碳中毒。鉴于一氧化碳对人体健康的巨大危害，很多国家及卫生组织制定了一氧化碳最大侵入人体的极限浓度，见表2，以供参考：

表2 一氧化碳最大侵入人体的极限浓度

浓度（mg/m^3）	持续时间（h）	数据来源	提出时间
11	24	世界卫生组织	1987
14	8	加拿大	1986
40	1	美国环保局	1989

一氧化碳的浓度限值可参照国家现行标准《工作场所有害因素职业接触限值 第1部分：化学有害因素》GBZ 2.1 中的有关规定：一氧化碳浓度小于 30 mg/m^3，此数值为短时间（15 min）接触容许浓度限值。

5.3.6 1 在作业现场对钢制管道泄漏点进行焊接修复，由于现场条件恶劣，焊接质量会参差不齐且不易统一使用新管焊接标准，此次修订也只是提出要进行检查的原则要求。“检查结果符合相关要求”是指各单位要根据作业现场条件制定不同的、可行的质量要求。

5.3.7 “采取有效措施阻断气源”指采用关闭阀门、使用封堵机或夹管器等方法阻断气源，夹管器是指用于夹扁聚乙烯管道阻断气流的专用工具。

5.3.9 当低压储气柜发生泄漏时，可根据泄漏部位和泄漏量采用粘接、焊接等不同方法修复。当低压储气柜发生大量泄漏快速下降时，为防止摩擦产生火花或气柜突然卡死、水封失效等现象发生，可用补充气量的方法减缓气柜下降速度。

5.3.10 当调压站出口压力超过下游燃气设施的设计压力时，有可能对燃气设施造成不同程度的损坏。当有这种情况发生时，应对超压影响区内的燃气设施进行全面检查，排除隐患后，方可恢复供气。

5.3.14 液化天然气站内的低温工艺管道及低温阀门一般为焊接连接，但有些特殊部位为法兰连接，如储罐进、出液管道上的紧急切断阀、安全阀、降压调节阀、增压调节阀等处。这些部位由于液化天然气的间断流过，热胀冷缩，使法兰连接面极易出现微量、少量泄漏，视现场情况采取紧固螺栓等方法来处理。如果是法兰本体缺陷（砂眼、裂纹等）造成泄漏，可更换法兰，但需要对前后设备进行有效隔断，将液化天然气放散掉，恢复至常温后实施。维修完毕后利用干氮气进行试漏，是为了保证安全。

5.3.15 当液化天然气大量泄漏时，局面已十分严重，关闭阀门停止站区全部作业是第一步也是有效抢修的重要手段。液化天然气大量泄漏后，使用高倍泡沫发生设备产生泡沫，可有效减少液化天然气和空气的接触面，降低液化天然气的气化速率，减少次生灾害的发生。

5.3.16 液化天然气与水接触会发生快速相变，发生物理爆炸，因此当液化天然气泄漏着火时，严禁用水灭火。

5.3.17 在处理用户泄漏报修时，“准确判断泄漏点”是指当在报修处找不到漏点，可又确实存在漏气迹象，应扩大查找范围。如在室内找不到漏点，应扩大到室外的明、暗沟等处继续查找，以防燃气是由其他地方窜入的，排除一切隐患后才可离开现场。

6 生 产 作 业

6.1 一 般 规 定

6.1.1 燃气设施的停气、降压、动火及通气等各项生产作业之前认真制定作业方案，对于保证生产作业的安全是非常重要的，作业方案一般应包括：①作业内容：如切线、接线、改线等，作业的具体位置、停气降压范围，应有作业草图；②采取的安全措施：加盲板、吹扫置换、放散、现场监护、消防器材及人员配备等等；③作业起止时间等；④应急方案等；作业方案应经过审批；主管领导、职能部门对作业方案提出审批意见。严格执行作业方案是指实施作业过程应在方案批准的限定的时间内完成，如因故改期或方案有变化，一定要重新报批。

各地燃气供应单位对燃气设施的停气、降压、动火及通气等生产作业都采取分级审批的管理方式，在安全生产环节发挥了重要作用。如果在实际工作中出现紧急事故的情况，不允许按部就班履行程序后动火作业的，可在事后补齐各种手续文件。

6.1.3 燃气设施的停气、降压、动火及通气等生产作业危险性大，涉及施工安全和供气安全，因此应由有经验的生产技术人员指挥作业，并由安全员负责现场安全工作，检查落实各项安全措施，严禁违章操作。

6.1.4 燃气具有易燃易爆的特性，燃气设施具有分布广的特点，对燃气设施动火作业时难免会有燃气泄漏，因此划出作业区，并对作业区实施严格管理是非常有必要的。在作业区周围设置护栏和警示标志对作业人员可起到保护作用，对路人、车辆等可起到提示作用，对作业安全也是必须采取的措施。

6.1.5 为了保证作业人员的安全，在作业方案中应考虑在意外情况下作业人员撤离现场的措施，如设置爬梯、甬道等。

6.1.6 为了将停气、降压与置换作业给用户带来的不便降至最低，保证停气与降压置换和放散的安全，选择停气与降压的时间宜避开用气高峰和雷电、大风、雨雪等不利气象条件。

6.2 置 换 与 放 散

6.2.2 燃气设施采用间接置换法进行置换是比较安全的。间接置换法一般分为两个步骤或称两个阶段，有不同的气体测定值要求，本条款给出的数值是根据各地多年实践经验总结提出的。如果受到条件限制采用直接置换法时，考虑到如果气体流速过快，有可能因静电火花而造成危害，需要现场严格控制置换气体流速或采取其他安全措施。

6.3 停 气 与 降 压

6.3.1 1 停气作业时应能可靠地切断气源是指关断阀门后不得有窜气现象，防止在作业管段和设备内有混合气体聚积，如果阀门关闭不严可采取加装盲板等措施，确保可靠地切断气源。

2 降压放散过程中如气体流速过快，一是有可能因产生静电火花而造成危害，二是有可能控制不好压力造成管道内负压，因此降压放散过程中要严格控制降压速度。

3 由于密度比空气大的燃气（如液化石油气）泄漏时容易积聚在低洼处，因此在作业时，应采用防爆风机驱散在工作坑或作业区内聚积的燃气。

6.4 动 火

6.4.4 新、旧钢制管道存在电位差，连接时会产生火花，为此在动火作业前应先平衡两管电位。一般是用金属线搭接在新、旧钢制管道上，使新、旧钢制管道的电位达到平衡状态。

6.4.5 作业过程中作业区内燃气浓度可能随时发生变化，为了保证作业区内可燃气体浓度始终小于其爆炸下限的20%，应严密监测可燃气体浓度，当浓度发生变化时要采取安全措施或暂停作业。当燃气管道内有各种杂质的沉积物时，即使置换合格，随着时间的推移还会有挥发物的产生和聚积，可考虑在管道内充入惰性气体或采取其他有效措施进行处置。

6.4.6 不停气动火过程中燃气压力不能为负压，但也不能太高，根据各地多年实践经验，本条给出压力不宜高于 800 Pa 的要求，可满足人工煤气、液化石油气和天然气三种不同气体介质的操作要求。在实际操作时，压力的控制范围应根据具体气质来确定。

6.5 带压开孔、封堵作业

6.5.2 施工作业前应对施工用管材、管件、密封材料等做复核检查，确保符合工程质量要求。

6.5.3 目前国内带压开孔、封堵设备生产厂家比较多，且工作原理、操作程序等都有不同，每种设备用于不同管材、不同管径、不同运行压力的燃气管道时，都需要操作人员调试设备相应的参数，熟悉其操作程序，因此本条文提出了在不同管材、不同管径、不同运行压力的燃气管道上第一次进行开孔、封堵作业时，应先进行模拟试验的要求，以选择合适的工艺，取得相应的数据和经验，确保施工作业的安全。

6.5.4 开孔、封堵作业虽然是在封闭情况下进行的，但考虑到开孔、封堵设备有很多密封环节存在泄漏的可能性，为确保操作人员及作业现场的安全，仍要求作业区内不得有火种，以防止作业中发生燃气泄漏引起火灾和爆炸事故。

6.5.5 **2** 按现行国家标准《钢制管道带压封堵技术规范》GB/T 28055 的要求，钢制管道允许带压施焊的压力应按下式计算确定：

$$P = 2\sigma_s (t - c) F / D \tag{1}$$

式中 P——管道允许带压施焊的压力（MPa）；

σ_s——管材的最小屈服极限（MPa）；

t——焊接处管道实际壁厚（mm）；

c——因焊接引起的壁厚修正量（mm），参见表3；

D——管道外径（mm）；

F——安全系数，参见表4。

表3　推荐壁厚修正量

焊条直径（mm）	<2.0	<2.5	<3.2	<4.0
c	1.4	1.6	2.0	2.8

表4　推荐安全系数

t（mm）	$t \geqslant 12.7$	$8.7 \leqslant t < 12.7$	$6.4 \leqslant t < 8.7$	$t < 6.4$
F	0.72	0.68	0.55	0.4

本规程对带压开孔、封堵作业中带气施焊压力规定不宜超过1.0 MPa，是考虑管道内有燃气介质，属于危险作业，确保现场操作安全是第一目标，如果现役管道高于此压力，作业时做降压处理，1.0 MPa的管网压力能够满足不停气的要求。

3　为保证开孔、封堵作业的安全性，开孔应选择在直管段上，开孔部位应尽量避开管道焊缝。当开孔、封堵作业点无法避开管道焊缝时，应采取管道补强、碳纤维补强等有效措施。采取带压作业工艺时，还应对开孔刀切削部分的焊道适量打磨，且中心钻不应落在管道焊缝上。

5　关于“大管径和较高压力管道上开孔作业时，应对管道开孔补强”的要求，各地都有不同的做法。根据经验一般在中压以上或管径DN300（含）以上时，为防止焊接天窗盖时产生应力裂纹，在原天窗盖位置上加焊大于原天窗盖的补强盖。其规格一般大于原天窗盖周边5 cm，壁厚大于或等于原母管壁厚。

6.5.7　聚乙烯塑料管道封堵作业下堵塞时试操作是为了保证封堵严密性。如果封堵口处留有切削物，通过该操作堵塞可将其带出。为了防止静电积聚，接管作业时应将待作业管段有效接地。

6.6　通　　气

6.6.2　在停气过程中用户有可能开启管道阀门、燃气用具开关并忘记关闭，通气时就可能发生意外事故。有效地通知用户主要包括通过广播、报纸、短信或粘贴告示等方式通知到位。

7 液化石油气设施的运行、维护和抢修

7.1 一 般 规 定

本章所指液化石油气设施包括液化石油气储存站、储配站和灌装站，液化石油气气化站、混气站和瓶组气化站及液化石油气瓶装供应站内的储罐、管道及其附件、压缩机、烃泵、灌装设备、气化设备、混气设备和仪器仪表等，不包括低温储存基地及火车槽车、汽车槽车、槽船等液化石油气专用运输设备和站外液态液化石油气输送管道。液化石油气设施的运行、维护和抢修除应符合本章的规定外，还应符合本规程第1~6章的有关规定。

7.1.2 由于液化石油气有易在低洼处积聚的特性，为了防止污染环境和发生爆炸、火灾等事故，因此在排放时不能直接放入大气中，使用火炬放散比较安全。

7.1.3 液化石油气灌装、倒残等生产车间内在生产过程中不可避免会有少量液化石油气泄漏，在厂站内重点部位应设置燃气浓度报警器是非常必要的，可以为生产安全提供辅助的作用。对燃气浓度报警器的检查周期、检查方法及合格标准在现行行业标准《城镇燃气报警控制系统技术规程》CJJ/T 146中有明确规定。

7.1.4 《气瓶安全监察规定》(国家质量监督检验检疫总局令第46号）规定："充装单位应当采用计算机对所充装的自有产权气瓶进行建档登记，并负责涂敷充装站标志、气瓶编号和打充装站标志钢印。充装站标志应经省级质监部门备案。鼓励采用条码等先进信息化手段对气瓶进行安全管理。"

7.2 站内设施的运行、维护

7.2.1 储罐及附件的运行、维护应符合下列规定：

1 对储罐及附件的运行、维护，强调定时、定线巡视检查是为了能够更全面地掌握站内工艺管道和设备的运行工况，防止有遗漏。储罐进出液时，液位压力变化较大，应随时观察变化情况，确保储罐安全运行。

2 液化石油气储罐最大允许充装质量是保证其安全运行的最重要的参数。该条款是根据现行国家标准《液化石油气供应工程设计规范》GB 51142的规定提出来的。国家标准《液化石油气供应工程设计规范》GB 51142—2015中规定："液化石油气储罐最大设计允许充装质量应符合压力容器有关安全技术规定。"在《固定式压力容器安全技术监察规程》TSG R0004—2009中规定："储存液化气体的压力容器应当规定设计储存量，装量系数不得大于0.95。"

3 储罐固定喷淋装置是按火灾时喷淋强度设置的。当为夏季降温采取喷淋措施时，应根据储罐的设计压力、在用储罐检修结果及储存介质的成分确定喷淋次数和喷淋强度，其目的是为保证储罐的运行压力不超过其规定的工作压力。

5 在液化石油气储罐底部加装注胶装置或高压注水装置，是为了储罐和第一道阀门

（含第一道阀门）之间发生泄漏时，能及时注胶封堵或加注高压水阻止液化石油气液相的泄出，从底部注水是有效控制液化石油气外泄的方法。

8 地下储罐检修较困难，设计规范中规定储罐应采取有效的防腐措施，以延长其使用寿命。在运行维护中应定期检查这些防腐措施的有效程度及罐壁腐蚀情况。

9 为防止液化石油气通过罐区的排水系统排向站外，应经常检查水封井水位，使其保持在规定高度范围内。北方严寒、寒冷地区还应考虑水封井的防冻。

7.2.4 本条是参照《气瓶安全监察规定》和现行行业标准《液化石油气安全规程》SY 5985 的有关内容提出的。

7.2.5 本条款是参照《气瓶安全监察规定》和现行行业标准《液化石油气安全规程》SY 5985 的有关内容提出的。气瓶的灌装量是必须严格控制的，如果灌装时超过规定的重量，当气瓶温度达到 60 ℃之前就会出现“满液”现象。出现“满液”时的温度由超装的程度决定，超装的越多，出现“满液”的温度越低，甚至要低于正常的环境温度。当气瓶“满液”后，若温度再升高，液体的膨胀就受到气瓶容积的限制，处于受压状态。由于液化气体的膨胀系数比其压缩系数大一个数量级，其膨胀量远大于可压缩量，一旦温度上升，将导致“满液”的气瓶内压力急剧上升。由此可知，气瓶超装是十分危险的。

7.3 瓶装供应站和瓶组气化站

7.3.1 空瓶、实瓶按指定区域分别直立存放，以免泄漏时液化石油气液相从瓶口或瓶阀处漏出。漏气的气瓶或其他不合格气瓶应及时处理，不得在站内存放，以免因漏气引起爆炸和火灾事故。实瓶长时间存放易发生渗漏，气瓶周转使用可避免发生这种问题。

7.4 抢 修

7.4.1 **2** 储罐第一道阀门或法兰出现大量泄漏，采取注水方法控制泄漏时，应综合考虑注水的温度、压力、水量及流速，确保注入的水维持在控制泄漏的最低限度，以防止事故罐的液化石油气压力急剧上升，而造成其他部位的泄漏等事故。

3 液化石油气管道泄漏抢修时，应采取有效措施稀释液化石油气，如用消防水枪喷洒稀释，用防爆鼓风机吹扫稀释等。由于液化石油气火灾的特性，用水仅可起到降温、隔离作用，所以还应采取有效的灭火措施，如切断气源、采用干粉灭火器等。

7.4.2 由于液化石油气比空气重，易在低洼处积聚，故应采取有效措施防止液化石油气积聚引发火灾、爆炸事故。

7.4.3 由于液态液化石油气在气化时会吸收大量热量，致使在泄漏点附近温度迅速降低，容易引起冻伤事故。

8 图档资料

8.1 一般规定

8.1.1 鉴于城镇燃气设施中有许多属于隐蔽工程，对于图档资料实现动态管理，即对于局部或大面积进行维护和抢修后的变动情况进行系统的搜集、记录、存档工作，是非常重要的，为在以后的运行、维护和抢修中能够及时提供有效的图档资料打下良好的基础。

8.1.2 规定城镇燃气供应单位的档案部门应负有向维护和抢修等工程部门提供图档资料的责任。

8.1.3 规定城镇燃气设施的维护和抢修部门负有向档案部门主动提交工程资料的责任。

8.2 运行、维护的图档资料

8.2.1、8.2.2 根据许多城市的经验，发生事故的原因中，有一部分是由于在燃气设施附近进行其他工程施工时，对燃气管道和设备未采取充分保护措施而受到损坏，或留有隐患所造成。所以应重视在其他地下工程施工时，对燃气管道和设备的保护，并详细记录，以供维护时参考。

8.3 抢修工程的图档资料

8.3.1、8.3.2 规定了抢修工程记录和资料的基本内容，实际工作中应根据具体情况确定具体内容和要求，以满足工程管理的需要。

UDC

中华人民共和国行业标准 CJJ

P

CJJ/T 215—2014
备案号 J 1755—2014

城镇燃气管网泄漏检测技术规程

Technical specification for leak detection of city gas piping system

2014-03-27 发布 2014-09-01 实施

中华人民共和国住房和城乡建设部 发布

中华人民共和国住房和城乡建设部
公 告

第348号

住房城乡建设部关于发布行业标准《城镇燃气管网泄漏检测技术规程》的公告

现批准《城镇燃气管网泄漏检测技术规程》为行业标准，编号为CJJ/T 215—2014，自2014年9月1日起实施。

本规程由我部标准定额研究所组织中国建筑工业出版社出版发行。

中华人民共和国住房和城乡建设部

2014年3月27日

前 言

根据住房和城乡建设部《关于印发〈2010年工程建设标准规范制订、修订计划〉的通知》(建标〔2010〕43号)的要求，规程编制组经广泛调查研究，认真总结实践经验，参考有关国际标准和国外先进标准，并在广泛征求意见的基础上，编制本规程。

本规程的主要技术内容是：1. 总则；2. 术语；3. 检测；4. 检测周期；5. 检测仪器；6. 检测记录。

本规程由住房和城乡建设部负责管理，由北京市燃气集团有限责任公司负责具体技术内容的解释。执行过程中如有意见或建议，请寄送北京市燃气集团有限责任公司（地址：北京市朝阳区安华里二区7号楼，邮编：100011)。

本规程主编单位： 北京市燃气集团有限责任公司

本规程参编单位： 北京市燃气集团研究院
成都城市燃气有限责任公司
上海燃气（集团）有限公司
中国燃气控股有限公司
唐山市燃气集团有限公司
沈阳燃气有限公司
深圳市燃气集团股份有限公司
西安秦华天然气有限公司
北京科技大学新材料技术研究院
北京埃德尔公司
武汉安耐捷科技工程有限公司
北京保利泰达仪器设备有限公司

本规程主要起草人员： 车立新 于燕平 江 民 陈 江 钱文斌 雷素敏 李美竹 岳建兵 白 瑞 杨印臣 杨 森 许立宁 郝英杰 李英杰 孙立国

本规程主要审查人员： 杨 健 刘新领 邢耀霖 胡春英 杨 青 应援农 杨俊杰 高 伟 赵雪玲 江贻芳 张绍革

目　次

Contents

1 总 则

1.0.1 为规范城镇燃气管网泄漏检测要求，及时发现和判断燃气泄漏，准确查找和定位泄漏点，提高管网安全运行水平，制定本规程。

1.0.2 本规程适用于城镇燃气管道及管道附属设施、厂站内工艺管道、管网工艺设备的泄漏检测。本规程不适用于储气设备本体的泄漏检测。

1.0.3 城镇燃气管网的泄漏检测应做到技术先进、安全可靠，并应积极采用新技术、新方法和新设备。

1.0.4 城镇燃气管网的泄漏检测除执行本规程外，尚应符合国家现行有关标准的规定。

2 术 语

2.0.1 城镇燃气管网 city gas piping system

从城镇燃气供气点至用户引入管之间的管道、管道附属设施、厂站内工艺管道及管网工艺设备的总称。

2.0.2 泄漏检测 leak detection

使用检测仪器确定被检对象是否有燃气泄漏并进行泄漏点定位的活动。

2.0.3 管道附属设施 pipeline subsidiary facilities

与管道相连并实现启闭、抽水等功能设备的总称，如阀门、凝水器等。

2.0.4 管网工艺设备 piping system process equipments

与管道相连具有对燃气进行过滤、计量、调压及控制等功能设备的总称，如过滤器、流量计、调压装置等。

2.0.5 灵敏度 sensitivity

检测仪器所能检出的燃气最小浓度。

2.0.6 最大允许误差 maximum permissible error

对于给定的测量仪器，由标准所允许的，相对于已知参考量值的测量误差的极限值。

3 检 测

3.1 一 般 规 定

3.1.1 泄漏检测人员应根据管网和厂站的规模及设备、设施的数量等因素配置，并应通过相关知识及检测技能的培训。

3.1.2 泄漏检测人员及检测场所的安全保护应符合现行行业标准《城镇燃气设施运行、维护和抢修安全技术规程》CJJ 51 的有关规定。检测现场安全标志的设置应符合现行行业标准《城镇燃气标志标准》CJJ/T 153 的有关规定。

3.1.3 埋地管道的常规泄漏检测宜按泄漏初检、泄漏判定和泄漏点定位的程序进行。管道附属设施、厂站内工艺管道、管网工艺设备的泄漏检测宜按泄漏初检和泄漏点定位的程序进行。

3.1.4 当接到燃气泄漏报告时，可直接进行泄漏判定；当发生燃气事故时，可直接进行泄漏点定位。

3.1.5 泄漏检测方法应根据检测项目和检测程序进行选择，并可按表 3.1.5 的规定执行。当同时采用两种以上方法时，应以仪器检测法为主。

表 3.1.5 泄漏检测方法

检测项目		检测程序		
		泄漏初检	泄漏判定	泄漏点定位
管道	埋地	仪器检测、环境观察	气相色谱分析	仪器检测、检测孔检测或开挖检测
	架空	激光甲烷遥测		
管道附属设施、管网工艺设备、厂站内工艺管道		仪器检测、环境观察	—	气泡检漏

3.2 管 道 检 测

3.2.1 埋地管道的泄漏初检宜在白天进行，且宜避开风、雨、雪等恶劣天气。

3.2.2 埋地管道的泄漏初检可采取车载仪器、手推车载仪器或手持仪器等检测方法，检测速度不应超过仪器的检测速度限定值，并应符合下列规定：

1 对埋设于车行道下的管道，宜采用车载仪器进行快速检测，车速不宜超过 30 km/h；

2 对埋设于人行道、绿地、庭院等区域的管道，宜采用手推车载仪器或手持仪器进行检测，行进速度宜为 1 m/s。

3.2.3 采用仪器检测时，应沿管道走向在下列部位进行检测：

1 燃气管道附近的道路接缝、路面裂痕、土质地面或草地等；

2 燃气管道附属设施及泄漏检查孔、检查井等；

3 燃气管道附近的其他市政管道井或管沟等。

3.2.4 在使用仪器检测的同时，应注意查找燃气异味，并应观察燃气管道周围植被、水面及积水等环境变化情况。当发现有下列情况时，应进行泄漏判定：

1 检测仪器有浓度显示；

2 空气中有异味或有气体泄出声响；

3 植被枯萎、积雪表面有黄斑、水面冒泡等。

3.2.5 泄漏判定应判断是否为燃气泄漏及泄漏燃气的种类。经判断确认为燃气泄漏后应立即查找漏点。

3.2.6 检测孔检测或开挖检测前应核实地下管道的详细资料，不得损坏燃气管道及其他市政设施。检测孔内燃气浓度的检测应符合下列规定：

1 检测孔应位于管道上方；

2 检测孔数量与间距应满足找出泄漏燃气浓度峰值的要求；

3 检测孔深度应大于道路结构层的厚度，孔底与燃气管道顶部的距离宜大于300 mm，各检测孔的深度和孔径应保持一致；

4 燃气浓度检测宜使用锥形或钟形探头，检测时间应持续至检测仪器示值不再上升为止；

5 检测液化石油气浓度的探头应靠近检测孔底部。

3.2.7 检测孔检测完成后，应对各检测孔的数值进行对比分析，确定燃气浓度峰值的检测孔，并应从该检测孔进行开挖检测，直至找到泄漏部位。

3.2.8 开挖前，应根据燃气泄漏程度确定警戒区，并应设立警示标志，警戒区内应对交通采取管制措施，严禁烟火。现场人员应佩戴职责标志，严禁无关人员入内。

3.2.9 开挖过程中，应随时监测周围环境的燃气浓度。

3.2.10 对架空管道进行泄漏检测时，检测距离不应超过检测仪器的允许值。

3.3 管道附属设施、厂站内工艺管道及管网工艺设备的检测

3.3.1 管道附属设施、厂站内工艺管道、管网工艺设备泄漏初检时，应检测法兰、焊口及螺纹等连接处，并应根据燃气密度、风向等情况按一定的顺序进行检测，检测仪器探头应贴近被测部位。

3.3.2 对阀门井（地下阀室）、地下调压站（箱）等地下场所进行泄漏初检时，检测仪器探头宜插入井盖开启孔内或沿井盖边缘缝隙等处进行检测。

3.3.3 泄漏初检发现下列情况时应进行泄漏点定位检测：

1 检测仪器有浓度显示；

2 空气中有异味或气体泄出声响。

3.3.4 进入阀门井（地下阀室）、地下调压站（箱）等地下场所检测时应符合下列规定：

1 满足下列要求时，检测人员方可进入：

1）氧气浓度大于19.5%；

2）可燃气体浓度小于爆炸下限的20%；

3）一氧化碳浓度小于30 mg/m^3；

4）硫化氢浓度小于10 mg/m^3。

2 检测过程中，各种气体检测仪器应始终处于工作状态，当检测仪器显示的气体浓度变化超过限值并发出报警时，检测人员应立即停止作业返回地面，并对场所内采取通风措施，待各种气体浓度符合要求后，方可继续工作。

3.3.5 对管道附属设施、厂站内工艺管道、管网工艺设备等进行泄漏点定位检测时可采用气泡检漏法，并应符合下列规定：

1 涂刷检测液体前，应先对被测部位表面进行清理；

2 检测时应保持被测部位光线明亮；

3 检测不锈钢金属管道时采用的检测液中氯离子含量不应大于25×10^{-6}。

3.3.6 阀门井（地下阀室）、地下调压站（箱）等地下场所内检测到有燃气浓度而未找到泄漏部位时应扩大查找范围。

4 检 测 周 期

4.0.1 埋地管道泄漏初检周期应根据材质、设计使用年限及环境腐蚀条件等因素确定。

4.0.2 埋地管道常规的泄漏初检周期应符合下列规定：

1 聚乙烯管道和设有阴极保护的钢质管道，检测周期不应超过1年；

2 铸铁管道和未设阴极保护的钢质管道，检测周期不应超过半年；

3 管道运行时间超过设计使用年限的1/2，检测周期应缩短至原周期的1/2。

4.0.3 埋地管道因腐蚀发生泄漏后，应对管道的腐蚀控制系统进行检查，并应根据检查结果对该区域内腐蚀因素近似的管道原有的检测周期进行调整，加大检测频率。

4.0.4 发生地震、塌方和塌陷等自然灾害后，应立即对所涉及的埋地管道及设备进行泄漏检测，并应根据检测结果对原有的检测周期进行调整，加大检测频率。

4.0.5 新通气的埋地管道应在24 h内进行泄漏检测；切线、接线的焊口及管道泄漏修补点应在操作完成通气后立即进行泄漏检测。上述两种情况均应在1周内进行1次复检，复检合格正常运行后的泄漏初检周期应按本规程第4.0.2条的规定执行。

4.0.6 管道附属设施的泄漏检测周期应小于或等于与其相连接管道的泄漏检测周期。

4.0.7 厂站内工艺管道、管网工艺设备的泄漏检测周期应根据设计使用年限及环境腐蚀条件等因素确定，也可结合生产运行同时进行，并应符合下列规定：

1 厂站内工艺管道、管网工艺设备的检测周期不得超过1个月；

2 调压箱的检测周期不得超过3个月。

4.0.8 管道附属设施、管网工艺设备在更换或检修完成通气后应立即进行泄漏检测，并应在24 h～48 h内进行1次复检。

5 检 测 仪 器

5.1 性 能

5.1.1 泄漏检测仪器应具备下列基本性能：

1 对燃气泄漏进行定性、定量检测；

2 声光报警；

3 启动速度快，反应时间短；

4 性能稳定、操作简单；

5 结构坚固，密封良好，外壳防护等级不低于 IP54；

6 满足检测环境中温度与湿度的要求；

7 防爆型检测仪器的防爆等级不低于 ExeⅡT4。

5.1.2 用于埋地管道泄漏初检的泄漏检测仪器的灵敏度不应低于 10×10^{-6}。

5.1.3 检测爆炸下限和检测高浓度的泄漏检测仪器的最大允许误差应为 ±5%。

5.1.4 检测孔钻孔设备及专用勘探棒的手柄应具有防触电功能。

5.2 配 备

5.2.1 泄漏检测仪器应根据燃气种类、管网规模和设备设施类型、检测仪器功能等因素配备。

5.2.2 泄漏检测仪器的选用可按本规程附录 A 的规定执行。配备的泄漏检测仪器可具有下列单一功能或多项组合功能：

1 检测气体百万分比浓度；

2 检测气体百分比浓度；

3 检测爆炸下限百分比浓度；

4 检测气体组分百分比。

5.2.3 泄漏检测应配备钻孔机、真空泵等附属设备。

5.2.4 有防爆要求的场所应配备防爆型检测仪器。

5.2.5 阀门井（地下阀室）、地下调压站（箱）等地下场所的泄漏检测还应配备用于检测氧气、一氧化碳及硫化氢浓度的仪器。

5.3 使 用 及 维 护

5.3.1 泄漏检测仪器应处于良好的工作状态，且应进行日常维护保养。

5.3.2 泄漏检测仪器在使用前应进行检查，并应符合下列规定：

1 仪器外观应清洁、完好；

2 电池应达到额定电压；

3 机械或电子设备的零点应已校准；

4 采样系统应通畅，过滤器不得堵塞。

5.3.3 泄漏检测仪器设置的初始报警值应在检测过程中根据检测对象和环境条件等因素进行设定。

5.3.4 泄漏检测仪器在使用及存放过程中应防水、防潮，不得暴晒和剧烈振动。

5.3.5 泄漏检测仪器应定期进行校准，校准周期不应超过1年。

6 检 测 记 录

6.0.1 在泄漏检测过程中应对检测结果和相关情况进行记录。

6.0.2 泄漏检测记录应填写齐全，并可按本规程附录 B 的规定执行。

6.0.3 泄漏检测记录应保存电子和纸质档案。电子档案应有备份，并应长期保存；纸质档案应保存 3 年以上。

附录A 泄漏检测仪器选用

表A 泄漏检测仪器基本原理、特点、量程范围及适用范围

基本功能	类型	基 本 原 理	特 点	量程范围	适用范围
气体百万分比浓度	半导体	金属氧化物半导体的表面吸收气体后，其电阻发生变化，测量阻值变化可得到待测气体浓度	灵敏度高，轻便，微量泄漏检测，此种仪器可为非防爆型	$0\sim10000\times10^{-6}$	埋地管道泄漏初检
	火焰离子	氢气作为燃料气在燃烧室里燃烧，在高温下是燃烧室发生电离，待测气体在电极附着面被捕获，在高压电场的定向作用下，形成离子流，离子被电极收集后，形成与待测气体的量成正比的电信号，由仪器电子元件处理，显示气体浓度值	灵敏度高，稳定性高，重复性好。 微量泄漏快速检测，可用于车载检测，此种仪器可为非防爆型	$0\sim10000\times10^{-6}$	埋地管道泄漏初检
	光学甲烷	检测仪发射出一束红外线，照射到位于探测器前的光学滤镜上。由于滤镜只允许对甲烷敏感的特定波长的红外线透过，当有甲烷存在，光波受到影响，波长发生变化，从而产生声音信号和视觉信号	灵敏度高，响应速度快。 微量泄漏的快速检测，可用于车载检测，此种仪器可为非防爆型	$0\sim200\times10^{-6}$	埋地管道泄漏初检
	激光甲烷遥测	利用甲烷气体对某一特定波长激光的吸收特性，通过采用红外分光检测技术，使用激光二极管作为激光源，当探测仪向目标检测区域发射测量激光时，将从目标物反射回散射的激光。探测仪接收到反射回的激光并测量其吸收率，根据吸收率的变化判断是否产生泄漏	灵敏度高，可实现远距离不接触检测，响应速度快。 不易接触的燃气设备设施的泄漏检测，此种仪器可为非防爆型	$0\sim10000\times10^{-6}$	架空管道泄漏检测
气体百分比浓度	热传导	依据可燃气体与空气的导热系数的差异来测定浓度。将热敏电阻加热到一定温度，当待测气体通过时，会导致电阻发生变化，测量阻值变化可得到待测气体浓度	可实现高浓度燃气检测。 此种仪器必须为防爆型	100% VOL	泄漏判定
	非色散红外	特定波长的红外光通过待测气体时，气体分子对红外光强度有吸收，其检测原理是基于朗伯－比尔（Lambert-Beer）光吸收定律	可实现高浓度燃气检测，具有较好的选择性。 此种仪器必须为防爆型	100% VOL	泄漏判定

表 A（续）

基本功能	类型	基本原理	特点	量程范围	适用范围
爆炸下限百分比	催化燃烧	在铂丝表面涂覆催化材料并将其加热，当可燃气体通过时，在其表面催化燃烧，使铂丝温度升高，电阻发生变化，电阻变化值是可燃气体浓度的函数	灵敏度较低，但在爆炸下限范围内的测量精度较高，重复性好。此种仪器必须为防爆型	0~100% LEL	管道附属设施、厂站内工艺管道、管网工艺设备检测
	非色散红外	特定波长的红外光通过待测气体时，气体分子对红外光强度有吸收，其检测原理是基于朗伯－比尔（Lambert－Beer）光吸收定律	可实现高浓度燃气检测，具有较好的选择性。爆炸下限浓度范围内的检测，此种仪器必须为防爆型	0~100% LEL	管道附属设施、厂站内工艺管道、管网工艺设备检测
气体组分百分比	气相色谱分析	利用可燃气体中各组分在两相间进行分配，其中一相为固定相，即色谱柱，另一相为流动相，即可燃气体。当可燃气体混合物流过固定相，与固定相发生作用，在同一推动力下，不同组分在固定相中滞留的时间不同，顺序从固定相中流出，彼此分离，进入检测器，产生的离子流信号经放大后，在记录器上描绘出各组分的色谱峰	可实现对气体成分的分析	—	泄漏判定

附录 B　泄漏检测记录

B.0.1　燃气管道泄漏检测记录可选用表 B.0.1 的格式。

表 B.0.1　燃气管道泄漏检测记录表

编号：

<table>
<tr><td>所属单位</td><td colspan="2"></td><td>检测时间</td><td colspan="2"></td></tr>
<tr><td>管道名称</td><td colspan="2"></td><td>检测长度</td><td colspan="2"></td></tr>
<tr><td>检测起点</td><td colspan="2"></td><td>检测终点</td><td colspan="2"></td></tr>
<tr><td>管　　径</td><td colspan="2"></td><td>压　　力</td><td colspan="2"></td></tr>
<tr><td>检测方法</td><td colspan="2"></td><td>检测仪器及编号</td><td colspan="2"></td></tr>
<tr><td>泄漏初检</td><td colspan="5"></td></tr>
<tr><td>泄漏判定</td><td colspan="5"></td></tr>
<tr><td rowspan="6">检测孔情况</td><td>检测孔编号</td><td>时间</td><td>浓度</td><td>时间</td><td>浓度</td></tr>
<tr><td></td><td></td><td></td><td></td><td></td></tr>
<tr><td></td><td></td><td></td><td></td><td></td></tr>
<tr><td></td><td></td><td></td><td></td><td></td></tr>
<tr><td></td><td></td><td></td><td></td><td></td></tr>
<tr><td></td><td></td><td></td><td></td><td></td></tr>
<tr><td>检测孔内浓度分析及确定具体泄漏部位情况</td><td colspan="5"></td></tr>
<tr><td>备注</td><td colspan="5"></td></tr>
<tr><td>检测人</td><td colspan="2"></td><td>审核人</td><td colspan="2"></td></tr>
</table>

B. 0. 2 管道附属设施泄漏检测记录可选用表 B. 0. 2 的格式。

表 B. 0. 2 管道附属设施泄漏检测记录表

编号：

<table>
<tr><td>所属单位</td><td></td><td>检测时间</td><td></td></tr>
<tr><td>设备设施名称</td><td></td><td>地 点</td><td></td></tr>
<tr><td>检测方法</td><td></td><td>检测仪器及编号</td><td></td></tr>
<tr><td>气体浓度检测</td><td colspan="3">燃气浓度： O_2 浓度：
CO 浓度： H_2S 浓度： 其他气体浓度：</td></tr>
<tr><td rowspan="6">泄漏情况</td><td colspan="2">泄漏部位</td><td>泄漏浓度</td></tr>
<tr><td colspan="2"></td><td></td></tr>
<tr><td colspan="2"></td><td></td></tr>
<tr><td colspan="2"></td><td></td></tr>
<tr><td colspan="2"></td><td></td></tr>
<tr><td colspan="2"></td><td></td></tr>
<tr><td>检测人</td><td></td><td>审核人</td><td></td></tr>
</table>

B. 0. 3 厂站内工艺管道、管网工艺设备的泄漏检测记录可结合生产运行进行记录。

本规程用词说明

1 为便于在执行本规程条文时区别对待，对要求严格程度不同的用词说明如下：

1）表示很严格，非这样做不可的：

正面词采用“必须”，反面词采用“严禁”；

2）表示严格，在正常情况下均应这样做的：

正面词采用“应”，反面词采用“不应”或“不得”；

3）表示允许稍有选择，在条件许可时首先应这样做的：

正面词采用“宜”，反面词采用“不宜”；

4）表示有选择，在一定条件下可以这样做的，采用“可”。

2 条文中指明应按其他有关标准执行的写法为：“应符合……的规定”或“应按……执行”。

引用标准名录

1 《城镇燃气设施运行、维护和抢修安全技术规程》CJJ 51

2 《城镇燃气标志标准》CJJ/T 153

中华人民共和国行业标准

城镇燃气管网泄漏检测技术规程

CJJ/T 215—2014

条 文 说 明

制 订 说 明

《城镇燃气管网泄漏检测技术规程》CJJ/T 215—2014 经住房和城乡建设部 2014 年 3 月 27 日以第 348 号公告批准、发布。

本规程编制过程中，编制组进行了广泛的调查研究，总结了我国城镇燃气行业管网泄漏检测的实践经验，同时参考了国外先进的技术法规和技术标准。

为便于广大设计、施工、科研、学校等单位有关人员在使用本规程时能正确理解和执行条文规定，《城镇燃气管网泄漏检测技术规程》编制组按章、节、条顺序编制了本规程的条文说明，对条文规定的目的、依据以及执行中需注意的有关事项进行了说明。但是，本条文说明不具备与规程正文同等的法律效力，仅供使用者作为理解和把握规程规定的参考。

目 次

1 总 则

1.0.1 随着城镇燃气供气压力的提高和燃气管道数量的不断增长，燃气泄漏事故时有发生；加强对泄漏检测工作的管理，提高管网安全运行水平，是杜绝燃气管网泄漏事故的关键之一。目前，国内燃气供应单位泄漏检测的技术水平存在一定差异；为此，编制城镇燃气管网泄漏检测标准，规范泄漏检测的技术及方法，对于提高泄漏检测的效率、加强燃气行业的安全管理、保证燃气管网的安全运行至关重要。

1.0.2 燃气管道、管道附属设施、厂站内工艺管道、管网工艺设备等不同设备、设施的检测方法各有不同，根据不同设备、设施泄漏检测的不同方法和特点，明确了本规程的适用范围。

储气设施也是输配系统中的重要设备，但对于储气设施的管理，因其本体属于压力容器或已具有专门的检测技术要求，因此，本规程的适用范围不包含储气设施本体，但连接部位的泄漏检测仍包含在本规程范围内。

1.0.3 目前，燃气泄漏检测技术发展较快，新技术、新设备不断涌现，在城镇燃气管网泄漏检测工作中应积极采用行之有效的新技术、新方法和新设备，并在技术方面进行完善，以提高检测效率。

3 检 测

3.1 一 般 规 定

3.1.1 燃气管道多数埋于地下，一旦发生泄漏，情况非常复杂；泄漏检测操作人员只有在了解相应的泄漏原理、掌握检测技术方法及仪器设备操作知识的基础上，才能准确分析判断泄漏部位，进而有效地发现泄漏位置，因此对泄漏检测操作人员所掌握技能的要求较高。检测人员在上岗前必须进行相关知识及技能的培训，包括：燃气常识、泄漏原理、检测仪器操作、检测技术及相关安全知识等内容。

3.1.2 由于泄漏检测现场可能存在燃气泄漏的情况，泄漏检测操作存在一定的危险，因此，在泄漏检测操作现场一定要做好安全防范，检测人员也要注意安全防护；现行行业标准《城镇燃气设施运行、维护和抢修安全技术规程》CJJ 51 对操作人员及操作现场的安全防护有较为细致的规定，现行行业标准《城镇燃气标志标准》CJJ/T 153 中对设置和使用标志有相关的规定。

3.1.3 将泄漏检测的基本程序划分为泄漏初检、泄漏判定和泄漏点定位的三个过程是在大量调研、总结国内各地燃气供应单位泄漏检测实践工作基础上提出的。泄漏初检为按照检测计划而执行的泄漏检测工作。此过程为主动查漏的过程，在未知有泄漏的情况下主动发现泄漏，消除隐患。在检测过程中经常遇到一些干扰因素的影响，例如汽车尾气、沼气等因素会造成泄漏检测结果的误判，因此需要进行泄漏判定。泄漏判定为排除影响检测结果的干扰因素，确定是否为管道内燃气泄漏的过程，此过程在埋地管道的泄漏检测中十分重要，目前已有较为成熟的分析技术，可以判别是否为燃气泄漏，同时还可区分是何种燃气的泄漏，在经过分析后进一步进行泄漏点定位。

3.1.5 针对不同类别的燃气设备设施采用的检测方法也不同，本条按照不同的检测项目推荐几类检测方法以供选择。仪器检测法是指利用各种检测仪器进行泄漏检测，此种方法是客观的方法，也是必须选用的方法。环境观察法一般指通过观察植被、水面、积雪颜色及异常气味等判断是否有疑似泄漏存在的情况。气相色谱分析是采用分析仪器对混合气体内的各组分进行分析，进而明确气体种类的方法。钻孔检测法是在管道上方，沿管道走向钻孔，并结合检测仪器检测孔内的气体浓度，确认泄漏部位的方法。激光甲烷遥测技术是可以不接触被测物体表面就能检测出是否有燃气泄漏的检测技术，对于难以通过接触进行检测的架空管道，一般采用此种非接触型检测方法。

泄漏检测是一个复杂的过程，除架空管道外，使用单一的方法一般不能达到既检测出泄漏又能进行泄漏点定位的要求，往往需要组合采用几种检测方法。但不论组合采用哪几种方法，都需要以仪器检测方法为主。

3.2 管 道 检 测

3.2.1 在城镇燃气泄漏检测工作中经常使用的泄漏检测仪器有基于光学原理制成的，因光学检测仪均需要吸收散射的光线进行对比分析，必须在光线充足的条件下进行，因此提出在白天检测的要求。目前检测仪器的构造都比较复杂，且电子元器件对环境条件要求较为严格，在温度过高或过低、雨污水喷溅等情况均易对检测仪器内部元器件造成损害，因此，除特殊的紧急情况外，一般在恶劣天气时尽量不进行泄漏检测。

3.2.2 泄漏检测仪器有多种类型，有的设置在机动车上，有的设置在手推车等非机动车上，还有的为手持式；根据泄漏检测工作的需要，可以选择不同类型的检测仪器；一般情况下，车载仪器用于城市道路下燃气管道的泄漏初检，手推车或者手持式仪器用于人行道、绿地、庭院等或需要进行泄漏确认的情况。不论采用何种泄漏检测仪器，在泄漏检测时速度都不能过快，如果超过泄漏检测仪器的反应速度，会影响泄漏检测效果。

车载仪器的泄漏检测速度是在收集大量国内外泄漏检测资料，综合考虑目前在用车载检测仪器检测速度实际情况的基础上得出的。车载式泄漏检测仪器车辆速度保持在30 km/h以下时，检测效果相对较好。1 m/s为正常步行速度，在此速度下采用手推车载仪器或手持式仪器进行泄漏检测效果较好。

3.2.3 管道埋于地下，情况较为复杂，根据泄漏扩散原理，燃气会沿着某些缝隙处向外扩散，对这些燃气易扩散积聚的部位进行重点检测，比较方便快捷。

3.2.4 在用仪器检测的同时观察周围的环境，可以快速、直接发现问题，及时排除泄漏隐患。在泄漏检测过程中，经常遇到泄漏检测仪器有浓度显示但又不是发生燃气泄漏的情况，这种情况称为疑似泄漏。疑似泄漏是由于一些干扰因素造成的，这些干扰因素包括汽车尾气干扰、沼气干扰、化学污染等，发现疑似泄漏情况后需要进一步进行泄漏检测，确认是否有泄漏和泄漏气体的种类，减少误开挖造成的损失。

3.2.5 泄漏判定需要对燃气的组分进行分析，气相色谱分析法是比较有效的方法。目前，泄漏判定最常见的情况是区分天然气与沼气，由于天然气与沼气的主要成分均为甲烷，泄漏检测仪器检测到甲烷的存在并不能说明是何种气体，还需要通过分析其他组分进行判别，目前主要通过分析乙烷含量来区分上述两种气体；由于天然气中含有乙烷，而沼气中则不含，因此，分析出乙烷成分的存在就可以判定是天然气泄漏。

国内有些城市有天然气、人工煤气或液化石油气多种气源同时存在的情况，区分是何种燃气泄漏十分必要，可以通过对燃气组分的分析进行判定。

3.2.6 因城市地下市政设施情况复杂，钻孔前需要查明其他市政设施的资料，摸清其具体部位，防止钻孔时破坏其他市政设施。

1 燃气泄漏后会沿着地下缝隙向上扩散，在管道上方打孔能提高查找漏点的效率；

2 在打孔检测时会发现不同检测孔内燃气浓度有逐渐升高或降低的趋势，距离泄漏部位最近的孔内燃气浓度也相对较高，因此需要打足够多的孔，保证从各孔的浓度值中找出浓度最高的孔及各孔浓度变化的规律，判断出具体的泄漏部位；

3 道路的结构层包括水泥路面、沥青路面和三合土基层等，为保护管道在打孔时不被破坏，参照各地实践经验和查阅管道埋深确定打孔深度；

4 检测孔内的燃气浓度会向孔外扩散，为保证检测的准确性，需配置防止发散的检测探头；仪器在进行泄漏检测时需要一定的反应时间，这段时间内仪器的示值不稳定，因此，检测操作应持续一段时间，以保证仪器检测的准确性；

5 由于液化石油气的比重比空气大，当发生泄漏时会积聚在泄漏部位的下部，因此，在泄漏检测时，仪器探头应接近孔下部。

3.2.7 钻孔后离泄漏部位越近的孔内燃气浓度越高，因此需要找出浓度最高的孔，从该孔进行开挖。

燃气管道泄漏可能是一个部位发生泄漏，也有可能是多个部位同时发生泄漏。对于同期建设相同材质的管道，因其腐蚀情况类似，在查明一处泄漏部位后，还需要排查其他部位泄漏的可能性。

发现泄漏点后紧急抢修堵漏处置的技术措施、人员及管理要求等不包含在本规程内。

3.3 管道附属设施、厂站内工艺管道及管网工艺设备的检测

3.3.1 设备及管道的连接部位是易泄漏部位，通过检测法兰、焊口等连接部位可以有效地检测泄漏。不规范的泄漏检测顺序可能导致无法准确找到泄漏部位。天然气、人工煤气比重较轻，发生泄漏时会向上扩散，一般采用从下往上的检测顺序，液化石油气比重较重，泄漏检测时一般采用从上往下的顺序。如果在室外泄漏检测，一般采用从上风侧往下风侧检测的顺序。

3.3.2 天然气或人工煤气的比重较轻，若在阀门井上部或井盖周边检测到有燃气浓度，说明井内也有燃气浓度。当发现检测仪器有燃气浓度显示时，需要采取相应的措施防止发生事故。

3.3.4 泄漏初检发现阀门井内有燃气浓度时需要下井进行泄漏判定和泄漏点定位检测，如果井内氧气浓度低或有毒、有害气体超标，会直接威胁检测人员的安全，故本条对涉及进入阀门井等地下场所检测人员人身安全的有关气体的浓度指标提出要求。

1 本款规定了检测人员进入阀门井等地下场所检测时场所内燃气、氧气、一氧化碳和硫化氢等气体浓度的限值，其中氧气的浓度要求参照现行国家标准《缺氧危险作业安全规程》GB 8958 标准规定，燃气的浓度要求参照现行行业标准《城镇燃气设施运行、维护和抢修安全技术规程》CJJ 51 的规定，一氧化碳及硫化氢的浓度要求参照现行国家标准《工作场所有害因素职业接触限值　第 1 部分：化学有害因素》GBZ 2.1 标准规定。在国家标准中，一氧化碳浓度及硫化氢浓度均以“mg/m^3”为单位，为保持与国家标准的一致，本规程也采用“mg/m^3”为单位。而在实际泄漏检测工作中，现有的泄漏检测仪器通常表示为“ppm”，因此可以对检测数据进行换算，在此推荐一种换算公式，可以参考使用。本计算公式基于理想气体状态方程推导而出，在标准状况下，气体质量浓度与体积浓度的换算关系可用下式表示：

$$C = 22.4\frac{X}{M} \tag{1}$$

式中 C——“ppm”浓度值；

X——气体以“mg/m^3”表示的浓度值；

M——气体分子量。

2 检测人员在地下场所进行检测操作时，可能会出现由于气体扰动造成一氧化碳或硫化氢气体百分比超标的情况，因此要求在检测操作过程中各种泄漏检测仪器始终处于检测的状态，一旦气体百分比达到危险限值，检测仪器发出报警，检测人员可以立即撤离，以保证安全。

3.3.5 如果被测部位表面坑凹不平或存有污物，涂刷检测液时在坑凹不平或有污物处容易积存空气，空气浮出形成气泡，从而掩盖某些小漏孔产生的气泡。检测环境光照不足时会影响对细小气泡的观察。

目前，在城镇燃气输配系统中越来越多地使用不锈钢材料，在对不锈钢材料进行检测时，控制检测液中氯离子的含量，避免对不锈钢材料造成腐蚀。

3.3.6 本条为扩大检测范围的要求。在对阀门井等地下空间进行泄漏检测时，可能出现检测仪器有示值但未找到具体泄漏部位的现象，如果经泄漏判定确认为燃气泄漏，则说明阀门井周边的埋地管道存在泄漏的可能性，需要扩大检测范围，并按照埋地管道检测方法对周围燃气管道进行检测，直至找到泄漏部位。

4 检 测 周 期

4.0.1 本章规定的检测周期为泄漏检测工作的最长间隔，燃气供应单位可根据实际情况自行制定较为灵活的泄漏检测周期，但不得低于本规程的要求。

国家标准《城镇燃气技术规范》GB 50494—2009 对管道的“设计使用年限”有相应的规定。一般情况下，钢质管道在腐蚀控制良好的条件下寿命可超过 30 年，聚乙烯管道和铸铁管道的设计使用寿命一般可达 40 年 ~50 年。

4.0.2 行业标准《城镇燃气设施运行、维护和抢修安全技术规程》CJJ 51—2006 对管道泄漏检测周期提出了要求，但在本规程编写调研过程中发现，国内各地燃气供应单位都已经自觉提高了要求，因此，本规程对此作了相应的修改。

行业标准《城镇燃气设施运行、维护和抢修安全技术规程》CJJ 51—2006 对管道检测周期的规定主要以压力进行划分，但通过调查发现，管道发生泄漏与管道的压力并无明显关系，因此，本规程对管道泄漏检测周期的规定按照管道材质及管道是否有阴极保护进行划分。

3 城镇燃气管道多数不是同期建设完成，其运行情况也有差别，从经济性和安全性考虑，作出本条规定。

4.0.3 腐蚀因素近似的管道通常指同期建设的材质、环境、施工单位等情况相同的管道。如某一住宅小区内一期建设的钢管检测到有燃气泄漏，说明该区域内同一期建设的其他钢管存在腐蚀泄漏隐患，需重点检测，相应地调整检测周期。

4.0.4 发生地质灾害时，管道有可能发生断裂、变形等情况，需要立即对管道进行泄漏检测，并根据检测结果调整泄漏检测周期。

4.0.5 由于管道内的燃气发生泄漏后渗透到地面需要一定的时间，由管道检修通气后，如果存在泄漏不一定能够立即被发现，需要在一定时间内进行复检，以排除泄漏隐患。

4.0.6 管道发生泄漏后，燃气一般会沿着管道扩散到周围的管道附属设施内，管道附属设施内，管道附属设施的泄漏检出率一般比埋地管道高，因此，管道附属设施的检测周期应比管道的检测周期适当缩短。

4.0.7 考虑到实际工作中多数情况是在生产运行的同时进行泄漏检测，因此本条提出泄漏检测可结合生产运行工作同时进行。城镇调压站及调压箱的检测周期是根据国内泄漏检测实际情况确定。

5 检测仪器

5.1 性 能

5.1.1 泄漏检测仪器是泄漏检测工作中的必要工具，泄漏检测仪器的性能是保证发现燃气泄漏、找到泄漏位置的关键因素。

5.1.2 “10×10^{-6}”在数值上等同于“10 ppm”。灵敏度是泄漏检测仪器所检出燃气浓度的最小值，是泄漏检测仪器重要的指标。地下燃气管道泄漏后，扩散到地表的燃气浓度可能非常低，如果采用的泄漏检测仪器的灵敏度较低，将直接影响检测结果，因而对其提出要求。因本规程为首次制定，国内尚无相应的参考标准，此数值是参考美国、欧洲等国家或地区关于燃气泄漏检测的要求提出。

5.1.3 最大允许误差是对检测仪器精度的要求。用于检测爆炸下限和检测高浓度的仪器在达到爆炸下限前必须报警，以保证检测人员的安全，所以对此类泄漏检测仪器检测精度的要求较高。最大允许误差值是参考现行行业标准《可燃气体检测报警器》JJG 693的要求提出。

5.1.4 地下市政设施除燃气管道外，还有电缆、热力管道、雨污水管道等设施，为保证安全，钻孔设备及专用勘探棒等需要绝缘。

5.2 配 备

5.2.1 城镇燃气包含人工煤气、天然气及液化石油气等几个种类，因此，检测仪器的选择必须与被测燃气种类相适应。原则上说，为满足检测工作量的需求，管网设备设施数量较多的燃气供应单位所配备的检测仪器数量及种类也相应较多。某些有多种附件的检测仪器应配置齐全，以满足在复杂条件下进行泄漏检测的需要。另外，对于阀门井、防爆区域等特殊场所需要检测氧气、一氧化碳、硫化氢等气体浓度和仪器需要防爆类型等情况，在设备配置时都要注意。

5.2.2 泄漏检测仪器有多种形式，有单一功能的检测仪，也有多种功能的综合检测仪，本规程仅对检测仪器的功能提出了要求，可以单独选配，也可以配置具备多种功能的综合检测设备。

具备检测百万分比浓度功能的仪器通常以“ppm”显示燃气浓度，即能检测到气体百万分之一浓度；具备检测百分比浓度功能的仪器通常以“%”显示燃气浓度；具备检测爆炸下限百分比功能的仪器所能检测到的最高浓度为被检测燃气的爆炸下限。

具备气体组分百分比检测功能的仪器能够通过比对分析出混合气体中各组分所占的百分比。

5.2.3 泄漏点定位时需要配合使用钻孔机及各类钻头等设备，所以应配置相应的附属设备以满足需要。

5.2.4 不论对防爆场所如何界定，只要是规定中要求的防爆场所，就要使用防爆型仪器。

5.2.5 对阀门井、地下调压站（箱）进行泄漏检测时，还需对空间内氧气和有毒气体进行检测，因此，还需配置相应的检测仪器。

5.3 使用及维护

5.3.3 在不同地区针对不同的检测对象，不同的泄漏检测设备可以有不同的报警值，因此，需要根据泄漏检测的实际工作经验反复试验设定相对合理的报警值。

6 检 测 记 录

6.0.1~6.0.3 完善、准确的检测记录是极为重要的，能够为日后的泄漏检测工作及事故的处理提供参考。

ICS 91.140
P 45

中华人民共和国国家标准

GB 35848—2018

商用燃气燃烧器具

Commercial gas-burning appliance

2018-02-06 发布　　2019-03-01 实施

中华人民共和国国家质量监督检验检疫总局
中国国家标准化管理委员会 发布

目　次

前言

本标准的全部技术内容为强制性。

本标准按照 GB/T 1.1—2009 给出的规则起草。

本标准由中华人民共和国住房和城乡建设部提出并归口。

本标准负责起草单位：中国市政工程华北设计研究总院有限公司。

本标准参加起草单位：裕富宝厨具设备（深圳）有限公司、合肥百年五星饮食设备有限责任公司、英联斯特（广州）餐饮设备有限公司、浙江方圆检测集团股份有限公司、湖北谁与争锋节能灶具股份有限公司、山东华杰厨业有限公司、日照青杉热能科技有限公司、永康市华港厨具配件有限公司、浙江博立灶具科技有限公司、上海科能特餐饮设备有限公司、宁波科莱尔节能科技股份有限公司、云南航天工业有限公司、上海创绿餐饮设备有限公司、山东银鹤食品机械股份有限公司、浙江徐氏厨房设备有限公司、上海亮茂不锈钢设备有限公司、北京东邦御厨科技股份有限公司、浙江威猛达科技有限公司、重庆昌盛厨具有限公司、山东金佰特商用厨具有限公司、陕西华泰厨房设备有限公司、广州市精鼎电器科技有限公司、武汉见金节能技术研发有限公司、广州格优智能控制系统有限公司、广州市赛思达机械设备有限公司、无锡市金达成套厨房设备有限公司、三河恒德厨房设备有限公司、国家燃气用具质量监督检验中心。

本标准主要起草人：王启、张建海、刘文博、黄嘉文、唐波、唐林东、张志林、沈其康、刘仁昌、程钧、王月华、宋焕臣、施世佐、鞠木春、张文龙、陈立德、罗东昆、俞志平、耿大朋、徐委康、胡悦友、杨自然、岳大刚、胡勤有、廖天军、徐清东、蔡建伟、庞智勇、王建强、何文彦、唐树松、邓文伟、王彦、张金环、张振刚。

商用燃气燃烧器具

1 范围

本标准规定了商用燃气燃烧器具（以下简称燃具）的术语和定义，分类和型号，要求，试验方法，检验规则，标志、警示和说明书，包装、运输和贮存。

本标准适用于以符合 GB/T 13611 规定的燃气为能源，燃烧用空气取自室内、燃烧产物直接或间接排向室外的燃具，包括：

a ） 额定热负荷不大于 80 kW、蒸汽压力不大于 80 kPa，且设计正常水位水容积小于 30 L 的蒸汽发生器类燃具；

b ） 额定热负荷不大于 80 kW、蒸腔蒸汽压力不大于 500 Pa 的蒸箱类燃具；

c ） 额定热负荷不大于 50 kW、腔体内压力不大于 80 kPa 的炸炉类燃具；

d ） 额定热负荷不大于 50 kW 的煮食炉类燃具；

e ） 额定热负荷不大于 80 kW、锅口有效直径不小于 600 mm 的大锅灶类燃具；

f ） 额定热负荷不大于 10 kW 的煲仔炉，额定热负荷不大于 50 kW 的矮汤炉等平头炉类燃具；

g ） 额定热负荷不大于 100 kW 的常压固定式沸水器类燃具；

h ） 焖饭量大于等于 6 L 的饭锅类燃具；

i ） 额定热负荷不大于 50 kW 的洗碗机类燃具；

j ） 额定热负荷不大于 60 kW 的炒灶类燃具；

k ） 额定热负荷不大于 50 kW 的烧烤炉类燃具；

l ） 额定热负荷不大于 35 kW 的热板炉类燃具；

m） 额定热负荷不大于 80 kW 的烤箱类燃具；

n ） 以上产品的组合体。

注 1：以上热负荷指单个燃烧单元的热负荷。

注 2：本标准只涉及额定电压不超过 250 V 的单相电源。

注 3：本标准中的压力凡未注明的，均指表压。

2 规范性引用文件

下列文件对于本文件的应用是必不可少的。凡是注日期的引用文件，仅注日期的版本适用于本文件。凡是不注日期的引用文件，其最新版本（包括所有的修改单）适用于本文件。

GB/T 191 包装储运图示标志

GB/T 1527 铜及铜合金拉制管

GB/T 2828.2　计数抽样检验程序　第2部分：按极限质量（LQ）检索的孤立批检验抽样方案

GB/T 3091　低压流体输送用焊接钢管

GB/T 3280　不锈钢冷轧钢板和钢带

GB/T 3287　可锻铸铁管路连接件

GB/T 3768　声学　声压法测定噪声源声功率级　反射面上方采用包络测量表面的简易法

GB 4706.1　家用和类似用途电器的安全　第1部分：通用要求

GB 4806.3　食品安全国家标准　搪瓷制品

GB 4806.9　食品安全国家标准　食品接触用金属材料及制品

GB 4806.11　食品安全国家标准　食品接触用橡胶材料及制品

GB/T 5171.1　小功率电动机　第1部分：通用技术条件

GB/T 7306（所有部分）　55°密封管螺纹

GB/T 7307　55°非密封管螺纹

GB/T 8163　输送流体用无缝钢管

GB/T 8464　铁制和铜制螺纹连接阀门

GB/T 9969　工业产品使用说明书　总则

GB/T 12350　小功率电动机的安全要求

GB/T 12771　流体输送用不锈钢焊接钢管

GB/T 13306　标牌

GB/T 13611　城镇燃气分类和基本特性

GB 16410　家用燃气灶具

GB/T 16411　家用燃气用具通用试验方法

GB/T 17219　生活饮用水输配水设备及防护材料的安全性评价标准

GB 25034　燃气采暖热水炉

GB/T 26002　燃气输送用不锈钢波纹软管及管件

GB/T 26120　低压不锈钢螺纹管件

GB/T 12206　城镇燃气热值和相对密度测定方法

GB/T 50680　城镇燃气工程基本术语

CJ/T 30　热电式燃具熄火保护装置

CJ/T 180　建筑用手动燃气阀门

CJ/T 197　燃气用具连接用不锈钢波纹软管

CJ/T 346　家用燃具自动截止阀

CJ/T 393　家用燃气器具旋塞阀总成

CJ/T 398　家用燃气用具电子式燃气与空气比例调节装置

CJ/T 421　家用燃气燃烧器具电子控制器

CJ/T 450　燃气燃烧器具气动式燃气与空气比例调节装置

CJ/T 479　燃气燃烧器具实验室技术通则

3 术语和定义

GB/T 12206、GB/T 13611、GB/T 16411、GB 25034、GB/T 50680 界定的以及下列术语和定义适用于本文件。

3.1 基础术语

3.1.1

基准状态 standard conditions

温度为 15 ℃，绝对压力为 101.3 kPa 条件下的干燥燃气状态。

3.1.2

热值 calorific value

H

规定量的燃气完全燃烧所释放出的热量。

其中，释放出的包括烟气中水蒸气汽化潜热在内的热量叫做高热值，用 H_s 表示；释放出的不包括烟气中水蒸气汽化潜热的热量叫做低热值，用 H_i 表示。

3.1.3

相对密度 specific gravity of gas

d

一定体积干燃气的质量与同温度同压力下等体积的干空气质量的比值。

3.1.4

华白数 Wobbe number; Wobbe index

燃气的热值与其相对密度平方根的比值。

3.1.5

额定热负荷 nominal heat input

I_n

制造厂标称的在额定燃气压力下，燃具使用基准气在单位时间内放出的热量。

3.1.6

实测折算热负荷 converted actual heat input

I_i

试验条件下，使用试验气时的燃具热负荷折算到基准状态条件下的数值。

3.1.7

冷态 cold state

燃具正常运行一段时间后停止工作，待燃烧器冷却至接近室温后的状态。

3.1.8

熄火保护装置 flame failure device

安装在燃具上，在火焰意外熄灭时能够自动切断燃气供应的装置。

3.1.9

开阀时间 valve open time

处于室温的热电偶自被规定了温度的火焰加热起，到电磁阀刚处于吸合状态的时间间隔。

3.1.10

闭阀时间 valve close time

处于吸合状态的电磁阀，从火焰熄灭起，到电磁阀刚达到释放瞬间的时间间隔。

3.1.11

自动燃烧器控制系统 automatic burner control system

由可编程控制装置或非可编程控制装置和火焰检测装置的全部元件组成，能实现发出控制命令、控制起动顺序、监测燃烧器运行和产生受控关闭的控制系统，自动燃烧器控制系统的各种功能可以设计在一个或多个控制模块内。

3.1.12

点火安全时间 ignition safety time

从燃气阀接通到没有检测到火焰信号而关断的时间间隔。

3.1.13

安全关闭 safety shut-down

通过限制器、安全切断装置或系统内部故障检测实现燃气切断。

3.1.14

再点火 spark restoration

当火焰意外熄灭时，在不完全切断燃气供应的情况下，能够自动再次点燃的控制功能。

3.1.15

再启动 recycling

在燃具运行过程中意外熄火时，立即切断燃气供给，并随之按启动程序自动重新启动的自动控制功能。

3.2 燃具相关术语

3.2.1

间接排烟式燃具 indirect exhaust gas appliance

燃烧产物通过燃具自身之外的机械排风装置排向室外的燃具。

3.2.2

烟道式燃具 flue gas appliance

燃烧产物通过燃具自有烟道直接排向室外的燃具。

3.2.3

一级烟道 primary flue

燃具本体结构上的一段连续烟道，可直接与外部排烟系统烟道连接排烟，也可通过集中排烟系统排烟。

3.2.4

点火燃烧器 ignition burner

用来点燃主燃烧器的小火燃烧器。

3.2.5

常明火 pilot

在主燃烧器点燃或熄灭时均保持点燃状态，可以作为引燃主燃烧器的火种。

3.2.6

冷凝式燃具 condensation type gas appliance

在本标准规定的基准条件下，燃气燃烧所产生烟气中的水蒸气被冷凝，且冷凝过程中的热量被有效利用的燃具。

3.2.7

蒸汽发生器 steam generator

明确用于产生供蒸腔使用蒸汽的可蓄蒸汽压式燃具或部件；可以与蒸腔装在同一机壳内，或作为一个单独的部件给一个或多个蒸腔提供蒸汽。本标准中蒸汽发生器特指承压不大于 80 kPa 的燃具或部件。

3.2.8

燃气蒸箱 gas steaming oven

以燃气为燃料、通过加热水制得的微压饱和蒸汽进行蒸制食品的燃具。主要由燃气系统、供水系统、排烟系统、水胆或蒸汽发生系统、蒸腔等部件组成。

3.2.9

水胆式蒸箱 water tank type steaming oven

水胆中的水以敞开的方式被加热至沸腾并为蒸箱的烹饪隔间提供蒸汽，蒸汽经过烹饪隔间或放散管直接排放至大气中，工作时水胆及腔体内蒸汽压力不大于 500 Pa。

3.2.10

蒸汽发生式蒸箱 steam working oven

蒸箱的蒸汽由蒸汽发生器或类似结构的蒸汽产生单元提供；区别在于蒸汽发生器可蓄压，类似结构的蒸汽产生单元不可蓄压。

3.2.11

炸炉 fryer

适于油炸食品的单缸或多缸烹饪燃具。

3.2.12

承压炸炉 pressure fryer

相对于普通炸炉，炸炉腔体在承压状态下进行烹饪食物。

3.2.13

液位标记 indicated level

在燃具上标明的最高（低）液位标记。

3.2.14

煮食炉 pasta cooker

以水为介质加热食物的烹饪燃具。

3.2.15

大锅灶 commercial oven for cooking

炊用大锅与有封闭或半封闭的炉膛组合，且锅为固定或可倾斜式并装有一级烟道的燃具。

3.2.16

夹层煮锅 jacketed boiling pan

具有双壁容器的燃具，通过加热容器外壁使容器双壁间流体介质传热到内壁的器皿。

3.2.17

平头炉 open burner

敞开式炉头的燃烧火焰直接加热支架上方烹饪用锅，燃烧后的气体间接排到室外的燃具。

3.2.18

燃气沸水器 water boiler

以燃气为燃料，加热饮用水到开水状态的燃具。

3.2.19

储水式沸水器 storage water boiler

将储存于容器中水加热至沸点，但进水及加热期间不可使用的燃气沸水器。

3.2.20

连续式沸水器 continuous flow water boiler

可连续供应沸水的燃气沸水器。

3.2.21

常压式沸水器 nomal pressure type water boiler

沸水器水胆与大气联通，在常压下工作的燃气沸水器。

3.2.22

额定容积 rated capacity

制造厂标称的盛液的最大容积，单位为升（L）。

3.2.23

燃气饭锅 rice gas cooker

以燃气为燃料，加热锅内稻米及一定比例的水，以煮熟米饭为目的的烹饪燃具。

3.2.24

燃气洗碗机 gas dishwasher

以燃气为燃料供应洗涤用热水的洗碗机。

3.2.25

烧烤炉 barbecue

以明火热辐射结合对流传热对食物进行烘烤加热的燃具，被加热食物处于烤排或烤叉之上，燃烧器可位于被加热食物的底部、侧面或顶部。

3.2.26

烤盘 barbecue pan

易拆卸的盘型容器，位于被加热食物之下，支撑食物，并收集烧烤油脂。

3.2.27

烤架　grill

烧烤过程中，用于支撑或固定烹饪食品的机械部件。

3.2.28

热板炉　hot plate

燃烧器加热金属面板，通过面板直接或间接对食品进行烹饪的燃具。包含两种形式：第一种是在热板盘上直接烹饪食物的扒炉烹饪燃具，其燃烧产物和烹饪油烟间接排至室外；第二种是在热板上不同温度段对食物操作的铁板烧烹饪燃具，其燃烧产物和经净化处理后的油烟通过烟道排向室外。

3.2.29

烤箱　oven

食品放在固定容积的箱内（加热室），以对流热和辐射热对食品进行加热的燃具。

3.2.30

多功能烤箱　multi-function oven

多种烹饪功能组合在一起的烤箱：包含自然或强制对流加热内膛的烘烤模式、用蒸汽加热内膛的蒸模式及以上两种模式的组合。

4　分类和型号

4.1　分类

4.1.1　按使用燃气种类分类

按使用燃气种类不同，燃具可分为：人工煤气燃具，代号 R；天然气燃具，代号 T；液化石油气燃具，代号 Y。

4.1.2　按排烟方式分类

按排烟方式的不同，燃具分类见表 1。

表 1　按照排烟方式分类

排烟方式	定　义	代　号
间接排烟式	烟气通过燃具自身之外的机械排风装置排向室外	A（可省略）
直接排烟式	烟气完全通过燃具自有风机和烟道排向室外	B

4.1.3　按燃烧方式分类

按燃烧方式的不同，燃具可分为：鼓风预混式燃具，鼓风扩散式燃具，大气式燃具。

4.1.4　按烟气中水蒸气利用分类

按烟气中水蒸气是否被利用，燃具分为：冷凝式燃具和非冷凝式燃具。

4.1.5 按使用功能分类

按使用功能分类见表2。

表2 按照使用功能分类

使用功能	代号	所包含产品举例
蒸汽发生器类	ZQ	蒸汽发生器
蒸箱类	ZX	蒸箱、蒸炉、蒸饭车等
炸炉类	ZL	常压炸炉、承压炸炉等
煮食炉类	ZS	煮面炉、意粉炉、烫菜炉等
大锅灶类	DG	大锅灶、平底炒锅、摇摆汤锅、夹层锅等
平头炉类	PT	煲仔炉、矮汤炉等
沸水器类	FS	沸水器、开水器、开水箱、饮水机等
饭锅类	FG	饭锅
洗碗机类	XW	洗碗机
炒灶类	ZC	炒菜灶等
烧烤炉类	SK	烧烤炉、面火炉，烧猪炉等
热板炉类	RB	煎炉、扒炉、铁板烧等
烤箱类	KX	烤箱、烧鸭炉、披萨炉、蒸烤箱、吹风烤箱等

4.2 型号

4.2.1 型号编制

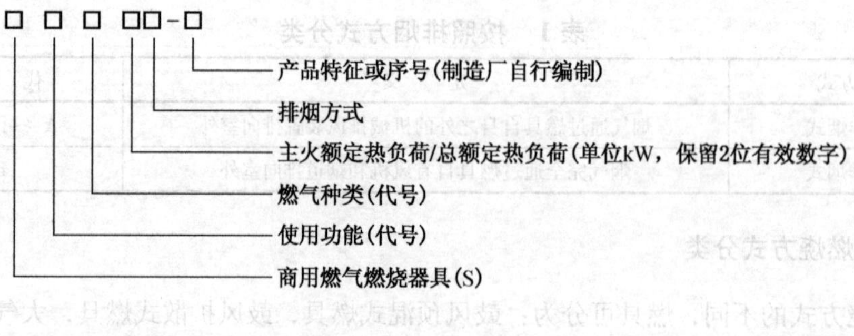

4.2.2 示例

额定热负荷为20 kW的间接排烟式天然气商用烤箱型号的表示为：SKXT20。

5　要求

5.1　材料

5.1.1　一般要求

5.1.1.1　制造燃具的材料应能承受正常使用条件下的温度和荷载。

5.1.1.2　与食品饮水直接接触的部件材料应符合国家现行饮食卫生材料相关标准的规定。

5.1.1.3　接触燃气的密封材料与所用燃气的特性应相适应。

5.1.1.4　燃具不应使用含石棉成分的材料。

5.1.1.5　燃具焊料中不应含有金属六价铬。

5.1.2　金属材料

5.1.2.1　燃气管路应使用金属材料，应符合 GB/T 8163、GB/T 1527、GB/T 3091、GB/T 12771、GB/T 26002、CJ/T 197 的规定。

5.1.2.2　燃具用水管路应采用防腐蚀材料和不含污染用水水质材料制造。

5.1.2.3　可能受腐蚀影响的金属部件（耐腐蚀性的材料除外）应进行电镀、喷漆或其他合适的防腐表面处理。

5.1.2.4　与蒸汽、食物接触的不锈钢材料，其材质应符合 GB 4806.9 和 GB/T 3280 的规定。

5.1.2.5　燃气管路焊接材料熔点不应低于 450 ℃。

5.1.3　非金属材料

5.1.3.1　接触食品的密封材料应符合 GB 4806.11 的规定。

5.1.3.2　与食品可能接触的搪瓷材质应符合 GB 4806.3 的规定。

5.1.3.3　燃气管路橡塑密封材料，经 GB/T 16411 规定的耐燃气性能试验后的质量变化率应小于 20%，且不应有影响使用的软化及脆化现象。

5.1.3.4　供水管路密封材料应符合 GB/T 17219 的规定。

5.1.3.5　保温材料应不可燃，符合以下条件之一的除外：

——保温材料的热表面温度在运行过程中不超过 85 ℃；

——有不可燃外壳对保温层进行保护。

5.1.4　冷凝式燃具材料

5.1.4.1　与冷凝水接触的热交换器、排烟管、密封件等所有部件，应用耐腐蚀的材料制作或进行表面防腐处理。

5.1.4.2　排烟系统使用塑料排烟管或塑料密封衬套时，材料允许的使用温度应高于烟气的最高温度。塑料排烟管或塑料密封衬套应是阻燃材料。

5.2 通用结构

5.2.1 一般要求

5.2.1.1 燃具结构应安全、坚固、耐用，并应保证燃具在正常运输、安装、操作时无损坏或变形。

5.2.1.2 燃具在正常使用和维护时，不应产生移动、倾斜、翻倒现象。可移动式燃具应有可靠的固定装置。

5.2.1.3 燃具应易于清扫和维修，不应有滞留食物的凹陷或死角。可触及的部位表面应光滑。

5.2.1.4 可运动零部件动作应准确、灵活。

5.2.1.5 燃具部件间采用螺钉、螺母、铆钉等方式的连接应牢固，使用中不应松动。

5.2.1.6 维护、保养时需要拆卸的部件，应进行专门设计，以保证正确、容易、安全地装回，且能使用普通工具装卸。

5.2.1.7 密闭式或半密闭式燃具应设置火焰观察孔或火焰指示装置。

5.2.1.8 燃具不应设计有放置储气瓶的空间。

5.2.1.9 燃具出厂后应有防止用户调节额定热负荷的措施。

5.2.1.10 燃具中所有承压部件应能承受机械应力与热应力，且不影响安全。

5.2.1.11 燃具设计应避免溢出物注入燃具导致熄火、恶化燃烧或其他危险。

5.2.1.12 燃具启动时产生的冷凝水不应影响火焰的稳定性。

5.2.1.13 燃具应安装熄火保护装置。

5.2.1.14 全预混燃烧方式燃具应安装燃气稳压器。

5.2.1.15 燃烧器位于燃具底部时应设有防止易燃物接近燃烧器高温部位的结构。

5.2.2 燃气管路

5.2.2.1 燃具进气管应设在不易受腐蚀和避免过热的位置，并应固定在燃具本体上。

5.2.2.2 燃具进气管与供气管间应采用管螺纹连接，螺纹应符合 GB/T 7306 或 GB/T 7307 的规定；采用非密封螺纹连接时应保证接口端面平整。

5.2.2.3 用于连接燃气进气管与供气管的挠性软管和转动连接管应符合国家现行相关标准规定。

5.2.2.4 用于安装零部件的螺钉孔、螺栓孔，不应穿透燃气通路，且孔和燃气通路之间的壁厚不应小于 1 mm。

5.2.2.5 日常维修时可能拆装的燃气通路上的金属与金属连接、O 形圈等部件和组装件，应采用机械方式密封。

5.2.3 空气供应和排烟系统

5.2.3.1 空气供应系统应保证在运行时，不发生堵塞和非正常调节。

5.2.3.2 使用风机供应空气时，风机应位于不易受腐蚀、过热、易保养、清洁之处，风机应安装稳固，工作时不应发生滑动，风机转动部件应装有防护网或保护罩。

5.2.3.3 燃烧器调风装置的旋钮或手柄应设置在便于操作的部位，应坚固耐用，操作简便，易于调节，在正常使用的情况下不应自行滑动，应清晰地标出开、关位置及调节方向。

5.2.3.4 一级烟道应凸出燃具本体。

5.2.3.5 燃具排烟系统应具备防止堵塞的保护措施。

5.2.4 电气系统

5.2.4.1 燃具在正常使用状态时，水不应浸到带电部位，也不应由外部软线连接处浸入到器件内。

5.2.4.2 点火器高压带电部件与非带电金属部件之间的距离应大于点火电极之间的距离，点火操作时不应发生漏电，手可能接触的高压带电部位应进行良好的绝缘。

5.2.4.3 点火电极导线应尽量缩短并加以固定。

5.2.4.4 装在燃具外壳上的电源开关应采取防水措施，安装部位防护等级应不低于 IPX4。

5.2.4.5 市电Ⅰ类燃具接地装置应设牢固的永久性接地标志。

5.2.5 水系统

5.2.5.1 供水管路应设在不易受腐蚀和避免过热的位置。

5.2.5.2 进水管与外部供水管应采用管螺纹连接，螺纹应符合 GB/T 7306 和 GB/T 7307 的规定。

5.2.5.3 供水管路应设置带限位结构、便于操作的阀门，阀门应操作灵活、准确，开、关标识应明显、清晰。有多个阀门时，应有便于识别的标志。

5.2.5.4 饮用水源与燃具之间的管路应采取防止回流的措施。

5.2.5.5 供水管路的铁制和铜制螺纹连接阀门应符合 GB/T 8464 的规定。

5.3 燃气系统零部件

5.3.1 一般要求

5.3.1.1 零部件应符合国家现行标准和本标准的规定。

5.3.1.2 不应使用含有水银的零部件。

5.3.1.3 不允许用户调节的零部件应有保护措施。

5.3.1.4 控制和调节装置失灵时不应影响燃具安全。

5.3.1.5 电点火器的两个点火电极之间的间距以及电极与点火燃烧器之间、点火燃烧器与主火燃烧器火孔之间的相对位置应准确固定，在正常使用状态下不应移动。

5.3.1.6 安全装置不应由于控制装置损坏而失效。

5.3.1.7 每个主燃气通路应以串联方式设置两个独立控制的阀门。

5.3.1.8 在通往主燃烧器的任一燃气通路上，应设置不少于两道可关闭的阀门，两道阀门的功能应是互为独立的（见图 1 燃气通路示意图）。

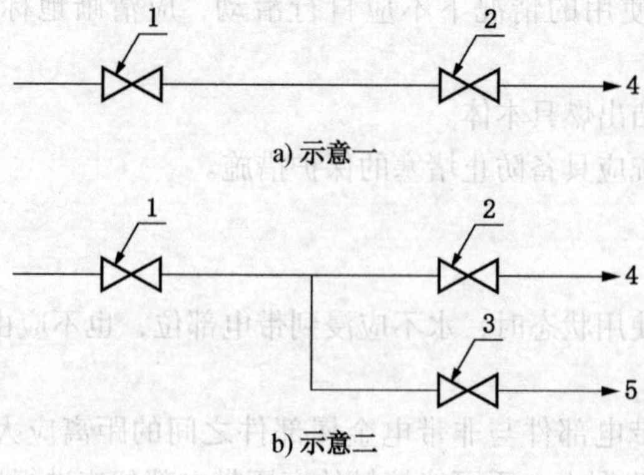

说明：

1——手动切断阀；

2——主燃烧器通路阀门；

3——点火燃烧器通路阀门；

4——主燃烧器；

5——点火燃烧器；

a） 中阀门 1 与阀门 2 功能应互为独立。

b） 中阀门 1 与阀门 2 功能应互为独立，阀门 1 与阀门 3 功能应互为独立；阀门 2 与阀门 3 功能可以联动。

图 1　燃气通路示意图

5.3.2　燃气流量控制和关闭装置

5.3.2.1　控制装置

控制器应符合以下要求：

a） 机械旋钮控制流量的装置，应设计成逆时针方向打开；

b） 有多个控制装置旋钮时，应能清楚区分；

c） 旋塞控制装置应符合 CJ/T 393 的规定；

d） 间接控制装置旋钮（触摸式、气动式、压力式），应能不借助工具即可进行方便调节。装置旋钮设置应明显，在一个简单手控动作后 1 s 内切断燃气供应；

e） 触摸式控制装置，应保证由两个有区别的手控动作来完成对第一个燃烧器进行起始点火程序。

5.3.2.2　关闭装置

关闭装置应符合以下要求：

a） 关闭装置的操作可以是手动或自动控制，不应使用针形阀；

b）手动关闭装置应符合 CJ/T 180 的规定；

c）自动关闭装置应符合 CJ/T 346 的规定。主燃气通路串联的自动阀，至少一个阀门应是 C 级，另一个可以是 D 或 J 级；

d）直接点燃主燃烧器时，应保证先点火后开阀。

5.3.3　安全装置

5.3.3.1　熄火保护装置

5.3.3.1.1　一般要求

熄火保护装置应符合以下要求：

a）熄火保护装置的火焰探测器可使用在常明火上，常明火供气阀门与主火燃烧器供气阀门应为关联式设计，在常明火未点燃时，主火燃烧器不应接通燃气；

b）在常明火熄灭时，应同步关闭常明火和主火燃烧器供气阀门。

5.3.3.1.2　热电式熄火保护装置

热电式熄火保护装置应符合以下要求：

a）热电式熄火保护装置应符合 CJ/T 30 的规定；

b）火焰熄灭、火焰探测器本身故障或连接故障时，应安全关闭。

5.3.3.1.3　自动燃烧器控制系统

自动燃烧器控制系统应符合以下要求：

a）自动燃烧器控制系统应符合 CJ/T 421 的规定；

b）自动燃烧器控制系统在点火不成功时，应再点火或再启动或关机；

c）再点火或再启动过程中，在点火安全时间结束后，主燃烧器仍未点燃时，控制系统应停止工作；

d）自动燃烧器控制系统应具有外部故障开机自检和运行自检功能。

5.3.3.2　燃气稳压器

5.3.3.2.1　燃气稳压器应符合表 4 中燃气稳压性能规定，稳压器上的呼吸孔应防止被堵塞或设置在不易堵塞的位置，且其位置应保证膜片不会被插入的尖锐物体损伤。

5.3.3.2.2　当燃气稳压器的隔膜破裂时，在供应燃气最高压力下，燃气泄漏量不应超过 70 L/h，当装置与大气连通的呼吸孔直径不大于 0.7 mm 时，被认为是符合上述要求；也可通过放散、呼吸孔加装限流装置或者将呼吸孔与燃烧通路进行并联等方式以达到安全要求。

5.3.3.3　温度调节与过热保护装置

5.3.3.3.1　机械式温度调节装置应符合 CJ/T 393 的规定。

5.3.3.3.2　在任何条件下，过热保护装置的动作应优先温度调节装置。

5.3.3.3.3　检测系统故障不应影响燃具安全。

5.3.3.4　压力测试接口

在燃气主管路及稳压器后应设置压力测试口。测压口外径为 $9.0_{-0.5}^{\ 0}$ mm，有效长度大于等于 10 mm，最小部位孔径小于 1 mm。测压孔不应影响气路的密封性。

5.3.4　燃烧器

5.3.4.1　火孔部分不应可调。
5.3.4.2　喷嘴应采用不可擦除的识别方式进行标记，以防混淆。
5.3.4.3　可变截口的喷嘴不应在主燃烧器上使用。
5.3.4.4　燃烧器的设置位置应便于检查与维修。燃烧器可拆卸时，应容易置回正确的固定位置。
5.3.4.5　燃烧器设有一次空气调节门时，调节门应能用常用工具进行调节，并应在适当位置使调节门固定。
5.3.4.6　空气进口或调节门不应置于可能发生意外堵塞的地方；不应置于燃烧器引射管喉管处或可能导致燃气泄漏的位置。

5.3.5　风机

5.3.5.1　风机应符合 GB/T 5171.1 和 GB/T 12350 的规定。
5.3.5.2　安装应牢固，正常使用条件下手不应直接接触到旋转部分。
5.3.5.3　与燃烧产物接触的风机应有防腐蚀保护，或由耐腐蚀材料构成，应能承受燃烧产物的温度和腐蚀影响。

5.3.6　B 型燃具排烟管

5.3.6.1　B 型燃具应配备排烟管及配件。
5.3.6.2　B 型燃具配备专用排烟管（排烟管末端和弯头），排烟管的末端排气口，不应落入直径 16 mm 的球体（在 5 N 的作用力下）。
5.3.6.3　B 型燃具排烟管连接部位的承接长度不应小于 30 mm。

5.3.7　烟道堵塞和风压过大安全装置

5.3.7.1　B 型燃具应设置烟道堵塞和风压过大安全装置。
5.3.7.2　B 型燃具在排烟管烟道被堵塞或排烟阻力过大时应能安全关闭燃气供给。
5.3.7.3　烟道堵塞和风压过大安全装置的动作设定值在正常情况下不应可调。
5.3.7.4　装置发生故障或与控制装置间的连接断路时，应确保燃气阀门关闭且不会自动再开启。

5.3.8　燃烧室损伤安全装置

5.3.8.1　全封闭燃烧室内压力为正压的 B 型燃具应设置燃烧室损伤安全装置，燃烧室内气体向外泄漏时应能安全关闭燃气供给。

5.3.8.2 燃烧室损伤安全装置动作的设定值不应可调。

5.3.8.3 燃烧室损伤安全装置动作时应确保燃气阀门关闭且不会自动再开启。

5.4 燃具特殊结构

5.4.1 冷凝式燃具

5.4.1.1 冷凝水经过收集、中和后，冷凝水 pH 值在 6.5 ~ 8.5 的范围时，才允许向地表排放；不符合 pH 值要求的，应排入污水管。

5.4.1.2 冷凝水收集装置和排放系统的结构，应符合以下要求：

a） 冷凝水收集装置应方便检查和清洁；冷凝水排放管应方便拆卸、安装；

b） 冷凝水收集装置应保证密封性；表面不应有冷凝水渗漏；

c） 冷凝水收集装置应设置不低于 25 mm 水封；

d） 燃具运行期间，冷凝水收集装置应能防止烟气泄漏。

5.4.1.3 与冷凝水接触的部件表面应能防止冷凝水滞留（除排水管、水封槽、中和装置和虹吸管以外的部分）。

5.4.1.4 使用塑料烟管、塑料连接管的排烟通路中应设置不可调节的限温装置；当烟气的温度超过限温装置设定温度时，限温装置应使燃具安全关闭。

5.4.2 蒸汽发生器类燃具

5.4.2.1 应设有压力控制装置和过压保护安全装置。

5.4.2.2 应设置过热保护装置。

5.4.2.3 应设置缺水保护装置和自动补水装置。

5.4.2.4 蒸汽发生器底部应设置排污装置，且排污阀门的设置位置应便于操作。

5.4.2.5 非冷凝式蒸汽发生器排烟温度应大于 110 ℃。

5.4.3 蒸箱类燃具

5.4.3.1 通用要求

5.4.3.1.1 蒸箱类燃具应设置缺水保护装置，或带有液位警戒线的可视水位显示装置。

5.4.3.1.2 带可视水位显示装置的蒸箱类燃具应有最低、最高补水液位刻度。

5.4.3.1.3 蒸腔应与燃气、烟气系统隔绝。

5.4.3.1.4 应设置确保蒸腔内蒸汽压力不超过 500 Pa 的排汽装置。

5.4.3.1.5 具有保温措施的蒸腔保温材料应与蒸腔隔绝。

5.4.3.1.6 蒸腔底部应设置排污口和排污阀，且排污阀的设置位置应便于操作。

5.4.3.1.7 含蒸汽发生器的蒸箱类燃具应符合蒸汽发生器类燃具的要求。

5.4.3.2 蒸汽发生式蒸箱

5.4.3.2.1 非冷凝蒸汽发生式蒸箱排烟温度大于110 ℃。
5.4.3.2.2 应在最上层蒸腔的合适位置设置蒸汽压力测压接口，出厂时应进行密封处理。
5.4.3.2.3 尾蒸汽排气孔应为防堵塞结构，且不应排放到一级烟道中。
5.4.3.2.4 尾蒸汽排空管当量外径不应小于38 mm。
5.4.3.2.5 蒸箱腔体应设置超压放散装置。

5.4.3.3 水胆式蒸箱

5.4.3.3.1 非冷凝水胆式蒸箱排烟温度应大于110 ℃。
5.4.3.3.2 应设置自动补水和水过量保护装置。
5.4.3.3.3 应在最上层蒸腔的合适位置设置蒸汽压力测压接口，出厂时应进行密封处理。
5.4.3.3.4 尾蒸汽排气孔应为防堵塞结构，且不应排放到一级烟道中。
5.4.3.3.5 尾蒸汽排空管当量外径不应小于38 mm。
5.4.3.3.6 蒸箱腔体应设置超压放散装置。

5.4.4 炸炉类燃具

5.4.4.1 结构设计应确保沸溅、翻滚的油不能流到燃烧器和绝缘保温层。
5.4.4.2 应有冷态炸炉用油的最高、最低的安全液位刻度标记。
5.4.4.3 配备接油容器的燃具要合理确定盛放油脂的容积和放置位置，使排放油汁不能流到有明火危险的地方。
5.4.4.4 排油装置应设置在能够使炸炉用油完全流出的位置。
5.4.4.5 排油装置的开启与关闭位置应易于识别，关闭位置应有锁定功能。
5.4.4.6 炸炉有泵排泄系统时，泵的工作按钮应能锁定。
5.4.4.7 炸炉最高液位刻度之上应至少预留生产商声称最大烹饪体积的两倍盛油空间或者可收集溢油的容器。
5.4.4.8 炸炉配备收集溢油容器时，溢流及溢流量不能引起火灾危险。
5.4.4.9 炸炉应配置油温控制装置。
5.4.4.10 炸炉应安装油温过热安全装置。
5.4.4.11 承压炸炉应由双重压力泄压装置，泄压装置的位置设置应保证其动作时不伤害到人身安全。
5.4.4.12 承压炸锅应安装压力显示表或压力指示装置。
5.4.4.13 承压油炸锅盖的锁定机械装置应保证油炸炉内部承压时无法打开。
5.4.4.14 吊篮应符合以下要求：

a） 吊篮的使用位置，应保证对操作者不发生危险；
b） 吊篮处于正常烹饪状态时，应能盖上油炸锅盖；

c） 带升降功能的油炸炉吊篮驱动装置应能自动脱开或停止，并且炸篮升降机推杆应保持润滑，防止升降机电机过热。

5.4.5 煮食炉类燃具

5.4.5.1 应设置水过量溢流口。
5.4.5.2 应设置自动补水装置或防干烧安全装置。
5.4.5.3 吊篮在正常使用位置，应保证对操作者的安全。

5.4.6 大锅灶类燃具

5.4.6.1 一般要求

5.4.6.1.1 应附带与之匹配的锅。
5.4.6.1.2 使用锅应符合食品级卫生安全要求，使用不锈钢锅应符合 GB 4806.9 的规定。
5.4.6.1.3 大锅灶炉膛应设泄压装置，或具有符合 5.5.8 规定的预清扫功能。

5.4.6.2 摇摆汤锅

5.4.6.2.1 稳定性和机械安全性应满足以下要求：

a） 在锅体倾斜时，应能自动切断燃气管路；
b） 手动控制装置应保证在所有其倾斜角度内，倾斜移动是受控制的；
c） 自动控制倾斜的锅，应通过控制装置进行操作，控制装置位置应位于危险区间之外，并且能保证操作者控制倾斜期间清晰地看到锅的移动；
d） 自动倾斜机械装置各位置应能自动锁定，以防止电力故障情况下锅在各位置随意移动。倾斜控制装置应清晰地标出锅移动的方向；
e） 控制器装置应有自锁功能，应先解锁后操作。

5.4.6.2.2 锅盖

a） 锅盖在不受控制的闭合时不应引起对操作者的伤害；
b） 电动锅盖应装有互锁或者类似装置，防止操作者可以不用手就将其激活。互锁装置不应自动复位。

5.4.6.3 夹层煮锅

夹层煮锅应符合以下要求：

a） 蒸汽夹层内蒸汽压力不应大于 80 kPa，并应有双重泄压装置；
b） 蒸汽夹层内应有缺水保护装置；
c） 夹层煮锅应设计水位控制装置；
d） 蒸汽夹层内应加装温度过热保护装置。

5.4.7 平头炉类燃具

5.4.7.1 燃烧器和支架应保证平底锅的稳定性。

5.4.7.2 食物溢出不应影响燃烧器燃烧状况。

5.4.7.3 矮汤炉自带锅直径不应大于坐锅表面最大内切圆直径。

5.4.8 沸水器类燃具

5.4.8.1 应设上、下水位自动控制装置，进水至上水位时，应能自动停止进水；水位低于下水位时不应启动或应自动停止燃烧。

5.4.8.2 应在非操作面设置超高水位水溢流口，溢出水应能通过管道引流至排水沟；溢出高温水直接排向下水管道时，应有相应的措施防止高温水对塑料下水管道的影响。

5.4.8.3 水胆结构应便于清除水垢，在水胆底部应设置排污阀。

5.4.8.4 沸水器温度调节功能应锁定。

5.4.8.5 沸水器应加装缺水保护装置。

5.4.8.6 应在水胆最高处设排气口，排气口背向使用者并确保直通大气，开孔直径应符合表3的规定，并应防止异物进入的保护措施。

表3 开孔直径

额定热负荷 I_n/kW	≤50	$50 < I_n \leq 80$	$80 < I_n < 100$
开孔直径 d/mm	≥40	≥45	≥50

5.4.9 燃气饭锅类燃具

5.4.9.1 燃气饭锅结构应安全、坚固、耐用，并保证在正常安装、操作时不应损坏或变形。正常使用温度条件下应保持稳定。

5.4.9.2 燃气饭锅进行烹饪操作后的溢流物垢，应能顺利清洁，不应有滞留污垢的凹陷或死角，可触及的部位表面应光滑。

5.4.9.3 饭锅结构设计中，煮沸的水等不应溢到饭锅的自动熄火保装置上。应避免饭锅烹饪不当时的溢出物注入燃具导致熄火、恶化燃烧或其他危险。

5.4.10 燃气洗碗机

5.4.10.1 洗碗机应承受正常使用时的水压。

5.4.10.2 燃具在电源暂时断开后，不应自动再启动。

5.4.10.3 开启门或盖时，燃具应不能启动。

5.4.10.4 门或盖打开时应有防止热水喷溅的保护措施。

5.4.10.5 燃具应装有温控器和水位控制器。

5.4.10.6 燃具应安装水温限制装置。

5.4.11 炒灶类燃具

烟气应从锅圈口或一级烟道排出。

5.4.12 烧烤类燃具

5.4.12.1 燃烧器在烧烤工作面以下时，燃烧器以及受燃烧器加热的辐射工作面（如火山岩）应予以保护，防止烧烤油脂或高温食物残渣掉落在燃烧器上。

5.4.12.2 产品在结构上应避免油脂和高温食物残渣直接坠落到燃烧室下部空间或地面。

5.4.12.3 烧烤炉应配备易于拆装或排空的集油装置，集油装置应进行隔热处理，避免高温着火或被意外点燃。

5.4.12.4 烧烤时溅出的汁液不应滴落到内部空间的连接管以及气路管路上。

5.4.12.5 活动机械零件应有防止人身伤害的措施。

5.4.12.6 有烧烤盘时，烤盘应设置定位装置避免非正常移动或翻转。

5.4.12.7 装置的润滑油不应流到被加工食物上，也不应流进烧烤盘等可能与食物接触的器皿中。

5.4.13 热板炉类燃具

5.4.13.1 在热板上烹饪操作后的食物油垢，应能顺利清洁，不应有滞留食物的凹陷或死角。可触及的部位表面应光滑。

5.4.13.2 应设置油汁、残物收集装置。应避免油污、油垢溢到有着火危险的区域。

5.4.13.3 油烟与燃气燃烧烟气共用烟道应有防止火种引燃的措施。

5.4.13.4 带油烟净化处理系统的铁板烧类产品应符合相关国家现行标准要求。

5.4.14 烤箱类燃具

5.4.14.1 多功能蒸汽烤箱中产生蒸汽的燃烧系统与产生烘烤用热空气的燃烧系统应互不干扰。

5.4.14.2 可能与水蒸气接触的燃气管路和安全控制器在正常运行时不应受影响。

5.4.14.3 带有下拉门的产品，任何非控制性的门的落下不应对操作人员造成伤害。

5.4.14.4 烤箱内膛压力高于大气压时，任何减压开门应在安全控制之下。

5.4.14.5 烤箱的烤盘拉出三分之二时，不应产生滑脱现象，具有锁定功能的应在锁定位置上。

5.4.14.6 烤箱内的照明设施应装有保护罩。

5.4.14.7 烤箱内装有热风循环风机时，打开箱门风机应停止运转；风机应装有保护框或保护网；并应保证在放入和取出烤物时不会产生危险。

5.5 性能

燃具性能应符合表4要求。

表4 性能要求

项目		性能要求	试验方法	ZQ	ZX	ZL	ZS	DG	PT	FS	FG	XW	ZC	SK	RB	KX
5.5.1 外观		燃具外壳应平整、光洁、易清洗，表面应无明显缺陷，标识明显、清晰	6.2	○	○	○	○	○	○	○	○	○	○	○	○	○
5.5.2 燃气系统密封性		从燃气入口到燃气阀门，泄漏量不应大于0.14 L/h	6.3	○	○	○	○	○	○	○	○	○	○	○	○	○
		从燃气入口到燃烧器火孔，外部应无可视泄漏														
5.5.3 热负荷准确度		各燃烧器的实测折算热负荷与额定热负荷的偏差不大于10%	6.4.1	○	○	○	○	○	○	○	○	○	○	○	○	○
		两个燃烧器的燃具总实测折算热负荷不应小于单个燃烧器实测折算热负荷之和的90%，具有三个及以上燃烧器的燃具不应小于85%	6.4.2													
5.5.4 燃烧工况	5.5.4.1 火焰传递	点燃主火燃烧器一处火孔后，火焰应在4 s内传遍所有火孔，且应无爆燃	6.5.1	○	○	○	○	○	○	○	○	○	○	○	○	○
	5.5.4.2 火焰状态	清晰、均匀、无黄焰、无黑烟	6.5.2													
	5.5.4.3 主燃烧器火焰稳定性	无熄火、无回火、离焰火孔数不应超过总火孔数的10%	6.5.3													
	5.5.4.4 常明火点火燃烧器火焰稳定性	无离焰、无回火、无熄火，在主火燃烧器点燃或熄灭时，不应产生熄火现象	6.5.4													
	5.5.4.5 运行噪声/dB(A)	≤80	6.5.5	○	○	○	○	○	○	○	○	○	○	○	○	○
	5.5.4.6 熄火噪声/dB(A)	≤85	6.5.6													
	5.5.4.7 干烟气中CO (α=1)/%	≤0.10	6.5.7	○	○	○	○	○	○	○	○	○	○	○	○	○
	5.5.4.8 特殊工况下CO (α=1)/% 黄焰燃烧	≤0.20	6.5.8													
	5.5.4.8 特殊工况下CO (α=1)/% 脱火燃烧	≤0.20														

表 4（续）

项目		性能要求	试验方法	适用机种												
				ZQ	ZX	ZL	ZS	DG	PT	FS	FG	XW	ZC	SK	RB	KX
5.5.5 熄火保护装置	5.5.5.1 热电式熄火保护装置	开阀时间≤45 s 闭阀时间≤60 s	6.6.1	○	○	○	○	○	○	○	○	○	○	○	○	○
	5.5.5.2 动燃烧器控制系统	点火安全时间≤10 s 熄火安全时间≤2 s 再点火安全时间≤2 s 再启动：先关阀，再启动	6.6.2	○	○	○	○	○	○	○	○	○	○	○	○	○
	5.5.5.3 耐久性	10 000 次耐久性试验后符合 5.5.5.1、5.5.5.2 的要求	6.6.3	○	○	○	○	○	○	○	○	○	○	○	○	○
5.5.6 点火器	5.5.6.1 点火性能	连续动作 10 次，应全部点燃燃烧器，且不应产生爆燃现象	6.7.1	○	○	○	○	○	○	○	○	○	○	○	○	○
	5.5.6.2 耐久性	耐久性试验后符合 5.5.6.1 的要求	6.7.2	○	○	○	○	○	○	○	○	○	○	○	○	○
5.5.7 燃气稳压器	5.5.7.1 稳压性能	在 6.8.1 的试验条件下，其燃气流量与在额定压力下的燃气流量的偏差在 ±10% 范围内	6.8.1	○	○	○	○	○	○	○	○	○	○	○	○	○
	5.5.7.2 耐久性	50 000 次耐久性试验后，应符合 5.5.7.1 的要求	6.8.2	○	○	○	○	○	○	○	○	○	○	○	○	○
5.5.8 预清扫	不具有常明火或交叉点火燃烧器的密闭式或半密闭式燃具，在燃具每次运行时都应进行预清扫 a） 预清扫空气能够均匀分布于燃烧室整个横断面的燃具，清扫排气量不应少于整个燃烧室的容积或在对应额定热负荷的空气流量下持续不少于 5 s，并不产生爆燃 b） 其他类型的燃具，清扫排气量不应少于 3 倍的燃烧室容积或持续 10 s，并不产生爆燃		6.9	○	○	○	○	○	—	○	—	○	○	—	○	○

表 4（续）

项目		性能要求	试验方法	适用机种												
				ZQ	ZX	ZL	ZS	DG	PT	FS	FG	XW	ZC	SK	RB	KX
5.5.9 B型燃具安全装置	5.5.9.1 烟道堵塞安全装置	排烟管堵塞，应在1 min以内关闭通往燃烧器的燃气通路，且不能自动再开启；在关闭之前应无熄火、回火、影响使用的火焰溢出现象	6.10.1	○	○	—	—	—	—	○	—	○	—	—	—	○
	5.5.9.2 风压过大安全装置	风压在小于80 Pa前安全装置不能启动；风压加大，在产生熄火、回火、影响使用的火焰溢出现象之前，关闭通往燃烧器的燃气通路	6.10.2	○	○	—	—	—	—	○	—	○	—	—	—	○
	5.5.9.3 燃烧室损伤安全装置（燃烧室为正压时）	燃具损坏前，关闭通往燃烧器的燃气通路，且不能自动开启	6.10.3	○	○	—	—	—	—	○	—	○	—	—	—	○
5.5.10 表面温升	易接触部位（旋钮、手柄等）的表面	金属及其类似材料≤35 K	6.11	○	○	○	○	○	○	○	○	○	○	○	○	○
		非金属材料≤45 K														
	不易接触的非工作的表面	金属及其类似材料≤80 K														
		非金属材料≤95 K														
	主要零部件温升	燃气阀门外壳的表面≤50 K或不大于阀门的最高许用温度														
		燃气接头≤50 K														
		点火器及导线的表面≤50 K或不大于点火线的最高许用温度														
	安装燃具地面面板的表面	≤65 K														
5.5.11 电气性能	5.5.11.1 标志和说明	——内部的接地线端子和电源软线插头的接地端应有永久性标志 ——直接使用交流电源的点火器应有明显的永久性标志	6.12	○	○	○	○	○	○	○	○	○	○	○	○	○

表 4（续）

项目		性能要求	试验方法	ZQ	ZX	ZL	ZS	DG	PT	FS	FG	XW	ZC	SK	RB	KX
5.5.11 电气性能	5.5.11.2 防触电保护（Ⅰ类器具）	——用试验指检验外壳开孔时，试验指不应接触带电部件和转动部件 ——变压器和导线应有附加绝缘	6.12	○	○	○	○	○	○	○	○	○	○	○	○	○
	5.5.11.3 耐潮湿	经受溅水试验 5 min 后应符合电气强度规定														
	5.5.11.4 室温下的泄漏电流和电气强度	——Ⅰ类器具泄漏电流≤3.5 mA ——燃具绝缘承受 1 min 频率为 50 Hz 或 60 Hz 基本为正弦波的试验电压，在试验期间，不应出现闪络和击穿														
	5.5.11.5 工作温度下的泄漏电流和电气强度	——Ⅰ类器具泄漏电流≤3.5 mA ——燃具绝缘承受 1 min 频率为 50 Hz 或 60 Hz 基本为正弦波的试验电压，在试验期间，不应出现闪络和击穿														
	5.5.11.6 内部布线	——黄绿线只能作为接地线使用 ——不应与尖锐边缘接触 ——施加 50 N 的拉力，不应松动脱落														
	5.5.11.7 电源连接和外部软线	——电源线标称横截面积应大于等于 0.75 mm^2 ——电源线应采用 Y 型或 Z 型连接方式 ——不应与尖锐边缘接触 ——应有一根黄/绿芯线连接在接地端子和插头的接地触点之间 ——带有附加绝缘的电源线应采用橡胶或 PVC 电缆 ——电源软线应为耐油性保护套电缆，不轻于普通氯丁橡胶或其他等效的合成橡胶护套软线［指定牌号 GB/T 5013.1 中的 57 号线														

表 4（续）

项目		性能要求	试验方法	适用机种												
				ZQ	ZX	ZL	ZS	DG	PT	FS	FG	XW	ZC	SK	RB	KX
5.5.11 电气性能	5.5.11.8 接地措施	——风机及带电部件的外壳应有接地装置 ——接线端子对外壳接地电阻应小于 0.1 Ω	6.12	○	○	○	○	○	○	○	○	○	○	○	○	○
	5.5.11.9 爬电距离	带电部位与可能接触的金属部位之间，爬电距离应大于 4 mm														
5.5.12 辅助能源		电源波动时，燃具应保持安全运行	6.13	○	○	○	○	○	○	○	○	○	○	○	○	○
5.5.13 能源合理利用		5.5.13.1 冷凝式蒸汽发生器热效率不低于94% 非冷凝式蒸汽发生器热效率不低于 80%	6.14.2	○	—	—	—	—	—	—	—	—	—	—	—	—
		5.5.13.2 冷凝蒸汽发生式蒸箱热效率不低于94% 非冷凝蒸汽发生式蒸箱热效率不低于 80% 水胆式蒸箱热效率不低于 70%	6.14.3	—	○	—	—	—	—	—	—	—	—	—	—	—
		5.5.13.3 炸炉类、煮食炉类热效率不低于 50%	6.14.4	—	—	○	○	—	—	—	—	—	—	—	—	—
		5.5.13.4 大锅灶热效率不低于 45%	6.14.5	—	—	—	—	○	—	—	—	—	—	—	—	—
		5.5.13.5 煲仔炉热效率不低于 50%；矮汤炉热效率不低于 40%	6.14.6	—	—	—	—	—	○	—	—	—	—	—	—	—
		5.5.13.6 非冷凝式沸水器的热效率不低于 80%	6.14.7	—	—	—	—	—	—	○	—	—	—	—	—	—
		5.5.13.7 燃气饭锅测试效率不低于 50%	6.14.8	—	—	—	—	—	—	—	○	—	—	—	—	—
		5.5.13.8 中式炒菜灶热效率不低于 25%	6.14.9	—	—	—	—	—	—	—	—	—	○	—	—	—
		5.5.13.9 除面包店外烤箱维持热负荷不大于 $0.22\sqrt[3]{V^2}$ 重复循环的面包店烤箱维持热负荷不大于 20 W/L 使用台车的面包店烤箱维持热负荷不大于 30 W/L	6.14.10	—	—	—	—	—	—	—	—	—	—	—	—	○

表4（续）

项 目		性 能 要 求	试验方法	ZQ	ZX	ZL	ZS	DG	PT	FS	FG	XW	ZC	SK	RB	KX
				适用机种												
5.5.14 特殊要求	5.5.14.1 蒸汽发生器水路耐压	自来水入口（电磁阀）至内胆进水口管道及接头，在适用水压上限值的1.25倍，且不低于1.0 MPa的水压下不发生泄漏与变形														
	5.5.14.2 蒸汽发生器内胆及附水箱耐压	设计直接与水源连接的蒸汽发生器，内胆耐压试验压力为1.0 MPa（介质为水）；设计与装在燃具外部的减压阀连接的蒸汽发生器，内胆耐压试验压力为0.5 MPa（介质为水）														
	5.5.14.3 蒸汽发生器系统压力控制	压力控制系统控制压力不超过80 kPa	6.15.1	○	—	—	—	—	—	—	—	—	—	—	—	—
	5.5.14.4 蒸汽发生器低水位控制	水位低于最低水位时，燃烧系统应及时关闭并报警														
	5.5.14.5 蒸汽发生器压力安全阀	安全阀的起跳动作压力不大于100 kPa														
	5.5.14.6 蒸汽发生器过热安全装置	过热安全装置动作温度不高于120 ℃														
	5.5.14.7 蒸箱类蒸汽压力	蒸腔内蒸汽压不应大于500 Pa（表压）														
	5.5.14.8 蒸箱补水系统	对有水位刻度的蒸箱正常工作时，当液位低于最低液位指示前开始补水，高于最高指示位前停止补水	6.15.2	—	○	—	—	—	—	—	—	—	—	—	—	—
		补水系统1 000次耐久测试后符合要求														
	5.5.14.9 炸炉温度调节	油温控制装置在最高温度设定下，油温不得超过200 ℃														
	5.5.14.10 炸炉过热安全装置	过热安全装置动作温度不应超过230 ℃	6.15.3	—	—	○	—	—	—	—	—	—	—	—	—	—

表 4（续）

项目		性能要求	试验方法	ZQ	ZX	ZL	ZS	DG	PT	FS	FG	XW	ZC	SK	RB	KX
5.5.14 特殊要求	5.5.14.11 承压炸炉泄压阀	主泄压阀动作时起跳压力不大于 80 kPa；辅助泄压阀动作时起跳动作压力不大于 100 kPa	6.15.3	—	—	○	—	—	—	—	—	—	—	—	—	—
	5.5.14.12 煮食炉防干烧	内部和外壳不应变形	6.15.4	—	—	—	○	—	—	—	—	—	—	—	—	—
	5.5.14.13 夹层煮锅泄压阀	主泄压阀动作时起跳压力不大于 80 kPa；辅助泄压阀动作时起跳动作压力不大于 100 kPa	6.15.5	—	—	—	—	○	—	—	—	—	—	—	—	—
	5.5.14.14 夹层煮锅过热安全装置	过热安全装置动作温度不高于 120 ℃														
	5.5.14.15 多炉头 CO 含量	烟气 CO（$\alpha=1$）不应大于 0.2%	6.15.6	—	—	—	—	—	○	—	—	—	—	—	—	—
	5.5.14.16 沸水温度	≥92 ℃	6.15.7	—	—	—	—	—	—	○	—	—	—	—	—	—
	5.5.14.17 沸水器保温性能	≤9 ℃/h														
	5.5.14.18 沸水器缺水保护装置	沸水器中的水低于最低液面时燃气燃烧系统关闭或无法启动														
	5.5.14.19 洗碗机烟气温度	烟气的温度不小于 110 ℃且不超过 260 ℃	6.15.8	—	—	—	—	—	—	—	—	○	—	—	—	—
	5.5.14.20 洗碗机水温限制装置	水温限制装置动作时水温不大于 95 ℃														
	5.5.14.21 烧烤炉稳定性	可移动烧烤炉在 10°倾斜角度保持稳定	6.15.9	—	—	—	—	—	—	—	—	—	—	○	—	—
	5.5.14.22 调味品托盘及集油盒的温度	≤230 ℃	6.15.9.2 6.15.10.2	—	—	—	—	—	—	—	—	—	—	○	○	—
	5.5.14.23 热板炉过热限定	过热温度不超过 300 ℃（镀铬）	6.15.10	—	—	—	—	—	—	—	—	—	—	—	○	—
	5.5.14.24 烤而包的烤箱过热安全装置	过热安全装置动作时烤箱几何中心温度≤400 ℃	6.15.11	—	—	—	—	—	—	—	—	—	—	—	—	○
	5.5.14.25 烤箱 CO 含量	烟气中 CO（$\alpha=1$）不应大于 0.20%														
	5.5.14.26 烤箱打开门的稳定性	负重测试保持稳定														

注：适用机种为“○”，不适用机种为“—”

6　试验方法

6.1　试验条件

6.1.1　实验室条件

6.1.1.1　大气压力

实验室大气压力应在 86 kPa ~ 106 kPa 之间。

6.1.1.2　环境温度

一般情况下，实验室室温应为（20 ± 15）℃，在每次试验过程中波动应小于 5 ℃。室温测定方法是在距燃具正前方、正左方和正右方各 1.0 m 处，将温度计感温部分固定在与灶面等高位置，测量上述三点的温度，取其平均值。

6.1.1.3　湿度

实验室的空气相对湿度不应大于 85% 。

6.1.1.4　通风

实验室通风换气应良好，室内空气中一氧化碳含量应小于 0.002% ，二氧化碳含量应小于 0.2% ，在换气良好的前提下无影响燃烧的气流。

6.1.1.5　电源

实验室使用的交流电源 220 V，电压波动范围在 ± 2% 以内。

6.1.2　试验用燃气

6.1.2.1　试验用燃气种类应符合 GB/T 13611 规定的燃气。试验用燃气的类别和代号可按表 5 的规定采用。

表 5　试验用燃气的种类和代号

代号	试验用燃气种类
0	基准气
1	黄焰或不完全燃烧界限气
2	回火界限气
3	脱火界限气

6.1.2.2　在进行燃具性能试验过程中，燃气的华白数变化不应大于 ± 3% 。

6.1.2.3　试验用燃气压力和代号应符合表6的规定。

表6　试验用燃气的压力和代号

单位为帕

代　号	试验用燃气压力			
	人工煤气（3R、4R、5R、6R、7R） 天然气（3T、4T、6T）	天然气 （10T、12T）	液化石油气 （19Y、20Y、22Y）	
1（最高压力）	1500	3000	3300	6000
2（额定压力）	1000	2000	2800	5000
3（最低压力）	500	1000	2300	4000

6.1.2.4　在海拔较高地区使用的燃具，应考虑海拔高度对实测热负荷的影响。

6.1.2.5　本标准使用的试验用燃气代号为：

试验用燃气种类代号－试验用燃气压力代号

示例：0-1（表示：基准气-最高压力）

6.1.3　试验状态

6.1.3.1　空气量可调的燃具，试验开始时，应将空气调节器调节到适当开度，并且试验过程中不应再对其进行调节。

6.1.3.2　所有燃气阀门应开至最大。

6.1.4　试验系统和仪器

6.1.4.1　试验用仪器按表7的规定采用，也可采用具有同等可靠性和精度的仪器。

6.1.4.2　所用仪器应按有关规定校准或检定。

表7　试验用仪器

测 试 项 目		名　称	规格或范围	精度或最小刻度
温度	环境温度	温度计	0 ℃ ~50 ℃	0.5 ℃
	燃气温度	水银温度计	0 ℃ ~50 ℃	0.5 ℃
	水温	水银温度计	0 ℃ ~100 ℃	0.2 ℃
	蒸汽温度	水银温度计	0 ℃ ~120 ℃	0.5 ℃
	表面温度/烟气温度	热电温度计或 热电偶温度计	0 ℃ ~300 ℃	2.0 ℃
湿度		湿度计	0RH ~100% RH	1% RH

表7（续）

<table>
<tr><th colspan="3">测 试 项 目</th><th>名 称</th><th>规格或范围</th><th>精度或最小刻度</th></tr>
<tr><td colspan="3">质量</td><td>衡器</td><td>0 ~ 200 kg</td><td>20 g</td></tr>
<tr><td rowspan="2">压力</td><td colspan="2">大气压力</td><td>动槽式水银气压计
定槽式水银气压计
盒式气压计</td><td>81 kPa ~ 107 kPa</td><td>0.1 kPa</td></tr>
<tr><td colspan="2">燃气压力</td><td>U 型压力计或压力表</td><td>0 Pa ~ 10000 Pa</td><td>10 Pa</td></tr>
<tr><td rowspan="4">流量</td><td colspan="2" rowspan="4">燃气流量</td><td rowspan="4">气体流量计</td><td>0 m^3/h ~ 2.0 m^3/h</td><td rowspan="4">湿式流量计 1.0 级，
干式流量计 1.5 级</td></tr>
<tr><td>0 m^3/h ~ 6.0 m^3/h</td></tr>
<tr><td>0 m^3/h ~ 10 m^3/h</td></tr>
<tr><td>0 m^3/h ~ 20 m^3/h</td></tr>
<tr><td colspan="3">密封性</td><td>气体检漏仪</td><td>0 mL/h ~ 600 mL/h</td><td>±5%</td></tr>
<tr><td rowspan="3">烟气分析</td><td colspan="2">CO 含量</td><td>CO 分析仪</td><td>2000×10^{-6}</td><td>（1）≤ ±5%
（2）测量值的最大波动值≤4%
（3）反应时间≤10 s</td></tr>
<tr><td colspan="2">CO_2 含量</td><td>CO_2 分析仪</td><td>0 ~ 25%</td><td>±5% 的测量值</td></tr>
<tr><td colspan="2">或 O_2 含量</td><td>O_2 分析仪</td><td>0 ~ 21%</td><td>±1%</td></tr>
<tr><td rowspan="3">燃气分析</td><td colspan="2">燃气成分</td><td>色谱仪</td><td>—</td><td>灵敏度：
≥800 mV · mL/mg，
定量重复性：≤3%</td></tr>
<tr><td rowspan="2">或</td><td>燃气相对密度</td><td>燃气相对密度仪</td><td>—</td><td>±2%</td></tr>
<tr><td>燃气热值</td><td>热量计</td><td>—</td><td>±1%</td></tr>
<tr><td colspan="3">时间</td><td>秒表</td><td>—</td><td>0.1 s</td></tr>
<tr><td colspan="3">噪声</td><td>声级计</td><td>40 dB ~ 120 dB</td><td>0.5 dB</td></tr>
<tr><td colspan="3">力</td><td>推拉型指针试测力计</td><td>0 N ~ 100 N</td><td>0.1 N</td></tr>
<tr><td colspan="3">电压</td><td>交流电压表</td><td>0 V ~ 250 V</td><td>1.0 级</td></tr>
<tr><td rowspan="3">电气安全</td><td colspan="2">电气强度</td><td>耐压测试仪</td><td>电压：0 V ~ 5000 V
电流：0 mA ~ 40 mA</td><td>1.0 级</td></tr>
<tr><td colspan="2">泄漏电流</td><td>泄漏电流测试仪</td><td>电压：AC 0 V ~ 250 V
电流：0 mA ~ 3.5 mA</td><td>1.0 级</td></tr>
<tr><td colspan="2">接地电阻</td><td>接地电阻测试仪</td><td>电压：DC 12 V
电流：25 A
电阻：0 Ω ~ 0.1 Ω</td><td>1.0 级</td></tr>
</table>

6.2 外观检查

目测燃具检查是否符合 5.5.1 的规定。

6.3 密封性试验

燃气系统密封性试验步骤如下：

a）关闭被测燃气阀门，打开燃气通路上其余所有阀门，燃气入口通入压力为15 kPa的空气，稳定1 min后，用连接在燃气入口的检漏仪检测泄漏量，并换算成标准状态，检查是否符合5.5.2的规定。燃气通路上的阀门应逐道进行检测，并联阀门作为同一道阀门进行检测；

b）使用0-1燃气点燃全部燃烧器，用检漏液检查燃气入口至燃烧器火孔前各部位，检查是否符合5.5.2的规定。

6.4 热负荷准确度试验

6.4.1 热负荷准确度

热负荷准确度试验步骤如下：

a）按照6.1.3要求设置燃具，使用0-2燃气，使燃具在额定热负荷状态下工作15 min开始测试；

b）按照GB/T 16411—2008中第6.3条规定进行。

6.4.2 总热负荷准确度

按照6.4.1测试计算出总实测折算热负荷和各燃烧器实测折算热负荷，按式（1）计算出总实测折算热负荷与各燃烧器实测折算热负荷之和的百分比值，检查是否符合5.5.3的规定。

$$b = \frac{I}{\sum I_i} \times 100\% \quad \cdots\cdots(1)$$

式中：

b——总实测折算热负荷的百分比值，%；

I——总实测折算热负荷，单位为千瓦（kW）；

I_i——每个燃烧器的实测折算热负荷，单位为千瓦（kW）。

6.5 燃烧工况试验

6.5.1 火焰传递试验

使用3-2燃气，点燃主火燃烧器一处火孔，检查是否符合5.5.4.1的规定。

6.5.2 火焰状态试验

6.5.2.1 火焰均匀性

使用0-2燃气，燃烧15 min后，目测，检查是否符合5.5.4.2的规定。

6.5.2.2　黄焰

使用1-1燃气，燃烧15 min后，目测，检查是否符合5.5.4.2的规定。

6.5.2.3　黑烟

使用1-1燃气，燃烧稳定后，目测，检查是否符合5.5.4.2的规定。

6.5.3　主火燃烧器火焰稳定性试验

6.5.3.1　熄火

使用3-3燃气和3-1燃气，分别点燃主火燃烧器燃烧15 s后，目测，检查是否符合5.5.4.3的规定。

6.5.3.2　回火

使用2-3燃气，燃烧20 min后，目测，检查是否符合5.5.4.3的规定。

6.5.3.3　离焰

使用3-1燃气，冷态点燃主火燃烧器15 s后，目测，检查是否符合5.5.4.3的规定。

6.5.4　常明火点火燃烧器火焰稳定性试验

在2-3和3-1燃气条件下，分别进行如下试验：

a）燃具点燃5 min后关闭主火燃烧器，目测常明火单独燃烧时火焰是否有回火、熄火、离焰现象；

b）连续开关主燃烧器10次，检测常明火是否熄灭。

6.5.5　运行噪声试验

运行噪声试验步骤如下：

a）使用0-1燃气，点燃全部燃烧器15 min后用声级计A挡在距燃具正面水平距离1 m与燃烧器等高处检测，读取最大值为运行噪声，检查是否符合5.5.4.5的规定；

b）当环境本底噪声大于40 dB(A)或比燃具测试噪声低10 dB(A)以下，应按GB/T 16411—2008表3修正。

6.5.6　熄火噪声试验

使用0-2燃气，点燃全部燃烧器15 min后快速关闭各燃烧器，在距燃具正面水平距离1 m与燃烧器等高处，采用声级计的快速档分别检验各燃烧器的熄火噪声，有熄火噪声时应为测定的最大值加5 dB(A)作为熄火噪声。若熄火无爆鸣声时应为无熄火噪声。

6.5.7 干烟气中 CO($\alpha=1$)试验

测试方法如下：

a）使用 0-2 燃气，在燃气额定压力下运行 15 min 后，采用适宜的烟气取样器均匀取样，测量燃烧产物中的 CO 和 CO_2 或 O_2 含量，在抽取烟气样的同时应测定室内空气中的 CO 含量。

b）按 GB/T 16411—2008 式（4）或式（5）计算烟气中 CO($\alpha=1$) 的含量。检查是否符合 5.5.4.7 的规定。

c）烟气取样装置及取样位置如下：

——使用平底锅的燃具取样器如图 2 所示，取样器安装位置见图 3；

——无一级烟道炒灶类燃具按图 4 选取尺寸适中的集烟罩进行取样；

——有一级烟道燃具和 B 型燃具，烟管用取样器见图 5 或图 6，取样器安装位置如图 7 所示。

单位为毫米

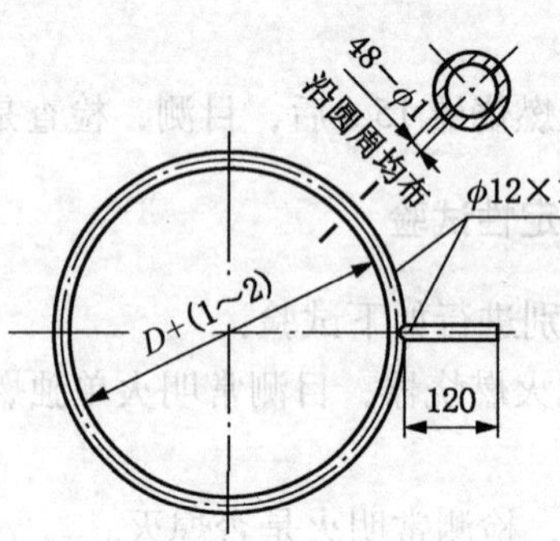

图 2 平底锅用取样器

单位为毫米

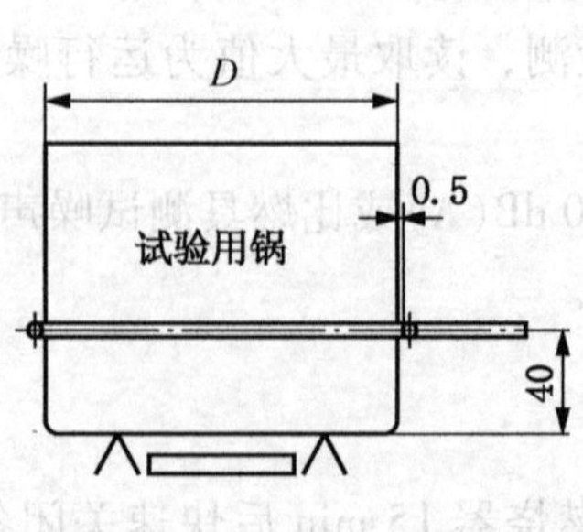

图 3 平底锅用取样器的安装位置

单位为毫米

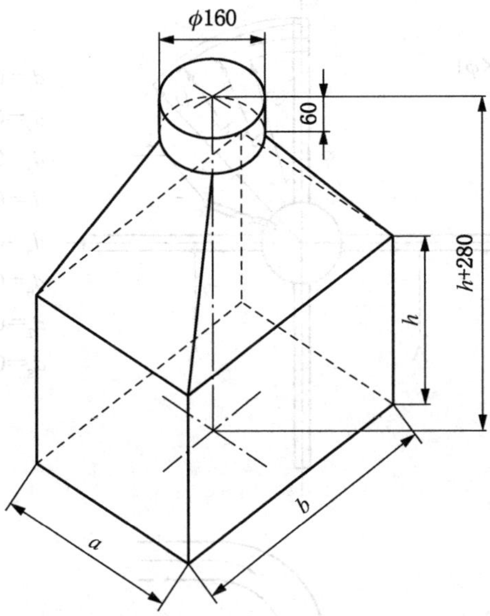

a	500	580	680	710	630	790
b	600	700	680	780	1140	1000
h	⩾320					

图 4　集烟罩的尺寸要求

单位为毫米

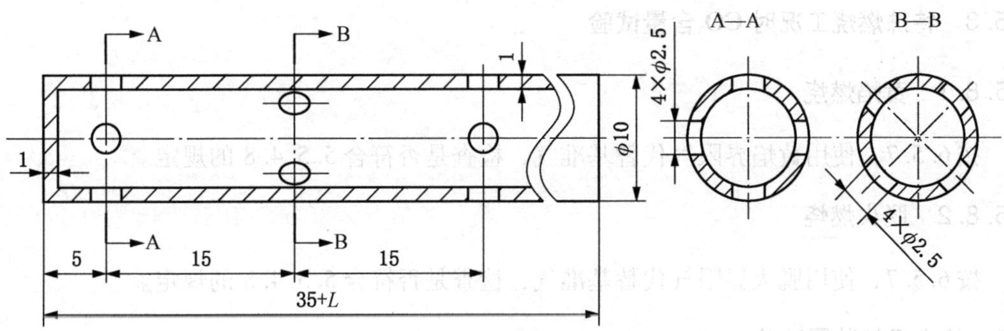

图 5　DN 100 以下烟管用取样器

单位为毫米

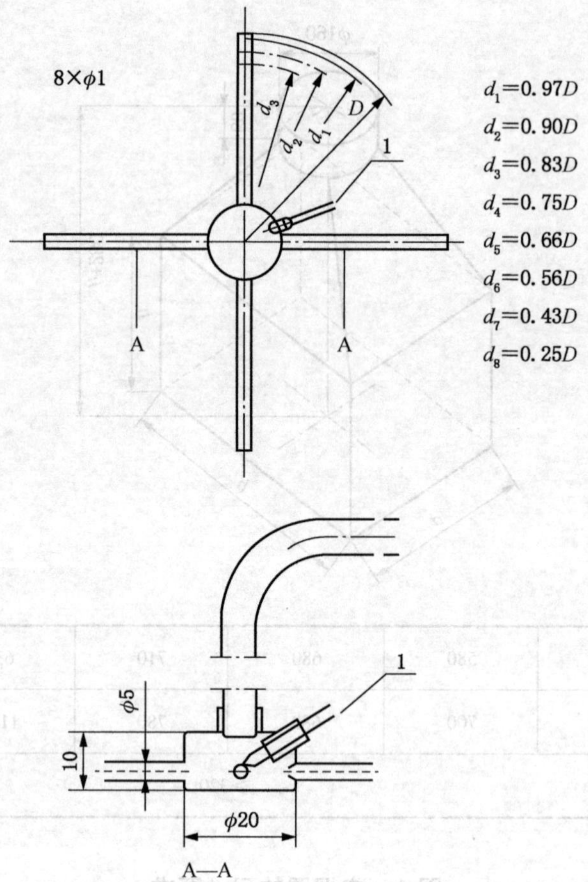

说明：

1——热电偶。

图6 DN100 及以上烟管用取样器

6.5.8 特殊燃烧工况时 CO 含量试验

6.5.8.1 黄焰燃烧

按 6.5.7，使用黄焰界限气代替基准气，检查是否符合 5.5.4.8 的规定。

6.5.8.2 脱火燃烧

按 6.5.7，使用脱火界限气代替基准气，检查是否符合 5.5.4.8 的规定。

6.6 熄火保护装置试验

6.6.1 热电式熄火保护装置

6.6.1.1 开阀时间试验：使用 0-2 燃气，冷态点燃燃烧器，用秒表测定从点火开始到电

单位为毫米

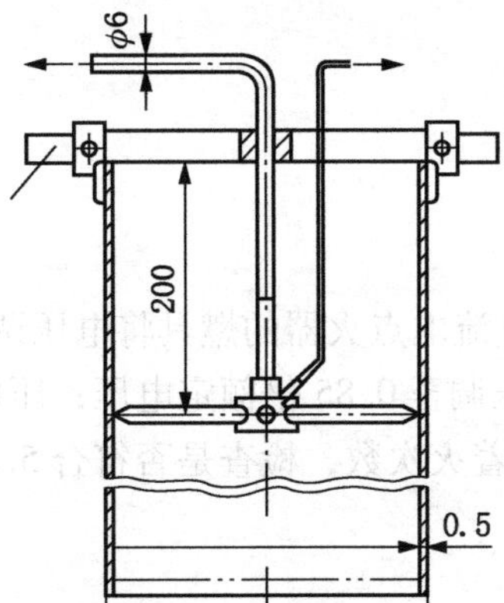

说明：
1——取样器；
2——一级烟道。

图7 有烟道燃具探头的安装位置

磁阀开启的时间，检查是否符合5.5.5.1的规定。

6.6.1.2 闭阀时间试验：使用0-2燃气，燃具运行15 min后，关闭主燃烧器阀门，用秒表测定从火焰熄灭到电磁阀关闭的时间，检查是否符合5.5.5.1的规定。

6.6.2 自动燃烧器控制系统

6.6.2.1 点火安全时间试验：

使用0-2燃气，在1.1倍额定工作电压、最大热负荷下测定未点燃情况下从开阀到关阀的时间，检查是否符合5.5.5.2的规定。

6.6.2.2 熄火安全时间试验：

熄火安全时间试验步骤如下：

a）使用0-2燃气，燃具在最大热负荷状态下工作15 min；

b）在主燃烧器点燃时，通过人为关断燃气或断开火焰检测器来模拟火焰故障，测量断开瞬间至火焰监测装置有效关断燃气的时间；

c）可用煤气表或其它适当仪器检测火焰监测装置是否关闭，检查是否符合5.5.5.2的规定。

6.6.2.3 再点火安全时间试验：使用0-2燃气，从人为熄灭主燃烧器到再次点燃，检查再点火时间是否符合5.5.5.2的规定。

6.6.2.4 再启动试验：使用0-2燃气，在运行过程中，从主燃烧器火焰熄灭到自动重新启动的时间内，检查燃气通路是否处于关闭状态。

6.6.3 耐久性试验

热电式熄火保护装置应按CJ/T 30进行10000次耐久试验。自动燃烧器控制系统应按

CJ/T 421 进行试验，检查是否符合 5. 5. 5. 3 的规定。

6.7 点火器性能试验

6.7.1 点火率试验

试验步骤如下：

a） 使用 0-2 燃气，使用直流电点火器的燃具将电压调至 0. 7 倍额定电压，使用交流电点火器的燃具将电压调至 0. 85 倍额定电压；压电式点火器直接测试；

b） 反复点火 10 次，记录着火次数，检查是否符合 5. 5. 6. 1 的规定。

6.7.2 耐久性试验

6.7.2.1 直流或交流点火器使用 1. 1 倍额定电压，以制造商声称的循环速度，连续点火 100000 个循环后，检查是否符合 5. 5. 6. 1 的规定；

6.7.2.2 压电式点火器按照制造商声称的频率操作，连续操作 12000 个循环后，检查是否符合 5. 5. 6. 1 的规定。

6.8 燃气稳压器试验

6.8.1 稳压器性能试验

使用基准气，调整供气压力为：

——天然气和人工煤气：0. 75 倍额定压力、额定压力和最高压力；

——液化石油气：最低压力、额定压力和最高压力；

测试各压力条件下燃气流量，检查是否符合 5. 5. 7. 1 的规定。

6.8.2 耐久性试验

稳压器耐久性试验方法如下：

a） 按照制造商规定的最大压力向稳压器入口供应环境温度的空气，燃气调压器前后各装一个快速关断阀，两个阀交替开、关动作，10 s 一个循环，每次循环中，膜片达到极限状态并保持至少 5 s。

b） 50000 次试验按以下情况分配：

——25000 次在制造商规定的最高工作温度并不低于 60 ℃；

——25000 次在制造商规定的最低工作温度并不高于 0 ℃。

试验后，检查是否符合 5. 5. 7. 1 的规定。

6.9 预清扫试验

6.9.1 预清扫排气量

预清扫排气量试验方法如下：

a） 在冷机运行状态下测量排气管出口的流量；

b） 在冷机和停机状态下，风机按实际预清扫状态供电；

c） 把实测的流量折算成标准状态值；与制造商给出的燃烧室容积比较。

检查是否符合5.5.8的规定。

6.9.2 预清扫时间

预清扫时间试验方法如下：

a） 燃具按6.1.3规定安装；

b） 试验风机启动至点火开始的时间间隔。

检查是否符合5.5.8的规定。

6.10 B型燃具安全装置试验

6.10.1 烟道堵塞安全装置试验

烟道堵塞安全装置试验步骤如下：

a） 试验条件：试验气为0-2，电源条件为额定电压；

b） 试验方法：

1） 点燃燃烧器15 min后完全堵塞排烟口或强制关闭风机，检查在关闭之前应无熄火、回火、影响使用的火焰溢出现象，安全装置是否启动，燃气通道是否关闭，并测量安全装置关闭的时间；

2） 去除堵塞排烟口或恢复风机工作，检查燃烧器是否启动，燃气通道是否打开；

3） 使安全装置与控制装置间连接断路，检查燃具是否能启动运行。

6.10.2 风压过大安全装置试验

风压过大安全装置试验步骤如下：

a） 试验条件：试验气为0-2，电源条件为额定电压；

b） 试验方法：

1） 点燃燃烧器15 min后，调节烟道出口挡板开度使排烟管道内压力升至80 Pa。

2） 以目测方法，检查以下项目：

——安全装置是否动作；

——主燃烧器有无熄火、回火现象；

——有点火燃烧器时，仅点燃点火燃烧器，以目测方法检查有无熄火、回火及妨碍使用的离焰现象。

3） 再调整烟道出口挡板使烟道内的压力慢慢上升，检查在产生熄火、回火、影响使用的火焰溢出现象之前，安全装置是否启动，燃气通道是否关闭。

4） 安全装置动作后打开烟道出口调节挡板，检查燃烧器是否启动，燃气通道是否打开。

5） 使安全装置与控制装置间连接断路，是否能启动运行。

6.10.3 燃烧室损伤安全装置（适用于燃烧室为正压）试验

燃烧器损伤安全装置试验步骤如下：

a） 试验条件：试验气为1-1，电源条件为额定电压；

b） 试验方法：

1） 分别在燃烧室损伤安全装置最远的位置及其他必须的位置（如安全装置的上方、下方），尽可能远的位置开孔（孔的大小为能使燃烧室损伤安全装置在10 min内检测到动作的最小孔径）。点燃燃具并在最大热负荷下工作，燃烧室安全损伤装置应在燃具可能引起火灾产生前动作；切断燃具燃气供应；

2） 燃烧室损伤安全装置动作后，燃具不能再次启动；

3） 使燃烧室损伤安全装置的感应部件断路，通往燃烧器的燃气通路不能开启。

6.11 表面温升试验

表面温升试验方法如下：

a） 按照器具使用说明放置于最不利使用空间，且燃具应置于1 cm厚的黑色亚光木板上，使用0-2燃气，点燃全部燃烧器；

b） 测试过程中应保证燃具周围风速小于1 m/s，运行至少30 min后达到温度稳定状态；

c） 用温度计检测燃具各部位及黑色亚光木板的表面温度；检查是否符合5.5.10的规定。

6.12 电气性能试验

电性能试验步骤如下：

a） 除5.5.11.3、5.5.11.4、5.5.11.5外其余试验按GB 4706.1规定的方法进行测试。

b） 耐潮湿试验采用图8所示装置进行试验，试验期间，水压应调整到使水从碗底溅起150 mm高，对于通常在地面上使用的燃具，碗放在地面上；其他燃具，碗放在低于燃具最低边50 mm的水平承面上，然后使碗围绕燃具移动，以便使水能从各个方向溅到燃具上，应注意水流不应直接向燃具喷射。

c） 室温下泄漏电流和电气强度

1） 试验前，保护阻抗要从带电部件上断开。使燃具处于室温，不连接电源的情况下进行试验。

2） 交流试验电压施加在带电部件和连接金属箔的易触及金属部件之间。被连接的金属箔面积不超过20 cm×10 cm，它与绝缘材料的易触及表面相接触。

3） 单相燃具试验电压为1.06倍的额定电压；在施加试验电压后的5 s内，测量泄漏电流。

4）　泄漏电流试验之后，绝缘要立即经受 1 min 频率为 50 Hz 或 60 Hz 基本正弦波的电压，在试验期间不应出现击穿。

——电源插头 L 端（或 N 端）与外壳之间在 1250 V 电压下，基本绝缘应无击穿；

——有变压器时，电源插头 L 端（或 N 端）与变压器外露硅钢片之间在 1750 V 电压下，附加绝缘应无击穿；

——有变压器时，电源插头 L 端（或 N 端）与插头外表面之间在 3000 V 电压下，加强绝缘应无击穿。

d）　工作温度下的泄漏电流和电气强度

1）　在工作温度下，燃具工作的时间一直延续至正常使用时最不利条件产生所对应的时间。

2）　按照 c）试验方法进行测试，检查结果是否符合规定。

单位为毫米

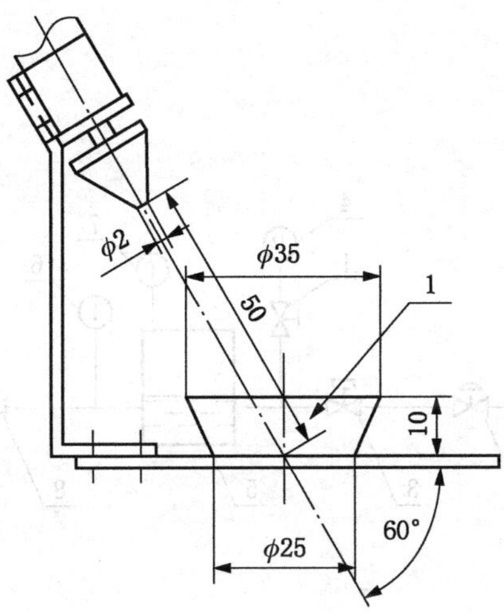

说明：

1——碗。

图 8　溅水装置

6.13　辅助能源试验

6.13.1　一般要求

辅助能源故障导致燃具停止运行时，辅助能源恢复不应引起不安全。

6.13.2　电能源的波动

电源波动试验步骤如下：

a） 电压在 -15% 至 +10% 范围内波动时，燃具应保持安全运行。

b） 电压波动超出 -15% 至 +10% 范围时，燃具应保持安全运行，或进入准备状态或关闭。

c） 电压断电后导致燃具安全关闭时，重启后不应引起危险。

6.14 能源合理利用试验

6.14.1 试验条件

试验条件在满足 6.1 基础上，还应符合下列条件：

a） 试验室温度：(20 ±5) ℃；

b） 使用 0-2 燃气；

c） 燃具正常运行 15 min。

6.14.2 蒸汽发生器热效率试验

6.14.2.1 热效率试验装置

见图 9。

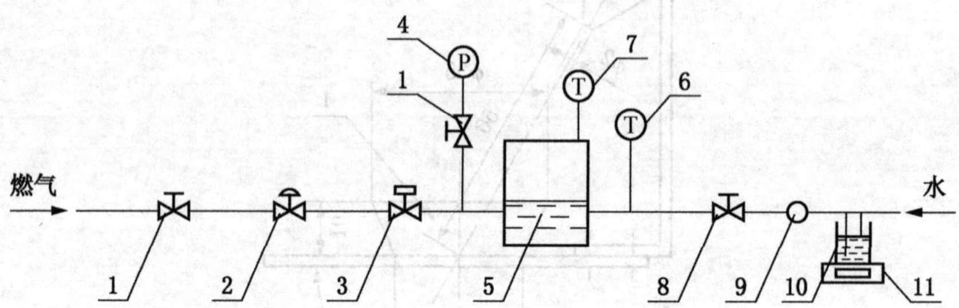

说明：

1 ——燃气阀门；

2 ——燃气调压器；

3 ——燃气流量计；

4 ——压力表；

5 ——蒸汽发生器（蒸箱）；

6 ——进水温度计；

7 ——蒸汽出口温度计；

8 ——水阀门；

9 ——增压泵；

10 ——盛水容器；

11 ——电子秤。

图 9 热效率试验装置图

6.14.2.2　间歇补水式蒸汽发生器热效率试验

试验步骤如下：

a）按照图9连接试验系统，蒸汽发生器（蒸箱）(5) 注满水，盛水容器（10）加满水；

b）使增压泵（9）保持0.4 MPa压力下持续抽取盛水容器（10）中的水补给蒸汽发生器（蒸箱）(5) 进水入口；

c）蒸汽发生器（蒸箱）(5) 持续产出蒸汽的效率测试过程中应保证补水温度（6）温度变化应小于0.5 ℃，并记录补水温度 t_1，同时记录蒸汽发生器（蒸箱）(5) 蒸汽出口温度计（7）的温度 t_2；

d）选取一个周期内增压泵（9）向蒸汽发生器（蒸箱）(5) 内部补水结束时作为起始点，记录此时电子秤（11）的起始数值 M_1 与燃气流量计（3）的起始燃气流量 V_1；

e）选取三个连续补水周期后增压泵（9）向蒸汽发生器内部补水结束时作为起终点且测试时间不小于15 min，记录此时电子秤（11）的最终数值 M_2 与燃气流量计（3）的最终燃气流量 V_2；

f）按式（2）、式（3）计算热效率。

注：蒸汽蒸发器（蒸箱）的效率测试过程中可使用水气分离器等适当的方法防止蒸汽带走尚未蒸发的水。

g）上述测试条件连续测试两次，效率测试结果的差值小于2%时，则可认为达到稳定状态；两组试验数值做算术平均值作为最终的测试结果；

$$\eta=\frac{(M_1-M_2)\times[q+(t_2-t_1)\times c_p]}{(V_2-V_1)\times H_i\times f}\times 100\% \quad \cdots\cdots(2)$$

$$f=\frac{288}{273+t_g}\times\frac{p_a+p_m-p_s}{101.3} \quad \cdots\cdots(3)$$

式中：

η ——热效率，%；

M_1——热效率测试开始时的电子秤初读数，单位为千克（kg）；

M_2——热效率测试结束时的电子秤终读数，单位为千克（kg）；

q ——水的气化潜热，取2.258 MJ/kg（100 ℃，101.325 kPa）；

t_1 ——进水温度，单位为摄氏度（℃）；

t_2 ——蒸汽出口的温度，单位为摄氏度（℃）；

c_p ——水在0 ℃到100 ℃的平均定压比热容，单位为兆焦每千克摄氏度[4.19×10^{-3} MJ/(kg·℃)]；

V_1 ——燃气流量初读数，单位为立方米（m^3）；

V_2 ——燃气流量终读数，单位为立方米（m^3）；

f ——将燃气耗量折算到15 ℃、101.3 kPa状态下的修正系数；

H_i ——15 ℃、101.3 kPa 状态下燃气的低热值，单位为兆焦每立方米（MJ/m^3）；

t_g ——燃气温度，单位为摄氏度（℃）；

p_a ——大气压力，单位为千帕（kPa）；

p_m ——通过燃气流量计的燃气压力，单位为千帕（kPa）；

p_s ——温度为 t_g 时的饱和水蒸气压力（当使用干式流量计测量时，p_s 值应乘以试验燃气的相对湿度进行修正），单位为千帕（kPa）。

6.14.2.3 持续补水式蒸汽发生器的热效率试验

效率测试中补水量随着蒸汽的蒸发而持续补水，可认为测试中的补水是均匀的；按照 6.14.2.2 方法测试，选取 15 min 以上任何两个间隔点作起点与终点分别记录电子秤初读数、电子秤终读数、燃气流量初读数、燃气流量终读数等参数，进行效率计算。

6.14.3 蒸箱热效率试验

6.14.3.1 蒸汽发生式蒸箱

蒸汽发生式蒸箱补水方式为间歇性补水时测试方法参见 6.14.2.2，为持续补水时方法参见 6.14.2.3。

6.14.3.2 水胆式蒸箱

蒸箱水胆与蒸腔为一体式结构时，效率测试时应防止蒸汽被冷凝后回流至水胆和未汽化的水被蒸汽带出水胆。如需要，在测试热效率时应在蒸箱水胆上方开口位置设置一隔离水胆和蒸腔空间的顶盖，顶盖面积为 100 cm^2，中间留出一个蒸汽孔，蒸汽应自由进入蒸腔空间，冷凝水不应流回至水胆同时水沸腾时水滴不应溅出水胆。

水胆式蒸箱补水方式为间歇性补水式时测试方法参见 6.14.2.2，为持续补水的蒸箱参见 6.14.2.3。

6.14.4 炸炉、煮食炉热效率试验

试验步骤如下：

a） 依照制造厂的声明，注入燃具最大液位等容积的水量；

b） 控制温度的恒温器设置到最高温度，当水沸腾后开始计时，测量 15 min 以上水的蒸发量。

按照式（4）确定热效率：

$$\eta = \frac{m \times q}{V \times H_i \times f} \times 100\% \quad \cdots\cdots\cdots\cdots (4)$$

式中：

η ——热效率,%；

m ——在测量期间内水的汽化量，单位为千克（kg）；

q ——水的汽化潜热，取 2.258 MJ/kg（100 ℃，101.325 kPa）；

V ——在测量期间内，燃气消耗的体积流量，m^3；

H_i ——15 ℃、101.3 kPa 状态下燃气的低热值，单位为兆焦每立方米（MJ/m^3）；

f ——将燃气耗量折算到 15 ℃、101.3 kPa 状态下的修正系数，同式（3）。

6.14.5　大锅灶热效率试验

试验方法如下：

a）检验用锅应采用制造厂自配用锅，检验时的加热水量应为锅有效容积的 75%；

b）温度计由锅中心插入水深 1/4 处，水初温取室温加 5 K，水终温取初温加 45 K。在初温和终温前 5 ℃时应开始搅拌至初温和终温；

c）热效率按式（5）计算；

$$\eta = \frac{\Delta t \times M \times c_p}{V \times H_i \times f} \times 100\% \qquad (5)$$

式中：

η ——热效率，%；

Δt——水的温升值，单位为摄氏度（℃）；

M ——加热的水量，单位为千克（kg）；

c_p ——水的定压比热容，单位为兆焦耳每千克摄氏度[4.19×10^{-3} MJ/(kg·℃)]；

V ——实测燃气流量，单位为立方米（m^3）；

H_i ——15 ℃，101.3 kPa 状态下实测试验气低热值，单位为兆焦耳每立方米（MJ/m^3）；

f ——将燃气耗量折算到 15 ℃、101.3 kPa 状态下的修正系数，同式（3）。

d）热效率检验在相同条件下进行两次，连续两次热效率的差值小于 2% 时，取平均值即为实测热效率。

e）搅拌器结构见图 10，规格按表 8 的执行。特殊结构大锅灶的搅拌器应保证搅拌均匀。

表 8　搅拌器规格　　单位为毫米

锅径 d	$600 \leqslant d < 700$	$700 \leqslant d < 800$	$800 \leqslant d < 900$	$900 \leqslant d < 1000$	$1000 \leqslant d < 1100$	$d \geqslant 1100$
搅拌器直径 d_1	330	380	430	480	530	530

6.14.6　平头炉类热效率试验

试验方法如下：

a）燃烧试验所需平底锅的特征见表 9，试验用锅及用水量见表 10；

b）根据实测热负荷确定上下限测试用锅；分别用上限和下限试验用锅进行热效率测试；

c）水初温取室温加 5 K，水终温取初温加 50 K，在初温和终温前 5 K 时用搅拌器搅拌至初温和终温；搅拌器结构见图 10，搅拌器直径 d_1，为测试用锅直径减 80 mm。

单位为毫米

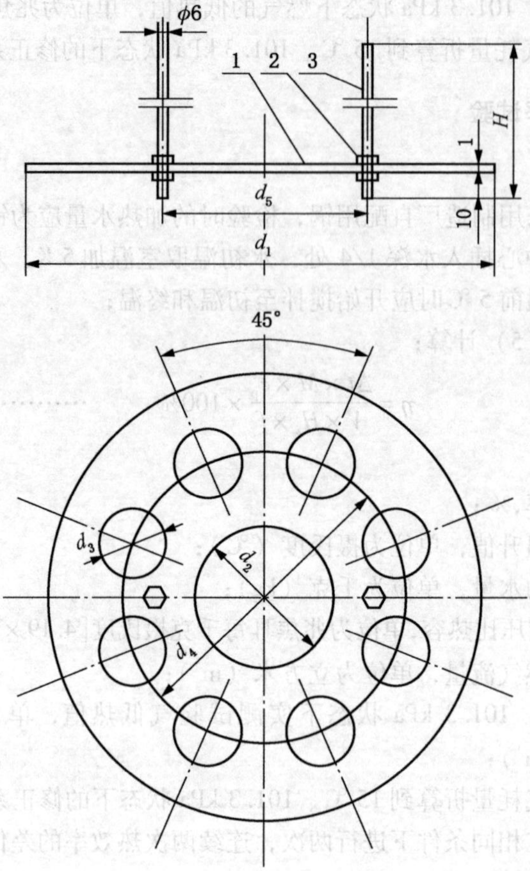

d_2	d_3	d_4	d_5	H
1/3 d_1	1/5 d_1	2/3 d_1	1/2 d_1	d_1 +35

说明：

1——搅拌片；

2——螺母；

3——拉手。

注1：搅拌片用 1 mm 镀锌板或不锈钢板。

注2：拉手用 φ6 镀锌钢丝。

图 10 搅拌器结构图

d）记录所有参数，按式（5）计算实测热效率，其中加热重量 M 按式（6）计算：

$$M = M_1 + 0.213M_2 \quad \cdots\cdots\cdots\cdots\cdots\cdots \quad (6)$$

式中：

M ——实际加水量与铝锅换算为当量加水量之和，单位为千克（kg）；

M_1——加入锅内的水质量，单位为千克（kg）；

M_2——铝锅的质量（含锅盖），单位为千克（kg）；

e） 上限锅和下限锅的热效率测试结束后，用式（7）计算热效率。

f） 测试条件连续测试两次，效率测试结果的差值小于2%时，则可认为达到稳定状态；两组试验数值做算术平均值作为最终的测试结果。

$$\eta = \eta_{01} + \frac{q_1 - 5.47}{q_1 - q_2} \times (\eta_{02} - \eta_{01}) \quad \cdots\cdots (7)$$

式中：

η ——热效率,%；

η_{01}——使用下限锅时的实测热效率,%；

η_{02}——使用上限锅时的实测热效率,%；

q_1 ——使用下限锅试验时的锅底热强度，单位为瓦每平方厘米（W/cm^2）；

q_2 ——使用上限锅试验时的锅底热强度，单位为瓦每平方厘米（W/cm^2）。

注1：锅底热强度 = 实测热负荷（W）/试验用锅在正投影面的面积（cm^2）。

注2：矮汤炉自带专用锅的可按生产商提供的锅，加锅体容积的75%的水无搅拌进行50 K测试。

表9 平头炉燃烧试验所需平底锅的特征

试验用锅	单位	标识												公差
		24	27	30	33	36	39	42	45	48	51	54	60	±2%
直径 d	mm	240	270	300	330	360	390	420	450	480	510	540	600	±2%
高度 H	mm	170	180	200	210	230	240	275	295	320	350	380	400	±2%
锅重 M_2	kg	1.8	2.0	2.6	3.0	5.2	5.6	6.3	7.8	9.5	10.0	13.0	15.0	±2%
注：锅与盖是由A3003合金铝制造的，铝合金本色。														

表10 试验用锅及用水量

内径/cm	实测热负荷/kW	用水量/kg
24	≤2.47	5
27	3.13	6
30	3.87	9
33	4.68	11
36	5.57	14
39	6.53	16

表 10（续）

内径/cm	实测热负荷/kW	用水量/kg
42	7.58	23
45	8.70	27
48	9.90	35
51	11.17	42
54	12.53	53
60	≥15.47	68
注：实测热负荷在上表任何两热值之间时，分别用上下限锅进行热效率插值测试，实测热负荷 ≤2.47 kW 的炉头用 24 锅进行烟气和效率测试，实测热负荷≥15.47 kW 以上的矮汤炉选用直径为 60 cm 的锅进行烟气与效率测试，或自带加热容器进行测试。		

6.14.7 沸水器效率

6.14.7.1 储水式沸水器的热效率试验

将沸水器注满温度为 t_1 的冷水至上水位，启动燃烧至沸水器自动停机，1 min 后打开沸水阀放水 10 s 后测温，测温点位于出水口内 5 mm ~ 15 mm 处，记录 10 s 内沸水流出过程中的最低水温，直到沸水放空，用算术平均法计算获得沸水温度 t_2，计算水的温升 Δt 并记录放出的水总质量 M。

按式（5）计算热效率；连续两次测试的热效率的差值小于 2% 时，取算术平均值为实测热效率。

注：冷水 t_1 温度为 20 ± 2 ℃，燃具不需预热。

6.14.7.2 连续式沸水器的热效率试验

按照沸水器使用说明书要求运行沸水器，沸水器调节至状态指示灯持续显示绿色状态（持续稳定放出恒温热水），稳定运行 15 min 后开始测试。

以 5 min 为测试周期，将沸水收集在保温桶中，测试的沸水出水量 M，记录测试中的进水温度 t_1、沸水出水温度 t_2 等试验参数，并计算水的温升 Δt。

按式（5）计算热效率；连续两次测试的热效率的差在 2% 以下时，取算术平均值为实测热效率。

6.14.8 燃气饭锅热效率试验

试验方法如下：

a） 按照制造商声称的最大烹饪稻米重量乘以 2 作为测试水重量 M；

b） 测试温度计放置于锅中心水深的 1/2 处；

c） 水初温应取室温加 5 K，水终温应取水初温加 50 K，测试过程中不进行搅拌；

d） 记录测试过程所有参数，按照式（5）进行热效率计算，连续两次测试的热效率差值小于 2% 时，取算术平均值为实测热效率。

6.14.9 炒菜灶热效率试验

6.14.9.1 试验用锅和水量，根据炒菜用燃烧器的实测热负荷按表 11 选用。试验用锅采用双耳球面熟铁锅，锅盖可采用厚度为 1.5 mm 的钢板制作，锅的结构尺寸可见图 11。

表 11 试验用锅和水量的选用

实测热负荷 I_i/kW	锅直径 d/mm	锅深 h/mm	水重/kg	锅厚/mm
$I_i<28$	360 ± 10	108 ± 5	5	2
$28\leqslant I_i<32$	460 ± 10	138 ± 5	10	2
$32\leqslant I_i<42$	500 ± 10	150 ± 5	13	2
$I_i\geqslant 42$	560 ± 10	180 ± 5	20	2.5

注：根据热负荷选锅，直径小于炉膛时，选与炉膛尺寸最接近的测试用锅，测试水量根据热负荷确定。

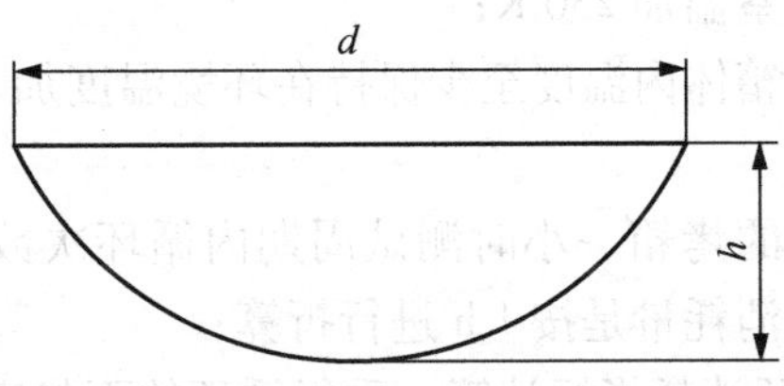

图 11 试验用锅结构尺寸

6.14.9.2 点燃燃烧器，按所选试验用锅（常温）加入表 11 中相应的水量，锅加锅盖后放在锅支架上开始试验。水温的测点应在锅中心水深 1/2 的位置。水初温应取室温加 5 K，水终温应取水初温加 50 K。试验过程中，在低于初始温度 5 K 时开始搅拌，到水初温时停止搅拌，并开始计量燃气耗量，在低于水终温 5 K 时又开始搅拌，到达水终温时停止搅拌，并立即关掉燃气，停止计量燃气耗量。按式（5）计算热效率。

6.14.9.3 带有尾锅的炒菜灶在 6.14.9.2 试验操作同时在尾锅中加入其容积 2/3 的水量，在无锅盖的情况下进行测试。水温的测点应在锅中心水深 1/2 的位置，在对试验锅进行搅拌的同时对尾锅进行搅拌，开始计量燃气耗量时记下水初温，停止计量燃气耗量时记下水终温。按式（5）计算尾锅热效率后，取其 0.3 倍计入炒菜灶总的热效率。

6.14.9.4 搅拌器结构见图 10，试验用锅搅拌器直径为 320 mm，尾锅搅拌器直径为 220 mm。

6.14.10 烤箱类燃具能源合理利用

6.14.10.1 除面包店烤箱外烤箱维持热负荷

试验步骤如下：

a） 对于多功能烤箱，试验只在烘烤模式下进行；

b） 在每个烘烤区间的几何中心测定温度；

c） 可调节燃气负荷的烤箱，通过控制负荷使烤箱温升达 195 K，在两个连续测试周期每个约 15 min 期间，当燃气负荷偏差不大于 5% 时，则可认为能源效率测试条件成立；对于使用通/断恒温器控制器的烤箱，烤箱温升设定为 195 K，运行稳定后取 15 min 以上燃气通断过程中启动或者关闭的完整循环周期作为测试周期；

d） 按 GB/T 16411—2008 式（1）与式（2）进行计算，其结果为该烤箱的维持热负荷；该数值应不大于 $0.22\sqrt[3]{V^2}$ [V：烤箱内有效容积（L）]。

注：维持热负荷单位为 kW。

6.14.10.2 面包店烤箱的维持热负荷

试验步骤如下：

a） 恒温器温度设定在室温加 230 K；

b） 调节燃气消耗量使箱体内温度至少保持在环境温度加 230 K，测量箱体稳定运行 1 h 燃气的消耗量；

c） 具有循环启动功能的烤箱一小时测试周期内循环次数如不完整，试验将继续完成该次循环，燃气消耗量是按 1 h 进行折算；

d） 用式（8）进行能源消耗指标计算，重复循环的面包店烤箱维持热负荷应不大于 20 W/L；使用台车的面包店烤箱维持热负荷应不大于 30 W/L。

6.14.10.3 燃气消耗计算

烤箱能源合理利用指标维持热负荷用式（8）计算：

$$C_E = \frac{0.278 \times Q_C \times H_i \times f \times 10^3}{V_i} \qquad (8)$$

式中

C_E——能源消耗指标，维持热负荷，单位为瓦每升（W/L）；

Q_C——试验时的试验气流量数值，单位为立方米每小时（m^3/h）；

H_i——15 ℃、101.3 kPa 状态下燃气的低热值，单位为兆焦每立方米（MJ/m^3）；

V_i——烘烤间的有效容积，单位为升（L）；

f——将燃气耗量折算到 15 ℃、101.3 kPa 状态下的修正系数，同式（3）。

6.15 燃具性能特殊要求试验

6.15.1 蒸汽发生器

6.15.1.1 水路耐压试验

关闭蒸汽发生器水胆前阀门，从自来水入口至蒸汽发生器内胆进水口管道及接头施加适用水压上限值的1.25倍，且不低于1.0 MPa的水压，持续1 min应无渗漏和变形现象。

6.15.1.2 内胆及附水箱耐压试验

根据与水源连接方式，选择蒸汽发生器内胆及附水箱按5.5.14.2要求打压10 min稳定不漏水。

6.15.1.3 系统压力控制试验

在蒸汽发生器出口安装截止阀，蒸汽发生器正常工作后关闭蒸汽出口截止阀，使蒸汽发生器内部压力升高；蒸汽发生器内部压力达到80 kPa前，蒸汽发生器停止工作。

6.15.1.4 低水位控制试验

试验步骤如下：

a） 蒸汽发生器正常运行时关闭蒸汽发生器自动补水系统的供水，当蒸汽发生器内部水量低于最低水位设置之前，燃烧系统应及时报警并关闭；

b） 水位低于最低设置水位时，燃烧器点火不能点燃，并低水位报警。

6.15.1.5 压力安全阀试验

试验条件同6.14，使蒸汽发生器的控制压力控制系统失效；逐步关闭蒸汽发生器出口方向上的截止阀，使内部压力缓慢上升，压力安全阀在内部压力达100 kPa前动作，蒸汽发生器停止工作。

6.15.1.6 过热安全装置试验

试验条件同6.14，使蒸汽发生器的控制压力控制系统、压力安全阀失效；逐步关闭蒸汽发生器出口方向上的截止阀，使内部压力缓慢上升，温度过热安全装置应在水胆内水温达到120 ℃前动作，蒸汽发生器停止工作。

6.15.2 蒸箱类燃具

6.15.2.1 蒸汽压力试验

把压力测试管一端与蒸腔压力测定接口连接，另一端与微压计连接。使用0-2燃气，蒸箱启动、以最大热负荷运行，打开进入蒸腔的所有蒸汽阀门，观察微压计，直至压力不再上升时，记录最高压力值。

注：未预留压力测试口的蒸箱类燃具需要在蒸腔中心取压。

6.15.2.2 蒸箱补水系统试验

6.15.2.2.1 补水系统动作的准确性试验

试验步骤如下：

a） 蒸箱按照正常连接模式连接补水系统，供水压力≥0.1 MPa；

b） 蒸箱水系统缺水状态下，打开补水系统阀门开始自动补水；直到补水结束后，检查水系统的液位不高于蒸箱指示的最高刻度线；

c） 保持蒸箱自动补水系统常开，打开蒸箱的排泄口缓慢排泄工作用水；直至补水系统补水开始动作，检查系统液位不低于蒸箱的最低刻度线。

6.15.2.2.2 补水系统耐用性

补水系统进行1000次耐久试验后，检查性能是否符合规定。

6.15.3 炸炉类燃具

6.15.3.1 温度调节试验

试验步骤如下：

a） 炸炉盛油腔注入食用油至其最低液位标记；

b） 试验是由冷态开始的，燃具用0-2燃气以最大热负荷运行；

c） 温度控制器调节到其最高档位；油温实测位置位于油腔平面几何中心，液面下25 mm处测量；

d） 温度控制器连续运行切断三次的过程中，记录油温的最高温度视为炸炉的温度调节。

6.15.3.2 过热安全装置试验

试验条件同6.14，短接油温控制器，加热食用油直至过热装置动作后，炸炉停止工作；测量炸炉中油的最高温度，检查是否符合5.5.14.10的规定。

6.15.3.3 承压炸炉泄压阀试验

试验条件同6.14，试验步骤如下：

a） 承压炸炉正常运行时检查主泄压阀起跳动作时压力；

b） 使承压炸炉的主泄压阀失效，炸炉继续工作，检查辅助泄压阀起跳动作时压力。

6.15.4 煮食炉类燃具

防干烧试验步骤如下：

a） 泄放煮食炉中的水，使液面刚好高于防干烧安全装置最高水平位置；

b） 点燃煮食炉燃烧器，用0-2燃气最大热负荷运行；

c） 直至防干烧安全装置动作煮食炉停止工作，检查外壳表面温度不得超过环境温度加 80 K，煮食炉内部结构不应变形，外壳也不变形。

注：无防干烧功能的煮食炉需验证自动补水系统的可靠性。

6.15.5 大锅灶类燃具

6.15.5.1 夹层煮锅泄压阀试验

试验步骤如下：

a） 夹层煮锅 0-2 燃气最大热负荷运行时检查主泄压阀起跳动作时压力；

b） 使夹层煮锅的主泄压阀失效，夹层煮锅继续工作，检查辅助泄压阀起跳动作时压力。

6.15.5.2 夹层煮锅过热安全装置

使燃具的主辅泄压阀失效；燃具以 0-2 燃气最大热负荷运行，使夹层内压力缓慢上升；当夹层内水温达到 120 ℃前，温度过热安全装置动作，并切断燃气供应不再自动启动。

6.15.6 平头炉类燃具

多炉头 CO 含量试验步骤如下：

a） 各炉头按照实测热负荷选用下限锅进行坐锅，相邻两炉头理论坐锅下限直径相加大于炉头中心距时，选择合适的坐锅，使两锅的中心距与炉头中心重合且相邻两锅边距不小于 2 cm；

b） 同时点燃全部炉头；

c） 按图 4 选取尺寸适中的集烟罩进行取样；

d） 按 GB/T 16411—2008 式（4）或式（5）计算烟气中 CO($\alpha=1$) 的含量，检查结果是否符合 5.5.14.15 的规定。

6.15.7 沸水器

6.15.7.1 沸水温度试验

试验步骤如下：

a） 沸水器以 0-2 燃气最大热负荷运行，直至沸水器加热状态停止；

b） 沸水器停止工作 1 min 后打开沸水阀放水 10 s 后开始测温，测温点在出水口内 5 mm ~ 15 mm 处，记录随后 1 min 内沸水流出过程中的最低水温；

c） 以上试验重复测量 3 次，测得的最低水温作为沸水温度，检查是否符合 5.5.14.16 的规定。

6.15.7.2 保温性能试验

试验步骤如下：

a） 沸水器注满冷水至上水位，以 0-2 燃气最大热负荷运行，直至沸水器达到停机保温状态；

b） 断电断气，1 min 后打开沸水阀放水 10 s 后测温，测温点在出水口内 5 mm ~ 15 mm 处，记录 1 min 内沸水流出过程中的最低水温；

c） 1 h 后再次打开沸水阀放水 10 s 后测温，测温点在出水口内 5 mm ~ 15 mm 处，记录 1 min 内沸水流出过程中的最低水温；

d） 计算温度差值，以上试验连续重复测量 3 次，取 3 次温差最大数据为保温性能的下降温度值，检查结果是否符合 5. 5. 14. 17 的规定。

6. 15. 7. 3 缺水保护装置试验

沸水器注满水，以 0-2 燃气最大热负荷运行，打开沸水器放水阀，当水位低于最低液位时，缺水保护装置动作，通往燃气燃烧器的燃气通路关闭沸水器停止工作；沸水器注水量低于最低液位时，缺水保护装置动作，通往燃气燃烧器的燃气通路关闭沸水器无法启动。

6. 15. 8 燃气洗碗机

6. 15. 8. 1 烟气温度试验

燃气洗碗机以 0-2 燃气最大热负荷正常运行，在洗碗机烟气排出口内 10 mm ~ 50 mm 处测量排烟温度，运行 15 min 后记录测量结果。

6. 15. 8. 2 水温限制装置试验

使热水温度控制装置失效，燃气洗碗机以 0-2 燃气最大热负荷运行，通过减小水量方法等使燃气洗碗机热水出水温度慢慢升高，直至水温限制装置动作时，通往燃气燃烧器的燃气通路关闭且不自动重启，检查热水出水温度是否符合 5. 5. 14. 20 的规定。

6. 15. 9 烧烤类燃具

6. 15. 9. 1 烧烤炉稳定性试验

可移动的烧烤炉置于与水平面成 10°的斜面上，打开烤炉门，将空载烤炉附件，包含烤叉、烧烤盘、托盘等放置在最不利于稳定的位置，加载说明书规定的最大食物载荷，检查烧烤炉的稳定性。

6. 15. 9. 2 集油盒温度试验

用 0-2 燃气，最大热负荷连续运行 1 h，测量油脂收集盘或容器底部温度，检查是否符合 5. 5. 14. 22 的规定。

6. 15. 10 热板炉类燃具

6. 15. 10. 1 过热限定试验

a） 无过热限定装置的燃具用 0-2 最大热负荷连续运行 1 h，烹饪工作表面最大温度不超 300 ℃。

b） 有过热限定装置的燃具需短接温度控制器，以 0-2 燃气最大热负荷运行，烹饪工作表面温度缓慢升高直至过热限定装置动作燃具停止工作，记录 1 min 内烹饪工作表面的最高温度，检查是否符合 5.5.14.23 的规定。

6.15.10.2 调味品托盘及集油盒温度试验

用 0-2 燃气，最大热负荷连续运行 1 h，测量油脂收集盘或容器底部温度，检查是否符合 5.5.14.22 的规定。

6.15.11 烤箱类燃具

6.15.11.1 烤面包烤箱的过热安全装置试验

试验步骤如下：

a） 在烤箱内几何中心设置温度测量点；

b） 短接温度控制系统，使用 0-2 燃气最大热负荷运行，直至过热安全装置动作燃具停止工作；

c） 记录过热安全装置动作时的烤箱几何中心的温度，检查是否符合 5.5.14.24 的规定。

6.15.11.2 烤箱 CO 含量（利用燃气直接加热的多功能烤箱）

以下试验燃具用 0-2 燃气进行：

a） 烤箱在烘烤模式下运行，分别记录烤箱在最大热负荷稳定运行时与烤箱在保温状态时的烟气含量，检查结果是否符合 5.5.14.25 的规定。

b） 蒸烤模式同时运行时，蒸汽系统设定在最大注入量的位置，记录多功能烤箱以最大热负荷稳定运行时的烟气含量，检查结果是否符合 5.5.14.25 的规定。

6.15.11.3 打开门的稳定性

试验步骤如下：

a） 带铰链的门通过下边缘水平转轴打开并放置水平的门，负重的重心应与打开后门水平放置时门的几何中心垂直；负重时长 5 min，门没有损坏；

——地面上使用的燃具：烹饪室门用 23 kg 负重测试，其他门负重 7 kg；

——桌面使用或类似用途的烤箱，门打开后的水平投影宽度大于 225 mm 时，负重 7 kg 测试；

b） 以垂直转轴打开的门，应在门的最远端施加 140 N 向下的力，5 min，门没有损坏。

7 检验规则

7.1 出厂检验

7.1.1 逐台检验

每台燃具出厂前应检验以下项目：

a） 外观（5.5.1）；
b）燃气系统密封性（5.5.2）；
c） 主燃烧器火焰稳定性（5.5.4.3）；
d） 常明火点火燃烧器火焰稳定性（5.5.4.4）；
e） 熄火保护装置（5.5.5）；
f）电气性能（5.5.11.4、5.5.11.8）；
g） 标志（8.1）。

7.1.2 抽样检验

7.1.2.1 产品批量检查验收时，执行抽样检验。
7.1.2.2 抽样方案应符合 GB/T 2828.2 的规定，使用模式 A。若产品批量不符合 GB/T 2828.2 中模式 A 的规定，应对全部产品进行检验。
7.1.2.3 检验项目
除 7.1.1 规定的项目外，还应检验以下项目：
a） 热负荷准确度（5.5.3）；
b） 运行噪声（5.5.4.5）；
c） 干烟气中 CO(α=1)(5.5.4.7)；
d） 点火性能（5.5.6.1）；
e） 预清扫（5.5.8）；
f） 烟道堵塞安全装置（5.5.9.1）；
g） 风压过大安全装置（5.5.9.2）；
h） 能源合理利用（5.5.13）；
i） 水路耐压（5.5.14.1）；
j） 蒸箱类蒸汽压力（5.5.14.7）；
k） 蒸箱补水系统（5.5.14.8）；
l） 夹层煮锅泄压阀（5.5.14.13）；
m） 夹层煮锅过热安全装置（5.5.14.14）；
n） 多炉头 CO 含量（5.5.14.15）；
o） 沸水温度（5.5.14.16）；
p） 洗碗机烟气温度（5.5.14.19）；
q） 烧烤炉稳定性（5.5.14.21）。

7.2 型式检验

7.2.1 有下列情况之一时，应进行型式检验：
a） 新产品试制定型鉴定；
b） 转厂生产的试制定型鉴定；
c） 正式生产后，如结构、材料、工艺有较大改变可能影响产品性能时；
d） 产品停产 1 年以上恢复生产时；

e） 出厂检验结果与上次型式检验有较大差异时；

f） 国家质量监督机构提出进行型式检验要求时。

7.2.2 型式检验项目

型式检验项目应为第 5 章、第 8 章和 9.1 规定的全部项目。

7.2.3 判定原则

型式检验的全部项目均符合规定时，判定该型式检验合格。任何项目不合格，需改进不合格项目，重新检验，直至所有项目合格，判定该型式检验合格。

8 标志、警示和使用说明书

8.1 标志

8.1.1 每台燃具应有符合 GB/T 13306 规定的铭牌，且应牢固、耐用，并能长期地固定在燃具醒目的位置上。

8.1.2 铭牌上应用简体中文给出下列内容：

a） 产品名称和型号；

b） 适用燃气类别；

c） 燃气额定压力，单位为 kPa；

d） 额定热负荷，单位为 kW；

e） 对于有用电要求的燃具，应标有电源性质，直流“⎓”，交流“～”；额定电压，单位为 V；电源频率，单位为 Hz；额定功率，单位为 W；

f） 制造商名称；

g） 生产编号或日期；

h） 执行标准名称和代号；

i） 对于承压燃具，应注明产品的工作压力。

8.2 警示

燃具上应有醒目的专用警示牌，且应牢固、耐用、长期保留，并应包括下列内容：

a） 不应使用规定外的其他燃气；

b） 应安装在通风良好的场所，与可燃物距离应符合法规要求；

c） 使用交流电的燃具应安全接地，并应设有过流保护和漏电保护装置；

d） 使用前应仔细阅读使用说明书；

e） 严禁用水冲洗；

f） 烹饪腔体内为高温或有压时，应有打开腔体门的危险状态忠告；

g） 炸炉油温在非常温状态下不得进行放油操作；

h） 燃具工作时可能存在烫伤操作者的警示。

8.3 使用说明书

8.3.1 使用说明书的编写应符合 GB/T 9969 的规定，除铭牌、警示牌的内容外，还应包含下列内容：

a） 结构和工作原理；

b） 技术参数；

c） 燃具启动和停止操作说明；

d） 安装说明；

e） 常见故障和排除方法；

f） 指出燃具的安装、气种转换和调节应由制造商认可的专业人员进行；

g） 电源线连接方式及说明；

h） 用户应遵守下列警告事项：

——安装不当会引起对人身及财产的危害；

——燃具安装应严格按说明书要求和相关规定执行；

——只有制造商授权的代理商或专业技术人员才可以维修、更换零部件；

——不应拆动燃具上的任何密封件；

——非操作人员不应操作燃具。

8.3.2 特殊内容

8.3.2.1 承压蒸汽发生器类燃具除 8.3.1 外还应包括：

a） 告知用户蒸汽发生器使用的水必须得到软化才能进行使用或

b） 提示用户可以通过合适方法进行水垢处理；

c） 承压蒸汽发生器压力安全阀前段不得加装任何截止阀。

8.3.2.2 蒸箱类燃具除 8.3.1 外还应包括：

a） 告知用户蒸箱使用的水必须得到软化才能进行使用或

b） 提示用户可以通过合适方法进行水垢处理；

8.3.2.3 沸水器类和蒸箱类燃具还应包括：

溢出高温水直接排向下水管道时，应有相应的措施防止高温水对塑料下水管道的影响。

8.3.2.4 炸炉类燃具除 8.3.1 外还应包括：

a） 油的过热危险；

b） 炸炉的无人监管使用的危险；

c） 炸炉使用时添加用油的注意事项；

d） 油缸装得太满的危险；

e） 往热油内放入湿的食物的注意事项；

f） 对于过湿食物及一次性加载过量会产生过度沸腾影响应引起注意；

g） 关于使用旧油的警告，必须强调使用旧油会降低闪点并且易造成过度沸腾危险；

h） 承压炸炉在压力减少到接近大气压力之前，不要打开排放开关。

8.3.2.5 烧烤类燃具除 8.3.1 外还应包括：

a） 点火时清理烧烤工作区的火灾警告说明，尤其应提示着重检查烧烤盘、托架等工作区的积油情况；

b） 对于电动烤叉，应给出前工作面与可燃物的最小间距；

c) 说明书应明确各烧烤附件的最大食物载荷量。

9 包装、运输和贮存

9.1 包装

9.1.1 包装箱应牢固，包装后应适合陆路、水路和空中运输与装卸要求。包装外面应标明产品名称、型号、使用燃气类别、重量和出厂日期。

9.1.2 包装箱内应有产品使用说明书、产品质量合格证和装箱清单。

9.1.3 包装箱上应有包装储运图示标志，应符合 GB/T 191 的规定。

9.2 运输

9.2.1 运输过程中应防止剧烈震动、挤压、雨淋及化学物品的侵蚀。

9.2.2 搬运不应滚动和抛掷。

9.3 贮存

燃具应贮存在干燥通风、周围无腐蚀性气体的场所。

ICS 91.140
CCS P 45

中华人民共和国国家标准

GB/T 41317—2022

燃气用具连接用不锈钢波纹软管

Stainless steel corrugated tubes for the connection of gas appliances

2022-03-09 发布 2022-10-01 实施

国家市场监督管理总局
国家标准化管理委员会 发布

目　　次

前言

本文件按照 GB/T 1.1—2020《标准化工作导则 第1部分：标准化文件的结构和起草规则》的规定起草。

请注意本文件的某些内容可能涉及专利。本文件的发布机构不承担识别专利的责任。

本文件由中华人民共和国住房和城乡建设部提出并归口。

本文件起草单位：中国市政工程华北设计研究总院有限公司、浙江圣字管业股份有限公司、杭州万全金属软管有限公司、航天晨光股份有限公司上海分公司、浙江鑫琦管业有限公司、宁波市安邦管业有限公司、芜湖泰和管业股份有限公司、杭州联发管业科技有限公司、宁波天鑫金属软管有限公司、深圳市燃气集团股份有限公司、佛燃能源集团股份有限公司、宁波市昕伊达能源设备制造有限公司、温州力波管业有限公司、浙江臻龙能源设备科技有限公司、浙江奇爱管业有限公司、天津天富软管工业有限公司、杭州恒通金属软管有限公司、南京柔科航空设备科技有限公司、浙江蔡司管道科技有限公司、宁波庆泰机械有限公司、宁波宏武管业有限公司、南京知行管业有限公司、台州同洋管业股份有限公司、宁波圣杰管业有限公司、浙江万杰管业有限公司、成都众远管业有限公司、台州中燃机械有限公司、浙江鑫护家流体科技有限公司、宁波索立管业有限公司、上海三盛健康科技股份有限公司、国家燃气用具质量监督检验中心。

本文件主要起草人：李军、王启、张申正、吴文庆、叶朝晖、黄陈宝、余跃辉、汪贤文、凡思义、林爱素、李河山、尹祥、应旭美、王靖崇、谷建伟、石敢当、李术明、朱国贤、林波、贝业森、吴玉辉、毛红杰、陈爱祥、王志乐、夏海云、田陈锋、张力丹、许翔、刘平凡、向磊、盛斌、张梦婷、杨文量。

燃气用具连接用不锈钢波纹软管

1　范围

本文件规定了使用 GB/T 13611 规定的城镇燃气的燃气用具连接用不锈钢波纹软管的分类、规格和型号，要求，试验方法，检验规则以及标志、包装、运输和贮存。

本文件适用于公称尺寸不大于 DN32，最大工作压力 0.01 MPa，与燃气燃烧器具或燃气设备相连接的不锈钢波纹软管。

2　规范性引用文件

下列文件中的内容通过文中的规范性引用而构成本文件必不可少的条款。其中，注日期的引用文件，仅该日期对应的版本适用于本文件；不注日期的引用文件，其最新版本（包括所有的修改单）适用于本文件。

GB/T 191　包装储运图示标志

GB/T 196　普通螺纹　基本尺寸

GB/T 1220　不锈钢棒

GB/T 2828.1　计数抽样检验程序　第 1 部分：按接收质量限（AQL）检索的逐批检验抽样计划

GB/T 3280　不锈钢冷轧钢板和钢带

GB/T 4226　不锈钢冷加工钢棒

GB/T 4240　不锈钢丝

GB/T 4423　铜及铜合金拉制棒

GB/T 5231　加工铜及铜合金牌号和化学成分

GB/T 7306.1　55°密封管螺纹　第 1 部分：圆柱内螺纹与圆锥外螺纹

GB/T 7306.2　55°密封管螺纹　第 2 部分：圆锥内螺纹与圆锥外螺纹

GB/T 7307　55°非密封管螺纹

GB/T 8815　电线电缆用软聚氯乙烯塑料

GB/T 9576　橡胶和塑料软管及软管组合件　选择、贮存、使用和维护指南

GB/T 9577　橡胶和塑料软管及软管组合件　标志、包装和运输规则

GB/T 10125　人造气氛腐蚀试验　盐雾试验

GB/T 13657　双酚 A 型环氧树脂

GB/T 14525　波纹金属软管通用技术条件

GB/T 15065　电线电缆用黑色聚乙烯塑料

GB/T 16411　家用燃气用具通用试验方法

GB/T 20878　不锈钢和耐热钢　牌号及化学成分

GB/T 23658　弹性体密封圈　输送气体燃料和烃类液体的管道和配件用密封圈的材料要求

YS/T 649　铜及铜合金挤制棒

3　术语和定义

GB/T 14525 界定的以及下列术语和定义适用于本文件。

3.1

燃气用具连接用不锈钢波纹软管　stainless steel corrugated tubes for the connection of gas appliances

两端设有与燃气燃烧器具或燃气设备及管道连接的螺纹接头，有固定长度的、带有被覆层的不锈钢波纹软管。

注：以下简称“软管”。软管连接示意图见图 1。

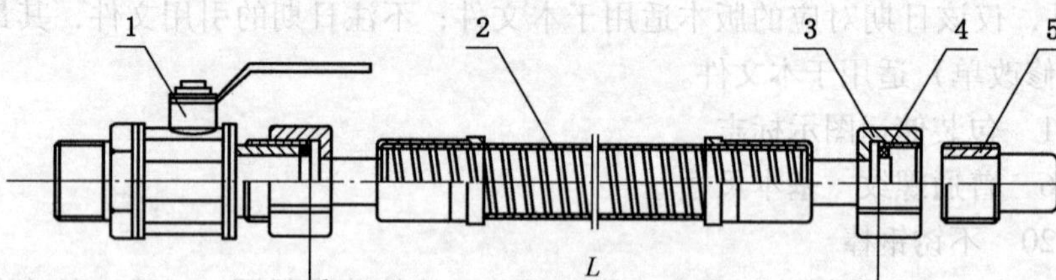

标引序号说明：

1 ——螺纹阀；

2 ——软管；

3 ——螺纹接头；

4 ——密封垫片；

5 ——燃气燃烧器具或燃气设备连接接头；

L ——软管长度。

图 1　软管连接示意图

3.2

管坯　tubular blank

供制造波纹管的有纵焊缝或无缝的不锈钢管材。

3.3

波纹管　corrugated tube

母线呈波纹状的管状壳体。

［来源：GB/T 14525—2010，3.2］

3.4

被覆层 protecting coat

用于保护不锈钢波纹管的包覆层。

4 分类、规格和型号

4.1 分类

4.1.1 软管按连接特性分类如下：

a） 普通型软管：仅连接固定式燃气燃烧器具或燃气设备的软管，代号 RLB；

b） 超柔型软管：可连接移动式或固定式燃气燃烧器具或燃气设备的软管，代号 CRLB。

4.1.2 软管按用途分类如下：

a） 燃气灶具连接用软管：代号为 Z；

b） 燃气表连接用软管：代号为 B；

c） 燃气热水器连接用软管：代号为 R；

d） 其他类燃气用具连接用软管：代号为 Q。

4.1.3 软管按波纹形状分类如下：

a） 螺旋形波纹管：波纹呈螺旋状，代号为 L；

b） 环形波纹管：波纹呈闭合圆环状，代号为 H。

4.2 规格

4.2.1 软管按公称尺寸分为 DN10、DN15、DN20、DN25、DN32。

4.2.2 燃气灶具连接用软管长度尺寸宜为 500 mm、800 mm、1000 mm、1500 mm、2000 mm；燃气表和燃气热水器连接用软管长度尺寸宜为 200 mm、300 mm、500 mm、800 mm。

4.3 型号

型号编制规则如下：

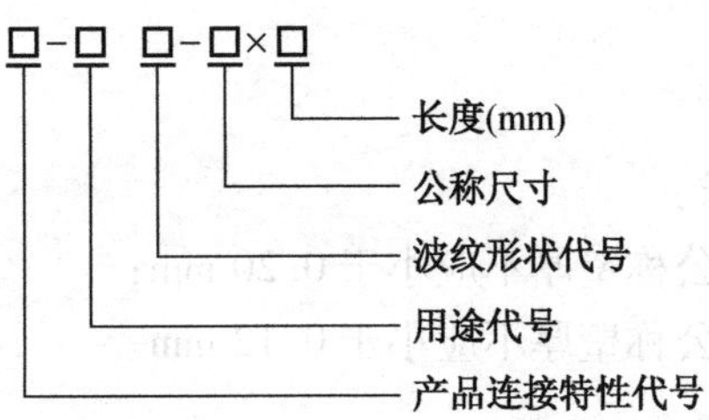

示例 1：公称尺寸为 DN15，长度为 500 mm 的螺旋形波纹燃气灶具连接用普通型软管，型号标记为：

RLB-ZL-15×500。

示例 2：公称尺寸为 DN10，长度为 1000 mm 的环形波纹燃气热水器连接用超柔型软管，型号标记为：

CRLB-RH-10×1000。

5 要求

5.1 材料

软管材料应符合表1的规定。

表1 软管材料

名 称	材料 牌 号	材料 标 准 号
波纹管	06Cr19Ni10(304)、022Cr19Ni10(304L)、06Cr17Ni12Mo2(316)、022Cr17Ni12Mo2(316L)	GB/T 3280、GB/T 20878
接头	06Cr19Ni10(304)、022Cr19Ni10(304L)、06Cr17Ni12Mo2(316)、022Cr17Ni12Mo2(316L)	GB/T 1220、GB/T 4226、GB/T 20878
	HPb59-1	GB/T 4423、YS/T 649、GB/T 5231
不锈钢丝	06Cr19Ni10(304)、022Cr19Ni10(304L)、06Cr17Ni12Mo2(316)、022Cr17Ni12Mo2(316L)	GB/T 4240
密封垫片	丁腈橡胶	GB/T 23658
被覆层	软质聚氯乙烯(PVC)	GB/T 8815
	聚乙烯(PE)	GB/T 15065
	双酚-A 型环氧树脂	GB/T 13657

5.2 外观

5.2.1 软管表面应光亮、清洁，不应有明显的划伤和压痕，管口内应无明显污渍。

5.2.2 被覆层壁厚应均匀，对管材波纹部分应全部包覆，应有黄色的明显标识，不应有明显的杂质、伤痕、色斑、裂纹，表面标志应清晰。

5.2.3 接头的内外表面不应有裂纹、砂眼及其他影响性能的缺陷。

5.2.4 密封垫片外观应规则，无裂纹、无缺陷以及飞边，色泽应均匀。

5.3 结构与尺寸

5.3.1 管坯的公称壁厚要求：

a) 普通型软管管坯的公称壁厚不应小于0.20 mm；

b) 超柔型软管管坯的公称壁厚不应小于0.12 mm。

5.3.2 接头的壁厚要求：

a) 铜接头的壁厚不应小于1.5 mm；

b) 不锈钢接头的壁厚不应小于1.0 mm。

5.3.3 接头的螺纹要求：

a) 与燃气灶具、燃气热水器或燃气表的连接应采用密封垫片密封，连接燃气灶具或燃气热水器的软管接头螺纹应符合 GB/T 7307 的规定，连接燃气表的软管接头螺纹应符合 GB/T 196 的规定；

b） 与燃气管道或管道附件连接，当采用螺纹密封时应符合 GB/T 7306.1 或 GB/T 7306.2 中的规定，当采用密封垫片密封时应符合 GB/T 7307 的规定。

5.3.4 软管长度的偏差应符合表 2 规定。

表 2 软管长度偏差

单位为毫米

软管长度（L）	$L<500$	$500\leqslant L<1000$	$1000\leqslant L\leqslant 2000$
偏差	$^{+10}_{0}$	$^{+20}_{0}$	$^{+40}_{0}$

5.3.5 软管的最小内径应符合表 3 规定。

表 3 软管最小内径

单位为毫米

公称尺寸	DN10	DN15	DN20	DN25	DN32
最小内径	9.5	14	19	23	30

5.4 性能

软管的性能应符合表 4 规定。

表 4 性能

序号	适用	项 目	性 能 要 求
1	软管	耐压性	按 6.5.1 试验后，软管不应有渗漏及零件损坏现象，但波纹允许延伸
2		气密性	按 6.5.2 试验后，软管泄漏量不应大于 10 mL/h
3		流量	按 6.5.3 试验后，软管流量不应低于表 5 的规定
4		抗拉性	按 6.5.4 试验后，软管两端接头应无脱落，波纹管应无破裂且符合软管气密性要求
5		耐热性	按 6.5.5 试验后，软管应符合气密性要求
6		扭曲性	按 6.5.6 试验后，被覆层应无裂纹，波纹管应无破裂且符合软管气密性要求
7		柔软性	按 6.5.7 试验后，软管最大弯曲力应符合表 6 规定
8		弯曲性	按 6.5.8 试验后，被覆层应无裂纹，波纹管应无破裂且符合软管气密性要求
9		耐冲击性	按 6.5.9 试验后，波纹管应无破裂且符合软管气密性要求
10		拉伸变形性	该试验仅适用于超柔型软管。按 6.5.10 试验，软管在规定拉力下软管变形长度不应大于原管长度的 10%，释放拉力后，软管的变形长度不应大于原管长度的 3% 且符合软管气密性要求

表4（续）

序号	适用	项 目	性 能 要 求
11	软管	摆动弯曲性	该试验仪适用于超柔型软管。按6.5.11试验后，被覆层应无裂纹，波纹管应无破裂且符合软管气密性要求
12		抗扭转性	该试验仪适用于超柔型软管。按6.5.12试验后，被覆层应无裂纹，波纹管应无破裂且符合软管气密性要求
13		耐应力腐蚀性	按6.5.13试验后，波纹管应无裂纹且符合软管气密性要求
14	软管接头	耐冲击性	按6.6.1试验后，软管接头应无破损、松动及影响使用的变形且软管气密性符合要求
15		耐安装性	按6.6.2试验后，软管接头应无破损现象且软管气密性符合要求
16		耐腐蚀性	按6.6.3试验后，不锈钢、电镀及其他表面处理的接头应无生锈、裂纹及其他有害的缺陷；铜接头应无裂纹及其他有害的缺陷
17	软管被覆层	阻燃性	按6.7.1试验后，软管被覆层持续燃烧时间不应超过5 s
18		耐冷热变化性	按6.7.2试验后，软管被覆层应无裂纹及其他异常现象
19		耐液体性	按6.7.3试验后，软管被覆层不应出现裂纹
20		标志耐擦性	按6.7.4试验后，软管被覆层上标志应清晰可辨
21	软管密封垫片	耐燃气性	按6.8试验后，软管密封垫片应无脆化、软化及体积增大现象，且质量变化率不应超过±10%

表5 软管流量 单位为立方米每小时

公称尺寸	DN10	DN15	DN20	DN25	DN32
流量[a]	0.95	1.60	4.15	8.30	14.50

[a] 基准状态（15 ℃，101.325 kPa）下的流量。

表6 最大弯曲力 单位为牛

公称尺寸	DN10		DN15	DN20	DN25	DN32
	超柔型软管	普通型软管				
弯曲力	<10	<15	<49	<78	<108	

6 试验方法

6.1 试验条件

试验应在环境温度为20 ℃±15 ℃的条件下进行。

6.2 试验仪器设备

试验仪器设备应符合表7规定或采用同等及以上精度等级的试验仪器。

表7 试验仪器设备

序号	检验项目		试验仪器设备名称	规格或范围	精度或最小刻度
1	温度	环境温度	玻璃温度计	0 ℃ ~ 50 ℃	0.2 ℃
			数字温度计	0 ℃ ~ 150 ℃	0.5 ℃
2	压力	大气压力	动槽式水银气压计 定槽式水银气压计 盒式气压计	81 kPa ~ 107 kPa	0.1 kPa
		气体压力	压力计	0 kPa ~ 50 kPa	0.1 kPa
		耐压	水压表	0 MPa ~ 1.6 MPa	1.6 级
3	尺寸	软管直径	游标卡尺	0 mm ~ 150 mm	0.02 mm
		软管壁厚	千分尺	0 mm ~ 25 mm	0.01 mm
		软管长度	钢卷尺	0 m ~ 3 m	1 mm
		螺纹量规	$G^{1}/_{2}$、$G^{3}/_{4}$、G1、$G1^{1}/_{4}$、M30×2、M36×2、$R^{1}/_{2}$ 等	B 级	E 级（±2%）
4	气密性		气体检漏仪	—	0.01 mL/min
5	流量		气体流量计	$0\ m^3/h \sim 20\ m^3/h$	1.5 级
6	时间		秒表	—	0.1 s
7	力	拉伸性能	拉力试验机	0 kN ~ 5 kN	2 级（±2%）
		柔软性	测力计	0 N ~ 200 N	1 N
8	耐温		高低温试验箱	−40 ℃ ~ 150 ℃	1 ℃
9	耐安装性		扭力扳手	0 N·m ~ 150 N·m	±1%

6.3 外观检查

软管外观检查采用目视，检查是否符合 5.2 的规定。

6.4 结构与尺寸检查

软管的尺寸、长度及螺纹采用表 7 规定的量具测量，检查是否符合 5.3 的规定。

6.5 软管性能试验

6.5.1 耐压性试验

将软管试样平直放置，一端安装带有排气阀的堵头，另一端和试压泵出口管连接，将水注入管内，排尽空气，关闭排气阀，然后缓慢增加压力至 0.8 MPa。保压 1 min 后，检查试验结果是否符合表 4 中序号 1 的规定。

6.5.2 气密性试验

将软管试样一端安装堵头，另一端与进气口连接，通入压力为 20 kPa 的空气，使用检漏装置测量泄漏量，检查试验结果是否符合表 4 中序号 2 的规定。

6.5.3 流量试验

按图2所示，在软管试样入口侧通入压力为2 kPa的空气，通过调节阀调整流量使软管前后压差为公式（1）计算值，将此状态下流量折算成基准状态下的流量，即为软管流量，检查软管流量是否不低于表4中序号3的规定。

$$\Delta p = 100 \times \frac{l + 10D}{1000 + 10D} \quad \cdots\cdots\cdots\cdots (1)$$

式中：

Δp——软管入口侧与出口侧压力差，单位为帕（Pa）；

l ——软管实测长度，单位为毫米（mm）；

D ——取压管的公称尺寸，单位为毫米（mm）。

单位为毫米

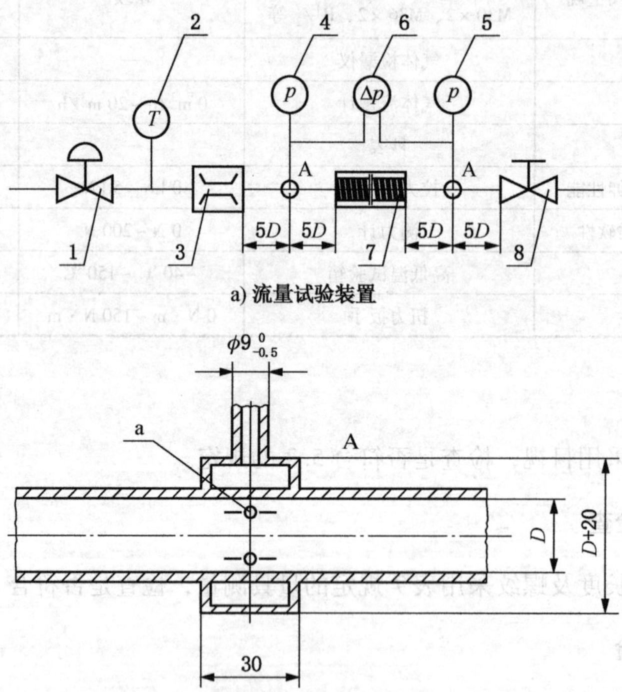

a) 流量试验装置

b) 流量试验取压管示意图

标引序号说明：

1——进口调压器；

2——温度计；

3——流量计；

4——进口压力表；

5——出口压力表；

6——差压表；

7——软管；

8——调节阀；

a——4个直径为1.5 mm的孔；

A——取压管取压位置。

注：$D = d \sim 1.1d$，d为软管的连接尺寸。

图2 流量试验示意图

6.5.4　抗拉性试验

将不短于300 mm长的软管试样两端连接接头与拉力试验装置相连接。在通入压力为20 kPa的空气状态下逐渐拉伸至表8规定的拉伸负荷，保持拉伸负荷5 min后，按6.5.2规定进行气密性试验，检查试验结果是否符合表4中序号4的规定。

表8　拉伸负荷

单位为千牛

公称尺寸	DN10	DN15	DN20	DN25	DN32
拉伸负荷	1.6	1.8	2.7	3.7	

6.5.5　耐热性试验

将软管试样放置在120 ℃ ±2 ℃的恒温箱内30 min后取出，冷却至室温后，按6.5.2规定进行气密性试验，检查试验结果是否符合表4中序号5的规定。

6.5.6　扭曲性试验

按图3所示，取表9规定长度的软管试样在通入压力为20 kPa的空气状态下，将软管

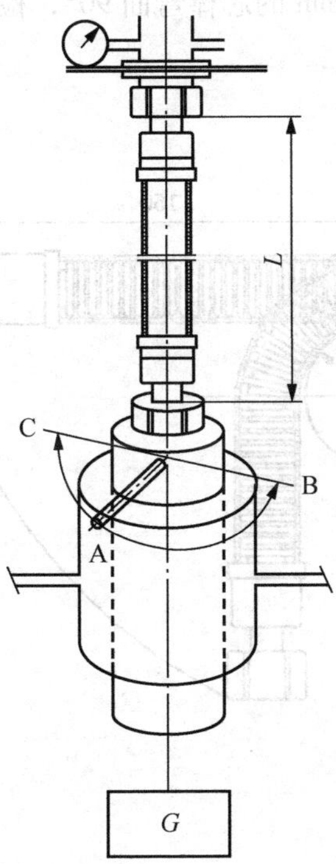

标引序号说明：

L　——软管试样长度；

G　——负载；

A、B、C——扭曲方向。

图3　扭曲性试验装置

试样一端固定于试验装置上端，另一端与试验装置下端可旋转手柄相连接并挂载表10规定的悬挂负载，转动可旋转手柄，使软管绕轴线由A-B-A、A-C-A扭曲，此为二次90°扭曲，以5次/min的扭转速度扭曲10次后，按6.5.2规定进行气密性试验，检查试验结果是否符合表4中序号6的规定。

表9　扭曲性试验试样长度

单位为毫米

公称尺寸	DN10	DN15	DN20	DN25	DN32
长度	500		1000		1500

表10　扭曲性试验悬挂负载G

单位为千克

公称尺寸	DN10	DN15	DN20	DN25	DN32
悬挂负载	8.0	11.0	16.0	21.0	26.0

6.5.7　柔软性试验

按图4所示，在距离软管接头150 mm处固定软管试样，然后对该软管接头施加弯曲力，使软管围绕并贴合直径为60 mm的芯棒弯曲90°，检查弯曲过程中所施加的最大弯曲力是否符合表4中序号7规定。

单位为毫米

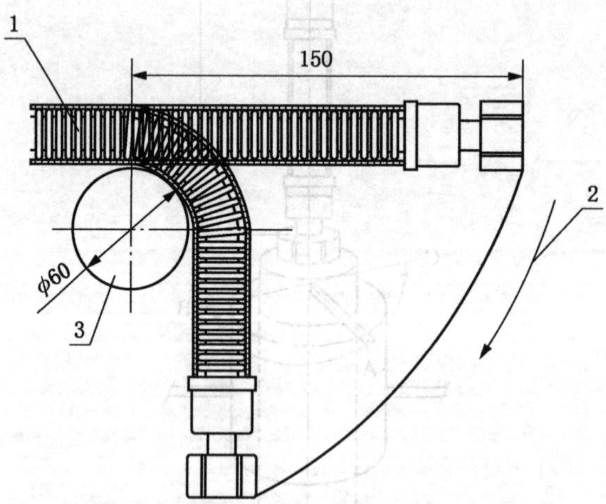

标引序号说明：

1——软管；

2——弯曲方向；

3——芯棒。

图4　柔软性试验装置

6.5.8　弯曲性试验

按图5所示，将软管试样固定一端，在通入压力为20 kPa的空气状态下，在距离固定端不小于100 mm 处使软管试样围绕并贴合表11 规定直径的芯棒由 A-B-A，A-C-A 弯曲，此为二次180°弯曲，以5 次/min 的速度匀速弯曲表12 规定的次数后，检查试验结果是否符合表4 中序号8 的规定。

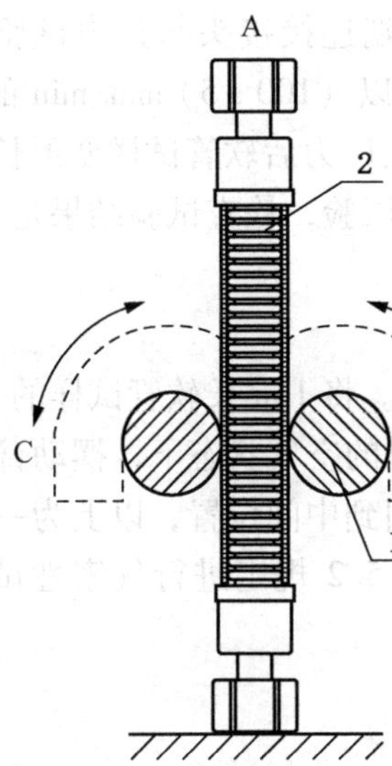

标引序号说明：

1 ——芯棒；

2 ——软管；

A、B、C ——弯曲方向。

图5 弯曲性试验装置

表11 弯曲用芯棒直径

单位为毫米

公称尺寸	DN10		DN15	DN20	DN25	DN32
	超柔型软管	普通型软管				
芯棒直径	30	40	50	60	80	100

表12 弯曲次数

单位为次

公称尺寸	DN10	DN15	DN20	DN25	DN32
普通型软管	50	30			
超柔型软管	200				

6.5.9 耐冲击性试验

将通入压力为20 kPa 的空气状态下的软管试样平直放置于坚硬的平面上，在距离平面1 m处用引导装置落下2 kg的钢球作用于软管试样中央，按6.5.2规定进行气密性试验，检查试验结果是否符合表4中序号9的规定。

6.5.10 拉伸变形性试验

将不短于300 mm的软管试样两端连接接头与拉力试验装置相连接，在通入压力为20 kPa的空气状态下，拉力试验装置以（100 ±5）mm/min的速度拉伸软管试样至1000 N并保持5 min，检查试验过程中及释放压力后软管试样变形长度是否符合表4中序号10的规定。然后按6.5.2规定进行气密性试验，检查试验结果是否符合表4中序号10的规定。

6.5.11 摆动弯曲性试验

按图6所示进行摆动弯曲性试验。将1 m长软管试样的一端固定在摆动臂上，另一端悬挂5 kg负载，在通入压力为20 kPa的空气状态下，摆动臂从中间位置摆动到+30°，返回中间位置再摆动到-30°，然后再回到中间位置，以上为一次循环，以30次循环每分钟的速度摆动10000次循环后，并按6.5.2规定进行气密性试验，检查试验结果是否符合表4中序号11的规定。

单位为毫米

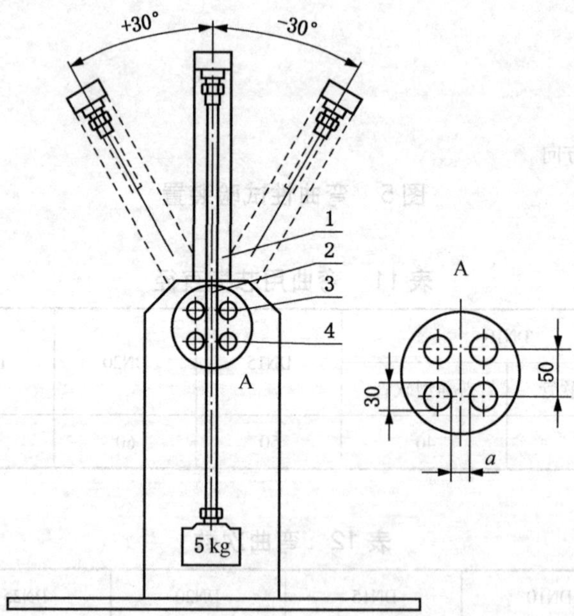

标引序号说明：

1——摆动臂；

2——位于弯曲轴的支点；

3——上部弯曲芯轴；

4——下部弯曲芯轴；

A——摆动弯曲固定点；

a = 软管外部直径 $^{+0.5}_{+0.2}$，包括其被覆层。

图6 摆动弯曲性试验装置

6.5.12　抗扭转性试验

按图 7 所示进行抗扭转性试验。将 1 m 长软管试样的一端固定在垂直位置，另一端固定在水平旋转装置上，在通入压力为 20 kPa 的空气状态下，旋转装置从中间位置旋转到 +90°，返回中间位置再到 -90°，然后再回到中间位置，以上为一次循环，以 30 次循环每分钟的速度转动 10000 次循环后，按 6.5.2 规定进行气密性试验，检查试验结果是否符合表 4 中序号 12 的规定。

单位为毫米

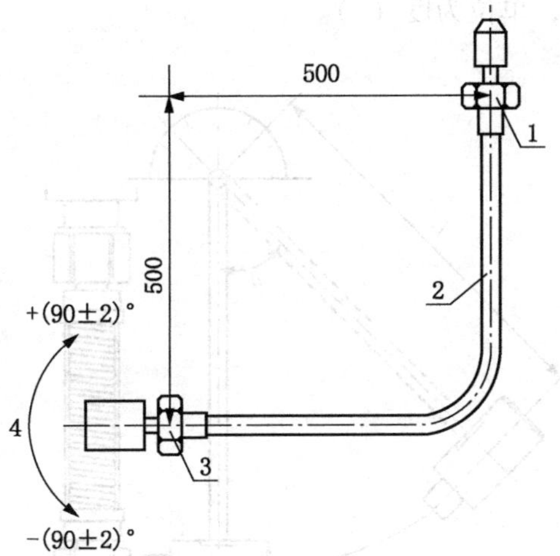

标引序号说明：

1——固定到垂直位置上的一端；

2——软管；

3——固定到水平旋转装置上的一端；

4——旋转方向。

图 7　抗扭转性试验装置

6.5.13　耐应力腐蚀性试验

剥离软管试样被覆层并封闭两端，按表 11 所规定的弯曲芯棒将软管试样弯曲 180°，然后浸泡在质量分数分别为：20% 氯化钠、1% 亚硝酸钠和 79% 蒸馏水配制的溶液中，加热溶液至沸腾回流 14 h 后取出试样，再按表 11 所规定的弯曲芯棒反向弯曲试样 180°后，按 6.5.2 规定进行气密性试验，检查试验结果是否符合表 4 中序号 13 的规定。

6.6　软管接头性能试验

6.6.1　耐冲击性试验

按图 8 所示，将软管试样两端接头按其结构紧固，施加表 13 规定的冲击功，冲击接头中心位置，冲击试验后按 6. 5. 2 规定进行气密性试验，检查试验结果是否符合表 4 中序号 14 的规定。

冲击功为公式（2）的计算值。

$$E = MLg(1 - \cos\alpha) \quad \cdots\cdots\cdots\cdots\cdots\cdots\cdots\cdots \quad (2)$$

式中：

E——冲击功，单位为焦耳（J），1 J = 0. 102 kgf · m；

M——重锤质量，单位为千克（kg）；

L——重锤回转轴中心到重心的距离，单位为米（m）；

g——重力加速度，单位为米每二次方秒（m/s^2）；

α——重锤上扬角度，单位为度（°）。

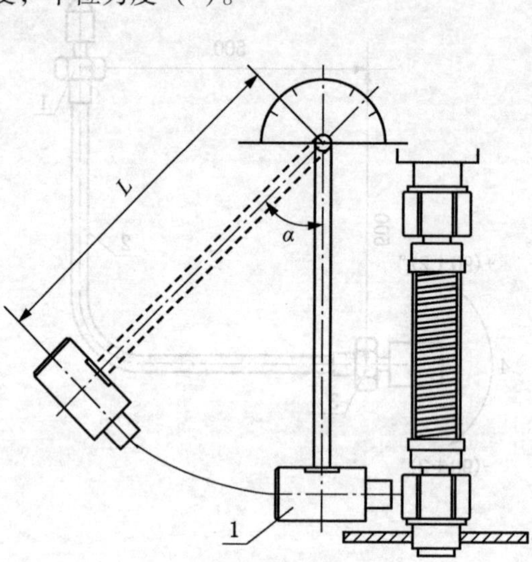

a) 耐冲击性试验装置

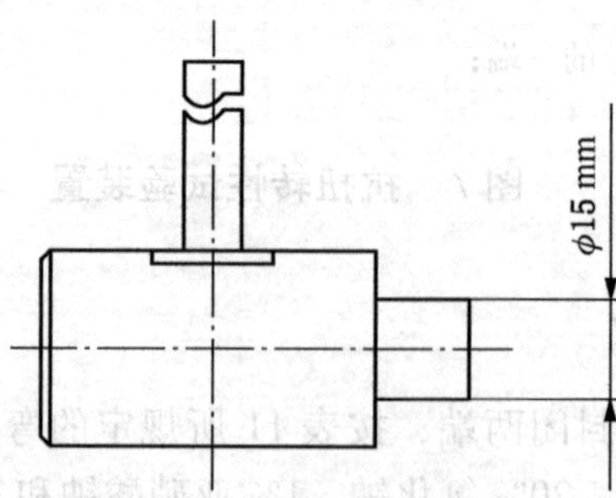

b) 重锤形状示例

标引序号说明：

1——重锤；

L——重锤回转轴中心到重心的距离；

α——重锤上扬角度。

图 8　耐冲击性试验图

表 13　冲击功　　单位为焦耳

公称尺寸	DN10	DN15	DN20	DN25	DN32
冲击功 E	13.5		21.0		

6.6.2　耐安装性试验

将软管试样接头按表 14 规定的耐安装力矩安装后，按 6.5.2 规定进行气密性试验，检查试验结果是否符合表 4 中序号 15 的规定。

表 14　耐安装力矩　　单位为牛·米

公称尺寸	DN10	DN15	DN20	DN25	DN32
耐安装力矩	44	60		82	

6.6.3　耐腐蚀性试验

不同接头的耐腐蚀试验如下。

a）不锈钢、电镀及其他表面处理的接头

不锈钢、电镀及其他表面处理的接头应进行盐雾试验。按照 GB/T 10125 确定的盐雾试验设备、中性盐雾试剂和试验方法进行 96 h 试验，检查试验结果是否符合表 4 中序号 16 的规定。

b）铜接头

将铜接头悬挂在含有 250 mL 氨水（质量分数浓度为 28%）和 250 mL 蒸馏水的密封容器内（容积为 18 L），铜接头不应与溶液接触，在室温下氨熏试验 2 h 后，检查试验结果是否符合表 4 中序号 16 的规定。

6.7　软管被覆层性能试验

6.7.1　阻燃性试验

按图 9 所示，使用火口内径为 10 mm 的本生灯，使火焰长度达到 40 mm，将带有被覆层的软管试样水平放置在距内焰上端约 10 mm 的外焰（火焰温度约 800 ℃）中，保持 5 s 后熄灭本生灯，测试软管试样持续燃烧的时间，取 3 个软管试样的算术平均值作为软管的持续燃烧时间，检查测试结果是否符合表 4 中序号 17 的规定。

6.7.2　耐冷热变化性试验

按表 11 所规定的弯曲芯棒将软管试样弯曲 180°，在 70 ℃环境下保持 2 h 后再到 20 ℃环境下保持 30 min，之后在 –15 ℃或 –40 ℃环境下保持 2 h，再回到 20 ℃环境下保持 30 min。以上为 1 个循环周期，反复 5 个循环周期后，检查试验结果是否符合表 4 中序号 18 的规定。

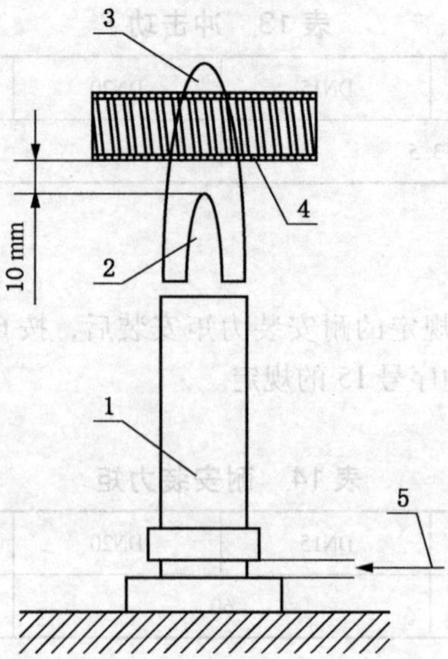

标引序号说明：

1——本生灯；

2——内焰；

3——外焰；

4——软管；

5——燃气。

图 9　阻燃性试验

6.7.3　耐液体性试验

试验条件应符合表 15 的规定，检查测试结果是否符合表 4 中序号 19 的规定。

表 15　耐液体试验条件

序号	试验项目	浸泡液	浸泡温度/℃	浸泡时间
1	耐洗涤剂	2% *n*-十二烷基苯磺酸钠水溶液	25 ± 5	24 h
2	耐高温食用油	纯大豆油	155 ± 5	10 s
3	耐食用油	纯大豆油	25 ± 5	24 h
4	耐食醋	4% 醋酸水溶液	25 ± 5	24 h
5	耐肥皂液	2% 十二烷基硫酸钠水溶液	25 ± 5	24 h
注：浸泡试样时，在两端安装阻止塞以防止浸泡液进入试样内部。				

6.7.4　标志耐擦性试验

试验方法如下：

a）　在软管耐液体试验完成后进行标志耐擦拭试验；

b） 取具有完整标志内容的软管作为试样，按图 10 所示试验系统安装试样，分别将浸透生活饮用水和纯大豆油的棉布固定在质量为 750 g 的重块 1 下表面，移动重块 1 在支架 4 内沿水平方向运动，做 10 次往复摩擦标志动作，每次运动距离不小于 20 mm。检查标志是否符合表 4 中序号 20 的规定。

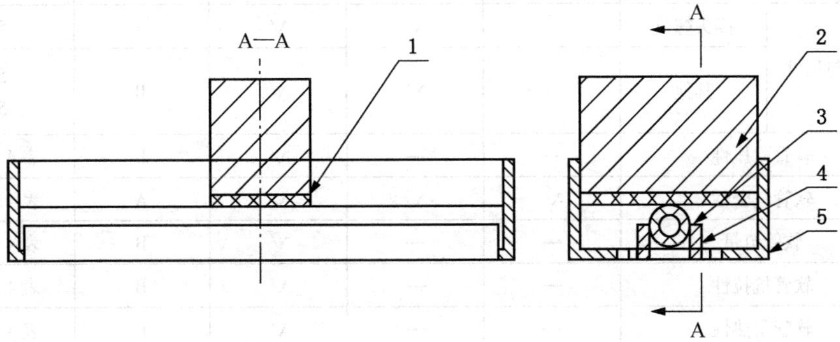

标引序号说明：

1——棉布；

2——重块 750 g；

3——试样；

4——挡板；

5——支架。

图 10 标志耐擦拭试验系统

6.8 软管密封垫片耐燃气性试验

按 GB/T 16411 确定的试验方法进行软管密封垫片耐燃气性试验，检查试验结果是否符合表 4 中序号 21 的规定。

7 检验规则

7.1 出厂检验

7.1.1 一般要求

出厂检验可分为逐件检验和抽样检验，逐件检验是生产全过程中对产品的检验；抽样检验是产品进入成品库前或交货时进行的检验。

7.1.2 逐件检验

7.1.2.1 逐件检验应在生产线上进行，检验项目按表 16 执行。

7.1.2.2 检验项目全部符合要求时，判定为合格。

表16 检验项目及不合格分类

序号	检验项目		出厂检验		型式检验	不合格分类	条款
			逐件检验	抽样检验			
1	材料[a]		—	—	√	B	5.1
2	外观		√	√	√	B	5.2
3	结构与尺寸	接头螺纹	—	√	√	A	5.3.3
		其他	—	√	√	B	5.3.4 5.3.5
4	软管耐压性		—	—	√	B	表4中序号1
5	软管气密性		√	√	√	A	表4中序号2
6	软管流量		—	—	√	B	表4中序号3
7	软管抗拉性		—	—	√	B	表4中序号4
8	软管耐热性		—	—	√	B	表4中序号5
9	软管扭曲性		—	—	√	B	表4中序号6
10	软管柔软性		—	√	√	B	表4中序号7
11	软管弯曲性		—	√	√	B	表4中序号8
12	软管耐冲击性		—	—	√	B	表4中序号9
13	超柔型软管拉伸变形性		—	—	√	B	表4中序号10
14	超柔型软管摆动弯曲性		—	—	√	B	表4中序号11
15	超柔型软管抗扭转性		—	√	√	B	表4中序号12
16	软管耐应力腐蚀性		—	√	√	B	表4中序号13
17	接头耐冲击性		—	—	√	B	表4中序号14
18	接头耐安装性		—	√	√	B	表4中序号15
20	接头耐腐蚀性		—	—	√	B	表4中序号16
21	被覆层阻燃性		—	—	√	B	表4中序号17
22	被覆层耐冷热变化性		—	—	√	B	表4中序号18
23	被覆层耐液体性		—	—	√	B	表4中序号19
24	标志耐擦性		—	—	√	B	表4中序号20
25	密封垫片耐燃气性		—	—	√	B	表4中序号21
26	标志		—	√	√	A	8.1
27	包装		—	—	√	B	8.2.1、8.2.2

注："√"为需要检验项目；"—"为不需要检验项目。

[a] 材料项可通过检查材料质量证明文件完成，如有疑义，可对材料进行理化或光谱分析。

7.1.3 抽样检验

7.1.3.1 抽样检验应逐批进行抽样，检验批应有同种材料、同一工艺生产、同一规格型号的产品组成，批量为一次交货数量。

7.1.3.2 抽样方案按 GB/T 2828.1 进行，也可由制造商自行确定。
7.1.3.3 检验项目按表 16 执行。
7.1.3.4 检验项目符合要求时，判定为合格。

7.2 型式检验

7.2.1 检验条件

有下列情况之一时，应进行型式检验：

a） 新产品或转厂生产的老产品鉴定定型，投入批量生产；
b） 正式生产后，产品在材料、工艺、结构等方面有较大改变足以影响产品性能；
c） 停产 1 年以上恢复生产；
d） 正常生产时，每年至少进行 1 次；
e） 出厂检验结果与上次型式检验结果有较大差异。

7.2.2 检验项目

检验项目按表 16 执行。

7.2.3 判定规则

检验项目全部符合要求时，判定为合格。

7.3 检验项目的不合格分类

检验项目的不合格分类见表 16。

8 标志、包装、运输和贮存

8.1 标志

软管被覆层上应有明显清晰、不易涂改的商标、型号、标准号、软管名称、波纹管不锈钢材料牌号、制造商名称和生产批号；软管接头上应有商标、材料牌号和接头连接尺寸（如 $G^1/_2$ 等）。

8.2 包装

8.2.1 软管单件包装应标明制造商名称、生产厂址、软管名称、商标，并附有合格证和安装使用说明书。
8.2.2 安装使用说明书中应包括软管标准号、软管结构、使用条件、紧固件的使用方法、安装要求以及注意事项等内容。
8.2.3 每套软管应分别包装并保证包装产品之间不发生碰撞。外包装可采用全封闭纸箱或木箱，包装箱的标志应符合 GB/T 191 中的规定。

8.3 运输

软管的运输应符合 GB/T 9577 中的规定。

8.4 贮存

软管的贮存应符合 GB/T 9576 中的规定。

参 考 文 献

[1] GB/T 13611 城镇燃气分类和基本特性

ICS 91.140
P 47

CJ

中华人民共和国城镇建设行业标准

CJ/T 490—2016

燃气用具连接用金属包覆软管

Armouring hose for the connection of gas appliance

2016-06-01 发布　　2016-12-01 实施

中华人民共和国住房和城乡建设部　发布

目 次

前　言

本标准按照GB/T 1.1—2009给出的规则起草。

本标准由住房和城乡建设部标准定额研究所提出。

本标准由住房和城乡建设部燃气标准化技术委员会归口。

本标准起草单位：杭州万全金属软管有限公司、无锡市钱氏功能塑胶有限公司、南京民族塑胶厂（集团）、天津环化燃气设备科技发展有限公司、浙江鑫琦管业有限公司、宁波市安邦管业有限公司、航天晨光股份有限公司上海分公司、余姚市固力管业有限公司、苏州市第四橡胶有限公司、南京七四二五橡塑有限责任公司、宁波天鑫金属软管有限公司、宁波方太厨具有限公司、博西华电器（江苏）有限公司、中国市政工程华北设计研究总院有限公司、国家燃气用具质量监督检验中心、杭州联发管业科技有限公司。

本标准主要起草人：吴文庆、钱铮、沙宝海、李仲伦、黄陈宝、余跃辉、叶朝晖、谷建伟、王增华、张英稳、林爱素、徐德明、刘松辉、严荣松、刘斌、凡思义。

燃气用具连接用金属包覆软管

1 范围

本标准规定了燃气用具连接用金属包覆软管（以下简称软管）的术语和定义，产品结构、规格及型号，要求，试验方法，检验规则，标志、包装、运输和贮存。

本标准适用于公称尺寸不大于32、工作压力不大于10 kPa、使用环境温度为 -10 ℃ ~ 70 ℃、燃气质量符合 GB/T 13611 规定的城镇燃气室内管道支管、瓶装液化石油气调压器出口与用户燃气燃烧器具连接用金属包覆软管。

2 规范性引用文件

下列文件对于本文件的应用是必不可少的。凡是注日期的引用文件，仅注日期的版本适用于本文件。凡是不注日期的引用文件，其最新版本（包括所有的修改单）适用于本文件。

GB/T 191 包装储运图示标志

GB/T 1220 不锈钢棒

GB/T 2828.1 计数抽样检验程序 第1部分：按接收质量限（AQL）检索的逐批检验抽样计划

GB/T 4240 不锈钢丝

GB/T 5231 加工铜及铜合金牌号和化学成分

GB/T 7307 55°非密封管螺纹

GB/T 9576 橡胶和塑料软管及软管组合件 选择、贮存、使用和维护指南

GB/T 9577 橡胶和塑料软管及软管组合件 标志、包装和运输规则

GB/T 13611 城镇燃气分类和基本特性

GB/T 15675 连续电镀锌、锌镍合金镀层钢板及钢带

CJ/T 197—2010 燃气用具连接用不锈钢波纹软管

CJ/T 491—2016 燃气用具连接用橡胶复合软管

JB/T 8870 喉箍

3 术语和定义

下列术语和定义适用于本文件。

3.1

燃气用具连接用金属包覆软管 armouring hose for the connection of gas appliance

两端带有连接燃烧器具和燃气管道接头，有固定长度，且橡胶管由塑料护套和柔性金

属护套保护的燃气用具连接管。

4 产品结构、规格及型号

4.1 产品结构

软管按两端接口的连接方式分为：螺纹连接式软管，代号为 A；一端螺纹连接，另一端为螺纹锁紧插入式连接的组合连接式软管，代号为 B；一端螺纹连接，另一端为喉箍锁紧插入式连接的组合连接式软管，代号为 C，分别见图 1、图 2 和图 3。

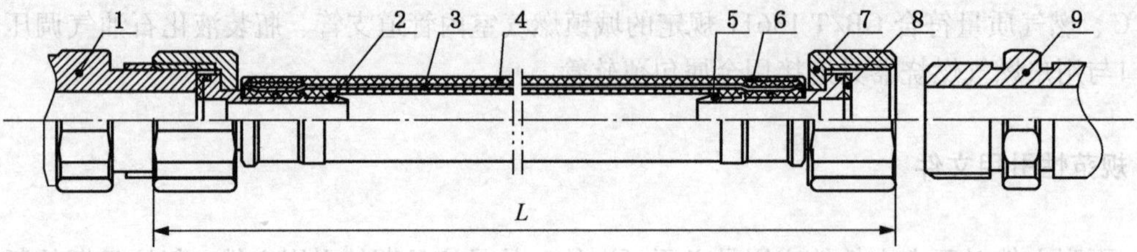

说明：

1——螺纹连接式的管道接口；
2——燃气胶管；
3——金属护套；
4——塑料护套；
5——管芯；
6——压套；
7——螺母；
8——密封圈；
9——螺纹连接式的燃烧器具接口。

图 1 A 型软管

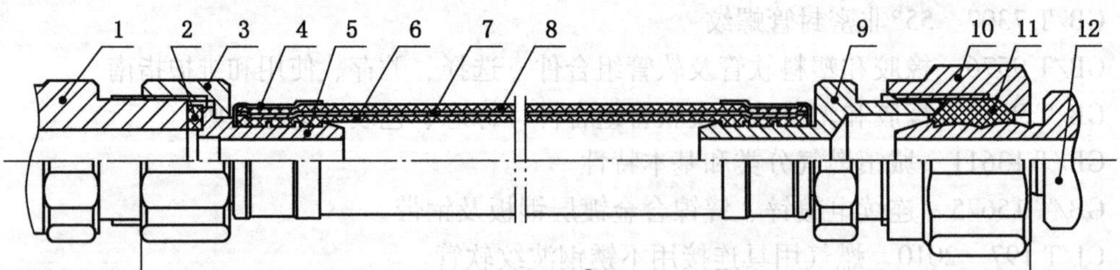

说明：

1 ——螺纹连接式的管道接口；
2 ——密封圈；
3 ——螺母；
4 ——压套；
5 ——管芯；
6 ——燃气胶管；
7 ——金属护套
8 ——塑料护套；
9 ——插口管芯；
10——插口螺母；
11——插口密封圈；
12——插口连接式的燃烧器具接口。

图 2 B 型软管

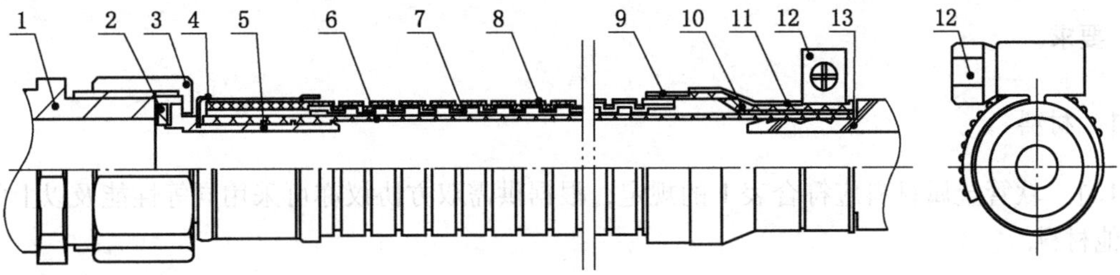

说明：

1 ——螺纹连接式的管道接口；
2 ——密封圈；
3 ——螺母；
4 ——压套；
5 ——管芯；
6 ——燃气胶管；
7 ——金属护套；
8 ——塑料护套；
9 ——连接套；
10——塑胶软接头；
11——保护套；
12——螺杆驱动式喉箍；
13——插口连接式的燃烧器具接口。

图3 C型软管

4.2 规格

4.2.1 软管的公称尺寸 A 型分为：DN10、DN15、DN20、DN25、DN32；B 型和 C 型为：DN10。

4.2.2 软管的长度尺寸宜为 300 mm、400 mm、500 mm、600 mm、800 mm、1000 mm、1200 mm、1500 mm、2000 mm，其他长度也可根据合同要求订制，但应不超过 2 m。

4.3 型号

4.3.1 型号编制

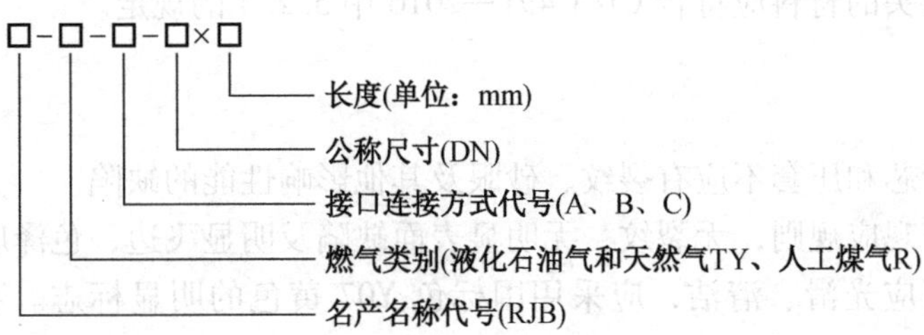

4.3.2 型号示例

一端为螺纹式连接，另一端为螺纹锁紧插入式连接，公称尺寸为 DN10 的 1000 mm 长的用于天然气（或液化石油气）的燃具连接用金属包覆软管，其型号标记为：RJB-TY-B-10×1000。

5 要求

5.1 材料

5.1.1 软管金属材料应符合表1的规定，根据供需双方协议亦可采用同等性能及以上的其他材料。

表1 软管金属材料

<table>
<tr><th rowspan="2">序号</th><th rowspan="2" colspan="2">名　称</th><th colspan="2">材　料</th></tr>
<tr><th>牌　号</th><th>标　准　号</th></tr>
<tr><td rowspan="2">1</td><td rowspan="2" colspan="2">压套</td><td>06Cr19Ni10</td><td>GB/T 4240</td></tr>
<tr><td>H68</td><td>GB/T 5231</td></tr>
<tr><td rowspan="2">2</td><td rowspan="2" colspan="2">螺母、管芯</td><td>HPb59-1</td><td>GB/T 5231</td></tr>
<tr><td>06Cr19Ni10</td><td>GB/T 1220</td></tr>
<tr><td rowspan="2">3</td><td rowspan="2">金属护套</td><td>不锈钢丝编织</td><td>06Cr19Ni10</td><td>GB/T 4240</td></tr>
<tr><td>镀锌钢带缠绕</td><td>SPHC + ZE</td><td>GB/T 15675</td></tr>
</table>

5.1.2 燃气胶管材料应符合 CJ/T 491—2016 中 5.2、6.1、6.3、6.4、6.5、6.8、6.9、6.10、6.12、6.13、6.16 的规定，其中耐燃气透过性应符合表2的规定。

表2 耐燃气透过性

公称尺寸	DN10	DN15	DN20	DN25	DN32
最大透过量/(mL/h)	5	7	10	12	14

5.1.3 塑料护套材料应符合 CJ/T 197—2010 的 5.1 中被覆层的规定。

5.1.4 橡胶软接头的材料应符合 CJ/T 491—2016 中 5.2.4 的规定。

5.2 外观

5.2.1 螺母、管芯和压套不应有裂纹、砂眼及其他影响性能的缺陷。

5.2.2 密封圈外观应规则，无裂纹，无明显表面缺陷及明显飞边，色泽应均匀。

5.2.3 软管表面应光滑、清洁，应采用国标色 Y07 黄色的明显标志。不应有明显的杂质、伤痕、色斑、裂纹，表面文字和标志应清晰。

5.3 结构与尺寸

5.3.1 燃气胶管的壁厚应不小于 2.0 mm。

5.3.2 采用不锈钢丝编织网时，钢丝线径应不小于 0.15 mm；镀锌钢带厚度应不小于 0.2 mm。

5.3.3　螺母采用非螺纹密封管螺纹，应符合 GB/T 7307 的规定。螺母壁厚应不小于 1.5 mm；管芯壁厚应不小于 1 mm；插入式螺母应有防松措施。连接压套壁厚应不小于 0.3 mm。

5.3.4　软管外露橡胶部分应有金属保护。

5.3.5　B 型和 C 型软管插入式端接头应符合 CJ/T 491—2016 中 5.1.2 的规定。

5.3.6　螺杆驱动式喉箍应符合 JB/T 8870 的规定。

5.3.7　软管管体尺寸应符合表 3 的规定。

表 3　软管管体尺寸

序号	公称尺寸	内径/mm	内径公差/mm	外径/mm	连接尺寸
1	DN10	9.5	±0.5	15～18	G1/2″，C9.5
2	DN15	13	±0.5	19～23	G1/2″
3	DN20	19	±0.5	26～30	G3/4″
4	DN25	25	±0.6	33～38	G1″
5	DN32	32	±0.7	41～46	G1-1/4″

5.3.8　软管长度极限偏差应符合表 4 的规定。

表 4　软管长度极限偏差　　单位为毫米

软管长度（L）	100～400	＞400～800	＞800～1200	＞1200～2000
极限偏差（ΔL）	$^{+10}_{0}$	$^{+20}_{0}$	$^{+30}_{0}$	$^{+40}_{0}$

5.4　性能

5.4.1　软管性能应符合表 5 的规定。

表 5　软管性能

序号	适用	试验项目	性　　能	试验方法
1	软管	耐压性	在 0.8 MPa 压力下，无渗漏	6.4.1
2		气密性	在 100 kPa 压力下，无泄漏	6.4.2
3		抗拉性	A 型按照按表 7 所示拉伸负荷试验，B 型和 C 型按照 400 N 的负荷试验，软管应无脱落和泄漏	6.4.3
4		摆动弯曲试验	软管一端固定，绕固定端做左右各 90°的摆动弯曲，经过 5000 次试验后，去掉外层塑料护套，软管应符合气密性的规定	6.4.4
5		柔软性	按照表 8 规定的悬挂重量及圆筒直径，接触角度不小于 110°，金属护套应无损坏	6.4.5
6		挤压试验	软管进行 500 N 压力试验，编织金属丝无断丝，缠绕钢带无开裂	6.4.6
7		耐用性试验	测试后泄漏量不应大于 20 mL/h，软管连接总成出现明显破坏时的拉力不应低于表 7 规定值的 75%	6.4.7

表5（续）

序号	适用	试验项目	性　能	试验方法
8	包覆层	阻燃性	符合 CJ/T 197—2010 中表4的规定	6.5.1
9		耐液体性	塑料表面不应出现裂纹	6.5.2
10		耐冷热变化性	符合 CJ/T 197—2010 中表4的规定	6.5.3
11		标志耐擦性	符合 CJ/T 491—2016 中 6.15 的规定	6.5.4
12	接头	耐冲击性	符合 CJ/T 197—2010 中表4的规定	6.6.1
13		耐安装性	符合 CJ/T 197—2010 中表4的规定	6.6.2
14		耐腐蚀性	符合 CJ/T 197—2010 中表4的规定	6.6.3
15	密封圈	耐燃气性	符合 CJ/T 197—2010 中表4的规定	6.7

6 试验方法

6.1 实验室条件

6.1.1 实验室温度

实验室温度应保持在（20±15）℃范围。

6.1.2 试验器具

试验器具应符合表6的规定。

表6 试验器具

序号	试验项目	试验器具	量程（规格）	精度
1	温度测定/℃	温度计	0～100	0.2
2	尺寸测量/mm	外径千分尺	0～25 25～50	0.01
		游标卡尺	0～150	0.02
		钢卷尺	0～3000	1
3	螺纹测量	螺纹量规	G1/2、G3/4、G1、G1-1/4	B级
4	质量测定/g	天平	100	0.0001
5	拉力测定/N	拉力器	0～5000	20
6	时间测定/s	秒表		0.1
7	扭矩测定/（N·m）	扭矩扳手	0～200	5

6.2 外观检查

软管外观检查可采用目视，检查表面光亮度、完整度及有无局部不良缺陷。

6.3 结构与尺寸检查

软管尺寸、长度及接口连接尺寸，可采用表 6 规定的量具检查。

6.4 软管性能试验

6.4.1 耐压性试验

将软管的一端堵住，从另一端缓慢注入 0.8 MPa 的水压，保压 1 min 后，软管应无渗漏及损伤。

6.4.2 气密性试验

将软管的一端堵住，从另一端通入 100 kPa 的气压，保压 1 min 后，软管应无泄漏。

6.4.3 抗拉性试验

取长度 300 mm 的软管，两端分别固定到试验机的接口上，通入 20 kPa 的气压，拉力试验机的拉伸速度为（500 ±25）mm/min，拉伸至表 7 规定的拉伸负荷后，关闭气源，保压 1 min，检查软管有无泄漏及脱落。

表 7 拉伸负荷

公称尺寸	DN10	DN15	DN20	DN25	DN32
拉伸负荷/N	600	800	1000	1200	1400
注：C 型软管拉伸负荷为 400 N。					

6.4.4 摆动弯曲试验

试样按图 4 安装，将软管的一端固定，通入 20 kPa 气压，绕固定端做左右 90°摆动弯曲，左右各一次为一个周期，B 点和 C 点位置的软管为水平状态，水平段软管的中心线与

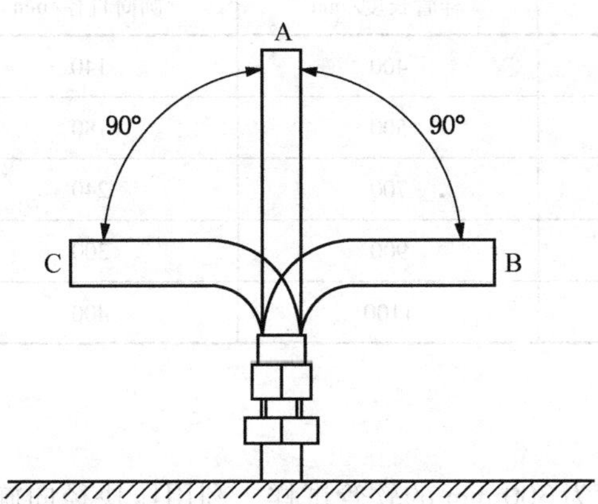

图 4 摆动弯曲试验

压套上沿的垂直高度为（100±5）mm，以30周期/min的频率完成5000次，确认有无破坏和漏气。

6.4.5 柔软性试验

按表8中规定的样管长度，圆筒直径及挂重按照图5，将样管两端挂上挂重，测量样管与圆筒的接触角度。

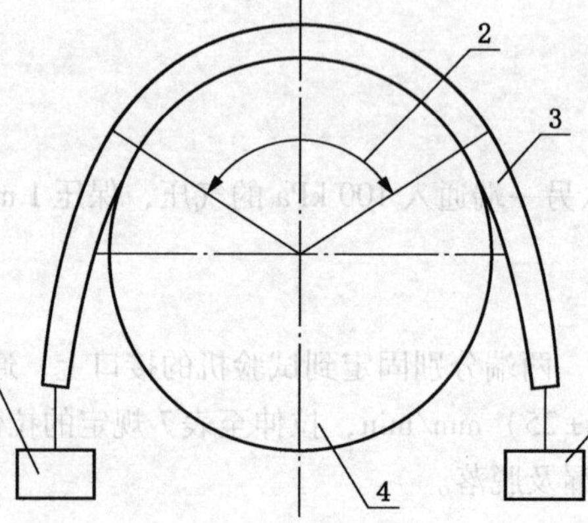

说明：

1——挂重；

2——接触角度；

3——样管；

4——圆筒。

图5 柔软性试验

表8 柔软性试验参数

序号	公称通径/mm	样管长度/mm	圆筒直径/mm	挂重质量/kg
1	DN10	400	140	1.0
2	DN15	500	180	1.5
3	DN20	700	240	2.0
4	DN25	900	300	2.5
5	DN32	1100	400	3.0

6.4.6 挤压试验

如图6所示，取长度为300 mm的软管试样，利用压块径向施加500 N的压力，编织金属丝无断丝，缠绕钢带无开裂。

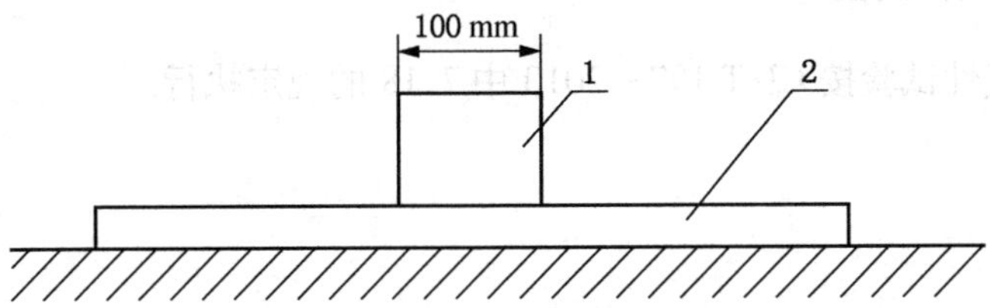

说明：
1——压块；
2——样管。

图6　挤压试验

6.4.7　耐用性试验

耐用性试验按附录 A 的规定执行。

6.5　包覆层性能试验

6.5.1　阻燃性试验

阻燃性试验按 CJ/T 197—2010 中 7.19 的规定执行。

6.5.2　耐液体性试验

塑料保护套的耐液体性能试验按 CJ/T 491—2016 中 7.9 的规定执行。

6.5.3　耐冷热变化性试验

耐冷热变化性能试验按 CJ/T 197—2010 中 7.20 的规定执行。

6.5.4　标志耐擦性试验

标志耐擦性试验按 CJ/T 491—2016 中 7.17 的规定执行。

6.6　接头性能试验

6.6.1　耐冲击性试验

接头耐冲击性试验按 CJ/T 197—2010 中 7.14 的规定执行。

6.6.2　耐安装性试验

接头耐安装性试验按 CJ/T 197—2010 中 7.15 的规定执行。

6.6.3　耐腐蚀性试验

接头耐腐蚀性试验按 CJ/T 197—2010 中 7.16a）项的规定执行。

6.7 密封圈耐燃气性试验

密封圈耐燃气性试验按 CJ/T 197—2010 中 7.18 的规定执行。

7 检验规则

7.1 检验分类

产品检验分出厂检验和型式检验。

7.2 出厂检验

7.2.1 逐件检验

逐件检验应在生产线上进行，检验项目应包括外观、气密性和长度尺寸。

7.2.2 抽样检验

每批产品进入成品库或在交货时应检验。

7.2.2.1 抽样检验应逐批进行抽样，检验批应有同种材料、同一工艺生产、同一规格型号的产品组成，批量为一次交货数量。

7.2.2.2 抽样方案可按 GB/T 2828.1 的规定抽样，采用一般检验水平Ⅱ，正常检查一次抽样方案，样本以件为单位。抽样检验的不合格类别、检验项目、合格质量水平（AQL）应符合表 9 的规定。

表 9 抽样检验的不合格类别、检验项目、合格质量水平（AQL）

序号	不合格类别	检验项目	要求	合格质量水平（AQL）
1	A	气密性	表 5	0.4
2		标志	8.1	
3	B	外观	5.1	1.0
4		尺寸	5.2	

7.2.3 判定规则

按 7.2.2.2 规定的抽样方案判断该批产品是否接收。不接收批将不合格项目 100% 检验后，将不合格品剔除或修理后，按 7.2.2.2 规定的抽样方案再次进行检验。

7.3 型式检验

7.3.1 检验项目

型式检验应包括第 4 章和第 5 章规定的全部项目及 8.1 和 8.2 规定的项目。

7.3.2 检验条件

有下列情况之一时，应进行形式检验：

a）新产品或老产品转厂生产的试制定型鉴定；

b）当正常生产的产品在设计、工艺、材料、生产设备和管理等方面有较大改变而可能影响性能时；

c）正常生产时，每 3 年至少进行 1 次；

d）停产 1 年后恢复生产时；

e）出厂检验结果与上次型式检验有较大差异时。

7.3.3 判定规则

型式检验全部检验项目符合要求时，判定为合格。不合格项目改进后应重新复验直至合格，方可判定合格。

7.4 不合格分类

检验不合格类别和检验项目应符合表 10 的规定。

表 10 检验不合格类别和检验项目

<table>
<tr><th>序号</th><th>不合格类别</th><th>检 验 项 目</th><th>要 求</th></tr>
<tr><td>1</td><td rowspan="3">A</td><td>气密性</td><td rowspan="2">表 5</td></tr>
<tr><td>2</td><td>包覆层软管标志耐擦性</td></tr>
<tr><td>3</td><td>标志</td><td>8.1、8.2</td></tr>
<tr><td>4</td><td rowspan="15">B</td><td>外观</td><td>5.2</td></tr>
<tr><td>5</td><td>结构与尺寸</td><td>5.3</td></tr>
<tr><td>6</td><td>软管耐压性</td><td rowspan="13">表 5</td></tr>
<tr><td>7</td><td>软管抗拉性</td></tr>
<tr><td>8</td><td>软管摆动弯曲试验</td></tr>
<tr><td>9</td><td>软管柔软性</td></tr>
<tr><td>10</td><td>软管挤压试验</td></tr>
<tr><td>11</td><td>软管耐用性试验</td></tr>
<tr><td>12</td><td>包覆层阻燃性</td></tr>
<tr><td>13</td><td>包覆层耐液体性</td></tr>
<tr><td>14</td><td>包覆层耐冷热变化性</td></tr>
<tr><td>15</td><td>接头耐冲击性</td></tr>
<tr><td>16</td><td>接头耐安装性</td></tr>
<tr><td>17</td><td>接头耐盐雾性</td></tr>
<tr><td>18</td><td>密封圈耐燃气性</td></tr>
</table>

8 标志、包装、运输和贮存

8.1 标志

产品上应有明显清晰、不易涂改的注册商标、型号编制、产品名称、生产厂名、生产日期及标准号；螺母上应有商标及连接尺寸。

8.2 包装

8.2.1 产品单件包装应标明生产厂名、生产厂址、产品名称、注册商标或企业标记，并附有合格证和安装使用说明书。

8.2.2 每套产品应分别包装、并保证经包装的产品之间不发生碰撞。外包装可采用全封闭纸箱或木箱，包装箱标志应符合 GB/T 191 的规定。

8.2.3 说明书中应包括产品结构、使用条件、紧固件的使用方法、安装要求以及注意事项等内容。

8.3 运输

产品运输应符合 GB/T 9577 的规定。

8.4 贮存

产品贮存应符合 GB/T 9576 的规定。

附 录 A
(规范性附录)
软管耐用性试验方法

A.1 检测项目

燃气软管耐用性试验。采用使燃气管内部处于燃气腐蚀，外部处于环境腐蚀，并进行高低温循环试验的评价燃气软管耐用性的试验方法。

A.2 试验温度

试验温度按下列规定：

a） 最大试验温度 T_{max}——标准规定的最高使用温度；

b） 最低试验温度 T_{min}——标准规定的最低使用温度。

A.3 试验装置和仪器

试验装置和仪器应符合表 A.1 的规定，燃气软管耐用性试验装置系统如图 A.1 所示。

表 A.1 实验装置和仪器

序号	试验仪器名称	用　途	种类及范围	
			技术要求	精度
1	高低温箱	能够满足实现测试温度区间的恒温装置/℃	温度范围不低于：-20~80	0.5
2	密封舱	为测试提供人工环境的密封容器	满足充装测试样品的容器	—
3	电子秤	用于计量试验用环境介质的质量/kg	30	0.005
4	拉力试验机	用于测试样品总成施加拉力/kN	50	±1%
5	检漏仪	用于测试样品总成的泄漏性能/(mL/h)	0~50	±5%
6	注射器	用于计量试验用燃气腐蚀剂的质量/mL	10	0.5

A.4 实验步骤

A.4.1 初始值检验

初始值检验按下列步骤进行：

a） 取燃气软管 3 只备测；

b） 用扭力扳手将软管一端与预制的密封管接头连接，另一端与检漏仪连接；检测 50 kPa 压力下的泄漏量，泄漏量不应大于 10 mL/h；

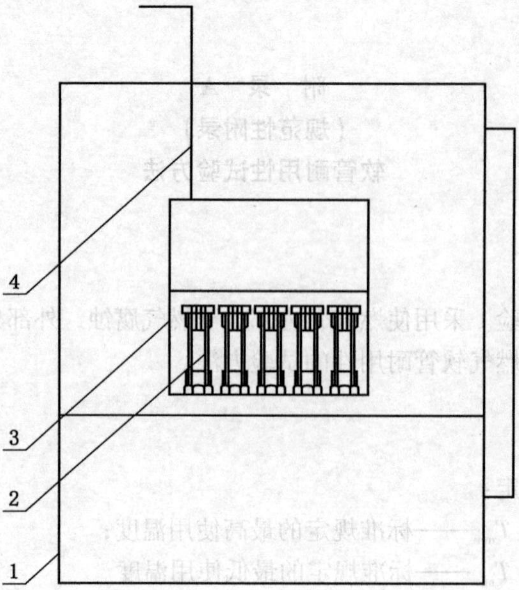

说明：

1——高低温箱；

2——软管总成；

3——密封舱；

4——放散管。

图 A.1 燃气软管耐用性试验装置系统

c） 用扭力扳手将软管两端与预制的密封管接头连接，在拉力试验机上进行抗拉性能测试；

d） 记录燃气软管连接总成出现明显破坏时的拉力，拉力不应低于表 7 规定的数值。

A.4.2 试剂准备

按下列规定准备试剂：

a） 试验用燃气腐蚀剂：正戊烷（纯度大于 99%）；

b） 试验用环境腐蚀剂：10% 氯化钠/90% 纯净水（质量比）。

A.4.3 试验准备

按下列规定准备试验样品：

a） 取燃气软管 6 只；

b） 使用扭力扳手施加规定的扭力，将胶管一端用密封管接头密封；

c） 在低温环境中，将 2 mL 正戊烷试剂注入胶管内后，用扭力扳手将胶管另一端密封，并放入密封舱内；

d） 将 1000 mL 盐水溶液倒入密封舱内，盖好密封舱，并将密封舱顶部的放气管与放散管道连接。

A.4.4 高低温循环试验

试验按下列程序进行：

a）将高低温箱设置为高低温交替变化运行模式，一个温度循环的时间不应低于 24 h；每个温度循环中，环境处于 T_{min} 和 T_{max} 的温度时间应不少于 8 h；

b）试验周期由采购方或第三方评价机构指定，宜不少于 720 h；

c）完成高低温循环试验后，在室外将软管一端接口松开，再重新放入密封舱内并置于恒温箱中，连接放气管至室外；

d）调整恒温箱温度至 40 ℃，保持 4 h 后取出进行性能测试。

A.4.5 性能测试

性能应符合下列规定：

a）将软管连接总成一端与检漏仪连接，复检泄漏量。泄漏量应不大于 20 mL/h。

b）将软管连接总成在拉力试验机上复检抗拉性能，软管连接总成出现明显破坏时的拉力不应低于表 7 规定值的 75%。

ICS 91.140
P 47

CJ

中华人民共和国城镇建设行业标准

CJ/T 491—2016

燃气用具连接用橡胶复合软管

Compounded rubber hose for the connection of gas appliance

2016-06-01 发布 2016-12-01 实施

中华人民共和国住房和城乡建设部 发布

目 次

前　言

本标准按照 GB/T 1.1—2009 给出的规则起草。

本标准由住房和城乡建设部标准定额研究所提出。

本标准由住房和城乡建设部燃气标准化技术委员会归口。

本标准起草单位：北京市公用事业科学研究所、北京市燃气集团研究院、南京七四二五橡塑有限责任公司、无锡市钱氏功能塑胶有限公司、苏州市第四橡胶有限公司、南京民族塑胶厂（集团）、北京市燕山工业燃气设备有限公司、无锡华润燃气公司、成都城市燃气有限责任公司、北京市建设工程质量第四检测所、北京橡胶工业研究设计院、广州合成材料研究院有限公司、陕西大唐智能仪器仪表有限公司、北京燃气用户服务公司、沈阳万丰机电设备有限公司、福建闽清一建建设发展有限公司。

本标准主要起草人：陈文柳、李美竹、张英稳、钱铮、王增华、沙宝海、王凡、王佩广、陈力生、张红琴、赵丹、杨雪飞、陈宏、易军、刘波、范春明、张弘弼、宋亚平、邱林法、谬子超。

燃气用具连接用橡胶复合软管

1　范围

本标准规定了燃气用具连接用橡胶复合软管（以下简称软管）的术语和定义，分类和型号，结构和材料，要求，试验方法，检验规则，标志和使用说明书以及包装、运输和贮存。

本标准适用于工作压力不大于 10 kPa、使用环境温度为 -10 ℃ ~70 ℃、燃气质量符合 GB/T 13611 的城镇燃气室内管道支管、家用瓶装液化石油气调压器出口与用户燃气燃烧器具连接用橡胶软管。

2　规范性引用文件

下列文件对于本文件的应用是必不可少的。凡是注日期的引用文件，仅注日期的版本适用于本文件。凡是不注日期的引用文件，其最新版本（包括所有的修改单）适用于本文件。

GB/T 191　包装储运图示标志

GB/T 528　硫化橡胶或热塑性橡胶　拉伸应力应变性能的测定

GB/T 531.1　硫化橡胶或热塑性橡胶　压入硬度试验方法　第 1 部分：邵氏硬度计法（邵尔硬度）

GB/T 1690　硫化橡胶或热塑性橡胶耐液体试验方法

GB/T 3512　硫化橡胶或热塑性橡胶　热空气加速老化和耐热试验

GB/T 5563　橡胶和塑料软管及软管组合件　静液压试验方法

GB/T 5564—2006　橡胶和塑料软管　低温曲挠试验

GB/T 5565—2006　橡胶或塑料增强软管和非增强软管　弯曲试验

GB/T 9573　橡胶和塑料软管及软管组合件　软管尺寸和软管组合件长度测量方法

GB/T 9576　橡胶和塑料软管及软管组合件　选择、贮存、使用和维护指南

GB/T 9577　橡胶和塑料软管及软管组合件　标志、包装和运输规则

GB/T 9969　工业产品使用说明书　总则

GB/T 13611　城镇燃气分类和基本特性

GB/T 14905　橡胶和塑料软管　各层间粘合强度的测定

GB 17905　家用燃气燃烧器具安全管理规则

GB/T 20028　硫化橡胶或热塑性橡胶应用阿累尼乌斯图推算寿命和最高使用温度

GB/T 24134—2009　橡胶和塑料软管　静态条件下耐臭氧性能的评价

3 术语和定义

下列术语和定义适用于本文件。

3.1

橡胶复合软管 compounded rubber hose

由橡胶共混或橡胶与塑料共混材料制作的软管。

4 分类和型号

4.1 分类

软管按适用燃气类别分为天然气和液化石油气（TY）、人工煤气（R）软管。

4.2 型号

4.2.1 型号编制

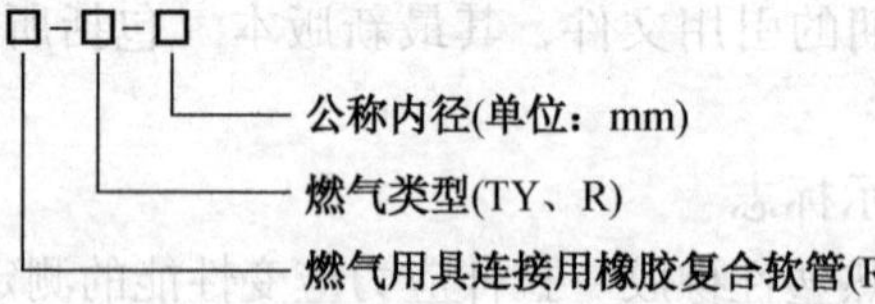

4.2.2 型号示例

公称内径 9.5 mm 的天然气燃气（或液化石油气）用具连接用橡胶复合软管型号表示为：RLX-TY-9.5。

5 结构和材料

5.1 结构

5.1.1 软管的结构为单层或多层结构。

5.1.2 软管与燃气用具的连接方式参见附录 A。

5.2 材料

5.2.1 软管内层材料应与燃气类别相匹配，外层材料应与厨房环境条件相适应。

5.2.2 软管材料及配料不应随着使用时间的延长而出现引起燃烧器火孔堵塞的析出物。

5.2.3 软管材料及配料不应随使用时间延长而释放影响环境及人身健康的挥发物。

5.2.4 软管材料性能应符合表 1 的规定。

表 1 软管材料性能

序号	项 目		要 求	试验方法
1	内层	耐燃气性能/%	质量变化率≤20	附录 B
2	软管各层	拉伸强度/MPa	≥12	GB/T 528
3		拉断伸长率/%	≥330	GB/T 528
4		硬度/HA	55 ~ 80	GB/T 531.1
5		热空气老化性能[(70 ±1)℃,96 h]/%	拉伸强度变化率≤20 拉断伸长率变化率≤20	GB/T 3512

6 要求

6.1 外观

软管表面应整洁、均匀，无可见气泡、杂质、裂痕、海绵状等影响使用的缺陷。

6.2 尺寸与公差

软管尺寸与公差应符合表 2 的规定。

表 2 软管尺寸与公差

单位为毫米

序号	公称内径	内径与公差	壁厚与公差
1	9.5	9.4 ±0.4	3.0 ±0.3
2	13.0	12.7 ±0.5	3.3 ±0.3
注：有金属保护外套的软管，壁厚应不小于 2.0 mm。			

6.3 各层剥离强度

在（25 ±2.5）mm/min 的速度条件下，软管各层之间的剥离强度应不小于 1.2 kN/m。

6.4 气密性

在 100 kPa 的压力条件下，软管应无可见泄漏。

6.5 耐压性

在 200 kPa 的压力条件下，软管不应有破损、渗漏。

6.6 耐燃气透过性能

在 60 kPa 压力条件下，公称内径 9.5 mm 的软管燃气透过量应不大于 5 mL/h，公称内径13.0 mm的软管燃气透过量应不大于7 mL/h。

6.7 耐液体性能

软管外层耐液体性能应符合表3的规定。

表3 软管耐液体性能

序号	项 目	质量变化率/%
1	耐洗涤剂	≤5
2	耐高温食用油	≤3
3	耐食用油	≤3
4	耐食醋	≤5
5	耐肥皂液	≤5

6.8 耐燃烧性

持续燃烧时间应不超过5 s。

6.9 弯曲性能

在弯曲半径为5倍公称内径的状态下，软管弯曲部分最小外径应不小于0.9倍直管状态平均外径。

6.10 低温性能

6.10.1 低温弯曲

在（-20±2）℃的温度条件下弯曲软管，弯曲半径为5倍软管公称内径，软管应无龟裂或破裂，且气密性应符合6.4的规定。

6.10.2 低温扭转

在（-20±2）℃的温度条件下扭转软管，扭转幅度不小于90°，软管应无龟裂或破裂，且气密性应符合6.4的规定。

6.11 耐臭氧老化

在臭氧体积分数为（50±5）$\times 10^{-8}$、温度为（40±2）℃的臭氧箱中暴露96 h，软管应无龟裂现象。

6.12 耐热性

在耐受（100±2）℃的高温后，气密性应符合6.4的规定。

6.13 耐拉伸性

在耐受 600 N 拉力后，气密性应符合 6.4 的规定。

6.14 拔出力

软管拔出力应不小于 100 N。

6.15 标志耐擦拭

摩擦后的标志应清晰易辨。

6.16 加速失效

软管应进行加速失效测试，测试评估的 25 ℃条件下使用时间不应低于 GB 17905 中规定的燃气用具判废年限。

7 试验方法

7.1 试验条件

7.1.1 实验室条件

7.1.1.1 实验室温度

实验室温度应为 15 ℃ ~35 ℃。

7.1.1.2 大气压力

实验室大气压力应在 86 kPa ~ 106 kPa 之间。

7.1.1.3 湿度

实验室的空气相对湿度应不大于 85% 。

7.1.2 试验介质

压缩空气、洁净水。

7.1.3 试验系统、仪器

7.1.3.1 试验系统

试验系统见图 1 ~ 图 4。

7.1.3.2 试验仪器

试验仪器应符合表 4 的规定。

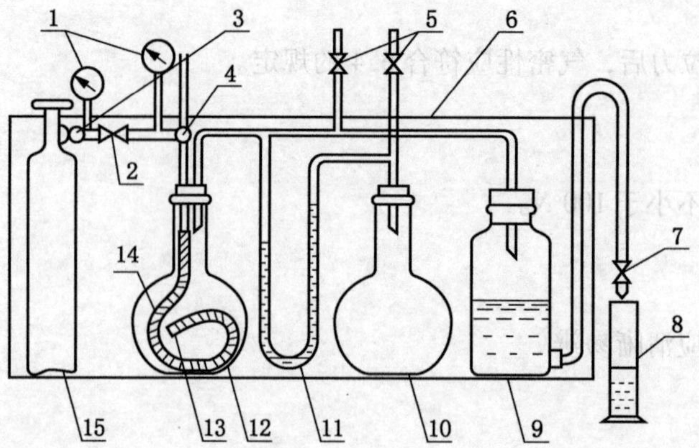

说明：

1——压力计；

2——燃气阀门；

3——压力调节器；

4——三向阀门；

5——放散阀门；

6——恒温水槽；

7——液体阀门；

8——量筒；

9——吸气器；

10——辅助平底烧瓶；

11——水柱压力计；

12——平底烧瓶；

13——塞子；

14——试样；

15——商业丙烷燃气钢瓶（质量分数≥95%）。

图1　耐燃气透过性能试验系统

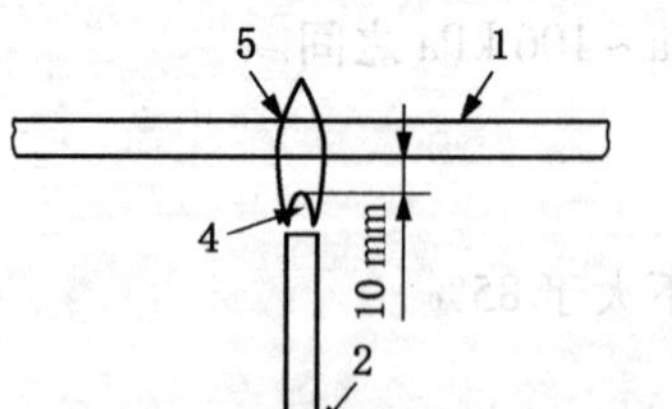

说明：

1——试样；

2——本生灯；

3——燃气；

4——内焰；

5——外焰。

图2　耐燃烧试验系统

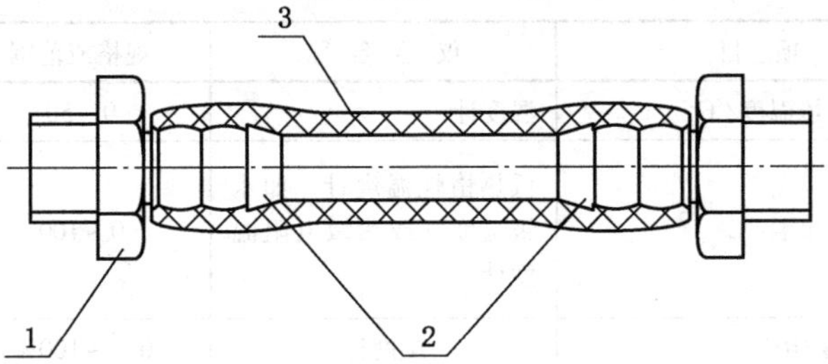

说明：
1——拉力试验机夹具；
2——软管试验用接头；
3——试样。

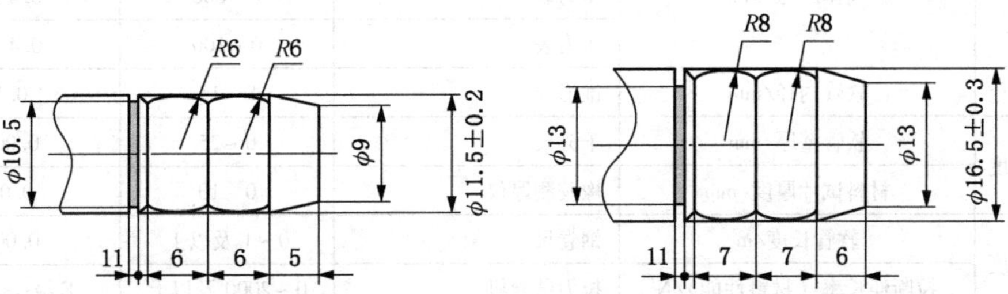

a) 公称内径9.5 mm软管试验用接头　　b) 公称内径13.0 mm软管试验用接头

图 3　拔出力试验系统

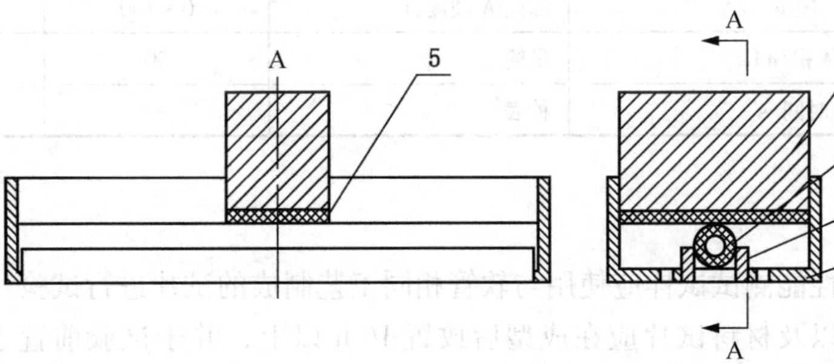

说明：
1——重块 750 g；
2——试样；
3——挡板；
4——支架；
5——棉布。

图 4　标志耐擦拭试验系统

表 4　试验仪器

<table>
<tr><th>序号</th><th colspan="2">测 试 项 目</th><th>仪 器 名 称</th><th>规格或范围</th><th>精度或最小刻度</th></tr>
<tr><td rowspan="2">1</td><td rowspan="2">温度</td><td>环境温度/℃</td><td>温度计</td><td>0～50</td><td>0.2</td></tr>
<tr><td>水温/℃</td><td>低热惰性温度计，如水银温度计或热敏电阻温度计</td><td>0～100</td><td>0.2</td></tr>
<tr><td>2</td><td colspan="2">湿度/RH</td><td>湿度计</td><td>0%～100%</td><td>1%</td></tr>
<tr><td rowspan="4">3</td><td rowspan="4">压力</td><td>大气压力/kPa</td><td>动槽式水银气压计定槽式水银气压计盒式气压计</td><td>81～107</td><td>0.1</td></tr>
<tr><td rowspan="3">气体压力/kPa</td><td>U 型压力计</td><td>0～10</td><td>0.01</td></tr>
<tr><td>压力表</td><td>0～600</td><td>0.4 级</td></tr>
<tr><td>压力表</td><td>0～100</td><td>0.4 级</td></tr>
<tr><td>4</td><td>直径</td><td>软管内径/mm</td><td>锥形规</td><td>8～15</td><td>0.1</td></tr>
<tr><td rowspan="2">5</td><td rowspan="2">厚度</td><td>软管壁厚/mm</td><td>千分尺</td><td>0～25</td><td>0.004</td></tr>
<tr><td>材料试片厚度/mm</td><td>橡胶测厚仪</td><td>0～10</td><td>0.01</td></tr>
<tr><td rowspan="2">6</td><td rowspan="2">长度</td><td>软管长度/m</td><td>钢卷尺</td><td>0～1 及以上</td><td>0.001</td></tr>
<tr><td>拉断伸长率（材料性能）/N</td><td>拉力试验机</td><td>0～2000 及以上</td><td>E 级（±2%）</td></tr>
<tr><td>7</td><td>质量</td><td>试样质量/g</td><td>天平</td><td>0 g～100 g</td><td>0.001</td></tr>
<tr><td rowspan="3">8</td><td rowspan="3">力</td><td>拉伸强度（材料性能）/N</td><td rowspan="3">拉力试验机</td><td rowspan="3">0～2000 及以上</td><td rowspan="3">2 级（±2%）</td></tr>
<tr><td>拉伸性能/N</td></tr>
<tr><td>拔出力/N</td></tr>
<tr><td>9</td><td colspan="2">硬度</td><td>邵氏 A 硬度计</td><td>0～100</td><td>±1</td></tr>
<tr><td>10</td><td colspan="2">体积/mL</td><td>量筒</td><td>50</td><td>0.1</td></tr>
<tr><td>11</td><td colspan="2">时间/s</td><td>秒表</td><td>—</td><td>0.1</td></tr>
</table>

7.2　试样制备

7.2.1　软管材料性能测试试样应使用与软管相同工艺制成的试片进行试验。

7.2.2　软管试样以及材料试片应在成型后放置 16 h 以上，并于试验前置于实验室温度 3 h 以上。

7.2.3　拉伸强度、拉断伸长率测试用试样应按 GB/T 528 中规定的 3 型哑铃状试样制备。

7.3　外观

目测软管外观，检查是否符合 6.1 的规定。

7.4　尺寸与公差

按 GB/T 9573 的规定进行测量，检查软管的内径和壁厚测试结果是否符合 6.2 的规定。

7.5　各层剥离强度

按 GB/T 14905 的规定进行测试，使用 8 型试样，检查测试结果是否符合 6.3 的规定。

7.6　气密性

取长约 1 m 的软管作为试样，将其一端与空气气源连接，另一端塞住成自由端，之后将试样全部浸入水中，向试样内通入 100 kPa 的空气，保持 1 min，检查测试结果是否符合 6.4 的规定。

7.7　耐压性

取长约 300 mm 的软管作为试样，按 GB/T 5563 中规定的方法进行试验，试验压力为 200 kPa，保持 1 min，检查测试结果是否符合 6.5 的规定。

7.8　耐燃气透过性能

试验步骤如下：

a）按图 1 所示连接试验系统，商业丙烷燃气钢瓶 15 及配管宜放置在恒温水槽 6 中，条件不具备时，放置在（35 ±0.5）℃的恒温室内；

b）取长约 900 mm 的软管作为试样 14，一端用塞子 13 塞住，另一端与平底烧瓶 12 的橡胶塞上的玻璃管连接，在 200 kPa 的空气压力条件下，检查试样与玻璃管连接部位及与塞子连接部位应无泄漏；

c）将玻璃管和试样 14 放入平底烧瓶 12 内，塞好橡胶塞；

d）将吸气器 9 装满浓度为 20% 的食盐水，向水柱压力计 11 注入商业丙烷燃气饱和蒸馏水；

e）将恒温水槽 6 调节到（35 ±0.2）℃，2 h 后用真空泵经三向阀门 4 抽出试样 14 内的空气，然后向试样 14 内通入商业丙烷气体，通过压力计 1 观察试样内的压力，试验期间保持在 60 kPa；

f）在试验开始后的 22 h 关闭放散阀门 5，打开液体阀门 7，使吸气器 9 内的食盐水流入量筒 8 中，直至水柱压力计 11 两侧液面处于同一水平面；

g）量筒 8 所测得的食盐水的体积即为试样 14 内透过的燃气体积，测定从第 24 h ~ 第 30 h 时间段内透过的燃气体积；

h）根据第 24 h ~ 第 30 h 时间段内的燃气体积数据计算每小时透过试样 14 的燃气体积为软管燃气透过量；

i）检查测试结果是否符合 6.6 的规定。

7.9　耐液体性能

取长约 50 mm 的软管作为试样，按 GB/T 1690 中规定的方法进行试验，试验条件应符合表 5 的规定，检查测试结果是否符合 6.7 的规定。

表5 耐液体试验条件

序号	试验项目	浸泡液	浸泡温度/℃	浸泡时间
1	耐洗涤剂	2% *n*-十二烷基苯磺酸钠水溶液	25±5	24 h
2	耐高温食用油	纯大豆油	155±5	10 s
3	耐食用油	纯大豆油	25±5	24 h
4	耐食醋	4% 醋酸水溶液	25±5	24 h
5	耐肥皂液	2% 十二烷基硫酸钠水溶液	25±5	24 h
注：浸泡试样时，在两端安装阻止塞以防止浸泡液进入试样内部。				

7.10 耐燃烧性

取长约250 mm的软管作为试样，试验系统如图2所示，使用火口内径为10 mm的本生灯，使火焰长度达到40 mm，将试样水平放置在距内焰上端约10 mm的外焰（火焰温度约800 ℃）中，保持5 s后熄灭本生灯，测试试样持续燃烧的时间，取3个试样的算术平均值作为软管的持续燃烧时间，检查测试结果是否符合6.8的规定。

7.11 弯曲性能

按GB/T 5565—2006中规定的方法A进行试验，检查测试结果是否符合6.9的规定。

7.12 低温性能

7.12.1 低温弯曲性能

按GB/T 5564—2006中规定的方法B进行试验，试验温度为（-20±2）℃，芯轴或模型的外径为5倍软管公称内径，检查软管是否出现龟裂或破裂，待试样恢复到实验室温度（不少于3 h）后进行气密性试验，检查测试结果是否符合6.4的规定。

7.12.2 低温扭转性能

取长约300 mm的软管作为试样，试验温度为（-20±2）℃，在低温箱内调节试样24 h后，将试样一端固定，另一端施加一个水平轴向的扭力，扭转幅度为自然状态两侧各不小于90°，扭转应在（10±2）s内完成，观察软管是否出现龟裂或破裂，待试样恢复到实验室温度（不少于3 h）后进行气密性试验，检查测试结果是否符合6.4的规定。

7.13 耐臭氧老化

按GB/T 24134—2009中规定的方法1进行试验，安装试样时，将铝制管塞用无内通孔的软管试验用接头替代连接，检查测试结果是否符合6.11的规定。

7.14 耐热性

取长约500 mm的软管作为试样，与软管试验用接头连接后在（100±2）℃的恒温箱内放置 48 h，取出后在实验室温度下放置 30 min ~ 40 min，进行气密性试验，检查测试结果是否符合 6.4 的规定。

7.15 耐拉伸性

取长约 300 mm 的软管作为试样，将其对称地夹在拉力试验机上、下夹持器上，拉伸速度为（100 ± 10）mm/min，拉力达到 600 N ~ 630 N 时停止拉伸，取下试样在实验室温度下放置 30 min 后对试样进行气密性试验，检查测试结果是否符合 6.4 的规定。

7.16 拔出力

取长约 150 mm 的软管作为试样，按图 3 所示试验系统安装试样，在实验室温度下放置 24 h 后开始试验，拉力试验机的拉伸速度为（500 ± 25）mm/min，取 3 个软管测量值的算术平均值作为软管的拔出力，检查测试结果是否符合 6.14 的规定。

7.17 标志耐擦拭

测试方法为：

a）在软管耐液体试验（7.9）完成后进行标志耐擦拭试验；

b）取具有完整标志内容的软管作为试样，按图 4 所示试验系统安装试样，分别将浸透生活饮用水和纯大豆油的棉布固定在质量为 750 g 的重块 1 下表面，移动重块 1 在支架 4 内沿水平方向运动，做 10 次往复摩擦标志动作，每次运动距离不小于 20 mm。检查标志是否符合 6.15 的规定。

7.18 加速失效

测试方法为：

a）软管加速失效按 GB/T 20028 规定的方法进行测试，测试参数为软管材料的力学性能和软管的燃气透过性技术指标，当软管的力学性能下降到初始值的 50% 或者燃气透过性指标超过 6.6 中规定值时，试验终止。依据测试数据推算软管 25 ℃ 条件下使用时间应符合 6.16 的规定；

注：当软管的力学性能、燃气透过性任一指标超出要求时，加速失效测试立即结束。

b）当软管生产厂家提供加速失效测试报告时，检查测试结果是否符合 6.16 的规定。当软管生产厂家不能提供加速失效测试报告时，应按照本条款进行加速失效测试，检查测试结果是否符合 6.16 的规定。

8 检验规则

8.1 检验分类

产品检验分出厂检验和型式检验。

8.2 出厂检验

8.2.1 逐件检验

产品均应进行逐件检验，检验项目应包括外观、尺寸与公差、气密性。

8.2.2 抽样检验

每批产品在进入成品库或在交货时应进行抽样检验：

a） 每 50000 m 软管为一批；

b） 试样宜在每批次中均匀选取，每 25000 m 宜抽取试验所需试样总长度的一半；

c） 检验项目应符合表 6 的规定。

8.2.3 判定规则

外观、尺寸与公差、气密性、耐压性、耐燃烧性、弯曲性能、拔出力项目检测合格，判定该批产品合格；不合格项目出现表 6 中 A 类项目时，判定该批产品不合格；不合格项目出现表 6 中 B 类项目时，在同批次产品中重新取样，对不合格项目进行检测，该项目合格，判定该批产品合格。

表 6 检验项目分类

序号	检验项目	出厂检验	型式检验	不合格类别	要求	试验方法
1	材料性能	—	△	A	5.2.4	5.2.4
2	外观	△	△	B	6.1	7.3
3	尺寸与公差	△	△	B	6.2	7.4
4	各层剥离强度	—	△	B	6.3	7.5
5	气密性	—	△	A	6.4	7.6
6	耐压性	△	△	A	6.5	7.7
7	耐燃气透过性	—	△	A	6.6	7.8
8	耐液体性能	—	△	B	6.7	7.9
9	耐燃烧性	△	△	A	6.8	7.10
10	弯曲性能	△	△	B	6.9	7.11
11	低温性能	—	△	B	6.10	7.12
12	耐臭氧老化	—	△	B	6.11	7.13
13	耐热性	—	△	B	6.12	7.14
14	耐拉伸性	—	△	B	6.13	7.15
15	拔出力	△	△	B	6.14	7.16
16	标志耐擦拭	△	△	A	6.15	7.17
17	加速失效	—	△	A	6.16	7.18
18	标志	—	△	A	9.1	检查
19	使用说明书	—	△	B	9.2	检查
20	包装	—	△	B	10.1	检查

注：“△”为需要检验的项目。

8.3　型式检验

8.3.1　检验要求

有下列情况之一时，应进行型式检验：

a）新产品试制定型鉴定；

b）转厂生产的试制产品定型鉴定；

c）正式生产后，如结构、材料、工艺有较大改变可能影响产品性能；

d）产品停产1年以上恢复生产；

e）出厂检验结果与上次型式检验有较大差异。

8.3.2　检验项目

型式检验项目应符合表6的规定。

8.3.3　判定规则

型式检验的全部项目均符合本标准规定时，判定该型式检验合格。

8.4　检验项目不合格类别

检验项目不合格类别应符合表6的规定。

9　标志和使用说明书

9.1　标志

软管上应有永久性的明显标志，每隔300 mm长度应至少标志下列内容：

a）产品名称（应用汉字明确适用燃气类别）；

b）产品型号；

c）产品执行标准；

d）制造商名称或缩写；

e）制造年月；

f）使用有效期限，在“有效期至”字样后面加上软管从制造年月后延至使用终结的时间；

g）仅限室内使用。

9.2　使用说明书

9.2.1　使用说明书编写应符合GB/T 9969的规定，应至少包含下列内容：

a）软管使用长度应不大于2 m，并不应有接口；

b）软管连接处应采用喉箍紧固；

c）软管不得穿越墙、顶棚、地面、窗和门；

d） 禁止在弯折、拉伸、扭转、受压状态下使用；

e） 软管应安装在低于灶面的位置，与灶面的距离应不小于 3 cm，不应靠近火焰，避免火焰烘烤而加速软管老化；

f） 应定期检查软管外观及接头处有无泄漏，软管若有变硬、发黏等老化迹象应及时更换；

g） GB/T 9576 规定的贮存、使用条件的相关条款；

h） 软管的使用期见软管标志。

9.2.2 软管定尺零售时应配有使用说明书。

10 包装、运输和贮存

10.1 包装

10.1.1 软管可盘卷包装于干净的塑料编织袋内或其他能对软管有效防护的包装材料内，盘卷内径不应小于软管内径的 15 倍或软管最小弯曲半径的 2 倍。

10.1.2 包装箱内应附有产品合格证和产品使用说明书。

10.1.3 包装箱上应有包装储运图示标志，并符合 GB/T 191 的规定。

10.2 运输

软管运输应符合 GB/T 9577 的规定。

10.3 贮存

软管贮存应符合 GB/T 9576 的规定。

附 录 A
（资料性附录）
橡胶复合软管连接方式

A.1 软管连接方式

橡胶复合软管与燃气用具或燃气管道连接时可采用插入连接方式。

A.2 插入连接

A.2.1 软管与接头插入连接方式如图 A.1。

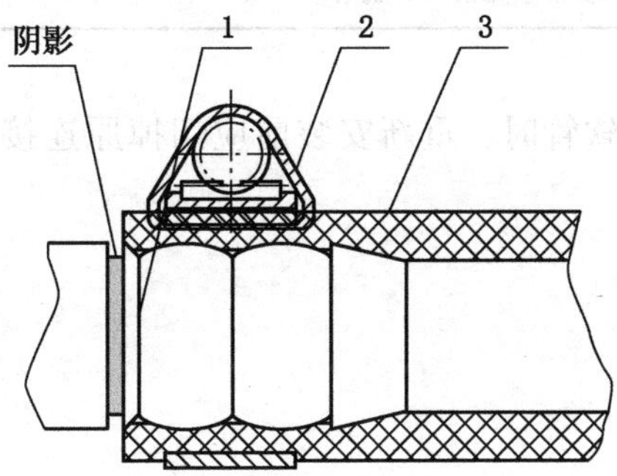

说明：

1——软管接头；

2——蜗杆驱动式喉箍；

3——橡胶复合软管。

图 A.1 插入连接方式

A.2.2 软管与接头应符合表 A.1 的对应要求。

表 A.1 软管与接头

序号	胶管规格	对应接头规格及要求
1	公称内径 9.5 mm	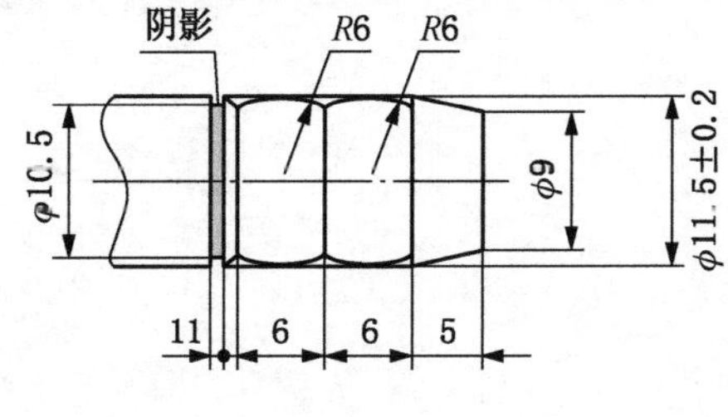

表 A.1（续）

序号	胶管规格	对应接头规格及要求
2	公称内径 13.0 mm	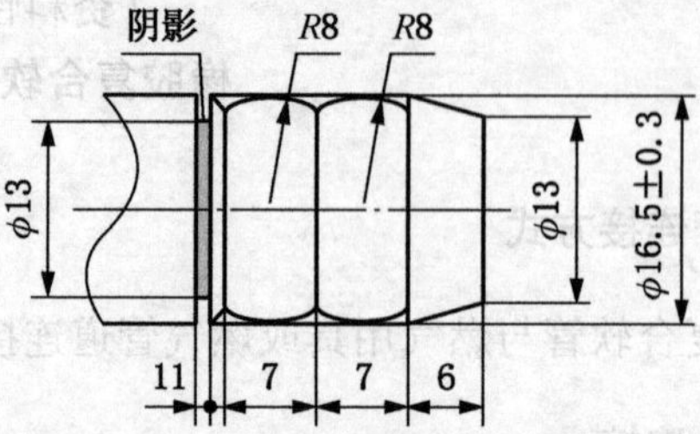
3	蜗杆驱动式喉箍	JB/T 8870
注：软管前端应插到接头阴影位置，然后使用紧固件紧固，紧固后的软管与接头以 500 mm/min 的速度拉伸，当拉伸负荷达到 400 N 时，软管应无松动、脱落。		

A.2.3 在使用过程中拆卸软管时，重新安装前应切掉原连接部分软管 20 mm～30 mm，然后重新插入连接。

附　录　B
（规范性附录）
耐燃气性能试验

按 GB/T 1690 中规定的方法进行浸泡试验，试样为Ⅰ型试样。将预先测量出质量的 3 个试样放在温度为 5 ℃ ~25 ℃的液体中浸泡 72 h，取出放在空气中 24 h 后，3 个试样质量变化率的中位数值应小于 20%。对工作介质为天然气和液化石油气的试样，用 *n* - 戊烷浸泡；对工作介质为人工煤气的试样，用液体 B 浸泡，液体 B 为 70%（体积百分比）三甲基戊烷（异辛烷）与 30%（体积百分比）甲苯混合液。

UDC

中华人民共和国行业标准

CJJ

P

CJJ/T 146—2011
备案号 J 1165—2011

城镇燃气报警控制系统技术规程

Technical specification for gas alarm and control system

2011－02－11　发布　　2011－12－01　实施

中华人民共和国住房和城乡建设部　发布

中华人民共和国住房和城乡建设部
公 告

第914号

关于发布行业标准《城镇燃气报警控制系统技术规程》的公告

现批准《城镇燃气报警控制系统技术规程》为行业标准，编号为CJJ/T 146—2011，自2011年12月1日起实施。

本规程由我部标准定额研究所组织中国建筑工业出版社出版发行。

中华人民共和国住房和城乡建设部

2011年2月11日

前　言

根据原建设部《关于印发〈2006 年工程建设标准规范制定、修订计划（第一批）〉的通知》（建标〔2006〕77 号）的要求，规程编制组经广泛调查研究，认真总结实践经验，参考有关国际标准和国外先进标准，并在广泛征求意见的基础上，编制本规程。

本规程的主要技术内容是：总则、术语、设计、安装、验收、使用和维护。

本规程由住房和城乡建设部负责管理，由中国城市燃气协会负责具体技术内容的解释。在执行过程中如有意见或建议，请寄送中国城市燃气协会（地址：北京市西城区西直门南小街 22 号，邮编：100035）。

本规程主编单位： 中国城市燃气协会

本规程参编单位： 天津市浦海新技术有限公司
北京市燃气集团有限责任公司
上海市松江电子仪器厂
上海燃气工程设计研究有限公司
北京市煤气热力工程设计院有限公司
山东土木建筑学会燃气专业委员会
上海燃气集团有限责任公司
新疆燃气集团有限责任公司
上海松江费加罗电子有限公司
宁波忻杰燃气用具实业有限公司
欧好光电控制技术（上海）有限公司
济南市长清计算机应用总公司
上海市消防局
北京泰科先锋科技有限公司
新奥燃气控股有限公司
北京均方理化科技研究所
广东胜捷消防企业集团

本规程主要起草人员： 牛　军　迟国敬　丛万军　罗崇嵩　蒋克武　宋玉梅　顾书政
张云田　姜述安　黄均义　孟　宇　忻国定　廖　原　秦旭昌
谢　佳　乔　凡　刘丽梅　丁淑兰　李友民　伍建许

本规程主要审查人员： 李美竹　朱　晓　金石坚　陈秋雄　应援农　钱　斌　杨　健
牛卓韬　元永泰　孟学思　王　益　于香风　苏伟鹏

目 次

Contents

1　总　　则

1.0.1　为规范城镇燃气报警控制系统的设计、安装、验收、使用和维护，防止和减少由于燃气泄漏和不完全燃烧造成的人身伤害及财产损失，制定本规程。

1.0.2　本规程适用于城镇燃气报警控制系统的设计、安装、验收、使用和维护。

1.0.3　城镇燃气报警控制系统的设计、安装应由具有燃气工程设计资质和消防工程施工资质的单位承担。

1.0.4　城镇燃气报警控制系统的设计、安装、验收、使用和维护，除应符合本规程的规定外，尚应符合国家现行有关标准的规定。

2 术语

2.0.1 燃气报警控制系统 gas alarm and control system

由可燃气体探测器、不完全燃烧探测器、可燃气体报警控制器、紧急切断装置、排气装置等组成的安全系统。分为集中和独立两种。

2.0.2 集中燃气报警控制系统 centralized gas alarm and control system

由点型可燃气体探测器、可燃气体报警控制器、紧急切断阀、排气装置、手动报警触发装置等组成的自动控制系统。

2.0.3 独立燃气报警控制系统 separate gas alarm and control system

由独立式可燃气体探测器、紧急切断阀等组成的自动控制系统。

2.0.4 点型可燃气体探测器 spot combustible gas detector

当被测区域空气中可燃气体的浓度达到报警设定值时，能发出报警信号并和可燃气体报警控制器共同使用的可燃气体探测器。

2.0.5 独立式可燃气体探测器 separate combustible gas detector

当被测区域空气中可燃气体的浓度达到报警设定值时，发出声、光报警信号并输出控制信号，且不与报警控制装置连接使用的可燃气体探测器。

2.0.6 可燃气体报警控制器 combustible gas alarm control unit

接收点型可燃气体探测器及手动报警触发装置信号，能发出声、光报警信号，指示报警部位并予以保持的控制装置。

2.0.7 紧急切断阀 emergency shut-off valve

当接收到控制信号时，能自动切断燃气气源，并能手动复位的阀门（含内置于燃气表内的切断阀）。

2.0.8 释放源 release source

可释放出能形成爆炸性混合气体的所在位置或地点。

2.0.9 不完全燃烧探测器 incomplete combustion gas detector

探测由于燃气不完全燃烧而产生的一氧化碳的探测器。

2.0.10 复合探测器 compound gas detector

在一个探测器里能同时探测可燃气体、燃气不完全燃烧产生的一氧化碳的探测器。

3 设 计

3.1 一 般 规 定

3.1.1 城镇燃气报警控制系统中采用的相关设备应符合国家现行标准的规定，并应经国家有关产品质量监督检测单位检验合格，且取得国家相应许可或认可。

3.1.2 城镇燃气报警控制系统应根据燃气种类和用途选择可燃气体探测器、不完全燃烧探测器或复合探测器，并应符合下列规定：

1 在使用天然气的场所，应选择探测甲烷的可燃气体探测器或复合探测器；

2 在使用液化石油气的场所，应选择探测液化石油气的可燃气体探测器；

3 在使用人工煤气的场所，宜选择探测一氧化碳的不完全燃烧探测器或复合探测器；

4 为探测因不完全燃烧产生的一氧化碳，应选用探测一氧化碳的不完全燃烧探测器。

3.1.3 城镇燃气报警控制系统中的相关设备的使用寿命应符合表3.1.3的规定。

表3.1.3 城镇燃气报警控制系统中的相关设备的使用寿命（年）

设 备	使 用 场 所	
	居住建筑	商业和工业企业
可燃气体探测器	5	3
不完全燃烧探测器	5	3
复合探测器	5	3
紧急切断阀	10	10

注：表中的使用寿命指自验收之日起。

3.1.4 可燃气体探测器、不完全燃烧探测器、复合探测器的设置场所，应符合现行国家标准《城镇燃气设计规范》GB 50028和《城镇燃气技术规范》GB 50494的有关规定。

3.1.5 在具有爆炸危险的场所，探测器、紧急切断阀及配套设备应选用防爆型产品。

3.1.6 设置集中报警控制系统的场所，其可燃气体报警控制器应设置在有专人值守的消防控制室或值班室。

3.2 居 住 建 筑

3.2.1 居住建筑各单元中分别设置燃气报警控制系统时，可选择独立燃气报警控制系统；当居住建筑中有多个设置单元并且需要集中控制时，可选择集中燃气报警控制系统。

3.2.2 当设有采暖/热水两用炉或燃气快速热水器的居住建筑的地下室、半地下室需设置燃气报警控制系统时，应选用防爆型探测器，以及紧急切断阀和排气装置。并且紧急切断阀和排气装置应与探测器连锁。

3.2.3 当既有居住建筑使用燃气的暗厨房（无直通室外的门和窗）设置可燃气体探测器、不完全燃烧探测器或复合探测器时，应在使用燃气的同时启动排气装置。

3.2.4 当居住建筑内设置可燃气体探测器、不完全燃烧探测器或复合探测器时，应符合下列规定：

1 探测器位置距灶具及排风口的水平距离均应大于0.5 m；

2 使用液化石油气等相对密度大于1的燃气的场所，探测器应设置在距地面不高于0.3 m的墙上；

3 使用天然气、人工煤气等相对密度小于1的燃气的场所，或选用不完全燃烧探测器的场所，探测器应设置在顶棚或距顶棚小于0.3 m的墙上。

3.2.5 居住建筑内设置的可燃气体探测器、不完全燃烧探测器或复合探测器应与紧急切断阀连锁。

3.3 商业和工业企业用气场所

3.3.1 在商业和工业企业用气场所设置燃气报警控制系统时，可选择集中燃气报警控制系统；对面积小于80 m^2 的场所，也可选择独立燃气报警控制系统。

3.3.2 在安装可燃气体探测器、不完全燃烧探测器或复合探测器的房间内，当任意两点间的水平距离小于8 m时，可设1个探测器并应符合表3.3.2－1的规定；否则可设置两个或多个可燃气体气体探测器并应符合表3.3.2－2的规定。

表3.3.2－1 单个探测器的设置（m）

燃气种类或相对密度	探测器与释放源中心水平距离 L_1	探测器与地面距离 H	探测器与顶棚距离 D	探测器与通气口及门窗距离 L_2
液化石油气或相对密度大于1的燃气	$1 \leq L_1 \leq 4$	$H \leq 0.3$	—	$0.5 \leq L_2$
天然气或相对密度小于1的燃气	$1 \leq L_1 \leq 8$	—	$D \leq 0.3$	$0.5 \leq L_2$
一氧化碳	$1 \leq L_1 \leq 8$	—	$D \leq 0.3$	$0.5 \leq L_2$

表3.3.2－2 多个探测器的设置（m）

燃气种类或相对密度	探测器与释放源中心水平距离 L_1	两探测器间的距离 F	探测器与地面距离 H	探测器与顶棚距离 D	探测器与通气口及门窗距离 L_2
液化石油气或相对密度大于1的燃气	$1 \leq L_1 \leq 3$	$F \leq 6$	$H \leq 0.3$	—	$0.5 \leq L_2$
天然气或相对密度小于1的燃气	$1 \leq L_1 \leq 7.5$	$F \leq 15$	—	$D \leq 0.3$	$0.5 \leq L_2$
一氧化碳	$1 \leq L_1 \leq 7.5$	$F \leq 15$	—	$D \leq 0.3$	$0.5 \leq L_2$

3.3.3 当气源为相对密度小于1的燃气且释放源距顶棚垂直距离超过4 m时，应设置集气罩或分层设置探测器，并应符合下列规定：

1 当设置集气罩时，集气罩宜设于释放源上方4 m处，集气罩面积不得小于1 m，裙边高度不得小于0.1 m，且探测器应设于集气罩内；

2 当不设置集气罩时，应分两层设置探测器，最上层探测器距顶棚垂直距离宜小于0.3 m；最下层探测器应设于释放源上方，且垂直距离不宜大于4 m。

3.3.4 当安装可燃气体探测器的场所为长方形状且其横截面积小于4 m^2 时，相邻探测器安装间距不应大于20 m。

3.3.5 当使用燃烧器具的场所面积小于全部面积的1/3时，可在燃烧器具周围设置可燃气体探测器、不完全燃烧探测器或复合探测器，并应符合下列规定：

1 探测器的设置位置距释放源不得小于1 m且不得大于3 m；

2 相邻两探测器距离应符合表3.3.2-2的规定；

3 可燃气体探测器、不完全燃烧探测器或复合探测器应对释放源形成环形保护。

3.3.6 在储配站、门站等露天、半露天场所，探测器宜布置在可燃气体释放源的全年最小频率风向的上风侧，其与释放源的距离不应大于15 m。当探测器位于释放源的最小频率风向的下风侧时，其与释放源的距离不应大于5 m。

3.3.7 当燃气输配设施位于密闭或半密闭厂房内时，应每隔15 m设置一个探测器，且探测器距任一释放源的距离不应大于4 m。

3.3.8 紧急切断阀的设置除应符合现行国家标准《城镇燃气设计规范》GB 50028的有关规定外，还应符合下列规定：

1 与报警器连锁的紧急切断阀的安装位置宜设置在分户计量表前；

2 当用户安装集中燃气报警控制系统时，报警器控制的紧急切断阀自动控制的启动条件应为切断阀安装燃气管道的供气范围内有2个以上探测器同时报警，切断阀为自动控制时人工方式仍应有效。

3.3.9 液化石油气储瓶间应设置防爆型可燃气体探测器，并应与防爆型排风装置连锁，防爆型排风装置还应具备手动启动功能。

3.3.10 露天设置的可燃气体探测器，应采取防晒和防雨淋措施。

3.3.11 集中燃气报警控制系统应在被保护区域内设置一个或多个声光警报装置。

3.3.12 集中燃气报警控制系统应在被保护区域内设置一个或多个手动触发报警装置。

3.3.13 独立燃气报警控制系统中可燃气体探测器、不完全燃烧探测器、复合探测器连接紧急切断阀的导线长度不应大于20 m。

4 安 装

4.1 一 般 规 定

4.1.1 城镇燃气报警控制系统的安装，应按已审定的设计文件实施。当需要修改设计文件或材料代用时，应经原设计单位同意。

4.1.2 施工单位应结合工程特点制定施工方案。施工单位应具有必要的施工技术标准、健全的安装质量管理体系和工程质量检验制度，并应按本规程附录A填写有关记录。

4.1.3 安装前应具备下列条件：

1 设计单位应向施工、监理单位明确相应技术要求；

2 系统设备、材料及配件应齐全，并应能保证正常安装；

3 安装现场使用的水、电、气及设备材料的堆放场所应能满足正常安装要求。

4.1.4 设备、材料进场检验应符合下列规定：

1 进入施工安装现场的设备、材料及配件应有清单、使用说明书、出厂合格证明文件、检验报告等文件，并应核实其有效性；其技术指标应符合设计要求；

2 进口设备应具备国家规定的市场准入资质；产品质量应符合我国相关产品标准的规定，且不得低于合同规定的要求。

4.1.5 在城镇燃气报警控制系统安装过程中，施工单位应做好安装、检验、调试、设计变更等相关记录。

4.1.6 城镇燃气报警控制系统安装过程的质量控制应符合下列规定：

1 各工序应按施工技术标准进行质量控制，每道工序完成后，应进行检查，合格后方可进入下道工序；

2 相关各专业工种之间交接时，应进行检验，交接双方应共同检查确认工程质量并经监理工程师签字认可后方可进入下道工序；

3 系统安装完成后，安装单位应按相关专业规定进行调试；

4 系统调试完成后，安装单位应向建设单位提交质量控制资料和各类安装过程质量检查记录；

5 安装过程质量检查应由安装单位组织有关人员完成；

6 安装过程质量检查记录应按本规程附录B填写。

4.1.7 城镇燃气报警控制系统质量控制资料应按本规程附录C填写。

4.1.8 城镇燃气报警控制系统安装结束后应按规定程序进行验收，合格后方可交付使用。

4.2 独立燃气报警控制系统的安装

4.2.1 当独立燃气报警控制系统的可燃气体探测器的安装位置距离地面小于0.3 m时，其上方不得安装洗涤水槽、洗碗机等用水设施，正前方不得有遮挡物。

4.2.2 可燃气体探测器、不完全燃烧探测器、复合探测器应安装牢固、接线可靠。探测器与紧急切断阀之间的连线除两端允许有不大于0.5 m 的导线外，其余应敷设在导管或线槽内，在导管和线槽内不应有接头和扭结。在外部若需接头，应采用焊接或专用接插件。焊接处应做绝缘和防水处理。

4.3 集中燃气报警控制系统的布线

4.3.1 报警控制系统应单独布线，系统内不同电压等级、不同电流类别的线路，不应布在同一导管内或线槽的同一槽孔内。

4.3.2 城镇燃气报警控制系统在非防爆区内的布线，应符合现行国家标准《建筑电气工程施工质量验收规范》GB 50303 的规定。可燃气体报警控制系统的传输线路的线芯截面选择，除应满足设备使用说明书的要求外，还应满足机械强度的要求。铜芯绝缘导线和铜芯电缆线芯的最小截面面积不应小于表 4.3.2 的规定。

表 4.3.2 铜芯绝缘导线和铜芯电缆线芯的最小截面面积

类　别	线芯的最小截面面积（mm^2）
穿管敷设的绝缘导线	1.00
线槽内敷设的绝缘导线	0.75
多芯电缆	0.50

4.3.3 城镇燃气报警控制系统在防爆区域布线时，应符合现行国家标准《爆炸和火灾危险环境电力装置设计规范》GB 50058 的规定。

4.3.4 城镇燃气报警控制系统的绝缘导线和电缆均应敷设在导管或线槽内，在暗设导管或线槽内的布线，应在建筑抹灰及地面工程结束后进行；导管内或线槽内不应有积水及杂物。

4.3.5 导线在导管内或线槽内不应有接头或扭结。导线的接头应在接线盒内焊接或用端子连接。

4.3.6 对从接线盒或线槽引至探测器或控制器等设备的导线，当采用金属软管保护时，金属软管长度不应大于 2 m。

4.3.7 敷设在多尘或潮湿场所管路的管口和管子连接处，应做密封处理。

4.3.8 当管路超过下列长度时，应在便于接线处装设接线盒：

1 管子长度每超过 30 m，无弯曲时；

2 管子长度每超过 20 m，有 1 个弯曲时；

3 管子长度每超过 10 m，有 2 个弯曲时；

4 管子长度每超过 8 m，有 3 个弯曲时。

4.3.9 金属导管在接线盒外侧应套锁母，内侧应装护口；在吊顶内敷设时，盒的内外侧均应套锁母。塑料导管在接线盒处应采取固定措施。

4.3.10 导管和线槽明设时，应采用单独的卡具吊装或支撑物固定。吊装线槽或导管的吊杆直径不应小于6 mm。

4.3.11 卡具的吊装点或支撑物的支点应处于下列位置：

1 线槽始端、终端及接头处；

2 距接线盒0.2 m处；

3 线槽转角或分支处；

4 直线段不大于3 m处。

4.3.12 线槽接口应平直、严密，槽盖应齐全、平整、无翘角。当并列安装时，槽盖应便于开启。

4.3.13 管线跨越建筑物的结构缝处，应采取补偿措施，其两侧应固定。

4.3.14 城镇燃气报警控制系统导线敷设后，应采用500 V兆欧表测量每个回路导线对地的绝缘电阻，绝缘电阻值不应小于20 MΩ。

4.3.15 同一工程中的导线，应根据不同用途选择不同颜色进行区分。相同用途的导线颜色应一致。直流电源线正极应为红色，负极应为蓝色或黑色。

4.4 集中燃气报警控制系统的设备安装

4.4.1 安装方式应符合设计和产品说明书的规定，并应满足操作和维修更换的要求。

4.4.2 可燃气体报警控制器安装应符合下列规定：

1 当可燃气体报警控制器安装在墙上时，其底边距地面高度宜为1.3 m～1.5 m，靠近门轴的侧面距墙不应小于0.5 m；

2 操作面宜留有1.2 m宽的操作距离；

3 当落地安装时，其底边宜高出地面0.1 m～0.2 m；

4 可燃气体报警控制器应安装牢固，不应倾斜；当安装在轻质墙上时，应采取加固措施。

4.4.3 引入控制器的电缆或导线应符合下列规定：

1 电缆芯线和所配导线的端部均应标明编号，并应与图纸一致，字迹应清晰且不易褪色；

2 配线应整齐，不宜交叉，并应固定牢靠；

3 端子板的每个接线端，接线不得超过2根；

4 电缆和导线，应留有不小于200 mm的余量；

5 导线应绑扎成束；

6 导线穿管、线槽后，应将管口、槽口封堵。

4.4.4 可燃气体探测器、不完全燃烧探测器、复合探测器的安装应符合下列规定：

1 探测器在即将调试时方可安装，在调试前应妥善保管，并应采取防尘、防潮、防腐蚀措施；

2 探测器应安装牢固，与导线连接必须可靠压接或焊接；当采用焊接时，不应使用带腐蚀性的助焊剂；

3 探测器连接导线应留有不小于150 mm的余量，且在其端部应有明显标志；

4 探测器穿线孔应封堵；

5 非防爆型可燃气体探测器的安装还应符合本规程第4.2.1条的规定。

4.4.5 紧急切断阀的安装应符合产品说明书的规定，并应满足操作和维修更换的要求。

4.4.6 燃气报警控制系统的接地应符合下列规定：

1 非防爆区中使用36 V以上交直流电源设备的金属外壳及防爆区内的所有设备的金属外壳均应有接地保护，接地线应与电气保护接地干线（PE）相连接；

2 接地装置安装完毕后，应测量接地电阻，并做记录；其接地电阻应小于4 Ω。

4.4.7 配套设备的安装应符合下列规定：

1 输入模块、输出控制模块距离信号源设备和被联动设备导线长度不宜超过20 m；当采用金属软管对连接线作保护时，应采用管卡固定，其固定点间距不应大于0.5 m；

2 当阀门、风机等设备的手动控制装置安装在墙上时，其底边距地面高度宜为1.3 m～1.5 mm；

3 声光报警装置安装位置距地面不宜低于1.8 m，并不应遮挡。

4.5 系 统 调 试

4.5.1 系统调试的准备应符合下列规定：

1 应按设计要求查验设备的规格、型号、数量等；

2 应按本规程第4.2、4.3、4.4节的要求检查系统的安装质量，对发现的问题，应会同有关单位协商解决，并应有文字记录；

3 应按本规程第4.2、4.3、4.4节的要求检查系统线路，对错线、开路、虚焊、短路、绝缘电阻小于20 MΩ等应采取相应的处理措施；

4 对系统中的可燃气体报警控制器、紧急切断阀、风机等设备应分别进行单机通电检查；

5 配套设备的调试应与关联设备共同进行。

4.5.2 可燃气体报警控制器调试应符合下列规定：

1 应切断可燃气体报警控制器的所有外部控制连线，将任一回路可燃气体探测器与控制器相连接后，方可接通电源；

2 可燃气体报警控制器应按现行国家标准《可燃气体报警控制器》GB 16808的有关规定进行主要功能试验。

4.5.3 可燃气体探测器、不完全燃烧探测器、复合探测器的调试应符合下列规定：

1 应按本规程附录D要求进行现场测试；记录报警动作值，并根据本规程附录D的规定判定是否合格；

2 可燃气体探测器、不完全燃烧探测器、复合探测器应全部进行测试。

4.5.4 紧急切断阀调试应符合下列规定：

1 按紧急切断阀的所有联动控制逻辑关系，使相应探测器报警，在规定的时间内，紧急切断阀应动作；

2 手动开关阀门3次，阀门应工作正常。

4.5.5 系统备用电源调试应符合下列规定：

1 检查系统中各种控制装置使用的备用电源容量，应与设计容量相符；

2 备用电源的容量应符合现行国家标准《可燃气体报警控制器》GB 16808 的规定；

3 进行 3 次主备电源自动转换试验，每次应合格。

4.5.6 声光警报及排风装置调试应符合下列规定：

1 按声光警报的所有联动控制逻辑关系，使相应探测器报警，在规定的时间内，声光警报应正常工作；

2 按排风装置的所有联动控制逻辑关系，使相应探测器报警，在规定的时间内，排风装置应正常工作；

3 声光警报及排风装置有手动控制设备时，手动控制设备应能正常工作。

4.5.7 系统联调应符合下列规定：

1 应按设计要求进行系统联调；

2 城镇燃气报警控制系统在连续正常运行 120 h 后，应按本规程附录 B 的规定填写调试记录表。

5 验 收

5.0.1 城镇燃气报警控制系统安装完毕后，建设单位应组织安装、设计、监理等相关单位进行验收。验收不合格不得投入使用。

5.0.2 城镇燃气报警控制系统工程验收应包括安装调试时所涉及的全部设备，可分项目进行，并应填写相应的记录。

5.0.3 系统中各装置的验收应符合下列规定：

1 有主、备电源的设备的自动转换装置，应进行3次转换试验，每次试验均应合格；

2 可燃气体报警控制器应按实际安装数量全部进行功能检查；

3 安装在商业和工业企业用气场所的可燃气体探测器、不完全燃烧探测器、复合探测器应按安装数量20%比例抽检，安装在居住建筑内的应按实际安装数量全部检验；

4 紧急切断阀及排风装置应全部检查。

5.0.4 系统验收时，安装单位应提供下列技术文件：

1 竣工验收报告、设计文件、竣工图；

2 工程质量事故处理报告；

3 安装现场质量管理检查记录；

4 城镇燃气报警控制系统安装过程质量管理检查记录；

5 城镇燃气报警控制系统设备的检验报告、合格证及相关材料。

5.0.5 城镇燃气报警控制系统验收前，建设单位和使用单位应进行安装质量检查，同时应确定安装设备的位置、型号、数量，抽样时应选择具有代表性、作用不同、位置不同的设备。

5.0.6 系统布线应符合现行国家标准《建筑电气工程施工质量验收规范》GB 50303的规定和本规程第4.3、4.4节的规定；当设置于防爆场所时，应符合现行国家标准《爆炸和火灾危险环境电力装置设计规范》GB 50058的规定。

5.0.7 可燃气体报警控制器的验收应符合下列规定：

1 应符合本规程第4.4节的相关规定；

2 规格、型号、容量、数量应符合设计要求；

3 功能验收应按本规程第4.5.2条逐项检查，并应符合要求。

5.0.8 可燃气体探测器、不完全燃烧探测器、复合探测器的验收应符合下列规定：

1 应满足本规程第4.4节的相关规定；

2 规格、型号、数量应符合设计要求；

3 功能验收应按本规程第4.5.3条逐项检查，并应符合要求。

5.0.9 系统备用电源的验收应符合下列规定：

1 备用电源容量应符合本规程第4.5.5条的规定；

2 功能验收应按本规程第5.0.3条的规定进行检查，并应符合要求。

5.0.10 系统性能的要求应符合本规程和设计说明规定的联动逻辑关系要求。

5.0.11 配套设施的验收应符合下列规定：

1 安装位置应正确，功能应正常；

2 手动关阀功能应试验3次；

3 在系统验收时，阀门在电控和手动两种情况下应工作正常。

5.0.12 验收不合格的设备和管线，应修复或更换；并应进行复验。复验时，对有抽验比例要求的应加倍检验。

5.0.13 验收合格后，应按本规程附录E填写验收记录。

5.0.14 独立燃气报警系统的验收，可简化进行。系统安装完成后，应按设计要求组织验收。可按本规程附录D的规定进行现场检验和评定，记录报警动作值。紧急切断阀在可燃气体探测器报警时应动作，并应手动开关阀门3次，阀门动作均应正常。

6 使用和维护

6.0.1 城镇燃气报警控制系统的管理操作和维护应由经过专门培训的人员负责，不得私自改装、停用、损坏城镇燃气报警控制系统。

6.0.2 城镇燃气报警控制系统正式启用时，应具有下列文件资料：

1 系统竣工图及设备的技术资料；

2 系统的操作规程及维护保养管理制度；

3 系统操作员名册及相应的工作职责；

4 值班记录和使用图表。

6.0.3 可燃气体探测器、不完全燃烧探测器、复合探测器及紧急切断阀不得超期使用。

6.0.4 可燃气体报警控制系统设备（可燃气体探测器、不完全燃烧探测器、复合探测器除外）的功能，每半年应检查1次，并按本规程附录F的规定填写检查登记表。

6.0.5 商用和工业企业用气场所中的紧急切断阀每半年应手动开闭一次，并电动闭合一次。

6.0.6 当居住建筑中的可燃气体探测器、不完全燃烧探测器、复合探测器使用到3年时，应按本规程附录D的规定至少检查1次，同时应检查紧急切断阀。报警动作值应符合附录D的规定，声光警报信号应正常，紧急切断阀自动关闭、手动开启功能应正常、无内外泄漏，并应记录检测结果，更换不合格产品。

6.0.7 商业和工业场所的可燃气体探测器、不完全燃烧探测器、复合探测器每年应按本规程附录D规定的试验方法检查1次，其检查结果应符合本规程附录D的要求，报警控制器应能收到报警信号并正确显示，联动设备动作应正常，应记录检测结果，维修或更换不合格产品。

6.0.8 受检设备每次检查完后，应粘贴标识并注明检查日期。

附录 A 安装现场质量管理检查记录

表 A 安装现场质量管理检查记录

<table>
<tr><td>工程名称</td><td colspan="4"></td></tr>
<tr><td>建设单位</td><td colspan="2"></td><td>监理单位</td><td></td></tr>
<tr><td>设计单位</td><td colspan="2"></td><td>项目责任人</td><td></td></tr>
<tr><td>安装单位</td><td colspan="2"></td><td>安装许可证</td><td></td></tr>
<tr><td>序号</td><td colspan="2">项　　目</td><td colspan="2">内　　容</td></tr>
<tr><td>1</td><td colspan="2">现场质量管理制度</td><td colspan="2"></td></tr>
<tr><td>2</td><td colspan="2">质量责任制</td><td colspan="2"></td></tr>
<tr><td>3</td><td colspan="2">主要专业工种人员操作上岗证书</td><td colspan="2"></td></tr>
<tr><td>4</td><td colspan="2">安装图审查情况</td><td colspan="2"></td></tr>
<tr><td>5</td><td colspan="2">安装组织设计、安装方案及审批</td><td colspan="2"></td></tr>
<tr><td>6</td><td colspan="2">施工技术标准</td><td colspan="2"></td></tr>
<tr><td>7</td><td colspan="2">工程质量检验制度</td><td colspan="2"></td></tr>
<tr><td>8</td><td colspan="2">现场材料、设备管理</td><td colspan="2"></td></tr>
<tr><td>9</td><td colspan="2">其他项目</td><td colspan="2"></td></tr>
<tr><td>结论</td><td>安装单位项目负责人：
（签章）

年　月　日</td><td colspan="2">监理工程师：
（签章）

年　月　日</td><td>建设单位项目负责人：
（签章）

年　月　日</td></tr>
</table>

附录 B 城镇燃气报警控制系统安装过程检查记录

表 B.1 城镇燃气报警控制系统安装过程材料和设备检查记录

工程名称		安装单位	
安装执行规程名称及编号		监理单位	
子分部工程名称	设备、材料进场		
项目	执行本规程相关规定	安装单位检查评定记录	监理单位检查（验收）记录
检查文件及标识	第 4.1.1 条		
核对产品及检验报告	第 4.1.4 条		
检查产品外观	第 4.1.4 条		
检查产品规格、型号	第 4.1.4 条		
结论	安装单位项目经理： （签章） 年 月 日	监理工程师（建设单位项目负责人）： （签章） 年 月 日	

注：安装过程若用到其他表格，则应作为附件一并归档。

表 B.2 城镇燃气报警控制系统安装过程检查记录

工程名称		安装单位	
安装执行规程名称及编号		监理单位	
子分部工程名称	安装		
项　目	执行本规程相关规定	安装单位检查评定记录	监理单位检查（验收）记录
布线	第 4.3.1 条		
	第 4.3.2 条		
	第 4.3.3 条		
	第 4.3.4 条		
	第 4.3.5 条		
	第 4.3.6 条		
	第 4.3.7 条		
	第 4.3.8 条		
	第 4.3.9 条		
	第 4.3.10 条		
	第 4.3.11 条		
	第 4.3.12 条		
	第 4.3.13 条		
	第 4.3.14 条		
	第 4.3.15 条		
可燃气体报警控制器	第 4.4.2 条		
	第 4.4.3 条		
可燃气体探测器、不完全燃烧探测器、复合探测器	第 4.4.4 条		
系统接地	第 4.4.6 条		
燃气紧急切断阀	第 4.4.5 条		
配套设备的安装	第 4.4.7 条		
结论	安装单位项目经理： （签章） 年　月　日	监理工程师（建设单位项目负责人）： （签章） 年　月　日	

注：安装过程若用到其他表格，则应作为附件一并归档。

表 B. 3　城镇燃气报警控制系统调试过程检查记录

<table>
<tr><td>工程名称</td><td></td><td>安装单位</td><td></td></tr>
<tr><td>安装执行规范名称及编号</td><td></td><td>监理单位</td><td></td></tr>
<tr><td>子分部工程名称</td><td colspan="3">调试</td></tr>
<tr><td>项　目</td><td>调　试　内　容</td><td>安装单位检查评定记录</td><td>监理单位检查（验收）记录</td></tr>
<tr><td rowspan="5">调试准备</td><td>查验设备规格、型号、数量、备品</td><td></td><td></td></tr>
<tr><td>检查系统安装质量</td><td></td><td></td></tr>
<tr><td>检查系统线路</td><td></td><td></td></tr>
<tr><td>检查联动设备</td><td></td><td></td></tr>
<tr><td>检查测试气体</td><td></td><td></td></tr>
<tr><td rowspan="10">可燃气体报警控制器</td><td>自检功能及操作级别</td><td></td><td></td></tr>
<tr><td>与探测器连线断路、短路故障信号发出时间</td><td></td><td></td></tr>
<tr><td>故障状态下的再次报警时间及功能</td><td></td><td></td></tr>
<tr><td>消声和复位功能</td><td></td><td></td></tr>
<tr><td>与备用电源连线断路、短路故障信号发出时间</td><td></td><td></td></tr>
<tr><td>高、低限报警功能</td><td></td><td></td></tr>
<tr><td>设定值显示功能</td><td></td><td></td></tr>
<tr><td>负载功能</td><td></td><td></td></tr>
<tr><td>主备电源的自动转换功能</td><td></td><td></td></tr>
<tr><td>连接其他回路时的功能</td><td></td><td></td></tr>
<tr><td rowspan="2">可燃气体探测器、不完全燃烧探测器、复合探测器</td><td>探测器报警动作值，声光报警功能，联动功能</td><td></td><td></td></tr>
<tr><td>探测器检测数量</td><td></td><td></td></tr>
<tr><td rowspan="2">声光警报及排风装置</td><td>检查数量</td><td></td><td></td></tr>
<tr><td>合格数量</td><td></td><td></td></tr>
<tr><td rowspan="2">燃气紧急切断阀</td><td>检查数量</td><td></td><td></td></tr>
<tr><td>合格数量</td><td></td><td></td></tr>
<tr><td rowspan="2">系统备用电源</td><td>电源容量</td><td></td><td></td></tr>
<tr><td>备用电源工作时间</td><td></td><td></td></tr>
<tr><td rowspan="2">系统联调</td><td>系统功能</td><td></td><td></td></tr>
<tr><td>联动功能</td><td></td><td></td></tr>
<tr><td>结论</td><td>安装单位项目经理：
（签章）

年　月　日</td><td colspan="2">监理工程师（建设单位项目负责人）：
（签章）

年　月　日</td></tr>
</table>

注：安装过程若用到其他表格，则应作为附件一并归档。

附录 C 城镇燃气报警控制系统工程质量控制资料核查记录

表 C 城镇燃气报警控制系统工程质量控制资料核查记录

工程名称		分部工程名称		
安装单位		项目经理		
监理单位		总监理工程师		
序号	资料名称	数量	核查人	核查结果
1	系统竣工图			
2	安装过程检查记录			
3	调试记录			
4	产品检验报告、合格证及相关资料			
结论	安装单位项目负责人： （签章） 年 月 日	监理工程师： （签章） 年 月 日	建设单位项目负责人： （签章） 年 月 日	

附录D　可燃气体探测器、不完全燃烧探测器、复合探测器试验方法及判定

D.1　一　般　规　定

D.1.1　城镇燃气报警系统采用的可燃气体探测器、不完全燃烧探测器、复合探测器（以下简称探测器）应符合国家现行标准《可燃气体探测器》GB 15322.1 ~ GB 15322.6 和《家用燃气报警器及传感器》CJ/T 347 的规定。

D.1.2　在现场，不论工程验收或使用过程中的检验，应仅对探测器的报警动作值、联动功能、声光报警功能实施检验。

D.1.3　长期未使用的探测器，在进行检查时应至少通电 24 h。有浓度指示的探测器除检查报警动作值外应按其量程选择 10%、30%、50%、75%、90% 做 5 点检验。

D.1.4　本规程规定的探测器检验，可使用专用检验设备或标准气体实施检验。

D.2　探测器检验方式

D.2.1　当采用专用检验设备法时，应符合下列规定：

1　探测器专用检验设备的性能应符合表 D.2.1 的规定；

2　可根据不同探测器的报警设定值，选择不同量程，进行测试；

3　可连续使用时间 8 h，或连续测试 500 台探测器。

表 D.2.1　探测器专用检验设备性能要求

气体组分	量限（体积分数）	性能要求				
		重复性偏差极限	示值误差极限	响应时间	零点漂移	量程漂移
CH_4	$0 \sim 4.5 \times 10^{-2}$	1.5%（RSD）	±3% FS	10 s	±2% FS/6 h	±3% FS/6 h
C_3H_8	$0 \sim 1.5 \times 10^{-2}$					
CO	$0 \sim 1000 \times 10^{-6}$					
	$0 \sim 2000 \times 10^{-6}$	2%（RSD）	±5% FS	30 s	±3% FS/h	±3% FS/h
H_2	$0 \sim 2.5 \times 10^{-2}$	1%（RSD）	±2% FS	10 s	±2% FS/6 h	±2% FS/6 h
	$0 \sim 4000 \times 10^{-6}$	1.5%（RSD）	±3% FS	30 s	±3% FS/h	±3% FS/h
C_2H_5OH	$0 \sim 1 \times 10^{-2}$	1.5%（RSD）	±3% FS	15 s	±2% FS/6 h	±2% FS/6 h

D.2.2　检验时应保证检查罩密封良好，应每次加气保持 3 min，然后记录探测器的报警动作值。

D.2.3　当采用标准气体法时，标准气体浓度应符合下列规定：

1　检验有浓度显示的探测器应有 5 种浓度标准气，即 10% FS、30% FS、50% FS、75% FS、90% FS；

2　检验无浓度显示的探测器的标准气浓度应符合表 D. 2. 3 的规定；

3　所有标准气必须是有证标准物质，准确度应在 ±2% 以内。

表 D. 2. 3　检验无浓度显示的探测器的标准气浓度

气　种	标准气 1	标准气 2	标准气 3
天然气（甲烷）	1% LEL	25% LEL	50% LEL
液化气（丙烷）	1% LEL	25% LEL	50% LEL
一氧化碳	50×10^{-6}	300×10^{-6}	500×10^{-6}
氢气	125×10^{-6}	750×10^{-6}	1250×10^{-6}

D. 2. 4　当采用标准气体法检验时，应卸下探测器外壳，露出气敏元件，用校准罩将标准气以尽可能小的流量导入气敏元件，时间 3 min，并应记录探测器的报警动作值和（或）其他响应值。

D. 2. 5　应将现场检查结果填入本规程表 F. 2 中。

D. 3　判　　别

D. 3. 1　对探测天然气、液化气的探测器的判定应符合下列规定：

1　当探测器报警动作值与铭牌上标明的报警设定值之差不超过 ±10% LEL 时为合格；

2　当探测器的报警动作值与铭牌上标明的报警设定值之差超过 ±10% LEL，但仍在 1% LEL ~ 25% LEL 范围内时为准用；

3　当探测器的报警动作值超过上款的规定时为不合格；

4　对有低、高限报警的探测器应按需要设置低、高限报警，分别检验；低限报警判别应按本条第 1 ~ 3 款执行；当高限报警动作值在 40% LEL ~ 60% LEL 之间时为合格，当超出时为不合格；

5　声光报警及联动功能应符合产品说明书的规定。

D. 3. 2　对人工煤气探测器的判定应符合下列规定：

1　一氧化碳探测器的判定应符合下列规定：

1）当探测器的动作值与铭牌上标明的报警设定值之差不超过 $\pm 160 \times 10^{-6}$ 时为合格；

2）当探测器的动作值与铭牌上标明的报警设定值之差超过 $\pm 160 \times 10^{-6}$，但在 $50 \times 10^{-6} \sim 300 \times 10^{-6}$ 范围内时为准用；

3）当探测器的动作值超过上款的规定时为不合格；

4）对有低、高限报警的探测器应按需要设置低、高限报警，分别检验；低限报警判别应按本条第 1 ~ 3 款执行；当高限探测器动作值在 $400 \times 10^{-6} \sim 600 \times 10^{-6}$ 之间时为合格，超出时为不合格；

5）声光报警及联动功能应符合产品说明书的规定。

2　氢气探测器的判定应符合下列规定：

1）当探测器的动作值与铭牌上标明的报警设定值之差不超过 $\pm 400\times10^{-6}$ 时为合格；

2）当探测器的动作值与铭牌上标明的报警设定值之差超过 $\pm 400\times10^{-6}$，但仍在 $125\times10^{-6}\sim750\times10^{-6}$ 范围内时为准用；

3）当探测器的动作值超过上款的规定时为不合格；

4）对有低、高限报警的探测器应按需要设置低、高限报警，分别检验；低限报警判别应按本条第 1～3 款执行；当高限报警动作值在 $1000\times10^{-6}\sim1500\times10^{-6}$ 之间时为合格，超出时为不合格；

5）声光报警及联动功能应符合产品说明书规定。

D. 3. 3　有浓度显示的探测器的判定应符合下列规定：

1　每点示值的绝对误差不超过 ±10% 为合格；

2　只有两点超过 ±10%，但不超过 ±15% 为准用；

3　其余为不合格。

D. 3. 4　不完全燃烧探测器的判定应符合下列规定：

1　当符合下列规定时为合格，否则为不合格：

1）用浓度为 0. 050% ～0. 055% 的一氧化碳气体试验，在 5 min 内报警；

2）用浓度为 0. 0025% ～0. 0030% 的一氧化碳气体试验，在 5 min 内不报警。

2　声光报警功能、联动功能应符合报警说明书的规定。

D. 3. 5　批量产品检查结果的处理应符合下列规定：

1　同一建筑物内（或同时投入使用的建筑群），同一品牌、同一时间投入使用的探测器可列为一批；

2　当一批产品中无不合格者时，整批可继续使用到有效期结束；

3　当一批产品中，不合格探测器小于批量的 30% 时，经更换并检验合格后，整批可继续使用到有效期结束；

4　当一批产品中，不合格探测器大于批量的 30% 时，应整批更换。

附录E 城镇燃气报警控制系统工程验收记录

表E 城镇燃气报警控制系统工程验收记录

<table>
<tr><td>工程名称</td><td colspan="2"></td><td>分部工程名称</td><td colspan="2"></td></tr>
<tr><td>安装单位</td><td colspan="2"></td><td>项目经理</td><td colspan="2"></td></tr>
<tr><td>监理单位</td><td colspan="2"></td><td>总监理工程师</td><td colspan="2"></td></tr>
<tr><td>序号</td><td colspan="2">验 收 项 目 名 称</td><td>执行本规程相关规定</td><td>验收内容记录</td><td>验收评定结果</td></tr>
<tr><td>1</td><td colspan="2">布线</td><td>第4.3、4.4节</td><td></td><td></td></tr>
<tr><td>2</td><td colspan="2">技术文件</td><td>第5.0.4条</td><td></td><td></td></tr>
<tr><td>3</td><td colspan="2">可燃气体探测器、不完全燃烧探测器、复合探测器</td><td>第5.0.8条</td><td></td><td></td></tr>
<tr><td>4</td><td colspan="2">可燃气体报警控制器</td><td>第5.0.7条</td><td></td><td></td></tr>
<tr><td>5</td><td colspan="2">系统备用电源</td><td>第5.0.9条</td><td></td><td></td></tr>
<tr><td>6</td><td colspan="2">系统性能</td><td>第5.0.10条</td><td></td><td></td></tr>
<tr><td>7</td><td colspan="2">配套设施</td><td>第5.0.11条</td><td></td><td></td></tr>
<tr><td rowspan="4">验收单位</td><td colspan="2">安装单位：(单位印章)</td><td colspan="3">项目经理：(签章)

年 月 日</td></tr>
<tr><td colspan="2">监理单位：(单位印章)</td><td colspan="3">总监理工程师：(签章)

年 月 日</td></tr>
<tr><td colspan="2">设计单位：(单位印章)</td><td colspan="3">项目负责人：(签章)

年 月 日</td></tr>
<tr><td colspan="2">建设单位：(单位印章)</td><td colspan="3">建设单位项目负责人：(签章)

年 月 日</td></tr>
</table>

注：分部工程质量验收由建设单位项目负责人组织安装单位项目经理、总监理工程师和设计单位项目负责人等进行。

附录F 城镇燃气报警控制系统日常维护检查表

表 F.1 城镇燃气报警控制系统日常维护检查表

日期	控制器运行情况				报警设备运行情况			联动设备运行情况		报警部位原因及处理情况	值班人
	自检	消音	电源	巡检	正常	报警	故障	正常	故障		

注：正常画“√”，有问题注明。

表 F.2 城镇燃气报警控制系统探测器现场动作值记录

日期	探测器序号	现场动作值记录			处 理 意 见			点检人
		合格	准用	不合格	可以使用	标定	更换探头	

注：1 设备开通及定期检查时，可以使用专用的加气试验装置进行现场动作值试验。

2 正常画“√”。

表 F.3 城镇燃气报警控制系统设备年（季）检查记录

<table>
<tr><td colspan="4">单 位 名 称</td><td colspan="5">防 火 负 责 人</td></tr>
<tr><td>日期</td><td>设备种类</td><td colspan="2">检查试验
内容及结果</td><td>仪器自检</td><td colspan="2">故障及
排除情况</td><td>备注</td><td>检查人</td></tr>
<tr><td></td><td></td><td></td><td></td><td></td><td></td><td></td><td></td><td></td></tr>
<tr><td></td><td></td><td></td><td></td><td></td><td></td><td></td><td></td><td></td></tr>
<tr><td></td><td></td><td></td><td></td><td></td><td></td><td></td><td></td><td></td></tr>
<tr><td></td><td></td><td></td><td></td><td></td><td></td><td></td><td></td><td></td></tr>
<tr><td></td><td></td><td></td><td></td><td></td><td></td><td></td><td></td><td></td></tr>
<tr><td></td><td></td><td></td><td></td><td></td><td></td><td></td><td></td><td></td></tr>
<tr><td></td><td></td><td></td><td></td><td></td><td></td><td></td><td></td><td></td></tr>
</table>

本规程用词说明

1 为便于在执行本规程条文时区别对待，对要求严格程度不同的用词说明如下：

1）表示很严格，非这样做不可的：

正面词采用“必须”，反面词采用“严禁”；

2）表示严格，在正常情况下均应这样做的：

正面词采用“应”，反面词采用“不应”或“不得”；

3）表示允许稍有选择，在条件许可时首先应这样做的：

正面词采用“宜”，反面词采用“不宜”；

4）表示有选择，在一定条件下可以这样做的，采用“可”。

2 条文中指明应按其他有关标准执行的写法为：“应符合……的规定”或“应按……执行”。

引用标准名录

1《城镇燃气设计规范》GB 50028
2 《爆炸和火灾危险环境电力装置设计规范》GB 50058
3 《建筑电气工程施工质量验收规范》GB 50303
4 《城镇燃气技术规范》GB 50494
5 《可燃气体探测器》GB 15322.1 ~ GB 15322.6
6 《可燃气体报警控制器》GB 16808
7 《家用燃气报警器及传感器》CJ/T 347

中华人民共和国行业标准

城镇燃气报警控制系统技术规程

CJJ/T 146—2011

条 文 说 明

制 定 说 明

《城镇燃气报警控制系统技术规程》CJJ/T 146—2011 经住房和城乡建设部 2011 年 2 月 11 日以第 914 号公告批准、发布。

为便于广大设计、施工、科研、学校等单位有关人员在使用本规程时能正确理解和执行条文规定，《城镇燃气报警控制系统技术规程》编制组按章、节、条顺序编制了本规程的条文说明，对条文规定的目的、依据以及执行中需要注意的有关事项进行了说明。但是，本条文说明不具备与规程正文同等的法律效力，仅供使用者作为理解和把握规程规定的参考。

目　　次

1 总　　则

1.0.1 城镇燃气具有易燃、易爆和有毒的特点，在相对封闭的用气环境（建筑物中），一旦发生燃气的泄漏极易造成燃气中毒、爆炸等事故，对人身公共安全带来威胁。城镇燃气报警控制系统是防止和减少由于燃气泄漏和不完全燃烧造成人身伤害和财产损失的有效手段之一。在我国城镇燃气报警系统经过几十年的发展，其产品生产和使用已形成一定规模。为规范指导燃气报警控制系统在城镇燃气设计、施工、使用和维护工作，做到技术先进、经济合理、安全施工，确保工程质量，特制定本规程。

1.0.2 本条规定了本规程的适用范围，本规程适用于在居住建筑、商业和工业企业用气场所及燃气供应厂站使用的燃气报警控制系统的设计、施工、验收、使用和维护等。

1.0.3 本条依据住房和城乡建设部、劳动部、公安部联合颁布的第10号令《城市燃气安全管理规定》，其中第九条规定"城市燃气工程的设计、施工，必须由持有相应资质证书的单位承担"。由于城镇燃气具有易燃、易爆和有毒的特点，而城镇燃气报警控制系统中的设计、施工与单纯的城镇燃气工程相比，其内容涉及两个专业，城镇燃气和电气仪表专业，在此过程中两个专业有独立、有合作。燃气报警控制系统相对燃气工艺系统属于安全管理系统范畴，因此，要求从事燃气报警控制系统的设计、施工等应具有相应的资质和相应的实践经验，以确保工程质量。

1.0.4 此条是强调燃气报警控制系统在设计、施工、使用和维护中除要符合本规程的规定外，还应符合现行国家标准《城镇燃气技术规范》GB 50494、《城镇燃气设计规范》GB 50028 和现行行业标准《城镇燃气室内工程施工与质量验收规范》CJJ 94 等相关标准的规定，从而确保工程质量。

3 设 计

3.1 一 般 规 定

3.1.1 本条规定“燃气报警控制系统中的相关设备应采用经国家有关产品质量监督检测单位检验合格，并取得国家相应的许可或认可的产品”，是控制燃气报警控制系统中产品质量的有效手段。

3.1.2 本条规定了选择气体探测器时应遵循的原则：

1 应根据燃气种类选择相应的气体探测器；

2 应根据燃具、用气设备环境可能产生的燃气泄漏和燃气不完全燃烧等情况选择相应的气体探测器；

3 气体探测器分为单一和复合型气体探测器，可根据具体情况选用。复合探测器可以有甲烷、一氧化碳复合探测器及甲烷、一氧化碳、温度复合探测器等多种形式。

3.1.3 本条规定了气体探测器和紧急切断阀的使用寿命。其中家用气体探测器世界上质量较好的产品寿命均为5年。紧急切断阀因内部橡胶密封件的寿命问题，世界上最长寿命为10年。故这两项指标可理解为更换周期。商业和工业企业用气体探测器因所用传感器种类不同，寿命不一致。国家规定该类产品每年应强制检查一次。故按不低于三年要求，避免过于频繁更换。

3.1.4 本条说明探测器的设置场所，在《城镇燃气设计规范》GB 50028—2006及《城镇燃气技术规范》GB 50494—2009中都有具体规定，应符合其规定，本规程不详细列出。

3.1.5 根据现行国家标准《城镇燃气设计规范》GB 50028和《爆炸和火灾危险环境电力装置设计规范》GB 50058等规范的规定，有防爆要求的场所安装的气体探测器、紧急切断阀及配套产品要选用防爆型产品。

《爆炸和火灾危险环境电力装置设计规范》GB 50058—92第2.2.2条规定：符合下列条件之一时，可划为非爆炸危险区域：

1 没有释放源并不可能有易燃物质侵入的区域；

2 易燃物质可能出现的最高浓度不超过爆炸下限值的10%；

3 在生产过程中使用明火的设备附近，或炽热部件的表面温度超过区域内易燃物质引燃温度的设备附近；

4 在生产装置区外，露天或开敞设置的输送易燃物质的架空管道地带，但其阀门处按具体情况定。

3.1.6 本条是针对设置集中报警控制系统的场所提出的要求，因为集中报警控制系统一般设置在商业、工业和高层住宅、高级公寓等场所，如果可燃气体报警控制器设置在无人值守的位置，现场报警不易被发现，另外这些场所一般情况下设有消防控制室或值班室。

3.2 居 住 建 筑

3.2.1 本条规定了居住建筑设置燃气报警控制系统时，主要选择独立燃气报警系统。因为多数情况下，居住建筑每个单元即每个居民用户都是独立的。

如果某个小区或某个大楼有物业管理，需要集中监视报警情况，则可选用集中报警控制系统。

如果住宅内设置了报警控制系统，而家庭中的灶具、燃气热水器、壁挂炉等燃气用具分设在不同的独立空间内，则应该在每个使用燃气用具的房间安装气体探测器。

3.2.2 本条是依据《燃气采暖热水炉应用技术规程》CECS215：2006 中的有关要求而定的。

3.2.3 本条是依据《城镇燃气设计规范》GB 50028 中的有关要求，对既有建筑住宅暗厨房使用燃气提出要求。

暗厨房是指：厨房无直通室外的门或窗。

3.2.4 本条对住宅中探测器安装位置提出要求。其位置距灶具及排风口的水平距离应大于0.5 m，是因为距灶具太近，烹调中产生的油烟、水蒸气会影响探测器的使用寿命和工作状况。而且如果距排风口太近会对泄漏燃气探测的结果有影响，泄漏的燃气容易聚集在空气非流通地方。

规定当使用液化石油气或相对密度大于1 的燃气时，探测器应安装在厨房离地面不大于0.3 m的墙上；主要是因为液化石油气的密度比空气大，一旦燃气泄漏，泄漏的燃气会向下扩散，所以，应安装在靠近地面处。距地面0.3 m主要是考虑到安装方便和防止污水或潮气对探测器功能和寿命的影响。当使用天然气、人工煤气或相对密度小于1 的燃气时，探测器可吸顶安装或装于距顶棚小于0.3 m 的墙上；规定的目的也是因为天然气的密度小于空气，所以一旦发生泄漏，泄漏的燃气会向上扩散，距顶棚小于0.3 m 是为了保证及时探测到燃气泄漏。不完全燃烧探测器也是吸顶安装或装于距顶棚小于0.3 m 的墙上。

3.2.5 探测器与紧急切断阀连锁，使得一旦报警，能立即切断气源，保证了安全。

3.3 商业和工业企业用气场所

3.3.1 该条规定了商业和工业企业用户用气场所，设置燃气报警控制系统时，主要选择由点型可燃气体探测器、报警控制器等组成的集中燃气报警控制系统，但对面积小于80 m^2 的商业网点，如小型餐厅等，可以设置独立燃气报警控制系统，这样可以降低用户负担。

3.3.2 本条根据燃气种类和安装气体探测器建筑物的规模确定气体探测器的安装位置和数量。其中，当任意两点间的水平距离小于8 m时，可设一个气体探测器，以及探测器与释放源的距离、与顶棚或地面的距离等参数，是参考日本标准给出的数据。

当使用液化石油气或相对密度大于1 的燃气时，可燃气体探测器距释放源中心的水平安装距离不应大于4 m，且不得小于1 m；当使用天然气、人工煤气或相对密度小于1 的燃气时，气体探测器距释放源中心的安装距离不应大于8 m且不应小于1 m，是因为液化石油气的密度比空气大，万一泄漏不容易放散，所以要求探测器距释放源的安装距离相对于天然气和人工煤气要短一些。任意两点间的水平距离：指两点间连线长度的水平投影距离。

多个探测器设置的原则主要是考虑相对密度不同的探测器，保护半径不同。为防止两探测器之间被保护区交叉处产生盲区，所以有 1 m 的重复交叉。

3.3.3 本条规定对气源为相对密度小于 1 的燃气且释放源距顶棚垂直距离超过 4 m 时，应设置集气罩或分层设置探测器，是因为建筑物太高如果不设集气罩或分层设置可燃气体探测器，空间太大需要设置更多的可燃气体探测器。

3.3.4 本条主要是针对安装可燃气体探测器的特殊场所提出要求，以减少可燃气体探测器的安装数量。本条提出长方形状场所，是为了便于描述。对于不规则的狭长形状，可比照进行设置。

3.3.5 本条是对燃具设置场所空间较大，但使用燃具或设置燃气设施的场所只占安装可燃气体探测器的场所整个空间的比例较小时，不需要对整个大空间实施监测，仅对有释放源的局部实施保护即可。本条提出燃烧器具的场所面积小于全部面积的 1/3 是为了便于描述，是一个相对的概念。

3.3.6 本条是参考《石油化工可燃气体和有毒气体检测报警设计规范》GB 50493 制定的。主要考虑到露天、半露天燃气泄漏时，在泄漏燃气容易积聚的地方实施监测，从而更有效地实施监测，避免燃气次生灾害的发生。

3.3.7 本条参考了《石油化工可燃气体和有毒气体检测报警设计规范》GB 50493，对在密闭或半密闭厂房内的燃气输配设施设置探测器的安装规定，其中距释放源不应大于 4 m，是按相对密度大于 1 的燃气要求的，以便更加保险。

3.3.8 本条规定了紧急切断阀的设置除应符合《城镇燃气设计规范》GB 50028 中的有关规定外，还有一些其他的规定。设置紧急切断阀主要是控制燃气的泄漏，同时，紧急切断阀切断时还要考虑到影响的范围应尽可能小而且动作可靠。

安装在由建筑物外进入建筑物内的引入管处的紧急切断阀，因为该阀切断将导致整个建筑物断气，因此控制器设置在有人值守的地方，其切断控制应为人工控制，如果控制器设置在无人值守的地方，要有 3 个探测器同时报警才能切断。

设置在建筑物内为多个独立用户供气的管道上的紧急切断阀，应有 2 个以上探测器同时报警才自动切断。

3.3.9 本条强调液化石油气储瓶间应设防爆型气体探测器和排风装置。其排风装置应有自动和手动两种启动方式。

3.3.10 本条规定主要是因为露天安装的气体探测器如果不采取防护措施，受到风吹、雨淋、日晒会减少气体探测器的寿命或损坏探测器。

3.3.11 本条的规定主要是因为集中报警控制系统中一般探测器不具备声光报警功能。声光报警功能一般在报警控制器上，为了提醒现场人员发生了泄漏，特作此规定。

3.3.12 本条的规定是为了在紧急情况下，可以在现场人工发出报警信号。需设置手动触发报警装置。

3.3.13 条文中不应大于 20 m 的规定是因为如果距离过长，导线电阻过大，会使电磁阀不能关闭。

4 安 装

4.1 一 般 规 定

4.1.1 本规定强调城镇燃气报警控制系统的施工一定要按照批准的工程设计文件进行安装。设计文件是工程施工的主要依据，按图施工是国务院《建设工程质量管理条例》的规定，因此必须执行。本条强调了设计文件的地位，当设计文件有误或因现场条件的原因不能按设计文件执行时，必须事先经原设计单位对图纸进行修改，安装单位不得随意改变设计意图。

设计文件包括施工图、设计变更、设计洽商函等。

4.1.2 施工方案的选择与制定是决定整个工程全局的关键，方案一经决定，则整个工程施工的进程、人力和安装设备的需要与布置，工程质量与施工安全等，现场组织管理随之就被确定下来。施工组织的各个方面都与施工方案发生联系而受其影响。所以，施工方案在很大程度上决定了施工组织设计质量。施工方案编写的内容应符合规范规定，一般施工方案中列出施工安装应遵循的规范清单，所以，要求施工单位应具有必要的施工技术标准。

4.1.3 本条规定了城镇燃气报警控制系统施工前的准备工作：

1 施工前设计单位应向施工、监理等单位进行施工图的交底；施工、监理单位应明确设计文件的要求；

2 施工前应按照设计文件的要求，将施工所用材料备齐，以保证施工质量和施工顺利进行。

4.1.4 本条规定了设备、材料进场检验应遵守的规定。

1 出厂合格文件包括：合格证、质量证明书，有些产品应有相关性能的检测报告、型式检验报告等；

2 本款强调进口设备和材料也应遵守我国的市场准入制度，其产品质量应符合我国现行标准的相关规定。按国家规定需要对进口产品进行检验的，还应有国家商检部门出具的检验报告，并应有中文说明书。

4.1.5 本条规定施工单位应做好相关记录。

4.1.6 本条规定了保证燃气报警控制系统施工质量应遵守的规定和程序。强调了工序检查和工种交接认可。规定每一项工作完成后，均应在具有一定资格的人员参与下，按一定的工作程序进行验收工作，最后指出记录格式，这些要求是保证工程质量所必需的。

对无监理的工程，验收工作均要由建设单位项目负责人组织。

4.1.7 本条规定了质量控制资料填写格式。

4.1.8 本条强调城镇燃气报警控制系统安装结束后，不经过验收合格不得交付使用。主要是依据《建设工程质量管理条例》（国务院令第279号令）第十六条：建设单位收到建设工程竣工报告后，应当组织设计、施工、工程监理等有关单位进行竣工验收。

4.2 独立燃气报警控制系统的安装

4.2.1 本条规定主要是强调气体探测器的安装环境要相对干燥，因为气体探测器的组成主要是电子元器件，而水和潮气会影响其寿命或工作效率。

4.2.2 本条对可燃气体探测器的安装提出最基本的要求。导线要在导管或管槽内的规定，主要是考虑对导线的保护，因为导线如果出现故障，根本不可能有控制的作用。

"在导管和线槽内不应有接头和扭结"的要求，主要是考虑导管内的接头和扭结出现断开时不易被发现，另外，导管或槽内有接头将影响线路的机械强度，所以，导线要在接线盒内进行连接，以便于检查。

4.3 集中燃气报警控制系统的布线

4.3.1 本条主要参考《火灾自动报警系统施工及验收规范》GB 50166 的有关规定。本条规定了燃气报警控制系统应单独布线，如果不同电压等级、不同电流类别的导线布置在同一导管内，有可能会影响报警控制系统的可靠性。

4.3.2 本条规定了燃气报警控制系统在非防爆区的布线要求。规定了可燃气体报警控制系统传输线路线芯截面的最小面积，同时还强调要满足机械强度的要求。

4.3.3 本条规定了防爆区域的布线要求。

4.3.4 本条主要参考《火灾自动报警系统施工及验收规范》GB 50166 的有关规定。本条强调了导管内或线槽内不应有积水或杂物，主要是考虑到有积水或杂物影响施工质量。如果导管内有积水会影响线路的绝缘；如果导线内有杂物会影响穿线或刮伤导线。

4.3.5 本条主要参考《火灾自动报警系统施工及验收规范》GB 50166 的有关规定。本条规定了导线在导管和线槽内不准有接头或扭结。如果有接头将影响线路机械强度，是故障的隐患点。

4.3.6 本条主要参考《火灾自动报警系统施工及验收规范》GB 50166 的有关规定。本条规定主要是考虑提高系统的可靠性。

4.3.7 本条主要参考《火灾自动报警系统施工及验收规范》GB 50166 的有关规定。主要是防止灰尘和水汽进入管子引起导电或腐蚀管子。

4.3.8 本条主要参考《火灾自动报警系统施工及验收规范》GB 50166 的有关规定。本条规定主要考虑如果管路太长或弯头多，会引起穿线困难。

4.3.9 本条主要参考《火灾自动报警系统施工及验收规范》GB 50166 的有关规定。本条规定主要考虑使导管安装牢固。

4.3.10 本条主要参考《火灾自动报警系统施工及验收规范》GB 50166 的有关规定。本条规定的目的一方面是确保穿线顺利，另一方面是防止导管或线槽由于自重使其长期处于受力状态，也使得导管或线槽内的导线受力，影响到导线的寿命。

4.3.11 本条主要参考《火灾自动报警系统施工及验收规范》GB 50166 的有关规定。本条规定主要是防止支撑或吊点间距过大，使线槽弧垂过大。

4.3.12 本条主要参考《火灾自动报警系统施工及验收规范》GB 50166 的有关规定。线槽接口应平直、严密，槽盖应齐全、平整、无翘角。并列安装时，槽盖应便于开启。

4.3.13 本条主要参考《火灾自动报警系统施工及验收规范》GB 50166 的有关规定。本条规定主要是建筑物的结构缝随温度变化而变化；所以导线应当留有余量，以免受损或被拉断。

4.3.14 本条主要参考《火灾自动报警系统施工及验收规范》GB 50166 的有关规定。本条要求是为了保证导线间的绝缘电阻。

4.3.15 本条主要参考《火灾自动报警系统施工及验收规范》GB 50166 的有关规定。本条规定相同用途的导线颜色应一致，主要是因为整个报警控制系统的导线较多，如果没有统一规定，容易接错线，也容易给调试和运行带来不必要的麻烦。

4.4 集中燃气报警控制系统的设备安装

4.4.1 本条说明了安装方式的一般原则。

4.4.2 本条主要参考《火灾自动报警系统施工及验收规范》GB 50166 的有关规定。本条规定了可燃气体报警控制器安装位置。主要原则是：保证系统运行可靠；控制器报警时容易察觉；便于操作和维修；防潮防腐蚀。

4.4.3 本条规定了引入控制器的电缆或导线的安装要求。主要目的是便于调试、维护和维修等方便。

4.4.4 本条规定了气体探测器的安装规定：

1 探测器如果提前安装容易在其他施工时被损坏，另外，整体施工未完工，灰尘及潮气等易使探测器误报或损坏；如果探测器在调试前保管不善容易损坏；

2 焊接不应使用带腐蚀性的助焊剂，否则焊接接头处被腐蚀会增加线路电阻或导致断开，影响系统的可靠性；

3 本规定的目的是便于维修和管理；

4 封堵的目的是防止杂物和潮气进入影响绝缘；

5 非防爆型探测器安装还应注意防水。

4.4.5 不同厂家生产的紧急切断阀安装要求不相同，因此安装应符合各厂家说明书的要求。

4.4.6 本规定的目的是保证使用人员及设备的安全。

4.4.7 木条第 2 款阀门、风机等设备的手动控制装置的安装高度距地面宜为 1.3 m ~ 1.5 m 的规定主要是考虑到我国成人平均身高，操作方便确定的。

4.5 系 统 调 试

4.5.1 本条规定了调试前的准备工作，由于可燃气体报警控制器的线路较复杂，接错线的情况时有发生，所以，调试前应再检查线路的连接情况，否则会造成严重的后果。绝缘电阻小于 20 MΩ 的原因，一方面是施工时未按规定进行操作，另一方面可能是导线被划伤等，所以也应采取相应的处理措施。

4.5.2 本条规定了可燃气体报警控制器的调试方法和要求。

4.5.3 本条规定了气体探测器的调试方法和要求。

4.5.4 本条规定了紧急切断阀的调试方法和要求。

4.5.5 本条规定了对系统备用电源的调试要求。备用电源是否可靠直接关系到整个系统的可靠性。强调备用电源的容量应与设计容量相符，如果备用电源容量不够或电压过低则整个系统不能正常工作。

4.5.6 本条规定了声光报警及排风装置的调试方法和要求。

4.5.7 本条规定了整个系统调试正常后，应连续运行 120 h 后无故障，再按本规程附录 B.3 的规定填写调试报告，才能进行工程验收。

5 验　　收

5.0.1 本条强调了城镇燃气报警控制系统完工后应进行验收，验收不合格不得投入使用。工程验收是按设计文件对施工质量进行全面检查，城镇燃气报警控制系统的验收不但要按设计文件的要求进行检查还要进行必要的系统性能测试。

5.0.2 本条主要规定验收的内容，强调应填写验收记录。

5.0.3 本条规定了验收的内容和数量。本条款的规定是参照《火灾自动报警控制系统施工及验收规范》GB 50166 的有关要求确定的。其中强调了报警控制器、居民住宅内可燃气体探测器、紧急切断阀及排风装置应按实际数量全部检验。

5.0.4 本条规定了系统验收前施工单位应提供的技术文件。

5.0.5 本条规定了验收前建设单位和使用单位应进行施工质量再检查。也就是建设单位和使用单位的自检，主要是进行系统功能性检查，以便保证联合验收能顺利通过。

5.0.6 本条规定了系统布线检验应符合《建筑电气工程施工质量验收规范》GB 50303 的规定和本规程第 4.3、4.4 节的要求。因为报警控制系统布线施工与其他电气系统施工的要求都是相同的。

5.0.7 本条规定了可燃气体报警控制器的验收要求。

5.0.8 本条规定了可燃气体探测器的验收要求。

5.0.9 本条规定了系统备用电源的验收要求。

5.0.10 本条规定了系统联动逻辑关系要求。

5.0.11 本条规定了配套设施的验收要求。

5.0.12 本条规定了在系统验收中的设备和管线应是全部合格的，如果不合格应进行修复或更换，并重新进行验收；在重新验收时抽验比例应加倍。

5.0.13 本条规定了验收合格后对验收记录的要求。

5.0.14 本条规定对于独立燃气报警控制系统，主要是对于居民住宅安装的独立燃气报警控制系统的验收，可以简化程序，包括简化文件及验收方法。

6 使用和维护

6.0.1 本条规定了城镇燃气报警控制系统的管理操作应由经过专门培训的人员负责。本条没有强调培训的机构和资质，由于报警控制系统的专业性较强，所以管理、维护和操作人员上岗前一定要经过专门培训，以免由于不掌握相关知识造成误操作损坏设备。

6.0.2 本条规定了城镇燃气报警控制系统正式启用时应具备的文件资料。该规定有利于报警控制系统的使用、维护和维修；同时，也落实责任到人。

6.0.3 本条规定了可燃气体探测器及紧急切断阀不得超期使用，主要是因为探测器和紧急切断阀中，其关键器件、气敏元件和橡胶密封件的寿命都是经过设计和试验得来的，超期使用将引起严重后果。

6.0.4 为保证可燃气体报警控制系统的正常运行，系统每半年应检查1次。由于探测器检验受条件限制，实现起来比较困难，因此检验周期放长一些。

6.0.5～6.0.7 本条规定了商业、工业场所和居民住宅的紧急切断阀、气体探测器检查的内容和时间，由于安装环境不同，受污染的程度也不同；所以检查的时间也不同。

6.0.8 本条要求每次检查完以后应贴上注明检查日期的标识。

JJG

中华人民共和国国家计量检定规程

JJG 693—2011

可燃气体检测报警器

Alarmer Detectors of Combustible Gas

2011-06-14 发布 2011-12-14 实施

国家质量监督检验检疫总局 发布

可燃气体检测报警器检定规程

Verification Regulation of Alarmer Detectors of Combustible Gas

JJG 693—2011
代替JJG 693—2004
JJG 940—1998

本规程经国家质量监督检验检疫总局于2011年6月14日批准，并自2011年12月14日起施行。

归 口 单 位：全国环境化学计量技术委员会
主要起草单位：中国计量科学研究院
济南市计量检定所
山东省计量科学研究院
济南市长清计算机应用公司
参加起草单位：西安计量技术研究院
河南省计量科学研究院
安阳市质量技术监督检验测试中心
本规程主要起草人：谌永华（中国计量科学研究院）
王利民（济南市计量检定所）
郭 波（山东省计量科学研究院）
岳宗龙（济南市长清计算机应用公司）
参 加 起 草 人：刘 卓（西安计量技术研究院）
孔小平（河南省计量科学研究院）
李拥军（安阳市质量技术监督检验测试中心）

本规程委托全国环境化学计量技术委员会负责解释

目　录

引 言

JJG 693—2011《可燃气体检测报警器》是依据 JJF 1002《国家计量检定规程编写规则》、JJF 1001《通用计量术语及定义》、JJF 1059《测量不确定度评定与表示》的规定，对 JJG 693—2004《可燃气体检测报警器》和 JJG 940—1998《催化燃烧氢气检测仪》两规程进行修订的。修订后的规程代替 JJG 693—2004《可燃气体检测报警器》和 JJG 940—1998《催化燃烧氢气检测仪》两规程。与 JJG 693—2004 和 JJG 940—1998 相比，除编辑性修改外主要技术变化如下：

——扩大了被检的量程范围。包括的量程范围有：100% LEL（可燃气体的爆炸下限浓度）、低浓度（μmol/mol）和高浓度（100% 体积分数）；

——删除了原规程中“其他结构或用途的仪器可参照本规程进行校准”的内容；

——修订了量程漂移指标，从原量程的 ±5% FS，调整为 ±3% FS（见表 1）；

——将原规程中外观及通电检查一项，修改为外观及结构、标志和标识、通电检查等三项（见 4.1，4.2，4.3）；

——增加了报警动作值检查项目，删除了原规程报警误差检定项目（见 4.4）；

——具体明确了气体标准物质的种类。气体标准物质的包含因子，由原来的 $k=3$ 修改为 $k=2$（见 5.1.2.1）；

——去掉了原规程附录 B 中的“标准物质溯源要求”。将标准气体稀释装置列入正文（见 5.1.2.1）；

——示值误差检定方法中增加了对流量控制的要求，删除了原规程中附录 A“流量要求”（见 5.1.2.2）；

——修改了检定结果和检定结果通知书内页格式。修改后的内页格式使用户很清楚的知道被检仪器不同点的具体指标。

JJG 693—2004 的历次版本发布情况为：

——JJG 693—2004；

——JJG 693—1990。

JJG 940—1998 的历次版本发布情况为：

——JJG 940—1998。

可燃气体检测报警器检定规程

1 范围

本规程适用于非矿井作业环境中使用的可燃气体检测报警器（包括可燃气体检测仪，以下简称“仪器”）的首次检定、后续检定和使用中检查。

2 概述

仪器的检测原理主要有催化燃烧型、红外线吸收型、热导型等。采样方式有扩散式和吸入式。仪器主要由检测元件、放大电路、报警系统、显示器等组成，用于监测环境中可燃气体的浓度。

3 计量性能要求

计量性能要求见表1。

表1 计量性能要求

项目	要求	
示值误差	±5% FS	
重复性	≤2%	
响应时间	扩散式	≤60 s
	吸入式	≤30 s
漂移	零点漂移	±3% FS
	量程漂移	±2% FS

注：“FS”表示仪器的满量程，下同。

4 通用技术要求

4.1 外观及结构

4.1.1 仪器不应有影响其正常工作的外观损伤。新制造的仪器的表面应光洁平整，漆色镀层均匀，无剥落锈蚀现象。

4.1.2 仪器连接可靠，各旋钮或按键应能正常操作和控制。

4.2 标志和标识

仪器名称、型号、制造厂名称、出厂时间、编号、防爆标志及编号和国产仪器的制造计量器具许可证标志及编号等应齐全、清楚。

4.3 通电检查

仪器通电后，仪器应能正常工作，显示部分应清晰、完整。

4.4 报警功能及报警动作值检查

仪器的声光报警应正常。

4.5 绝缘电阻

对使用交流电源的仪器，绝缘电阻应不小于 20 MΩ。

5 计量器具控制

仪器的控制包括首次检定、后续检定和使用中检查。

5.1 检定条件

5.1.1 检定环境条件

环境温度：0 ~ 40 ℃；
相对湿度：＜85%；
通风良好，无干扰被测气体。

5.1.2 检定用设备

5.1.2.1 气体标准物质

采用与仪器所测气体种类相同的气体标准物质，如氢、乙炔、甲烷、异丁烷、丙烷、苯、甲醇、乙醇等。若仪器未注明所测气体种类，可以采用异丁烷或者丙烷气体标准物质。标准气体的浓度约为满量程的 10%，40%，60% 及大于报警设定点浓度的气体标准物质。气体标准物质的扩展不确定度不大于 2%（$k=2$）。也可采用标准气体稀释装置稀释高浓度的气体标准物质，稀释装置的流量示值误差应不大于 ±1%，重复性应不大于 0.5%。气体标准物质的浓度单位在使用时应换算成与被检仪器的表示单位一致。

5.1.2.2 流量控制器

流量控制器由检定用流量计和旁通流量计组成，如图 1 所示，流量范围应不小于 500 mL/min，流量计的准确度级别不低于 4 级。

5.1.2.3　零点气体

清洁空气或氮气（氮气纯度不低于99.99%）。

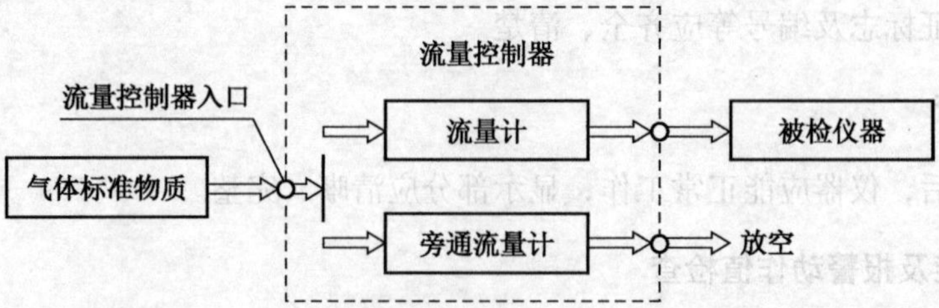

图1　流量控制器

5.1.2.4　秒表

分度值不大于0.1 s。

5.1.2.5　减压阀和气路

使用与气体标准物质钢瓶配套的减压阀和不影响气体浓度的管路材料，例如聚四氟乙烯等。

5.1.2.6　标定罩

扩散式仪器应有专用标定罩。

5.1.2.7　绝缘电阻表

输出电压500 V，准确度级别10级。

5.2　检定项目

检定项目见表2。

表2　检定项目一览表

检 定 项 目	首次检定	后续检定	使用中检查
外观及结构	+	+	+
标志和标识	+	+	+
通电检查	+	+	+
报警功能及报警动作值的检查	+	+	+

表2（续）

检定项目	首次检定	后续检定	使用中检查
绝缘电阻	+	-	-
示值误差	+	+	+
响应时间	+	+	+
重复性	+	+	-
漂移	+	-	-

注：1 “+”为需要检定项目；“-”为不需要检定项目。
2 经安装及维修后对仪器计量性能有较大影响的，其后续检定按首次检定要求进行。

5.3 检定方法

5.3.1 外观及结构

用目察、手感按4.1要求进行。

5.3.2 标志和标识

用目察按4.2要求进行。

5.3.3 通电检查

用目察、手感按4.3要求进行。

5.3.4 报警功能及报警动作值的检查

通入大于报警设定点浓度的气体标准物质，使仪器出现报警动作，观察仪器声光报警是否正常，并记录仪器报警时的示值。重复测量3次，3次的算术平均值为仪器的报警动作值。

5.3.5 绝缘电阻

仪器不连接供电电源，但接通仪器电源开关。将绝缘电阻表的一个接线端接到电源插头的相、中联线上，另一接线端接到仪器的接地端上，施加500 V直流电压持续5 s，用绝缘电阻表测量仪器的绝缘电阻值。

5.3.6 示值误差

仪器通电预热稳定后，按照图1所示连接气路。根据被检仪器的采样方式使用流量控制器，控制被检仪器所需要的流量。检定扩散式仪器时，流量的大小依据使用说明书要求的流量。检定吸入式仪器时，一定要保证流量控制器的旁通流量计有气体放出。按照上述通气方法，分别通入零点气体和浓度约为满量程60%的气体标准物质，调整仪器的零点和示值。然后分别通入浓度约为满量程 10%，40%，60% 的气体标准物质，记录仪器稳定示值。每点重复测量 3 次。按式（1）计算每点 ΔC，取绝对值最大的 ΔC 为示值误差。对多量程的仪器，根据仪器量程选用相应的气体标准物质。

$$\Delta C = \frac{\overline{C} - C_0}{R} \times 100\% \qquad (1)$$

式中：

$\overline{C}$ ——仪器示值的算术平均值；

C_0——通入仪器气体标准物质的浓度值；

R ——仪器满量程。

5.3.7 重复性

仪器预热稳定后，通入约为满量程 40% 的气体标准物质，记录仪器稳定示值 C_i，撤去气体标准物质。在相同条件下重复上述操作 6 次。按式（2）计算的相对标准偏差为重复性：

$$s_{\mathrm{r}} = \frac{1}{\overline{C}} \sqrt{\frac{\sum_{i=1}^{6} (C_i - \overline{C})^2}{5}} \times 100\% \qquad (2)$$

式中：

s_{r} ——单次测量的相对标准偏差；

$\overline{C}$ ——6 次测量的平均值；

C_i——第 i 次的示值。

5.3.8 响应时间

通入零点气体调整仪器零点后，再通入浓度约为满量程 40% 的气体标准物质，读取稳定示值，停止通气，让仪器回到零点。再通入上述气体标准物质，同时启动秒表，待示值升至上述稳定值的 90% 时，停止秒表，记下秒表显示的时间。按上述操作方法重复测量 3 次，3 次测量结果的算术平均值为仪器的响应时间。

5.3.9 漂移

仪器的漂移包括零点漂移和量程漂移。

通入零点气至仪器示值稳定后（对指针式的仪器应将示值调到满量程 5% 处），记录仪器显示值 Z_0，然后通入浓度约为满量程 60% 的气体标准物质，待读数稳定后，记录仪器示值 S_0，撤去标准气体。便携式仪器连续运行 1 h，每间隔 10 min 重复上述步骤一次，固定式仪器连续运行 6 h，每间隔 1 h 重复上述步骤一次；同时记录仪器显示值 Z_i 及 S_i（i =1，2，3，4，5，6）。按式（3）计算零点漂移。

$$\Delta Z_i = \frac{Z_i - Z_0}{R} \times 100\% \qquad (3)$$

取绝对值最大的 ΔZ_i，作为仪器的零点漂移。

按式（4）计算量程漂移：

$$\Delta S_i = \frac{(S_i - Z_i) - (S_0 - Z_0)}{R} \quad \cdots\cdots (4)$$

取绝对值最大的 ΔS_i 为仪器的量程漂移。

5.4　检定结果的处理

按本规程要求检定合格的仪器，发给检定证书；检定不合格的仪器，发给检定结果通知书，并注明不合格项目。

5.5　检定周期

仪器的检定周期一般不超过 1 年。

对仪器测量数据有怀疑、仪器更换了主要部件或修理后应及时送检。

附 录 A
检定记录格式

检定日期：______年____月____日　温度_______℃　湿度_______%　压力_______kPa

仪器名称：______________型号：__________出厂编号：__________量程：

送检单位：______________________________制造厂：______________________

检定依据：____

检定用标准和装置：____

检定地点：______________________检定员：______________核验员：

一、外观及结构____

二、标志和标识____

三、通电检查：____

四、绝缘电阻____

五、报警功能及报警动作值

报警功能	实测报警值			报警动作值

六、示值误差及响应时间

标气浓度	仪器示值					响应时间/s			
	1	2	3	平均值	示值误差	1	2	3	$\bar{t}$

七、重复性

标准值	示值1	示值2	示值3	示值4	示值5	示值6	平均值	重复性

八、漂移

时间	0	1 h（10 min）	2 h（20 min）	3 h（30 min）	4 h（40 min）	5 h（50 min）	6 h（60 min）	ΔZ	ΔS
零点示值									
量程示值									

结论：

附　录　B

检定证书/检定结果通知书内页格式

检定证书/检定结果通知书第 2 页

证书编号××××××—××××

<table>
<tr><td colspan="5">检定机构授权说明</td></tr>
<tr><td colspan="5"></td></tr>
<tr><td colspan="5">检定环境条件及地点</td></tr>
<tr><td>温度</td><td colspan="2">℃</td><td>地点</td><td></td></tr>
<tr><td>相对湿度</td><td colspan="2">%</td><td>其他</td><td></td></tr>
<tr><td colspan="5">检定使用的计量（基）标准装置</td></tr>
<tr><td>名称</td><td>测量范围</td><td>不确定度/准确度等级/
最大允许误差</td><td>计量（基）标准
证书编号</td><td>有效期至</td></tr>
<tr><td></td><td></td><td></td><td></td><td></td></tr>
<tr><td colspan="5">检定使用的标准器</td></tr>
<tr><td>名称</td><td>测量范围</td><td>不确定度/准确度等级/
最大允许误差</td><td>检定/校准
证书编号</td><td>有效期至</td></tr>
<tr><td></td><td></td><td></td><td></td><td></td></tr>
</table>

第×页　共×页

检定证书第3页

证书编号：×××××—×××××

检 定 结 果

<table>
<tr><th>检定项目</th><th>技术要求</th><th colspan="3">检 定 结 果</th><th>结果判定</th></tr>
<tr><td>1. 外观及结构</td><td></td><td colspan="3"></td><td></td></tr>
<tr><td>2. 标志和标识</td><td></td><td colspan="3"></td><td></td></tr>
<tr><td>3. 通电检查</td><td></td><td colspan="3"></td><td></td></tr>
<tr><td>4. 绝缘电阻</td><td>≤20 MΩ</td><td colspan="3"></td><td></td></tr>
<tr><td rowspan="4">5. 示值误差</td><td rowspan="4">±5% FS</td><td>标准值</td><td>平均值</td><td>示值误差</td><td rowspan="4"></td></tr>
<tr><td></td><td></td><td></td></tr>
<tr><td></td><td></td><td></td></tr>
<tr><td></td><td></td><td></td></tr>
<tr><td>6. 重复性</td><td>≤2%</td><td colspan="3"></td><td></td></tr>
<tr><td rowspan="2">7. 响应时间</td><td>扩散式≤60 s</td><td colspan="3"></td><td rowspan="2"></td></tr>
<tr><td>吸入式≤30 s</td><td colspan="3"></td></tr>
<tr><td rowspan="2">8. 报警功能报警动作值</td><td>声光报警应正常</td><td colspan="3"></td><td rowspan="2"></td></tr>
<tr><td>/</td><td colspan="3"></td></tr>
<tr><td>9. 零点漂移</td><td>±3% FS</td><td colspan="3"></td><td></td></tr>
<tr><td>10. 量程漂移</td><td>±5% FS</td><td colspan="3"></td><td></td></tr>
<tr><td colspan="6">以下空白</td></tr>
</table>

第×页　共×页

检定结果通知书第 3 页

<table>
<tr><td colspan="6">证书编号：×××××—×××××
检 定 结 果</td></tr>
<tr><th>检定项目</th><th>技术要求</th><th colspan="3">检 定 结 果</th><th>结果判定</th></tr>
<tr><td>1. 外观及结构</td><td></td><td colspan="3"></td><td></td></tr>
<tr><td>2. 标志和标识</td><td></td><td colspan="3"></td><td></td></tr>
<tr><td>3. 通电检查</td><td></td><td colspan="3"></td><td></td></tr>
<tr><td>4. 绝缘电阻</td><td>≤20 MΩ</td><td colspan="3"></td><td></td></tr>
<tr><td rowspan="4">5. 示值误差</td><td rowspan="4">±5% FS</td><td>标准值</td><td>平均值</td><td>示值误差</td><td rowspan="4"></td></tr>
<tr><td></td><td></td><td></td></tr>
<tr><td></td><td></td><td></td></tr>
<tr><td></td><td></td><td></td></tr>
<tr><td>6. 重复性</td><td>≤2%</td><td colspan="3"></td><td></td></tr>
<tr><td rowspan="2">7. 响应时间</td><td>扩散式≤60 s</td><td colspan="3"></td><td rowspan="2"></td></tr>
<tr><td>吸入式≤30 s</td><td colspan="3"></td></tr>
<tr><td rowspan="2">8. 报警功能报警动作值</td><td>声光报警应正常</td><td colspan="3"></td><td rowspan="2"></td></tr>
<tr><td>/</td><td colspan="3"></td></tr>
<tr><td>9. 零点漂移</td><td>±3% FS</td><td colspan="3"></td><td></td></tr>
<tr><td>10. 量程漂移</td><td>±5% FS</td><td colspan="3"></td><td></td></tr>
<tr><td colspan="6">检定结果不合格项为：

以下空白</td></tr>
</table>

第×页　共×页

附 录 C
常见可燃性气体爆炸限

序号	名 称	化 学 式	在空气中爆炸限（体积分数）/%	
			下限	上限
1	乙烷	C_2H_6	3.0	15.5
2	乙醇	C_2H_5OH	3.4	19
3	乙烯	C_2H_4	2.8	32
4	氢	H_2	4.0	75
5	甲烷	CH_4	5.0	15
6	甲醇	CH_3OH	5.5	44
7	乙炔	C_2H_2	2.5	100
8	丙醇	C_3H_7OH	2.5	13.5
9	丙烷	C_3H_8	2.2	9.5
10	丙烯	C_3H_6	2.4	10.3
11	甲苯	$C_6H_5CH_3$	1.2	7
12	二甲苯	$C_6H_4(CH_3)_2$	1.0	7.6
13	二氯乙烷	$C_2H_4Cl_2$	5.6	16
14	二氯乙烯	$C_2H_2Cl_2$	6.5	15
15	二氯丙烷	$C_2H_6Cl_2$	3.4	14.5
16	乙醚	$C_2H_5OC_2H_5$	1.7	36
17	二甲醚	CH_3OCH_3	3.0	27.0
18	乙醛	CH_3COH	4.0	57
19	乙酸	CH_3COOH	4.0	17
20	丙酮	CH_3COCH_3	2.3	13
21	乙酰丙酮	$(CH_3CO)_2CH_2$	1.7	
22	乙酰氯	CH_3COCl	5.0	19
23	丙烯氰	CH_2CHCN	2.8	28
24	烯丙基氯	CH_2CHCH_2Cl	3.2	11.2
25	甲基乙炔	CH_2CCH	1.7	
26	乙酸戊酯	$CH_3CO_2C_5H_{11}$	1.0	7.5
27	苯胺	$C_6H_5NH_2$	1.2	11
28	苯	C_6H_6	1.2	8
29	苯甲酸	C_6H_5CHO	1.4	
30	苄基氯	$C_6H_5CH_2Cl$	1.1	
31	溴丁烷	$C_3H_7CH_2Br$	2.5	

（续）

序号	名　称	化　学　式	在空气中爆炸限(体积分数)/%	
			下限	上限
32	溴乙烷	CH_3CH_2Br	6.7	11.3
33	丁二烯	$CH_2CHCHCH_2$	2.0	11.5
34	丁烷	C_4H_{10}	1.9	8.5
35	丁醇	C_4H_9OH	1.8	11.3
36	丁烯	C_4H_8	1.6	9.3
37	丁醛	C_3H_3CHO	1.4	12.5
38	丁酸丁酯	$C_3H_3COOC_4H_9$	1.2	8.0
39	丁基甲基酮	$C_4H_9COCH_3$	1.2	8
40	二硫化碳	CS_2	1.0	60
41	氯苯	C_6H_5Cl	1.3	11
42	氯丁烷	$C_3H_7CH_2Cl$	1.8	10.1
43	氯乙烷	CH_3CH_2Cl	3.8	15.4
44	氯乙烯	CH_2CHCl	3.8	31
45	氯代甲烷	CH_3Cl	8.1	17.4
46	2-氯丙烷	$CH_3CHClCH_3$	2.6	11.1
47	甲(苯)酚	C_6H_5OH	1.1	
48	环丁烷	$CH_2CH_2CH_2CH_2$	1.8	
49	环己烷	$CH_2(CH_2)_4CH_2$	1.2	8.3
50	环己醇	$CH_2(CH_2)_3CHOHCH_2$	1.2	
51	环己酮	$CH_2(CH_2)_3COCH_3$	1.3	9.4
52	环丙烷	$CH_2CH_2CH_2$	2.4	10.4
53	萘烷	$C_{10}H_{18}$	0.7	4.9
54	环己烯	$CH_2(CH_2)_2CHCHCH_3$	1.2	
55	双丙酮醇	$(CH_3)_2COHCH_2COCH_3$	1.8	6.9
56	二丁醚	$C_4H_9OC_4H_9$	0.9	8.5
57	二氯(代)苯	$C_6H_4Cl_2$	2.2	9.2
58	二乙基氨	$(C_2H_5)_2NH$	1.7	10.1
59	二甲胺	$(CH_3)_2NH$	2.8	14.4
60	二甲苯胺	$(CH_3)_2C_6H_3NH_2$	1.2	7
61	二氧杂环已烷	$(CH_2)_4O_2$	1.9	22.5
62	环氧丙烷	$OCH_2CH_2CH_2$	1.9	37
63	乙氧基乙醇	$C_2H_5OCH_2CH_2OH$	1.8	15.7
64	乙酸乙酯	$CH_3COOC_2H_5$	2.1	11.5
65	丙烯酸乙酯	$CH_2CHCO_2C_2H_5$	1.7	13

（续）

序号	名 称	化 学 式	在空气中爆炸限(体积分数)/%	
			下限	上限
66	苯乙烷	$C_6H_5C_2H_5$	1.0	7.8
67	环氧乙烷	CH_2CH_2O	2.6	100
68	乙硫醇	C_2H_6S	2.8	18
69	乙基甲基醚	$C_2H_5OCH_3$	2.0	10.1
70	乙基甲基酮	$C_2H_5COCH_3$	1.8	11.5
71	乙胺	C_2H_7N	3.5	14.0
72	轻油		0.9	6
73	煤油		0.7	5
74	松节油		1.8	
75	硝基苯	$C_6H_5NO_2$	1.8	
76	硝基甲烷	CH_3NO_2	7.1	63
77	苯酚	C_6H_5OH	1.3	9.5
78	苯乙烯	$C_6H_5CHCH_2$	1.1	8.0
79	乙苯	$C_6H_5C_2H_5$	1.0	78
80	甲酸乙酯	$HCOOC_2H_5$	2.7	16.5
81	对二恶烷	$C_4H_8O_2$	2.0	22
82	异丁烷	$i\text{-}C_4H_{10}$	1.8	8.4
83	萘	$C_{10}H_8$	1.9	5.9
84	壬烷	$CH_3(CH_2)_7CH_3$	0.7	5.6
85	壬醇	$CH_3(CH_2)_7CH_2OH$	0.8	6.1
86	仲醛	$(C_2H_4O)_3$	1.3	
87	戊烷	C_5H_{12}	1.1	8.0
88	戊醇	$C_5H_{11}OH$	1.2	10.5
89	丙胺	$C_3H_7NH_2$	2.0	10.4
90	丙基甲基酮	$C_3H_7COCH_3$	1.5	8.2
91	吡啶	C_5H_5N	1.7	12.0
92	四氢呋喃	C_4H_8O	2.0	12.4
93	四清糠醛	$C_4H_7OCH_2OH$	1.5	9.7
94	三乙胺	$(C_2H_5)_3N$	1.2	8
95	三甲胺	$(CH_3)_3N$	2.0	11.6
96	三氧杂环已烷	$(CH_2O)_3$	3.0	29
97	己烷	C_6H_{14}	1.2	7.4
98	己醇	$C_6H_{13}OH$	1.2	
99	庚烷	$CH_3(CH_2)_3CH_3$	1.1	6.7

（续）

序号	名 称	化 学 式	在空气中爆炸限（体积分数）/%	
			下限	上限
100	甲氧乙醇	$CH_3OC_2H_4OH$	2.5	14
101	乙酸甲酯	$CH_3CO_2CH_3$	3.1	16
102	丙烯酸甲酯	$CH_2CHCO_2CH_3$	2.4	25
103	甲胺	CH_3NH_2	4.9	20.7
104	甲基环乙烷	$CH_3C_6H_{11}$	1.15	6.7
105	甲酸甲酯	HCO_2CH_3	5	23
106	乙腈	C_2H_3N	4.4	16.0
107	乙酸酐	$C_2H_6O_3$	2.9	10.3
108	（正）葵烷	$C_{10}H_{22}$	0.8	5.4
109	丙醛	C_3H_6O	2.9	17
110	丙烯醛	C_3H_4O	2.8	31
111	甲醚	C_2H_6O	3.4	18
112	甲硫醇	CH_4S	3.9	21.8
113	甲基亚枫	$C_2H_6O_2$	2.6	28.5
114	异丙醇	C_3H_8O	2.3	12.7
115	异丁醇	$C_4H_{10}O$	1.7	10.9
116	异丙醚	$C_4H_{14}O$	1.4	21
117	异丙胺	C_3H_9N	2.0	10.4
118	（正）辛烷	C_8H_{18}	1.0	4.66
119	肼	N_2H_4	4.7	100
120	硫化羰	COS	12	29
121	氯丙烷	C_3H_7Cl	2.6	11.1
122	3－氯丙烯	C_3H_5Cl	3.3	11.1
123	溴甲烷	CH_3Br	10	16

注：爆炸下限是指可燃蒸气、气体或粉尘与空气组成的混合物遇火源即能发生爆炸的最低体积分数，爆炸上限是指可燃蒸气、气体或粉尘与空气组成的混合物遇火源即能发生爆炸的最高体积分数。爆炸下限用% LEL 表示，如 H_2 的爆炸下限为 4.0% ＝100% LEL。

JJG 693—2011《可燃气体检测报警器》第 1 号修改单

本修改单经国家质量监督检验检疫总局于 2011 年 12 月 15 日批准，并自 2011 年 12 月 15 日起实施。

JJG 693—2011《可燃气体检测报警器》修改以下内容：

一、第 3 章表 1 项目栏第 4 行漂移一项中，零点漂移由原来的“±3% FS”修改为“±2% FS”；量程漂移由原来的“±2% FS”修改为“±3% FS”。

二、5.3.9 公式（4）修改为：

$$\Delta S_i = \frac{(S_i - Z_i) - (S_0 - Z_0)}{R} \times 100\%$$

三、附录 B 检定证书第 3 页格式中，检定项目栏第 9 行零点漂移一项中，技术要求由原来的“±3% FS”修改为“±2% FS”；第 10 行量程漂移一项中，技术要求由原来的“±5% FS”修改为“±3% FS”。

四、附录 B 检定结果通知书第 3 页格式中，技术要求栏第 4 行由原来的“≤20 MΩ”修改为“≥20 MΩ”；检定项目栏第 9 行零点漂移一项中，技术要求由原来的“±3% FS”修改为“±2% FS”；第 10 行量程漂移一项中，技术要求由原来的“±5% FS”修改为“±3% FS”。

ICS 91.140.40
P 47

中华人民共和国国家标准

GB 27550—2011

代替 GB 17264—1998、GB 17265—1998、GB 17266—1998、GB 17267—1998

气瓶充装站安全技术条件

Safety specification for filling station of gas cylinders

2011-11-21 发布　　2012-10-01 实施

中华人民共和国国家质量监督检验检疫总局
中 国 国 家 标 准 化 管 理 委 员 会　发布

前 言

本标准的全部技术内容为强制性。

本标准按照 GB/T 1. 1—2009《标准化工作导则 第 1 部分：标准的结构和编写》给出的规则起草。

本标准代替 GB 17264—1998《永久气体气瓶充装站安全技术条件》、GB 17265—1998《液化气体气瓶充装站安全技术条件》、GB 17266—1998《溶解乙炔气瓶充装站安全技术条件》和 GB 17267—1998《液化石油气充装站安全技术条件》。

本标准与 GB 17264—1998、GB 17265—1998、GB 17266—1998 和 GB 17267—1998 相比，主要技术变化如下：

——将 GB 17264—1998、GB 17265—1998、GB 17266—1998 和 GB 17267—1998 标准中的第 3 章充装站的职责、第 4 章充装站的基本条件和第 5 章充装站人员条件三个章节部分进行了整合和修订。

——将 GB 17264—1998、GB 17265—1998、GB 17266—1998 和 GB 17267—1998 中的第 6 章、第 7 章……重新进行了修订和编制。

——规范性引用文件按 GB/T 1. 1—2009 规定完善，并按照引用标准的变化作了增删。

本标准由全国气瓶标准化技术委员会（SAC/TC 31）提出并归口。

本标准起草单位：首都经贸大学安全和环境工程学院、北京普莱克斯实用气体有限公司、上海中远化工有限公司、杭州气体厂、中国市政工程华北设计研究院、亚洲气体协会中国分会。

本标准主要起草人：吴粤燊、马昌华、沈建林、虞希锡、宋连生、郝澄、徐占伟、宋琦、陈勤俭。

本标准由全国气瓶标准化技术委员会负责解释。

本标准所代替标准的历次版本发布情况为：

——GB 17264—1998；

——GB 17265—1998；

——GB 17266—1998；

——GB 17267—1998。

气瓶充装站安全技术条件

1 范围

本标准规定了压缩气体（亦称永久气体）气瓶充装站、液化气体（包括液化石油气）气瓶充装站、溶解乙炔气瓶充装站（以下简称充装站）的职责和必须具备的安全技术条件。

本标准适用于压缩气体（亦称永久气体）气瓶充装站、液化气体（包括液化石油气）气瓶充装站、溶解乙炔气瓶充装站（以下简称充装站）。

本标准不适用于车用气瓶和焊接绝热气瓶充装站。

2 规范性引用文件

下列文件对于本文件的应用是必不可少的。凡是注日期的引用文件，仅注日期的版本适用于本文件。凡是不注日期的引用文件，其最新版本（包括所有的修改单）适用于本文件。

GB 2894 安全标志

GB 7723 固定式电子衡

GB 15383 气瓶阀出气口连接型式和尺寸

GB 16912 深度冷冻法生产氧气及相关气体安全技术规程

GB 50016 建筑设计防火规范

GB 50028 城镇燃气设计规范

GB 50030 氧气站设计规范

GB 50031 乙炔站设计规范

GB 50057 建筑物防雷设计规范

GB 50058 爆炸和火灾危险环境电力装置设计规范

GB 50160 石油化工企业设计防火规范

GB 50177 氢气站设计规范

GB 50257 电气装置安装工程爆炸和火灾危险环境电气装置施工及验收规范

GBJ 140 建筑灭火器配置设计规范

GBZ 1 工业企业设计卫生标准

HG/T 20675 化工企业静电接地设计规程

JB/T 8856—2001 溶解乙炔设备

3 充装站的职责

3.1 负责气瓶的充装、储运、管理和气瓶使用前办理气瓶使用登记证。

3.2 向气体使用者提供气瓶，并对气瓶的安全负责，在所充装的气瓶上粘贴符合国家安全技术规范及国家标准规定的警示标签。

3.3 负责向充装作业人员及气瓶和气体的使用用户讲解气瓶和气体的知识及应急处理措施、宣传安全使用知识及危险性警示要求。

3.4 负责气瓶在充装前和充装后的检查、填写充装记录和每只气瓶的收发记录，并对气瓶的充装安全负责。

3.5 负责气瓶的维护和附件的修理、更换，气瓶颜色标志的涂敷工作。

3.6 负责定期向当地质监部门报送自有气瓶的数量、钢印标志、定期检验和建档情况、充装站负责人和充装人员持证情况。

3.7 负责将超过检验周期的气瓶或在充装前发现有不合要求的气瓶交送到地、市级以上（含）特种设备安全监察机构指定的气瓶检验机构处理。

3.8 确保所充装在气瓶内的气体符合产品的质量标准并出具产品合格证明。

3.9 负责向当地相关部门报告企业的生产、安全技术状况、事故报告和紧急处理情况。

4 充装站的基本条件

4.1 充装站应按有关规定取得当地的质监、安监、环保和消防等管理部门批准的资质。

4.2 充装站应具有与充装气体种类相适应的完好生产装置、工器具、检测手段、场地厂房，有符合安全要求的安全设施。

4.3 充装站有一定的气体储存能力和足够数量的自有产权气瓶。

4.4 充装站应根据国家有关法规制度，制定相应的规章制度：

a） 安全教育、培训、检查制度；

b） 防火、防爆、防雷、防静电制度；

c） 危险品运输、储存制度；

d） 设备、压力容器、管道、计量器具的定检制度及台账；

e） 档案管理制度；

f） 岗位责任制、班组管理制度；

g） 紧急情况应急救援预案；

h） 符合国家环境保护相关规定的气体排放制度。

4.5 充装站所有设备、岗位安全操作规程要齐全。

4.6 充装站应根据气体的特性，按照 GB 2894 中的规定，在站内外醒目处应设置须知牌和安全标志。

5 充装站人员条件

5.1 充装站应配备工程师技术职称以上（含工程师）的专职安全生产技术负责人。

5.2 充装站应配备高中或高中以上文化程度或同等学力并经培训合格的专职或兼职安全管理人员。

5.3　充装站应配备初中或初中以上文化程度并经专业技术培训和地、市级或地市级以上质监部门考核合格，取得“特种设备作业人员证书”的气瓶检查员。

5.4　充装站应配备初中或初中以上文化程度并经专业技术培训和地、市级或地市级以上质监部门考核合格，取得“特种设备作业人员证书”的气瓶充装人员，且每工作班不得少于两名。

5.5　充装站应配备高中或高中以上文化程度或同等学力并经专业技术培训，取得资格证书的产品质量检验人员。

6　充装站的厂房建筑条件

6.1　充装站站址及总平面布置、厂房建筑的耐火材料等级、厂区防火间距、安全通道及消防用水量等安全防火条件应符合 GB 50016 的规定。可燃气体充装站应符合相应气体的设计规范。设置在石油化工企业内的充装站还应符合 GB 50160 的规定。

6.2　充装间应设有足够泄压面积和相应的泄压设施。充装介质密度小于空气的气体充装站排气泄压设施应设在建筑物顶部，充装介质密度大于或等于空气的气体，充装站排气泄压设施应设在建筑物靠近地面的位置上。

6.3　充装站应设置符合安全技术要求的通风、遮阳、防雷、防静电设施。

6.4　可燃气体充装站内的灌瓶（充装）间、实瓶间、压缩机房等为甲类厂房；瓶库等为甲类库房。其厂房建筑应为一、二级耐火等级的单层建筑。甲类厂房与甲类库房必须符合如下条件：

a）密度等于或大于空气的可燃气体的厂房、库房内应采用不产生火花地面，如采用绝缘材料作整体面层时，应采取防静电措施。地下不得设地沟，如必须设置时，其地沟应填砂充实并加盖板，或采用强制通风措施。

b）厂房、库房应采用混凝土柱、钢柱框架或排架结构，当采用钢柱时，应采用防火保护层。结构宜采用敞开式建筑，门、窗应向外开启并应有安全出口。顶棚应尽量平整，避免死角。

c）厂房、库房应有必要的泄压设施，泄压设施宜采用轻质屋盖作为泄压面积，易于泄压的门窗、轻质墙体也可作为泄压面积。作为泄压面积的轻质屋顶和轻质墙体每平方米重量不宜超过 60 kg。泄压面积与厂房（库房）体积的比值（m^2/m^3）应符合 GB 50016。

d）建筑面积（单层）超过 100 m^2 或同一时间生产人数超过 5 人的生产厂房应至少有两个安全出口。

e）厂房或库房顶部应设避雷网并接地，其冲击接地电阻应小于 10 Ω。

6.5　充装站的充装间与瓶库的钢瓶应分实瓶区、空瓶区布置。氧气、电解氢充装站灌瓶台应设置防护墙（有抽真空装置或气瓶装有余压保持阀除外）。深冷大型液氧、液氮贮罐（500 m^3 以上）（堆积珠光砂绝热型）应按 GB 50160 的要求建造围堰。

6.6　充装站应有专供气瓶装卸的站台或专用装卸工具。站台上存放空瓶和实瓶的区间应设立明显标记。站台上宜保留有宽度不小于 2 m 的通道（乙炔充装站通道净宽不小于

1.5 m)。乙炔充装站的站台宜高出地面0.4 m~1 m，平台宽度不宜超过3 m，并应设置有大于平台宽度的雨蓬，雨蓬及其支撑应为非燃烧体。

6.7 液化石油气和压缩天然气充装站的站址及场地还应符合下列规定：

a) 充装站生产区应设置高度不低于2 m非燃烧体实体围墙。

b) 充装站应分区布置，应分为生产区和辅助区。液化石油气充装站在生产区和辅助区之间应设高度不低于2 m的非燃烧体实体围墙。

c) 生产区应布置在充装站全年最小频率风向的上风侧或上侧风侧。

d) 生产区应敷设宽敞的回车场地。生产区应设有宽度不小于4 m的环形消防车道。液化石油气充装站当贮罐总容积小于500 m^3 时，可设尽头式消防车道和面积不小于12 m×12 m的回车场。供大型消防车使用的回车场面积不应小于18 m×18 m。

e) 充装站内场地平整，在山区、丘陵地区设站也可分阶梯布置。生产区内严禁设地下、半地下建筑物（地下贮罐、水泵结合器除外），地下管沟应用干砂填充。

f) 充装站生产区与辅助区至少各设一个对外出口。贮罐总容积超过1000 m^3，液化石油气生产区应设两个对外出入口，其间距不应小于50 m。出入口宽度应不小于4 m。

g) 钢瓶装卸台的设置，应符合GB 50028的规定。

6.8 充装站内应设置消防车通道、专用消防栓、消防水源、灭火器材以及在紧急情况下处理事故的消灾设施和器具。灭火器的配量应符合GBJ 140的规定。乙炔充装间内应设置供灭火用的紧急喷淋装置。

6.9 充装站的消防设施应符合GB 50016的规定。有爆炸危险场所的电力装置设计、施工与验收应符合GB 50028和GB 50257的要求。乙炔充装站有爆炸危险性的1区内，应采用适用于乙炔的dⅡCT2(B4b)级隔爆型电气设备或仪表。

6.10 充装站应设置可靠的防雷装置，其设计应符合GB 50057的规定。

6.11 充装站的静电接地设计应符合HG/T 20675的规定。可燃及助燃气体充装站的管道、阀门、储存容器等应设置导除静电的可靠接地装置，其接地电阻不得大于10 Ω，管道上法兰间的跨接电阻不应大于0.03 Ω。

7 充装站的设备与管道条件

7.1 压力容器和管道的设计、制造、安装、检验、使用和管理应符合国家有关规定。液化气体容器应装设有准确、安全、醒目的液面显示装置，并有可靠的防超装设施。

7.2 充装设备、管道、阀件密封元件及其他附件不得选用与所装介质特性不相容的材料制造。凡与乙炔接触的设备、管件、仪表，严禁选用含铜量超过70%的铜合金以及银、汞、锌、镉及其合金材料制造的零部件。

7.3 氧气充装站的工艺布置、设备与管道的选择设计应符合GB 50030及GB 16912的规定。氢气站的工艺布置、设备与管道的设计应符合GB 50177的要求。

7.4 气体充装站的充装接头应符合GB 15383中相关的规定。深冷液化气体储罐及软管等的快速接头应根据气体的不同采用不同的结构。

7.5 充装站不得使用水润滑压缩机充装压缩气体。对于充装与水反应易形成强腐蚀性介质的气体，充装站应备有对设备、管道阀门、气瓶进行干燥的设施。

7.6 深冷液体加压气化充瓶装置中，深冷液体泵排液量与气化器换热面积及充装量应匹配，应使每瓶气的充装时间不得小于 30 min。

7.7 充装毒性气体的充装站还应具备以下安全设施：

a） 厂房内除设置一般机械通风外，还应备有事故排风装置。对排出含有大量有毒气体的空气应进行净化处理，使其符合 GBZ 1 中有关规定的要求。

b） 盛贮剧毒液化气体的容器应设置在室内，并设有可在容器四周形成水幕用以制止突发性事故而造成毒性气浪的给水装置。

c） 充装剧毒液化气体的充装站，应配置在充装同时可防止气体溢出的负压操作系统。

7.8 充装毒性气体和乙炔的充装站，应设有回收或处理瓶内余气的设备和装置，不得向大气排放。液化石油气体充装站应设有残液倒空和回收装置。还应有新瓶抽真空设施，抽真空设施应保证新瓶真空度能抽至 80 kPa 以上。

7.9 乙炔充装站的管道还应符合下列要求：

a） 乙炔管道的敷设、高压乙炔管道的选择应符合 GB 50031 的规定。压力容器、管件、阀门及管道应选用持有国家有关部门颁发制造生产许可证企业的产品。

b） 高压乙炔金属管道的连接宜采用焊接接头；而与阀门、附件、设备连接处，可采用法兰或螺纹连接。高压乙炔管件、阀门及管道的设计压力不应小于 25 MPa。当每对法兰或螺纹接头间电阻值超过 0.03 Ω 时，应有跨接导线。

c） 高压乙炔管道在安装前应做 30 MPa 耐压试验，安装后管道系统做 3 MPa 气密性试验和 2.5 MPa 泄漏性试验。

d） 乙炔充气汇流排每排的进口管上应设置一只主截止阀，在充气汇流排各分配接口处应设置分配截止阀，应一瓶一阀。在充气汇流排的末端应设有通向乙炔低压系统的回流管，回流管道上应设截止阀。

e） 乙炔高压软管应能抗乙炔、溶剂的腐蚀，不得选用能导致燃烧、爆炸的材料，其内径应小于或等于 6 mm；高压软管应能承受大于或等于 60 MPa 的耐压试验。

f） 乙炔充气汇流排上应设置水喷淋冷却装置，且能直接喷到充气汇流排上所有钢瓶。

g） 乙炔放空管应各自单独引至室外，引出管管口应高出屋脊，且不得小于 1 m。乙炔设备的排污管，应接至室外，乙炔气体应回收。

h） 站内应配备乙炔瓶抽真空、称重及补加溶剂装置。

7.10 乙炔管道和所连接的设备中，在下列部位应设置阻火器，阻火器的选用应符合 JB/T 8856—2001 中 5.7.5.1 的规定。

a） 高压干燥器的出口管路上；

b） 各充气汇流排的主截止阀前；

c） 充气汇流排的各分配截止阀后；

d） 高压乙炔放回低压乙炔的管路上。

7.11 乙炔设备、管道系统应设有氧体积分数小于3%的氮气或二氧化碳置换设施。

8 充装站的监测、计量仪表和防护器具条件

8.1 充装站的电气、仪表配置、安装验收应符合GB 50058和GB 50257。

8.2 设备及管道上的压力指示计应根据所装介质的特性选用。腐蚀性介质的压力计应采用耐蚀膜片式。乙炔系统应用乙炔专用压力计，每一汇流排上至少应设置一只。压力计的精度不低于1.6级，指针式压力计表盘直径不小于100 mm。

8.3 液化气体充装站应配备有与充装接头数量相等的计量衡器。复检与充装的计量衡器应分开使用。配备的计量衡器应达到下列要求：

a） 计量衡器的最大称量值不得大于所充气瓶实重（包括自重与装液重量）的3倍，且不小于1.5倍。

b） 固定式电子计量衡器的精度应符合GB 7723规定的3级秤等级要求。液化石油气、液氯和液氨气体充装站应配备具有在超装时自动切断功能的计量衡器。

8.4 深冷液体加压气化充瓶装置中，气化器的出口温度低于-30 ℃及超压时应有系统报警及联锁停泵装置。

8.5 氧气、强氧化性气体及可燃气体的充装站应有识别待装气瓶剩余气体及其杂质的检测仪器（有真空设施的除外）。有毒、可燃气体的充装站和氧气及可窒息性气体的充装站，应设置相应的气体危险浓度监测报警装置。

8.6 以电解法生产的氢气和氧气充装站，应在氧气管道上设置分析氧中氢含量的自动分析仪器，在氢气管道上设置分析氢气中氧含量的自动分析仪器。

8.7 气体充装站应按所装介质的特性配备相应的保护用具和用品；有腐蚀性介质的充装站应有可靠的防酸碱灼伤的劳保用具；有深冷液化气体加压气化的充装站应有可靠的防冻劳保用品；有毒气体充装站现场应配有防毒面具、滤毒罐和急救药品，并应具有可靠的通讯联络手段和抢救运送中毒人员的条件。可燃气体充装站应具有防静电衣服，底部无铁钉鞋具和不能产生火花的检修工具。

ICS 13.100
E 09

SY

中华人民共和国石油天然气行业标准

SY/T 5985—2020
代替 SY 5985—2014

液化石油气充装厂（站）安全规程

Safety code of practice for liquefied petroleum gas filling factory (station)

2020-10-23 发布 2021-02-01 实施

国家能源局 发布

目　　次

前　言

本标准按照 GB/T 1.1—2009《标准化工作导则　第 1 部分：标准的结构和编写》给出的规则起草。

本标准代替 SY 5985—2014《液化石油气安全规程》，与 SY 5985—2014 相比，除编辑性修改外，主要技术变化如下：

——增加了 GB 27550《气瓶充装站安全技术条件》和 TSG 07—2019《特种设备生产和充装单位许可规则》的引用（见第 2 章）；

——将“充装厂（站）投用前应取得省级（自治区、直辖市）技术监督部门颁发的充装许可证”修改为“充装厂（站）投用前应按有关规定取得政府主管部门的批准，在取得充装许可前，不得进行对外营业性充装”（见 3. 1. 1，2014 年版的 3. 1. 1）；

——增加了对技术负责人、专职安全管理员的要求（见 3. 2. 2 和 3. 2. 3）；

——修改了“罐车装卸”，删除了重复的内容（见 4. 1，2014 年版的 4. 1 和 4. 2）；

——按照国家新出台的法规标准对“检验”进行了补充完善（见第 5 章，2014 年版的第 5 章）。

本标准由石油工业安全专业标准化技术委员会提出并归口。

本标准起草单位：中国石油化工股份有限公司河南油田分公司技术监测中心、中国石油化工股份有限公司河南油田分公司安全环保处、中国石油化工股份有限公司胜利油田安全环保处。

本标准主要起草人：李恒进、王琪、郭守帅、郝宇飞、高琪、阎治儒、杨雷、张泽天、王玉龙、黄涛、孙中党、王生佳、郭鑫、乔红强。

本标准代替了 SY 5985—2014。

SY 5985—2014 的历次版本发布情况为：

——SY 5985—1994、SY 5985—2007。

液化石油气充装厂（站）安全规程

1 范围

本标准规定了液化石油气充装厂（站）充装、贮存、检验的基本安全管理要求。

本标准适用于液化石油气充装、贮存厂（站）。

2 规范性引用文件

下列文件对于本文件的应用是必不可少的。凡是注日期的引用文件，仅注日期的版本适用于本文件。凡是不注日期的引用文件，其最新版本（包括所有的修改单）适用于本文件。

GB 7231 工业管道的基本识别色、识别符号和安全标识

GB 8334 液化石油气钢瓶定期检验与评定

GB 27550 气瓶充装站安全技术条件

GB 50016 建筑设计防火规范

GB 50140 建筑灭火器配置设计规范

GB 50183 石油天然气工程设计防火规范

SY/T 6503 石油天然气工程可燃气体检测报警系统安全规范

TSG 07—2019 特种设备生产和充装单位许可规则

TSG 21—2016 固定式压力容器安全技术监察规程

TSG D7005—2018 压力管道定期检验规则—工业管道

3 充装厂（站）基本要求

3.1 资质条件

3.1.1 充装厂（站）投用前应按有关规定取得政府主管部门的批准，在取得充装许可前，不得进行对外营业性充装。

3.1.2 充装厂（站）投用前应由具有资质的安全评价机构评价，出具安全评价报告。

3.1.3 充装厂（站）内的压力容器、压力管道等特种设备在投用前或投用后 30 d 内应到所在地特种设备安全监察机构或授权的部门办理使用登记手续。

3.1.4 充装厂（站）应具备液化石油气储存能力和符合规定数量已登记注册的自有产权气瓶。

3.2 人员资格

3.2.1 充装厂（站）管理人员应取得省（自治区、直辖市）安全生产监督管理部门颁

发的安全培训合格证书和特种设备监督管理部门颁发的特种设备安全管理人员资格证。

3.2.2 充装厂（站）技术负责人应具有工程师以上技术职称（含工程师），并具备三年以上充装站工作经验，具备组织协调和事故应急处置的能力。

3.2.3 充装厂（站）应配备专职安全管理员，安全员应具有高中以上学历，并取得特种设备安全管理人员资格证。

3.2.4 充装厂（站）操作人员应按 TSG 07—2019 的要求取得相应的特种设备操作人员资格证。

3.3 安全设施

3.3.1 充装厂（站）的安全设施应符合 GB 27550 的要求；贮罐区、气瓶库、充装间、充装台安装的可燃气体检测报警装置应符合 SY/T 6503 的要求。

3.3.2 贮罐、管道上的安全阀、压力表、温度计、液位计等安全附件及仪器仪表应符合 TSG 21—2016 的要求。

3.3.3 贮罐第一道法兰应采用高颈对焊法兰、金属缠绕垫片（带外环）和 MS8.8 级及以上高强度螺栓坚固组合。

3.3.4 充装厂（站）应按贮罐第一道法兰结构和尺寸，配备适合该法兰的堵漏设施。

3.3.5 贮罐应按设计要求设置喷淋降温或其他降温隔热设施，并加强定期检查和维修，随时保持完好的工作状态，应在贮罐液相及气相平衡线加装紧急切断阀、在排污出口加装注水装置。

3.3.6 充装厂（站）的事故紧急放空管线直接与火炬相连通，火炬应设置可靠的点火设施。

3.3.7 储存区、充装区建筑物或构件应处于直击雷防护装置保护范围之内，并做有效接地。电气保护接地电阻应小于 4 Ω，防雷接地电阻应小于 10 Ω，防静电接地电阻应小于 100 Ω。

3.3.8 进入站内车辆有完好的阻火设施。

3.3.9 罐车前后应有车体和罐体两处防静电接地装置，并具备声光报警功能。在进行装卸作业时，应设置轮挡和挡车牌，防止车辆移动。

3.3.10 充装厂（站）贮存区、充装区、储罐区入口处应设置防爆型人体静电释放装置。

3.3.11 充装厂（站）、气瓶库消防器材配置应符合 GB 50140 的规定，各种消防用品和器材专人负责，每半月检查一次。

3.3.12 充装厂（站）内消防设备、设施、消防水应处于随时可用状态。

3.3.13 残液应密闭回收，罐区排水口处的水封设施应处于常闭状态。

3.3.14 万向充装装置应设置防碰撞保护装置。

3.4 安全标识

3.4.1 进站处应有进站须知、安全告知牌、安全警示标志和报警电话号码。

3.4.2 充装厂（站）内应有安全指示、警示、警告标识。

3.4.3 充装厂（站）内应有员工明显可见的风向标或风向袋。

3.4.4 液化石油气输送管道等色标及标识应符合 GB 7231 的要求。

3.4.5 充装作业区域与辅助服务区之间应设有明显界线，还应设有人员进入的安全警示标识及安全须知。

3.4.6 设备应挂牌实行专管，气瓶待检区、不合格瓶区、待充装应设置明显的标志。

3.5 安全制度

3.5.1 充装厂（站）投产前应建立安全生产管理制度、操作规程、特殊作业许可、装卸过程关键点控制、岗位责任制、巡回检查等制度及应急预案。

3.5.2 充装厂（站）应建立充装设备、压力容器、压力管道、充装连接管安全技术档案。

3.6 检查要求

3.6.1 在储存、充装等区域，不得使用非防爆电气设备、设施。

3.6.2 进站人员应释放静电，操作和检查维修应使用防爆工具。

3.6.3 特殊作业应办理相应许可手续后方可作业。

3.6.4 充装厂（站）每班应对储罐、管道、充装泵、阀门、防爆电气设施、可燃气体报警器、压力表、液位计、水封设施、喷淋设施、消防设施等进行检查。

3.6.5 充装厂（站）应配备应急预案中要求的设备、物资、器材，并且每周进行检查确认。

3.6.6 应按要求对所使用的压力容器、压力管道进行月度检查、年度检查，对检查中发现的隐患及时消除。

4 充装

4.1 罐车装卸

4.1.1 充装厂（站）工作人员在作业前应穿戴符合要求的劳动防护用品。

4.1.2 罐车进站前，驾驶员、押运员应接受充装厂（站）安全告知。

4.1.3 充装厂（站）管理人员应对车辆、驾驶员、押运员进行检查。有下列情况之一的，不得进站：

a） 罐车无使用证或超过有效检验期的；

b） 罐车的漆色、铭牌和标志标识不符合规定，或与所装介质不符，或脱落不易识别的；

c） 罐车灭火器、阻火器、接地带及其他安全附件不全、损坏、失灵或不符合规定的；

d） 罐体及附件检查有缺陷，不能保证安全使用或有泄漏的；

e） 驾驶员或押运员无有效证件的；

f） 罐车罐体号码与车辆号码不符的；

g） 罐体与车辆之间的固定装置不牢靠或已损坏的；

h） 罐内剩余压力低于0.1 MPa以上的。

4.1.4 液化石油气生产单位应提供液化石油气质量检验报告。

4.1.5 新罐车或检修后首次充装的罐车，充装前应做抽真空或进行氮气置换处理，不得直接充装。处理后罐内真空度应不小于0.0866 MPa，或气体含氧量不大于2%。

4.1.6 罐车应设置防超装（超压）、超限装置或者其报警装置，充装量不应超过罐车设计安全允许的最大充装量，不得超装。充装完毕，应复检重量，如有超装，应立即处理。

4.1.7 装、卸车过程有防止充装用管拉脱的联锁保护装置并设专人值守。

4.1.8 罐车充装应填写充装记录，包括罐车使用单位、车型、车号、充装日期、实际充装量及充装人员、复检人员和押运员的签名等。

4.1.9 凡有以下情况之一时，罐车应立即停止装卸车作业：

a） 雷击天气；

b） 充装厂（站）内检测出液化气体泄漏；

c） 罐车压力、液位异常；

d） 存在环境剧烈变化、人员干扰等其他不安全因素。

4.1.10 装、卸车应用万向金属装卸装置。

4.1.11 充装作业前，车辆应熄火并关闭总电源。

4.1.12 装、卸作业前后车辆应静止10 min，检查人员观察有无异常情况。

4.1.13 罐车出站后应执行危险物品运输管理规定。

4.2 贮罐

4.2.1 液化石油气贮罐应建立特种设备安全技术档案。

4.2.2 应按TSG 21—2016的要求进行经常性维护保养、月度检查、年度检查及定期检验。

4.2.3 厂（站）内用于储存液化石油气的贮罐投入使用前，应进行氮气置换，罐内含氧量应小于2%。

4.3 气瓶充装

4.3.1 资质及要求

4.3.1.1 气瓶充装单位应向省级特种设备监督管理部门提出充装许可申请。未取得“气体充装许可证”，不得从事气瓶充装工作。

4.3.1.2 气瓶实行固定充装制度，充装厂（站）只允许充装自有产权和托管气瓶。

4.3.1.3 气瓶充装单位应建立气瓶档案，办理使用登记证，并实行计算机管理。

4.3.1.4 气瓶充装单位应采购具有资质单位生产的气瓶，气瓶颜色标志应符合规定，安全附件齐全。

4.3.1.5 瓶体上应有充装单位标志（单位名称或代号）、自编号和永久钢印标志，且清晰、齐全、规范。

4.3.2 充装前的检查

充装单位在充装前，应设专人对气瓶逐只进行检查，并填好检查记录。当发现下列情况之一时，不得充装：

a） 首次充装的气瓶，事先未经抽真空，或真空度高于 83 kPa 的；

b） 角阀连接螺纹损伤、变形的；

c） 钢印标记、颜色标记不符合规定及无法判定瓶内气体的；

d） 附件不全、损坏或不符合规定的；

e） 气瓶内无剩余压力的；

f） 超过检验期限的；

g） 外观检查中发现有明显损伤或有怀疑而需进一步进行检查的；

h） 发现有火烧痕迹的。

4.3.3 气瓶充装操作

4.3.3.1 充装前应对充装装置进行检查。

4.3.3.2 对 YSP－2.0 型气瓶充装重量为 1.9 kg ±0.1 kg，YSP－5.0 型气瓶充装重量为 4.8 kg ±0.2 kg，YSP－10 型气瓶充装重量为 9.5 kg ±0.3 kg，YSP－15 型气瓶充装重量为 14.5 kg +0.5 kg，YSP－50 型气瓶充装重量为 49 kg ±1.0 kg，充装实行严格的气瓶复检制度，不应过量充装。

4.3.3.3 称重衡器应保持准确，称重衡器的最大称量值应为常用称量的 1.5～3.0 倍，称重衡器的校验期限不应超过三个月，每天充装前要对称重衡器进行一次校准，称重衡器应设有超装报警和自动切断气源的装置。

4.3.3.4 不准许采用液化气体罐车直接向气瓶充装，不允许瓶对瓶直接倒气。

4.3.3.5 充装前的检查记录、充装操作记录、充装后的复验和检查记录应完整，内容至少包括气瓶编号、气瓶容积、实际充装量、发现异常情况、检查员、充装员和复称者姓名或代号、充装日期等。

4.3.3.6 充装过程中充装接头应保证可靠的严密性，发生泄漏时及时关闭阀门停止作业。

4.3.3.7 对充装后的气瓶应逐只进行检查，发现有泄漏或其他异常现象应妥善处理。

4.3.3.8 充装后应在所充装的气瓶上粘贴符合安全技术规范及国家标准规定的警示标签和充装标签。

4.4 气瓶贮存

4.4.1 气瓶库建筑应符合 GB 50016 和 GB 50183 的规定。

4.4.2 空瓶与实瓶应分开放置，并有明显标志，库内不得存放其他物品。

4.4.3 气瓶库实瓶总贮量应不超过站库级别规定的贮存量。

4.4.4 气瓶库安装的可燃气体报警装置应符合 SY/T 6503 的要求，所有电气设备应采用防爆型。

4.4.5 气瓶应直立摆放，实瓶单层，空瓶不得超过两层，实瓶摆放不宜超过 6 排，并留有不小于 800 mm 的通道。

4.4.6 充装厂（站）应加强对气瓶的运输、贮存和使用的安全管理，明确专人负责气瓶的安全监督检查和有关人员的培训工作。

4.4.7 应建立健全气瓶的各项资料台账，并负责安排定期检验。

4.4.8 气瓶贮存站应遵守下列规定：

a） 应采用气体泄漏检测仪器或肥皂水试漏，发现漏气时，应及时处理；

b） 气瓶应放在阴凉处；

c） 不得敲击，不得用火、蒸汽、热水和其他热源对气瓶加热，碰撞及在地面上拖拉；

d） 气瓶应保持清洁完好，所有附件保持完整。

4.5 气瓶装卸

4.5.1 驾驶员、押运员应取得相应资格证。

4.5.2 气瓶拉运车辆进站前，驾驶员、押运员应接受厂（站）安全告知。

4.5.3 厂（站）管理人员应对车辆、驾驶员、押运员进行检查。

4.5.4 车辆灭火器、阻火器及其他安全附件不全、损坏、失灵或不符合规定的不得进站。

4.5.5 气瓶装卸应填写记录，包括气瓶运输车使用单位、车号、日期、气瓶数量、交接人签名等。

4.5.6 气瓶装卸时，应做到轻装轻卸，不得“抛、滑、滚、碰”。

5 检验

5.1 贮罐检验

5.1.1 新贮罐投用后满 3 年时应进行首次全面检验。

5.1.2 安全状况等级为 1 级、2 级的每 6 年检验一次；安全状况等级为 3 级的每 3 ~ 6 年检验一次；安全状况等级为 4 级的，下次检验周期由检验部门确定。

5.1.3 贮罐的定期检验应由具有相应资质的检验单位承担。

5.2 罐车罐体检验

5.2.1 新罐车罐体在投入使用后 1 年内应进行首次全面检验；罐体发生重大事故或停用 1 年后重新投用或罐体经重大修理或改造的应做全面检验。

5.2.2 罐车罐体年度检验每年进行 1 次。安全状况等级 1 ~ 2 级的每 5 年检验 1 次，安全状况等级 3 级的每 3 年检验 1 次。

5.2.3 罐车罐体的检验由具有相应资格的检验单位承担。

5.3 气瓶检验

5.3.1 气瓶定期检验由具有相应资格的检验单位承担，检验单位应按照相应的检验标准对在用气瓶进行定期检验。

5.3.2 新购气瓶应进行质量抽检，检验结果符合相关制造标准方准投入使用。

5.3.3 气瓶在使用过程中发现有腐蚀、损伤或对其安全可靠性有影响时，应及时进行检验。

5.3.4 库存和停用时间超过一个检验周期的气瓶，启用前应进行检验。

5.3.5 气瓶定期检验应符合 GB 8334 的要求，检验合格的气瓶由检验单位装上检验标志，并出具气瓶检验合格证。

5.3.6 经检验报废的气瓶，检验单位应进行整体破坏处理，并填写“气瓶判废通知书”，通知气瓶使用单位，同时上报企业安全管理部门。

5.4 压力管道检验

5.4.1 新建压力管道投用后 3 年内应进行首次全面检验。

5.4.2 安全状况等级为 1 级、2 级的不超过 6 年检验一次；安全状况等级为 3 级的不超过 3 年检验一次；安全状况等级为 4 级的，应对缺陷进行处理，否则不得继续使用。

5.4.3 压力管道的检验应由具有相应资质的检验单位按照 TSG D7005—2018 的要求开展检验工作。

ICS 13.200
C 78

中华人民共和国国家标准

GB/T 29639—2020
代替 GB/T 29639—2013

生产经营单位生产安全事故应急预案编制导则

Guidelines for enterprises to develop emergency response plan for work place accidents

2020-09-29 发布　　2021-04-01 实施

国家市场监督管理总局
国家标准化管理委员会　发布

目 次

前　言

本标准按照 GB/T 1.1—2009 给出的规则起草。

本标准代替 GB/T 29639—2013《生产经营单位生产安全事故应急预案编制导则》。与 GB/T 29639—2013 相比，除编辑性修改外主要技术变化如下：

——修改了应急预案编制程序（见第 4 章，2013 年版的第 4 章）；

——应急预案编制中将应急能力评估修改为应急资源调查（见 4.5，2013 年版的 4.5）；

——细化了应急预案评审内容（见 4.8，2013 年版的 4.7）；

——修改了综合应急预案的要素内容，去掉编制目的，将风险评估结果放入附件（见 6.1 和第 9 章，2013 年版的 6.1）；

——修改了专项应急预案的要素内容，增加了适用范围，去掉事故风险分析（见 7.1，2013 年版的 7.1）；

——补充了应急预案附件组成，增加了 9.1 生产经营单位概况、9.2 风险评估的结果和 9.3 预案体系与衔接（见 9.1、9.2、9.3）；

——增加了附录 A“生产安全事故风险评估报告编制大纲”、附录 B“生产安全事故应急资源调查报告编制大纲”（见附录 A、附录 B）。

本标准由中华人民共和国应急管理部提出。

本标准由全国安全生产标准化技术委员会（SAC/TC 288）归口。

本标准起草单位：中国安全生产科学研究院、国家安全生产应急救援中心、南方电网调峰调频发电有限公司。

本标准主要起草人：张兴凯、雷长群、高双喜、孔亮、时训先、吴志岭、闫立、石国领、张明、李定林、王文靖、陈兵、王尚顺、李晖、蔡镇坤、徐斌、周劲松。

本标准所代替标准的历次版本发布情况为：

——GB/T 29639—2013。

生产经营单位生产安全事故
应急预案编制导则

1　范围

本标准规定了生产经营单位生产安全事故应急预案的编制程序、体系构成和综合应急预案、专项应急预案、现场处置方案的主要内容以及附件信息。

本标准适用于生产经营单位生产安全事故应急预案（以下简称应急预案）编制工作，核电厂、其他社会组织和单位的应急预案编制可参照本标准执行。

2　规范性引用文件

下列文件对于本文件的应用是必不可少的。凡是注日期的引用文件，仅注日期的版本适用于本文件。凡是不注日期的引用文件，其最新版本（包括所有的修改单）适用于本文件。

AQ/T 9007　生产安全事故应急演练基本规范

3　术语和定义

下列术语和定义适用于本文件。

3.1

应急预案　emergency response plan

针对可能发生的事故，为最大程度减少事故损害而预先制定的应急准备工作方案。

3.2

应急响应　emergency response

针对事故险情或事故，依据应急预案采取的应急行动。

3.3

应急演练　emergency exercise

针对可能发生的事故情景，依据应急预案模拟开展的应急活动。

3.4

应急预案评审　emergency response plan review

对新编制或修订的应急预案内容的适用性所开展的分析评估及审定过程。

4 应急预案编制程序

4.1 概述

生产经营单位应急预案编制程序包括成立应急预案编制工作组、资料收集、风险评估、应急资源调查、应急预案编制、桌面推演、应急预案评审和批准实施8个步骤。

4.2 成立应急预案编制工作组

结合本单位职能和分工，成立以单位有关负责人为组长，单位相关部门人员（如生产、技术、设备、安全、行政、人事、财务人员）参加的应急预案编制工作组，明确工作职责和任务分工，制订工作计划，组织开展应急预案编制工作。预案编制工作组中应邀请相关救援队伍以及周边相关企业、单位或社区代表参加。

4.3 资料收集

应急预案编制工作组应收集下列相关资料：

a） 适用的法律法规、部门规章、地方性法规和政府规章、技术标准及规范性文件；
b） 企业周边地质、地形、环境情况及气象、水文、交通资料；
c） 企业现场功能区划分、建（构）筑物平面布置及安全距离资料；
d） 企业工艺流程、工艺参数、作业条件、设备装置及风险评估资料；
e） 本企业历史事故与隐患、国内外同行业事故资料；
f） 属地政府及周边企业、单位应急预案。

4.4 风险评估

开展生产安全事故风险评估，撰写评估报告（编制大纲参见附录A），其内容包括但不限于：

a） 辨识生产经营单位存在的危险有害因素，确定可能发生的生产安全事故类别；
b） 分析各种事故类别发生的可能性、危害后果和影响范围；
c） 评估确定相应事故类别的风险等级。

4.5 应急资源调查

全面调查和客观分析本单位以及周边单位和政府部门可请求援助的应急资源状况，撰写应急资源调查报告（编制大纲参见附录B），其内容包括但不限于：

a） 本单位可调用的应急队伍、装备、物资、场所；
b） 针对生产过程及存在的风险可采取的监测、监控、报警手段；
c） 上级单位、当地政府及周边企业可提供的应急资源；
d） 可协调使用的医疗、消防、专业抢险救援机构及其他社会化应急救援力量。

4.6 应急预案编制

4.6.1 应急预案编制应当遵循以人为本、依法依规、符合实际、注重实效的原则，以应急处置为核心，体现自救互救和先期处置的特点，做到职责明确、程序规范、措施科学，尽可能简明化、图表化、流程化。应急预案编制格式和要求参见附录C。

4.6.2 应急预案编制工作包括但不限下列：

a）依据事故风险评估及应急资源调查结果，结合本单位组织管理体系、生产规模及处置特点，合理确立本单位应急预案体系；

b）结合组织管理体系及部门业务职能划分，科学设定本单位应急组织机构及职责分工；

c）依据事故可能的危害程度和区域范围，结合应急处置权限及能力，清晰界定本单位的响应分级标准，制定相应层级的应急处置措施；

d）按照有关规定和要求，确定事故信息报告、响应分级与启动、指挥权移交、警戒疏散方面的内容，落实与相关部门和单位应急预案的衔接。

4.7 桌面推演

按照应急预案明确的职责分工和应急响应程序，结合有关经验教训，相关部门及其人员可采取桌面演练的形式，模拟生产安全事故应对过程，逐步分析讨论并形成记录，检验应急预案的可行性，并进一步完善应急预案。桌面演练的相关要求见AQ/T 9007。

4.8 应急预案评审

4.8.1 评审形式

应急预案编制完成后，生产经营单位应按法律法规有关规定组织评审或论证。参加应急预案评审的人员可包括有关安全生产及应急管理方面的、有现场处置经验的专家。应急预案论证可通过推演的方式开展。

4.8.2 评审内容

应急预案评审内容主要包括：风险评估和应急资源调查的全面性、应急预案体系设计的针对性、应急组织体系的合理性、应急响应程序和措施的科学性、应急保障措施的可行性、应急预案的衔接性。

4.8.3 评审程序

应急预案评审程序包括下列步骤：

a）评审准备。成立应急预案评审工作组，落实参加评审的专家，将应急预案、编制说明、风险评估、应急资源调查报告及其他有关资料在评审前送达参加评审的单位或人员。

b）组织评审。评审采取会议审查形式，企业主要负责人参加会议，会议由参加评审的专家共同推选出的组长主持，按照议程组织评审；表决时，应有不少于出席会议专家人数的三分之二同意方为通过；评审会议应形成评审意见（经评审组组长签字），附参加评审会议的专家签字表。表决的投票情况应以书面材料记录在案，并作为评审意见的附件。

c） 修改完善。生产经营单位应认真分析研究，按照评审意见对应急预案进行修订和完善。评审表决不通过的，生产经营单位应修改完善后按评审程序重新组织专家评审，生产经营单位应写出根据专家评审意见的修改情况说明，并经专家组组长签字确认。

4.9 批准实施

通过评审的应急预案，由生产经营单位主要负责人签发实施。

5 应急预案体系

5.1 概述

生产经营单位应急预案分为综合应急预案、专项应急预案和现场处置方案。生产经营单位应根据有关法律、法规和相关标准，结合本单位组织管理体系、生产规模和可能发生的事故特点，科学合理确立本单位的应急预案体系，并注意与其他类别应急预案相衔接。

5.2 综合应急预案

综合应急预案是生产经营单位为应对各种生产安全事故而制定的综合性工作方案，是本单位应对生产安全事故的总体工作程序、措施和应急预案体系的总纲。

5.3 专项应急预案

专项应急预案是生产经营单位为应对某一种或者多种类型生产安全事故，或者针对重要生产设施、重大危险源、重大活动防止生产安全事故而制定的专项工作方案。

专项应急预案与综合应急预案中的应急组织机构、应急响应程序相近时，可不编写专项应急预案，相应的应急处置措施并入综合应急预案。

5.4 现场处置方案

现场处置方案是生产经营单位根据不同生产安全事故类型，针对具体场所、装置或者设施所制定的应急处置措施。现场处置方案重点规范事故风险描述、应急工作职责、应急处置措施和注意事项，应体现自救互救、信息报告和先期处置的特点。

事故风险单一、危险性小的生产经营单位，可只编制现场处置方案。

6 综合应急预案内容

6.1 总则

6.1.1 适用范围

说明应急预案适用的范围。

6.1.2 响应分级

依据事故危害程度、影响范围和生产经营单位控制事态的能力，对事故应急响应进行分级，明确分级响应的基本原则。响应分级不必照搬事故分级。

6.2 应急组织机构及职责

明确应急组织形式（可用图示）及构成单位（部门）的应急处置职责。应急组织机构可设置相应的工作小组，各小组具体构成、职责分工及行动任务应以工作方案的形式作为附件。

6.3 应急响应

6.3.1 信息报告

6.3.1.1 信息接报

明确应急值守电话、事故信息接收、内部通报程序、方式和责任人，向上级主管部门、上级单位报告事故信息的流程、内容、时限和责任人，以及向本单位以外的有关部门或单位通报事故信息的方法、程序和责任人。

6.3.1.2 信息处置与研判

6.3.1.2.1 明确响应启动的程序和方式。根据事故性质、严重程度、影响范围和可控性，结合响应分级明确的条件，可由应急领导小组作出响应启动的决策并宣布，或者依据事故信息是否达到响应启动的条件自动启动。

6.3.1.2.2 若未达到响应启动条件，应急领导小组可作出预警启动的决策，做好响应准备，实时跟踪事态发展。

6.3.1.2.3 响应启动后，应注意跟踪事态发展，科学分析处置需求，及时调整响应级别，避免响应不足或过度响应。

6.3.2 预警

6.3.2.1 预警启动

明确预警信息发布渠道、方式和内容。

6.3.2.2 响应准备

明确作出预警启动后应开展的响应准备工作，包括队伍、物资、装备、后勤及通信。

6.3.2.3 预警解除

明确预警解除的基本条件、要求及责任人。

6.3.3 响应启动

确定响应级别，明确响应启动后的程序性工作，包括应急会议召开、信息上报、资源协调、信息公开、后勤及财力保障工作。

6.3.4 应急处置

明确事故现场的警戒疏散、人员搜救、医疗救治、现场监测、技术支持、工程抢险及环境保护方面的应急处置措施，并明确人员防护的要求。

6.3.5 应急支援

明确当事态无法控制情况下，向外部（救援）力量请求支援的程序及要求、联动程序及要求，以及外部（救援）力量到达后的指挥关系。

6.3.6 响应终止

明确响应终止的基本条件、要求和责任人。

6.4 后期处置

明确污染物处理、生产秩序恢复、人员安置方面的内容。

6.5 应急保障

6.5.1 通信与信息保障

明确应急保障的相关单位及人员通信联系方式和方法，以及备用方案和保障责任人。

6.5.2 应急队伍保障

明确相关的应急人力资源，包括专家、专兼职应急救援队伍及协议应急救援队伍。

6.5.3 物资装备保障

明确本单位的应急物资和装备的类型、数量、性能、存放位置、运输及使用条件、更新及补充时限、管理责任人及其联系方式，并建立台账。

6.5.4 其他保障

根据应急工作需求而确定的其他相关保障措施（如：能源保障、经费保障、交通运输保障、治安保障、技术保障、医疗保障及后勤保障)。

注:6.5.1~6.5.4的相关内容,尽可能在应急预案的附件中体现。

7 专项应急预案内容

7.1 适用范围

说明专项应急预案适用的范围,以及与综合应急预案的关系。

7.2 应急组织机构及职责

明确应急组织形式(可用图示)及构成单位(部门)的应急处置职责。应急组织机构以及各成员单位或人员的具体职责。应急组织机构可以设置相应的应急工作小组,各小组具体构成、职责分工及行动任务建议以工作方案的形式作为附件。

7.3 响应启动

明确响应启动后的程序性工作,包括应急会议召开、信息上报、资源协调、信息公开、后勤及财力保障工作。

7.4 处置措施

针对可能发生的事故风险、危害程度和影响范围,明确应急处置指导原则,制定相应的应急处置措施。

7.5 应急保障

根据应急工作需求明确保障的内容。

注:专项应急预案包括但不限于7.1~7.4的内容。

8 现场处置方案内容

8.1 事故风险描述

简述事故风险评估的结果(可用列表的形式列在附件中)。

8.2 应急工作职责

明确应急组织分工和职责。

8.3 应急处置

包括但不限于下列内容:

a) 应急处置程序。根据可能发生的事故及现场情况,明确事故报警、各项应急措施启动、应急救护人员的引导、事故扩大及同生产经营单位应急预案的衔接程序。

b） 现场应急处置措施。针对可能发生的事故从人员救护、工艺操作、事故控制、消防、现场恢复等方面制定明确的应急处置措施。

c） 明确报警负责人以及报警电话及上级管理部门、相关应急救援单位联络方式和联系人员，事故报告基本要求和内容。

8.4 注意事项

包括人员防护和自救互救、装备使用、现场安全等方面的内容。

9 附件

9.1 生产经营单位概况

简要描述本单位地址、从业人数、隶属关系、主要原材料、主要产品、产量，以及重点岗位、重点区域、周边重大危险源、重要设施、目标、场所和周边布局情况。

9.2 风险评估的结果

简述本单位风险评估的结果。

9.3 预案体系与衔接

简述本单位应急预案体系构成和分级情况，明确与地方政府及其有关部门、其他相关单位应急预案的衔接关系（可用图示）。

9.4 应急物资装备的名录或清单

列出应急预案涉及的主要物资和装备名称、型号、性能、数量、存放地点、运输和使用条件、管理责任人和联系电话等。

9.5 有关应急部门、机构或人员的联系方式

列出应急工作中需要联系的部门、机构或人员及其多种联系方式。

9.6 格式化文本

列出信息接报、预案启动、信息发布等格式化文本。

9.7 关键的路线、标识和图纸

包括但不限于：

a） 警报系统分布及覆盖范围；

b） 重要防护目标、风险清单及分布图；

c） 应急指挥部（现场指挥部）位置及救援队伍行动路线；

d） 疏散路线、集结点、警戒范围、重要地点的标识；

e） 相关平面布置、应急资源分布的图纸；

f） 生产经营单位的地理位置图、周边关系图、附近交通图；

g） 事故风险可能导致的影响范围图；

h） 附近医院地理位置图及路线图。

9.8 有关协议或者备忘录

列出与相关应急救援部门签订的应急救援协议或备忘录。

附　录　A
（资料性附录）
生产安全事故风险评估报告编制大纲

A.1　危险有害因素辨识

描述生产经营单位危险有害因素辨识的情况（可用列表形式表述）。

A.2　事故风险分析

描述生产经营单位事故风险的类型、事故发生的可能性、危害后果和影响范围（可用列表形式表述）。

A.3　事故风险评价

描述生产经营单位事故风险的类别及风险等级（可用列表形式表述）。

A.4　结论建议

得出生产经营单位应急预案体系建设的计划建议。

附　录　B
（资料性附录）
生产安全事故应急资源调查报告编制大纲

B.1　单位内部应急资源

按照应急资源的分类，分别描述相关应急资源的基本现状、功能完善程度、受可能发生的事故的影响程度（可用列表形式表述）。

B.2　单位外部应急资源

描述本单位能够调查或掌握可用于参与事故处置的外部应急资源情况（可用列表形式表述）。

B.3　应急资源差距分析

依据风险评估结果得出本单位的应急资源需求，与本单位现有内外部应急资源对比，提出本单位内外部应急资源补充建议。

附　录　C
(资料性附录)
应急预案编制格式和要求

C.1　封面

应急预案封面主要包括应急预案编号、应急预案版本号、生产经营单位名称、应急预案名称及颁布日期。

C.2　批准页

应急预案应经生产经营单位主要负责人批准方可发布。

C.3　目次

应急预案应设置目次，目次中所列的内容及次序如下：

a）批准页；

b）应急预案执行部门签署页；

c）章的编号、标题；

d）带有标题的条的编号、标题（需要时列出）；

e）附件，用序号表明其顺序。

参 考 文 献

［1］ GB/T 24353—2009 风险管理 原则与实施指南

［2］ GB/T 27921—2011 风险管理 风险评估技术

［3］ 国务院办公厅关于印发突发事件应急预案管理办法的通知（国办发〔2013〕101 号）

［4］ 应急管理部关于修改《生产安全事故应急预案管理办法》的决定（应急管理部令第 2 号）

［5］ NFPA 1600 Standard on Disaster/Emergency Management and Business Continuity Programs 2013 Edition